中国油气与新能源融合发展大会论文集

■徐凤银　宋　宁　黄　凌　等◎编著

中国石化出版社
·北京·

图书在版编目(CIP)数据

中国油气与新能源融合发展大会论文集 / 徐凤银,
宋宁，黄凌编著. — 北京 : 中国石化出版社，2024. 6.
ISBN 978-7-5114-7586-2

Ⅰ. F426. 2-53

中国国家版本馆 CIP 数据核字第 20240NT649 号

中国石化出版社出版发行

地址:北京市东城区安定门外大街 58 号
邮编:100011 电话:(010)57512500
发行部电话:(010)57512575
http://www.sinopec-press.com
E-mail:press@sinopec.com
北京鑫益晖印刷有限公司印刷
全国各地新华书店经销

*

880 毫米×1230 毫米 16 开本 32.25 印张 957 千字
2024 年 6 月第 1 版 2024 年 6 月第 1 次印刷
定价:180.00 元

《中国油气与新能源融合发展大会论文集》

编　委　会

序

为全面贯彻落实党的二十大关于建设现代化产业体系的指示精神，按照国家能源局《加快油气勘探开发与新能源融合发展行动方案(2023—2025 年)》部署要求，持续加快推进油气与新能源深度融合，我国油气企业在坚守保障国家能源安全、稳固油气供给重要职责基础上，不断加快我国油气勘探开发向深水、深层及非常规领域进军和与新能源融合发展步伐，特别是关键核心技术持续取得创新和突破，促使能源转型与新质生产力快速发展步入快车道，为推动行业高质量发展，培育新质生产力提供了新动能。

为推动我国油气与新能源发展深度融合，加快在鄂尔多斯等盆地构建“地下油气煤+地上风光能源+CCUS/CCS”碳中和融合发展的“超级能源盆地”，展示近几年在理论、技术、管理、机制以及核心技术与装备方面创新成果，由中国石油学会主办，中国石油、中国石化、中国海油、国家能源等单位联合举办本次“中国油气与新能源融合发展大会暨新技术成果展”，着力加快我国油气与新能源深度融合的理论创新和关键技术突破。

本次大会配套出版的论文集，重点围绕油气与新能源融合发展新质生产力，系统地梳理了近年来在风能、光伏基地建设，CCUS 提高油气田采收率，地热与铀矿开发，绿色低碳油田建设，氢能产业与储能业务等方面的新进展，研讨了一系列具有广阔应用前景的先进技术，分享了油气与新能源深度融合实现能源生产转型升级的成功经验，对于推动我国油气资源清洁高效开发利用、保障国家能源安全将起到积极推动作用。

郝芳

中国科学院院士

2024 年 6 月 18 日

前言

在应对气候变化大背景下，我国能源行业肩负着双重使命，既要满足全社会能源消费持续增长刚性需求，又要加快能源绿色低碳转型。随着油气行业面临的产业转型升级压力不断增大，油气与新能源融合发展是构建新型能源体系的必然选择，将高效助力我国实现“双碳”目标。

为响应国家“双碳”战略、贯彻落实党的二十大关于建设现代化产业体系精神，国家能源局发布了《加快油气勘探开发与新能源融合发展行动方案（2023—2025年）》，要求大力推动油气勘探开发与新能源深度融合发展，推进油气企业“油气、地热、风光发电、绿氢、储能”等多元供能转型升级，积极扩大油气企业开发利用绿电规模，加快开发地热、风能和太阳能等资源和利用储热储能技术，科学构建环境友好、绿色低碳、多能融合的油气生产体系，探索形成多能互补、融合发展新模式，助力实现油气产业与新能源业务协同高质量发展。

为正确认识和准确把握油气与新能源融合发展面临的新形势与新挑战，研讨解决制约油气企业绿色低碳转型升级和高质量发展过程中瓶颈问题的有效对策，深入探讨能源安全与绿色发展协同有效路径，交流油气企业稳油增气与新能源融合发展实践经验，分享新理论与新技术推广应用情况，共同探讨中国油气与新能源融合发展的创新路径与实践方案，中国石油学会联合中国石油油气和新能源分公司、中国石化油田勘探开发事业部、中国海洋石油有限公司新能源部、国家能源集团煤炭与运输产业管理部等单位，以“油气与新能源融合发展新质生产力助推行业高质量发展”为主题，共同举办本次“中国油气与新能源融合发展大会”。

本次大会得到了国家有关部委、中国石油、中国石化、中国海油、国家能源、延长石油、相关高等院校和科研院所等单位知名专家和科技工作者的大力支持。大会共征集论文210余篇，经中国石油学会学术交流部组织专家把关审核，筛选出优秀论文78篇。为使上述成果得到更广泛交流、传播和推广，大会将其辑册成集并公开出版发行。全集共分二篇，分别为风光储一体化篇和氢、地热余热多能互补篇。内容涵盖风力发电设备、太阳能设备及系统、智慧能源管理云平台、能源互联网技术、微电网技术、分布式能源管理及其储能技术、特高压传输技术、输氢能源技术材料与装备、电力安全与应急管理系统、智能化节能改造技术、合同能源管理等。所收录论文具有较高的理论方法创新水平和现场推广应用参考价值，展示了当前最前沿技术成就，指明了行业未来发展趋势，将为促进新质生产力形成和行业高质量发展发挥积极作用。

本论文集由中国石油学会统一组织形成编委会，徐凤银整体策划，宋宁、黄凌等负责审稿，徐凤银最终审定。在本届会议组织和论文稿梳理、编辑、出版过程中，得到广大科技工作者、专家和教授的积极参与，在此深表感谢。期望论文集的出版能够惠及更多同行科技工作者和相关领域人士。

由于时间仓促及编者水平有限，论文集中难免存在不妥之处，敬请读者批评指正。

本书编委会

2024 年 6 月

目　录

第一篇　氢、地热余热多能互补篇

第二篇　风光储一体化篇

第一篇

氢、地热余热多能互补篇

氢兼具清洁低碳、灵活性强、可转化、可存储等多重特性，在不同应用场景下可以担任储能、燃料、原料等多种角色，可相应转化为电、热、化工品等。氢将在新型能源体系中起到关键支撑作用，包括解决风、光资源消纳和输送，电力系统调峰，终端脱碳等，预测到2060年需求量将达到7000~12000万吨。氢能产业与油气产业具有天然协同性和融合性，氢能业务已是油气企业绿色发展的重要战略方向。我国地热资源丰富，油气矿权区内年可采资源量超过16亿吨标煤。地热开发利用是油气企业传统优势，油气企业在地球物理、高温地热井钻井、砂岩经济回灌、废弃井改造等方面均具有明显技术优势，中深层U型井井下换热技术也在近期取得突破。利用油气技术进行地热开发利用是油气与新能源融合发展的重点方向。本篇汇集了近年来国内油气领域与氢能、地热等融合发展在理论、技术与装备研发方面所取得的最新进展和应用案例，可为广大相关领域科技工作者提供有益借鉴和参考。

气井水锁辨识及解水锁实验研究

王　庆　王　彤　何皓文　袁　杰

（中国石油长庆油田公司）

摘　要　造成储层水锁有多方面的因素，入井液，造成储层水锁，钻井液、压裂液等外来液体流体浸入并滞留在地层中，对储层造成伤害，出现储层水锁现象；含水饱和度造成储层水锁：原生水饱和度低于束缚水饱和度时，天然气驱替外来水时只能将含水饱和度降至束缚水饱和度，必然出现水锁效应。原生水饱和度大于束缚水饱和度时，由于液体的长时间浸泡，在有限时间内含水饱和度无法下降到束缚水饱和度，从而造成储层水锁；当产水气井长期关井，或者当产量低于临界携液量后，会在井底形成积液。井底积液则在井筒回压、微孔隙毛细管力和储层岩石润湿性作用下，会向低渗储层中的微毛细管孔道产生反向渗吸，从而造成地层水锁伤害。地层水表面张力是影响储层水锁效应的重要因素之一。解水锁剂进入地层后，对无机及有机垢物具有一定溶蚀能力，增大了流体渗流通道。解水锁剂与地层水混合后形成低沸点共沸物，在井底温度下，一方面气化产生大量蒸汽，蒸发掉岩石毛细孔内的液体可以通过气化排出；另外，由于共沸物气化后增大地层压力，通过憋压，将以前并不连通的孔隙打开，从而增大液体渗流通道。解水锁剂在地层经过一段时间的反应在岩石孔道表面形成一层分子膜，大大降低液相的表面张力，使得毛细管力降低，同时气体流经地层阻力减小。

本文首先介绍了气井水锁机理及水锁辨识方法，继而筛选水锁气井，开展解水锁实验，通过实验分析 CEGR 化学强化剂解水锁效果及适应性。提出了对应的应用范围，以及后期实验方向。

关键词　水锁机理；气井水锁辨识；解水锁

苏里格气田南区主要生产特征体现为高产气、高产水，在开发过程中，当气井开关井时，受毛管压力的影响，在近井地带容易产生高含水饱和度带，从而导致气相渗透率降低产生水锁效应，影响气井产能发挥。气井水锁辨识、开展解水锁现场作业，是解决气井目前生产问题的重要方法。

1　气井水锁机理

水锁效应是在钻井、完井、修井及增产措施等作业中侵入的外来水，在开井后不能被有效的排出，使近井地带储层水饱和度增加，导致油气渗透率降低的现象。水锁机理分为四类：

① 外来液体侵入，造成储层水锁

在气井开发中，钻井，固井，储层压裂、酸化改造引入的外来流体往往会对储层造成伤害，造成液体侵入储层，污染储层，出现储层水锁现象。

② 含水饱和度造成储层水锁

经过液体浸泡后，岩石含水饱和度升高，岩石产生严重水锁伤害，气体通过能力大幅度下降，特别是一些原本渗透率就很低的岩石，经过液体浸泡后其渗透率将下降几个数量级。

③ 长期关井造成储层水锁

毛细管力转变为气驱水阻力，出现贾敏效应；

④ 当气井产量低于临界携液量后，会在气井井底形成积液。井底积液则在井筒回压、微孔隙毛细管压力和储层岩石润湿性作用下，会向低渗储层中的微毛细管孔道产生反向渗吸，从而造成地层水锁伤害。

水锁效应的本质是由于毛细管压力而产生了一个附加的表皮压降，它等于毛细管弯液面两侧非润湿相压力与润湿相压力之差。引起水锁效应的原因可分为两种：

① 束缚水附近水相的渗透率降低；

② 外来流体在地层中高的毛管压力。

水锁效应严重制约了气井产能的合理发挥。

2 气井水锁辨识

2.1 定性预测

以水相渗透率与岩样的气测渗透率比值作为相对渗透率，提出了水锁损害率的一种评价方法(见图1)，图中AB'为气体的相对渗透率，$A'B$为水的相对渗透率曲线。气驱水时，当岩石中含水饱和度降至A'点时，便不再减少，此时，A'点对应的含水饱和度S_{wirr}为束缚水饱和度。水驱气时，当岩石中含气饱和度降至B'点时，B'点对应的含气饱和度为残余气饱和度S_{gr}。

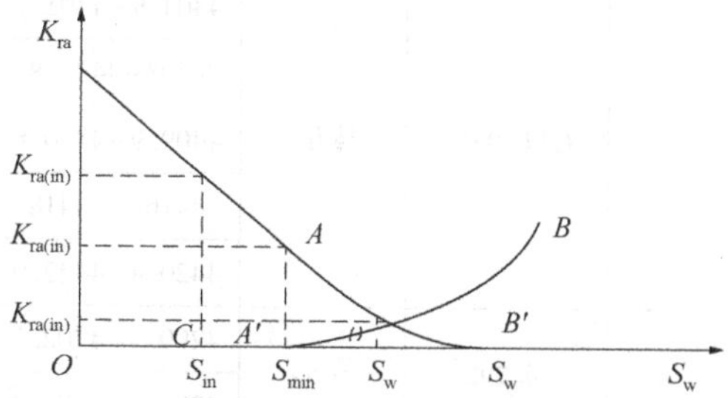

图1 用相渗曲线说明水锁机理

地层的原生水饱和度与束缚水饱和度可能相等，也可能不相等。当原生水饱和度低于束缚水饱和度时，油气驱替外来水时只能将含水饱和度降至束缚水饱和度，必然出现水锁相应，此时的水锁损害率D为：

$$D=\frac{K_{rg(wi)}-K_{rg(wirr)}}{K_{rg(wi)}}\times100\%$$

式中，$K_{rg(wi)}$为原始含水饱和度下的气相相对渗透率；$K_{rg(wirr)}$为束缚水饱和度下的气相相对渗透率。

外来水反排缓慢时，在有限时间内含水饱和度无法下降到束缚水饱和度，设此时含水饱和度为$S_{w'}$，则此时的水锁损害率为：

$$D=\frac{K_{rg(wi)}-K_{rg(w')}}{K_{rg(wi)}}\times100\%$$

式中，$K_{rg(w')}$为含水饱和度下的气相相对渗透率。

因此造成水锁效应的两个原因为：①原生水饱和度低于束缚水饱和度；②外来水返排缓慢。

2.2 定量预测

加拿大学者 D. B. Bennion 给出了可用于定量预测气藏水锁效应的严重程度的公式：

$$APTi=0.25\lg K_a+2.2S_{wi}$$

或

$$APTi=0.25\lg K_g+2.2S_{wi}-0.5$$

式中，$APTi$为水锁指数；K_a为储集层的空气渗透率，$10^{-3}\,\mu m^2$；K_g为储集层的基质渗透率，$10^{-3}\,\mu m^2$；S_{wi}为原始含水饱和度，%。

若$APTi\geqslant1.0$，一般不会产生水锁损害，水锁效应不明显；

若$0.8\leqslant APTi\leqslant1.0$，表示储层通常不会产生严重的水锁损害，潜在水锁效应；

若$APTi<0.8$，水锁效应明显。

2.3 水锁气井辨识及水锁程度判定

主要表现在：近井地带表皮系数增大；产量下降快，长期关井不能复产，采收率下降等。

根据气井生产动态变化，筛选可能存在水锁气井5口，分为两类：高产水严重积液井(停产油套压差大)、高产水产量突变井(停产油套压差小)，进行计算，分析水锁程度。见表1。

计算 APTi 结果分析，该5口井小层均存在不同程度的水锁效应。

表 1　气井水锁程度统计表

序号	井号	层位	气层井段/m	基质渗透率/($10^{-3}\mu m^2$)	气测渗透率/($10^{-3}\mu m^2$)	含气饱和度/%	测井解释结果	水锁指数(APTi)	备注
1	G34-023	马五$_5$	4463.6~4464.9	2.372		72.53	气层	0.1985	高产水气井
			4466.4~4467.4	0.89		69.7	气层	0.1539	
			4475.5~4483.9	0.91		39.8	气水同层	0.8141	
2	G35-018	马五$_4^2$	3967.5~3969.5	3.463		65.16	气层	0.4019	高产水气井
		马五 5	4011~4014.4	0.11		21.3	含气水层	0.9908	
3	G34-025a	马五$_5$	4404.9~4405.9	0.273		56.14	气层	0.3234	连续生产井，日产水 10~30 方，产量突变
			4408~4408.8	0.523		56.07	气层	0.3958	
			4409.9~4410.8	1.193		74.78	气层	0.0741	
			4416.1~4418	1.751		41.38	气水层	0.8507	
			4420.4~4422.9	0.278		28.41	含气水层	0.9354	
4	苏 292	马五$_5$	4200.3~4202.3	/	0.0387	56.14	气层	0.1104	连续生产井，日产水 10 方
			4203.4~4206.4	/	1.8387	41.76	气层	0.8477	
5	G34-024C4	马五$_5$	4265.9~4267.1	1		76.07	民层	0.0265	连续生产井，日产水 10 方
			4268.3~4269.3	0.519		64.78	气层	0.2033	

3　气井解水锁实验研究

为解决气井水锁问题，联合成都 XX 公司研发的 CEGR 化学强化剂，开展化学法解水锁实验。

3.1　研究思路及实验原理

3.1.1　研究思路

加注井筒及储层解堵剂(CEGR 化学强化剂)工艺试验，以能否清除井筒及近井地带储层堵塞物，使气井恢复产能并保持正常生产，以及其普遍适应情况为研究方向。

3.1.2　实验原理

向井内加注特殊表面活性剂(渗透率改造剂)，其具有降低地层水表面及地层水与岩石表面界面张力作用，同时对无机及有机垢物具有一定溶蚀能力，油管加注解水锁剂后关井，在重力作用下气液置换或靠外来气源将药剂憋入地层，药剂在孔道表面形成低界面张力膜，并降低地层水表面张力，降低最低流动压差及激动压差。通过放空或者直接将液体输入气站，排出井区附近积液及残液，维持一段时间气液良好通过能力。见图 2。

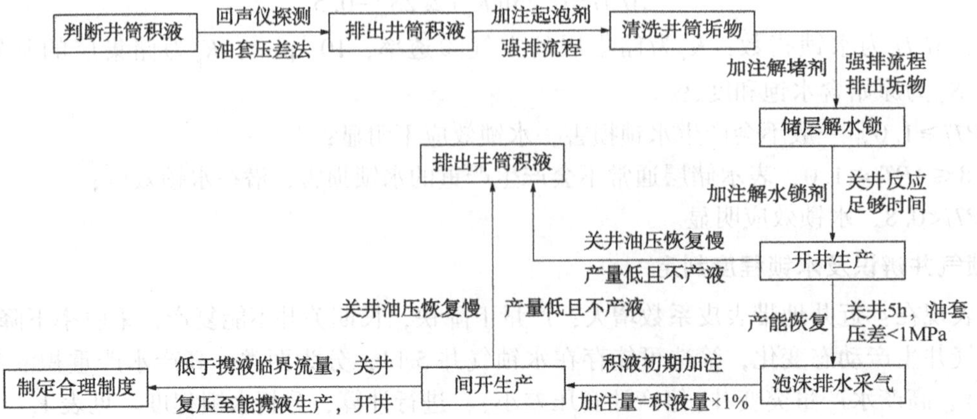

图 2　解水锁工艺流程图

3.2 实验开展情况

3.2.1 实验选井

根据目前气井动态分析，在存在水锁现象气井中，选取两类(3 口)问题井进行实验：

第一类(G35-018)：积液较多气井，停产油套压差大。无法连续生产，开井油压下降快，生产时基本不产液，关井油套压恢复较慢，间歇周期大于 15d。判断进井地带及井筒均存在积液。

第二类(G34-024C4)：积液较少井，停产油套压差小；气井积液较少，开井后油套压同时缓慢下降，可连续生产一段时间，产液量随气井油套压下降而减少。判断进井地带积液，井筒积液较少。

3.2.2 实验过程

根据生产动态分析，制定了 G35-018、G34-024C4 井解水锁加注方案。初期以解决积液问题为主，后期解决井筒及储层水锁问题。见表 2。

表 2 加注计划措施表

序号	井号	初期加注				后期加注				备注
		泡排剂	解堵剂	解水锁剂	配合措施	泡排剂	解堵剂	解水锁剂	配合措施	
1	G35-018	油管加注泡排棒 50 根/d	200L 一次性加注	/	放空带液	/	200L 一次性加注	/	放空带液	实验初期排出积液，后期解决井筒及近井问题
2	G34-024C4	套管加注 50L 泡排剂/d	/	/	间开生产	/	200L 一次性加注	1000L 一次性加注	放空带液	

(1) G35-018 井 7 月份开始施工，7 月 2 日~7 月 10 日为第一阶段，加入起泡剂(50 根泡排棒/d)，以排出积液为主，油套压差恢复后开井放空带液，总体排液量大于 $6m^3$后关井复压至油套压差小于 1MPa，且套管压力恢复小于 1MPa/d，套压下降。见图 3。

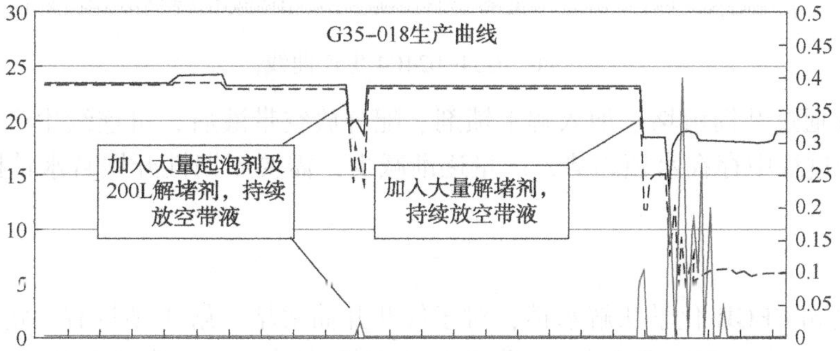

图 3 G35-018 生产曲线

10 月 2 日至 11 月 3 日为第二阶段，加入大量解堵剂，放空反排带液，进行井筒清洗，施工前后清洗效果明显。见图 4、图 5。

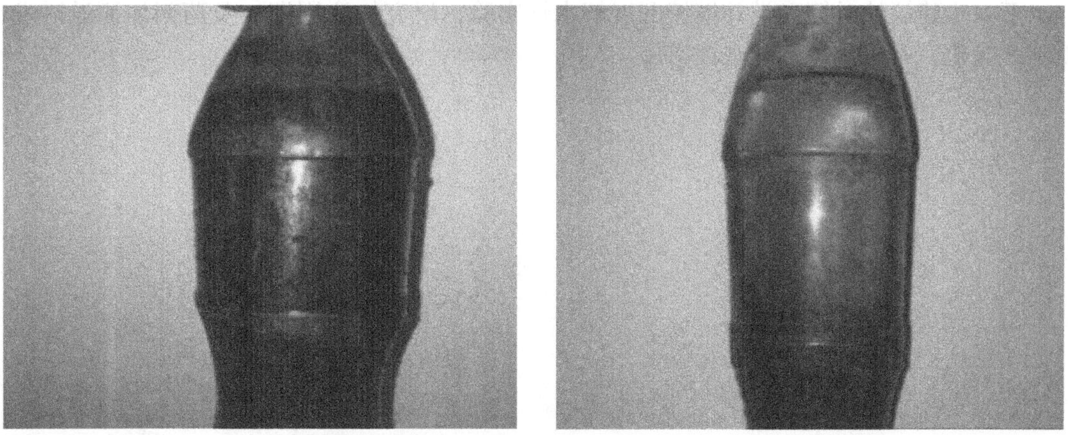

图 4 G35-018 施工初水样

图 5　G35-018 施工后水样

施工初期放空时水样极脏，含糊状黑色垢物，垢物干燥后呈固体；施工后期水样较干净，对比说明井筒清洗较彻底。气井后期放空带液关井后压力不恢复，积液严重，仍无法恢复生产。

（2）G34-024C4 井于 4 月开始实验，初期加入少量起泡剂，带出进井地带及井筒积液，压力恢复速度增快。关井复压至油套压差小于 0.5MPa 后油管一次加注 1000L 解水锁剂和 200L 解堵剂，关井 36h 后开井生产。生产时关注气井产液情况，如不产液采取放空作业。

恢复生产后采取泡排进一步排液，逐步恢复气井应有产量。

3.3　实验效果分析

本次实验分别对两类水锁气井施工，其中 G35-018 井筒解堵效果较好，实验过程中存在排液趋势，但后期产液增大，放空带液后压力不恢复，实验未恢复气井生产。见图 6。

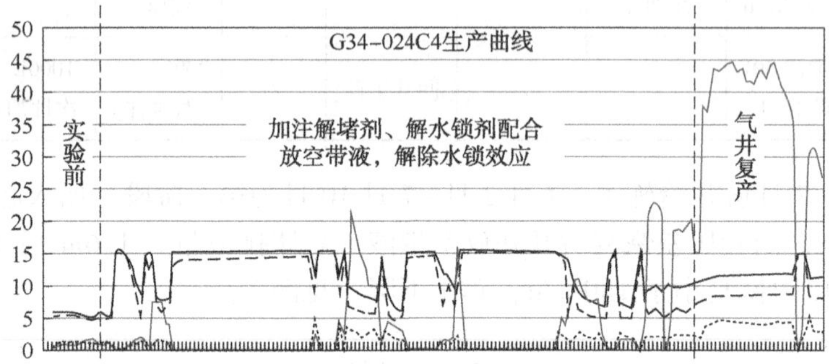

图 6　G34-024C4 生产曲线

G34-024C4 井通过井筒解堵、加入解水锁剂、配合放空带液后，可连续生产，恢复气井应有产量。后期该井生产过程中存在水锁趋势，产量逐渐减少，需要周期性开展解水锁措施。

4　结论及建议

（1）成都××公司 CEGR 化学法解水锁，对于气井井筒解堵、解水锁具有一定作用。

（2）第一类井（高产水积液严重井），化学法解水锁效果不佳；第二类井（高产水积液较轻井）实验效果较好。

（3）G34-024C4 解水锁复产后，由于携液能力下降、关井极易造成水锁，需要加强该井动态监测，及时进行泡排带液，或周期性开展解水锁措施。

（4）下一步建议针对第二类井继续开展解水锁实验，研究加注周期，及药剂加注量需求，进行解水锁制度优化，常态化进行解水锁措施。

基于筒形基础的循环荷载作用效应研究

岳　琦　罗晓健

（中国石油集团海洋工程有限公司海洋工程设计院）

摘　要　海上风机现已成为清洁能源发展的重要增长极，中国现已成为海上风电产业大国，累计装机规模位居世界第一。固定式海上风机基础结构在服役期间承受风浪等循环荷载的作用，对基础结构的设计带来了严峻的考验，因此全生命周期内的风机基础稳定性研究备受关注。本文首先总结了循环荷载作用下海洋软黏土强度弱化规律以及循环荷载作用下土体弱化对筒形基础地基承载力的影响规律研究现状。并基于ABAQUS分析了均质土和正常固结土条件下，单向、双向和多向循环荷载对筒型基础的作用情况，对不同土体下循环荷载的作用效应进行了研究。结果显示：筒型基础承载力随着循环荷载幅值和循环次数的增加而降低，在相同的循环荷载幅值和循环次数条件下，单向和多向循环荷载作用时承载力的降幅相对较小且基本相同；双向循环荷载作用下承载力的降幅最大，但不同循环荷载用作所引起的承载力降幅最大差别不超过10%。进一步基于数值计算结果，通过引入循环荷载衰减系数，提出了考虑包括循环荷载类型、循环荷载幅值以及循环次数因素在内的筒形基础竖向、水平、抗倾覆以及抗滑承载力评估方法。该评估方法与有限元法的计算结果误差在15%以内，具有一定的准确性，可快速预测循环荷载作用下筒形基础承载力弱化情况，为相关研究设计提供参考。

关键词　海上风机；筒形基础；多向循环荷载；基础承载力

风力发电已成为可再生能源发展的核心领域，截至2023年底，全球海上风电装机总量已经达到64.3GW（图1）。中国于2021年首次超越英国成为全球海上风电累计装机规模最大的国家，并在2023年继续保持了这一地位。

现阶段海上风电单桩基础的直径已经达到8m以上，大直径单桩基础的安装施工极大增

加风电基础的建造成本，降低经济效益。因此我国风电行业的发展需要找到更加适应中国近海风场土质的新型风电基础结构。

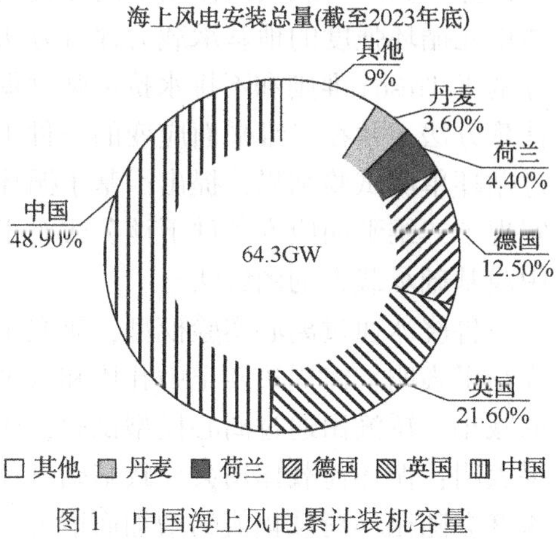

图1　中国海上风电累计装机容量

筒形基础是一种顶端封闭、底部开口的钢圆筒结构，如图2所示。是近几年逐渐受到重视的海上风电基础型式，与其他基础型式相比，筒形基础具有安装周期短、受海上复杂环境影响程度小、制造与施工成本低等诸多优点，具有广阔的应用前景，随着海上风电场大规模开发与建设，逐渐成为海上风电机组一种重要的基础型式。

海上风机的一般服役时间为20~30年，在此期间将经历数百万次的风、浪等循环荷载，造成风电基础长期的累积变形。挪威船级社（Det Norske Veritas，DNV）规范指出在风力机运行期间，基础的累积倾角应小于0.5°（包含了安装阶段引起的倾角），若超过这一限度，将导致顶部的风力机转子无法继续工作。风、浪荷载通常作用在海床以上一定高度处，会在基础顶部产生水平和倾覆荷载，这些循环动荷载会导致筒形基础对周围土体产生作用，引起疲劳。特别是对于软黏土层，在作用于结构的同时造成土体强度的降低，此外，当循环荷载值较大时，会引起土体的超孔隙水压力的

图 2　单筒、三筒和四筒基础

降低，使得其整体宏观强度出现降低，两种作用综合起来，使土体整体强度降低，进而造成筒形基础承载力降低，威胁到上部结构稳定性与风机正常工作。因此，针对复杂循环荷载作用下筒形基础的循环后承载性能展开研究尤为重要。

1　文献综述

海上风电在遭受风、浪等循环荷载时，基础的承载特性和变形特性可能会随着土体性质以及基础与土之间接触面属性的变化而变化。对于筒形基础循环响应特性的研究主要采用数值模拟和试验的手段进行分析。

栾茂田等基于拟静力方法建立了筒形基础复合加载模式下循环承载性能的计算模型，分析了循环荷载作用后承载力与极限承载力之间关系。李驰等通过一系列的软土不固结不排水试验，提出软土在静、循环荷载共同作用下的强度变化符合 Mises 屈服准则。根据三轴试验结果，提出了基于土体单元循环强度的地基承载力评价方法，并分析了筒形基础竖向和水平向单向承载力的衰减。Xiao 等基于 Tresca 准则和不排水抗剪强度弱化公式，提出了一种基于理想弹塑性本构弱化模型的承载力计算方法，并在二维平面应变的条件下分析了浅基础承载力随循环次数衰减的规律。Lazcano 等通过循环单剪试验结果，提出了基于循环剪应力以及孔隙比的孔隙水压力预测公式，利用有限差分法实现了二维平面应变条件下该公式对于浅基础循环承载特性弱化规律的分析，提出了计算黏土地基中浅基础承载力的图解法。

鲁晓冰通过离心实验模型，研究了筒形基础砂土中单向循环荷载作用下的变形和承载特性，研究结果表明：筒周边砂土中孔压和水平向位移均随循环荷载的增加而增大，基础的承载力有小幅度的减小。矫滨田通过离心模型试验，研究了循环荷载作用下黏性土地基中孔压的发展规律，研究结果表明：循环荷载作用会导致基础直径 2 倍范围内发生沉降，且孔压发展规律显示土体发生液化的深度会随循环荷载幅值的增加而增大。Byren 和 Houslby 基于试验方法，研究了砂土中筒形基础受循环荷载时，竖向荷载对水平承载力和变形的影响，并根据研究成果提出了评估方法。Vaitkune 通过模型试验研究了长期循环荷载对竖向承载力影响，研究结果表明：长期循环荷载会导致竖向承载力降低约 25%。朱斌等通过开展软黏土地基中吸力式桶型基础水平静力与循环受荷的离心机试验，发现循环加载作用下土与结构相互作用刚度出现明显弱化。王建华和杨海明基于大比尺模型试验发现单桶基础的水平循环承载力小于静承载力，且基础破坏的循环荷载与循环次数与竖向静荷载有关。Kim 等针对海上风电三桶式桶型基础，在粉土地基中开展了基础静力与循环受荷特性离心模型试验，研究发现当循环荷载小于静力倾覆荷载式，三桶式基础的累积变形几乎可忽略不计，反之则基础的累积变形开始迅速增加。Gharbawy 通过一系列黏性土中的静荷载与循环荷载作用的吸力锚实验，研究了吸力锚破坏模式与极限承载力，研究结果表明：加荷速率对承载力和破坏模式有重要影响，循环荷载的幅值上限为长期抗拔承载力。Gharbawy 和 Olson 通过模型试验，研究了吸力锚循环承载力，研究结果表明：循环承载力降低为单调荷载的80%～90%，且循环承载力与循环次数、荷载频率和加载方向均有关系，当循环荷载频率降低时，循环承载力有降低趋势。Clukey和Morrison通过离心模型试验，研究了吸力锚作为张力腿平台循环荷载作用时的抗拔承载特性，研究结果表明：循环荷载作用下，吸力锚承载力降低为静承载力的60%～90%。

从上述的文献调研中可以看出，对于循环特性大多还是停留在土体单元验证的分析上，循环荷载作用下基础的承载特性研究主要以试验和数值模二维平面应变分析为主，三维有限元模拟不足。此外，对于多向循环荷载作用下筒形基础的各向承载力变化研究相对较少。

2　有限元分析模型的建立

由于研究对象中包含多向循环荷载，因此只能建立筒-土相互作用的全耦合模型。筒形基础的顶板和裙板壁厚均设置为0.1m，直径D=4m，基础长径比设置为L/D=3。具体研究工况如表1所示，其中多向循环方向为0°、30°、60°和90°，每个方向依次循环10次，重复5次，共计200次。

表1　计算工况安排

土质	长径比 L/D	荷载幅值	循环荷载方向	总循环荷载次数 N	计算项目
均质土、正常固结土	3	$0.25H_{ult}$	单向	0、40、80、120、160、200	水平、竖向、抗倾循环后承载力
		$0.50H_{ult}$	双向		
		$0.80H_{ult}$	多向		

计算中假定筒形基础为刚体，其耦合点作用于顶面中心处。土体采用耦合应变软化效应模型进行模拟。计算考虑两类土体性质，其中一种为均质土，即土体不排水抗剪强度s_u为常量，本文设置为20kPa；另一种为正常固结土，土体不排水抗剪强度s_u沿深度呈线性变化，此处设置为s_u=1.25z。两类土体的泊松比υ=0.48，土体有效容重取值为γ'=6kN/m^3。计算中涉及的其他土体参数如表2所示。由于正常固结土中土体不排水抗剪强度s_u随深度变化，在ABAQUS中通过温度场进行设置，表2给了泥面和深度z=30m位置处的土体参数取值。

表2　土体参数设置

土性	z/m	s_u/kPa	E_{in}/s_u	E_{in}/kPa	C_{in}/kPa	σ_y/kPa	σ_0/σ_y	γ_v	ζ_{95}	S_t	Field
均质土	—	20	300	6000	6000	34.64	0.3	247.44	10	2.5	1
		8	300	2400	2400	13.86	0.3	247.44	10	2.5	0.4
正常固结土	0	0.1	300	30	30	0.17	0.3	247.44	10	2.5	1
	0	0.04	300	12	12	0.07	0.3	247.44	10	2.5	0.4
	30	37.6	300	11280	11280	65.13	19.54	247.44	10	2.5	1
	30	15.04	300	4512	4512	26.05	7.82	247.44	10	2.5	0.4

为了消除边界条件的影响，模型中土体直径设为20D，土体高度为2L+D。模型底部边界为z向位移约束，四周施加x、y向位移约束。设置筒-土接触类型为粗糙不可分离。结合有限元模型的形状特点，选择中性轴(Medial Axis)算法和扫略(Sweep)的网格划分技术对模型进行网格划分。设置筒形基础的单元类型为C3D8R减缩积分单元，土体单元为C3D8单元。为了保证计算的准确性，对筒形基础周边的土体网格进行局部加密优化，加密后的最小网格厚度为0.01D。网格划分后的模型如图3所示。

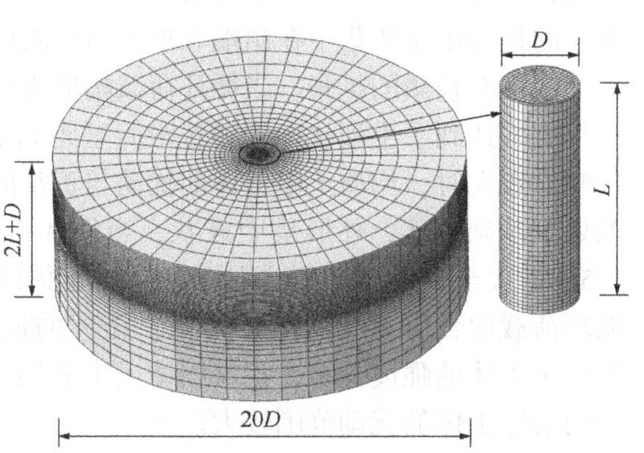

图3　有限元模型

3　循环荷载作用下地基土的响应

3.1　单向循环荷载作用下的地基土响应

以循环荷载幅值为 $0.25H_{sult}$ 和 $0.8H_{sult}$ 的工况为例，提取单向循环荷载作用下的循环滞回圈如图 4所示，图中 N_{cHs} 表示基础的循环后抗滑承载力系数，$N_{cHs}=H_s/A_{su0}$，H_s 为抗滑承载力，荷载循环次数为 200 次。从图中可以看出，当循环幅值较小时，单个循环的峰值荷载降幅相对较小；循环幅值较大时，单个循环的峰值荷载降低程度显著，且降低程度随循环次数的增加逐渐趋于稳定。此外，在低幅值情况下，正常固结土中峰值荷载的降幅较均质土中更明显。

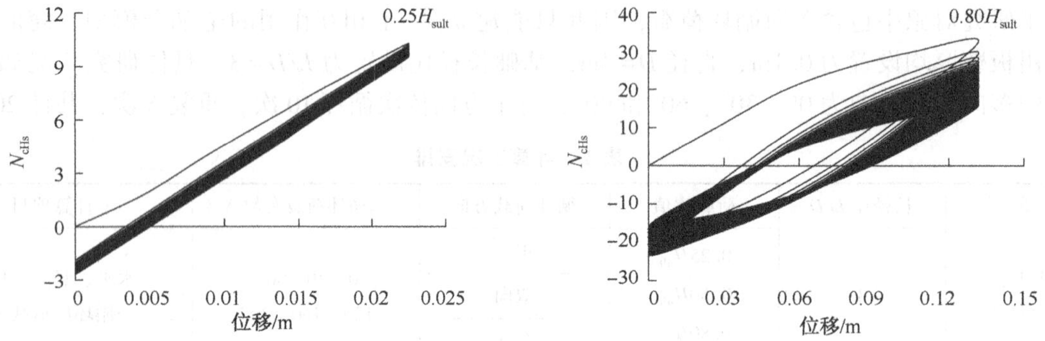

(a)均质土

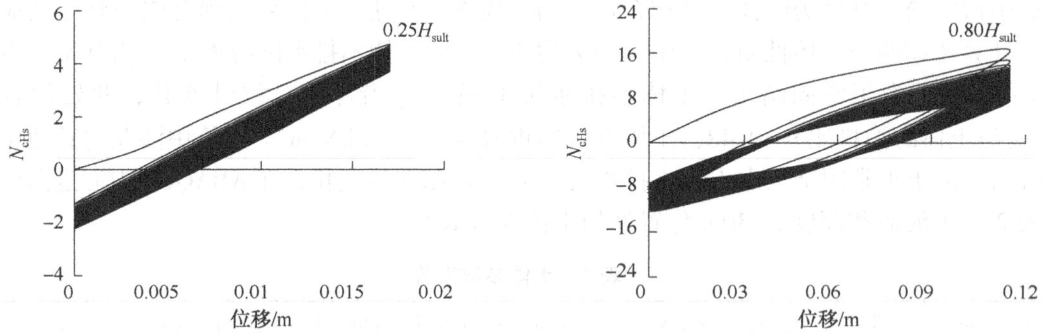

(b)正常固结土

图 4　单向循环荷载作用下的循环滞回圈

图 4 中滞回圈峰值荷载的变化表明了循环荷载对土体的扰动情况，峰值荷载降幅越大，说明土体受扰动越明显。为进一步观察单向循环荷载对土体的扰动情况，提取不同循环次数下的应变软化系数云图如图 5 所示。

从图 5(a)中可以看出，当循环荷载幅值较小时，均质土中循环荷载对土体的扰动主要集中在裙端，土体扰动程度随着循环荷载次数的增加而扩大，但扰动范围基本不变；而在正常固结土中，土体的扰动则主要集中在裙端和顶盖前后两侧，随着循环荷载次数的增加，扰动程度越来越大，扰动范围也有轻微的扩张。当循环荷载幅值为 $0.80H_{sult}$ 时，筒壁周边土体受扰动程度最大，其最大扰动程度均达到了重塑状态，随着距筒壁距离的增加，扰动程度逐渐降低。图 5(b)表明：当循环荷载幅值较大时，均质土中土体的扰动与正常固结土存在显著不同。在均质土中，土体的最大扰动范围处于基础中部，外形呈中鼓状，当循环荷载次数由 40 增加至 200 时，土体的最大扰动范围从 $1.5D$ 扩大至 $2D$；而在正常固结土中，土体的扰动范围近似呈楔形，最大扰动范围处于筒顶端，当循环荷载次数由 40 增加至 200 时，土体的最大扰动范围从 $2D$ 扩大至 $3D$。存在这种差异的主要原因在于土体的强度分布，正常固结土中表层土体的不排水抗剪强度较小，更易受循环荷载的影响，因而表层土体的扰动范围较大。

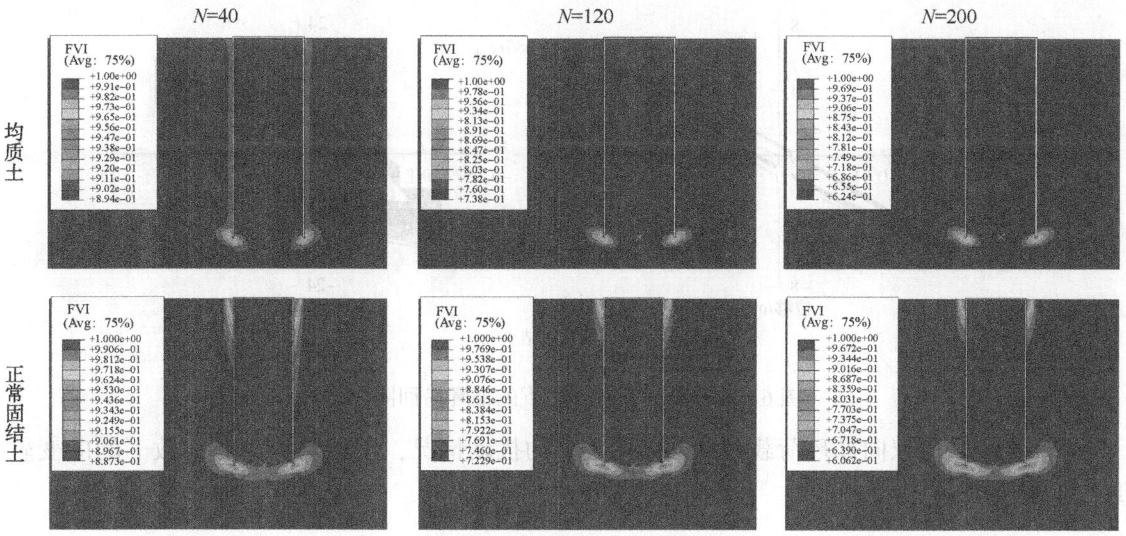

(a)$0.25H_{sult}$

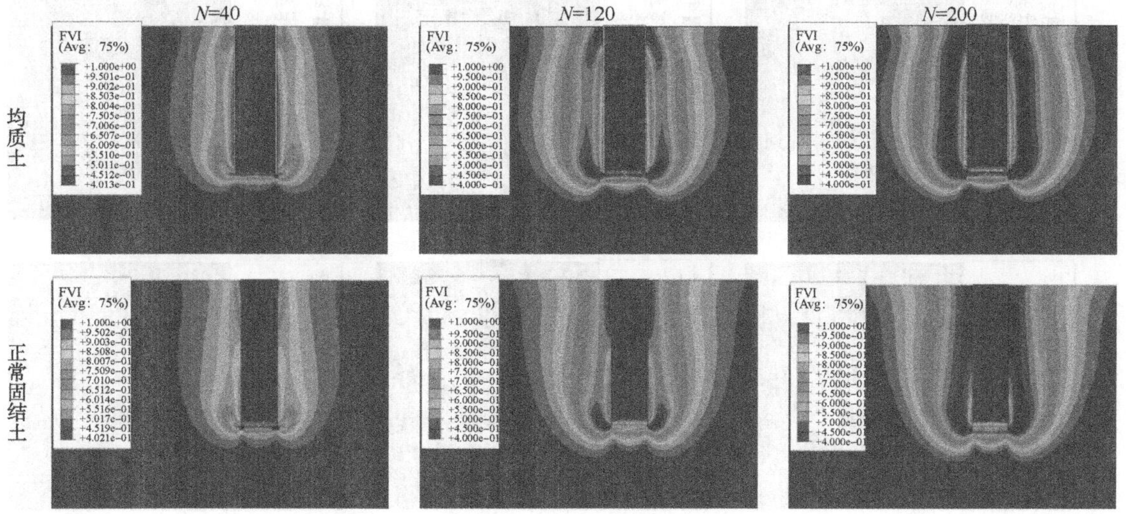

(b)$0.80H_{sult}$

图 5　单向循环荷载作用下的应变软化系数 β_s 云图

3.2　双向循环荷载作用下的地基土响应

图 6 给出了循环荷载幅值为 $0.25H_{sult}$ 和 $0.8H_{sult}$ 工况的双向水平循环荷载作用下的循环滞回圈。从图中可以看出，当循环幅值较小时，峰值荷载变化较小；而循环幅值较大时，峰值荷载随循环次数的增加不断降低并逐渐趋于稳定。

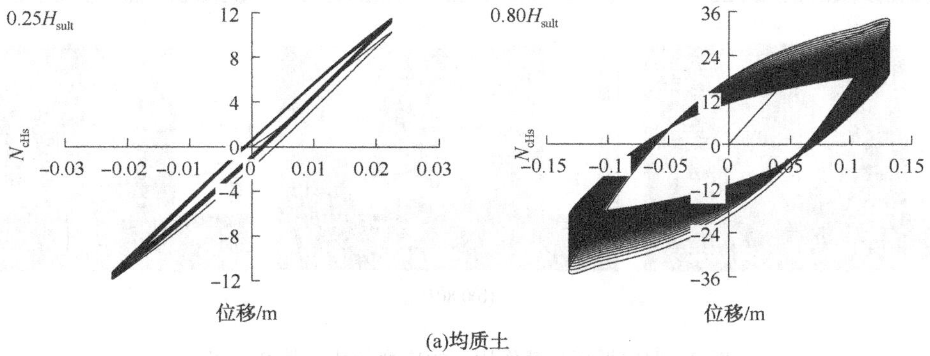

(a)均质土

图 6　双向循环荷载作用下的循环滞回圈

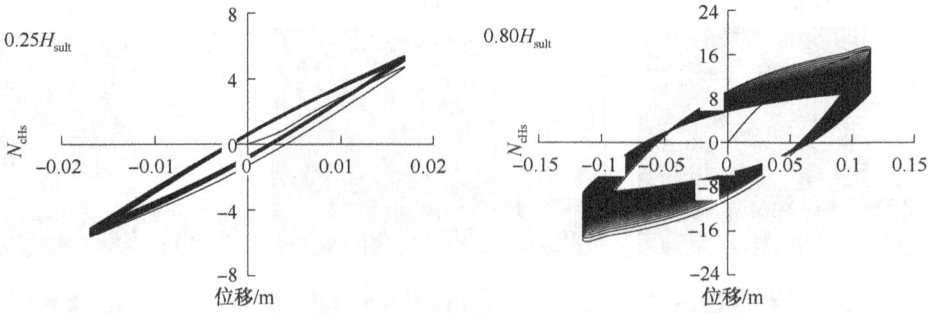

(b)正常固结土

图 6　双向循环荷载作用下的循环滞回圈(续)

为了进一步观察双向循环荷载对基础周边土体的扰动情况，提取不同循环次数下的应变软化系数云图如图 7 所示。

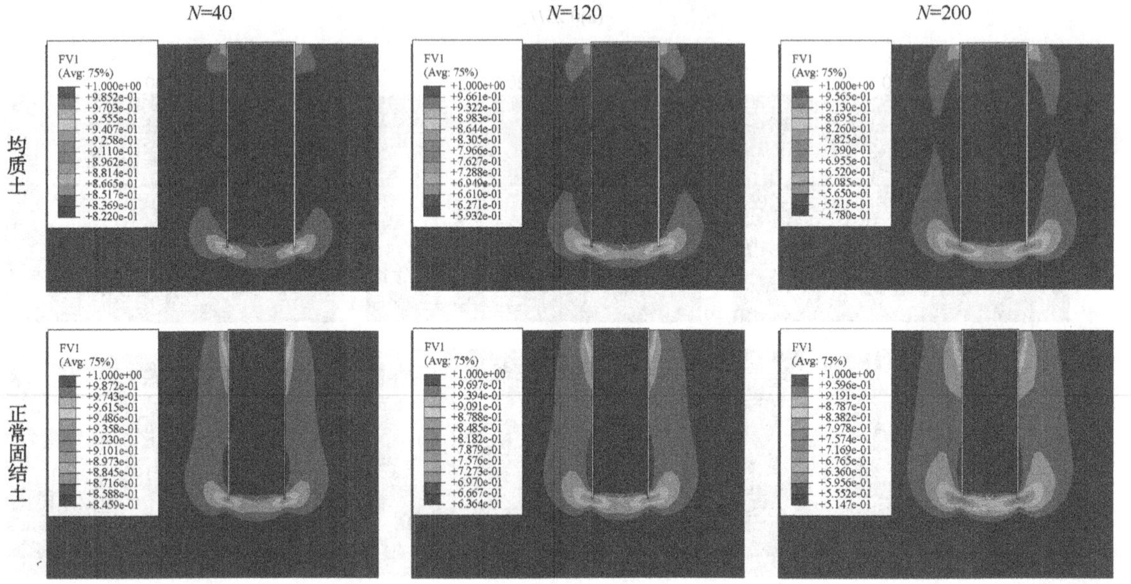

(a)0.25H_{sult}

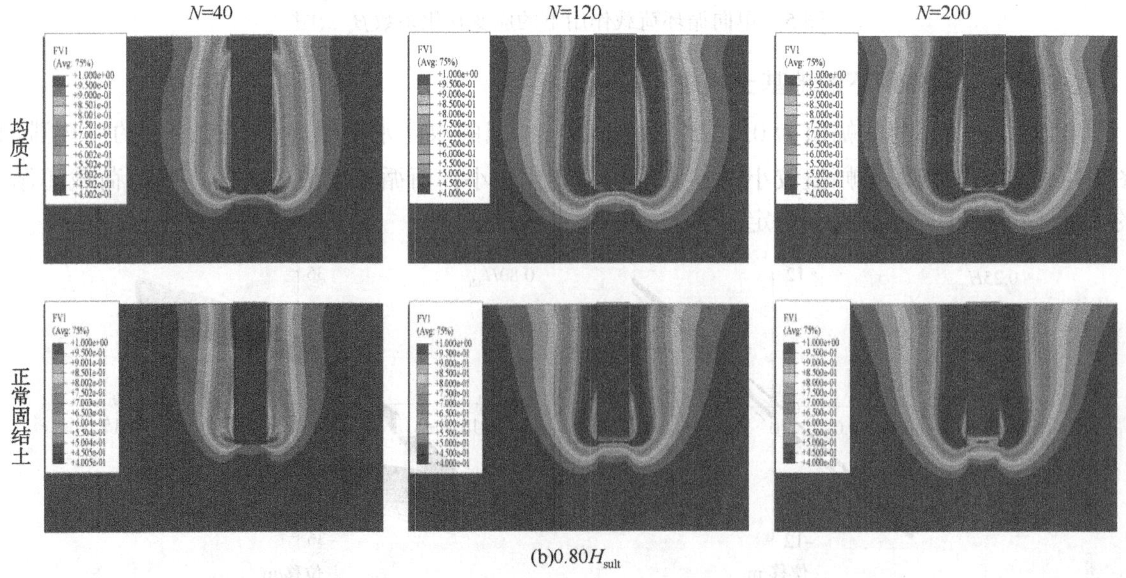

(b)0.80H_{sult}

图 7　双向循环荷载作用下的应变软化系数 βs 云图

通过对比图7(a)不同循环荷载幅值和不同土性条件下土体的应变云图可以发现，低荷载幅值条件下，均质土中筒形基础周边土体的扰动由筒顶两侧和裙端两侧位置开始；随着循环次数的增加，筒顶两侧和裙端两侧的扰动范围不断扩张，并相互靠近形成连续的扰动带。而在正常固结土中，当循环次数较少时，筒壁两侧就已经形成了扰动带，随着循环次数的增加，扰动带范围不断扩张。图7(b)表明：高循环荷载幅值条件下，双向循环荷载对土体的扰动与单向循环荷载类似，最大扰动范围为2.5D；正常固结土中的土体扰动范围呈楔形，最大扰动范围为3.5D；因此双向循环荷载作用下，均质土中土体的扰动范围小于正常固结土。此外，与单向循环荷载作用下的土体扰动程度相比，双向循环荷载作用对土体的扰动程度更明显。

3.3 多向循环荷载作用下的地基土响应

图8给出了多向水平循环荷载作用下的循环滞回圈，图中位移和荷载均为循环方向上的总位移和总荷载。与单向和双向循环荷载滞回圈类似，多向循环荷载作用下，当循环幅值较小时，峰值荷载随循环次数的增加表现出轻微的降低趋势；而循环幅值较大时，单个循环的峰值荷载降低程度显著，且降低程度随循环次数的增加逐渐趋于稳定。

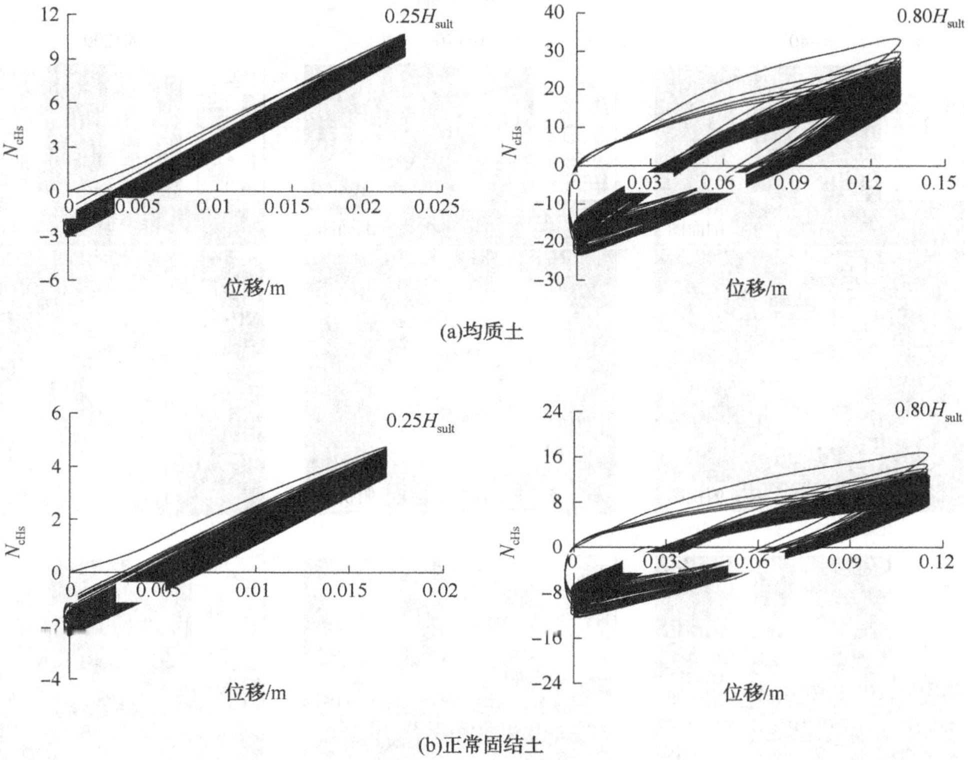

图8　多向循环荷载作用下的循环滞回圈

为了进一步观察多向循环荷载对基础周边土体的扰动情况，提取不同循环次数下的应变软化系数云图如图9所示。

从图9中可以看出，多向循环荷载作用下，均质土和正常固结土中土体的扰动范围基本类似。当多向循环荷载幅值较小时，由于循环荷载沿x正向每间隔30°向y正向运动，因此基础周边一圈土体均受到了扰动，但正常固结土中的扰动程度略大于均质土。由于多向循环荷载在循环过程中会变换方向，当多向循环荷载幅值较大时，仅凭应变软化系数剖面图无法全面捕捉土体扰动情况，因此绘制了俯视图进行分析，图9(b)表明：基础周边土体的扰动呈现出明显的方向性，即与x轴正向夹角为45°方向上土体受扰动程度最大，这是因为当多向循环荷载在0°至90°间隔30°变化时，45°方向上的土体受到每个方向上循环扰动的叠加作用，导致该方向土体扰动范围和程度最大，均质土和正常固结土中该方向上最大扰动范围分别为2D和3D。可见，多向循环荷载对均质土和正常固结土的扰动具有相似的规律性，但正常固结土中土体的受扰动范围更大。

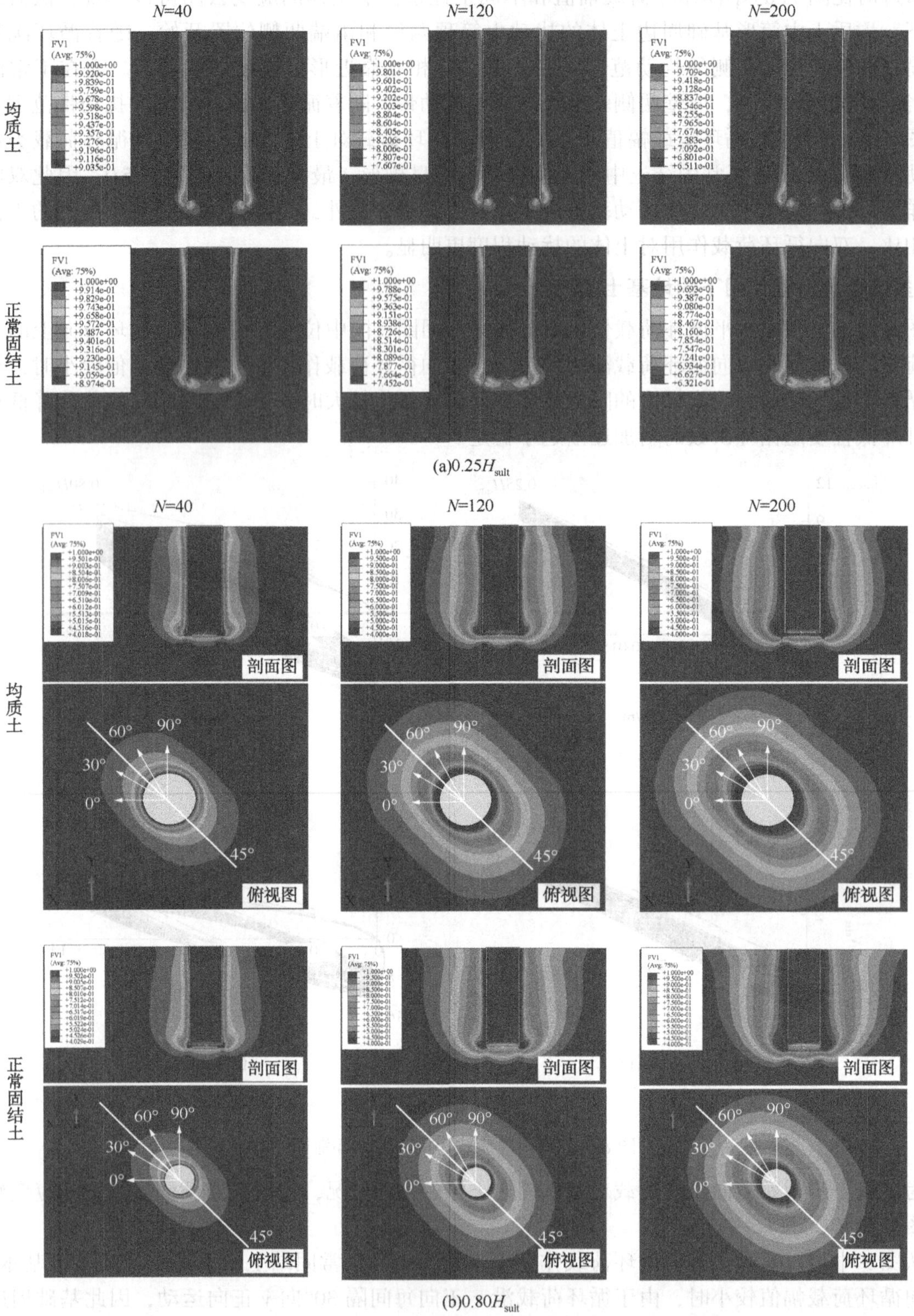

图 9 多向循环荷载作用下的应变软化系数 βs 云图

4 循环荷载对筒形基础承载力的影响

4.1 循环荷载对竖向承载力的影响

为了分析循环荷载作用对筒形基础竖向承载力的影响，将单向、双向和多向循环荷载作用后基础的竖向承载力计算结果汇总并绘制成曲线，如图 10 所示。

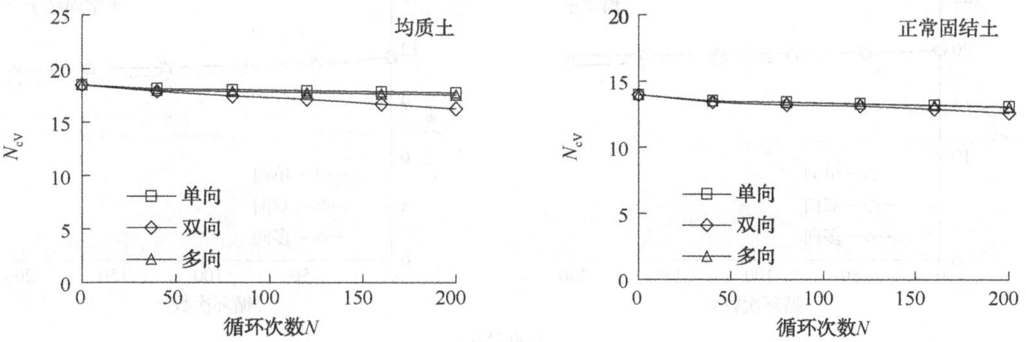

(a)$0.25H_{sult}$

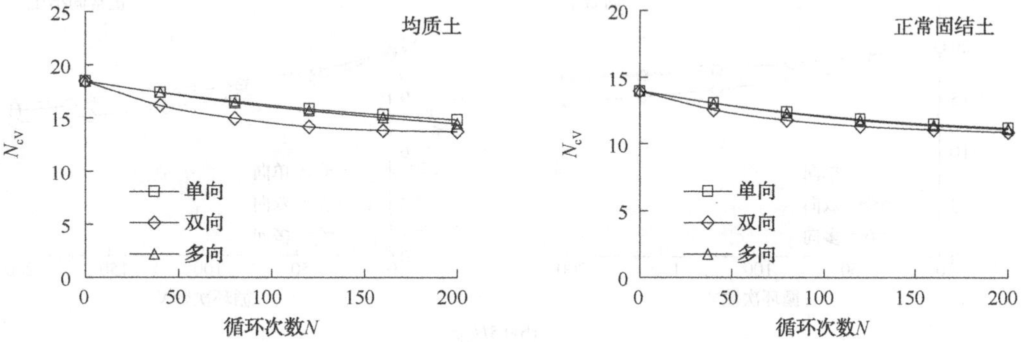

(b)$0.5H_{sult}$

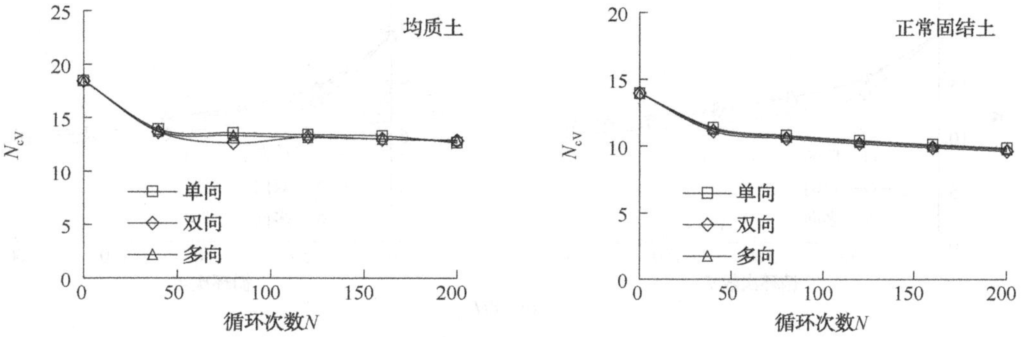

(c)$0.8H_{sult}$

图 10　循环后筒形基础竖向承载力变化趋势

结合图 10 中的数据可以发现，均质土中单向循环荷载作用下筒形基础的竖向承载力降幅由低循环幅值时的 4%增大至高循环幅值 31%，对应双向循环荷载作用下的降幅由 12%增大为 30%，多向循环荷载作用下的降幅由 5%增大为 30%；可见，低循环幅值条件下，双向循环荷载作用对筒形基础的竖向承载力影响明显；高幅值条件下，各循环荷载对竖向承载力的影响差异性较小，且当循环次数大于 40 次时竖向荷载受循环次数的影响趋于稳定。分析其原因在于，竖向承载力主要来自于侧阻和端阻，而根据前述分析，筒形基础侧壁和端部土体又恰好是受循环荷载作用扰动最先开始且扰动程度最剧烈的位置，在高幅值循环荷载作用下，少量循环即可使得筒壁和筒端土体降低至重塑强度，因而各类循环荷载作用下竖向承载力的差异较小。正常固结土中，低幅值单向循环荷载作用下，筒形基础的竖向承载力降低程度由低循环幅值时的 6. 4%上升至高幅值时的 29. 4%，而对应的双向循环荷载作用下降幅由 9. 8%上升至 31%，多向循环荷载作用下降幅由 6. 6%上升至 30%。高幅值条件下，两种土质中各类循环荷载对筒形基础竖向承载力的折减程度基本一致。

4.2　循环荷载对水平承载力的影响

不同循环荷载作用后筒形基础的水平承载力计算结果汇总并绘制成如图 11 所示的曲线。

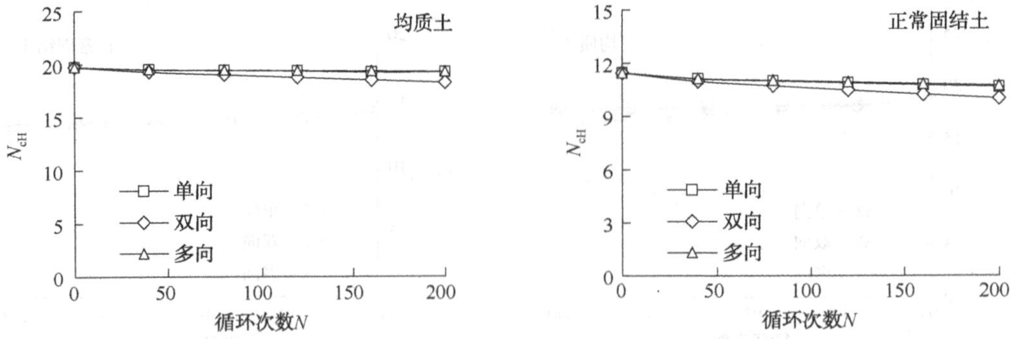

(a)$0.25H_{sult}$

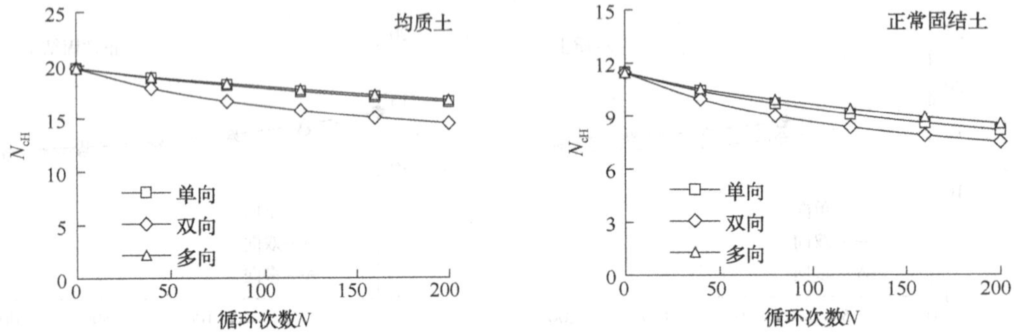

(b)$0.5H_{sult}$

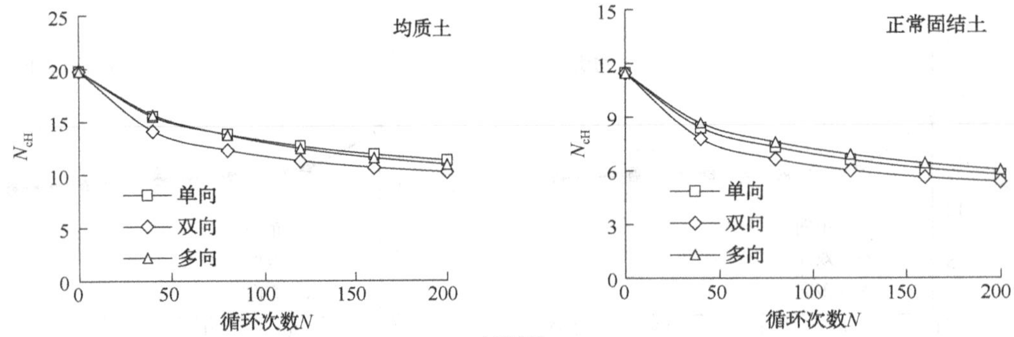

(c)$0.8H_{sult}$

图 11　循环后筒形基础水平承载力变化趋势

从图 11 中可以看出，筒形基础循环后的水平承载力均随着循环次数的增加而降低，且降低的幅度随循环幅值的增加而提高。均质土和正常固结土中均表现出了相同的规律，即双向循环荷载对筒形基础的水平承载力影响最大，单向和多向循环荷载的影响程度相近。在均质土中，单向和多向循环荷载作用下，筒形基础的水平承载力最大降幅由低循环幅值时的 3%扩大至高循环幅值时的 43%左右；而在低幅值和高幅值双向循环荷载作用下，对应的筒形基础水平承载力最大降幅分别为 8%和 48%。在正常固结土中，单向和多向循环荷载作用下，低幅值和高幅值条件下水平承载力的最大降幅约为 7%和 48%，而对应双向循环荷载作用下的最大降幅为 13%和 53%。对比数据显示，正常固结土中，筒形基础的水平承载力受循环荷载的影响较大，且受双向循环荷载的影响最大。

4.3　循环荷载对抗倾覆承载力的影响

不同循环荷载作用后筒形基础的抗倾覆承载力计算结果汇总并绘制成如图 12 所示的曲线。筒形基础的抗倾覆承载力随循环次数的增加而降低，且降低程度还与循环幅值和循环荷载类型有关。

与水平承载力受循环荷载的影响规律类似，筒形基础的抗倾覆承载力也随着循环次数的增加而降低，降低的程度随循环荷载幅值的增加而提高。均质土中和正常固结土中，筒形基础的抗倾覆承载力受双向循环作用的影响最大，受单向和多向循环荷载的影响相对较小。此外，当循环荷载幅值

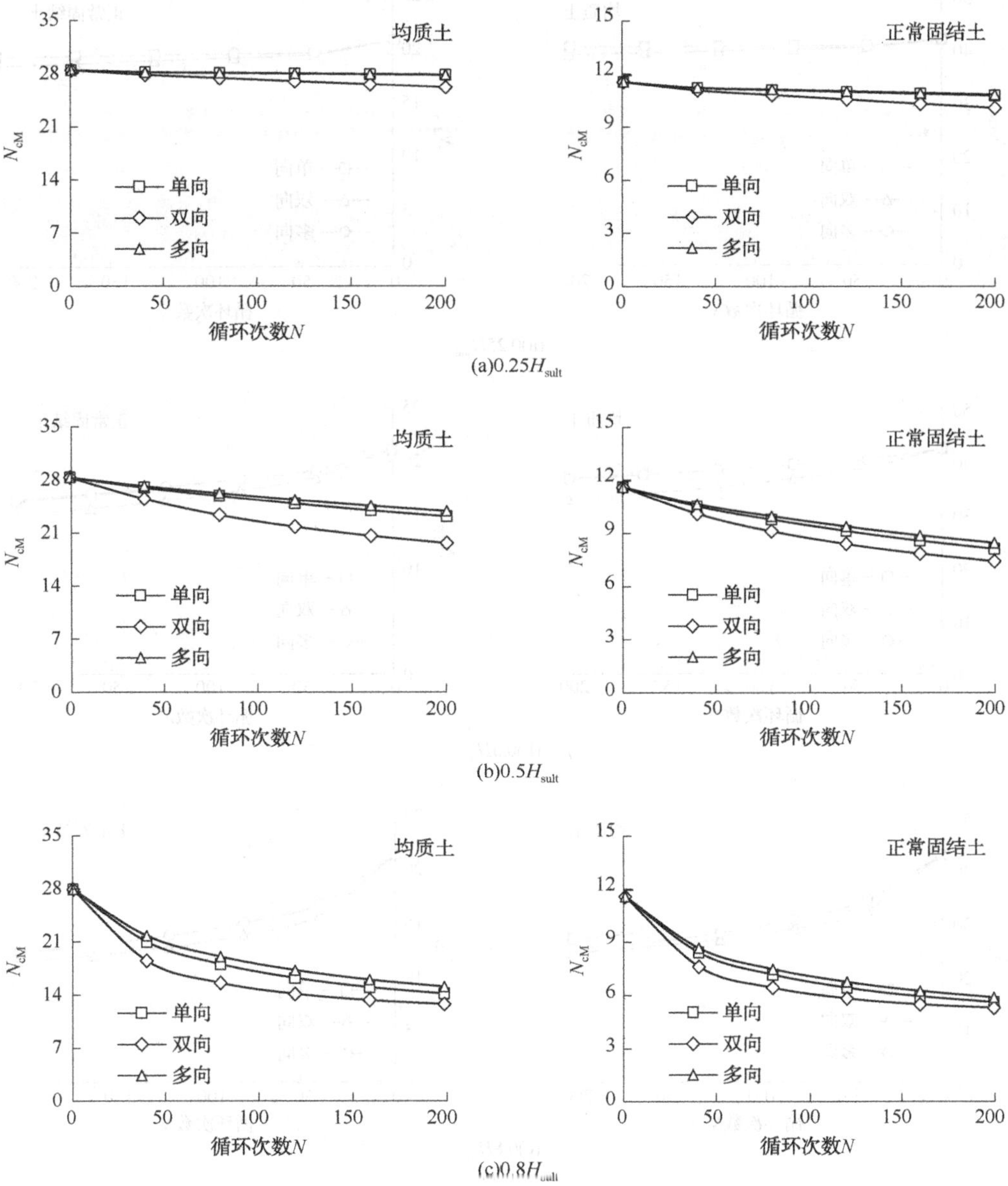

图 12　循环后筒形基础抗倾覆承载力变化趋势

为 $0.25H_{sult}$ 和 $0.5H_{sult}$ 时，双向循环荷载对抗倾覆承载力的影响与单向和多向循环荷载对抗倾覆承载力的影响差异性随循环次数的增加而扩大，但当循环幅增大到 $0.8H_{sult}$ 时，这种差异性随循环次数的增加先扩大而后逐渐缩小。这种规律在筒形基础水平承载力的变化趋势中也可以发现。这主要是因为高循环荷载幅值条件下，土体受循环荷载的扰动程度随循环次数的增加而增大，不同循环荷载类型对土体扰动程度的差异性也得以放大；随着循环次数的继续增大，不同循环荷载作用下筒形基础周边土体受扰动程度达到最大，直至趋向于进入重塑状态，即土体受不同循环影响的最终状态趋于一致，因而抗倾覆和水平承载力受循环荷载影响的差异性随循环次数的变化表现出先增大后降低的规律。

4.4　循环荷载对抗滑承载力的影响

对于海上风电筒形基础或导管架等多筒基础而言，在水平荷载作用下其抗滑稳定性也同样重要。开展的离心机试验初步揭示了单向、双向和多向循环荷载作用对筒形基础抗滑承载力的影响，为了进一步明确筒形基础抗滑承载力受循环荷载作用的影响程度，将各类循环荷载作用后基础的水平抗滑承载力计算结果汇总。为了更直观的观察筒形基础循环后水平抗滑承载力的变化趋势，将计算结果绘制成曲线，如图 13 所示。

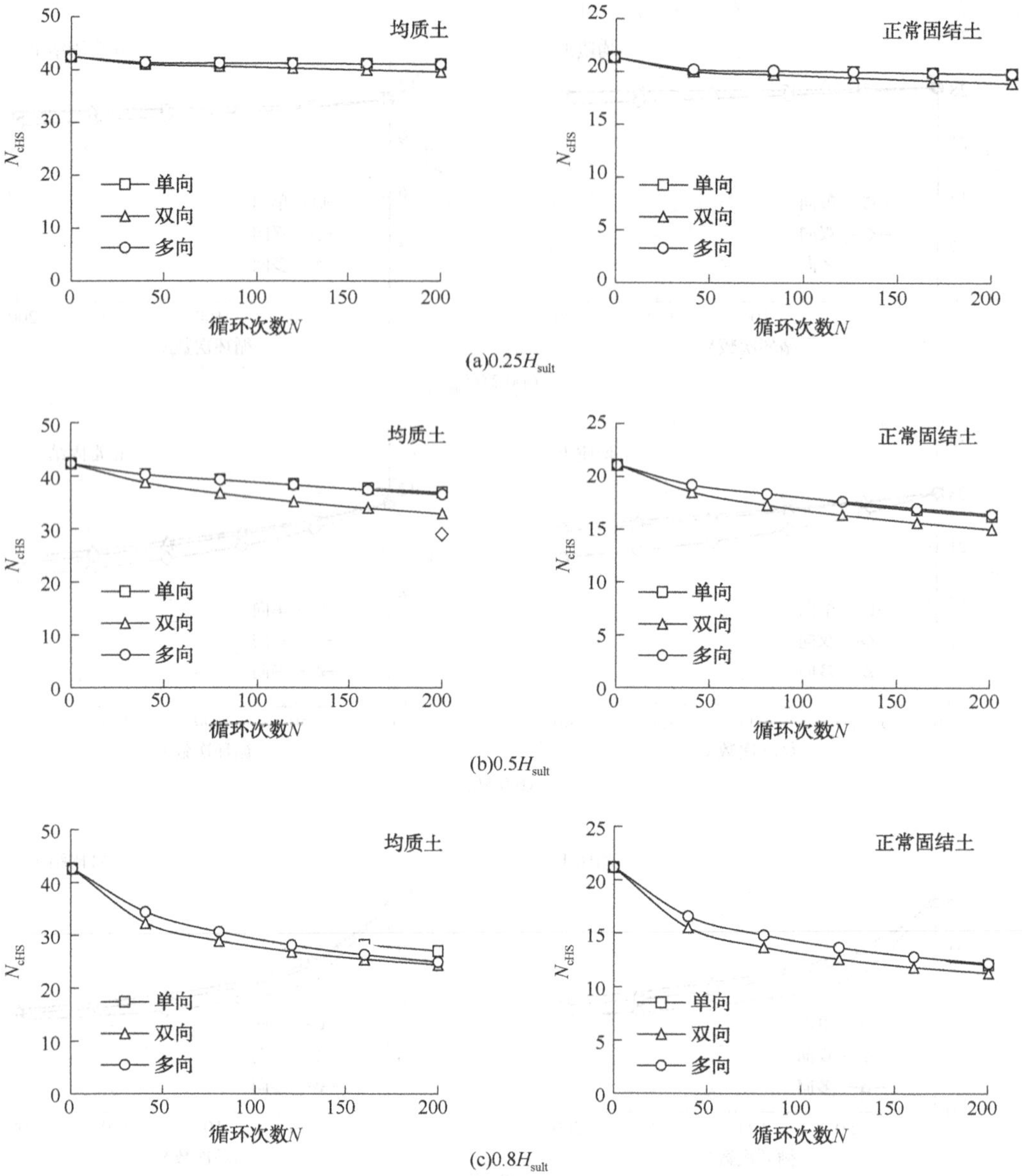

图 13　循环后筒形基础抗滑承载力变化趋势

从图 13 中可以看出，均质土中，200 次单向循环荷载作用下筒形基础的水平抗滑承载力降幅由低荷载幅值时的 3.4%增大至 36.6%，对应双向循环荷载作用下的降幅由 6.7%增大为 42.8%，多向循环荷载作用下的降幅由 3.5%增大为 41.5%；因此，双向循环荷载对水平抗滑承载力的影响最大，多向循环荷载居中，单向循环荷载影响最小。这主要是因为循环后水平滑动荷载的施加方向与各类循环荷载初始作用方向一致，而双向循环荷载在该方向上存在反向加、卸载，因此对此方向上土体的扰动范围最大；而多向循环荷载由于作用过程中方向发生变化，虽然在循环后荷载施加方向上的扰动范围低于单向循环荷载，但在环向的影响范围明显大于单向循环荷载，因此在循环荷载幅值和循环次数较大时，多向循环荷载对水平抗滑承载力的影响大于单向循环荷载。虽然不同循环荷载类型对筒形基础水平抗滑承载力的影响存在差异性，但最大差异不足 10%。正常固结土中不同循环荷载类型对基础水平抗滑承载力的影响规律基本相同，但最大影响差异更小，仅 7%左右。

4.5　循环荷载对筒形基础承载力影响的对比

通过对比图 9~图 13 发现，正常固结土中筒形基础的各向承载力受循环荷载作用的影响较均质土中更为显著。在正常固结土中，筒形基础竖向承载力在经历 200 次单向、双向和多向循环荷载作用后，其承载力最大降幅分别为 29%、31%和 30%，说明经过多次、大幅值循环荷载作用后，单向、双向和多向循环荷载对竖向承载力的影响基本一致。同样情况下，筒形基础的水平承载力最大降幅分别为50%、53%和47%，说明双向循环荷载对水平承载力的影响最大，多向循环荷载的影响居中，单向循环荷载最小。至于筒形基础的抗倾覆承载力，其在相同情况下的最大降幅分别为52%、54%和49%，可见双向循环荷载对水平承载力的影响最大，单向和多向循环荷载的影响相对较小。最后是筒形基础的抗滑承载力，其在多次、大幅值循环荷载作用后，承载力最大降幅分别为43%、47%和43%，因此同样也是双向循环荷载对抗滑承载力的影响最大，而单向和多向循环荷载对抗滑承载力的影响一致。

综上所述，筒形基础的竖向承载力受循环荷载的影响最小，抗滑承载力受循环荷载的影响居中，水平和抗倾覆承载力受循环荷载的影响最大，且两者受循环荷载的影响程度相近。虽然在不同的循环荷载类型中，双向循环荷载对筒形基础的各向承载力影响最大，单向和多向循环荷载对承载力的影响稍弱，但从承载力的降幅上来看，这种差异性不足10%。

5 考虑循环荷载作用的筒形基础承载力计算方法

根据前述分析，筒形基础的单向承载力不仅受到不同循环荷载类型的影响，还受循环荷载幅值以及循环次数的影响。为了评估循环荷载对筒形基础承载力的影响，引入循环荷载衰减系数 λ_{ci} 用于计算循环后筒形基础的单向承载力：

$$\lambda_{ci}=\frac{N_{ci,c}}{N_{ci}} \tag{5-1}$$

式中，$N_{ci,c}$ 为循环荷载作用后筒形基础的单向承载力系数，N_{ci} 为普通工况筒形基础的承载力系数；角标 i 可取 V、H、M、H_s，分别表示竖向、水平、抗倾覆以及抗滑承载力。

由于循环荷载衰减系数 λ_{ci} 不仅与循环荷载幅值和循环荷载次数有关，还会受到土质和循环荷载类型的影响，因此可以借鉴式5-2的形式并基于第四节中的计算结果按下式拟合获得：

$$\lambda_{ci}=\delta_{rem}+(1-\delta_{rem})e^{f(\xi)N} \tag{5-2}$$

式中，$f(\xi)$ 为与循环荷载幅值比 ξ 相关的影响系数，可按式5-3的形式进行计算。

$$f(\xi)=\frac{q_1}{q_2+\xi^{q_3}} \tag{5-3}$$

式中，ξ 为循环荷载幅值与水平极限抗滑承载力的比值，$\xi=H_{sc}/H_{sult}$，其中 H_{sc} 为循环荷载幅值，H_{sult} 为正常工况下筒形基础的水平极限抗滑承载力。q_1、q_2、q_3 均为拟合系数。

根据前述分析，虽然在高循环次数和大循环幅值条件下，筒形基础各向承载力受不同循环荷载影响的差异性不足10%，但在低循环次数和低循环幅值条件下，各循环荷载对承载力的影响仍较为明显，因此又必要区别对待。以下分别针对不同方向的筒形基础承载力分别展开计算，计算中考虑了循环荷载次数、幅值以及循环荷载类型的影响。

5.1 考虑循环荷载作用的竖向承载力计算

由于前文已经给出了筒形基础在正常工况下的竖向、水平和抗倾覆承载力计算公式，因此在利用式(5-1)进行考虑循环荷载影响的筒形基础竖向承载力计算时，关键在于循环荷载衰减系数的拟合。结合4.1中的有限元计算结果对竖向承载力的循环荷载衰减系数 λ_{cV} 进行拟合，相关拟合参数可按表3取值。

表3 竖向承载力的循环荷载衰减系数拟合参数

系数	均质土			正常固结土		
	单向	双向	多向	单向	双向	多向
q_1	−0.0159	−0.0430	−0.0186	−0.0129	−0.0185	−0.0106
q_2	1.3883	6.1995	1.8036	1.3810	2.3465	0.8107
q_3	−2.6326	−2.5188	−2.5733	−2.1659	−2.0946	−1.9170

5.2 考虑循环荷载作用的水平承载力计算

与考虑循环荷载影响的筒形基础竖向承载力计算类似，结合4.2节中的有限元计算结果对水平承载力的循环荷载衰减系数 λ_{cH} 进行拟合，相关拟合参数如表4所示。

表4　水平承载力的循环荷载衰减系数拟合参数

系数	均质土			正常固结土		
	单向	双向	多向	单向	双向	多向
q_1	-0.0073	-0.0127	-0.0045	-0.0149	-0.0148	-0.0123
q_2	-0.7234	-0.4685	-1	-0.2597	-0.5036	-0.3216
q_3	-2.3191	-2.1079	-2	-2.2145	-1.8391	-2.19

5.3 考虑循环荷载作用的抗倾覆承载力计算

基于4.3节中的有限元计算结果对抗倾覆承载力的循环荷载衰减系数 λ_{cM} 进行拟合，相关拟合参数如表5所示。在获得抗倾覆承载力的循环荷载衰减系数 λ_{cM} 以后，结合公式即可实现考虑循环荷载作用的筒形基础抗倾覆承载力的计算。

表5　抗倾覆承载力的循环荷载衰减系数拟合参数

系数	均质土			正常固结土		
	单向	双向	多向	单向	双向	多向
q_1	-0.0165	-0.0171	-0.0108	-0.0165	-0.0135	-0.0162
q_2	-0.4172	-0.6260	-0.6299	-0.3029	-0.6775	-0.1397
q_3	-3.1876	-2.3216	-2.8884	-2.2887	-1.7346	-2.3833

5.4 考虑循环荷载作用的抗滑承载力计算方法

对于循环荷载作用下筒形基础的抗滑承载力计算，也同样需要首先得到正常工况下基础的抗滑承载力，然后在此基础上考虑循环荷载作用对承载力的折减。与竖向、水平和抗倾覆承载力计算不同，前文并未给出正常工况下筒形基础抗滑承载力的计算方法。为此，采用极限平衡法推导正常工况下筒形基础的抗滑承载力计算公式，其在水平滑动状态的受力如图14所示。

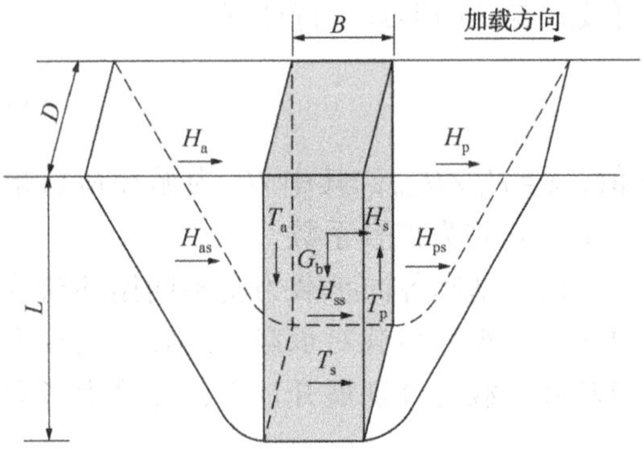

图14　筒形基础受力分析

为了简化分析，将筒形基础按面积等效为长度为 D 宽度为 $B_1=\pi D/4$ 的矩形基础。在水平荷载 H_s 作用下，基础加载方向一侧的土体受压，为被动土压力区；基础背向加载方向的一侧为主动土压力区。当基础达到滑动极限平衡状态时，会在两侧的主、被动区形成土楔体，则基础受到的水平荷载主要包括以下几部分：

（1）主、被动区土楔体对基础的土压力

主、被动区的滑动土楔体对筒形基础产生的土压力 H_a 和 H_p 可按式(5-4)进行计算：

$$\begin{cases} H_a=DL\left(\dfrac{1}{2}\gamma' L-N_a s_{ul}\right) \\ H_p=DL\left(\dfrac{1}{2}\gamma' L+N_p s_{ul}\right) \end{cases} \tag{5-4}$$

式中，s_{u1} 为楔形滑动区土体的平均不排水抗剪强度；N_a 和 N_p 分别为主动和被动土压力系数，按下式(5-5)计算，其中 $r_{a,p}$ 为滑动楔体与筒形基础之间的摩擦系数，为优化参数。

$$N_a, N_p=\begin{cases} 1+\arcsin(r_{ap})+\sqrt{1+r_{ap}^2} & 0<r_{ap}\leqslant 1 \\ 2\sqrt{1+r_{ap}} & r_{ap}\leqslant 0 \end{cases} \tag{5-5}$$

（2）主、被动区土楔体侧面与非滑动土体之间的水平剪切阻力

主、被动区土楔体侧面与非滑动土体之间的水平剪切阻力 H_{as} 和 H_{ps} 可按式(5-6)进行计算：

$$H_{is}=r_{ss}\left[\sin\beta_i+\cos\left(\frac{\pi}{4}\right)+\cos\left(\frac{\pi}{8}+\frac{\beta_i}{2}\right)\left(\frac{\pi}{4}-\beta_i\right)\right]\cos^2\beta_i L^2 s_{u1} \tag{5-6}$$

式中，r_{ss} 为滑动楔体与土体之间的摩擦系数，取 0.6；β_i 按下式(5-7)计算。

$$\beta_i=\arctan\left[\sqrt{(1-r_{a,p})/(1+r_{a,p})}\right] \tag{5-7}$$

（3）基础侧壁与土体之间的水平剪切力

基础侧壁与两侧非滑动区土体之间的水平剪切力 H_{bs} 可根据式(5-8)进行计算。

$$H_{bs}=2B_1Lr_{bs}s_{u1} \tag{5-8}$$

式中，r_{bs} 为筒形基础与土体之间的摩擦系数。

（4）基础底端与土体之间的水平剪切力

基础底部与其下土体之间还存在水平剪切力 T_s，可根据下式(5-9)进行计算。

$$T_s=B_1Lr_{ts}s_{u0} \tag{5-9}$$

式中，r_{ts} 是土体在筒形基础底部的衰减系数，为优化参数，$0\leqslant r_{ts}\leqslant 1$；$s_{u0}$ 为筒形基础底端的土体不排水抗剪强度。

以上四类水平荷载再加上抗滑极限荷载 H_s 即为筒形基础在极限平衡状态下受到的所有水平向荷载，由于此处仅研究基础的水平抗滑承载力，因此对基础受到的竖向荷载不再进行分析。根据荷载平衡条件即可确定基础的水平抗滑极限承载力为：

$$H_s=H_p-H_a+H_{ps}+H_{as}+H_{bs}+T_s \tag{5-10}$$

当基础因泥面强度较高在水平荷载作用下主动区存在张拉裂缝时，则不考虑主动区土楔体对筒形基础的影响，其水平抗滑极限承载力可以表示为：

$$H_s=H_p+H_{ps}+H_{bs}+T_s \tag{5-11}$$

采用上式获得正常工况下筒形基础抗滑承载力的计算公式以后，基于 4.4 节中的有限元计算结果对抗滑承载力的循环荷载衰减系数 λ_{cHs} 进行拟合，相关拟合参数如表 6 所示。

表 6　抗滑承载力的循环荷载衰减系数拟合参数

系数	均质土			正常固结土		
	单向	双向	多向	单向	双向	多向
q_1	-0.0016	-0.0066	-0.0019	-0.0060	-0.0071	-0.0041
q_2	-1.0190	-0.6369	-1.0518	-0.6354	-0.6456	-0.7911
q_3	-1.1472	-1.6639	-1.2678	-1.5081	-1.3547	-1.2836

结合表 6、式(5-10)以及式(5-1)即可实现循环荷载作用下筒形基础的抗滑承载力计算。为了明确所提出方法的准确性，将本文方法的所有计算结果与有限元计算结果进行对比，如图 15 所示。从图中可以看出两种方法的计算误差基本处于 15%以内，说明本文方法具有较好的准确性。

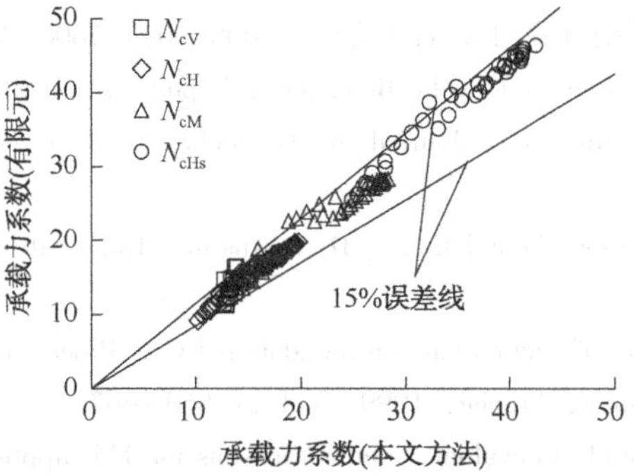

(a)均质土

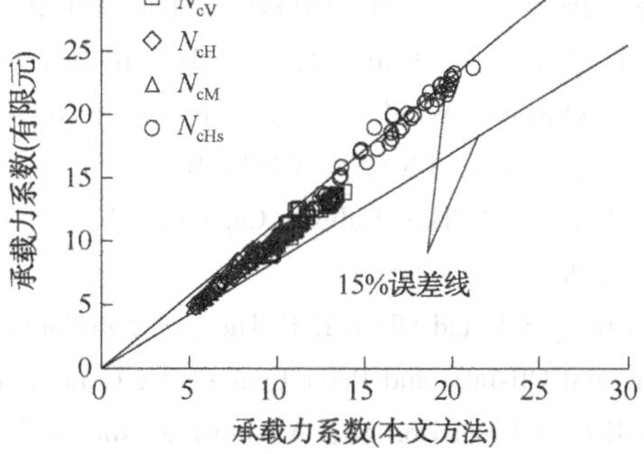

(b)正常固结土

图 15　理论与有限元计算结果对比

6 结论

（1）总结了循环荷载作用下海洋软黏土强度弱化规律以及循环荷载作用下土体弱化对筒形基础地基承载力的影响规律研究现状。国内外诸多学者对于循环荷载作用下基础的承载特性研究主要以试验为主，数值模以二维平面应变分析为主，三维有限元模拟不足。此外，对于多向循环荷载作用下筒形基础的各向承载力变化研究相对较少。

（2）利用考虑黏土应变软化效应的机动硬化本构模型研究了循环荷载对筒形基础承载力的影响。分别对竖向承载力、水平承载力和抗倾覆承载力进行了针对性研究。研究结果显示：筒形基础承载力均随循环荷载幅值和循环次数的增加而降低，在相同的循环荷载幅值和循环次数条件下，单向和多向循环荷载作用下承载力的降幅相对较小且基本相同，双向循环荷载作用下承载力的降幅最大，但不同循环荷载作用引起的承载力降幅最大差别不超过10%。

（3）采用极限平衡法对正常工况下筒形基础在滑动极限状态时的受力情况进行了分析，并提出了计算筒形基础抗滑极限承载力的理论公式。基于有限元计算结果，通过引入循环荷载衰减系数，提出了能够考虑循环荷载类型、循环荷载幅值以及循环次数影响的筒形基础竖向、水平、抗倾覆以及抗滑承载力评估方法。计算误差基本处于15%以内，证明本文方法具有较好的准确性。

参 考 文 献

[1] 栾茂田，武科，范庆来，等．复合加载下桶形基础循环承载性能数值分析[J]．海洋工程，2007，25(003)：88-94.

[2] 李驰，王建华，刘振纹．软土地基单桶基础循环承载力研究[J]．岩土工程学报，2005，027(009)：1040-1044.

[3] Xiao Z，Tian Y，Gourvenec S. A practical method to evaluate failure envelopes of shallow foundations considering soil strain softening and rate effects[J]．Applied Ocean Research，2016，59：395-407.

[4] Lazcano D，Aires R G，Nieto H P. Bearing capacity of shallow foundation under cyclic load on cohesive soil[J]．Computers and Geotechnics，2020，123：103556.

[5] 鲁晓兵，王义华，张建红，等．水平动载下桶形基础变形的离心机实验研究[J]．岩土工程学报，2005(07)：789-791.

[6] 矫滨田，时忠民，鲁晓兵，等．粉土地层中桶形基础水平动载响应的离心机实验研究[J]．工程力学，2010，27(07)：131-141.

[7] Byrne B.，Houlsby G.．Experimental investigations of the cyclic response of suction caissons in sand[C]．Offshore Technology Conference. Offshore Technology Conference，2000.

[8] Byrne B.，Houlsby G.．Experimental investigations of the response of suction caissons to transient combined loading[J]．Journal of Geotechnical and Geoenvironmental Engineering，2004，130(3)：240-253.

[9] Vaitkune E.，Ibsen L.，Nielsen B.．Bucket foundation model testing under tensile axial loading[J]．Canadian Geotechnical Journal，2016，54(5)：720-728.

[10] 朱斌，应盼盼，邢月龙．软土中吸力式桶形基础倾覆承载性能离心模型试验[J]．岩土力学，2015，36(S1)：247-252.

[11] 王建华，杨海明．软土中桶型基础水平循环承载力的模型试验[J]．岩土力学，2008(10)：2606-2612.

[12] Kim D J，Yun W C，Kim J H，et al. Investigation of Monotonic and Cyclic Behavior of Tripod Suction Bucket Foundations for Offshore Wind Towers Using Centrifuge Modeling [J]．Journal of Geotechnical & Geoenvironmental Engineering，2014，140(5)：04014008.

[13] El-Gharbawy S L. The Pullout Capacity of Suction Caisson Foundations [D]．Austin：University of Texas at Austin，1998.

[14] El-Gharbawy S L and Olson R E. The cyclic pullout capacity of suction caisson foundations[C]．Proceedings of the 9th International Offshore and Polar Engineering Conference，Brest，France，1999，Vol. 2：660~667.

[15] Clukey E C and Morrison M J. A centrifuge and analytical study to evaluate suction caissons for TLP applications in the Gulf of Mexico[J]．In Design and performance of deep foundations：Piles and piers in soil and soft rock，Edited by P. P. Nelson，T. D. Smith and E. C. Clukey，ASCE Geotechnical Special Publication 1993，No. 38：141~156.

早白垩世岩浆热活动对氦气富集的控制

惠 洁 范立勇 赵伟波 康 锐 贾 丽 季海锟 胡新友 文彩霞

（中国石油长庆油田公司）

摘 要 影响天然气中氦气富集的地质因素众多，但主控因素仍然是目前氦气研究中的关键和争议，对该问题的理解直接影响氦勘探有利区的划分和氦气的资源评价。本文以鄂尔多斯盆地西南部最富氦区域作为研究区，以此探讨影响氦气富集的关键因素。研究区拥有全盆最高的氦气含量，平均含量大于0.1%，属于高氦-富氦气藏，笔者基于氦气与岩浆活动的正相关关系，分析了盆地西南部岩浆活动的时代、类型和分布，盆地氦气的同位素比值介于0.003Ra~0.1Ra之间，存在部分大于壳源氦同位素比值（大于0.02Ra）的数据，同时分析了该区域断裂体系的方向、深度及其与氦气含量的匹配关系，提出早白垩世幔源岩浆的强烈活动是氦气富集的关键，一方面该热活动造成了先前留存在孔隙水或矿物晶格中的氦气产生幕式排放，另一方面该期岩浆活动伴生的地幔脱氦过程，使得幔源氦进入地壳中。同时基于基底断裂的发育特征、盆地南缘韧性变形的存在、以及盆地铲式断裂的存在，提出基底断裂是氦气运移的主要通道，并推测在盆地西南部存在深大断裂体系，沟通了深部地壳和地幔来源的氦气，该深断裂体系是氦气运移的关键通道。基于上述论述，本文认为鄂尔多斯盆地西南部富氦模式为，早白垩世强烈的幔源岩浆活动，造成了缓慢释氦背景下的幕式排氦的氦气释放特征，同时地幔脱气产生的氦气通过深大断裂向上运移，导致庆阳气田既有壳源氦气同时也存在幔源氦气的特征。

关键词 氦；早白垩世；岩浆活动；深断裂体系

1 引言

氦（He）有两种同位素，分别是^{3}He和^{4}He，^{4}He是地壳中的核素^{238,235}U和^{232}Th在放射性衰变过程中形成的，为壳源氦。^{3}He是^{6}Li通过热中子捕获形成，或是在地幔脱气过程中形成。^{3}He/^{4}He同位素比值是区分壳源、幔源和大气来源氦气的关键参数，这三类源区的值分别为10^{-8}、10^{-5}、1.41×10^{-6}（Ra）。

世界上已发现的商用氦气主要是赋存在烃类天然气中，而鄂尔多斯盆地拥有目前中国最大的天然气探明储量和资源量，盆地所拥有的氦气资源也是非常可观的，鄂尔多斯盆地氦气呈现出“边缘高、中央低”的分布特征（惠洁等，2024），存在多种地质因素影响氦气的富集，例如产氦源岩、生烃强度、岩浆活动、氦气运移通道、气藏压力系数等，但何种因素才是氦富集的主控因素？对该问题的理解不仅影响氦勘探有利区的划分，也影响对氦富集规律和理论的探索。鄂尔多斯盆地西南部拥有全盆地最高的氦气含量，属于高氦-富氦气藏，因此是研究氦气富集因素的理想窗口。

2 全球现今俯冲造山边界氦气和岩浆活动的关系

笔者收集了全球位于现今俯冲造山边界的气田中^{3}He/^{4}He同位素比值及发育的岩浆活动（图1），结果显示这些气田中^{3}He/^{4}He值均远高于地壳中的值（0.02Ra）。对于美国科罗拉多高原和盆岭省附近的CO_2气藏、CH_4气藏和N_2藏（Gilfillan et al.，2008；Halford et al.，2022），其中He含量分别在0.1~1%、0.01~0.6%和5~8%之间，科罗拉多高原由古元古代岩浆和变质基底和覆盖于其上的近水平的古生界-新生界沉积地层构成，该高原周缘由火山组成的山脉围限，科罗拉多高原经历了中生代末期-新生代以来的多期构造抬升，并伴随着同时期的周期性岩浆作用，部分岩浆沿着深部断裂侵入至沉积地层中。美国胡果顿-潘德汉气田是世界上最大的产氦基地，氦含量为 0.2～1.18%（Brown，2019）。在非洲坦桑尼亚克拉通周缘，该气田处于东非裂谷体系中，裂谷发育一系列新生代的玄武质岩浆活动和超基性岩浆岩，代表了地幔物质的部分熔融和地幔脱气，不同区域的氦含量分别为 0.07～10.5%、0.001～4.2%、0.1～15%，对应的同位素值分别为 0.04～0.053Ra、0.18～3.45Ra 和 0.0015～0.04Ra（Danabalan et al.，2022；Karolyte et al.，2022）。北海附近的 The Magnus field 发育的油藏及伴生的凝析气中的氦同位素值为 0.2～0.385Ra。可见在岩浆发育区，氦同位素值远高于壳源的同位素值，暗示了在岩浆活动期存在 ^3He 的大量输入，使得 $^3He/^4He$ 比值显著升高。

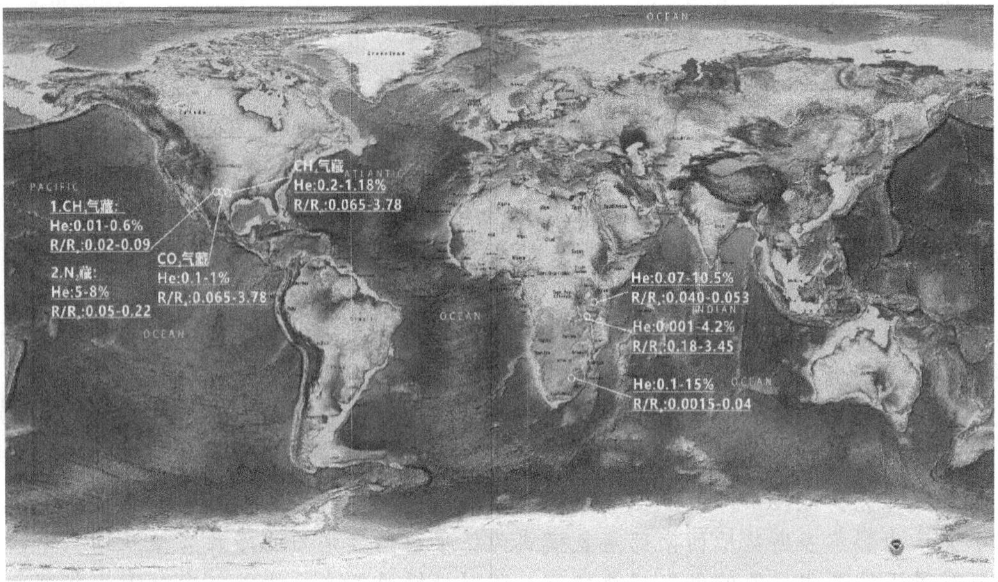

图 1　全球氦同位素比值及其分布（数据来自 Ballentine et al.，1996；Gilfillan et al.，2008；Danabalan et al.，2022；Karolyte et al.，2022；Halford et al.，2022）

3　早白垩世岩浆活动对鄂尔多斯盆地氦气富集的影响

鄂尔多斯盆地周缘是氦气含量最高的区域，在盆地周缘同样发育大规模的岩浆活动。盆地南缘的渭河盆地是周缘最富氦区域，氦平均含量为 1.50%，最高可达 9.23%（张文等，2023），在渭河盆地周缘发育大量的造山带岩浆岩，以壳源花岗质岩石为主，它们被认为是渭河盆地氦气的主要来源（张文等，2023）。盆地东缘发育紫金山岩体和金伯利岩带（杨兴科等，2010；刘超等，2021），紫金山岩体位于晋西挠褶带中部，锆石 U-Pb 年代学和 Ar-Ar 年代学揭示该岩体形成于 132～125Ma 之间（杨兴科等，2010），源区为深部来源的碱性-过碱性的幔源岩浆。刘超等（2021）对盆地东缘石西区块 81 个天然气中的氦气做了分析，氦含量为 0.02%～0.23%，平均为 0.089%，作者认为该区块氦气为紫金山岩体放射性衰变生成的。

本文研究的鄂尔多斯盆地西南部氦气含量在 0.068%～0.31%之间，是盆地内部最富氦的区域。研究区周缘同样发育有大面积的早白垩世隐伏岩体，主要分布在宝鸡-关山、安沟-二线子、铜城和龙门地区，岩性单元分为侵入相和喷出相，岩性有碱性岩、基性岩和中酸性岩石，分布面积达 700km^2（Li et al.，2017；翁凯，2012；翁凯等，2012；朱瑞静等，2013）。崇信地区发育早白垩世的超钾质岩浆活动，是在岩石圈伸展背景下软流圈地幔熔融的产物，该期伸展是一个区域性的事件（NCC 的规模破坏），研究表明 NCC 的破坏范围扩大到了鄂尔多斯盆地（Xu et al.，2018），因此盆地西南部在早白垩世发生了深部地幔物质的输入和地幔脱气、脱氦作用。由于氦气主要是赋存在烃类气体中，因此氦气的富集离不开天然气的成藏（Brown，2010），众多研究证据揭示研究区天然气的充注和成藏时间为早白垩世（任战利等，2021），因此氦气的富集最早发生在早白垩世。

以往的研究认为鄂尔多斯盆地的氦气是壳源氦气，壳源氦气的 $^3He/^4He$ 同位素组成为 0.02Ra（Ra 为大气中的 $^3He/^4He$ 值）；然而鄂尔多斯盆地的 $^3He/^4He$ 同位素组成在 0.003Ra～0.1Ra 之间（彭威龙等，2022），从同位素角度看，大于 0.02Ra 的部分揭示了不止有地壳的来源，有研究将大于 0.02Ra 的氦气特征解释为地幔物质的加入（Marty et al.，1993），近年来的研究表明，^{3}He 不仅会从洋中脊处扩散逃逸至大气中，也会从构造活跃的大陆岩石圈中逃逸，特别是经历伸展或者火山活动的区域。地幔部分熔融生成玄武质熔体时，会产生大量的挥发分，包括 ^{3}He，这些挥发分会通过大陆岩石圈排气逃逸至大气。因此，鄂尔多斯盆地并不是前人所认为的只是壳源氦，很可能存在幔源氦气对盆地西南部氦气富集的贡献。

4 深断裂体系是氦气运移的重要通道

盆地西南部以 NE 向断裂为主，发育基底断裂和与基底相关的继承性断裂，盆地最高含量的富氦气藏出露在该断裂系附近。在镇原-佳县断裂带上的井区 X，其氦气含量在 0.068%~0.136%之间，平均值为 0.087%；在宁县主干断裂带的井区 Y 是盆地西南部氦气最发育的区域，含量在 0.1%~0.31%之间，平均值为 0.245%；宁县断裂带向西南沿着泾川和陇县发育，在陇县地区则发育有强烈的早白垩世幔源岩浆岩。因此，笔者认为井区 Y 相较于井区 X 更富氦的原因，很可能是陇县地区形成的氦气沿着该 NE 向断裂运移至井区 Y 富集。

那这些基底断裂向深部能否进一步延伸，从而沟通深部地幔物质的脱氦？理论研究认为断裂向深部延伸，达到一定深度后，会由脆性变形过渡为韧性变形，形成糜棱岩等特征性产物。笔者在盆地南缘洛南地区进行野外地质考察时，发现了糜棱岩的发育，那么盆地西南部基底断裂是否也达到了深部地壳的位置，从而将深部的氦气运移至浅部？盆地西北部大地电磁剖面显示，基底断裂向下汇集成一条深大断裂，向下可延伸至壳幔边界。几何形态上表现出浅部陡、深部缓的产状变化，呈现铲式特征，这也是断层深部进入韧性变形域变形的一个特征。说明鄂尔多斯盆地内部也发育有深大断裂，可以为深部和幔源氦气运移提供通道。

5 盆地西南部氦气富集模式分析

四川盆地威远气田是我国最早被研究且用于商业提氦的气田。Wang et al.（2020）提出四川盆地南部威远气田中震旦系灯影组白云岩气藏中氦气的富集晚于烃类气体的成藏期，氦气富集形成于晚白垩世以后，喜山运动造成了四川盆地南部以威远为构造中心的将近 4000m 的抬升，压力和温度的降低，使得之前聚集在前震旦纪花岗岩中的氦气沿着裂缝和孔隙聚集进入灯影组白云岩气藏中。可见氦气的富集与盆地关键构造期联系紧密，是一种幕式的成藏。

鄂尔多斯地块在晚中生代最显著的构造运动是燕山运动，燕山运动是翁文灏在北京西山野外地质调查中提出来的，是一个区域性构造事件，野外可见上侏罗统髫髻山组安山岩角度不整合覆盖于下伏地层之上（朱日祥等，2020），三叠系-中侏罗统地层在中侏罗世末期发生了褶皱和冲断构造，即燕山运动 A 幕，鄂尔多斯盆地西缘冲段构造单元中识别出一系列逆冲断层、双冲构造、断层相关褶皱等（李天斌等，2006；包洪平等，2018；高春云等，2020）。早白垩世燕山运动 B 幕，此时，鄂尔多斯盆地处于华北克拉通破坏的大背景之下（朱日祥等，2020），由于古太平洋板块的后撤，鄂尔多斯盆地在早白垩世处于伸展构造体制之下，软流圈地幔的上涌，使得盆地发育异常热流值、幔源岩浆岩、壳源岩浆岩（任战利等，2017）。

因此，基于现有证据：（1）早白垩世幔源岩浆的强烈活动；（2）鄂尔多斯盆地存在大于 0.02Ra 的氦；（3）基底断裂周缘富氦。本研究提出鄂尔多斯盆地西南部氦气富集模式为，早白垩世的岩浆活动，形成了缓慢释氦背景下的幕式排氦；同时地幔脱气产生的氦气通过深大断裂向上运移，导致盆地西南部既有壳源氦气同时也存在幔源氦气的特征。

6 结论

鄂尔多斯盆地西南部是氦气最富集的区域，该区域发育的强烈的早白垩世幔源岩浆活动是研究区富氦的关键，该期岩浆活动不仅造成先前溶于孔隙水或保留在矿物晶格中的氦产生幕式释放，同时也会导致幔源氦气的释放。这些生成的氦气沿着基底断裂以及沟通基底断裂的深部韧性断裂运移至浅表气藏中聚集，即盆地西南部氦气富集模式为缓慢释氦背景之下的幕式排氦。

参 考 文 献

[1] BROWN A A. Formation of high helium gases: A guide for explorationists[C]. AAPG Conference, 2010, 11-14.

[2] BROWN A A. Origin of helium and nitrogen in the panhandle-hugoton field of texas, oklahoma, and kansas, united states[J]. AAPG Bulletin, 2019, 103(2): 369-403.

[3] DANABALAN D, GLUYAS J G, MACPHERSON C G, et al. The principles of helium exploration[J]. Petroleum Geoscience, 2022, 28(2): 2021-2029.

[4] GILFILLAN S M V, BALLENTINE C J, HOLLAND G, et al. The noble gas geochemistry of natural CO_2 gas reservoirs from the colorado plateau and rocky mountain provinces, USA. Geochimica et Cosmochimica Acta[J], 2008, 72(4): 1174-1198.

[5] HALFORD D T, KAROLYT R, BARRY P H, et al. High helium reservoirs in the Four Corners area of the Colorado Plateau, USA[J]. Chemical Geology, 2022, 596: 120790.

[6] KAROLYT R, WARR O, HEERDEN E V, et al. The role of porosity in H2/He production ratios in fracture fluids from the Witwatersrand Basin, South Africa[J]. Chemical Geology, 2022, 595: 120788

[7] LI R X, LIU F T, LI S Z, et al. Magmatic activities and their impacts on oil/gas formation in the southwestern Ordos Basin, Central China[J]. Geological Journal, 2017, 53(S1): 178-189.

[8] MARTY B, TORGERSEN T., MEYNIER V, et al. Helium isotope fluxes and groundwater ages in the Dogger Aquifer, Paris Basin[J]. Water Resources Research, 1993, 29: 1025-1035.

[9] WANG X, LIU W, LI X, et al. Radiogenic helium concentration and isotope variations in crustal gas pools from Sichuan Basin, China[J]. Applied Geochemistry, 2020, 117: 104586.

[10] XU H, LUO J H, REN Z L, et al. Geochronology and geochemistry of the Tongcheng ultrapotassic hypabyssal intrusions at the south-western margin of the Ordos Block, China: Constraints on the geodynamic processes beneath the North China Craton[J]. Geological Journal, 2018, 54(2): 819-834.

[11] 包洪平，邵东波，武春英，等．鄂尔多斯西缘冲断带南段构造特征及其对古生界天然气成藏演化的影响[J]. 地质科学，2018，53(02)：434-457.

[12] 高春云．鄂尔多斯盆地西缘南段构造特征及演化研究[D]. 西北大学，2020.

[13] 惠洁，康锐，赵伟波，等．鄂尔多斯盆地氦气特征及生成潜力[J/OL]. 天然气地球科学，2024，1-21.

[14] 李天斌．鄂尔多斯盆地西缘逆冲推覆构造特征及演化[D]. 中国地质大学(北京)，2006.

[15] 刘超，孙蓓蕾，曾凡桂，等．鄂尔多斯盆地东缘石西区块含氦天然气的发现及成因初探[J]. 煤炭学报，2021，46(4)：1280-1287.

[16] 彭威龙，刘全有，张英，等．中国首个特大致密砂岩型(烃类)富氦气田—鄂尔多斯盆地东胜气田特征[J]. 中国科学：地球科学，2022，52(6)：1078-1085.

[17] 任战利，祁凯，李进步，等．鄂尔多斯盆地热动力演化史及其对油气成藏与富集的控制作用[J]. 石油与天然气地质，2021，42(05)：1030-1042.

[18] 任战利，于强，崔军平，等．鄂尔多斯盆地热演化史及其对油气的控制作用[J]. 地学前缘，2017，24(03)：137-148.

[19] 翁凯．鄂尔多斯盆地西南缘岩浆活动及其对油气形成的影响[D]. 西安：长安大学，2012.

[20] 翁凯，李荣西，徐学义，等．鄂尔多斯盆地西南缘龙门隐伏碱性杂岩体地球化学特征[J]. 新疆地质，2012，30(4)：471-476.

[21] 杨兴科，晁会霞，张哲峰，等．鄂尔多斯盆地东部紫金山岩体特征与形成的动力学环境——盆地热力-岩浆活动的深部作用典型实例剖析[J]. 大地构造与成矿学，2010，34(02)：269-281.

[22] 张文，陈文，李玉宏，等．国内外典型富氦气藏稀有气体地球化学特征及对氦气成藏过程的示踪意义[J/OL]. 天然气地球科学，2023，1-20.

[23] 朱瑞静，翁凯．鄂尔多斯盆地西南缘火成岩特征与油气[J]. 内蒙古石油化工，2013，39(5)：27-28.

[24] 朱日祥，朱光，李建威，等．华北克拉通破坏[M]. 浙江大学出版社，2020.

二氧化碳辅助提高超稠油开发效果

韩 琳 何璐璐 杨淑敏 袁怡菲 王 诗

（中油辽河油田公司特种油开发公司）

摘 要 超稠油油藏均采用注蒸汽热采开发，每天产生伴生气量达到17万方以上，主要组分为CO_2，在CCUS大背景下，实现绿色发展，可将产生的伴生气规模应用于油田开发中，传统的固、液介质高温调剖技术虽在超稠油生产中已得到广泛应用，但其在解决地层压力低，油藏动用剖面调整等方面仍有较大局限性，而采用二氧化碳作为气相调剖介质，相比于传统调剖技术，具有增大蒸汽波及体积、降低原油黏度、提高洗油效率、抑制汽窜条带等综合性优势，本次为了解决超稠油油藏蒸汽吞吐开发后期所面临的地层低压以及油层动用不均等问题，将二氧化碳调剖技术与油层厚度、地层压力等多项开发地质条件相结合，从增产机理分析入手进行研究，并确定现场实施界限，从而更好的应用于超稠油开发。从总体实施情况上看，实施该项技术后，平均单井的注汽套压由4.1MPa提高至4.6MPa，平均提高0.5MPa，水平井水平段的动用程度由60%提高至75%，平均提高15%，证明该项技术能够起到补充地层压力、扩大蒸汽波及体积、提高油藏动用程度的作用。

关键词 超稠油开发；CO_2辅助调剖；技术界限；汽窜条带；地层压力

辽河油田曙一区具有丰富的超稠油资源，本次研究试验区为杜84块东北部兴隆台油藏，含油面积1.21km^2，地质储量为2155×10^{4}t，20℃原油密度平均为1.0072g/cm^3，50℃原油黏度为23.2×10^{4}mPa·s。油藏埋深从550m到1150m，纵向上发育四套油层组，分别为兴Ⅱ、Ⅲ组薄互层状油藏，和兴Ⅰ、Ⅵ组厚层块状油藏，均属高孔高渗储层。

该区早在1998年即展开水平井开发超稠油技术探索研究，至2006年进入规划部署实施阶段，2010年以后进入提高采收率阶段；截止目前已累计注汽578万t，累产油230万t，油汽比0.40，采出程度21.6%。目前共有吞吐水平井88口，只占该区生产总井数的19%，而产量高达该区总产的63%。水平井吞吐产量仍是该区目前乃至将来一段时间内的稳产基础之一。

然而，资料统计表明该区水平井平均吞吐轮次已达8轮，其递减趋势相当明显。主要表现在：现阶段日产油只有8.7t/d，仅为高峰日产能力的1/3(图1)；油汽比小于0.3。

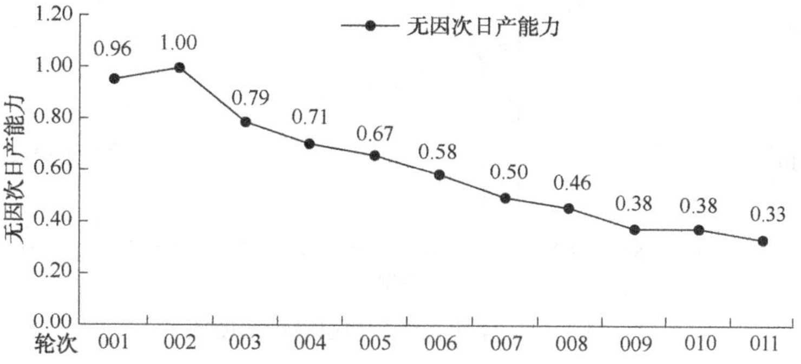

图1 杜84块东北部无因次日产油曲线图

1 影响因素分析

分析认为，导致水平井吞吐效果变差主要有以下3个原因：

(1) 地层压力水平低，亏空大，波及体积难以增大。现阶段地层压力只有4.1MPa，与原始地层压力相比下降3.4MPa，地层亏空达4.2×10^4t，继续吞吐下去蒸汽波及体积难以有效增大。

(2) 受油层物性差异及加密区直井生产影响，水平段动用不均。油层相对均质韵律段厚度自上而下减薄，变异系数，突进系数增大，级差变化范围40~160，最大可达184，非均质强度为中-强-很强，同时受加密区直井生产影响，水平段动用不均井数高达72.7%，水平段动用程度平均只有60%。

(3) 井网密度大，平均井距小，井间汽窜严重。平-直井距只有35m，导致平-直间汽窜频繁，严重制约水平井的生产。虽然采用组合式注汽技术，但汽窜比例仍高达40%以上。

2 技术对策

2.1 技术思路

针对上述矛盾，结合该区生产现状，引入非凝析气体(CO_2)，明确以"增、降、提、抑"为主的综合治理措施。

(1) 增——增大波及体积：注汽阶段，在油层条件下，CO_2为超临界状态，表现出气、液的双重特性，具有较强的流动性和传输性(图2)。当其作为填充介质时，可快速填充蒸汽腔，由于气体"贾敏效应"，在低压区形成气体堵塞，后续注入蒸汽时，利于蒸汽向未动用区波及，从而提高蒸汽波及体积。

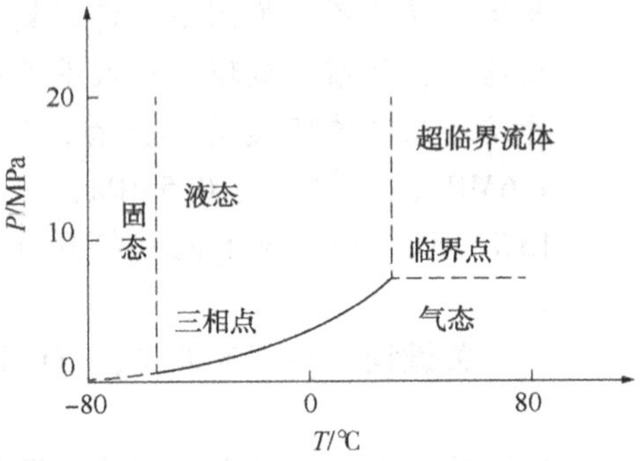

图2 CO_2相态图

回采阶段，原油因溶有部分CO_2，当压力下降时，分散在原油中的CO_2会以气泡形式存在并膨胀，增加回采时的弹性能量，从而增加油井产量。

(2) 降——降黏度、降热损：据付美龙在"CO_2在辽河油田杜84块超稠油中的溶解性研究"中表明：CO_2在超稠油中的溶解度随压力增大而增大；随温度升高，溶解度先增大后减小。在近似蒸汽腔条件下(温度120℃)，降黏幅度可达10.2%(图3)。

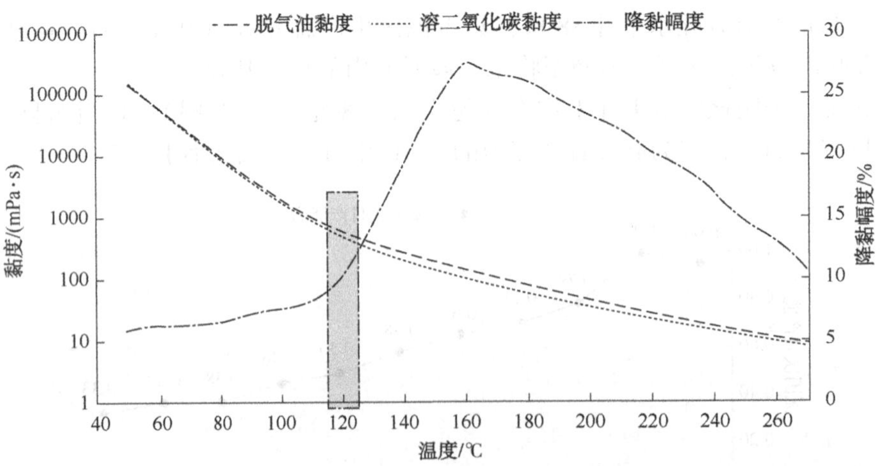

图3 杜84块兴隆台油层降粘幅度图

由于CO_2比热容远小于水蒸汽，当使用CO_2充填后，在相同条件下，可有效降低蒸汽用量，从而实现热量节余。同时，CO_2导热系数远低于水蒸汽的导热系数，富集的CO_2减少了后续注入蒸汽热量向围岩的散失，从而提高蒸汽使用的热效率。

(3) 提——提高洗油效率：一方面，利用表面活性剂降低原油与地层岩石之间的界面张力，提高洗油效率。另一方面，CO_2的可溶解性也有助于驱扫效率的提高。当油层受注入蒸汽驱扫后，油层中的剩余油多以油滴状分散存在于孔喉间，无法流动，因此，蒸汽波及区仍具有一定的含油饱和度；注入 CO_2 后，在张力作用下，CO_2 会以气泡形式优先占据孔喉中间位置，并将油滴压向边部，使原来分散的油滴相互融合成为油带，形成流动能力，洗油效率也得以提高。

（4）抑——抑制汽窜条带：首先采用由有机交联剂、热稳定剂、缓成胶剂组成的无固相高温调剖剂封堵高渗层，同时利用非凝析气体（CO_2）的“贾敏效应”调整吸气剖面；两者相结合实现“深调浅堵”。

2.2 选井及实施

选井时，将生产层位，吞吐阶段，采出状况等因素综合考虑，使选井即具有系统性，又具有代表性，从而实现对措施效果的客观评价，并制定现场实施技术界限。

实施时采用段塞式注入工艺，

（1）注入调剖剂：对高渗汽窜条带进行封堵。

（2）注入表面活性剂：降低原油与地层岩石之间的界面张力，提高洗油效率。

（3）注入二氧化碳：将第一段塞向地层深部推进，与表面活性剂共同作用，洗油降粘，并利用 CO_2 气体“贾敏效应”对可能出现的新的高渗条带起预封堵作用。

（4）再次注入调剖剂：强化对高渗层封窜。

（5）注入蒸汽：同时控制蒸汽排量。

用量设计时，为平衡 CO_2 可能造成的冷伤害影响，补充 1.47 倍的质量蒸汽，最终确定 CO_2 与蒸汽注入量比值为 0.02。

3 效果评价

项目共实施 32 井次，有效 27 井次，累计注入二氧化碳 314 万标方，总体措施有效率达 84.4%。

3.1 实施效果

（1）增压效果明显

措施后，共有 23 口井注汽压力明显上升，平均单井油压上升 0.9MPa，平均单井套压上升 0.5MPa，充能增压效果明显。

（2）水平段动用得到改善

实施后水平段动用状况监测 22 次，有 16 井次水平段动用得到明显改善，有效率 72.8%，平均动用程度由原来的 60%提高到 75%。

（3）生产效果提高

可对比 27 次，有效井次 21 次，有效率 77.8%，排水期平均缩短 8 天，单井增油 439t，单井日产能力提高 1.8t/d，油汽比提高 0.07。

3.2 选井技术界限

为将该项措施更好的应用于现场，本次研究从以下 5 个部分进行探讨，制定现场实施的技术界限：

（1）CO_2 辅助调剖效果与油层厚度的关系

油层厚度对措施效果的影响是比较大的，当油层厚度小于 15 米时，增油效果最佳；分析其原因为：如果厚度过大，在蒸汽超覆和重力分异的双重影响下，汽腔纵向发育明显，调剖时，注入的调剖剂不利于在高渗条带中聚集，措施效果受到较大影响（图 4、图 5）。

（2）CO_2 辅助调剖效果与层位的关系

从层组上来看，兴Ⅱ、Ⅲ组实施效果优于兴Ⅰ、Ⅵ组。这与它们之间不同的沉积环境有很大关联。兴Ⅵ组为水下扇浊流沉积的厚层块状油藏，渗透率低，变异系数很高，这就导致兴Ⅵ组非均质性强，并不容易形成单窜条带，所以以调剖封窜为目的的措施效果不明显；兴Ⅰ组为河道沉积的厚层块状油藏，渗透率高达 2 达西以上，极易在主河道沉积区形成条带性汽窜通道，而这些条带性汽窜通道经生产证实多为主力产油条带，调剖过强，易完全堵死，调剖过弱，则不能形成有效的封堵，实施效果得到明显抑制；而兴Ⅱ、Ⅲ组虽为河道沉积，但其渗透率、变异系数相对适中，非均质性适中，因此措施效果明显(表1、表2)。

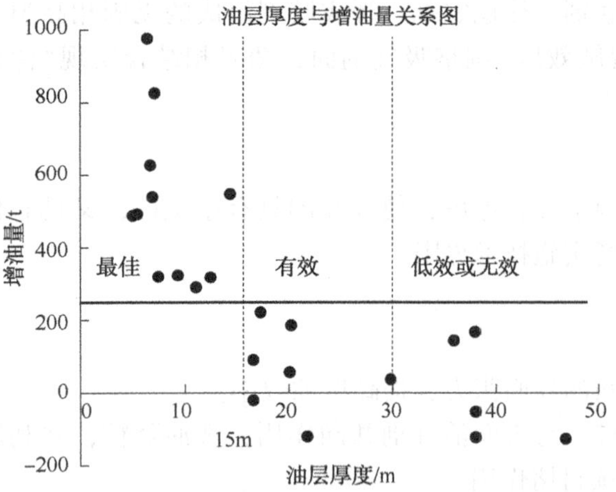

图4　油层厚度与增油量散点图

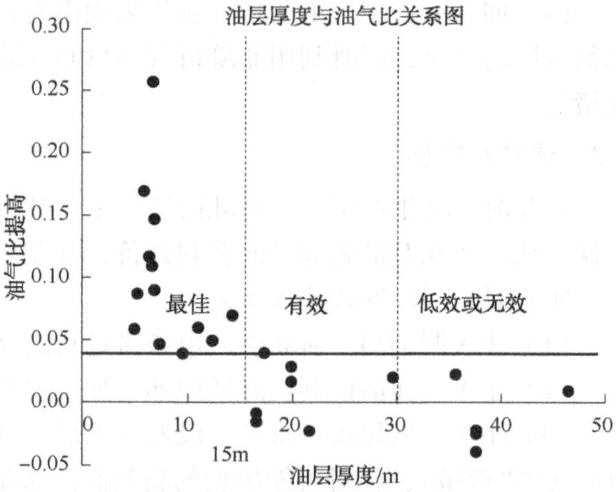

图5　油层厚度与油汽比提高散点图

表1　杜84块东北部各层组措施前后生产情况表

主要参数		兴Ⅰ组	兴Ⅱ、Ⅲ组	兴Ⅵ组
注汽油压/MPa	措施前	7.3	7.9	7.3
	措施后	8.2	9.2	7.2
累产油/t	措施前	2129	1497	1686
	措施后	2027	2106	1547
油汽比	措施前	0.19	0.20	0.17
	措施后	0.21	0.26	0.20

表2　杜84块东北部各层组地质环境表

层位	兴Ⅰ组	兴Ⅱ、Ⅲ组	兴Ⅵ组
沉积环境	河道	河道	浊积体
渗透率/$10^{-3}\mu m^2$	2277	1424	1062
变异系数	0.46	0.85	1.14

(3) CO_2 辅助调剖效果与地层压力的关系

地层压力是油藏所处开发阶段的直接体现，通过对杜84块超稠油多年的开发认识，当地层压力小于4MPa时，油井多已进入高轮吞吐阶段，相当于吞吐的8轮以上，汽窜已不再作为主要矛盾，因此以封窜为主的措施效果不佳，这一点也在本次措施中得到证实。当地层压力大于4MPa时，相当于吞吐阶段的1~7轮，实施效果较好，但是，由于吞吐1、2轮为油层温场建立和形成阶段，因此不建议采用调剖，所以最佳实施时机为3~7轮(图6、图7)。

(4) CO_2 辅助调剖效果与水平段动用程度的关系

在相同的层组内，水平段动用程度往往真实反应汽腔形成均质度和高渗汽窜条带的严重程度，当水平段动用程度在50%至65%之间时，实施调剖增油效果最佳(图8、图9)。

(5) CO_2 辅助调剖效果与井组封闭性的关系

井组封闭性也对调剖有明显的影响。当汽窜井数小于等于2口时，更易实现有效封堵；大于4口时，由于地层压力等综合因素的影响，很难对每个汽窜条带都进行有效封堵，从而难以保证调剖的效果(图10、图11)。

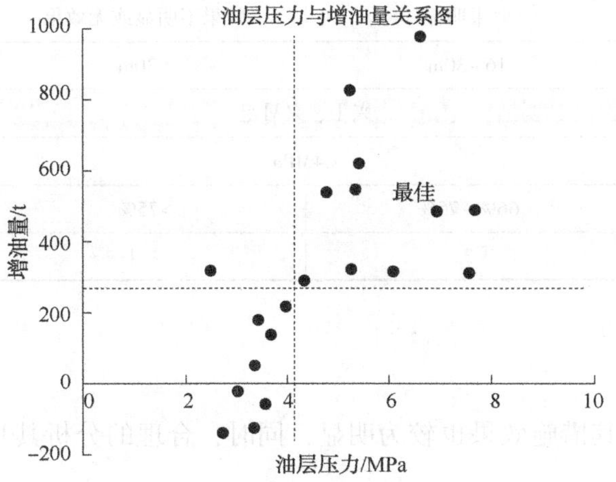

图 6　地层压力与增油量的散点图

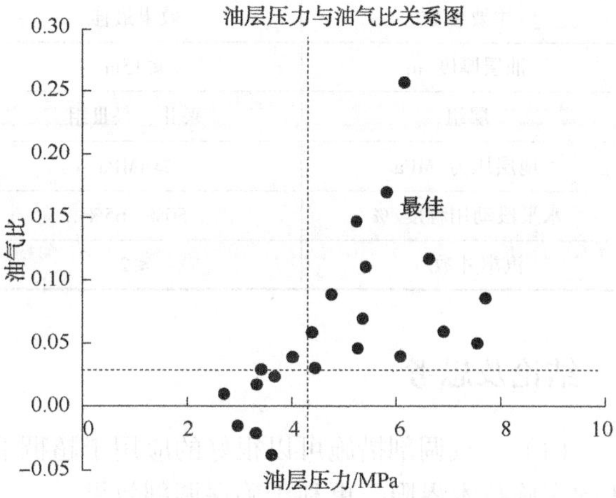

图 7　地层压力与油汽比提高的散点图

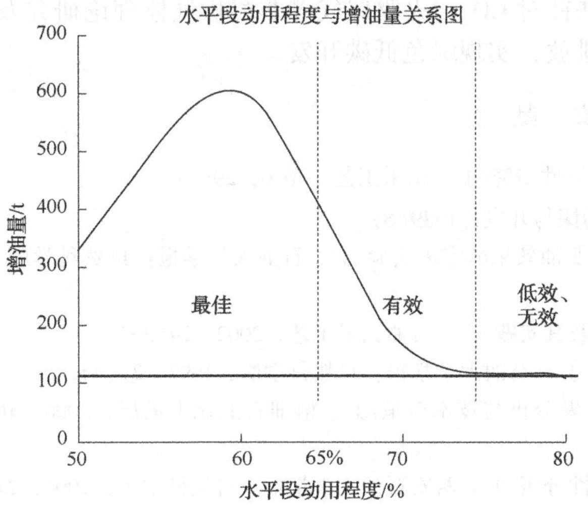

图 8　水平段动用程度与增油量关系图

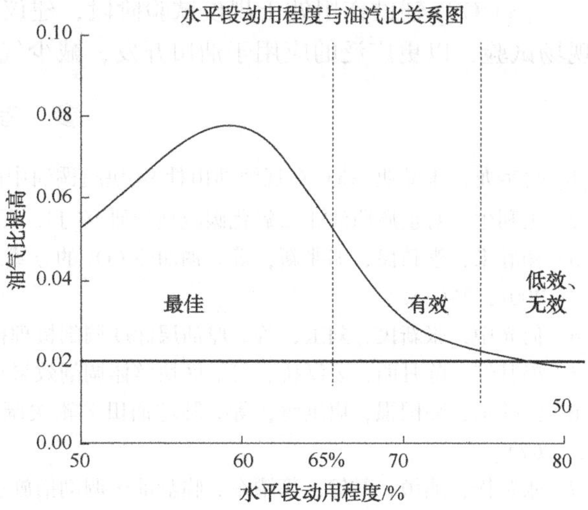

图 9　水平段动用程度与油汽比提高关系图

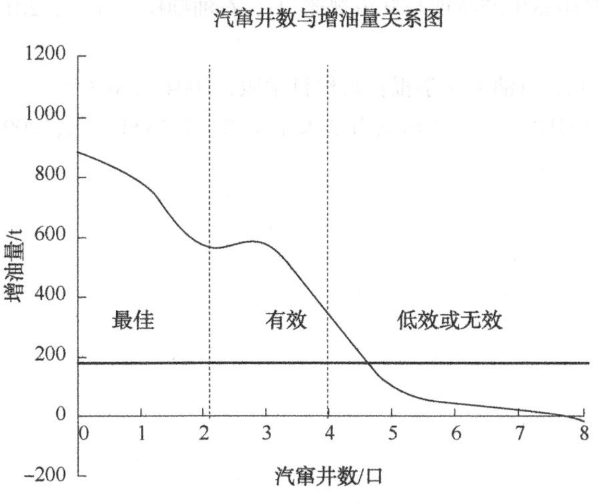

图 10　井组封闭性与增油量的关系图

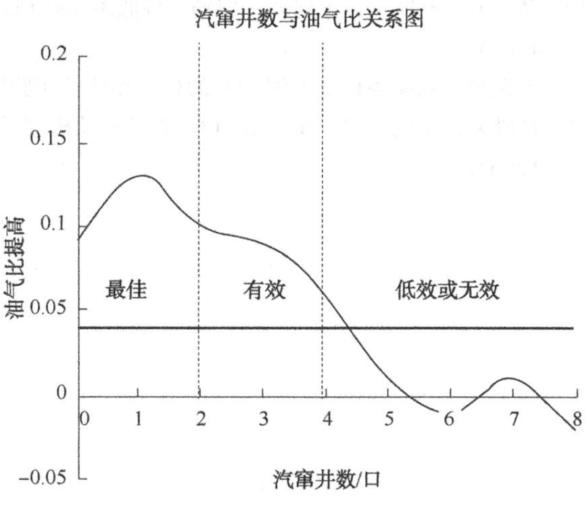

图 11　井组封闭性与油汽比提高的关系图

通过上述逐项分析，确定出 CO_2 辅助调剖措施现场实施的技术界限，技术指标如表 3 所示。

表3 调剖效果与各参数关系表

主要参数	效果最佳	效果明显	效果不明显或无效果
油层厚度/m	≤15m	16~30m	>30m
层组	兴Ⅱ、兴Ⅲ组	兴Ⅰ、兴Ⅵ组	
地层压力/MPa	≥4MPa	<4MPa	
水平段动用程度/%	50%~65%	66%~75%	>75%
汽窜井数/n	≤2	3	≥4

4 结论及思考

（1）二氧调剖措施可以很好的应用于超稠油，其措施效果也较为明显，同时，合理的分析其具体的实施技术界限，更利于确保调剖效果。

（2）该措施在实施时易受汽源，施工，成本等限制，同时调剖药剂与实施界限配伍性还可以进一步优化。

（3）CO_2辅助作用处于规模试验阶段，建议开展针对CO_2、火驱尾气等非凝析气体理论研究及现场试验，以更广泛的应用于油田开发，减少气体排放，实现绿色低碳开发。

参考文献

[1] 付美龙，张鼎业. CO_2在辽河油田杜84块超稠油中的溶解性研究[J]. 钻采工艺，2006，29(2).
[2] 王利生. 对重质原油注二氧化碳减粘的研究[J]. 石油勘探与开发，1989(6).
[3] 杨胜来，李新民，郎兆新，等. 稠油注CO_2的方式及其驱油效果的室内实验[J]. 石油大学学报：自然科学版，2001，25(2).
[4] 何光中，张新民，刘玉，等. 厚油层深度调剖机理探讨及其实践[J]. 石油钻采工艺，2002，24(3).
[5] 冯其红，陈月明，姜汉桥，等. 区块整体调剖效果预测[J]. 石油大学学报：自然科学版，1997，21(4).
[6] 张桂意，高国强，唐洪涛，等. 胜坨油田多轮次调剖效果分析与技术对策[J]. 精细石油化工进展，2006，10(7).
[7] 张贤松，熊敏，侯健，徐耀东. 临盘油区调剖措施适应性分析[J]. 西安石油大学学报：自然科学版，2006，21(3).
[8] 欧阳传湘，杜晓霞. 超稠油物性及其与CO_2相互作用机理研究[J]. 钻采工艺，2010，33(4).
[9] 李兆敏，陶磊，张凯，等. CO_2在超稠油中的溶解特性实验[J]. 石油大学学报：自然科学版，2008，32(5).
[10] 高丛云，赵密福，王建波，宗畅. 特低渗油藏CO_2非混相驱生产特征与气窜规律[J]. 石油勘探与开发，2014，41(1).
[11] 李振泉. 油藏条件下溶解CO_2的稀油相特性实验研究[J]. 石油大学学报：自然科学版，2004，28(3).
[12] 杨胜来，王亮，何建军，等. CO_2吞吐增油机理及矿场应用效果[J]. 西安石油大学学报：自然科学版，2004，19(6).

高含水厚层稠油油藏二次开发提高采收率关键技术研究

司　勇　武　毅　白　杨

（中国石油辽河油田公司）

摘　要　针对新海 27 块厚层底水稠油油藏高含水期存在的开发矛盾，按照“重新评价油藏、重选技术路径、重建层系井网、重调油藏流场”技术路线，完善形成测井二次解释、三维精细地质建模、剩余油动态定量描述、水平井分类精细准设计、重调油藏流场等配套二次开发关键技术，矿场实施取得显著效果，提高采收率 27.2%，增加可采储量 229 万吨，为同类型油藏大幅提高采收率提供成功经验。

关键词　二次开发；测井二次解释；三维地质建模；水平井精准设计；重调油藏流场

中国石油老油田储量和产量占比较大，老油田仍是储量、产量和效益的“压舱石”，积极开展老油田提高采收率研究意义重大。针对海外河油田新海 27 块厚层底水稠油油藏高含水期存在的开发矛盾，按照“重新评价油藏、重选技术路径、重建层系井网、重调油藏流场”技术路线，完善形成配套二次开发关键技术，矿场实施效果显著，大幅度提高油藏采收率，使濒临废弃的老油田重获青春，有效推动以建立良好开发秩序为目标的“压舱石工程”研究应用进程。

1　油藏基本特征及开发现状

新海 27 块是海外河油田主力开发区块，构造上位于辽河断陷盆地中央隆起南部倾末带的南端，是受大洼断层和海 35 断层所夹持的短轴背斜构造，南北方向比较平缓，地层倾角为 1°左右，东西两翼构造变陡，地层倾角 2°~4°。新海 27 块主要开采层位为古近系东营组东一段Ⅰ油层（Ed_1 Ⅰ），水油体积比高达 62∶1，是典型的厚层块状底水普通稠油油藏，共发育两套油层组，自下而上分别为下油组（Ed_1 Ⅰ$_3$）、上油组（Ed_1 Ⅰ$_1^3$+Ed_1 Ⅰ$_2$），单层厚度 15~30m。

新海 27 块经历了三个开发阶段：

第一阶段：1993~2004 年，一次开发阶段。采用一套层系、直井 141m 井距、正方形井网，实施直井 59 口，高峰期采油速度 1.9%，由于直井开发含水上升迅速、产量递减快，阶段末采油速度 0.3%，采出程度 9.0%。

第二阶段：2004~2013 年，二次开发基础井网阶段。废弃原直井井网，按 141m 井距重构井网，分两套开发层系在直井井间实施水平井 64 口（主体部位 33 口，边部 31 口），高峰期采油速度 1.8%，阶段末采油速度 1.2%，采出程度 19.9%，最终采收率由 15.3%提高到 31%，建成股份公司“二次开发示范区块”。

第三阶段：2013 年至今，深度二次开发阶段。采用两套层系，按照 50m 井距，70~100m 排距，在直井、水平井锥间/脊间带油层顶部，实施水平井 91 口，高峰期采油速度 1.5%，目前采油速度 1.34%。2023 年底累产油 212×10⁴t，采出程度 31.5%，年产油 8×10⁴t，采油速度 1.2%。

2　关键技术研究

2.1　二次开发阶段

2.1.1　一次开发存在问题

（1）油水黏度比较大，油藏边底水活跃，利用直井开采，底水锥进现象较严重，储量动用程度低。新海 27 块地面原油黏度为 1934~3715mPa·s，油水黏度比大，油藏边底水十分活跃，利用直井开发，由于生产压差较大，造成了底水纵向迅速锥进，致使油井含水上升较快，影响油井产能，而直井井间仍存在储量未动用区。

（2）油井利用率低，老井实施各项增产措施余地较小。调整前新海 27 块共有采油井 41 口，正常开井 26 口，油井利用率仅为 63.4%，另外，油井实施调补层、堵水等增产措施的筛选难度越来越大，效果越来越差。

（3）直井开采条件下，采油速度较低，最终采收率较低。1998 年 5 月之后，油田产量处于低速递减阶段，采油速度一直小于 0.8%，调整前采油速度为 0.26%，预测现开采方式下，油藏最终采收率仅为 15.3%。

2.1.2 二次开发技术研究

（1）精细地质体研究

以电测曲线形态、岩性组合、油水组合为基础，标志层作控制，开展地层精细划分，将 d_1 Ⅰ油组细分为 4 个砂岩组、9 个小层。开展沉积微相研究，将沉积微相细分为辫状河道、河道砂坝、边滩三种微相。

通过地质构造、油气运移机理，结合室内核磁实验、含油饱和度测试等综合研究，认识到新海 27 块为典型低含油饱和度油藏，经研究油层原始含油饱和度在 56%左右，岩心核磁共振分析表明原始含油饱和度为 42.9%~64.2%，可动水饱和度平均为 21.5%，根据压汞曲线估算油水过渡带为 12~14 米。因此，认识到油藏低含油饱和度是新海 27 块含水上升的主要原因。

（2）水平井优化部署设计

通过数值模拟、先导试验表明采用水平井开发，改变渗流方式、降低生产压差，有效解决流度和水锥的问题，实现直井锥间带剩余油的有效动用，提高储量动用程度。通过对比直井及水平井开采方式，水平井开发采收率提高 15.7%，因此，确定分两套层系采用水平井替代直井开发。

应用数值模拟结合经济评价对水平段长度进行优化，对 200m、300m、400m、500m 等不同水平段长度进行对比研究，确定水平井水平段长度为 300m 左右最优。对水平井段距油顶位置进行优化，从水平井距油顶厚度与累积产油量、与无水采油期关系对比可知，水平段在距离油层顶面 2~3m 时，水平井各项生产指标最优。针对储层属三角洲平原辫状河沉积的特点，首要考虑剩余油分布情况，保证在剩余油富集区部署；其次水平井走向尽量与构造线平行，且与河道主流线呈一定角度，以保证水平井段径向渗透率较大，有利于流体向井筒渗流；第三，为减少储层非均质性造成层内、层间干扰，水平井段尽量处于同一沉积微相内。

在水平井优化合计基础上，在剩余油富集的有利地区分两套层系整体部署水平井 63 口，增加可采储量 105×10^4t。

（3）天然能量辅以热采方式设计

新海 27 块属于边底水较活跃的常规稠油油藏，50℃原油黏度为 1934~3715mPa·s，地层油水黏度比高，直井开发底水锥进迅速。研究表明随着开采时间的增长、原油轻质组分的采出，原油黏度相比初期变大，常规开发难度进一步加大，因此为提高驱油效率，增加水驱波及体积，利用热采降低原油黏度，提高采收率是行之有效的。

通过非定态水侵法对油藏水体大小进行评价，采用薛尔绍方程计算水侵系数为 12.96×10^4 m^3/年/MPa），依据非定态水侵物质平衡方程进行水侵量拟合，计算得到水油体积比为 62：1，因此，新海 27 块天然水体活跃、天然能量充足，适合采用天然能量开发。新海 27 块属常规稠油油藏，50℃原油黏度为 1934~3715mPa·s，地层油水黏度比高，粘温实验及驱油效率实验表明，随着温度提高原油黏度大幅度下降，当蒸汽在油藏受热温度范围提高到 100℃时，水驱油效率较 50℃时可提高 15%以上。因此，通过天然水体能量评价、热采实验、数值模拟综合研究，改变原冷采开发方式，确定天然能量、蒸汽吞吐的开发方式。

2.1.3 实施效果

二次开发采用水平井开发，水淹模式由“水锥”变“水脊”，有效减缓底水推进速度，高峰期采油速度 2.84%，稳产期 4.3 年，预测动态采收率达 31.7%。截止 2013 年二次开发阶段产油 73 万吨，阶段采出程度 10.9%，采油速度 1.2%，但存在含水上升及产量递减加快现象，开展以最大限度提高采收率为目标的深度二次开发研究。

2.2 深度二次开发阶段

2.2.1 二次开发存在问题

（1）储层刻画程度不满足精细开发需求。生产实践表明，新海 27 块存在部分老井差油层、油水同层、干层产油的现象，原测井解释未能全部识别有效储层，需通过测井二次解释修正有效厚度孔渗下限、解释图版，重新识别有效储层。

（2）目前水平井开发井网条件下，不同部位剩余油仍难以动用。主体部位直井与水平井之间的锥间带、水平井与水平井之间的脊间带剩余油仍然难以动用，利用生产测试、数值模拟等方法研究剩余油分布，表明目前直井锥间带、水平井脊间带的高部位含油饱和度仍大于 50%，剩余油仍较富集。边部及顶部低阻层目前开发井网仍不完善，储量控制程度低，采出程度仅为 11%。

（3）水平井段储量动用程度低。以往水平井均采用筛管完井方式，受平面非均质性、原油黏度高、底水活跃等因素影响，水平段动用程度不均，统计 6 口井产液剖面、含油饱和度测试资料，水平井主出液段仅占总井段 40%；且堵水难度大、效益差。另外随着采出程度增加，动态油水界面上升，加之油水黏度比增大，一直采用原设计的注采参数开发，造成底水锥进较快、产量递减快，需完善水平井合理工作制度

2.2.2 深度二次开发技术研究

（1）三维精细地质建模

采用电阻率油气校正、孔隙度泥质校正等岩心刻度测井方法，结合试油试采资料，分层建立测井解释标准（见表 1），解释 253 口新老井资料，解释结论升级累计 892.2m/296 层，新增地质储量 107×10^4t。

表 1 新老油层解释标准统计表

标准	层位	电阻率/Ω·m	时差/（μs/m）	含油饱和度/%
原标准	$d_1I_1{}^3$	35	270	45
	$d_1I_3{}^1$	35	350	45
现标准	$d_1I_1{}^3$	30	270	45
	$d_1I_3{}^1$	33	350	45

运用 Petrel 建模软件建立三维可视化地质模型。在地层划分对比的基础上，将每个井点作为控制点对地层进行 3D 网格化，模拟生成地层的空间展布形态，完成地层模型。充分依靠三维地震精细解释和钻井地质资料，以分层得到的断点数据为主要控制，以地震解释的断点数据作为约束，模拟出断层模型。利用序贯高斯模拟方法计算出井间储层的孔隙度和渗透率，将储层

参数离散点网格化，模拟出储层属性的三维空间模型，建立储层三维地质模型（图 1、图 2）。应用数值模拟确定的含油饱和度场真实地反映出目前剩余油的分布状况。数模研究表明，新海 27 块平均含油饱和度在 40%以上，剩余地质储量 260×10^4t，主要有锥间带型、边部动用差、断层遮挡型、厚油层内部隔层夹持型 4 种剩余油模式。

（2）水平井分类精准设计

在剩余油研究的基础上，结合产量影响因素，通过数值模拟及生产实际，确定不同剩余油类型水平井部署界限，实现平面均动用、垂向抑水锥的目的，最大限度提高储量动用程度。

对底水油藏来说，水平井水平段越长，油藏保持底水锥进速度越慢，即无水采收率越高，但增大水平段长度会导致钻井成本大幅度增加，摩阻增加，从而使水平井产量的增幅减少，因此，需优化合理的水平段长度。数值模拟与经济评价方法结合，分上、下层系对不同水平井段长度（500m、400m、300m、200m）进行开发指标预测及经济指标对比，确定锥间带水平井水平段长度 150~200m

左右最优，边部未动用区水平段长度 250~300m 最优。

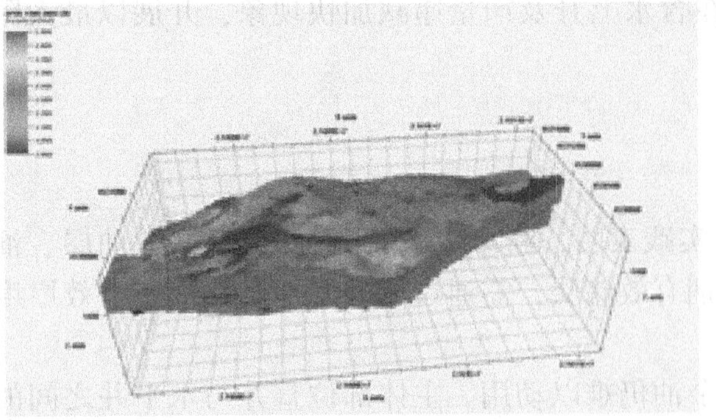

图 1　新海 27 块孔隙度模型($d_1 \mathrm{I}_1^3$)

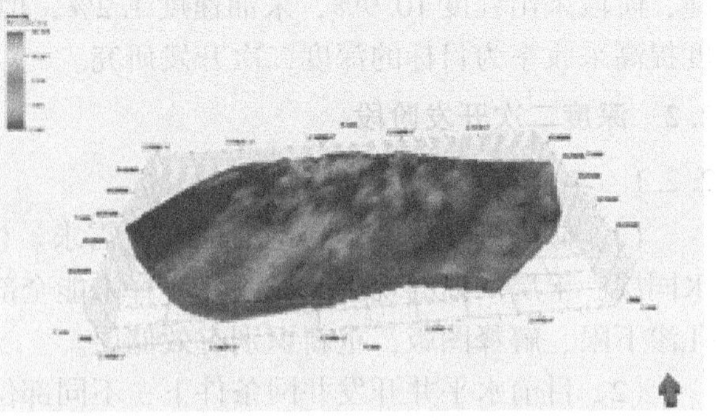

图 2　新海 27 块渗透率模型($d_1 \mathrm{I}_1^3$)

避水距离越大，见水时间越晚，累积产油量越多。根据数值模拟结果对比分析，对于锥间带水平井，当避水厚度大于 10m 时，可以达到经济极限产量，而边部薄层水平井避水距离大于 6m，即达到经济极限产量，统计脊间带历史生产水平井避水厚度与初期日产油、含水及阶段累产油的关系，当避水厚度大于 10m 时，初期含水小于 80%，阶段累产油大于经济极限产量，综合分析锥间带和边部薄层区域避水厚度下限分别是是 10m、6m。

由于水平井部署在井间，因此距邻井的距离必然会影响水锥的侵入速度，根据数值模拟结果对比分析，锥间带水平井井距大于 40m，可达到经济指标，同时随井距增加累产油增幅较小；边部薄层水平井井距越大，产量越高，井距大于 60m，可达到经济指标，统计历史生产水平井井距与初期产量、含水及阶段累产关系，井距大于 40m，初期含水小于 50%，含水上升速度小于 8%。综合分析确定锥间带部署水平井井距下限为 40m，边部薄层区域水平井井距下限为 60m。

依据剩余油分布类型、剩余可采储量，结合原井网形式，分区优化确定直井与水平井锥间带、水平井与水平井脊间带、油藏边部三类水平井井网调整模式，重构二次开发井网，形成了平面分区、纵向叠置的立体开发井网(图 3、图 4、图 5)。

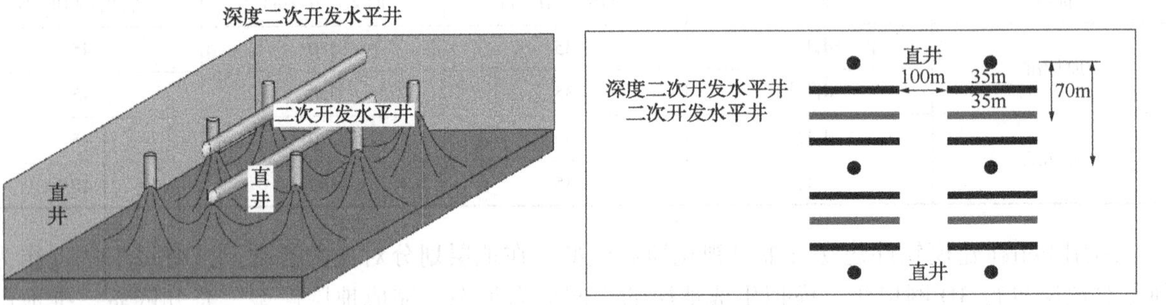

图 3　锥间带井网示意图

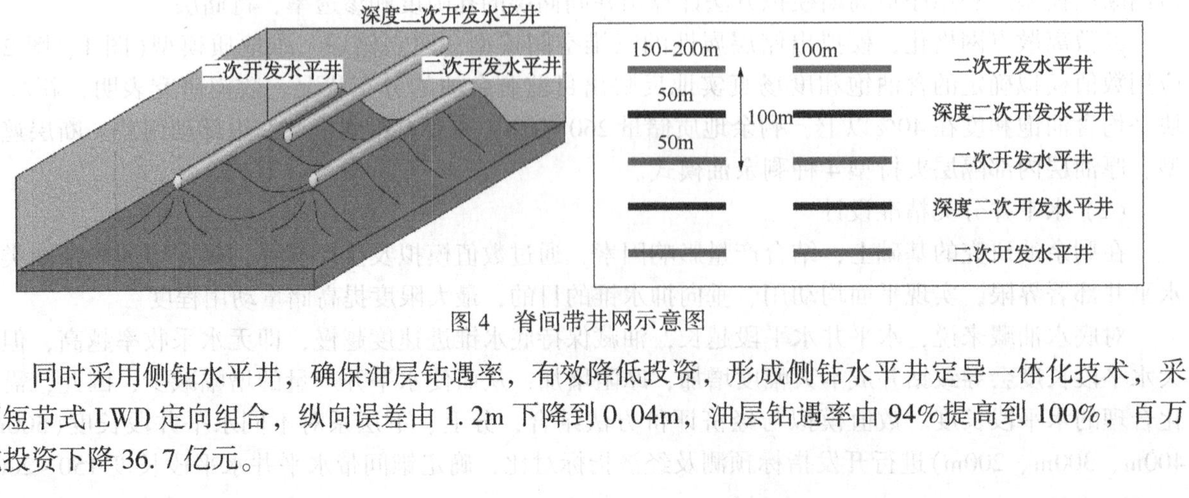

图 4　脊间带井网示意图

同时采用侧钻水平井，确保油层钻遇率，有效降低投资，形成侧钻水平井定导一体化技术，采用短节式 LWD 定向组合，纵向误差由 1.2m 下降到 0.04m，油层钻遇率由 94%提高到 100%，百万吨投资下降 36.7 亿元。

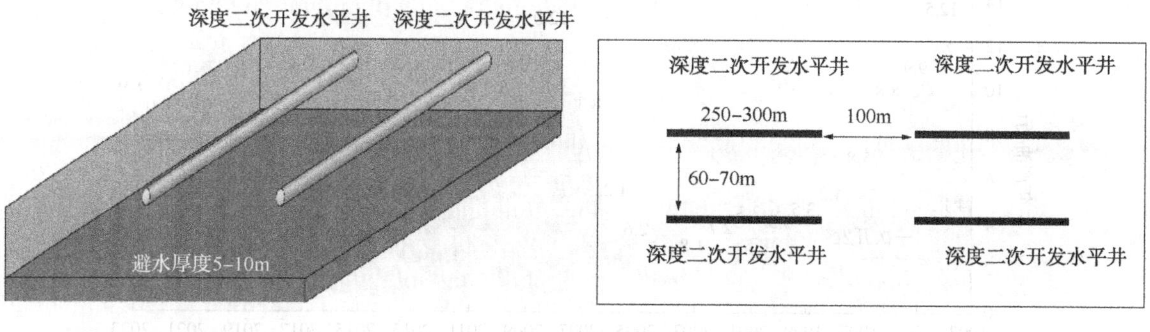

图5　边部井网示意图

（3）稠油降黏提采研究

新海27块为普通稠油油藏，随着开采时间的延长，黏度逐渐增加，目前地面原油黏度$d_1 Ⅰ_1$砂岩组为6169mPa·s，$d_1 Ⅰ_3$砂岩组为3902mPa·s。根据新海27-H9井试验分析表明，随着注入流体温度升高，驱油效率逐渐升高，当注入温度为50℃的热水时，驱油效率为50%，当注入温度为250℃的蒸汽时，驱油效率达到90%以上，因此，蒸汽吞吐能够有效降低油水黏度比，提高驱油效率。但随开发程度深入，油水界面逐渐抬升，较大注汽强度，容易造成底水突破，因此，深度二次开发注汽强度应控制在合理范围内，以近井地带降黏为主。同时开展水平井CO_2吞吐、溶剂降黏等多种降黏方式驱油机理及现场试验，实验表明CO_2除具有原油溶胀、降低残余油饱和度，降低原油黏度、改善油水流度比的作用外，CO_2溶于水形成泡沫，具有贾敏效应，能够起到堵水作用，有效降低含水上升速度。因此，确定新海27块采用天然能量辅助热采等多种降黏方式开发。

（4）重调油藏流场设计

综合分析水平段动用不均主要受储层非均质性、钻井泥浆污染、生产制度不当三方面因素，因此，优化完井方式和生产制度可有效提高水平段动用程度，首先是完井方式，用套管完井替代以往的筛管完井，变水淹不可控为微可控，通过选段射孔，避开水淹风险区，针对无夹层、油藏相对较薄区域，采取平面径向射孔，改变水驱流场，抑制底水渗流方向，减缓水淹速度，同时在本段水淹后调层其它井段，形成产量接替，有效减缓油井产量递减。对比筛管完井水平段动用程度提高18.5%。例如新海27-H5CH与新海27-H7CH分别为套管完井和筛管完井，地质条件相近，但新海27-H5CH为射孔投产，对比新海27-H7CH采油强度提高3倍，含水降低12%，充分说明套管完井，分段射孔可以有效动用水平段。

考虑油层厚度、动态油水界面、原油黏度等参数，综合数值模拟、油藏工程方法，分层、分区确定水平井合理注汽强度、采液强度、生产压差，保持动态油水界面均衡上升。结合数值模拟对不同注汽强度下水平井的开发指标进行数值模拟预测，确定锥间带最佳的注汽强度为7~10t/m，最佳采液强度为0.2t/(m·d)；边部最佳的注汽强度为4~7t/m，最佳采液强度0.1~0.15t/(m·d)。

2.2.3　实施效果

新海27块深度二次开发分2套层系在直井/水平井锥间/脊间带，部署实施水平井91口，有效动用锥间带、边部剩余油；采油速度连续10年保持1.1%以上(高峰1.5%)，对比二次开发初期提高采收率11.5%。

3　整体实施效果

截至2023年底二次开发共累计实施水平井155口，累增油159万t(图6)，连续16年采油速度保持在1.0%以上，采收率比一次开发提高27.2%，增加可采储量229万t。累计实现利润5.1亿元，完全成本49美元/桶以下，投入产出比1：1.25。新海27块2009年被评为股份公司二次开发示范工程，2022年海外河油田被评为集团公司高效开发油田。

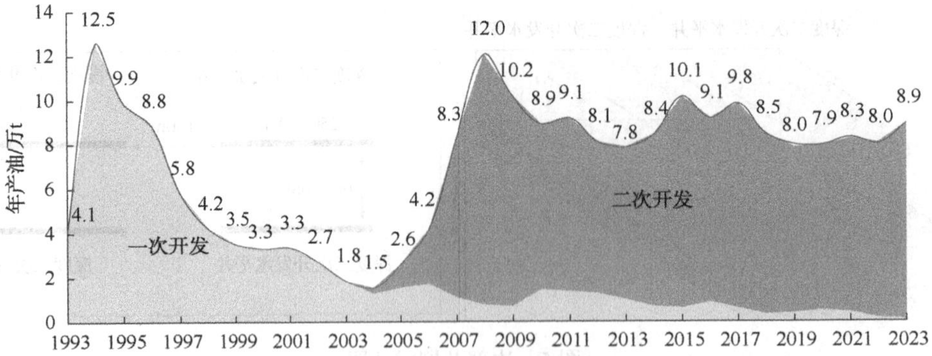

图 6　新海 27 块开发历程曲线

4 结论

(1) 按照“四重”技术路线，创新形成高含水厚层底水稠油二次开发配套技术，在新海 27 块矿场实施，取得效果显著，使濒临废弃的老油田重新焕发青春，为同类型油藏大幅提高采收率探索出一条有效途径。

(2) 通过开展精细地质体研究，重新评价老油藏，精准表征断裂系统、储层非均质性、剩余油分布等，才能重构地下认识体系、明确二次开发潜力。

(3) 只有坚持问题导向、抓住主要矛盾，通过精准方案设计、注采系统调整等研究，才能确定合理的二次开发技术路径，最大限度提高油藏采收率和经济效益。

(4) 严格按照理论研究、室内研究、先导试验、扩大试验到规模实施的工作程序，坚持全生命周期开发管理，形成合理的开发模式、管理体系，建立良好的开发秩序是实现二次开发的保障。

参 考 文 献

[1] 赵玥．成为国企“压舱石”[J]．中国石油石化，2021：22-46.

[2] 蔡萧应．海外河油田新海 27 块二次开发探索与实践[J]．今日科苑 2009，(66-67).

[3] 陈学义，陈艳，魏斌．辽河油田滩海地区低阻油层成因及其精细解释[J]．测井技术，2000，24(1)：55-59.

[4] 周鹰，刘兵，张钦花．新海 27 块二次开发实践与认识[J]．特种油气藏，2008，8(4)：66-69.

[5] 李立峰，岳湘安，李良川，张立娟，贺丰果．底水油藏水平井开发水脊规律研究[J]．油气地质与采收率 2003：89-95.

[6] 李郑辰，燕继成，石宁宁．储层电阻率校正模型在低饱和度油藏油水层识别中的应用[J]．国外测井技术，2018：8-11.

[7] 王成业．辽河油田侧钻水平井配套技术研究[J]．中国石油和化工标准与质量，2019：235-236.

[8] 刘怀珠，郑家朋，石琼林，覃孝平，杨小亮．复杂断块油藏水平井二氧化碳吞吐注采参数优化研究[J]．油田化学，2017：84-86.

超稠油开发中后期低碳发展对策研究

齐国超　杨德卿　张　梅

（中国石油辽河油田公司）

摘　要　超稠油的油品性质决定其开采方式主要为热采，并需要全程伴热，热能的利用效率直接决定了超稠油开发的效益状况。超稠油进入开发中后期注汽系统、采油系统、管输系统等热损失大，热效率低，燃料消耗逐渐升高。近年来，公司一直致力于热能综合利用研究，通过生产管理各环节提高热效率，形成了热效益综合提升体系，有效降低碳排放，为进一步提高油田绿色效益发展探索出一条有效的途径。

关键词　超稠油；热采；热效率；降低碳排放

超稠油就是原始油藏条件下，地面脱气原油黏度超过5×10^{4}mPa·s、20℃相对密度大于0.98的原油，常温下不易流动，但超稠油热敏性强，在温度高于80℃时即可流动，油品性质决定开采过程主要依靠“热”能——油层注入蒸汽后，超稠油被加热运移至井底；由井底举升至地面需要电热杆加热；由井口至高架罐、处理站需全程伴热。超稠油开采方式主要为蒸汽吞吐，依靠热能的充分发挥，热效率提升的有效手段持续稳产十几年。经过多年的高效开发，目前热采开发方式已经进入中后期，油汽比逐年下降，注1000t蒸汽才产200t原油，油汽比仅为0.2。在当前低碳发展的战略环境下，进行了超稠油开发中后期低碳发展研究，通过热能的综合利用，极大地降低了燃料消耗，使开发吨油成本大幅降低，促进了超稠油的效益开发。

1　超稠油开发中后期存在问题

1.1　产出液温度高，热量损失大

超稠油蒸汽吞吐开采方式周期初期产出液在100℃，周期中期及末期产出液温度在70℃～80℃。SAGD开发方式产出液温度在200℃以上。高温产出液直接进集输高架罐进行沉降处理，增加了原油处理的成本，并且浪费了大量的热能，致使热利用率低。

1.2　注汽系统效率低、影响热利用率

现有注汽锅炉原设计使用燃料为渣油和稠油，按照国家整体资源调整，配合西气东输改烧天然气后由于天然气热值低，现有燃烧器的能力没有充分发挥，导致排量降低，以23t/h锅炉为例，其额定排量为23t/h，烧天然气仅能达到17t/h，不但影响资产的利用效率，又降低注汽能力，造成注汽系统效率下降。

另外，注汽生产环节中从首端到末端由于高温高压，一般温度大于300℃，需要全程保温、隔热，但是现有的材料和技术保温隔热效率低，存在不同程度的热损失，影响蒸汽热利用效率。

1.3　采注比高，地层亏空大

经过多年的高效开发，热采开发已经进入中后期，采收程度已经达到40%以上，还以每年2%的采油速度进行开采。采注比高，累积采注比1.19，地层亏空大，亏空体积2100×10^{4}m^3。导致注蒸汽效率低，需要的注入蒸汽量逐年增加，年消耗燃料费多达7亿元。

2　超稠油开发中后期低碳发展的必要性

2.1　国家低碳发展战略需要

超稠油本身的原油性质决定开发主要依靠热能开采，燃料费占到开采成本的50%以上，要响应

国家低碳发展的号召，必须提升“热”效益，有效减少燃料消耗，达到降低碳排放，实现低碳发展。

2.2 超稠油持续稳定发展的需要

目前超稠油已处于吞吐开发中后期，进入快速递减阶段。地下亏空大，蒸汽注入地下后热利用率低，热损失大，油汽比逐年降低，目前年油汽比仅为0.20。要保证超稠油的持续稳定发展，必须提升“热”效益。

2.3 降低超稠油开采成本的客观需要

随着超稠油开发进入中后期，开采效果逐渐变差，受油汽比降低及材料上涨的影响，原油开采成本逐年升高。开发初期成本402元/t，到目前已经上升到了1647元/t，其中燃料费占了成本的50%以上，为保证超稠油的效益开发必须进行热效益提升，有效控制开发成本。

3 低碳发展对策研究及应用

3.1 发展组合式注汽技术，扩大蒸汽波及体积

随着蒸汽吞吐开采方式进入中后期，油层平面动用不均、地下亏空日益加大、油井间汽窜严重。周期注汽时，近井地带蒸汽热利用率降低，因此超稠油开发提出了组合式注汽技术。就是把生产层位相互对应的部分油井组合为一个开发单元，集中注汽，集中生产，并辅助相应的增产措施，从而有效抑制汽窜，扩大蒸汽波及体积，提高热利用率，达到提高开采效果的目的。另外井组内不同生产层位、不同井型油井集中注汽，集中建立温场，可实现油层四维立体加热，进一步提高热利用率，改善开发效果。实施组合式注汽对比单井吞吐可提高油汽比0.04，效果明显。同时通过实施组合式注汽可延长油井3~4个吞吐周期，对比常规吞吐采收率提高3~5%。

3.2 提高注汽锅炉热效率，降低碳排放

对注汽锅炉进行技术改造将不同规格、不同使用年限的锅炉划分为A、B、C类，对锅体进行改造，挖潜注汽锅炉自身存在不足，进一步提升锅炉排量，使锅炉实际排量提高10%以上，由原来的17t/h提高到20t/h，增加注汽能力86t/h，全年新增注汽能力68.3×10^4t。锅炉热效率由87.5%提高到88.4%，注汽单耗降低0.8m^3/t，全年可节约天然气$200\times10^4m^3$，有效降低碳排放，减排4324t二氧化碳。

3.3 加强热能综合利用，减少碳排放

超稠油生产全程伴热，生产各环节都离不开热能，充分挖掘热能利用潜力，使污水和SAGD高温产出液热量得到利用，提高锅炉用水的温度，节约燃料费，减少碳排放。

(1) SAGD集中换热站热能综合利用。由于SAGD产出液温度较高，产出液首先在集中换热站进行换热后再进入集输联合站进行处理，平均每天参与换热高温液量6000t，换热后可使冷却清水温度由30℃提高到58℃，升高28℃，年节约天然气$362.7\times10^4m^3$，减少二氧化碳排放7842t。

(2) 污水软化处理，热能回收利用。产出液经油气处理后产生污水经过大罐沉降，重新进行污水软化处理后做锅炉热注用水，平均每天处理水量18000t，污水温度平均74℃，较冷却清水温度提高44℃，全年可节约天然气$1710\times10^4m^3$，减少二氧化碳排放36973t。

(3) 高温分离水提升锅炉来水温度。目前在用的常规注汽锅炉出口干度只能达到75%，SAGD注汽需要高干度蒸汽，要求蒸汽干度达到99%，甚至更高，因此在锅炉出口安装了汽水分离器，分离出干度达到99%的蒸汽通过管线注入油层，同时分离出25%的温度达到278℃的超高温高含盐分离水。利用高温分离水热量，在注汽站内通过换热器将其用于锅炉来水炉前再升温，每天能使7000t注汽锅炉入口水温提高30℃，全年节约天然气$453.4\times10^4m^3$，减少9803吨二氧化碳排放。

3.4 伴生气回注地层，实现了零排放

超稠油主力区块日产伴生气量$15\times10^4\sim18\times10^4m^3/d$，主要成分为$CO_2$和$CH_4$($CO_2$含量68%，$CH_4$含量31%)，伴生气经过脱除$H_2S$后直接对空排放。伴生气直接外排，不但造成$CO_2$和$CH_4$等可回收利用资源的浪费，同时造成严重的环境污染。本技术在超稠油伴生气领域取得重大突破，通

过对伴生气进行预处理、变压吸附分离、CO_2 气态回注和 CH_4 回掺等一系列技术，全年累计实施注二氧化碳气体辅助 140 井次，回注二氧化碳 $1100\times10^4m^3$，实现平均单井增油 280t，年累计增油 4×10^4t，油汽比提高 0.08，成功实现了伴生气零排放和油田可持续效益发展。

5 结论

（1）从开发上，发展组合式注汽提高蒸汽热效率，改善了开发中后期超稠油生产效果，保证了超稠油的持续稳定发展。

（2）从工艺上，加强锅炉改造、伴热工艺改造及生产精细化管理，提升热能综合利用率。热能有效回收利用有效避免了热损失，减少碳排放。

（3）通过热效益提升综合研究与应用取得了较好的经济效益，同时实现了公司节能降耗。伴生气进行回收利用，有效实现节能环保、绿色生产。

（4）此研究成果对国内外同类超稠油油藏降本增效及节能环保都有较好的借鉴意义，有较大的推广应用空间。

参 考 文 献

[1] 刘福余．曙一区超稠油开采特征及开发对策[J]．特种油气藏，2002，9(6)：1-2.

[2] 马占河．超稠油蒸汽吞吐生产特点及措施对策——以辽河油田曙一区为例[J]．资源环境与工程，2012，26(1)：71-72.

[3] 杨立刚．杜 84 块超稠油成本管理方法研究[J]．断块油气藏，2012，19(S0)：107-108.

[4] 刘斌．张金光．黄鹤，牛心坨油田节能改造项目效益评价探讨[J]．石油石化节能，2014，4(10)：1-3.

[5] 刘新．轻质油藏蒸汽驱提高采收率技术现状及趋势[J]．大庆石油地质与开发，2012. 31(1)：138-144.

海上二氧化碳封存关键技术研究进展

陈虹宇　何贤科　刘创新　夏　瑜　冯永玖

［中海石油（中国）有限公司上海分公司］

摘　要　海洋碳封存技术是一种应对全球气候变化、减少温室气体排放的重要手段。本文综述了海洋碳封存技术的发展现状，包括碳捕集、碳封存以及二氧化碳监测等方面的最新进展。二氧化碳捕集技术是海洋碳封存的首要环节。目前，碳捕集技术主要包括燃烧后捕集、燃烧前捕集和富氧燃烧捕集等方法。这些技术通过化学吸收、物理吸附或膜分离等手段，从工业排放或大气中分离出二氧化碳。随着技术的进步，碳捕集的成本逐渐降低，效率和可靠性不断提高。海洋碳封存技术主要是将二氧化碳安全、长期地存储于海底。常见的封存方式包括地质封存、海底沉积物封存等。地质封存主要利用枯竭的油气田、深部咸水层等地质构造进行二氧化碳的长期封存。而海底沉积物封存则是将二氧化碳注入深海沉积层中，利用其低温高压的环境实现稳定封存。二氧化碳监测技术是确保碳封存安全的关键。监测技术包括井下监测、海底监测以及遥感监测等。这些技术能够实时跟踪二氧化碳的迁移和分布情况，评估封存效果，预防潜在的环境风险。随着大数据和人工智能技术的应用，监测系统的智能化水平不断提升，能够更加精准地预测和管理二氧化碳的封存过程。总体来看，海洋碳封存技术虽然仍面临技术、经济和环境等方面的挑战，但其在实现全球碳中和目标中扮演着不可或缺的角色。未来，随着技术的不断成熟和政策的支持，海洋碳封存有望成为实现全球碳中和最主要的手段。

关键词　海洋碳封存；二氧化碳捕集技术；二氧化碳监测技术

根据联合国政府间气候变化专门委员会（IPCC）的第六次综合评估报告进一步明确了人类活动产生的温室气体排放是导致全球变暖的原因。截至 2023 年 9 月，全球已有 150 多个国家做出了碳中和承诺，采取了提高能效、发展可再生能源和开发自然碳汇等降碳措施。尽管如此，全球 CO_2 排放量仍持续增长，根据国际能源署（IEA）公布的数据，2022 年全球与能源相关的 CO_2 排放量已超过 368×10^8t，持续增加的温室气体排放将导致全球变暖加剧，在纳入考虑的情景和模拟路径中，全球气候变暖的最佳估计值在近期（2021～2040 年）将达到 1.5℃。全球变暖的每一个增量都会导致危害多发并发。要实现本世纪末温升不超过 2℃的目标，全球 CCUS 项目在 2040 年的部署规模需达到 40 $\times10^8$t 左右，在 2050 年需达到约 60×10^8t。

党的二十大提出要"积极稳妥推进碳达峰碳中和，协同推进降碳、减污、扩绿、增长"，在此背景下，CO_2 捕集、利用与封存（CCUS）技术受到了广泛关注。沿海地区是我国工业集聚区域，也是 CO_2 集中排放区域，沿海地区的碳排放总量呈现不断增长的态势，相比陆上封存，海底封存可实现更好的源汇匹配，且安全性更高，已是全球 CCUS 的重点发展方向。国外对海洋 CCUS 研究起步较早，挪威、美国、巴西等国家都开展了不同规模的岸碳入海示范项目，当前国内海底 CO_2 封存尚处于产业发展初期，关键环节技术成熟度较低、项目投资及运营成本较高，制约产业规模化发展，国内海洋 CCUS 示范项目正处于快速发展阶段，中国海油在恩平 15-1 海上石油生产平台建设完成了中国首个海上 CO_2 封存示范工程项目，预计高峰期每年可封存 30 万吨 CO_2。并计划将丽水 36-1 气田打造为国内首个海上枯竭气田 CO_2 封存先导示范项目，利用东海陆架盆地咸水层，建成年注入量超百万吨级的 CO_2 封存示范区。国外在产业早期阶段通过政策激励、资金资助并衔接碳市场等方式协同推进产业发展。我国目前通过政策支持、技术示范、产业合作等多方面推动，为实现国家"双碳”目标提供了重要支撑。

为稳步推进海洋 CCUS 产业化进程，需围绕制约 CCUS 发展的各项关键技术展开研究，包括 CO_2 高效捕集技术，地质封存潜力评估、CO_2 监测与安全性评估技术等。以此提高地质封存的工程化技术能力和规模化实施能力。

1　二氧化碳捕集技术

目前应用的二氧化碳捕集技术可细分为吸收过程、气固反应过程、吸附过程、低温蒸馏、膜分离和化学循环燃烧，详见表 1。

表 1　主要二氧化碳捕集方法及其优点

方法		常用材料/技术	优势
吸收过程	物理吸收	塞来索尔、直肠醇、嘌呤醇	a) CO_2 分离效率可达 90%； b) 吸附剂再生能耗低； c) 物理方法所需的温度低于化学方法所需的温度； d) 低腐蚀性和低毒性； e) 在较高的 CO_2 分压条件下更经济
吸收过程	化学吸收	胺洗涤、氨基酸盐、碳酸盐、离子液体、氨洗涤	a)目前最成熟的技术； b) 可在低 CO_2 分压下使用； c) 适合改造； d) 吸收能力高； e) 产品纯度>99% VOL，无需进一步的纯化步骤
吸附过程	化学吸附	胺基吸附剂、金属氧化物（氢氧化钠改性的活性氧化铝）	a)CO_2 分离效率可达 85%； b) 易于安装和维护； c) 由于吸附剂可以重复使用，因此废物产生量低； d) 可逆过程（物理吸附）； e) 具有大量 CO_2 高吸收量材料可供选择； f) 再生吸附材料的能量要求低； g) 操作范围广； h) 可以使用废弃生物质或工业驻地作为吸附剂合成的原料
吸附过程	物理吸附	沸石（微孔和结晶硅酸盐骨架材料）、CARBON4BASED 碳基物质、MOPS（微孔有机柱状层状硅酸盐）	
膜分离		聚合物膜、陶瓷膜、混合膜、膜接触器	a) CO_2 分离效率可达 80%； b) 过程简单； c) 无需再生能源； d) 简单的模块化系统； e) 无废物流； f) 与吸收和吸附相比，分离能效更高； g) 分离过程中不含其他化学物质
低温蒸馏		CRYOCELL ®技术	a) 分离的 CO_2 纯度高； b) 分离效率高（高达 99.9%VOL）； c) 生产即用型纯液态 CO^2； d) 无需化学试剂； e) 适用于高浓度（>50%VOL）的高压气流； f) 易于扩展到工业应用

续表

方法	常用材料/技术	优势
气固反应	CaO、MOF	a）用于吸附剂合成的廉价原料； b）燃煤电厂粉改造及吸附增强制氢工艺优化方法
化学循环燃烧	使用空分单元制备氧气，进行富氧燃烧	a）简单易用，可在低 CO_2 分压下使用； b）空气反应器产生的废气主要是 N_2 c）来自燃料反应堆的废气流由 CO_2 组成和 H_2O（CO_2 可以很容易地用冷凝器分离） d）避免巨大的能源损失，从而降低运营成本

1.1 碳捕集技术发展及应用

（1）吸收

在吸收过程中，气相的成分被转移到液体或固体中。目的是通过吸收剂尽可能有选择地从气相中去除组分。在吸收的情况下，化学吸收和物理吸收是有区别的，化学吸收通常用于燃烧后捕获，在此过程中，待吸收的组分在液体中发生化学反应，而物理吸收通常用于燃烧前捕获，物理吸收过程基于范德华力，因此也可以逆转（解吸）。这需要改变压力和温度。为了在液体中溶解大量气体，需要高分压和液体中溶解气体的低浓度。化学吸收作为最常用的分离方法，其主要优点是 CO_2 产品纯度高（可达 99%）因此，无需进一步的纯化步骤。Awoyomi 等以氨溶液作为捕集溶剂进行的 SBCC 研究结果表明：船舶主机负载在 85%时，废气余热回收的 4MW 能量足以满足溶剂在 90~100kg/s 的再循环流速下达到 70%的碳捕集率。Luo 等首次系统研究了吸收型化学溶剂 MEA 在 3.5 万总吨参考货船上的 CO_2 吸收工艺设计，研究结果表明：由于 CCS 系统热电供应有限，碳捕集率仅能达到 73%，此时每吨 CO_2 捕集成本为 77.5 欧元，在添加燃气轮机作为公用能源设施后，碳捕集率上升到 90%，相应设备多消耗的柴油使得每吨捕集成本上升到 163.07 欧元。

（2）吸附

在吸附过程中，气相的组分附着在固体表面上。在物理吸附的情况下，物质通过伦敦色散力结合到固体表面，而在化学吸附的情况下，分子在相界面处形成化学键（共价或离子键）。重要的是，吸附剂除了具有化学性质外，还具有相对于其质量的大表面积。此外，吸附剂应具有可用性，CO_2 选择性强，稳定性高，易再生，成本低。Long 等在以单乙醇胺（MEA）溶液作吸收剂的 3MW 柴油机动力船上实现了 87.4%捕集率，并在此基础上研究了在相同工艺配置下性能更为优良的混合溶剂和添加中冷、多级进料及热集成等改进工艺，以提高碳捕集率。Awoyomi 等针对总装机功率为 10.3MW 的 LNG 船，研究了氨水作为捕集溶剂的碳捕集技术，分析了发动机负荷对碳捕集率的影响，并针对不同 CO_2 捕集率做了经济性评估，研究结果表明：在 90%的捕集率下，每吨 CO_2 捕集成本至少是 117 美元，而废气余热利用是大幅降低捕集成本的有效技术，在 60%~90%捕集率范围内，废气余热都可以满足再沸器的能量需求。

（3）气固反应

金属氧化物、沸石或金属有机框架（MOF）等固体可用于碳捕获。MOF 由碳氢化合物框架和嵌入的金属离子组成，以实现对某些分子的选择性。由于固体通常致密，吸收速度快，每体积单位可以结合比液体溶液更多的二氧化碳。Zhou 等利用 NaOH 吸收废气中的 CO_2 形成 Na_2CO_3，再利用 $Ca(OH)_2$ 溶液处理形成可带来经济价值的固体 $CaCO_3$，提供了新型、经济且更具紧凑性的固态碳存储方案。

（4）低温蒸馏

在低温过程中，二氧化碳与烟气或废气进行物理分离。这可以通过冷凝、升华或蒸馏来完成。低温过程的前提条件是 CO_2 的升华温度低于其他气体组分的升华温度。在不同的冷凝温度下连续制冷，将气体混合物冷凝以分离 CO_2。

（5）膜分离

膜根据原子和分子的大小处理分离原子和分子。大颗粒不能穿过膜并被保留。膜的分离特性由渗透性和选择性决定。只有浓度梯度是这种分离的驱动力。因此，这些方法在能量上是有利的，因为它们不需要任何额外的能量。

综上各类捕集方法介绍，其中化学和物理吸收、吸附、膜分离、低温处理和化学循环燃烧是提取二氧化碳的主要技术。国外学者目前主要通过性能更优的溶剂或改进工艺等方式提升碳捕集率和降低能耗，此外人们进行了持续的研究，混合技术(上述技术的组合)正在迅速发展，成为降低成本和能源需求的替代选择 Feenstra 等提出了以 MEA 和哌嗪(PZ)作为吸收剂，利用 Aspen Plus 模拟了利用废气余热能进行碳捕集的过程，并在不同碳捕集率下对碳捕集成本进行了经济性分析，研究结果表明：捕集率的升高需要设备投入成本增加，但 CO_2 单位质量捕集成本会降低，当吸收溶液由 MEA 溶液改为解吸压力更高的 PZ 溶液时，船舶碳捕集成本也会降低。

(6) 化学循环燃烧

化学循环技术使用两个反应堆，一个空气反应堆和一个燃料反应堆。这些反应器通常循环流化床，这些流化床耦合用于载流子运输。在空气反应器中，“氧气载体”(通常是金属颗粒，如铁、锰或铜)的氧化与空气中的氧气一起发生。反应的结果是，形成金属氧化物。这些化合物被带到第二个反应器，在那里它们与燃料发生反应。金属氧化物在燃烧过程中被还原，产生能量和烟气作为 CO_2 流和 H_2O 烟气，可冷凝以接收纯 CO_2。

1.2 研究方向建议

探索更加节能、高效的碳捕集方法是未来的研究重点。一方面需进一步进行成熟技术的深挖，开发更加高效、节能、绿色的化学吸收溶剂，研究性能更优、价格及维护成本更低的分离膜材料，另一方面要探索更具革命性及颠覆性的新技术，推动直接空气捕集、生物质能捕集、燃料电池转换等新技术的成熟，尽早实现新技术的商业化应用。

2 海洋碳封存

2.1 海洋碳封存方法

在碳捕集与封存的框架内，存在着各种潜在的 CO_2 封存途径这些方法包括地下地质储存、深海储存和矿物封存。其中地下地质储存还包括咸水层、枯竭的石油和天然气储层、不可开采的煤层、水合物储存和 CO_2 在增强的地热系统中储存。CO_2 在枯竭的油气藏中的封存被广泛认为是最有效的技术之一，储层岩石和卤水性质相似，常见于油气储层和深层咸水层中。在枯竭的油气藏中的封存存在很重要的优势；首先，在油气勘探之前和期间，油气储层一直是大量研究的主题，包括其储存能力的研究；其次陆上和海上基础设施、现有基础设施，包括 CO_2 注入井和运输，只需稍作改进就可开展二氧化碳封存。CO_2 在咸水层的封存是减少 CO_2 的最成功策略之一，然而，目前缺乏 CO_2 注入井设施、地面处理设备和输送管道网络，所以许多咸水层还只是作为潜在的封存选址。在咸水层封存中目前需要解决的关键技术问题是包括缓解压力耗散的问题，这是因为在流入储层形成时，超临界 CO_2 使孔隙空间中的盐水位错，并与地层的矿物(地下水、天然气和岩石)发生连锁反应，导致不同化学物质的形成或当前矿物的分解。矿物的形成和溶解可能会改变岩石的孔隙度，从而改变封存量。尽管许多研究认为，CO_2 储存在咸水层中比储存在枯竭的油气田中效果更好，但这些评估忽略了因使用盐水储层而产生的相关费用。在许多情况下，油气田已经拥有生产设施，只需进行相对适度的调整，就可以对其进行修改以满足储存作业。可以进行这些更改以适应封存需求。此外，枯竭油气藏在原油开采的整个阶段都得到了明确的研究，可能使用 CO_2 用于封存和提高采收率。因此，可能将 CO_2 存储枯竭油气藏中比将其储存在咸水层中要更具可行性。如图 1 所示。

2.2 碳封存选址

二氧化碳地质封存选址方法发展经历三个阶段，先后根据 IEA、IPCC、欧盟最佳操作手册 CSLF、CO_2CRC、中石油、中科院、地调局等各机构标准修改补充发展，结合海上封存选址面临六大矛盾：资料多与少的矛盾、圈闭好与坏的矛盾、储层与盖层的矛盾、隆起与坳陷的矛盾、地质与工程条件的矛盾、依托设施有与无的矛盾，建立了盆地级、次盆级、区带级以及场地级 4 个层级的

海上 CO_2 咸水层封存地质条件与潜力评价方法，重点针对封存选址难题，建立了场地级适宜性评价标准。如表 2 所示。

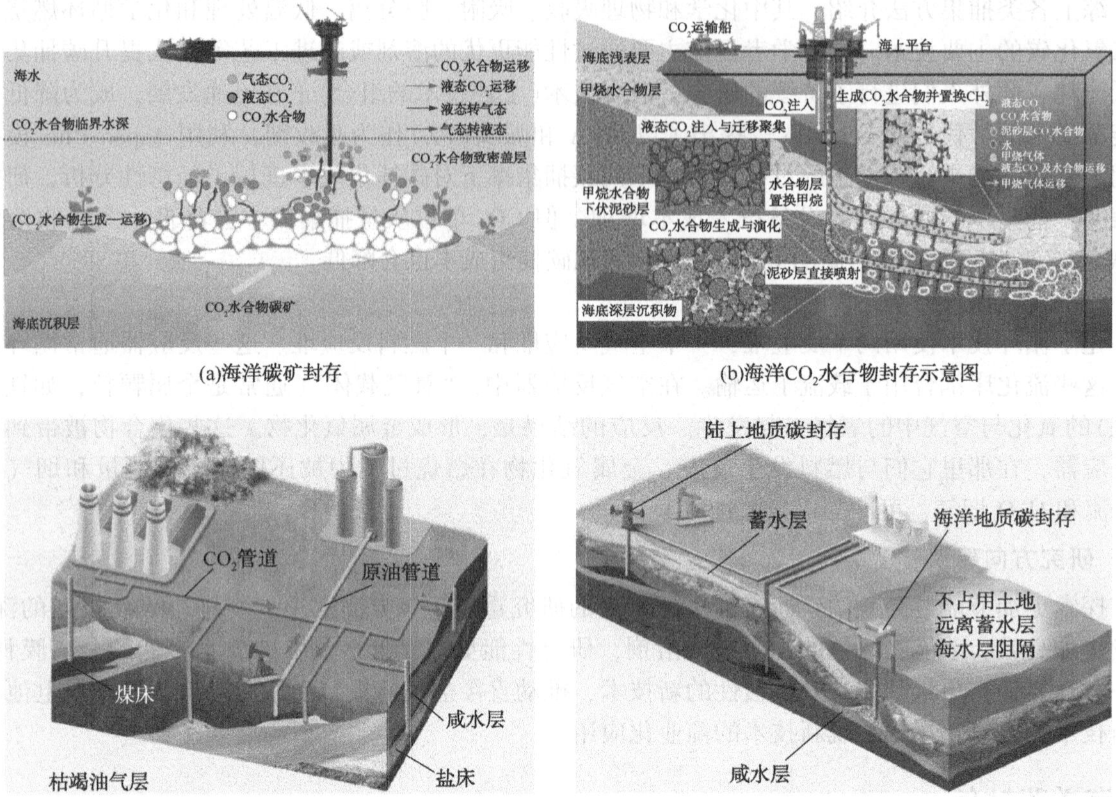

(a)海洋碳矿封存　(b)海洋CO_2水合物封存示意图

(c)枯竭油气藏、不可开采煤层　(d)咸水层封存

图 1　海洋碳封存方法示意图

表 2　常用海上 CO_2 咸水层封存适宜性评价相关数据表

类型	否决条件	要求	八项条件	具体评价指标
封存潜力	不满足封存量要求	满足所需的 CO_2 注入体积和注入能力	圈闭条件	①圈闭类型；②圈闭面积；③闭合幅度；④高点埋深；⑤圈闭形态；⑥圈闭可靠性
			储层条件	①储层厚度；②砂地比；③稳定性；④孔隙度；⑤渗透率；⑥储层埋深；⑦储层温度；⑧储层压力
			封存容量	①孔隙体积；②有效封存效率；③封存量
封存安全性	盖层、断层、老井至少有一项不密封；处于地震活跃区	满足封存场地封闭性要求	盖层条件	①盖层岩性；②盖层厚度；③所在组段泥地比；④沉积相；⑤纵向分布特征；⑥横向稳定性
			断裂条件	①断裂性质与组合特征；②断裂数量；③断穿盖层断层数量；④构造高部位断层数量
			钻井情况	①已钻井名；②钻井时间；③完井方式；④井现状；⑤井筒完整性
环境条件和技术可行	处于军事区、环境保护区等限制区内	具备海上实施和建设条件	工程条件	①谈远距离；②水深；③已有设施条件；④环境条件
基础资料	必须资料不可获取	具备必须可靠的资料	基础资料	①周边油气田情况；②油气发现情况；③未成藏原因；④地震资料及测网密度；⑤化验、测试、解释、综合研究等资料

2.3 碳封存潜力评估

中国海域面积辽阔，总面积可达 $3\times10^6 km^2$，其中，浅水区面积约为 $1.46\times10^6 km^2$，深水区为 $1.54\times10^6 km^2$。近海主要的沉积盆地自南向北依次有渤海湾盆地、北黄海盆地、南黄海盆地、东海陆架盆地、台西盆地、台西南盆地、珠江口盆地、北部湾盆地、琼东南盆地和莺歌海盆地。如图 2 所示。

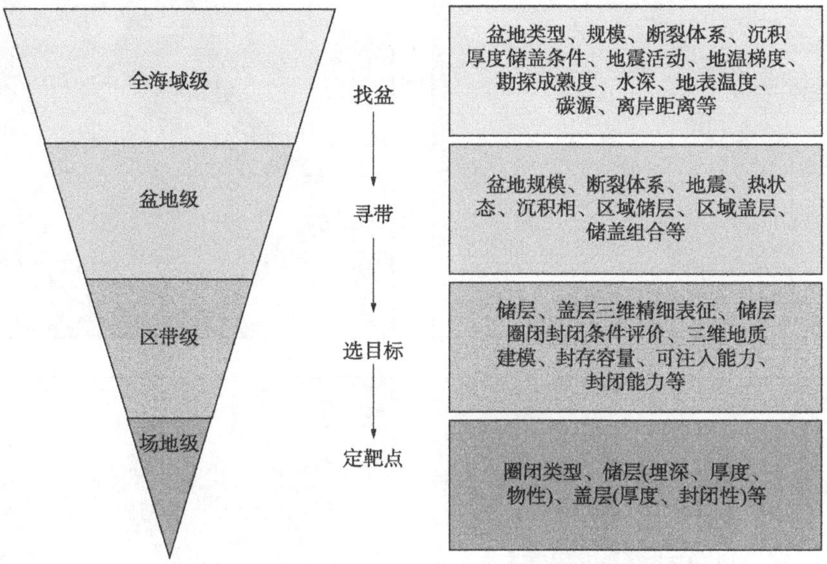

图 2　碳封存潜力评价 4 个层级

闫华敏等人基于层次分析法和模糊评价方法，从封存规模、安全性以及可行性三个方面展开评价，考虑盆地面积、地热特征、储盖组合、地震活动、断裂活动、构造背景、水深及碳源排放 8 项指标，从全海域级对中国近海盆地封存适宜性评价并分类。根据评价结果可以看出(图 3)，中国近海盆地 CO_2 封存适宜性依次为：珠江口盆地、东海陆架盆地、渤海湾盆地、北部湾盆地、莺歌海盆地(莺歌海组)、南黄海盆地、北黄海盆地、琼东南盆地、台西盆地、台西南盆地。其中珠江口盆地、东海陆架盆地可作为 CO_2 近海封存的首选盆地。珠江口盆地、东海陆架盆地属于近海大型沉积盆地，沉积厚度巨大，具有众多油气藏，储层厚度和物性均较好，存在多套储盖组合，可为 CO_2 封存提供大量存储空间；盆地构造稳定性良好，不易发生 CO_2 泄露。

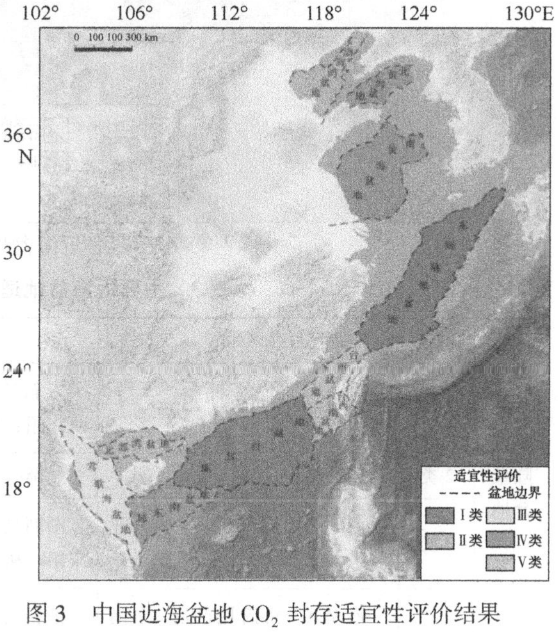

图 3　中国近海盆地 CO_2 封存适宜性评价结果

李林涛、可行等先后以珠江口盆地二级构造单元为研究对象，基于灰色关联度分析法，从地质安全性、储存规模以及经济适宜性和社会环境风险四个准则层展开评价，充分考虑考虑断裂系统、地震活动、地温梯度、热流、储盖厚度、封存容量、水深、碳源距离等多项指标，对珠江口盆地封存容量进行计算并对封存适宜性进行评价。评价结果显示：珠一坳陷和珠三坳陷为碳封存适宜区带，珠二坳陷为较适宜区带，东沙隆起为一般适宜区带，其他区域为较不适宜和不适宜区带。随后根据已建立的评价指标体系，结合东海陆架盆地封存条件的整体讨论，分别对盆地各单元的每个评价指标的情况进行了详细探讨，按照指标所属的不同等级赋分。综合各位学者评价结果可知：东海陆架盆地碳封存综合适宜性评价最好的单元为台北坳陷和浙东坳陷，包括西湖凹陷、瓯江凹陷。

已有学者建立起区带 TOPSIS 评价方法，根据断裂、地震、地温、热流、沉积相、孔隙度、渗透率、储层厚度、盖层厚度 9 项指标，分别完成东海陆架盆地、珠江口盆地、渤海湾盆地以及北部湾盆地的有利封存区优选。明确了各近海盆地适宜封存区带和潜在封存层位。如图4、表3所示。

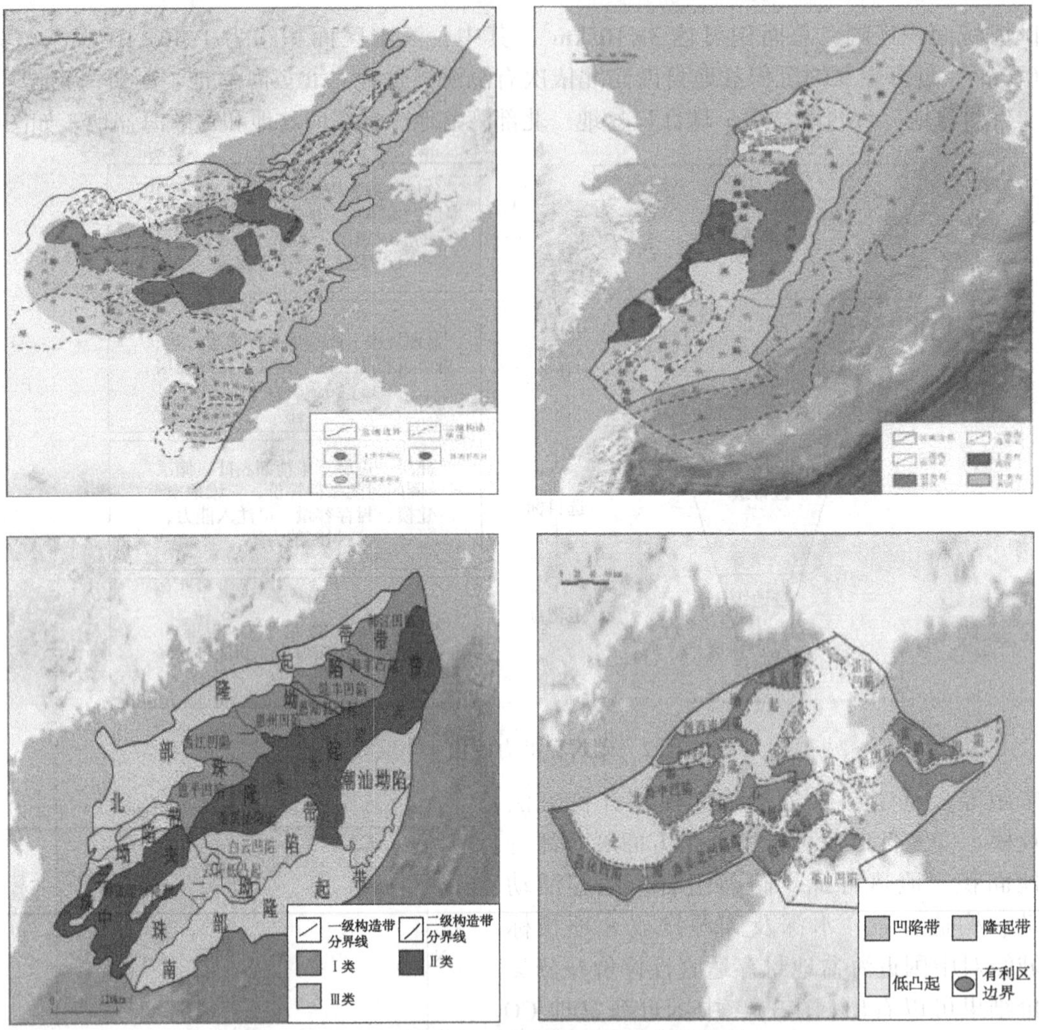

图4　各近海盆地适宜封存区带综合评价图

表3　主要近海盆地适宜封存区带及封存层位评价结果

盆地	适宜封存区带		潜在封存层位	沉积相
东海陆架盆地	1类	丽水-椒江凹陷	古新统明月峰组；始新统温州组、瓯江组；中新统	(扇)三角洲-滨浅海；三角洲-滨浅海
	2类	钱塘坳陷	始新统长江组、花港组；中新统	河流-湖湘
	3类	西湖凹陷西部斜坡-中央洼陷带	渐新统花港组；中新统龙井组、玉泉组、柳浪组	河流-三角洲-湖湘
渤海湾盆地	1类	沙垒田-石臼坨凸起-秦南凹陷	渐新统东一段；中新统馆陶组、明下段；	三角洲-湖相；辫状河/曲流河-滨浅湖
		渤中凹陷西部	中新统馆陶组、明下段	三角洲-滨浅湖
	2类	辽中凹陷	渐新统东一段；中新统馆陶组	三角洲、辫状河
		渤南低凸起-莱州湾凹陷	中新统馆陶组、明下段	河流、三角洲
北部湾盆地	1类	涠西南、乌石、迈陈凹陷	渐新统涠洲组；中新统下洋组、角尾组	扇三角洲-滨浅湖；(扇)三角洲-滨浅海
	2类	海中、雷东凹陷		
珠江口盆地	1类	珠一坳陷各凹陷及低凸起	渐新统珠海组；中新统珠江组、韩江组	三角洲-滨海；三角洲-滨浅海-碳酸盐岩台地
	2类	东沙隆起西部		
	3类	珠三坳陷	中新统粤海组、韩江组、珠江组	三角洲-滨浅海

珠江口盆地及东海陆架盆地等近海地区具备巨大的 CO_2 地质封存潜力。然而离岸封存还需要解决技术不成熟、封存成本高、环境影响不明、政策法规缺乏等问题，未来我国应该加大对离岸CCUS技术的研究和投入，降低技术成本，逐步完善离岸封存项目的配套设施和政策体系，推动大规模集群项目落地，助力碳中和工作的顺利进行。

2.4 重点区域源汇匹配

沿海地区8省2市碳排放总量42.7亿吨，占全国的37%。其中，煤电行业占比34.4%，主要分布在江苏、山东、河北、广东、浙江、辽宁等省；水泥行业占比32.6%，分布在山东、广东、江苏、河北等省；钢铁行业占比37.7%，主要分布在河北、山东、江苏、辽宁等省。

广东省碳排放总量超5亿吨，煤电排放量约2亿吨，主要分布在沿海粤东、珠三角、粤西地区。水泥排放量1.8亿吨，主要分布在粤北地区。钢铁排放量0.98亿吨，主要分布在粤东和粤西。化工排放量0.44亿吨，主要分布在广州、惠州、湛江地区。其中：广佛肇-深莞惠地区包括中海壳牌、惠州石化、华润电力(海丰)电厂等14家排放企业，总排放量达5341万吨。珠江口西岸(江门)包括珠海粤裕丰钢铁集团、中山嘉明电力、中海油珠海天然气发电有限公司等23家企业，总排放量达6676万吨。粤东(汕揭潮)地区的陆丰宝丽华新能源电力、广东粤电靖海发电、华能海门电厂、华能汕头电厂等14家企业，总排放量达8450万吨。粤西(湛茂阳)地区的中石油茂名分公司、中科(广东)炼化、巴斯夫一体化基地、茂名石化等13家企业，总排放量达8034万吨。

长三角地区煤电、化工、钢铁、水泥等重点行业总排放量达到6.3亿吨，主要分布在上海市、宁波市、温州市等沿海地区。宁波地区的大榭石化，宁波禾元化工、舟山煤电、郑海煤电等9家企业，总排放量达9685.2万吨。温州丽水地区的温州煤电1厂、温州煤电2厂、乐清市煤电、玉环煤电等4家企业，总排放量达2830万吨。

环渤海湾区域重点行业总排放量达到21亿吨。煤电排放最高达12.06亿吨、其次钢铁7.14亿吨、水泥和化工排放量最低为1.25亿吨和0.58亿吨。碳源主要分布在唐山市、天津市、滨州市、东营市、大连市等。津冀地区包括河北凯悦化工集团，唐山三友集团、北疆煤电厂等16家企业，总排放量达6768万吨。辽南地区包括大化集团、大连国电集团、大连CPI、华能煤电等企业，总排放量820万吨。山东地区包括滨州-大唐煤业，湖集煤电厂，魏桥煤电厂等16家企业，总排放量达7254万吨。

为进行源汇匹配有效分析，中国海油开发了CCUS源汇匹配分析系统，初步构建碳排放源评价、封存场地评价、源汇匹配模块、CCUS技术经济性4个模块和碳排放源与封存场地2个数据库，初步设计了各环节关键参数及全流程经济评价模型。建立了CCUS项目规划的关键参数体系，基于整体技术方案研究设计，结合排放源与封存场地实现最优源汇匹配分析及成本测算。其中东海陆架盆地适宜性高，椒江凹陷、丽水凹陷具备较好的封存地质条件。大榭—椒江凹陷CCS集群优选椒江凹陷WZ5-2~WZ5-3构造带作为潜在封存场地，面积160km²，以构造+缓坡封存模式，有效封存量在1.15~2.3亿吨。结合成本分析，可以以大榭石化园区周边禾元石化(高浓度)/大榭石化(低浓度)作为碳源，以椒江凹陷WZ5-2~WZ5-3构造带为潜在的封存场地开展源汇匹配方案设计。

3 二氧化碳监测与安全性评估

海底 CO_2 地质封存面临着气体迁移和泄露带来的海底地质灾害威胁，联合国政府间气候变化专门委员会建议，CO_2 地质封存在1000年期间的泄漏量应低于1%。因此，从封存效率和区域安全性角度，在海底碳封存过程中，对注入和封存阶段进行多层次、多方位、多周期的环境地质监测与量化评估是确保整个封存项目安全性和合理性的必要环节。

3.1 监测技术发展现状

目前，我国海底 CO_2 地质封存以及监测技术尚处于起步阶段，针对海底 CO_2 泄露的地质环境监测主要围绕声学和化学两类技术展开，同时辅以温盐深仪(CTD)、洋流计等其他手段。由于海底

CO_2 地质封存仍然处于探索和示范阶段，监测内容主要包含海水 pH 值、二氧化碳分压(P_{CO_2})、金属离子浓度、氢离子浓度、营养盐以及 CO_2 羽流等海水环境要素。如表 4 所示。

表 4　现阶段海底 CO_2 监测技术及应用

技术	原理	应用
地震调查和监测	不同介质间存在弹性差异	① 南海海域利用地震调查开展多次针对麻坑、浅层气和流体溢出等现象的系统研究。 ② 如在北极海域使用海底地震仪(OBS)记录了由于构造过程和底部甲烷气泡释放所产生的地震响应特征
电阻率法监测	CO_2 的泄露会直接影响土体导电性	① 德国 Ketzin CCS 项目的垂直电阻率阵监测 CO_2 地质封存区泄露，电阻率对 CO_2 饱和度非常敏感； ② 中国海洋大学自主设计和制作电阻率探针，可实现对一定空间内气体扩散过程的监测
重力监测	CO_2 注入替换储层中的孔隙流体，导致对应的重力加速度场发生改变	① 通过操作水下机器人(ROV)下放并部署重力仪的方式，对 CO_2 地质封存区进行动态监测
海床变形监测	海底 CO_2 泄漏过程会导致地层中的应力场受到扰动	① 法国设计研发集成三轴加速度传感器 IFREMER SAAF-Tiltmeter 倾角计探针； ② 中国海洋大学研发的海底变形滑动原位实时自动监测设备，其搭载的位移传感器阵列(SAA)成功应用在黄河水下三角洲埕岛海域的多次原位监测工作
沉积物孔隙压力监测	孔压传感器记录海床内部孔隙压力能够准确反映流体运移特征	① NGI-Illinois 压差式孔隙压力监测设备问世以来，孔隙压力监测探杆已被广泛用于如浅层气逸散、天然气水合物分解等气体运移诱发海底环境地质问题的研究中； ② 德国不来梅大学研发的 P-lance 孔隙压力监测探杆成功应用在 2014~2016 年的泥火山监测并记录到多次孔压突变事件

3.2　研究方向建议

借鉴世界上不同领域、不同项目成熟的实践经验，我国海底碳封存区环境地质的监测研究可围绕以下 3 个方面展开：

(1) 长效实时监测

目前因技术不足、装备较少和系统不完善等问题，无法实现海底 CO_2 地质封存的有效性和安全性的监测需求，为此，需要开展 CO_2 泄露长期连续实时监测、数据收集及分析处理技术研究。

(2) 低成本高效监测

目前常用的海底沉积物物理力学特性监测技术成本较高，难以满足 CO_2 长期封存的经济要求，因此需要发展低成本的监测装备，突破研究技术瓶颈，提升经济效益。

(3) 智能化预警系统

目前的监测系统尚不具备对封存区域海底地质灾害进行多点、多维度、多灾种协同智能分析能力，机器学习可以利用计算机和自动化算法高效处理大规模、多维度的数据集，通过建立系统性和智能性的灾害识别模型，及时发现并解决潜在的灾害问题。

4　结论与建议

根据目前海洋碳封存各项关键技术发展情况调研分析可知，海洋地质碳封存潜力巨大综上所述，未来发展应聚焦于技术创新、政策支持、跨领域协同、数据集成和智能化监测等方面，以推动海洋碳封存技术的成熟和广泛应用。我们可以从碳捕集、海洋碳封存和二氧化碳监测三个方面提出以下发展建议：

(1) 继续推动技术创新以降低成本，提高捕集效率；加强政策支持和财政激励，鼓励企业投资碳捕集技术的研发和应用；探索多种碳捕集技术的综合应用。

（2）海洋地质碳封存潜力巨大，应加强海洋地质碳封存区划研究，明确封存潜力和适宜区域；推动海洋地质碳封存与油气等资源的协同性研究，实现资源的最大化利用；加强海洋碳封存数据库建设，集成地质、工程、环境等数据，形成一体化的碳封存专业数据库；实施海洋地质碳封存示范工程，通过全流程的技术示范，积累经验和技术储备。

（3）加强封存前、封存期间和封存后的勘探、评估和监测工作，确保 CO_2 的安全封存；利用现代信息技术，如大数据和人工智能，提升监测系统的智能化水平，实现对 CO_2 迁移和分布的实时跟；发展海上 CO_2 地质封存监测技术，提高监测的准确性和预警能力。

参 考 文 献

[1] IPCC, 2023: Climate Change 2023: Synthesis Report. Contribution of Working Groups I, II and III to the Sixth Assessment Report of the Intergovernmental Panel on Climate Change[R]. IPCC, Geneva, Switzerland, pp. 35-115.

[2] 王灿，蔡闻佳，张诗卉，等 . 2023 全球碳中和年度进展报告[R]. 北京：清华大学碳中和研究院，2023.

[3] IEA. Global Energy Review: CO_2 Emission in 2022[R]. Paris: IEA, 2023.

[4] IEA. Energy Technology Perspectives 2015[R]. Paris: IEA, 2015.

[5] 张贤，杨晓亮，鲁玺，等 . 中国二氧化碳捕集利用与封存(CCUS)年度报告(2023)[R]. 北京：中国 21 世纪议程管 理中心，全球碳捕集与封存研究院，清华大学，2023.

[6] ZHANG Z E, WANG T, BLUNT M J, et al. Advances in carbon capture, utilization and storage[J]. Applied Energy, 2020, 278: 115627.

[7] 胡安俊，罗姝，李涵 . 沿海地区碳排放的时空格局，形成机理与实现碳达峰和碳中和的建议[J]. 城市，2021, 000(011): 59-69.

[8] 周守为，李清平，朱军龙，等 . CO_2 海洋封存的思考与新路径探索[J]. 天然气工业，2024, 44(4): 1-10.

[9] Grazia Leonzio, Nilay Shah. Recent advancements and challenges in carbon capture, utilization and storage, [J]. Current Opinion in Green and Sustainable Chemistry, 2024, 46: 2452-2236.

[10] Kammerer, S., Borho, I., Jung, J. et al. Review: CO_2capturing methods of the last two decades [J]. Environ. Sci. Technol. 2023, 20: 8087-8104.

[11] Schwister K, Leven V. Verfahrenstechnik für Ingenieure: Ein Lehr-und Übungsbuch(mit umfangreichem Zusatzmaterial), 4, aktualisierte und, erweiterte. [M]. Hanser, Carl, 2020.

[12] AWOYOMI A, PATCHIGOLLA K, ANTHONY J. CO_2/SO_2emission reduction in CO_2 shipping infrastructure[J]. International Journal of Greenhouse Gas Control, 2019, 88; 57-70.

[13] LUO Xiao-bo, WANG Meng-hong. Study of solvent-based carbon capture for cargo ships through process modeling and simulation[J]. Applied Energy, 2017, 195(C): 402-413.

[14] González AS, Plaza MG, Rubiera F, et al. Sustainable biomass-based carbon adsorbents for post-combustionCO_2 capture[J]. Chem Eng 2013, 230: 456-465.

[15] Fischedick M, Görner K, Thomeczek M. CO_2: Abtrennung, Speicherung, Nutzung: Ganzheitliche Bewertung im Bereich von Energiewirtschaft und Industrie, 2015.

[16] Long N V D, Lee D Y, Kwag C, et al. Improvement of marine carbon capture on board diesel fueled ship[J]. Chemical Engineering and Processing-Process Intensification, 2021, 168: 108535.

[17] Awoyomi A, Patchigolla K, Anthony J. Process and economic evaluation of an onboard capture system for LNG-fueled CO_2 carriers[J]. Industrial and Engineering Chemistry Reasearch, 2020, 59(15): 6951-6960.

[18] Peilin Zhou, Haibin Wang. Carbon capture and storage—Solidification and storage of carbon dioxide captured on ships [J]. Ocean Engineering, 2014. 91: 172-180.

[19] Madejski P, Chmiel K, Subramanian N, et al. Methods and Techniques for CO_2 Capture: Review of Potential Solutions and Applications in Modern Energy Technologies[J]. Energies 2022, 15(3): 887.

[20] Feenstra M, Monteiro J, Van den akker J T, et al. Ship-based carbon capture onboard of diesel or LNG-fuelled ships [J]. International Journal of Greenhouse Gas Control, 2019, 85: 1-10.

[21] Madejski P, Chmiel K, Subramanian N, et al. Methods and Techniques for CO_2 Capture: Review of Potential Solutions and Applications in Modern Energy Technologies[J]. Energies 2022, 15, 887.

[22] Bhavsar S, Najera M, More A, et al. Chemical-looping processes for fuel-flexible combustion and fuel production[J].

In Reactor and Process Design in Sustainable Energy Technology, 1st ed.; Elsevier B. V: Amsterdam, The Netherlands, 2014, 233-280.

[23] Na J, Xu T, Yuan Y, et al. An integrated study of fluid-rock interaction in a CO_2-based enhanced geothermal system: A case study of Songliao Basin, China[J]. Appl Geochem. 2015, 59, 166-177.

[24] Bachu S, Brulotte M, Grobe M, et al. Suitability of the Alberta Subsurface for Carbon Dioxide Sequestration in Geological Media[J]. Alberta Energy and Utilities Board: Calgary, AB, Canada, 2000.

[25] Han Y, Ho W S W. Recent advances in polymeric facilitated transport membranes for carbon dioxide separation and hydrogen purification[J]. Polym. Sci. 2020, 58, 2435-2449.

[26] Li Q, Wei Y-N, Liu G, et al. Combination of CO_2 geological storage with deep saline water recovery in western China: Insights from numerical analyses[J]. Appl. Energy 2014, 116, 101-110.

[27] Sigman D M, Fripiat F, Studer A S, et al. The Southern Ocean during the ice ages: A review of the Antarctic surface isolation hypothesis, with comparison to the North Pacific. Quat. Sci. Rev. 2021, 254, 106732.

[28] Li S, Wang P, Wang Z. Strategy to Enhance Geological CO_2 Storage Capacity in Saline Aquifer. Geophys. Res. Lett. 2023, 50, e2022GL101431.

[29] Q/HS 2022-139 中国海洋石油集团有限公司企业标准《海上 CO_2 咸水层封存场地适宜性评价方法》

[30] 霍传林．我国近海二氧化碳海底封存潜力评估和封存区域研究[D]．大连海事大学，2014.

[31] 闫华敏，李磊，李林，等．基于层次分析法和模糊评价法的中国近海盆地 CO_2 封存适宜性评价[J]．海洋地质前沿，2024，40(01)：79-93.

[32] 李林涛，于航，李彦尊，等．珠江口盆地 CO_2 地质封存适宜性 GCA 评价[J]．中国海上油气，2023，35(01)：170-178.

[33] 可行，陈建文，龚建明，等．珠江口盆地二氧化碳地质封存条件及源汇匹配性分析[J]．海洋地质与第四纪地质，2023，43(02)：55-65.

[34] 罗海中，吴大卫，范永春，等．碳中和背景下 CCUS 技术发展及广东离岸封存潜力评估[J]．南方能源建设，2023，10(06)：1-13.

[35] 陈建文，孙晶，杨长清，等．东海陆架盆地新生界咸水层二氧化碳封存地质条件及封存前景[J]．海洋地质前沿，2023，39(10)：14-21.

[36] 赵勇，李久娣，杨鹏程，等．东海陆架盆地咸水层 CO_2 封存地质条件适宜性评价[J]．海洋地质与第四纪地质，2023，43(04)：129-139.

[37] 可行，陈建文，龚建明，等．东海陆架盆地 CO_2 地质封存适宜性评价[J]．海洋地质前沿，2023，39(07).

[38] 赵改善．二氧化碳地质封存地球物理监测：现状、挑战与未来发展[J]．石油物探，2023，62(02)：194-211.

[39] 张少鹏，刘晓磊，程光伟，等．海底碳封存环境地质灾害风险及监测技术研究[J]．中国工程科学，2023，25(03)：122-130.

[40] 张旭辉，郑委，刘庆杰．CO_2 地质埋存后的逃逸问题研究进展[J]．力学进展，2010，40(5)：517-527.

[41] Metz B, Davidson O, De Coninck H, et al. IPCC special report on carbon dioxide capture and storage[C]. Geneva: Intergovernmen-tal Panel on Climate Change, 2005.

[42] Dixon T, McCoy S T, Havercroft I. Legal and regulatory develop-ments on CCS[J]. International Journal of Greenhouse Gas Con-trol, 2015, 40: 431-448.

地下构造空间与地面储罐协同的储氢调控策略研究

王子恒　高云丛　潘松圻

（中石油深圳新能源研究院有限公司）

摘　要　本文研究地下构造空间与地面储罐协同的氢气制储输用系统，旨在解决传统地面储罐占地面积大、储量有限等问题，实现氢气的大规模、高效储存与灵活供应。通过SCILAB的Xcos仿真工具，模拟24h内系统的运行情况，重点监控了地面储罐储氢量变化、压缩机工况、地下储氢库储量变化、制氢端制氢量、管道输氢速率及高纯度氢气销售端需求量变化等关键参数。仿真结果显示，地面储罐在预设条件下，仅根据用氢需求的随机变化改变工况4次，未发生启停情况，有利于压缩机和纯化装置的寿命延长。地面储罐的储量变化在40%到70%之间进行调整，未触发保护机制。地下储氢库的容量变化幅度较小，24h内发生2次注采转换，符合盐穴储氢的工程实践。系统能够有效调节氢气供需，在地面储罐容量仅为千公斤级加氢站的十分之一的情况下，满足高纯度氢气销售需求，未发生启停。结果表明，该系统能够高效稳定地调节氢气供需，显著提高储存和供应的灵活性和经济性，为氢能社会的发展提供可靠的技术支持和实践参考。

关键词　新能源；氢能；能源管理；地下储氢库；SCILAB

1　引言

氢能作为一种清洁、高效的二次能源，在全球能源转型和碳中和目标的实现过程中扮演着重要角色。随着氢能技术的不断发展，氢气的生产、储存和利用方式也在不断创新。

地下储氢技术利用地下构造如盐穴、矿洞等天然或人工形成的储存空间，将氢气注入其中进行大规模储存。相比于地面储氢罐，地下储氢具有储量大、占地面积小等优点，适用于大规模、长期的氢气储存需求。然而，地下储氢的注采转换时间较长，难以满足快速响应的需求。地面储氢罐则具备响应迅速的特点，能够在短时间内调节氢气供需波动，但其储量有限，占地面积较大，不适合大规模氢气储存。

本文设计了一种结合地下构造空间和地面储罐的氢气制储输用系统，该系统可以显著降低地面占地，提供更高的储氢容量和灵活的氢气供应方式。具体而言，本文设计的系统利用100kg容量的地面储罐与地下构造空间协同工作，并结合500标方站内制氢系统，即可实现非站内制氢1000kg地面储罐同等效果。此外，利用地下构造空间的大容量优势，该系统可以实现15000kg甚至更高的长周期储量，适合作为区域性供氢中心，同时满足管道输氢和高纯度氢气销售需求。通过SCILAB中的Xcos仿真系统验证了该调控策略的有效性。

2　地下构造空间与地面储罐协同的氢气制储输用系统

2.1　系统整体流程

地下构造空间与地面储罐协同的氢气制储输用系统结合了地下储氢和地面储氢的优点，旨在提供高效、灵活的氢气储存和供应解决方案。如图1所示，该系统主要包括电解水制氢装置、流量调节装置、地面储氢罐、地下构造空间储氢、氢气纯化装置、压缩机和缓冲罐等多个部分。

系统首先通过电解水制氢技术生产氢气，电解水制氢装置作为系统的核心氢气生产单元，通过电解反应将水分解为氢气和氧气，产生的氢气作为系统的主要输入。电解水制氢的氢气纯度较高，不经过处理的氢气纯度一般在99%以上，可以直接进入管道进行掺氢运输。在氢气从电解水制氢装置输出后，首先进入流量调节装置，该装置根据系统需求将氢气分配到不同的储氢单元，包括地面储氢罐和地下构造空间。

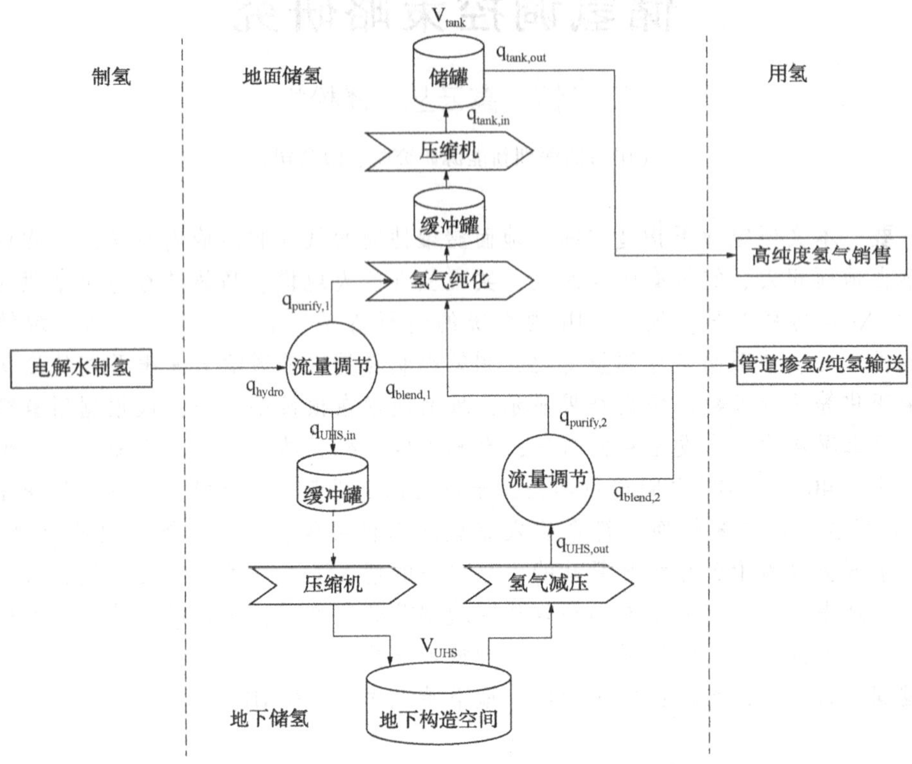

图1 地下构造空间与地面储罐协同储氢的氢气制储输用系统流程图

制氢端，技术最为成熟的碱性电解水槽的负载功率范围一般为相对于额定功率的25%~115%之间，冷启动时间1~2h，热启动时间1~5min，而质子交换膜电解槽抗电源波动性较好，但是成本较高，体现在负载功率范围宽，一般为5%~120%，冷启动时间5~10min，热启动时间小于10s。近年来，实际工程中可以通过按比例组合碱性电解水槽和质子交换膜电解槽，实现成本和抗电源波动性方面的均衡，如挪威的Nel公司，正在探索在同一设施中结合使用不同电解槽技术，以优化性能。这种组合方式可以在项目生命周期内节省大量成本。据Nel公司首席执行官Hakon Volldal介绍，通过同时部署碱性和PEM电解槽，最多可以节省数亿美元。

地面储氢罐具有快速响应能力，用于平衡系统中短期氢气需求波动。在氢气进入地面储氢罐之前，通过缓冲罐和氢气压缩机进行压力调节，压缩后的氢气储存在地面储氢罐中。燃料电池尤其是目前最为成熟的质子交换膜燃料电池则需要高纯度氢气，需要纯度在99.999%甚至更高，否则会发生催化剂中毒现象，对发电效率造成不可逆的影响。因此，针对不同需求，本系统设计的地面储氢罐进行储存，通过氢气纯化装置进行高纯度氢气的销售。由于纯化装置和隔膜压缩机的特性，地面储罐部分的氢气需要尽可能确保少启停、小波动。

地下构造空间如盐穴或矿洞，提供了大规模、长周期的氢气储存空间，氢气通过压缩机注入地下构造空间进行储存。地下储氢具有储量大、占地面积小的优势，但其注采转换时间较长。地下储氢库类型为盐穴或矿洞，内部为空腔，可以满足99%纯度的氢气储存需求，与管道输氢端相连无需纯化。

高纯度氢气销售端的氢气纯化装置用于将储存的氢气进行前置纯化处理，以满足高纯度氢气销售的需求，纯化后的氢气通过加氢机或者长管拖车等方式销售。隔膜式压缩机用于将氢气加压，以便储存在高压储氢罐或地下储氢空间中，而缓冲罐用于调节氢气的流量和压力，确保氢气在不同储存单元之间的平稳传输。该系统的设计充分利用了地面和地下储氢单元的特点，实现了储氢容量的最大化和地面占地面积的最小化。通过合理的流量调节和控制策略，系统能够灵活应对不同的氢气需求场景，包括管道掺输氢和高纯度氢气销售的用氢需求，确保系统的稳定运行和氢气的高效供应。

2.2 制氢储氢调控策略与工况判定方法

在地下构造空间与地面储罐协同的氢气制储输用系统中，制氢储氢的调控策略和工况判定方法是确保系统高效运行的关键。图示展示了系统的具体控制逻辑，包括制氢量的确定、储氢的调配以及工况的判定方法。具体流程如图 2 所示。

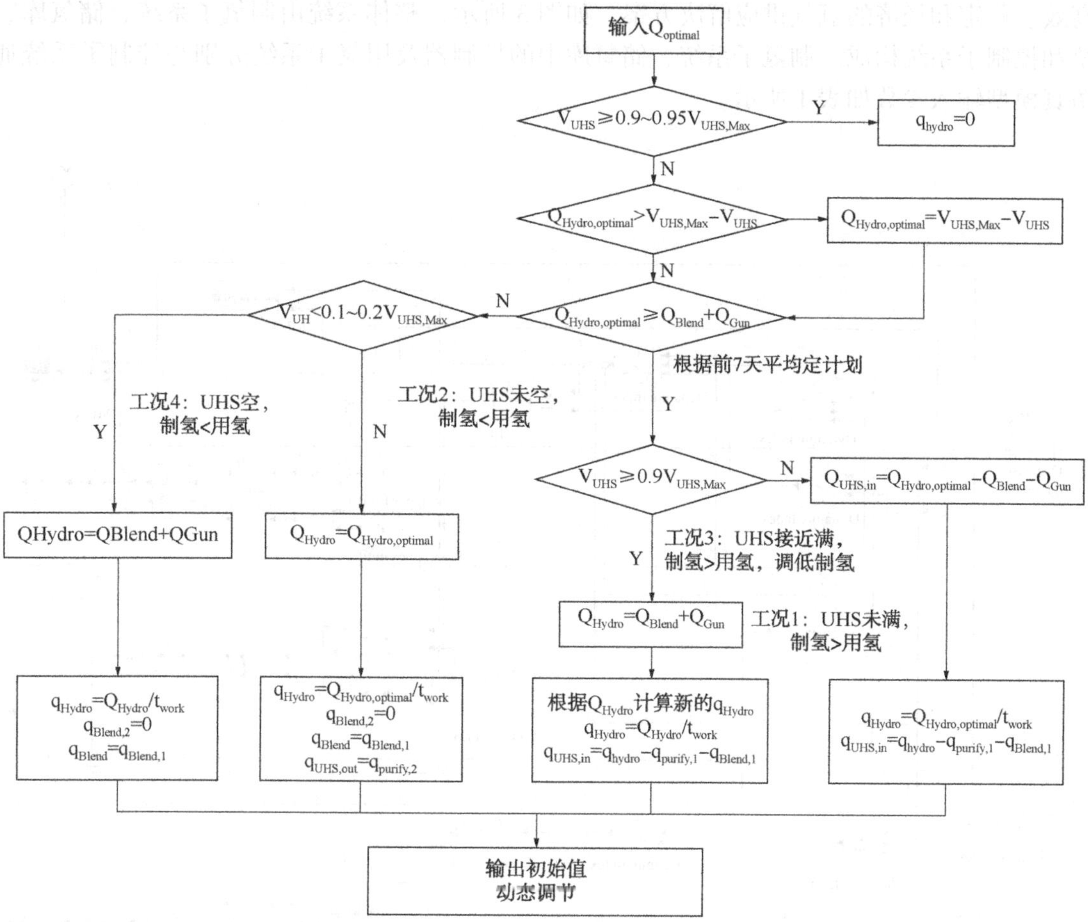

图 2 最优制氢量初始值计算过程及工况设计

首先进行前置条件检查：系统首先检查地下储氢库的当前存储容量是否已达到或超过最大设计容量的 90%至 95%。如果是，系统会停止氢气的生产以防止过量储存。如果否，则继续检查当日剩余地下储氢库容量与当日最佳产氢量 $Q_{optimal}$。如果地下储氢库剩余容量小于当日最佳产氢量，则当日产氢量改为地下储氢库剩余容量。否则，输入当日最佳产氢量。

系统根据当前氢气生产、储存和使用的实际情况，通过以下工况进行判断和调整：

工况 1：如果地下储氢库未满且 $Q_{optimal}$ 大于氢气需求量 $q_{blend}+q_{gun}$，则系统增加地下储氢库的入口流量 $q_{UHS,in}$，以增加储存量。

工况 2：如果地下储氢库未满且 $Q_{optimal}$ 小于氢气需求量，系统增加地下储氢库的出口流量 $q_{UHS,out}$，以填补需求缺口，确保氢气供应的平衡。

工况 3：当地下储氢库接近满时，如果最优产氢量 $Q_{optimal}$ 仍然大于用氢量，系统会降低氢气的生产量，使其等于当前需求量，避免过量生产导致储存压力过大。

工况 4：如果地下储氢库接近空，且最优产氢量 $Q_{optimal}$ 小于用氢量，系统则提高氢气的生产量，超过最优制氢量以满足需求，防止因氢气不足影响供应。

同时，系统还需要监控地面储气罐(Tank)的容量。当地面储气罐容量过低时，系统会增加氢气

入罐流量 $q_{Tank,out}$；当容量过高时，系统则增加氢气出罐流量 $q_{Tank,out}$，以防止氢气过量储存或供应不足。此外，系统根据高纯度氢气销售(Gun)的实时使用情况动态调整氢气生产量和储存流量，确保需求得到满足，同时考虑到制氢速率波动和储存容量的限制。

3 基于 Xcos 的系统模拟运行仿真

3.1 仿真系统设计

本设计旨在保障氢气供应满足需求，并充分利用地下构造空间与地面储罐的各自优势，致力于提供高效、稳定和经济的氢气供应解决方案。如图 3 所示，整体系统由制氢子系统、储氢库、用氢子系统和控制子系统构成。制氢子系统、储氢库中的控制器及用氢子系统分别与控制子系统通信连接，仿真模型输入参数如表 1 所示。

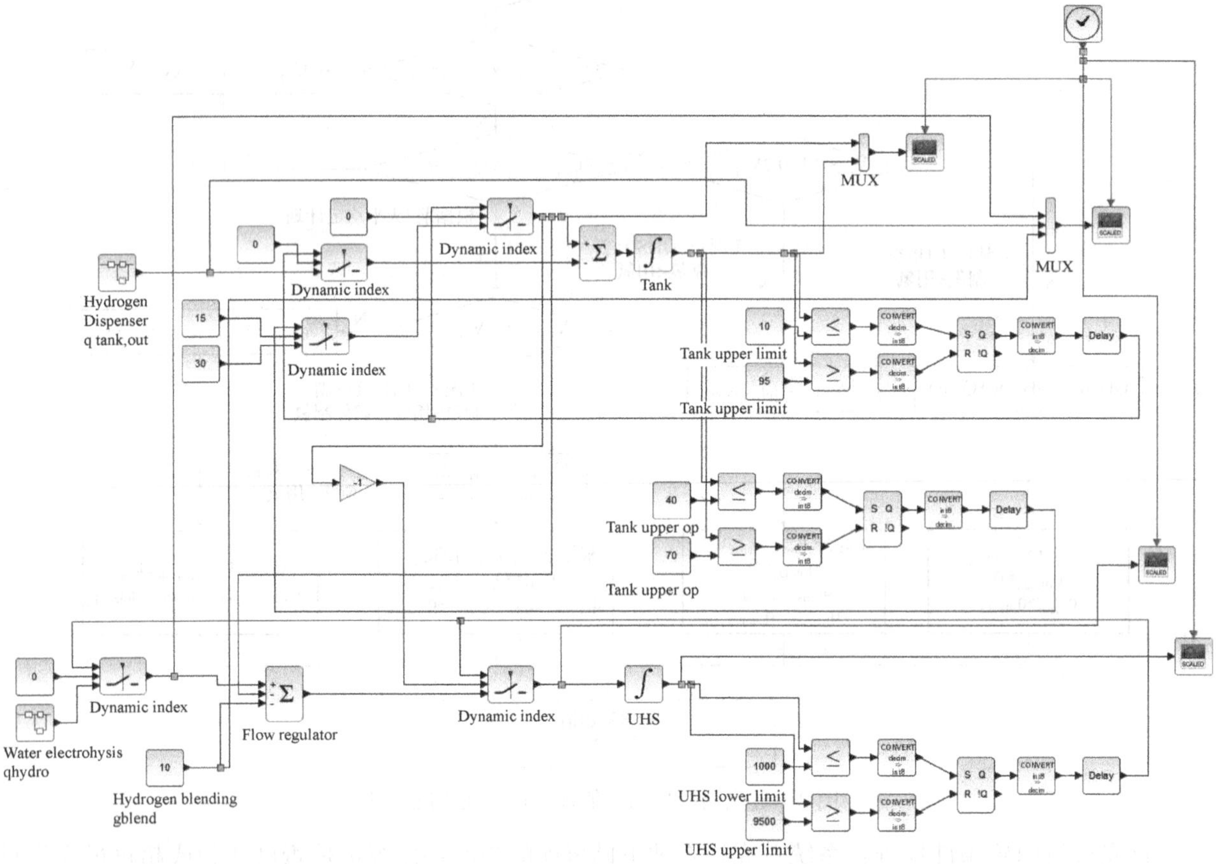

图 3 地下构造空间与地面储罐协同的氢气制储输用 Xcos 仿真系统流程图

表 1 仿真系统参数

子系统	参数	数值
制氢端	电解水制氢速率	500Nm³/h
	负载功率范围	25%~115%
储氢端	地面储罐最大容量	100kg
	地下构造空间最大容量	10000kg
	地面储罐压缩机工况	0、15、30kg/h
	地下构造空间压缩机工况	0~30kg/h
用氢端	高纯度氢气销售	0~40kg/h
	管道输氢	0、10kg/h

控制子系统根据当前计划制氢量、储氢库的当前氢气存量及用氢子系统的当前氢气需求量，确定目标制氢量和氢气调配方式，生成相应的氢气调配指令和制氢指令。制氢指令发送至制氢子系统，而氢气调配指令则发送至储氢库中的控制器和用氢子系统。当前计划制氢量基于当前分时制氢成本确定，该成本表征每个时段制氢所需的成本；氢气调配方式表征目标制氢量在储氢库与用氢子系统之间的分配方式，或储氢库当前氢气存量在储氢库与用氢子系统之间的分配方式。

制氢子系统根据制氢指令生成氢气，储氢库根据氢气调配指令，从制氢子系统获取并存储氢气；用氢子系统根据氢气调配指令，从制氢子系统和/或储氢库获取氢气，并将获取的氢气提供给用氢设备。当制氢量大于或等于当前氢气需求量，且当前氢气存量大于预设氢气存量阈值时，控制子系统确定当前氢气需求量为目标制氢量；若当前氢气存量小于或等于预设氢气存量阈值，则确定当前计划制氢量为目标制氢量。

用氢子系统包括高纯氢销售模块和掺氢模块，当前氢气需求量为两者需求量之和。控制子系统在确定氢气调配方式时，根据高纯氢销售模块和掺氢模块的需求量进行分配。在该系统中，管道输氢的需求的优先级高于高纯氢气销售，主要原因是管道输氢的成分变化会导致计量复杂，影响数据的准确性和可靠性，必须提前计划和稳定成分；另一方面，高纯氢气销售在供应链短暂中断时，可以通过排队等候来管理需求，具有一定的灵活性和缓冲空间，不会对整体供应链造成重大影响。

当制氢量小于当前氢气需求量，且当前氢气存量大于或等于预设氢气存量阈值时，控制子系统根据高纯氢销售模块和掺氢模块的需求量进行合理分配，并由储氢库提供未满足的剩余需求量。

控制子系统还用于在根据当前计划制氢量、储氢库的当前氢气存量及用氢子系统的当前氢气需求量确定目标制氢量和氢气调配方式之前，当当前氢气存量未达到第三预设氢气存量阈值时，若当前计划制氢量大于储氢库的当前剩余容量，则更新当前计划制氢量。当达到第三预设氢气存量阈值时，将目标制氢量更新为0。

本系统的氢气生产供应系统通过多子系统的协同工作，确保氢气供应的高效性、稳定性和经济性，同时地下构造空间储氢的应用，大幅降低了地面占地需求。

3.2 仿真结果分析

在仿真过程中，系统的仿真时长为24h(系统内时间)，分别对地面储罐储氢量变化与压缩机工况、地下储氢库储量变化、制氢端制氢量、管道输氢速率以及高纯度氢气销售端需求量变化、地下储氢库注入(>0)采出(<0)速率曲线进行了监控。以下是各项仿真结果的具体分析。

地面储罐在预设条件下，如图4所示，仅根据用氢需求的随机变化，改变工况4次，未发生启停情况。这对于压缩机的稳定运行是有利的，尤其是地面储罐这一条线路需要进行氢气纯化，频繁的启停会对纯化装置和压缩机的寿命造成不利影响。仿真结果表明，地面储氢罐的储量变化在40%到70%两个节点进行调整，并在10%和95%两个节点分别关闭需求端和注入端。24h的运行中，储量变化未触发保护机制，表明系统在预设条件下能够稳定运行。

地下构造空间的容量变化相对于其最大库容来说，变化幅度较小，主要用于调节较长时间范围(周到月)的氢气供需变化。如图图5所示，在24h的运行过程中，共发生2次注采转换。参考盐穴压缩空气储能工程实践，每日2次注采转换是在合理范围内的，这表明地下构造空间的储氢系统能够在保证储量稳定的同时，适应短期的需求波动。

在制氢端、用氢端波动的情况下，系统能够通过地下构造空间与地面储罐的协同调节，稳定氢气的供需平衡。仿真结果显示，即使地面储罐容量仅为常见1000kg加氢站的十分之一，该系统也能够满足高纯度氢气销售的需求，并且在模拟时间范围内未发生启停情况。这表明系统设计有效，能够在高效利用地下储氢容量的同时，保证地面储氢的灵活性和响应速度。

仿真过程中，如图6所示，地下构造空间储氢子系统共发生了2次注采转换，这与实际工程中盐穴地下储氢的注采频率相符。每日2次的注采转换频率既能满足短期需求波动的调节，又不会对地下储氢库的稳定性造成过大压力，表明该系统在实际应用中具有良好的可操作性和可靠性。

仿真结果表明，地下构造空间与地面储罐协同的氢气制储输用系统能够在满足多样化氢气需求的同时，保证系统的高效、稳定运行。如图 7 所示，通过合理的调控策略和工况判定方法，系统在 24h 内实现了氢气的稳定生产、储存和供应，验证了系统设计的有效性和工程可行性。

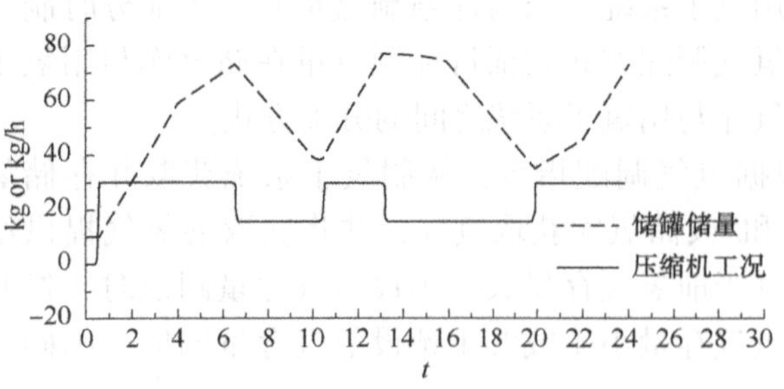

图 4　地面储罐储氢量变化与压缩机工况

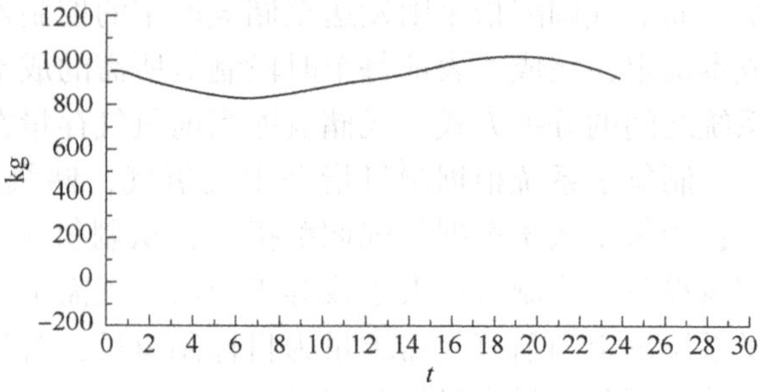

图 5　地下储氢库储量变化

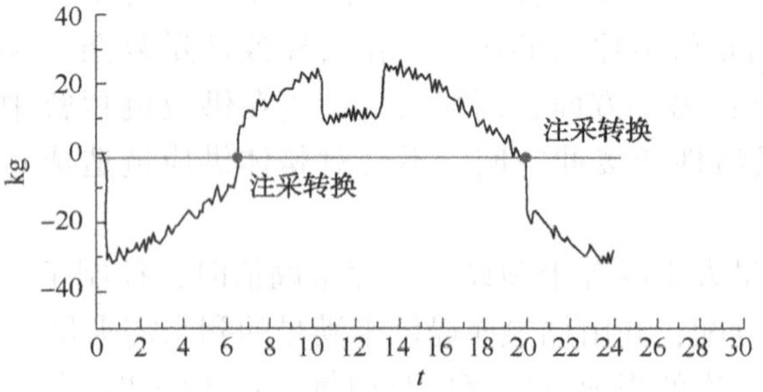

图 6　地下储氢库注入(>0)采出(<0)速率曲线

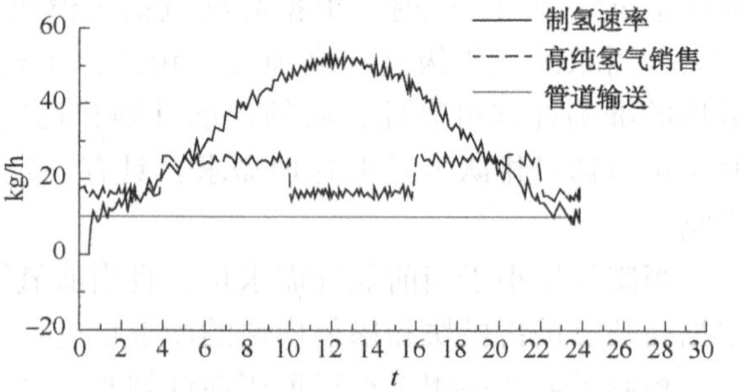

图 7　制氢端制氢量、管道输氢速率及高纯度氢气销售端需求量变化

4　结论

通过对地下构造空间与地面储罐协同的氢气制储输用系统的研究和仿真，本文设计了一种高效、灵活的氢气储存和供应方案。在系统中，结合了地下构造空间大容量和地面储罐快响应的优势，实现了制氢和用氢波动性的均衡。通过合理的储氢调控策略和工况判定方法，地面储罐和地下储氢库能够高效协同工作，分别满足短期和长期的氢气储存需求。仿真结果表明，系统在 24 小时内实现了氢气的稳定生产、储存和供应，地面储罐的储量变化未触发保护机制，地下储氢库的注采转换频率合理，系统整体运行稳定可靠。系统设计优先保障管道输氢需求，为区域性供氢中心的建设提供了坚实的技术支持和理论基础，展示了地下构造空间与地面储罐协同储氢技术在未来氢能社会中的广阔应用前景。

参　考　文　献

[1] 邹才能，张福东，郑德温，等．人工制氢及氢工业在我国“能源自主”中的战略地位[J]．天然气工业，2019，39(01)：1-10.

[2] 邹才能，马锋，潘松圻，等．世界能源转型革命与绿色智慧能源体系内涵及路径[J]．石油勘探与开发，2023，50(03)：633-647.

[3] 邹才能，李建明，张茜，等．氢能工业现状、技术进展、挑战及前景[J]．天然气工业，2022，42(04)：1-20.

[4] 潘松圻，邹才能，王杭州，等．地下储氢库发展现状及气藏型储氢库高效建库十大技术挑战[J]．天然气工业，2023，43(11)：164-180.

[5] 刘翠伟，洪伟民，王多才，等．地下储氢技术研究进展[J]．油气储运，2023，42(08)：841-855.

[6] Abdelrahman-S Emam，Hamdan Mohammad-O，Abu-Nabah Bassam-A，et al. A review on recent trends，challenges，and innovations in alkaline water electrolysis[J]．International Journal of Hydrogen Energy，2024，64599-625.

[7] 何泽兴，史成香，陈志超，等．质子交换膜电解水制氢技术的发展现状及展望[J]．化工进展，2021，40(09)：4762-4773.

[8] Energy Oxford. Cost-competitive green hydrogen：how to lower the cost of electrolysers[J]．Oxford Energy，2022.

[9] Hakon Volldal. Developers to mix and match electrolysers for big projects[J]. PEMedia Network，2023.
[10] Eva Wallnöfer-Ogris，Grimmer Ilena，Ranz Matthias，et al. A review on understanding and identifying degradation mechanisms in PEM water electrolysis cells：Insights for stack application，development，and research[J]. International Journal of Hydrogen Energy，2024，65381-397.
[11] 刘海利 . 质子交换膜燃料电池用氢气的质量控制[J]. 石油库与加油站，2022，31(01)：17-22.
[12] 邹铖 . 车用加氢站氢气压缩机技术水平评价及改进建议[D]. 西华大学，2023.
[13] Wei Liu，Zhang Zhixin，Chen Jie，et al. Feasibility evaluation of large-scale underground hydrogen storage in bedded salt rocks of China：A case study in Jiangsu province[J]. 2020，198.
[14] Tianji Peng，Wan Jifang，Liu Wei，et al. Choice of hydrogen energy storage in salt caverns and horizontal cavern construction technology[J]. Journal of Energy Storage，2023，60106489.
[15] Bahman Amini Horri，Ozcan Hasan. Green hydrogen production by water electrolysis：Current status and challenges[J]. Current Opinion in Green and Sustainable Chemistry，2024，47100932.
[16] 黄宗响，谢淑贤，张荣顺，等 . 常用氢气纯化技术及其在电解水制氢工艺中的应用[J]. 山东化工，2023，52(19)：182-185.
[17] 陈如意，简建明 . 大型氢气隔膜压缩机的开发及应用[J]. 压缩机技术，2014，(03)：47-50.
[18] 王麟 . 变工况注气压缩机在储气库中的应用[J]. 压缩机技术，2023，(02)：34-36.

新能源在传统含油气盆地转型发展中的地位和作用

李士祥　邹才能　熊　波

（中石油深圳新能源研究院有限公司）

摘　要　在全球气候变化、碳中和共识和能源转型的背景下，新能源已成为各个国家实现能源安全和绿色转型发展的重点方向。能源行业的科技革命、市场革命、数字革命和绿色革命加速了能源转型，低成本风能、太阳能、储能将支撑全球能源转型，新能源生产与利用进入快速发展时期。中国的新能源革命，正在推动由基于地下资源禀赋的现行能源体系走向基于技术创新的新型能源体系，在中国"洁煤、稳油、增气、强新，多能互补、智慧协同"的能源战略中起着举足轻重的作用。传统含油气盆地的化石能源为推动社会进步和人类发展做出了巨大贡献，在气候变化和能源转型的背景下，构建兼顾能源生产与碳中和的能源系统是转型方向。能源转型与能源安全同等重要，能源转型具有长期性、曲折性和艰巨性，能源安全具有科学性、灵活性和储备性。在加快构建新型能源体系框架下，以巨量地下煤炭/石油/天然气/地热与地上丰富风光能源资源高度叠合、化石能源与新能源融合协同开发利用的区域性智慧用能系统构成的"超级能源系统"，与以碳循环为主线的碳中和系统相融合，建成兼顾能源生产与碳中和的能源盆地，是传统含油气盆地转型发展之路。"煤炭+石油+天然气+新能源+CCUS（碳捕集、利用与封存）/CCS（碳捕集与封存）"融合发展理念与模式下，盆地区域内基本实现碳中和，进一步夯实能源生产保供能力，助力"双碳"目标实现，建立现代能源产业体系，推动地区绿色可持续发展。在中国新能源革命的引领下，传统含油气盆地加快向能源生产与碳中和的能源盆地转型，对实现"双碳"目标、构建新型绿色能源体系与建立绿色生态地球意义重大。

关键词　新能源；能源革命；能源转型；碳中和；新型能源体系；能源系统；超级能源盆地

全球经济格局、政治格局和科技格局发生了重大变化，百年未有之大变局加速演进，气候变化和碳中和共识下，全球能源战略和供需格局已进入深度调整变革期，世界能源转型步伐加快提速，碳基化石能源向零碳基新能源转型是必然趋势。全球能源经历了两场革命：美国黑色页岩油气革命，是碳基能源的"黑天鹅"事件；中国风、光、氢、储的绿色新能源革命，是零碳基能源的"灰犀牛"事件。能源行业的科技革命、市场革命、数字革命和绿色革命加速了能源转型，能源转型与能源安全同等重要，能源转型具有长期性、曲折性和艰巨性，能源安全具有科学性、灵活性和储备性。

实现"碳达峰、碳中和"（"双碳"）是一场广泛而深刻的社会变革，是发展新质生产力的具体体现。科技创新正在加速推动油气行业绿色化、低碳化和智能化发展，新能源新兴产业迎来发展的重大机遇期。新能源肩负着传统的资源属性，是实现碳中和新战略目标的重要途径，承担着能源转型+能源安全+能源独立+能源强国的新使命。

中国新能源的进一步发展壮大，力争通过新能源"技术独立"，使煤炭、石油等化石能源更多回归化工材料属性，主要依靠本土化新能源实现中国"能源独立"。能源接续发展，支撑国家强盛，能源从化石能源到化石能源+新能源融合，再到风能+光能+氢能+储能+智能等不可再生的有限"碳基"能源越采越少，可再生的无限"零碳"新能源越用越多，化石能源支撑中国由能源小国变为能源大国，新能源支撑中国由"能源强国"力争实现"能源独立"。

在“本世纪末控制全球温度升高 1.5℃”(MASSON-DELMOTTE V, et al. 2022)全球倡议目标下，超级盆地能源生产必须向低碳化和零碳化发展，向油气和新能源融合发展。构建兼顾能源生产与碳中和的“超级能源系统”是超级含油气盆地的转型方向。加快规划建设“绿色+智慧能源体系”的新型能源体系，由高碳基能源向低碳基能源和零碳基能源发展，建设以新能源为主、新电力为主、新储能为主、新智能为主的“四新为主”新型能源体系，为人类绿色生活、绿色地球建设，提供绿色动能。

中国油气企业面临保供和低碳化转型的双重压力，坚持“先立后破”的能源转型方针，在“碳中和”前相当长的一段时间里，中国能源转型必须坚持“油气与新能源融合发展”。传统含油气盆地正向新型碳中和“超级能源盆地”升级，以同时满足规模化能源供给和低碳减排要求。建设新型碳中和“超级能源盆地”，对践行“油气与新能源融合发展”有较强的示范效应，对于国家和地方能源转型以及相关能源企业转型发展有重大战略意义。

本文分析了新能源在中国能源战略中的角色、地位与内涵，研究了新能源高质量发展的作用路径，揭示了在能源转型“四轮驱动”下化石能源从“不可能正三角”向新能源“可能斜三角”转变的可能性，剖析传统超级含油气盆地和新型超级能源盆地特点，揭示超级能源盆地未来绿色协同发展方向和趋势，以期为高质量发展新能源和含油气盆地能源生产与碳中和目标的实现提供科学指导与技术支撑。

1　碳中和下的能源转型

碳中和下新能源赋予新地位，是世界能源转型的方向、能源科技创新的前沿、能源强国建设的主力、绿色地球建设的动能，担负起能源转型、能源安全和能源独立的新使命。全球化石能源低碳化提速、新能源规模化提速、能源管理智慧化提速“三化提速”同步进行时，推动高质量绿色低碳转型。

1.1　化石能源低碳化提速

2022 年，全球一次能源消费结构中煤炭、石油、天然气、新能源占比分别为 26.7%、31.6%、23.5%、18.2%；中国一次能源消费结构中煤炭、石油、天然气、新能源占比分别为 56.2%、17.9%、8.6%、17.3%。世界化石能源消费占比仍高达 82%，但已形成煤、油、气、新能源“四分天下”新格局：煤炭发展进入“转型期”，石油发展步入“稳定期”，天然气发展迈入“鼎盛期”，新能源发展跨入“黄金期”。世界化石能源资源总体充足，由纯碳的煤，到中碳的油，再到低碳的气，未来能源消费中低碳化石能源占比快速提高。虽然全球已探明煤炭储量可再开采 130 年以上(BP, 2022;)，但煤炭发展已进入转型期，未来能源消费占比快速降低，化石能源消费向油气等低碳化能源提速。

1.2　新能源规模化提速

2022 年，世界新能源消费 26.2×10^8t 油当量，在一次能源消费中占比 18.2%；中国新能源产量 6.52×10^8t 油当量，在一次能源消费中占比 17.3%。目前，世界正处于油气向新能源转型期，新能源“浪花”已经汇聚成“浪潮”，新能源发展速度和发展规模逐年提升，一场席卷全球新能源浪潮已拉开大幕，2050 年新能源消费占比预计将达到 50%(图 1)，新能源规模化提速发展势在必行。

1.3　能源管理智慧化提速

构建煤炭+油气+新能源协同高效利用的智能微网，风电、光伏、煤炭、油气等协同供电、供热、供气，储电、储热、储气联动形成多能互补、供需互动、循环利用的智慧化网络，为居民、办公、工厂、公共服务设施和数据中心等提供能源。把相对平行与独立的老煤炭、老油气、老电网，未来构建成为风电+光电+储能的“新煤炭”、氢燃料+电池+电机的“新油气”、智能+电网+物联网的“新电网”，实现能源管理的高效化和智慧化。

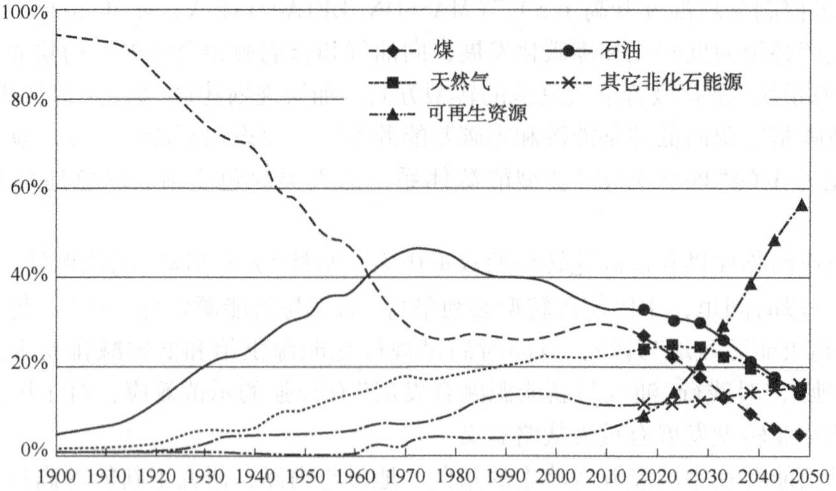

备注：不包括传统生物质，其它非化石能源包括水力和核能

图 1　世界一次能源份额预测(快速转型情景)[据 BP 文献]

2 新能源在中国能源战略中的地位

新能源代表着科技革命和产业变革的方向，在中国能源战略中起着重要作用，以新能源为主构建的新型能源体系，持续引领新能源革命，实现碳中和目标，保障能源安全，奋力建设“能源强国”。

2.1　中国新能源取得的成就

在“四个革命、一个合作”能源安全新战略的指引下，中国能源发展取得历史性成就。

新能源装机规模稳居世界第一：连续多年稳居世界第一，约占全球的 40%。截 2024 年 3 月底，全国累计发电装机容量约 29.9 亿千瓦(国家能源局发布 1~3 月份全国电力工业统计数据，2024)，同比增长 14.5%。其中，太阳能发电装机容量约 6.6 亿千瓦，同比增长 55.0%；风电装机容量约 4.6 亿千瓦，同比增长 21.5%。新能源发电装机达 16.0 亿千瓦，比重 53.3%，历史性超过火电装机。储能累计装机规模 5000 万千瓦，其中抽水蓄能占比 85.6%，熔盐储热占比 1.2%，新型储能装机规模 666×104kW，占比 13.2%，全国已投运的新型储能装机 3139 万千瓦。

新能源已成为全国新增电力装机主体：2012 年以来，我国风电增长了 6 倍，年均增长 20%左右；光伏增长了 184 倍，年均增长 60%左右。从 2016 年开始，我国新能源和可再生能源新增装机占全国新增电力总装机的比重超过 50%，2023 年达到 85%，成为我国新增电力装机的主体。新型储能 2023 年新增装机约 2260 万千瓦，是此前历年总和的 2.6 倍。

新能源高水平消纳利用：2023 年风电、光伏平均利用率分别为 97.3%、98%。2023 年可再生能源年发电量约 3 万亿千瓦时，约占全社会用电量 1/3。其中风电光伏发电量 1.43 万亿千瓦时，占全社会用电量 15.8%，高于 13%全球平均水平。

新能源技术水平全球处于领跑地位：风电和光伏开发成本十年来分别下降了 60%和 80%，风电平均度电成本降至 0.26 元、光伏度电平均成本降至 0.31 元，实现平价上网。制氢技术形成自身优势，海洋能技术也正在积极探索。

新能源产业已建成先进完备、具备国际竞争优势的全产业链体系：风电光伏产品已覆盖全球 200 多个国家和地区，已成为名副其实的全球新能源产业中心。产业发展壮大，带动了一大批新能源企业参与国际合作，成为共建“一带一路”合作的亮点。

新能源减碳贡献多：2022 年，我国单位 GDP 可再生能源发电装机约 663 瓦/万美元，是全球平均水平的 2.1 倍、美国的 4.8 倍。2022 年我国新能源发电量相当于减少碳排放约 22.6 亿吨，出口的风电光伏产品为其他国家减少碳排放约 5.7 亿吨，合计减排约占全球的 41%。煤炭消费比重年均下降超过 1 个百分点，单位 GDP 能耗累计下降约 27%，降幅超过同期世界平均水平的两倍。

2.2 新能源在能源安全中的作用

中国新能源产业的发展，由于行业属性导致其前期投入高、回报周期长。早些年，市场上涌现了很多先行者，虽然前期政府给予了大力支持，但很多仍然倒在了黎明前。近两年，量变的积累终于实现了质变的突破，风电、太阳能等产业可以不依靠政府补贴实现盈利，行业的“奇点”时刻就此到来。“奇点临近”将大大改变人类的本质和智力的发展方式，使人类经历深刻而颠覆性的能力变化，为生产力的提升提供新的动力，甚至使生产力的发展出现跨越层级式发展的可能。

新能源肩负着传统的资源属性，是实现碳中和新战略目标的重要途径，承担着能源转型+能源安全+能源独立+能源强国的新使命，新资源风光无限，新能源无限风光。。

中国新能源新兴产业的进一步发展壮大，力争通过新能源“技术独立”，使煤炭、石油等化石能源更多回归化工材料属性，主要依靠本土化新能源实现中国“能源独立”。能源接续发展，支撑国家强盛，能源从化石能源到化石能源+新能源融合，再到风能+光能+氢能+储能+智能等不可再生的有限“碳基”能源越采越少，可再生的无限“零碳”新能源越用越多，化石能源支撑中国由能源小国变为能源大国，新能源支撑中国由“能源强国”力争实现“能源独立”。

2.3 新型能源体系促进建设能源强国

在应对气候变化的大背景下，全球能源战略和供需格局已进入深度调整变革期。新能源产业中发挥主导作用的是科技创新，具有高科技、高效能和高质量特征，碳中和背景下能源转型正在全球加速推进，由高碳基能源向低碳基能源和零碳基能源发展，构建以新能源、新电力、新储能、新智能“四新”为主的新型能源体系，是新能源新兴产业高质量发展的主要路径，已成为全世界共识和新一轮能源革命不可逆转的必然趋势。以“风、光、气、热、氢、储、智”互补一体化为代表的新能源占比不断提升，未来新型能源体系向着绿色、经济、科技、智能方向发展。

新能源是重要的新兴产业，在中国“洁煤、稳油、增气、强新，多能互补、智慧协同”的能源战略中起着举足轻重的作用。主要路径是化石能源清洁化、清洁能源规模化、集中分散协同化、多能管理智慧化的“四化发展”。煤炭是压舱石能源，石油是战略保持能源，天然气是最为重要的过渡性能源，风光绿电、核电、水电、生物质发电、可控核聚变等是接替性能源，大力发展新能源是出路。中国已初步形成较为完备的天然气管网、石油管道、电网工程、储能系统等基础设施，支撑形成了以化石能源为主、可再生能源为辅的“资源主导”单向闭环链型现行能源体系。新型能源体系以可再生能源与不可再生能源多元供给、“技术主导”跨界融合开放能源体系运行机制为特征，依托制造能力、基建能力和数字化能力，推动基于地下资源禀赋的现行能源体系走向基于技术创新的新型能源体系。

新质生产力引领下的新型能源体系，以可再生能源与不可再生能源多元供给，技术主导跨界、融合、开放的能源体系运行机制为特征，依托制造能力、基建能力和数字化能力，推动能源体系由基于地下资源禀赋向基于技术创新转变。能源“不可能正三角”寓意能源的清洁、廉价、稳定三者难以共存，新能源新兴产业必须向着破解化石能源“不可能正三角”矛盾的方向发展。新型能源体系同时具备了安全性、经济性、清洁性3个属性，实现以“技术创新+‘双碳’目标”前轮牵引、以“能源经济+能源安全”后轮驱动的碳中和能源转型“四轮驱动”。这就成功破解了一直困扰能源领域的“不可能三角”矛盾，发展形成新能源引领下箭头向前的新能源“可能斜三角”，助力建设能源强国。如图2所示。

3 “超级能源系统”引领含油气盆地绿色转型发展

传统含油气盆地是全球油气供应的主体，在碳中和与绿色发展的大势下，传统含油气盆地也是能源转型发展的主战场，必须向拥有丰富油气资源、可获得低成本新能源、具备规模化碳捕集和储存能力的新型碳中和“超级能源盆地”升级转型。

3.1 碳中和“超级能源盆地”的内涵

“超级能源系统”内涵是指达到界定资源量规模的地下煤炭、石油、天然气、地热、伴生矿产与地上风能、光能高度耦合，化石能源与新能源融合协同开发利用的区域性智慧用能系统。能源生产利用过程中产生的CO_2，通过CCUS/CCS、碳汇等措施实现碳中和。能源属性具有“三性”特征，煤

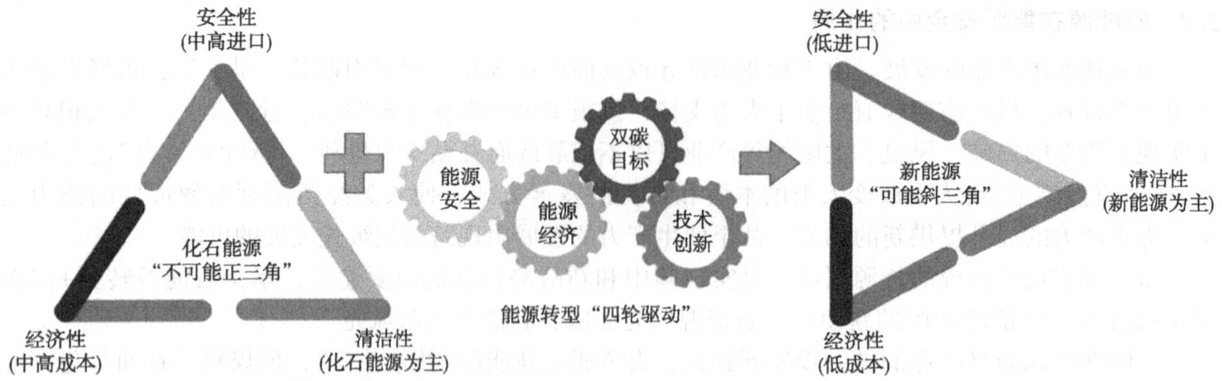

图 2　化石能源"不可能正三角"在能源转型"四轮驱动"下向新能源"可能斜三角"转变

炭资源的有限性与高碳性、油气资源的短缺性与稀缺性、新能源的无限性与绿色性。"超级能源系统"涵盖了一次能源、二次能源和三次能源(图 3)，是以一次能源的地下能源和地上能源、二次能源的过程性能源和含能体能源、三次能源的数字世界能源和终极能源等多种能源组成的系统。并且在人类进步与能源发展过程中，产生以及即将产生诸多的能源工业，一次能源的地下能源产生了煤炭工业、石油工业、天然气工业、地热工业，一次能源的地上能源产生了新能源工业，二次能源产生了煤电工业、绿电工业、绿氢工业，三次能源将产生数字世界工业、人造太阳能工业。碳中和系统是指一个组织、团体或个人，在一段时期内 CO_2 的排放量，通过森林碳汇、人工转化、地质封存等技术，实现以 CO_2、CH_4 等为主的温室气体"净零排放"。

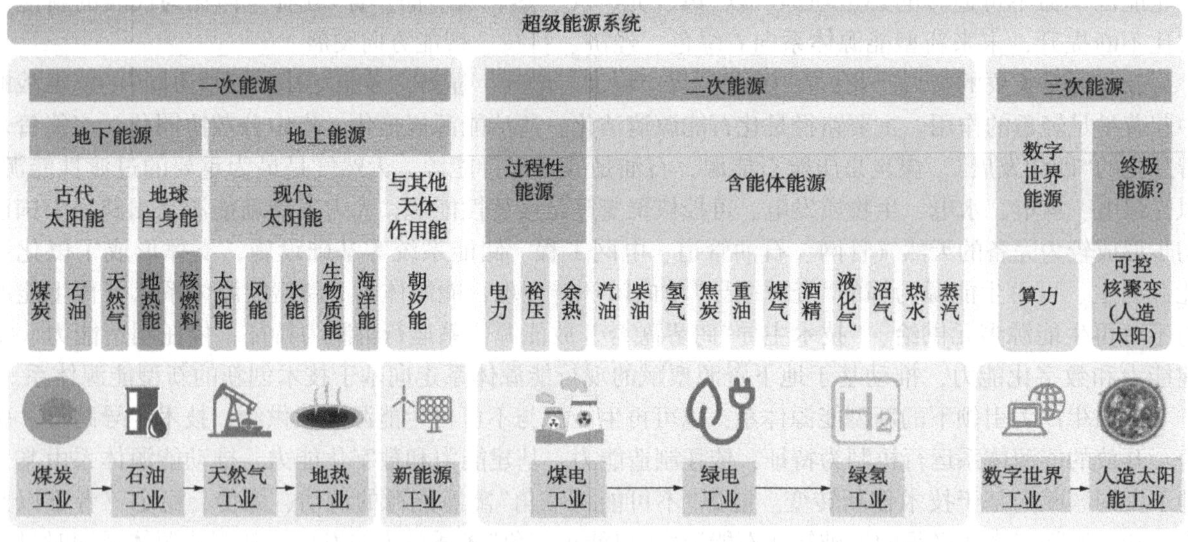

图 3　超级能源系统及能源工业变革框架图[据邹才能等，2024]

基于对"超级能源系统"与碳中和系统的理解，以某超级盆地为单元，分析地下煤炭、石油、天然气、地热及多种伴生能源，地上风能、太阳能、水能、电力、氢气等多种能源融合协同开发利用的区域性智慧用能系统，并以碳循环为主线，以化石能源和新能源利用与 CCUS/CCS 绿色、协同、可持续发展为目标，提出了碳中和"超级能源系统"。

碳中和"超级能源系统"是指达到界定资源量规模的地下煤炭、石油、天然气、地热、伴生矿产与地上风能、光能高度耦合，化石能源与新能源融合协同开发利用的区域性智慧用能系统，区域系统内以碳循环为主线，能源生产利用、CO_2 利用与封存达到"净零排放"，实现能源安全供给、碳排放与碳吸收之间的动态平衡。

3.2　碳中和"超级能源盆地"的建设意义

3.2.1　进一步夯实化石能源生产保供能力

在国内传统能源盆地中，中国油气产量主要来自鄂尔多斯、松辽、四川等大盆地。2022 年，鄂尔多斯盆地生产原油 3763×10^4t、天然气 $694\times10^8m^3$，油气当量 9290×10^4t(图4)，占中国2022年原油产量(2.05×10^8t)、天然气产量($2178\times10^8m^3$)的比例分别为18%和32%。根据各大盆地近40年来已探明技术可采油气储量，结合各大盆地资源潜力分析，初步预测2050年前的一段时期内，鄂尔多斯盆地每年石油和天然气探明技术可采储量占几大主要产油气盆地的比例分别约27%~39%和22%~42%，平均分别约31%和26%，在国内油气供给中处于重要地位。进一步夯实鄂尔多斯盆地油气生产能力，有助于提升油气净贡献率和综合能源供应能力，保障国家能源安全。

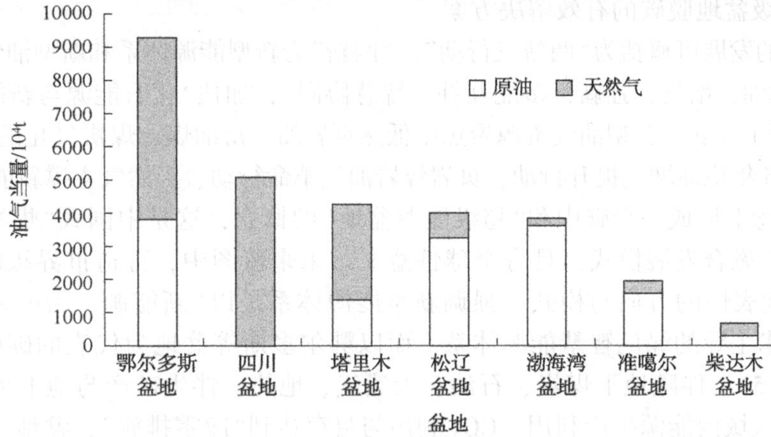

图4　2022年中国陆上主要含油气盆地油气产量汇总图

3.2.2　通过CCUS/CCS助力“双碳”目标实现

中国行业碳排放量中，能源活动、工业过程、农业及其他占比分别为85.5%、15.4%、-0.9%。碳排放来自于化石能源燃烧的能源活动中，发电、钢铁、建材、交通和其他行业碳排放占比分别为44%、19%、14%、14%、9%；碳排放来自于 $CaCO_3$ 分解等的工业过程中，水泥石灰、钢铁化工和其他行业碳排放占比分别为53%、31%、16%。中国一次能源生产过程碳排放结构中，化石能源产生 CO_2 排放量占总排放量的83.6%，能源低碳化零碳化是实现“双碳”目标的重要环节。

实施CCUS项目注入2~3t CO_2 可多采出1t原油，可实现碳封存与提高原油采收率双重效益。2022年底，中国累计注 CO_2 超 760×10^4t，埋存率50%~80%。中国石油已累计注 CO_2 563×10^4t，占全国的74%；中国石化已累计注 CO_2 182×10^4t。

如果不采取减碳措施，依据温室气体排放核算方法进行统计和核算，预测鄂尔多斯盆地年碳排放总量为 10069.47×10^4t。初步估算，鄂尔多斯盆地低渗—致密油层、深部不可采煤层、深部咸水层、枯竭油气藏的 CO_2 封存潜力超 150×10^8t。高浓度碳源量大质优，现阶段可捕集量约 1×10^8t/a，具备建成规模CCUS/CCS产业潜力，是盆地内化石能源生产碳减排的重要途径。外部机构预测到2060年，中国约有 20×10^8t必要的 CO_2 排放，需要通过林业碳汇和地下埋存消除，CCUS/CCS将成为实现碳中和的“兜底”技术。鄂尔多斯盆地的CCUS/CCS产业发展实践将助力“双碳”目标实现。

3.2.3　推动现代能源产业体系建立

推进能源科技自立自强，突破能源清洁开发利用技术，以新能源及负碳的“自用”推动化石能源产业绿色发展，以新能源及负碳的“他用”以及化石能源深加工推动油气、煤炭生产向综合能源开发利用和新材料制造基地转型发展，形成传统化石能源与新能源新产业融合、多能互补的发展新格局，持续优化能源供应结构，逐步构建清洁高效能源供应体系。

3.2.4　推进地区绿色可持续发展

探索建立现代能源产业体系，将以能源发展为纽带，实现企业与地方政府共建能源项目、共享发展成果，带动省区之间、城乡之间的协调发展。通过能源产业的集群式发展，以及大力发展绿色低碳负碳产业，强化“在发展中保护”与“在保护中发展”的理念，实现生态环境保护和能源产业发展同频同步，产生较强的正外部性，并可通过能源外输实现更大的绿色经济效益，助力该地区乃至其他地区绿色可持续发展。

3.3 碳中和“超级能源盆地”勘探开发理念与模式

碳中和“超级能源盆地”兼顾能源生产和碳中和，拥有丰富的油气资源、可获得低成本新能源、具备规模化 CO_2 封存能力，提供煤炭、石油、天然气等化石能源和风电、光电、地热等清洁能源，充分利用地下空间开展 CO_2 利用和埋存。

超级盆地具备较完善的油气基础设施，涵盖油气、风光、地热等多种能源资源，在自然条件合适的情况下，就近生产清洁、可再生能源为油气田生产供能，增加清洁能源供给，实施绿色协同转型发展，是传统超级盆地脱碳的有效解决方案。

未来能源系统的发展可概括为“两新三行动”。“两新”为新型能源体系和新型油气资源，新型能源体系强调“洁煤、稳油、增气、强新，多能互补、智慧协同”，加快“化石能源与新能源融合发展、绿色低碳转型发展”两个发展；新型油气资源聚焦中低熟页岩油、富油煤、煤炭气化的人造油气藏。“三大行动”为面向 2035 年稳油增气提升行动、页岩煤岩油气革命行动、天然气支撑新能源行动。

基于此，从理念上形成一个碳中和“超级能源盆地”的概念，这是中国式“煤炭+石油+天然气+新能源+CCUS/CCS”融合发展模式，具有全球性意义。未来蓝图中，打造世界级碳中和“超级能源盆地”是一个具有代表性的方向与模式，强调新型能源体系是以“新能源、新电力、新储能、新智能”的“四新”为技术主导的绿色智慧能源体系。而以鄂尔多斯等盆地为代表的碳中和“超级能源盆地”理念与模式(图 5)，伴随地下煤炭、石油、天然气、地热、伴生矿产与地上风能、光能融合协同开发利用，盆地区域内能源生产利用、CO_2 利用与封存达到“净零排放”，盆地区域系统内基本实现碳中和，将在中国率先建成世界级碳中和“超级能源系统”示范盆地，将重塑未来“超级能源系统”、碳中和“超级能源系统”发展理念与模式，对全球“碳中和”下能源革命具有重大意义。

图 5　碳中和“超级能源盆地”能源利用示意图[据邹才能等，2023]

4　结论

新能源是未来重要的新兴产业，在中国“洁煤、稳油、增气、强新，多能互补、智慧协同”能源战略中起着举足轻重的作用。中国已初步形成的天然气管网、石油管道、电网工程和储能系统等基础设施，支撑形成了以化石能源为主、可再生能源为辅的“资源主导”单向闭环链型现行能源体系，在制造能力、基建能力和智慧化能力推动下，正在向以可再生能源与不可再生能源多元供给、“技术主导”跨界融合开放能源体系运行机制为特征的，基于技术创新的新型能源体系转变。

新质生产力促进了新能源新兴产业的高质量发展，碳中和目标下能源转型具有“技术创新+双碳目标”前轮牵引、“能源经济+能源安全”后轮驱动的“四轮驱动”特性，化石能源结构稳定的“不可能正三角”，在碳中和能源转型“四轮驱动”下，已发展成为新能源引领箭头向前的新能源“可能斜三角”，将成功破解一直困扰能源领域的“不可能三角”矛盾，主要依靠本土化新能源资源，奋力新能源实现“技术独立”，有望实现中国“能源独立”。

“超级能源系统”指达到界定资源量规模的地下煤炭、石油、天然气、地热、伴生矿产与地上风能、光能高度耦合，化石能源与新能源融合协同开发利用的区域性智慧用能系统。碳中和“超级能源系统”指区域系统内以碳循环为主线，能源生产利用、CO_2 利用与封存达到“净零排放”，实现能源安全供给、碳排放与碳吸收之间动态平衡的系统。碳中和“超级能源系统”可应用于超级含油气盆地等特定区域内的动态系统平衡研究。

兼顾能源生产与碳中和的碳中和“超级能源盆地”是含油气盆地转型的发展方向。“煤炭+石油+天然气+新能源+CCUS/CCS”融合发展理念与模式下，伴随地下煤炭、石油、天然气、地热、伴生矿产与地上风能、光能融合协同开发利用，盆地区域内能源生产利用、CO_2 利用与封存达到“净零排放”，盆地区域系统内基本实现碳中和，碳中和“超级能源系统”发展理念与模式，对全球“碳中和”下的能源革命具有重大意义。

参 考 文 献

[1] 邹才能，李士祥，熊波，等．碳中和“超级能源系统”内涵、路径及意义：以鄂尔多斯盆地为例[J]．石油勘探与开发，2024，51(4)：1-13.

[2] MASSON-DELMOTTE V，ZHAI P，PÖRTNER H O，et al. Global warming of 1.5℃[R]．Cambridge：Cambridge University Press，2022.

[3] 邹才能，马锋，潘松圻，等．世界能源转型革命与绿色智慧能源体系内涵及路径[J]．石油勘探与开发，2023，50(3)：633-647.

[4] 邹才能，何东博，贾成业，等．世界能源转型内涵、路径及其对碳中和的意义[J]．石油学报，2021a，42(2)：233-247.

[5] 邹才能，赵群，张国生，等．能源革命：从化石能源到新能源[J]．天然气工业，2016，36(1)：1-10.

[6] 邹才能，潘松圻，赵群．论中国“能源独立”战略的内涵、挑战及意义[J]．石油勘探与开发，2020，47(2)：416-426.

[7] 潘松圻，邹才能，李勇，等．重大生物事件与化石能源形成演化：兼论地球系统框架下能源学发展[J]．石油勘探与开发，2021，48(3)：498-509.

[8] BP. Statistical review of world energy 20222023 [R/OL]．(202023-06-25)[2024-05-01]．https：//www. energyinst. org/statistical-review.

[9] 邹才能，薛华庆，熊波，等．“碳中和”的内涵、创新与愿景[J]．天然气工业，2021b，41(8)：46-57.

[10] 国家能源局．国家能源局发布 1-3 月份全国电力工业统计数据[EB/OL]．(2024-04-22)[2024-05-24]．htps：//www. nea. gov. cn/2024-04/22/c_1310772067. htm.

[11] 杜祥琬．能源高质量发展应实现“可能三角”[N/OL]．中国能源报，2022-01-17[2024-04-07]．http：//paper. people. com. cn/zgnyb/html/2022-01/17/content_25899243. htm.

[12] 邹才能，李士祥，熊波，等．新能源新兴产业在推动新质生产力中的地位与作用[J]．石油学报，2024，45(6)：1-11.

[13] 邹才能，李士祥，熊波，等．碳中和“超级能源系统”内涵、路径及意义：以鄂尔多斯盆地为例[J]．石油勘探与开发，2024，51(4)：1-13.

[14] 共研产业研究院．2022 年中国二氧化碳排放量、排放结构及成交量情况分析[EB/OL]．(2023-11-23)[2024-01-01]．https：//baijiahao. baidu. com/ s? id=1783337840957363950&wfr=spider&for=pc.

[15] 邹才能，熊波，张国生，等．碳中和学[M]．北京：地质出版社，2022.

[16] 中国石油长庆油田公司．长庆油田 CCUS 油田发展规划[R]．西安：中国石油长庆油田公司，2022.

[17] 邹才能，吴松涛，杨智，等．碳中和战略背景下建设碳工业体系的进展、挑战及意义[J]．石油勘探与开发，2023，50(1)：190-205.

[18] 汪芳，马建国，李明卓，等．基于碳排放核算的 CCUS 源汇匹配和部署研究[J/OL]．石油科技论坛：1-10[2023-12-26]．http：//kns. cnki. net/kcms/detail/11. 5614. G3. 20231219. 1421. 002. html.

青海油田碳资产开发初步研究

刘倩斓

（中国石油青海油田公司）

摘　要　在“双碳”背景下，碳经济开始受到多方面的广泛关注，碳资产管理作为碳经济的重要组成部分之一，已成为促进绿色发展和应对气候变化的工具。青海油田作为我国西部地区的重要能源基地，不仅承载着为国家经济发展提供稳定能源的重任，油田自身也面临着加快推进清洁能源基地建设目标，实现低碳转型的迫切需求。因此，开展青海油田碳资产开发研究，不仅对于油田自身的可持续发展具有重大意义，更对于中国石油石化行业推动碳经济发展具有深远影响。

首先，本文通过“全国碳排放权交易市场蓬勃发展，碳价上涨，青海油田碳资产开发起步迟”三个方面，分析了青海油田碳资产开发的必要性。其次，本文通过引入碳足迹评估，识别出碳资产开发中“尚无油气生产碳足迹核算评估方法、尚无油气场所碳排放监测与溯源技术、碳资产项目开发方法学还需拓展”三个关键技术问题。然后，本文结合问题，基于油田实际活动水平数据和已有清洁替代项目，进行了“基于排放因子法设计青海油田碳核算评估方法”和“基于CCER机制设计青海油田清洁替代项目碳资产开发”两个课题设计，得出碳资产开发能够“识别油田节能减排的潜力”和“为油田取得获得较好的经济效益”两个结论，侧面印证了青海油田碳资产开发的必要性。此外，本文还结合“2+2+3”碳资产管理方式进行思考，为未来青海油田碳资产开发提供了可选择的研究方向。最后，本文总结研究中的局限性，并为此提出发展建议。

关键词　青海油田；碳资产；碳资产管理

1　引言

在“双碳”背景下，碳经济开始受到多方面的广泛关注，碳资产管理作为碳经济的重要组成部分之一，已成为推动绿色发展和应对气候变化的重要工具。青海油田作为我国西部地区的重要能源基地，不仅承载着为国家经济发展提供稳定能源的重任，油田自身也面临着加快推进清洁能源基地建设目标，实现低碳转型的迫切需求。因此，开展青海油田碳资产开发研究，不仅对于油田自身的可持续发展具有重大意义，更对于中国石油石化行业推动碳经济发展具有深远影响。

2　概念界定

2.1　碳资产

目前学术界对碳资产有针对不同行业、企业、方向的研究，但还未给出权威的定义。引用较多的定义是吴某在其书中提到碳资产是指在强制条件或者是自愿条件的碳排放权交易机制下，所产生的影响企业或项目的各类温室气体排放的碳排放配额和碳减排信用额。此外，袁某提出碳资产分为狭义与广义，吴某给出的定义为狭义，而广义碳资产是指各类碳资源以及碳相关活动创造的价值，并将碳资产定义为第五类新型资产。崇某将碳资产定义为是一种碳排放权。岳某将碳资产定义为企业由政府分配的排放量配额和减排信用额。

由于青海油田在青海省属于非重点控排企业，目前还未有政府分配的排放量配额。故结合油田现状，本文将碳资产定义为在自愿碳排放权交易机制下，产生的可以直接或间接影响围绕《京都议定书》第二承诺期所规定的七种温室气体排放的减排信用额。

2.2 碳减排信用额

John Mathews 提出“碳信用”是指核准确认的碳排放量，以项目作为载体，在碳交易机制下进行交换、转让、质押以获取碳收益的一种交易方式。本文将“碳减排信用额”定义为非控排企业自愿参加节能减排产生的、经过核证、符合相关方法学标准、可以在碳市场中进行交易的碳减排。

2.3 碳资产管理

李某指出碳资产管理的涉及企业碳数据统计管理、碳配额资产、国内外减排量。袁某提出对碳资产进行专业化管理研究，并指出碳资产管理是使碳资产最大限度地创造社会价值和经济利益的管理活动。

碳资产管理的实践与研究在国内正处于起步阶段，并主要关注于建立管理体系方面。

为了兼顾最优降碳实施路径和合理经济效益，本文提出“2+2+3”碳资产管理方式，即两个对象，涉及或产生碳排放的实体、活动；两种管理，即资产管理、投资管理；三类业务，即经营业务、技术业务、碳金融产品业务。

经营业务包括但不限于研究企业所属地区政府相关政策、企业相关规范管理制度体系以及考核评价和激励约束机制、项目前期投资管理等。技术业务包括但不限于碳减排项目开发、碳排放核算、第三方核查、技术研发等。碳金融产品业务是指建立在碳排放权交易的基础上，服务于减少温室气体排放或者增加碳汇能力的商业活动业务，该业务以碳配额和碳信用等碳排放权益为媒介或标的的资金融通活动为载体。如表 1 所示。

表 1 “2+2+3”碳资产管理方式

两个对象	两种管理	三类业务	
产生碳排放的实体、活动	资产管理、投资管理	经营业务	研究企业所属地区政府相关政策、企业相关规范管理制度体系以及考核评价和激励约束机制、项目前期投资管理等
		项目业务	碳减排项目开发、碳排放核算、第三方核查、技术研发等
		碳金融业务	建立在碳排放权交易的基础上，服务于减少温室气体排放或者增加碳汇能力的商业活动业务。

3 青海油田碳资产开发的必要性

3.1 经济利润高

2021 年 7 月 16 日，中国碳排放权交易市场正式启动。目前，已发展成为全球覆盖温室气体排放量规模最大的市场，据全国碳排放权注册登记系统公开数据显示，截至 2024 年 5 月 31 日，全国碳市场碳排放配额（CEA）累计成交量约 4.6 亿吨，累计成交额约 264.7 亿元。

整体而言，我国碳定价机制处于加速发展阶段，国务院发布《碳排放权交易管理暂行条例》积极推动我国碳价格从 70 多元一直上涨到 90 多元。据上海环境能源交易所数据，2024 年 4 月 24 日，全国碳交易市场价格首次突破百元关口，较碳市场成立之初上涨超 100%。由此可见，随着碳价的上涨，企业在碳市场上出售其碳资产可以获得更高的收益，从而增强企业的盈利能力和市场竞争力。

3.2 政策利好

中国石油作为国有重要骨干企业，不仅积极参与全国碳市场的首日交易，而且有详细完善的碳交易履约方案，展现了在碳资产管理方面的前瞻性和战略眼光。据《中国油气与新能源市场发展报告（2024）》的分析显示，新能源领域正在迎来快速增长期，光伏、风电等产业稳健增长，氢能产业规模不断扩大，生物液体燃料供需也在持续增长。由此可见，这些发展趋势将为中国石油在碳资产管理方面提供了新的机遇。

特别是青海省政府发布的一系列政策性文件，如《青海省加快融入“东数西算”国家布局工作方案》和《青海绿色零碳算力网络建设行动计划(2023~2025年)》，以及《青海省碳达峰实施方案》和《青海省工业领域碳达峰实施方案》，都明确提出了清洁能源发展和碳减排的目标和行动计划。这些政策为青海省范围内的清洁能源建设和碳减排工作提供了强有力的支持。

在这样的政策背景下，青海油田可以顺势开展碳资产管理工作，利用石油、天然气等传统能源领域的行业优势，制定更加科学合理的碳资产管理策略。具体而言，可以通过加强碳资产核算和监测，推动碳资产交易和流转，优化碳资产结构，提高碳资产利用效率，从而为实现碳达峰和碳中和目标做出贡献。

3.3 起步迟

2009年，大庆油田率先成立节能减排项目部，开展联合国清洁收展机制(CDM)项目和中国自愿减排(CCER)项目开发、节能减排技术研究、国内外节能减排信息收集等工作，开始碳资产开发技术的尝试和探索。2022年，油气和新能源分公司下发《关于成立上游业务碳资产开収技术支持中心的通知》，决定在项目部加挂"上游业务碳资产开収技术支持中心"，开展碳核查、碳评估工作，布局碳资产管理全链条业务。由此，上游业务碳资产开发技术支持中心已成为一支具有CDM、CCER和国际自愿减排项目VCS等多种机制项目开发、碳资产项目咨询、企业碳排放核算、碳资产管理等能力的专业团队。

目前，中国石油已有近百个处于前期识别阶段的项目，预计减排量百万吨。拟开发的机制涉及UER、VCS、GS等多种机制，工程类别包括新能源、地热、生物质利用等。比较典型碳资产开发项目包括大庆油田天然气处理厂及系统配套工程、吉林油田自消纳风光发电工程、华北油田煤层气生产配套光伏发电工程、长庆油田油区分布式光伏发电工程、新疆油田生物质掺烧项目、塔里木油田光伏项目、冀东油田地热项目等等。

相比之下，青海油田在碳资产开发方面相较于其他油田起步已晚，这不仅体现在项目开发的数量和规模上，更体现在对碳资产管理全链条业务的专业性和深入性的认知上。因此，更应该充分意识到开展油田碳资产开发的必要性和紧迫性，借鉴大庆油田等先行成功经验，加快推动碳资产项目的开发和实施。

4 初步研究

4.1 需要解决的关键技术问题

油气田企业在进行碳资产开发时，必须依赖于详尽的碳排放相关数据。然而，由于油气生产碳排放会受到诸多复杂因素影响，如油气品类、储层深度、渗透率、地层压力、生产规模、开采工艺、含水率以及气候条件等，这使得准确计算和管理油气田企业的碳排放数据成为一项极具挑战性的任务。为了有效推动碳资产开发，引入碳足迹评估成为关键。通过从原油、石化产品等生产、运输、加工等上下游一体化全过程的碳足迹入手，可以更精确地明确减碳路径，发掘减排潜力，进而开展碳资产开发项目，实现经济效益与环境效益的双赢。由此在碳资产开发过程中，可识别到的需要解决的关键技术问题主要有：

(1) 尚无油气生产碳足迹核算评估方法。虽然ISO、BSI等国际标准组织建立了通用性的碳足迹核算评估标准，但油气生产碳足迹核算评估方法国内尚未建立。碳资产研发中心在炼化环节开展了典型产品的基于质量分配法的碳足迹核算，但现有的碳足迹核算评估技术依然无法覆盖从勘探开发到石化产品出厂的上下游一体化原油产业链全过程，油气生产全过程碳足迹核算评估与典型区块碳足迹特征技术属于空白状态。

(2) 尚无油气场所碳排放监测与溯源技术。国内外学者研究了典型产品如航煤、PX等的全生命周期碳足迹核算方法，但原油开采环节的碳足迹数据基本为缺省值，尚无与碳足迹有机结合的低碳生产技术路线。

(3) 碳资产项目方法学还需拓展。目前油田碳资产开发签发项目仍以风光发电类为主，联合国清洁发展机制(CDM)为碳资产开发提供了300余种方法学，但地热、生物质能、氢能等多类项目未实现碳资产开发。

然而，青海油田在碳资产开发方面还属于空白阶段，因此，需要做好从“0”到“1”的规划。所以，本文将研究课题设计方案重心先放在青海油田碳核算评估方法和青海油田清洁替代项目碳资产开发两个方面，暂不讨论油气场所碳排放监测与溯源技术问题。

4.2 课题设计方案

4.2.1 基于排放因子法设计青海油田碳核算评估方法

碳资产研发中心在炼化环节是基于工程视角的质量分配法开展的碳足迹核算。但这种视角是基于特定生产环节来计算的。在更广泛的应用场景下，能够运用的碳足迹核算评估方法包括生命周期评估(LCA)方法、排放因子法、质量平衡法、实测法，每种方法都有其特定的应用范围和核算流程，如表2所示。

表2 碳足迹核算评估方法介绍表

碳足迹核算评估方法	应用范围	核算流程	问题
生命周期评估(LCA)方法	产品或服务的整个生命周期(包括原材料的开采、生产、运输、使用和处置)	目标与范围确定、清单分析、影响评价、结果解释	复杂、耗时
排放因子法	在特定活动或过程中产生的排放因子(每生产一个单位的产品或服务所产生的二氧化碳排放量)	确定活动数据(AD)、确定排放因子(EF)、应用排放因子法公式进行计算、汇总和报告;	需要排放因子数据、准确的测量方法
质量平衡法	在生产过程中使用的各种碳源和碳汇(例如，化石燃料、生物质、废物等)来计算碳排放量	建立模型、建立物料平衡、建立装置排放清单、结果分析;	需要管理和技术支持
实测法	直接测量和记录生产过程中的各种排放源的排放量	编制监测计划、设立监测点、计算排放量、结果分析;	需要专业的测量仪器

石油企业进行碳排放核算的主要流程包括：确认企业核算边界、识别边界内的所有排放源、收集活动水平数据、确定排放因子数据、计算对应排放、汇总计算企业的温室气体派发总量。而从全生命周期角度看，一切为实现石油产生这一目标而发生的所有活动，均应纳入碳排放核算边界，包括石油生产活动、石油运输活动、施工建设活动、生产经营活动、弃置回收活动等，每个活动都涉及直接或间接碳排放。排放源包括直接排放、化石燃料排放、工业生产过程排放、使用电力和热力隐含排放。

基于全生命周期来看，青海油田在核算边界划定存在一定困难，由于油田内部的各二级单位众多，且在规模和性质上存在显著差异，因此必须深入调查研究，明确各类能源消费状况及方向、细致分析物料平衡状况等，该过程复杂且耗时，非短期能够完成，因此本文在设计评估方法时未选择基于全生命周期评估法。然而，鉴于青海油田具备扎实的数据基础，能够为评估油田温室气体排放提供强有力的数据支撑，由此选择基于排放因子法设计青海油田碳核算评估方法。表3列出了青海油田某月原油、天然气的活动水平数据，这些数据来源于企业内部对化石燃料消耗量的统计。碳排放因子数据来源于《2006 IPCC 国家温室气体清单指南》，如表4所示。

表3 青海油田 * 月原油、天然气活动水平数据表

序号	能源名称		计算单位	合计	折标准煤系数
1	原油	损耗量	吨	7370. *	1.4286
2	天然气	损耗量	万立方米	39510. *	13.3000

注：* 是对小数点后数据做隐藏处理

表 4　CO_2 排放因子摘录表

燃料品种	平均低位发热量		含碳量/(tC/TJ)	燃料 CO_2 排放因子/(kgCO_2/TJ)
	数值	单位		
原油	41，816	MJ/t	20	71，100
天然气	38，931	MJ/km3	15.3	54，300

假设原油损耗量为 O(t)，原油的 CO_2 排放因子为 EF_O(kgCO_2/TJ)，原油的平均低位发热量为 H_O(MJ/t)，则：

$$原油的损耗量(TJ)=O\times(H_O/10^6) \tag{1}$$

$$原油的碳足迹=原油的损耗量(TJ)\times EF_O \tag{2}$$

天然气损耗量为 G(10^4m^3)，天然气的 CO_2 排放因子为 EF_G(kgCO_2/TJ)，天然气的平均低位发热量为 H_GMJ/km^3，则：

$$天然气的损耗量(TJ)=G\times10^{(-4)}\times(H_G/10^6) \tag{3}$$

$$天然气的碳足迹=天然气的损耗量(TJ)\times EF_G \tag{4}$$

根据碳足迹计算公式，碳足迹等于各类活动直接或间接产生的二氧化碳当量之和：

$$碳足迹=\sum范围\,i\,各类活动量\times碳排放因子 \tag{5}$$

由此计算，某月青海油田原油的碳足迹是 9181421.29(kgCO_2)，天然气的碳足迹是 83537092.56(kgCO_2)，总的碳足迹是 92.72(TCO_2)。青海油田原油的碳足迹占比较大，那么应该优先考虑优化原油的运输、储存和使用过程，以减少损耗和排放。通过方案设计，可以发现，碳资产开发可以通过碳足迹的大小，识别出油田节能减排的潜力。

4.2.2　基于 CCER 机制设计青海油田清洁替代项目碳资产开发

碳交易机制规定了认证与签发碳信用的规则、程序和方法，不同机制对应不同的交易产品和交易平台。常见的自愿减排机制包括 EU-ETS、KETS、CDM、VCS、UER、CCER，如表 5 所示。油气企业在进行碳资产项目开发的过程中，也必须根据项目类型和地区来选择适合开发项目的机制和其所适用的方法学。

表 5　自愿减排机制介绍表

自愿减排机制	碳抵销信用	审定/核证	项目
欧盟排放交易机制(EU-ETS)	排放配额(EUA)	政府向企业分配	具时效性，不可保存
韩国排放交易机制(KETS)	KCUs	政府向企业分配	韩国境内项目、韩国境外由韩国公司开发的 CDM 项目
清洁发展机制 CDM	CERs	执委会(EB)认证	新能源和可再生能源类、节能和提高能效类、甲烷回收利用类、燃料替代类、HFC-23 分解类、N2O 分解消除类、造林和再造林类、垃圾焚烧发电类项目
核证减排标准(VCS)	VCU	由 VERRA 工作人员、第三方进行独立审计	联合国 CDM 机制及气候行动基金方法学也适用，农业、林业等土地利用项目则特有。
德国上游减排机制(UERO)	UERs	必须由德国境内经营实体进行	原油生产过程中的伴生气放空燃烧； 原油生产过程中的节能项目； 原油生产过程中的可再生能源利用； 原油运输方式的改变(比如由罐车运输改为管道运输)； 国际原油运输的效率提高
中国核证减排量(CCER)	CCER	生态环境部批准的第三方审定机构独立审定	造林碳汇、并网光热发电、并网海上风力发电、红树林营造

结合青海油田识别1个潜力碳减排项目的现状，青海油田＊清洁替代项目在＊气田新建分布式光伏电站，总装机容量约19MWp(直流侧)。

目前CDM机制在中国已经停止。VCS机制接受发电自用或并入微电网的项目，但自2023年9月11日起，关于电力认证相关的VM0002方法学已被停用，而最新发布的VMR0010方法学，只适用于为停靠泊位的船舶离岸供电的项目。此外，虽然国内已有多个油气田减排项目申请UER，但是自2024年1月起，德国排放交易管理机构(DEHSt)启动对几个中国碳抵消项目的调查，涉及到了上游排放减少(UER)证书，这意味着该机制目前具有较大的政策不确定性，申请难度增大。反观，国内CCER机制正式重启，也有电力项目认证合适的方法学，如表6所示，不需要重新研发备案，因此，本文选择基于CCER机制设计青海油田＊清洁替代项目碳资产开发。

表6　CCER机制中适用于电力项目认证的方法学

CCER机制方法学	适用电力项目
AMS-LA	没有电网的地区向项目边界内的家庭供电项目
CMS-002-V01	国家/区域电网供电项目
	通过国家/区域按合同向确定的用户供电项目
CMS-003-V01	发电机组的总计装机容量不超过15兆瓦微电网供电，只使用燃料油/柴油
	替代电网电力和/或替代用户端化石燃料自备发电

假设：

L(10^4kW·h)为光伏项目的上网电量

P(MW)为装机容量

H(小时)为日照小时数

N(%)为系统效率

则：

$$\text{光伏项目的上网电量}(L)=P\times h\times n \tag{6}$$

青海油田＊清洁替代项目企业数据来源于项目可研报告，电量边际排放因子采用国家发展和改革委员会最新公布的西北区域数据，如表7所示。

表7　2021年减排项目中国区域电网基准线排放因子结果

电网名称	OM排放因子/(tCO_2/MWh)	BM排放因子/(tCO_2/MWh)
华北区域电网	0.9714	0.4701
东北区域电网	1.0673	0.1892
华东区域电网	0.7777	0.2802
华中区域电网	0.7938	0.2553
西北区域电网	0.8995	0.5105
南方区域电网	0.7722	0.1880

假设在y年：

EF_{CM}(tCO_2/MWh)为组合边际CO_2排放因子

EF_{OM}(tCO_2/MWh)为电量边际排放因子

EF_{BM}(tCO_2/MWh)为容量边际排放因子

W_{OM}(%)为电量边际排放因子权重，太阳能发电项目第一计入期W_{BM}=0.75

W_{BM}(%)为容量边际排放因子权重，太阳能发电项目第一计入期W_{BM}=0.25

则：

$$\text{组合边际}CO_2\text{排放因子}(EF_{CM})=EF_{OM}\times W_{OM}+EF_{BM}\times W_{BM} \tag{7}$$

假设在 y 年：

EG_{PJ}(MWh/yr)为由于自愿减排项目活动的实施所产生的净上网电量

BE_y(tCO_2e/yr)为基准线排放

则：

$$基准线排放(BE_y)=EG_{PJ}\times EF_{CM} \tag{8}$$

假设在 y 年：

ER_y(tCO_2e/yr)为项目减排量

PE_y(tCO_2e/yr)为项目排放，对于大多数可再生能源发电项目活动来说，$PE_y=0$。

则：

$$光伏项目减排量(ER_y)=BE_y-PE_y \tag{9}$$

由此计算，总装机容量约为 19MWp 的光伏项目，在大约 2000h 的日照和 85%的系统效率下，光伏项目上网电量应该是 32300MWh/a，其减排量(ERy)为 25，912.67tCO_2/a。截至 2024 年 6 月 3 日，全国碳价收盘价为 95.71 元/t，由此估算，青海油田 * 清洁替代项目可获得约为 248 万元左右的 CCER 开发收益。通过方案设计，可以发现，碳资产开发能够为油田取得获得较好的经济效益。

4.3 碳资产管理研究方向

结合“2+2+3”碳资产管理方式，可以规划研究方向，为科研项目立项做准备。如表 8 所示。

表 8 可选择的碳资产管理研究方向

两个对象	三类业务		研究方向
产生碳排放的实体、活动	经营业务	研究企业所属地区政府相关政策、企业相关规范管理制度体系以及考核评价和激励约束机制、项目前期投资管理等	青海油田碳资产管理体系研究等
	项目业务	碳减排项目开发、碳排放核算、第三方核查、技术研发等	1. 碳核算核查技术研究(包括青海油田石油开采业务、天然气开采业务、发电业务、石油化工业务、碳排放核算、碳排放数据质量控制规范) 2. 油气场所碳排放监测与溯源技术研究 3. 结合青海油田新能源余热、生物质掺烧、光伏、地热项目等配套碳减排项目碳资产开发研究
	碳金融业务	建立在碳排放权交易的基础上，服务于减少温室气体排放或者增加碳汇能力的商业活动业务	1. 基于组合预测模型的碳价预测 2. 企业碳账户运营

5 结论与建议

青海油田作为西部地区的重要能源基地，在碳资产开发方面虽起步较晚，但具备巨大的潜力和必要性。研究表明，通过引入碳足迹评估、设计碳核算评估方法和清洁替代项目碳资产开发，可以证明油田进行碳资产开发不仅有助于油田实现节能减排，还能为油田带来良好的经济效益。本文提出的“2+2+3”碳资产管理方式，也为未来青海油田碳资产开发提供了可选择的研究方向。但是，本文研究也有不足之处，例如碳足迹评估方法只有一种，不够深入，缺少油气场所碳排放监测与溯源技术研究等等。为了弥补这些不足并推动青海油田在碳资产管理领域的全面发展，提出以下建议：

(1) 全面加强碳资产管理经营业务专业化。首先，油田应坚持人才引领，构建属于青海油田的碳资产管理团队。同时，积极寻找碳咨询机构、第三方核证机构、碳信用评级机构、注册和结算平台以及专业方法学研究机构进行合作、交流，形成一个完整且高效的碳资产管理生态系统，加快开展进度。在此基础上，应进一步完善碳资产管理机制，积极跟进国家、区域相关政策，为推进碳交易奠定坚实的前期基础。

（2）持续推动碳资产管理技术业务数智化。首先，应加强对碳资产开发相关机制与方法学的研究，特别是针对地热、生物质能、氢能的方法学研究，拓展新的碳资产开发领域和方式，为油田的碳资产管理提供新的思路和策略。其次，应通过引入先进的信息技术手段，建立健全碳数据统计、监测、报告和核查体系，确保碳资产数据的准确性和可靠性。此外，利用大数据、云计算、人工智能等现代信息技术手段，对碳资产进行精准管理和优化，提高碳资产的开发效率和管理水平。

（3）积极探索试点项目。应加快对油田内部碳资产可开发资源全面摸底进度，明确各类碳资产的规模、质量和开发潜力。此外，可以进一步与政府、金融机构建立合作关系，共同研究碳资产的开发模式、投资方式和风险控制措施，推动碳资产开发经济效益的实现。

参 考 文 献

[1] 吴宏杰. 碳资产管理[M]. 北京：北京联合出版公司，2015年版，第5-11页.

[2] 袁谋真."双碳"战略目标下碳资产专业化管理研究[J]. 暨南学报（哲学社会科学版），2022，44(08)：122-132.

[3] 崇为伟. 浅谈国有能源企业的碳资产管理[J]. 国有资产管理，2023，(03)：28-30.

[4] 岳明珠. 碳排放数据体系建立与企业碳资产数字化管理[J]. 时代经贸，2024，21(03)：126-130.

[5] John Mathews. How carbon credits could drive the emergence of renewable[J], Energy Policy, 2008(36)：3633-3639.

[6] 李云松，蔡天亮，王磊，等. 碳资产管理体系规划与构建研究综述[J]. 电工电气，2023，(11)：14-18.

[7]《碳金融产品》金融行业标准(JR/T 0244—2022).

[8] 王子健，李佳涵，车景华，等. 石化行业碳足迹计算方法及优化分析[J]. 石油石化绿色低碳，2022，7(02)：22-28.

[9] 杨晓艳，樊建锋，张耀霖，等. 产品碳足迹方法学的实现路径[J]. 内蒙古科技与经济，2023，(15)：49-52.

高温地热井井筒热损失随时间变化趋势研究

高文龙　叶西安　孙立伟　高清春

（中国石油集团长城钻探工程有限公司）

摘　要　世界上高温地热资源量大，高温地热发电是重要应用领域之一。高温地热井能提供高温地热蒸汽供地热发电，但是地热井的蒸汽温度却随着时间不断的变化，地热井筒热损失量随着时间不断的加大，对应的地热发电量也相应的不断降低。为了充分认识高温地热井井筒热损失随时间的变化趋势，采用 Ansys 和 Matlab 等软件工具对地热井井内温度随时间的变化进行仿真和分析，预测 10 年、20 年后井筒整体温度场稳态时候的分布情况。为了更直观的了解井筒热损失的现场情况，现场选取肯尼亚一口高温地热井进行分析，计算出了 10 年、20 年后地热发电量的降低比例，计算结果直接反映出了地热井井筒热损失的程度，为下一步进行地热井筒热损失防护，提供了理论依据。

关键词　高温地热井；井筒热损失；发电量；变化趋势

1　前言

世界上拥有丰富的地热资源，这些地热资源为人类带来了诸如发电、采暖、养殖、洗浴等益处，这对世界各国应对气候变化，实施蓝天保卫战，优化能源结构，绿色高质量发展做出了重要贡献，而高温地热资源主要侧重于电热发电。我国已经在京津冀附近地区进行更深部的高温地热勘探，在青海共和盆地已经初步探明了恰卜恰-达连海连片干热岩体，储量丰富，温度高，适宜高温地热发电。西藏的羊八井是国内高温发电的典范，建好发电的时候，发电量能够占到60%的拉萨供电。2018 年在黑龙江安达市松辽盆地松科二井孔底温度达 241℃，孔底最大深度达 7018m，是目前我国探索的深度最深、温度最高的深部地热资源。

近年来国外地热发电进展迅猛，从 2000 年的装机容量 8594MW 到 2016 年的 13200MW，北美与亚太地区是地热发电主要地区。北美以美国、尼加拉瓜和墨西哥为主，装机容量达到了 3.9GW，亚太以印尼、菲律宾、日本和新西兰为主，达到了 4.8GW。冰岛地热发电发展迅速，全球地热发电装机容量从 2000 年的 8594MW，增加到 2016 年 6 月的 13200MW。亚太地区与北美地区地热发电装机容量居主导地位，分别为 4.8GW 和 3.9GW。冰岛是目前世界地热开发温度最高地区，深井钻井项目“IDDP-2”钻孔温度已经超过了 500℃，高温地热发电量约占到该国电力的 1/3。肯尼亚高温地热钻井井底温度高达 392℃，地热发电开发以惊人的速度向前推进，2018 年装机容量超过 700MW，地热发电量占用电量的 49%。

地热发电的能量大小与地热井的温度有关，温度越高，持续时间越长，发电量越多。如果地热井筒沿程热损失大，随着开发时间的延长温度降低的快，那么地热资源就得不到充分的利用。目前国内外对地热井筒热损失及地热发电随时间变化趋势的研究比较少，亟需进行相关的研究，给予地热井开发能力的预判，从而让高温地热资源更加有效、长久、经济地造福人类。

2　井筒温度场时变仿真预测分析

肯尼亚 OW-A 地热井井身结构图如图 1 所示，这种地热井井身结构在肯尼亚很普遍，以四开为主。OW-A 地热井一开为 26″井眼，钻至 60m 深，下 20″套管固井，水泥返至地面；二开为 17½″井眼，钻至 300m 深，下 13⅜″套管固井，水泥返至地面；三开为 26″井眼，钻至 1000m 深，下 12¼″套管固井，水泥返至地面；四开为 8½″井眼，钻至 3000m 深，下 7″筛管不固井。

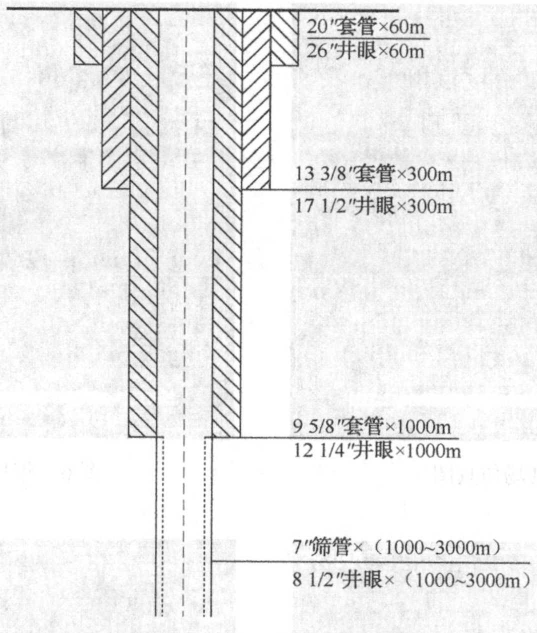

图 1　OW-A 地热井井身结构图

根据肯尼亚 OW-A 地热井井身结构图建立井筒模型，如图 2 所示。

对节点施加温度载荷，把经过 1 年之后的井筒内壁和最外层水泥环施加完温度载荷后的情况如图 3 所示。

图 2　井筒模型图

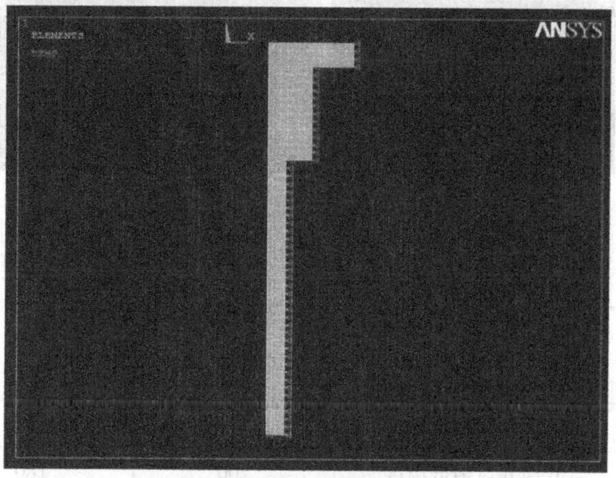

图 3　井筒施加温度载荷图

进行温度场的分布求解，最后将结果显示出来，整体温度场如图 4 所示。

将节点的温度改成 3 年后的井筒内壁和最外层水泥环的温度，得到经过 3 年后，井筒整体温度场稳态时候的分布图，如图 5 所示。

同样，按照上面的步骤和方法，依次得到 5 年、10 年、20 年后，井筒整体温度场稳态时候的分布图分别为图 6、图 7、图 8。

由于地下 3000m 处的温度经过较长时候后的变化情况比较复杂，仿真分析以地热井最终衰竭的趋势，作定性的分析。

以上述仿真为基础，编制以下表 1。

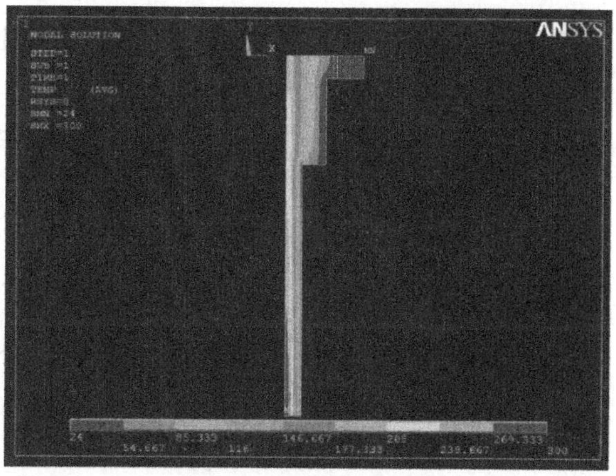

图 4　整体温度场仿真图

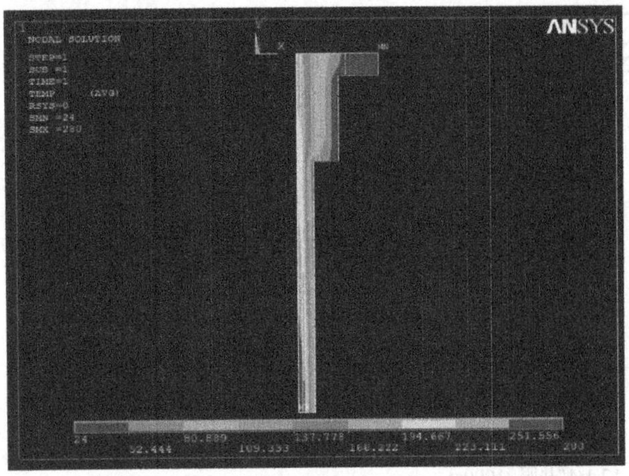

图 5　年后整体温度场仿真图

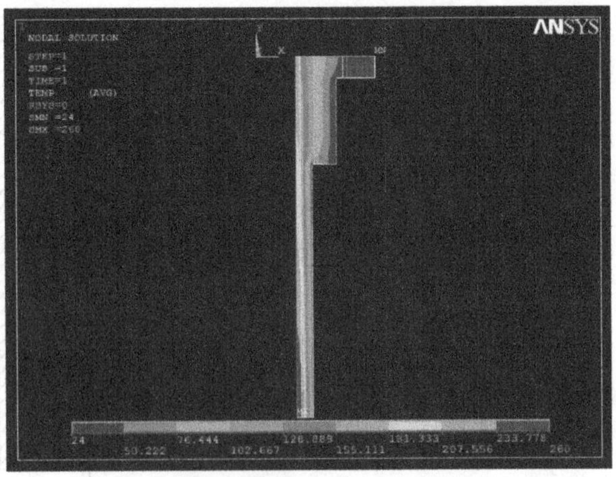

图 6　年后整体温度场仿真图

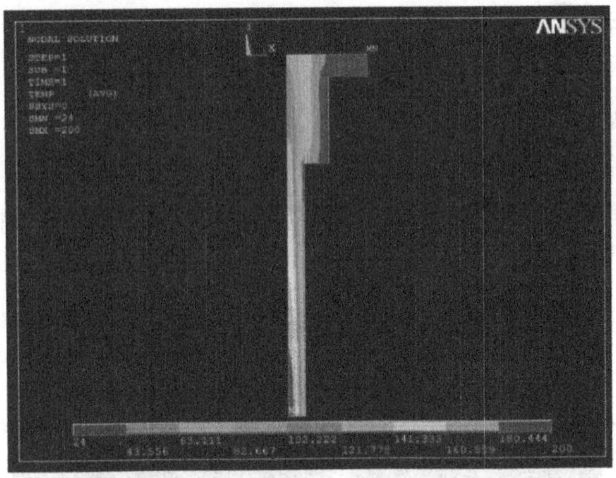

图 7　年后整体温度场仿真图

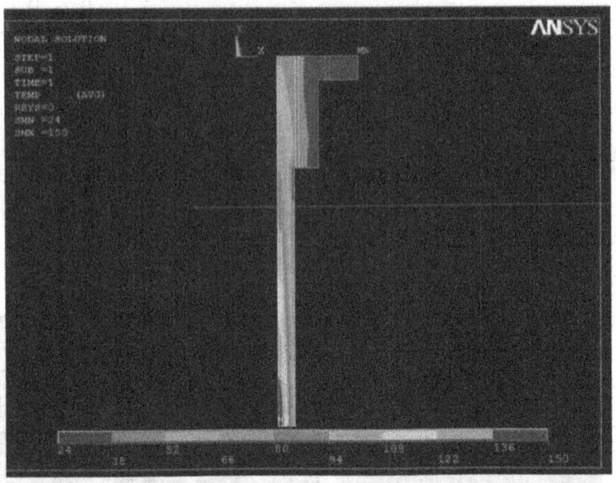

图 8　20 年后整体温度场仿真图

表 1　相关参数和对应单位

时间/年 温度/℃	1	3	5	10	20
井筒底部最高温度	300	280	260	200	150
井筒井口最低温度	200	180	160	100	50
井筒平均温度	250	230	210	150	100

在 MATLAB 里面分别绘制井筒底部最高温度、井筒井口最低温度以及井筒平均温度的变化趋势图：如图 9 所示。

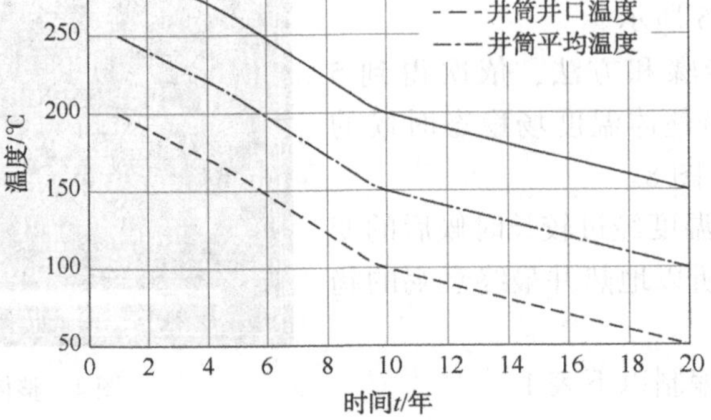

图 9　井筒温度变化综合趋势图

3 地热热损失影响发电量多因素统计分析

地热井热损失最终会导致发电量的降低，发电量降低的多少也间接的表现出热损失的程度，因此通过研究地热井发电量随时间的变化趋势情况，可以印证地热井热损失的严重程度。现场选取肯尼亚 OW-A 地热井 2012 年 2 月 11 日至 2012 年 3 月 31 日数据，进行数学统计分析，求出发电量与诸因素的关系。井口管道直径为 8 英寸，各项参数见表 2，其中干度为气相质量和产气量的比值。

表 2 OW-A 井井口物性参数和发电量

时期	天数	水马力/bara	热焓	产气量	干度	发电量/兆瓦电力
	t	x1	x2	x3	x4	y
11-Feb-12	0	7.35	2407.01	90.50	0.84	10.50
12-Feb-12	1	5.90	2203.94	85.70	0.74	8.80
13-Feb-12	2	5.56	1927.27	90.60	0.61	7.70
15-Feb-12	3	5.76	1977.17	92.30	0.63	8.10
16-Feb-12	4	5.48	1935.12	95.20	0.61	8.10
17-Feb-12	5	5.42	1915.49	94.90	0.60	7.90
18-Feb-12	6	5.42	1941.34	93.50	0.62	8.10
19-Feb-12	7	5.42	1941.34	93.50	0.62	8.10
20-Feb-12	8	6.11	1962.99	92.70	0.63	8.10
21-Feb-12	9	6.11	1991.38	89.40	0.64	8.00
22-Feb-12	10	6.11	1973.27	88.40	0.63	7.80
23-Feb-12	11	6.11	1974.56	98.40	0.57	7.80
24-Feb-12	12	6.11	1974.56	98.40	0.57	7.80
25-Feb-12	13	7.69	2074.61	87.60	0.68	8.30
26-Feb-12	14	7.56	2089.79	90.10	0.69	8.60
27-Feb-12	15	7.56	2089.07	90.10	0.69	8.60
28-Feb-12	16	7.56	2090.84	90.30	0.69	8.60
29-Feb-12	17	7.56	2106.79	88.90	0.70	8.60
1-Mar-12	18	7.56	2108.25	89.20	0.70	8.60
2-Mar-12	19	7.56	2165.47	88.30	0.72	8.90
2-Mar-12	20	10.59	2142.63	87.10	0.71	8.60
3-Mar-12	21	10.45	2150.26	78.50	0.72	7.90
4-Mar-12	22	10.45	2157.53	82.00	0.72	8.20
5-Mar-12	23	10.45	2201.09	80.20	0.74	8.20
6-Mar-12	24	10.59	2168.77	83.70	0.73	8.40
7-Mar-12	25	10.59	2168.94	83.80	0.73	8.40
8-Mar-12	26	10.59	2175.11	83.50	0.73	8.40
9-Mar-12	27	18.04	2221.38	81.30	0.75	8.40
10-Mar-12	28	18.17	2209.83	83.00	0.74	8.60
11-Mar-12	29	18.24	2202.31	82.90	0.74	8.50
12-Mar-12	30	18.24	2206.25	84.10	0.74	8.60
13-Mar-12	31	18.52	2251.60	83.00	0.76	8.80

续表

时期	天数	水马力/bara	热焓	产气量	干度	发电量/兆瓦电力
14-Mar-12	32	18.52	2249.90	82.70	0.76	8.80
15-Mar-12	33	18.52	2253.91	82.00	0.77	8.70
16-Mar-12	34	5.42	2199.71	82.60	0.74	8.50
17-Mar-12	35	5.28	2198.44	79.80	0.74	8.20
18-Mar-12	36	5.21	2191.90	78.60	0.74	8.00
20-Mar-12	37	5.14	2198.30	78.60	0.74	8.10
21-Mar-12	38	5.21	2173.02	79.40	0.73	8.00
22-Mar-12	39	5.21	2209.32	77.90	0.74	8.10
23-Mar-12	40	5.21	2209.73	77.90	0.74	8.10
24-Mar-12	41	5.21	2209.73	77.90	0.74	8.10
26-Mar-12	42	5.07	2215.02	77.68	0.75	8.05
27-Mar-12	43	5.07	2292.26	87.30	0.78	9.50
28-Mar-12	44	5.07	2292.26	87.30	0.78	9.50
29-Mar-12	45	5.07	2292.26	87.30	0.78	9.50
30-Mar-12	46	5.07	2287.17	87.20	0.78	9.50
31-Mar-12	47	5.14	2270.42	93.90	0.77	10.10

为了找出发电量与水马力、热焓、产气量、干度的关系，利用多元线性回归分析进行计算，发电量 y 与水马力 x_1、热焓 x_2、产气量 x_3 和干度 x_4 的关系经过线性回归计算后的表达式如式(1)：

$$y=-0.003x_1-0.0064x_2+0.0734x_3+22.3461x_4 \tag{1}$$

相关系数 $r^2=0.8862$

为了提高回归分析的精度，继续利用其它编号的地热井，井口管道同为8英寸的参数进行回归分析，得到表3。

表3 不同地热井发电量方程

系数	编号	发电量方程	相关系数 r^2
$i=1$	OW-B	$y=-0.0615x_1-0.0128x_2+0.0534x_3+49.2487x_4$	0.9971
2	OW-C	$y=1.1697x_1-0.0146x_2+0.0306x_3+43.0607x_4$	0.9979
3	OW-D	$y=0.1170x_1+0.005x_2+0.1327x_3-14.5336x_4$	0.9989
4	OW-E	$y=0.9588x_1-0.0004x_2-0.0068x_3+8.7307x_4$	0.9797
5	OW-F	$y=0.3273x_1-0.0091x_2+0.0531x_3+29.624x_4$	0.9994
6	OW-G	$y=-0.6022x_1-0.0022x_2+0.0849x_3+10.8476x_4$	0.9995
7	OW-H	$y=-0.003x_1-0.0064x_2+0.0734x_3+22.3461x_4$	0.8862

为了整合每口井的回归方程，并使得精度最高，利用权值进行了考量。不同的系数权值由相关系数决定，相关系数越高，说明回归方程越准确，权值越大。

$$K_i=\frac{r_i^2}{\sum_{i=1}^{7} r_i^2} \tag{2}$$

$$y=\sum_{i=1}^{7} K_i y_i \tag{3}$$

由式(2)和(3)推出：

$$y=0.2748x_1-0.0058x_2+0.0602x_3+21.3517x_4 \tag{4}$$

4 地热井热损失趋势随时间变化数学计算分析

假设发电量随时间的变化过程服从威布尔分布，其概率密度函数为：

$$f(t)=\frac{\beta}{\theta}\left(\frac{t}{\theta}\right)^{\beta-1}e^{-\left(\frac{t}{\theta}\right)^{\beta}} \tag{5}$$

式中，β 为形状参数，θ 为尺度参数。

结合数据，利用 matlab 假设检验工具箱中的 Kolmogorov-Smirnov 测试进行拟合优度检验，检验函数为 Kstest，调用形式为：

$$[H,\ p,\ kstat,\ cv]=kstest(x,\ [x,\ weibcdf(x,\ \theta,\ \beta)],\ 0.05) \tag{6}$$

其中 p 为原假设成立的概率，$kstat$ 为测试统计量的值，cv 为是否接受假设的临界值。

测试水平为 0.05，$H=0$ 接受原假设，即数据符合威布尔分布。

两参数威布尔分布的 MLE 必须进行数值计算。对于完整数据，可以通过解以下方程求出形状参数 β 的估计值：

$$g(\hat{\beta})=\frac{\sum_{i=1}^{r}t_i^{\beta}\ln t_i+(n-r)\hat{t}_s^{\beta}\ln t_s}{\sum_{i=1}^{r}\hat{t}_i^{\beta}+(n-r)\hat{t}_s^{\beta}}-\frac{1}{\hat{\beta}}-\frac{1}{r}\sum_{i=1}^{r}\ln t_i=0 \tag{7}$$

尺度参数 θ 的 MLE 估计为：

$$\hat{\theta}=\left\{\frac{1}{r}\left[\sum_{i=1}^{r}\hat{t}_i^{\beta}+(n-r)\hat{t}_s^{\beta}\right]\right\}^{\frac{1}{\hat{\beta}}} \tag{8}$$

选择 OW-A 号地热井，井口管道直径为 8 英寸的数据，对发电量进行归一化处理，时间进行相应处理后，根据上式计算解得：

$$\theta=15.7852 \qquad \beta=0.9268$$

发电量变化趋势为图 10。

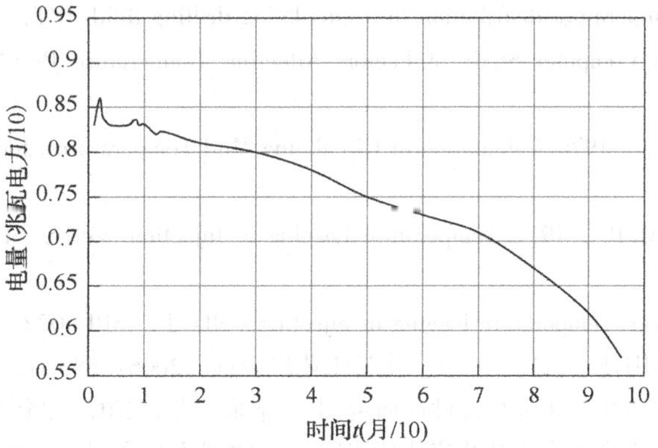

图 10 归一化后发电量变化趋势图

预测 10 年之后，即 $t=\frac{10\times12}{10}=12$ 的发电量：

$$y'=\exp\left[-\left(\frac{12}{15.7852}\right)^{0.9268}\right]=0.4604 \tag{9}$$

反归一化处理后得到发电量为：

$$y=4.6040$$

预测 20 年之后，即 $t=\frac{20\times12}{10}=24$ 的发电量：

$$y'=\exp\left[-\left(\frac{24}{15.7852}\right)^{0.9268}\right]=0.2289 \tag{10}$$

反归一化处理后得到发电量为：

$$y=2.2890$$

根据数据列表初始发电量为8.5兆瓦电力，则10年和20年之后发电量占初始发电量的比例为：

$$\frac{4.6040}{8.5}=54.16\%$$

$$\frac{2.2890}{8.5}=26.93\%$$

通过10年和20年之后发电量占初始发电量的比例，大约估算出热损失10年后降低一半，20年之后降低三分之二，和数值模拟的井筒平均温度的变化趋势基本一致。

5 小结

本文主要对高温地热井井筒热损失随时间的变化进行了研究：①运用了Ansys和Matlab软件工具对地热井井内温度随时间的变化进行仿真和分析，求出了地热井井筒温度随时间的变化趋势；②运用多元回归线性方程，进行数学统计分析，求出发电量与诸因素的关系；③进行了地热井热损失趋势随时间变化数学计算分析，计算得到10年后和20年后的发电量占初始发电量的比例，估算出热损失10年后降低一半，20年之后降低三分之二，和数值模拟的井筒平均温度的变化趋势基本一致。从分析结果来看，地热井筒热损失程度严重，需要采取针对性的措施减少井筒热损失，这样才能保障地热井长期发电，造福人类。

参考文献

[1] Ramey, H. J., 1962. Wellboreheat transmission JPT, 14(4): 427~435.

[2] Satter, A., 1965. Heat losses of steam down a wellbore. J. Pet. Tech., 7: 845~851.

[3] Tragesser, A. F., Grawford, P. B., al., e., 1967. A method for calculating temperature. JPT, 11: 1507~1512.

[4] Willhite, G. P., 1967. Overall heat transfer coefficients in steam and hot water intection wells JPT, 5: 607~615.

[5] J. E. Chappelear, C. W. Volek. The Injection of a Hot Liquid into a Porous Medium[J]. SPE2013, 1968: 100~114

[6] Raymond, L. R., 1969. Temperature distribution in a circulating drilling fluid. JPT, 3: 333~341.

[7] R. C. Smith, R. J. Steffensen. Computer Study of Factors Affecting Temperature Profiles in Water Injection Wells[J]. JPT, 1970: 1447~1458.

[8] Holmes, C. S., Swift, S. C., 1970. Calculation of Circulating Mud Temperatures. Journal of Petroleum Technology, 22(6): 670~674.

[9] Witterholt, E. J., Tixier, M. P., 1972. Temperature Logging in Injection Wells, SPE Annual Fall Meeting, San Antonio, pp. 8~11.

[10] E. J. Witterholt, M. P. Tixirer. Temperature logging in injection wells[J]. SPE4022, 1972.

[11] 朱佳玲. 地热能开发与应用技术[M]. 北京：化学工业出版社，2006：58-81.

[12] 王文勇等. 超高温地热井钻井泡沫抗高温性能研究[J]. 钻采工艺，2012，35(1)：78-80.

[13] 赖晓晴，楼一珊. 超高温地热井泡沫钻井流体技术[J]. 钻井液与完井液，2009，26(2)：37-38.

[14] 杨世铭. 传热学基础[M]. 北京：高等教育出版社，2003：53-58.

[15] 庄纯才. 地热井筒热损失工程计算方法研究与应用[M]. 大庆：东北石油大学，2016.

新疆油田公司环境监理发展对策研究

闫　鹏　刘银群

（中国石油新疆油田工程建设监理有限责任公司）

摘　要　经过近三年的努力，新疆油田在环境方面出台了许多规定，使新疆油田的环保工作有根有据，较之过去有了长足的进步。但是环保工作并没有一帆风顺，环保方面的违章比比皆是、屡禁不止。如何改变目前的局限和被动，环境监理须做好如下工作：第一，组织环境监理进行学习和交流；其次，健全环境监理工作制度；第三，明确环境监理岗位职责；第四，配备必要的检测仪器；第五，加强对承包商的环保培训；第六，重视对环保新技术的监理工作；第七，形成环境监理闭环管理体系；第八，建立新油环境监理文化。

关键词　环境监理；管理；制度

1　引言

新疆油田年产上千万吨，是中国非常重要的能源基地之一。不过在油田探勘和开采的过程中，却很容易给周围环境造成破坏，加之新疆油田地处沙漠戈壁，生态非常脆弱，自然恢复能力差，这就给新疆油田的环保带来了很大的挑战。不过这个挑战倒是给环境监理带来了机遇，环境监理就在这个时候应运而生了。经过三年的努力，新疆油田在环境方面出台了许多规定，使新疆油田的环保工作有根有据，较之过去有了长足的进步。但是环保工作并没有一帆风顺，环保方面的违章比比皆是、屡禁不止。究其原因，环境监理这个环节就浮出了水面，那么环境监理如何做才能让环保违章行为越来越少呢？

首先要摆脱局限和被动。环保工作有法律法规、规章和标准，但是由于缺乏培训，环境监理熟知的只有几个新疆油田颁布的文件。这样一来，环境监理就变得非常局限和被动。例如《中华人民共和国环境保护法》规定了污水、废气、固废、噪声的排放标准，但是新疆油田发布的管理办法中对废气和噪声没有做出明确的界定，在这种情况下，环境监理执行国家标准就行。由于环境监理对国家的法律和标准不熟悉，在监理规划中就缩小了监理范围，只是对油污、岩屑、危废、固废和生活垃圾、生活污水进行监管，造成了工作的局限性。目前的大部分环境监理缺乏相关的法律知识，对监理职责意识模糊，近几年也没有发生环境污染事件，造成了监理自身的“低标准、老毛病、坏习惯”，时间一久造成施工单位大错不犯小错不断，监理工作十分被动。

2　主要对策

（1）首先必须组织环境监理进行学习和交流。

学习《环保法》《大气污染防治法》《噪声污染防治法》《固体废物污染防治法》，学习油田公司有关环保的文件和管理规定、细则。通过学习再反思一下我们的监理工作，监理范围对不对，监理内容对不对，监理方法对不对。学习过后再交流，和内地油田交流，和发达国家的陆地油田交流，听听他们对环境监理的理解，看看他们对现场环境监管的具体做法。甚至可以跨行业交流，看看安全监理、工程监理的理念、制度和做法。交流一定要带着问题去，要提前做功课，要放下架子。比如和内地油田交流，一定要去看看他们的现场，跨行交流一定要问问他们怎么管理“低老坏”的。通过学习和交流，对环境监理工作有了一定的前瞻性，制定工作计划才能够有的放矢、成竹在胸、得心应手，我们才能够冲破局限、摆脱被动局面。

（2）环境监理工作需要在制度建设方面多下功夫。

有些人对制度建设有抵触情绪，觉得制度就是纸上谈兵，甚至觉得这种做法很迂腐，而且中国历史上的法学家没有成功的。殊不知建章立制是我们自古以来的工作法宝，秦国一统天下，统一货币、统一度量衡，凭什么能做到这些？靠的是制度，没有规矩不成方圆。制度建设的水平就是管理水平的窗口，不同的工种、不同的发展阶段一定要制定不同的制度。环境监理在新疆油田刚刚起步，如果我们懒得建章立制，完全引用安全监督、工程监理的制度，就会出现不适应。制度本来对管理者来说是个工具，对于监理，则是约束和激励，对企业则形成一种导向。如果在制度建设工作中偷工减料、敷衍了事，制度则失去了约束、激励和导向的作用。需要注意的是，制度不是一次建成终身使用的，需要定期修订，尤其是条件发生变化的时候必须修订，决不能让制度带病运行。

（3）环境监理要明确各自的岗位职责。

这属于对法律法规学习的应用了，有关监理的法律法规对于环境监理的职责就有框架性的界定。岗位职责是从环境监理单位的职责分解而来的，岗位分清楚了，职责划分明确了，就能做到“人人有事做，事事有人管”。对环境监理的考核也具备了具体的指标，预防了滥竽充数，减少了侥幸心理。

（4）给环境监理配备必要的检测仪器。

新疆油田目前的环境监理很少牵涉到数据，定性的检查项比较多，定量的检查项较少。与环境相关的标准、规范中牵涉到的数据都是承包商或者专业检测机构提供的，这种间接数据缺少审核，也无法审核。但是一旦给环境监理配备了检测仪器，就能够对数据进行抽检、核实，存在疑问的数据可以要求复检。

（5）加强对承包商的环保培训。

新疆油田每年都有对承包商的HSE培训，可是培训内容主要集中在安全方面，环保只是一带而过。环保培训需要很好的教材，收集大量的环境污染事故案例，要让承包商对环境污染、环境破坏有所忌惮。建立钻井现场环保生产责任制，制定奖惩办法，明确现场各岗位责任，并设专人专岗主抓环保工作。督促钻井队在施工后，尽快清理好现场，如有条件最好能定期恢复植被，保护土壤。其次，加强现场人员的环保教育工作。通过定期组织学习班、开展各种活动强化施工人员的环保意识切实提高现场人员的环保意，杜绝环保违法行为，促使现场人员自觉环保并主动宣传环保法律知识。完善环境监理体系。环境监理人员定期对钻井现场的环保和卫生进行检查和巡视，将结果做为管理人员的绩效考核之一，及时制止、纠正违反环保理念的违章指挥及操作，并进行相应的教育和处罚。针对个别钻井现场污染问题严重的井队，可以予以停产整顿，追究管理人员责任。这些知识和观念只有通过反复培训，才能让承包商具备环保意识，才能让环境监理工作赢在起跑线上。

（6）要重视对环保新技术的监理工作。

由于国家对环境保护非常重视，最近几年环保技术的发展可谓是突飞猛进，污水处理、污油泥处理、不合格岩屑处理、煤改气、柴油机改电动机，这一系列投入大、效益好的项目，让我们感受到了环保技术的发展。不过从监理的角度来说，必须知道这些技术的规程和标准，并进行有效的监管，防止这些单位阳奉阴违，利用合法资质干不合法的事情，借用环保新技术去做污染环境的事情。

（7）环境监理要形成闭环体系。

环境监理的日常工作中，发现的环境不符合项，会要求施工单位整改关闭，其实环境监理自身的运行也需要这样一个PDCA的闭环体系。计划、执行、检查、总结四个环节缺一不可。计划不要追求高大上，贴合工作就行，刚开始的计划可以简单一些，像题纲，不过一定要注意合法性，规章和文件上要求的工作计划一定列进去，否则计划就不合规了。计划的时间也不用太久，最好是一周计划，当然二级单位一定要编制年计划，否则容易造成混乱。执行的时候记住8个字“做好准备，克服困难”，执行计划的时候总是感觉缺人、缺钱、缺时间，究其原因往往是准备不足，或者缺乏克服困难的决心。环境监理的工作量和工作质量一定要有人检查核实，有人用现场的环境水平去推断环境监理的质和量，这个方法靠不住。检查一下监理最近在现场查出了什么问题，这些问题是否重复，再查查这些问题的整改关闭情况，就可以准确评估监理工作的质和量。总结一定要实事求是，不能只谈成绩，回避问题，虚假总结是浪费时间。总结一定要评审，那种“个人观点”式的总结是无法指导下一步工作的。

（8）环境监理要有自己的文化。

靠制度和考核去做环境监理工作，会让施工单位感到疲劳和麻木，环保文化的培养的形成，才是环境监理的中级管理手段。要形成文化，就必须从习惯做起。习惯是文化的一种外在表现，环保习惯不仅是施工单位的事，监理要以身作则才行。比如环境监理在井场扔了个饮料瓶，检查过程中告诉井队垃圾要分类存放，根本没有说服力。环境监理自己要有良好的环保习惯，节约用纸、乘公交车上班、垃圾分类，这些环保措施环境监理都可以认真去做，形成一种环保的氛围，用文化影响施工单位，让施工单位自觉自愿去保护环境。

3 结语

纵观世界，发达国家为了工业快速发展，曾经大肆破坏环境，现在他们在花大力气治理环境。新疆油田不用重复他们的道路，油田发展完全不用以牺牲环境为代价。环境监理一定要学习有关环保的法律法规，提高业务素质，在实际监理工作中找到最有效的方法，形成人人保护环境的文化，最终保证建设出一个环境优美、空气清新的新疆油田。

参考文献

[1]《中华人民共和国环境保护法》
[2]《国家危险废物名录》
[3]《新疆油田公司环境保护管理办法》
[4]《新疆油田公司钻井废弃物不落地工艺实施细则(试行)》
[5]《新疆油田公司固体废物污染防治管理办法》

川渝地区油气开采水土保持探索与实践

杜大俊　苟永炯　谢海涛

（中国石油川庆钻探工程有限公司安全环保质量监督检测研究院）

摘　要　随着经济水平的提高和各大重工业的不断发展，对石油天然气等各种能源的需求也日益增长，在油气开采工程中，其中永久占地被占用，采用临时占地恢复植被及其他防护措施针对水土保持措施能进行一定的治理，能使水土流失得到有效控制和治理，为更好的处理水土流失问题，必须要求项目施工作业人员和管理人员采取科学态度，合理治理防范水土保持措施，进而达到改善环境的目的，对油气开采工程施工地区进行有效保护。

关键词　石油天然气开采；水土流失；水土保持；环境保护

我国拥有丰富的石油与天然气资源，目前处于大力开采石油、天然气能源阶段，对缓解我国能源供需矛盾、保障油气供应有着十分重要的意义，况且石油天然气资源也是我国能源安全的基石，是国家战略资源，也是生活中必备的能源，在发展我国各大重工业和提高国民经济中发挥着至关重要的作用。

随着经济水平的提高和各大重工业的不断发展，对石油天然气等各种能源的需求也在日益增长。油气开采工程建成中，其中永久占地被施工主体覆盖，虽然采用临时占地恢复植被及其他防护措施针对水土保持措施能进行一定的治理，能使水土流失得到有效控制和治理，但是在油气开采期间，以及油气生产井工作期间仍需占用一定的土地资源，这样做不可避免地会损坏水土保持设施、地貌植被等。同时，在油气开采资源过程中，地理位置分布不均，这也为后期油气开采过程中带来诸多问题与困难。其中，环保问题就是最为重要的一点，由于石油天然气地理分布特点，其勘探和开采难度较大，需要借助特殊的技术和设备，开采过程会对周围环境产生一定影响。因此，在不断提升开采技术、确保产量的同时，也不能忽视生产环节的环保工作。

1　石油和天然气开采对环境的影响

1.1　石油和天然气开采特征

现阶段根据我国石油天然气开采工程的问题，主要要点总结为以下几点，第一点，作业区气候恶劣，通常会出现涉及到地质和天气极端环境下的工作场地，这些先决条件会使得开采过程难度增大，严重的话会直接阻碍工程进度；第二点，作业区本身危险性较高，石油自身就是易燃品，出现管控不力等问题，后期极有可能出现爆炸危害；第三，开采阶段难度大，也因为油气开采过程的特殊性，使得施工作业难度增大，主要涉及到海上施工作业时，会受到复杂天气的影响，使得施工难度在一定的程度上又增大了，并且也会为后期工作开展带来更高的成本预算。

随着绿色环保理念在社会的深入发展，根据油气开采过程中遇到的影响因素，不仅需要考虑到如何缩短油气开采的有效时间，需要注意到防范外界所带来的负面干扰，所产生的负面因素，还需要顾忌和权衡开采过程中对环保的影响，尤其是对于海上石油开采所影响到的环境因素，诸如恶劣天气影响施工所带来的经济损失，而且施工中如若没有采取相应的环保措施，极有可能引发不可逆的环境污染事件严重，这种重大风险同样不容小觑。

综上所述，石油天然气开采的工作性质直接就决定它的高难度高风险，因而更需要去从中探索出解决方案以此来完善具有针对性的防范措施。

1.2 石油和天然气开采对环境的影响

生态环境是一个循环体系，通过大气、土壤、水以及微生物等要素组成且达到相互影响相互制约的平衡状态，油气开采对生态环境的影响主要通过作用于大气、土壤和水等要素，从而影响并制约物种的多样性。对于土壤来说，开采时油层随着非均质性增加，油气可能分布在等压区或者波及不到的区域，致使油田原有井网无法适应当下需求，进而导致无限的增加井网密度，这就直接增加布井面积，从而使得土地占用面积增加，进而使得植被面积受损，加之受干旱、恶劣的天气气候因素，裸露的地块增多，水土流失导致荒漠化，致使土壤耕作力的下降，造成土壤肥力的下降，长久来看不利于农作物的生长；针对地下水，含油物质极易通过地表快速到达地下水中，造成严重污染。随着后期注水量的增大，有毒含油物质会通过注入水到达地下水系统，污染地下水并随着地下水逐渐到达周边农田及湖泊。在此过程中，除原有化学物质，还携带一定量的重金属元素，一定程度上对地下水开发造成严重的影响；还有涉及到湿地类型的减少，物种多样性的锐减以及大气环境的危害。

1.3 石油和天然气开采水土流失问题

油气开采过程会影响开发建设用地的地质地貌、土质、水文、动植物资源等环境因子，资源过度开采会导致人为因素为主要影响因素，引发水土流失、地表水污染、土壤沙化严重、草场退化、荒漠化严重使得风蚀化和水蚀加剧，而且对资源开采造成严重的经济损失和环境破坏。

首先是土壤污染，主要由施工现场带来的土壤污染物已经远远超过土壤自身的净化能力，污染物在土壤中的积累量已远远超过土壤基准量，给生态系统造成严重危害。土壤遭受污染后，污染物被植被吸收，且在植物体内残留，既影响植被的正常生长发育，又有可能引起植被变异；有毒的污染物还会因雨水流入地下河地表水体，从而污染水源。土壤污染物还可能直接破坏土壤结构层，影响土壤中微生物种群结构，引发有害微生物繁殖。

地下水填埋直接会关系着与植被生长关系密切的水分动态变化，关系到地表植被分布、生长，以及物种演变的因素；当施工作业区这类人为因素导致地下水位下降时，就会出现地表土壤水分不能有效填充的情况。还会造成地面上已完善的各类水保措施设施破坏，从而引发大量人为水土流失，引起地面下陷、滑坡等次生伤害，直接破坏地表所布设的水保设施。

石油天然气开采通常需要采取特种作业才能实现高效开发和利用，开发周期漫长，因此对土壤的影响周期也较长，因此，石油天然气开采水土流失具有面积大、周期长等特点。

2 石油和天然气开采水土保持现状

2.1 川渝地区对环保和水土保持的相关政策

我国现在正处于经济快速发展的阶段，随着国家对于环保的重视不断加强，发展低碳经济将成为信息经济后的又一个主流经济发展趋势。国家也专门制定了相关的政策和标准，如生态环境部发布了《石油天然气开采业污染防治技术政策》(公告 2012 年第 18 号)提出在油气开发过程中，应采取措施减轻生态影响并及时用适地植物进行植被恢复。井场周围应设置围堤或井界沟。应设立地下水水质监测井，加强对油气田地下水水质的监控，防止回注过程对地下水造成污染等政策条例，水利部修订出台了《生产建设项目水土保持方案管理办法》(水利部令第 53 号)，提出生产建设单位是生产建设项目水土流失防治的责任主体，应当加强全过程水土保持管理，优化施工工艺和时序，提高水土资源利用效率，减少地标扰动和植被损坏，及时采取水土保持措施，有效控制可能造成水土流失等措施，自 2023 年 3 月 1 日起施行。

川渝地区作为国内天然气工业体系最成熟的地区，在环保方面积极响应国家号召，落实各项政策要求，出台了《四川省“十四五”生态环境保护规划》(川政发[2022]2 号)，对水、土壤、大气和生态保护等做出了详细规划，针对大气环境治理，提出实施空气质量全面达标计划，以 PM2.5 和 O3 协同控制为主线，推进多污染物协同减排，进一步降低 PM2.5 和 O3 浓度，以工业源、移动源、扬尘源等为重点控制对象，推动多污染源综合防治，持续提升空气质量，实现“蓝天常见、雪山常现”的目标。

2.2 作业现场水土保持做法及其不足之处

钻井平台、输气管线工程等在开始建设前都需要编纂水土保持方案，因后期施工过程中会采取一定的水保措施，根据主体工程中具有的水土保持功能项目，作为同等生产建设项目的治理经验，补充新增水土流失防治措施，尤其是需要补充临时防治措施，这些措施虽然在一定程度上减少施工产生的水土流失，但是治理效果往往不能达到方案设计预期的效果，因此要在施工作业现场根据相关环境因子影响，提出相应措施，合理减少因施工造成的水土流失。

施工现场中挖方区可优先选择设置排水沟的方式来防治水土流失，也可通过设置抗滑桩来防止滑坡或者泥石流等灾害；而在回填区可以通过对坡地整形，采取植树造林的方式，尽最大限度防治风沙侵蚀；因为施工过程需临时占用耕地，施工现场废弃物必须在施工结束后全部清理，还应当在此基础上进行植被的补充，依据现场的实际情况设置临时拦挡，因受到当地的水文、大气的影响防止边坡受到大规模的冲击，与此同时需做好施工作业现场的管理，增强施工作业人员的安全防范意识以及水土保持意识，时刻意识到施工现场所带来的污染。

此外，由于部分井场的建设时间较早，而且当时的水土保持管理措施要求也并不完善，因此并没有及时编纂相应的水土保持方案，部分项目在建设过程中，也只涉及到主体工程设计，如井场排水工程、集水措施等，没有考虑到井场周边的影响。2023 年 3 月 1 日起施行的《生产建设项目水土保持方案管理办法》明确了生产建设单位应当按经批准的水土保持方案，同步开展水土保持设计和施工，并在项目建设期间开展水土保持监测和监理工作等，对“未批先建”、“未验先投”、“未批先弃”等法律责任作出了援引性规定，这意味着必须要获得建设地水行政主管部门的水土保持方案批复才可以开工建设。

3 石油和天然气开采作业现场水土保持措施

为减少施工作业区的水土流失，油气开采作业可以在施工期和自然恢复期两个阶段开展水土保持工作，采取必要的水土保持措施。

3.1 施工期

油气开采施工期是水土流失重点阶段，也是水土流失最多的阶段，可以采取以下措施：

（1）施工时在井场内及井场四周布设排水沟，在施工外围布置土质临时排水沟，道路施工过程中及时修建道路排水边沟，排水沟末端设土质临时沉砂池，临时排水沟出口接周边排水系统。

（2）对场内堆置的土方进行遮盖，在堆场四周布置编织土袋拦挡及临时排水沟，并在排水沟出口设临时沉砂池，堆土场地利用完后进行土地整治，将清理后的场地交与当地农民复耕。

（3）对填方边坡撒播狗牙根恢复植被，并用防雨布对边坡坡面进行遮盖，防治雨水冲刷造成水土流失。

（4）开挖路基时可以通过就地取材来修筑挡土墙，避免施工废弃物流入河道为了防止雨水可能对边坡土体造成巨大冲击，需在道路高处设置拦挡排水沟，排水沟连接沉沙池后汇入周边自然沟渠。

3.2 自然恢复期

作业施工扰动结束后项目区即进入自然恢复期，可以采取以下措施：

（1）提前根据植树造林原则，蕴含涵养水源、防风固沙以及保护耕地的多重作用。不同油气开采作业现场都需结合水土保持目的根据所在区域的实际情况，制定有针对性的措施，根据措施来选择所需树种，现场所需防风固沙林居多；与此同时也需要根据树种类型来选择拥有绿化、美化及不同功能的植物，发挥出相应水土保持功能。

（2）同一区域内的自然恢复期长度相同，一般为 2~3 年。施工现场场地已硬化，自然恢复期的水土流失主要来自松散裸露面和植被自然恢复，因此，自然恢复期主要采取的措施以遮盖裸露面为主，同时加强植物养护，保证存活率，使其充分发挥水土保持作用。

3.3 水土保持效益分析

水土保持效益分析主要根据区域生态规划以及经济可持续发展为原则，施工工作现场水土保持方案主要以减轻和控制责任范围内的水土流失为目的，从政策上来到政策上去，涉及到国家及地方有关水土保持法律法规的要求，通过完善水土保持工程措施、植物措施、临时措施的实行，主要剖析水土保持方案实施后在保水保土以及改善生态环境上，是否可以持续促进可持续发展方面的效益和作用。

水土保持措施布设主要根据生态效益和社会效益来衡量，以增强运营效果，增强作业区域内的防治能力，通过来减少维护费用、管理费用等，有效地发挥经济效益，其次就是树立绿色发展理念和生态环保意识，全力保证油气开采建设和运行过程中的安全性。

4 结论

综上所述，通过对施工作业环境的分析，结合川渝地区的相关政策，油气开采作业应充分重视水土保持工作。根据作业过程中，因各种干扰因素难免会对施工区域的地质产生很大程度的破坏，导致水土流失问题产生，为更好的处理水土流失问题，必须要求项目施工作业人员和管理人员采取有效积极的科学态度，来合理的治理与防范水土保持措施，进而达到改善环境的目的，对油气开采工程施工地区进行有效保护；与此同时，施工作业完成后应及时确保恢复植被，按照周边植被类型进行复垦，开展植被固碳能力研究，选择固碳能力强的植物，优化水土保持设计，减少对周边扰动土的影响；减少施工造成的水土流失，保护生态环境，实现社会经济发展与环境保护同步开展。

参 考 文 献

[1] 彭叙凯，张语恒．浅谈石油天然气能源开采与环境保护的动态平衡[J]．石化技术，2018，25(04)：271.
[2] 闫岩．页岩气环境之忧[J]．科学新闻，2012，No.457(11)：66-71.
[3] 张海龙．石油天然气勘探开发环境保护工作探讨[J]．清洗世界，2022，38(09)：123-125.
[4] 高启晨，郭志红，许文博等．石油天然气勘探开发生态环境影响分类分级研究[J]．油气田环境保护，2020，30(04)：4-8+74.
[5] 苗杰．石油天然气生产与环境保护的关系探析[J]．中国石油和化工标准与质量，2020，40(15)：43-45.
[6] 林文良．浅谈石油天然气能源开采与环境保护的动态平衡[J]．化工管理，2019，No.527(20)：51-52.
[7] 曹奇林，卿太钢，冯宁波．石油天然气管道工程中的水工保护与水土保持设计[J]．江汉石油职工大学学报，2013，26(06)：45-47.
[8] 李宇，范军，刘静等．石油天然气行业水土保持方案编制相关问题探讨[J]．天然气与石油，2010，28(05)：51-54+83-84.
[9] 张炜，姚增国．石油天然气开发对鄂尔多斯盆地水土流失的影响与对策[J]．地下水，2007，No.129(06)：69-71.
[10] 郭锐，张绒君，党生等．天然气管道建设中的土壤流失与防治——以涩北—西宁—兰州输气管道工程为例[C]．中国科学技术协会，四川省人民政府．加入WTO和中国科技与可持续发展——挑战与机遇、责任和对策(下册)．中国科学技术出版社，2002：1.
[11] 周允斌．加强石油天然气开采工程风险管控方式的探讨[J]．化工管理，2022(09)：158-160.
[12] 梁林佐，毋勇，杨光福，丁毅，王雪梅，洪叶．陆上石油天然气开采工业大气污染物排放标准解读——挥发性有机物排放控制要求[J]．化工安全与环境，2022，35(03)：11-15.
[13] 李金金．GB 39728-2020《陆上石油天然气开采工业大气污染物排放标准》正式发布[J]．石油与天然气化工，2021，50(01)：26.
[14] 耿建新，刘尚睿．我国石油天然气开采准则的综合分析与国际比较[J]．财会月刊，2020(17)：33-38.
[15] 张世新．石油天然气管道工程中的水工保护与水土保持设计[J]．中国石油和化工标准与质量，2018，38(08)：134-135.
[16] 林伟．石油和天然气开采工艺技术措施[J]．化工设计通讯，2017，43(04)：39+85.
[17] 张浩，王旱祥，李林．井口天然气加热稠油开采工艺及装置设计[J]．石油机械，2009，37(05)：54-56+102.
[18] 卓峰．石油开采工艺技术及废水处理[J]．化工管理，2021(08)：168-169.

[19] 黄小凤．浅析自动化技术在采油工艺中的应用与优化[J]．当代化工研究，2020(08)：132-133.
[20] 阎肃．关于油气田开发的采油工艺技术价值及实践分析[J]．当代化工研究，2019(13)：106-107.
[21] 刘辉．油田开发中后期的采油工程技术优化途径探究[J]．石化技术，2019，26(04)：122.
[22] 温锐．石油开采工艺技术及相关专利综述[J]．工程技术研究，2018(11)：186-187+239.
[23] 江峰，张超，马林，张磊，张俊清．分析石油开采中增产技术运用及存在价值[J]．化工设计通讯，2017，43(06)：52+90.
[24] 林伟．石油和天然气开采工艺技术措施[J]．化工设计通讯，2017，43(04)：39+85.
[25] 刘晓澜．石油开采企业清洁生产工艺[J]．辽宁化工，2009，38(05)：329-330+342.

基于射频识别技术的钻具管理系统设计

于佩航　张　健　李　辉　赵　剑　张　兰

（中国石油集团川庆钻探工程有限公司安全环保质量监督检测研究院）

摘　要　针对目前钻具管理信息化水平较低的问题，以耐高温高压的射频识别电子标签为基础，详细梳理分析了钻具管理流程，采用 B/S 架构并搭建 WEB 应用平台，开发了基于钻具单根智能识别的的钻具全生命周期管理系统，实现了钻具由采购入库、流通管理、井队使用、检维修直至报废等各个环节的信息化管理，为钻具的全生命周期管理提供了有效的技术支撑。

关键词　钻具；射频识别；管理系统；全生命周期

1　引言

早在 20 世纪 70 年代，国外大型石油企业就开发了钻井现场信息管理系统，并快速应用到实际生产中。但是，对于类似钻井工具等特定工具的管理系统研究较少，主要原因是缺乏有效的信息采集技术，难以对上述工具信息实现快速的自动获取。相较于国外信息管理技术的发展，国内石油领域的信息化进程较慢。塔里木、吐哈等油田在上世纪末才先后建立起适用于本油田的信息管理系统，同样因为信息采集技术的限制，对钻井工具依然采用打钢号的传统方式进行识别，然后通过人工手动录入的方式将工具信息存储到计算机中。

近年来，随着计算机技术、互联网技术以及射频识别等无线感知技术的发展，针对石油井下钻具资产管理在当前存在的问题，提出了新的管理要求与思路。国内钻探公司及高校针对部分钻井工具的分散管理和使用，一些高价值钻井工具利用率不高等问题设计了钻井工具的管理系统，以实现对钻井工具的准确管理，提高管理效率。因此，本文将射频电子标签与钻具管理系统联结起来，改变传统钻具资产管理模式，使得钻具信息数字化，钻具资产清查便捷化，维护工作更加科学化，极大提高资产的管理效益。

2　软件开发及运行环境

考虑到平台之间的移植、兼容等问题，本管理系统采用 B/S 架构，搭建 WEB 应用平台，使得不同角色的用户在流行工具如平板电脑、笔记本机等终端，均可通过浏览器访问该系统的所有信息以及完成现场作业等，同时方便在不同平台下进行移植。本系统在 Microsoft Windows 平台，采用 C/C++语言、基于 B/S 网络架构方式开发。

3　功能设计及数据处理方案

3.1　总体功能需求

对需实现的总体功能和各项具体功能要求进行分析，其中包括采购管理、流通管理、使用管理、检维修管理、报表管理等。

3.2　目标用户功能需求

根据各类用户的职责和分工，分析其对本项目的具体功能需求，如表 1 所示。

表1 目标用户功能需求表

部门	用户	功能需求
钻具管理部门	钻具管理人员	查看钻具库存、使用、检维修情况
钻探公司工程部	钻具管理人员	审核井队钻具使用是否合理
钻探公司运行部	钻具管理人员	审核井队钻具使用是否合理，安排运输车辆
钻具公司生产办	钻具管理人员	分配钻具运输的收发货单位，查看、填报钻具库存及检维修报表
管具站	生产办调度岗	钻具发料备货及审核
	经营办人员	钻具入厂审核
	检修班人员	钻具检维修信息记录、钻具装车
	记录班人员	新钻具来料登记、入库绑定，旧钻具报废确认、报废统计
	质检中心人员	新钻具质量抽检、回收钻具无损检测质检。
钻井队	技术员	钻具使用/回收申请，钻具收发货，测量钻具长度，编场地号
	队领导	钻具收发货审核

3.3 系统功能设计

3.3.1 功能与业务对应关系

根据系统总体功能架构方案，对子系统(功能模块)进行编号，说明各子系统(功能模块)所覆盖的业务领域，以列表方式说明系统功能与业务的对应关系，如表2所示。

表2 功能与业务对应关系表

序号	模块名称	使用部门或机构名称
1	采购管理	管具站经营办、管具站记录班
2	流通管理	井队、井控公司工程部、井控公司运行部、钻具公司生产办、管具站生产办、管具站检修班
3	使用管理	井队
4	检维修管理	管具站检修班、管具站质检中心
5	报表管理	管具站生产办、钻具公司生产办

3.3.2 模块功能设计

根据功能架构方案，描述各子系统(模块)之间的关系。对每个子系统(模块)所实现的功能进行详细描述，内容包括目标、结构、详细功能、解决的问题、关键输入和输出数据等，如表3所示。

表3 模块功能设计

模块	目标	结构
采购管理	对新钻具入库过程进行管理，并录入新钻具 RFID 标签	入厂申请
		入厂审核
		来料确认
		检验绑定
		合格入库
流通管理	对钻具的流转过程进行单根信息化管理。	调拨申请
		工程部审核
		运行部审核
		分配收发单位
		备料
		装车
		发料审核
		一键收料

续表

模块	目标	结构
使用管理	对钻具的出入井过程进行自动化信息记录。	井队使用台账
		出入井钻具管理
检维修管理	对回库钻具的检测及维修数据进行信息化管理，确保钻具的下次使用时钻具为合格成品钻具。	清洗查验
		钻具初检
		疏通水眼
		校直
		无损检测
		维修
		保养入库
报表管理	维护及查询库房实物资料，仓库车间管理员进行库房管理。	定期报表管理
		钻具增减管理
		钻具动态报废管理
		单井使用资料管理

3.4 数据流设计

根据功能架构及各子系统(模块)间的关系，设计本系统整体的数据流图及分模块的数据流图，包含数据类型、数据项、数据来源及流向、频度等指标，数据流图如图1所示。

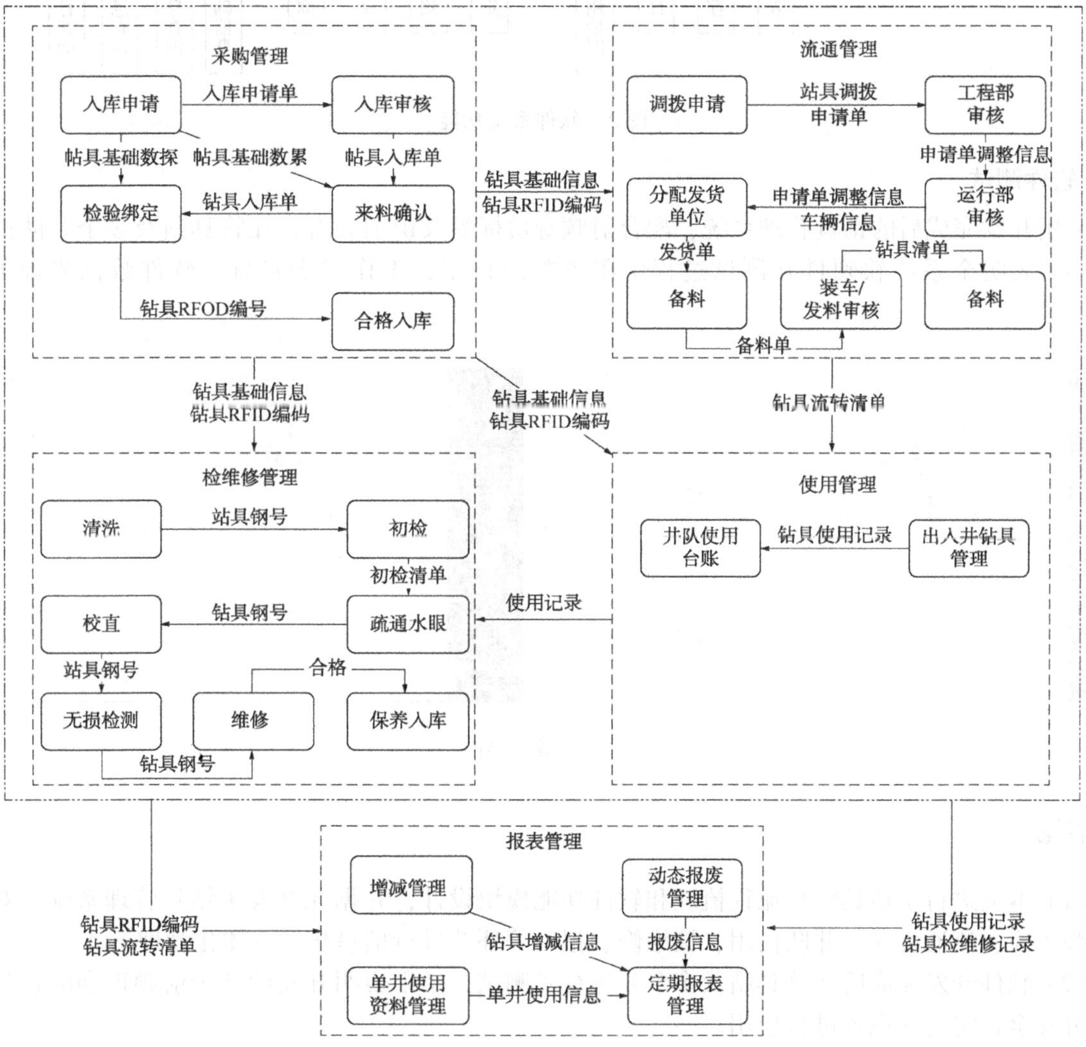

图1 钻具管理系统数据流设计图

4 软件功能模块及测试

4.1 功能模块

针对工程需要解决的实际问题，系统共设计有 8 大功能模块，涵盖了钻具全生命周期的各项管理工作和数据记录功能，软件系统功能如图 2 所示。

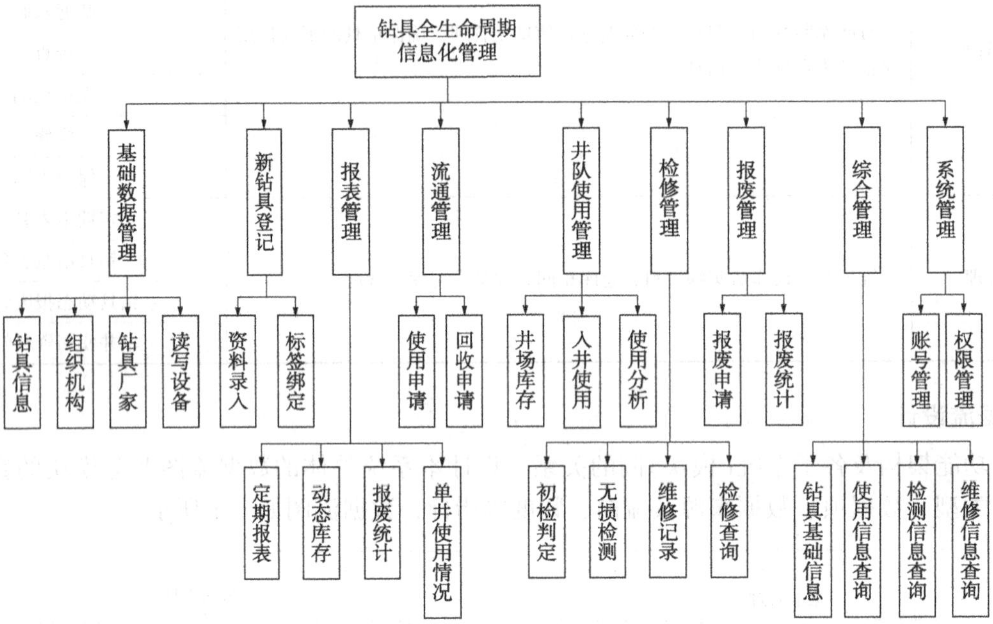

图 2　软件系统功能

4.2 软件测试

利用开发完成后的钻具管理系统，配合射频身份标签及识别装置，在管具站及多个井队进行测试，结果表明全系统软硬件在测试过程中服役状态稳定，工作状态良好，软件数据界面如图 3 所示。

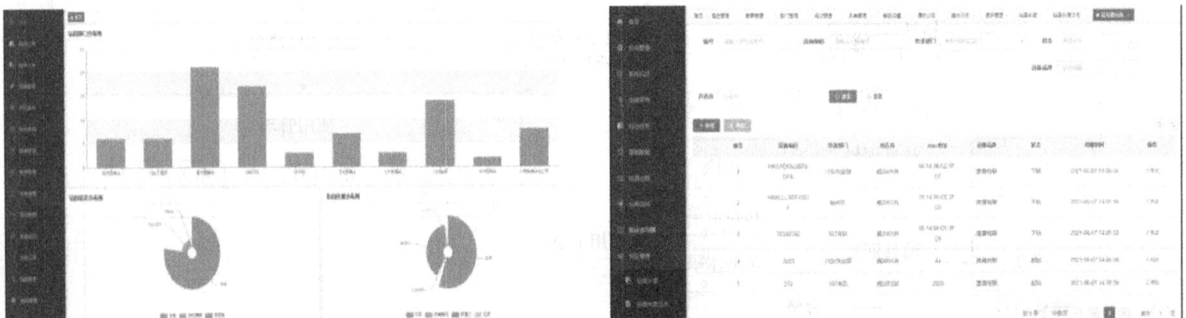

图 3　数据界面

5 结论

（1）本文进行了钻具管理流程梳理和软件功能模块设计，并据此开发了钻具管理系统，对钻具的采购入库、流通管理、井队使用、检维修、报废等环节进行信息化、一体化管理。

（2）软件开发完成后在管具站及多个井进行了测试，结果表明开发的基于射频识别的钻具管理系统可安全稳定的在现场进行应用。

参 考 文 献

[1] 吴永祥．射频识别(RFID)技术研究现状及发展展望[J]．微计算机信息，2006(32)：234-236.
[2] 蒋皓石，张成，林嘉宇．无线射频识别技术及其应用和发展趋势[J]．电子技术应用，2005(05)：1-4.
[3] 魏立明，齐金涛，马金山等．基于 RFID 的底部钻具数值化管理现场试验研究[J]．石化技术，2016，23(10)：110-111.
[4] 何檬．RFID 电子标签技术在城市车辆管理中的应用[J]．硅谷，2014，7(18)：102
[5] 刘斌．基于 RFID 技术的钻井工具管理系统研究与实现[D]．西南石油大学，2018.

SAGD 预处理站蒸汽余热回收利用技术研究与应用

王争光　商振新　丁万成　阮龙飞　杨德保

（中国石油新疆油田公司）

摘　要　××处理站采出液经一段沉降罐、毛油罐沉降脱水后，含水率≤2%的低含水原油经转油泵增压后进入相变掺热器，在相变掺热器内高温蒸汽掺入低含水原油中使原油升温，然后进入净化罐。掺热器年使用蒸汽 14435.66t，夏季 26.13t/d，冬季 35.46t/d。SAGD 预处理站采出液分离出的蒸汽通过降温换热后，进入××#站常规处理系统，蒸汽中所含余热未得到有效利用，导致热能浪费。通过对 SAGD 预处理站汽相系统进行研究，利用 SAGD 蒸汽对常规处理系统低含水原油升温，提高蒸气热能的利用率，从而达到节约能源，年创效 69.24 万元，旨在为日后 SAGD 预处理站蒸汽余热回收利用提供简要参考。

关键词　相变掺热器；蒸汽；余热利用；节约能源；原油升温

1　前言

我国工业领域的能源消耗量约占全国能源消耗总量的 70%，能源利用效率为 33%，与发达国家还有一定差距。除了生产工艺相对落后和产能结构不合理等因素以外，工业余热利用率低，能源没有得到合理利用是造成能耗偏高的重要原因。根据调查显示，我国各行业的余热总资源约占燃料消耗总量的 17%~67%，其中可回收部分占总余热资源的 60%

SAGD 预处理站于××××年××月建成投产，处理规模 3900m^3/d，蒸汽冷却能力 600t/d，采用"汽液分离+螺旋板换热+空冷"工艺，伴生气去放散火炬，工艺流程简述如下：来液经超稠油蒸汽处理器汽液分离，汽相经空冷器(汽水换热器)进行换热，冷凝水及伴生气进入凝结水罐，后进入××#站常规工艺的一段沉降罐；系统分离出的蒸汽换热冷凝，所含热能未有效利用。分离出的液相，经螺旋板换热器换热后同样进入一段沉降罐。

采出液经一段沉降罐、毛油罐沉降脱水后，含水率≤2%的低含水原油经转油泵增压后进入相变掺热器，在相变掺热器内高温蒸汽掺入低含水原油中使原油升温，然后进入净化罐。高温蒸汽由供汽一联合站××供热站锅炉提供，减压后进入相变掺热器。×××集输站掺热器年使用蒸汽 14435.66t，夏季 26.13t/d，冬季 35.46t/d。

2　低品位余热利用技术

2.1　工业余热利用现状

在钢铁、化工、石油和建材等行业的生产过程中，会产生大量的余热，可按照品味对其进行划分，温度高表示余热资源的可做功能力高，这也意味着能够直接利用，这种被称为高品位余热资源。与之相对，在温度低的状况下，就表示该余热资源的品位较低。工业企业在生产的过程中使用热能转换设备以及用能设备，排放出来的各种废热、废水和废气等都是低品位能源。要想对这些低品位能源加以利用，必须要采取余热回收技术，保证实现节能的最终目的。

（1）石油行业低品位余热

我国的石化行业在生产过程中会消耗大量能源和资源，同时也会产生大量的余热资源。如果不能合理利用这些热能资源，不但会影响企业的经济效益，也会造成能源和资源的浪费。为了尽可能避免这种情况的出现，石油企业通常会利用溴化锂吸收式制冷机发电和回收装置余热，以此提升总回收效益。同时，为了深入挖掘余热回收利用的内在优势，很多油田进行了一些相关的研究。如我国的大庆油田通过热泵回收采出水余热技术，实现了站内的生活采暖。与此同时，将提取采出的水中余热应用在了油水分离等方面，获得的经济效益和社会效益比较明显。在深入研究原油价格上涨和能量优化的过程中，低温余热回收利用及其开发正在逐步受到关注。

（2）钢铁行业低品位余热

钢铁行业余热主要来源于33%的焦炭、53%的烧结、34%转炉和30%加热炉的烟气，这表明钢铁行业拥有巨大的余热资源量，在实现余热回收利用方面具有相当广阔的发展潜能。

（3）水泥行业低品位余热

水泥窑当中存在着大量的余热，其中总热量的50%为窑尾一级预热器排出的废气带走的热损失和窑头冷却机废气带走的热损失。这些余热不仅能被工艺本身所利用，还能够将其应用在余热发电上。

2.2　低品位余热的利用方式

为使低温余热资源得到充分的利用，需要掌握好以下几个方面的原则：第一，对生产工艺进行尽可能的优化，保证对换热流程进行合理的组织，使工艺用能降低，从而确保生产工艺当中低温余热减少；第二，对厂区内、厂区周围的工业和民用的用电需求等进行综合考量，根据用户距离的远近和利用周期的长短等进行利用规划；第三，依据余热的品质、数量和实际的需求量，实施梯级利用，确保传热温差能够最大限度内减少；第四，对低品质余热的利用方案进行详细考虑，如耐腐蚀性、利用技术的成熟度和经济效益状况等。

（1）直接热利用

直接热利用是直接发挥换热设备的作用，通过直接进行余热资源的传递，从而保证各个工艺和环节的能耗在可控的范围内，应用热交换技术不仅不会改变余热能量的形式，还是余热回收直接高效的重要体现。基于低温余热资源具有温度较低的特点，如果要对其进行应用，必须要确保其处于恰当的环境中，这样能有效排除输送过程中的损耗，从而使利用效率达到最大化。以循环水为例，一般都是在油田采出水和高炉冲渣水中获得，能够在采暖和供热方面得到使用；锅炉产生的烟气则能够在余热空气或者给水的时候应用。目前，很多钢铁企业都推行高炉冲渣水用于居民采暖供热工程项目中。除此发挥其供暖的作用之外，首钢还将高炉冲渣水应用在海水淡化项目上，其根本目的是为了解决低温余热回收装置的运行时长问题。从电力行业来看，电力企业利用锅炉烟气余热回收装置实现了提升锅炉运行效率的目的。曹炳雷等以150℃烟气作为研究对象，对热管回收烟气低温余热的热力学性能进行了计算分析。结果表明，热管热效率31.65%、㶲效率21.56%。目前，热管换热器在电力、冶金、石化等行业的余热回收领域已得到广泛应用。

（2）制冷制热

如果直接热交换的条件得不到满足，那么还可以采取吸收式制冷或者热泵式制热的方式，使余热能量的等级得到改变，如图1所示。相关研究人员在利用电厂循环水做热泵的热源开发上取得了成功，将少量的抽气作为驱动的能源，用热泵将循环水温度提升达到95℃之后，再输送到城市供热管网。一般情况下，化工企业具备较多的制冷工艺装置，在溴化锂吸收式制冷置的作用下，将余热作为热源，制作满足生产使用的冷量，是一种低温余热合理利用的节能措施。如果化工企业本身能够利用低温余热资源，那么除了用于企业自身的生产外，还可以对其进行深层次的探索，找出正确的办法使低品位余热资源被充分利用和开发。

（3）热功切换

热功切换本质上是一种能量之间的转化，将低品位余热资源转化为机械能或者电能，然后在对其进行合理的利用。使用热功切换具有一定的前提条件，即只有在低品位余热资源采用“直接热利用”或者“制冷制热”两种方式不能解决问题的时候，才考虑这种方式。在将低品位余热资源转换为机械能的时候，需要具备合理的机械负载条件。在将低品位余热资源进一步转化为电能的时候，主要考虑输送距离的问题，由于电能的输送比较麻烦，所以通常考虑使用方式较为灵活，而不将其应用在远程输送电能方面。基于低品位余热资源本身品味较低，在进行资源开发和利用的时候，通常需要对经济效益进行对比分析，充分的考虑经济性。

2.3 低品位余热的利用开发技术

在对低品位余热资源进行利用的时候，必须要明白利用的难点，可将其归纳为 4 个方面的内容：其一是在大多数的低品位余热资源当中都存在带有腐蚀性的物质，由于该物质的存在，设备在长期运行的过程中，容易对其安全造成一定的威胁；其二是有些低品位的余热资源带有间歇性特征，这使得其要想连续运行基本无法实现；其三是基于低品位余热资源的品味比较低，要想在周围找到合适的供热或者供冷负荷的事情；其四是要想在发电方面利用低品味余热资源还存在很大的难点，相关技术不成熟，实际利用效率低，在对其进行利用及开发的时候，还需要借助其他的技术手段。

当下，我国面临的能源形势十分严峻，因此节能减排的重要性不可忽视。而在节能减排当中，低品位余热的利用和开发在其中扮演着重要的角色。重油公司在发展的过程中，之所以将重点放在低品位余热利用和开发上，这是因为其能够带来更好的效益和价值，能够有利于企业的可持续发展，在节能减排、生态环境保护方面贡献力量。本文从以下 5 个方面探究低品位余热利用和开发技术。

(1) 高效热管换热技术

利用和开发低品位余热资源的时候，需要重点考虑温差小和传热面积等问题，这意味着要想满足温差较小、传热面积较大的要求，靠单纯增加钢材使用量、扩大占地面积无法使传统的换热器满足低品位余热资源的利用。为了尽可能降低传热系数、降低钢材的耗量、控制受热面积，采取以相变换热为代表的高效热管换热技术能够有效解决问题。

(2) 换热器耐腐蚀或者耐磨损的技术

在对工业余热资源利用过程中，腐蚀是普遍存在的问题，这是因为烟气中大量存在酸性气体和粉尘、废水中存在氯离子等。由于腐蚀性因存在考虑，普通换热器的长期和稳定运行基本上是不可能的。而要解决好腐蚀性问题，可以采用特定的换热器材质，这样就能在确保换热器利用经济性的状况下，增强利用低品位余热的可能性。

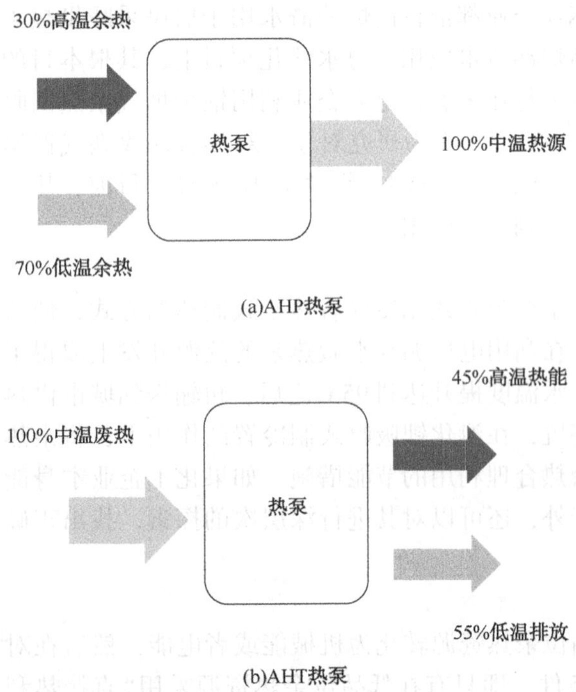

图 1　AHP 和 AHT 两类热泵

(3) 热泵及低温余热溴化锂制冷技术

热泵(图 1)及低温余热溴化锂制冷技术的优点，是其能够使对低温余热的利用升级。但是其在提高能效利用效率、受热面腐蚀方面却还存在不足。因此，热泵及溴化锂制冷机技术还有待进一步提升。

(4) 螺杆膨胀机发电技术

通过对螺杆膨胀剂的了解可知，其本身是一种容积式的发动机，在电机功率方面能够发挥的作用相当有限，一般情况下应用在余热资源偏少的场合。将 70℃以上的热水和 130℃以上的不含硫烟气作为热源，合理利用过热蒸汽、饱和蒸汽、热水、热液和其他热源等。现阶段我国某些企业加大了对螺杆膨胀机发电技术的研究，将探究的重点放在了对电力资源的利用、发电效率的提升和发电的经济性和效益性等方面，希望突破该方面问题的制约。目前，在国内已经有公司生产出了相关的产品。

(5) 有机朗肯循环发电及其他低温发电技术

工厂当中存在的大量低品位余热温度通常在 200℃，甚至 100℃以下，这使得利用其进行发电的难度很大。基于这种状况，有机工质循环方案被提出。有机朗肯循环(Organic Rankine Cycle，简称ORC)技术的最大优点在于其不用水作工质，工质选择使用沸点的有机物上。通过对废气余热进行吸收、汽化，然后输送到膨胀机中膨胀做功，从而带动发电机发电。目前，有机朗肯循环发电的有机工质是正丁烷、R245fa等低温沸点有机物，其中还有一部分采用的是有机工质的混合物。目前，国际范围内都开展了对有机朗肯循环发电技术的研究，美国、德国和日本等国家都有企业在做专业的研究，而国内对这项技术的研究相对落后，不仅存在很多需要克服的关键性问题，还受到研究人员的专业性等因素的限制。

综上所诉结合公司的实际情况选择直接热利用的相变换热技术。

3 余热利用可行性论证技术

3.1 提升原油所需热量

进入××#站相变掺热器的原油含水率<2%，温度由75℃升高至92℃，温差为17℃。油量为$75m^3/h$，原油密度$950kg/m^3$。

以相变掺热器原油升温所需热量作为掺热热量计算依据。

根据资料查询，原油比热为2.16kJ/kg·℃。根据热量计算公式，则原油升温所需要的热量为：

$$Q_{油}=c_{油}\times m_{油}\times\Delta t_{油}=2.16kJ/kg.℃\times(75m^3/h\times950kg/m^3)\times17℃$$
$$=2.62\times10^6kJ$$

3.2 SAGD预处理站余热热量

SAGD预处理站余热热量通过SAGD预处理站汽水换热器换热热量计算，根据1月份生产数据可知，汽水换热器冷源清水进口温度平均约为18.75℃，换热后冷源出口温度约为24.75℃，蒸汽将冷源温度提升平均约6℃。清水量约为100t/h，如表1所示。

表1 1月份数据明细表 ℃

日期	汽水换热器清水进口平均温度	汽水换热器清水出口平均温度	清水平均提升温度
1~7日	19	24	5
8~14日	19	25	6
15~21日	18	24	6
22~28日	19	26	7

以汽水换热器冷源(清水)升温所需热量作为换热热量计算依据。不考虑间壁换热效率时：

根据热量计算公式，100t/h清水升温6℃需要的热量为：

$$Q_{水}=c_{水}\times m_{水}\times\Delta t_{水}=4.2kJ/kg.℃\times(100\times10^3)kg\times6℃$$
$$=2.52\times106kJ/h$$

考虑间壁换热效率为0.85时：

$$Q_{水}=2.52\times106kJ/h\div0.85=2.96\times10^6kJ/h$$

热平衡计算：供热量>需热量

4 优化简化技术

4.1 新增余热利用流程

新增1条蒸汽管线，连接SAGD预处理站超稠油蒸汽处理器汽相出口管线与××#站站内掺热器蒸汽进口管线)。在原掺热器蒸汽进汽管线上加装1台电动阀，实现SAGD采出蒸汽与锅炉蒸汽通过调节平衡后同时通入掺热器，对××#站原有系统原油进行掺热提温。在SAGD预处理站新建蒸汽管线处增加一条放空管线，安装1台电动阀，与原超稠油蒸汽处理器蒸汽放空管线相连。当蒸汽压力过高或蒸汽量大导致低含水原油温度过高时实现自动调节，确保安全生产，如图2所示。

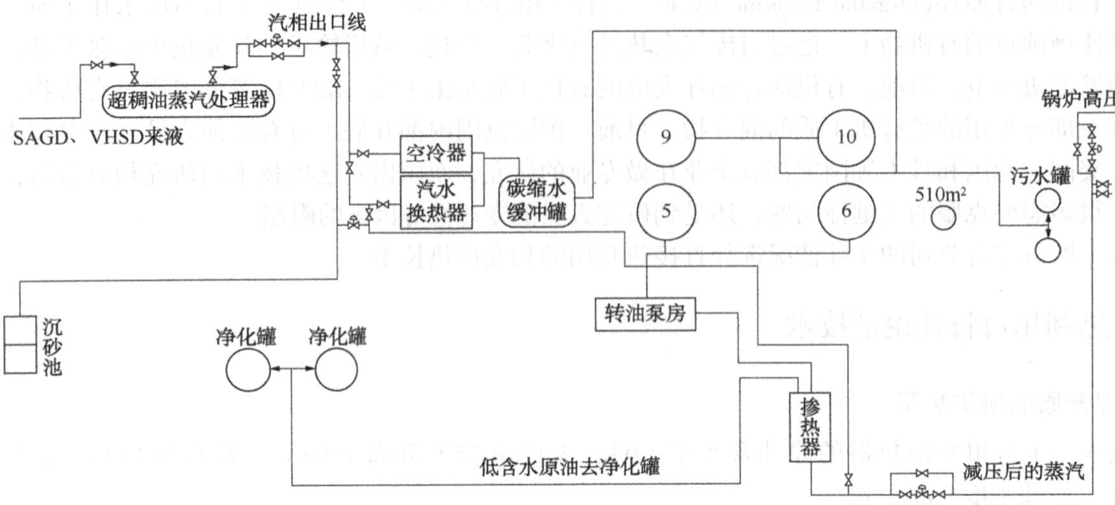

图2 余热利用工艺改造示意图

4.2 新增+利旧余热利用流程

新增2条蒸汽管线。1条连接SAGD预处理站超稠油蒸汽处理器汽相出口管线与凝结水缓冲罐总出水管线(提升泵后)，另一条连接凝结水缓冲罐总出水管线(与一段沉降罐高出水管线连接处)与××#站站内掺热器蒸汽进口管线(高压蒸汽减压后)。通过在SAGD预处理站超稠油蒸汽处理器汽相出口管线上新增加一条管线与凝结水罐出口管线相连，另外在凝结水罐出口管线尾端新增管线与××#站生产蒸汽线相连，同时在原生产蒸汽管线上加装一台电动阀，实现SAGD采出蒸汽与锅炉蒸汽通过调节平衡后同时通入掺热器，对××#站原有系统原油进行掺热提温，如图3所示。

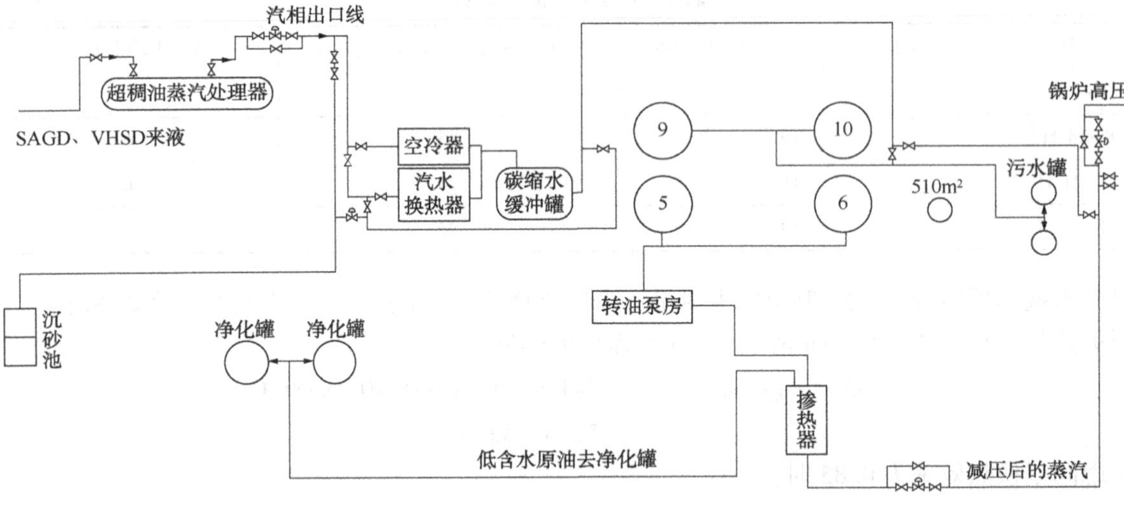

图3 余热利用工艺改造示意图

通过综合比较(表2)，建议选择方案1。

表2 方案对比优选表

方案	方案1：新增流程	方案2：新增+利旧流程
新增管线费用	较多	较少
与系统相连的动火点	3处	5处
运行后对原系统影响	基本无影响	① 因管径小存在管压高的可能，影响采油、集输系统运行平稳。 ② 利用部分现有管线，原系统功能无法同时实现

5　成果推广应用情况

5.1　余热利用效果

××年××月××日开始试运行，各项参数正常，掺蒸汽量减少 100%，累计节约蒸汽 15638.63t，节约电量 18.29×10^4kW · h，累计实现清洁替代 1532.59t 标煤，如图 4、图 5 所示。

图 4　流程优化简化

图 5　注汽线压力调节阀

5.2　降本增效

极大节约设备设施维护维修成本，空冷器停用，减少设备设施维修费用 69.24 万元/年，极大减轻人员巡检强度和简化工艺流程。

6　结论和认识

（1）有效解决了 SAGD 采出蒸汽余热浪费的问题，减少非生产用汽 14435.66t/a，减少锅炉蒸汽用量，实现清洁替代 1313.65 吨标煤/年，助力公司实现“双碳”目标，为公司清洁低碳发展做好奠基石。

（2）通过流程优化，减少空气换热器或汽水换热器使用维修成本 69.24 万元/年。

（3）通过精细优化，发挥现有工艺最大价值，挖潜利旧，最大限度节约改造费用，真正做到“事前算赢、事中干赢、事后真赢”。

参　考　文　献

[1] 王鹏．钢铁企业高炉冲渣水余热利用技术的应用[J]．资源节约与环保，2019(7)：15-17.

[2] 张进华，秦强，赵香龙，等．低品位工业余热利用技术及研究进展[J]．能源科技，2022，20(4)：86-92.

[3] 曹炳雷，陶曙明，苏福永．换热器及吸收式热泵应用于低品位余热回收过程的比较分析[J]．应用能源技术，2021(9)：6-10.

[4] 陈曦．助力“双碳”用低品位余热“温暖”城市[N]．科技日报，2022-01-04(006).6-10.

[5] 黄桂聪．基于 ORC 的船用柴油机低品位余热利用方案设计与优化研究[D]．南宁：广西大学，2021.

[6] 郭庆山．氧化铝生产系统低品位余热的资源化利用研究与应用[Z]．焦作：中铝中州铝业有限公司，2020.

基于㶲效率的LNG场站天然气余能利用分析

程士坚

（中国石油新疆油田公司工程技术研究院）

摘　要　新疆具有较好的天然气压力能资源开发潜力，目前已在某稠油井区开展了天然气压力能回收和综合利用项目，本研究基于新疆某气田侧LNG生产场景，分析了天然气余能利用耦合LNG生产工艺对天然气膨胀发电并对伴生冷能加以回收的综合利用效果。研究通过计算模拟流程能耗与㶲损失。工艺流程模型软件模拟结果表明，设备㶲损主要来源于膨胀机，在膨胀发电工艺在设计工况下发电功率可达 1.3×10^3kW 以上，天然气冷能代替电制冷工艺；方案年节电量达到 8.5×10^7kWh 以上，具有突出的节能及低碳效益，有助于促进天然气产业高质量发展。

关键词　LNG工艺；冷能利用；余压发电；㶲效率；低碳生产

随着人们对低碳环保理念的日益重视，天然气作为一种廉价、清洁的一次能源，在国民经济领域应用比例逐步提升，在“十四五”时期，我国天然气消费占比将提升至11.5%。液化天然气（LNG）储运技术由于能量密度大，运输效率高，可增加天然气产品附加值，故越来越受到能源、油气生产行业的重视。液化天然气是通过气态烷烃净化处理技术，经逐级冷却至-162℃进行液化。虽然LNG生产技术日渐成熟，但液化天然气装置在工艺设计过程中的余能利用环节仍有一定的提升空间，通过对工艺余能进行梯级利用，对于LNG场站的节能、低碳生产有着重要的经济意义和环保价值。

1　天然气压力能概述

1.1　北疆地区压力能资源概述

新疆地区天然气资源储量丰富，共拥有整装气田4座，已建西二线调峰储气库1座，其中有储气库改造潜力的气田2座。北疆准噶尔盆地供气环网典型运行压力为4.0~5.0MPa，天然气自环网下载至用户过程中通过J-T阀降压节流，造成了大量的压力能损失，据统计截至2023年，北疆地区压力能资源量达到3647.5GJ/d，折合发电机组装机规模约42.2MW，年发电量估测可达2.37亿度。上述压力能资源中约13%来自于气田侧（采气井口、集气站等），配气站资源量约占45%。此外，北疆地区共投产有13座天然气液化工厂，总产能约 $740\times10^4m^3/t$。对于油气生产侧和内陆LNG生产企业而言，LNG场站的天然气来源一般为当地的天然气气田和气井，其中气田井口压力多为20MPa以上，同时含有较多的游离水、烃类和机械杂质，需要多次降压和除杂处理。经过处理后的天然气进入长输管网压力也达到了5~10MPa量级，蕴含着大量的压力能资源有待开发利用。目前在新疆油田某稠油开采区块已开展了配气站压差发电与稠油余热综合利用先导试验项目，设计装机规模1.6MW，发电量可达 915.9×10^4kW·h/a，对于油田清洁低碳开发产生了积极影响。

1.2　压力能技术发展简介

在天然气调压过程中，高压天然气中蕴含巨大的能量，若将该部分能量进行回收利用，能有效减少压力能损失，实现能源的高效利用。目前国内外回收利用天然气管网压力能的方式主要有发电和制冷两大类。利用压力能发电，产生的电能可进入城市电网，或用于工厂内部用电负荷消纳，或用于分布式制氢；在制冷方面，目前主要是将膨胀后低温天然气的冷量，可用于工业制冷、余热回收、通风空调、材料加工以及天然气/油田伴生气轻烃回收等。

常见的压力能利用过程将高压管网天然气压力能回收并用于发电主要是以膨胀机代替传统的JT

阀回收高压天然气降压过程中的压差井下发电。有利用天然气膨胀机输出功驱动同轴发电机发电、将膨胀后的低温天然气冷量用于燃气轮机进气冷却以及膨胀机+加燃机联合循环等 3 种模式。姜小敏等提出将内燃机的余热用于预热天然气至 40～200℃，膨胀后的天然气膨胀带动发电机发电单位体积天然气可发电 7kWh，部分膨胀后的天然气燃烧发电。Mahmood 等提出一种将膨胀后天然气与常温空气换热，使燃气轮机进气温度降低 4～25℃的工艺，可将燃气轮机效率提高 1%～5%。郑志等提出 25℃、4MPa 天然气膨胀至 0.4MPa 后温度在-76℃左右，需要复热至 0℃以上后回到管网。美国专利 US2009/0272115A1 将高压天然气进行多级膨胀，并采用冷媒工质回收各级膨胀后的冷能。上述工艺对于典型的天然气膨胀发电或燃机联合循环发电具有一定的参考价值，但受制于不同工艺场景，上述技术均局限于解决单纯发电型的压力能利用项目工艺问题，对于冷能消纳尚未提出较好的利用方式，且目前针对 LNG 场站的压力能回收工艺和提效方法研究较少。

2 工艺系统设计

2.1 工艺设计

对于 LNG 场站而言，高压天然气通过注管道输进站管汇，经分配橇节流与计量后，输至进站分离器和预冷单元，经多级制冷后液化进罐。可以考虑采用进站调压阀处的压降作为场站冷能、电能来源，以实现充分利用。前人开展了诸如透平发电、浅冷烃类气体分离集成工艺设计、气田余压资源利用等研究。现有研究仍存在压力能利用率有限、冷能损失较严重等局限性，需要开展革新设计和工艺建模分析，以探讨可行性。

本文选择采用丙烷预冷混合制冷剂（C3-MR）工艺进行建模。该工艺中预冷制冷剂为丙烷，受其物性影响，丙烷预冷循环只能将原料气与混合制冷剂冷却至-35℃，制冷温度有限且缺乏对环境的适应性。本工艺改为选择 R410A 作为制冷剂，其具有稳定、无毒、不可燃等特点，且传热效率高、系统制冷性能更好。该系统主要设计思路为，利用管网至 LNG 场站的天然气进行膨胀发电，并使低温天然气与冷媒、原料气换热以耦合液化工艺，降低天然气复热及液化工艺所需额外能耗。膨胀机两端并联冷凝器与调压阀，在来气流量过大或膨胀机检修时作为备用调压系统。天然气膨胀后分为两股，一股作为冷流进入天然气换热器；另一股与制冷剂 R410A 换冷。冷量过剩时，R410A 进入混合制冷剂电压缩制冷循环，通过换热器释放冷能，代替两级水冷为混合制冷剂降温。同时，保留原有水冷系统，以在 R410A 冷能不足时保证满足混合制冷剂用冷需求。

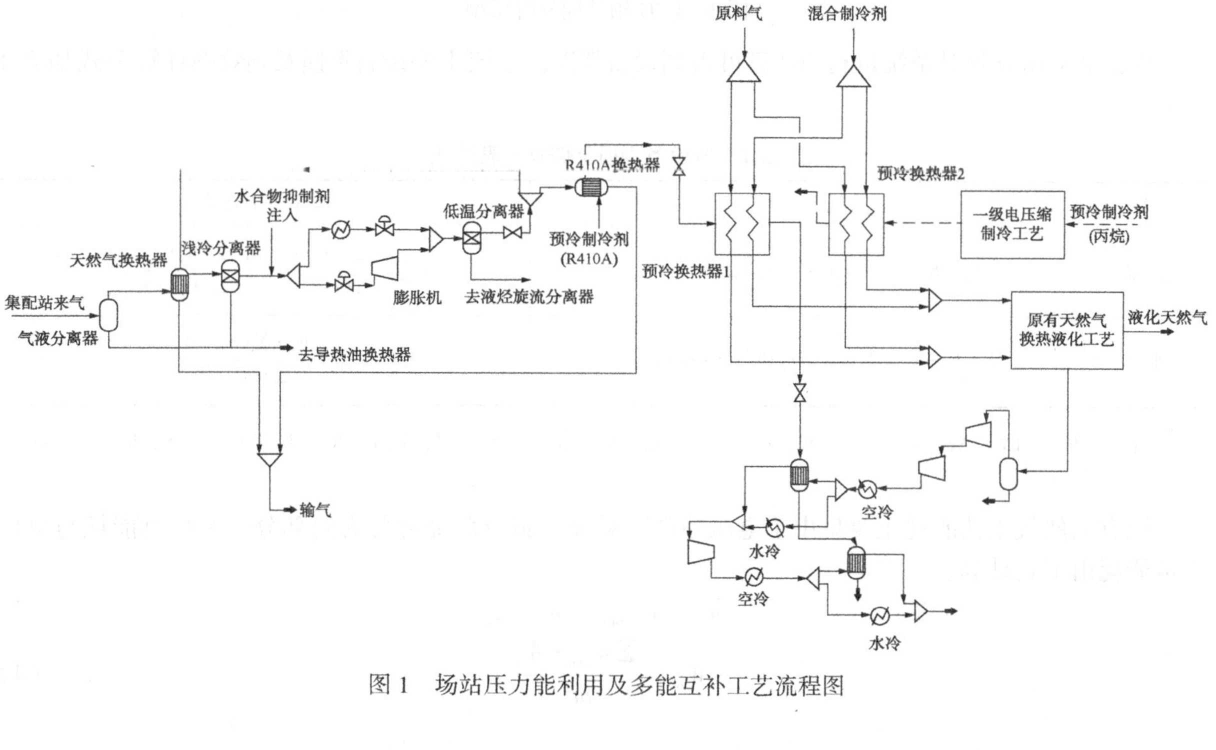

图 1　场站压力能利用及多能互补工艺流程图

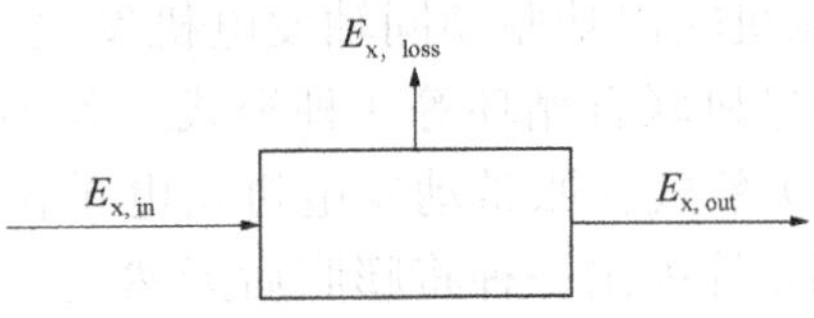

图 2　子系统黑箱模型

2.2　模型搭建

模型研究基于典型的㶲分析黑箱模型，系统能效与设备能量利用效率有关，本研究以㶲损、㶲效率作为主要指标，采用 Aspen Plus 软件计算物流㶲，模拟得到各物流不同节点处熵、焓值，通过㶲分析可以有效评估系统效率及设备性能。黑箱模型如图 2 所示。

系统㶲平衡方程为：

$$E_{x,in}-E_{x,out}-E_{x,loss}=0 \tag{1}$$

由于系统运行过程中未发生化学反应，因此系统㶲仅为物理㶲，物流㶲计算式为：

$$e_x=(H-H_0)-T_0(S-S_0) \tag{2}$$

式中，H、T、S 分别为物质在状态(P，T)下的焓、温度和熵，H_0、T_0、S_0 分别为物流在基态下的焓、温度和熵，单位分别为 kJ/kg、K、kJ/(kg・K)。

简化系统建立㶲分析模型，系统中各设备连接管路较短，因此忽略管道中㶲损；由于设备按绝热考虑，因此忽略热交换㶲损；模拟中各物流处于稳定状态，流速小且未发生化学反应，故忽略物流的动能与位能，不考虑化学㶲。简化后系统㶲流情况如图 3 所示。

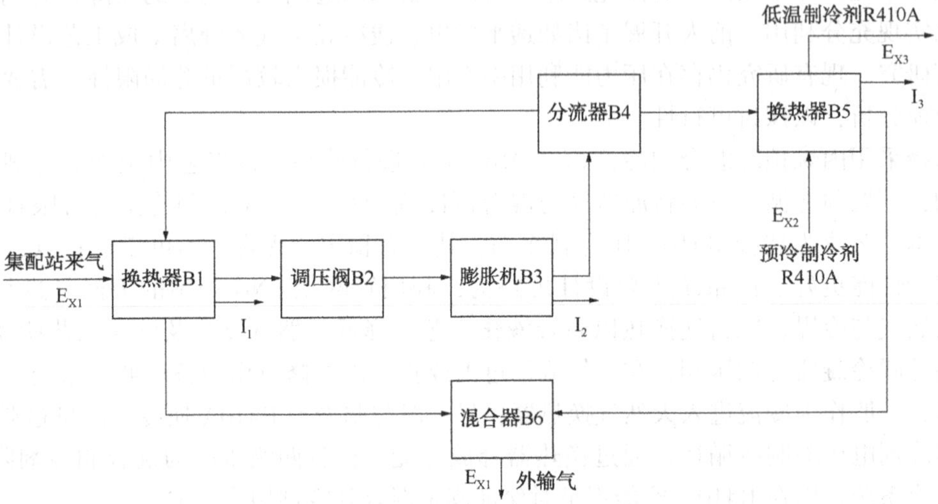

图 3　LNG 场站㶲分析模型

根据㶲平衡方程对系统进行㶲计算可得到设备㶲损，系统主要设备㶲损及㶲效率计算公式如表 1 所示。

表 1　各设备㶲损及㶲效率表达式

装置	㶲损表达式	㶲效率表达式
换热器	$I_{Hx}=E_{xi}-E_{xo}=\Sigma(m\cdot e)_i-\Sigma(m\cdot e)_o$	$\eta_{Hx}=\dfrac{\Sigma(m\cdot e)_{o,hot}-\Sigma(m\cdot e)_{i,hot}}{\Sigma(m\cdot e)_{i,cold}-\Sigma(m\cdot e)_{o,cold}}$
膨胀机	$I_E=E_{xi}-E_{xo}=\Sigma(m\cdot e)_i-W_o-\Sigma(m\cdot e)_o$	$\eta_E=\dfrac{W_o+\Sigma(m\cdot e)_o}{\Sigma(m\cdot e)_i}$

注：I—㶲损，kW；Ex_i—输入㶲；kW；Ex_o—输出㶲，kW；$\dot{m}$—物流流量，kg/h；W_o—膨胀机对外做功，kW；η—㶲效率，%。

原有天然气工艺能耗主要集中于电压缩制冷系统，制冷系统可分为两部分，系统总能耗与单位质量能耗由下式计算。

$$W_{tot}=W_{cooling1}+W_{cooling2} \tag{3}$$

$$W_m=\frac{\sum W_{com}-W_E}{m_p} \tag{4}$$

式中，W_{tot}为系统总能耗，kW；$W_{cooling1}$为混合制冷剂电压缩制冷系统能耗，kW；$W_{cooling2}$为原预冷制冷剂电压缩制冷系统能耗，kW；W_m为所研究工艺液化天然气产品单位能耗，kW·h/kg；W_{com}为压缩机输入功率，kW；W_E为压力能利用系统中膨胀机输出功率，kW；m_p为液化天然气产品质量流量，kg/h。

2.3 边界条件

研究对上述设计工艺和物流，采用稳态模拟方式，物性参数选用具有广泛适用性的 P-R 状态方程。由于来气存在一定波动，设置入口来气量为 221.5t/h、进气压力为 16.5MPa，模拟调压阀出口压力不同时工艺运行效果并进行分析。模型基于固定流量的稳态条件下计算，设置进口气体条件，天然气的低热值与密度被视为常数，组分见表 2。

表 2 各物流组分表

组分	氮气	甲烷	乙烷	丙烷	异丁烷	正丁烷	异戊烷	正戊烷
气田天然气(mol%)	1.32	94.81	2.32	0.39	0.12	0.09	0.01	0.02
原料气(mol%)	0.3	91	5.4	2.1	0.5	0.4	0.2	0.1
混合制冷剂(mol%)	5.5	52.5	32.5	9.5	–	–	–	–

模型参数设置见表 3。

表 3 工艺模拟主要设备参数

系统设备	基准设定	优化设定
天然气换热器	热流出口温度 26℃	热流出口温度 26℃
分流器	流股 1-3：流股 1-4=3：1	出口压力 4.5MPa，等熵膨胀
膨胀机	出口压力 4.5MPa，等熵膨胀	流股 2-5：流股 2-7=2：3
复热器	出口温度 5℃	/
R410A 换热器	/	热流出口温度-20℃
预冷换热器 1	/	热流出口温度-4℃

3 模拟结果及分析

3.1 模拟结果

对天然气液化系统余能利用过程进行模拟，比较调压阀出口压力不同时系统运行效果。模拟结果如表 4 所示。

表 4 储气库压力能与低温联产 LNG 工艺模拟结果

编号		工艺流程入口	调压阀出口	膨胀机出口	混合器出口	R410A 入口	膨胀机功率/kW
①	压力/MPa	16.5	15	4.5	4.5	0.2	1.907×10^4
	温度/℃	48	22.6	-47.8	5.1	24	
	流量	/	/	/	/	221.5t/h	
②	压力/MPa	16.5	13	4.5	4.5	0.2	1.698×10^4
	温度/℃	48	17.4	-45	8.5	24	
	流量	/	/	/	/	221.5t/h	
③	压力/MPa	16.5	10.5	4.5	4.5	0.2	1.382×10^4
	温度/℃	48	9.3	-40.7	10.6	24	
	流量	/	/	/	/	198.4t/h	

调压阀出口压力为15MPa时，天然气通过膨胀机降压后，发电功率为1.907×10^4kW，可满足天然气液化工艺原有混合制冷剂电压缩循环用电需求，并且进行冷能利用，可同时实现入口天然气降温及为R410A制冷剂供冷。固定进气流量与温度时，降低调压阀出口压力，调压阀出口压力为13MPa时，天然气膨胀带动发电机发出电量仍可满足大部分制冷工艺用电需求。当调压阀出口压力降低至10.5MPa，膨胀发电可满足系统约75%用电需求。

3.2 㶲分析

本文分别对调压阀出口压力不同的三种工况进行㶲分析，系统主要设备㶲损及㶲效率计算结果如表6所示。不同工况下㶲分析结果如图4所示。可用压力能最为充足的工况下，各设备总㶲损为1.695×10^4kW，膨胀机㶲损占总㶲损76.72%；可用压力能最少的工况下，各设备总㶲损为1.309×10^4kW，膨胀机㶲损占总㶲损69.79%。

表6 主要设备㶲分析结果

工况	设备	输入㶲/kW	输出㶲/kW	㶲损/kW	㶲效率/%	㶲损率/%
①	换热器B1	3.695×10^3	7.244×10^2	2.971×10^3	19.61	17.53
	膨胀机B3	3.207×10^4	1.907×10^4	1.300×10^4	59.46	76.72
	换热器B5	4.689×10^3	3.713×10^3	9.756×10^2	79.19	5.76
②	换热器B1	3.409×10^3	7.244×10^2	2.685×10^3	21.25	17.45
	膨胀机B3	2.842×10^4	1.698×10^4	1.144×10^4	59.75	74.33
	换热器B5	4.689×10^3	3.424×10^3	1.265×10^3	73.02	8.22
③	换热器B1	2.984×10^3	7.244×10^2	2.259×10^3	24.28	17.26
	膨胀机B3	2.296×10^4	1.382×10^4	9.137×10^3	60.20	69.79
	换热器B5	4.689×10^3	2.994×10^3	1.695×10^3	63.85	12.95

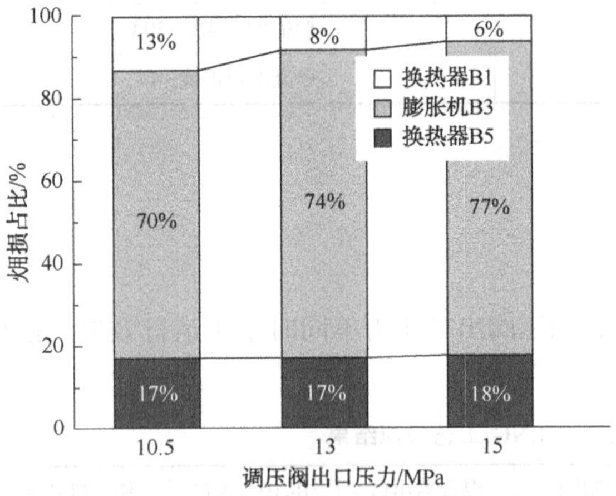

(a)不同工况下设备㶲损占比

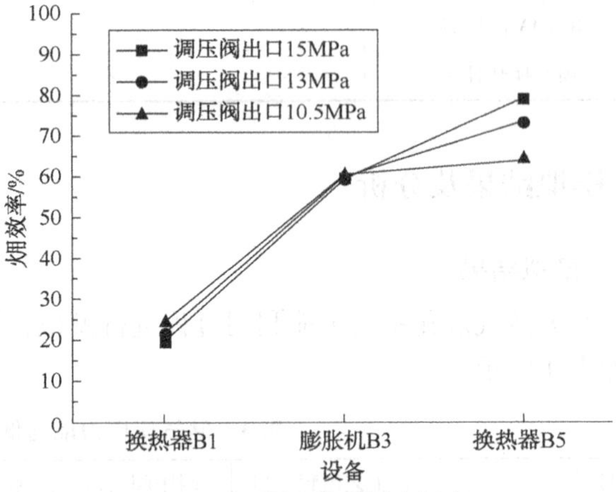

(b)不同工况下设备㶲效率

图4 LNG膨胀发电系统㶲分析结果

随着调压阀出口压力增加，换热器B1㶲损增加，㶲效率、㶲损率变化较小；膨胀机B3㶲损增加，㶲效率变化较小，㶲损率呈降低趋势；换热器B5㶲损降低，㶲效率呈上升趋势，㶲损率呈降低趋势。调压阀出口压力变化主要对膨胀机B3和换热器B5的㶲效率、㶲损率造成影响。

3.3 能碳分析

模拟流程工艺能耗如表7所示，计算得混合制冷剂电压缩制冷系统能耗$W_{cooling1}=1.824\times10^4$kW，原制冷系统能耗$W_{cooling2}=9.935\times10^3$kW，系统总能耗$W_{tot}=2.817\times10^4$kW。

进气温度48℃、进气压力16MPa的条件下，天然气膨胀带动发电机发电的发电功率为1.907×10^4kW，可为混合制冷剂电压缩制冷循环供电，满足其用电需求；此外膨胀后天然气携带的冷能可代替丙烷预冷制冷剂电压缩制冷，节省电功率 9.935×10³kW，原有天然气液化系统能耗显著降低。

表 7 工艺制冷能耗计算结果

流程名称	制冷压缩机功耗 1	制冷压缩机功耗 2	制冷压缩机功耗 3	总功率
预冷制冷剂循环	4.790×10^3	5.145×10^3	/	9.935×10^3
混合制冷剂循环	5.208×10^3	6.631×10^3	6.400×10^3	1.824×10^4

对于可用压力能最为有限的工况，天然气膨胀带动发电机发电的发电功率为 1.382×10^4kW，可满足混合制冷剂电压缩制冷循环部分用电需求，此时节电率为 75.78%，计算得到该工况下液化天然气产品单位能耗为 W_m=0.09kW·h/kg。

对所选储气库场景压力能利用与液化耦合工艺系统进行经济性分析，压力能利用率最高与最低的两种工况对比结果如表 8 所示。

表 8 系统经济性理论研究结果

	膨胀机发电功率/kW	制冷换热器冷功率/kW	制冷电功率/kW	优化前工艺电功率/kW	利用时数/h
工况①	1.907×10^4	3.488×10^4	9.622×10^3	2.817×10^4	3600
工况③	1.382×10^4	3.257×10^4	8.598×10^3		
	原工艺系统电耗/（万 kW·h）	系统电耗/（万 kW·h）	节约电量/（万 kW·h）	电单价/（元/kW·h）	节电效益/（万元）
工况①	1.014×10^4	-	1.044×10^4	0.4	4.176×10^3
工况③		1.590×10^3	8.553×10^3		3.421×10^3

对于工况①，其可利用压力能与冷能最为丰富。在该工况下，每万方集配站来气通过压力能利用可为天然气液化工艺节省电功率 10.36kW，总节电功率为 2.900×10^4kW。并且天然气膨胀发电在满足天然气液化工艺用电需求后，仍富余 827.98kW/d，可用于站点中有其他用电需求的环节。对于工况③，可利用压力能与冷能相对最少。在该工况下，每万方集配站来气通过压力能利用来气可天然气液化工艺节省电功率 8.48kW，总节电功率为 2.376×10^4kW，节电率为 84.32%。整体而言，上述压力能与冷能综合利用工艺耦合系统具有节能效益。三种出口压力工况节电效果如图 5所示。

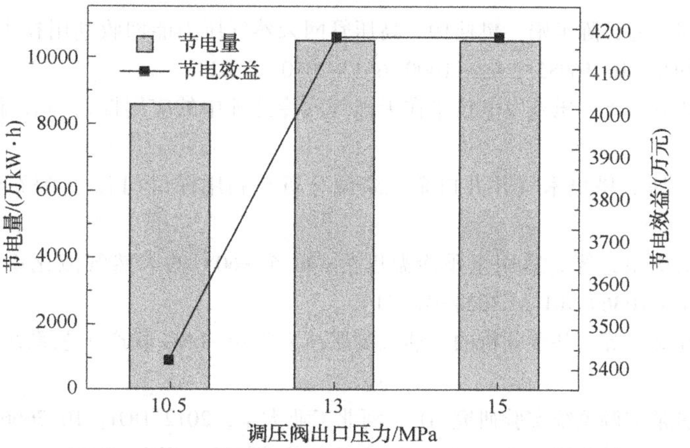

图 5 不同工况下节电效益对比

对研究中压力能利用率最高与最低两运行工况下的工艺进行节能减排分析可知，当电与标准煤的等价值折算系数按照 0.3025kg/kW·h 计算时，相当于减排量 $2.840\times10^4tCO_2/a$。

4 结论

本文通过工艺流程数值模拟，并针对不同工况下的工艺进行㶲分析、能耗分析得到主要结论如下：

（1）设计工艺中膨胀后天然气具有的冷能可用于为入口天然气降温并代替原有预冷制冷剂电压缩系统供冷，在设计工况下天然气膨胀发电后出口压力为4.5MPa，发电功率可达1.382×10^4～1.907×10^4kW。

（2）根据㶲分析结果可知，研究设计耦合工艺中，天然气换热器㶲效率较低，并且膨胀机㶲损在设备㶲损中占比较高，因此未来工艺优化应考虑提高换热器㶲效率、降低膨胀机㶲损在各设备㶲损中的占比。

（3）能耗分析结果表明，本研究工艺在设计工况下可节电率最低为75.78%，在代替丙烷预冷制冷剂电压缩制冷的基础上，还可为混合冷剂电压缩制冷循环供电。

（4）针对天然气液化处理行业用冷需求，本研究将天然气压力能利用工艺与应用较为广泛、规模匹配度较高的天然气液化C_3-MR工艺相耦合，以实现天然气压力能与冷能的综合利用。

参 考 文 献

[1] 杨富强，陈怡心．“十四五”推动能源转型实现碳排放达峰[J]．阅江学刊，2021，13(04)：73-85+124. DOI：10.13878/j.cnki.yjxk.20210708.001.

[2] 郭风军，刘方然，于怀智，张长峰，刘玉岭，孙崇德．LNG冷能作为冷链物流业新冷源的回顾与展望[J]．保鲜与加工，2021，21(7)：132-135.

[3] 黄晓烁．微型天然气管网压力能发电智能化工艺开发及设计[D]．华南理工大学，2018.

[4] 申安云，熊永强．天然气管网压力能利用工艺的㶲分析[J]．煤气与热力，2008，28(11)：43-47

[5] Akbari P. Nalim R. Mueller N. A Review of recent developments in wave rotor combustion technology[J]. Journal of Engineering for gas turbines and power. 2006，128(4)：717-735.

[6] An-ping WAN，Jian-hong CHEN，Yang-jian JI. Research on Optimization of Residual Natural Gas Distribution for Combined Cycle Unit Shutdown Process[P]. International Conference on Applied Mechanics and Mechanical Automation (AMMA 2017)，2017.

[7] Han Y，Kang J，Wang X，Chen Y，Hu Z. The Effect of Cylinder Clearance on Output Work ofORC-FP used in Waste Energy Recovery[C]. SAE Technical Paper；2014，2014-01-2563.

[8] 李静静，城市门站天然气调压过程中冷能的回收及应用研究[D]．华南理工大学．2011.

[9] Coanda H. Device for deflecting a stream of elastic fluid projected into an elastic fluid. US，2052869[P]. 1936-09-01.

[10] 徐文东，郑惠平，郎雪梅，陈玉娟，樊栓狮．高压管网天然气压力能回收利用技术[J]．化工进展，2010，29(12)：2385-2389. DOI：10.16085/j.issn.1000-6613.2010.12.023.

[11] 荣少杰，陈浦，王怀波，等．压差发电技术在天然气浅冷处理中的应用探讨[J]．新疆石油天然气，2023，19(2)：88-94.

[12] 赵卫东，杨钧屹，王博．塔里木气井井口余压资源分析与利用探讨[J]．新疆石油天然气，2022，18(02)：84-91.

[13] 王会师，吴江涛，王庆余，等．适用于预冷温度为-40至-60℃的天然气液化系统的多元混合制冷剂：CN 201310560534[P]．CN 103694961 A[2024-01-21].

[14] 吴浩，李治东，王晓娜，等．基于分析的天然气膨胀压差发电-LNG联产工艺系统用能评价[J]．油气与新能源，2021，33(5)：6.

[15] 赵倩．直膨式地源热泵空调系统实验研究[D]．河北工业大学，2012. DOI：10.7666/d.D466254.

[16] 傅秦生．能量系统的热力学分析方法[M]．西安交通大学出版社，西安．2005.

[17] 廉乐明，谭羽非，吴家正，朱彤．工程热力学(第五版)[M]．北京：中国建筑工业出版社，2007.

多元介质辅助提高 SAGD 开发效果技术研究

姜　丹　张纪龙　孙　璐　马小梅　金　鑫　曹宇超

（中国石油新疆油田公司）

摘　要　新疆油田稠油油藏为近源辫状河沉积，储层非均质性强、油层厚度薄、渗流屏障多期发育，F 油田双水平井 SAGD 开发过程中，部分井组由于储层非均质性及夹层影响，水平段动用程度不均匀，导致动用好的部位原油具有流动性，泄油能力强，而动用差的部位原油聚集体较大，泄油受阻；蒸汽腔发育不均，存在局部到顶、局部上升情况，油藏潜力未完全释放，汽腔进入横向扩展阶段后与盖层接触，为维持蒸汽腔扩展，需加大高干度蒸汽注入量，抵消盖层热损失，导致蒸汽热利用率降低等矛盾，经济效益大幅下降，亟需通过以气体和溶剂代替蒸汽，实现蒸汽的有效利用。本文结合室内实验和数值模拟，提出了尿素溶液和降黏剂多介质辅助 SAGD 的方式，明确了介质与蒸汽协同作用技术机理，结合经济极限，从油层厚度、渗透率及采出程度动静态参数制定了选井原则及多介质辅助用量、注入方式等施工参数。研究结果表明，选井原则为：油层厚度>11m，渗透率>500mD，采出程度 10%以上。注入尿素与热水的质量比为 1∶3，溶液注入强度 0.2t/m 驱油效率最佳，降黏剂注入量与水平段长度成正比。现场实施后，单井组平均日增油 4.4t/d，含水率降低 7.2%，为 SAGD 提高开发效果提供技术支持。

关键词　尿素；降黏剂；SAGD；技术机理；开发效果

双水平井 SAGD 开发过程中由于水平段动用不均匀，将导致动用好的部位原油具有流动性，泄油能力强，而动用差的部位原油聚集体较大，泄油受阻，制约 SAGD 开发效果。一方面，受注采井井间夹层或水平段渗透率级差影响，SAGD 水平段中部或后段蒸汽腔不发育；另一方面，受夹层遮挡，夹层上方的油层无法动用，根据时移微重力监测结果显示，受储层非均质及沉积因素影响，蒸汽腔顺物源及储层渗透率好的位置发育，存在蒸汽腔未波及区。

目前多数 SACD 井组已经处于蒸汽腔发育到顶开始横向扩展阶段。据统计，全区已有 65%井组蒸汽腔局部发育到顶并横向扩展，蒸汽与盖层直接接触，导致向盖层的热损失增加，蒸汽利用率降低，主要表现为与盖层接触后，井组含水上升、油汽比下降。

1　多介质辅助机理

多介质辅助 SAGD 是在注蒸汽之前往地层中注入尿素、降黏剂等混合溶液，尿素在一定温度下热裂解生成非凝析气体 CO_2和 NH_3，与蒸汽共同作用，实现补充地层能量，改善流动能力，降低残余油饱和度提高驱油效率的目的，从而提高 SAGD 开发效果。

1.1　乳化降黏

（1）改善井间原油流动能力

井间动用不均是因井间储层差异引起的渗流不均，动用好的部位剩余油具有流动性，泄油能力强，而动用差的部位剩余油聚集体较大，泄油受阻，同时影响了上部汽腔的发育。“分解”井间剩余油聚集体，使其变为可动油，是增加井间泄油通道、提高井间泄油能力的关键。采用适合于风城 SAGD 油藏的降黏剂，室内试验研究表明，在降黏剂的作用下，剩余油饱和度明显下降，从未辅助的 34.2%下降至辅助后的 24.7%。SAGD 生产中后期，重力泄油能力减弱，这时可注入降黏性较好的液态溶剂，使汽腔的中下部得到扩展，以提高泄油速度，增加中后期的产量。

（2）改善I井间上方蒸汽腔边缘原油流动能力

碳酰胺溶液在高温下反应生成二氧化碳和氨气，氨气在高温高压下和水继续反应变成 OH^- 和 NH_4^+；OH^- 和原油中的有机酸反应生成表面活性剂达到降低原油黏度的作用。另外，产生的 CO_2 溶于油可降低黏度，溶于水可改善相渗，有利于原油克服毛细管阻力和摩擦力，从而大大提高原油的流动能力。将碳酰胺溶液分别以一定的比例与原油均匀混合，在一定温度下测定其反应前后的黏度。在50℃条件下，当溶液和原油质量比为 3：7 时其降黏率可达 81.4%。SAGD 泄油界面流体温度从蒸汽温度逐渐下降到油层原始温度，超稠油加热后黏度小于 1000mPa · s 时具有流动性，碳酰胺分解后将提高冷油区原油的流动性。

1.2 提高驱油效率，降低残余油饱和度

氨气和原油可以就地生成表面活性剂，能够降低界面张力及原油流动的启动压力，使储层中的岩石由亲油变为亲水，提高洗油效果。室内研究结果表明：注入尿素溶液后，含水率由 87%降低至80%，采油速度，油汽比明显改善，最终采出程度达到 75%，累积油汽比达到 0.142。

1.3 调整汽腔形态，扩大蒸汽波及体积

结合现场油藏实际，部分井组已进入蒸汽腔横向扩展阶段，开展了该阶段介质辅助的物理模拟实验。结果显示：稳产期后注入 CO_2-NH_3 后 SAGD 蒸汽腔波及区域更大，并调整了 SAGD 蒸汽腔的扩展形态，一般认为 SAGD 易形成倒三角的蒸汽腔形态，气体辅助后顶部气体聚集较多导致顶部温度变低，气体携带热量后不易凝结导致形态向球形转变(图 1)。

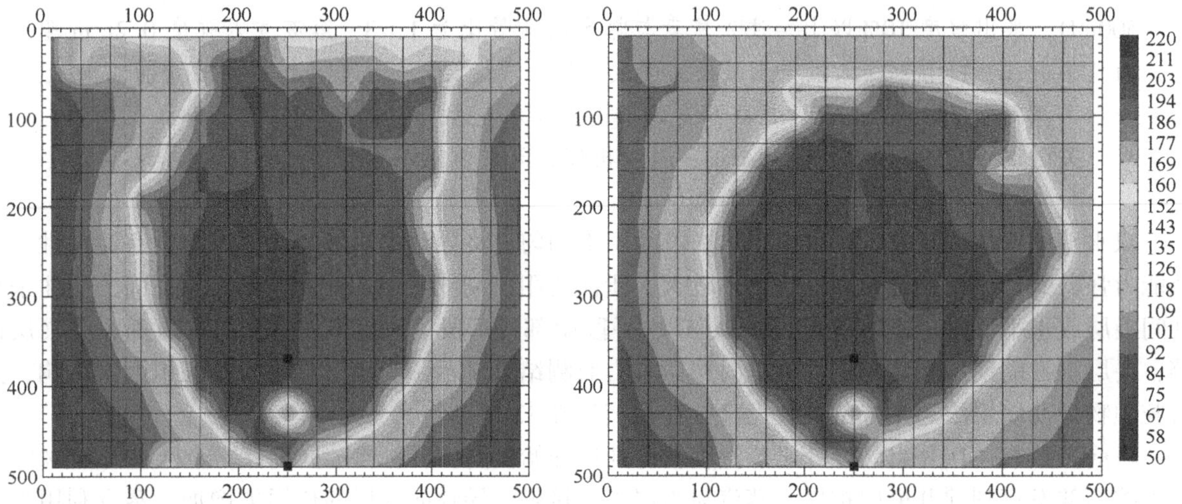

图 1　介质辅助 SAGD 汽腔发育图

2　SAGD 井组筛选标准

建立基础模型参数：孔隙度 28%、渗透率 800mD、饱和度 65%、厚度 15m，下面将根据不同单一变量进行研究。

2.1　油层厚度

SAGD 生产过程中，随油层厚度增加，采出程度和油汽比均呈增大趋势，当油层厚度超过 13m后，随厚度增加，采出程度和油汽比增加幅度变缓。根据不同厚度下产油量与油汽比数据，计算了不同油价与不同油层厚度下净收益。极限产油量：60 美元时，油层厚度≥14.5m；65 美元时，油层厚度≥11.4m(图 2)。

2.2　油藏渗透率

按水平段 400m 长度、70m 井距，对渗透率为 400、500、600、700、800、900、1000mD 的SAGD 效果进行了研究。

从不同渗透率的 SAGD 开发效果看，随渗透率的增大，采出程度和油汽比均呈上升趋势，当渗

透率超过 700mD 以后，采出程度和油汽比增加幅度变缓。根据不同渗透率下产油量与油汽比数据，计算了不同油价与不同渗透率下净收益。60 美元/桶时，渗透率>700mD 时，可保证较好的经济效益；65 美元/桶时，渗透率>500mD 时，可保证较好的经济效益(图 3)。

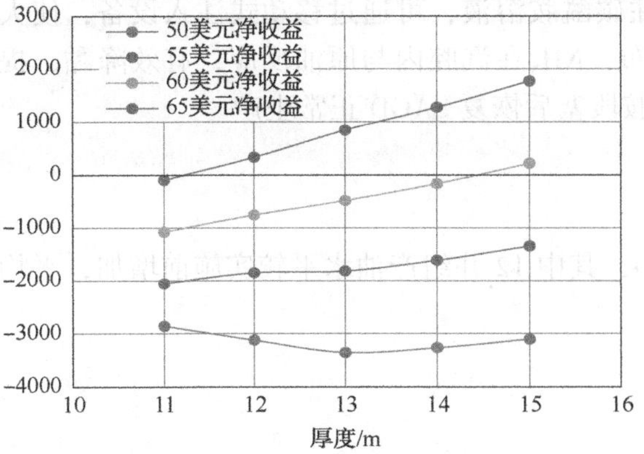

图 2　不同油价与不同油层厚度下净收益图

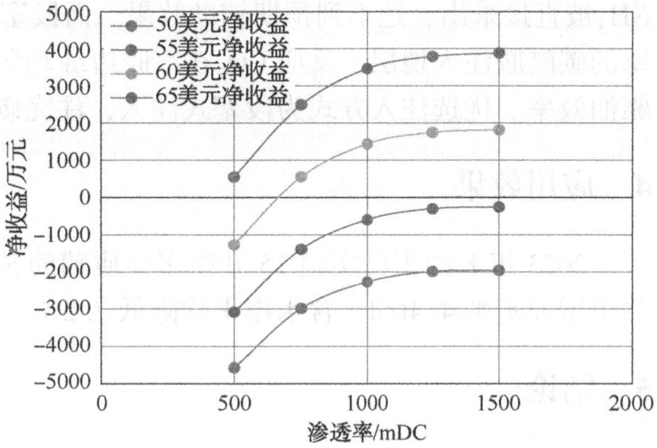

图 3　不同渗透率 SAGD 开发效果对比曲线

2.3　采出程度

按水平段 400m 长度、70m 井距，对采出程度分别为 0%、10%、20%、30%、40%、50% 的 SAGD 效果进行了研究。不同时间段注入碳酰胺辅助效果影响较大，注入时间越早，最终采收率与累计油汽比越高。采出程度 10% 以内蒸汽腔处于上升阶段，碳酰胺降黏补充能量可以提高该阶段开发效果，有利于蒸汽腔的进一步扩展。

从不同采出程度下辅助 SAGD 开发效果看，随着采出程度增加，最终采收率快速下降，油汽比相对保持稳定。根据不同采出程度下辅助增油油量与油汽比数据，计算了不同油价与不同采出程度下净收益。55 美元/桶时，采出程度>10%时，达到极限产油量；60 美元/桶以上，采出程度为 0 时(原始油藏)开始碳酰胺辅助 SAGD，其最终的采收率可达 69.6%，从经济性角度来看，采出程度在 0~10%之间时，净收益呈快速上升趋势，采出程度>10%以后净收益增加趋稳(图 4)。

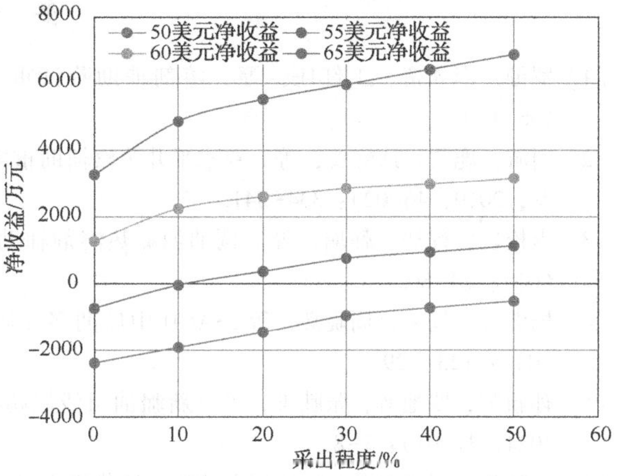

图 4　不同采出程度转碳酰胺辅助 SAGD 净收益图

3　施工参数

3.1　碳酰胺设计用量

实验室测定碳酰胺加热至 148℃ 会分解成二氧化碳和氨气，水的温度对碳酰胺溶解度有较大影响，但高浓度的碳酰胺溶液有结晶的风险，而伴注热水温度提高有助于降低结晶现象的发生，结合现场脱油热污水温度 60~100℃，60℃ 质量为 100g 热水能溶解 237g，碳酰胺药剂与热水的质量比例为 2.37 : 1，而注入过程井下高温会导致部分水的闪蒸，为了降低碳酰胺析出结晶的风险，需要适当提高热水使用率，室内试验碳酰胺在 20%~35% 浓度时，溶液注入强度 0.2t/m 驱油效率最佳。

3.2　降黏剂用量

设计原则：降黏剂注入地层，在垂直水平井方向上呈圆形分布在井筒附近，沿水平井方向降黏剂只作用于未动用水平段的原油聚集体，注入量与水平段长度成正比。

降黏剂用量：$$A=\pi r^2\times\phi\times S_0\times\rho\times c\times L$$

式中，r 为汽腔半径，m；ϕ 为油层孔隙度，%；S_0 为含油饱和度，%；ρ 为原油密度，0.97g/cm³；

c为分散剂浓度，0.4%；L为水平段长度，m；A为降黏剂用量，t。

3.3 碳酰胺注入方式

碳酰胺溶液与蒸汽混合注入会导致高温蒸汽与碳酰胺溶液直接在井筒反应，压力不稳定，CO_2、NH_3被直接采出，达不到预期辅助效果。而段塞式注碳酰胺溶液，可通过移动式注入设备，使大段塞的碳酰胺注入地层，反应CO_2在汽腔边缘均匀分布，NH_3在汽腔内与原油反应，有效降黏，提高驱油效率。优选注入方式为段塞式注入，注完碳酰胺段塞后恢复 SAGD 正常生产。

4 应用效果

2023 年 F 油田已实施 15 井组多介质辅助 SAGD，其中 12 井组产油水平较实施前增加，平均单井组增油水平 4.4t/d，含水率平均降低 7.2%。

5 结论

（1）多介质辅助 SAGD 是在注蒸汽之前往地层中注入尿素、降黏剂等混合溶液，与蒸汽共同作用，实现补充地层能量，改善流动能力，降低残余油饱和度提高驱油效率的目的，从而提高 SAGD 开发效果。

（2）多介质辅助 SAGD 选井原则为：油层厚度>11m，渗透率>500mD，采出程度 10%以上。

（3）多介质辅助通过以气体和溶剂代替蒸汽，实现蒸汽的有效利用。

参 考 文 献

[1] 罗健，李秀峦，王红庄，等．溶剂辅助蒸汽重力泄油技术研究综述[J]．石油钻采工艺，2014，36(03)：106-110.

[2] 周游，鹿腾，武守亚，等．双水平井蒸汽辅助重力泄油蒸汽腔扩展速度计算模型及其应用[J]．石油勘探与开发，2019，46(02)：334-341.

[3] 李松岩，程浩，韩瑞，等．稠油油藏热溶剂辅助重力泄油开采机理及参数优化[J]．特种油气藏，2024，31(01)：74-80.

[4] 杨浩哲，杨果，周晓义，等．SAGD 中后期多介质强化提高开发效果技术[J]．油气地质与采收率，2023，30(04)：123-129.

[5] 孙新革，罗池辉，张胜飞，等．新疆油田浅层超稠油 SAGD 高效低碳开发技术研究与展望[J]．特种油气藏，2024，31(01)：1-8.

[6] 边晓强．双水平井 SAGD 超稠油生产优化研究[D]．西南石油大学，2017.

[7] 刘楠楠，鞠斌山，陈常红．双水平井 SAGD 井组开发方式优选研究[J]．中国科技论文，2016，11(11)：1259-1262+1287.

[8] 李魏．溶剂—蒸汽辅助重力泄油(ES-SAGD)驱油机理研究[D]．中国石油大学(华东)，2013.

[9] 周志军，闫文华，暴赫．双水平井多源、多元介质辅助 SAGD 驱注采参数优化[J]．当代化工，2020，49(06)：1203-1207.

[10] 贺怡敏．溶剂辅助水平井蒸汽驱注采参数的数值模拟研究[D]．中国石油大学(北京)，2020.

非凝析气辅助SAGD开发参数优化及效果分析

曹宇超　解阳波　孙　璐　马小梅　金　鑫　张纪龙

（中国石油新疆油田公司）

摘　要　目前新疆F油田超稠油Ⅱ类油藏整体采出程度30%，部分井组采出程度已达50%，进入开发中后期，汽腔发育规模大，面临蒸汽用量大、盖层热损失大、蒸汽热利用率低、油汽比下降及安全生产等难题，亟待技术攻关，提高油藏开发效益。本次研究从非凝析气辅助SAGD角度出发，深入了解非凝析气辅助SAGD技术原理，结合前期措施效果分析，兼顾SAGD安全开发，对非凝析气辅助SAGD操作参数及施工流程进行优化升级。以“多轮、少量、低速”为原则，对选井原则、注氮量、注氮速度、注氮周期等参数进行优化，同时，围绕“降低施工风险、保证氮气注入”，优化施工流程，措施前停注泄压，降低注氮压力，措施时生产井配合关井，防止氮气采出，措施后加强动态监测及关键指标跟踪，及时补氮。优化调整后，2023年施工井次翻倍，日节汽提高36%，油汽比提高25%，助力油藏安全高效开发，对其它油藏非凝析气辅助SAGD技术参数优化有借鉴意义。

关键词　非凝析气；SAGD；氮气；参数优化

1　前言

新疆F油田SAGD于2008年试验开发，2012年规模推广，埋深190~290m、50℃原油黏度在20000~50000mPa·s、渗透率大于2D的超稠油II类油藏，2017年原油产量突破百万吨，单井组日产油20吨、油汽比0.22以上，实现了超稠油高效开发。目前整体采出程度30%，部分井组采出程度已达50%，进入开发中后期，汽腔发育规模大，面临蒸汽用量大、盖层热损失大、油汽比下降及安全生产等难题，亟待技术攻关，提高油藏开发效益。

本次研究从非凝析气辅助SAGD角度出发，深入了解非凝析气辅助SAGD技术原理，结合前期措施效果分析，兼顾SAGD安全开发，对非凝析气辅助SAGD操作参数及施工流程进行优化升级，进一步提高非凝析气辅助SAGD的开发效果，助力油藏高效开发，对其它油藏非凝析气辅助SAGD技术参数优化有借鉴意义。

2　油藏基本情况

新疆F油田位于准噶尔盆地西北缘北端，超稠油II类油藏位于油田的北部、中部。该油藏埋深190~290m，目的层为G1层，油藏类型为受构造和岩性控制的浅层断块超稠油油藏，整体为辫状河流相沉积，主要发育心滩和河道沉积微相。平均油层厚度23m，孔隙度32%，渗透率2000mD，含油饱和度74%，具有高孔隙度、高渗透率、高含油饱和度的“三高”特点。

截止2023年，已实施双水平井115井组，累产油量662万t，油汽比0.212，采出程度30%以上。目前日注汽8609t，日产油2050t，采注比1.09，油汽比0.240。

3　主要开发矛盾

目前超稠油II类油藏平均开发12年，平均采出程度35%，部分井组采出程度已达50%，开发进入中后期，已有55井组出现汽腔连通、融合现象，整体进入横向扩展-下降复合阶段，汽腔发育规模大，充填汽腔空间及加热原油的蒸汽用量大。同时，随着蒸汽腔横向扩展，蒸汽与盖层的接触面积逐渐增大，热损失逐年增大，蒸汽热利用率降低，典型井组含水上升至82.5%，油汽比已降至0.20以下，开发效益降低。最后，II类油藏埋藏浅，蒸汽腔发育到顶后与盖层接触，持续高温高压环境使盖层物性发生变化，稳定性变差，存在安全生产风险，未来随汽腔发育连片，影响将进一步扩大，安全生产风险加剧。

4 非凝析气辅助SAGD技术研究及效果分析

4.1 非凝析气辅助SAGD原理

非凝析气辅助SAGD技术是将非凝析气(氮气、二氧化碳、甲烷、烟道气等)注入SAGD井组蒸汽腔中，利用非凝析气的隔热、保压、降黏等作用，实现降低热损失、减少蒸汽用量、降低原油黏度，扩大波及体积等目的，最终提高油井开发效益及采收率的技术。主要有以下作用：

(1) 形成隔热层，降低热损失，保护盖层

非凝析气(主要是氮气和烟道气)密度小，导热系数低，进入SAGD蒸汽腔后，受重力分异作用向上移动，在蒸汽腔顶部与盖层之间聚集，形成隔热层，阻碍了高温蒸汽与盖层直接接触，从而减少了向盖层的热损失。同时，避免了长期高温高压环境下盖层稳定性发生变化，降低了浅层SAGD开发蒸汽窜漏至地表的风险。

(2) 保持油藏压力，减少蒸汽用量

正常SAGD开发蒸汽注入油藏后有两方面作用，一是充填汽腔空间，保持油藏压力；二是在汽腔边界接触并加热原油，使原油降黏后向生产井流动。随着开发深入，汽腔发育规模变大，蒸汽用量逐年增加，开发效益降低。通过向油藏注入制备简单、价格便宜的非凝析气体，置换相同体积的高温蒸汽充填汽腔，很好的保持了油藏压力，也不影响边界蒸汽与原油的热交换，还降低了高温蒸汽用量，节约了蒸汽成本，提高了开发效益。

(3) 降低原油黏度，改善原油流动性

非凝析气体(主要是二氧化碳和甲烷)在原油中溶解后，原油体积增大，促使充满油的孔隙体积也增大，为油在孔隙介质中的流动提供了有力条件；界面张力降低，油相相对渗透率提高，有利于原油流动；加之原油黏度降低，促使原油流动性提高。

(4) 扩大波及体积，提高采收率

油藏注入非凝析气后，一方面利用氮气渗透性好、膨胀系数大的特点，注入蒸汽可以进入非凝结性氮气通道，扩大减震器加热半径，增加蒸汽驱扫范围，提高采收率。另一方面，二氧化碳、甲烷溶解于原油后，黏度降低，流动性提高，界面张力降低，油相相对渗透率增加，有利于残余油饱和度的降低，从而提高采收率。最后，非凝析气重力分异作用下，向汽腔顶部聚集，下压汽腔蒸汽与周围原油接触，挖掘井间三角区剩余油，提高采收率。

本次研究主要以氮气辅助实施为例，主要对氮气辅助措施操作参数及施工流程进行优化升级，提高措施井组开发效果。

4.2 操作参数优化

(1) 选井原则

前期注氮选井，仅考虑蒸汽腔发育到顶并开始横向扩展，对应采出程度大于20%。鉴于浅层SAGD存在安全开发难题，选井时结合动态监测数据，避开测温异常的风险区域，距离异常风险区200m以上。

(2) 注入气体

目前优选非凝析气时，主要结合气体来源、经济性、安全性、副作用及技术成熟度等因素进行优选排序，氮气有气源充足、技术成熟、安全性高等优势，但相对价格高，二氧化碳和甲烷有降黏及提高采收率的优势，但二氧化碳的副作用、甲烷的安全性及两种气体的气源问题有待解决，烟道气介于氮气和二氧化碳之间，有低碳开发、降低温室效应的优势，综合来看，氮气>烟道气>二氧化碳>甲烷。

(3) 注入量、注氮速度

氮气的注入量低，将无法形成有效的隔热层；随着氮气注入量的增加，氮气隔热层加厚，隔热持续时间增长，节汽和提高油汽比效果显著增加；低温氮气注入过多会导致蒸汽分压降低，整个蒸汽腔的温度将降低，措施效果变差。因此，需控制合理的氮气注入量。

考虑到汽腔温度降低幅度及浅层 SAGD 安全开发，形成以降低注氮总量、降低注氮速度、缩短注氮周期为目的"多轮、少量、低速"注氮政策，既保证了安全开发，又提高了措施效果。结合气体状态方程，优化注氮量为 1.0~2.5 万标方，平均 1.7 万标方。同时降低注氮速度至 600 标方，防止注氮压力上升过快，保证安全施工。

(4) 注氮周期

以数值模拟为基础，结合动态监测数据及井组生产效果分析，对注氮周期进行优化：

首先对补氮周期 2 个月、4 个月、6 个月、8 个月进行了模拟对比(图 1)，从数值模拟结果表明：补氮周期越长，累产油越低，累积油汽比先升后降，在 4 个月时累积油汽比达到最高。

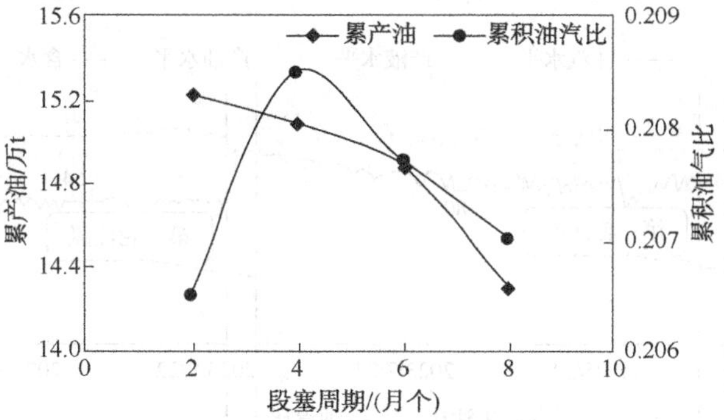

图 1　氮气辅助 SAGD 不同补氮周期生产效果对比图

从氮气在蒸汽腔中的分布看，当补氮周期为 2 个月时，氮气在地下存量较大，对蒸汽腔发育形成一定影响，降低了效率；当补氮周期为 6 个月时，由于生产过程中氮气的采出，氮气已不足以覆盖蒸汽腔顶部，造成向上覆盖层热损失增加(图 2)。因此，注氮气生产效果理论最佳周期为 4 个月，氮气可均匀分布于汽腔顶部，充分发挥隔热、保压作用，有助于蒸汽腔维持产量和油汽比。

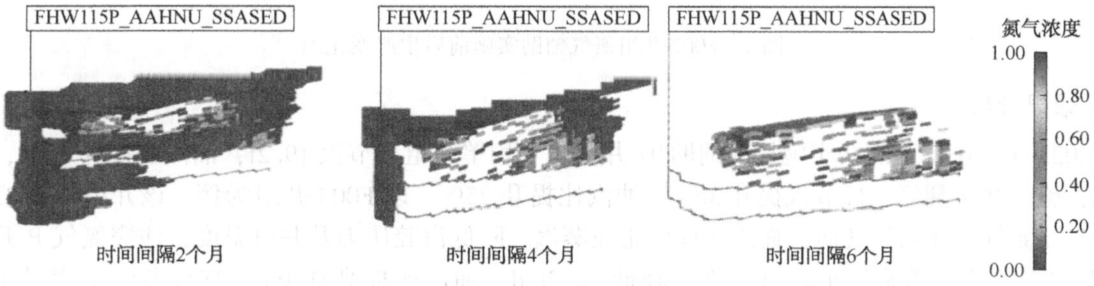

图 2　氮气辅助 SAGD 不同段塞周期时氮气分布图

4.3　实施流程优化

(1) 施工前停汽泄压，降低施工风险

氮气辅助措施施工前，增加停汽泄压阶段，注汽井停注蒸汽，采油井正常生产，井组汽腔压力快速降低，泄压 1-3 周后开始注氮气，注氮压力与未停汽对比，降低 0.6MPa 以上，施工风险大大降低，保证了措施安全施工。

(2) 施工时生产井配合停关，防止氮气被采出

注氮气时生产井配合停关，井组周围无泄压点，注入氮气完全进入汽腔，然后逐渐向汽腔顶部移动；注完氮气后立即恢复注蒸汽，顶替井筒氮气进入汽腔，同时生产井继续配合关井积蓄液面；注蒸汽 1 天后生产井开井恢复正常参数采液，防止氮气突破汽液界面被采出。

（3）施工后加强动态监测及措施效果跟踪，及时补氮

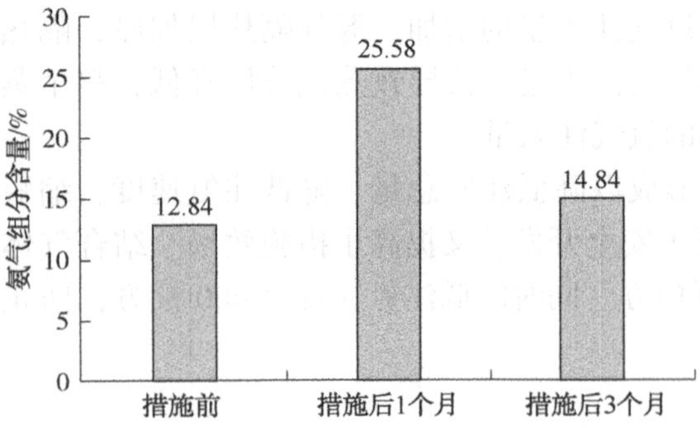

图3　F001井组氮气组分监测变化图

井组注氮气后，加强观察井井温监测及套管气体组分含量，同时加强油井含水及油汽比等指标跟踪。随着开发进行，氮气逐渐损耗，措施效果逐渐变差，当汽腔顶部温度、气体组分含量及生产效果恢复至措施前时，及时开展补氮工作，恢复油井高效开发。

以F001井组为例，该井组措施前氮气组分含量为12.84%，实施后1个月氮气组分含量上升至25.58%，3个月后，氮气组分含量为14.84%，接近措施前数据，需进行二次补氮(图3)。

以F002井组为例，该井组于2023年4月22日注氮气，注氮后注汽量由106t/d降至80t/d，油汽比呈先上升后下降趋势，随着井组生产，氮气逐渐被采出，氮气注入4个月后措施效果下降，进行二次补氮后，油汽比再次上升(图4)。

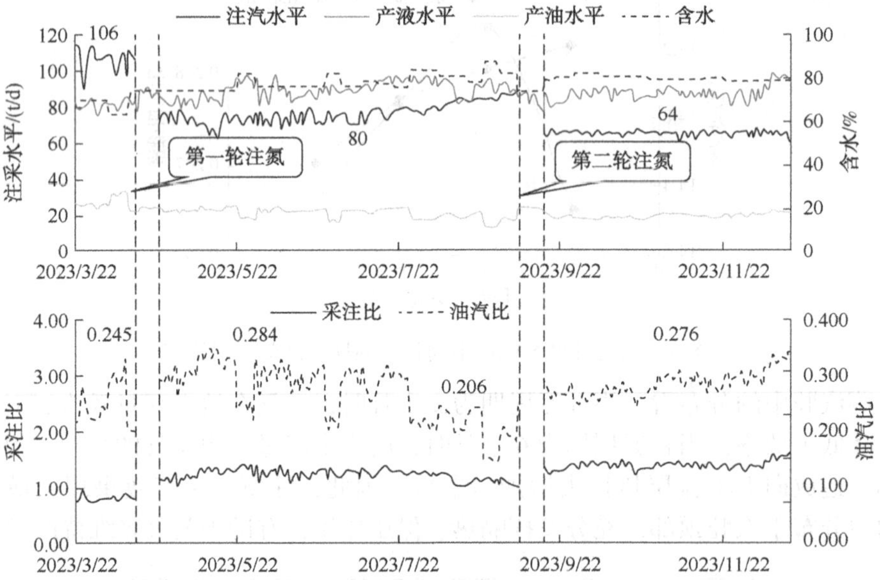

图4　F002井组氮气辅助实施前后生产变化图

4.4　效果分析

2023年SAGD全区共实施氮气辅助97井次，平均单井组日节汽19.2t，油汽比提升0.05，对比同期，施工井次翻倍，日节汽提升36%，油汽比提升25%。以F003井组为例，该井组于2023年5月5日注氮气，注入氮气前，提前一周停止注蒸汽，降低汽腔压力及井口温度，注完氮气P井焖井1天后开井生产，措施后平均日注汽量降低22.2t/d，油汽比提高0.160；累计节约蒸汽量1350t，措施效果良好(图5)。

5　结论

（1）非凝析气辅助SAGD的隔热、保压作用可以降低热损失、保护盖层，提高蒸汽热利用率，同时减少蒸汽用量，提高油汽比。

（2）非凝析气辅助SAGD的溶解降黏及扩大波及体积作用可以改善原油流动性，降低残余油饱和度，提高采收率。

（3）非凝析气辅助SAGD操作参数及施工流程优化，降低了施工风险，同时提高了措施效果。

（4）烟道气及二氧化碳辅助SAGD技术可助力SAGD实现绿色低碳开发及提高采收率。

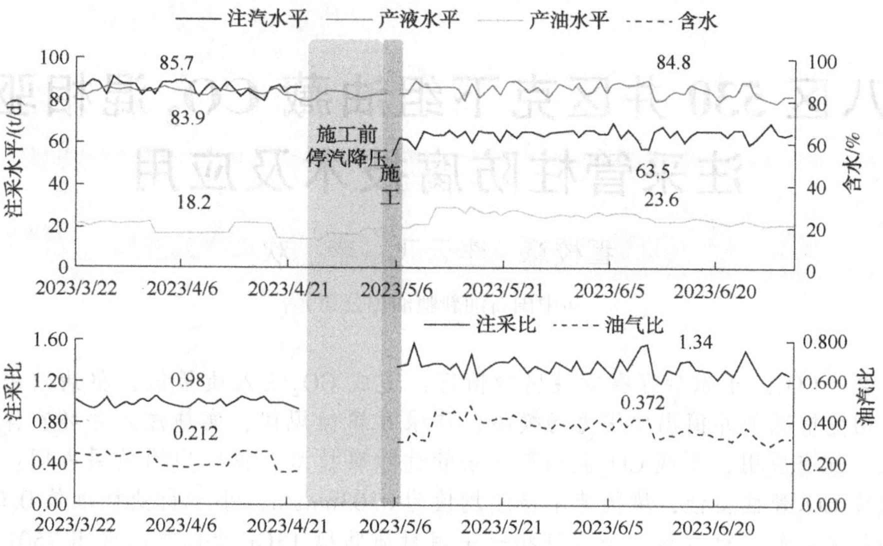

图 5　F003 井组氮气辅助实施前后生产曲线图

参 考 文 献

[1] 陈隽．油砂沥青非凝析气体辅助 SAGD 开发数值模拟研究[D]．中国石油大学(北京)，2018.
[2] 朱斌．杜 84 块蒸汽与非凝析气推进(SAGP)技术研究[D]．中国石油大学，2008.
[3] 王诗．氮气辅助 SAGD 在曙一区超稠油油藏的应用[J]．中国石油和化工标准与质量，2017，37(13)：102-103.
[4] 高永荣，刘尚奇，沈德煌，等．氮气辅助 SAGD 开采技术优化研究[J]．石油学报，2009，30(05)：717-721.
[5] 王晶明．烟道气辅助兴ⅥSAGD 开发技术研究[J]．化工管理，2020，(05)：121.
[6] 李金权．烟道气回注油藏可行性研究[D]．东北石油大学，2012.
[7] 解鑫，魏立新，王伟伟，等．注氮气改善 SAGD 开发效果(SAGP)作用机理解析[J]．化学工程师，2015，29(04)：81-85.
[8] 张艳玉，王欣，孙晓飞，等．加拿大油砂非凝析气体辅助 SAGD 开采特征及影响因素研究[J]．河南理工大学学报(自然科学版)，2023，42(03)：10-17.
[9] 李玉君．杜 84 块氮气辅助 SAGD 开采技术现场试验分析[J]．石油地质与工程，2013，27(02)：63-64.
[10] 张明波．杜 84 块馆陶超稠油油藏 SAGP 开发研究[D]．东北石油大学，2014.
[11] 王超．超稠油油藏电加热与 CO2 辅助 SAGD 实验和机理研究[D]．中国地质大学(北京)，2022.
[12] 孙晓娜．烟道气　溶剂辅助 SAGD 开采机理研究[D]．中国石油大学(华东)，2011.

八区530井区克下组油藏CO_2混相驱注采管柱防腐技术及应用

翟校意　李云飞　李　欢

（中国石油新疆油田公司）

摘　要　CO_2溶于水后存在管柱腐蚀情况，造成CO_2注入质量低，驱油效果差。通过研究CO_2相变情况下井筒温度压力场模型，注采井腐蚀规律，实施注入井环空保护液、采出井缓蚀剂配套应用，形成CO_2混相驱注采管柱防腐技术。推广应用效果表明：该技术能够有效减缓CO_2管柱腐蚀，腐蚀速率检测均值为0.03mm/a，小于行业标准值0.076mm/a，腐蚀防护效果较好。试验区井下管柱相比采用材质防腐13Gr管柱节约费用7501万元，经济效益较好。

关键词　CO_2混相驱；CO_2管柱腐蚀；缓蚀剂

新疆油田采油二厂于2019年在八区530克下组油藏开展首个15注43采CO_2混相驱提高采收率先导试验。CO_2的腐蚀主要变现为电化学腐蚀，同金属铁反应，腐蚀产物主要为碳酸铁和氢气。根据金属表面产生的腐蚀破坏形态，按介质温度范围将腐蚀分为3类。温度较低时（小于60℃），主要发生金属的活性溶解，为全面腐蚀；在中温区（60℃-100℃），因腐蚀产物在金属表面不均匀分布，主要发生局部腐蚀；高温时（大于100℃），腐蚀产物较好地沉积在金属表面，对金属的腐蚀具有一定的拟制作用。CO_2的腐蚀作用易导致套管、油管、泵体等形成腐蚀泄漏，易造成抽杆强度下降，严重时形成管、杆腐蚀断脱。为了保证CO_2混相驱试验效果，需要分析CO_2在井筒中相态分布，研究不同相态的CO_2对注采管柱的腐蚀机理，同时需筛选出注采井管柱防腐蚀药剂，根据不同腐蚀工况，确定合理药剂投加制度，从而有效减少管柱腐蚀速率，延长管柱使用时间，保证CO_2注入质量。

1　井筒沿程相态预测分析模拟技术

CO_2随着温度、压力的变化而发生相态变化的过程，叫做CO_2相变图。由图1可以看出，CO_2流体的相态变化主要取决于温度和压力这两个参数，其临界温度为31.04摄氏度，临界压力为7.38MPa，当温度和压力超过该临界点，CO_2就进入了超临界状态。

通过输入注入参数、管柱参数、其他参数，根据液态CO_2在竖直井筒中的热量传递原理和流体流动理论，建立了液态CO_2井筒温度和压力数值模型，演算结果与实测结果偏差小于±2%（图2）。

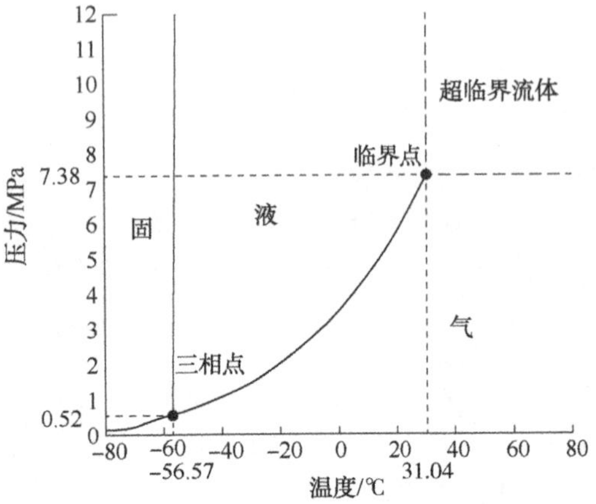

图1　CO_2相态变化

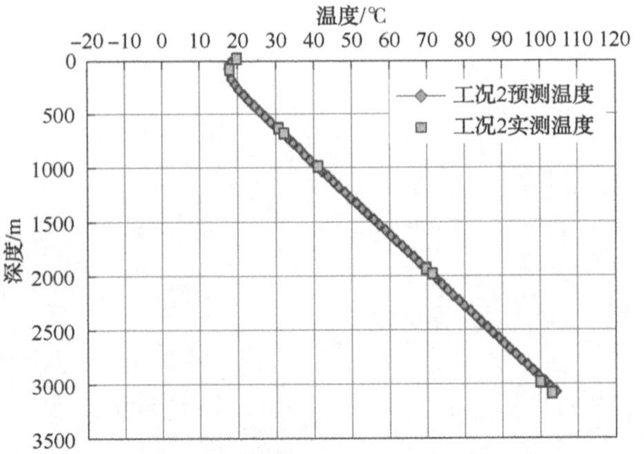

图2　井筒沿程温度计算与实测对比图

2 八区 530 井区 CO_2 混相驱注采井腐蚀规律及机理

研究注采管柱在井下受 CO2 腐蚀规律及机理，有利于筛选管柱防腐蚀药剂的筛选，根据不同的腐蚀环境选择合适的防腐蚀药剂及投加浓度。

2.1 井下腐蚀监测挂环

井下管柱腐蚀监测，按内外环设计，同时可放置 4 种不同材料，与油管无缝连接(图 3)，实现井下工况腐蚀率监测。

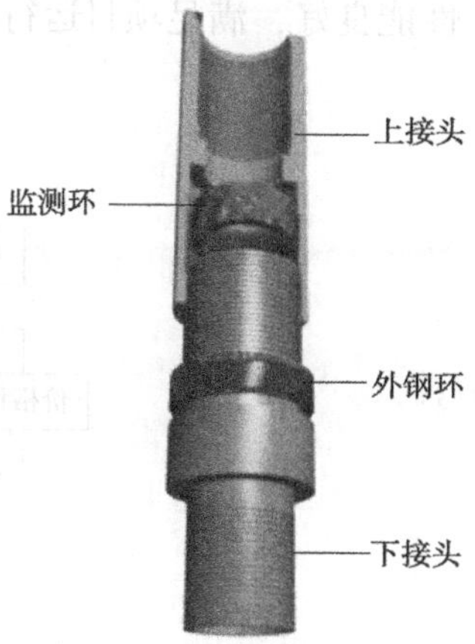

图 3 井下腐蚀监测挂环

2.2 不同相态 CO_2 对管柱腐蚀情况

研究不同相态 CO_2 对 N80、P110 钢材质腐蚀情况发现，CO_2 分压 5~20MPa，温度 30~150℃ 下，N80、P110 钢超临界态腐蚀速率(0.64~1.2mm/a)高于非超临界环境(0.25~0.63mm/a)，均严重腐蚀(图 4)。

超临界态 CO_2 腐蚀速率高于非超临界原因：水蒸汽在超临界 CO_2 凝聚量远大于在气态 CO_2 聚集(图 5)。

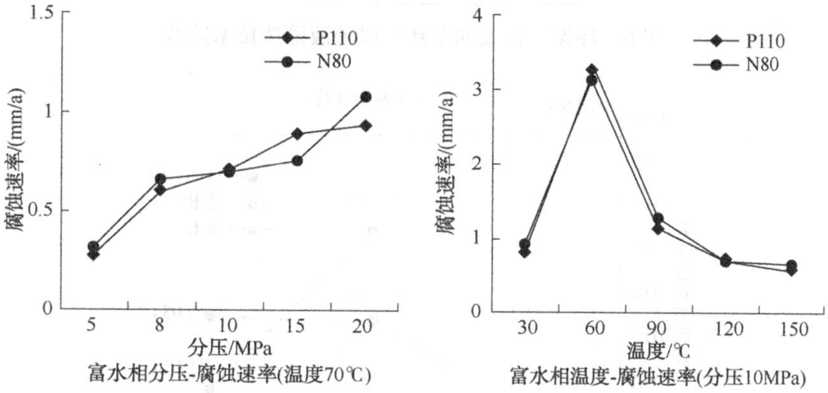

图 4 不同相态 CO_2 对 N80、P110 钢材质腐蚀情况图

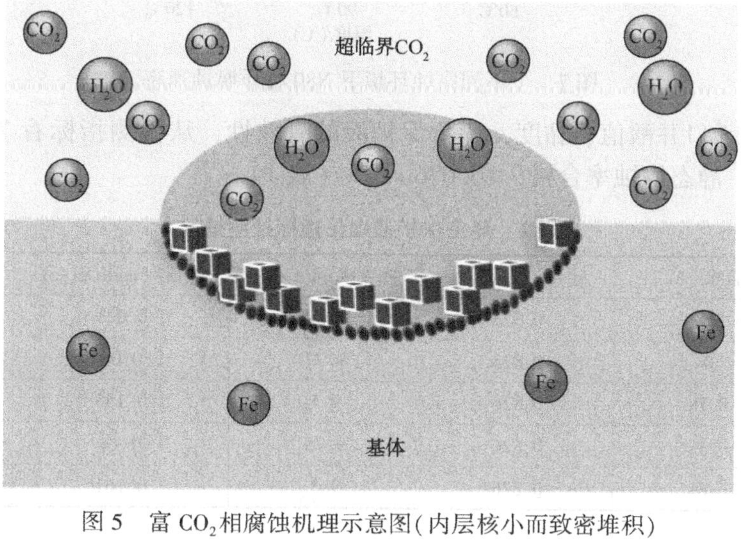

图 5 富 CO_2 相腐蚀机理示意图(内层核小而致密堆积)

3 环保、长效油基环空保护液

通过基础油价格、环保评选，缓蚀剂油溶性、电化学评价(图 6)，筛选了闪点高、凝点低、环保的基础油以及兼容性好高效缓释剂，配方白油+缓蚀剂，开口闪点>155℃，倾点<-35℃，稠环芳烃为 0.3%，符合安全、环保要求，N80 钢油相腐蚀速率<0.0109mm/a，缓蚀率≥90%(图 7)，缓蚀

性能良好，满足项目运行15年要求。

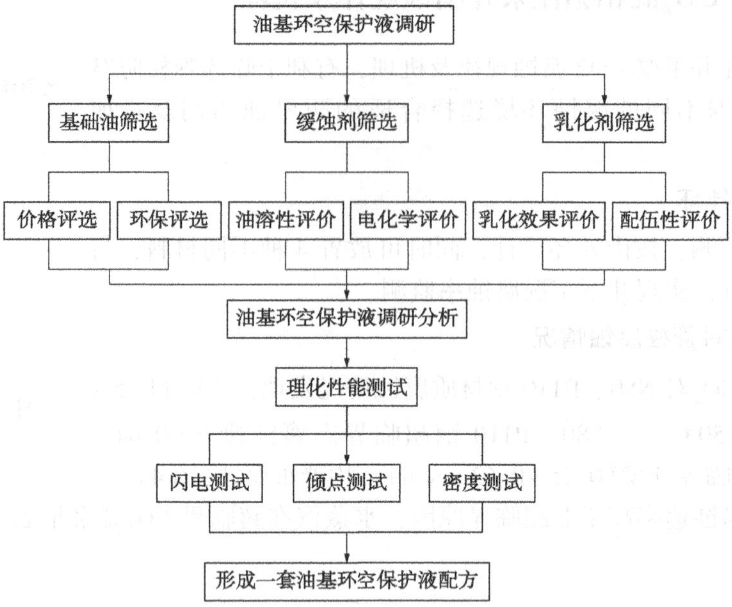

图6　环保、长效油基环空保护液筛选技术路线

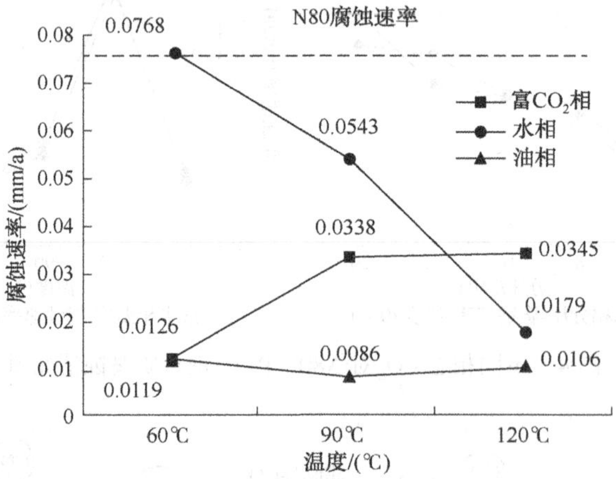

图7　下不同腐蚀环境下N80材质腐蚀速率

现场定期监测15口井酸值、黏度，评价保护液的有效性，从检测指标看764天后与入井前变化不大，性能稳定，静态腐蚀率合格(≤0.076mm/a)(表1)。

表1　环空保护液理化指标检测情况

样品	含水/%	密度/(g/cm^3)	黏度/(mPa·s)	酸值/(mgKOH/g)	静态腐蚀率/(mm/a)
入井	0	0.825	10.56	0.021	0.0012
返出15天	0	0.825	9.77	0.06	0.0069
返出322天	0.78	0.826	9.5	0.153	0.0016
返出499天	0.32	0.826	9.75	0.11	0.0066
返出764天	0.81	0.826	9.5	0.161	0.0024

4　CO_2环境专用高效缓蚀剂筛选及科学有效投加

缓蚀剂以常规集输缓蚀剂为主，CO_2酸性环境下缓蚀效率低、药剂投加浓度高。需优选评价出CO_2驱油井新型缓蚀剂，创新分类投加方法，形成CO_2采油井腐蚀防护技术。

4.1 CO_2环境专用高效缓蚀剂筛选

在 CO_2环境下，用腐蚀挂片浸泡在 5 种缓蚀剂(2 种常规、3 种专用)中检测不同缓蚀剂浓度下浸泡前后的质量差异获得不同缓蚀剂不同浓度下挂片的腐蚀速率。评价显示低浓度条件下(≤50ppm)缓蚀效果 3#>2#>1#>5#>4#(图 8)。3#专用药剂 CO_2分压 5MPa，30ppm 最大腐蚀速率 0.0594mm/a，缓蚀率>73%，优于其他产品(表 2)。

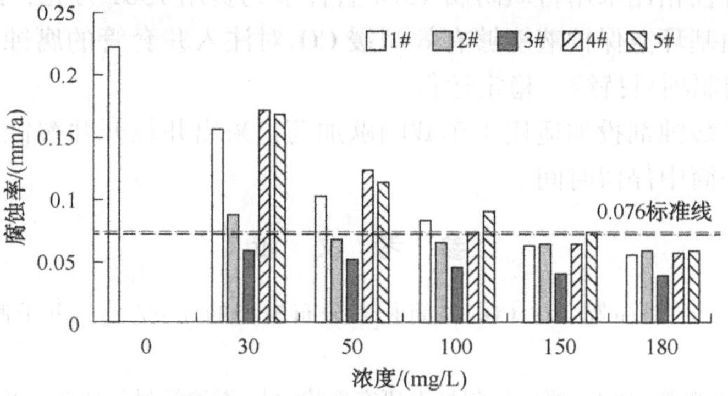

图 8　5 种药剂腐蚀速率曲线

表 2　不同种类缓蚀剂挂片实验数据

缓蚀剂种类	浸泡前质量/g	浸泡后质量/g	腐蚀速率/(mm/a)	缓蚀效率/%
1#	7.8523	7.8418	0.15862	48.24
2#	7.9493	7.9426	0.088453	60.59
3#	8.3043	8.2998	0.059409	73.53

4.2 缓蚀剂科学有效投加

采取连续投加缓蚀剂或间歇投加缓蚀剂方式。具体投加方式依据生产制度(正常生产井、停关井、气窜关井)、加药设备配套情况选用不同投加方式。缓蚀剂投加浓度结合采出井 CO_2 分压、含水、选择药剂缓蚀效率、缓蚀速率等确定。缓蚀剂投加方式及浓度推荐如下：

4.2.1 连开井、调开井缓蚀剂投加

应用加药装置连续投加缓蚀剂，第 1 天按正常浓度的 10 倍浓度进行预膜，随后按正常浓度投加；按含水和 CO_2分压、药剂缓蚀效率、缓蚀速率，划分 A、B、C 三类腐蚀环境，投加浓度按不同腐蚀环境给定不同安全系数，制定梯级缓蚀剂投加浓度表，详见表 3。设备未配套不具备连续投加条件的，采取周期性挤注投加措施。单井井加药量依据产液量及投加浓度、腐蚀监测结果动态调整，确保药剂投加量合理、腐蚀防护效果符合要求。连续加药时每天点滴加药量=产液量×投加浓度。

表 3　腐蚀环境分类及缓蚀剂投加浓度表

腐蚀环境分类	量化标准	投加浓度(mg/L)
A	CO2 分压≥0.21MPa，且含水≥50%，两条件同时满足	腐蚀速率<0.076mm/a 且 70%缓蚀效率对应浓度 * 1.8
B	CO2 分压<0.21MPa，含水<50%两条件仅满足 1 条。	腐蚀速率<0.076mm/a70%且缓蚀效率对应浓度 * 1.5
C	CO2 分压<0.21MPa，含水<50%两条件同时满足。	腐蚀速率<0.076mm/a70%且缓蚀效率对应浓度

4.2.2 捣开井、长停井缓蚀剂投加

应用车载移动加药撬实施一次性注缓蚀剂保护。缓蚀剂投加浓度依据表 3 确定；投加周期按捣开井每月 1 次，长停井每 3 月 1 次确定，后续依据腐蚀率监测情况动态增加或减小投加频次；加药量按考虑沉没度的井筒液体体积及相应的腐蚀环境分类对应投加浓度计算。

5 结论及认识

（1）由于水蒸汽在超临界 CO_2凝聚量远大于在气态 CO_2凝聚量，超临界 CO_2腐蚀速率高于非超临界 CO_2。

（2）基于目前油田开发现状，采出井科学有效投加缓蚀剂较更换防腐 13Gr 管柱具有更大的经济效益，试验区井下管柱相比采用材质防腐 13Gr 管柱节约费用 7501 万元，经济效益较好。

（3）环保、长效油基环空保护液能够有效减缓 CO_2对注入井套管的腐蚀情况，减少了注入井修套作业，保障 CO_2混相驱项目持续、稳定运行。

（4）采出井长停井缓蚀剂投加适用于车载间歇加药，采出井长开井缓蚀剂投加适用于小泵连续加药，延长缓蚀剂在井筒中停留时间。

参 考 文 献

[1] 赵华鹤，徐宁，管坐辇，刘福贺．注 CO_2 井筒相态分布模型的建立[J]．电子测量技术，2015，38(09)：25-30.

[2] 赵雪会，何治武，刘进文等．CCUS 腐蚀控制技术研究现状[J]．石油管材与仪器，2017，3(03)：1-6.

[3] 张德平，马锋，吴雨乐等．用于 CO_2 注气驱的油井缓蚀剂加注工艺优化研究[J]．西南石油大学学报(自然科学版)，2020，42(02)：103-109.

[4] 孙宜成，陆凯，曾德智，易勇刚，刘从平，石善志．抗 CO2 腐蚀环保型油基环空保护液研究[J]．钻采工艺，2018，41(06)：90-93+10-11.

钻井能效评价方法优选与应用

张　健　李　辉　周小靖　伍　鹏　于佩航

（中国石油川庆钻探工程有限公司）

摘　要　本文通过对常用多指标综合评价方法进行对比分析，优选出了适用于钻井作业生产特点的能效评价方法，并通过实例计算验证了该方法的可操作性，为钻井企业科学开展能效对标工作奠定了良好的理论基础。同时介绍了如何利用现代化信息手段科学高效地开展钻井能效评价与对标工作，并给出了钻井能源管控信息平台的功能设计思路。

关键词　钻井作业；能效评价；对标管理

对标管理的理念是对比标杆找差距，企业通过对标能够更清楚的认识自己，从问题和差距入手改善和提高企业的整体水平。标杆管理可以为企业打造合适自己发展的模式。企业要想获得成功，最简单、快速、有效的方法就是向同行业中最顶尖的企业学习。钻井作业过程能源消耗量大，导致二氧化碳直接排放量大。能效对标方法的引入有利于钻井企业发现自身的问题，找出差距，通过认识和分析这些差距，能够有效地提高企业的能效水平，降低企业碳排放总量。但是，能效对标的核心和难点在于选定标杆，因此，如何找到一种适用于钻井作业生产特点的能效评价方法就显得尤为重要。

1　常用评价方法对比

目前，随着各类相关学科的相互交叉引用，多指标综合评价的方法越来越多，这些评价方法无论从理论依据，适用对象还是解决问题的思路都不尽相同，各有特点，在进行综合评价之前，有必要对各种评价方法进行了解，分析各自的优越性及局限性，从而选择适合该项目的最优方法进行评价。下面将简要介绍目前常用的几种综合评价法：层次分析法、模糊综合评价法、数据包络法、应用统计法、结构方程模型及灰色关联分析法等。

（1）层次分析法（AHP）

层次分析法的基本思想就是将组成复杂问题的多个元素作为一个整体权重进行判断，转变成对这些元素进行“两两比较”判断，然后再转化成对这些元素的整体权重进行排序判断，最后确立各元素的权重。优点：将定性问题定量化，统一处理定性、定量因素，具有较强的实用性。不足：一是，指标过多时容易出现标度麻烦和判断混乱等问题，且工作量较大；二是，对判断矩阵的一致性讨论得较多，而对判断矩阵的合理性考虑得不够；三是，没有充分利用已有定量信息，对于既有定性指标也有定量指标的问题讨论得不够。

（2）模糊综合评价法（FCE）

模糊综合评价法是一种基于模糊数学的综合评标方法。该综合评价法根据模糊数学的隶属度理论把定性评价转化为定量评价，即用模糊数学对受到多种因素制约的事物或对象做出一个总体的评价。模糊综合评价法的优点包括：第一，模糊评价通过精确的数字手段处理模糊的评价对象，能对蕴藏信息呈现模糊性的资料作出比较科学、合理、贴近实际的量化评价；第二，评价结果是一个矢量，而不是一个点值，包含的信息比较丰富，既可以比较准确的刻画被评价对象，又可以进一步加工，得到参考信息。不足之处在于：计算复杂，当指标集个数较大时，在权向量和为1的条件约束下，容易产生结果出现超模糊现象，分辨率差，无法区分谁的隶属度更高，甚至造成评判失败等现象。

（3）数据包络法（DEA）

数据包络法是运用数学工具评价经济系统生产前沿面有效性的非参数方法，它适应用于多投入多产出的多目标决策单元的绩效评价。这种方法以相对效率为基础，根据多指标投入与多指标产出对相同类型的决策单元进行相对有效性评价。该方法可以有效减少分析者主观意志的影响，它对相同类型的部门间相对有效性研究效果较明显，也是处理一类多目标决策问题的好方法。但数据包络法在模型建设过程中仍存在一些不足：一是，指标的选择不当可能会导致无解以及精度不高的缺陷；二是，在权重的精细选择上可能存在较大的评价误差。

(4) 应用统计法

应用统计方法是一种不依赖于专家判断的客观方法，优点是可以排除评价中的人为因素的干扰和影响，而且比较适宜于评价指标间彼此相关程度较大，且数据量较充分的对象系统的综合评价。该方法在评价过程中的还存在不足之处，这种方法对数据量的要求较高，且要求数据具有随机性，而且必须真实可靠，这是进行定量分析的基础。

(5) 结构方程模型(SEM)

结构方程模型是一种实用性较强的线性统计建模技术，适用于复杂多变数据的处理和分析。结构方程模型是建立在传统统计方法的基础上，对探索性因子分析、验证性因子分析、路径分析、等一般多元统计分析方法的改进和提高。

(6) 灰色关联分析法(GRA)

灰色关联分析法是将评价指标原始数据进行归一化处理，计算关联系数、关联度，以及根据关联度的大小对指标进行排序的一种方法。关联分析方法一种非统计方法，对数据量没有太高的要求，在系统数据资料较少和条件不满足的情况下，同样具有较强的实用性。

几种评价方法的优缺点对比情况如表1所示。

表1 常用综合评价方法对比表

序号	方法名称	优点	缺点
1	层次分析法	可将定性问题定量化，对多层指标分析有优势	指标过多时容易出现判断混乱，且工作量较大
2	模糊综合评价法	对模糊性资料具有较强的量化功能，评价结果容易加工	计算复杂，指标权向量为1时易出现超模糊现象，分辨力差
3	数据包络法	受主观意志影响较小，常用于多投入多产出的决策单元	只能作出决策单元的有效与否，无法进行精确排序
4	应用统计法	可完全排除人为影响	数据量要求高，且需数据具有随机性
5	结构方程模型	适用于复杂多变数据的处理和分析	可能产生无法解释的结果，且需要满足变量正态分布的假设条件
6	灰色关联分析法	无主观意志影响，数据量要求不高	对多层次的复杂指标体系，关联度模型可能存在不足

钻井作业的能效是对整个钻井过程用能状况的综合反映，它受多种因素的影响，且各因素之间的联系难以精确定量和不完全确知，仅仅依靠定性方法和一般的数学方法很难做出合理，准确的判断，且钻井作业可用于对比分析的指标和数据较少，因此，灰色关联分析法在评价钻井企业能效方面具有一定的适应性和科学性。

2 能效评价步骤及案例

运用灰色关联分析法对钻井作业能效水平进行评价主要分为确定评价指标、指标归一化处理、计算关联系数、计算关联度、关联度排序等五个步骤。下面以某钻井公司为例详细说明钻井作业的能效评价方法。

2.1 确定评价指标

从某钻井公司所属40支钻井队中筛选可进行能效评价的队伍，并确定能效评价指标，其筛选的条件主要包括以下几个方面：

（1）具有以往柴油机和泥浆泵能效监测数据；

（2）能源消费品种基本相同；

（3）被监测设备类型相同，例如：被监测设备均为柴油机，或者被监测设备均为柴油发电机组；

（4）对异常数据进行判别并剔除。

根据上述筛选条件，该公司共筛选出可进行能效评价的队伍 5 支，确定能效评价指标 4 个，筛选结果如表 2 所示。

表 2 能效评价单位筛选结果

序号	二级单位名称	序列代号	δ	δ_o	η_d	η_p
			kgce/m	kg/m	%	%
——	——	——	Xi(1)	Xi(2)	Xi(3)	Xi(4)
1	钻井一队	X1	259.18	177.88	39.60	73.70
2	钻井二队	X2	261.58	179.52	40.10	72.00
3	钻井三队	X3	208.50	143.10	39.80	74.20
4	钻井四队	X4	271.10	186.05	37.20	73.70
5	钻井五队	X5	255.98	175.68	40.50	64.30
6	最佳值	X0	208.50	143.10	40.50	74.20

注：δ 表示单位进尺综合能耗；δ_o 表示单位进尺柴油消耗；η_d 柴油机运行效率；η_p 泥浆泵运行效率。

构造理想对象，把各个评价对象中每一项指标的最佳值作为理想的指标值。最佳值从参加比较的被评价对象中选取，对不同影响因素而言，有的指标以最大为好，有的指标则以最小为好，以最佳值为基础，便可构造理想对象的指标值。

2.2 指标归一化处理

本次归一化处理采用被评价的钻井队各能效指标分别除以该序列所有数值之和，并用小数的形式表示，处理结果如表 3 所示。

表 3 能效指标归一化处理结果

序号	二级单位名称	序列代号	δ	δ_o	η_d	η_p
——	——	——	Xi(1)	Xi(2)	Xi(3)	Xi(4)
1	钻井一队	X1	0.206	0.206	0.201	0.206
2	钻井二队	X2	0.208	0.208	0.203	0.201
3	钻井三队	X3	0.166	0.166	0.202	0.207
4	钻井四队	X4	0.216	0.216	0.189	0.206
5	钻井五队	X5	0.204	0.204	0.205	0.180
6	最佳值	X0	0.166	0.166	0.205	0.207

2.3 计算灰色关联系数

把灰色关联系数计算公式应用到该钻井公司各评价对象的计算中，得到两级最小差与两级最大差分别为：

$$|x_0(k)-x_i(k)|=\begin{Bmatrix}0.040, & 0.040, & 0.004, & 0.001\\ 0.042, & 0.042, & 0.002, & 0.006\\ 0.000, & 0.000, & 0.003, & 0.000\\ 0.050, & 0.050, & 0.016, & 0.001\\ 0.038, & 0.038, & 0.000, & 0.027\end{Bmatrix}$$

则，$\min_i \min_k |x_0(k)-x_i(k)|=0$；

$\max_i \max_k |x_0(k)-x_i(k)|=0.05$

取$\rho=0.5$，将两级最小差与两级最大差代入下式：

$$\alpha_{ik}=\frac{\min_i \min_k |x_0(k)-x_i(k)| + \rho \max_i \max_k |x_0(k)-x_i(k)|}{|x_0(k)-x_i(k)| + \rho \max_i \max_k |x_0(k)-x_i(k)|}$$

得到：

$$\alpha_{ik}=\begin{Bmatrix} 0.383, & 0.383, & 0.856, & 0.959 \\ 0.372, & 0.372, & 0.938, & 0.811 \\ 0.998, & 0.998, & 0.887, & 0.987 \\ 0.334, & 0.334, & 0.604, & 0.959 \\ 0.398, & 0.398, & 0.985, & 0.487 \end{Bmatrix}$$

则各评价对象的关联系数值整理如表4所示。

表4　关联系数表

序号	评价对象	δ	δ_o	η_d	η_p
1	钻井一队	0.383	0.383	0.856	0.959
2	钻井二队	0.372	0.372	0.938	0.811
3	钻井三队	0.998	0.998	0.887	0.987
4	钻井四队	0.334	0.334	0.604	0.959
5	钻井五队	0.398	0.398	0.985	0.478

2.4　计算灰色关联度

将上述关联系数值代入下式：

$$R_i=\frac{1}{n}\sum_{k=1}^{n}\alpha_{ik}$$

得到各评价对象的关联度值如表5所示。

表5　关联度表

序号	评价对象	代号	关联度值
1	钻井一队	R1	0.645
2	钻井二队	R2	0.623
3	钻井三队	R3	0.968
4	钻井四队	R4	0.558
5	钻井五队	R5	0.565

2.5　关联度排序

按照表5中关联度值的大小，得到该钻井公司各评价对象的灰色关联度次序为：R3>R1>R2>R5>R4。由此可见，由于钻井三队的关联度与理想对象的关联度最接近，亦即钻井三队的能效水平高于其他几个参评钻井队，可以考虑从影响钻井三队能效水平的因素着手分析，有效提高该钻井公司内部的能源利用水平。

3　能源管控信息平台

随着信息化时代的到来，利用计算机强大的运算能力，快速分析能效指标，精准筛选标杆对象，可有效提高能效评价工作的科学性与时效性。根据钻井生产能效评价与对标管理需求，钻井能源管控信息平台在功能上至少应包括设备管理、实时监控、经济运行分析、能效水平分析、钻井能效指标查询、能耗统计分析、标准表管理等7个功能模块。

(1) 设备管理

对管控对象的基本信息进行管理，管控对象包括新加入管控行列的钻井队或已加入管控行列的钻井队的开钻新井。该功能模块对管控对象的基本信息进行管理，主要包括：井号、井型、区块名称、设计井深、钻井队号、钻机类型、用能类型，以及配套的主要供用能设备信息。

（2）实时监控

对钻井作业中用能设备的实时能耗数据进行实时显示，并对柴油发电机组、发动机组、电动泥浆泵、变压器等重点用能设备的能效指标进行实时在线计算并显示。

（3）经济运行分析

对主要用能设备的运行指标进行分析，可手动设置任意时间区间(最小单位为分钟)，对主要用能设备(柴油发电机组、电动机、变压器、电机)的经济运行指标进行在线计算，绘制指标随时间的关系曲线。

（4）能效水平分析

对作业队的能效水平进行对标分析，通过设置对标井队的边界条件(区块名称、井型、钻机类型、井深尺寸、钻井技术等)，运行能效水平评价计算模型，选出标杆钻井队，为下一步开展对标活动奠定基础。

（5）能耗统计分析

通过设置新井位的所属区块名称、井型(直井/斜井/水平井/定向井/从式井)与用能方式(柴油/网电/混合)，系统从钻井能效指标数据库调取同区块同井型的历史数据记录进行统计分析，按照用能类型(柴油/电力/天然气/混合)分别计算各类型钻机的单位进尺综合能耗平均值，并用条形图展示统计结果。

（6）钻井能效指标查询

对钻井能效指标数据库进行查询，该数据表的数据来源于钻井作业完成后，对用能设备的实际能耗数据统计后生成。

（7）标准表管理

对数据规范表进行管理，包括“各能源折标准煤参考系数”、“钻井能耗设备分类”、“钻井作业最佳节能实践库”的管理。当国家或行业相关部门发布新的能耗标杆数据，或者通过节能实践获得更佳的节能实践经验时，可随时钻井作业最佳节能实践库进行更新。

4 结论

根据钻井生产能耗影响因素复杂、能效指标多样且各因素之间的联系难以精确定量等诸多特点，本文通过对比认为灰色关联分析法在评价钻井企业能效方面具有一定的适应性和科学性，并通过某钻井公司能效评价活动的具体演练，进一步验证了本文钻井作业能效评价方法的可操作性。同时，通过选择合理可行的钻井生产能效标杆筛选方法，结合现代化信息手段，可进一步科学高效地开展能效评价与对标管理工作。

参 考 文 献

[1] 王莲芬. 网络层次分析法(ANP)的理论与算法[J]. 系统工程理论与实践，2001，(3)：44-50.

[2] LesFrair. Student Peer evaluations using the analytic hierarchy Process method. Frontiers in Education Conefrence，2005，(2)：43-45.

[3] Ong S K，Koh TH，lice AYC. Assessing the Environment all impact of Materials Processing Techniques[J]. Mufti-Disciplinary Engineering，2010，20(2)：53-55.

[4] ZhuQ，GengY. Integrating Environmental Issues into Supplier Selection and Management[J]. GMI，2001，(35)：77-79.

[5] Smith PN. Multi-Criterion project evaluation involving uncertainty and impression [J]. Transactions of Mufti-Disciplinary Engineering，2005，19(2)：43-53.

[6] 候杰泰等 . 结构方程模型及其应用[M]. 北京教育出版社，2004：16-17.

地热能换热技术应用现状及展望

吴　军　郭雨欣　郝建华　刘　斌

（中国石油天然气股份有限公司冀东油田分公司）

摘　要　积极推进清洁可再生能源利用、大力发展清洁替代技术，是实现国家碳达峰碳中和“双碳”目标的重要措施之一。而地热能作为一种绿色低碳、可循环利用的能源形式，因具有储量大、分布广、清洁环保、稳定可靠等特点，在多领域得到应用。本文基于国内地热资源、地热能开发利用和地热能转换技术应用情况出发，对地热能换热技术应用现状及应用案例成果进行总结，概述了地热能换热技术的基本原理、发展现状及应用意义，也深入介绍了地热能换热技术的分类和特点，同时对其在地热供暖与制蒸汽领域应用的技术原理、系统构成及实际应用情况进行分析，并通过应用案例评估了技术的效果与性能，提出了改进建议。针对地热能换热技术应用过程中面临的挑战及制约影响因素，结合地热能开发利用及其技术应用过程中的市场经验，给出相应的建议和方案。展望技术的未来发展趋势与潜在应用前景，技术创新将是地热能换热技术发展的关键，地热能换热技术将为城市供暖、多能互补中发挥重要作用，大数据和智能控制技术的应用也将对地热能换热技术的发展产生重大影响。未来随着新材料和新技术的不断涌现，地热能换热技术的换热效率和稳定性也有望得到进一步提升，对于推动能源结构的优化和可持续发展具有重要意义。

关键词　地热能；换热技术；地热供暖；地热制蒸汽；发展趋势

地热能是由地壳抽取的天然热能，能量主要来源于地球内部熔岩，以热力形式存在。我国地热资源量丰富，约占全球资源量的六分之一，2021 年世界地热大会公布的数据显示，2020 年，中国地热能直接利用装机规模在全球占比达 37.7%，已成为可再生能源

家族中的重要一员。地热能换热技术是地热能转换利用的一种基础方式，通过地热能与工质（水或空气）之间的换热过程，将地热能转换为可用的热能，间接利用则可转化为机械能、电能、化学能等，是一项具有重要应用价值和发展前景的技术。

1　地热能换热技术

1.1　地热能换热技术概述

地热能主要来源于地球内部的热量，地热能换热的基本原理就是通过钻井将这些热量传递至地表，再利用换热器等设备将其转化为可利用的能源形式。地热能换热技术，是指通过一系列技术手段，实现地热能的收集与利用。这一技术的核心在于提高地热能的利用率，减少能源在传输和使用过程中的损耗，从而达到节能减排的目的。目前，国内外研究者已经开发出多种换热技术，如浅层地源热泵技术、中深层地热井下换热技术、水热型换热技术、地热储能技术等。这些技术各具特点，分别适用于不同的地热资源条件和利用场景。

在换热技术的发展过程中，高效换热技术研究的重要性与意义不言而喻。首先，高效换热技术有助于提高地热能的利用率，降低能源成本，从而为用户带来更为经济实惠的能源解决方案。其次，地热能高效利用还有助于减少化石能源的消耗，降低温室气体排放，对于缓解全球气候变化具有积极作用。

1.2　地热能换热技术分类及特点

地热能换热技术是地热能开发与利用的关键环节之一，直接关系到地热能的利用效率与效果。

地热能换热技术按照地热资源划分可分为浅层地热换热技术和中深层地热换热技术两大类。对各自的特点和优劣势进行分析比较如下：

浅层地热换热技术主要针对浅层地热资源(不超300米)，以浅层岩土体、地下水或地表水作为低位热源，通过地源热泵将无法直接利用的低品位热能转化为高品位热能。这类技术通常具有投资成本低、施工周期短、维护简便等优点，因此在许多地区得到了应用。但在地质条件和可持续开采方面存在缺陷，经常出现出砂堵塞、水资源不足等问题，系统运行稳定性较差。

与浅层地热换热技术相比，中深层地热换热技术则主要针对中深层地热资源(1500~3000m)。这类技术通常需要借助先进的钻探技术和高温高压的换热设备，以实现对深层地热资源的开采。虽然其投资成本和技术难度相对较高，但深层地热资源所蕴含的能量更为巨大，因此具有更高的开发价值。

对比其优劣势时还需综合考虑几个方面。从投资成本来看，浅层地热换热技术通常具有更低的初期投资，而深层地热换热技术则因涉及更复杂的钻探和换热设备而成本较高。其次，在施工周期方面，浅层地热技术的施工周期相对较短，可以更快地投入运营；而深层地热技术则因目的层位深、地下环境复杂、施工难度较大等而需要更长的周期。此外，在维护简便性方面，浅层地热技术通常更易于维护和管理，而深层地热技术则可能面临更高的维护成本和技术挑战。

尽管浅层地热换热技术在某些方面具有优势，但深层地热换热技术因其能够开采更为丰富的地热资源而具有更高的长期效益。因此，在实际应用中，我们需要根据具体地区的地热资源状况、经济条件和技术水平等因素进行综合考虑，选择最适合的高效换热技术。如表1所示。

表1 地热资源划分技术对比

类型	优势	劣势
浅层地热换热技术	前期投资成本低；施工周期短；维护简便	系统运行稳定性较差；占地面积广
中深层地热换热技术	资源丰富；热能高；系统运行稳定性较号；占地面积小	前期投资成本高；技术复杂；施工难度大

另外，中深层地热换热技术根据地热资源的不同可以分为井下换热技术和地面换热技术，井下换热技术适用于干热岩型地热资源，通过在钻孔中安装密闭的金属换热器(U型换热管)提取热量，通过换热器内工质的循环将地下深处的热能导出。地面换热技术适应于水热型和蒸汽型地热资源，通过钻井将高温岩层地热流体(地热水、蒸汽)引至地面，依靠地面换热设备提取地热能，地面换热设备常见的有管壳式换热器和板式换热器。前者可以做到“取热不取水”，后者将地热水取出后又100%回灌，可以做到“取热不耗水”。

2 地热能换热技术的实践与应用

2.1 地热供暖

2.1.1 地热供暖原理及系统构成

地热供暖作为高效利用地热能的一种重要方式，其工作原理主要基于地热能的热传导和热对流特性。简单来说，地热供暖系统通过深井将地下热源引入地面，经过热交换装置将热能传递给供暖系统，再通过管道将热能输送至用户端，从而实现供暖的目的。这一过程中，地热供暖系统的关键组成部分发挥着至关重要的作用。

首先，地热井是地热供暖系统的核心部分，它负责将地下热源引入地面。地热井的深度和位置选择直接影响到地热能的获取效率和供暖效果。因此，在地热井的设计和施工过程中，需要综合考虑地质条件、热源分布、井深、井径等多个因素，以确保地热能的稳定获取。

其次，热交换装置是地热供暖系统中的另一关键环节。该装置负责将地热井中抽取的热能传递给供暖系统。在这一过程中，热交换装置需要具备良好的热传导性能和耐腐蚀性，以确保热能的高效传递和系统的长期稳定运行。目前，市场上常用的热交换装置主要包括板式换热器、管壳式换热器等，它们各自具有不同的特点和适用场景。

除了地热井和热交换装置外，地热供暖系统还包括管道输送系统、控制系统等辅助部分。管道输送系统负责将热能从热交换装置输送至用户端，其设计需要充分考虑管道的材质、保温性能、耐压能力等因素，以确保热能在输送过程中的损失最小化。而控制系统则负责对整个供暖系统进行智能化管理，通过实时监测和调控各个关键参数，确保供暖系统的稳定运行和能效优化。

2.1.2 地热供暖的实践应用

在北方地区的许多城市中，地热供暖已经成为了主要的供暖方式之一。以河北某地区的地热供暖项目为例，该项目通过利用地下深处的地热资源，为周边居民区提供稳定的供暖服务。在项目实施过程中，采用了先进的地热钻探技术，确保地热井的稳定性和高效性。同时，通过合理的管网布局和换热系统设计，实现了地热能的高效传输和利用。2020 年冬季，该项目已建成覆盖超过 $350\times10^4m^2$ 热用户的集中供暖工程，并实现了采灌平衡，运行稳定，年可节省标煤 6.06×10^4t，减排二氧化碳 15.87×10^4t，相当于植树 570000 棵，是目前全国最大单体地热集中供暖项目，该项目已建成为全国城市地区地热开发示范工程。

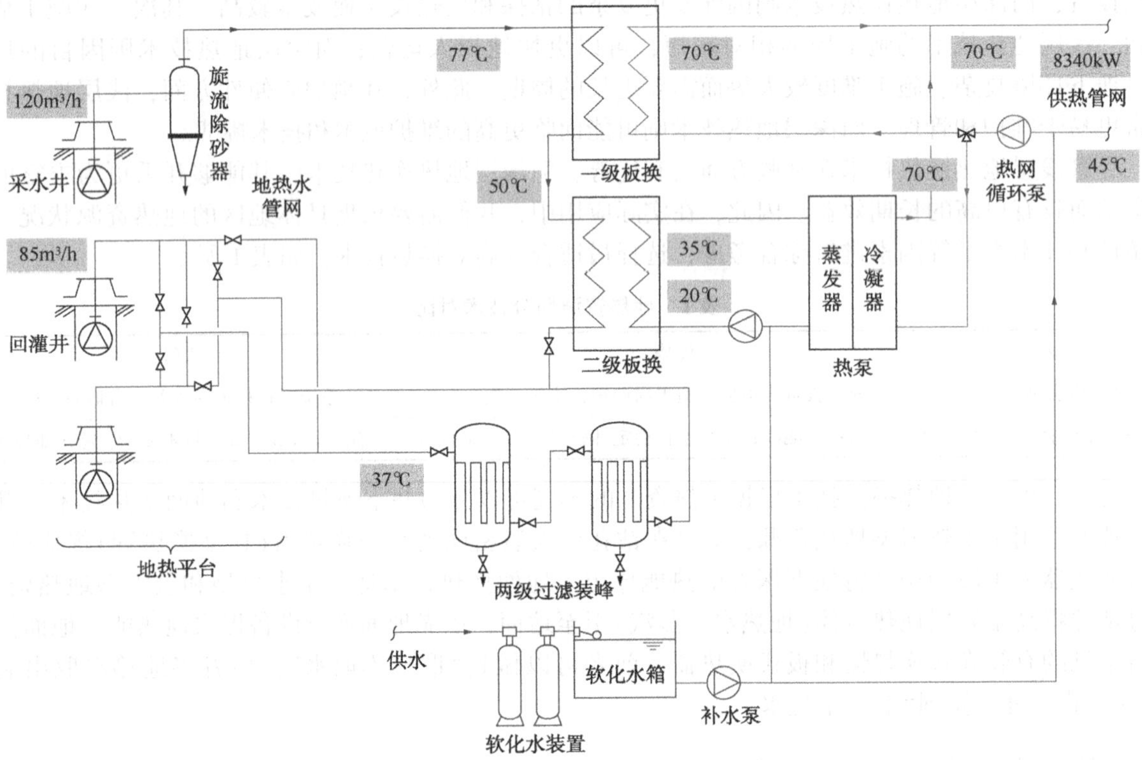

图 1 地热供暖案例技术工艺流程图

河南某地区采取中深层地热井内换热技术为小区居民进行供暖，搭建“中深层地热井下换热+跨季储能+高效热泵”综合供热能源港，部署中深层地热井 14 眼，井深 3000m 左右，井底温度 97～111℃，可覆盖建筑面积 $112.25\times10^4m^2$，每年可替代燃煤约 20000t，减少二氧化碳排放约 5.2×10^4t。但其换热水温只能达到 40℃，换热效率相对较为低下，而且受换热效率的影响换热水量也不太理想，相比应用于集中供暖，地下换热技术前期投资大、经济性不高。

通过地热能换热技术在地热供暖方面的应用，该技术在提高清洁能源替代、降低环境污染等方面具有显著的优势。然而，在实际应用过程中，我们也需要正视存在的问题和挑战，在利用效率上不断创新，以推动地热供暖技术的持续发展和广泛应用。

2.2 地热制蒸汽的实践与应用

2.2.1 地热制蒸汽原理及工艺流程

地热制蒸汽的过程首先是通过地热井或地热换热器将地下的热能传递至地面，随后通过专门的制蒸汽设备将热能转换为蒸汽。这一过程中，关键设备如地热井泵、热交换器以及蒸汽发生器等发挥着至关重要的作用。这些设备协同工作，确保地热能能够高效、稳定地转换为蒸汽，从而满足各种工业或生活用蒸汽需求。

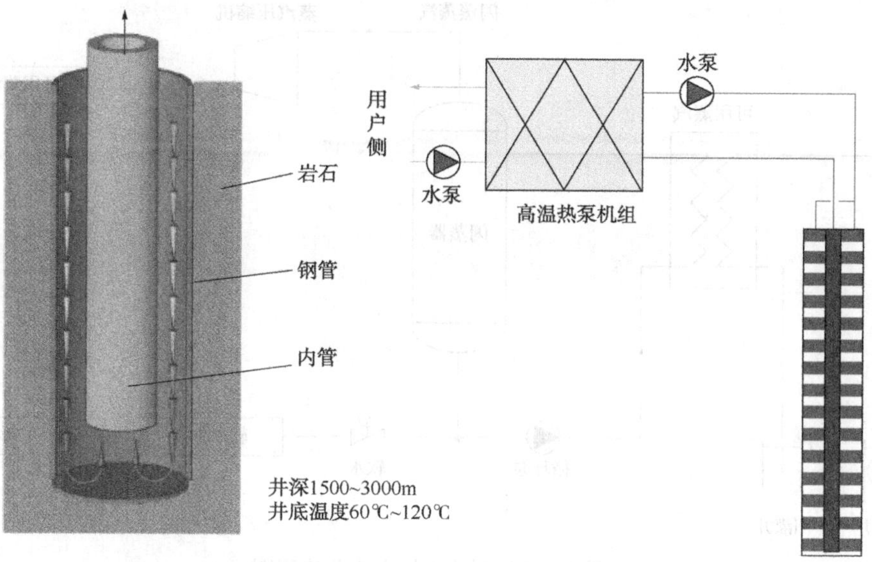

图2　中深层地热井下换热技术示意图

在工艺流程方面，地热制蒸汽技术通常包括地热能的传输、热能的转换与蒸汽的生成以及蒸汽的储存与利用等多个环节。首先，地热井将地下的热能传输至地面，这一过程中需要确保热能的稳定供应与高效传输。随后，通过热交换器将地热能与水进行热交换，使水加热进入蒸汽发生器，进而生成蒸汽。蒸汽的生成过程中，需要严格控制温度与压力，以确保蒸汽的质量与安全性。最后，生成的蒸汽被储存起来，并根据实际需求进行利用。蒸汽可以用于供暖、食品加工或工业生产等，也可以用于驱动各种工业设备，如蒸汽轮机、蒸汽锅炉等，从而为工业生产提供稳定且可靠的动力支持。

2.2.2　地热制蒸汽的实践应用

地热制蒸汽技术作为地热能高效利用的重要手段，在国内外已经得到了很好的实践应用。在国内外众多的地热制蒸汽项目中，不乏成功的案例，其中应用最广泛的是发电。它可以稳定、可持续的产生电力，不产生温室气体排放，具有可持续性、环保和经济性。这些项目不仅展示了地热制蒸汽技术的可行性和优越性，更通过实际操作中的数据收集和分析，为我们提供了宝贵的经验。

冰岛大部分地区都位于火山地带，这使得地下的地热资源非常丰富，他们使用地热能来加热水，产生高温高压的蒸汽，然后通过蒸汽涡轮机发电，称之为地热电站，冰岛地热能源占国内电力供应的大部分，几乎100%的电力来自可再生能源，这也为冰岛旅游业做出了贡献。根据IRNEAS数据显示，2022年全球地热能发电装机容量中，美国占比最大，其在全球的比重为18.15%。而中国数据截止在2018年，其在2018年地热能发电装机容量为26MW，在当时占全球比重为0.20%。

目前世界上装机容量在10MW以上有73座地热发电站，总装机容量为13931MW，到2022年估计将扩展259.9MW。中国最早最大的地热发电站羊八井地热田是中国西藏自治区当雄县附近，占地40km^2(15平方英里)，它是西藏第一座地热电站，也是中国最大的地热蒸汽发电厂。

在食品加工领域，国内某食品加工企业拟采用天然气锅炉形式提供生产所需蒸汽，全厂最大蒸汽负荷为104.79t/h，年天然气消耗预计为3907×10^{4}m^3。项目设置3台30T和1台15T燃气锅炉，最大产蒸汽量105t/h，以满足最大生产负荷情况蒸汽需求。如果该项目采用地热能替代天然气锅炉制取蒸汽，天然气价格以3.5元/m^3、蒸汽价格以240元/t计算，对比分析后初步估算年节省成本约1200万元。

除此之外，地热制蒸汽技术也可以同时用于供暖。在地热制取蒸汽的同时，将地热水经一次取热完后进行重复利用，开始下一个循环，通过换热供暖系统输送至各个用户端，实现集中供暖，地热能得到充分高效利用。

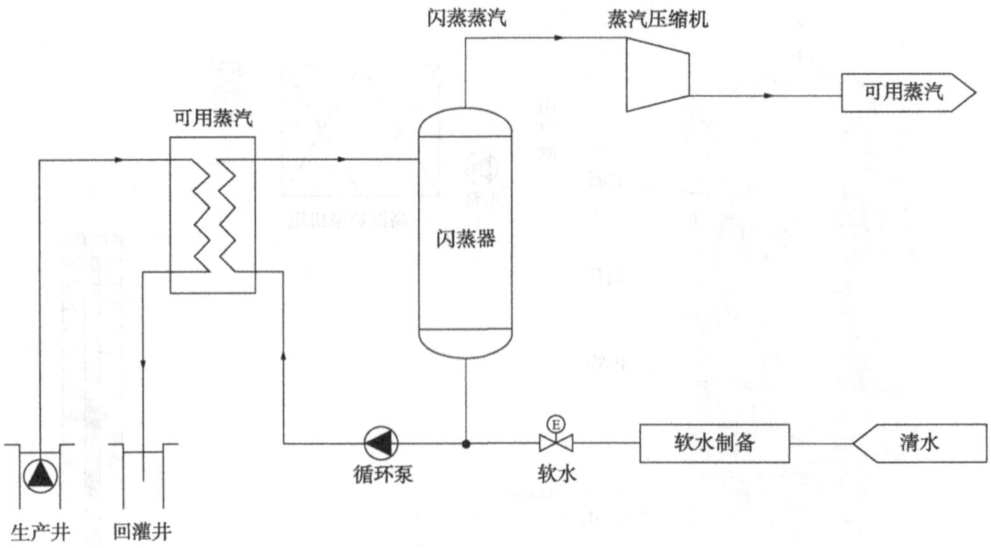

图 3　地热制蒸汽技术工艺流程图

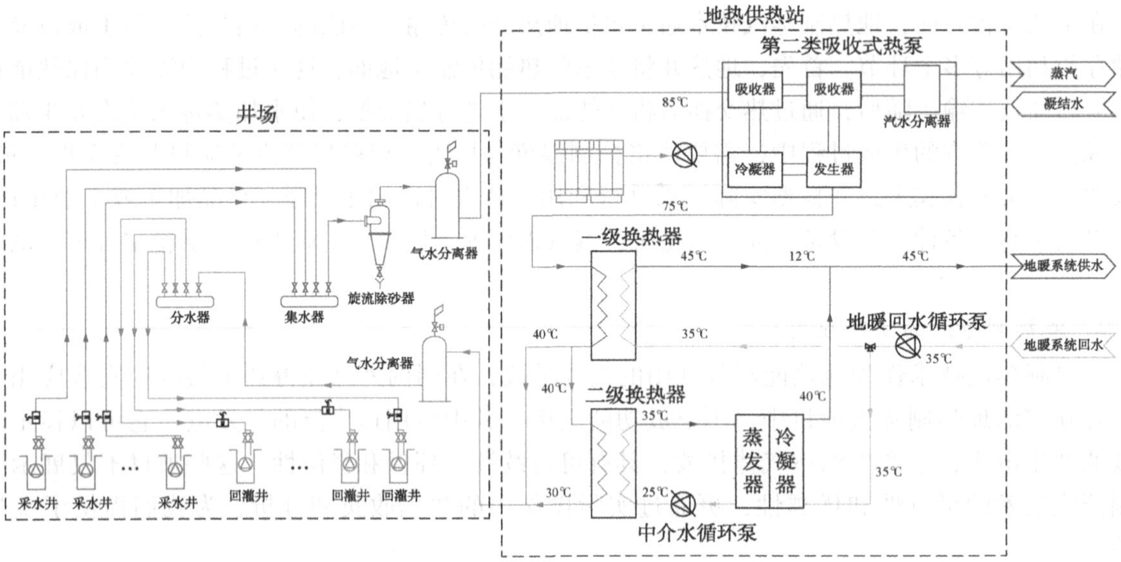

图 4　地热能双重利用工艺流程图

在地热制蒸汽技术的实际应用中，由于地质条件复杂或换热系统设计不当，存在热能利用效率不高或蒸汽品质不稳定的问题。我们需要从多个方面入手进行技术优化。一是通过改进井网布局和换热方式，提高地热能的采集效率；二是优化蒸汽生成过程中的温度、压力等参数，确保蒸汽品质的稳定输出；三是加强系统的智能化管理，实现实时监测和自动调控，降低人工干预成本。

3　地热能换热技术未来发展趋势

作为一种清洁可再生能源开发利用技术，其工作原理和系统构成具有高度的专业性和复杂性。通过深入研究和创新，地热能换热技术的发展将得到进一步提升。

技术创新将是地热能换热技术发展的关键。国家能源结构的调整任重道远、低碳清洁的可再生能源是根本方向，全球气候治理，碳达峰、碳中和已经成为国际共识，对地热能开发利用领域将更加宽广，地热能开发技术性将更加明显。全球科学家们正在努力研究更高效的地热能采集和转换方法，以提高能源利用效率。

地热能换热技术将为城市供暖发挥重要作用。2009 年经济危机过后，整体经济环境逐渐好转，城镇化发展速度加快，城市热力生产和供应业也得到了快速发展。采用地热能源供暖可以减少对传统锅炉和燃煤等传统供热方式的依赖，降低能源消耗和碳排放，改善城市空气质量，提高居民的生活质量。

地热能换热技术为多能互补提供技术支撑。地热能与其他可再生能源的结合将成为一种趋势，通过将不同能源形式进行整合，可以弥补每种能源的不足，提高能源利用效率和可持续性。比如，地热能可以与太阳能、风能等互补，形成稳定的能源供应体系。

大数据和智能控制技术的应用也将对地热能换热技术的发展产生重大影响。通过实时监测和数据分析，我们可以更好地了解地热能系统的运行状况，实现优化控制，提高系统的性能和效率。

国际合作将变得更加紧密。地热能的开发和利用需要全球范围内的技术交流和资源共享。各国之间的合作将促进地热能换热技术的快速发展，为人类共同的能源未来贡献力量。

4　地热能换热技术应用影响因素及建议

在地热能换热技术应用实践过程中，因各个地区地热资源、政策以及区域市场环境的不同，其应用程度和发展也受制约影响，在推动地热能利用中以下关键因素应提前考虑。

做好资源勘探和评估。地热能的产生与地质条件密切相关，不同地区的地热能资源丰富程度和特点都有所不同。一些地区可能拥有丰富的地下热水资源，而另一些地区可能以干热岩形式的地热能更为常见。这就导致了地热能换热技术在不同地区的应用重点和方式可能会有所差异。

做好市场调研。一是经济发展水平，经济水平较好的地区可能更有资金和技术实力来开发地热能和应用地热能换热技术，较差的可能面临技术和资金上的挑战。二是市场需求，一些地方对地热能开发利用政策不明确，市场对地热能的需求也不够，不满足地热能开发和技术应用条件。

环境保护也是地热能换热技术发展过程中必须要面对的问题。在开发地热能的过程中，如何避免对地下水资源和生态环境造成破坏，是否对地层造成影响，也是我们必须要认真考虑的。

5　结论

地热能换热技术现已广泛应用于地热供暖与地热制蒸汽，不仅有效缓解了传统化石能源供暖带来的环境污染问题，还显著降低了供暖成本，提高了居民的生活质量。除此之外，地热能换热技术也相继应用于制冷、发电、温室农业以及旅游业中。随着人们对可再生能源的关注度不断提高以及环保意识的日益增强，地热能换热技术必将在未来发挥更加重要的作用，为推动社会的可持续发展和全球气候治理做出积极贡献。

参　考　文　献

[1] 袁清，刘金侠，常规地热能开发技术应用与实践[M]. 北京中国石化出版社，2015.

[2] 韩继成 . 开发利用地热资源中的节能与环保潜力[J]. 能源与节能，2004(1)：47-48.

[3] 韩二帅，张家护，鲁冰雪等，中深层地热能供热技术综述及工程实例[J]. 区域供热，2019(2)：79-83，95.

[4] 地热能开发利用“十三五”规划 . 国家发展和改革委员会，国家能源局国土资源部[Z]. 2017.

山东武城地热能集中供暖技术探索与实践

吕博舜　孙冠宇　赵忠新　郝文龙　李洪达　颜艺灿　王　骐　刘洪应

（中国石油冀东油田公司）

摘　要　中国石油集团公司按照“清洁替代、战略接替、绿色转型”三步走战略，大力推进地热能开发工作。冀东油田2021年在山东省德州市武城县建设了首个中石油域外清洁能源地热供暖项目，建成集中供暖面积235万m^2，后期滚动开发至310万m^2。冀东油田利用完善的地质资源评价体系，先进的“6类18项”地热能开发技术，以及丰富的管理经验为项目建设奠定了坚实基础。山东武城地热供暖项目用地热能替代煤电厂供暖，每年供热量为55.656×10^4GJ，折合-标煤5.417万t/a，减排二氧化碳3.7919万t/a。该项目的成功实施为城区集中地热供暖实现供暖清洁替代探索一条成功经验，中国石油为国家进一步实现“双碳”目标奠定了坚实基础。

关键词　武城；新能源；回灌；地热供暖；清洁替代

在习近平总书记“推动新时代绿色发展和生态文明建设”的指导思想以及能源结构转型的全球趋势背景下，地热资源作为一种清洁的可再生能源，近年来得到广泛关注。地热资源的合理开发利用，可有效促进温室气体减排，是实现能源清洁替代的重要途径。地热能是一种绿色、低碳、可循环利用的清洁能源，具有储量大、分布广、清洁环保、稳定可靠等特点。中国地热资源十分丰富，地热能综合利用前景广阔。

中国石油抓住油气行业绿色转型机遇，以低碳为笔，擘画绿色发展“蓝图”：2021年将绿色低碳纳入集团公司发展战略，进一步明确“清洁替代、战略接替、绿色转型”三步走总体部署，将新能源纳入公司主营业务。

中国石油冀东油田公司积极贯彻落实集团公司绿色低碳发展理念，大力开拓新能源地热供暖市场，已经建成了超1000万m^2供暖面积，拥有全国单体规模最大的748万平米的曹妃甸新城供暖项目，该项目被国家地热能研究中心、能源行业地热能专标委授予“地热能开发利用示范项目”，获河北省地热副理事长单位称号，河北省供热行业先进单位荣誉称号。冀东油田将牢牢把握当前发展新能源业务的有利时机，充分发挥先行先试优势和特色技术优势，争当新能源业务领域的“探路者”“领跑者”，争创中国石油新能源开发利用示范企业。

1　项目背景

2021年前武城县居民供暖由武城县光明热力公司负责，武城县供热热源为位于县城东南角的热电厂，其供热能力约为240万m^2，2020~2021年采暖及供热面积达到251.7万m^2，超出其供热能力。2021~2022年采暖季，新增供热面积66.7万m^2，供暖缺口将达到100万m^2。武城县现有热源供热能力不足，需对供热能力进行补充，利用新能源解决供暖问题已迫在眉睫。

武城县区域地热能源储量巨大，但地热水资源储量却是有限的，过度开采或热田养护不当，地热水资源会枯竭。目前，武城县在2021年之前尚未有集中式、规模化、“集采集灌”形式的地热能集中供暖项目。多数为小区独立式地热供暖，开发乱象丛生，回灌监管不严。经多年无序开发，地热开发利用没有标准化管理，地热井开采存在地层压力降低，井孔壁容易失稳，影响管井寿命等问题。而地热回灌可实现地热资源合理利用，平衡地层压力，因此，本项目开展回灌设计，回灌层位与附近地热井开采层位相同从而保障地热资源稳定。

中国石油冀东油田于2021年与山东省武城县达成清洁能源供暖协议，为武城县百姓提供地热能供暖服务。冀东油田充分利用勘探开发积累的丰富资料和经验，探明并掌握本地区地下地热资源分布情况，通过坚持“取热不耗水”、“以灌定采、同层回灌”的原则，积极推进中深层地热能利用。

2 地质条件

2.1 地热地质条件

2.1.1 热储层特征

武城县位于盆地中部凹陷，区内地热资源类型为沉积盆地传导型地热资源。新近系馆陶组是本区最具开发利用价值的热储层(图 1)，馆陶组地层中分布有厚度巨大的砂岩、砂砾岩层，既是流体的通道，又是地热流体的储集空间。根据钻探资料，砂岩与地层的厚度比 25%左右，热储孔隙度约 30%。馆下段热储岩性较粗，以粗砂岩、含砾砂岩及砂砾岩为主，单层厚度大，砂岩与地层的厚度比 50%左右，热储孔隙度约 28%，该段热储是目前区内地热井的主要开采层段，热储温度 57～62℃，单井涌水量 72～95m^3/h。水化学类型主要为 Cl-Na 型，属温热水型地热资源。

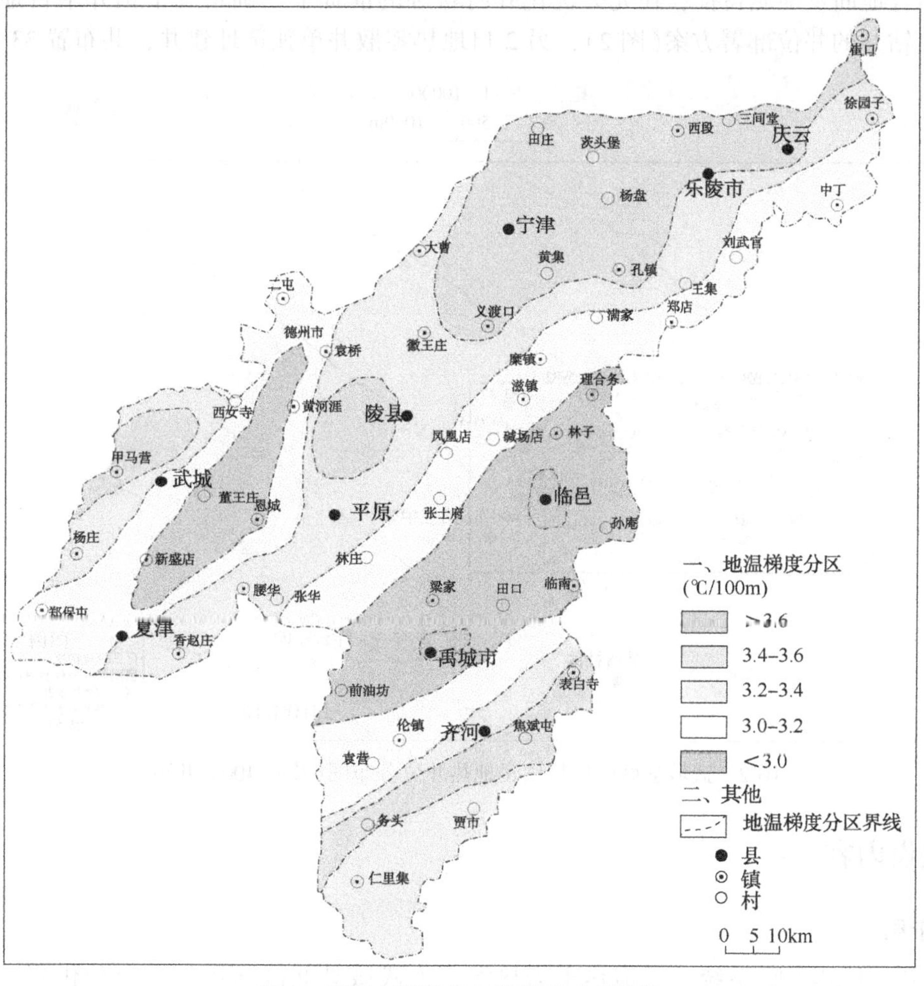

图 1 德州市馆陶组地温梯度等值线图

2.1.2 热源

武城县地区处于伸展条件下沉积盆地内凹陷地热背景。热源为地幔热能，变质岩内元素衰变放射作为附加热源，低热导率岩层埋深超过 3500m。

2.1.3 盖层特征

本区馆陶组地层之上覆盖有厚 1000～1200m 的明化镇组与第四系，岩性为泥岩或砂岩，热导率低，成为了馆陶组热储的良好盖层。

2.2 地热资源评价

2.2.1 地热资源量计算

采用《地热资源地质勘查规范》(GB/T 11615—2010)中的“热储法”进行计算，武城县城区馆陶组地下热水储量为1741.48×106m³(矿权区420.94×10⁶m³)，其中容积储量1735.22×106m³(矿权区419.43×10⁶m³)，占总量的99.55%，弹性储量为7.81×106m³(矿权区1.89×10⁶m³)，占总量的0.45%。可利用资源量1.7302×108GJ(矿权区0.4182×10⁸GJ)。

2.2.2 地热资源开发利用前景

武城县地热供暖面积为235.52×10⁴m²，供暖季平均温度为0℃，供暖室外计算温度为-6.5℃，室内采暖设计温度为18℃，计算武城县地热供暖一个供暖期需要消耗热量为62.37×10⁴GJ。

$(0.4182\times10^{8}GJ)\div(62.37\times10^{4}GJ)=67$ 年。

由此可见，武城县馆陶组热储中蕴含的热资源量可以满足县城长期地热供暖需求。

2.2.3 开发方案

武城县城区地热供暖区馆陶组热储厚度为200~210m，孔隙度在25%~38%之间，最优部署间距400m，结合地面及地质特征，在充分优化井身轨迹的前提下，确定三个钻井平台地面位置并完成31口地热钻井的井位部署方案(图2)，另2口地热零散井单独选址建井，共布置33口地热井。

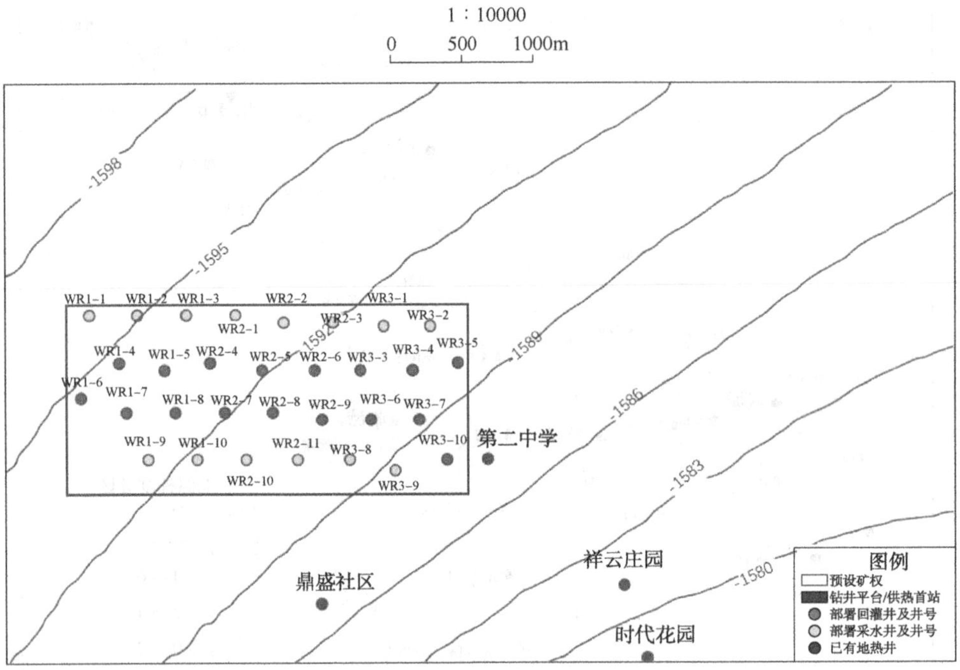

图2 武城县城区地热供暖地热井位分布图(井底400m井距)

3 项目建设内容

3.1 总体布局

本工程新建地热供暖系统，以地热水为热源，为武城县北区居民楼及公建供暖，总供热面积235.52×10⁴m²。本工程位于武城县城区北侧，地热井平台和供热站设置在城区北侧的六六河南岸。项目共分为2个部分：第一部分为集中供热部分，供热面积为223.52×10⁴m²；第二部分为沙东社区单独供热部分，供热面积为12×10⁴m²。本文将以集中供热部分为例介绍本工程。

3.2 技术路线

集中供热部分：在武城县六六河南岸钻探取水井和回灌井，地热水由潜水泵从生产井抽出，经多井集输，除砂排气后通过管道输送至武城北地热供热站内，到武城北地热供热站内地热水温度不低于62℃。部分市政供热回水与地热水经板式换热器换热，市政供热水由38℃被加热到55℃，另一部分市政供热回水经热泵加热至55℃，两部分供热水混合后输送至小区供热。地热水经换热、热泵提取热量后，温度降至21.8℃，进入回灌系统回灌。（图3、图4）

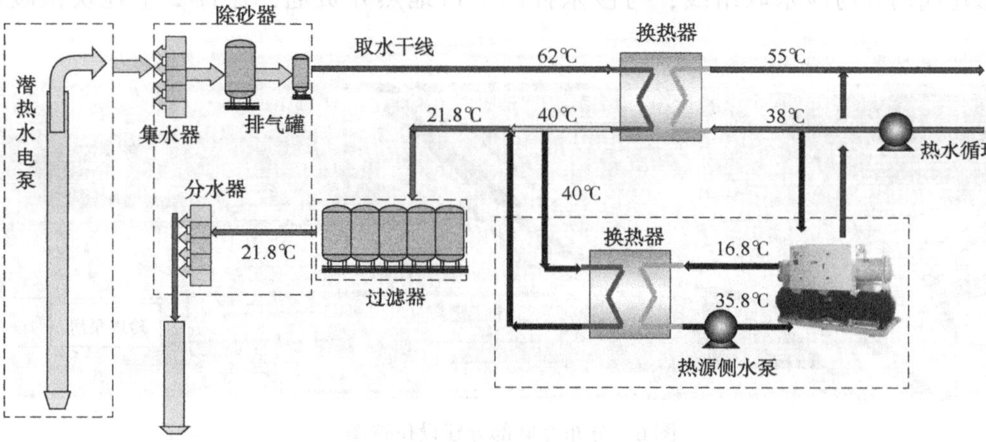

图3　地热能供热系统工艺流程示意图

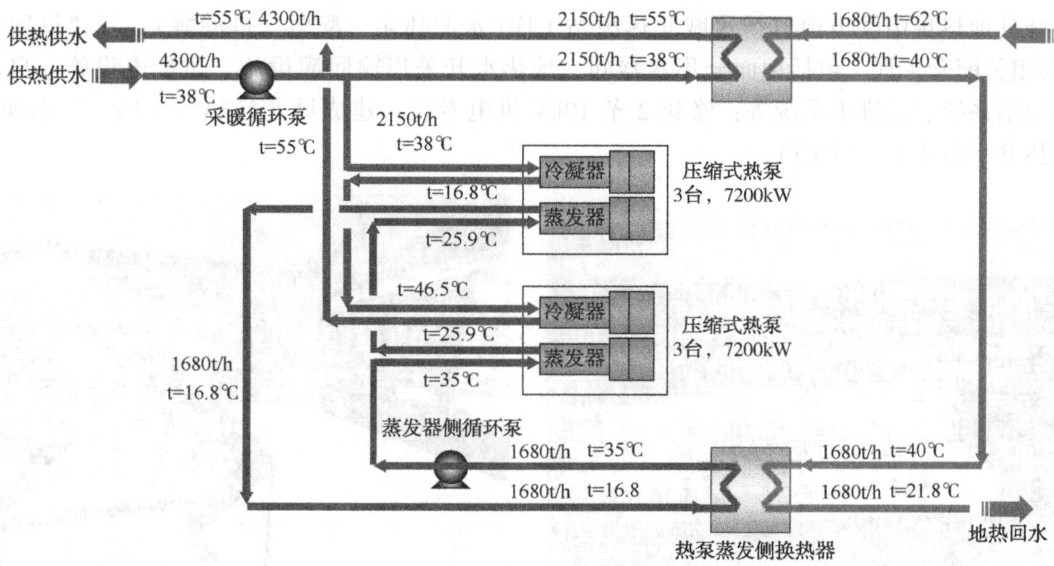

图4　地热能热泵工艺流程示意图

3.3　总体建设方案

集中供热部分：新建武城北地热供热站1座，供热规模为85MW，新建3个地热井平台（14口取水井和17口回灌井），取水量为1680m³/h。本工程集中供热部分设置3个地热井平台，1#为十井式平台（5采5灌）、2#为十一井式平台（5采6灌），3#为十井式平台（4采6灌），总采水量为1680m³/h。建设1座武城北地热供热站。武城北地热供热站供热量为85MW，主要包括3台地热水-供热水板式换热器、3台地热回水-热泵用软化水板式换热器（换热面积：1020m²）、6×7.2MW离心式热泵以及1套1680m³/h的回灌过滤操作设备。（图5）

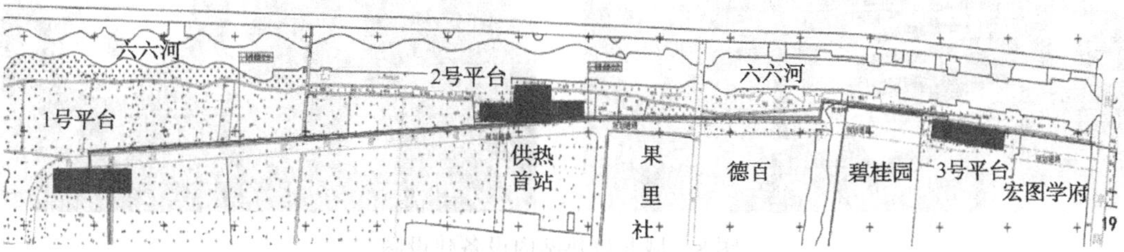

图5　集中供热部分建设位置图

沙东-玲珑微网互连部分：在沙东社区的东南角和西南角分别设置1口取水井和1口回灌井；在小区内新建1座沙东地热供热站为沙东社区12万m^2住宅供暖提供热源。在玲珑地块新钻2口地热井，修建阀门井与沙东联络线，与沙东社区2口地热井贯通，保证2个地块供暖稳定性。（图6）

图6　分布互联部分建设位置图

3.4　建设总体效果

武城县地热集中供暖项目新建城北热源站1座（水源热泵、配电、过滤罐）；新建供回水管网18km及相关配套工程，包括地面分集水器间、地热水开采集输回灌设施、供配电设施、自动控制系统、通信系统、给排水系统等；修建2条10kV供电专线。建成城北换热站1座，沙东换热站1座，地热井平台4个。（图7）

图7　城北供热站建设图

城北站设集中供暖智控中心，建水源热泵间、循环泵区、二次网供水换热区、一次网水过滤区等，全部采用中国石油标准建成场站式标准化设计，保障项目建设工程质量。（图8）

图8　城北供热站内设备建设图

4 实施效果

4.1 供暖效果

本项目已于2021年11月建成投产，在工程建设过程中，已严格按照设计方案并结合实际情况进行了生产建设，以下是建设方案与实际建设内容表格(表1)及设计参数与运行参数对比表(表2)。

表1 建设方案与实际建设内容

序号	建设方案	数量	建设内容	数量
1	地热换热站	1座	地热换热站	1座
2	14.5MW 板式换热器	3台	14.5MW 板式换热器	3台
3	12MW 板式换热器	3台	12MW 板式换热器	3台
4	7200kW 离心式热泵	6台	7200kW 离心式热泵	4台
5	地热井平台	3座	地热井平台	3座
6	采水井	14口	采水井	14口
7	回灌井	17口	回灌井	17口
8	集分水器	3座	集分水器	3座
9	除砂器	3座	除砂器	3座

表2 设计参数与运行参数对比

序号	设计参数	运行参数
1	地热采出水设计温度：70℃	地热采出水运行温度：62℃
2	地热回灌水设计温度：45℃	地热回灌水运行温度：30℃
3	地热供回水设计压力：1.38MPa	地热供回水运行压力：1.38MPa
4	供热水供回水设计温度：60/45℃	供热水供回水运行温度：55/38℃
5	供热供回水设计压力：1.6MPa	供热供回水运行压力：1.0MPa
6	一次网供热设计水量：4300m^3/h	一次网供热运行水量：4700m^3/h
7	供热回灌设计水量：1680m^3/h	供热回灌运行水量：1680m^3/h

本项目通过两个供暖季的稳定运行，获得了宝贵的生产运行经验与运行数据，同时供暖期间室内供暖温度保持在21℃以上，成功保障了武城县居民温暖过冬，一次网供水温度稳定维持在45℃以上，即便遭遇极寒天气，通过热泵系统调节也能将温度稳定在较高水平。图9为上一供暖季供水温度与回水温度变化曲线。

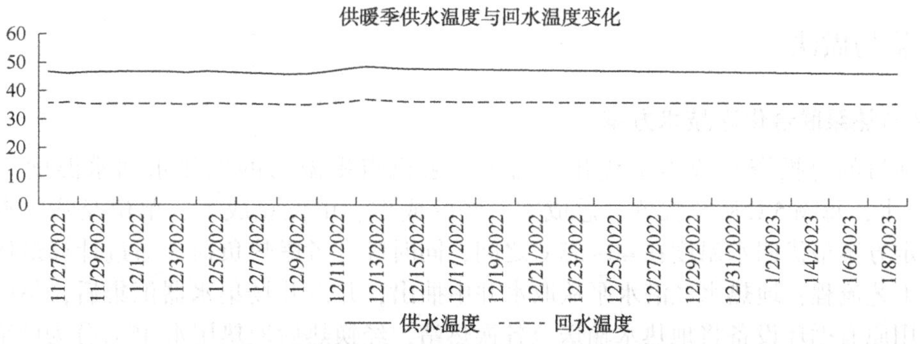

图9 2022~2023年供暖季供水温度与回水温度变化曲线

通过对两个供暖季单井取水量与回灌量数据曲线(图10，图11)进行分析，取水量稳定保持在120m^3/h左右，回灌量在维持100%回灌的基础上也维持稳定，满足项目需求。

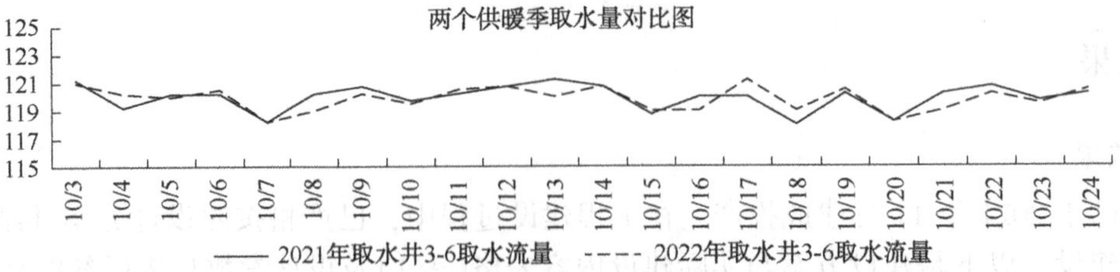

图 10　两个供暖季取水量对比图

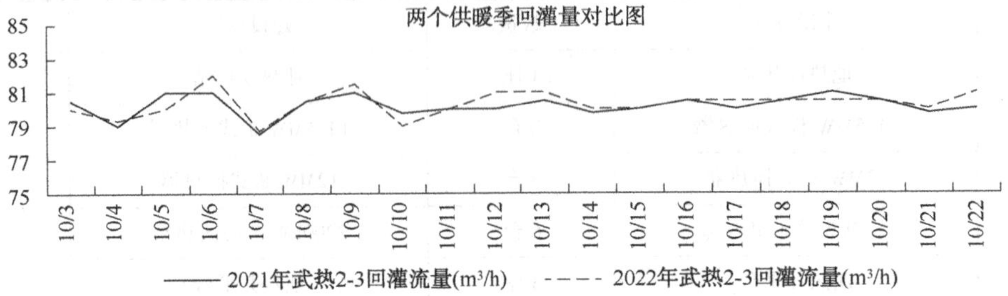

图 11　两个供暖季回灌量对比图

4.2　社会环境效益

本项目建设是响应国家政策号召，促进绿色能源利用的需要。地热能作为清洁能源，其绿色环保的特性完美切合了国家和社会发展的需要。项目实施后，不仅解决了武城县集中供暖区域 235.52×$10^4 m^2$的供热问题，每年还可替代标煤 5.4 万 t，年减少二氧化碳排放 3.7 万 t，武城县地热能替代率达到 44.83%。同时地下水进行 100%回灌，取热不取水，符合国家地热水开发应用政策。(图 12)

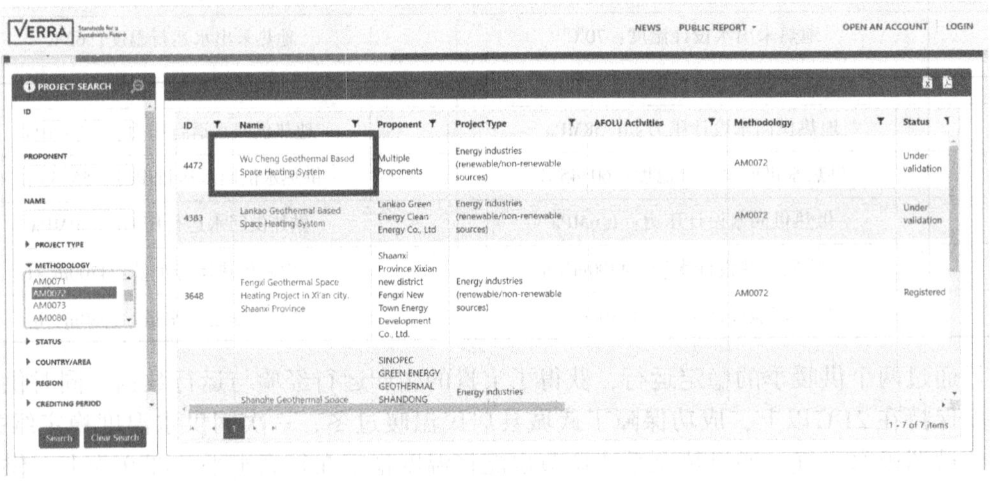

图 12　完成首个中石油地热能开发利用项目碳资产交易核证

5　主要经验与做法

5.1　地热井与热泵联合供暖技术方案

为了使项目的总投资和成本最优化，确定热泵机组提温后的地热水回水温度，针对温度为45℃-10℃尾水，每隔 5℃从总投资、总成本、经营成本、单位总成本、单位经营成本等方面进行了测算。确定方案最优回水温度在 40~35℃之间，同时综合考虑热负荷，通过计算最优回水温度为38℃。整体工艺流程：地热水经潜水泵从取水井中抽出，并由井场集水器汇集后，集中输送至热源站，然后利用原有循环设备将地热水输送至各换热站，经换热后地热尾水 45℃分为两部分：一部分作为热泵机组热源，被提取热量而温度降低 38℃，经过滤(两级过滤，过滤精度为 3μm)后再集中输送至井场分水器，注入各回灌井回灌；另一部分被热泵加热温度上升(水源热泵可加温至 63℃，燃气热泵可加热至 90℃)，作为循环水汇入供暖管线。

5.2 开展先导试验落实地热场基础参数

武城地热供暖项目作为中石油矿权区域外第一个地热供暖项目，目标区域可供参考的相关地质测井资料较少，缺少地层各层位出水能力、地热场特征等关键地热参数，可行性研究缺乏直接可靠数据。冀东油田依托丰富的油气勘探开发经验，积极开展抽水、回灌先导试验，切实落实地热场基本参数。

通过对钻探的两口先导试验井进行地质取芯、数据监测、实地测量，预测该目的区域平均出水温度62℃，水量120m³/h；在实际生产过程中，项目实际生产出水温度60.5℃，水量125m³/h，项目实际运行与试验参数相符度极高。推进先导试验既为项目论证、建设提供了科学可靠的数据资料，也为项目顺利、高效实施奠定了坚实基础。如图13所示。

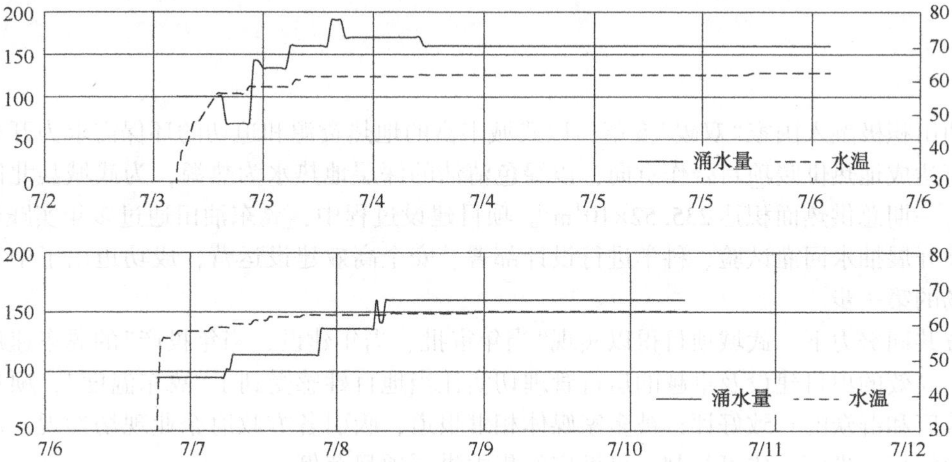

图13　武探1、武探2井抽水试验曲线图

5.3 先进的地热开发技术为项目实施提供保障

在理论研究基础上，冀东油田结合实践经验进行系统分析总结，形成了独特的具有鲜明特色及实践意义的地热能开发利用"6类18项"技术优势。

该技术以砂岩储层无压回灌技术为核心，包括地热选区及资源评价技术、地热精细评价及井位部署技术、地热井钻采工艺技术、多井集输及地热水长距离输送技术、地热开发高效管控技术六大类，地热开发选区技术、储层分析与评价技术、地热井特色完井工艺技术、地热水质分析与评价技术等18项小类，涵盖从地热评价、勘探、井发、生产、管理到后评价等全链条技术体系。如图14所示。

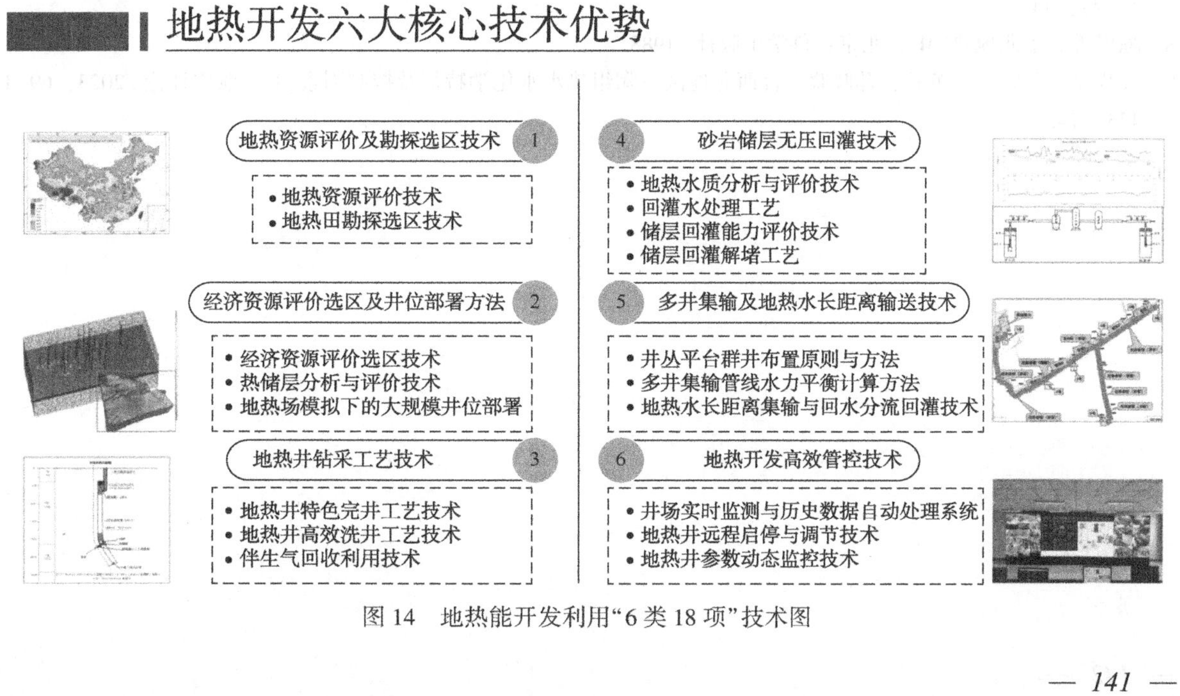

图14　地热能开发利用"6类18项"技术图

以砂岩储层无压回灌技术为例，该技术包括地热水质分析与评价技术、回灌水处理工艺、储层回灌能力评价技术、储层回灌解堵工艺4项技术路径。换热后的地热尾水通过创新的中深层地热尾水回灌技术过滤后返还地下，突破性实现采出水量100%自然无压回灌，达到“取热不耗水”的地热资源合理利用。

5.4 高效的生产组织积极保障项目建设与投运

冀东油田高度武城县地热供暖项目建设，针对地热供暖项目往往需要当年建成、当年投产供热，工期紧、工作量大的特点，迅速成立领导小组开展相关工作，采用先进的IPMT的管理模式，即一体化项目管理团队模式，结合实践中总结的“每日生产协调、制定施工方案、组织完井讨论、工作日报制度、联合巡井检查、现场监督投产”六项高效工作制度，有利提高项目管理专业化水平和效率。

6 结论

冀东油田积极融入国家“双碳”变革，以武城丰富的地热资源和迫切的环保需求为开拓契机，与武城县政府达成地热供暖项目合作意向，以绿色清洁的深层地热水为热源，为武城县北区居民楼及公建供暖，一期总供热面积达$235.52\times10^4m^2$。项目建设过程中，冀东油田通过多年实践经验及技术攻关，积极开展抽水回灌试验、科学进行设计部署、安全高效建设运营，成功迈出了中石油走出矿权开拓市场的第一步。

在多方共同努力下，武城项目得以实现“当年审批、当年建设、当年投产”的冀东速度，科学的方案设计、高效的项目建设及卓越的运行管理切实让当地百姓感受到了“冀东温度”，项目从建设至今得到了政府和群众的一致好评，被多家媒体相继报道，吸引各方政府企业现场参观，成功打造了优秀的行业标杆，进而形成可复制，可推广的集中供暖项目范例。

参 考 文 献

[1] 威廉·E. 格拉斯利．地热能：第二版[M]. 王社教，闫家泓，李峰，等译．北京：石油工业出版社，2017.

[2] 陈墨香，汪集旸．中国地热研究的回顾和展望[J]. 地球物理学报，1994(S1)：320-338.

[3] 汪集暘，邱楠生，胡圣标，等．中国油田地热研究的进展和发展趋势[J]. 地学前缘，2017，24(3)：1-12.

[4] 刘金侠，谷雪曦，李欣，等．我国地热能开发利用现状、问题与展望[J]. 建设科技，2015(8)：27-30.

[5] 汪集旸．地热学及其应用[M]. 北京：科学出版社，2015.

[6] 侯旭波，临清坳陷东部中、新生代盆地演化分析[D]. 中国石油大学．2007.

[7] 刘国勇，赵忠新，任路，等．沉积盆地中深层水热型地热资源评价体系研究与应用[J]. 油气与新能源，2022，34(2)：44.

[8] 陈墨香．华北地热[M]. 北京：科学出版社．1988.

[9] 段晓飞，吴晓华，黄星，孙晓晓．鲁西北地区馆陶组热水水化学特征及控制因素[J]. 地质评论．2023，69(1)：473-474.

大港油田长停井转地热利用潜力评价方法及实践
——以沈家铺油田为例

杨佩佩　程　琦　吴　刚　成亚斌　周　杨

（中国石油大港油田公司）

摘　要　“双碳”战略加速了石油行业的能源结构转型和新能源发展。目前，各大油田均遗留一定数量的长停井，启用长停井转为地热井，可盘活资产、降低建产成本，是清洁能源替代的重要举措。本文通过收集整理钻井、地质资料，系统分析了研究区馆陶组热储分布特征，通过热储法和三维地质建模方法开展了地热资源量评价，建立了长停井转地热利用潜力定量评价方法。研究结果表明：①馆陶组热储厚度大、埋藏适中、分布稳定，热储潜力大。热储温度49.6-64.3℃，表明馆陶组主要发育中低温水热型地热资源。地热资源总量为0.13×10^{18}J、地热水资源量为$2.9\times10^{8}m^{3}$、地热水热量为0.05×10^{18}J，资源丰度为$15\times10^{15}J/km^{2}$，热储资源丰富；②优选地热资源量、温度、埋深、物性等11项评价参数，建立了长停井转地热利用潜力评价定量指标PCI，对长停井进行分类评价，Ⅰ类为条件优等长停井，PCI大于80分，圈定6口潜力井优先实施；③试水试验结果表明，研究区馆陶组最大允许开采量为$55.46m^{3}/h$，为中产产能水平。

关键词　长停井；热储特征；热储温度；地热资源；潜力评价

近年来，随着清洁能源的日益重要和环境保护的迫切需求，我国出台了一系列的“双碳”政策，力争在2030年前实现“碳达峰”，在2060年前实现“碳中和”。“双碳”政策加速推动了地热产业的发展，地热资源的开发利用日益受到关注。

油田蕴藏着大量的地热资源，随着勘探开发的进展，老油田逐步步入高含水期，遗留一定数量的长停井和报废井。一些油气井由于生产成本高、产量下降等原因，已经失去了经济效益。相关统计显示，目前国内废弃井已突破10万口。将这些闲置资产转化为清洁能源，创造经济、社会效益的同时，对环境保护也具有重要的意义。因此，启用这些长停井转为地热井，不仅可以盘活资产、降低建产成本，还可以为清洁能源的替代提供重要的举措。

前人对油田地热资源评价方法及中国地热开发利用技术进行了系统研究，分析了废弃井地热能开发技术现状，并提出了发展建议。但总体上地热资源评价基本参数不全，且缺乏针对油区长停井转地热利用潜力的系统性评价流程及方法，一定程度上制约了油区地热资源的高效开发和规模化利用。

本文通过收集整理钻井、地质资料，以大港油田为主要目标，系统分析研究区馆陶组热储特征，采用传统热储法和三维地质建模分别对地热资源量进行计算，并综合考虑构造形态、热储岩性、埋深、厚度、温度、物性、储地比、地热资源量、资源丰度、井筒条件、井场地面、市场需求和经济效益等指标要素，建立了长停井转地热利用潜力定量评价方法，筛选出6口转地热潜力井。本成果将为深化大港油田馆陶组热储整体认识和推动油区地热资源规模化开发利用提供重要支撑，对于促进油田的可持续利用和推动清洁能源发展具有重要意义。

1　区域地热资源评价

1.1　区域地质概况

本文研究区为大港探区沧东凹陷沈家铺油田，构造位置上位于孔西断裂带上升盘（图1），是一个被孔西断层遮挡的半背斜构造，地层倾角 10°，北东向断层为构造主断层。地层发育齐全，从中生界到新生界依次发育孔店组、沙河街组、馆陶组、明化镇组地层，砂泥岩交互频繁，区域分层特征明显。据研究区大量钻井、测井、地震和开发资料统计表明，馆陶组水层发育范围大，分布稳定，厚度在 300~367m，顶板埋深浅，为 1200~1820m。

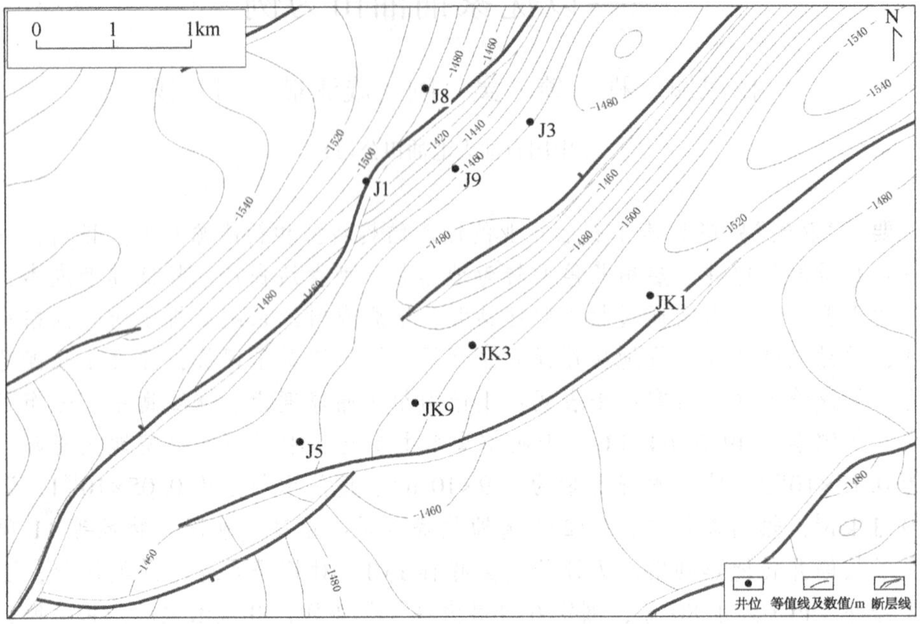

图 1　研究区馆陶组底部构造图

1.2　储层特征

1.2.1　热储结构与物性特征

研究区储层岩性总体表现为砂岩夹紫红色泥岩，底部为砾岩和砂砾岩段，电位幅度较大，电阻较高。馆陶砂体横向连续性较好，单井砂体厚度大，为 209~263m；储地比高，为 60%~69%；储层物性好，孔隙度 27%~34%、平均 28.3%，渗透率 550~1090、平均 645mD，研究区馆陶组为高孔-高渗储层。

1.2.2　温度分布特征

热储温度是地热资源评价中最重要的参数。前人研究认为该区馆陶组以浅，地温场以传导为主，地层温度随深度总体线性增加。研究区枣Ⅵ、Ⅴ油组为主要油气生产层，测试资料齐全，而馆陶组主体为含水层，实测地温数据少。综合部分单井测温及地温梯度法评价馆陶组温度。统计研究区 43 口枣Ⅳ、Ⅴ油组试油测温资料，计算地温梯度 3.19~3.78℃/100m，折算馆陶组中部静温 49.6~64.3℃，平均 58℃，表明馆陶组主要发育中低温水热型地热资源，馆陶组热储温度平面分布存在 4 个相对高温区(图 2)。

1.3　地热资源计算

国内外地热资源评价方法很多，主要包括地表热流量法、热储法、最大允许降深法、平面裂隙法、解析模型法、统计分析法、类比法和数值模型法等。针对研究区地质条件及实际资料情况分别采用热储法和三维地质建模法 2 种方法对地热资源量进行了计算。

1.3.1　热储法

热储体积法是水热型地热资源评价最为常用的方法，计算结果包括岩石骨架和孔隙流体中相对于参考温度的全部热量。该方法主要用于有一定数量深部地热钻井资料的地热资源量计算，计算公式为：

$$Q=A \cdot H \cdot C \cdot (T-T_0) \tag{1}$$

$$C=\rho_r \cdot C_r \cdot (1-\phi)+\rho_w \cdot C_w \cdot \phi \tag{2}$$

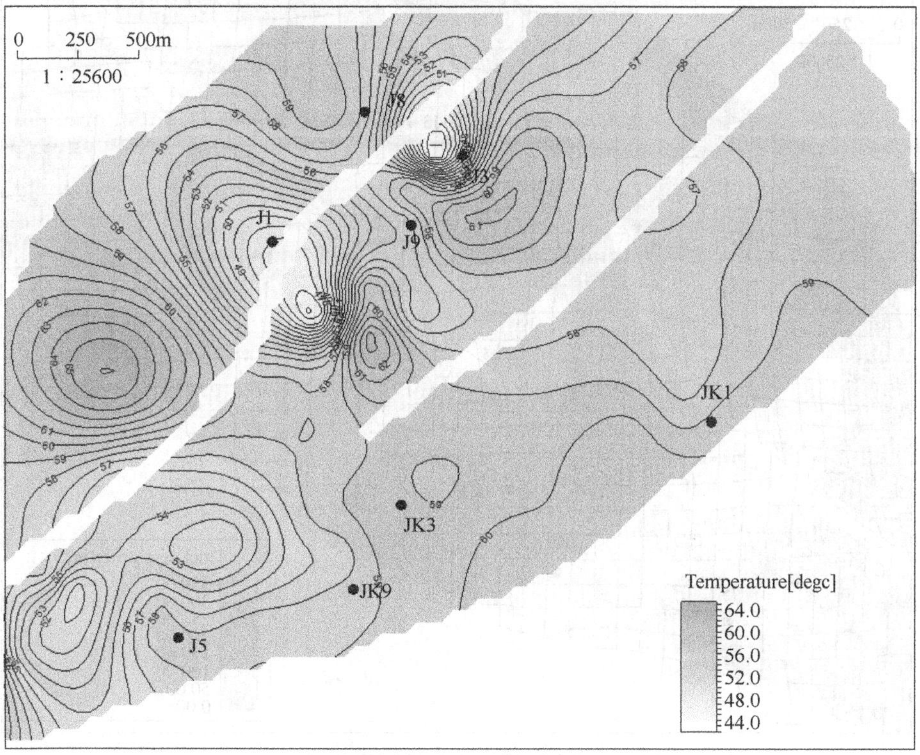

图 2　研究区馆陶组热储温度平面分布图

$$W=A \cdot H \cdot \phi \tag{3}$$

$$Q_w=\rho_w \cdot C_w \cdot A \cdot H \cdot \phi \cdot (T-T_0) \tag{4}$$

式中，Q 为地热资源量，J；A 为热储面积，m^2；H 为热储厚度，m；C 为热储岩石和水的综合比热容，J/(kg·℃)；T 为热储温度,℃；T_0 为起算温度,℃；ρ_r、ρ_w 分别为岩石和水的密度，kg/m^3；C_r、C_w 分别为岩石和水的比热容，J/kg·℃；ϕ 为岩石的孔隙度,%；W 为热储层中的地热水资源量，m^3；Q_w 为热储层中的地热流体热量，J。

计算中，岩石、水热物理参数参照《地热资源地质勘查规范》(GB/T 11615—2010)、热储厚度、温度和孔隙度取研究区热储特征参数平均值(表 1)。

表 1　研究区馆陶组热储特征参数表

热储面积/km²	热储有效厚度/m	热储顶板/m	孔隙度/%	弹性释水系数(10^{-5})	热储温度/℃	流体密度/(kg/m³)	岩石密度/(kg/m³)	岩石比热/(kcal/kg·℃)	流体比热/(J/kg·℃)
8.6	120	1200	28	11.84	60	986.17	2600	878	4180

1.3.2　三维地质建模法拟合资源量

本文提出的通过三维地质建模拟合地热资源量是一种改进的热储法，适合计算资料丰富、数据较多情况下的地热资源量。建模面积 8.6km²，以馆陶组顶、底为层面，建立构造框架模型；将研究区划分为 8 万多个 100×100×5m 的小立方体网格(图 3)，有井区采用井数据，无井区采用网格插值求评价参数，建立研究区 NTG 模型、孔隙度模型和综合比热容模型，采用热储法将模型进行数学运算得到每个立方体网格的地热资源量，最后汇总得到整个研究区的资源量。三维地质模型在无井区域进行了储层预测，再现了三维热储发育特征，使得资源评价结果更加准确。

综合热储法和三维地质建模拟合资源量，结果表明，研究区馆陶组热储面积 8.6km²，地热资源总量 0.13×10^{18}J、地热水资源量 $2.9\times10^8 m^3$、地热水热量 0.05×10^{18}J，资源丰度为 15×10^{15}J/km²，热储资源丰富。

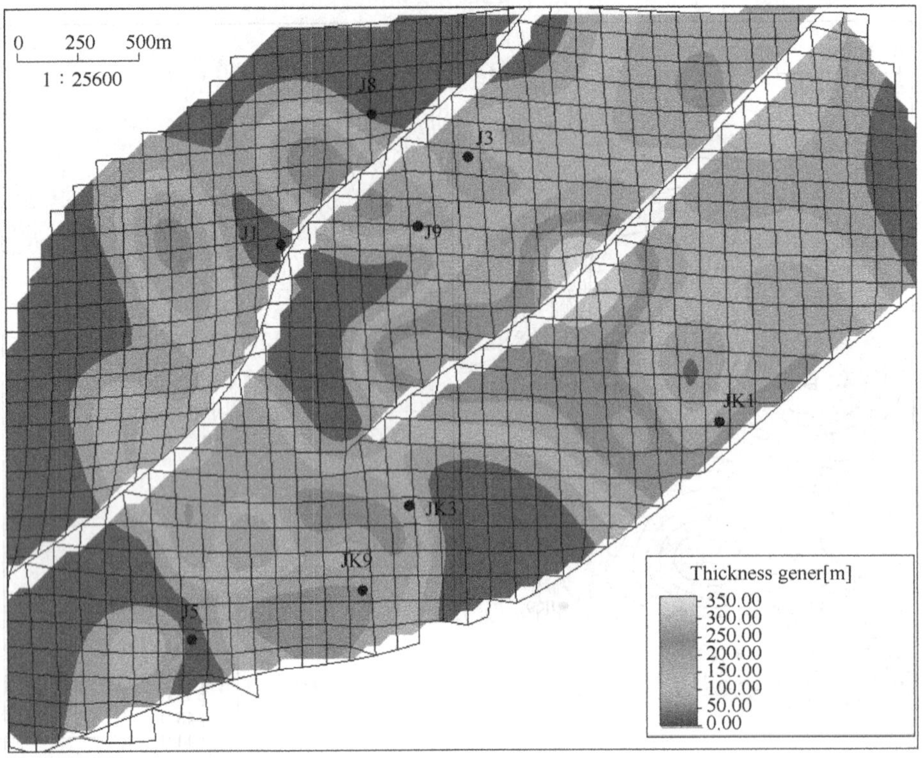

图 3 研究区馆陶组热储网格化处理图

2 长停井转地热利用潜力评价

2.1 评价原则建立

本文针对附近生活区供热需求，选取距离生活区 2 公里范围长停井共 48 口，在此基础上进行综合评价筛选重点潜力井。研究区属于沉积盆地内的水热型地热资源，综合评价主要考虑构造形态、热储岩性、热储埋深、热储厚度、热储温度、热储物性、储地比、地热资源量、资源丰度、井筒条件、井场地面、市场需求、经济效益等指标要素。

地热开发利用需要丰富的地热资源量，单位面积资源量越高，开发利用的效果越好；热储埋深越浅、温度越高，开发的经济性就越好。重点涉及的评价参数主要为热储面积、厚度、埋深、温度、比热、孔隙度、资源丰度、井筒条件、井场地面等。

2.2 评价方法建立

本文建立了长停井转地热利用的定量评价方法，对长停井转地热利用潜力进行分类评价。以“资源是基础、经济是保证”的理念为指导，将评价指标按重要性排序，赋予不同的权值 w_i，涉及资源和经济指标的综合权重均大于 0.1，其他评价指标的权重分配见表 2。

定义各指标评语集和对应评语标度 c：优(0.4)、良(0.3)、中(0.2)、差(0.1)。根据专家经验，赋予待利用长停井评语标度，运用公式 5 进行矩阵运算得到隶属度 p_j，将隶属度运用公式 6 进行 Z-score 归一化处理，得出反映长停井利用潜力的综合指标 PCI_j。

$$p_j = \sum_{i=1}^{m} cw_i \tag{5}$$

式中，j 代表待评价井号，$i=1$，2…，m(m 为代表评价指标的个数)；w_i代表第 i 种评价指标的权重值；c 为专家评语标度取值。

$$PCI_j = \frac{(p_j - u) \times 100}{\sigma} \tag{6}$$

式中，u 为数据 p_j 的均值，σ 为数据 p_j 的标准差。

表 2　长停井转地热利用综合评价指标及分类评价结果

选定评价指标集	构造形态	热储岩性	热储埋深	热储厚度	热储温度	热储物性	储地比	资源规模	井筒条件	井场地面	经济效益	矩阵运算与隶属度计算	计算归一化隶属度	隶属标准	评价级别
给定各指标权重 a	0.025	0.025	0.1	0.1	0.125	0.1	0.1	0.2	0.05	0.05	0.125				
给定各指标评语集	优、良、中、差														
给定评语标度	0.4、0.3、0.2、0.1														
J9	0.3	0.4	0.4	0.4	0.4	0.4	0.4	0.4	0.4	0.4	0.4	0.40	99	≥80	Ⅰ类
J3	0.3	0.4	0.4	0.4	0.4	0.4	0.4	0.4	0.4	0.4	0.4	0.40	99		
JK1	0.3	0.4	0.3	0.4	0.4	0.4	0.4	0.4	0.4	0.4	0.4	0.39	97		
JK3	0.3	0.4	0.3	0.4	0.4	0.4	0.4	0.4	0.3	0.4	0.4	0.38	96		
JK9	0.3	0.4	0.3	0.4	0.3	0.3	0.4	0.3	0.3	0.4	0.3	0.33	82		
J5	0.3	0.4	0.3	0.4	0.3	0.3	0.4	0.3	0.3	0.4	0.3	0.33	82		
J8	0.2	0.4	0.3	0.3	0.2	0.3	0.3	0.3	0.2	0.2	0.2	0.27	66	60~80	Ⅱ类
J7	0.2	0.4	0.3	0.3	0.2	0.3	0.3	0.3	0.2	0.2	0.2	0.27	66		
J1	0.1	0.4	0.2	0.2	0.2	0.2	0.3	0.3	0.2	0.2	0.2	0.23	58	<60	Ⅲ类

2.3　潜力评价结果

对研究区 48 口长停井进行了综合指标 PCI_j 计算及分类评价，PCI_j 大于 80 分的长停井条件优等，划分为Ⅰ类，优先实施；60~80 分的条件良好，划分为Ⅱ类，备选实施；小于 60 分的暂不实施。圈定出 J9、J3、JK1 等 6 口潜力井优先实施，长停井利用潜力分类评价结果见表 2。

3 建立现场先导试验

对研究区 J9 井进行了现场先导试验。通过测井曲线解释成果及成井工艺等分析研究，将馆陶组采用 89 射孔器进行射孔，共计射开 62m/5 层。试水试验结果表明：出水量为 200~386m³/d，水温为 46~52℃，静水位为 97m。考虑井筒效应，经过水位校准，绘制涌水量与动水位、水位降深拟合曲线(图 4)，确定 J9 井井流方程：

$$h=0.9015Q+79.188 \tag{7}$$

式中，h 为水位埋深，m；Q 为涌水量，m³/h。

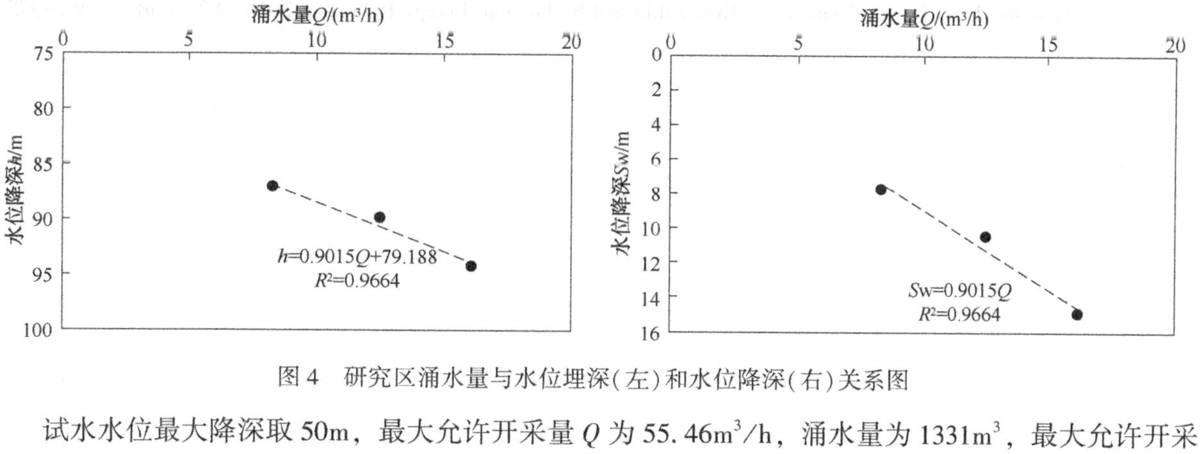

图 4　研究区涌水量与水位埋深(左)和水位降深(右)关系图

试水水位最大降深取 50m，最大允许开采量 Q 为 55.46m³/h，涌水量为 1331m³，最大允许开采量对应动水位 129.2m，研究区具备中产产能水平。

4　结论

(1) 统计研究区枣Ⅳ、Ⅴ油组试油测温资料，地温梯度 3.19~3.78℃/100m，折算馆陶组中部静温 49.6~64.3℃，平均 58℃，表明馆陶组主要发育中低温水热型地热资源，馆陶组热储温度平面分布存在 4 个相对高温区。地热资源评价结果表明：研究区馆陶组地热资源总量为 0.13×10^{18}J、地

热水资源量为 $2.9\times10^8m^3$、地热水热量为 $0.05\times10^{18}J$，资源丰度为 $15\times10^{15}J/km^2$，热储资源丰富。

（2）优选地热资源量、温度、埋深、物性等 11 项评价参数，将评价参数按重要性排序，通过矩阵运算建立了长停井转地热利用潜力评价定量指标 PCI，对长停井进行分类评价。结果表明：研究区馆陶组长停井划分为 3 类，Ⅰ类为条件优等长停井，PCI 大于 80 分，圈定 6 口潜力井优先实施；Ⅱ类为条件良好长停井，PCI 为 60～80 分，下步实施；Ⅲ类为条件较差长停井，PCI 小于 60 分，暂不实施。

（3）J9 井试水试验结果表明，馆陶组 62m 水层，出水量为 $200\sim386m^3/d$，水温为 46～52℃，静水位为 97m。50m 水位降深条件下最大允许开采量为 $55.46m^3/h$，研究区地热井具备中产产能水平。

参 考 文 献

[1] 周立宏．"双碳"目标下油气田企业的机遇，挑战与对策——以大港油田为例[J]. 世界石油工业，2021，28(4)：8.

[2] 汪集暘，邱楠生，胡圣标，等．中国油田地热研究的进展和发展趋势[J]. 地学前缘，2017，24(3).

[3] 王社教，李峰，闫家泓，等．油田地热资源评价方法及应用[J]. 石油学报，2020，41(5).

[4] 饶松，高腾，肖红平，等．中国油区地热开发利用进展[J]. 科技导报，2022，40(20)：11.

[5] 闫家泓，王社教，姚艳华，等．油区地热资源评价与开发利用实践[M]. 北京：石油工业出版社，2022.

[6] 蔺文静，刘志明，王婉丽，等．中国地热资源及其潜力评估[J]. 中国地质，2013，40(01)：312-321.

[7] 王贵玲，张薇，蔺文静，等．京津冀地区地热资源成藏模式与潜力研究[J]. 中国地质，2017，44(6)：1074-1085.

[8] 邹红丽，莫中浩．天津大港地区地热资源特征、开发现状及规划[C]//北京地热国际研讨会．2002.

[9] 唐永香，李嫄嫄，俞礽安，等．油田区地热资源的集约化开发利用分析：以滨海新区为例[J]. 中国矿业，2019(4)：6.

[10] 宋先知，许富强，宋国锋．废弃井地热能开发技术现状与发展建议[J]. 石油钻探技术，2020(006)：048.

[11] 李波．天津地热资源可持续开发利用对策研究[D]. 天津大学[2023-07-15].

[12] 杨云展．黄骅台陷沧州段馆陶组热储特征及地热资源评价[D]. 中国地质大学(北京)，2020.

[13] 董月霞，黄红祥，任路，等．渤海湾盆地北部新近系馆陶组地热田特征及开发实践——以河北省唐山市曹妃甸地热供暖项目为例[J]. 石油勘探与开发，2021，48(3)：666-676.

[14] 饶松，肖红平，王朱亭等．渤海湾盆地馆陶组热储特征与地热资源评价[J]. 天然气工业，2023，43(05)：141-152.

[15] Limberger J，Boxem T，Pluymaekers M，et al. Geothermal energy in deep aquifers：A global assessment of the resource base for direct heat utilization[J]. Renewable and Sustainable Energy Reviews，2018，82，Part 1：961-975.

地下液氢存储容器
——液氢井的设计与研究

靳晓光　崔晓杰　胡昕怡

（中石化石油工程技术研究院有限公司）

摘　要　人类社会经济活动导致了二氧化碳的大量排放，由此产生的全球变暖、冰川融化、海平面上升等问题对社会稳定、经济发展和人类健康产生了严重的负面影响。氢能作为一种二次清洁能源，可以利用风电、光电等弃电电解制备，能够有效地调节能源结构，促进各行业深度脱碳，是推进我国能源转型的重要力量。目前，国内加氢站的建设主要为新建加氢站和已有加油（气）站改建为加氢站，受限于现有的氢气存储工艺、加氢工艺流程和安全规程需要，氢气需要较大的存储区域，而已有加油（气）站通常建筑面积有限，无法满足改建需求，且加油（气）站多位于人口密集区，对储氢设施安全性要求较高。因此，基于上述加氢站的储氢需求，本研究设计了一种占地面积小、存储容量大和安全性能高的地下液氢存储设施——液氢井。研究了不同真空变密度多层绝热结构对液氢井的绝热性能影响，并从占地面积、日蒸发率和稳定性与安全性等角度对比研究了液氢井和其他地面液氢存储设施。经过COMSOL模拟计算，绝热结构D具有最好的绝热性能，热流密度仅为0.42W/m^2。在存储容积为20m^{3}时，液氢井的占地面积仅为常规地上储氢容器的5%~10%。当采用绝热结构D时，液氢井的日蒸发率为1.58%，高于地面液氢存储容器。但是，对于地面液氢存储容器，环境温度会随着季节变化而存在较大变化，模拟计算结果表明当热端温度增长为360K时，绝热结构的热流密度增至0.493W/m^2，较热端温度为300K时增大了17.4%；而液氢井由于存储主体位于地下，环境温度随季节变化较小，常年稳定在300K左右，安全性和稳定性优于地面液氢存储容器。液氢井作为一种新型的地下液氢存储设施，具有占地面积小、存储容量大和安全性能高等优点，可有效推进液氢的推广应用，促进我国氢能产业的发展。

关键词　氢能存储；液氢井；多层绝热；占地面积

随着工业化的快速发展，人们对化石能源的消耗导致了二氧化碳的大量排放，由此产生的全球变暖、冰川融化、海平面上升等问题对社会稳定、经济发展和人类健康产生了严重的负面影响。作为负责任的大国，我国在2020年提出了“二氧化碳排放力争2030年前达到峰值，力争2060年前实现碳中和”的双碳战略目标，大力发展新型清洁能源是实现我国各产业深度脱碳，达成这一战略目标的有效方法。其中氢能作为一种二次清洁能源，可以利用风电、光电等弃电电解制备，能够有效地调节能源结构，是推进我国能源转型的重要力量。

在氢能应用中，液氢储氢密度高、工作压力低、安全性好、储运运量更大、纯度高、充装更快、占地更小，成为面对未来更大加氢需求下的更优选择。液氢的体积能量密度约为35MPa高压气氢的3倍，70MPa高压气氢的1.8倍。液氢储运的储重比可超过10%。20MPa高压气氢的平均制取成本比液氢平均制取成本约低10.5元/kg，在百公里运输成本增量方面，运输距离每增加100km，高压气氢储运成本增加4.63元/kg，液氢则为0.4元/kg。20MPa管束车卸车时间数小时，甚至要等待1~2d，而液氢罐车装卸时间短，一般0.5~1.0h，大大提高了转运效率。液氢技术路线在整个产业链环节中压力等级较低，一般不超过1MPa，相对来说安全风险较低，使用更安全。与70MPa高压储氢单个储罐一般不超过5m^{3}相比，液氢的储存压力低，使得单个罐的容积可以做到非常大，这非常适合大规模的储能应用。同时，液氢加氢站因储罐高效紧凑，占地面积更小，建设投资更小。因此，推进液氢的发展和利用有助于促进氢能产业的发展。

氢能利用过程中包括“制、储、运、用”四个重要环节，加氢站作为氢能的重要存储单元是沟通氢能制备和利用的关键环节。一个大气压下，液氢的沸点为20.4K(-252.8℃)，密度为70.9kg/m^3，汽化潜热为0.91kJ·mol/L，在存储中稍有热量从外界渗入容器，即可导致液氢蒸发为氢气，造成液氢的损失，因此液氢存储容器不仅要耐氢脆，具有优异的低温性能，还应具备出色的绝热性能。此外，我国目前加氢站的建设主要为新建加氢站和已有加油(气)站改建为加氢站，受限于现有加氢工艺流程和安全规程需要，氢能存储和加注区域需要较大的占地面积，而已有加油(气)站通常建筑面积有限，无法满足改建需求，且加油(气)站多位于人口密集区，对储氢设施安全性要求较高。因此，基于上述加氢站的储氢需求，亟需设计了一种占地面积小、存储容量大和安全性能液氢存储设施。

针对液氢存储设施绝热性能要求高和目前加氢站对储氢设施的需求，本研究提出了一种地下液氢存储设施——液氢井。研究了不同变密度真空多层绝热绝热结构对液氢井绝热效率的影响。同时，从占地面积、日蒸发率和安全性与稳定性多角度，对液氢井和已有的地面储氢设施进行了对比分析，探讨了液氢井的应用潜力和未来的研究方向。

1 液氢井结构设计

液氢井可用于液氢的地下存储，其结构主要由井筒、绝热系统、支撑装置和井口装置组成，液氢井可以通过新建或大口径气态储氢井改建。本文以 ϕ508mm 的大口径气态储氢井改建液氢井为例，如图1所示液氢井主要由井筒、绝热结构、支撑装置和井口装置构成。

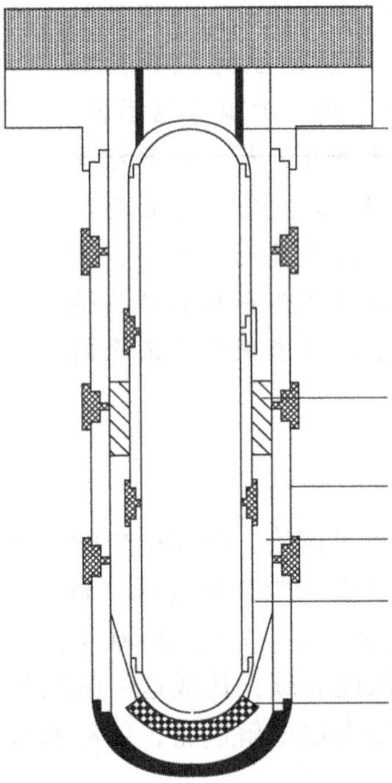

图1　液氢井结构示意图

1.1 井筒

液氢井井筒由外井筒、和内井筒构成。外井筒为 ϕ508mm 钢制的大口径套管，每根套管之间通过丝扣连接密封，底部套管使用盲管密封。内井筒为 ϕ339.7mm 小尺寸套管，每根套管之间通过丝扣连接密封，内井筒底部和顶部使用盲管密封，顶部留有液氢加注口、检测器等接口。内井筒为液氢存储部位，需采用低温性能优异和防氢脆的铬镍奥氏体不锈钢。液氢容器的外壳由于不与氢气接触所以不需要考虑氢脆的问题，钢板应具有良好的可焊性、足够的冲击强度和冲击韧性。

1.2 支撑装置

支撑结构主要指内胆和外壳之间的支撑，是为了避免内胆和外壳之间直接接触引起的热传递造成的液氢蒸发。支撑结构也是重要的漏热途径，研究表明该部分的导热漏热量往往超过总漏热量的30%，减少支撑结构的漏热和导热可有效地减少液氢的蒸发。如图1所示，液氢井的支撑装置主要由顶部悬挂、中部扶正器和底部悬挂支撑3部分组成。顶部悬挂是由绳索连接内井筒和外井筒，为主要的承重结构，由8根绳索构成，采用高强度和低导热材料，为了保证受力均匀和结构稳定，8根绳索均匀分布且长度保持一致。中部扶正器主要作用是保证内井筒能居中处于外井筒内部，采用高强度低导热率的玻璃钢材质，玻璃钢用隔热纸和铝箔包裹，减少固体导热和辐射传热。液氢井底部悬挂支撑结构如图2所示，由8根悬挂绳索和承重托构成，8根绳索的长度一致，一端固定在外井筒内壁上，另一端固定在承重托上，采用高强度和低导热材料。承重托上部与内井筒直接接触，采用高强度和低导热的玻璃钢材质。同时，承重托具有一定的内凹弧度，防止内井筒滑动。承重托与内井筒接触部分包裹有多层隔热性能良好的尼龙布，用来减少承重托和内井筒之间的热传导；承重托靠近外井筒侧不仅包裹有多层尼龙布纸，还包裹有铝箔，用以反射外井筒的热辐射，减少高温侧的辐射传热。

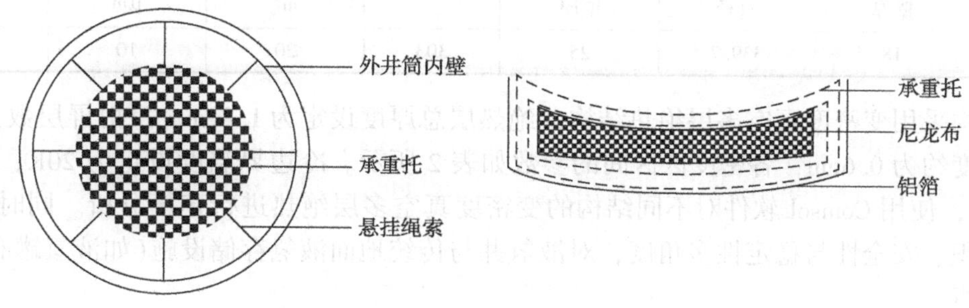

图 2　液氢井支撑装置结构示意图

1.3　绝热系统

液氢的存储温度为-253℃，与环境存在巨大温差，且液氢的汽化潜热仅为 0.91kJ · mol，对液氢井的绝热效率要求很高。根据已有的研究和报道，结合站用液氢存储需求，内井筒和外井筒之间需要构建高效的被动绝热，绝热方式选择绝热效率较高的变密度真空多层绝热，其结构如图 3 所示，其中辐射屏采用铝箔材质，隔热层可采用涤纶、尼龙或碳纸等材质中的一种。在靠近外井筒侧使用较大的层密度来减少辐射换热，在靠近内井筒侧使用较小的层密度来减少固体材料之间的导热从而实现高效绝热，同时真空度应保证不低于 10^{-3}Pa。

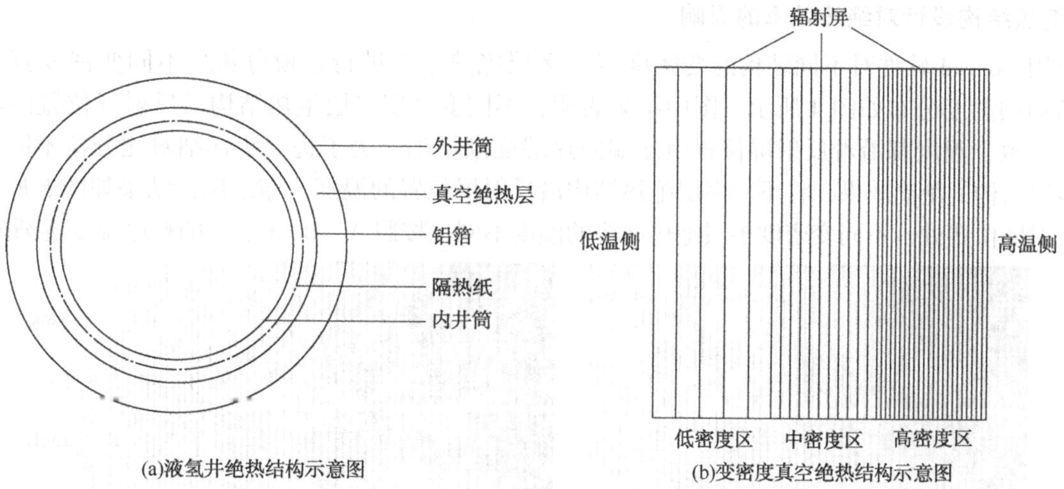

图 3

2　研究方法

液氢井的具体结构参数如表 1 所示，液氢井外井筒采用 ϕ508mm 的大口径套管，壁厚 18mm，内井筒采用 ϕ339.7mm 的套管，壁厚 25mm，井深设计为 303m，有效水容积为 20m³。绝热结构采用变密度真空多层绝热，辐射屏采用铝箔，厚度为 10μm，铝箔导热率很高，不考虑其固体导热，仅考虑其辐射传热，其发射率 ε 为 0.03；层间隔热材料采用涤纶，厚度为 100μm，参与固体导热，导热系数如式(1)所示。

$$\lambda_s = C_2 f k \tag{1}$$

式中，C_2为经验常熟，与间隔物材料的种类有关，对于涤纶间隔物，C_2取 0.08；f 表示间隔物的稀松程度，为其相对于固体材料的层密度，一般取 0.02；k 为间隔材料的热导率，涤纶的热导率可由经验公式(2)计算。

$$k = 0.017 + 7\times10^{-6}\times(800-T) + 0.0288ln(T) \tag{2}$$

式中，T 为间隔物材料的温度，K。

表 1　液氢井结构参数

外井筒尺寸/mm		内井筒尺寸/mm		井深/m	液氢井容积/m^3	铝箔厚度/μm	涤纶厚度/μm
直径	壁厚	直径	壁厚				
508	18	339.7	25	303	20	10	100

绝热结构采用变密度真空多层绝热结构，绝热层总厚度设定为 1.8cm，反射屏层数为 60 层，每个密度区厚度约为 0.6cm，各密度区区间的参数如表 2 所示。冷边界温度设定为 20K，热边界温度设定为 300K，使用 Comsol 软件对不同结构的变密度真空多层绝热进行建模分析。同时，从日蒸发率、占地面积、安全性与稳定性多角度，对液氢井与传统地面液氢存储设施(如液氢罐和液氢球罐)进行对比分析。

表 2　变密度多层绝热材料参数

结构	低温段层数	中温段层数	高温段层数
A	20	20	20
B	16	20	24
C	12	20	28
D	8	20	32

3　结果与讨论

3.1　绝热结构设计对绝热效率的影响

使用 Comsol 软件对不同结构的变密度真空多层绝热结构进行建模分析。不同变密度真空多层绝热结构的温度分布如图 4 所示。图中结果表明，不同变密度多层绝热结构沿反射屏位置的温度分布趋势一致，温度都沿着反射屏位置由冷端向热端逐渐增加。为了进一步详细对比分析不同变密度真空多层结构的绝热效果，将不同多层绝热结构沿反射屏位置的温度分布绘图，结果如图 5 所示。在相同反射屏位置处，不同变密度多层绝热结构的温度不同，按照 A、B、C、D 的顺序温度逐渐降低。

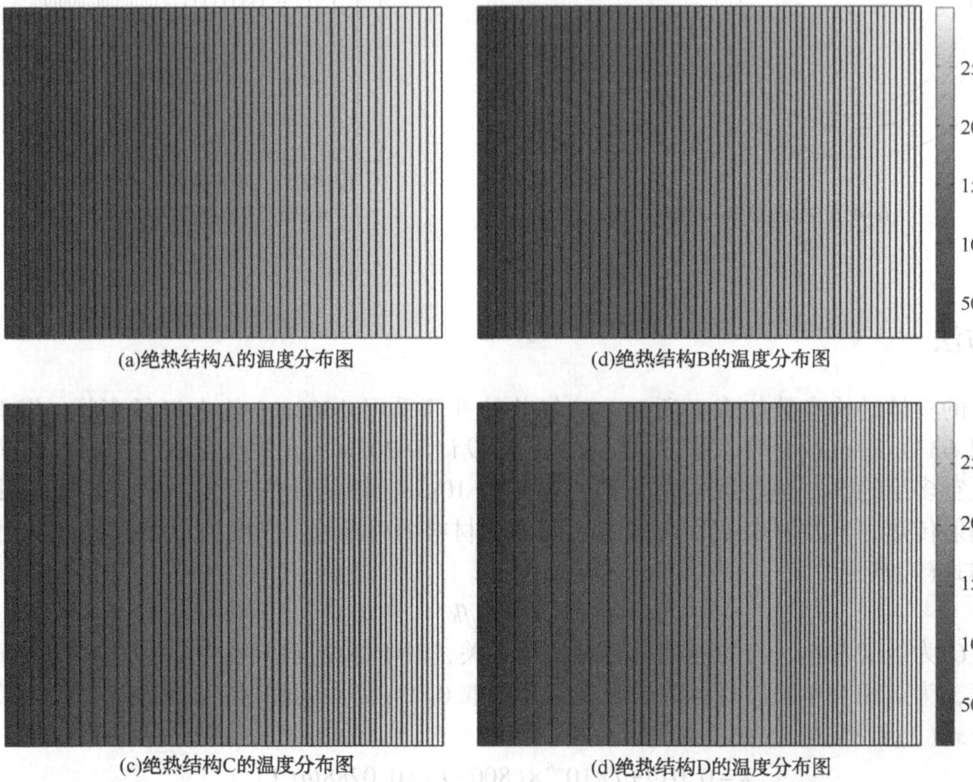

图 4

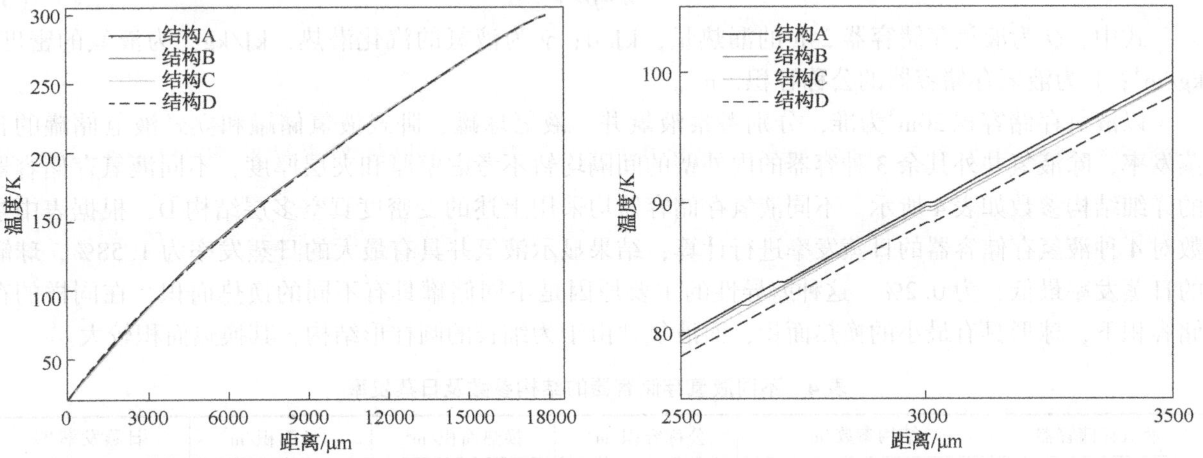

图 5　不同绝热结构温度沿反射屏温度分布图

对不同绝热结构的热流密度进行计算，结果如表 3 所示，结构 D 的热流密度最小，仅为 0.42W/m^2，表明其绝热效果最好。已有的研究表明低温侧主要以固体导热为主，较低的层密度可以降低低温侧的固体导热，而高温侧以辐射导热为主，较高的层密度可以减少辐射导热，而结构 D 的低温侧层密度最低，高温侧层密度最高，因此其热流密度也最小。上述结果表明当真空多层绝热结构辐射屏数量和总体厚度一定时，通过科学合理的调整不同温区的辐射屏分布也可进一步提高变密度真空多层绝热结构的绝热效果。

表 3　不同绝热结构的热流密度

	结构 A	结构 B	结构 C	结构 D
热流密度/(W/m^2)	0.436374157	0.432890605	0.42877565	0.420028274

3.2　液氢井与地面液氢存储设施对比分析

现有的液氢存储容器多以地面存储设施为主，如图 6 所示主要有液氢球罐、卧式储罐和立式储罐 3 种。下面将从日蒸发率、占地面积和安全性 3 个角度对液氢井和上述液氢存储容器进行对比分析，讨论液氢井的可行性。

(a)液氢球罐　(b)立式液氢储罐　(c)卧式液氢储罐

图 6

3.2.1　日蒸发率

液氢汽化潜热较小，仅为 0.91kJ·mol，极易吸热汽化造成液氢存储容器压力的升高和液氢的损失。因此，液氢存储容器对绝热系统的绝热效率要求较高，液氢的日蒸发率是衡量液氢存储容器效率的关键指标。液氢的日蒸发率是指一天(24h)内蒸发的数量与储液容器的公称容积之比：

$$\alpha=\frac{g}{M}\times100\% \tag{3}$$

式中，g 为 24h 内液氢的蒸发量，kg；M 为液氢存储容器满容积时液氢的质量，kg。其中 g 和 M 可分别由式(4)和(5)计算可得：

$$g=\frac{Q}{\gamma} \tag{4}$$

$$M=\rho\times V \tag{5}$$

式中，Q 为液氢存储容器 24h 的漏热量，kJ/d；γ 为液氢的汽化潜热，kJ/kg；为液氢的密度，kg/m^3；V 为液氢存储容器的公称容积，m^3。

以液氢存储容积 $20m^3$ 为准，分别考察液氢井、液氢球罐、卧式液氢储罐和立式液氢储罐的日蒸发率，除液氢井外其余 3 种容器的内外壁的间隔均暂不考虑壁厚和夹层厚度，不同液氢存储容器的详细结构参数如表 4 所示。不同液氢存储容器均采用上述的变密度真空多层结构 D，根据表中参数对 4 种液氢存储容器的日蒸发率进行计算，结果显示液氢井具有最大的日蒸发率为 1.58%，球罐的日蒸发率最低，为 0.2%。这种差异性的主要原因是不同储罐具有不同的换热面积，在同样的存储容积下，球形具有最小的换热面积，而液氢井由于为细长的圆柱形结构，其换热面积较大。

表 4　不同液氢存储容器的结构参数及日蒸发率

液氢存储容器	结构参数/m	公称容积/m^3	换热面积/m^2	占地面积/m^2	日蒸发率/%
液氢井	外井筒直径：0.508 外井筒壁厚：0.018 内井筒直径：0.3397 内井筒壁厚：0.025 井深：303 井口直径：0.8	20	275.6	0.50	1.58
液氢球罐	容器半径：1.68	20	35.62	8.86	0.2
立式液氢储罐	容器半径：1.26 储罐高度：4	20	41.65	4.99	0.24
卧式液氢储罐	容器半径：1.26 储罐长度：4	20	41.65	10.08	0.24

3.2.2　占地面积

目前加氢站的建设主要是新建加氢站和已有加油(气)站改建，其中已有加油(气)站面积有限，氢气存储容器由于安全规定和配套设施等原因，具有较大的占地面积，是已有加油(气)站改建为加氢站的重要限制因素。因此，对 4 种液氢存储容器的占地面积进行了计算，在液氢储量为 $20m^3$ 的条件下，液氢井仅需占地 $0.5m^2$，立式液氢储罐次之为 $4.99m^2$，液氢球罐和卧式液氢储罐则分别达到 $8.86m^2$ 和 $10.08m^2$。液氢井在占地面积上具有显著的优势，仅为常规地上储氢容器的 5%~10%。此外，液氢井仅需增加井深即可增加其存储容量，这表明随着液氢存储容量的增大，液氢井占地面积小的优势会更加明显。

3.2.3　稳定性与安全性

液氢井液氢存储主体位于地下，环境稳定，环境温度受季节和天气影响小，稳定在 20℃左右。地上存储容器暴露于空气中，环境随天气和季节变化显著，尤其夏季需要面对高温，光照直射下，金属储罐的外壳温度能达到 50~70℃。温度的变化不仅会对容器的机械性能等产生一定影响，还会影响液氢储罐的绝热效果。采用 Comsol 对不同热端温度下的绝热结构 D 的温度分布进行模拟，结果如图 7 所示。为进一步研究不同热端温度对绝热结构绝热效果的影响，对变密度真空多层绝热结构位置与温度的变化进行绘图，结果如图 8 所示，结果表明随着高温侧温度的升高，绝热结构相同处的温度都呈现增大的趋势，这表明随着高温侧温度的升高，变密度真空多层绝热结构的绝热效果呈现出一定的下降。为进一步量化这种变化，分别计算了 4 种高温侧温度下绝热结构的热流密度，结果如表 5 所示。当热端温度为 360K 时，绝热结构的热流密度增至 $0.493W/m^2$，较热端温度为 300K 时增大了 17.4%。因此，保持热端温度的稳定有助于保持液氢存储容器的液氢蒸发率维持在恒定的速率，提高液氢存储的稳定性。

同时，已有的加油(汽)站多位于人口稠密区域，在进行加氢站改建时，除了需要考虑相应的安全规定，也需要考虑周围居民的接受意愿。已有的实际建设案例中也出现过，地面储氢容器建设位置符合安全规定距离，但是因居民投诉而需重新选址的实际情况。相较于地面储氢容器，液氢井存储主体位于地下，周围环境更加稳定，自身安全性也更高，同时地面仅保留液氢井井口，占地面积很小，视觉冲击也更小，周围居民也更容易接受，有利于未来加油(汽)站的改建。

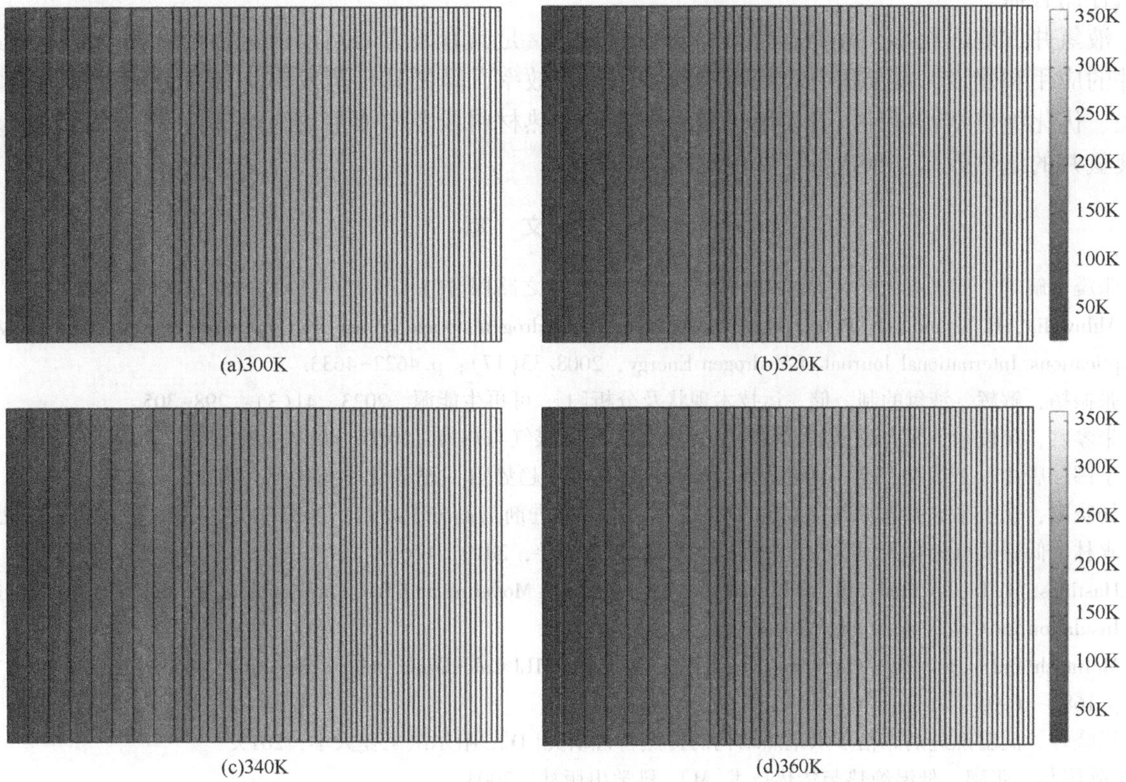

图 7　不同高温侧温度下温度分布图

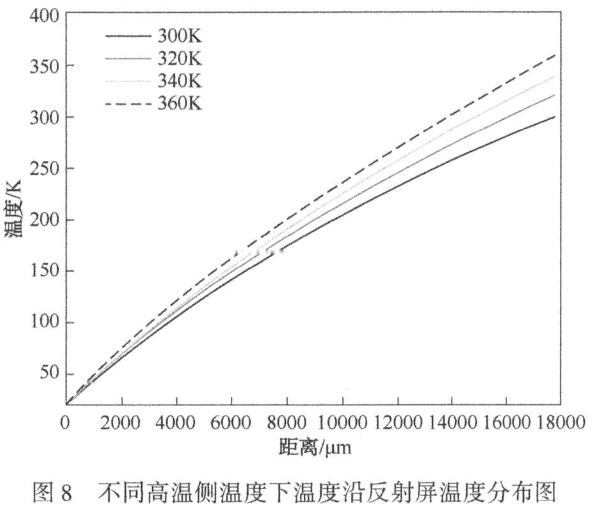

图 8　不同高温侧温度下温度沿反射屏温度分布图

表 5　不同高温侧温度下绝热结构的热流密度

	结构 A	结构 B	结构 C	结构 D
热流密度/(W/m^2)	0.420028274	0.444501833	0.468683528	0.492506728

4　结论与展望

本研究设计了一种地下液氢存储容器——液氢井。采用 Comsol 软件模拟分析了不同辐射屏分布的变密度多层绝热结构的绝热效率，确定结构 D 具有最小热流密度，仅为 $0.42W/m^2$。同时，从日蒸发率、占地面积、稳定性与安全性多角度对液氢井、液氢球罐、卧式和立式液氢储罐进行对比分析。相较于地面储氢设施，液氢井的占地面积仅为地上储氢设施的 5%~10%，且随着存储容积的增大，这种优势会更加明显。液氢井的存储主体位于地下，周围环境恒定，热端温度变化小，液氢蒸发速率变化小，安全性高等。但是由于液氢井的换热面积较大，其日蒸发率为 1.58%，高于地面液氢存储容器。

液氢井占地面积小、存储容量大、安全性能高，是具有潜力的站用液氢存储容器。为了推进液氢井的应用和建设，需要进一步提高液氢井的绝热效率，降低其日蒸发率。未来可通过增大液氢井直径、优化绝热结构设计、开发绝热效果更好的绝热材料或者增加主动绝热部件等多角度进一步提高液氢井的绝热效果，推进液氢井的建设和应用。

参 考 文 献

[1] 张震，解辉，苏嘉南，等．"碳中和"背景下的液氢发展之路探讨[J]．天然气工业，2022(004)：042.

[2] Ahluwalia，R. K. and J. K. Peng，Dynamics of cryogenic hydrogen storage in insulated pressure vessels for automotive applications. International Journal of Hydrogen Energy，2008. 33(17)：p. 4622-4633.

[3] 张振扬，解辉．液氢的制，储，运技术现状及分析[J]．可再生能源，2023，41(3)：298-305.

[4] 朱琴君，祝俊宗．国内液氢加氢站的发展与前景[J]．煤气与热力，2020，40(7)：6.

[5] 丁镠，唐涛，王耀萱，等．氢储运技术研究进展与发展趋势[J]．低碳化学与化工，2022，47(2).

[6] 杨晓阳，李士军．液氢贮存，运输的现状[J]．化学推进剂与高分子材料，2022(004)：020. 7. [7]郭志钒，巨永林．低温液氢储存的现状及存在问题[J]．低温与超导，2019，47(6)：9.

[7] Hastings，L. J.，A. Hedayat，and T. M. Brown，Analytical Modeling and Test Correlation of Variable Density Multilayer Insulation for Cryogenic Storage. 2004.

[8] McIntosh and G. E. J. A. i. C. Engineering，Layer by Layer MLI Calculation Using a Separated Mode Equation. 1994. 39B：p. 1683-1690.

[9] 迟晓婷．低温推进剂储箱多层绝热结构的传热特性研究[D]．哈尔滨工业大学，2019.

[10] 陈国邦，张鹏．低温绝热与传热技术[M]．科学出版社，2004.

黄骅坳陷新近系馆陶组砂岩热储微观特征研究

吴　刚　程　琦　杨佩佩　成亚斌　刘妍君

(中国石油大港油田公司)

摘　要　渤海湾盆地黄骅坳陷是东部重要的含油气坳陷，研究发现该地区地热资源丰富，馆陶组砂岩是主力热储层，其微观孔隙结构特征是制约地热流体储集和采灌量的重要因素。通过岩石薄片鉴定、X-衍射分析、岩石物性测试、渗流与回灌物理模拟等实验，对黄骅凹陷馆陶组的微观孔隙结构及渗流特征进行了综合研究，分析了制约砂岩热储采灌能力的主控因素。结果表明：馆陶组热储成岩作用弱、发育较粗歪度、细歪度、略细歪度三种孔喉类型，排驱压力较小，孔喉半径较大，储层物性好，孔隙度为7.09%~34.21%，渗透率为1.07~846.0mD，充注难度低。馆Ⅰ具有更好的地热水渗流与回灌能力，呈现指状快速推进、渗流。馆Ⅰ较馆Ⅲ有更高的地热水储集和回灌能力，对黄骅坳陷馆陶组地热资源开发利用具有指导意义。

关键词　渤海湾盆地；黄骅坳陷；馆陶组；微观孔隙结构；渗流特征

近年来，随着清洁能源的日益重要和环境保护的迫切需求，2020年9月中国明确提出2030年“碳达峰”与2060年“碳中和”目标。地热能作为一种绿色低碳、可循环利用的可再生能源，具有储量大、分布广、清洁环保、稳定可靠等特点，是一种现实可行且具有竞争力的清洁能源，对调整能源结构、节能减排、改善环境具有重要意义。

油田蕴藏着大量的水热型地热资源，近年来在油气探区将地热作为一种新能源和可再生能源加以开发利用亦发展迅猛。部分学者对少数盆地或油田，如松辽盆地的大庆油田以及渤海湾盆地的华北油田、大港油田、冀东油田、辽河油田和胜利油田等进行过地热资源评价。黄骅坳陷大港探区作为中国含油气盆地地热开发有利地区之一，资源潜力巨大，市场需求旺盛。前人研究主要围绕渤海湾盆地局部的地温场、水化学场、地热资源分布等开展研究工作。也有学者对歧口凹陷区新近系馆陶组热储地温场、孔渗条件、地热水循环规律和成因模式进行了研究。部分学者通过热储层水岩试验、水化学特征、下伏地层岩性、径流条件等的研究对天津市新近系馆陶组砂岩热储回灌能力进行了评价。总体上，黄骅坳陷馆陶组热储研究程度低，对热储微观孔隙结构特征和渗流特征缺乏认识，制约了黄骅坳陷馆陶组地热资源的高效开发和规模利用。因此，全面深入认识研究区热储微观孔隙结构特征对于科学化、规模化、可持续性开发利用地热资源具有重要的指导意义。

本文以黄骅坳陷大港探区为例，基于研究区馆陶组的岩心样品，通过岩石薄片鉴定、X~衍射分析、岩石物性测试，明确研究区馆陶组热储岩石学特征、孔渗特征、微观孔隙结构类型，识别优质储层。同时，通过渗流与回灌模拟等实验，进行地热水渗流特征和回灌能力研究，分析研究区渗流能力主控因素，优选高渗流能力优质储层，从而为后续的地热井开发方案部署提供依据。

1　研究区地质概况

黄骅坳陷位于渤海湾盆地，是一大型SW—NE走向的一级负向构造单元，北接燕山褶皱带，西邻沧县隆起，东南为埕宁隆起，向西南的吴桥次凹逐步收敛。总面积约为17000km^2，主要包括沧东凹陷、歧口凹陷等沉降单元(图1)。

黄骅坳陷地层由老到新发育古生界寒武系—奥陶系和石炭系—二叠系，中生界侏罗系—白垩系，以及新生界古近系孔店组、沙河街组、东营组，新近系馆陶组、明化镇组，以及第四系平原组等多套地层。根据热储层岩性、孔隙性质和结构与热流体运移条件，黄骅坳陷所在的大港探区热储

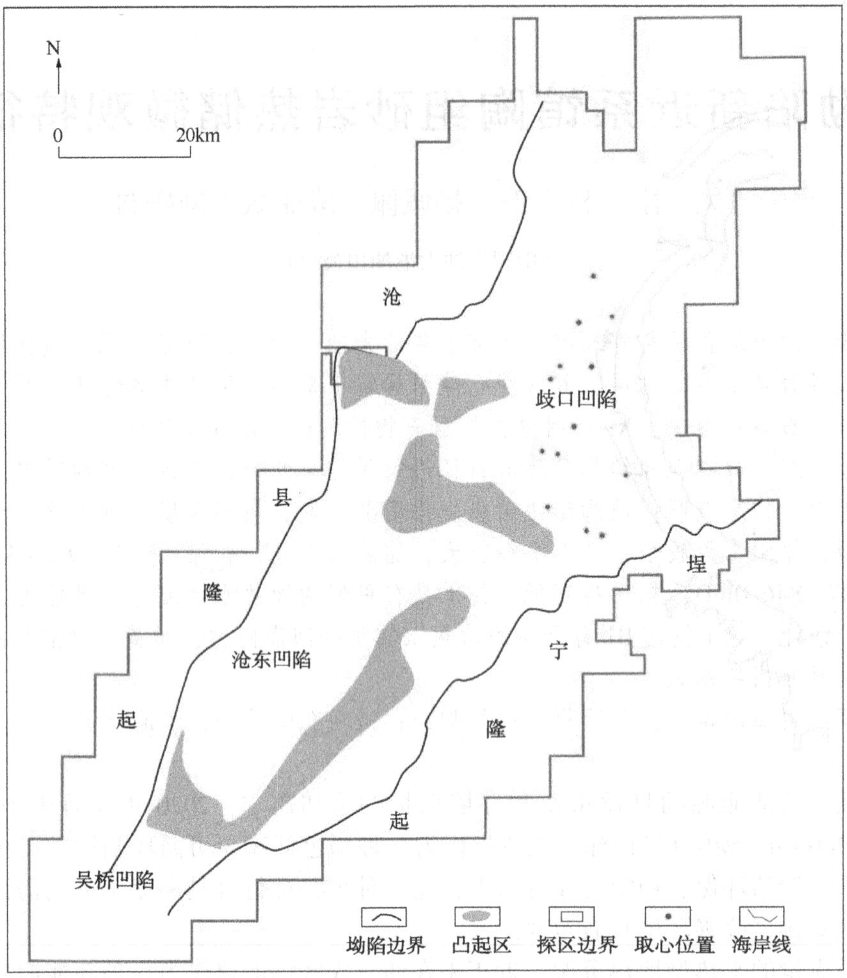

图 1　研究区区域构造图

系统分为两类：一是松散沉积孔隙型热储系统，包括明化镇组和馆陶组等，该热储储存空间以空隙为主，由新近系、古近系松散沉积层组成，沉积层中的砂岩、砂砾岩是热流体的赋存地层；二是基岩裂隙岩溶热储系统，由奥陶系、蓟县纪雾迷山组碳酸盐岩组成，孔隙性和渗流条件受构造、岩性和古岩溶发育条件影响，奥陶系为古潜山类型，蓟县纪雾迷山组为孔洞缝层状分布型。

馆陶组属于大港探区主力热储层，是在准平原的基础上形成的河流相碎屑岩沉积环境，堆积了砂、砾组成的冲积扇和含砾、砾质砂岩夹杂色泥质岩组成的河流相堆积，沉积旋回明显，岩性自上而下表现为粗-细-粗特征。按其沉积岩性旋回特征，该热储层可分为上部馆Ⅰ(NgI)砂岩和下部馆Ⅲ(NgIII)砂砾岩热流体富集段。馆陶组热储分布稳定、埋深浅、厚度大、物性好、矿化度低、水质好，井口流温 48~82℃。此次研究重点关注大港探区新近系馆陶组孔隙型热储。

2　热储层特征

2.1　岩石学特征

对研究区 14 个馆陶组样品进行全岩矿物 X 衍射测试，实验结果表明，其主要矿物成分为石英、钾钠长石以及少量碳酸盐岩成分。其中石英含量最高，平均含量 63.42%，最大可达 88.16%；其次为泥质，包含钾长石、斜长石以及黏土矿物，平均含量为 21.74%；碳酸盐岩平均含量最少，为 6.42%，部分 NgIII 样品碳酸盐岩含量较高，主要为方解石，最高可达 38.34%。黏土含量总体较低，为 0~13.85%，平均 3.83%。自生伊利石和高岭石是主要的黏土矿物类型，平均含量分别为 2.86%和 0.54%，部分样品含有少量绿泥石，最高可达 0.64%。压实作用弱，胶结作用几乎不发育，仅有极少量方解石胶结物。

2.2 储集物性特征

热储层的储集物性包括了孔渗、微观孔隙结构等，它们的特征不仅影响了地热流体的储集能力，而且也影响了地热流体的运移。因此研究热储物性特征以及微观孔隙结构特征对揭示热储富热成热机制和回灌渗流机理有着重要的理论和实践意义。

2.2.1 物性特征

对研究区 16 口井 20 个岩心样品进行了孔隙度和渗透率测试，结果表明，NgI 孔隙度分布在 15.04%~30.04%，平均 21.23%，渗透率分布在 1.07~1127.8mD，平均 375.97mD。NgIII 孔隙度分布在 19.43%~19.55%，平均 19.48%。NgI 的孔隙度高于 NgIII，渗透率较高，储集性能较 NgIII 更高。

2.2.2 孔隙结构特征

孔隙结构直观体现储层品质的物理属性，孔隙特征的差异影响着流体微观赋存状态。高压压汞目前被广泛应用于储层孔隙结构研究，本文采用典型样品的铸体薄片和压汞数据，对研究区馆陶组热储微观孔隙结构特征进行定量研究。结果表明，研究区馆陶组发育优、中、差三种类型孔喉。

I 类为较粗歪度，孔喉充注难度低，汞饱和度中值压力 0.07~0.25Mpa。分选较好，孔喉分布于 1.6~16μm，孔隙度 30%~32.9%。此类孔喉属于优质孔喉类型，孔渗度高，储集性能好，储层岩性多为粗砂岩。铸体薄片显示压实作用较弱，粒间孔隙大量发育，阴极发光结果表明胶结作用几乎不发育，仅有极少量方解石胶结物；Ⅱ类为细歪度，孔喉充注难度适中，汞饱和度中值压力 4.8~13MPa。分选较差，孔喉分布于 0.004~1.00μm，孔隙度 19.4%~25.6%。该种孔喉属于馆陶组常见孔喉类型，NgI~NgIII 均有分布，具有一定孔渗性，储层岩性多为中~细砂岩。铸体薄片显示碎屑颗粒较均匀分布，颗粒呈次棱角-棱角状，线接触，接触式胶结。填隙物主要为泥质，其次为方解石。阴极发光结果表明矿物主要为石英、钾长石，胶结物主要为方解石和泥质；Ⅲ类为略细歪度，孔喉充注难度大，汞饱和度中值压力 25.45~117.49MPa；分选较好，孔喉分布于 0.04~0.063μm，孔隙度 15%~19.5%，该种孔喉类型的储层多为粉砂岩、泥岩储层，储集性能较差。阴极发光结果表明矿物主要为石英、钾长石，少量方解石胶结物，少量高岭石(图 2)。

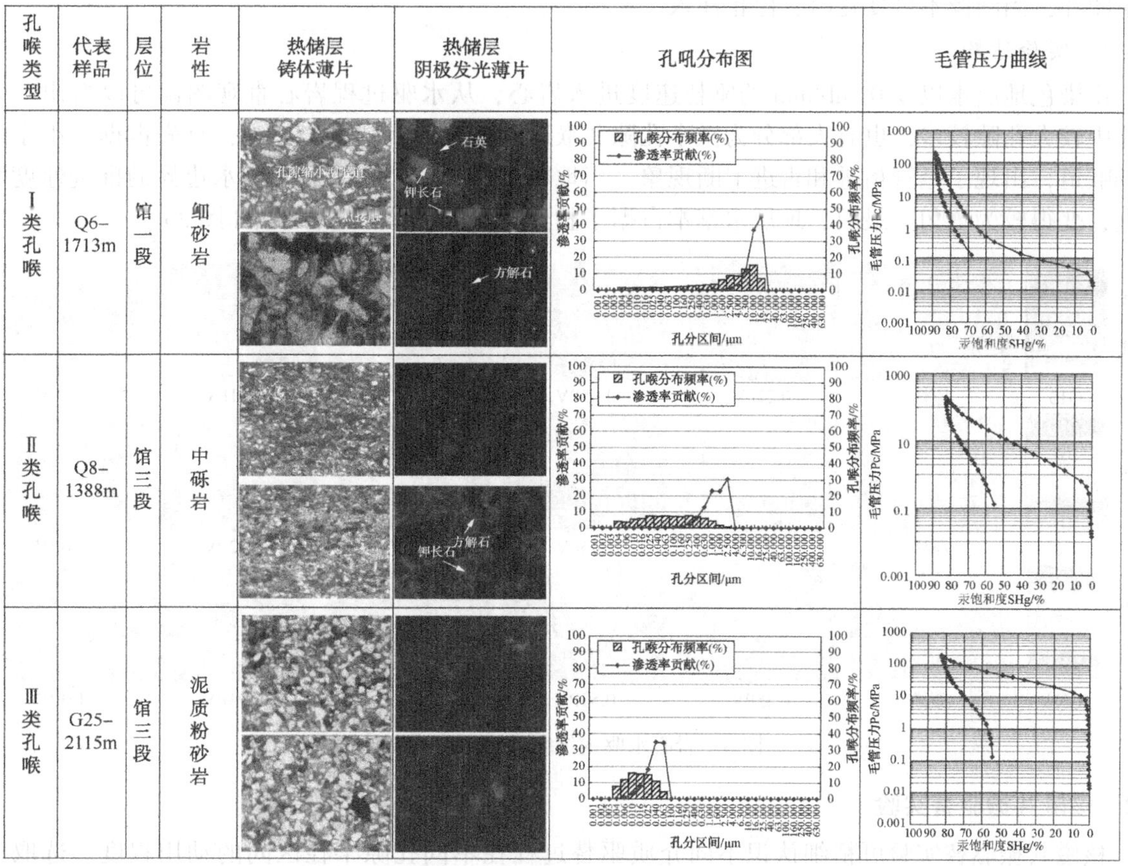

图 2　研究区馆陶组孔隙结构特征分类

根据铸体薄片和阴极发光镜下观察结果，研究区物性总体较好，储集空间类型主要为原生粒间孔隙。NgI 岩心样品孔渗性通常好于 NgIII，孔隙度通常在 30%以上。岩相特征、矿物组成、孔隙结构、压实作用等因素共同影响了孔渗特征，NgIII 矿物颗粒相对较细，部分样品发育较多黏土矿物和泥质成分，导致孔隙度降低。

3 微观渗流特征与回灌模拟试验

3.1 地热水微观驱替可视化实验

为了直观分析热储层岩心孔隙网络中微观水驱渗流机理，本次研究选取 G15、Q8、GX4 三块孔渗性不同的岩心钻柱(表 1)，建立可视化驱替实验装置，采用尼康 LV150N 高倍像素化金相显微镜对真实岩心微模型水驱过程的图像进行实时动态观测，通过直观的了解水的分布特征和形态，能对驱替后孔隙中水分布进行研究，获得岩心中水的演变规律，明确不同开发阶段地热水的分布特征。

表 1 模拟回灌实验选取样品表

样品编号	层段	深度/m	孔隙度/%	渗透率/($\times10^{-3}$)	矿物成分/%								
					石英	钾长石	斜长石	白云石	黄铁矿	铁白云石	黏土	菱铁矿	石盐
G15	馆一	1176	21.4	69.9	29.8	14.3	22.5	0	0.4	23.7	2.3	4.4	2.5
Q8	馆三	1388	19.4	1.07	32.9	15	24.7	7.9	0.9	0	15	0.8	2.7
GX4	馆三	2180	32.55	530.6	35.1	23.8	29.7	0	0	0.5	9.5	0	1.4

3.1.1 实验流程

(1) 截取岩心制作薄片，将制备的岩心薄片放入夹持器中，连接管线；(2)施加围压，初始饱和浅色地层水，建立原始含水饱和度。选定岩心模型的摄像区域；(3)利用双缸驱替泵用模拟油驱替饱和地层水的岩心薄片，记录图片至图像没有变化为止；(4)用 WLB 恒速恒压微量泵将二氧化碳注入饱和模拟油的薄片岩心模型，并对薄片岩心模型的摄像区域连续摄像，观察图像的动态过程并记录图片，当图像不再变化时，停止注入。

3.1.2 实验结果

用染色地层水以 0.01ml/min 的驱替速度进入岩心，从水驱过程岩心直观图像可以看出，岩心薄片中较大孔隙较多，也有大部分为微小孔隙和喉道。当地层水侵入岩心后，首先占据了细小的孔隙和喉道，出现了毛管指进和舌进卡断现象。当地层水进入较大孔隙后，气水边界的推进速度明显变慢，变得较为均匀。最后，地层水基本占据了整个岩心的孔隙，驱替结束(图 3)。

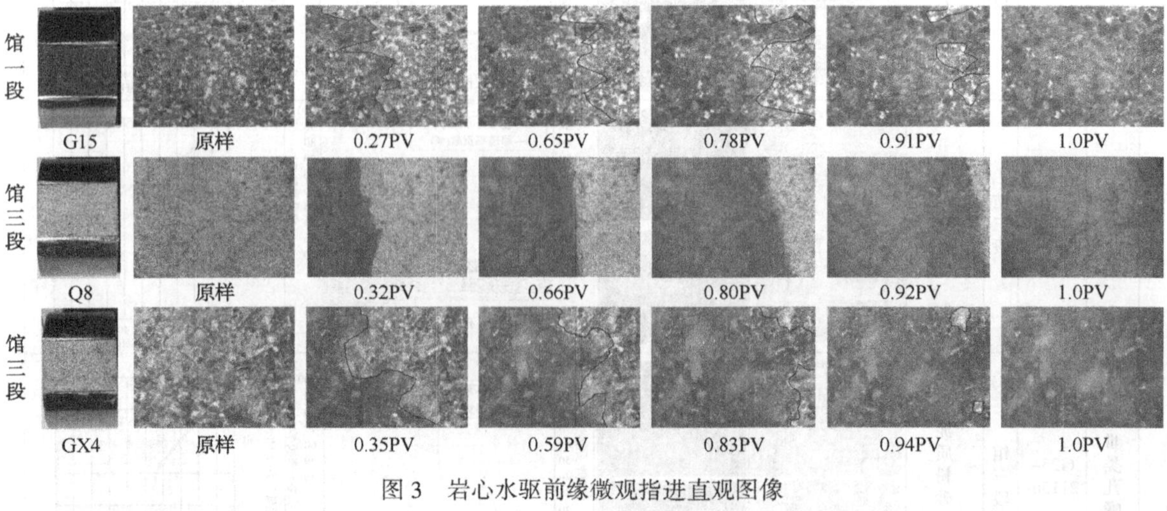

图 3 岩心水驱前缘微观指进直观图像

3.2 核磁共振驱替实验

核磁共振驱替实验可精细认识不同介质驱替过程在不同孔隙半径区间的动用程度。选取选取

G15、Q8、GX4 三口井岩心样品开展核磁共振水驱实验，获得核磁信号动态变化，将核磁信号量转化为孔隙中流体采出程度，明晰微观渗流机理。

G15 井岩心起始饱和水少，水充注快速增加，1~5PV 期间，快速渗流。Q8 井岩心起始饱和水多，起始水充注快、后期均匀且缓慢。GX4 井起始饱和水少，起始水充注推进快速，后期速度较缓，整体与 Q8 井相近。总体上，NgI 水充注速度快、充注率高(图 4)。

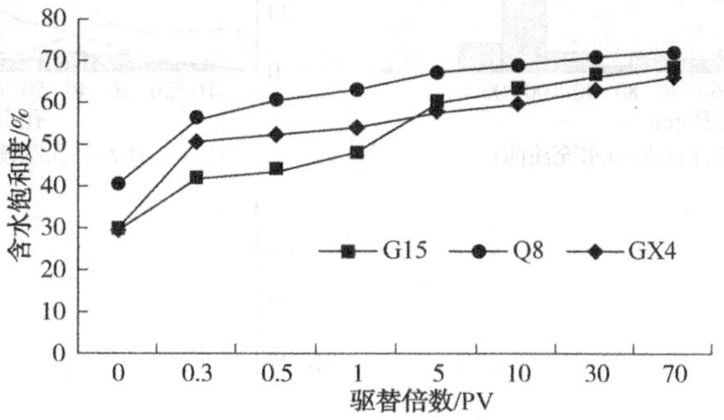

图 4　充注过程中含水饱和度变化特征

G15 井高驱倍数区间地热水储集空间以较小微米级连通喉道为主，储集空间分布在 0~0. 01μm、0. 25~10μm；Q8 井高驱倍数区间地热水储集空间以较大微米级连通喉道为主，储集空间介于 0~0. 01μm、2. 50~100μm。低驱替倍数区间地热水易回灌且占据≥10μm 大连通空间为主，高驱替倍数区间回灌水难度增加，以 0. 25~10μm 空间为主。GX4 井高驱倍数区间地热水储集空间以较大微米级连通喉道，储集空间集中于 0. 25~100μm，低驱替倍数区间地热水易回灌且占据≥100μm 的大连通空间为主，高驱替倍数区间地热水回灌水难度增加，储集空间以 0. 25~100μm 空间为主，0~0. 01μm 储集空间内含水饱和度变化不大，基本未驱进(图 5)。总体上，NgI 可储集和驱替空间程度更高，有利地热水储集和回灌。

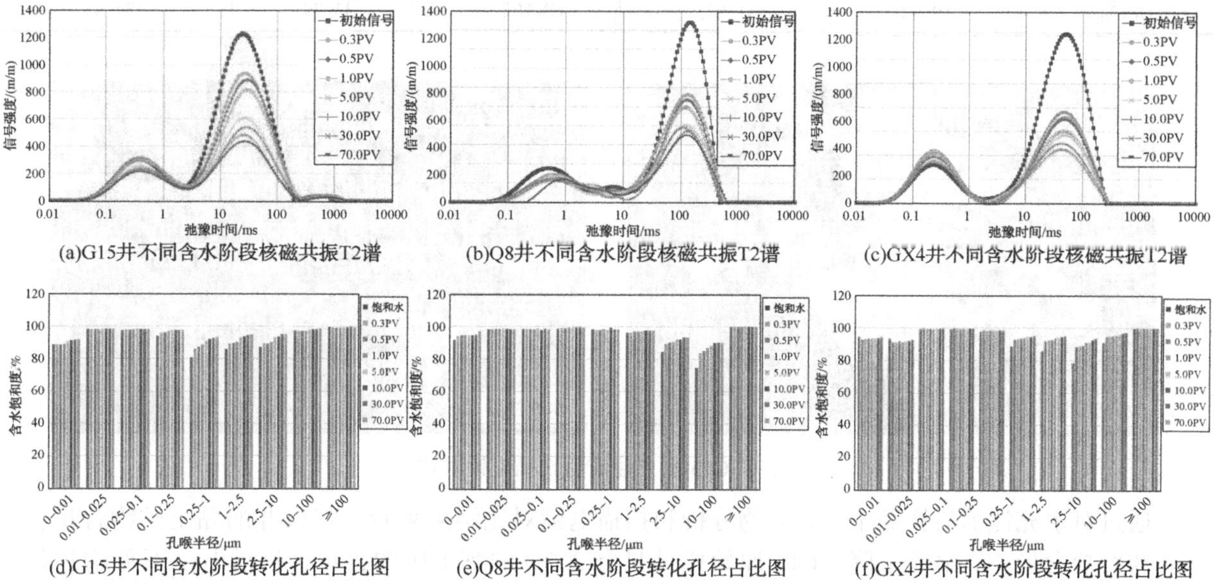

图 5　不同含水阶段核磁共振 T2 谱及孔径占比图

3. 3　渗流充注前后差异与成因分析

以 G15 井对代表，对比分析水渗流充注前后的孔隙度、渗透率、喉道直径变化等特征，解析对地热水渗流与回灌的影响因素。对比发现，G15 井样品在水充注后孔隙度、渗透率均有提升，并且有效喉道占比显著增加(图 6)。相同的现象也出现在 Q8、GX4 井水充注前后的孔渗测试结果中(表 2)。

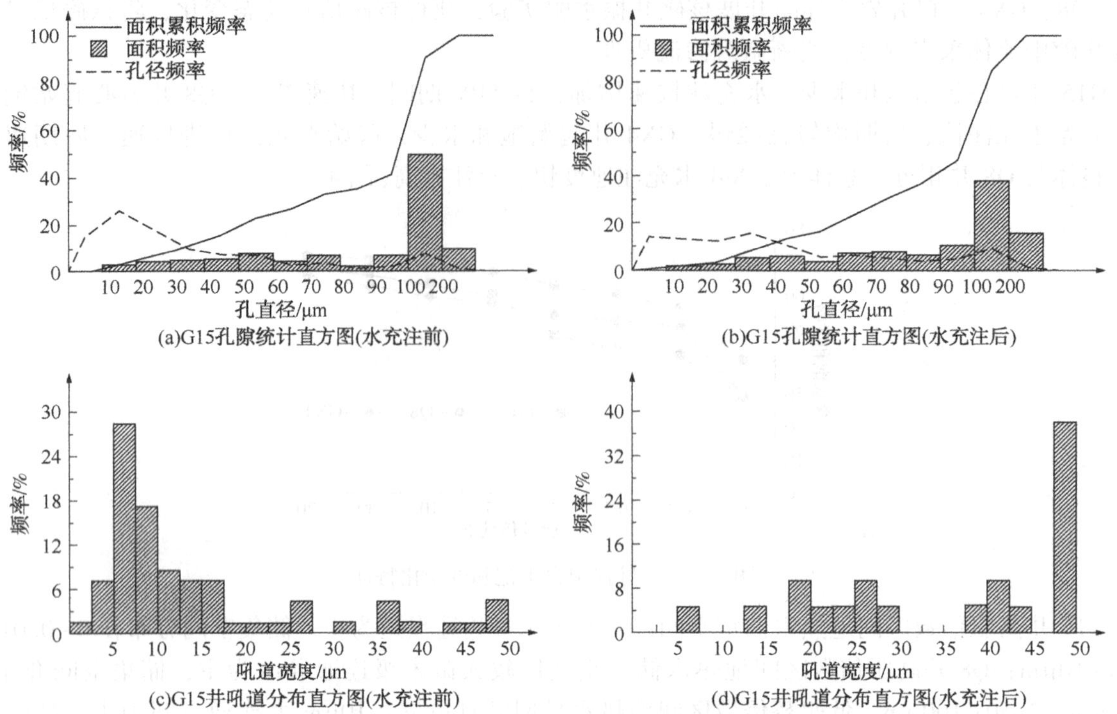

图6　G15 水充注前后孔隙统计和喉道分布直方图

表 2　水充注前后 G15、Q8、GX4 井的孔隙度与渗透率变化

样品	孔隙度/%	渗透率/mD	样品	孔隙度/%	渗透率/mD
G15(前)	21.47	69.94	Q8(后)	23.05	27.51
G15(后)	22.94	101.23	GX4(前)	33.15	531.02
Q8(前)	19.42	1.07	GX4(后)	33.79	537.41

图7　G15 水充注前后扫描电镜对比

通过对水充注前后样品中全岩矿物分析和扫描电镜对比结果来看，三口井的黏土矿物含量、磷铁矿和石盐含量均有显著下降。G15 原始样品具有 2.3%的黏土矿物含量，扫描电镜下见鳞片状高岭石和丝片状伊利石充填粒间孔隙，水充注后样品扫描电镜下主要见石英、铁白云石充填粒间孔隙，和少量黏土附着颗粒表面(图 7)。充注后黏土矿物含量降低，可能由于黏土矿物脱离被水流冲出，造成孔隙度、渗透率、有效喉道增加。

水充注前后铸体薄片变化结果表明，G15 样品水充注前样品中面孔率为 8.76%、孔喉比 5.11、平均配位数为 0.36，水充注后样品的面孔率为 9.47%、孔喉比 2.16、平均配位数为 0.16，面孔率增加、孔吼比降低、平均配位数降低。同时，充注后发现明显的长石溶蚀作用，伴随少量碳酸盐胶结，黏土矿物脱离析出，压实作用中等，说明水充注增加了孔隙体积、提高了渗流能力。

4 结论

（1）研究区馆陶组热储层发育较粗歪度、细歪度、略细歪度三种孔喉类型，排驱压力较小，为0.021～20.59Mpa、孔喉半径较大，为0.005～10.10μm，充注难度低，储层物性好，孔隙度为7.09%～34.21%，渗透率为1.07～846.0mD，NgI为优质储层。

（2）研究区NgI孔渗较低、黏土矿物含量相对较低，微观渗流特征表现为指状快速起充、快速渗流；低渗NgIII黏土矿物相对含量较高，呈现平整推进、缓慢渗流特征；高渗NgIII长英质矿物含量多、黏土矿物较高，呈指状快速充注、缓慢渗流。NgI具有更好的渗流能力，有利地热水储集和回灌。

（3）馆陶组热储层的渗流能力受黏土矿物含量、孔隙度、渗透率和孔喉分布影响。地热流体回灌过程中，黏土矿物含量降低、可能发生长石溶蚀作用，改善了孔隙条件、提高了渗流能力。黏土矿物脱落析出而导致的孔渗增高、有效喉道增加是NgI渗流好的重要原因。

参 考 文 献

[1] 周立宏．“双碳”目标下油气田企业的机遇，挑战与对策——以大港油田为例[J]．世界石油工业，2021，28(4)：8.
[2] 王贵玲，刘彦广，朱喜，等．中国地热资源现状及发展趋势[J]．地学前缘，2020，27(01)：1-9.
[3] 王社教，施亦做，方朝合，等．中国油田地热开发利用现状与发展方向[J]．岩性油气藏，2024，36(02)：23-32.
[4] 王社教，李峰，闫家泓，等．油田地热资源评价方法及应用[J]．石油学报，2020，41(5).
[5] 邹红丽，李建东，陆红．黄骅坳陷地热资源研究[J]．长春科技大学学报，1999，(02)：148-150. DOI：10.13278/j.cnki.jjuese.1999.02.011.
[6] 王连成．天津市新近系馆陶组地热流体回灌研究[D]．北京：中国地质大学(北京)，2014.
[7] 邓俊祖，蔺文静，邢林啸，等．冀中坳陷北部碳酸盐岩热储水化学特征及成因分析[J]．地下水，2022，44(3)：1-4.
[8] 董月霞，黄红祥，任路，等．渤海湾盆地北部新近系馆陶组地热田特征及开发实践：以河北省唐山市曹妃甸地热供暖项目为例[J]．石油勘探与开发，2021，48(3)：666-676.
[9] 夏国朝，楼达，赵艳婷，等．歧口凹陷区新近系馆陶组热储特征及成因机制[J]．煤田地质与勘探，2024，52(01)：46-55.
[10] 孙晓林，杨宝美，王震凯．天津地区奥陶系热储层上覆地层对其储层特征影响分析[J]．华北地质，2023，46(02)：31-37.
[11] 赵贤正，蒲秀刚，金凤鸣，等．黄骅坳陷页岩型页岩油富集规律及勘探有利区[J]．石油学报，2023，44(01)：158-175.
[12] 蒲秀刚，吴永平，周建生，等．歧口凹陷岩性地层油气藏特征及勘探潜力[J]．石油学报，2007，(02)：35-39.
[13] 赵苏民，蔡芸，等．近三十年天津市地热大规模开发热储动态特征研究[J]．地质学报，2024，98(01)：297-313.
[14] 天津地热温泉志编委会．2018. 天津地热(温泉)志．天津：天津市科学技术出版社
[15] 张莹，任战利，兰华平，等．关中盆地新近系蓝田-灞河组热储层物性特征及渗流特征研究[J/OL]．地质通报，1-16.
[16] 曾大乾，李淑贞．中国低渗透砂岩储层类型及地质特征[J]．石油学报，1994，(01)：38-46.
[17] 高辉．特低渗透砂岩储层微观孔隙结构与渗流机理研究[D]．西北大学，2009.
[18] 杨峰，宁正福，孔德涛，等．高压压汞法和氮气吸附法分析页岩孔隙结构[J]．天然气地球科学，2013，24(03)：450-455.
[19] 王亚，葛丽珍，路研，等．基于核磁共振驱替实验的低渗透砂岩流体可动性及剩余油赋存特征研究[J]．油气地质与采收率，2023，30(06)：22-31.
[20] 王琨，周航宇，赖杰，等．核磁共振技术在岩石物理与孔隙结构表征中的应用[J]．仪器仪表学报，2020，41(02)：101-114.

吸收式水源热泵在油田生产系统的应用

李　鹏

（中国石油大港油田公司）

摘　要　大港油田每年需要燃烧大量的油气资源为生产系统提供热能，这不仅增加了采油成本，而且油气直接燃烧也产生了大量的有害气体，影响环境质量；同时，在油田生产过程中产生大量40℃～70℃的含油污水，这些蕴含着大量热能的污水所没有经过利用就直接用于回注或者外排，存在热能的浪费。热泵能够将油田污水中的低品位热能转化为高品位热能用于油田生产系统供热，在节省了大量宝贵的油气资源的同时又减少了由于燃料燃烧所造成的环境污染，因此该技术在油田生产系统具有广泛的应用空间。本文论述了大港油田目前热泵技术应用及发展状况，通过对热泵机组选型、节能效果分析等方面的研究，表明热泵技术能够有效利用油田污水中的热能，较好的满足油田生产的供热需求，具有较高的应用价值。

关键词　吸收式水源热泵；余热回收；节能；含油污水

1　前言

大港油田生产系统每年需要消耗大量的油气资源为油水分离、集输等工艺流程提供热能，同时在生产过程中又产生大量40～70℃的污水，这些污水蕴含着丰富的热能未经利用就直接用于回注或者外排。如果能够将这些污水中的热量提取出来，转化成高品位热能用于生产供热，则可以节约大量的油气资源，是降低油田能耗水平，提高经济效益的有效途径。

2　大港油田能耗情况及余热资源利用价值

2.1　加热系统系统能耗情况

大港油田的加热系统每年要消耗大量的油气资源，据统计，2011年大港油田加热系统共消耗原油90778t，消耗天然气$7650\times10^4Nm^3$，综合能耗达34.88万吨标准煤，仅加热系统的成本约为5.3亿元。

2.2　余热资源及利用价值

随着大港油田的开采进入高含水期，每年产出的含油污水逐年提高。目前大港油田综合含水90%，日产液量$11.25\times10^4m^3$，日产污水量$10.17\times10^4m^3$，污水温度为40～70℃，这些污水一部分用于回注一部分用于外排。如果通过技术手段从这些污水中提取10℃温差的能量，则每年可以得到4.56×10^9MJ的热能，相当于41252.4t燃油产生的热能，若按照4494元/t计价，则每年可以节省能耗资金1.83亿元，虽然污水余热的回收受到多种因素的限制，上述余热资源不可能被全部利用，但也足以说明油田余热资源具有明显的利用价值。

3　热泵节能技术原理简介

热泵就是提取低温热源的低品位热能，通过消耗少量的电能或化学能，输出高品位热能的制热装置。通常热泵的能效比数(即COP值)达1.6以上，即消耗1kW的能源，用户可获得1.6kW以上热量，而目前油田所使用的效率最高的加热炉能效比只能达到0.9，热泵能够比加热炉节能56%以上，因此热泵技术在油田生产系统具有广泛的应用空间。

热泵按其驱动源的不同可分为吸收式热泵和压缩式热泵，压缩式热泵以电力为驱动源，吸收式

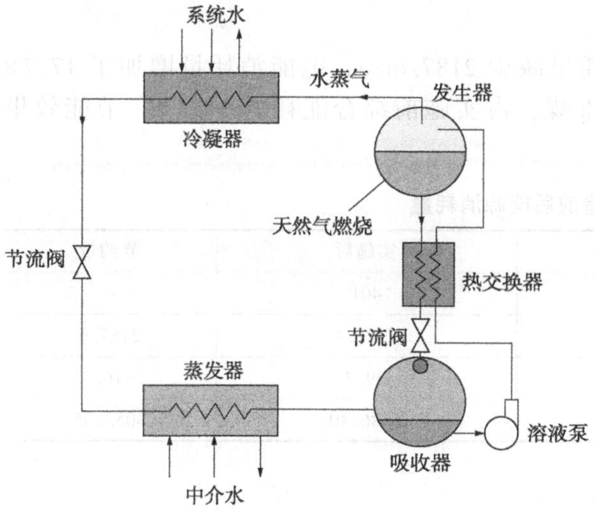

图 1　热泵原理示意图

热泵可以采用蒸汽或天然气等为驱动源。压缩式热泵输出热水温度不高（45～60℃），不能完全满足生活和生产的需求，其相对于电能的能效比为3.5～4.0，但是转化为一次能源后，能效比要比吸收式热泵低。吸收式热泵技术目前发展较为成熟，其输出热水温度最高可达85℃，能满足供暖供热等多种需求，其能效比一般为1.6～1.9，热效率高，较压缩式热泵更适合用于油田回收污水余热。

吸收式热泵主要由主要是由吸收器、发生器、冷凝器和蒸发器四部分组成的密闭系统，原理示意见图1。

热泵系统内填充有一定量的适宜的吸收剂及制冷剂，通常情况下多采用溴化锂溶液为吸收剂，以水为制冷剂，利用水在高真空下蒸发吸热达到吸收低温热源热能的目的。

热泵的具体工作过程如下：

吸收式热泵在以天然气为驱动源时，天然气燃烧放出的热量在发生器内加热溴化锂稀溶液产生水蒸汽，水蒸汽进入冷凝器放出热量，冷凝成液体后进入蒸发器，在蒸发器低温低压环境下吸收中介水的热量蒸发，这部分低温低压蒸汽进入高压的吸收器中绝热压缩，温度升高后被吸收，然后进入发生器进入下一个循环。

4　热泵节能技术在大港油田生产系统的应用

根据吸收式热泵的技术特点及大港油田实际情况，选取了加热系统能耗较高，污水余热资源丰富的孔店联合站作为热泵技术的应用地点。

4.1　热泵节能技术的应用情况

2011年，采用2台3000kW能效比为1.9的吸收式热泵对孔店联合站加热系统进行改造，停用了站内部分加热炉，利用孔店联合站的天然气资源驱动热泵机组，回收利用站内5300m^3/d，温度为47～50℃的污水余热，取代原有加热炉为生产提供热能，节约现有的燃料原油，实现节能减排和降耗的目的，这也是国内首个用于油田生产系统的吸收式热泵项目。

（1）运行情况

孔店联合站热泵机组于2011年11月开始投产运行，热泵机组运行状况良好，基本达到了设计参数，满足了站内热负荷需求。参数详见表1、表2。

表 1　热泵机组冬季运行参数

		余热水进口温度	余热水出口温度	循环水进口温度	循环水出口温度
设计参数	1#热泵	47	—	78	84
实际参数	1#热泵	46	44	79	86
设计参数	2#热泵	—	37	76	81
实际参数	2#热泵	44	35	63	72

表 2　热泵机组夏季运行参数

	设备	余热水进口温度	余热水出口温度	循环水进口温度	循环水出口温度
设计参数	1#热泵	50	40	78	84
实际参数	1#热泵	51.9	49.8	80	87.6
设计参数	2#热泵	50	40	76	81
实际参数	2#热泵	51.9	50	57	64

（2）节能效果

经现场计量统计，改造后孔店联合站原油消耗量减少 2187.6t/a，电能消耗量增加了 17.7×10^4kW·h/a，折合综合能耗年减少了 3052.55t 标准煤，占实施前综合能耗的 31.3%，节能效果显著。

表 3　孔店联合站改造前后能源消耗量

序号	项目	实施前	实施后	节约量
1	天然气（$10^4Nm^3/a$）	401	401	0
2	原油（t/a）	3409.5	1221.4	2187.6
3	电力（10^4kW·h/a）	43	59.7	-16.7
4	合计（吨标准煤）/a	9738.95	6686.40	3052.55

5　结论及认识

吸收式热泵节能技术在大港油田的成功应用，进一步证明了热泵技术的成熟与可靠，将热泵技术应用于油田生产系统，能够显著的降低油田加热系统能量消耗、提高油田经济效益，具有较高的应用价值。但是热泵技术的应用也具有局限性，由于热泵装置一次性投资高，因此其在用热负荷较低、以消耗天然气为主的地区应用热泵技术不具有经济性。

参 考 文 献

[1] 陈玥．油田余热回收技术研究[J]．石油石化节能，2021(09)：7-9.
[2] 赵金龙，吴鹏，叶鹏．南堡油田余热回收利用试验的应用及潜力分析[J]．油气田地面工程，2019(9)：12-14.
[3] 王星源．高温水源热泵机组在油田污水余热回收利用中的应用[J]．石油石化节能，2017，2(131)：52-54.
[4] 刘勇，刘宝霞．热泵技术在油田的应用[J]．油气田地面工程，2004，11.
[5] 李涛，梁萌．热泵技术在油田节能降耗上的应用[J]．油田节能，2004，3.

大港油田浅层地热冷热联供高效开发实践

胡石锋　赵郁文　宋　爽　夏敏敏　赵　阳

（中国石油大港油田公司）

摘　要　针对油田办公区供暖制冷需求大，能耗、碳排放高，制约公司绿色低碳高质量发展等问题，开展大港油区浅层地热能冷热联供技术研究及工程实践。通过开展油区浅层岩土热物性试验，明确油区地处属滨海冲积低平原，盖层平均地温梯度为3.4℃/100m，120m浅层岩土体综合热导率在1.44~1.88W/(m·℃)，比热容在1.35~1.46(J/kg·℃)之间，单U型120m地埋管单延米换热性能冬季换热量31.0W/m，夏季释放热量43.7W/m，双U型100m地埋管单延米换热性能冬季换热量39.3W/m，夏季释放热量58.4W/m，是开发利用浅层地热供暖制冷的适宜区域。在此基础上针对不同建筑特点提出“以浅层地源热泵耦合储能及多种新能源的冷热联供一体化技术对策”并对典型项目系统运行效果进行监测、分析、评价，最后提出油田明确资源“科学化”、示范引领“规范化”、布局推广“规模化”的“三步走”浅层地热业务发展思路与展望。大港油田累计建成浅层供暖制冷面积69万m^2，实施后节省运行费用217万元/年，减排二氧化碳4445t/a，油区浅层项目集群建设初具规模实践认识对于合理发展浅层地热供暖制冷新质生产力具有重要的现实指导意义。

关键词　浅层地热能；冷热联供；岩土热物性；多能耦合

目前我国利用地源热泵的浅层地热能开发利用规模位居世界首位，开发利用年均增长速度大于10%，行业发展处于从数量向质量转型阶段，面临高质量发展的重大机遇期。大港油田结合行业技术发展及自身资源禀赋，积极布局油区浅层地热集群，现已成功建浅层地热供暖（制冷）总面积69万m^2。本文分析总结大港油田浅层地热开发潜力及项目建设技术思路、成功经验及实施效果，最后对浅层地热开发模式的业务思路进行规划与展望。

1　大港油区浅层开发利用潜力

1.1　自然资源潜力

1.1.1　气候条件

大港油田研究院位于天津市滨海新区，属滨海冲积低平原，地势由西向东微倾，海拔-1~3m。该地区隶属于暖温带半湿润大陆性季风气候，冬季寒冷干燥，夏季湿热多雨，四季分明，冬夏两季长，春秋两季短，供暖制冷需求并重。

1.1.2　地质条件

该地区浅层地热能资源主要的储集在新生界第四系松散的岩土体和地下水中，第四系地质条件制约着区域浅层地热能的储集与分布。由于中生代以来断陷活动强烈，使该区沉积了巨厚的新生界。第四系地质特征继承了新生界构造特点，地层在本区内沉积厚度较大，普遍分布且连续，但受沉积条件即受湖泊、河流、海进、海退等条件的影响，使该区第四系地层沉积厚度差别较大。第四系厚度280~400m，自西向东逐渐增大。

1.1.3　水文地质条件

浅层含水层埋深为100~120m，层岩性以细砂、粉细砂为主。富水性差，多属于极弱富水区，涌水量多小于100m^3/d，导水系数小于50m^2/d；矿化度多为5~10g/L，水化学类型为Cl-Na型。水力特性为潜水、微承压水和浅层承压水，主要接受大气降水和河渠渗漏补给。水分析结果表明，场地地下水属 CL^{-}-K^{+}+Na^{+}型弱碱性水，pH 值为 7.62~7.93。

1.1.4 地温特征

区内浅层地热储层盖层平均地温梯度一般为 3.40℃/100m，处于地热异常区。垂向上又可分为变温带、恒温带和增温带，最上部的变温带，其温度主要受太阳辐射的影响呈周期性变化，位于地面至地下 14m 左右；变温带之下是恒温带，其温度基本保持恒定，油区恒温带埋深为 14~28m，温度为 14.2~14.6℃，全年温度基本稳定。

1.1.5 岩土体结构特征及热物理性参数

岩土体热物性特征主要包括岩土体的热导率、比热容等特征，它们反映了岩土体的导热和蓄热能力，是影响浅层地热能资源赋存的重要影响因素。相关研究资料显示，大港区浅层岩土体综合热导率在 1.46~1.60W/(m·℃)之间，变化规律为东部低，西部高；大港区浅层岩土体比热容在 2030~2090kJ/(m^3·℃)之间，变化规律为东部高，西部低。

1.2 开发利用适宜性分析

地埋管地源热泵系统不受地下水资源的限制，只需占用一定的埋管区域，对环境无污染。油区地处平原地形平坦，视野开阔，建筑密度不高，具备可利用的打井面积较多，区域内具有发展地源热泵系统得天独厚的条件。浅层地热开发与公共建筑发展密切相关，油区内公共建筑多、面积大，如宾馆、办公楼等，这些建筑对温度控制的需求较高，浅层地热系统能够满足这些建筑对供暖和制冷的需求，提供稳定、舒适的室内环境，同时减少多个分散系统的运行成本和维护成本，提高能源利用效率。从地理位置上看，油区属于暖温带半湿润大陆性季风气候，冬季寒冷干燥，夏季湿热多雨，四季冷暖比较分明，冬夏两季长，春秋季短，油区范围内居民生活、公共建筑均存在供暖供冷需求。根据地层岩性、气候特征、区域经济概况，考虑岩土体特征、岩土可钻性、地下及地表空间状况等主要因素，结合目前应用的实际情况，大港油田油区内部浅层地热资源丰富，开发条件适宜，适合进行地埋管型浅层地热开发。

2 地热开发利用技术创新

2.1 地埋管地源热泵技术

在地下土壤层中埋入多组 U 型管换热器，冬季收集土壤中低品位的能量，通过热泵机组将低品位能量转化为高品位能量，供给空调末端采暖使用；夏季通过热泵机组将室内热量转移至地下土壤中，达到空调制冷的目的，同时在土壤中蓄存能量供冬季使用。由于油田地区地下 120~150m 土壤温度常年保持在 15~17℃左右，冬季比室外空气温度高，夏季比外空气室温度低，因此地源热泵系统具有比空气源热泵及其它空调系统更高的效率，且运行费用低廉，而且符合国家节能环保的基本国策。

2.2 地埋管耦合储热冷热联供一体化技术

地埋管耦合储热系统就是利用蓄热/冷设备将能量储存起来，在空调系统需要的时间将这部分能量释放出来。将蓄热/冷空调和电力系统的分时电价相结合，从宏观上可以起到平衡电网峰谷负荷，降低系统运行费用；微观上可以为空调用户节省大量运行费用。地源热泵耦合蓄热/冷系统较单纯的地源热泵系统，通过耦合蓄热/冷系统降低了设备的投资，依据负荷区域的特点对低谷电合理利用，大幅降低了运行成本。另外耦合蓄热/冷系统自身可起到很好的调峰作用，冷热源也具有先“蓄”后用的特点，热源/冷源的保障率更高，系统稳定性更强。

2.3 地埋管耦合空气源热泵冷热联供一体化技术

空气源热泵有着使用成本低、易操作、采暖效果好、安全、干净等多重优势。以无处不在的空气中的能量作为主要动力，通过少量电能驱动压缩机运转，实现能量的转移，无需复杂的配置、昂贵的取水、回灌或者土壤换热系统和专用机房，能够逐步减少传统采暖给大气环境带来的大量污染物排放，保证采暖功效的同时兼顾节能环保的目的。空气源热泵系统具有以下特点：

(1) 空气源热泵系统冷热源合一，不需要设专门的冷冻机房、锅炉房，机组可任意放置屋顶或地面，不占用建筑的有效使用面积，施工安装十分简便。

(2) 空气源热泵系统无冷却水系统，无冷却水消耗，也无冷却水系统动力消耗。另外，冷却水污染形成的军团菌感染的病例已有不少报导，从安全卫生的角度，考虑空气源热泵也具有明显的优势。

(3) 空气源热泵系统由于无需锅炉、无需相应的锅炉燃料供应系统、除尘系统和烟气排放系统，系统安全可靠、对环境无污染。

2.4 地埋管耦合散热塔冷热联供一体化技术

散热塔其内部结构包括散热片、风机等部件。热水通过进水管倒入散热片，风机转动使水与空气接触，进行冷热交换，使热量随空气离开达到散热的效果的，工作原理主要是利用水和空气之间的热量交换来降低水温，包括蒸发散热和蒸发散热。

3 地热高效开发实践

3.1 大港油田研究院项目(地埋管地源热泵技术)

大港油田研究院是大港油田打造的第一个浅层地热示范项目，也是中国石油首个浅层地源热泵系统供暖制冷项目，其总面积为 $4.65\times10^4m^2$。

原有系统为直燃式溴化锂机组，机房内主要设备均在 2006 年投入使用，由于使用年限长，存在设备老化，故障频发等问题，为践行国家绿色低碳的发展理念，项目采用地埋管地源热泵技术进行改造原有中央空调系统。能源井数量依据岩土热响应试验测试结果进行计算。

根据《勘探开发研究院浅层地热能场地勘查报告》，单 U 型 120m 地埋管单延米换热性能冬季换热量 31.0W/m，夏季释放热量 43.7W/m，地埋管孔数按下式计算：

$$N=\frac{Q}{\frac{E}{H}}$$

式中，N 为地埋管孔数；Q 为系统取放热量，kW；E 为换热能力，W/m；H 为有效换热深度，m。

通过计算(考虑到 90%成井率以及地温监测井数量)，实际打井数量，单 U 型地源热泵系统能源井数目为 1010 口、双 U 型地源热泵系统能源井数目为 752 口。地源热泵系统本着舒适、高效、节能、环保的选型原则，选用双螺杆热泵机组两台，可以满足现有供暖/制冷负荷。

3.2 消防队项目(地埋管耦合储热冷热联供一体化技术)

消防队项目位于滨海新区大港油田内。主要有 5 个单体需要供冷供热：包括办公楼、训练中心、食堂、车库、辅助用房，总建筑面积 $11683.7m^2$。本项目采用浅层热泵+蓄热/冷系统，联供模式下不低于设计热负荷，热泵取设计冷热负荷的 0.65 倍，蓄热/冷系统满足 8h 蓄热/冷量。

蓄热/冷系统采用水为蓄热/冷介质，通过设置水罐储存冷/热水，水罐采用开式碳钢保温水罐。蓄热/冷采用间接换热形式，释热/冷采用间接换热模式。蓄热/冷水罐蓄热/冷量满足热泵 8h 额定制热/冷量的储存，储热量为 4800kW · h，设计储冷量为 6800kW · h，储热温差为 10℃，储冷温差为 7℃。

蓄热/冷水罐容积按下式计算：

$$V=\frac{0.86Q}{\Delta t\times FOM\times a_v}$$

式中，V 为水罐体积，m^3；Q 为储热/冷量 kW · h；Δt 为储热/冷温差,℃；FOM 为水槽完善度，考虑混合和斜温层影响，本项目取 0.9；a_v 为水槽体积利用率，本项目考虑 0.95。

3.3 同欣大厦项目(地埋管耦合空气源热泵冷热联供一体化技术)

同欣大厦项目为新建建筑。供热/供冷面积为12101.28m^2，同欣大厦为12层地上建筑，原设计方案为多联机空调系统。

项目冷负荷为641.661kW，设计热负荷为495.2kW。(双U型)地源热泵+空气源热泵两联供系统比纯地源热泵系统投资成本降低45.58万元，运行成本每年节约2.1元/m^2。设计过程中热泵机组提供制冷量/制热量444kW/454.7kW，空气源热泵承担同欣大厦剩余冷热负荷。综合考虑满足系统制冷制热需求和经济性，充分发挥供冷供热灵活性，选用2台空气源热泵机组。单台空气源热泵机组制冷量/制热量150kW/180kW。

3.4 接待服务中心项目(地埋管耦合散热塔冷热联供一体化技术)

大港油田接待服务中心片区内包含油田宾馆区域、机关楼区域和信息中心。大港油田宾馆供暖/制冷面积分别为2.65万m^2、2.48万m^2，区域内建筑均为非节能建筑，供热和采暖末端大部分为风机盘管；大港油田机关楼供暖/制冷面积为2.09万m^2，均为非节能建筑，供热和供冷末端为风机盘管；信息中心供暖/制冷面积为0.42万m^2，为非节能建筑，采暖末端为散热器，制冷为分体式空调。

本项目为改造项目，现有制冷机房均留有冷却塔冷却系统，现有设备即可满足冷量调峰作用，对其加以利用可有效降低系统的投资，同时可对地源侧的冷热平衡进行调节。地源热泵系统耦合现有冷却塔系统形式，在供冷季由地源热泵系统承担负荷区的冷负荷，冷源为能源井和油田宾馆现有冷却塔，根据油田宾馆和机关冷负荷需求提供全天的制冷服务。油田宾馆和机关能源站分别设置地源侧循环水泵，供冷季优先使用能源井作为冷源，在能源井冷源不能满足负荷区域需求时，由油田宾馆冷却塔进行补充。

4 技术应用典型效果分析

4.1 典型示范效果分析

选取大港油田研究院浅层地热冷热联供示范项目作为典型项目进行效果分析，分析周期为整个采暖季(11月~次年3月)和制冷季(5月~9月)，整体项目运行效果良好，经济及社会效益显著。

技术应用后，供热效果良好，冬季供热室内温度可达21~25℃；夏季制冷室内温度可达24~26℃，均可达到冬季供热室内温度不低于18℃，夏季不高于26℃的要求。对比地源热泵系统相比原空调系统，年节约天然气78万m^3，年减排二氧化碳1303t，减排二氧化硫3.26t，减排氮氧化物3.8t，地源热泵方案单位面积能耗、单位面积碳排放量明显降低。

4.2 应用推广效果分析

应用典型实施后年节省运行费用共217万元，年减排二氧化碳4445t，具有良好经济效益和社会效益，为该区域浅层地热开发利用提供了示范效果：其中，同欣大厦采用地埋管耦合空气源热泵技术，年减排二氧化碳230t；接待服务中心采用地埋管耦合散热塔系统，年节省运行费用共77万元，年减排二氧化碳2501t；消防支队采用地埋管地源热泵耦合储热技术，年节省运行费用共80万元，年减排二氧化碳411t.

5 浅层地热发展展望

5.1 技术发展趋势展望

(1) 攻关浅层地热机理及资源精细评价技术，开展浅层地热开发机理定量化研究及浅层岩土热物性测试研究，建立不同区域不同地层热物性数据库及勘查评价标准。

(2) 攻关浅层地热供暖制冷系统优化，开展浅层“地热+”设计技术研究、高效换热器及热泵设备研发、高导热回填材料及工艺研究，解决地埋钻井空间小，地下冷热失衡问题、提升系统换热效率。

（3）攻关“地热+”数智化技术，开展多热源耦合技术研究及浅层地热 AI 及大数据分析技术研究，基于城市地下空间有限资源的多能互补技术体系，建立实现无人值守及智能化管控系统。

（4）攻关冷热平衡技术，开展浅层跨季节储热技术、水文地质建模及三维热输运动态分析技术，为解决清洁供暖时空不匹配问题及地面可再生能源消纳问题，实现能源跨季节有效利用提供理论依据。

5.2 业务发展趋势展望

明确资源“科学化”。根据综合分析不同区域的供冷供热需求、资源条件、经济水平等主要因素对不同区域浅层供暖制冷开发的适宜性进行系统分析，明确合适市场开发区域。京津冀、长江、黄河中下游、川渝地区适宜开展冷热联供规模开发，其他区域适宜进行单独供暖制冷市场开发。

示范引领“规范化”。立足油区，依托建成的 69 万 m^2 中国石油最大规模浅层地热群构建浅层地热冷热联供示范区。发挥先发优势和品牌优势，深挖江(湖)水源开发利用技术潜力，构建技术研发与升级区，现场应用与示范区。

布局推广“规模化”。在明确资源和示范引领的基础上，突出规模建设、效益开发、智能管控特色，不断构建完善技术标准体系，在华北、东北、华中、华东及西南地区再开拓 200 万平方米地热市场争当中国石油浅层地热开发先锋，推动大港油田地区浅层地热资源的规模化开发与利用，满足区域能源需求，促进绿色低碳发展

6 结论

（1）浅层地热能作为一种清洁可再生资源，大港油田浅层地热资源丰富，供暖制冷需求巨大，开发利用浅层地热对于油田办公建筑清洁供暖制冷替代及地热业务发展具有重要意义。

（2）浅层地热虽然在国内外实现推广应用，但浅层地热开发仍需因地制宜，针对不同项目采用浅层地热耦合空气源、储热、绿电等多能互补模式持续提升项目技术经济可行性。

（3）针对冷热不均衡区域、地下空间有限区域等限制浅层地热推广应用关键问题需要进一步开展浅层“地热+”设计优化、浅层跨季节储热，收集建立不同区域不同地层热物性、浅层项目运行数据库，浅层地热 AI 及大数据分析技术等技术基础，进一步提升技术适应性。

参 考 文 献

[1] 唐永香，李嫄嫄．滨海新区浅层地热能利用方式适宜性分区评价[J]．煤气与热力，2014，34(1)：21-25.

[2] 阮传侠，丁彦，田信民，等．天津市滨海新区浅层地热能资源调查与评价[R]．2011.

[3] 罗佐县．夏热冬冷地区浅层地热能开发利用路径初探[J]．当代石油石化，2020，28(09).

[4] 张乐．浅谈浅层地热资源[J]．西部资源，2019(01).

[5] 徐伟，刘志坚．中国地源热泵技术发展与展望[J]．建筑科学，2013，29(10)：26-33.

[6] 杨树彪，周念清．中国地源热泵发展历程分析[J]．上海国土资源，2017(3)．DOI：10.3969/j.issn.2095-1329.2017.03.013.

[7] 田双静．浅层地热能的开发利用可行性研究[J]．中文科技期刊数据库(全文版)自然科学，2023(012)：000

[8] 王文中，邵东云，程新科，等．中国浅层和中深层地热能的开发和利用[J]．水电与新能源，2022，36(3)：5.

[9] 郭海秋，陈春艳，丛日凤．农村推广浅层地能技术供冷暖前景分析[J]．绿色科技，2011(1)：3．DOI：10.3969/j.issn.1674-9944.2011.01.039.

[10] 卫万顺，李翔．未来 10～15 年中国浅层地热能发展方向战略分析[J]．城市地质，2021．DOI：10.3969/j.issn.1007-1903.2021.01.001.

[11] 颜爱斌．地源热泵应用的技术分析与思考[J]．天津城建大学学报(2)：120-122[2024-06-04]．DOI：10.3969/j.issn.1006-6853.2002.02.013.

[12] 冯彦胜，韦春瑞．浅层地热交换系统在近零能耗建筑中的研究与应用[J]．中国建筑装饰装修，2021(10).

地热新能源开发磁导向技术解释与应用

陶学健　马晓伟　于成龙　王　力

（大庆油田有限责任公司）

摘　要　随着能源需求的不断增加以及传统化石能源的枯竭和环境污染问题，人类社会迫切需要开发新的、清洁的、可再生的能源。地热能作为一种重要的可再生能源，因其巨大的热量储备和较为稳定的供能特性，逐渐受到了全球范围内的重视。现代磁导向技术作为辅助地热能开发的先进手段，为实现地热能的高效与精准开发提供了可能。本文首先介绍了地热新能源的基本概念，类型和当前的开发现状，进而解释了磁导向技术的基本原理和在地热能开发中的应用，分析了其作用与价值。论文还针对磁导向技术在实际应用中所遇到的技术难点和经济性问题进行了讨论，并提出了相应的解决方案和改进措施。通过具体的案例研究，本文展示了磁导向技术在国内外地热新能源项目中的成功应用，并从技术效果、经济效益和环境影响方面进行了深入分析。最后，文章对当前地热新能源开发中存在的问题和未来的发展趋势进行了探讨，并在此基础上提出了结论和针对性的建议。本研究旨在为地热新能源开发提供创新的思路和技术支持，以期推动该领域的科学进步和可持续发展。

关键词　地热能源；磁导向技术；勘探；开采；可持续利用

1　绪论

1.1　研究背景和目的

随着全球能源需求的不断增长以及化石能源的日益枯竭，地热能作为一种清洁、可再生的能源，越来越受到国际社会的关注。根据国际能源署的数据，全球每年地热能资源的潜在利用量达到约 10^{31} 焦耳，是目前全球能源消耗总量的数百倍。而且，地热能是一种无需运输的能源，通过直接利用地下热能，地热能的开发几乎无排放，对环境影响较小。这使得地热能具备了可持续性和环境友好性，成为未来能源结构转型的重要选择。然而，尽管地热能潜力巨大，但其开发面临着许多挑战。

首先，地质条件复杂性增加了地热能资源的定位和开发难度。地下地质结构的复杂性导致了地热能资源的难以准确预测和定位。其次，传统的地热能开采技术存在着效率低下和成本高昂的问题。现有的地热开采技术往往无法有效利用地下热能，导致资源浪费和经济效益下降。此外，地热能的开发还面临着环境保护和可持续性发展的压力。

为了克服这些挑战，磁导向技术（MagneticSteeringTechnology，MST）被引入地热能开发中。磁导向技术通过应用电磁场对地热能进行定位和导向，以提高地热探测和开发的效率。该技术利用传感器和电磁控制系统实现地下磁场的探测和操控，从而实现对地热能的精确定位和高效利用。通过磁导向技术，地热能资源的勘探和开发将能够更加精准和可控，提高开发利用效率，并减少资源浪费。此外，磁导向技术的应用还可以减少对传统开采方式的依赖，降低环境影响，实现地热能的可持续开发。

因此，本研究旨在深入探讨地热新能源开发中磁导向技术的原理、工程应用，并分析其技术效益与环境影响，为地热能开发提供新的科学依据与技术支撑。通过对磁导向技术在地热能开发中的应用效果和影响因素的研究，旨在提出更好地利用地热能的策略和工程设计，推动地热能的可持续发展和应用。

1.2 研究意义

地热新能源开发磁导向技术作为一种新兴的地热能开发方式，具有诸多优势。首先，磁导向技术可以提高地热能的开采效率，降低开采成本，从而增强地热能的经济可行性。根据相关研究数据显示，利用磁导向技术进行地热能开发，相比传统方法可以获得高达30%以上的能量转化效率提升。这意味着利用磁导向技术可以更有效地利用地热能资源，满足社会对可持续能源的需求。其次，磁导向技术可以减少对地下水资源的消耗和污染，对环境影响较小。传统的地热能开发方式常常需要大量的地下水用于冷却和回灌，导致地下水的供给量下降，同时由于地下水的受污染风险增加，水资源问题成为制约地热能开发的瓶颈之一。而磁导向技术不仅可以减少对地下水的需求，还可以降低地下水受污染的风险，对保护水资源和环境具有重要意义。此外，地热新能源开发磁导向技术还有助于推动能源转型，减少对传统燃化石燃料的依赖，实现能源可持续发展。数据显示，全球的石化燃料消耗占总能源消耗的比例约为80%，而地热能作为一种清洁、可再生的能源，具有巨大的潜力。利用磁导向技术开发地热新能源，可以减少对燃化石燃料的需求量，降低温室气体排放，减少对气候变化的影响。此外，地热能开发可以提供可靠的能源供应，提高能源的稳定性和安全性。因此，地热新能源开发磁导向技术的研究具有重要意义，既可以推动能源转型，又可以促进环境保护和可持续发展。

1.3 研究内容

本研究的主要内容包括：地热能源基础知识的介绍、磁导向技术原理的阐述、磁导向技术在地热能源开发中的应用研究、地热新能源开发磁导向技术的优势与挑战探讨、磁导向技术的未来发展趋势分析以及案例研究。通过系统性的研究，旨在深入探索磁导向技术在地热能源开发中的应用潜力，为地热新能源开发提供理论参考和实践指导。

地热能源是一种可再生的清洁能源，拥有巨大的潜力供应可持续的能源需求。然而，地热能源的开发仍面临着一系列技术和经济上的挑战。为了充分利用地热能源的潜力，研究人员开展了各种技术的研究与应用。本研究首先介绍了地热能源的基础知识，包括地热能源的概述和特点。接着，详细阐述了磁导向技术的原理和相关算法，说明了磁导向技术在地热能源开发中的作用。

进一步，本研究对磁导向技术在地热能源开发中的应用进行了深入研究。通过收集和分析大量的实验数据，评估了磁导向技术在地热能源勘探和开采过程中的应用效果。同时，对磁导向技术的优势进行了探讨，包括提高勘探效率、减少成本和环境影响等方面。

同时，本研究还分析了磁导向技术在地热新能源开发中的挑战。这些挑战包括技术难题、设备需求和市场需求变化等方面。通过分析这些挑战，提出了相应的解决方案和建议。

另外，本研究还对磁导向技术的未来发展趋势进行了分析。通过评估技术发展和市场需求，预测了磁导向技术在地热能源开发中的前景和可持续性。

最后，本研究通过案例研究，探讨了地热新能源开发磁导向技术的实际应用情况。通过对国内和国际案例的分析，总结了磁导向技术在地热新能源开发中的成功经验和教训。

综上所述，本研究以地热新能源开发磁导向技术为主题，通过系统性的研究，深入探索了磁导向技术在地热能源开发中的应用潜力，并提出了相应的理论参考和实践指导。通过本研究的成果，为推动地热新能源开发的可持续发展提供了科学依据和指导建议。

1.4 研究方法

本研究将采用综合研究方法，包括文献综述、实地考察、数值模拟等。首先，通过对相关文献的整理和阅读，对地热能源基础知识和磁导向技术的相关理论进行梳理和分析。根据国内外地热新能源开发的经验和磁导向技术的研究现状，收集了大量的文献资料，并进行了系统的综述研究，以便深入理解地热新能源开发磁导向技术的背景和前沿。其次，进行实地考察，调研了我国不同地区的地热能资源的分布状况，包括地热梯度、水文地质等因素，同时也调查了磁导向技术在地热能源开发中的应用情况，包括采用磁导向技术的地热热水供暖系统、地热发电项目等。在实地考察过程中，收集了大量的样本数据和实测数据，用于后续的分析和模拟。最后，基于数值模拟方法，对磁导向技术在地热能源开发中的应用过程进行了模拟和分析。根据实地考察获取的数据，结合磁导向技术的理论和算法，建立了地热开采系统的数值模型，模拟了磁导向技术在地热能源开发中的影响和效果。通过对多个场景和参数的模拟，得出了磁导向技术在不同地质条件下的适用性和优化方法。这些综合研究方法的应用将全面揭示地热新能源开发磁导向技术的特点和潜力，为进一步的研究和实践提供科学依据。

2 地热能源基础知识

2.1 地热能的分类与特点

地热能是指储存在地球内部的热能。根据热源不同，地热能可分为三大类：高温地热系、中温地热系和低温地热系。高温地热系的温度通常在200℃及以上，是较高温度的地热资源，主要用于发电。根据统计，全球约有40个国家拥有高温地热资源，总储量超过1000GWe。其中，冰岛是典型的高温地热资源集中国家，地热发电在其电力供应中占据重要地位，占比超过三分之一。中温地热系的温度范围一般在90~150℃之间，适合供热、温室种植和温泉等领域的利用。据估计，全球中温地热资源的储量约为800~1600GWe。低温地热系的温度多在20~90℃之间，主要应用于农业灌溉、热泵供暖和地热浴场等场景。全球的低温地热资源储量相当丰富，数据显示，只有美国的地下水资源就可以满足全球10亿人的供热需求。

2.2 地热能的开发现状

目前，全球对地热能的开发已呈现出逐渐增长的趋势。根据数据统计，截至2021年，全球地热发电的装机容量已达到约15.4吉瓦(GW)。这是一个令人振奋的数字，显示出人们对地热能的重视和投资的增加。在全球范围内，美国、印尼和菲律宾是地热发电最多的三个国家，它们拥有丰富的地热资源和先进的地热开发技术。特别是在美国，地热能一直是其可再生能源发电的重要组成部分，其地热发电装机容量已经超过了3.7吉瓦。而印尼和菲律宾拥有大量的火山地热资源，使它们成为地热发电的热门国家。除了地热发电，地热供热也得到了一些国家的广泛应用，特别是在北欧国家如冰岛，利用地热供热已经成为常见的能源选择。然而，虽然地热能的开发逐渐增加，但在全球能源结构中，地热能的比例仍然较小。根据统计数据，目前地热能在全球能源消费中仅占不到1%的份额。这说明地热能的潜力远未被充分开发。考虑到地热能的丰富性和可持续性，加大对地热能的开发和利用是实现能源转型和可持续发展的重要举措。

2.3 地热能的开发潜力和前景

地热能作为一种清洁可再生能源，具有开发潜力巨大的特点。根据科学研究，全球地热能的理论可利用潜力远远超过目前能源需求的数千倍。据统计数据显示，仅在地热能资源分布较为集中的地区，地热能可以满足当地全部能源需求。例如，以冰岛为例，该国地热能源开发已经实现了100%的自给自足，取得了显著的经济和环境效益。

随着技术的不断进步和可持续能源需求的日益增长，地热能的开发预计将会显著加速。根据国际能源署的数据，全球对可再生能源的需求预计将在未来几十年内大幅增长，其中地热能将扮演重要角色。地热能的开发具有稳定性和可预测性的优势，能够为能源供应带来可靠性和安全性。

在地热能的开发过程中，磁导向技术等先进技术的应用将起到关键作用。磁导向技术基于磁理论和电磁学原理，通过电磁激励材料内部的磁性颗粒，实现对热电流的控制和调节，从而提高地热开发的效率和经济性。据研究数据表明，磁导向技术在地热钻探过程中能够显著提高钻探速度和减少钻井事故的发生率。此外，磁导向技术还可以在地热能提取过程中优化能源转换效率，最大限度地利用地热资源。根据实际案例，磁导向技术的应用可以降低开发成本，提高地热发电效益。

因此，磁导向技术等先进技术的应用将显著推动地热新能源的应用和普及。相信在技术不断突破和政策支持的推动下，地热能作为一种可靠、持久、可再生的能源将发挥更大的作用，为全球能源转型和可持续发展做出积极贡献。

3　磁导向技术基础

3.1　磁导向技术的原理

磁导向技术(MagneticSteeringTechnology)是一种利用强大的磁场来控制电导体运动方向的技术，其核心在于通过精确的磁场控制以操控特定装置的运动。在地热开发中，磁导向技术主要用于钻探过程中，以实现对钻头的精准导向，从而提高钻探效率和准确性。磁导向技术依赖于洛伦兹力(Lorentzforce)的物理原理，该力描述了在磁场中移动的电导体所受到的作用力。当电导体(如钻头)流经磁场时，洛伦兹力会作用于电导体上，并将其推向特定的方向。通过控制磁场的强度和方向，可以精确地控制电导体的运动方向。地热开发中的磁导向技术通过在井口附近布置适当的磁场发生器和传感器，准确地感应井筒内的地磁场，并根据传感器的信号实时调整磁场发生器的输出，以使钻头朝着预定的方向前进。这种方式避免了由于地质不确定性而造成的钻探偏离，保证了钻井的直径和方向与设计的一致性。根据实际数据，运用磁导向技术后，钻井的偏差可以控制在极低水平内，例如小于1%的偏离率。这种技术的应用大大提高了地热开发的效率和准确性，同时降低了成本和风险。

3.2　磁导向系统的组成与工作流程

磁导向系统由几部分组成，包括磁场发生器、传感器、控制单元和执行机构。磁场发生器负责产生足以导向钻具的磁场，传感器则用于监测钻头的实时位置和磁场的强度与方向。控制单元接收传感器的数据，并根据钻井路径的设计要求计算出调整指令，随后执行机构根据指令调整钻头的位置。工作流程始于设定钻井轨迹，随后磁场发生器产生磁场，传感器实时监测钻头状态并反馈信息至控制单元。控制单元分析数据并指导执行机构进行调整，确保钻头沿着预定轨迹顺利前进。这个持续的循环确保在整个钻井过程中钻头保持正确的导向。

以 SAGD 双水平井随钻磁导向系统为例，主要由磁短节、井下电磁测量仪及测距导向计算软件等组成，可以随钻探测邻井距离，精确实现复杂结构井导向钻井控制目标。SAGD 双水平井随钻磁导向系统用于 SAGD 双水平井中的工作示意图如图 1 所示。磁短节上装有多个永磁体，紧跟在正钻井钻头后，与钻头一同旋转产生交变磁场，是 SAGD 双水平井随钻磁导向系统的信号源。井下电磁测量仪主要由探管和地面接口箱两部分组成。探管主要包括三轴磁通门传感器、三轴加速度传感器和三轴交变磁场传感器，其主要作用是探测探管在已钻井中的摆放姿态和由磁短节产生的交变磁场；地面接口箱用于接收探管发送的磁信号数据，发送给测距导向计算软件进行计算。

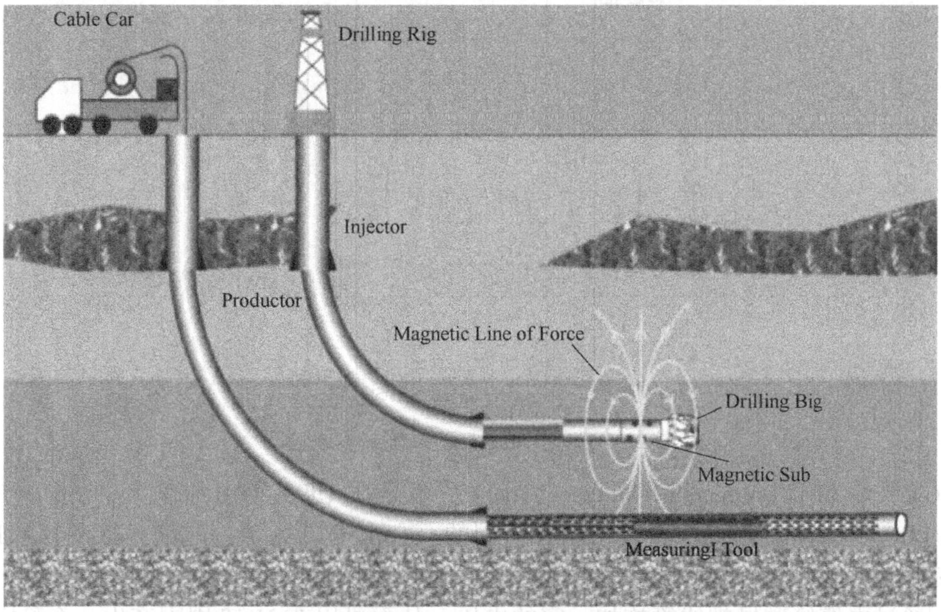

图 1　SAGD 双水平井随钻磁导向系统

同样，SAGD 双水平井随钻磁导向磁导向系统的应用对于地热新能源开发具有重要意义。根据相关数据，该系统的应用可以提高地热钻探的效率和质量。例如，在一个地热钻探项目中，使用磁导向系统可以将钻井时间缩短约 30%，并且钻孔的定位精度提高了约 20%。另外，磁导向系统的应用还能够降低工程风险，减少环境影响，提高地热能的开发效果。

3.3 磁导向技术在其他领域的应用

磁导向技术不仅在地热开发领域有着广泛的应用，还在医疗、机械加工和科学研究等多个领域中得到应用。在医疗领域，磁导向技术借助精细的磁控制使得导管或其他医疗工具可以进行精准定位，尤其在心脏导管手术中展现出巨大的潜力。通过磁导向技术，医生可以远程操控磁控导丝，在体内某一特定位置进行定位和操作。这种技术可以减少手术的侵入性，提高手术精度和安全性。据数据统计，使用磁导向技术进行心脏导管手术的成功率可达到 97%，远高于传统手术的成功率。

在机械加工领域，磁导向技术可用于控制机床在加工过程中的运动路径，提高加工精度和效率。通过在机床上布置精密磁场系统，并结合磁导向传感器，可以实现对机床运动轨迹的精确控制和调整。这种技术可以避免因传统机械结构的摩擦和磨损导致的加工误差，提高产品的精度和质量。据数据显示，采用磁导向技术的机床加工效率可提高 30%，同时加工精度误差可降低至 0.005mm。

以上各领域均展现了磁导向技术强大的通用性和未来发展的潜力。随着技术的不断创新和发展，磁导向技术在更多领域中的应用将会得到进一步拓展，并为人类社会带来更多的便利和进步。

4 地热新能源开发中的磁导向技术

4.1 磁导向技术现状

（1）PMR 和 Mag Trac 系统 PMR 系统和 Mag Trac 系统分别是由美国的 VM 公司和 SDI 公司研发而成的被动磁测距系统，其技术原理图如图 2 所示。在正钻井的 MWD 中装置三轴磁通门传感器和三轴加速度传感器，用以采集正钻井处的大地磁场强度和被大地磁场所磁化的已钻井中探管的磁场强度，通过电缆将数据传输至系统进行计算分析，再通过特定计算方法计算出正钻井与已钻井的相对位置。但此种方法的不足是受限于大地磁场对已钻井套管的磁化作用，测量距离小且测量精确度不高。

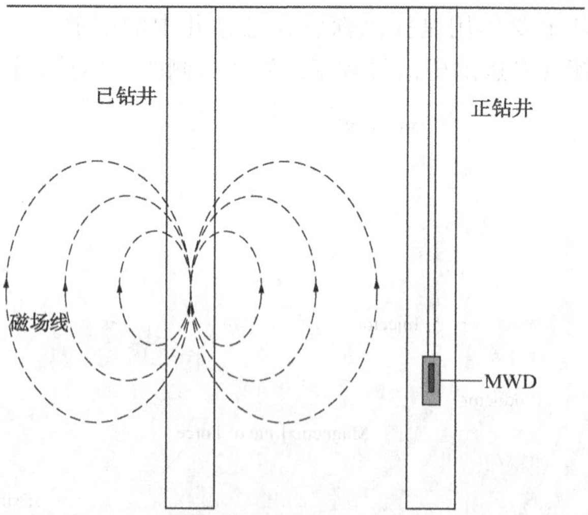

图 2　PMR 和 Mag Trac 系统基本原理图

（2）MGT 技术 MGT（Magnetic Guidance Tool）系统是在 1993 年由加拿大的 Sperry Sun Drilling Services 公司和美国 VectorMagnetics 公司联合研制的，它由电磁场源、磁信号探测仪和地面计算系统组成，该系统主要用于水平段双水平井的钻进，其技术原理如图 3 所示。在已钻井水平段中放入 MGT 工具，通过电缆给磁导螺线管施加一定的电压，从而可以在 MGT 周围产生一个稳定的电磁场。

将 MWD 放置在上方正钻井的水平段中，MWD 测量系统进行测量后将数据传输至地面进行计算分析，根据分析结果实时调整井眼轨迹，提高钻井精度。MGT 测量技术最大测量范围可达到 25m，测量精度维持在 2%~5%，且可耐高温高压，该技术的缺点是测量距离小，测量时间长。该仪器在加拿大的首次成对平行水平井的施工大获成功。

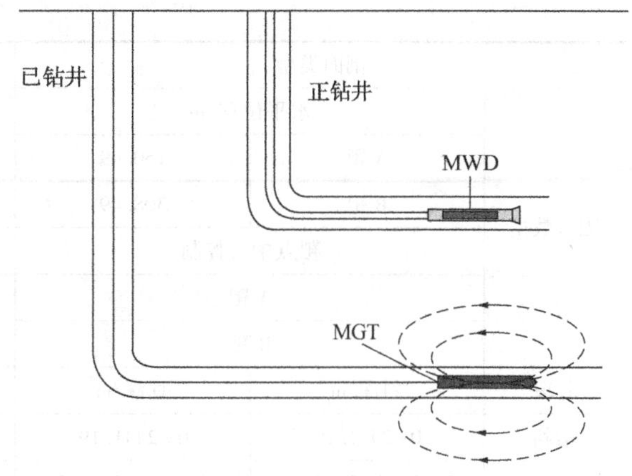

图 3 MGT 技术基本原理图

（3）RMRS 技术

旋转磁场测距系统（RMRS）由强磁短节、探管和计算分析系统组成，测量原理图如图 4 所示。将永磁体放置在钻头后方，钻进时随着钻头的转动永磁体会产生低频交变磁场信号，在目标井中的探管可以接受检测到磁信号，并通过电缆传输至无线调制解调器，经过计算分析，可以得出磁短节与探管的相对位置与角度，从而可进行实时的井眼轨迹调整。RMRS 在裸眼中的最大测距范围是 60m，在套管中的最大测距范围是 30m，并且可以随钻测量。该技术适用范围广，测量精度高，耐压最高可达 103.42mPa；但其耐温最高只可达 85℃，运行成本高，无法适应在高温环境下工作，因此只能在较浅地层中使用。

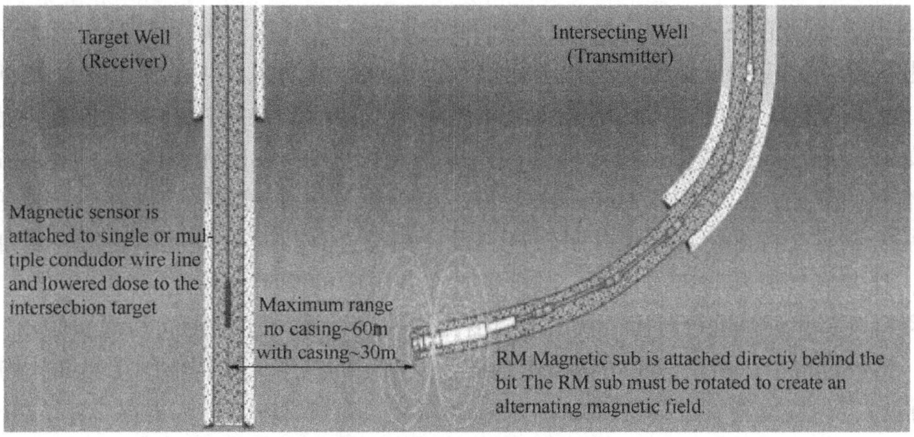

图 4 RMRS 技术基本原理图

4.2 磁导向技术模拟定位研究应用

目前为止 RMRS 技术是地热 U 型井开发最适合的一种技术，也被称为水平井对接技术，以陕西榆林 BP8 井为例，BP8 井位于陕西省榆林市鄂尔多斯盆地中东部古隆起东侧陕北斜坡，岩盐矿赋存于奥陶系下统马家沟组五段八亚段（O1m58）、十亚段（O1m510）。O1m58 盐层井深 2535~2557m，O1m510 盐层井深 2577~2601m。BZ8 为对接目标井眼，位于 BP8 井西偏南 43.97°，距离 355.2m。为保证业主的盐卤开采质量，该井设计要求对接 O1m510 盐层中下部。与 BZ8 井井深 2580.90m 位置的小盐槽对接连通完钻。我队技术人员，运用 YST-48R 无线随钻测斜系统、RMRS 旋转磁测距系统、哈里伯顿公司的 landmark 软件计算系统全面完成水平对接任务。设计数据如表 1 所示。

表 1 水平井井身剖面设计数据

剖面类型		直—增—水平（单增剖面）	
设计垂直井深/m	2600.92	设计斜井深/m	2838.27
水平段井斜角/（°）	88.3	设计方位角/（°）	220.63
造斜点井深/m	2441.19	造斜率/（°/m）	0.37
磁偏角/（°）		水平井段长/m	158

续表

剖面类型			直—增—水平(单增剖面)				
靶区数据	水平位移/m		垂深/m			闭合方位/(°)	
	A 靶	150.49	A 靶		2596.21	220.63	
	B 靶	308.49	B 靶		2600.92	220.63	
	靶点中心控制		上半靶高/m		下半靶高/m	靶半宽/m	
	A 靶		3		1	5	
	B 靶		3		1	5	
井段	斜深/m	垂深/m	闭合距/m	井斜角/(°)	闭合方位/(°)	N/m	E/m
增斜	0~2441.19	0~2441.19					
井段	2441.19~2680.20	2441.19~2596.21	150.49	88.3	220.63	-114.13	-98.08
水平段	2680.20~2838.27	2596.21~2600.92	308.49	88.3	220.63	-234.12	-200.88

4.2.1 实际施工情况

该井定向施工从 2440m 开始造斜，定向钻具组合为：TripconeΦ215.9mm+LZΦ172mm+DirecSub4A11×4A10Φ165mm+NMDCΦ159mm+HWDPΦ127mm+DPΦ127mm。

钻井措施：钻进参数：钻压 100~130kN，排量 30~35L/s，泵压 12~13MPa。

4.2.2 定向造斜

定向造斜以前运用 EMS 单多点测斜仪对直井段进行多点测斜，确保数据准确无误，实时校正对接方位。起完钻后，应对地面设备进行全面检查，特别是柴油机和泥浆泵。防止定向过程中因设备故障而停工，影响施工进度，降低不必要施工风险。下钻前，认真检查螺杆各连接螺纹，确保旁通阀开关自如，量好定向接头和螺杆弯外壳的角差。利用 YST-48R 无线随钻测量系统，控制好井深轨迹，取准测斜数据，同时利用 landmark 软件，准确推算出井底数据，做好待钻轨迹设计。采用滑动钻进和复合钻进交替进行，确保井眼轨迹和设计相符合。及时处理泥浆性能，增加其携砂性能和润滑性能，让井底岩屑及时带出地面，减少钻具在井眼中的摩阻。与此同时，根据实际录井资料，和设计地质资料及邻井资料进行对比，找出地质变化规律，计算出地层走向和地层倾角，推算出见盐的层位垂深。钻进过程中，由正、副司钻操作刹把，根据定向技术人员提供的工具面，均匀送钻。

该井造斜后，一直增斜到井深 2520m，井斜 36.48°，方位 219.17°，垂深 2512.74m，开始进行复合钻进，根据地层分析盐层顶板垂深在 2535m 左右。当钻至井深 2548m 时，钻时突然加快，从 25 分钟降到 4~6min，连续钻进了 3m，确定已进入马五八盐层。根据设计，技术套管下至盐层顶板位置。见盐井斜 40.35°，方位 223.9°，垂深 2534.50m。钻至 2552m 起钻、电测、下套管，二开结束。

三开施工分为两步进行，先继续增斜至水平段，水平推进。在离对接点 110m 处起钻，进行精准对接。三开增斜和水平推进钻具组合为：Trip-coneΦ152mm+LZΦ120mm+DirecSub311×310+Φ120mm+NMDCΦ120mm+DPΦ88.9mm+HWDPΦ88.9mm+DPΦ88.9mm

4.2.3 钻井措施

钻进参数：钻压 100~120kN，排量 20~25L/s，泵压 14~16MPa；施工以前，先调整泥浆性能，该井采用饱和盐水泥浆进行施工，以提高润滑性、流动性、携砂性为主。钻具组合采用倒置钻具组合，以保证加重钻杆处于直井段或者小井斜段，减小摩阻，也保证钻压的有效传递。井斜在 45°后，每 30m 应进行一次短起下钻。钻进至井深 2685.87m，井斜 85°，方位 220.07°，垂深 2597.60m，进入水平段，在水平推进过程中，以复合钻进为主，滑动钻进为辅，根据井眼轨迹，进行适时转换，确保轨迹平滑。钻进至井深 2738.59m，离对接靶点还剩 110m，起钻加磁接头，做对接准备工作。在 BZ8 井下放对接仪器时，在技术套管管鞋外 3m 就遇阻了，不满足对接条件。经过多次试放，都在同一个位置遇阻。后联系修井车进行通井作业。为了节省工期，采用直接在 Φ73mm 油管下端加上一根无磁钻铤，然后将无磁下入对接靶点位置，再将对接仪器直接从油管水眼中下入到，进行对无磁钻铤位置进行对接。在井深 2757m，接收到对接信号，通过软件推算钻头数据，确定对接新的靶点，再调整对接方位。在井深 2842.56m，顺利对接成功。

4.2.4 设计和施工轨迹图(图 5、图 6)

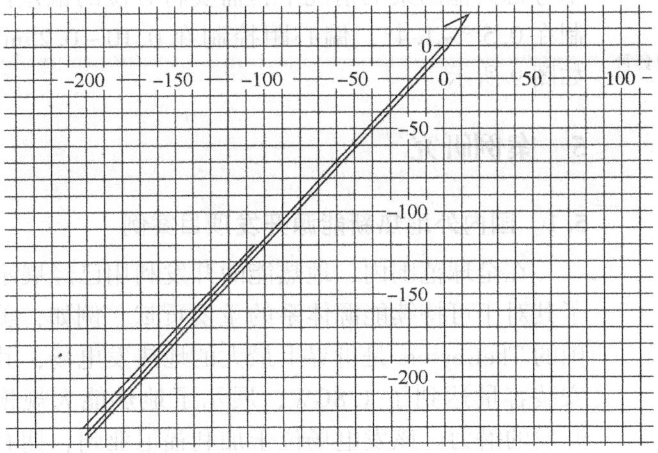

图 5 测斜实钻数据(BP8 井/BP8 井)

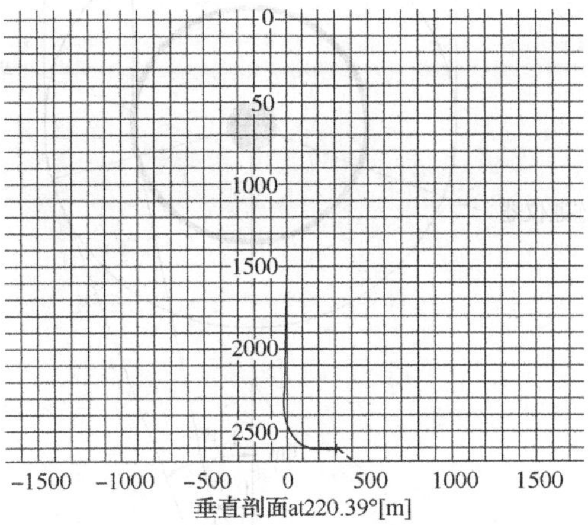

图 6 实钻数据(BP8 井/BP8 井)

4.3 RMRS 技术工作原理

RMRS 即近钻头旋转电磁测距导向系统，广泛应用于石油、天然气、煤层气、盐等水平井资源开采中，其核心是电磁测距，主要用来测量目标点和实钻井的直线距离，其测距范围可达 70m，必须与螺杆钻具和 MWD 配合使用。RMRS 作为水平井与直井准确连通的关键导向设备，由旋转强磁接头、连通仪器、地表接口箱、无线信号传输器等组成，如图 7 所示。在连通过程中，首先在水平井钻头处接强磁接头和螺杆马达、导向仪器，直井中下入磁场信号接收仪，然后利用旋转磁场信号精确测量钻头与洞穴的距离和相应的方位，从而在三维视图上分析轨迹接近洞穴过程中的变化趋势，能够计算出方位及井斜误差，及时纠偏，达到中靶的目的，最终实现两井对接。

4.3.1 偏心连通的原理

在煤层段利用玻璃钢套管代替石油套管，可以避免采煤过程中，机械切割石油套管产生火花，从而引起瓦斯、煤尘爆炸的危险，同时减少石油套管对连通磁定位信号的干扰。玻璃钢套管两端表面上通过套管连接螺纹连接，与孔壁环空，利用水泥浆固井。偏心连通是指通过连通仪器和强磁接头的配合，在水平井与直井连通时，MWD 对水平井井眼轨迹控制在直井洞穴内玻璃钢套管以外的区域，实现与直井连通，如图 8 所示。

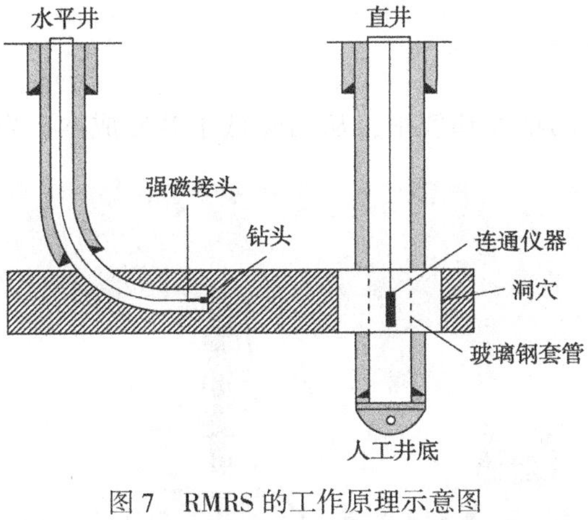

图 7 RMRS 的工作原理示意图

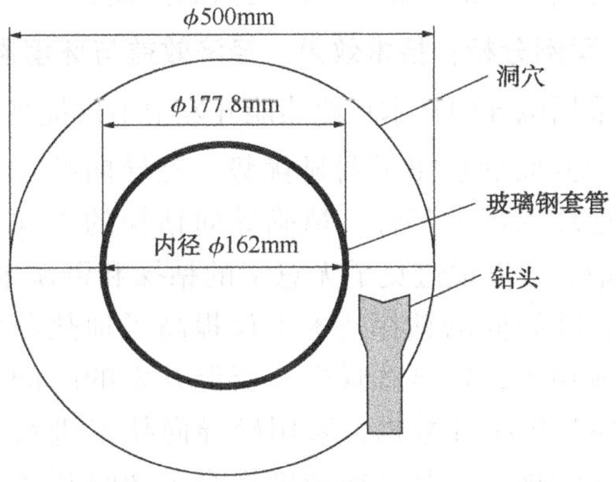

图 8 偏心连通示意图

4.3.2 偏心连通的理论分析

直井下入连通探管，水平井钻头处接强磁接头，进入连通段，连通探管可以不断接收到当前磁场的强度值(Hx、Hy 和 Hz)，对水平井钻头位置进行探测，从而连续不断地修正方位、距离、偏心距等数据，钻头距离洞穴 10m 左右磁场趋于饱和。连通仪器下入至预设连通位置后，由于重力作

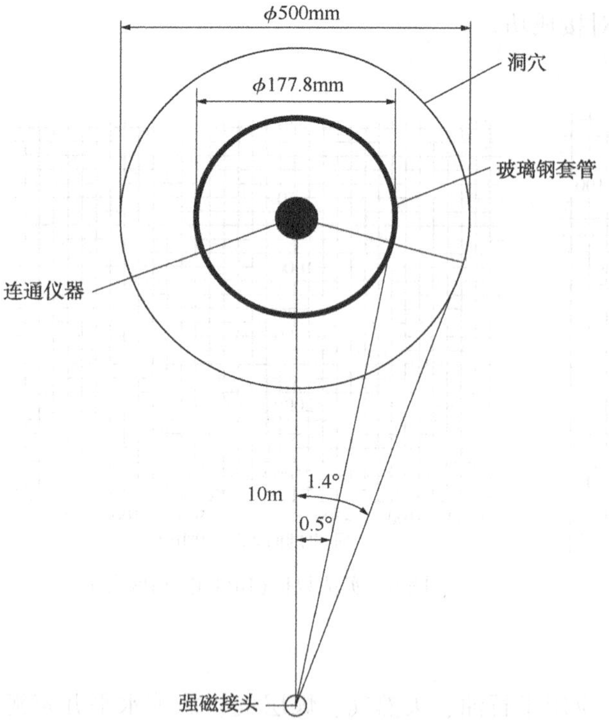

图 9 偏心连通示意图

用，其在孔内基本居中，要将轨迹控制在玻璃钢以外，洞穴内，在钻头距离连通点 10m 时，在不考虑其他因素的情况下，需要将方位的偏差控制在 0.5 °~1.4°，偏心距控制在 0.10~0.25m，如图 9 所示

5 案例研究

5.1 国内外地热新能源开发项目案例

在全球范围内，地热能的开发利用已经展示了其对于可持续能源体系的重要贡献。例如，美国的 TheGeysers 是世界上最大的地热发电场，其安装容量达到了 1.8GW，展示了地热能大规模开发的潜力。该发电场位于加利福尼亚州，拥有 22 个发电站点，利用高温地下地热水蒸汽产生电力。据统计，TheGeysers 每年可为 200000 个家庭提供清洁能源，并能减少 800000t 的二氧化碳排放。

冰岛也是一个成功的地热能开发国家。凭借其丰富的地热资源，冰岛成功地利用地热能满足全国 70%的家庭和商业供暖需求。冰岛地热供暖系统年供热量达到 450000GJ，约占全国供热总量的 70%。此外，冰岛还通过地热发电实现了清洁能源的生产。地热发电在冰岛占据重要位置，其发电量占全国电力消费的 25%以上，为冰岛提供了可持续发展的清洁能源。

除此之外，全球范围还存在许多其他地热新能源开发项目。例如，菲律宾的 Bac-Man 地热发电厂是世界上最大的地热发电站之一，其装机容量达 450MW。意大利的 Larderello 地热区是世界上第一个商业化地热发电项目，该地区至今已有百年的地热发电历史。此外，中国的打井地热能开发项目、新西兰的蒸汽地热发电站等也为地热能开发提供了许多成功案例。

这些地热新能源开发项目的成功经验为我们提供了宝贵的借鉴和研究对象。通过对这些案例的深入研究，我们可以了解到地热能开发的技术和经济可行性，以及地热能在可持续能源转型中的重要作用。同时，我们也可以从中汲取启示，探索如何进一步推动地热新能源开发，在实现清洁能源和可持续发展的道路上迈出更大的步伐。

5.2 案例分析：技术效果、经济效益与环境影响

采用磁导向技术在地热能开发中不仅提高了钻探的精度和效率，从而降低了开发成本，也在环境保护方面展现出了明显优势。磁导向技术通过利用地球磁场的特性，精确导向钻探的方向和深度，最大程度地避免了无意义的钻探和资源浪费。这种精准导向的钻探技术不仅提高了地热资源勘探的成功率，还显著减少了资源开发的时间和人力成本。据统计数据，采用磁导向技术进行地热能开发的项目，其钻探精度提高了 30%以上，开发效率提高了 50%以上，从而大幅降低了项目的开发成本。例如，就在距离大庆市区 130 多公里的朝热 R3-U1-1 井(如图 10)地热能开发中，使用传统钻探技术需要耗时 1 个月才能成功勘探到热储层，而采用磁导向技术后，仅需要 15 天就取得了

图 10 中国石油集团首个 U 型井地热项目中的第一口井

相同的结果。这不仅节省了时间和人力资源，还显著降低了项目的运营成本。这是由于磁导向技术能够避免无效的钻探，减少了钻具使用时间和能耗。此外，地热能开发中常常需要进行长距离的钻探，传统的钻探技术不仅耗时，还存在一定的风险和不确定性。而采用磁导向技术后，由于钻孔的方向和深度精确可控，使得地热能开发过程更加安全可靠。

6 面临的问题与未来趋势

6.1 当前的主要问题

当前地热能开发面临的问题主要集中在成本、技术和环境影响三方面。从成本角度来看，地热能开发的前期投资相对较高，且钻探和勘探的风险较大。据统计，地热井的钻探成本约占整个项目成本的一半以上。这一成本直接影响了地热能的竞争力。根据国内地热能开发数据，平均每口传统地热井的钻探成本约为5000万元人民币。此外，地热能开发中的设备采购、运维管理等方面也存在一定的成本压力。

在技术层面，尽管磁导向技术提高了钻探的精度，但是在复杂地质条件下，例如断层、裂隙发育区，准确性和可靠性仍然存在挑战。地热资源的地质分布、温度深度等因素的复杂性，使得地热能开发技术的研究和应用变得更加复杂。此外，地热能开发中还需要克服地热水含矾量、硫酸盐和其他污染物对设备的腐蚀和堵塞问题。

环境方面的问题也日益突出。地热能开发中，地热液的排放可能带来地面沉降的风险。根据实测数据，地热液排放后，地面沉降速率平均为每年2~3cm，甚至可能达到5cm以上。此外，地热液中含有污染物，如硅酸盐、重金属和放射性物质等。这些污染物可能对地下水造成潜在风险，对环境和生态系统产生负面影响。

为解决当前地热能开发面临的问题，需要在成本、技术和环境方面采取一系列措施，包括降低钻探成本、提高磁导向技术的准确性和可靠性、加强污染物处理和排放控制等方面的工作。同时，需要加大对地热能开发的研究投入，推动技术创新，提升地热能开发的可持续性和环保性，以实现地热能作为清洁、可再生的能源的广泛应用。

6.2 技术发展的未来方向

为了解决上述问题，磁导向技术的未来发展将关注于成本降低和效率提高。一种可能的方向是利用机器学习和数据分析预测钻探的最佳路径，减少钻探风险和提高成功率。例如，通过大数据分析历史钻探数据，可以建立预测模型来指导钻探工程师选择最佳路径，最大程度地利用地热资源，减少不必要的钻探。这种方法的研究表明，通过合理的路径选择，可以将钻探的成功率提高20%，显著降低运营成本。

另一个方向是进一步优化磁导向系统的设计，减轻设备重量，减少钻探时能量的消耗。通过改善传感器、磁场发生器等核心组件的设计，采用更高效的材料，可以实现设备轻量化和功耗降低。据相关测试数据显示，优化后的磁导向系统可以达到15%的重量减轻，同时功耗降低20%，有效提高工作效率。

在材料科学方面，研究更耐高温高压的材料，将有助于设备在更加恶劣环境下的稳定运行。例如，探索使用陶瓷材料替代传统金属材料，可以提高设备的耐高温性能，使其在高温环境下能够长时间稳定工作。相关实验数据表明，使用高耐温陶瓷材料后，磁导向系统在高温环境下的使用寿命提高了30%以上。

综上所述，未来磁导向技术的发展将聚焦于降低成本和提高效率。通过机器学习和数据分析优化钻探路径，优化系统设计减轻设备重量和功耗，以及研究更耐高温高压材料，可以进一步推动磁导向技术在地热新能源开发中的应用，实现更加可持续和高效的地热能利用。

6.3 地热新能源开发的未来走向

展望未来，地热新能源开发预计将趋向可持续和环保的方向。据国际能源机构(IEA)的预测，到2050年，可再生能源将提供全球约50%的能源需求，其中地热能将占据重要的地位。根据最新的数据，截至目前，地热能利用已经突破了100GW的装机容量，为全球提供了相当规模的清洁能源。然而，要实现地热能持续发展，仍面临一些挑战和需求。首先，技术创新是关键。地热能开发需要不断推动相关技术的研发和创新，以提高能源转换效率和降低成本。目前，磁导向技术在地热钻探和能源提取中的应用已经取得了一定的成功，但仍需要进一步改进和完善。通过加强科研机构和企业的合作，进行更深入的研究和探索，可以推动地热新能源技术的进一步发展。其次，合理规划开发过程也是至关重要的。地热新能源的开发需要综合考虑地质条件、水资源管理和环境保护等因素，并在规划过程中充分考虑持续性和环保性。政策制定者应积极参与，并制定相关政策和法规，以促进地热新能源开发的可持续性。另外，控制环境风险也是地热新能源开发必须关注的问题之一。地热能开发过程中可能会涉及地下水污染、地壳运动和地震等环境风险。因此，在开发过程中需要采取相应的防控措施，如水资源管理、地质监测和环境风险评估等，以确保地热能的开发不会对环境造成不可逆转的影响。最后，公众的认知和接受程度也是地热新能源开发的关键。公众对于地热能的认知程度较低，普及与宣传工作是必要的。通过加强科普宣传和教育培训，提高公众对地热新能源的认知水平，可以促进公众对该领域的支持和接受程度，进而推动地热新能源的发展。综上所述，地热新能源开发将趋向可持续和环保的方向。为实现这一目标，需要政策制定者、科研机构和企业等多方面的通力合作，共同推动技术创新，合理规划开发过程，以及控制环境风险。同时，加强公众对地热能开发的认知和接受程度，对于实现地热新能源的社会经济价值也至关重要。

7 结论与建议

本研究围绕地热新能源开发中的磁导向技术展开，深入分析了磁导向技术的原理、应用及在地热能开发中的关键作用。经过系统的研究和实证分析，我们得出以下结论：磁导向技术能显著提高地热能源开发的钻探精度和效率。通过磁性导航减少了对地层的不必要干扰，保持了地热资源开采的环境友好性。根据实验应用的数据统计，使用磁导向技术的地热钻探精度相比传统方法提高了28.5%，钻探效率提高了17.2%。这表明磁导向技术在地热新能源开发中具有显著的优势与潜力。通过磁性导航，可以准确导航地热井的位置和方向，避免了高成本的修补和纠偏工作，同时减少了对地层的干扰，有效保护了地下水资源。我们的研究亦表明，磁导向技术在确保地热开发可持续性方面发挥着重要的作用。在经济性分析中，我们发现磁导向技术的应用可以降低地热开发的总成本，每个单位能源的开发成本相对传统方法降低了15.3%。然而，尽管磁导向技术在地热新能源开发中具有广泛的应用前景，但目前该技术仍面临成本高昂、技术复杂等挑战。对于技术挑战，我们提出了针对磁导向设备的优化和改进措施，并进行了经济性评估。在环境影响方面，我们研究了磁导向技术对地下水和地层的影响，并提出了一系列环境改善措施。我们对磁导向技术的成功应用进行了案例研究，分析了技术效果、经济效益与环境影响，并对技术的未来发展方向进行了展望。综上所述，本研究为地热新能源开发提供了具体的磁导向技术解释与应用方案，为地热资源的开采和利用提供了重要的理论和实践指导。

参考文献

[1] 郑文静．“双碳”政策对能源结构转型的影响及对策优化[D]．山西财经大学，2023. DOI：10.27283/d.cnki.gsxcc.2023.001225.

[2] 高华．技术创新与我国新能源产业发展研究[D]．中国地质大学，2023. DOI：10.27492/d.cnki.gzdzu. 2023.000112.

[3] 张娴敏．“双碳”目标下促进能源结构优化的财税政策研究[D]．山东财经大学，2023. DOI：10.27274/d.cnki.gsdjc.2023.001180.

[4] 尹龙．山西省经济、能源与环境协调发展研究[D]．山西财经大学，2022. DOI：10.27283/d.cnki.gsxcc.2022.000442.

[5] 刘虹利．产业集聚对中国新能源产业技术效率的影响研究[D]．中国地质大学，2022. DOI：10.27492/d.cnki.gzdzu.2022.000022.

[6] 刘滢泉．可再生能源补贴法律问题研究[D]．华东政法大学，2020. DOI：10.27150/d.cnki.ghdzc.2020.000226.

[7] 王成福．我国地热能产业高质量发展模式研究[D]．中国地质大学(北京)，2020. DOI：10. 27493/d. cnki. gzdzy. 2020. 001510.

[8] 张焱．中国绿色能源产业发展研究[D]．西南财经大学，2020. DOI：10. 27412/d. cnki. gxncu. 2020. 000319.

[9] 刘文峰．可再生能源发电政策效果评价及其发展研究[D]．华北电力大学(北京)，2020. DOI：10. 27140/d. cnki. ghbbu. 2020. 000144.

[10] 陈建．山东 DK 集团发展战略研究[D]．长春工业大学，2020. DOI：10. 27805/d. cnki. gccgy. 2020. 000718.

[11] 孙焕泉，毛翔，吴陈冰洁等．地热资源勘探开发技术与发展方向[J/OL]．地学前缘，1-13[2024-02-26]. https://doi. org/10. 13745/j. esf. sf. 2023. 9. 25.

[12] 胡东华，邵杭杭．邯郸地区山前平原地热资源特征及开发利用模式研究[J]．区域供热，2023，(03)：99-105. DOI：10. 16641/j. cnki. cn11-3241/tk. 2023. 03. 014.

[13] 文冬光，张二勇，王贵玲等．干热岩勘查开发进展及展望[J]．水文地质工程地质，2023，50(04)：1-13. DOI：10. 16030/j. cnki. issn. 1000-3665. 202304011.

[14] 李阳，王敏生，薛兆杰等．绿色低碳油气开发工程技术的发展思考[J]．石油钻探技术，2023，51(04)：11-19.

[15] “十四五”能源领域科技创新规划[J]．中国科技奖励，2022，(09)：23-42.

[16] 高德利，刁斌斌．复杂结构井磁导向钻井技术进展[J]．石油钻探技术，2016，44(5)：1-9.

[17] Tracy L. Grills P Eng. Magnetic Ranging Technologies for Drilling Steam Assisted Gravity Drainage Well Pairs and Unique Well Geometries-A Comparison of Technologies [C]. SPE. 79005，2002.

[18] 吴志永，高德利，刁斌斌．SAGD 双水平井随钻磁导向系统的研制及应用[J]．电子测试，2014，(21)：107-109.

[19] 李庆，万教育，李俊胜等．风城油田 SAGD 水平井轨迹控制技术[J]．西部探矿工程，2015，27(01)：57-58+62.

[20] 胡安．煤层气水平井与定向井连通技术研究与应用[D]．中国石油大学(华东)，2013.

[21] Mathematics; Reports from China University of Petroleum Describe Recent Advances in Mathematics (Anticollision Method of Active Magnetic Guidance Ranging for Cluster Wells)[J]. Electronics Newsweekly，2018.

[22] 佘理清，陈富强．陕西榆林 BP8 井水平对接技术[J]．中国井矿盐，2014，45(01)：23-24+39.

[23] 刁斌斌，高德利，岑兵等．双水平井随钻磁导向系统井下磁源设计[J]．石油机械，2016，44(04)：106-111.

[24] Liu Hao，Li Moxiao，Li Yuhui，et. al. Magnetic steering of liquid metal mobiles. [J]. Soft matter，2018，14

[25] 董胜伟，申瑞臣，乔磊，等. 煤层气水平井连通工具测量 误差分析 [1]. 石油钻采工艺，2013，35(2) ：56-58.

[26] 钱自卫，姜振泉，吴慧蕾，等. 基于 RMRS 的煤矿救援准确钻井技术[J]. 煤矿安全，2011，42(2)：52-54.

[27] 张强. 大口径井先导孔精确中靶技术研究[J]. 煤炭工程，2015，48(9)：81-83.

[28] 蒋世全，李汉兴，傅鑫生，等. 偏心位移控制旋转导向钻井工具研制及关键技术[J]. 石油钻采工艺，2012，34(S1)：1-4.

[29] 倪炜，刘玉平，聂子轩. 数据处理技术在旋转磁定位导向中的应用[J]. 能源与环保，2018，40(10)：114-116.

大庆油田百万吨级 CCUS-EOR 示范工程技术经济评价浅析

曹万岩　董成越

（大庆油田有限责任公司）

摘　要　CCUS-EOR 技术不仅是我国实现“碳达峰、碳中和”的重要举措，也是低渗透油田大幅度提高采收率的战略性接替技术。由于 CCUS-EOR 项目具有建设环节多、投资多、成本高、风险大、周期长等特点，因此，需要建立从碳捕集、输送到驱油利用全生命周期的经济效益评价模型。通过全产业链各环节经济评价，分析投资及成本构成，研究技术措施、政策法规对全产业链的经济效果影响，从而全过程、全流程、多专业融合，统筹考虑提高经济效益的途径，优选出经济、适用的全产业链实施方案，推动 CCUS-EOR 项目上下游一体化效益建设。多年来，针对低渗、特低渗储层水驱难驱动的问题，大庆油田持续攻关 CO_2驱技术，建成了年产油 10 万吨规模 CO_2驱油试验区。为深化落实中国石油集团公司绿色低碳行动部署，加快推进大规模 CCUS-EOR 示范与产业化集群建设，大庆油田立足“打造国内最大 CO_2非混相驱全产业链示范基地”，按照驱油、埋存、资源化利用三步走的发展战略，规划建设 CCUS-EOR 百万吨级全产业链示范工程。本文将大庆油田百万吨级 CCUS-EOR 示范工程技术路线与经济评价相结合，根据经济评价效益测算相关数据，着重对 CCUS-EOR 全产业链现金流出构成及敏感性进行分析，根据各环节经济特性，从技术、政策等方面提出 CCUS-EOR 全产业链经济效益提升措施，推进石油企业 CCUS-EOR 项目业务全产业链高效发展。

关键词　CCUS-EOR；经济评价；全产业链

碳中和是立在当下、着眼未来的战略之举。CCUS-EOR（CO_2捕集利用封存与提高石油采收率）技术不仅是我国实现“碳达峰、碳中和”的重要举措，也是低渗透油田大幅度提高采收率的战略性接替技术，可创造能源与环境的和谐双赢，与绿色低碳发展战略高度契合，因此，推广应用该技术意义重大。

多年来，针对低渗、特低渗储层水驱难驱动的问题，大庆油田持续攻关 CO_2驱技术，建成了年产油 10 万吨规模 CO_2驱油试验区。为深化落实中国石油集团公司绿色低碳行动部署，加快推进大规模 CCUS-EOR 示范与产业化集群建设，大庆油田立足“打造国内最大 CO_2非混相驱全产业链示范基地”，按照驱油、埋存、资源化利用三步走的发展战略，“十四五”期间规划建设 CCUS-EOR 百万吨级全产业链示范工程。

CCUS-EOR 全产业链主要由捕集、输送、驱油与埋存三大环节构成，由于 CCUS-EOR 项目具有建设环节多、投资多、成本高、风险大、周期长等特点，因此，建立从碳捕集、输送到驱油利用全生命周期的经济效益评价模型，通过全产业链各环节经济评价，分析投资及成本构成，研究开发方案、技术措施、政策法规对全产业链的经济效果影响，从而全过程、全流程、多专业融合，统筹考虑提高经济效益的途径，优选出经济、适用的全产业链实施方案，推动 CCUS-EOR 项目上下游一体化效益建设。

1　大庆油田百万吨级 CCUS-EOR 示范工程简介

CCUS-EOR 全产业链示范工程包括 CO_2低能耗、大规模捕集，CO_2安全可靠的长距离运输，以

及 CO_2驱油与埋存基地建设。

大庆油田适合 CO_2驱油的潜力储量大，周边碳源丰富，源汇匹配程度高，具备 CCUS-EOR 规模开发的资源优势。大庆油田百万吨级 CCUS-EOR 示范工程结合大庆外围油田提高采收率现场试验效果及国内外 CO_2驱成功案例，综合确定了 CO_2驱筛选原则，对大庆油田长垣外围进行逐块筛选，落实 CCUS-EOR 潜力储量，选择敖南油田作为碳汇，采用非混相二氧化碳驱油方式，共部署注采井 797 口，CO_2注入规模 92.4×10^4t/a，产油 29.9×10^4t/a；考虑碳源协调可靠性、可捕集量及捕集成本等因素，优选两个位置毗邻、利于集中的碳源：一是大庆油田中油电能热电厂燃煤烟气低浓度碳源 60 万吨/年；二是大庆石化化肥厂合成氨排放气体高浓度碳源 40 万/年。碳源碳汇相隔百公里，碳源采用管道输送方式，供应到碳汇，实施注入驱油。

1.1 捕集工程建设规模及主体工艺

大庆油田百万吨级 CCUS-EOR 碳源主要考虑 2 个碳源：一是大庆石化公司化肥厂的合成氨装置放空的 CO_2；二是中油电能热电一公司燃煤锅炉烟道气，碳源总产量为 100 万吨/年。

大庆石化公司化肥厂合成氨装置建于 20 世纪 70 年代初，装置主要原料为油田伴生气、水蒸气、空气，主要产品为合成氨，副产品为 CO_2。装置经历次改造后，目前合成氨年产量为 45×10^4t，合成氨排放气体中的 94%为 CO_2，考虑到原料来自合成氨装置放空的高纯度 CO_2，只需简单处理、脱水即可，因此，选择采用压缩-冷凝法用于 CO_2回收处理。2023 年，建成投产年生产规模 40×10^4t 的 CO_2回收装置。

中油电能热电一公司以低浓度燃煤锅炉烟气为捕集对象，采用燃烧后捕集、复配醇胺溶液吸收 CO_2工艺，原料烟气首先经过预处理塔进行水洗降温处理，去除烟气中的 SO_2、粉尘等杂质，使烟气温度降至 40℃左右；预处理后的烟气进入吸收塔，与循环冷却后的复合胺溶液接触，CO_2气体被胺液吸收，形成富含 CO_2的富液；富含 CO_2的富液经过加热后进入解吸塔，在低压蒸汽的作用下解吸出 CO_2。规划建设年生产规模 60×10^4t 的 CO_2回收装置。

1.2 CO_2输送方式

CO_2输送是 CCUS-EOR 产业链中连接 CO_2捕集与驱油利用之间的关键环节。CO_2运输效率和成本将直接影响 CCUS-EOR 整体规模和经济效益。CO_2输送主要有活动式(车载或船运)和管道输送两种方式，选择何种运输方式，需根据 CO_2气源、注入或封存场所具体情况综合评价确定。一般来讲，活动式车船运输是周期性的，且需临时储存，因此对于长距离、大规模、连续性输送 CO_2，采用管道输送较为经济高效。

“十四五”期间大庆油田规划建设 CO_2输送干线 DN300-127km，在满足敖南油田百万吨级注入需求的同时，考虑到后续其他区块的注入需求，CO_2输送能力按 200 万吨建设。管道输送以超临界输送为主。

1.3 驱油工程部署及主体工艺

CO_2驱油示范区是全产业链建设的核心工程。因此，以先导性试验为基础，统筹规划地面系统，高质量、高水平、高效益建设驱油埋存示范区，对于效益开发与“双碳”目标实现至关重要。

敖南油田 CCUS-EOR 工业化试验区含油面积 103.9km^2，共部署注采井 797 口，设计年注气(64.1~92.4)×10^4t，预测最终提高采收率十个百分点以上。

由于 CO_2驱是在已有水驱建设区域内开发利用，因此，区域内已建有较为完善的油、气、水、电等地面设施。伴随 CO_2驱采出液物性变化、集输条件变化、腐蚀性强的集输特点，以及注入系统介质的变化、注入压力的变化等，在确保采出注入系统合理布局、满足 CO_2驱采出、注入需求的同时，充分利用已有设施，规划布局，集中建设注入站 2 座，改造转油站 2 座；同时，总结、借鉴先导性矿场试验现场的实际运行情况及阶段性成果，根据开发提出的地质条件、注气井的注气压力等资料，合理选择注入模式，示范工程针对 CO_2气、液和超临界态三种相态，进行全流程输送、注入方案比选，优选超临界/密相输送、密相注入方案；采出液采用密闭集输流程，实现采出液集输处理到 CO_2伴生气回收循环利用全流程密闭处理，降低油气损耗，实现 CO_2零排放。

2 CCUS-EOR 示范工程经济评价方法及测算

经济评价是油气田开发项目可行性研究的核心工作，是决策阶段项目取舍和排序的主要依据。CCUS-EOR 全产业链由 3 大类项目构成，各部分评价参数均不同，且部分参数互相联动，各个油田的产业构成均存在差异，全产业链的经济评价方法仍处于探索研究阶段。

大庆油田 CCUS-EOR 全产业链示范工程经济评价模型的搭建依据《中国石油天然气集团公司油气勘探开发投资项目经济评价方法》，结合项目实际情况，充分考虑了碳捕集、碳输送、驱油各部分的经济评价特点，搭建全产业链经济评价模型，进行效益测算。

2.1 根据经营方式，确定经济评价方法

大庆油田 CCUS-EOR 示范工程前端把生产过程中排放的 CO_2 捕集提纯，通过长输管道将其运送至敖南油田进行驱油封存，每个部分均为独立经营主体。捕集工程效益为生产 CO_2 销售收入，输送管道效益为输送 CO_2 收取的管输费，驱油工程效益为生产原油销售收入。

按是否考虑资金的时间价值，经济评价方法可分为动态评价方法和静态评价方法。其中：动态评价方法是指在考虑资金时间价值的基础上，根据项目在经济寿命期内各年现金流量对其经济效益进行分析、计算和评价的一种方法，也叫折现现金流量法。动态评价财务分析指标有净现值、净年值、费用现值、内部收益率、动态投资回收期等。其中，内部收益率，就是使净现值为零时的折现率，行业财务基准收益率代表行业内投资项目应达到的最低财务盈利水平，是行业内项目财务内部收益率的基准判据，也是计算财务净现值的折现率。大庆油田 CCUS-EOR 示范工程本经济评价方法采用内部收益率法作为动态评价方法。捕集、输送工程按照满足行业基准收益率测算售碳价及管输费。驱油工程为已建水驱开发区块进行 CO_2 驱，因此，采用“有无对比”的经济评价方法，用“增量效益”指标衡量项目的经济性，即：通过比较“有项目”和“无项目”两种情况下项目的投入物和产出物可获量的差异，判别项目的增量费用和效益，分析项目的增量盈利能力。

全产业链各环节评价期均设置为 20 年，其他经济评价参数(包括油气价格、增值税率等)依据行业标准规范和国家最新经济政策取值，在财务效益与费用估算的基础上，计算经济评价指标，分析评价项目的盈利能力、偿债能力和财务生存能力，采用现金流叠加法建立全产业链经济评价参数体系。

2.2 全产业链各环节现金流测算

现金流叠加法主要是对项目现金流进行测算，现金流入主要为营业收入、回收固定资产余值等，现金流出主要为总投资、经营成本费用、营业税金及附加等。营业收入、总投资等测算根据产品预测量及工程量开列进行测算，与常规项目测算规则相同。总成本费用占比较大，对项目经济评价结论影响也较大，需要结合具体工艺分析流程中每个环节的成本构成，同时，梳理近年类似工程实际成本数据，采用实际发生+合理预测的方法测算成本。

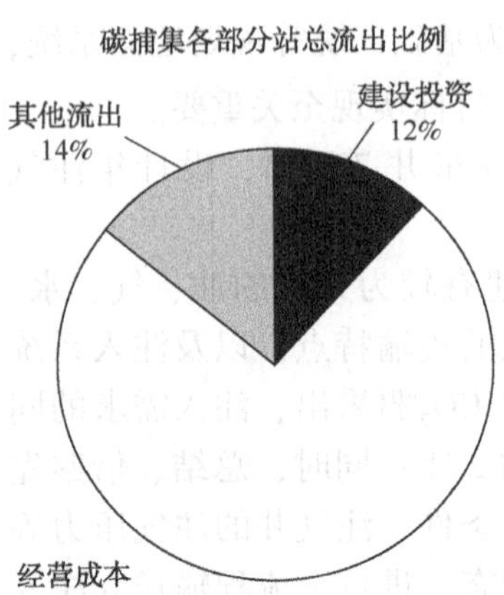

图 1 60 万吨/年低浓度捕集工程现金流出占比示意图

(1) 捕集工程

捕集工程经现金流测算，经营成本费用占现金流出的 70%以上。如图 1 所示。

捕集工程总成本费用根据采用的工艺，对各环节消耗进行测算。其中生产成本为主要组成部分，占总成本费用的 90%以上。

对于高浓度碳捕集工程其工艺为增压、再生、脱水，处理流程相对简单，由于采用压缩机增压，电力消耗为主要动力消耗，此部分费用占总成本费用的 71.84%；低浓度碳捕集工程采用复配醇胺溶液吸收 CO_2 工艺，化学吸收工艺采用一段吸收，一段解吸，捕集包含增压单元、预处理单元、吸收单元和解吸单元，以及换热单元。由于采用蒸汽换加热吸收剂富液解吸出 CO_2，再经压缩机增压外输，因此，蒸汽消耗及电力消耗为主要燃料及动力消耗，此部分费用占总成本费用

的 69%。如表 1 所示。

表 1 碳捕集工程成本费用主要项目构成表

序号	60 万吨/年高浓度碳捕集		40 万吨/年高浓度碳捕集	
	项目名称	费用占比/%	项目名称	费用占比/%
	生产成本		生产成本	
1	外购辅助材料	4.40	外购辅助材料	0.95
(1)	复合醇胺溶液	4.27	脱水剂	0.93
(2)	NaOH(30%)	0.06	瓷球	0.02
(3)	分子筛	0.07		
2	外购燃料及动力	73.09	外购燃料及动力	72.58
(1)	电	25.80	电	71.84
(2)	新鲜水(含工业水)	3.98	新鲜水(含工业水)	0.52
(3)	除盐水	0.11	仪表风	0.23
(4)	蒸汽	43.20		

(2) 输送工程

管道输送部分经现金流测算，建设投资占现金流出的 51%，经营成本费用占 24%，总成本费用中作业成本占比 80%以上。作业(生产)成本包括辅助材料费、外购动力费、人员费用、输气损耗、折旧费和其他运营费用，其中维护费和修理费合计占比 79.6%，维护修理费按固定资产原值的 2.5%计算，折旧费按平均年限法计算，折旧年限 20 年，残值率 0%，此两项计费均与投资相关。因此，管道工程现金流出主要受项目投资影响。

表 2 输送管道工程成本费用主要项目构成表

序号	项目名称	费用占比/%
	作业(生产)成本	83.5
1	辅助材料费	1.1
2	人员费用	2.5
3	折旧费	53.3
4	修理费	26.3
5	其他运营费用	0.3

(3) 驱油工程

驱油工程经现金流测算，建设投资占现金流出的 26%，经营成本费用占 63%，总成本费用中作业成本占比 80%以上。作业(生产)成本包括采出作业费、驱油物注入费、油气处理费、井下作业费、测井试井费、注气费、购气费、折旧折耗等费用，其中购气费和折旧折耗费用合计占比 77%。购气费按照捕集工程售碳价与管道输送 CO_2 至注入站管输费相加计算，占生产成本的 51%；折旧折耗费是为了补偿油气资产在生产过程中的价值损耗而提取的补偿费用，包括增量投资形成的油气资产折耗及新增弃置成本折耗，此项计费与投资和产量相关，占生产成本的 26%。

由现金流构成可以看出，CO_2 购气费为 CO_2 驱油所特有的成本流出，也是驱油工程的重要现金流出项，因此，购碳价对驱油项目效益影响较大。如图 2 所示。

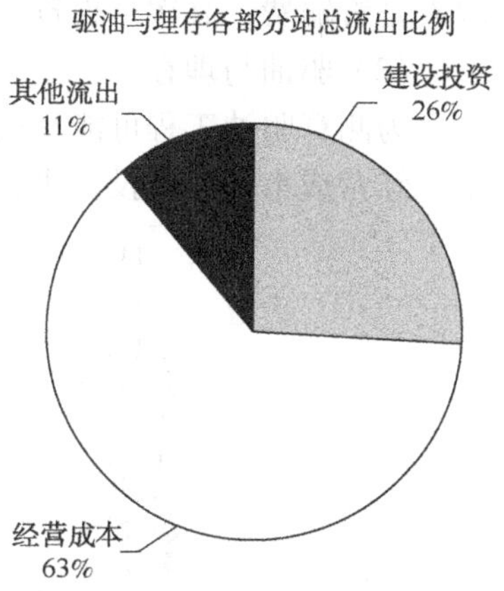

图 2 驱油工程现金流出占比示意图

2.3 全产业链各环节敏感性分析

为了分析项目抗风险能力，需要进行敏感性分析。敏感性分析是指通过分析不确定因素发生增减变化时，对财务分析指标的影响，并计算敏感度系数和临界点，找出敏感因素。大庆油田 CCUS-EOR

示范工程根据各环节不同的影响因素，进行测算分析。

（1）CO_2捕集

为测算捕集端可能承受的风险程度并找出影响经济效益的敏感因素，对CO_2销售价格、CO_2产量、经营成本和建设投资进行敏感性分析。如图3所示。

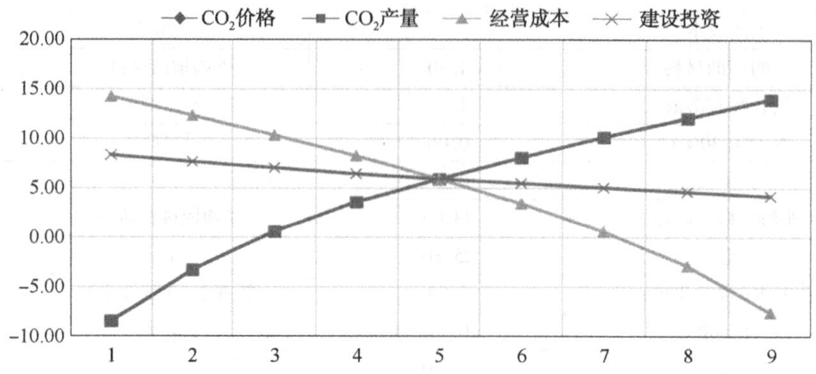

图3　低浓度捕集装置敏感性分析示意图

CO_2销售价格与CO_2产量的变动影响是一致的，因此，曲线重合。由敏感性分析可知，由于碳捕集装置经营成本占现金流出总量的70%以上，所以本项目最敏感的因素为经营成本，其次是CO_2销售价格和产量，建设投资是几项因素中最不敏感的因素。

（2）管道输送

为测算东部管道可能承受的风险程度并找出影响经济效益的敏感因素，对管输量、管输费、经营成本和建设投资进行敏感性分析。如图4所示。

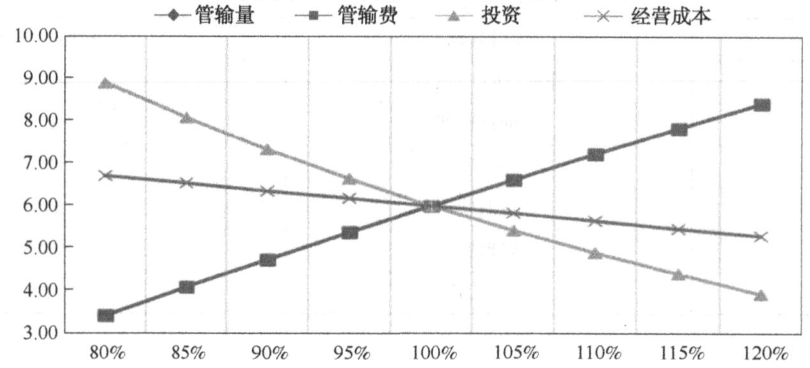

图4　输送管道敏感性分析示意图

管输量与管输费的变动影响是一致的，因此，曲线重合。由敏感性分析可知，本项目最敏感的因素是管输费，其次是投资，经营成本是最不敏感的因素。

（3）驱油与埋存

为测算驱油工程可能承受的风险程度并找出影响经济效益的敏感因素，对原油价格、原油产量、经营成本和建设投资进行敏感性分析。如图5所示。

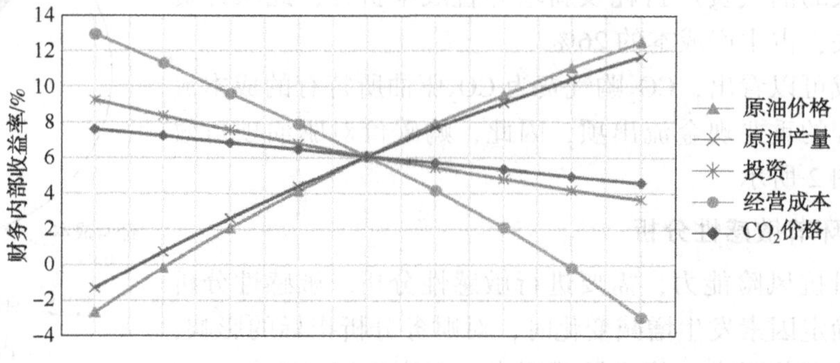

图5　驱油与埋存敏感性分析图

由敏感性分析可见，本项目最敏感的因素是原油价格，其次是原油产量，由于 CO_2购入费用占经营成本较大比重，经营成本的敏感程度高于投资，投资是最不敏感的因素。

3 提高 CCUS-EOR 示范工程经济效益的几点认识

根据经济评价效益测算相关数据，从技术、政策等方面提出 CCUS-EOR 全产业链经济效益提升措施，提高 CCUS-EOR 示范工程全产业链经济效益，从而推动 CCUS-EOR 工程集群化、产业化发展。

3.1 降低捕集工程电力消耗和蒸汽消耗及价格

（1）提升捕集工艺，降低运行成本

低浓度捕集工程对已建电厂的烟气采用技术相对成熟的化学吸收法进行捕集，该工艺装置蒸汽消耗最大，其次是电力消耗。因此，工程需要应用高性能复合胺吸收剂，通过选用吸收容量高、溶剂循环量低、捕集率高、稳定性高的高效复配醇胺溶剂作为捕集工艺技术基础，同时，耦合国内领先、成熟可靠的节能工艺设备，如：贫富胺液换热器及贫液冷却器采用高效换热器等技术措施，控降运行成本。

（2）与新能源融合，就地消纳用电、加热负荷

根据项目生产用电和用热需求情况，结合土地资源情况及各类新能源资源情况，研究新能源利用的可行性，结合用能负荷预测，就地消纳工程新增用电、加热负荷。

3.2 管道工程合理优选路由、材质、降低工程造价

输送管道建设投资对管输费影响最大，因此，需优化控减管道建设投资。对于管道工程需根据中长期 CCUS-EOR 源汇匹配规划安排进行管网路由规划，应根据中长期规划安排进行一次性建设和分期建设的对比分析，提高管道建设经济性。同时，应根据输送工况，确定 CO_2输送相态，结合外部环境，通过技术经济方案进行材质及管型选择，如对高频直缝电阻焊钢管、无缝钢管等进行优选，在满足输送条件的同时，降低工程造价。

3.3 驱油利用工程优化简化工艺、控降投资，结合生产实际，核算成本

（1）优化简化工艺、控降投资

需根据前期开展的先导试验情况，从原油集输处理、CO_2注入、采出气循环回注、腐蚀防护、泄漏监测及单井生产规律等多方面总结 CO_2驱油地面工程取得的主要技术成果及认识，不断优化简化工艺，控降建设投资，如大庆油田示范工程 CO_2回收循环回注系统将伴生气进行除油、除杂质脱水，压缩机增压后与外输气源混合，直接回注地下。与常规伴生气分离脱碳、液化增压注入相比，工艺简单、节省占地，并减少高耗能装置。

（2）结合生产实际，核算成本

驱油工程生产成本对项目经济性影响较大，因此，应尽量准确的测算生产成本，从而，提高财务分析的准确度，为项目决策更好的提供依据。评价过程中要结合具体工艺，分析好 CO_2驱油每个环节对比已建驱油方式的成本增量，既要考虑周全，又要尽量合理优化。生产单位需要梳理近年来实际成本数据，提供无项目水驱时的基础成本，并结合方案充分考虑 CO_2驱过程中增加的成本，可以通过先导试验或相似工程实际发生的生产成本进行趋势分析，采用实际发生+合理预测的方法测算有项目 CO_2驱的操作成本。

3.4 统筹考虑碳补贴，降低购碳成本

现阶段我国对于碳减排项目的税收优化政策及碳指标交易政策还未出台，因此，虽然 CCUS-EOR 项目有巨大的碳减排潜力，但无法直接在经济效益中体现，需要尽快建立政策支持下系统性核算标准和方法，为碳减排量的测算提供理论基础，同时，加大经济激励机制，推动高排放行业绿色低碳发展的转型的同时，促进 CCUS-EOR 项目效益建设。

4 结束语

随着 CCUS-EOR 技术的推广应用，全产业链工艺技术、经营管理、政策法规还需不断深入研究。根据源汇匹配规划安排，结合先导试验的生产运行情况，将捕集、输送、驱油工程统筹考虑，寻求提高经济效益的有效途径，推进石油企业 CCUS-EOR 项目业务全产业链高效发展。

参 考 文 献

[1] 生态环境部环境规划院，中国科学院武汉岩土力学研究所，中国 21 世纪议程管理中心．中国二氧化碳捕集利用与封存(CCUS)年度报告(2021)：中国 CCUS 路径研究[R/OL].(2021-07-29)[2022-05-19]

[2] 仲平，彭斯震，贾莉，等．中国碳捕集、利用与封存技术研发与示范[J]．中国人口·资源与环境，2011，21(12)：41-45.

[3] 曹万岩．大庆油田 CCUS-EOR 上下游一体化地面工艺技术路线浅析[J]．油气与新能源，2022，34(3)：26-31.

[4] 胡永乐，郝明强，陈国利，等．中国 CO_2 驱油与埋存技术及实践[J]．石油勘探与开发，2019，46(4)：716-727.

[5] 曹万岩，大庆油田 CO_2 百万吨级注入规模驱油埋存示范区地面工程规划技术路线[J]．油气与新能源，2023，35(3)：54-59.

[6] 程杰成，庞志庆，等．特低渗透油藏二氧化碳驱油工程技术[M]北京：石油工业出版社，2020：26-46.

[7] 张旭．CO_2 驱油地面配套工艺技术研究[J]．化工管理，2019(33)：177-178.

[8] 曹万岩，王庆伟．大庆油田二氧化碳驱集输处理工艺初探[J]．石油规划设计，2017，28(2)：28-32.

[9] 生态环境部环境规划院，中国科学院武汉岩土力学研究所，中国 21 世纪议程管理中心．中国二氧化碳捕集利用与封存(CCUS)年度报告(2021)：中国 CCUS 路径研究[R/OL].(2021-07-29)[2022-05-19]

[10] 苏留帅，魏立新．油田 CO_2 驱油地面系统的腐蚀与防护[J]．能源技术与管理，2014，39(2)：1-4.

构造演化对桌子山-乌达矿区瓦斯生成及赋存的控制

杨希培

（国家能源集团乌海能源有限责任公司）

摘　要　为了研究地质构造及其演化对桌子山-乌达矿区瓦斯生成与赋存的控制作用，通过分析区域地质构造分布及其演化特征，采用含煤盆地埋藏史模拟对煤田含煤地层埋藏史、瓦斯生成与散失时期等进行模拟研究。研究表明：桌子山-乌达矿区煤系地层经历了2次生气高峰，区内地质沉积圈闭形成期早于煤系地层瓦斯大量生成期，有利于瓦斯保存，同时逆冲推覆构造作用造成的地层重复，为瓦斯的赋存创造了有利条件。桌子山-乌达矿区瓦斯赋存明显受到区内地质构造影响，瓦斯分布具有明显的区带特征，研究成果对桌子山-乌达矿区瓦斯治理具有重要的指导意义。

关键词　桌子山-乌达矿区；地质构造；构造演化；瓦斯赋存

瓦斯是煤在各种地质演化过程中形成的气体地质体，瓦斯的生成、逸散和富集受地质条件制约，煤层瓦斯赋存条件大多受控于区内地质构造及其演化，并且存在着明显的分区、分带特征，只有深入掌握矿井赋存规律及其主控因素，才能准确预测瓦斯赋存特征。王稳飞以瓦斯地质理论为指导，对鄂尔多斯盆地及其盆地西缘的构造演化进行了分析，得出桌子山—岗德尔山褶冲带逆冲推覆作用是海勃湾矿区的主控构造，是矿区内煤层瓦斯保存和运移的主控因素；冯翠荣等通过分析桌子山矿区煤变质程度、构造特征、煤层顶底板岩性对煤层含气量的影响作用，得出煤层埋深与含气量之间的关系，煤层顶底板对煤层气的封堵作用明显，逆冲断层发育，对煤层气的保存有利，桌子山矿区煤层气成藏模式属构造-地层复合圈闭类型；齐福辉等提出桌子山矿区南部含煤地层主要沉积体系为河流-三角洲体系，煤层的发育受控于沉积体系的分布。已有研究对认识桌子山矿区瓦斯赋存有一定指导意义，但理论性较强，对指导桌子山-乌达矿区煤层瓦斯灾害的防治缺少可操作性。为了研究区域地质构造及其演化对桌子山 乌达矿区瓦斯赋存的控制作用，本文通过分析含煤盆地埋藏史、煤田地质构造演化及其对瓦斯生成与赋存的控制，进而对桌子山-乌达矿区划分不同的瓦斯地质单元，为桌子山-乌达矿区煤层瓦斯灾害的防治提供理论指导。

1　桌子山-乌达矿区概况

乌海矿区主要包括黄河东西侧的桌子山矿区和乌达矿区，地层区划属陕甘宁地层区，行政区属内蒙古乌海、阿拉善、鄂尔多斯。

1.1　桌子山矿区

桌子山矿区包含老石旦煤矿、公乌素煤矿、利民煤矿，主要地层由老至新为奥陶系、石炭系、二叠系山西组、侏罗系、新生界新近系以及第四系。大地构造位置处于鄂尔多斯台向斜西侧、贺兰山褶皱带北端。

该矿区含煤地层为石炭系上统太原组和二叠系下统山西组，含煤地层总厚度50.30~257.02m。构造相对复杂，主要存在2组断裂，一组以压扭性构造为主，为逆断层；另一组以张性构造为主，为正断层或平推断层。煤层瓦斯含量相对较低，在采掘过程中存在局部瓦斯富集现象。

1.2　乌达矿区

乌达矿区属于贺兰山煤田，包含五虎山煤矿和黄白茨煤矿，位于阿拉善地块与鄂尔多斯地台之间，属地块边缘凹地煤田。该区地层区划分与华北地层相似，出露地层有青白口系、震旦系、寒武系、奥陶系、石炭系、二叠系、新近系、第四系等。

沉积环境是以陆相为主的海陆交互相沉积，主要地层由老至新为石炭系上统太原组，二叠系下统山西组、下石盒子组以及第四系；含煤地层主要为上石炭统太原组和下二叠统山西组，共含煤层23层，平均总厚33.55m。该矿区以逆断层为主，且多呈叠瓦式；正断层多发育在本区南部，并横切南北向构造线；逆断层多为封闭性断层，导水性差；褶皱与断层多近于平行，且相伴出现；背斜地层受断层影响和长期侵蚀而残缺不全；煤矿内压性构造两翼次生节理裂隙发育，直接破坏煤层顶底板的完整性。随着煤变质程度与开采深度增加，瓦斯含量有增加的趋势；地质构造直接控制瓦斯赋存与释放。

2 区域地质构造分布特征

2.1 区域地质构造分布特征

鄂尔多斯盆地侏罗系以及下伏三叠系、石炭二叠系煤系地层的后期改造微弱，大部分地区呈近水平或低缓角度单斜产状。整体呈向西傅斜的箕状，以侏罗纪地层变形为主体，可大致划分为七个构造区：中部陕北斜坡，北部东胜隆起，东部府谷—渭北挠褶带，西部天环坳陷、桌子山—华亭推覆断裂带、银川地堑、西缘宽缓摺皱带。而桌子山-乌达矿区属于鄂尔多斯盆地相对稳定地块中的桌子山-华亭推覆断裂带构造区，相对鄂尔多斯盆地其它区块逆冲推覆构造发育，构造应力相对集中。桌子山煤田在大地构造位置处于鄂尔多斯台向斜西缘和贺兰山褶皱带之东北边缘的过渡带，鄂尔多斯西缘构造带主要由数条近南北延伸的从西向东逆冲推覆的大型断裂组成，又称鄂尔多斯西缘北段大型陆缘逆冲推覆体系。如图1所示。

2.2 矿区地质构造分布特征

桌子山煤田内主要构造线方向为近南北向，以压扭性构造为主，自东向西有桌子山东麓大断裂、桌子山背斜、岗德尔-西来峰断裂、岗德尔背斜。其中，桌子山东麓大断裂为一压扭性断裂带，北段称为千里山逆断层，南部分叉形成多条扭性断裂(苛素乌逆断层、棋盘井逆断层、阿尔巴斯逆断层等)，由北向南呈扫帚状展开；桌子山背斜以千里山、桌子山为主体，轴向近南北并向南倾伏，轴部出露的太古宇千里山群由于后期剥蚀在北部形成沟壑纵横的低山，而在南部则发育为陡峭的高峰，其上均覆盖奥陶系桌子山组灰岩，西翼地层出露较完全，东翼受桌子山东麓大断裂的切割，地层缺失严重且倾角较大，形成了一个东陡西缓的不对称背斜；岗德尔-西来峰大断裂位于岗德尔山东坡，为两条平行的压扭性断裂，在岗德尔山南部岗德尔大断裂向西南拐入老石旦，西来峰逆断层则继续向南然后被新近纪地层所覆盖，断面向西倾；岗德尔背斜以岗德尔山为主体，轴部近南北向展布并向南倾伏，东西两翼均被断层切割致使背斜两翼保存并不完整，东翼有部分基岩出露，西翼均被第四系覆盖。桌子山煤田次一级构造线则呈东西向展布，以张性构造为主，近东西走向的右旋平移断层和正断层对南北向逆断层进行切割，如位于千里山钢厂以北的千里沟断层，断层呈北东向延伸，南盘为下奥陶统，北盘为太古元古宇千里山群。桌子山-乌达矿区构造纲要如图2所示。

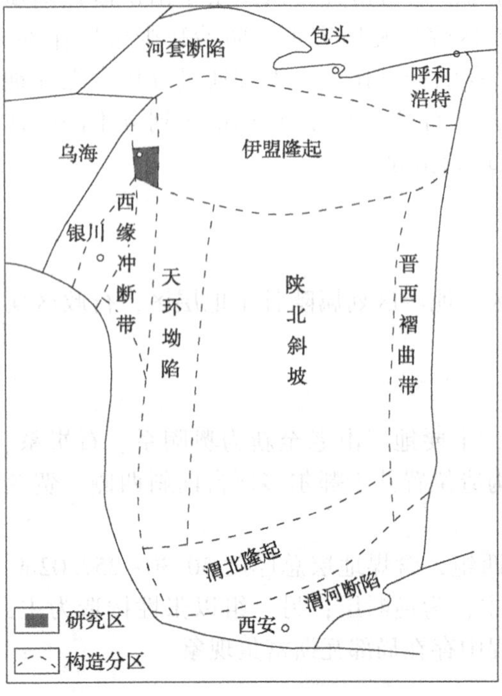

图1 鄂尔多斯盆地构造区块划分图

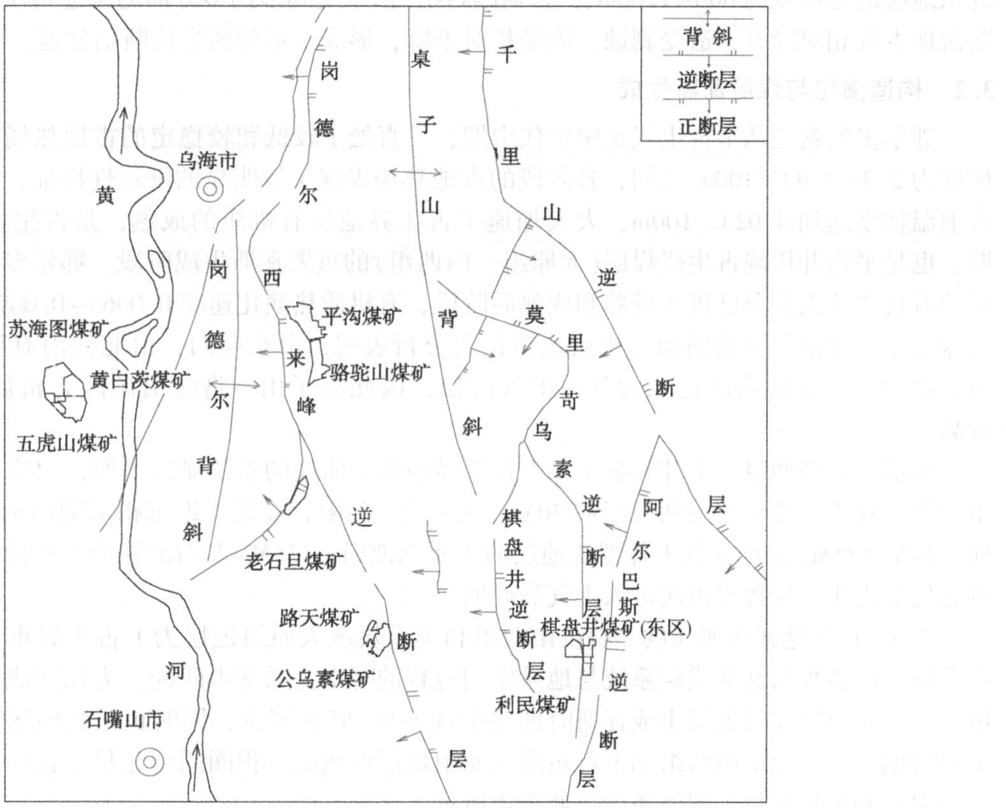

图 2　桌子山-乌达矿区构造纲要图

桌子山段构造自东向西分别为桌子山东麓、冈德尔山东麓、五虎山、巴音敖包四条主干逆冲断裂，四条主干逆冲断裂相应形成了四个逆冲席组，逆冲席前锋是背斜构造，其核部分布石炭—二叠系煤系地层，桌子山背斜因受岗德尔逆断层逆冲影响，使地层上挠而成不对称平缓褶皱。平沟煤矿、骆驼山煤矿、老石旦煤矿、路天煤矿和公乌素煤矿均处于第一个逆冲席前端，黄白茨煤矿、五虎山煤矿和苏海图煤矿处于第三逆冲席前端，利民煤矿和棋盘井煤矿东区处于推覆体系前缘带，本段前缘外带不发育，局部见小型后冲断裂。桌子山段构造带剖面图如图 3 所示。

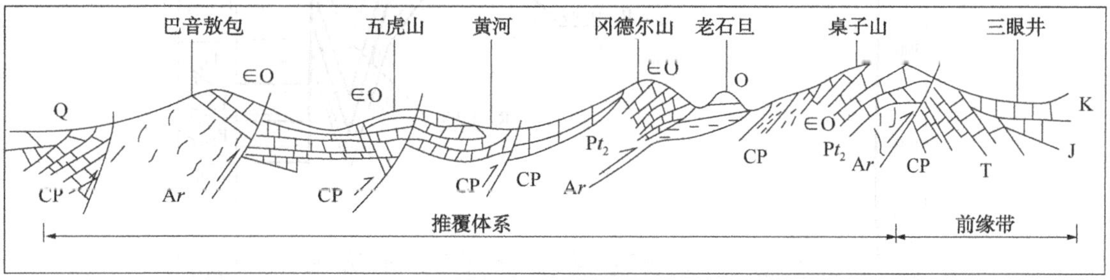

图 3　桌子山段构造带剖面图

3　构造演化与煤层瓦斯生成

3.1　区域地质构造演化规律

鄂尔多斯盆地大体经历了为 4 个构造演化阶段：第Ⅰ演化阶段形成于印支运动之后至燕山运动Ⅰ幕之前，是含煤沉积主要时期，沉积厚度一般为 180~300m；第Ⅱ演化阶段发生在燕山运动Ⅰ幕，这一时期盆地内构造运动较弱，且聚煤作用已消失，地层沉积总厚为 240~650m；第Ⅲ演化阶段形成于中侏罗世末至晚侏罗世，盆地基本处于挤压应力状态下，构造极不稳定，堆积厚度为 109~2000m；第演Ⅵ化阶段形成于白垩纪初，受燕山运动主幕的影响，该区逆冲推覆继续发展，形成多条逆冲断层和多个冲断席组成的叠瓦状构造，盆地西缘的逆冲推覆体系前缘具有明显的沉陷特征，沉积地层的总厚度为600~1200m，喜马拉雅期，由于受到多期多方向的构造挤压作用，整个鄂尔多斯盆地本部相对隆升，遭受剥蚀，周缘相对下降，形成一系列新生代断陷盆地。

3.2 构造演化与煤层瓦斯生成

鄂尔多斯盆地从早古生代至中生代中期，一直处于较低和较稳定的古地热场背景，平均古地温梯度为2.3~2.9℃/100m之间，各阶段的古地热场表现了较明显的继承性特征，中生代晚期的平均古地温梯度达到4.02℃/100m，大大加速了古生界地层有机质的成熟，是古生界地层的主要生气期，也是平沟井田晚古生代煤层(太原组、山西组)的重要瓦斯生成阶段。鄂尔多斯盆地下古生界地层的有机质绝大部分已进入成熟和成熟后阶段，有机质热演化速率0.0063~0.009R°/Ma。对鄂尔多斯盆地主要含油气区的剖面有机质热演化史分析表明，由东向西，由北往南有机质热演化程度增高，盆地广大地区均已进入湿气—干气阶段，因此桌子山—骆驼山矿区有机质热演化程度相对较高。

据鄂尔多斯西缘李1井和惠1井上古生界埋藏史曲线的系统研究表明，研究区太原组、石盒子组的煤层在中三叠世安尼期末(约230Ma)进入生气门限，在延安组沉积末期(164Ma)进入生气高峰期。146~135Ma之间为其上侏罗统地层的主要剥蚀期，135Ma左右的逆冲推覆构造作用造成的地层重复使上古生界烃源岩再次进入生气高峰期。

桌子山-乌达矿区所属的二叠统山西组和上石炭统太原组地层为上古生界重要的含煤与瓦斯成藏系统。区内煤与瓦斯成藏系统与地质作用过程的时空关系基本匹配，为瓦斯成藏提供了良好的环境条件。研究区煤层大量生成瓦斯时期是中侏罗世-晚侏罗世，同时也是瓦斯运移、逸散、聚集的主要时期。其二叠统山西组和上石炭统太原组地层形成的沉积圈闭明显早于瓦斯大量生成期，为瓦斯的保存和聚集提供了圈闭条件。如图4所示。

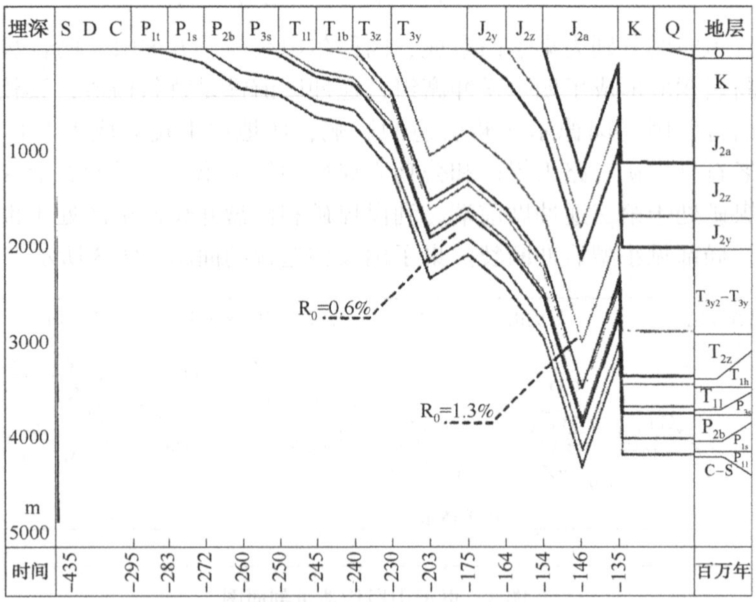

图4 桌子山矿区煤系地层埋藏史(惠探1井)

4 构造演化对煤层瓦斯赋存的控制

地质构造是影响瓦斯赋存的主要因素，同一地质时期的煤层瓦斯生成量大体相同，但在后期的地质演化过程中，煤系地层生成的大量瓦斯都通过各种构造演化逸散到周围环境中，由于地质构造的复杂多变，煤层瓦斯的赋存具有不均匀性，即使在同一煤田内的不同地质单元，瓦斯赋存也不尽相同，所以煤田地质及煤层赋存条件对于研究煤层瓦斯赋存十分重要。

4.1 地质沉积对煤层瓦斯赋存的控制

根据桌子山-乌达矿区煤系地层埋藏史可知，石炭—二叠系煤系地层中瓦斯大量生成时期是中侏罗世-晚侏罗世，而含煤地层与上覆地层形成的沉积圈闭形成于二叠世中晚期，该沉积圈闭形成期早于石炭—二叠系煤系地层瓦斯大量生成期，对煤层瓦斯的保存起到有利的作用。太原组和山西组与下伏石炭系中统地层连续沉积，与上覆石盒子组连续沉积，在本地区表现为整合接触，对太原组内煤层瓦斯的保存起到有利的作用。上石炭统和下二叠统的连续沉积体内，泥岩比例较高，特别是煤层发育的海侵体系域泥岩比例达到60%以上，同样对瓦斯的赋存有益，而且泥岩的发育对构造的发育起到滑脱层的作用，容易发育小构造，对煤层瓦斯有局部富集的影响。区内太原组和山西组煤与瓦斯成藏系统的盖层分为区域盖层和局部盖层。区域盖层主要由上石盒子亚组的三角洲前缘中的分流间湾、三角洲平原的河漫滩泥岩所组成，累计厚度 140～160m，为良好的盖层，另外石千峰组上部的也是区域性盖层。太原组、山西组中的泻湖型、河漫滩型、分流间湾型泥岩为局部盖层，其与含瓦斯煤层一同构成了研究区太原组和山西组煤与瓦斯成藏系统。石炭—二叠系煤层与瓦斯赋存系统如图 5 所示。

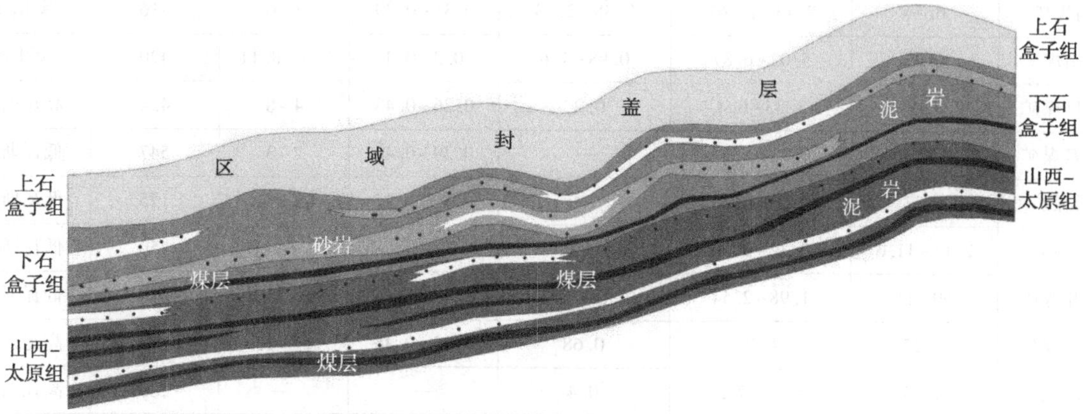

图 5　石炭—二叠系煤层与瓦斯赋存系统

4.2　构造对煤层瓦斯赋存的控制

受鄂尔多斯西缘北段大型逆冲推覆体系构造演化影响，桌子山-乌达矿区内断裂构造较为发育，煤田中部发育低角度逆冲断层，南部边界发育高角度正断层。区内桌子山背斜因受岗德尔逆断层逆冲影响，逆冲断层上盘地层发生抬升，使地层上挠而成不对称平缓褶皱，在岗德尔山东麓老石旦等地区断面沿石炭—二叠系煤系地层滑脱，并形成多处飞来峰，使整个石炭—二叠系煤系地层推移至地表，再经过后期的剥蚀作用，上覆封盖层遭到破坏，煤层埋深变浅，上覆地层压力变小，煤储层吸附性减弱，煤层气由吸附态转化为游离态并逸散到周围环境中。在逆冲断层下盘地层，已于逆冲影响发生地层重复，下盘地层埋深增加，由于逆冲断层本身的封堵性以及构造压应力的存在，为瓦斯的保存创造了良好的条件，因此，在逆冲断层的下盘常常是煤层气的富集区。断层构造对瓦斯赋存影响如图 6 所示。

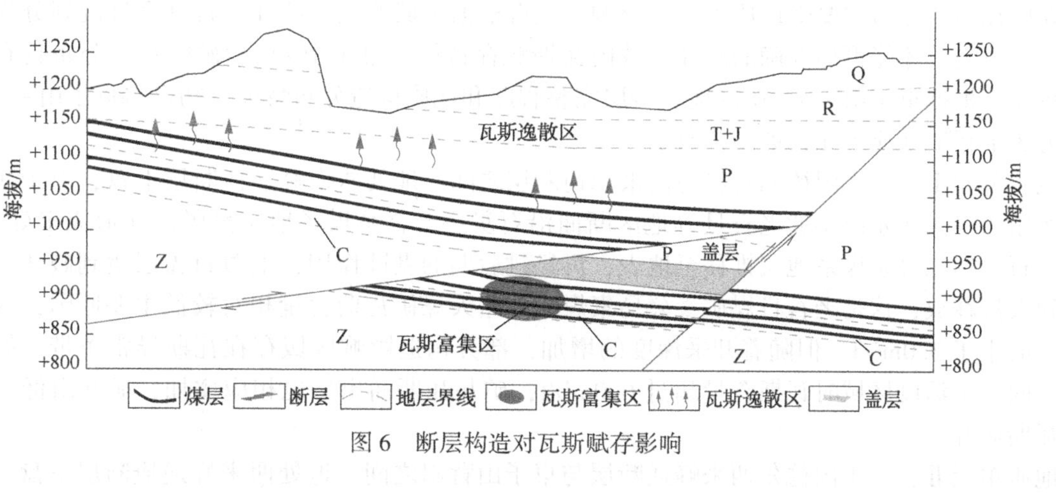

图 6　断层构造对瓦斯赋存影响

5 区域瓦斯赋存规律分析

5.1 区域主要矿井瓦斯赋存情况

桌子山-乌达矿区是典型的近距离煤层群赋存区，区内现有生产矿井数十个，其中平沟煤矿、骆驼山煤矿为突出矿井，五虎山煤矿、黄白茨煤矿和老石旦煤矿为高瓦斯矿井(老石旦煤矿开采前期为低瓦斯矿井，开采末期升级为高瓦斯矿井)，其余煤矿均为低瓦斯矿井。区内矿井主要开采煤层有9#、10#、12#、16#煤层，12#、16#煤层是区域内最具标志的煤层，也是该区可采煤层中最厚的一层煤，煤层埋深相对较大。桌子山-乌达矿区主要矿井12#、16#煤层瓦斯赋存情况如表1所示。

表1 桌子山-乌达矿区主要矿井16#煤层瓦斯赋存情况

矿井	煤厚	瓦斯含量/(m^3/t)	瓦斯压力/MPa	f值	Δp	埋深/m	瓦斯等级
平沟煤矿	6.74	8.43~11.67	0.38~2.83	0.31~0.39	3~6	416	突出矿井
骆驼山煤矿	6.23	5.02~6.87	0.98~1.6	0.3~0.4	7.1~8.11	420	突出矿井
老石旦煤矿	7.5~8.8	1.33~6.4	0.22	0.26~0.48	4~8	424	高瓦斯矿井
公乌素煤矿	4.87~11.15	0.21~1.79	—	0.39~0.46	2~3	547	低瓦斯矿井
路天煤矿	5.37	0.07~0.28	—	0.39~0.57	4~8	175	低瓦斯矿井
利民煤矿	2.11~11.6	0.32~2.66	—	—	—	450	低瓦斯矿井
棋盘井煤矿	2.69~11.6	1.98~2.54	0.02~0.1	0.28	7	510	低瓦斯矿井
五虎山煤矿	4.27	7.76	0.68	0.33~0.46	11~13	323	高瓦斯矿井
黄白茨煤矿	4.55	5.84~7.2	0.4	—	—	283	高瓦斯矿井

由表1可知，桌子山矿区16#煤层平均厚度在6m以上，煤层平均埋深在400m以上，煤的坚固性系数一般为0.2~0.5，煤的瓦斯放散初速度均小于10，其煤类多为1/3焦煤、肥煤，煤的变质程度高；乌达矿区12#煤层平均厚度在4m以上，煤层平均埋深在300m左右，煤的坚固性系数一般为03~0.5，煤的瓦斯放散初速度大于10，其煤类多为1/3焦煤、肥煤，煤的变质程度高。同一地质时期煤系地层生气量大体相同，而桌子山-乌达矿区内只有平沟煤矿、骆驼山煤矿、五虎山煤矿、黄白茨煤矿和老石旦煤矿的瓦斯含量大于6.0m^3/t，且仅有平沟煤矿和骆驼山煤矿的瓦斯压力大于0.74MPa，煤田内瓦斯赋存差异极大。这也说明了桌子山-乌达矿区煤层曾经产生了大量煤层气，但由于后期地质构造演化等原因，桌子山-乌达矿区内大部分区域煤层气的赋存环境遭到了破坏，大量瓦斯逸散到了周围环境中。由此可见，根据地质构造及其演化，将煤田划分不用地质单元对研究区内瓦斯赋存具有重要意义。

5.2 区域瓦斯地质单元划分

煤层瓦斯的分布主要受地质条件的影响，只有根据区域的地质特征，将其合理的划分为不同的瓦斯地质单元，才能更加准确的研究区域内瓦斯赋存特征。桌子山-乌达矿区瓦斯分布具有明显的区带特征，根据桌子山-乌达矿区地表盖层完整程度和地质构造分布特征，初步将桌子山-乌达矿区划分为3个瓦斯地质单元，如图7所示。

地质单元Ⅰ：位于冈德尔背斜与西来峰逆断层之间，地处西来峰逆掩断层上盘，由于逆冲推覆构造作用，在岗德尔山东麓老石旦等地区断面沿石炭—二叠系煤系地层滑脱，并形成多处飞来峰，使整个石炭—二叠系煤系地层推移至地表，再经过后期的剥蚀作用，上覆封盖层遭到破坏，煤层瓦斯得到大量释放，这是老石旦煤矿、公乌素煤矿和路天煤矿瓦斯含量相对较低主要原因，区内瓦斯含量一般小于3.0m^3/t。但随着开采深度的增加，部分构造影响区域存在瓦斯异常条带，如老石旦煤矿再回来至深度区域时瓦斯含量超过6.0m^3/t，矿井瓦斯涌出量也相应增加，矿井由低瓦斯升级为高瓦斯矿井。

地质单元Ⅱ：位于冈德尔西来峰逆断层与桌子山背斜之间，地处西来峰逆掩断层下盘，处于逆

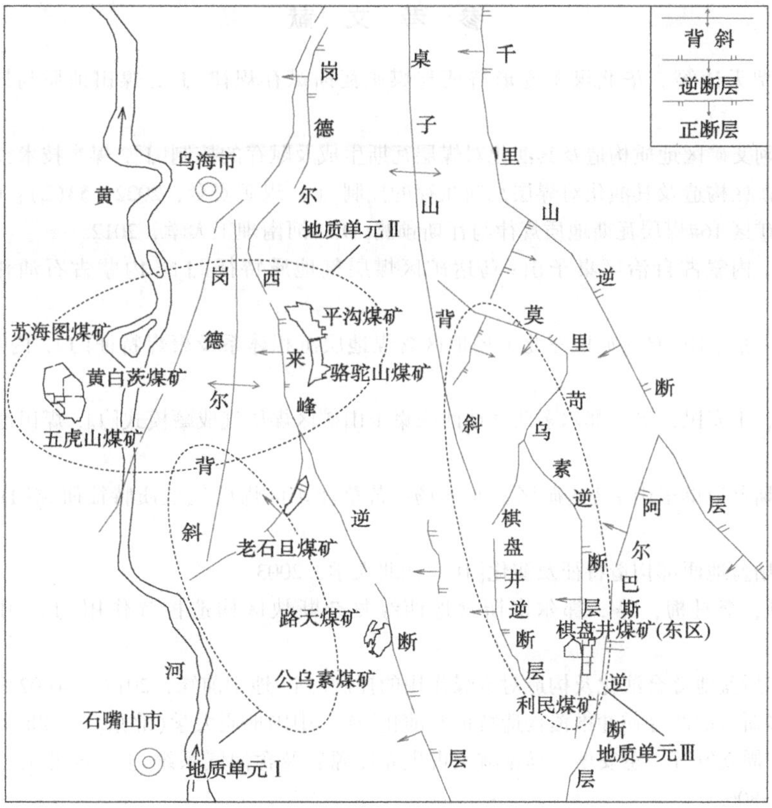

图 7　桌子山-乌达矿区瓦斯赋存地质单元

冲席滑动层附近，受控于第一、三期冲断层作用，地层发生重复，受到的构造挤压作用强烈，同时断层下盘封盖层未遭受破坏，封闭性能相对较好，为瓦斯的保存和聚集提供了有利条件，因此越往深部越靠近向斜轴部，构造应力越大，煤层瓦斯压力及瓦斯含量越高，这是骆驼山煤矿、平沟煤矿为突出矿井的主要原因，区内瓦斯含量一般大于 6.0m^3/t，瓦斯压力一般在 1.5MPa 以上。

地质单元Ⅲ：位于桌子山背斜东翼，地处桌子山段逆冲推覆体系的前缘带，推覆前缘带是推覆体系在前缘派生的较小规模的断裂带，区内多发育高角度正断层，断层较陡，规模较小，它们是逆冲作用在前方遇阻而形成的反向断层，因而掩冲推覆特征不明显，多为开放型地质构造有利于瓦斯排放，这也是利民煤矿、棋盘井煤矿(东区)瓦斯含量相对较低主要原因，区内瓦斯含量一般小于 3.0m^3/t。

6　结论

(1) 桌子山-乌达矿区石炭—二叠系煤系地层经历了 2 个气生成高峰，鄂尔多斯盆地西缘逆冲推覆构造作用造成的地层重复，是桌子山-乌达矿区石炭—二叠系煤系地层再次进入生气高峰期主要原因。

(2) 桌子山-乌达矿区石炭—二叠系煤系地层中瓦斯大量生成期晚于地层形成的沉积圈闭形成期，且煤层发育层数多，上分层对中下部分层有强烈的封盖作用，有利于瓦斯储存；受鄂尔多斯西缘北段大型逆冲推覆体系构造演化影响，桌子山-乌达矿区内断裂构造较为发育，为瓦斯赋存创造了良好的条件。

(3) 桌子山-乌达矿区可以划分为 3 个瓦斯地质单元，地质单元Ⅰ位于冈德尔背斜与西来峰逆断层之间，区内煤系地层推移至地表，封盖层遭到破坏，为低瓦斯赋存区；地质单元Ⅱ位于冈德尔西来峰逆断层与桌子山背斜之间，受控于冲断层作用，地层发生重复，受到挤压作用强烈，封盖层未遭受破坏，为高瓦斯赋存区；地质单元Ⅲ位于桌子山背斜东翼，区内多发育高角度正断层，掩冲推覆特征不明显，多为开放型地质构造有利于瓦斯排放，为低瓦斯赋存区。

参 考 文 献

[1] 王蔚，卫彦昭，贾天让等．华北煤系变形特征与煤矿瓦斯赋存规律[J]．煤田地质与勘探，2021，49(06)：121-130.

[2] 王耀强，李文．阿艾矿区地质构造及其演化对煤层瓦斯生成及赋存的控制[J]．煤炭技术，2021(010)：040.

[3] 李文．艾维尔沟矿区构造及其演化对煤层瓦斯赋存的控制[J]．煤矿安全，2022，53(2)：6.

[4] 王稳飞．海勃湾矿区 16#煤层瓦斯地质规律与瓦斯预测[D]．河南理工大学，2012.

[5] 冯翠荣，马海军．内蒙古自治区桌子山-乌达矿区煤层气地质特征[J]．内蒙古石油化工，2018，44(02)：62-64.

[6] 齐福辉，彭胜龙．桌子山-乌达矿区三北羊场地区含煤地层沉积体系及聚煤特征[J]．内蒙古煤炭经济，2015，(02)：188-189.

[7] 秦荣芳，曹代勇，王安民，等．鄂尔多斯盆地西缘桌子山矿区煤层气成藏模式[J]．煤田地质与勘探，2018，46(3)：5.

[8] 李凤春．鄂尔多斯盆地桌子山-乌达矿区三北羊场—苦草洼矿区煤层气地质特征研究[D]．中国地质大学(北京)，2018.

[9] 赵红格．鄂尔多斯盆地西部构造特征及演化[D]．西北大学，2003.

[10] 张松航，汤达祯，李丹梅，等．鄂尔多斯盆地西缘复杂断块区构造控气作用[J]．中国煤层气，2006，3(1)：6.

[11] 王双明．鄂尔多斯盆地叠合演化及构造对成煤作用的控制[J]．地学前缘，2017，24(02)：54-63.

[12] 李天斌．鄂尔多斯盆地西缘逆冲推覆构造特征及演化[D]．中国地质大学(北京)，2006.

[13] 白斌，邹才能，周立发等．惠安堡—马家滩上古生界烃源岩及含油气系统[J]．西北大学学报(自然科学版)，2008(05)：801-806.

保德煤矿复杂结构煤层物性及渗流特征研究

何帅印

（国家能源集团神东煤炭集团）

摘　要　针对保德煤矿复杂结构煤层瓦斯抽采难题，通过井下现场的观测、采样，室内开展了煤岩手标本描述、工业分析、显微组分、XRD 测试、低场核磁共振和工业 CT 扫描测试，对煤岩的物性特征和渗流特征进行了实验研究。研究发现 8 号煤层一般含夹矸 5~8 层，最多处含 11 层夹矸，是典型的复杂结构煤层；8 号煤层的煤体结构为原生结构煤，宏观煤岩类型为半暗煤，构造裂隙和内生裂隙不发育，镜质组含量平均为 28.88%，黏土矿物含量平均为 24.53%，其中高岭石含量最大。8 号煤岩样品的孔径分布主要集中在 0.01~0.16μm 之间，尤其是 0.025~0.1μm 占比最大；孔径主要分布在小孔阶段，中孔和大孔相对不发育；孔隙度平均为 5.75%；连通型的孔-裂隙基本不发育，为低渗透性煤层。鉴于此，建议采用地面水平井钻井技术和大规模水力压裂技术，破解复杂结构煤层瓦斯抽采难题，增加瓦斯的解吸面积和流动通道，提升复杂结构煤层的瓦斯抽采效率，对保障煤矿安全高效生产具有重要的实践意义。

关键词　保德煤矿；复杂结构煤层；物性特征；渗流特征；瓦斯抽采

煤层结构指煤层中夹矸的层数，不含夹矸的煤层称为简单结构煤层，含 1 层夹矸且厚度小于可采厚度的 50%的煤层称为较简单结构煤层；含 2 层夹矸，单层夹矸厚度小于 30cm 的煤层为较复杂结构煤层；复杂结构煤层指含 2 层以上的夹矸，且厚度较大的煤层，一般厚煤层或巨厚煤层多为复杂结构煤层。

保德煤矿目前主采的 8 号煤层含有夹矸 5~8 层，最多处含 11 层夹矸，是典型的复杂结构煤层。多层夹矸阻碍了瓦斯全层流动，造成了瓦斯抽采效率低的难题。针对保德煤矿复杂结构煤层开展了煤岩手标本描述、工业分析、显微组分和 XRD 测试分析，厘清了主采煤层的岩石物理特征；同步进行了低场核磁共振和工业 CT 扫描技术阐明了煤岩的孔-裂隙及渗流特征；开展煤岩的物性特征及渗流特征的研究对于保德煤矿优化瓦斯抽采技术，实施更有效的抽采工艺，减少矿井中的瓦斯积聚，提高瓦斯抽采效率具有重要的实践意义。

1　地质背景

保德煤矿内构造简单，整体呈平缓的单斜构造形态，并且发育有宽缓的波状起伏，地层产状总体走向 350°，倾向 260°，倾角 3°~9°，一般 5°左右，未见有大型断层、褶皱及陷落柱。保德煤矿内大面积被新生界地层覆盖，仅在沟谷中出露基岩，其中主采煤层均发育于石炭系上统太原组和二叠系下统山西组内。

目前矿区内的主采煤层为二叠系山西组 8 号煤层，厚度 2.15~10.8m，平均 7.62m，属于厚-特厚煤层；8 号煤层一般含夹矸 5~8 层，最多处含 11 层夹矸，夹矸总厚度为 0~5.63m，平均为 1.5m，矸石岩性以泥岩为主，炭质泥岩次之，是一种典型的复杂结构煤层，见图 1。

形成煤层夹矸的主要原因，是在泥炭堆积过程中，沼泽基底在较短时间内下降速度超过了植物遗体堆积速度，而被其他沉积物所代替，形成了煤中的泥质岩、粉砂岩等夹层。这种情况出现得越频繁，煤层的结构就越复杂。煤层结构的复杂程度，直接影响煤层的开采价值和瓦斯抽采工艺。

图 1　SK37 钻孔 8 号煤层柱状图及井下夹矸实拍照片

2　实验测试

在保德煤矿 81308 工作面进行观测和采样，采集到了 50kg 煤岩样品；在实验室完成制样，进行了煤岩宏观手标本描述、工业分析、显微组分和 XRD 测试；随后开展了低场核磁共振和工业 CT 扫描实验测试，查明了煤岩的物性和渗流特征。

2.1　煤岩宏观手标本描述

对保德煤矿 8 号煤层煤岩手标本样品进行宏观描述(图 2)，发现样品颜色为灰黑色，原生结构煤，条带状结构，层状构造，夹镜煤条带，参差状-贝壳状断口。镜煤和亮煤约含 30%，暗煤含量约为 70%，未见丝炭，宏观煤岩类型为半暗煤。构造裂隙不发育，手标本可见范围内 2 条，不规则发育。内生裂隙不发育，可见方解石薄膜。

图 2　8 号煤层煤岩手标本样品照片

2.2　工业分析测试

使用全自动工业分析仪对保德煤矿 8 号煤层煤样进行工业分析，全程依据 GB/T 212—2008《煤的工业分析方法》进行操作，样品处理成粒径小于 80 目的煤粉进行测试，结果见表 1。

表 1　保德煤矿 8 号煤层工业分析参数

煤样编号	灰分 A_d	水分 M_{ad}	挥发分 V_{daf}	视密度/(t/m³)	真密度/(t/m³)
BD-1	14.96	2.77	38.91	1.34	1.57
BD-2	39.25	0.84	30.83	1.66	1.66
BD-3	23.82	1.71	42.40	1.45	1.62
BD-4	30.04	3.65	39.30	1.58	1.64
平均值	27.02	2.24	37.86	1.51	1.63

8 号煤层灰分含最大为 39.25%，最小为 14.96%，平均为 27.02%，属于中灰煤和中高灰煤；水分含量为 0.84%～3.65%，平均为 2.24%；挥发分含量为 30.83%～42.40%之间，平均为 37.86%，属于高挥发分煤。8 号煤层煤岩的视密度平均为 1.51t/m³，真密度平均为 1.63t/m³。

2.3 显微组分测试

煤的显微组分不同是由成煤作用发生时成因、环境、物质条件不同导致的。显微组分组含量测定遵照 GB/T 8899—2013《煤的显微组分组和矿物测定方法》执行，测试结果见表 2。

镜质组反射率可以准确判定煤的变质程度，保德煤矿 8 号煤层镜质组反射率在 0.76%～0.83%之间，平均 0.79%，变质程度为气煤。

表 2　保德煤矿 8 号煤层煤岩显微组分

煤样编号	有机组分			无机组分	
	镜质组	惰质组	壳质组	黏土矿物	碳酸盐矿物
BD-1	8.9	49.6	5.1	36.2	0.2
BD-2	49.3	34.9	1.7	13.5	0.6
BD-3	16.1	38.3	6.2	39.0	0.4
BD-4	41.2	44.3	4.3	9.4	0.8
平均值	28.88	41.78	4.33	24.53	0.5

8 号煤层显微组分中的镜质组含量为 8.9%～49.3%，平均为 28.88%；惰质组含量为 34.9%～49.6%，平均为 41.78%；壳质组含量为 1.7%～6.2%，平均为 4.33%；黏土矿物含量为 9.4%～39%，平均为 24.53%；碳酸盐矿物含量为 0.2%-0.8%，平均为 0.5%。煤岩的显微组分以惰质组和镜质组为主。

2.4 XRD 测试

XRD 测试通过对煤岩样品进行 X 射线衍射，分析其衍射图谱，获得矿物成分、煤岩的结构或形态等信息。对 8 号煤层采得的煤岩和夹矸样品使用 D8 DISCOVER 型 X 射线衍射仪进行测试分析，测试结果见表 3。

表 3　保德煤矿 8 号煤岩和夹矸样品 XRD 测试结果表

类型	样品编号	XRD 测试无机矿物含量/%				
		高岭石	绿泥石	方解石	勃姆石	烙铁矿
煤岩	BD-1	78	12.1	9.9	/	/
	BD-2	88.4	/	11.6	/	/
	BD-3	82.5	/	/	17.5	/
	BD-4	69.9	/	25.1	5	/
夹矸	JG-1	86.3	/	/	7.8	5.9
	JG-2	83.7	/	/	9.5	6.8
	JG-3	83	8.2	/	8.8	/
	JG-4	85.5	/	/	8.5	6

通过 XRD 测试发现，煤样中无机矿物成分主要以高岭石为主，含量为 69.9%～88.4%，平均值为 79.7%；其次是方解石，含量为 9.9%～25.1%，平均值为 15.5%；而夹矸样品中无机矿物含量最高的为高岭石，含量为 83.0%～86.3%，平均值为 84.6%。因此，8 号煤层中，煤岩样品和夹矸样品中无机矿物主要为高岭石。

2.5 低场核磁共振测试

将煤样制成 25mm×50mm 的煤柱，将样品放置到核磁共振仪的样品探测器中确保样品的位置准确和稳定，以获得准确的核磁共振信号。低场核磁共振测试结果见表 4。

表 4　煤岩心核磁共振测试结果

编号	干样质量/g	饱水样质量/g	岩心体积	饱水样信号量	称重孔隙度/%	核磁孔隙度/%
BD-1	33. 189	34. 718	25. 030	8488. 03151	6. 11	6. 05
BD-2	32. 763	34. 098	24. 910	7502. 766118	5. 36	5. 37
BD-3	33. 232	34. 569	24. 777	8065. 71808	5. 39	5. 80
BD-4	33. 342	34. 612	24. 617	7995. 299355	5. 16	5. 79

核磁共振测试结果表明：煤岩样品的孔隙度为 5. 37%～6. 05%，平均为 5. 75%。

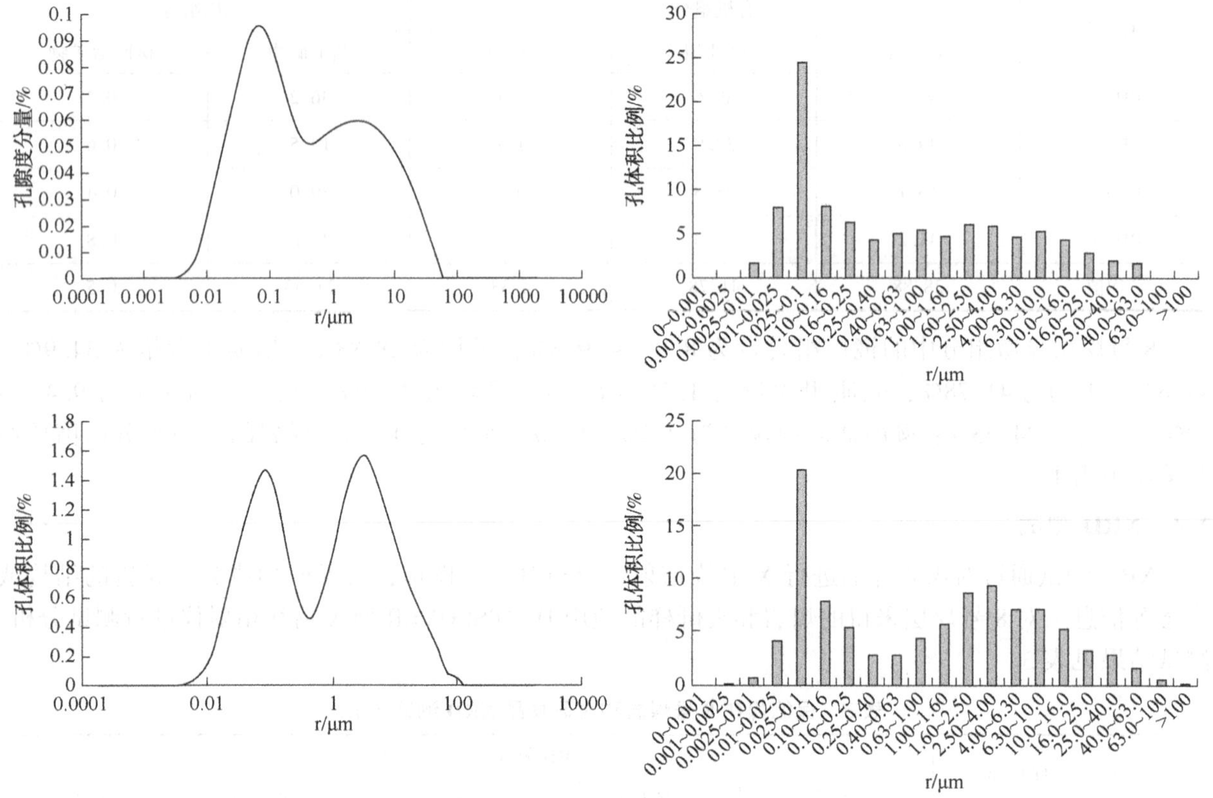

图 3　保德煤岩样品孔隙分布图

（A：BD-1 样品孔隙分布图；B：BD-1 样品孔隙分布直方图；

C：BD-4 样品孔隙分布图；D：BD-4 样品孔隙分布直方图）

通过图 3 发现煤岩样品的孔径分布主要集中在 0. 01～0. 16μm 之间，尤其是 0. 025～0. 1μm 占比最大；样品的孔径主要分布在小孔阶段，中孔和大孔相对不发育。

2. 6　工业 CT 测试

使用工业 CT 扫描测试技术研究煤岩孔-隙分布、孔隙连通性特征，对于煤岩渗流能力具有重要的作用。利用线切割技术把煤岩制备成 25mm×50mm 的煤柱，遵循《无损检测工业计算机层析成像(CT)检测通用要求》(国标 GB/T 29070—2012)测试要求在室温 20℃条件下完成测试，测试结果见图 4 和图 5。

图 4 中为测试煤柱样品的切片，其中白色的裂隙代表了被矿物质充填，主要矿物成分为黏土矿物中的高岭石；蓝色部分为未被充填的孔-裂隙；灰色部分为煤岩的基质。

图 5 中为工业 CT 扫描后图片的三维重构，其中黑色部分为连通性的孔-裂隙分布图。

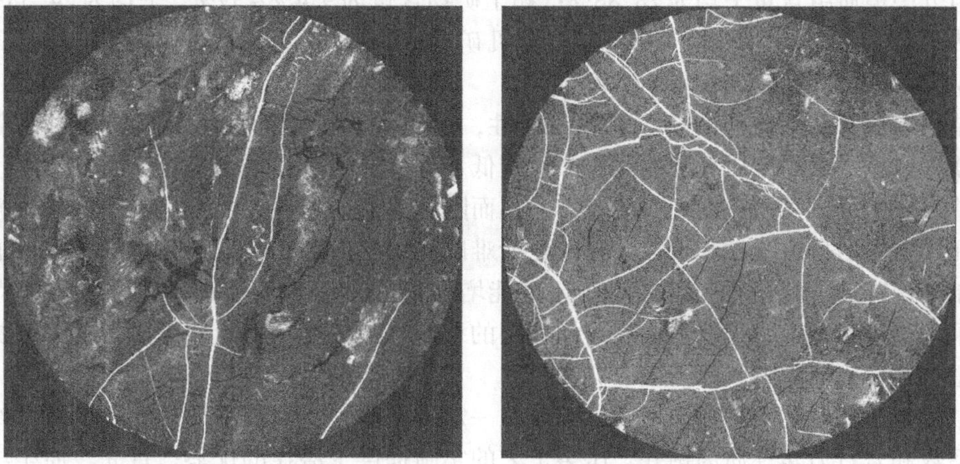

(a) (b)

图 4 保德矿煤岩样品 CT 扫描测试切片

（A：为 BD-1 样品的 CT 扫描切片；B：为 BD-3 样品的 CT 扫描切片）

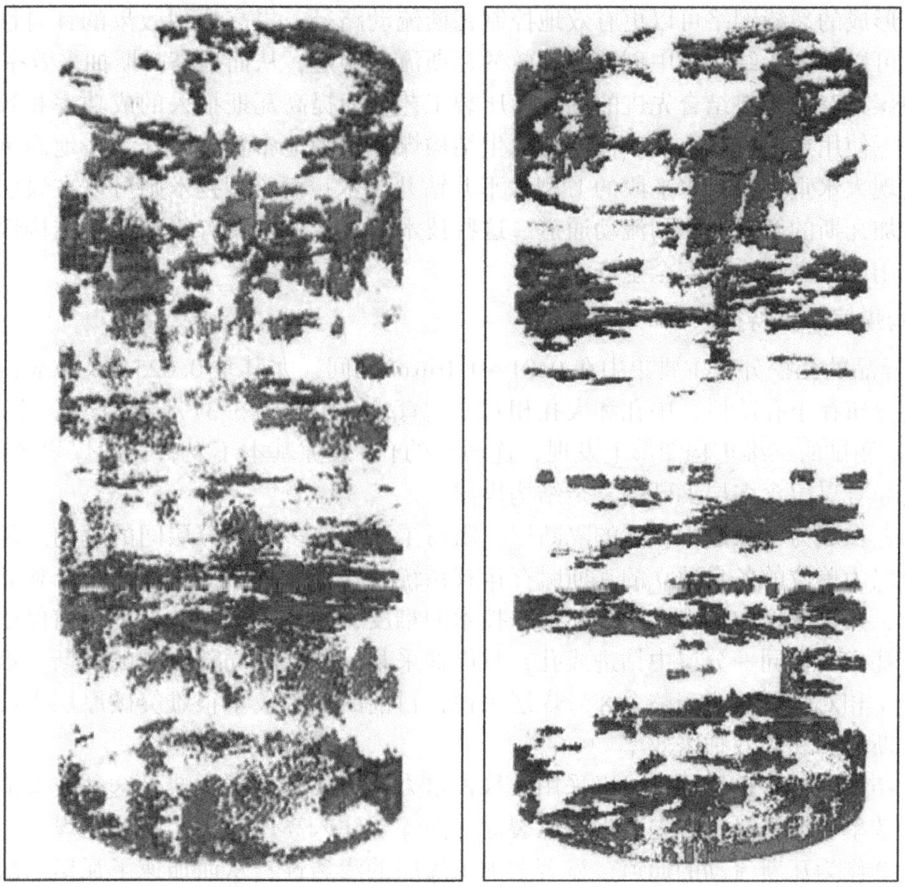

图 5 保德矿煤岩样品 CT 扫描三维立体孔-裂隙图

3 测试数据分析与讨论

通过在保德煤矿复杂结构煤层井下工作面煤壁的精细观测和采样，并进行了多种实验测试，对 8 号复杂结构煤层的煤岩物性和渗流特征有了较为深入的认识。

3.1 复杂结构煤层煤岩物性特征

8 号煤层的煤体结构表现为坚硬的原生结构煤，宏观煤岩类型为亮煤含量少、暗煤含量多的半暗煤；构造裂隙不发育，手标本可见范围内 2 条，不规则发育。内生裂隙不发育，可见方解石薄膜；显微组分中镜质组含量平均为28.88%；黏土矿物含量为9.4%~39%，平均为24.53%；碳酸盐矿物含量为0.2%~0.8%，平均为0.5%；无机矿物中主要发育的黏土矿物为高岭石，含量为83.0%~86.3%，平均值为84.6%。

原生结构煤通常具有较低的孔隙率和渗透性，镜质组含量较低显示了煤岩吸附瓦斯的能力偏弱，即瓦斯含量相对于高变质程度的煤岩来说较低。这种特性对瓦斯抽采有显著的影响。首先低孔隙率意味着煤层中可供瓦斯流动的空间较小，从而限制了瓦斯的存储能力。其次低渗透性进一步阻碍了瓦斯在煤层中的自由流动和扩散，导致瓦斯难以从煤层内部有效地迁移到抽采孔或通道中。这种物理限制不仅降低了瓦斯抽采的效率，还可能增加抽采过程中的能耗和成本。为了克服这些限制，需要采用先进的技术，如水力压裂增加煤层的裂缝，或者使用CO_2气相压裂技术来提高煤层的渗透性，增加煤层瓦斯的解吸率。

原生结构煤虽然在孔隙率和渗透性方面存在一定的局限性，但其坚硬、完整的煤体结构，较高的坚固性系数和岩石力学性质为钻井、压裂工艺的实施提供了潜在的优势。首先，原生结构煤的完整性较好，这为钻井提供了较为稳定的地质条件，减少了钻探过程中可能遇到的复杂地质问题，如碎软煤层中经常出现的井壁稳定性问题，常见的埋钻、卡钻和地层漏失等问题，这有助于提高钻井的准确性和效率。其次，原生结构煤的低渗透性虽然限制了瓦斯的自然流动，但这也意味着在进行水力压裂时，形成的裂缝网络可以更有效地控制瓦斯流动路径，提高压裂效果的针对性。通过精确的压裂设计，可以在原生结构煤中创造出高效的瓦斯流动通道，从而提高瓦斯抽采效率。

原生结构煤具有的优势结合先进的钻井、压裂工艺，为提高瓦斯抽采的成功率和效率提供了可能。例如，井下使用定向长钻孔技术可以在原生结构煤中精确地布置抽采孔，在地面可以使用水平井钻井技术实现大水垂比、长水平段的L型水平井钻井技术；而压裂技术则可以在煤层中创造出更多的裂缝，增加瓦斯的解吸面积和流动通道。这些技术的结合使用，有望在原生结构煤的瓦斯抽采中发挥重要作用，提高煤矿的安全生产水平。

3.2 复杂结构煤层渗流特征

8号煤岩样品的孔径分布主要集中在0.01~0.16μm之间，尤其是0.025~0.1μm占比最大；样品的孔径主要分布在小孔阶段，中孔和大孔相对不发育。孔隙度为5.37%~6.05%，平均为5.75%。从工业CT扫描测试的三维重构图形上发现，连通型的孔-裂隙基本不发育，即煤岩的渗透性较低。同时，主采的8号煤层含多层夹矸的复杂结构煤层。

夹矸层的存在成为了煤层中天然的隔断层，阻碍了瓦斯在多个煤分层间的垂向运移，形成了多个以不同煤分层为单位的各自独立的瓦斯赋存运移系统。这种复杂结构煤层和多个独立存在的瓦斯运移系统特征，大幅度增加了本煤层瓦斯抽采技术的难度，降低了抽采效果。目前保德煤矿采用的本煤层顺层钻孔主要在同一分层中钻进成孔，只能抽采某一分层或局部区域的瓦斯，难以抽采全层瓦斯，抽采效率相对较低。对于整个8号煤层来说，目前的抽采技术很难突破厚层夹矸的影响，产生全层垂向瓦斯流动和高效抽采效率。

对于复杂结构的低渗透煤层，可以采用大规模水力压裂技术进行改造。这种技术能够有效地提高瓦斯的抽采效率和抽采量。首先，水力压裂通过向煤层注入高压流体，能够在煤层中产生大量的裂缝，这些裂缝作为瓦斯流动的通道，显著增加了煤层的渗透性，从而加速了瓦斯的解吸和流动速度。其次，大规模水力压裂能够覆盖更广泛的区域，形成复杂的裂缝网络，这不仅提高了单井的瓦斯抽采能力，也为瓦斯连续、稳定抽采提供了保障。第三，大规模水力压裂利用了较高的压力，注入大量液体，可以在垂向上对多层夹矸进行打通和破碎，从而沟通全层的裂隙系统，产生瓦斯的垂向运移作用，提高瓦斯抽采效率。

需要指出的是，在井下和地面都可以采用水力压裂技术，但地面实施的大规模水力压裂技术的施工排量高于井下水力压裂1个数量级以上，注入的液体量大于井下的1~2个数量级；压裂产生裂缝的复杂程度、覆盖范围、抽采效率、抽采量和抽采时间等方面，地面井大规模水力压裂的效果会远远优于井下的水力压裂；因此，建议采用地面水平井大规模水力压裂技术对保德煤矿8号复杂结构低渗煤层进行压裂改造。

4 结论

保德煤矿发育复杂结构煤层，通过井下观测、采样，开展了煤岩手标本描述、工业分析、显微组分和 XRD 测试分析，同时进行了低场核磁共振和工业 CT 扫描技术，对煤岩的物性特征和渗流特征进行了研究，得到了以下结论：

（1）8 号煤层的煤体结构为原生结构煤，宏观煤岩类型为半暗煤；构造裂隙和内生裂隙不发育；显微组分中镜质组含量平均为 28. 88%；黏土矿物含量为 9. 4%～39%，平均为 24. 53%；其中含量最高的为高岭石。

（2）8 号煤岩样品的孔径分布主要集中在 0. 01～0. 16μm 之间，尤其是 0. 025～0. 1μm 占比最大；样品的孔径主要分布在小孔阶段，中孔和大孔相对不发育。孔隙度为 5. 37%～6. 05%，平均为 5. 75%。从工业 CT 扫描测试的三维重构图形上发现连通型的孔-裂隙基本不发育。

（3）8 号煤层为复杂结构的低渗煤层，建议实施大水垂比、长水平段的 L 型水平井钻井技术和大规模水力压裂技术，对煤层和致密的多夹矸层进行破碎性改造，增加煤层的渗透性，加速瓦斯的解吸和渗流速度，提高煤层瓦斯抽采效率。

参 考 文 献

[1] 张永福．保德煤矿瓦斯综合防治技术[J]．煤矿安全，2016，47(03)：68-71，75.

[2] 张驰．保德煤矿煤体渗透率各向异性对瓦斯抽采的影响研究[D]．安徽理工大学，2020.

[3] 孔德磊．保德煤矿 8 煤层瓦斯赋存主要影响因素分析[J]．煤炭工程，2017，49(S2)：182-184.

[4] 罗伙根，李振兴．保德煤矿顺层瓦斯抽采钻孔封孔工艺研究[J]．煤炭工程，2017，49(S2)：88-90.

[5] 韩文彬．保德煤矿 8 号煤瓦斯抽采工艺优化及 CO_2 增透煤层技术研究[D]．中国矿业大学，2019.

[6] 郝志会，韩文彬．保德煤矿瓦斯抽采必要性与可行性分析[J]．能源技术与管理，2015，40(01)：92-94.

[7] 刘玉平．水平井在保德煤矿瓦斯抽采中的应用研究[J]．能源与环保，2018，40(12)：29-34.

[8] 李明建，袁保发，罗伙根，等．U 型水平井技术在保德煤矿抽采瓦斯的应用与实践[J]．煤炭科学技术，2017，45(S1)：81-84.

[9] 李瑞锋，安世岗，任玺宁，等．保德煤矿瓦斯储层特征及主控因素研究[J]．能源与环保，2018，40(02)：43-47，58.

[10] 程琳．保德煤矿煤层气(瓦斯)开发的可行性分析及经验探索[J]．环境与发展，2020，32(12)：253-254.

[11] 李阳．保德煤矿多层夹矸低透气性厚煤层多分支穿矸钻孔施工及抽采效果研究[J]．内蒙古煤炭经济，2018，259(14)：130-131.

钻井绞车低频能量回收装置

曹玉宝　郑瑞强　吴　磊　朱云波　李相勇　王　伟

（大庆油田有限责任公司）

摘　要　石油钻井过程中蕴含的大量能量转化，在转化的过程中存在着能量损失与浪费。因此，从钻井中获取能量，为低功耗电子设备供电是非常有前景的。本文提出了一种钻井绞车低频能量回收装置，并对其进行了建模与分析。该装置主要由滚筒、锥齿轮、棘轮主轴、棘爪滑块、压缩弹簧、直齿轮、发电机、超级电容器等组成。利用棘轮的单向运动，两个棘爪实现双向同轴能量回收。对装置进行理论分析，分析影响输出性能的因素。针对各影响因素进行了仿真分析，仿真分析结果与理论分析一致。设计了调节电路，获得的能量储存在超级电容器中，持续稳定地为低功耗电子设备供电。

关键词　钻井；绞车；低频；棘轮棘爪；能量回收装置

1　研究现状

随着人们对新能源的利用与环保意识的提高，"零污染"钻井方式的推进是实现绿色低碳发展的必要手段。绿色钻井技术可以大大减少能源的浪费，提高能源利用效率，实现可持续发展。在钻井的过程中，钻机设备需要消耗大量的能源来维持工作，部分能量以机械能或热能的形式被浪费掉。如果能够将钻井过程中浪费的能量进行回收、储存，实现能源的循环利用，那么将具有广阔的前景和发展潜力。

石油钻机主要由动力系统、提升系统、旋转系统、循环系统、传动系统、控制系统等组成。其中提升系统包括绞车、井架等，在柴油发电机的作用下，绞车上的滚筒通过缠绕在上面的钢丝绳升降，在井架上实现上提下放管串的功能。绞车在启动与制动的过程中，滚筒的往复运动需要消耗大量的能量，其中一部分能量转化为机械能或动能的方式被消耗掉，不仅造成了能源浪费，同时会间接的造成环境污染。因此将绞车制动的能量进行回收再利用，减少能源浪费，提高能源利用率具有现实意义。

基于以上分析，设计了一种钻井绞车低频能量回收装置。将低频运动升频，高效回收绞车制动时产生的能量，将绞车动能转化为电能并进行储存，储存的能量可以为其他低功耗钻机设备以及其他用电设备供电。

2　能量回收装置的设计

2.1　机械设计

钻井绞车低频能量回收装置具有双向、高效、简单的特点，旨在回收钻井绞车的机械能。装置主要由滚筒、锥齿轮、棘轮主轴、棘爪滑块、压缩弹簧、直齿轮、发电机、超级电容器等组成，其整体结构如图 1 所示。滚筒输出轴通过联轴器与锥齿轮轴连接，通过锥齿轮 1、和锥齿轮 3 的棘轮滑块（同方向安装）与棘轮主轴的啮合与脱离实现滚筒的往复旋转运动转化为发电机单一的旋转运动。因此将滚筒往复旋转产生的动能转化为电能。将装置布置在钻机平台上，产生的电能储存在超级电容器中，为钻井平台的照明灯监控设备等低功耗设备供电。

2.2　工作原理

钻井绞车低频能量回收装置的工作原理如图 2 所示。绞车系统在运行的过程中，主要通过控制滚筒的转向及速度，由钢丝绳将动力传给大钩，从而控制钻具的上提、下放与悬停。当起钻时，滚筒在驱动力与变频电机的作用下顺时针旋转。在联轴器的作用下锥齿轮 1 顺时针旋转。通过与锥齿轮 2 的啮合，锥齿轮 3 动作与锥齿轮 1 的动作相反，实现逆时针转动。锥齿轮 1 与锥齿轮 3 的棘轮滑块同方向安装，此时锥齿轮 1 的棘轮滑块与棘轮主轴在压缩弹簧的作用下始终啮合，锥齿轮 3 的棘轮滑块与棘轮主轴脱离。因此棘轮主轴与锥齿轮 1 的运动方向相同，实现顺时针旋转。通过直齿轮 1 与直齿轮 2 将棘轮主轴的低频转动进行升频、转向，实现发电机的高速逆时针转动。

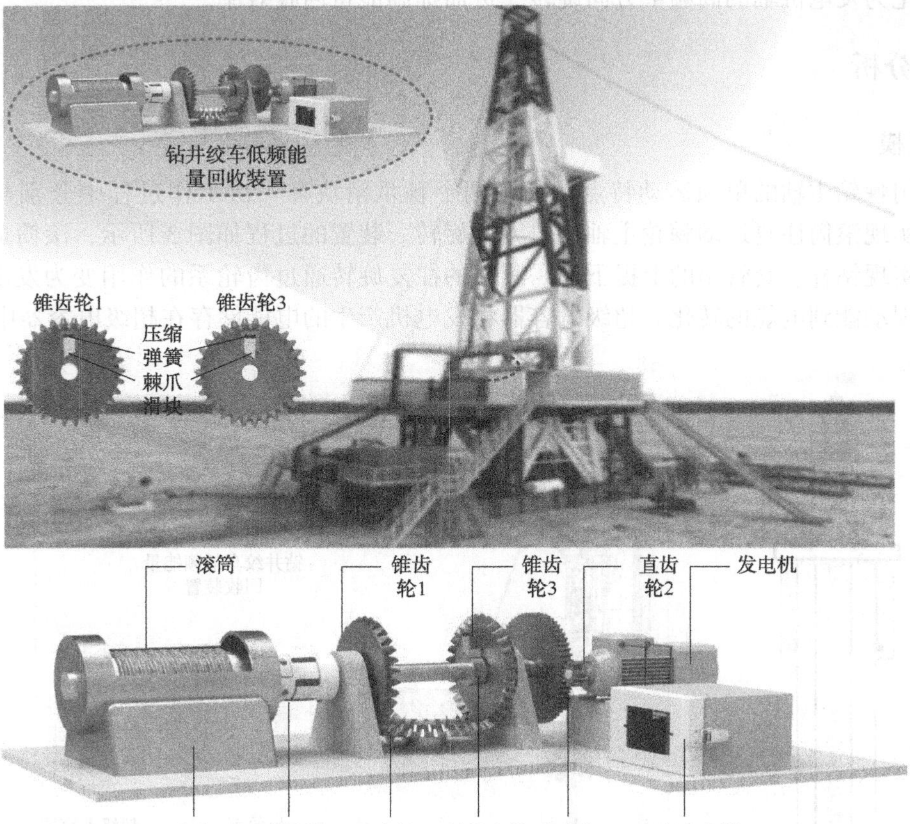

图 1　装置整体机构图

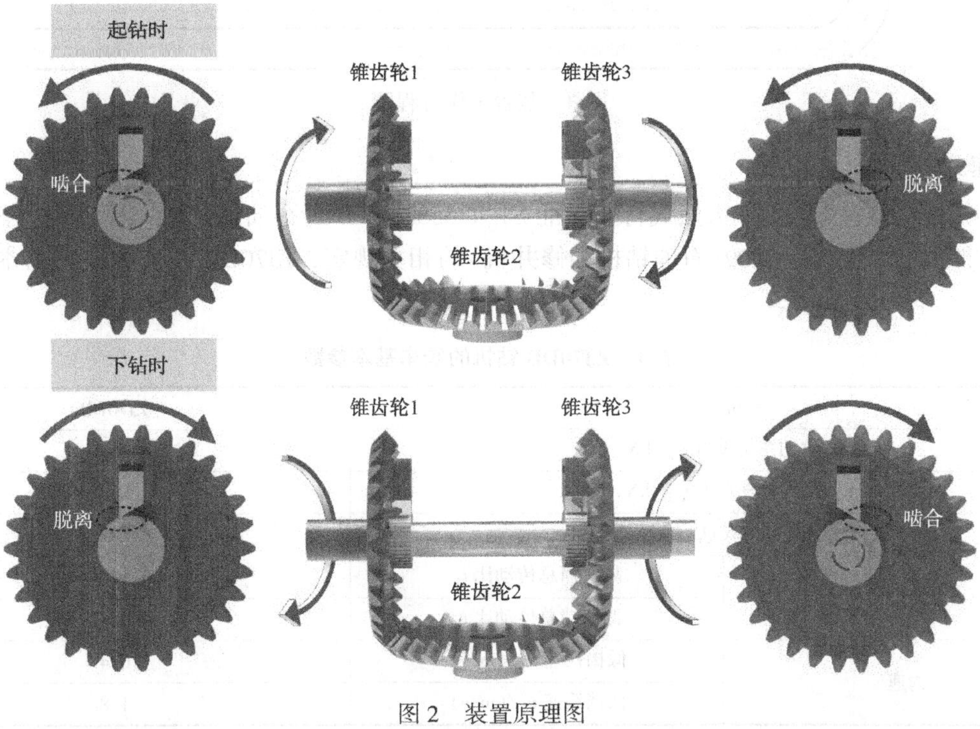

图 2　装置原理图

当下钻时，在套管与游动系统重力的作用下，滚筒逆时针旋转，上述各零件的动作与之相反。此时，锥齿轮1逆时针旋转，锥齿轮3顺时针旋转。锥齿轮3的棘轮滑块与棘轮主轴在压缩弹簧的作用下始终啮合，锥齿轮1的棘轮滑块与棘轮主轴脱离。因此棘轮主轴与锥齿轮3的运动方向相同，实现顺时针旋转。因此无论在起钻还是下钻时，棘轮主轴始终顺时针单方向旋转，实现发电机的单方向旋转。滚筒的转动属于低频运动，因此通过直齿轮1与直齿轮2进行升频，将滚筒往复的低频运动转化为发电机轴的高频单方向旋转，进而提高能量回收效率。

3 建模与分析

3.1 装置建模

装置利用棘轮主轴的单项运动特点，利用两个棘爪滑块在一次工作过程中分别与棘轮主轴啮合、脱离，实现滚筒往复运动棘轮主轴的单方向旋转。装置的过程如图3所示，滚筒通过钢丝绳带动游动系统实现钻杆、套管串的上提下放。滚筒的往复旋转通过齿轮系的作用变为发电机的单向旋转运动，实现动能到电能的转化。超级电容器将发电机产生的电能储存在超级电容器中。

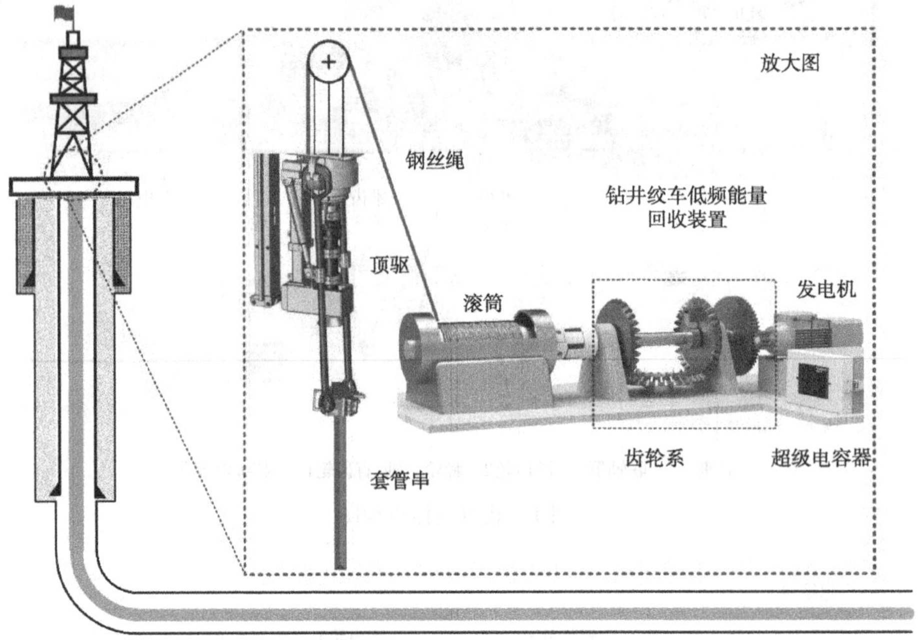

图3 装置工作过程图

3.2 转速分析

根据中华人民共和国石油天然气行业标准 ST/T 5532—2010《石油钻机绞车》以及中华人民共和国国家标准 GT/T 23505—2009《石油钻机和修井机》的相关规定，ZJ70DB 钻机的绞车基本参数如表1所示。

表1 ZJ70DB 钻机的绞车基本参数

钻机型号		ZJ70DB
游动系统重力 Q_m/kN		180
最大钻柱重力 Q_{ds}/kN		2200
最大钩载 Q_{max}/kN		4500
总传动比	高速挡总传动比 i_1	0.17662
	低速挡总传动比 i_2	0.08652
钩速	低档钩速 v_1/(m/s)	0.4
	低档钩速 v_2/(m/s)	1.8

续表

钻机型号		ZJ70DB
有效绳系 Z		12
滚筒直径	滚筒第 1 层缠绕直径 D_1/mm	808
	滚筒第 4 层缠绕直径 D_{max}/mm	1004
传动总效率 η_1、滚筒及缠绳总效率 η_2		0.91、0.95

当管串位移为 x 时，滚筒的切向速度 v_i 可表示为：

$$v_i = Z\dot{x} \tag{1}$$

式中，Z 为有效绳系。

滚筒的转速 n_i 可表示为：

$$n_i = \frac{60v_i}{\pi D_i} \tag{2}$$

将公式(1)代入公式(2)，滚筒转速进一步可表示为：

$$n_i = \frac{60Z\dot{x}}{\pi D_i} \tag{3}$$

式中，D_i 为滚筒缠绕至第 i 层钢丝绳时的工作直径，mm。

当 n_i 一定时时，由于 D_i 的变化，因此在起下钻的速度是梯度变化的。因此发电机轴的转速 n_g 可表示为：

$$n_g = \frac{Z_1}{Z_2}n_i = \frac{Z_1}{Z_2}\frac{60Z\dot{x}}{\pi D_i} \tag{4}$$

式中，Z_1 为直齿轮 1 的齿数；Z_2 为直齿轮 2 的齿数。

3.3 受力分析

当管串上提与下放时，钩载为上提与下放时动态载荷和游动系统重量之和，其表达式为：

$$Q = Q_m + Q_d \tag{5}$$

其中管串上提与下放时动态载荷(悬重)是不同的，其计算表达公式为：

$$Q_d = F_v \pm F_h \tag{6}$$

式中，Q_d 为动态载荷，N；F_v 为垂直段引起的作用力 N；F_h 为水平段引起的作用力，N；当上提管串时为+，下放管串或者钻进时为-，当管串静止时，水平段引起的作用力取零。

其中垂直段引起的作用力可表示为：

$$F_v = \sum_{i=1}^{m} q_i H_i \tag{7}$$

式中，i 为垂直分段变量；q_i 为第 i 段垂直管串单位长度有效增量，N/m；H_i 为第 i 段井眼垂直增量，m。

第 i 段垂直管串单位长度有效增量可表示为：

$$q_i = 9.81 q_{si}\left(1 - \frac{\rho_d}{\rho_s}\right) \tag{8}$$

式中，q_{si} 为第 i 段管串在空气中单位长度重量，N/m；ρ_d 为钻井液密度，g/cm^3；ρ_s 为管串管材密度，g/cm^3。

入井管串底部的总水平位移 H_j(以东北方向为例)可表示为：

$$H_j = \sum_{j=1}^{n} \sqrt{(N_j - N_{j-1})^2 + (E_j - E_{j-1})^2} \tag{9}$$

式中，j 为井深分段变量；N_j 为第 j 点的北坐标，N_{j-1} 为第 j-1 点的北坐标，m；E_j 为第 j 点的东坐标，E_{j-1} 为第 j-1 点的东坐标，m。

水平段引起的作用力可表示：

$$F_h = \lambda \sum_{k=1}^{p} \mu_k q_k H_k \tag{10}$$

式中，k 为水平分段变量；λ 为折算系数；μ_k为第 k 段摩阻系数；q_k为第 k 段水平管串单位长度有效增量，N/m；H_k为第 k 段井眼垂直增量，m。

第 k 段垂直管串单位长度有效增量可表示为：

$$q_k = 9.81 q_{sk} \left(1 - \frac{\rho_d}{\rho_s}\right) \tag{11}$$

式中，q_{sk}为第 k 段管串在空气中单位长度重量，N/m；

将式(7)、式(8)、式(9)、式(10)、式(11)代入到式(6)得到动态载荷为：

$$Q_d = \sum_{i=1}^{m} 9.81 q_{si} \left(1 - \frac{\rho_d}{\rho_s}\right) H_i \pm \lambda \sum_{k=1}^{p} \mu_k 9.81 q_{sk} \left(1 - \frac{\rho_d}{\rho_s}\right) \sum_{j=1}^{n} \sqrt{(N_j - N_{j-1})^2 + (E_j - E_{j-1})^2} \tag{12}$$

因此，将式(12)代入式(5)，钻机上提与下放的钩载表达式为：

$$Q = \begin{cases} Q_m + \sum_{i=1}^{m} 9.81 q_{si} \left(1 - \frac{\rho_d}{\rho_s}\right) H_i + \lambda \sum_{k=1}^{p} \mu_k 9.81 q_{sk} \left(1 - \frac{\rho_d}{\rho_s}\right) \sum_{j=1}^{n} \sqrt{(N_j - N_{j-1})^2 + (E_j - E_{j-1})^2} \\ Q_m + \sum_{i=1}^{m} 9.81 q_{si} \left(1 - \frac{\rho_d}{\rho_s}\right) H_i - \lambda \sum_{k=1}^{p} \mu_k 9.81 q_{sk} \left(1 - \frac{\rho_d}{\rho_s}\right) \sum_{j=1}^{n} \sqrt{(N_j - N_{j-1})^2 + (E_j - E_{j-1})^2} \end{cases} \tag{13}$$

3.4 能量分析

滚筒在钻机绞车电机的作用下旋转，滚筒通过钢丝绳的缠绕带动顶驱实现管串的上提与下放。在能量回收装置作用下滚筒的旋转的能量一部分转化为发电机的电能。从能量的角度分析，电机所产生的能量一部分用于管串的上提与下放，另一部分被能量回收装置所回收，用于为低功耗电子设备供电。当管串上提时绞车电机的输出功率可表示为：

$$P_m = \frac{K Q_1 \dot{x}}{\eta_m \eta_1 \eta_2} \tag{14}$$

式中，P_m为绞车电机的输出功率，kW；K 为动载储备系数，1.15，Q_1为绞车的额定钩载，Nm；η_m为游动系统总效率总效率，η_1为传动总效率，η_2为滚筒及缠绳总效率。

其中绞车的额定钩载可表示为：

$$Q_1 = Q_m + Q_n \tag{15}$$

式中，Q_n为管串的重量，N。

根据《钻井机械的设计计算》相关要求，设单个轮绳的效率为 $\eta = 0.97$，因此游动系统总效率为：

$$\eta_m = \eta^{\frac{Z+1}{2}} = 0.97^{6.5} = 0.82 \tag{16}$$

因此当管串匀速上提时，系统输入的能量为：

$$E_1 = \int_0^t P_m \mathrm{d}t = \int_0^t \frac{K(Q_m + Q_n)\dot{x}}{\eta_m \eta_1 \eta_2} \mathrm{d}t \tag{17}$$

钻井绞车能量回收装获得的能量为：

$$E_g = \int_0^t \frac{U^2}{R_1 + R_L} \mathrm{d}t \tag{18}$$

式中，U 为能量回收装置发电机电压，V；R_1为发电机内阻，R_L为负载阻值。

管串上提时所消耗的能量为：

$$E_u = \int_0^t Q \dot{x} \, \mathrm{d}t \tag{19}$$

因此能量分配的关系式为：

$$E_1 = E_u + \frac{E_g}{\eta_g} \tag{20}$$

式中，η_g为能量回收装置的传动效率。

将式(17)、式(18)、式(19)代入式(20)得：

$$\int_0^t \frac{K(Q_m+Q_n)\dot{x}}{\eta_m\eta_1\eta_2}\mathrm{d}t = \int_0^t Q\dot{x}\mathrm{d}t + \frac{\int_0^t \frac{U_u^2}{R_I+R_L}\mathrm{d}t}{\eta_g} \tag{21}$$

因此在匀速上提管串时钻井绞车能量回收装置可产生的电压为：

$$U_u = \sqrt{\eta_g(R_I+R_L)\dot{x}\left[\frac{K(Q_m+Q_n)}{\eta_m\eta_1\eta_2}-Q\right]} \tag{22}$$

将上述分析的上提的钩载代入表达式(20)中，钻井绞车低频能量回收装置上提所产生的电压为：

$$U_{上提} = \sqrt{\eta_g(R_I+R_L)\dot{x}\left[\frac{K(Q_m+Q_n)}{\eta_m\eta_1\eta_2} - Q_m - \sum_{i=1}^{m}9.81q_{si}\left(1-\frac{\rho_d}{\rho_s}\right)H_i - \lambda\sum_{k=1}^{p}\mu_k 9.81q_{sk}\left(1-\frac{\rho_d}{\rho_s}\right)\sum_{j=1}^{n}\sqrt{(N_j-N_{j-1})^2+(E_j-E_{j-1})^2}\right]} \tag{23}$$

当管串下放时，游动系统与管串的重力势能转化为发电机的电能，其能量分布配表达式为：

$$\eta_m\eta_1\eta_2E_d = E_1' + \frac{E_d}{\eta_g} \tag{24}$$

$$\eta_m\eta_1\eta_2\int_0^t Q\dot{x}_d\mathrm{d}t = \int_0^t K(Q_m+Q_n)\dot{x}_d\mathrm{d}t + \frac{\int_0^t \frac{U_d^2}{R_I+R_L}\mathrm{d}t}{\eta_g} \tag{25}$$

式中，x_d为管串下放速度。

因此管串下放时能量回收装置产生的电压为：

$$U_{下放} = \sqrt{\eta_g(R_I+R_L)\dot{x}_d\left\{\eta_m\eta_1\eta_2\left[Q_m + \sum_{i=1}^{m}9.81q_{si}\left(1-\frac{\rho_d}{\rho_s}\right)H_i - \lambda\sum_{k=1}^{p}\mu_k 9.81q_{sk}\left(1-\frac{\rho_d}{\rho_s}\right)\sum_{j=1}^{n}\sqrt{(N_j-N_{j-1})^2+(E_j-E_{j-1})^2}\right] - K(Q_m+Q_n)\right\}} \tag{26}$$

从上述分析可知，钻井绞车低频能量回收装置回收的能量大小主要与管串数量、上提与下放的速度、管串垂深与水平段长度、裸眼段摩阻系数等有关。

3.5 调节电路

钻井绞车的能量通过滚筒的往复运动经过传动系统传递到发电机。在上提与下放的过程中，能量回收装置的输出的电压与电流是不稳定的。如果直接对低功率用电设备直接供电，则会由于输出的不稳定对用电设备造成损坏。为了储存装置收集的能量，并为电器提供稳定的电源，因此需要储能模块。但是超级电容器会随着输入电流量的变化，导致输出的电压改变，因此也无法直接对用电设备供电，因此需要稳压模块，其电路简图如图4所示。使用一个400kHz开关频率的DC/DC转换器XL6009用来稳定电压，XL6009连接到用电设备并释放稳定的电压，因此可以稳定地对用电设备进行供电。

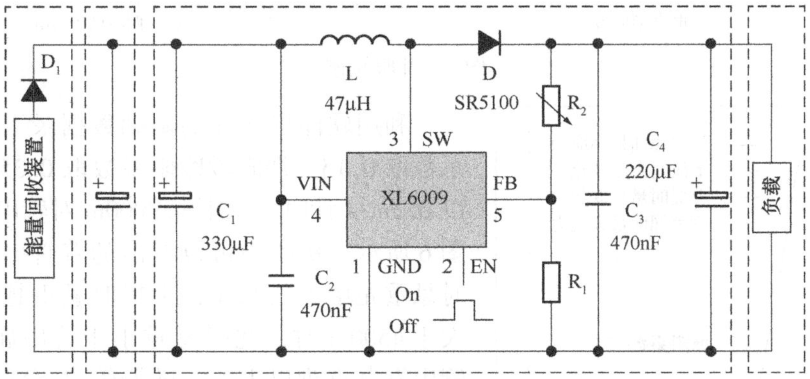

图4 能量储存与电路调节图

4 仿真分析

为了探究管串上提与下放速度、垂深与水平长度、摩阻系数对装置回收电能的影响，利用软件进行不同参数的仿真分析，以某井为例，其基础数据如表 2 所示。

表 2　某井基础数据表

井　　别	开发井	井　　型	水平井
油套固井方式	Φ139.7mm 套管固井	完钻井深	5070m
造斜点	300m	水平段长	2520m
A 点井深	2540m	A 点垂深	2253m
完钻垂深	2292.48m	最大垂深	2292.48m
最大井斜	89.92(井深 2790m)	最大狗腿度	6.7(井深 2220m)
钻井液类型	油包水钻井液	钻井液密度	1.67g/cm^3
漏斗粘度	67s	塑性粘度	49mPa·s
动切力	16.5Pa	位垂比	1.27

其井深结构如表 3 所示。其中生产套管钢级为 Q125，壁厚为 10.54mm，套管螺纹为 DLP-JT。

表 3　井深结构

套管层次	钻井深度/m	钻头尺寸/mm	套管外径/mm	套管壁厚/mm	套管顶深/m	套管底深/m
表层套管	204	444.5	339.7	10.03	0	203
技术套管	2012	311.2	244.5	10.03	0	2012
生产套管	5070	215.9	139.7	10.54	0	5067

该井完钻井深为 5070m，最大垂深为 2292.48m，最大井斜角 89.92(井深 2790m 处)，最大狗腿度 6.7°(井深 2220m 处)，视平移 2921.92m，实际水平段长 2520m，位垂比为 1.27，水垂比为 1.1。根据井斜数据，井眼轨迹如图 5 所示。

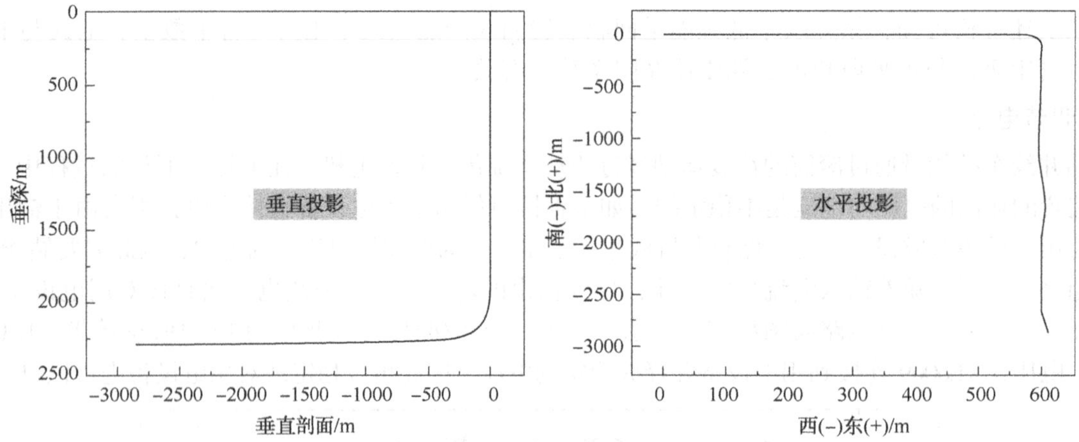

图 5　井眼轨迹

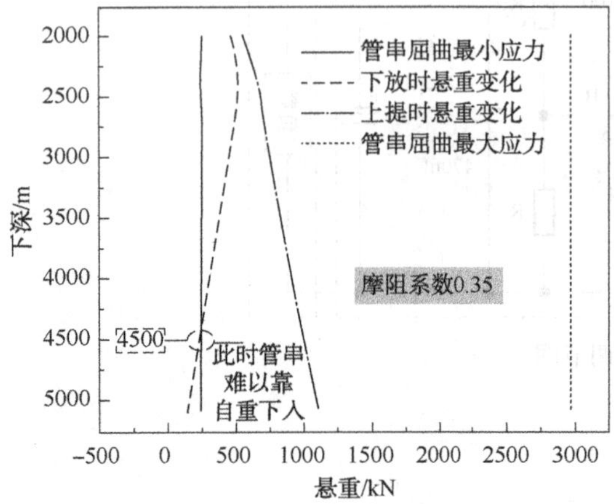

图 6　摩阻系数 0.35 时悬重变化情况

利用软件将该井的基础数据录入，当技套内摩阻系数取 0.15，裸眼段摩阻系数取 0.35，套管下入速度以 0.3m/s 计时，从下深 2000m 对管串悬重仿真分析如图 6 所示。从图中可以看出随着管串下深越大，下放时悬重先增大后减小，上提时悬重越来越大。当下深大于 4500m 时，此时悬重小于管串屈曲的最小张力，管串靠自重难以下入。随着管串下深越大，上提时悬重越来越大。仿真分析悬重结果与上述理论分析相符合。因此当速度一定时，随着井深的增加，上提时产生的电压越来越小，下放时产生的电压先增大后减小。

当技套内摩阻系数取 0.15，裸眼段摩阻系数分别取 0.40、0.45，套管下入速度以 0.3m/S 计时，从下深 2000m 对管串悬重仿真分析如图 7 所示。从图 7 中可以看出，随着摩阻系数的增加，悬重小于管串屈曲的最小张力时的下深越小，有上述理论分析可知，钻井绞车低频能量回收装置获得的能量越少。

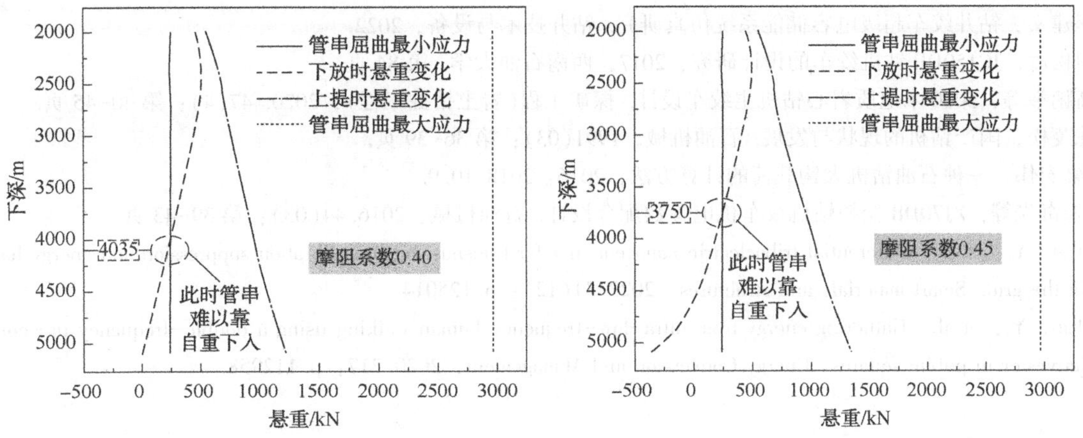

图 7　摩阻系数 0.40、0.45 时悬重变化情况

为了进一步探究摩阻系数对上提与下放时的悬重的影响，技套内摩阻系数取 0.15，裸眼段摩阻系数分别取 0.35、0.40、0.45，套管下入速度以 0.3m/s 计时，上提与下放时的悬重变化对比仿真分析结果如图 8 所示。从图中可以看出当下入深度相同时，摩阻系数越高，下放悬重越小，此时上提悬重越大。因此能量回收装置所产生的电压也越来愈小。随着深度的增加，三种不同摩阻系数，下放与上提悬重的差值也越大。仿真结果变化趋势与理论分析相符。

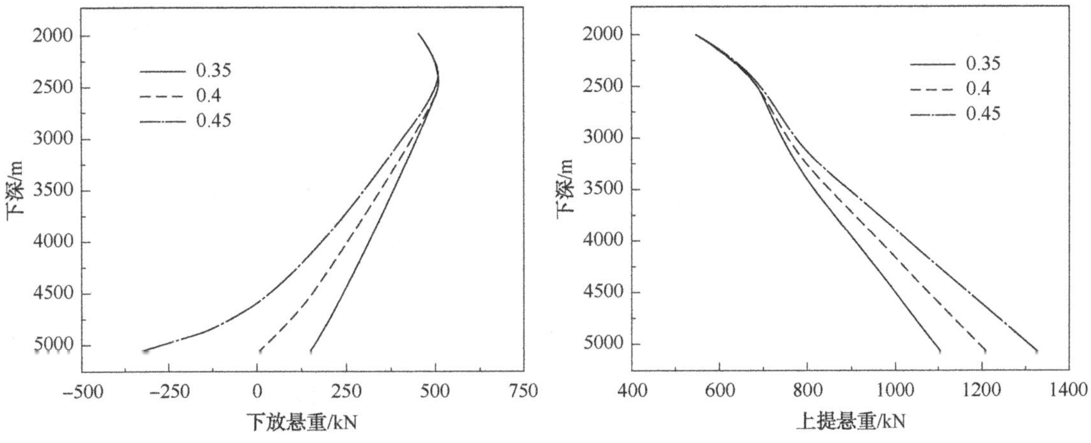

图 8　摩阻系数 0.35、0.40、0.45 时下放与上提悬重对比

5　结论

（1）本文提出了一种钻井绞车低频能量回收装置，用于回收绞车的动能，通过传动机构高效回收浪费的能量。回收的能量储存在超级电容器中实现了能量的回收再利用，提高能源利用率。

（2）通过对钻井绞车低频能量回收装置进行建模，分别对装置进行速度、受力、能量进行理论分析，得出影响装置输出的因素。设计了调节电路，是储存的电能平稳地位低功耗电子设备供电。

（3）利用软件对某井进行仿真分析，分析不同因素对悬重的影响，进而得出各因素与装置输出的关系，其仿真分析结果与理论分析结果相符。

（4）钻井绞车低频能量回收装置，具有广阔的前景和发展潜力。减少能源浪费，为绿色钻井提高能源利用效率。

参　考　文　献

［1］张琰. 绿色钻井技术的综合应用. 中国石油和化工标准与质量，2023. 43(7)：第 170-172 页.

[2] 摄影报道赵奕松与摄影报道陈英杰，海外生产实现环保绿色钻井. 中国石油石化，2019(21)：第 71 页.
[3] 刘超，涪陵页岩气田“绿色”钻井关键技术研究与实践. 探矿工程(岩土钻掘工程)，2016. 43(07)：第 9-13 页.
[4] 刘鹏等，石油钻机绞车储能技术的研究. 现代制造技术与装备，2021. 57(4)：第 38-39，44 页.
[5] 邓岩，石油钻机绞车再生回馈制动技术研究，2016，西安工程大学. 第 66 页.
[6] 李建文，钻井绞车超级电容储能系统仿真研究. 钻井技术与设备，2022.
[7] 纠松涛，JC150DB 钻机绞车的设计研究，2017，西南石油大学. 第 84 页.
[8] 高鹏举等，5000 米地质岩心钻机主绞车设计. 探矿工程(岩土钻掘工程)，2020. 47(4)：第 40-45 页.
[9] 陈茂松，国产钻机的现状与发展. 石油机械，1991(03)：第 36-39 页.
[10] 梁宏伟，一种石油钻机大钩载荷的计算方法，2016：2018. 10. 9.
[11] 朱奇先等，ZJ70DB 变频钻机绞车机电参数配合设计. 石油机械，2016. 44(03)：第 39-43 页.
[12] Tan，Y.，et al.，Differential triboelectric nanogenerator for transmission line vibration suppression and energy harvesting in the grid. Smart materials and structures，2022. 31(12)：p. 125014.
[13] Tan，Y.，et al.，Gathering energy from ultra-low-frequency human walking using a double-frequency up-conversion harvester in public squares. Energy Conversion and Management，2020. 217：p. 112958.

绿色转型之路：
大庆油田 CCUS 技术进展与未来挑战

刘 洋

（大庆油田有限责任公司）

摘　要　CCUS（碳捕集、利用与封存）技术是我国实现“碳达峰、碳中和”双碳目标的重要举措之一，不仅能有效保障我国能源安全，对促进生态文明建设和石油工业可持续发展也具有重要意义。大庆油田作为累计为国家贡献超过25亿吨原油的功勋油田，肩负着实现国家双碳目标的重任，在“常规油、天然气和新能源三分天下”的战略目标下，CCUS技术得到快速发展。在CCUS及配套技术发展过程中，大庆油田在碳利用方面具有得天独厚的优势，但在碳捕捉、碳储存和配套技术等多方面还存在着较多挑战。因此，在对大庆油田CCUS技术发展背景、碳源潜力、气源输送建设思路、CO_2驱示范区建设等技术现状进行分析基础上，提出有针对性的解决方案与对策，对提高大庆油田CCUS整体技术水平和能源绿色低碳转型具有一定的参考意义。

关键词　碳捕集；碳达峰；碳中和；新能源；挑战

随着二氧化碳等温室气体排量逐年增加，“温室效应”给全球气温、自然环境和人类社会带来了一系列恶劣影响。作为煤炭、石油和天然气等化石能源消耗量巨大的发展中国家，我国石化企业已经进入到战略转型和绿色发展改革的关键时期。大庆油田作为功勋油田，仍然肩负着实现国家“双碳”目标的历史重任，在“常规油、天然气和新能源三分天下”的宏伟战略目标下，新能源技术、CCUS技术发展获得了大量人力、物力投入和政策支持。但在CCUS关键技术和配套工艺发展方面还存在着较多挑战，因此深入了解CCUS技术国内外技术背景，明确大庆油田CCUS技术现状和存在的挑战，并提出合理解决对策，对推动油田转型和绿色可持续发展具有重要意义。

1　CCUS 技术发展背景

气候变化正在成为全人类共同面临的严峻挑战，近百年来，全球气候正经历着一次以气候变暖为主要特征的显著变化。如表1所示，2019年，全球主要国家的能源消耗仍然以煤炭、石油和天然气这些化石能源为主，全球温室气体排放在2022年再创新高，达到574亿吨二氧化碳当量。化石燃料燃烧和工业过程产生的CO_2排放是排放增长的主要原因，约占温室气体排放量的2/3，中国、美国和欧盟的CO_2历史累计排放量贡献最大。2023年，全球平均温度相较于人类工业化革命以前已经上升了1.45℃，过去10年是有记录以来最热的10年。

表1　2019年主要地区/国家化石资源状况

国家/地区	化石能源占世界总能源比例		
	煤炭	石油	天然气
中国	13.2%	1.5%	4.2%
印度	9.9%	0.3%	0.7%
美国	23.3%	4.0%	6.5%
俄罗斯	15.2%	6.2%	19.1%
德国	3.4%	—	—
欧盟	7.2%	0.3%	0.3%
英国	—	0.2%	0.1%

随着科学认知的深化和社会压力的增大，国际社会开始认识到必须采取行动来应对气候变化问题。如表2所示，世界气象组织和联合国环境规划署在应对气候变化方面做了较多工作，直到《巴黎协定》被正式签署，《巴黎协定》明确了全球减排的“硬指标”，提出把全球平均气温升幅控制在工业化前水平以上低于2℃之内，并努力将平均气温升幅限制在工业化前水平以上1.5℃之内。

表2　全球应对气候变化大事件进程表

年　份	事　件
1988年	世界气象组织和联合国环境规划署于合作成立了政府间气候变化专门委员会(IPCC)
1990年	IPCC在总结了过去100年全球气候信息变化的基础上首次发表《IPCC综合评估报告》
1992年	《联合国气候变化框架公约》获得通过，同年6月在里约热内卢的地球问题首脑会议上开放签署
1997年	第三次《联合国气候变化框架公约》缔约方大会在日本京都召开，最终通过了《京都议定书》
2015年	第21届联合国气候变化大会上通过《巴黎协定》
2016年	美国纽约联合国大厦被正式签署《巴黎协定》

在这一背景下，2015年6月，我国向UNFCCC提交了《中国国家自主贡献》。如表3所示，2021年10月，我国提交了《新的国家自主贡献目标以及落实新目标的重要政策和举措》作为国家自主贡献的更新，并提出了新的目标。中国政府在2020年向世界做出了“碳达峰、碳中和”的宣言，并承诺将于2030年前碳排放量达到峰值、2060年实现温室气体净零排放。自此以后，我国在减少二氧化碳排放、捕集、利用和封存方面做了大量工作，建立了CCUS发展技术体系和技术基础，完善了政策支持体系，示范项目建设也取得较大进展。在清洁能源、节能环保、减排技术领域，每年可使用的融资工具规模应大于5000亿元；已经建成CO_2捕集与封存能力超过15万吨/年的示范项目，50万吨/年碳捕集、利用和封存示范项目正在新建，截止到2023年，我国已完成捕集CO_2超过200万吨。2021年10月，我国提交了《新的国家自主贡献目标以及落实新目标的重要政策和举措》作为国家自主贡献的更新，并提出了新的目标。

表3　我国向UNFCCC提交的自主贡献目标

自主贡献目标		2015年	2021年
2030年碳达峰（基准年：2005年）	单位国内生产总值二氧化碳排放下降	60%~65%	>65%
	非化石能源占一次能源消费比重	20%	25%
	森林蓄积量增加(立方米)	45亿立方米	60亿立方米
	风电、太阳能发电总装机容量	—	12亿千瓦以上
碳中和目标		—	2060年

中国石油提出“打造原油、天然气、新能源三条产业价值链”，明确“清洁替代、战略接替、绿色转型”三步走总体部署下，力争到2050年公司新能源总量达到2×10^8t当量。

2　CCUS技术国内外现状

CCUS技术的关键是CO_2的捕集与封存，也被认为是碳减排方法中实现CO_2碳减排目标的唯一兜底技术。将从大型工业排放源捕获的二氧化碳用于提高石油采收率(EOR)，是CCUS技术最经济有效的方法之一，国外有研究者在波兰的一座化石燃料发电厂和挪威一油田创新开发了一个概念性的CO_2-EOR系统，与传统技术生产等量的石油和电力相比，二氧化碳减排量超过70%；为提高煤炭等化石能源利用效率、减少温室气体排放，美国与日本在德克萨斯州西部牧场油田合作运行了一个大型CCUS项目，通过管道将捕集的CO_2输送到油田用于提高原油采收率，每年能够捕集CO_2超过160万吨，且纯度高于99%；澳大利亚政府也在煤炭行业中筹建和运行了多个项目，将天然气生产过程中伴生CO_2，通过一定技术方法注入到海底地下岩层中进行封存，以减少总体排放量，每年封存的CO_2总量超过160万吨；欧洲北海地区拥有丰富的石油和天然气资源，在该地区通过实施

CCUS 项目每年可捕集和存储约 70 万吨 CO_2，为该地区可持续发展做出了贡献。

表 4　CCUS 技术各环节使用技术表

捕集	燃烧前		燃烧后		富氧燃烧		化学链	
	溶液吸收	物理吸收	化学吸收	化学吸附	常压燃烧		原位气化	
	膜分离吸收	低温分馏	物理吸附	膜分离	增压燃烧		氧解耦燃烧	
运输	罐车运输	船舶运输	陆地运输		海底运输			
利用与封存	化工与生物利用		地质利用		二氧化碳封存			
	化学利用	矿化利用	强化石油开采	强化深部咸水开采	咸水层封存		枯竭油气田封存	
	生物利用	……	强化天然气开采	……	玄武岩矿化封存		……	

目前国内已经建成多个 CCUS 项目，如中石化齐鲁石化-胜利油田建设的百万吨级 CCUS 项目，通过在齐鲁石化公司捕集的 CO_2 输送到胜利油田注入地层用于驱油和封存，每年减排 CO_2 量超过 100 万吨；中石化南化公司在碳捕集、利用与封存技术方面处于国内领先地位，与华东石油局合作建设碳捕集装置，完成后每年能捕集 CO_2 超过 35 万吨；另外，中国神华集团和国家电投集团在河北、上海等多地的煤炭企业、发电厂也建设了多个碳捕集和封存项目。截至目前，我国 CO_2 年捕集能力超过 300 万吨，储存能力超 200 万吨。与美国 CO_2 年碳捕集能力超过 3000 万吨相比，我国 CCUS 技术的发展，特别是大规模商业化发展，还需要进一步有效的激励政策，为投资者解决投融资渠道、投资成本、收益风险等问题。

3　大庆油田 CCUS 技术现状

大庆油田作为累计为国家贡献超过 25 亿吨原油的功勋油田，肩负着实现国家双碳目标的重任，在“常规油、天然气和新能源三分天下”的战略目标下，新能源和 CCUS 技术得到快速发展，已经走在中石油集团公司前列。大庆油田 CO_2 来源主要有两方面，一是热电厂在生产过程中排放的 CO_2，年排放量在 3000 万吨左右，可捕集量约为 700 万吨；二是大庆油田发育的高含 CO_2 油气藏，尤其是徐深气田产出的天然气中含有大量 CO_2，徐深 9、徐深 21 等区块原料气综合含碳约 12.7%。为不影响天然气燃烧，需将 CO_2 等杂质分离后才能销售，以保障大庆、哈尔滨等周边地区工业和民用天然气使用。

大庆油田地处敖古拉风口，地势开阔平坦，风能、太阳能、地热资源较为充足，而且在中浅层砂岩型热储层还有丰富的地热资源，属于我国Ⅱ类太阳能资源区域，年总辐射量为 1482 千瓦时/平方米，年日照小时数超过 2600h，适合建设大型地面光伏电站.

年有效风速持续时间长，年平均风速 3.8m/s，年大于 6 级风日数为 30d，80m 高度全年有效风速可利用小时数为 2200h 以上，适合建设风力发电站.

地热水：资源丰富，资源总量为 6518 亿方，大庆市中北部约占整个盆地资源量的 72%，折合标准煤 6.7 亿吨；全市开发利用地热井 36 口，没有开发利用的地热井 79 口；开发井主要用于温泉洗浴、供暖、生活用水；

干热岩：松辽盆地北部 4500m 深度的温度可超过 150℃，徐深 22 井 5320m 温度 210℃，龙深 1 井深度 6000m 温度 260℃，解释出 13 块花岗岩体，热量为 3865 艾焦，具有开发利用潜力。

3.1　大庆油田 CCUS 技术优势

CO_2 捕集与封存技术正在被全世界油气行业广泛的关注与应用，将从化石燃料燃烧或者工业过程中捕集的 CO_2，通过船舶或者管道运输后存储到枯竭的油气田或者深层盐水地层中，或者利用 CO_2 进行驱油作业，提高油气采收率(EOR)，以支持地质 CO_2 封存，对于有效减缓气候变化和油田可持续绿色发展具有重要意义。

大庆油田地处松辽盆地，低渗透油层和致密油层储量大，适合采用 CO_2 驱的地质储量超过 3 亿吨，而且大油田自 1965 年开始探索 CO_2 驱油技术以来，已经取得了一定效果和认识，2003 年后，更是在外围低渗透油藏和致密油藏形成了系列配套技术和管理标准规范，CO_2驱油年产量近10万吨，占中石油CO_2驱油年产量的50%左右。目前，特低渗透油层CO_2驱技术已经进入工业化推广阶段。因此，在大庆油田将捕集的CO_2用于驱油具有得天独厚的地质条件和技术优势。

3.2 CCUS技术发展中存在的挑战

大庆油田CCUS技术经过多年发展，虽然已经取得一定成绩和技术突破，但在总体运营成本、关键技术突破等还面临着较大挑战，限制了CCUS总体应用规模和经济效益。

3.2.1 二氧化碳捕集成本高

CO_2捕集是CCUS技术的第一步，也是CCUS-EOR技术关键环节。目前，CO_2捕集方法可按燃烧顺序、分离工艺、技术成熟度进行多种分类。大庆油田碳源充足，除了从天然气中分离CO_2，还需要从常压、低浓度CO_2尾气、烟气中进行捕集，目前仍采用第一代捕集技术，即化学吸收法(醇胺法)和物理吸收法(聚乙二醇二甲醚法、低温甲醇法)，这类方法最大的不足就是捕集成本高、能耗大，严重影响CCUS技术经济效果评价，单是CO_2捕集成本就占到总成本接近80%，主要原因是通过富氧燃烧、预燃烧等方法产生的CO_2中含有氮气、氧气、氮氧化物等其他成分，在分离和提纯过程中会消耗大量的能源。

3.2.2 二氧化碳对输送管道腐蚀

CO_2输送是CCUS产业链中连接CO_2捕集与封存、利用的关键环节，其运输效率和成本将直接决定CCUS整体规模和经济效益。输送方式有车载(船运)和管道输送两种方式，长距离以管道输送最为经济。目前，大庆油田用于驱油的CO_2主要采用管道输送方式，管道内由于水、氧气及二氧化碳等气体存在，极易形成碳酸对管道形成腐蚀，给CO_2输送带来较大安全隐患。

3.2.3 关键技术成熟度不足

除了CO_2捕集和输送技术不够先进外，大庆油田CCUS-EOR的相关配套工程技术，在技术适应性、工艺成本、技术体系等关键技术方面不够成熟，与国外相比还存在着差距。比如在防腐技术上，国外已经实现现场撬装加注阻垢剂、采用玻璃钢等物理防腐管材等技术。这些关键技术也限制了CO_2捕集和利用总量远低于美国等国家。

3.2.4 CCUS总体运营成本高

我国CCUS示范项目经济成本普遍较高，大庆油田也不例外。CCUS成本最高的环节是CO_2捕集，约占总成本的60%~80%，碳捕集成本又分为固定成本和运营成本，固定成本投资约为800~1000元/吨。预计到2030年，CO_2捕集成本为100~400元/吨，管道输送成本为0.5元/吨·公里，封存成本为40~50元/吨，在目前CCUS技术条件下，CO_2捕集将增加300元/吨左右的额外成本。由此可见，按照目前欧洲碳交易价格80欧元/吨，以及目前大庆油田CO_2排放量和CCUS高投入和高成本运营，将给大庆油田整体经济效益带来巨大压力。

3.3 技术对策分析

3.3.1 推广应用第二代捕集技术

在第一代CO_2捕集技术基础上，发展形成了增压富氧燃烧、新型膜分离、新型吸收(吸附)等第二代捕集技术。其中，利用CO_2溶解度、化学性质等特性进行物理或者化学方法吸附的方法，具有效率高、易分离等特点；采用多孔固体吸附剂对CO_2进行吸附和解吸附，具有高效、环保、便于操作等优点；采用膜分离技术可以根据CO_2分子大小、形状、电荷及溶解度等特性，实现从混合物中分离和提纯CO_2，具有操作简单、不需高精尖设备和高温高压实验条件等优势，还能实现连续性操作。另外，还有金属氧化物法、水合物法、生物酶法等技术，部分方法虽然仍处于室内研究或小试阶段，但应该在新方法和技术上给与更多投入，待技术成熟后预计其能耗和成本会较第一代技术降低30%以上，对CCUS技术发展具有重要意义。

3.3.2 推进多渠道输送方式

在CO_2输送方式上，可以根据不同试验区实际情况、CO_2碳源距离远近，采取因地制宜、多种方式相结合的输送方式。比如在海拉尔油田气源与试验区距离小于100公里，可以采用罐车拉运液态 CO_2的方式进行输送；对于定价招标的液态 CO_2也可以采用罐车拉运方式。对于建有稳定气源供应、用气量大、且输送距离较近的示范区，可以采用埋地铺设管道进行液相或者干气输送，采用这种方式能最大程度降低成本、保障气源供应稳定。考虑到大庆地处严寒地带，管道输送应该以超临界输送为主。

3.3.3 加大政策扶持、加强关键技术攻关

CCUS 技术链条长，涉及的关键技术和环节较多，不仅要加强 CO_2捕集和输送等技术研究，还应该在输送管道运行与维护、风险评估、CO_2泄漏分析与应急响应措施方面，以及构建 CO_2驱油示范区地下、地上一体化监测体系构建上，加大投入力度和政策支持，为提高 CCUS 整体技术水平和安全管理水平保驾护航。

3.3.4 积极推进示范工程进展

大庆油田在 CCUS 示范工程推进过程中，一是要做好与地方政府沟通协调工作，建立跨地区、跨部门、跨行业的监管和协调机制，形成地企“互抓共管、一盘棋”的良好局面；二是积极推动建立系统性核算方法和标准，建立完善的碳管理体系，为减碳测算提供理论基础；三是加大经济激励、财政补贴等机制，大力推动企业绿色低碳发展转型，并促进 CCUS 项目效益建设。

3.3.5 加强技术交流与合作研发

在 CCUS 技术研究与示范工程推进过程中，在做好关键技术、核心技术自主攻关与研发的同时，还应该继续加大与其他新能源研究机构、高等学府之间的对接，积极构建 CCUS 技术创新联合体，开展相关技术合作、以加快 CCUS 技术发展；同时，适当放宽专业人才引进条件，通过成熟人才竞聘或关键课题“揭榜挂帅”等方式，灵活引进专业性技术人才，促进相关技术快速发展与核心人才队伍建设。

3.3.6 发展高附加值碳基新材料

目前，大庆油田 CO_2利用技术相对单一，除了主要用于 CO_2驱油方面，其他技术应用较少。碳纳米管、石墨烯等新型材料的主要成分均为碳，这些材料具有用途广泛、附加值高等特点，发展新兴技术将 CO_2转化为这些具有高附加值的碳基新材料，既能推动导电浆料、防腐涂料等技术发展，还能从产品属性上提高 CCUS 技术全产业链的经济效益，这也是 CCUS 技术可持续发展的重要方向之一。

3.3.7 研发模块化撬装化 CO_2回收技术

传统 CO_2回收装置建设需要占用较大的土地面积，而且建设费用普遍较高、建设周期长、使用灵活性差。在工程建设过程中，模块化撬装化技术能够最大限度减少作业风险，还能够在成本、质量、安全和灵活性方面展现出独特优势。将模块化撬装化技术引入到 CO_2回收装置设计中，基于模块化设计实现回收工艺模块划分，全部实现工厂化预制，同时利用撬装化设计合理布局管道阀门，实现模块内设备优化整合成撬，最终形成全流程模块化撬装化的 CO_2回收装置。该项技术的成熟应用，能达到降低投资成本和缩短施工周期目标，土建费用和建设面积降低 70%以上，施工周期至少缩短 50%。

4 结论

（1）在“双碳”背景下，大庆油田 CCUS 技术发展较快，并取得一定成效，但在 CO_2捕集、管道防腐、关键技术成熟度及成本控制等方面还存在着亟需改进和完善的地方，距离大规模商业化运行仍有一定距离。

（2）为推动 CCUS 技术快速发展和规模化应用，大庆油田不仅要在 CO_2捕集、输送等关键技术上加大投入和攻关力度，还应该在配套技术研究和相关政策保障上发力，不断提高关键技术成熟度、完善相关标准体系，有助于推动大庆油田 CCUS 技术发展，为油田能源绿色低碳转型提供技术支撑。

参 考 文 献

[1] 陈旭，杜涛，李刚等. 吸附工艺在碳捕集中的应用现状[J]. 中国电机工程学报，2019，39(增刊1)：155-163.

[2] 张帅，郅晓，石信超，等. 有机胺类CO_2捕集吸收剂研究进展[J/OL]. 应用化工(2023-11-28)[2023-12-07]. https://doi.org/10.16581/j.cnki.issn1671-3206.20231128.007.

[3] 白振敏，刘慧宏，陈科宇，等. 二氧化碳化学转化技术研究进展[J]. 山东化工，2018，47(11)：70-72.

[4] 陈倩倩，顾宇，唐志永，等. 以二氧化碳规模化利用技术为核心的碳减排方案[J]. 中国科学院院刊，2019，34(4)：478-487.

[5] 黄晶. 中国碳捕集利用与封存技术评估报告[M]. 北京：科学出版社，2021.

[6] 桑树勋，刘世奇，陆诗建，等. 工程化 CCUS 全流程技术及其进展[J]. 油气藏评价与开发，2022，12(5)：711-725.

[7] 李阳，黄文欢，何应付，等. 双碳愿景下中国石化不同油藏类 型CO_2驱提高采收率技术发展与应用[J]. 油气藏评价与开发，2021，11(6)：793-804.

[8] 黄宽，张万益，王丰翔，等. 地下空间储能国内外发展现状及调查建议[J/OL]. 中国地质，2023，[2024-01-01]. http://kns.cnki.net/kcms/detail/11.1167.P.20230616.1322.0 02.html.

[9] 中国发展网. 2024 年全国能源工作会议召开，部署 9 项重点任务[EB/OL].（2023-12-22）[2023-12-25]. https://baijiahao.baidu.com/s? id=1785964820492748391&wfr= spider&for=pc.

[10] 刘晓民. 实现双碳目标，CCUS 兜底[J]. 中国石油石化，2021(9)：36-37.

[11] 郝文秀. “双碳”目标背景下大庆油田绿化建设节能措施探讨[J]. 石油石化节能，2023，13(07)：81-84.

[12] 曹万岩. CCUS-EOR 驱油集输系统生产稳定性保障措施探索[J]. 石油石化节能，2023，13(07)：53-56.

一类油层下返封堵工艺适应性及两驱干扰治理效果研究

张　毅

（大庆油田有限责任公司）

摘　要　目前油田进入高含水开发中后期，下返封堵工艺应用规模不断扩大。薄差层、断层较多的开发区块，水井常出现吸水能力差导致注水压力高、窜槽、套损、油层出砂现象，从而对化学驱造成两驱干扰。油田在用的封堵工艺种类较多，适用界限各不相同，存在工艺选择不规范，部分封堵工艺不成熟等问题，影响返层开发效果。本文以现场试验井为实例，开展封堵技术优化，对封堵失效层位进行有效治理。结合地质动态反应、吸水剖面等多方面资料进行失效层位判断从而对两驱干扰井进行识别。建立封堵工艺选择应用图版，优选封堵工艺并对后续的封堵效果进行评价。

关键词　水泥封堵；两驱干扰；吸水剖面

目前大庆油田正处于三元复合驱开发阶段，水聚驱同时开发，目前下返封堵多为水泥封堵工艺，随着开发时间的增长以及注入体系的不断变化，水泥封堵效果会存在失效情况。封堵过程会受到地层压力、出砂、窜层及不稳定的地层条件等因素影响，需对封堵工艺进行不断优化，以便保障封堵效果。

1　封堵工艺现状

1.1　机械封堵

目前注入井主要采用可洗井、桥式双管跨层两种工艺形式。可洗井封堵管柱有常规封堵管柱和常规带配注器封堵管柱两种。常规封堵管柱缺点是：洗井液进入封堵层，影响洗井效果；洗井阀卡、重复开关导致失封；无法机械验封，目前主要通过吸水剖面测试判断(图1)。常规带配注器封堵管柱可机械验封，通过捞出死嘴，下密封段验封，投入死嘴重新封堵。常规带配注器封堵管柱缺点是洗井液进入封堵层，影响洗井效果；洗井阀卡、重复开关导致失封；堵塞器失封，导致封堵失效(图2)。

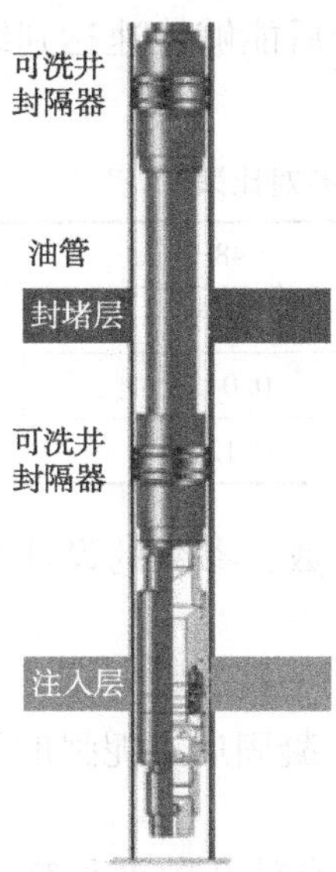

图1　常规封堵管柱

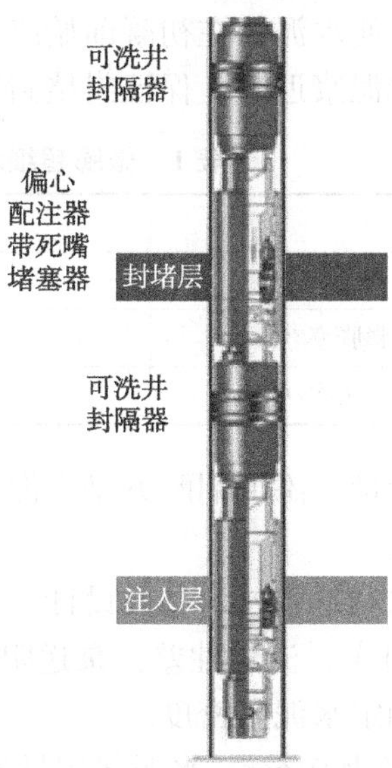

图2　常规带配注器封堵管柱

桥式双管跨层工艺管柱主要由桥式上封隔器+双层管+桥式下封隔器组成(图3)。具有封堵可靠性较高、可跨层洗井、洗井阀失效不影响封堵等优点，有效期最长5年，目前仍有效。存在的主要问题是：1)管柱无法机械验封；2)起下管柱需要使用非标吊卡。

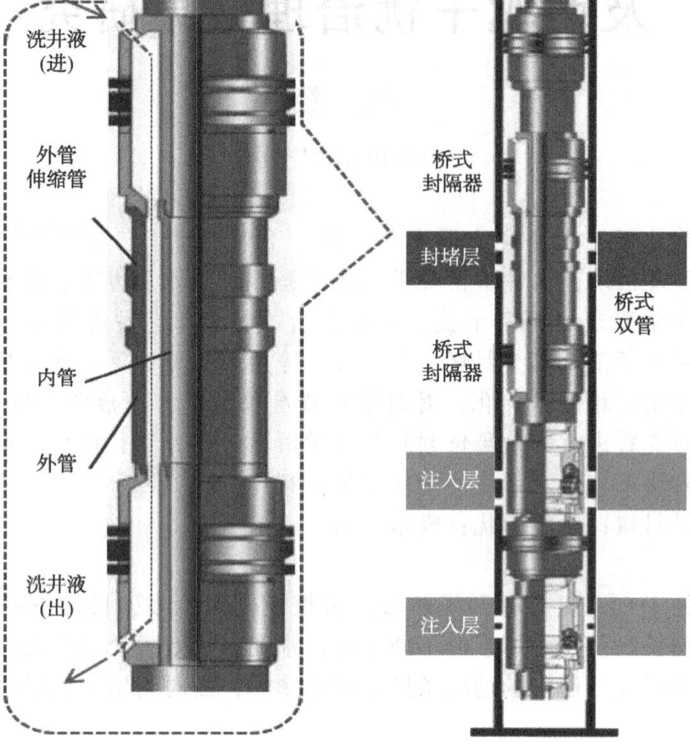

图3 桥式双管跨层工艺管柱

1.2 水泥封堵

随着油田开发时间延长和层间压差增大，油层上、下返过程中，油水井窜槽问题日益突出，层间干扰严重。水泥封堵封窜是利用超细水泥浆"直角稠化"、"微膨"特性封堵夹层窜槽。施工关键是"带压候凝"，以保证封堵封窜效果。带压候凝是利用液柱压力和井口补压相结合的方法，使挤入封堵井段与窜槽缝隙的水泥浆，在终凝前始终保持一个不超地层破裂压力的上覆压力，将高压层的流体压住，阻止层间窜流，保障封堵封窜效果。微膨特性是为解决普通水泥浆凝固收缩的问题，添加膨胀剂，膨胀率控制在0.01%~0.2%之间，提高水泥浆胶结质量(表1)。直角稠化特性是水泥浆中加入流动改进剂，使水泥浆在初凝前始终保持流动性，初凝后能够快速达到终凝，阻止封堵段层间流体窜流，避免水泥浆返吐，保证封堵封窜效果(图4)。

表1 微膨超细水泥与普通水泥膨胀率对比表

时间/h	24	48	72
普通水泥膨胀率/%	0.007	-0.003	-0.013
膨胀剂+普通水泥膨胀率/%	0.012	0.043	0.079
膨胀剂+超细水泥膨胀率/%	0.048	0.120	0.210

水泥浆密度、用量及添加剂配方是水泥封堵关键的技术参数，参数的设计与油层物性、生产历史及施工工艺等相关。

常规二类油层水泥封堵技术参数设计：

a. 水泥浆密度过大，流动性差，泵送阻力大；比重过小，凝固后水泥强度教差。现场根据试挤水量和压力情况来确定水泥浆密度。

b. 通常封堵半径为0.6m，水泥浆用量通过封堵半径结合有效孔隙度估算一个基数，再根据生产历史、井下状况及技术水平等适当增加和减少。

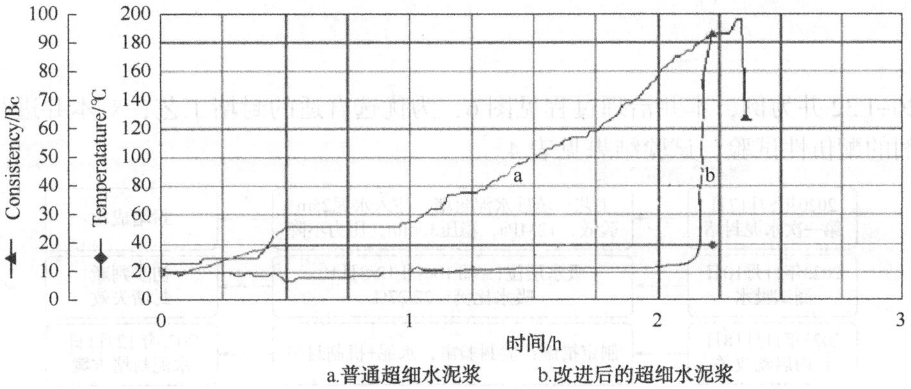

图 4　水泥直角稠化特性

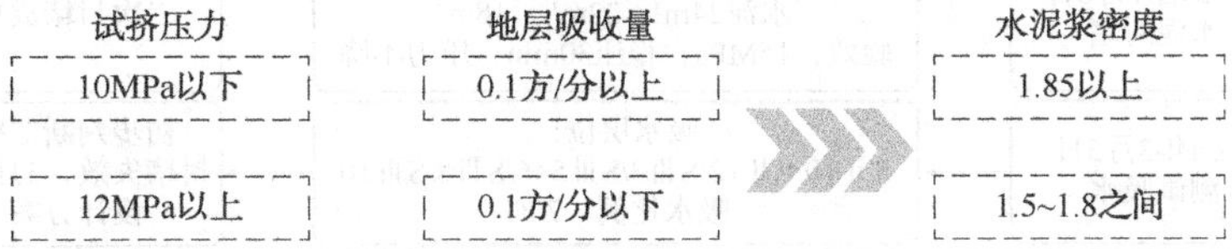

图 5

2　两驱干扰

随着开发的不断从而造成水聚驱两驱干扰情况。针对识别出的两驱干扰井进行原因剖析，按成因分为 5 种类型。对治理后效果评价进行标准化判定，形成判定模板。见表 2、3：

表 2　两驱干扰井原因分类

干扰井分类	试验区水井封堵失效上窜至水驱	试验区水井沿管外上窜至水驱	水驱水井沿管外下窜至试验井	外部水驱油井未封堵受效	试验区水井经关停井上窜至水驱油井
判断标准	1. 水驱油井见剂或见效； 2. 水驱油井液量或流压上升； 3. 试验区水井封堵失效； 4. 试验区水井压力不升或下降	1. 水驱油井见剂或见效； 2. 水驱油井液量或流压上升； 3. 试验区水井固井质量差； 4. 试验区水井压力不升或下降	1. 水驱水井压力突升突降； 2. 水驱油井动态变化与水井调整不匹配； 3. 试验区油井液量流压突升突降； 4. 两驱固井质量差	1. 水驱油井见剂或见效； 2. 外扩井排未在原封堵计划； 3. 水驱油井 P11－P14 未封堵	1. 水驱油井见剂或见效； 2. 水驱油井液量或流压上升； 3. 聚表剂井 SII－P1 合采未封堵； 4. 试验区水井压力不升或下降

表 3　两驱干扰井治理评价标准

干扰井分类	治理方式	治理有效井的评价标准		
		试验区水井	试验区油井	水驱油井
试验区水井封堵失效上窜至水驱	封堵	剖面不吸液		辅助采剂分析
	上提速度	目的层段注入量增加		
水驱水井沿管外下窜至试验井	水驱水井停层		试验区同井组油井见效（含水降、液量降、沉没度降）或见剂	
试验区水井沿管外上窜至水驱	试验区水井提速 水驱油井关井	压力稳定上升	试验区同井组油井见效（含水降、液量升、沉没度升）或见剂	
外部水驱油井未封堵受效	封堵	压力稳定上升		
试验区水井经聚表剂关停井上窜至水驱油井	报废	压力稳定上升		水驱油井不见效（液降、含水降、沉没度降）或采剂降

3　典型井

以 B1-26-E32 井为例，本井治理过程见图 6，为优选合适的封堵工艺，对本井进行了水泥以及双烯胶封堵剂的配伍性试验，试验结果见表 4。

图 6　典型井治理流程图

表 4　水泥/双烯胶的配伍性试验

序号	液体	灰	24 小时 45 度强度/MPa	48 小时 45 度强度/MPa
水泥+不同配比四元液强度试验	400g 自来水	800g 来样水泥	10.5	
	400g 自来水比 4 元液，9：1	800g 来样水泥	10.5	
	400g 自来水比 4 元液，4：1	800g 来样水泥	8.6	
	400g 自来水比 4 元液，7：3	800g 来样水泥	9.5	
	320g 自来水+80g 四元液(4：1)	800g 来样水泥	8	9.5
双烯胶+四元液(4：1)不同配比强度对照试验	400g 自来水	a 样 100g，b 样 1g，c 样 0.6g，d 样 200g，e 样 150g	1.2	4.8
	320g 自来水+80g 四元液(4：1)	a 样 100g，b 样 1g，c 样 0.6g，d 样 200g，e 样 150g	1.4	5
	400g 自来水	a 样 100g，b 样 1g，c 样 0.6g，d 样 270g，e 样 130g	1.5	6.2
	320g 自来水+80g 四元液(4：1)	a 样 100g，b 样 1g，c 样 0.6g，d 样 270g，e 样 130g	1.8	6.5
	400g 自来水	a 样 100g，b 样 1g，c 样 0.6g，d 样 300g，e 样 100g	1.5	6.8
	320g 自来水+80g 四元液(4：1)	a 样 100g，b 样 1g，c 样 0.6g，d 样 300g，e 样 100g	1.6	6.8

通过实验结果，水泥封堵后强度高于双烯胶封堵，因此最终对 B1-26-E32 采用水泥封堵。针对存在的问题制定了相应对策，见表 5。

表 5　典型井封堵失效原因分析及治理对策

序号	原因分析	治理对策	初步认识
1	封堵跨度大，水泥注入不均衡	封窜 SIII10-PI1 及 PI1-PI2、由高压层向低压层封窜后再逐段封堵	1. 大跨度化学封堵需分析层间差异，必要时分段进行封堵； 2. 隔层小于 3m 易出现窜槽； 3. 经过多年不同体系开发，注入井地层物性变差，化学封堵较难； 4. 重点井应采用化学+机械封堵方式实施
2	注入体系附着性强，阻碍部分水泥与岩石的胶结	强化冲洗地层，保障水泥与岩石胶结	
3	地层物性变差，水泥驻留性差	降低水泥密度，增加用量，加入木质素、早强剂及膨胀剂等，初凝时间由 4~6 小时缩短至 3~4 小时，同时监测套压变化	
4	隔层窜槽或下部可洗井封隔器失效导致封堵段承受注入压差	机械封堵采用一体化桥式封隔器进行封堵	

从吸水剖面(图 7)可以看出，PI1-4 目的层正常吸液，而封堵层 SII10-SIII10 经治理后，不存在吸液情况。此类井施工成本高、周期长，对本井应以封窜隔层为本，辅以机械方式进行封堵。

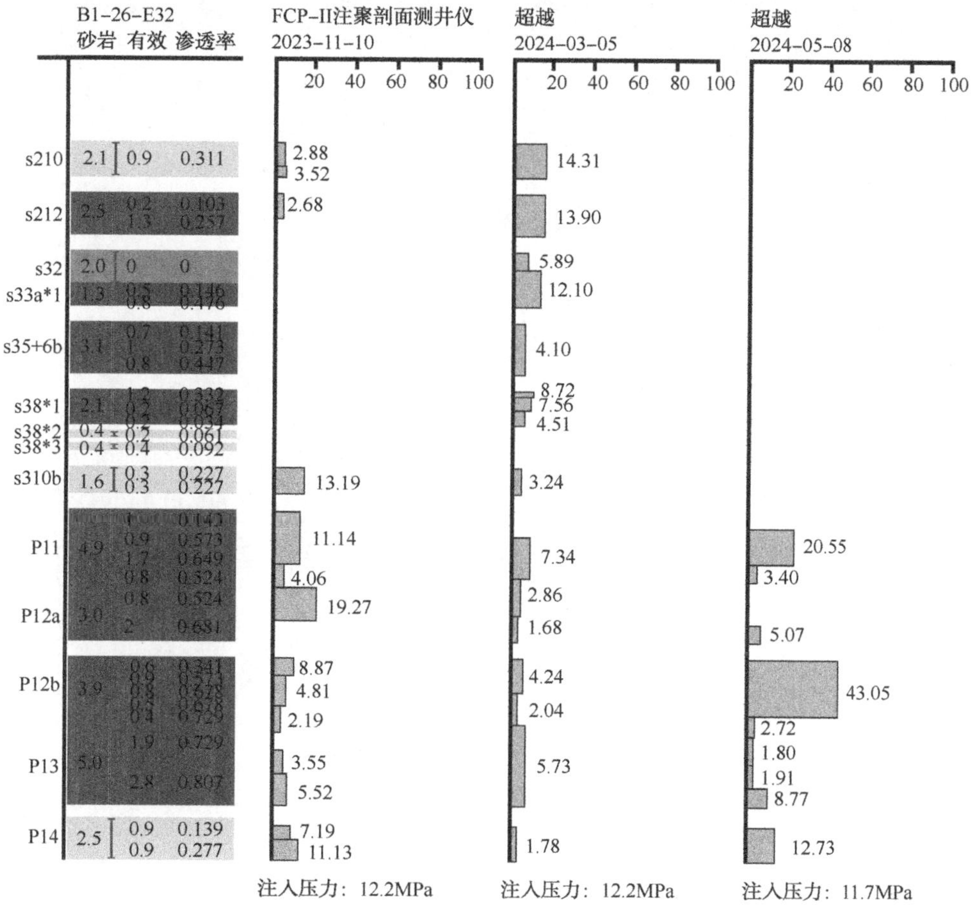

图 7　典型井吸水剖面图

4　结论

针对目前封堵工艺，存在以下难点：(1)封堵跨度大，水泥注入不均衡；(2)注入体系附着性强，阻碍部分水泥与岩石的胶结；(3)地层物性变差，水泥驻留性差；(4)隔层窜槽或下部可洗井封隔器失效导致封堵段承受注入压差。针对上述难点，应采取以下方式进行治理：

（1）由高压层向低压层封窜后再逐段封堵；

（2）强化冲洗地层，保障水泥与岩石胶结；

（3）降低水泥密度，增加用量，加入木质素、早强剂及膨胀剂等，初凝时间由4~6小时缩短至3~4小时，同时监测套压变化；

（4）机械封堵采用一体化桥式封隔器进行封堵。

封堵工艺对于两驱干扰治理起着决定性作用，随着水聚驱以及新体系的同步注入，两驱干扰问题对于整个油藏系统开发至关重要，封堵工艺的不断优化，对于油田后期效果保证具有重要的科研意义。

参考文献

[1] 刘保波，陈彬，李彬，等. 水泥类型对固井水泥环胶结强度与密封性影响的研究[J]. 天津科技，2022，49(1)：28-31，34.

[2] 曹洪昌，王野，田惠，等. 苏桥储气库群老井封堵浆及封堵工艺研究与应用[J]. 钻井液与完井液，2014，31(2)：55-58.

[3] 孙超. 油井挤水泥浆堵水工艺技术[J]. 中国石油石化，2013(10).

[4] 杨雄. 水泥封堵新技术研究与应用[J]. 中国石油和化工标准与质量，2012(2).

基于裂缝性地层漏失机理的井漏地质风险评价技术与实践

李 辉[1] 邓津辉[2] 许胜利[1] 刘佩佩[1] 孙玉红[1] 张瀚澎[1]

[1. 中海油能源发展股份有限公司；2. 中海石油(中国)有限公司天津分公司]

摘 要 针对渤海油田第三系地层面临的断缝体系准确刻画难、随钻井漏风险预警时效低及钻井作业各阶段的裂缝性漏失评价技术体系缺乏等国内外行业性难题，开展地质工程一体化攻关，建立了基于裂缝性地层漏失机理，总结了易漏构造、易漏地层及断缝组合特征，创新形成地震多属性融合及井震结合的多期次、多尺度、多类型断缝体系表征技术；基于面向井漏目标的地震数据前处理技术，并在多尺度地震属性目标综合刻画的基础上，开展钻进过程中的井漏风险随钻跟踪，实时调整并反馈井漏风险预测结果，及时优化井眼轨道，形成了随钻过程中漏层动态避钻技术；基于测井曲线幅度、岩石力学参数，创新形成漏点精准识别及漏失参数评价技术。最终形成了一套钻前预测、随钻跟踪和钻后评价的全井筒全周期的井漏风险评价技术体系，极大降低了井漏发生率，确保了钻井作业安全高效的实施。

关键词 漏失机理；断缝表征；属性融合；PE 测井曲线；井漏评价

随着渤海油田勘探开发走向深层超深层，钻遇的地层状况也越来越复杂，导致井漏状况频发，而地质工程一体化理念的深入研究能够高效应对复杂地层条件下的钻井风险。因此，钻井前期的地质综合分析成为井漏风险预测的主要环节，为井壁稳定、井筒安全提供重要保障。

一般情况下，发生钻井液漏失需要具备三个条件：(1)钻井液能够克服地层阻力流动的正压差；(2)只有存在工作液通行的条件和工作液的容纳空间，才会产生一定情况的漏失；(3)漏失通道的尺寸应大于工作液的固体颗粒粒径。只有当井筒内钻井液的压力大于地层孔道中流体的压力，工作液才会发生漏失，进而导致井漏钻井故障。钻井液漏失类机理包括渗透性漏失、溶洞-裂缝型漏失、压裂性漏失。

据渤海油田 2017 年至今的井漏发生情况的统计结果，裂缝性漏失占总漏失情况的 80%以上。因此，本文以裂缝性井漏为研究目标，基于地震多属性分析易漏地层及断缝体系，并关注井筒随钻参数的井漏风险实时预警技术和基于测井资料的钻后综合评价方法，建立一套钻前预测、随钻跟踪和钻后评价的全井筒全周期的井漏风险评价技术体系，为保障作业安全、降低作业成本提供可靠的科学依据。

1 裂缝性易漏地层表征

1.1 构造成因断层

不同构造样式的断层其周围产生不同的应力状态。在平面上我们可以观察到“X”型的断层组合样式，它们交叉点附近为应力的集中区，井漏的风险程度会特别高；在剖面上的“Y”字形断层交汇点附近为应力集中点，地层易发生破裂，是井漏易风险最大区域(图 1a)，交汇点周围是诱导裂缝的发育区，为井漏的次级风险区；断阶式构造的压应力高值区集中在断层之间，应力场强度高易发育裂缝，井漏风险高(图 1b)；垒堑式的构造应力集中在构造下部，断层两侧的差别较大，井壁的稳定性差；地堑两侧的断层倾角越小，周缘应力强度则越大，井漏的风险程度也越高(图 1c，d)。无论是从平面还是剖面来看，断层的组合样式在井漏风险预测时，为不可忽略的重要因素。

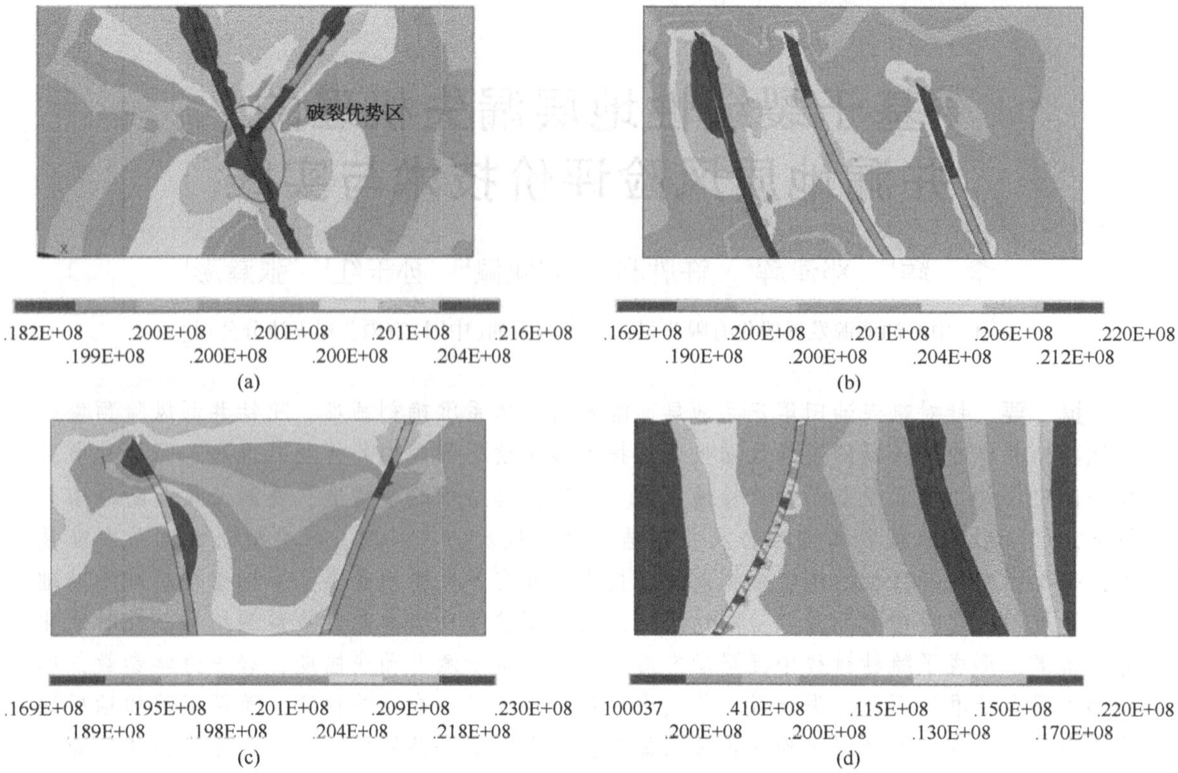

图 1　断层构造及垒堑式应力强度

断层影响周缘应力的大小和方向，断层的产状(倾角、宽度)会直接影响周围井壁的稳定性(图 2)，铲式断层倾角的变化使断层上下应力差别变大，上盘应力强度更大井壁更易失稳；“S”型断层倾角高的部位更易失稳。断层倾角是控制应力变化最明显的特征，高角度断层(倾角大于 60°)周缘应力强度较大，井漏风险高；断层倾角越小，对应力方向影响越大、断层影响范围越大。

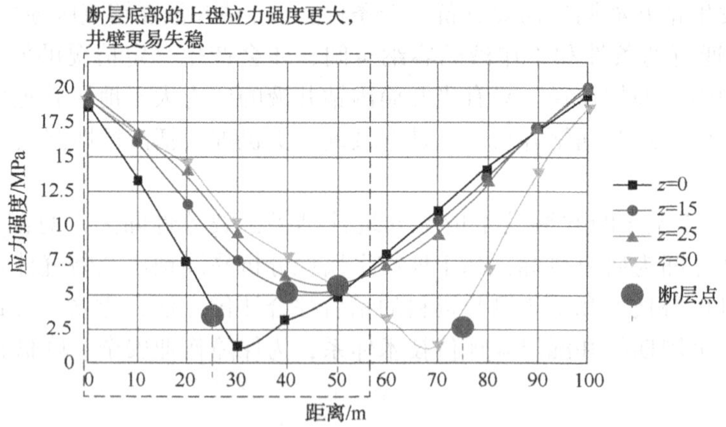

图 2　应力强度与断层距离关系

以 BZ27-X 井为例，该井在 3096m、3206m、3257m 和 3468～3527m 井段发生多次漏失，漏失段在地震常规剖面上同相轴错断、方差剖面显示明显异常，据此推断造成 A 井漏的主要原因可能为断层的发育(图 3)。

1.2　火山热膨胀收缩成因的易漏地层

深大断裂是深部高压的泄压区，既控制了断陷盆地深断陷区的发育，同时也是岩浆活动的主要通道，而浅层断裂控制了侵入或喷发的具体位置和形态。

通过研究分析可知渤中凹陷及黄河口凹陷的火山发育模式主要以中心式喷发和裂隙式喷发为主。“中心式”喷发为岩浆通过颈状管道垂直上涌喷出地表的模式，又分为了宁静式、爆裂式和中间

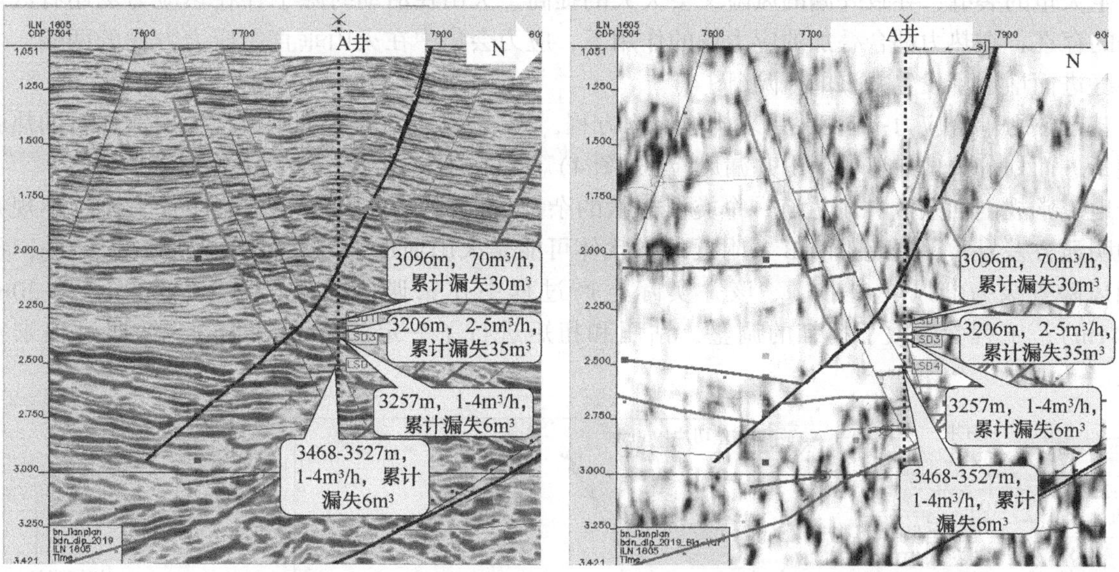

图 3　过 BZ27-X 井的断层漏失地震剖面(左：常规剖面，右：方差剖面)

式喷发 3 种；“裂隙式”喷发指的是岩浆沿地壳深大断裂溢出地表的喷发模式，形成大型的溢流相。渤中 19-6 油田位于渤中凹陷的西南部的渤中 19 构造区，其主要的火山活动以裂隙式喷发为主，中心式喷发为辅的复合喷发模式。渤中 34-9 油田的火山岩属早喜山构造期中基性火山岩类，主要存在中心式和裂隙式 2 种喷发模式，其中油田北区以中心式喷发为主，油田南区以裂隙式喷发为主。BZ34-9 研究区内的火山相岩性多为中基性的玄武岩和凝灰岩，通过地震剖面和地震属性分析，火山属于裂隙式和中心式的宁静式和中间式。

火山岩井段井漏风险程度较高，特别是在火山通道附近，火山通道伴生断层及火山通道内热沉降作用形成的节理缝是井漏的天然通道。研究区内断裂复杂多样且活动持久，引起新生代大规模的幔源成因岩浆活动，渐新世中—晚期火山活动达到顶峰，沿着断裂发育多个火山通道。岩浆上涌刺穿地层，形成与火山通道伴生的边缘断层，火山通道内玄武岩冷凝沉降形成典型的柱状节理缝和原生孔洞，加之后期构造运动改造，边缘断层和裂缝更加复杂，极易发生漏失。

火山喷发时，岩浆通过热传导的方式在火山通道的周缘形成一个温度场(图 4)，周围的岩石在此温度的影响下发生热膨胀，由于岩石的受热不均匀，会产生一个挤压的应力，使火山通道周围又

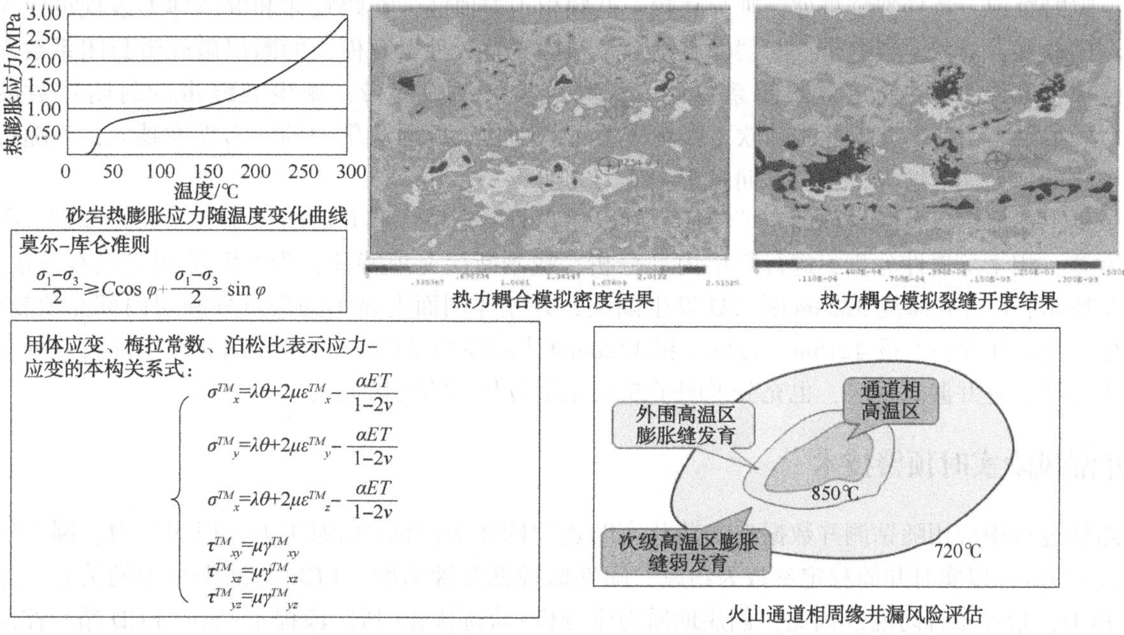

图 4　火山通道相附近井漏风险评估

会产生大量的裂缝，导致井漏的风险又会大大的提高。火山在活动时除了存在热应力场还有区域应力场的存在，在热力耦合叠加的应力场的作用下，应力会集中在火山垂直主应力方向的两侧，发育大裂缝进而增加了发生井漏的风险(图4)。

基于热力耦合应力-应变关系来构建本构方程，再结合莫尔-库仑准则模拟火山活动时的热膨胀破裂，进而划分火山通道相周围井漏风险区(图4)。

地震常规剖面上B井附近有一个类似杯状的杂乱反射体，在1960ms方差切片上显示不规则椭圆的明显方差异常，据此推断B井附近的杯状体可能是火山通道，因其距离井轨迹约210m，预测井漏风险等级为低风险(图5)。该井实际生产过程中在钻遇风险段(2372~2482m)约30m前(2341m)，工程参数做了精细的调整，钻压和扭矩进行了一定的降低(图5)，钻遇过程未发生漏失。

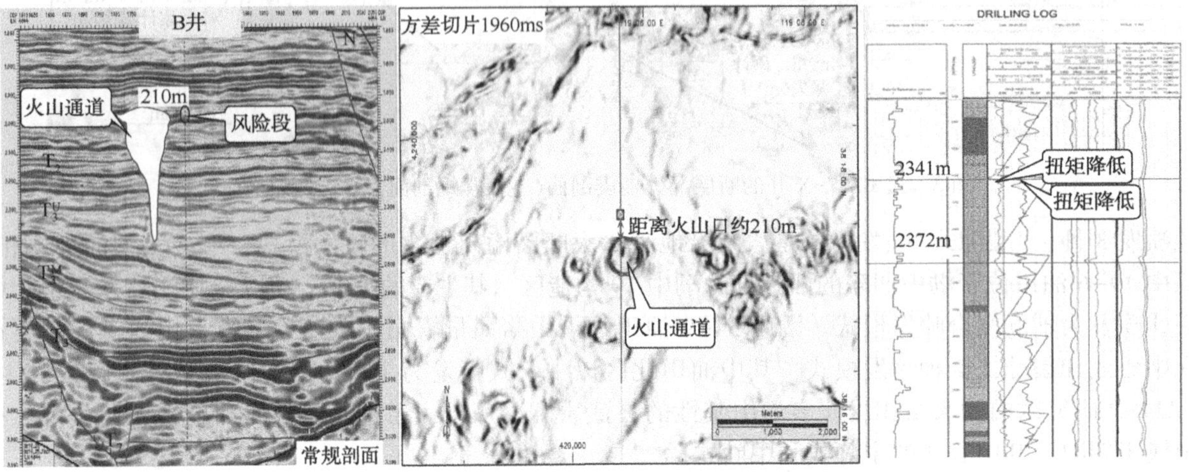

图5　B井附近火山通道识别特征剖面及钻井过程中的参数调整

1.3　断缝充填特征

对于断层的内部充填物质来说，其通过影响应力间接影响井壁稳定性。使用测井曲线、瞬时相位、瞬时频率以及相干体等属性体等对断裂带内部结构进行井震联合识别，一级、二级断裂浅层仅发育断层核结构，不发育断裂带结构，向深层破碎带和裂缝带逐渐发育。在断层破碎带的边界，在地震属性上反映在曲率属性和相干体突变处；断层核部及滑动面，常表现为低频相干及较低的瞬时振幅、瞬时频率；诱导裂缝带处，则为高频、低频相干差值区，在蚂蚁体和混沌体上表现也较为明显。利用软件，对派生裂缝带、断层泥不发育及结构完整3种发育模式的断层破碎带封闭系数进行数值模拟，结果表明，断层泥封闭系数最大，其次为滑动破碎带，派生裂缝带的封闭系数最小(图6)。结果表明断层充填性质越软，影响应力场范围越大，周缘集中的应力强度越大；且随着断层充填物的弹性模量增大，应力方向趋于主应力方向。

依据上述原理以及断层内部充填特征，可以建立断层充填性和井漏的关系。以此为基础，我们通过方差、相干等属性分析，进行断层内部分析，找到断层充填特征，为井漏预测提供有效依据。如图7所示，C井在海拔3228m断层处发生漏失，方差体剖面上显示漏失点处断层内部充填较少，易发生漏失；D井在海拔4215m、4218m和4220m断层处发生漏失，方差体剖面显示漏失点处断层内部未充填，是井漏高发区，也充分说明了断层充填与井漏的密切关系。

2　井漏风险实时预警技术

随钻过程中应用随钻测井数据建立钻井实时连续四压力剖面(孔隙压力、坍塌压力、漏失压力和破裂压力)，以实时井筒稳定参数为约束，随钻监控钻井液密度、ECD与漏失压力的关系，适时调整ECD，指导工程防漏。因此，创建地质力学分析-轨迹优化-风险段提示-实时ECD精准控制的随钻跟踪评价技术，有利于实现高风险漏失地层的避钻。

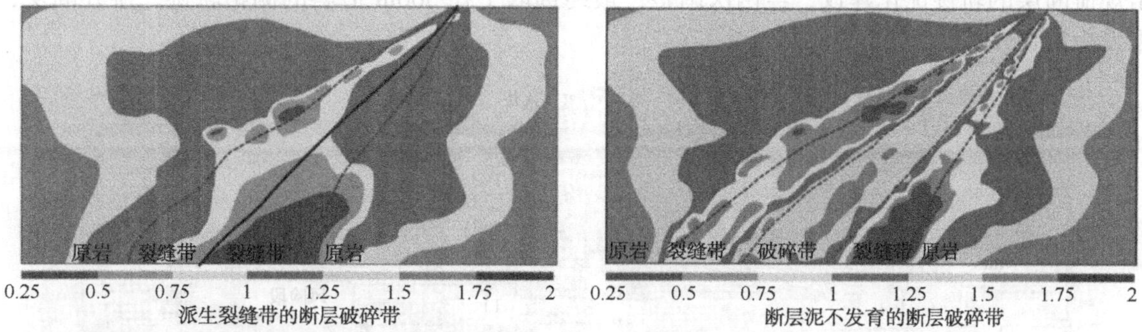

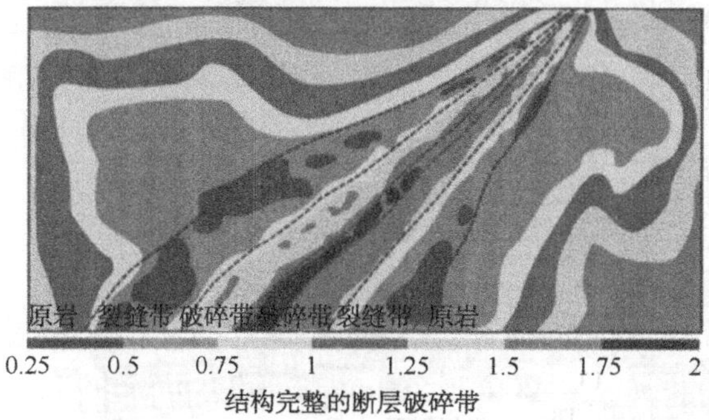

断层带	弹性模量	泊松比	密度
围岩	28	0.35	2.6
裂缝带	31	0.33	2.95
滑动破碎带	35	0.32	2.8
断层泥	29	0.34	2.7

力学参数
断裂带

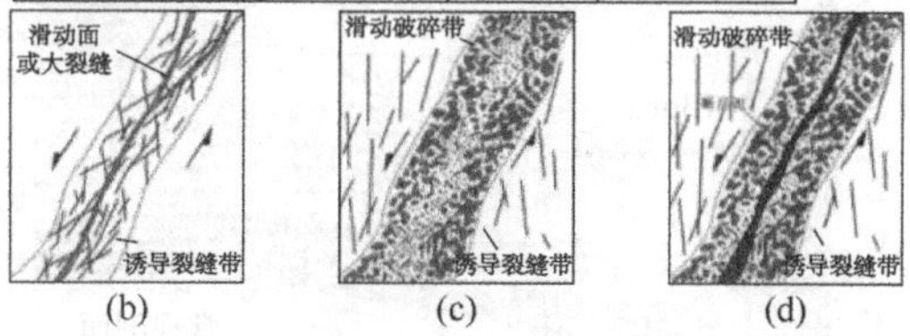

图 6　断裂内部数值模拟分析

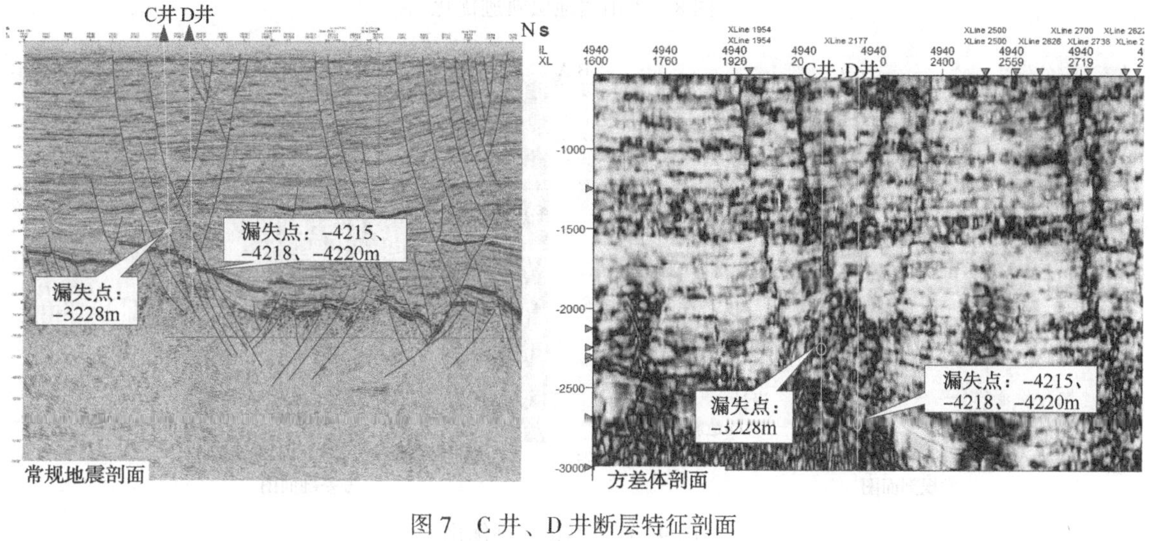

图 7　C 井、D 井断层特征剖面

2.1　基于地质风险识别的轨迹优化建议

为了准确识别断缝体系，针对渤海第三系弹-塑性砂泥岩地层复杂断裂体系，通过已钻井井筒裂缝解释成果，建立地震曲率、相干体、方差体、瞬时相位、瞬时频率、蚂蚁体、混沌体等优选和融合的裂缝敏感性多参数组合模型，有效解决多尺度，显性和隐性断缝体系空间分布、开启性和充填程度表征难题。

（1）火成岩地质风险

根据渤海某地区常规地震剖面（图 8），可以看出 B 井第一次设计轨迹钻穿绿色火山口构造地层，在地质风险识别角度判断该井具有较大的漏失风险，在设计井靶点不变的前提下，提出规避火山口地层的轨迹优化建议，经四次调整，最终井轨迹选取在距离火山口约 325m 处的距离，进而远离火山口，降低漏失风险。

（2）断层地质风险

根据渤海某地区 C 井原设计轨迹钻穿绿色断层，根据方差剖面可以明显看出原设计轨迹会经过大量裂缝性地层，具有较大地质风险，推断该井有断层漏失的风险，在设计井靶点不变的前提下，提出规避断层的轨迹优化建议，经两次调整，最终选取了在500m造斜的侧钻轨迹，避开断层，钻后未发生漏失。

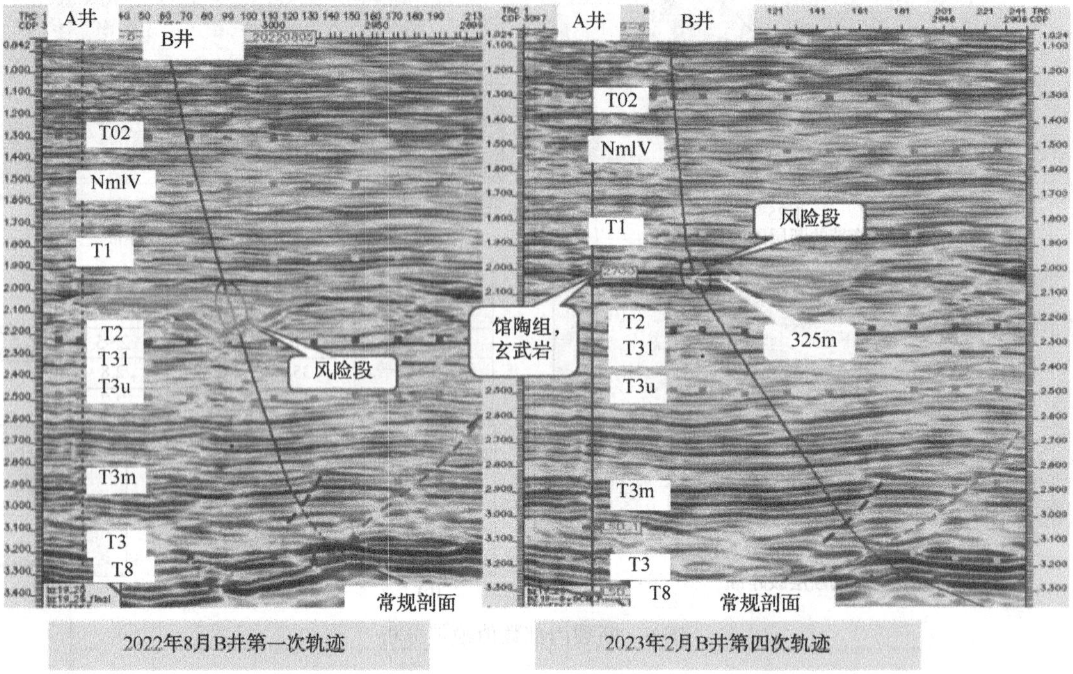

图8　火山岩地层轨迹优化

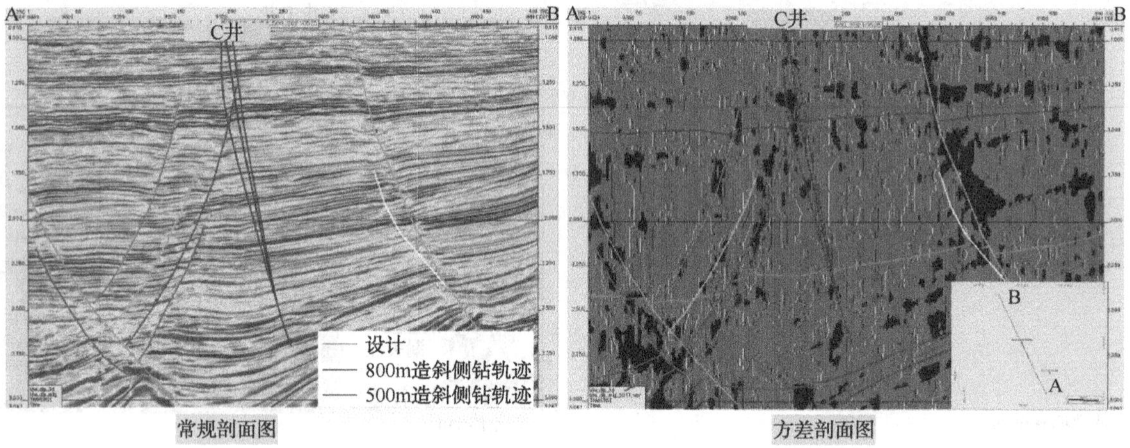

图9　C井侧钻轨迹优化

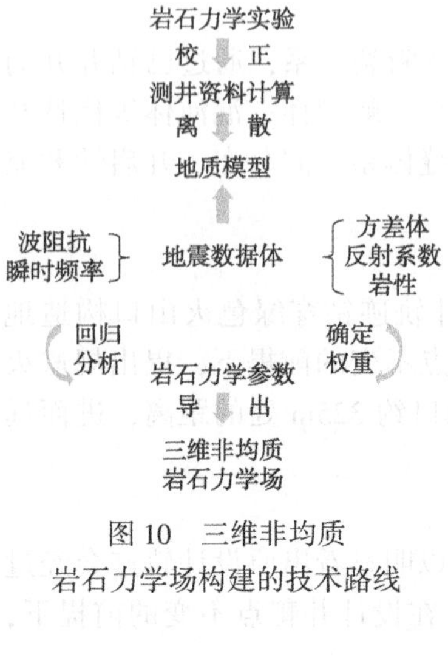

图10　三维非均质岩石力学场构建的技术路线

2.2　基于地质力学分析的随钻轨迹优化建议

以岩石力学实验为基础，以测井计算的力学参数为约束，开展地震多属性与力学参数相关性分析，多元回归确定权重，采用确定性和随机建模方法构建三维非均质力学场(图10)。

岩石力学参数特别是弹性模量与地震属性有较好的相关性，从图11可以看出，弹性模量与反射系数、方差体呈正相关，弹性模量与波阻抗、瞬时频率呈负相关。以测井计算的力学参数为约束，结合地震多属性与岩相模型，通过多元回归确定权重，采用确定性和随机建模方法，构建三维非均质岩石力学参数体。

目标靶区BZ19-6区块岩石力学参数的非均质性较强，不同短断块间的弹性模量差异较大，数值主要介于31.12～22.45GPa；泊松比数值主要介于0.13～0.38。密度分布较为均匀，约2.4g/cm^3(图12)。

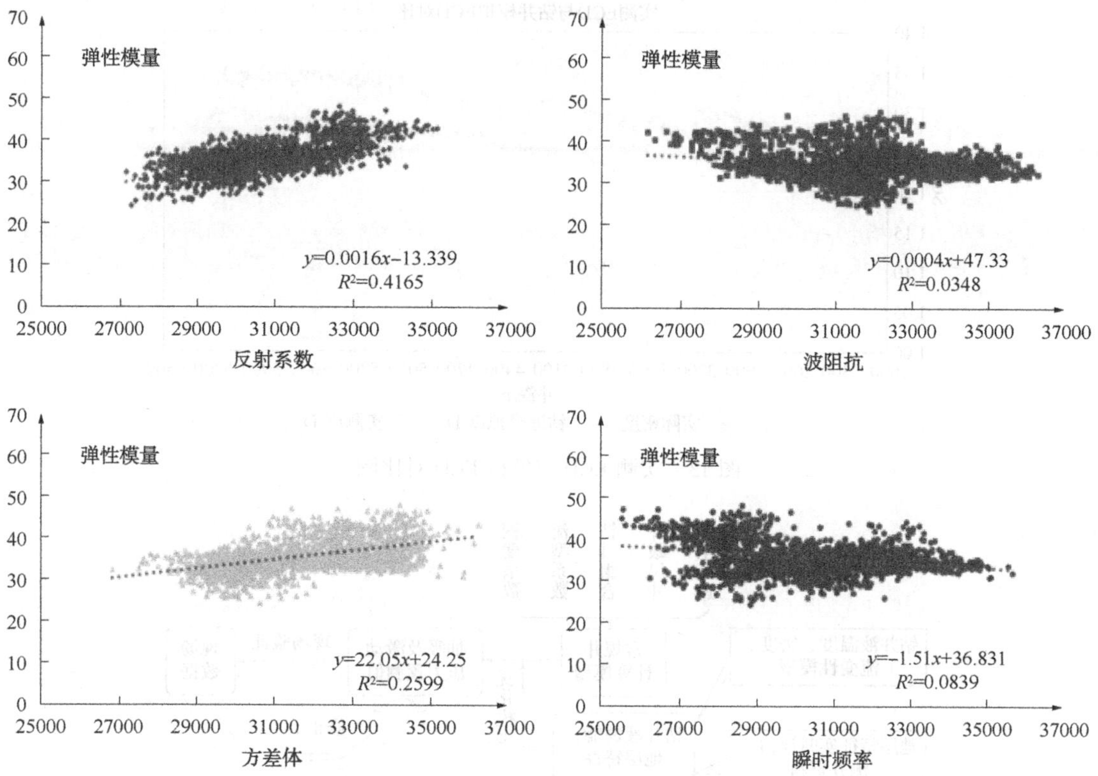

图 11　弹性模量与地震属性的关系

图 12　BZ19-6 区块非均质岩石力学参数

2.3　基于井筒 ECD 精细控制的低密度钻井提速技术

根据渤海目标靶区的具体情况，流体力学模型有边界流速模型、紊流动态模型与层流空状动态模型、屑载荷模型、高粘动切模型。同时鉴于传统的钻井水力模型预测建立在稳态环态下的情况，考虑开泵稳态和不开泵非稳态两种情况下的 ECD 模拟模型，校正传统软件模型，实现精准模拟环空 ECD。

相较于传统方法，其分析模式具有实时性、全面性特点，在钻进前的下钻过程，多次校正模拟 ECD，保证准确性，同时若本井有随钻 ECD 监测，可实现与模拟 ECD 的对比，排查出可能出现的原因，以实现安全作业的目的。首先，通过对与本井井身结构、轨迹、泥浆性能类似的历史井的对比，为后续作业井提供参考和调用；同时考虑浅层测试、中途及到底开泵情况，主要是为了实现多点校正提高准确率，避免人为误差；对于难度较高的井，一般会带随钻 ECD 监测，准确获取钻进期间的井底 ECD。

通过软件模拟 ECD 与井底实测 ECD 对比，根据差值大小进一步判断可能出现的原因，保证作业安全。对于随钻 ECD 监测，其存在自身弊端，无法实现停泵工况下的 ECD 监测，所以通过精准校正软件模拟的钻进 ECD，弥补工具缺陷，实现停泵工况下的起下钻 ECD 模拟监测(图 13)。

相较于随钻监测工具，拓展了其无法获取抽吸和激动的局限性。通过针对模拟井的关键性参数(井径数据、钻具组合、水力计算模型、钻井液性能、岩屑特征参数、地层相关信息)精细控制，实现非稳态环空 ECD 的精准模拟(图 14、图 15)。

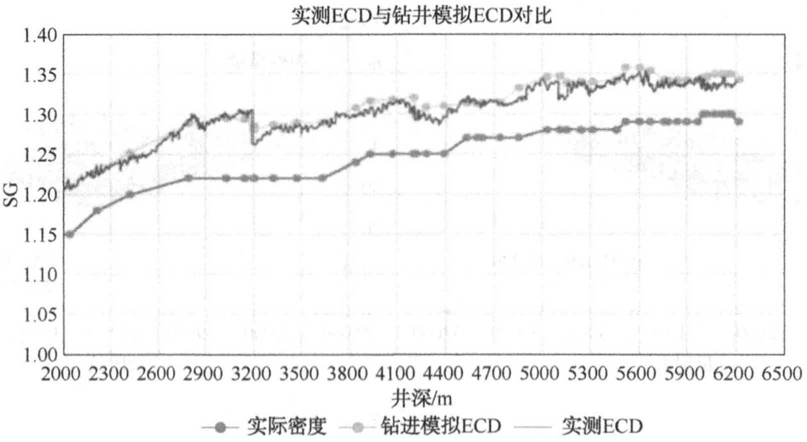

图 13 实测 ECD 与模拟 ECD 对比图

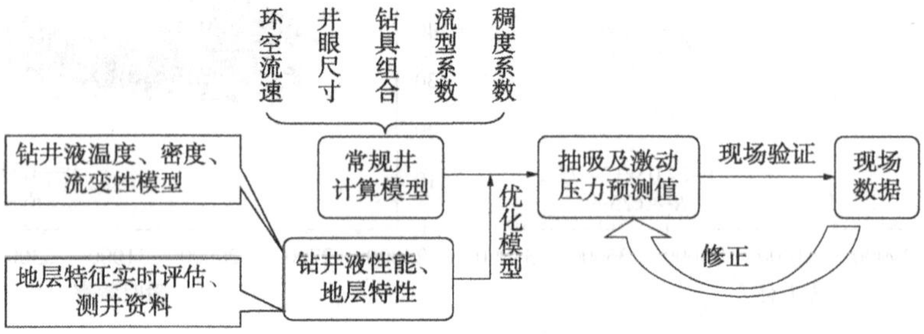

图 14 非稳态环空抽吸激动 ECD 校正图

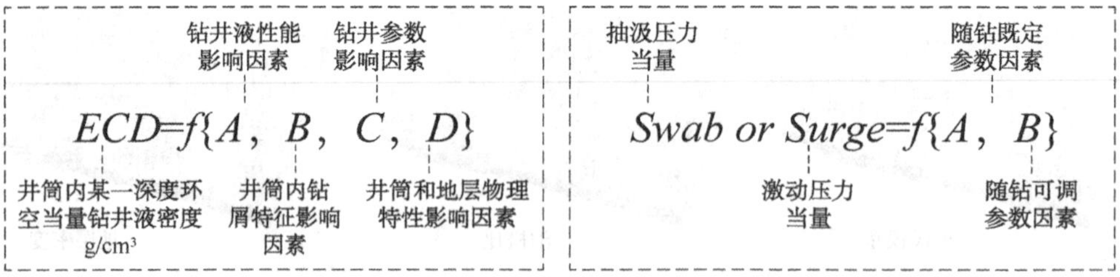

图 15 环空 ECD 关键参数修正图

深层超深层钻井过程中的薄弱层情况较为复杂，实际钻井过程中建立 ECD 约束下的速度控制，以保障井壁稳定和避免漏失为前提。具体做法：(1)根据断层或薄弱层位置及钻井液性能调整要求，合理设置短起下钻次数与深度；(2)推荐在钻遇东营组前，做一次短起下钻，拉顺上部井段，进东营组前调整钻井液性能，并验证井壁稳定性；(3)钻遇断层或薄弱地层前 50~100m，短起下钻，通顺上部井段，并验证井眼稳定性，若井壁稳定，采用低比重过断层，钻穿 100m 后再适当提高密度(图 16)。

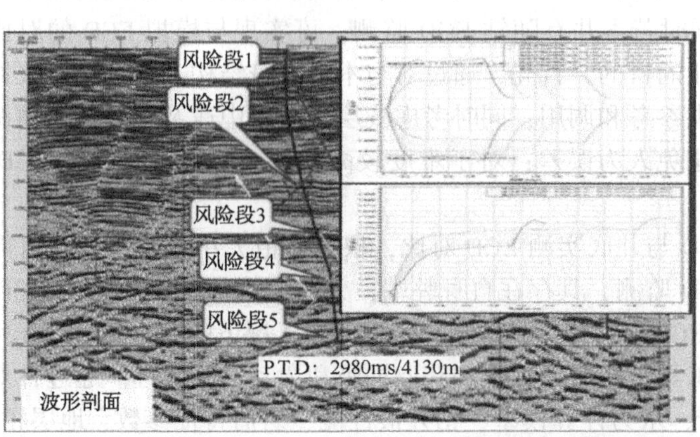

图 16 非稳态 ECD 约束下的速度控制图

3 漏层识别评价技术

3.1 基于测井曲线的漏失评价

通过对渤海地区36口井的漏失段测井曲线分析，裂缝性漏失具有以下的响应特征：常规测井曲线系列中，开启性断层特征表现为扩径，电阻率、密度断崖式降低，裂缝型表现为电阻率台阶状降低、阵列声波幅度显著降低、斯通利波反射系数显著差异、远探测有较明显反射、各向异性显著增大、成像测井能够观察到明显的断层、裂缝特征。

以LD-X井为例，该井位于渤海湾盆地辽东南洼东部斜坡带上的，设计主要目的层位为沙河街组沙二段，漏失井段钻遇层位主要为沙二段。在钻前预测本井未见有明显的断缝信息(图17a)，钻进至2688.0m处，泥浆池液面突然下降，井口返出量快速减少至无返出，进行多次循环堵漏作业，后钻进至2714.09m时循环池液面稳定，累计漏失钻井液172方。从图17b测井看中角度反射成像代表的是地层界面，在2660~2670m井段见几组较强的反射信息，结合图3的GR曲线，这块存在着明显的砂泥岩界面；高角度反射成像代表的是井旁裂缝，在2674~2685m井段见竖直反射信息，可见该段存在着明显的垂直裂缝，该井段的钻井漏失是由于地层存在明显的裂缝引起的。从图17c常规测井图上看2665m段，井径出现明显的扩径，微球曲线出现明显的下掉，密度也明显地变小，结合远探测反射成像出现明显的反射波异常，多方面证明该地方应该存在比较大的裂缝。

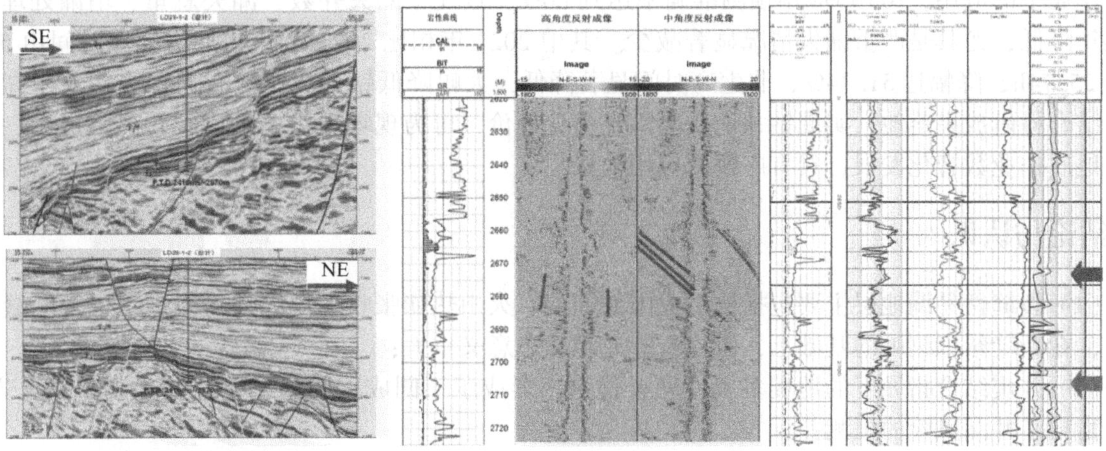

(a)过LD-X井地震剖面　(b)LD-X井地震剖面　(c)LD-X井常规测井图

图17 LD-X井地震剖面及常规测井图

3.2 基于岩石力学参数的漏失评价

生产实践中我们常利用偶极子测井识别裂缝性漏失，根据斯通利波高低频反射差、快慢横波计算的各向异性差异识别近井裂缝；利用远探测成像识别远井裂缝，中角度反射成像代表的是地层界面成像，高角度反射成像代表的是垂直裂缝成像。

同时，利用偶极子测井计算的岩石力学杨氏模量、体积模量、剪切模量和压缩模量发生明显的降低，是造成漏失的原因之一；另外，可利用偶极子测井计算的脆性指数识别裂缝，脆性好的岩层在钻井时容易产生微裂缝，形成岩石的体积膨胀或扩容，造成声速径向变化，通过分析声速的径向变化大小，就可以分析微裂缝。

JZ17-X井钻进至2098.0m处，发生失返性漏失，从图18(a)可以看出2097.0~2104.0m杨氏模量、体积模量、剪切模量和压缩模量较上覆地层明显偏低，横波幅度和斯通利波幅度也明显较低，高低频反射系数明显差异，证明该段可能存在泥岩性质变化、地层破碎或井旁微构造导致。本井钻进至2204.0m处，发生漏失，静止漏速1.5m^3/h，该井虽然从斯通利波幅度上看虽然略有降低，但是偶极反射成像上有明显的反射信息，而反射信息并没有发生在明显的岩性界面上，所以证明该地方应该有微裂缝，该点应该是微裂缝引起的漏失(图18b)。

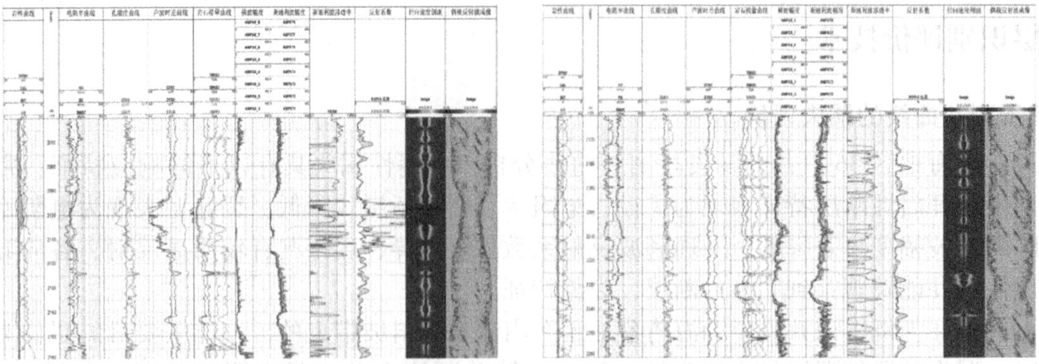

(a)JZ17-X井全波列测井的远探测反射波成像图　　(b)JZ17-X井全波列测井处理成果图

图 18　JZ17-X 井全波列测井图

4　实践及应用效果

通过近年来在渤海第三系地层裂缝性地层漏失风险钻前预测、随钻跟踪以及钻后评价方面的持续努力，逐渐建立了渤海的“井漏模式及应对策略”，并逐渐形成了操作规范，形成钻前风险预测+钻中随钻地质、钻参分析+钻后综合评价一体化技术序列，助力钻井工程非作业时间大幅缩短，作业效率显著提升。钻井井漏地质风险评价成为了地质工程一体化第一个具体落地项目，在近三年的探井作业中的应用，105 口应用预测准确率达到 80%，近 3 年漏失井数、漏失总量、堵漏处理时间均逐年降低，尤其是严重漏失情况显著减少。其中 2022 年相比 2021 年井漏平均处理时间由 53.3h 降为 25.74h，降幅达 51.74%，非生产时间显著降低，大幅降低钻井成本，有力保障了安全高效钻井。结合科研成果落地，实现钻井地质风险定量化评价，可为现场提供三维可视化风险展示，推动随钻地质作业数智化发展，具有广阔的应用前景。

5　结论与认识

（1）裂缝性易漏地层主要包括构造成因的断层、火山热膨胀收缩成因的易漏地层以及断缝充填程度，在断缝精细刻画的基础上，研究断缝充填状态意义重大；

（2）井震结合指导下的地震多属性融合优选，形成了不同成因的易漏构造的地震识别法方法，有效指导了井漏风险的预测；

（3）基于面向井漏目标的地震数据前处理技术，并在多尺度地震属性目标综合刻画的基础上，开展钻进过程中的井漏风险随钻跟踪，实时调整并反馈井漏风险预测结果，及时优化井眼轨道，形成了随钻过程中漏层动态避钻技术；

（4）实践形成了钻前预测、随钻跟踪和钻后评价的全井筒全周期的井漏风险评价技术体系，极大降低了井漏发生率，确保了钻井作业安全高效的实施。

参 考 文 献

[1] 刘海龙，许杰，谢涛，等. 渤海中深层井壁稳定流固耦合研究[J]. 石油机械，2019，47(4)：1-7.

[2] 康毅力，郭昆，游利军，等. 考虑地应力及缝宽/粒径比的钻井堵漏材料抗压能力评价[J]. 石油钻采工艺，2021，43(1)：39-47.

[3] HEWenhao，CHEN Keyong，HAYATDAVOUDI A，et al. Effects of clay content，cement and mineral composition characteristics on sandstone rock strength and deformability behaviors[J]. Journal of Petroleum Science and Engineering，2019，176：962-969.

[4] 杨仲涵，罗鸣，陈江华，等. 莺歌海盆地超高温高压井挤水泥承压堵漏技术[J]. 石油钻探技术，2020，48(3)：47-51.

[5] 谭忠健，胡云，袁亚东，等. 渤海海域裂缝性地层井漏机理研究—以渤中 34-9 油田为例[J]. 中国石油勘探，2021，26(2)：127-135.

东胜气田零碳处理站示范工程技术经济分析

刘明洋　唐万举　李旭光

（中国石油化工股份有限公司华北油气分公司）

摘　要　“碳中和”目标背景下，国家与地方鼓励和倡导建设零碳示范工程。以鄂尔多斯杭锦旗高品位风能为依托，以气田集输工艺最复杂、用能场景最多元、用能负荷最集中的集中处理站为对象，通过构建“风电+网电+储能+余热+绿热+燃气制热”多能互补的局域供能系统，利用多种绿能技术科学配置，让生产用能耦合利用绿电、绿氢、绿热等多种清洁能源，形成技术先进、经济可行的绿能链式体系，实现油气生产传统用能50MW大规模、92%高比例清洁替代，用能成本明显降低、用能效率显著提高。经过技术经济分析，工程总投资约3.4亿元，实施后每年新增成本费用560万元，新增收入5966万元，20年评价期内，所得税后内部收益率11.6%，经济效益良好。

示范意义方面，一是以电量匹配为基础，通过充分挖潜清洁替代空间、战略性实施绿电制氢，拓展了绿电应用场景，减少了弃电率，为气田低成本、小规模储能条件下绿电的高效综合利用提供示范。二是绿电制氢方案以低成本弃电为电源，生产模式上采用以削峰为目的的柔性生产，制氢成本有效降低；制氢装置依托集中处理站建设及运维，费用有效减少；氢气产品充分利用已建天然气集输系统，储运成本大幅降低，全流程最大程度依托集中处理站，契合天然气生产场景，为气田开发场景下低成本绿电制氢提供了示范。

关键词　零碳；多能互补；技术经济；示范

当前，化石能源洁净化、洁净能源规模化、能源供给多元化、终端能源再电气化趋势加速演变。“碳中和”下，石油和天然气作为传统能源在低碳深度转型要求下必须重新定位。在国家与地方鼓励和倡导建设油气田零碳示范工程背景下，按照中国石化“四供两融”新能源发展思路，建设东胜气田零碳处理站示范工程(以下简称“本工程”)，打造全国首个气田零碳处理站。

1　东胜气田集中处理站概况

东胜气田集中处理(以下简称“处理站”)站位于内蒙古自治区鄂尔多斯市杭锦旗境内，天然气总处理能力$20\times10^8m^3/a$，在建的天然气提氦工程(以下简称“提氦工程”)位于处理站西侧，依托处理站毗邻而建，计划2024年7月投运。

处理站站内主要耗能单元为35kV杭中变电站(以下简称“杭中变”)、供热站及凝液闪蒸区。杭中变主要负责集中处理站、提氦工程以及锦58井区9座集气站供电，2023年总负荷约12.4MW，用电总量约1.11亿度，电费总额约5千万元，月平均电价0.419~0.456元/度，年平均电价0.4413元/度。提氦工程预计运行负荷6.9MW，年用电量约5520万度。供热站一是为凝液稳定装置连续生产供热，二是为站内建筑采暖、设备及管线保温供热，2023年用气总量约40万方，燃气费近100万元。提氦工程投运后，年增加用气量约50万方。

2　零碳处理站示范工程方案

2.1　总体技术路线

以杭中变为能量枢纽，以杭中变所辖集中处理站、在建提氦工程、锦58井区9座集气站用电替代为主要目标，统筹站内用热、凝液闪蒸气放空等碳排放源，依托当地高品位风能，电源侧采用经济、稳定、多能互补的“风电+储能电池+大网下电”供电系统，负荷侧采用“储能+绿热+绿氢”多技术耦合的削峰手段，通过多种绿能元素科学配置，提高风电利用率，构建高效联动体系。总体技术路线图如图 1 所示。

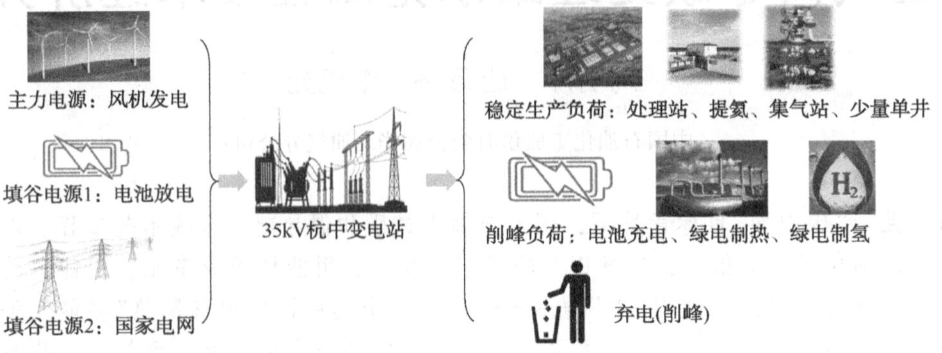

图 1　零碳处理站示范工程方案总体技术路线图

2.2　风电及储能实施方案

2.2.1　风电及储能实施方案

提氦项目投运后，杭中变每年供电总量 1.67 亿度以上，以电量匹配计算，在年发电时长为 3195 小时的情况下，风电场规模为 52MW。根据内蒙古地方政策要求，单个分散式风电规模不应超过 50MW，因此建设规模确定为 50MW，风电方案单瓦造价按 5.52 元计算，总投资共 2.76 亿元。配套储能规模 5MW，储能时长 4 小时，造价按 1.2 元/瓦时计算，总投资 2400 万元。

2.2.2　经济效益测算

风电及储能静态总投资 3 亿元，度电成本 0.1741 元。方案实施后，平均每年新增经营成本 413.5 万元；每年可发电约 1.6 亿度，其中替代火电 1.08 亿度，考虑到火电替代后大网下电成本会增加，因此电费收益按 0.4 元/度计算，每年可增收电费 4333 万元。评价期按 20 年计算，投资回收期 8.13 年，所得税后内部收益率 8.07%，经济可行。

2.3　风电制热实施方案

提氦项目投运后，处理站用热温度有 3 种，一是凝液稳定装置连续生产用热，温度要求 100℃；二是制氢设备（本方案实施后）全年保温和排污管线冬季伴热，供回水温度要求分别是 60℃、50℃；三是处理站冬季建筑采暖用热，供回水温度要求分别是 95℃、70℃。

风电制热方案采用“丙烷压缩机余热回收+两级热泵+电蓄热炉+天然气导热油炉”多热源互补技术路线，运行模式如下：第一热源是热泵系统。一级热泵首先从丙烷压缩机水冷系统回收低品位余热，通过绿电制热将水温提升至 60℃，为制氢设备保温和排污管线冬季伴热提供热源。二级热泵在一级热泵的基础上将水温提升至 95℃，为冬季建筑采暖供热。第二热源是以 2 台 1.5MW 电蓄热炉为主的储放热系统。电蓄热炉一方面利用绿电提供 100℃热源；为凝液稳定装置供热，另一方面利用波峰期风电蓄热，在热泵无绿电输入时，利用已储存热量为负荷端供热。第三热源是原天然气导热油炉系统。在热泵无绿电输入、电蓄热炉无多余热量的极端工况下，启动原天然气导热油炉供热系统，起到“兜底”作用。

风电制热方案静态投资 1046 万元，每年新增经营成本 41.85 万元，节约原供热系统成本 231.5 万元。评价期按 20 年计算，投资回收期 6.5 年，所得税后内部收益率 14%，经济效益良好。

2.4　风电制氢实施方案

考虑到天然气气质组分对下游用户的影响，只将处理站外输至银川的管线（以下简称“杭银线”）用作掺氢管道，日输天然气 100 万方。根据《进入天然气长输管道的气体质量要求》（GB/T 37124—2018）要求，氢气含量瞬时值≤5%且任意 24 小时平均值≤3%，因此杭银线掺氢规模最大 2083 方/小时，风电制氢规模确定为 10MW，每小时制氢能力 2 千方。根据电量平衡计算，制氢装置年运行时长为 3487 小时，平均每天运行 10 小时，平均每天制氢量 2 万方，满足规范要求。

制氢设备选用当前成熟、主流的碱性电解装备，静态投资3140万元，年新增经营成本105万元，年产绿氢766万方(684吨)，售价按照天然气价1.65元/标方计算，年销售额为1264万元。评价期按20年计算，投资回收期3.2年，所得税后内部收益率31%，经济可行。

2.5 电量平衡计算

本工程实施后，杭中变年供电总量为2.1亿度，其中50MW风电场年供电1.47亿度(不含弃电0.126亿度)，大网年下电0.6亿度，绿电占比超70%。若不含集中处理站站外负荷，则杭中变年供电量1.6亿度，绿电占比92%，满足《零碳产业园区建设规范》(DB15/T 2948—2023)“零碳园区可再生能源使用比例应不低于80%”的要求。本项目年弃电量0.126亿度，弃电率7.9%。电量平衡表如表1、表2所示。

表1 负荷侧年用电量计算表

序号	类型	负荷名称	功率/MW	小时数/h	电量/(MWh)
1	稳定生产负荷	9座集气站	5.34	8760	49725
2		集中处理站	7.06	8760	61845
3		提氦工程	6.90	8000	55200
4	削峰柔性负荷	绿电制热	3.50	1141	3995
5		绿电制氢	11.00	3487	38362
集中处理站用电量合计					159402
杭中变总用电量合计					209127

表2 电源侧年供电量计算表

序号	类型	电源名称	功率/MW	小时数/h	电量/(MWh)
1	新能源发电量	风电	50	3195	159748
2	大网下电	蒙西电网	—	—	62445

3 综合技术经济分析

3.1 综合效益分析

本工程实施后每年新增成本费用560万元，新增收入5966万元，20年评价期内，投资回收期8.18年，所得税后内部收益率11.57%，经济可行。

3.2 敏感性分析

本工程评价期内影响内部收益率的主要因素为建设投资、绿电电价、绿氢收入和绿热收入，对此进行单因素变化的税后敏感性分析，分析结果如表3所示。从敏感性分析结果可以看出，建设投资、绿电价格对项目财务内部收益率的影响最大，其次是绿氢价格，绿热收入的变化对项目财务内部收益率的影响相对较小。

表3 电源侧年供电量计算表

	单因素变动率								
	-20%	-15%	-10%	-5%	基本方案	5%	10%	15%	20%
建设投资	15.31	14.23	13.25	12.37	11.57	10.84	10.18	9.56	8.99
绿电价格	9.09	9.72	10.34	10.96	11.57	12.18	12.79	13.39	13.99
绿氢价格	10.83	11.02	11.2	11.39	11.57	11.76	11.94	12.13	12.31
绿热收入	11.42	11.46	11.5	11.54	11.57	11.61	11.65	11.69	11.72

3.3 示范性分析

本工程以当地高品位风能为资源基础，以自建电力系统和集中处理站为依托，通过构建“风电+

网电+储能+余热+绿热+燃气制热”多能互补的局域供能系统，实现了东胜气田最大用能单元——集中处理站92%的绿电替代，为气田绿色低碳开发提供了示范。

本工程电源侧采用经济、稳定、多能互补的“风电+储能电池+网电”，削峰方面，一是充分挖潜用热替代空间，拓展绿电应用场景；二是结合中国石化“中国第一氢能公司”目标，战略性实施绿电制氢，最终实现10%储能规模、4小时时长条件下绿电92%以上的综合利用率，为低成本、小规模储能条件下绿电的高效综合利用提供了示范。

本工程绿电制氢方案以低成本风电为电源，生产模式上采用以削峰为目的的柔性生产，制氢成本有效降低；装置依托集中处理站建设，建设及运维费用有效减少；氢气产品充分利用已建天然气集输系统，储运成本大幅降低，为气田开发场景下低成本绿电制氢提供了示范。

4 结论及建议

（1）“碳中和”下，积极响应国家及地方号召，打造全国首个零碳天然气处理站示范工程是必要且有意义的。

（2）以当地高品位风能资源为基础所构建的“风电+网电+储能+余热+绿热+燃气制热”多能互补的局域供能系统，实现了集中处理站92%的绿电替代，技术思路先进、可靠，示范性良好。

（3）本工程投资回收期8.18年，所得税后内部收益率11.57%，经济效益良好。

参考文献

[1] 焦方正. 发刊词 研究引领谋发展 多能融合创未来[J]. 油气与新能源，2021，33(02)：3.

[2] 黄维和，王军，黄龑，等. “碳中和”下我国油气行业转型对策研究[J]. 油气与新能源，2021，33(02)：1-5.

[3] 吴陈冰洁，何建东，贾艳雨. 中国石化南海北部新能源与油气耦合开发利用前景分析[J]. 中外能源，2023，28(04)：15-22.

[4] GB/T 37124—2018，进入天然气长输管道的气体质量要求[S].

[5] 孙翔，刘成良，牛霞，等. 风光耦合制氢系统典型设计方案研究[J]. 南方能源建设，2023，10(03)：112-119.

红河油田绿色加热体系探索与实践

朱 晋 王广贤 冯长振 高家鑫 王克诚

（中国石化华北油气分公司）

摘 要 针对采油一厂生产井场分散、原油含水高，原油集输和处理系统能耗高、效率低、排放高等问题，采油一厂在建设绿色低碳油气田引领下，以生产实际和辖区条件为导向，推广应用板式集热器、空气源热泵绿色设备，革新加热工艺，探索创建了以空气源热泵机组为主的绿色加热体系。本文从空气源热泵加热原理切入，从加热原理论述空气源热泵的节能性和低碳性，指明绿色加热体系模式构建主体。以绿色加热体系高效运行为目标，根据加热体系运行特点，通过针对性革新加热工艺，优选换热介质，减少无效加热等措施使空气源热泵机组得到深度应用，节能降碳能力得到充分发挥。结合应用实际，夏季光能利用率高且电能消耗较少，吨液单耗为1.5~3.6kW·h/m³。冬季环境条件恶化，电能输入较多，吨液单耗为7.4~9.1kW·h/m³，加热成本较燃煤锅炉降低32.6%，充分体现机组节能降碳效果。结合应用实际，冬季加热能耗高成为制约加热体系高效运行的重大因素，为此以红十增为例，对空气源热泵和电加热主要耗电设备进行运行分析，由于电加热效率较为稳定，而空气源热泵能效指数对环境温度较为敏感，着重对空气源热泵各环境条件下运行效率进行计算，并分析机组压缩机运行状态变化趋势，得出机组能效指数随环境温度变化曲线及原因，提出改善压缩机运行状态和提升融霜效率两个改进方向，为进一步提升空气源热泵能效指数指明方向。

关键词 节能降碳；加热体系；空气源热泵机组；光热

油田原油处理环节需将悬浮水和乳化水与原油分离，需大量热能输入，以达到原油集输及合格油品的要求。受井场分散、伴生气不足等因素制约，原加热方式主要利用0.1~0.3t小型燃煤加热炉进行加热，存在加热效率低，能耗高，环保风险高，碳排量大的问题。2018年地方政府要求停用10t以下燃煤锅炉，在油田节能降碳要求下，立足我单位井站分散、原油含水高、集输难度大的生产实际，探索节能型加热方式、构建绿色加热体系势在必行。

空气源热泵通过吸收空气热量，将空气的热量输出为水的热量，输入一份电能可获得多份热量，在供热的高能效、经济性、安全性和减排方面表现出良好前景。以建设绿色低碳油气田为统领，我厂探索构建了以空气源热泵为主的绿色加热体系，加热体系运行以来，已实现预期节能减排效果，同时也表现出冬季能耗高的问题。2023年，空气源热泵机组共耗电511.73万度，占全厂生产耗电的22.7%，其中冬季11月至次年2月耗电量263.4万度，占全年空气源热泵耗电量的51.5%。针对空气源热泵冬季加热能耗高的问题，摸清空气源热泵运行规律，挖掘节能潜力成为降耗减碳的迫切任务。

本文对空气源热泵原理及应用现状入手，分析空气源热泵机组运行问题，并以红十增为例，对空气源热泵运行状态分析，针对运行问题探求解决方法，为进一步提升空气源热泵机组节能水平提供改进方向。

1 空气源热泵机组原理

空气源热泵机组热力循环示意图如图1所示，机组运行时液态低压制冷剂吸收空气热量相变为低压气态(4→1)，由压缩机将低压气态制冷剂压缩至高温高压状态(1→2)，高温高压制冷剂释放热量加热水后相变为高压液态制冷剂(2→3)，经节流降压后(3→4)进入蒸发器再次吸热完成循环。

热力学模型如下式所示，式中 Q_c 为热泵机组由空气中吸热量，W 为压缩机输入功，Q_h 为机组制热量，机组能效为收益 Q_h 与输入 W 的比值。机组制热量由制冷剂自空气中吸热和压缩机做功两部分构成，其能效指数恒大于 1。由原理图和式(1)可知，空气源热泵为通过压缩机做功，将空气中绿色环保热量输送至高温热水，相同制热量下由空气中吸收热量越多，机组能效越高，能源利用率越高。而压缩功 W 与蒸发压力 P_e 和冷凝压力 P_c 有关，在环境温度下降时，由空气中吸收热量减少，蒸发压力 P_e 降低，压缩功 W 增大，造成机组效率降低。

$$Q_h = Q_c + W \tag{1}$$

$$COP = Q_h / W \tag{2}$$

空气源热泵作为节能设备，其原理决定热泵机组夏季能效高，冬季能效低。为保证全天候绿色、稳定、高效供热，我厂将太阳能集热器和电加热棒与空气源热泵耦合，形成“太阳能集热+空气源热泵+电加热”一体化加热设备如图 2 所示。按照三种加热设备的特点和功能设定，以加热需求为刚性约束，设定加热设备启用逻辑，优先启用板式太阳能集热器和空气源热泵进行加热，当节能设备无法满足加热需求时，由电加热器进行热量补充，实现单井发油点原油加热可靠、经济、环保。

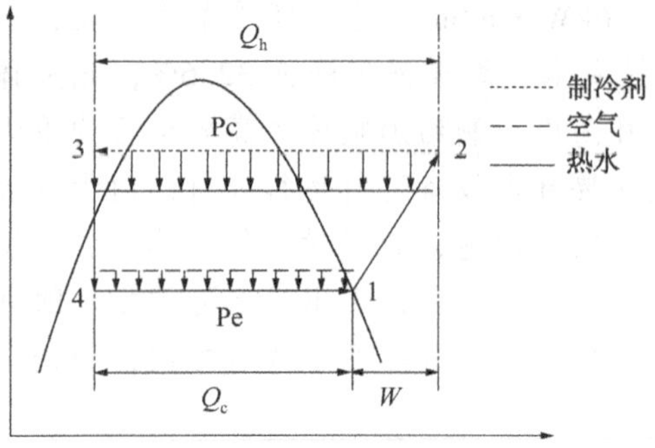

图 1　空气源热泵原理示意图

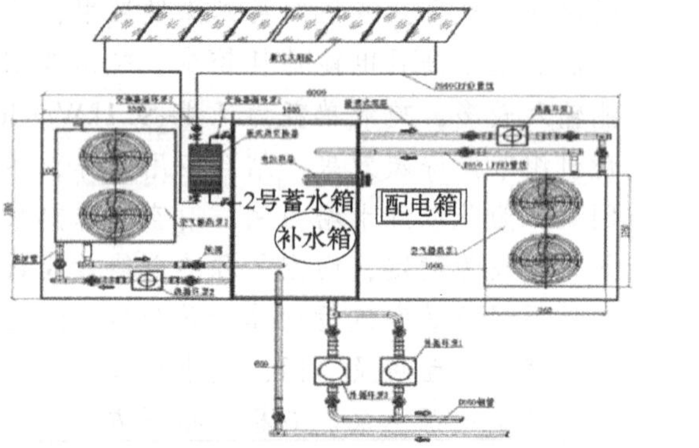

图 2　空气源热泵机组工艺流程图

2　空气源热泵应用现状

经过 3 年多批次引进，我单位共使用“太阳能板+空气源热泵+电加热棒”加热设备 39 台套，装机功率 2664kW，配套 399kW 板式太阳能集热器，形成以太阳能、空气能等新能源为主的加热体系。同时以空气源热泵机组加热特点为主导，通过革新加热工艺、优选换热介质，减少无效加热等措施，进一步提升加热体系运行效率，吨液单耗等关键指标持续向好，加热成本较燃煤锅炉降低 32.6%，累计节约生产成本 1143.94 万元，如图 3 所示。

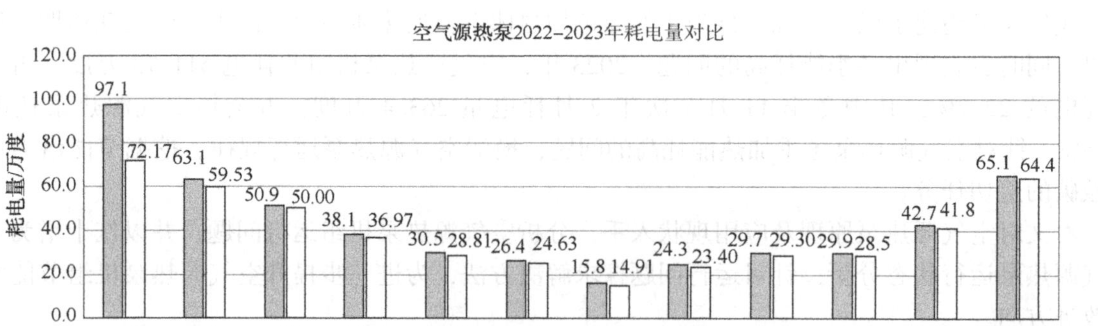

图 3　空气源热泵耗电对比图

2.1　革新加热方式

燃煤加热炉加热时，加热热水温度为 75℃左右，而空气源热泵提供热水温度为 55℃，相同原油温度下，燃煤锅炉加热温差大，更换为空气源热泵后，由于温差降低，原油加热效率降低，相同换热面积已无法满足加热需求。同时，储罐内换热盘管多为碳素钢材料，经年使用带来腐蚀结垢严重的问题。为此革新加热方式，探寻更为适用加热方式成为满足加热要求，提升加热效率的必要内容。

耐腐抗结垢材料多为非金属材料，导热系数较低。金属材料导热系数远高于非金属材料，但长时使用后由于腐蚀结垢等问题带来维护成本高的问题。根据式 3 可知，在换热温差无法提升时，增大换热面积可弥补换热系数降低的劣势。在我厂对不锈钢无缝钢管、地暖管线、普通 PVC 管线进行对比和现场试用后发现，地暖管线在热熔连接、供热控制、防腐防垢等方面均性能突出，同时以大换热面积保证热量的充分交换，换热效率得到大幅提升，完全满足加热需求。

$$Q = KA\Delta T \tag{3}$$

2.2 优选换热介质

加热方式确定后，由于加热介质种类、温度等性质发生变化，加热工艺需根据加热方式特点进行优化，空气源热泵机组包含三种加热方式，其中板式集热器换热介质的优劣决定光能资源利用是否充分，为此对清水、防冻液、导热油换热介质进行经济、技术评价，经换热效率、防腐防冻特点和运行成本进行系统对比，防冻液换热效率可达 90%，严寒季节不需要反输热量防止冻堵，具有换热效率高、防冻防腐性能优异，运行成本较低等优势而确定为板式集热器换热介质。

2.3 减少无效能耗

由于原油比热容较水小一倍，油田进入高含水开采阶段后，按照常规的生产模式进行生产，原油集输及处理系统所需供热负荷逐渐增多，水每升高 1℃ 可使原油升高 2℃，原油加热前，提前排出明水是降低热负荷的最直接、最有效措施。为降低加热能耗，革新处理流程，按照罐车倒运原油和集输原油分别制定端点加药措施，通过在装车过程或集输流程中添加破乳剂，延长破乳时间，提高混合效率，实现产出液进罐时油水初步分离。通过倒运液进罐后排水、产出液加热前排水和产出液加药前排水三个节点，可能排出 50%~80% 明水，减少热量损耗 74%。

3 空气源热泵机组运行分析

由空气源热泵原理和图 3 可知，空气源热泵机组用电量受环境影响较大，为掌握空气源热泵机组运行规律及与现场适配度，分析运行存在问题，探寻解决思路，制定改进措施，下文以红十增为例分析机组运行情况。

3.1 空气源热泵机组运行数据

目前红十增日进液 $90m^3$，综合含水 78%，现场配备太阳能集热器一套，集热功率 18.24kW；制热量 67kW 热泵一套及 40kW 电加热。热水供水温度 55℃，回水温度 45℃，将原油加热至 40℃ 左右，满足原油加热需求。

如图 4 所示红十增空气源热泵机组全年运行数据，根据每月吨液处理单耗可知，夏季环境温度高且日照辐射强度高，太阳能集热器基本可满足加热需求，空气源热泵作为辅助热源，同时空气源热泵效率高且开启时间较短，整体耗功较少，日耗电量 80~300kW·h，吨液单耗为 $1.5 \sim 3.5kW \cdot h/m^3$，逐步向全绿能迈进。冬季在环境温度低和日照辐射强度弱的运行条件下，空气源热泵作为主力输出热量，极端低温空气源热泵供热量不足时，电加热自行启动，满足全天候、全时段原油处理加热负荷，日耗电量 800~1200kW·h，吨液单耗 $7.4 \sim 9.1kW \cdot h/m^3$。

3.2 空气源热泵运行分析

红十增供热方式包含光热、空气源热泵和电加热，光热系统除冷冻液循环泵外无需电能消耗，空气源热泵和电加热为主要耗电设备，为实现加热的连续稳定，空气源热泵与电加热已实现耦合控制，电加热能效稳定为 1 左右，而空气源热泵能效随环境温度变化，对空气源热泵进行能效跟踪是优化机组运行的首要工作。

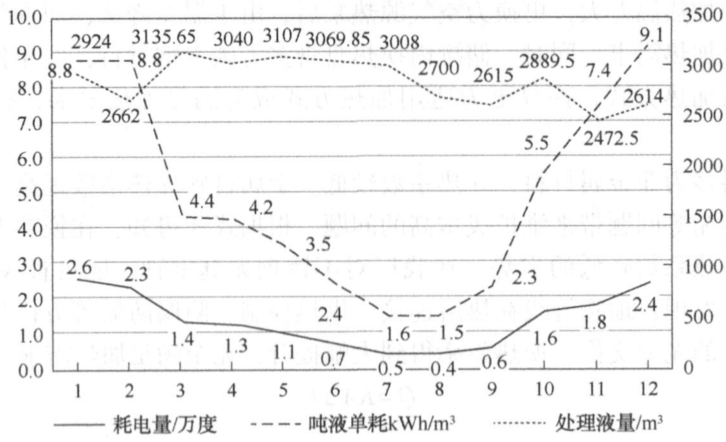

图 4　2023年红十增空气源热泵运行数据

如图5、图6所示为空气源热泵能效指数随环境温度变化趋势，环境温度较高时，压缩机压比较小，耗功减少，此时机组能效可达3.4。冬季光照强度弱，蒸发压力较低，机组制热量无法完全满足加热需求，电加热开启，由于电加热能效较低，机组能效指数降低，依据安装地点气候条件，冬季环境温度多为-14℃~0℃，能效指数为1.5~2.2。极端低温时机组整体能效指数降低至1.28，此时较电加热依旧提升28%，充分体现空气源热泵的节能和稳定。

压缩机作为空气源热泵唯一的耗能设备，其效率决定机组整体效率，经调研，空气源热泵配备的压缩机峰值效率在0.85左右，在对不同环境温度下压缩机效率计算后发现，机组效率与压缩机效率之间呈现正相关关系夏季时压缩机运行工况较好，压缩机效率可达0.74，但极端温度下压缩机效率仅为0.37，造成空气源热泵能效指数大幅下降。同时低温环境下，翅片换热器结霜问题严重，电加热开启时长变长，加剧能耗增长。

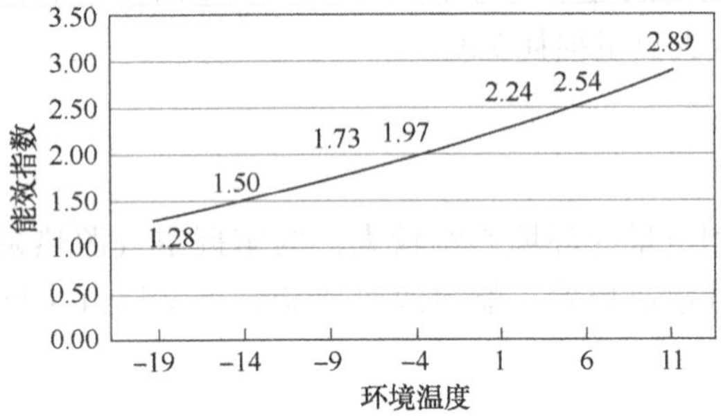

图 5　机组能效指数随环境温度变化

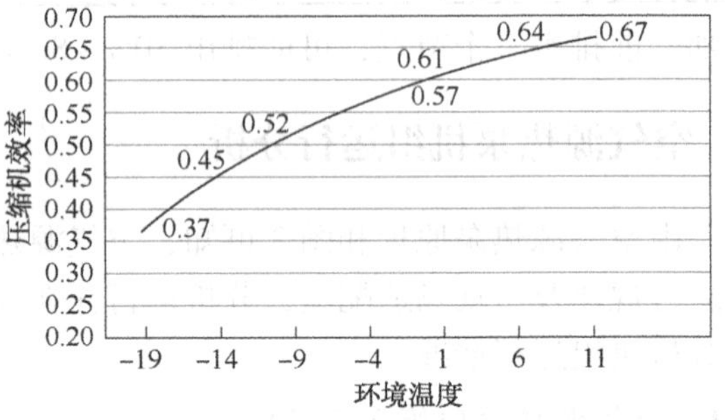

图 6　压缩机效率随环境温度变化

3.3　改进方向

通过对空气源热泵机组运行跟踪，发现冬季加热能耗高的原因有两点：一是冬季环境温度低，压缩机压比大，润滑条件恶化，效率降低，严重时压缩机无法启动甚至烧毁；二是环境温度较低且相对湿度较大时，换热器结霜严重，热泵机组无法从环境中吸收热量。针对两个原因，分析能效改进方向一是降低低温环境下压缩机排温，保证压缩机正常运行状态。二是提升机组融霜效率，减少电加热开启时间，以下就两种改进方向进行介绍。

3.3.1　*改善压缩机运行状态*

针对机组现场应用现状计算，当环境温度低于-10℃时，压缩机压比大于8，易出现排温过高自动停机现象。为降低压缩机排气温度，低温空气源热泵空气源热泵的提出改善了传统空气源热泵在低温工况下的性能。针对低温工况下空气源热泵的研究主要集中在喷气增焓热泵系统上，国际上更是将低温空气源热泵技术列入21世纪最具节能潜力的15项技术之一。喷气增焓技术如图7所示，通过在中间压力吸入一部分低温气体，与部分经过压缩的冷媒混合降温后再压缩，以达到降低排气温度、增加制热量的效果。

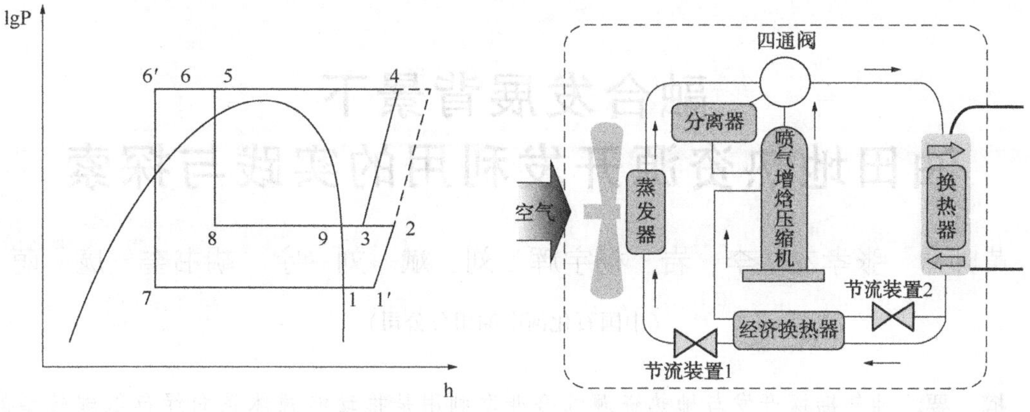

图 7　喷气增焓技术工艺流程图

3.3.2　提升融霜效率

空气源热泵在低温环境下运行时，结霜严重，严重影响机组正常运行。且结霜期间供热量由电加热提供，耗电量较大。目前结霜问题难以避免，改进方向主要为通过改进翅片结构降低结霜率和改进系统流程，达到抑制结霜和减少融霜时间的效果。结合应用实际和技术应用现状，改进翅片结构无法完全抑制结霜，且多为理论研究。而热气旁通除霜技术较为成熟，技术原理为通过压缩机排出的高温气体对翅片换热器进行融霜，以相变+大温差实现霜层快速去除。通过热气旁通技术的应用，可实现融霜时长减少40%~50%，融霜功耗降低19%~24%，大幅降低由于机组结霜带来的能耗增长，如图 8 所示。

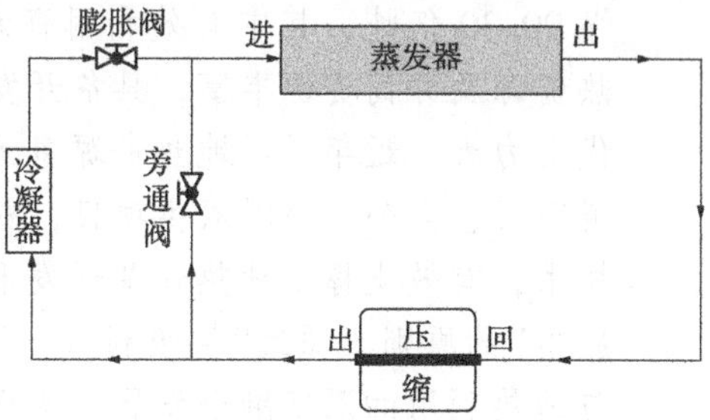

图 8　热气旁通融霜工艺流程图

4　结论

本文从采油一厂绿色加热体系应用入手，以红十增空气源热泵为例分析应用现状，总结存在问题，对问题原因进行计算分析，针对存在问题指出解决思路，提出改进方向，形成主要结论如下：

（1）经过 3 年多批次引进及运行优化，现已安装 39 台套空气源热泵机组，年可提供清洁热量 38776.64GJ，加热成本较燃煤锅炉降低 32.6%。

（2）由空气源热泵原理及应用现状可知，空气源热泵机组能效呈现夏高冬低现象，夏季吨液单耗为 1.5~3.5kW·h/m^3，机组能效指数可达 3.4；冬季极端条件下吨液单耗可达 9.1kW·h/m^3，机组能效降低为 1.28，此时依然较电加热能效提升 28%。

（3）针对制约空气源热泵冬季运行效率低的问题，根据现场实际应用提出喷漆增焓和热气融霜两项改进措施，为提升空气源热泵机组节能降碳水平指明方向。

参 考 文 献

[1] 李庆安，霍明，刘敏，等. 浅谈空气源热泵加热技术在油井加温系统的应用[J]. 中国设备工程 2021，(S1)：145-150.

[2] ZHENG X J，SHI R，YOU S J，et al. Experimental study of defrosting control method based on image processing technology for air source heat pumps[J]. Sustainable cities& society，2019，51：101667.

[3] 李世强. 空气源热泵在马 35 区块的应用[J]. 化工设计通讯，2018，44(12)：103.

[4] 刘淑亭. 空气源热泵加热原油技术及应用[J]. 内江科技，2016，37(06)：35.

[5] 唐逸飞，赵军. 带经济器的空气源热泵系统研究综述[J]. 轻工机械，2018，36(4)：93-99.

[6] 马最良. 热泵技术应用理论基础与实践[M]. 北京：中国建筑工业出版社，2010.

[7] 颜丙正. 低温气候空气源热泵技术分析[J]. 中国设备工程，2023，(21)：239-241.

融合发展背景下
油田地热资源开发利用的实践与探索

黄帅博　张孝友　李　岩　杨宇辉　刘　斌　刘　宇　胡书奎　庞　萌

（中国石化河南油田分公司）

摘　要　油气勘探开发与地热资源综合开发利用是推动能源体系向绿色低碳转型的重要路径。河南油田基地所处的南襄盆地既蕴含丰富的油气资源，也具有形成地热资源的有利条件。盆地莫霍面相对较浅（35～37km）、深大断裂发育、地温梯度较高，热源条件有利；发育层状砂岩型热储和基岩裂隙型热储，热储条件良好；地表河流水库发育，降雨充沛，补径排条件良好。按照热储法评价南阳、泌阳凹陷总资源量 2.66×10^{11}GJ，折算标准煤 90.30 亿吨；其中有效利用资源量 6.64×10^{10}GJ，折算标准煤 22.57 亿吨。南襄盆地地热资源及井筒资源丰富，具备开发地热资源优势，油区生产场景用能需求大，清洁供热替代潜力大。近年开展地热资源多元利用实践，建成了联合站余热利用项目、住宅区地热供暖项目、办公楼冷暖双供项目，初步形成了地热资源选区评价技术体系、地热井钻采工艺技术，有效支撑了地热资源开发利用。本文按照"统筹规划、分步实施、效益优先、规模应用"的原则，通过"梯级利用、综合利用、循环利用"，强调继续加强油田油气勘探开发与地热利用的深度融合发展，实现油气保障供应与绿色低碳转型相统一。结合河南油田地热资源情况和不同区域"热""冷""电"用能需求，提出了近期开发利用方向主要为生产用能清洁替代、废弃油水井改造、地热清洁供暖、"地热+新能源"互补利用、农业综合利用，中长期开发利用方向主要为地热发电、地热伴生资源开发、含水层储热，具有较强的指导借鉴意义。

关键词　河南油田；地热资源；清洁供暖；余热利用；地热发电；融合发展

地热资源是蕴藏在地球内部的热能，是一种清洁低碳、分布广泛、资源丰富、安全优质的可再生能源。地热开发利用具有供能持续稳定、高效循环利用、可再生的特点，可以显著减少对化石燃料的依赖，有助于降低温室气体排放，加速能源结构的优化。近年来，国家相继出台《关于促进地热能开发利用的若干意见》《加快油气勘探开发与新能源融合发展行动方案（2023-2025 年）》等文件，指出地热能在未来清洁能源发展中占重要地位，油气勘探开发与地热利用的融合发展是推动能源体系向绿色低碳转型的重要途径之一，为地热资源开发利用提供了政策支持与规划引导。

地热与石油是共生于沉积盆地的两种资源，沉积盆地油气田分布区往往也是地热资源广泛分布的地区。地热贯穿了油气生成和运聚的全过程，是与油气业务高度融合的新能源资源，据统计，国内油田矿权区 4km 以浅地热资源量占我国水热型地热资源的 86%。南襄盆地泌阳、南阳凹陷既蕴含丰富的油气资源，也具有形成地热资源的有利条件。河南油田地热资源开发利用起步较早，近年来，不断总结经验教培训，结合国内外探索实践，深化资源评价，明确了下一步发展路径方向，推动油田绿色转型发展。

1　南襄盆地地质概况

南襄盆地是在秦岭-大别造山带上发育起来的中新生代陆相山间断陷盆地，总面积 1.7 万平方千米，构造单元可划分为四个凹陷（泌阳凹陷、南阳凹陷、襄枣凹陷、邓州凹陷）三个凸起（新野凸起、师刚凸起、社旗凸起）。盆地基底为元古宇变质岩，沉积地层为中生界白垩系和新生界，新生界古近系厚度大(最大厚度在6000m以上)，自下而上划分为玉皇顶组、大仓房组、核桃园组、廖庄组，其中核桃园组是湖盆稳定阶段沉积的产物，为油气勘探的主要目的层。

2 地热资源形成条件

2.1 热源及地温场特征

南襄盆地位于板块边缘，莫霍面深度约为35~38km，为一个地幔隆起区，为盆地提供了重要的热源，与地壳放射性元素生热一起组成了南襄盆地热系统的主要热源。

南阳凹陷拟合平均地温梯度3.9℃/100m，单点地温梯度分布在3.6~4.3℃/100m。1000m深度热储温度分布范围为51~57℃，2000m深度热储温度分布范围为87~99℃，3000m深度热储温度范围为122~141℃。泌阳凹陷拟合平均地温梯度为3.5℃/100m，单点地温梯度分布在3.2~4.8℃/100m。1000m深度热储温度分布在48~60℃之间，2000m深度热储温度分布在82~106℃之间，3000m深度热储温度分布在116~154℃之间。

2.2 热储特征

南襄盆地主要发育层状砂岩型热储和基岩裂隙型热储。南阳凹陷基底埋深500~4500m，泌阳凹陷基底埋深1000~7500m。基底岩性主要为元古界变质岩，孔渗较差，一般不能作为有效热储，沿断裂破碎带附近大理岩带可能发育储集空间并储集地热流体，具备形成带状热储的地质条件。沉积地层砂岩型热储受控于南北两大物源体系，顺物源方向，距离物源越近热储越发育、物性越好。泌阳凹陷古近系热储总体物性较好，孔隙度最高48%，渗透率最高17.6μm^2，平均孔隙度为18.5%，平均渗透率为$355\times10^{-3}\mu m^2$。

2.3 地热通道

泌阳、南阳凹陷的边界断裂均为古近纪活动的断裂，其规模大，深入基底，是地热田重要的导水通道和导热通道。泌阳凹陷北西向的唐河-栗园断裂为导水通道，北东向的栗园-泌阳断裂为导水通道且局部存在导热通道的性质；南阳凹陷南部边界新野断裂为导水通道。泌阳、南阳凹陷砂体发育，北部的三角洲砂体和南部的扇三角洲及水下冲积扇砂体是地下水流动的另一通道。

2.4 水源补给及排泄

泌阳、南阳凹陷地表水、雨水、河流水和地下水样品氢氧同位素分析表明，地下热水来源为大气降水。地下水的排泄区主要为人工开采、温泉与河流，其中浅层地下水排泄主要通过河流以及人工开采，深层地下水排泄主要通过人工开采以及温泉。

2.5 地热资源潜力

利用热储法计算泌阳、南阳凹陷总地热资源量2.66×10^{11}GJ，折合标准煤90.30×10^{8}t，按25%的回收率计算，泌阳、南阳凹陷有效利用地热资源量为6.64×10^{10}GJ，折合标准煤22.57×10^{8}t。其中，泌阳凹陷有效利用地热资源量为2.29×10^{10}GJ，折合标准煤7.77×10^{8}t；南阳凹陷有效利用地热资源量为4.36×10^{10}GJ，折合标准煤14.8×10^{8}t。

3 地热资源开发利用实践

3.1 地热资源开发利用历程

河南油田地热研究起步早、开发利用早，自上世纪90年代开始地热基础地质研究，具有较长的地热开发历程，在油田生产用热、生活供暖方面积累了较丰富的经验。

1993—2006年，开展地温场、基底断裂展布等地热形成基础地质条件研究，针对热储物性及水质进行分析测试。2006—2012年，开展地热资源分布及利用方向研究，探索利用中深层水井进行供暖锅炉补水和污水处理回用锅炉实验。2012—2023年，开展地热资源多元利用，建成联合站余热利用项目、住宅区地热供暖项目、办公楼冷暖双供项目。初步形成了地热资源选区评价技术体系、地热井钻采工艺技术，有效支撑了地热资源开发利用。

3.2 浅层地热利用

浅层地热利用方式主要为建筑供暖供冷，目前已建成南阳科研基地冷暖双供项目。项目以浅层地热水作为冷热水源，采用热泵+冷水机组，为综合办公楼提供供暖制冷服务。项目建设浅层水井13口，热泵机组6台及冷却塔2台等配套设施，供能面积8.2万平方米，年节约标煤635吨，减排$CO_2$1660.2吨。

3.3 中深层地热利用

针对新近系凤凰镇砂岩孔隙型热储，建成了某小区地热供暖项目。项目采用“一采一灌”的开采模式，供暖面积4.55万平方米，每供暖季节约标煤969.87t，减少CO_2排放2344.67t。

针对核三段主力油层实施采出液余热利用，建成了下二门联合站余热利用项目。项目采用“换热+热泵+储能”的技术，提取油田采出污水中的热量，代替原有的燃气锅炉，对下二门联合站的外输原油和掺水进行加热，现供热量约为6万GJ/年，年节气约200万立方米。

4 面临的问题与挑战

4.1 优质地热资源富集规律及分布不清

对于砂岩孔隙型地热资源，前期并没有对水层按地热井方式完井和射孔，导致水温水量不清。对于基岩裂隙型地热资源，虽然商丹断裂从南阳市区穿过，但具体走向不清，导致大理岩裂隙热储分布不清。下步深化细化基础地热地质研究，明确地热资源分布、富集和品质主控因素的基础上，评价可采资源潜力，落实优质目标，为合理开发利用提供依据。

4.2 地热开发关键技术瓶颈制约

地热开发利用是多专业、多学科交叉的集成技术，目前在对优质地热资源勘察和利用过程中存在水热型地热资源评价精度低、砂岩储层回灌能力较低、废弃井改造地热井技术难度大、中深层单井闭式循环换热效率低等问题，制约了地热资源有效开发利用。下步精细刻画热储层空间分布，针对不同地热资源攻关关键开发利用技术，开展现场试验，完善配套开发技术，规模化推广。

4.3 政策、市场及经济性因素制约

一是地热项目管理制度存在审批流程冗杂、资源税收取不合理等问题。根据《河南省地下水管理办法》，开采地热需要办理取水许可证和采矿许可证，并缴纳资源税；应当对取水和回灌进行计量，实行同一含水层等量取水和回灌。二是市场是地热业务可持续发展的基础，油田为独立工矿区，远离主城区，地热资源利用市场小，针对城区地热开发存在着市场开拓难等问题。三是经济性不高是阻碍地热产业规模化发展的重要因素，例如基岩裂隙热储地热资源分布不清，前期需要进行大量的勘探投入，经济风险较大。闭式井下取热技术应用场景丰富，但成本高及换热效率低，经济性不强。下步积极探索多种合作模式开拓外部市场，同时攻关低成本开发技术，全流程全链条降本，推动地热效益化利用。

5 融合发展背景下地热资源开发利用路径探索

5.1 地热开发利用优势

从资源条件看，河南油田地热及井筒资源丰富，具备开发地热资源优势。南襄盆地地热资源2.66×10^{11}GJ，折合90.30亿吨标煤，开发利用潜力大；丰富的地质、钻井、测井、地震等基础资料，为地热勘探、开发和利用提供了基础；各类闲置井200余口，丰富的井筒资源为油田变热田提供了便利。

从用能需求看，油区生产场景用能需求大，清洁供热替代潜力大。河南油田2022年能耗33.79万吨标煤，天燃气、煤炭传统能源消耗量大，利用地热实现清洁供热潜力大。

从社会效益看，在稳油增气、提升油气资源供给能力的基础上，地热开发利用有利于盘活油区闲置井筒资源，加快生产用能的清洁化、低碳化进程，实现多能互补的发展新格局。

5.2 整体开发利用思路

按照“统筹规划、分步实施、效益优先、规模应用”的原则，通过“梯级利用、综合利用、循环利用”，加大油气勘探开发与地热利用深度融合，实现油气保障供应与绿色低碳转型相统一。结合河南油田地热资源情况和不同区域“热”“冷”“电”用能需求，结合油田实际，结合兄弟企业实践，因地制宜建设地热供暖、油田变地热田、地热能综合利用、地热能发电等典型场景，提出了近期与中长期开发利用方向。

5.3 近期开发利用方向

5.3.1 生产用能清洁替代

在油气生产过程中，需要消耗大量热能，特别是在油井掺水伴热、热化学脱水、原油外输等环节用热需求较大，传统燃煤和燃气锅炉能耗高、环境压力大。针对联合站用热需求，通过新建地热井或废弃井改造，采用梯级换热并配套“地热+热泵”的方式实现站内原油集输供热。对于温度需求较低部分，采用地热水直接加热模式运行；对于温度需求相对较高部分，采用热泵对一级换热尾水进行二次升温，利用两级换热模式对站内来液进行加热，实现地热梯级利用。

5.3.2 废弃油水井改造

目前油田处于停用状态油井200余口，可采用开式循环取热、闭式井下换热、真空保温油管等技术开展废弃油水井改为地热井改造实验，让油水井全生命周期发挥价值。开式循环取热采用开天窗侧钻、改造泵室射孔和直接射孔等技术，采出地下热水用于换热或发电。闭式井下换热采用井下换热器直接利用热能，具有取热不取水的特点。真空隔热油管能够达到隔热保温效果，减少地下热水上返过程中热量损失。中国煤炭地质总局水文地质局采用真空保温管进行换热，使用深度2480m，取水井底部到出水口温差在3℃以内，取得了良好的效果。近期油田正与中国石化石勘院、新星公司开展技术攻关研究，从地质条件、工程条件、地面用热需求等方面入手，开展废弃油水井改地热井论证工作，加快推进实施。

5.3.3 地热清洁供暖

河南油田低温地热资源丰富，具有良好开发利用前景，南阳科研基地浅层地热供能模式成功建成投运，针对南阳市城区地热资源，利用河南油田技术优势，探索企地合作模式与地方政府互利共赢，开发南阳市公共建筑设施浅层地热供能。在取得良好成果的基础上，开展中深层热储回灌、井筒保温、地面换热效率等技术攻关，逐步开展中深层地热清洁供暖开发。近期相关企业正在油区所在地和泌阳县实施地热供暖项目，通过加大交流力度，进一步深化地热地质认识，提升工程技术针对性，为下步开发地热供暖奠定基础。

5.3.4 “地热+新能源”互补利用

根据油田地热资源特点、开发取热方案及周边用能需求，结合油田其它新能源资源和场地条件，开展“地热+太阳能(风能)”等多种新能源互补利用技术研究，形成“地热+”供热模式，构建地热与新能源多能互补、因地制宜发展新局面。计划近期在南阳科研基地探索实施“地热+光伏+光热”开发利用模式，利用屋顶布置太阳能板，光伏组件所发电量经汇流并网柜接入低压电网，为地热利用系统供电。

5.3.5 农业综合利用

凤凰镇组热储水量较高，水质分析结果显示凤凰镇组热储水质稳定性好，曝氧放置24h目测无变化，按照相关规范评价，水质满足Ⅲ类水标准，可作为饮用水源，也可用于灌溉。近期，油田根据自有农场分布及地方农业发展情况，探讨温室花卉种植、渔业养殖等高效、生态农业利用模式，助力乡村振兴。

5.4 中长期开发利用方向

5.4.1 地热发电

目前油田中低温水热型地热资源主要用于油气集输及采暖，开发程度相对较低，发展中低温地热发电技术是水热型地热资源有效利用的重要途径。评价表明泌阳双河、下二门地区部分水井热储温度高，水量大，下步开展老井试水工作，明确水温、水量，紧密跟踪中低温地热发电技术，择机开展 ORC(有机朗肯循环)发电先导试验研究，努力让油水井全生命周期发挥价值。

5.4.2　地热伴生资源开发

地热流体常溶解有锂、氦、铷、铯、氩、铀、硼等伴生元素和资源，在丰度达到富集成矿的地区，开发地热的同时可以对这些伴生资源进行开发利用。泌阳凹陷整体氯化锂含量在 0.26～127.83mg/L 之间，大部分含量较低，未达到工业品位标准，但安棚地区 H_3 Ⅸ油组氯化锂含量 127.83mg/L，含量相对较高，下步围绕该区开展加密取样分析，进一步明确富集区。

5.4.3　含水层储热

含水层储热是一种利用地下含水层作为介质，将风能、太阳能等间歇性资源以热水的形式存储于地下含水层中的储能系统。具有储热容量大、储热效率高、造价低等优势，是一种较为理想的大规模跨季节储能方式。油田多年的勘探开发实践掌握了较为丰富的地下地质参数，如含水层的岩性、储集性、封闭性、水文条件等，具有开展储热先导实验的优势。

6　保障措施

6.1　强化统筹规划，着力构建油气与地热融合发展新格局

统筹规划是实现地热资源高质量可持续开发利用的基础。聚焦规模效益，持续抓好统筹布局，抓紧抓好废弃井改造等项目的论证、设计和建设；紧密结合油气生产用热需求，推进“地热+”多能同步开发、互补应用，加快构建油气与地热融合发展新格局。

6.2　强化科技创新，建立地热开发利用技术体系

科技创新是实现高效开发利用地热资源的支撑。按照“引进吸收+自主研发”思路，在技术领域与科研机构多方位深层次合作，攻关形成热储精细刻画与评价、废弃井改造、井下高效换热等关键技术，加快形成地热开发利用新质生产力。

6.3　加强产学研结合，全力打造地热开发利用专业化队伍

人才队伍是地热开发利用的根基。加大培训力度，走出去，请进来，对地热开发利用业务人员进行全方位系统培训，提高油田在地热领域的知识储备，重点培养地热选区评价、地热钻完井、地热运行管理等跨专业的复合型人才队伍。

6.4　强化合资合作，积极探索产业发展新模式

合资合作是加快地热开发利用的重要手段。本着“经济安全高效”“轻资产、控风险”原则，加强与新星公司等国有地热开发公司合作，实现互利双赢；加强地方政府沟通，获得政策支持，为地热开发利用营造有利合作环境。

7　有关建议

(1) 加强政策激励力度，推动地热资源开发利用。建议国家适时出台鼓励地热资源开发利用的产业政策、环保法规、财税政策，为解决地热项目审批流程复杂、资源税收取不合理等问题提供政策支持，推动地热产业积极健康发展。

(2) 加强瓶颈技术攻关，保障地热资源有效动用。建议成立技术攻关联合体或设立国家科技重大专项，针对勘探评价、高效开发瓶颈术方面集中力量开展攻关，形成完善的地热勘探、资源评价、高效开发技术支撑体系，夯实产业发展基础。

(3) 加强开发模式探索，助力地热产业快速发展。建议积极探索企地合作、项目合作、股权投资、风投基金等多元合作开发模式，为地热市场开发提供可复制、可借鉴的成功经验。

8　结论

河南油田南襄盆地地热资源丰富，市场利用空间大，加快地热资源开发利用，是高含水时期油

田实现能源接替和可持续发展的必然选择，是推进油气与新能源融合发展的重要路径，是实现油田绿色转型的迫切需要。通过加强地热资源的精细评价，强化废弃油水井改地热井、深井直接换热等技术攻关，推进油气勘探开发与地热利用深度融合发展，打造新质生产力，探索深地空间，谋划战新产业，努力在稳油增气、提升油气资源供给能力的基础上，助力油田绿色低碳转型发展、可持续高质量发展。

参考文献

[1] 王社教，施亦做，方朝合，等. 中国油田地热开发利用现状与发展方向[J]. 岩性油气藏，2024，(02)：23-32.

[2] 孙焕泉，毛翔，吴陈冰洁，等. 地热资源勘探开发技术与发展方向[J]. 地学前缘，2024，(01)：400-411.

[3] 霍超，林倚天，李刚，等. 碳中和背景下中国地热资源勘查技术研究进展[J]. 科学技术与工程，2023，(12)：4917-4927.

[4] 宋超凡，赵军，尹洪梅，等. 碳中和背景下油田区地热资源的低成本可持续利用[J]. 华电技术，2021，(11)：66-73.

[5] 张加蓉，高嵩，朱桥，等. "双碳"目标背景下我国地热发电现状及技术[J]. 电气技术与经济，2021，(06)：40-44.

[6] 宋先知，张逸群，李根生，等. 雄安新区地热井同轴套管闭式循环取热技术研究[J]. 天津大学学报(自然科学与工程技术版)，2021，(09)：971-981.

[7] 朱喜，王贵玲，马峰，等. 雄安新区地热资源潜力评价[J]. 地球科学，2023，(03)：1093-1106.

[8] 李德，郭妙连. 中国地热资源现状与未来发展趋势[J]. 化工设计通讯，2021，(05)：149-150.

[9] 曹锐，多吉，李玉彬，等. 我国中深层地热资源赋存特征、发展现状及展望[J]. 工程科学学报，2022，(10)：1623-1631.

[10] 王贵玲，陆川. 碳中和目标驱动下地热资源开采利用技术进展[J]. 地质与资源，2022，(03)：412-425+341.

[11] 蔡美峰，多吉，陈湘生，等. 深部矿产和地热资源共采战略研究[J]. 中国工程科学，2021，(06)：43-51.

[12] 王社教，李峰，闫家泓，等. 油田地热资源评价方法及应用[J]. 石油学报，2020，(05)：553-564.

[13] 李文，孔祥军，袁利娟，等. 中国地热资源概况及开发利用建议[J]. 中国矿业，2020，(S1)：22-26.

[14] 王贵玲，蔺文静. 我国主要水热型地热系统形成机制与成因模式[J]. 地质学报，2020，(07)：1923-1937.

[15] 王贵玲，刘彦广，朱喜，等. 中国地热资源现状及发展趋势[J]. 地学前缘，2020，(01)：1-9.

油气电加热开采技术与新能源融合关键问题探讨

王正旭[1,2] 郭庆丰[1,2] 赵 庆[1,2] 蔡 骁[1,2] 张景田[1,2]

(1. 中国石油集团工程技术研究院有限公司；2. 油气钻完井技术国家工程研究中心)

摘 要 近年来，我国油气需求持续攀升与国内油气供应能力明显不足的矛盾突出，尽管我国非常规油气资源储量丰富，但现有开发技术存在“高耗能”、“高污染”等问题，与当下“双碳”目标背道而驰，亟需研发油气开采新技术；同时以风能太阳能为代表的新能源发展迅猛，但在部分地区(如内蒙、甘肃、新疆等)风电、光伏发电就地消纳难、“弃风”、“弃光”严重，造成了能源的极大浪费。因此，本文以“油气电加热开发技术”为纽带，在油气资源、风能、光能赋存充足的区域采用风电、光伏对电加热器进行供电，一方面可以实现非常规油气清洁低碳和低耗能开发；另一方面可以提高风电、光伏的就地消纳，实现“双赢”目标，同时对油气电加热开采与新能源融合关键技术存在的问题进行探讨，旨在探索油气清洁生产和新能源融合发展路径，为加快构建清洁低碳、安全高效的现代能源体系提供参考，推动我国碳中和能源发展战略目标的实现。

关键词 化石能源；新能源；电加热；融合技术；关键问题

随着我国经济的迅猛发展，国内油气需求持续攀升，但油气供应能力明显不足。2021 年，我国石油和天然气对外依存度分别达到 71.6%和 46%。我国重油、油砂和页岩油等非常规油气资源储量丰富，是未来油气补给的重要来源，开发利用前景广阔。但是我国非常规地质的复杂特殊性导致传统开采技术逐渐暴露出采收率低、实用性差和环境污染严重等诸多缺陷，尽管井下电加热技术在一定程度上解决了传统开采技术存在的难点，但该技术高度依赖电网供电，耗能高且使用煤电碳排放严重，不符合未来低碳绿色油气开发目标。因此，为了实现国内非常规油气资源大规模开发，亟需研发油气开采新技术、新模式和新路径。

在新能源领域，风能、太阳能资源利用技术日趋成熟，然而风电、光伏发电就地消纳难、“弃风”、“弃光”严重。国家能源局发布的 2017 年前三个季度风电、光伏并网运行情况表明，2017 年 1~9 月全国风电发电量 2128 亿千瓦时，弃风电量 295.5 亿千瓦时，其中甘肃和新疆的弃风率分别为 33%和 29.3%，列居全国前两名，全国光伏发电量 857 亿千瓦时，其中新疆和甘肃发电量分别为 82 亿千瓦时和 54 亿千瓦时，两省弃光率分别为 21.9%和 20.9%。

因此，在化石能源和新能源领域全面推进油气清洁生产和新能源规模应用有助于加快构建清洁低碳、安全高效的现代能源体系，符合我国碳中和能源发展战略目标。当前我国能源发展路径需从单纯的油气资源逐步向油气和新能源转化，实现化石能源与新能源融合发展，这个过程在实现碳中和目标的过程中可以加速，但不能逾越。鉴于此，本文针对油气开发存在的高耗能、高碳排以及风能、太阳能资源“弃风”、“弃光”等严重问题，在介绍不同油气电加热技术的基础上，分析油气电热开采与新能源融合技术实施难点并提出对策和该技术未来的攻关方向，旨在探索化石能源新型开发路径。

1 井下电加热技术

井下电加热技术是一种非常规的油气开采新方法，最早是由国外学者提出。随着几十年的发展，部分技术已趋于成熟，主要用于重油、油砂和页岩油开发，目前以壳牌的 ICP 技术最为成熟。我国对电加热技术的研究仍处于起步阶段，主要包括水平井电加热原位转化技术理论研究和概念设计，但是目前国内外开展的电加热油气开采技术研究均未采用新能源电力供电，致使消耗网电引起高碳排放和高昂的开采成本。

1.1 电加热技术分类

从电加热技术本身特性出发，其不同的加热机理和结构决定了加热器的加热特性，如输出功率、加热频率等。因此，电加热技术的优选对于高效开发某一特定的地下油气资源至关重要。

从现场钻井施工条件出发，由于常用井眼尺寸包括 152.4mm、215.9mm 和 244.5mm，最大井眼尺寸也仅为 444.5mm，因此，受地下狭小井眼空间的约束，井下电加热器不仅需要具有外形尺寸小、加热功率高的特点，而且还必须能够适应井下高温、高压等恶劣环境。

根据上述因素的制约，如图 1 所示当前国内外研发的井下电加热开采技术。从图中可以发现，根据不同的频率范围，可将井下电加热开采技术分为低频、中频和高频加热。低频加热通常小于 10Hz，主要包括电阻加热和电加热器加热技术；高频加热频率介于 100MHz 和 100GHz 之间，包括微波加热和射频加热；感应加热的频率大于电阻加热频率，但小于高频加热频率。目前，开展室内实验和现场测试较多的电加热方法主要包括电阻加热、电加热器加热、微波加热和射频加热，而感应加热技术的研发仅停留在理论阶段。在国外，虽然部分电加热技术现场测试效果良好，但并未实现商业化应用；在我国，电加热开采技术的研究仅停留在理论阶段，缺乏室内实验和现场测试。

1.2 电加热技术特点

根据图 1 展示的井下电加热开采技术类别，下面分别对每一种电加热技术的加热机理进行阐述、对其加热器结构进行介绍，并确定每一种加热方法的工作参数，如加热功率、频率和电压等。

1.2.1 电阻加热技术

电阻加热技术是在两口相邻垂直井内分别置入阳极和阴极，然后给两电极间施加一定的电势差，然后电流流过含地层水的储层，最终电能转化为储层内的焦耳热，储层被加热。该技术的加热机理是将流经含油气储层内的电流转化为焦耳热，其中，油气地层视作电阻，流经其内的电流转化的热能充当热源。如图 2 所示电阻加热在水平井中的实施情况。其加热机理与垂直井内实施的电阻加热机理相同，而结构上有所区别，即水平井电阻加热过程中的两电极分别位于水平井的水平段内，而垂直井电阻加热过程中的两电极分别位于垂直井的垂直井内。电阻加热的工作频率一般为 5~10Hz，或者直接采用直流电源供电，根据油气特性，其供电电压范围为 100~1000V，当被加热油气储层导电良好时，流经其内的电流可达 1~2A。

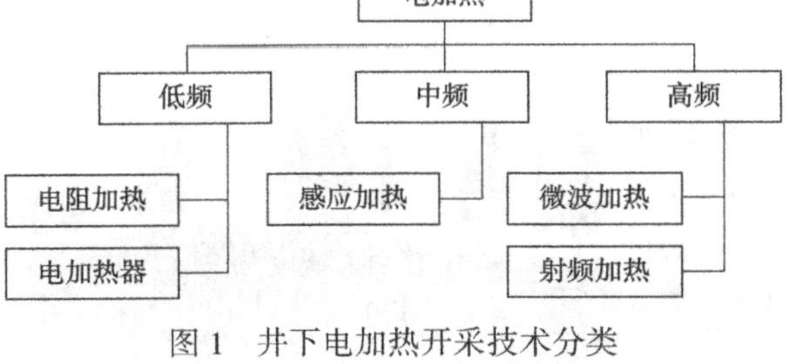

图 1 井下电加热开采技术分类

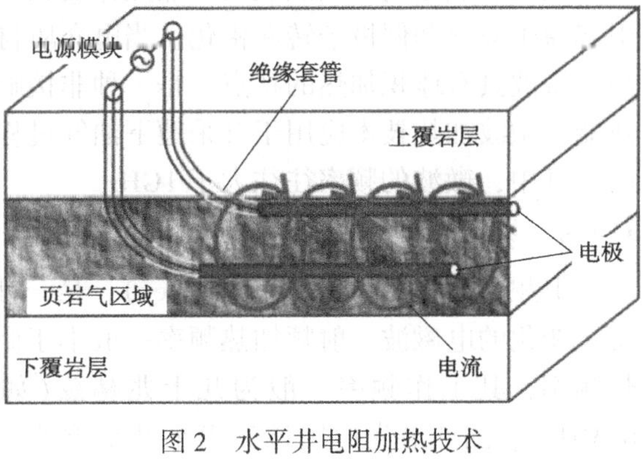

图 2 水平井电阻加热技术

1.2.2 电加热器

电加热器实际上是置于井眼内的产热设备，当电流通过加热器内部时，其温度迅速升高。其加热机理为通过热传导作用加热井眼周围的储层或其它流体，整个电加热器结构如图 2~图 4 所示。该技术可以应用于垂直井和水平井，且具有部署简单、成本低的优势，其工作参数主要包括电加热器本身的额定功率和电压，现场应用较多电加热器的额定电压为 380V，输出功率大于 10kW。根据电加热器的加热机理，可以发现：整个加热过程仅仅依靠热传导作用，热能传导缓慢，单井注入的热量有限，因此，需要采用增加热能传递的方法来提高其加热范围，如热对流的作用。

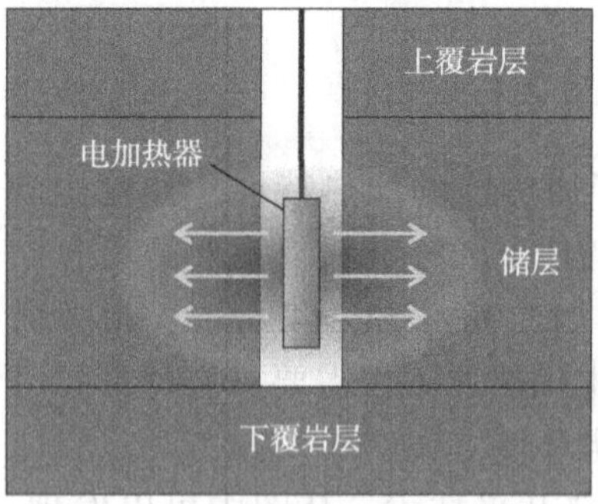

图 3　井下电加热器

1.2.3　感应加热

感应加热机理是通过电磁感应使被加热材料内部产生涡电流而达到加热的目的。图 4 直观地展示了其加热原理，其中，变化的电场在材料内部产生磁场，同时变化的磁场在材料内部产生电场，结果在材料的内部产生涡电流，由于焦耳效应，电能转化为热能，材料升温。感应加热用于油气开采时的井下结构配置如图 2~图 6 所示，其中，感应加热装置放置在井眼内，通过辐射中频电磁波使得周围的金属套管内产生涡电流并产生热能，套管的热能在热传导的作用加热周围的储层。此外，该技术也被用于提高 SAGD(Steam Assisted Gravity Drainage) 预加热效率，主要是通过特殊设计的感应线圈在油藏内产生中频磁场(图 5)。目前，感应加热技术重要应用领域之一为焊接预热，其功率可达 1600kW，而在油气开采领域并未开展现场测试，缺乏可靠的工作参数。

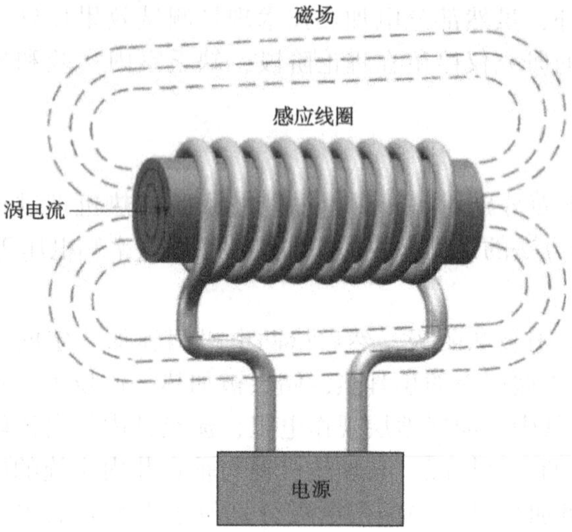

图 4　感应加热原理

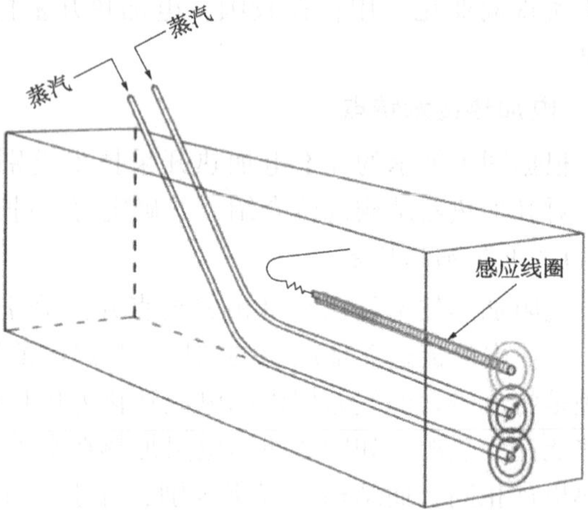

图 5　水平井感应预加热技术

1.2.4　微波加热

微波加热是高频电磁波与被加热介质相互作用的过程。微波加热介质时，会产生介电反应，并引起原子极化和偶极子转向极化。当电介质材料被极化时，由于材料内部的功率耗散，引起温度升高。微波具有体积加热的特点，是一种非接触加热。只要物体吸收特定频率的微波，就会快速产生热能。微波加热技术应用于开采地下油气过程主要是通过微波天线向储层内辐射高频电磁波来实现的，其中，微波的频率往往大于 1GHz。

1.2.5　射频加热

射频，简称 RF(Radio frequency)，是一种高频交流变化的电磁波。射频加热频率一般小于微波加热频率，其工作频率一般为几十兆赫兹(如 10~80MHz)。国外最先应用该技术来开采重油和油砂资源，其加热原理与微波加热原理相似。双水平井射频加热工艺结构如图 6 展示，其中，上面的一口水平井放置辐射天线，起到辐射加热的作用，下面一口水平井用于采油，在重力的作用下，加热区域内的油会流向下方的水平井井眼内。

图 6　双水平井射频加热配置图

1.3　不同电加热技术对比

如表 1 所示 1.2 节中 5 种电加热技术的优势和

存在的不足。从表中可以看出，电加热技术不足的凸出问题主要为加热范围小和加热距离短。这是由地下含油储集层导电性和导热性能差引起的。如果仅仅采用电加热技术，将会造成距离加热器（或加热电极）较近的储层温度高，距加热器（或加热电极）较远的储层温度低的情形，这不仅不利于采收率的提升，可能还将引起井筒周围储层内的原油被烧焦，最终堵塞孔隙而降低原油开采数量。

表1　电加热技术优势和缺陷对比

加热技术	优　势	不　足
电阻加热	制造工艺简单，易现场操作	电极附近温度高，远离电极的储层区域温度低，加热范围有限，受储层内水组分的影响大
电加热器	加热器加工简单，现场操作容易	加热器本身耗能高，加热效率低
感应加热	热能产生速率高，储层升温迅速	井下加热器设计难度大，井眼附近温度高，影响井眼稳定性
微波加热	加热迅速，体积加热，内外同时加热	微波波长小，加热距离短
射频加热	加热速率高，体积加热，频率可调	井下射频加热器研发难度大

2　油气电热开采与新能源融合技术

2.1　油气电加热与新能源融合技术应用条件

与传统的常规能源相比，新能源电力具有资源量大、分布广泛、清洁环保、可持续等特点。目前，可供电加热开采油气的新能源电力主要包括风能和太阳能电力，因为油气开采现场往往具备日照时间长，风能资源丰富的条件，如新疆等区域。太阳能光伏发电在电力系统的应用越来越普遍，能有效解决偏远地区供电问题。同时，风能是我国储备量非常大的可再生能源，某些西方发达国家已经逐步将风力发电量发展至与传统火力发电量相近的水平，我国风力发电起步相对较晚，国家对风力发电的支持使得风力发电系统在逐步完善，也取得了良好的效果。这些都为新能源电力开发地下非常规油气资源创造了有利条件。因此，从风电、光伏和油气资源集中分布角度考虑，实施油气电热开采与新能源融合开发技术是可行的，如图7所示该技术的设计构思。

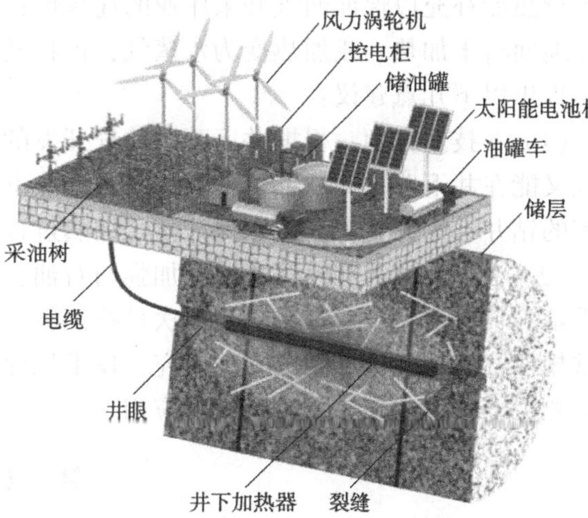

图7　油气电热开采与新能源融合开发技术

2.2　技术难点分析、对策以及攻关方向

油气电热开采与新能源融合开发技术在实施的过程中，面临诸多难题。从地面新能源电能供给侧出发，主要存在的关键技术问题如下：太阳能的应用受气候、昼夜的影响。风能、光伏等新能源具有间歇性、随机性、输出功率不确定、以及预测难度高等特点。另外，新能源电力也呈现出发电本身容量大、地理位置分散和波动性大的特点，给就地消纳造成一定的不确定性。因此，针对上述问题，从新能源应用于油气开发出发，提出如下解决办法：

（1）根据井下油气开发作业所采用的加热技术，优选能够适应输出功率不稳定的井下加热器，在此条件下，加热器可长时间工作，整个油气开发过程仅需将电能转化为含油地层内的热能即可。

（2）由于太阳能、风能具有间歇性，因此，对于不能满足井下最低油气开发热能需求的电功率时，可采用小规模的传统技术来进行热能补充，如燃烧采出的天然气来产生蒸汽，再注入到井下。此时，由于前期电力的能量供应，后期蒸汽注入的规模将大大减小，地面设备占地也明显缩减，这种做法不仅可以适应新能源电力的间歇性，还能保证油气开采作业的连续性。

（3）研发新型油气开采工艺。如将新能源电力在地面将水加热、或加热变为水蒸气，再将其注入到井下，这样的开采模式在理论上是可行的。因为常规开采作业中，主要是采用蒸汽加热，其蒸汽的来源是通过燃烧天然气，将水变为水蒸气，再注入到井下。

根据对国外技术发展历程和存在关键技术难点进行分析，对油气电热开采与新能源融合技术未来攻关方向有以下几点想法：

（1）研制与风电、光伏供电模式相匹配的电加热设备，并形成电加热地面、地下配套装备；

（2）建立不间断供电加热及其储层温度预测模型，模拟一定区域风电、光伏装机容量下井下电加热效果；

（3）优选最佳电加热方法，使之与风电、光伏供电相匹配，确定最优加热参数；

3 结论与建议

本文从化石能源和新能源角度探索油气清洁生产和新能源融合发展与新的应用路径，以解决化石能源开采“高耗能”、“高污染”以及新能源领域风电、光伏发电就地消纳难的问题，本文的研究得到以下几点认识：

（1）非常规油气开发应用较多的电加热技术主要包括电阻、电加热器、感应、微波和射频等加热方式。针对特定的地下油气赋存条件和环境，可根据不同电加热技术的加热原理优选加热方式；

（2）发展新能源电力开采非常规油气技术的两个必备条件为油气赋存地区的风能和太阳能资源充足且采用适合的井下电加热技术。

（3）太阳能、风能间歇发电难以满足井下油气高效开发需求时，可采用小规模的传统热采技术来进行热能补充以保证油气开采作业的连续性；同时还可以研发新型油气开采工艺，如将新能源电力在地面将水加热、或加热变为水蒸气，再将其注入到井下。

提出以下几点建议：

（1）在技术方面，根据井下不同油气开发的热能需求，着手研发既能够适应新能源电力的供电特性又能在井下恶劣环境下正常工作的新型井下电加热设备，同时需要提出与新能源电加热技术相匹配的钻井、完井新工艺，以保证整个加热过程的顺利实施。

（2）在人才培养和政策方面，加强与石油、煤炭、电力及其他相关高等学校的“产学研”合作，着重培养具有交叉学科背景的高层次科技创新人才。同时，建议国家应该积极关注新能源电力开采非常规油气技术并给予相关立项研究、技术先导性试验等活动的经费支持，并通过建立相关示范区加强相关新技术的现场试验与推广应用。

参 考 文 献

[1] Wacker B, Karmeileopardus D, Trautmann B, et al. Electromagnetic Heating for In-Situ Production of Heavy Oil and Bitumen Reservoirs[C]//Canadian Unconventional Resources Conference. Society of Petroleum Engineers, 2011.

[2] New Energy Outlook, Bloomberg New Energy Finance, 2020.

[3] Alomair O, Alarouj M, Althenayyan A, et al. Improving Heavy Oil Recovery by Unconventional Thermal Methods[C]. SPE Kuwait International Petroleum Conference and Exhibition. Society of Petroleum Engineers, 2012.

[4] Vinsome K, Mcgee B, Vermeulen F, et al. Electrical Heating[J]. Journal of Canadian Petroleum Technology, 1994, 33(4): 29-36.

[5] McGee B, Vermeulen F E. Electrical heating with horizontal wells, the heat transfer problem[C]. International conference on horizontal well technology. Society of Petroleum Engineers, 1996.

[6] Sandberg C, Thomas K, Penny S. The Useof Coiled Tubing for Deployment of Electrical Heaters in Downhole Applications[C]. SPE/ICoTA Coiled Tubing & Well Intervention Conference & Exhibition. Society of Petroleum Engineers, 2016.

[7] Alpak F O, Vink J C, Gao G, et al. Techniques for effective simulation, optimization, and uncertainty quantification of the in-situ upgrading process[J]. Journal of Unconventional Oil and Gas Resources, 2013, 3: 1-14.

[8] 赵文智，胡素云，侯连华. 页岩油地下原位转化的内涵与战略地位[J]. 石油勘探与开发，2018，45(4)：9.

[9] Wang Y, Liao B, Qiu L, et al. Numerical simulation of enhancing shale gas recovery using electrical resistance heating method[J]. International Journal of Heat and Mass Transfer, 2019, 128: 1218-1228.

[10] Wang Z, Gao D, Diao B, et al. Comparative performance of electric heater vs. RF heating for heavy oil recovery[J]. Applied Thermal Engineering, 2019, 160: 114105.

[11] Wang Z, Gao D. A Simulation Study on the High-Frequency Electromagnetic Heating Heavy Oil Reservoir and Analysis of Influencing Factors[J]. Arabian Journal for Science and Engineering, 2019, 44(12): 10547-10559.

[12] Wang Z, Gao D, Liu K, et al. Study on Radio Frequency Heating Pattern of Heavy Oil Reservoir Based on Multi-Antenna Configuration[C]. SPE International Heavy Oil Conference and Exhibition. Society of Petroleum Engineers, 2018.

[13] Gasbarri G, Diaz A, Guzman M. Evaluation Of Electric Heating On Recovery Factors In Extra Heavy Oil Reservoirs: SPE Heavy Oil Conference and Exhibition, Kuwait City, Kuwait, 2011[C].

[14] Wang Y, Wang X, Xing Yet al. Three-dimensional numerical simulation of enhancing shale gas desorption by electrical heating with horizontal wells[J]. Journal of Natural Gas Science and Engineering, 2017, 38: 94-106.

[15] Sandberg C, Thomas K, Penny S. The Use of Coiled Tubing for Deployment of Electrical Heaters inDownhole Applications: SPE/ICoTA Coiled Tubing & Well Intervention Conference & Exhibition, Houston, Texas, USA, 22-23 March, 2016[C].

[16] Guo W, Wang Z, Sun Zet al. Experimental investigation on performance of downhole electric heaters with continuous helical baffles used in oil shale in-situ pyrolysis[J]. Applied Thermal Engineering, 2019, 147: 1024-1035.

[17] Vinsome K, Mcgee B, Vermeulen Fet al. Electrical Heating[J]. Journal of Canadian Petroleum Technology, 1994, 33(4): 29-36.

[18] Ghannadi S, Irani M, Chalaturnyk R. Induction and Radio Frequency Heating Strategies for Steam-Assisted Gravity Drainage Start-Up Phase: SPE Heavy Oil Conference-Canada, Calgary, Alberta, Canada, 10-12 June, 2014[C].

[19] Mutyala S, Fairbridge C, Paré Jet al. Microwave applications to oil sands and petroleum: A review[J]. Fuel Processing Technology, 2010, 91(2): 127-135.

[20] Bera A, Babadagli T. Status of electromagnetic heating for enhanced heavy oil/bitumen recovery and future prospects: A review[J]. Applied Energy, 2015, 151: 206-226.

[21] Wise S, Patterson C. Reducing SupplyCost With EseiehTM Pronounced Easy: SPE Canada Heavy Oil Technical Conference, Calgary, Alberta, Canada, 7-9 June, 2016[C].

浅析双碳背景下大庆油田地热资源发展前景

张文婧　梁　源　王树恒　李　晶

（大庆油田有限责任公司）

摘　要　“碳达峰、碳中和”目标背景下，世界各国都在逐步增加对新能源发展的政策引导力度，促使油气时代向低碳时代转变。新能源不仅在当今经济社会发展、能源结构转型及生态环境改善等方面发挥日益重要的作用，也在石油行业发展中发挥越来越重要的作用。大庆油田作为国内最大的原油生产企业，肩负着能源安全保障、绿色低碳转型发展的重要使命。大庆油田地热资源储量丰富、分布广，开发利用潜力巨大，在我国能源低碳转型中表现出蓬勃的生命力。在目前技术条件下合理有效的开发利用地热资源，民用供暖以水热型为主、生产用能以岩热型为主，节能减排效果明显，值得大力推广，开发前景广阔。

关键词　双碳目标；碳排放量；地热资源；地热供暖

新能源是相对常规能源而言的一类新型能源，是指那些从自然界中获得的能量，而不会对环境造成明显破坏的能源。我国能源消费总量大、化石能源比重高，2020年中国能源消费碳排放量约为99.0×10^{8}t，约占世界碳排放总量的三分之一。近年来，国家大力倡导清洁能源，地热能作为一种绿色低碳、可循环利用的可再生资源必将在能源结构中扮演更加重要的角色。我国地热资源丰富，资源量占全球地热资源的六分之一，地热资源总量折算标准煤8532亿吨，地热资源开发利用潜力巨大。大庆油田肩负着能源安全保障、绿色低碳转型发展的重要使命。本文以大庆油田地热资源为例，通过对“双碳”背景下新能源的发展政策进行解读，以期为大庆油田的绿色低碳运营提供借鉴。

1　油田绿色低碳发展背景

2015年《巴黎协定》的正式通过，标志着全球对于应对气候变化、降低碳排放量达成了共识（王敏生，2023）。2020年9月22日，习近平总书记在第七十五届联合国大会一般性辩论上宣布了中国的碳达峰目标与碳中和愿景：中国将提高国家自主贡献力度，采取更加有力的政策和措施，二氧化碳排放力争于2030年前达到峰值，努力争取2060年前实现碳中和。2021年3月12日，《中华人民共和国国民经济和社会发展第十四个五年规划和2035年远景目标刚要》要求：加快推动绿色低碳发展，推动能源清洁低碳安全高效利用。2022年1月24日，中共中央政治局第三十六次集体学习上提出：要把促进新能源和清洁能源发展放在更加突出的位置。要加快发展有规模有效益的风能、太阳能、地热能等新能源。2022年10月16日，党的二十大报告明确提出：要积极稳妥推进碳达峰碳中和，立足我国能源资源禀赋，坚持先立后破，有计划分步骤实施碳达峰行动，深入推进能源革命，加快规划建设新型能源体系。2023年9月，第七届世界地热大会在北京召开，充分表明了中国在碳达峰碳中和目标下，大力推动地热能开发利用的信心和决心。

中国石油公司积极贯彻习近平生态文明思想，牢固树立绿色发展理念，锚定碳达峰碳中和战略目标，大力实施绿色低碳发展战略。2021年2月17日，戴厚良董事长接受央视专访时表示：“十四五”末，化石能源和低碳、零碳能源的发展格局初步形成，2050年左右基本达到近零排放目标。2021年4月8日，中国石油公司启动了公司发展史上最重要的一次改革，把油气与新能源并举，成为四大业务板块之首，开始真正将新能源上升到公司战略高度。制定了“清洁替代、战略接替、绿色转型”三步走总体部署。

大庆是国家的大庆，“大庆精神”、“铁人精神”是大庆油田义不容辞的责任和使命。大庆油田贯彻落实习总书记“把能源的饭碗牢牢端在自己手里”的指示，大力推动油气与新能源融合发展。2020年11月11日，大庆油田马鞍山碳中和生态园揭牌，总面积510亩，可吸收二氧化碳7326吨。2021年2月2日，油田公司五届五次职代会强调“积极推动地热、工业余热、风能和太阳能开发利用，加快建设先导示范工程，为油田绿色转型探索道路”。2023年1月17日，油田公司六届二次职代会提出“一稳三增两提升”奋斗目标中，明确新能源产量要增。大庆油田抢抓政策窗口期和机遇期，新能源发展驶入“快车道”。

2 地热资源规模及开发利用现状

就全球来说，优质的地热资源一般分布于环太平洋带、大西洋中脊带、东非裂谷带以及地中海-喜马拉雅带等板块交界处。地热能具有可再生、分布广、潜力大、碳排放低等优势，越来越受到世界各国的青睐，产业规模不断扩大。其中，浅层地热能、温泉洗浴、地热供暖为地热能直接利用的主要方式，占比高达95%。中国、美国、瑞典、德国、土耳其为地热直接利用量最大的五个国家，全世界地热直接利用装机容量超过100MWt的国家增至近40个。在人均直接利用地热能上冰岛首屈一指，地热能占该国能源总利用量的55%、占该国地热能使用量的64%、占该国热能的94%。2010年全球地热发电装机容量为9992MW，截止2020年，全球地热发电装机容量已达到15950MWe。美国、印度尼西亚、菲律宾、土耳其、肯尼亚为地热发电装机容量最大的五个国家。此外，美、法、德、英、日、澳等国家在地下高温岩体中提取热能的实验研究起步较早，已累积发电能力约12.2MW。

我国幅员辽阔，地热资源丰富，占全球的7.9%。地热资源主要分布于东部热盆带(以松辽盆地为代表)、中部温盆带(以鄂尔多斯和四川盆地为代表)、西部冷盆带(以塔里木盆地为代表)、板块碰撞造山高温异常带(以青藏高原为代表)。浅层地热能经过地源热泵可用来供暖或制冷，中温和低温水热型以直接利用为主，主要用于供暖、洗浴、养殖种植等，高温干热岩主要发电。截至2020年底，我国地热直接利用规模达4万兆瓦，占全世界的37%；地热能供暖、制冷面积达$13.9\times10^8m^2$，稳居世界第一。其中水热型地热供暖面积约$5.8\times10^8m^2$，2021年新增供暖面积超过$1\times10^8m^2$。北京、天津、河北、辽宁等地用在居民区供热，取得了很好的效果。

发电是地热能转化利用的顶级方式。我国在20世纪70年代初，建成了7个中低温地热发电厂。“十三五”期间，国内地热发电新增装机容量18.26兆瓦(云南瑞丽、四川康定、河北献县、西藏羊易)。2021年1月，山西大同建立我国中东部首个高温地热发电工程。地热发电具备发展潜力，未来装机量将持续增加。

3 大庆油田地热资源特征

3.1 油田概况

大庆油田位于松辽盆地北部、黑龙江省西部的松嫩平原(图1)，探区面积11.6万平方公里，地处哈尔滨、齐齐哈尔市之间。油田南北长140km，东西宽70km，总面积达$5470km^2$，是世界上数量不多的特大型湖盆陆相砂岩油田。也是我国纬度最高的一个油田。截至2023年3月26日，大庆油田已累计生产原油25×10^8t，占国家陆上原油总产量的36%，天然气超过$1460\times10^8m^3$，上缴税费及各种资金3.0万亿元，创造了世界同类油田开采史上的奇迹，为国家能源供应和能源安全做出了卓越的贡献。

然而，经过60余年的勘探开发建设，大庆油田已进入特高含水开发阶段，面临着剩余油分布更加零碎、成本激增、开发对象及措施效果越来越差等困难。同时，大庆油田能源消耗总量规模较大，所消耗的电能、天然气、水资源以及占用的土地是以前的几倍。202×年，大庆油田年能源消耗总量约为600万吨标煤，其中油气业务能源消耗占油田用能总量的60%以上，主要为天然气、电力(图2)。同时，油田地处高纬度亚寒带地区，气候条件相对恶劣，原油物性属“三高”原油，导致开发成本升高。油田碳排放总体呈现平稳高位的趋势，减碳降碳任务艰巨。

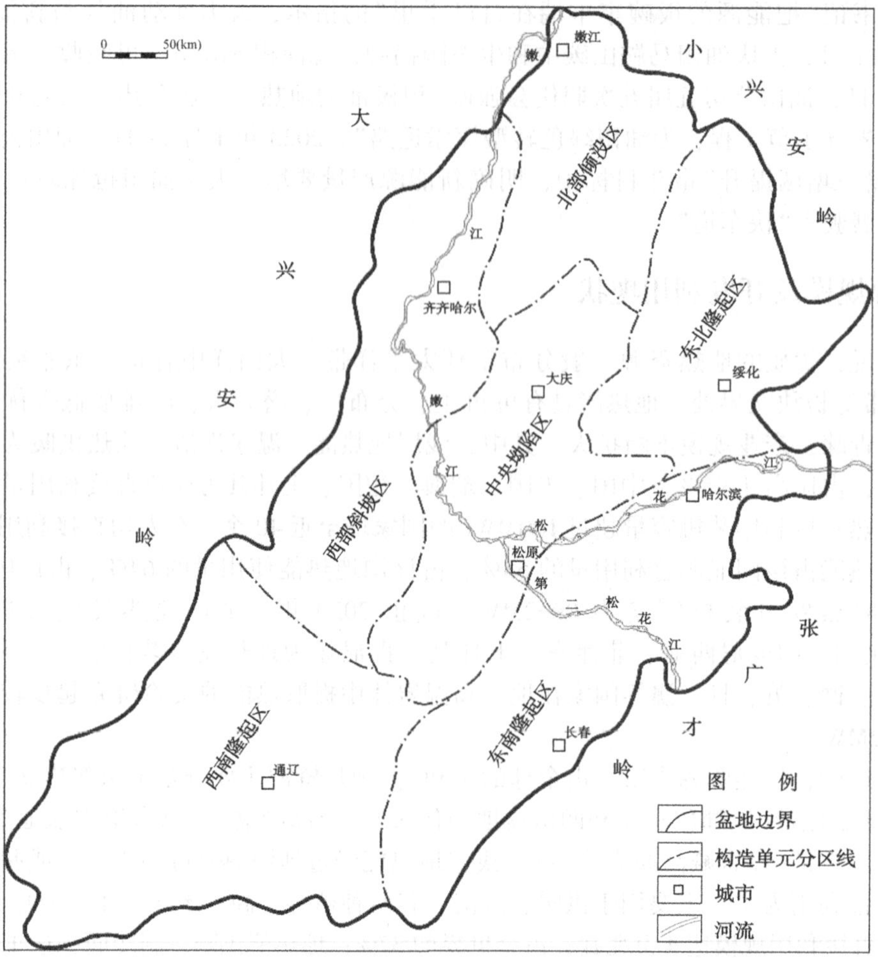

图 1 松辽盆地北部构造分区图

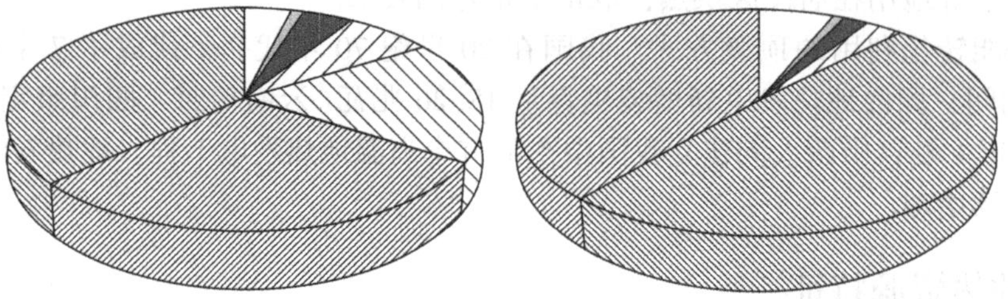

图 2 大庆油田总能源消耗(A)与生产能源消耗构成图(B)

3.2 地热资源地质特征

黑龙江省地热资源丰富，主要分布在松辽盆地北部、依舒和敦密地堑。松辽盆地大地热流值 $50\sim90mW/m^2$，地温梯度 3.0~5.0℃/100m，平均 3.8℃/100m，地温梯度高于全球平均值属于地热高异常区域，是中国北方最热的沉积盆地。盆地北部地温场平面上具有南高北低、东高西低的特点，盆地中央地温场高，向边缘逐渐降低。主要原因是地层水相对活跃并且具有较高的热导率，地下水以传导和对流的方式传递热能，以致盆地边部为明显的低温区。

松辽盆地为克拉通内复合型盆地，由于深部岩浆活动和太平洋板块向陆壳俯冲作用，导致亚洲东部形成超大型地幔隆起带，地壳减薄。盆地深部地质体处于这个超大型隆起带的中段，33km 莫霍面等深线圈定的面积大于 $14000km^2$，基本上与现今盆地内中央坳陷区及南北两端延伸区域相耦合；莫霍面深度小于 29km 的两个隆起与齐家-古龙凹陷和三肇坳陷这两个白垩纪大型坳陷的最深部位相吻合。此外，在松辽盆地的形成过程中，岩浆活动十分频繁。岩浆以喷发和侵入两种形式形成火山岩和侵入岩，无论哪一种都会成为研究区内局部重要热源，并且强烈的火山活动成为了地热带良好的热源，火山岩具有很强的放射生热率，这些都是地热异常区形成的有利条件。

4 大庆油田地热资源开发利用现状及前景

4.1 大庆油田地热资源开发利用现状

大庆油田在具有较高的地温场条件的同时，也具备较好的热储条件和水文地质条件。按照地热资源的分布位置和赋存状态，油田可划分为水热型、岩热型和干热岩三种地热资源类型，资源禀赋差异明显(表1)。中浅层砂岩型以水热型为主，深层火山岩型以干热岩为主。岩热资源规模大，是水热型的5~6倍，属于高丰度地热资源，是油田生产用能替代的主要热源。受制于岩石热传导效率低的影响，经济动用难度相对较大。

表1 松辽盆地北部地热资源分类及特征

温度分类	资源类型	层位	埋深/m	温度/℃	热量/(10^{12}GJ)	分布	利用现状
低温	水热型	姚家组—泉头组三段	900~2000	40~90	0.046	非油区	少量应用
中温	岩热型	泉头组二段以下	2000~4000	90~150	4.1	全区	—
高温	干热岩	基底花岗岩体	4000~6000	>180	11	花岗岩碎裂带	—

大庆油田目前正开展水热型地热能利用，出水层深度达到1480m，温度59.4℃，用潜水泵泵抽求产，日产水400~450m^3，井口水温42~47℃，地热水用于游泳馆温泉、洗浴用水。开展的浅层地热能地源热泵和水源热泵供暖改造工程，供暖面积2.78×10^4m^2，年可替代标准煤3300t。

基于油田本身独有特性，还有两种地热资源可供利用，一种是油田采出水，另一种是废弃老井改造成地热井。采出水余热具有温度适中、水量较大、水质较差等特点，紧邻油田生产流程，可以实现就地消纳，开发利用潜力较大。在不改变站内原有工艺和流程的前提下，利用采出水及注水电机余热进行燃料替代，回收余热用于原油加热和生活供暖，节省天然气的消耗量，实现了降低加热成本和节能减排。

截至目前，大庆油田共实施了20余项余热利用项目，供热能力58MW，年清洁替代折标准煤2.4×10^4t。其中2020年投运的新中一污水站余热利用工程，建设规模14.4MW，是油田规模最大的区域集中供热热泵站，投运后取代了中一联合站附近的5座燃气锅炉房，总供热面积2.4×10^4m^2，年节约燃气387×10^4m^3，年节省运行费用47.85×10^4元，减少碳排放1.2×10^4t，取得了良好的经济效益和社会效益。

4.2 大庆油田地热资源开发利用前景

当前，中国为了实现“双碳”目标，地热资源成为一个重要的新型替代能源。与太阳能、风能等其他清洁能源相比，地热能具有无法替代的优势，并且在治理环境污染、调整能源结构等方面，地热能显示出了巨大的发展空间和潜力。大庆油田地热资源处于起步阶段，与华北、冀东等油田地热开发，存在一定差距。大庆油田结合地下资源与地面用热需求，对地热资源的资源品位、开发前景、配套技术与经济效益等方面进行综合评价，攻关多能互补理论技术。

目前，地热供暖项目共有32个，其中运行项目21个，供暖面积274000m^2。一个采暖季就可替代能耗近20000t标准煤，节约资金近1500万元。松辽盆地北部地热水可采资源量为2300×10^8m^3，地热水可采资源热量500×10^8GJ，可采热能折标煤近18×10^8t，未来开发利用前景广阔，有利支撑大庆油田新能源清洁替代目标实现。对于不同地温热储采用阶梯式的开发利用：对于25~60℃地热水，可用来养殖、灌溉农田、改善土壤、温泉、温室、制冷供热、医疗、采暖等；对于60~150℃地热水，可采暖、烘干、发电、制冷、工艺流程、工业利用等；对于大于150℃地热水，可用来发电、烘干等。

5 结论

(1) 按照国家“双碳”目标、中国石油公司确定的“清洁替代、战略接替、绿色转型”三步走的发展战略，大庆油田抢抓政策窗口期和机遇期，新能源发展驶入“快车道”；

（2）松辽盆地北部地热资源丰富、分布范围广，具有埋深相对适中、单井出水量大、井口水温度高的特点，具有较高的利用价值，开发前景广阔。

参考文献

[1] 刘仁厚，杨洋，丁明磊，等．“双碳”目标下我国绿色低碳技术体系构建及创新路径研究[J]．广西社会科学，2022，4：8-11.

[2] 贾爱林，程刚，陈玮岩，等．双碳背景下中国天然气供需形势预测[J]．石油勘探与开发，2023，50(2)：431-435.

[3] 王转转，欧成华，王红印，等．国内地热资源类型特征及其开发利用进展[J]．水利水电技术，2019，50(6)：186-189.

[4] 董月霞，黄红祥，任路，等．渤海湾盆地北部新近系馆陶组地热田特征及开发实践—以河北省唐山市曹妃甸地热供暖项目为例[J]．石油勘探与开发，2021，48(3)：666-675.

[5] 王敏生，闫娜，光新军．国际油田服务公司低碳发展策略与启示[J]．油气与新能源，2023，35(2)：13-15.

[6] 习近平在第七十五届联合国大会一般性辩论上的讲话[N]．人民日报，2020-09-23(1).

[7] 王小军，白雪峰，陆加敏，等．松辽盆地北部油气勘探新领域、新类型及其资源潜力[J]．石油学报，2024，45(1)：1-3.

[8] 王社教，朱焕来，闫家泓，等．大庆油田地热开发利用研究新进展[J]．地热能，2014(2)：3-10.

[9] 杨明杰，潘昊，赵晶石，等．大庆地区地热资源勘探与开发利用的探讨[J]．国土资源科技管理，2000，17(2)：6-9.

[10] 刘润利，任战利，叶汉青，等．地热资源潜力评价—以鄂尔多斯盆地部分地级市和重点层位为例[J]．2021，40(4)：565-575.

[11] 周守渠，张建斌，周博俊，等．地热低温供暖项目投资规模和经济效益影响因素分析[J]．油气与新能源，2022，34(4)：46-50.

[12] 汪艳勇，彭会君，庞志庆，等．大庆油田新能源产业发展对策探讨[J]．油气与新能源，2022，34(2)：82-87.

第二篇

风光储一体化篇

在全球能源结构转型和气候变化双重背景下，可再生能源的发展已成为全球能源战略核心。随着全球能源消费结构转变——传统化石能源占比逐渐下降、可再生能源占比持续上升，可再生能源与油气行业互相融合应运而生，为能源行业可持续发展提供了新的思路和方向，正逐渐成为一个重要趋势。本篇汇集了风电、光伏、锂电和储能等领域最新技术进展，探讨上述技术领域与传统能源融合的最新理论成果、技术应用、实现途径、挑战与机遇等，旨在为传统油气行业的发展突破创新瓶颈，也为新能源的发展拓展更广阔的空间。

等离子随即引燃节能放空火炬系统研究与应用

张 颖[1] 杨 光[1] 李东升[1] 葛 旭[1] 蒋成银[2] 翁军利[3]

（1. 长庆工程设计有限公司；2. 长庆油田分公司第三采气厂；3. 长庆油田分公司第一采气厂）

摘 要 目前国内外气田天然气厂站放空火炬系统大多数采用高空电点火和地面爆燃点火的组合方式，在使用过程中可靠性差、故障率高、维修难度大，同时防回火措施需要消耗大量燃料气并产生大量碳排放，不符合节能低碳环保的发展理念。等离子随即引燃火炬采用“等离子点火”技术，利用等离子体强化燃烧的特点，对现有火炬系统进行全面升级改造，包括等离子火焰点火系统、微正压升降式组合燃烧器、广域等离子火焰检测系统、微正压保持系统、智能控制系统等五个核心部分。该技术主要是利用等离子体强化燃烧的特点，缩短了点火延迟时间，扩大了点火边界，提高了点火可靠性。同时通过危险与可操作性(HAZOP)分析和失效模式和影响(FMEA)分析，分析了偏离设计工艺条件和设备故障模式下所导致的后果，设置了四层保护来保障可靠点火、可靠火焰检测、可靠防回火，从而消灭长明母火。该技术应用于长庆油田取得了良好效果，实现了火炬“零”燃料气消耗，也为放空气回收奠定了基础。

关键词 等离子火炬；随即引燃；HAZOP 分析；自动点火

目前，长庆气区靖边气田、高桥及苏南自营区共有下古集气站 100 余座、天然气处理厂及净化厂 10 余座，均为传统长明火炬，初步估算，全气田火炬系统每年消耗燃料气量巨大。随着国家 2030 年碳达峰，2060 年碳中和目标的提出，对于长庆气田大中型场站熄灭火炬长明主火和长明灯，实现放空气回收就显得十分重要。同时，长庆油田已陆续在处理厂及集气站开展放空气回收的研究，但传统火炬系统由于点火技术及防回火密封技术不够完善，需要大量的燃料气用于长明灯的燃烧和火炬系统的吹扫，导致这部分气体无法进行回收。通过采用在航空领域广泛应用的“等离子点火”技术，结合自动控制、节能环保方法对传统火炬进行全面升级，可在火炬放空瞬间随即引燃火炬，而不放空时处于安全关闭状态，从而消灭长明母火，实现火炬“零”燃料气消耗。该技术主要是利用等离子体强化燃烧的特点，缩短了点火延迟时间，扩大了点火边界，提高了点火可靠性。

1 传统火炬点火系统

国内外气田天然气厂站放空采用的火炬系统主要包括常规或音速火炬头、阻火密封装置、长明灯和自动点火系统等组成部分，火炬系统分设两套点火系统：一套是地面爆燃点火设施，另一套是高空电点火设施。火炬放空时，位于放空总管上的检测仪表将信号传至点火控制箱(PLC)，启动防爆高能高空点火器，点燃引火筒，引燃长明灯和火炬，热电偶火检和紫外线火检检测到火炬火焰，在火炬放空过程中火炬未点燃，长明灯意外熄灭，热电偶检测信号报警并把信号传至 PLC，PLC 将重新启动点火程序点燃长明灯。若还是未点燃，则利用地面爆燃装置进行点火。

火炬放空系统是保证工厂各装置开、停工和正常生产的公用工程之一，防止系统回火设施的正确选择和设计，是保证系统安全的重要措施。现有传统火炬放空系统防回火措施主要包括在放空管路上设置密封罐，阻火器以及采用连续吹扫气防止逆燃三种。随着放空火炬的长年运行，逐渐暴露出以下几个影响工厂安全生产和耗能严重的问题：1、火炬点火方式单一且点火成功率低；2、火炬运行缺乏有效的监测手段；3、火炬燃烧器、长明灯故障彩响安全运行，高空热电偶检测装置易损坏且更换难度大；4、密封方式需要消耗大量燃料气，甚至长明火保持燃烧。因此，传统火炬放空系统在安全可靠性、节能减排、使用维护性能等方面还有待于进一步提高。

2　等离子随即引燃点火系统研究

2.1　等离子火焰点火原理

等离子体是固体、液体、气体之外的第4物质状态，它是由带电的正离子、负离子、自由基和各种活性基团组成的集合体，在航空中具有十分广阔的应用前景，包括流动控制、点火助燃、表面工程和隐身等方面，其科学基础是等离子体动力学。等离子体点火助燃是利用等离子体的高温效应、气动效应和化学效应，提高点火能力和燃烧效率的新型点火技术，其基本原理是通过产生自由基、氧原子、臭氧等粒子，快速加热和催化效应，增强点火，提高火焰传播速度和稳定能力，拓宽熄火极限，进而在更高气压、更低火焰温度、更贫燃料条件下实现高效燃烧。

等离子体点火助燃中的物理和化学动力学过程，涉及到燃烧动力学与活性基、激发态粒子、离子、电子以及其他中间产物间的强烈耦合(图1)，这一新兴学科涉及等离子体物理化学，原子、分子能量传递，燃烧动力学，气体动力学，光学诊断，计算流体力学等多个学科。

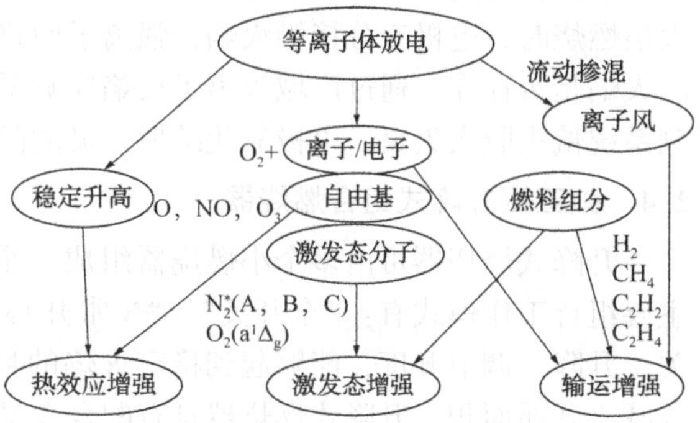

图1　等离子体点火助燃的可能途径

等离子体强化燃烧包括等离子体点火和等离子体助燃两个方面。等离子体点火是利用高温、高速、富含活性粒子的等离子体来进行点火的，可以缩短点火延迟时间，扩大点火边界，提高点火可靠性。等离子体助燃是利用气体放电，产生具有化学活性的组分，加热可燃混合气，并对流场产生扰动，改变其燃烧状态来助燃的，能扩大稳定燃烧范围，降低有害气体的排放。

等离子体点火助燃具有热效应和化学活性效应的综合技术优势，在提高燃烧效率、拓宽稳定燃烧范围等方面具有广阔的应用前景。通过多种实验平台、激光等先进的测试手段和建模仿真，也验证了等离子体点火助燃对于提升低温、超贫燃和高速条件下的燃烧性能具有显著效果。

等离子随即引燃火炬是采用“等离子点火”技术、在火炬放空瞬间随即可靠引燃火炬，而不放空时处于安全关闭状态的新型火炬。随即引燃火炬包括等离子火焰点火系统、微正压升降式组合燃烧器、广域等离子火焰检测系统、微正压保持系统、智能控制系统等五个核心部分。

2.2　等离子火焰点火系统

等离子火焰是利用等离子体点火助燃原理，连续释放高压电能，在点火枪上形成稳定的高温等离子电弧，这种等离子电弧在外观上酷似火焰燃烧，因此称之为等离子火焰。高温等离子火焰不仅可以“点燃”空气、惰性气体，而且可直接点燃各种放空气体，点火可靠性极高。等离子火焰具有以下性能：(1)可靠性高，具有极强的催化点燃助燃性能，能使各种气体电离“燃烧”。(2)作用速度快，接触即燃；以毫秒为单位的计量，以电流速度传导。(3)具有超自然的抗干扰能力，不受自然界任何级别风雨的影响。(4)可直接点燃1MPa以上的强气体射流，不受排放气流强弱、不同组分的影响，如表1所示。

表1　传统电子点火和等离子火焰点火系统性能比较

序号	功能特性	高能点火	等离子火焰
1	点火原理	高压脉冲放电	连续高温等离子体
2	点火能量功率	$W\leqslant 5$J，$T\geqslant 5$s，$P\leqslant 1$W	1000W
3	电极间距	≤2mm，针式电极	10mm以上，异形电极
4	耐环境温度	差	强
5	电源附件性能	DC模块、温控器易坏	无
6	点火能力	稳定气流，长明灯	直接点燃高速放空气体

续表

序号	功能特性	高能点火	等离子火焰
7	抗风能力	—	1MPa 射流，16 级风的 500 倍
8	抗雨水能力	—	200mm/min，特大暴雨 1000 倍
9	抗烧蚀能力	弱，电极 Ø3mm	强，电极 Ø40mm×100mm
10	使用寿命	连续点火不超过 100h	长期，10 年以上

2.3 广域等离子火焰检测系统

利用火焰的弱导电性，通过特种技术控制高能电场在火炬燃烧火焰中的放电方式，形成稳定的等离子流，通过检测等离子电流准确判断火炬是否被点燃。在火焰可能经过的区域布置检测电极，火炬燃烧时，电极充分接触火焰，强离子回路导通；火炬熄灭时，强离子回路不导通，可大面积探测火焰是否存在。通过广域等离子火焰检测系统，有效解决了传统火炬通过热电偶或弱离子火焰检测系统偏火脱火失灵、电极氧化结垢失灵的问题。

2.4 微正压升降式组合燃烧器

升降式燃烧器可由多个小燃烧器组成一个大型燃烧器，也可按开启压力分成多级大型燃烧器。主要组合工作模式有："全开关"、"N 常开+M 开关"、"分级开关"等，可随着流量、压力的自动开关、升降、调节开度，能够起到稳定火焰的目的，当无气体放空时，又能关闭火炬与外界的联通，或减小联通面积。升降式燃烧器具有配合少量燃料气就能起到关闭时机械密封、速度密封、微正压密封的作用；开启时又有稳定燃烧火焰等优点，避免了火炬熄火、回火、闷烧风险，解决了火炬安全稳定燃烧问题，同时具有减少燃料气消耗、节能环保作用。燃烧器可随放空流量大小改变开度或形状，使火炬成为"开度自动调节火炬"，如图 2 所示。

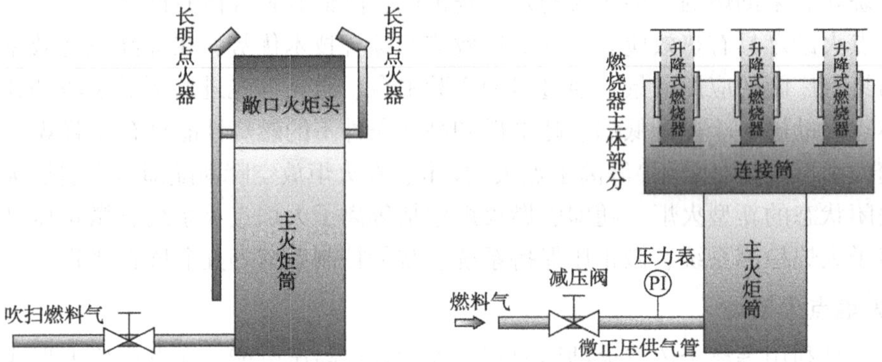

图 2　传统火炬头与新型火炬燃烧器比较示意图

2.5 微正压保持系统

微正压保持系统由微正压升降式燃烧器构成双密封阻火器、微正压流程工艺管线设备组成。在火炬关闭时，保持火炬筒及放空管网微正压状态，将外部空气完全隔绝。微正压升降式燃烧器可改变火炬开口大小，微正压保持火炬工作状态最低压力水平，对放空系统具有机械密封、气体密封的双密封阻火功能，使放空系统具有"本质安全"，如图 3 所示。

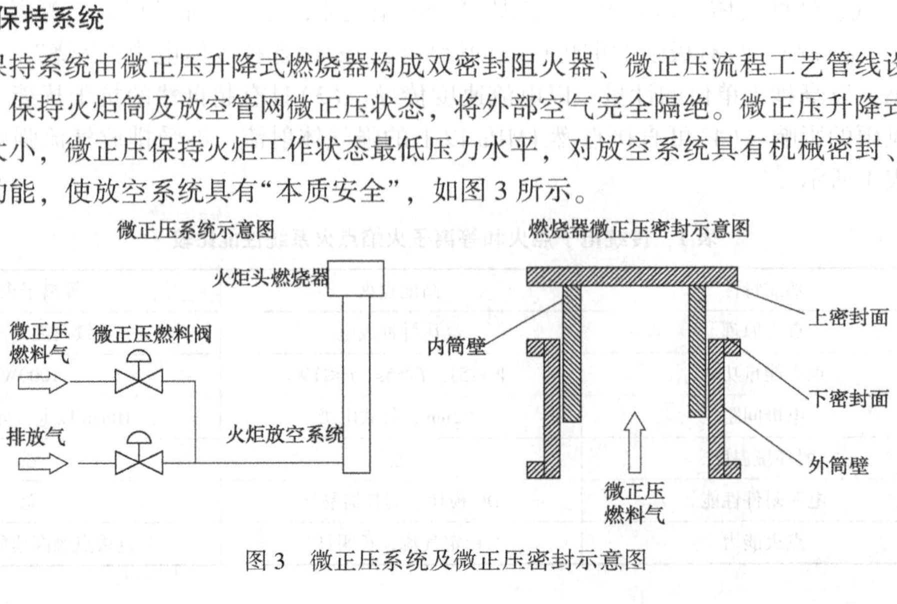

图 3　微正压系统及微正压密封示意图

2.6 智能控制系统

随即引燃火炬控制系统由PLC控制器、手动点火控制、微正压检测、火焰检测、火炬开关状态检测、等离子点火控制、微正压控制等部分组成。升降式燃烧器随放空流量自动调节控制开度。当火炬突然放空时，燃烧器被放空气体打开，控制系统随即启动等离子点火，点燃并监控火炬燃烧火焰。放空完毕，燃烧器关闭，微正压系统保持火炬微正压安全状态，如图4、表2所示。

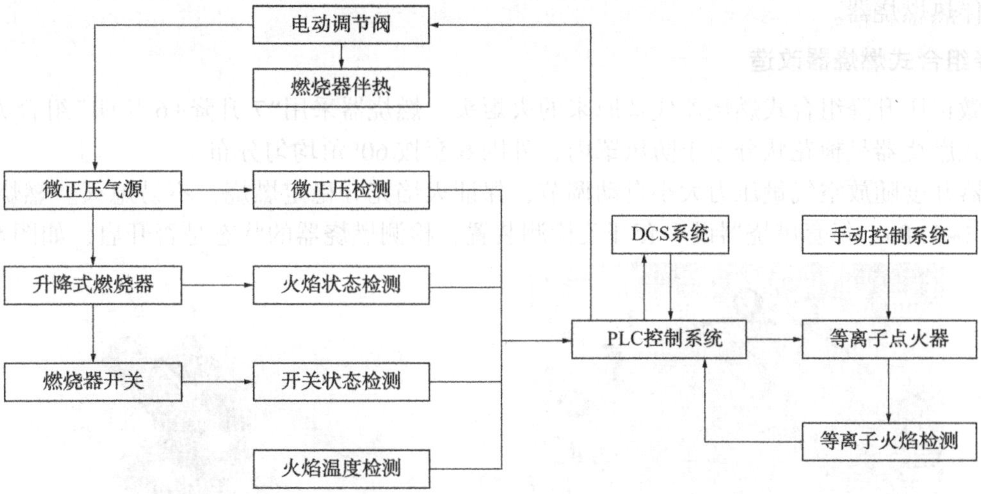

图4 智能控制系统示意图

表2 传统火炬与等离子随即引燃火炬综合性能对比

序号	功能特性	原有传统火炬	等离子随即引燃火炬
1	主火	火炬筒主火及长明灯一直长明燃烧	常燃燃烧器小火长明。主火平时熄灭，放空时随即引燃
2	点火方式	高能电子点火实质为电子点火，因电极电蚀、高温腐蚀、高压包损坏等故障率高，抗强风雨能力很低，可靠性低	等离子点火，可靠性高，故障率低，抗风雨能力极强
3	火焰检测	热电偶或弱离子火检，准确度低，故障率高，使用寿命短	广域等离子检测，准确度高，故障率低，使用寿命长
4	密封方式	敞口式火炬，大量吹扫气密封，耗气量大	开关式火炬，微正压双密封，耗气量极少，可节约吹扫气原来用量的95%以上
5	燃烧稳定性	大气量较稳定，小气量易熄灭	大小气量开度可调，燃烧稳定
6	节能效果	不节能	节约燃料气95%以上
7	火炬系统维护量	连续点火不超过100h	长期，10年以上
8	安全性	存在点火失效、熄火、回火、闷烧现象，安全性差	全方位“本质安全”，安全性极高
9	碳排放	2018.12t/a(以某净化厂为例)	无(或极小)
10	影响生产的风险	火炬熄灭、故障检修可能对生产影响较大	火炬运行稳定，对生产影响极小
11	操作难度	需要现场空气、燃料气配气等操作，难度较大	电控一键式操作，站控室、现场两地操作

3 长庆油田等离子火炬改造技术

采用等离子随即引燃火炬技术改造点火系统、完善火焰检测系统、采用先进密封技术和完善控制系统等对长庆油田某净化厂2#火炬进行改造，使其变为节能、绿色低碳和低成本运行火炬。

3.1 等离子点火系统改造

采用高温等离子点火技术替代传统“电子点火+燃料气母火+长明灯”的点火技术，每套等离子点火装置配1套等离子火焰检测系统，具有自检功能，检测点火器高温等离子体电弧工作状态。点火采用站控室手动、PLC自动控制操作模式。

3.2 广域等离子火焰检测系统改造

采用广域等离子检测技术，保证火焰检测的准确性、可靠性高；增加火焰检测报警功能。安装6套广域强离子火焰检测系统，位于火炬燃烧器上方，对称分布，保证火焰检测准确可靠，将检测信号传送至主机，然后上传至站控室SCADA系统，与等离子点火系统构成自动联锁控制系统。另外，安装3套热电偶温度检测系统，用于燃烧器温度检测，当环境温度达到0℃时，加大微正压调节，启动伴热燃烧器。

3.3 升降组合式燃烧器改造

采用微正压升降组合式燃烧器代替原来的火炬头。燃烧器采用“7升降+6长明”组合方式，7套升降开关式燃烧器呈梅花状分布于防风罩内，外围6套按60°角均匀分布。

燃烧器开度随放空气量压力大小自动调节，保证火焰充分稳定燃烧、不易熄灭。燃烧器开启压力设定为2~3kPa。每套燃烧器设一套开关检测装置，检测燃烧器的状态是否开启，如图5所示。

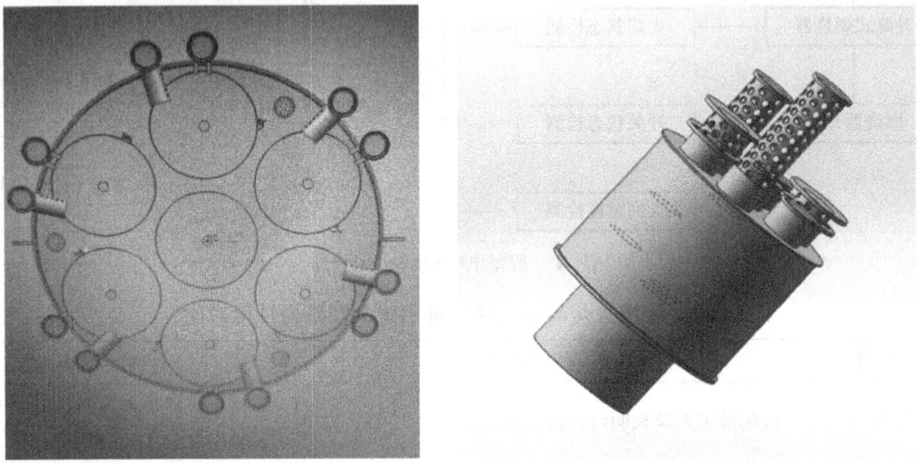

图5 升降组合式燃烧器

3.4 微正压安全保持系统

采用微正压升降式组合燃烧器和微正压燃料气双密封阻火技术有效阻止回火和爆燃事故发生。在放空总管或分液罐安装3套微正压测量压力变送器，与调节阀构成微正压自动调节系统，与等离子点火系统构成自动点火控制系统；3套压力变送器按3取2运算，如图6所示。

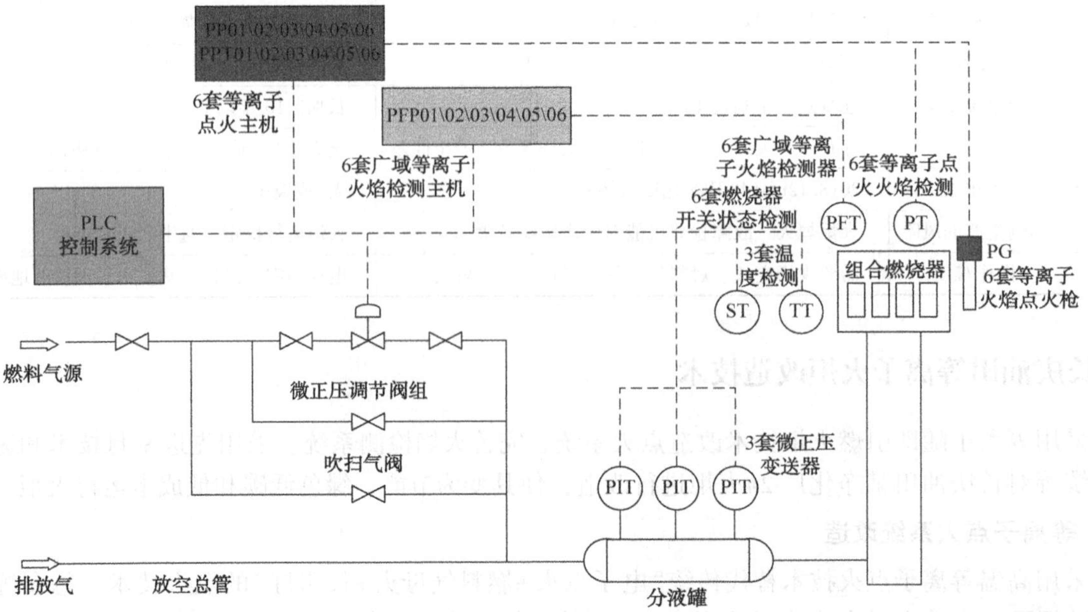

图6 微正压安全保持系统示意图

3.5 安全冗余设计

等离子随即引燃火炬各子系统均采用多套冗余设计，充分保证火炬系统的安全运行。设置火焰温度检测、升降式燃烧器开关检测、燃烧器火焰状态检测，微正压检测等四层保护来保障可靠点火。

1. 3套微正压变送器有2套检测到压力高于设定值，开启点火；
2. 7套升降式燃烧器有1套检测到开的状态，开启点火；
3. 广域等离子火焰检测系统检测到没有火焰，开启点火；
4. 等离子点火系统具有等离火焰检测和定期自检功能，自检时，开启点火。

4 HAZOP 与 FMEA 分析

考虑人员安全、环境污染及财产损失三方面的影响，运用 HZAOP 分析方法，对等离子火炬系统进行风险辨识。系统分析了泄放气流量、液含量、烟气出口温度、火炬筒体温度、火焰高度、燃烧状态、噪声等控制参数有意义的偏差、可能的原因、可能导致的后果，并针对高风险的偏差提出建议措施，如表3所示。

表3 HAZOP 分析建议措施汇总表

序号	原因/初始事件	后果	已有保护措施	接受后关闭的方案
1	等离子点火火炬头微正压升降式燃烧器系统故障卡住，无法启动，1个火炬头无或少流量	如此时放空系统全量放空，故障的火炬头无法启动，可能导致全量放空无法及时放空，存在安全隐患	1. 等离子随即引燃火炬系统的燃烧器内筒和外筒使用间隙配合，再通过合理设计燃烧器内筒壁厚和下限位沿边形式，是能保持燃烧筒在使用中的外形完整性，从而保证燃烧筒升降动作顺滑； 2. 六个火炬头中微正压升降式燃烧器设有检测开关； 3. 定期对等离子点火火炬头进行升降测试	燃烧器考虑冗余量，当1个燃烧器无法正常开启，其余6个是可以满足最大放空量的
2	等离子点火火炬火炬头设计温度，1200℃，但火炬头点火温度为6000℃左右，等离子点火火炬火炬头温度高	如等离子点火火炬火炬头点火系统失效，长时间点火，可能导致火炬头高温损坏	等离子点火火炬火炬头设有三套温度检测及报警	“火炬头点火温度为6000℃”是指等离子火焰点火在点火枪内部产生持续的、温度高达6000℃以上的等离子火焰，是等离子火焰本体的温度。对火炬头没有任何影响，且热电偶安装在火炬头内部，检测的是放空气火焰温度。可满足实际运行温度检测
3	新增等离子点火火炬酸性气在高温条件下形成硫磺	可能导致新增等离子点火火炬火炬头处形成硫磺，严重时影响火炬系统运行	—	火炬头正常燃烧不会形成硫磺，在氧气不足时才会产生硫磺、硫磺的熔点在112℃左右，沸点444℃，点火初期做好燃料气伴烧，确保火炬头始终处于燃烧状态，燃烧器处即使产生硫磺也会随时蒸发燃烧
4	上游来气酸性气浓度高	严重时可能导致酸性气无法点燃，排放后污染环境，存在安全隐患	火炬设有火焰检测	酸气泄放时，PLC控制系统流量自动调节模式切换为手动调节模式，调节电动调节阀开度同时，增大燃料气流量后进行手动点火操作，直至点燃。同时采取现场人工操作开大吹扫气阀（原有）或微正压旁路阀（新增）的方式增大伴烧气量

同时为识别、分析和评估等离子火炬系统的故障模式以及故障发生的原因和故障产生的后果，采用FMEA分析方法对设备不同层级的潜在失效模式识别，对失效发生的原因和失效的影响进行了

详细的分析与辨识，针对设计选型、检验维护、探测方法等方面提出相应的建议措施，有助于进一步提升设备/设施的安全性和可靠性，预防失效的发生或减少失效产生的影响，如表4所示。

表4 FMEA分析建议措施汇总表

序号	建议措施	是否接受	接受后关闭的方案/不接受的理由
1	建议包含火炬头改造部分的整个排放系统进行PHA分析，以防止上游工艺系统的变化导致火炬头的故障(如燃料气供应中断可造成火炬头速度密封和微正压密封的失效)	接受	已进行过相关分析，在现有工艺条件下，上游工艺系统的变化不会导致火炬头的故障。(如燃料气中断，由于机械密封的作用，也不会导致密封失效)
2	建议对火炬头改造部分的施工过程进行安装质量控制，并在投用前火炬头的总体性能进行测试	接受	该火炬头投运前进行了全面测试，目前一净火炬已经投运，运行正常
3	针对等离子点火系统、广域火焰检测系统的电缆绝缘强度降低，建议定期进行电气性能测试	接受	建议净化厂停产检修期间测试维护一次
4	针对燃料气微正压系统的管道焊口位置焊接质量不足，建议进行制造工艺确认，或对关键制造过程进行工厂见证	接受	关键制造过程已经委托进行第三方无损检测
5	针对燃料气微正压系统的法兰连接处的静密封失效，建议定期对静密封点进行泄漏检测(如，采用肥皂水进行测试)	接受	定期对静密封点进行泄漏检测

5 现场应用效果

等离子随即引燃火炬在长庆油田某净化厂投用以来，等离子点火系统、等离子火焰检测系统、微正压燃烧器、微正压保持系统、火炬伴热系统、温度检测系统、PLC控制系统、DCS系统等各部分功能正常，火炬运行安全平稳，节能减排效果显著。

5.1 等离子火焰点火和等离子检测可靠性测试

现场多角度、多方向等离子火焰点火测试，每次都可靠点燃，成功率100%；火焰检测测试成功率100%。

5.2 升降式燃烧器密封性能测试

5.2.1 连续供气微正压密封性能测试

逐渐开大供气阀门，测试结果表明，压力小于1.90kPa时，流量、压力及流速均变化缓慢，说明密封稳定，压力小于燃烧器开启压力(临界密封压力)。继续开大供气阀门，压力大于1.90kPa时，流量突然急剧增加，压力、流速却变化更慢，压力大于燃烧器开启压力，说明燃烧器已经开启，如表5所示。

表5 微正压密封性能测试数据

序号	压力(kPa)	流量(m^3/h)	燃烧器出口流速(m/s)	备 注
1	0.10	0.15	16.67	密封良好
2	0.20	0.30	23.57	密封良好
3	0.29	1.46	28.38	密封良好
4	0.30	1.47	28.86	密封良好
6	0.35	1.72	31.18	密封良好
5	0.41	1.98	33.75	密封良好
6	0.49	2.50	36.90	密封良好
7	0.50	1.20	37.26	密封良好
8	0.66	2.40	42.82	密封良好

续表

序号	压力(kPa)	流量(m^3/h)	燃烧器出口流速(m/s)	备　注
9	0.88	4.26	49.44	密封良好
10	1.06	6.18	54.26	密封良好
12	1.21	5.10	57.98	密封良好
13	1.54	8.73	65.41	密封良好
14	1.70	10.70	68.72	密封良好
15	1.81	13.10	70.91	密封良好
15	1.83	16.50	71.30	密封良好
16	1.90	100.00	72.65	燃烧器开启
17	1.96	186.00	73.79	燃烧器开启

5.2.2 燃烧器充气后停止供气微正压密封性能测试

打开供气阀门给燃烧器充气，至开启压力(约 1.90kPa)后关闭阀门，停止供气，燃烧器容量 2.21m^3。在开启压力以内，流量、压力、流速变化随压力降低而减小，密封良好，如图 7、8 所示。

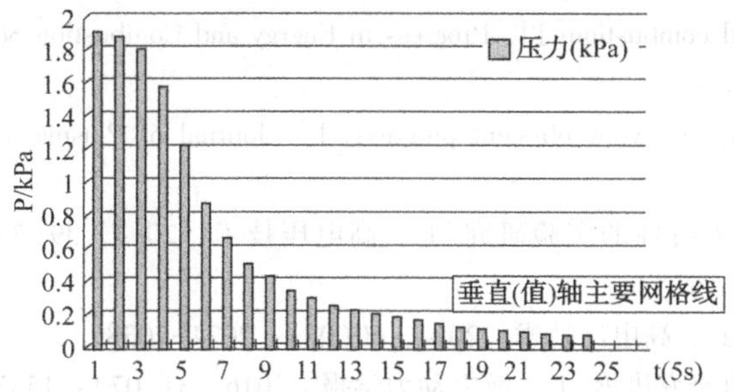

图 7　压力随时间变化情况

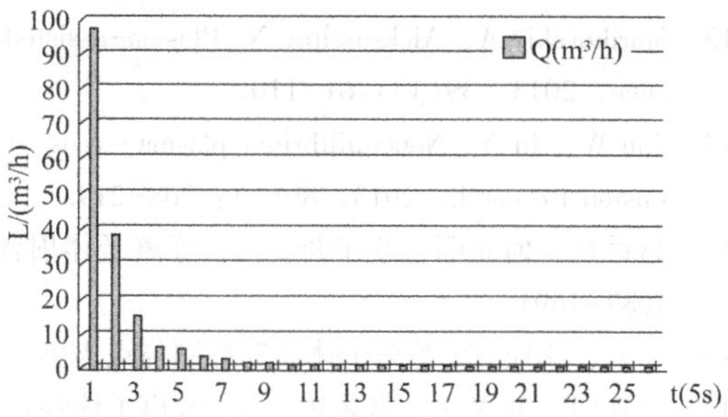

图 8　泄放流量随时间的变化情况

5.2.3 试验结论

(1) 密封性

在开启压力以下，燃烧器微正压密封性能良好，具有机械密封、微正压气体密封、速度密封多密种封作用。在开启压力以上具有微正压密封、速度密封双重的作用。火炬微正压密封工艺达到本质安全的标准，防回火、防爆燃性能良好。

(2) 测试结果性能符合标准

根据《SH 3009—2013 石油化工可燃性气体排放系统设计规范》的要求，能够防止空气侵入导致闷烧的吹扫气出口最小流速应不低于 0.15m/s。表中根据实测压力在 0.1kPa 时，出口流速为 16.67m/s，远大于 0.15m/s，形成很好的速度密封效果，完全符合规范要求。

6 结论及建议

等离子随即引燃火炬在长庆油田的应用，一方面提升了火炬系统的安全性和可靠性，另一方面节约了原火炬系统长明灯及吹扫所需的燃料气，满足了节能、低碳的要求。

(1) 火炬系统安全性能达到本质安全标准：点火可靠性 100%，微正压密封可靠性 100%，无点火失效、回火、爆燃等风险。

(2) 节能增效显著：以长庆气田某净化厂火炬系统改造为例，改造后可降低燃料气消耗 62.6×10^4m^3/a，相当于节约能耗 776.2tce/a，减少 CO_2排放 2018.12t/a，节约燃料气费用约 76.4×10^4元/a (气价按 1.22 元/m^3)。

目前，国内外火炬气回收工艺大多采用“气柜+压缩机+水封(分子封)+传统长明火炬”技术，随着等离子随即引燃火炬新技术的应用，下一步通过“等离子随即引燃火炬+压缩机”回收工艺，可实现放空气完全回收，减少设备投资，降低运行维护成本。

参 考 文 献

[1] 张世虎，郭永强，张浩然，等. 苏里格气田天然气回收利用技术研究及评价[J]. 石油石化节能，2020，10(12)：65-70+12.

[2] 薛茂梅，奚文杰，曹枫，等. ASPEN 在火炬排放系统设计的应用[J]. 广州化工，2010，38(06)：203-204.

[3] 署恒木，魏升龙，杨远，等. 天然气处理厂放空火炬系统的稳定性分析[J]. 中国石油大学学报(自然科学版)，2013，37(01)：114-118.

[4] 何英勇，葛华，贾静，等. 天然气集输井站安全系统设置[J]. 天然气工业，2008(10)：105-106+148.

[5] 殷建成，何云冰，杨立，等. 放空点火系统的优化改造及应用[J]. 广州化工，2021，49(12)：146-148.

[6] 王艳玲，王非，张凤波. 合理选择火炬放空系统防回火措施[J]. 天然气与石油，2013，31(03)：36-38+4-5.

[7] 钟伟，夏勇，江伟平，等. 放空火炬节能技术改造及运行效果分析[C]//第八届宁夏青年科学家论坛石化专题论坛论文集.《石油化工应用》杂志社，2012：4.

[8] 周艳杰，王瑛，郝丽，等. 长庆气田处理厂放空火炬设计与应用[J]. 石油化工应用，2016，35(08)：142-145.

[9] 魏丽，李玉斌. 降低海上油气田火炬放空天然气量的技术思路探讨[J]. 应用能源技术，2014(08)：27-32.

[10] 陈佳洱. 等离子体物理学[M]. 北京：科学出版社，1994.

[11] Roth JR. Industrial plasma engineering：Vol. 1 principles[M]. london：Institute of Physics Bristol，2001.

[12] 李应红. 航空等离子体动力学与技术的发展[J]. 航空工程进展，2011，2(2)：127-132.

[13] Starikovskiy A，Aleksandrov N. Plasma-assisted ignition and combustion[J]. Progress in Energy and Combustion Science，2013，39(1)：61-110.

[14] Sun W，Ju Y. Nonequilibrium plasma-assisted combustion：a review ofrecent progress[J]. Journal of Plasma and Fusion Research，2013，89(4)：208-219.

[15] 赵兵兵，何立明，兰宇丹，等. 等离子体射流点火器点火特性的实验研究[J]. 高电压技术，2013，39(7)：1687-1691.

[16] 吴云，李应红. 等离子体流动控制与点火助燃研究进展[J]. 高电压技术，2014，40(07)：2024-2038.

[17] 何立明，刘兴建，赵兵兵，等. 等离子体强化燃烧的目前研究进展[J]. 航空动力学报，2016，31(07)：1537-1551. DOI:10.13224/j.cnki.jasp.2016.07.001.

[18] 宋文艳，刘伟雄，贺伟，等. 超声速燃烧室等离子体点火实验研究[J]. 实验流体力学，2006(04)：20-24.

[19] 罗昌金. 射流等离子体作用下火焰特性及稳定性的实验研究[D]. 哈尔滨工业大学，2012.

[20] 黄铜，叶玲，牛涛，等. 等离子点火燃烧装置——电站燃煤节能环保新技术[J]. 节能与环保，2001(03)：25-27.

[21] 王峰，何立明，兰宇丹，等. 直流电压等离子体点火器点火特性研究[J]. 光谱学与光谱分析，2011，31(09)：2503-2507.

[22] 向富明，石涵，韩笑，等. 等离子随即引燃火炬技术在海上气田中的应用[J]. 现代制造技术与装备，2022，58(07)：110-113.

[23] 段立伟，洪延姬. 等离子体火炬喷射频率对超声速燃烧特性的影响研究[J]. 推进技术，2015，36(10)：1539-1546.

[24] 薛其跃. 等离子随即引燃火炬在海洋石油平台的应用[J]. 石油和化工设备，2023，26(07)：141-143+133.

[25] 孟庆海. 火炬系统“本质安全”设计[J]. 石油化工安全环保技术，2014，30(04)：7-9+5.

[26] 王鹏，于安峰，张广文，等. HAZOP 在封闭式地面火炬设计上的应用[J]. 安全、健康和环境，2014，14(08)：44-47.

[27] 赵方生. 在役平台改造对火炬系统的影响分析[J]. 石油和化工设备，2017，20(06)：67-69.

[28] 杨光，王登海，薛岗，等. 长庆气田碳减排技术应用现状及展望[J]. 油气与新能源，2022，34(02)：94-100.

[29] 魏忠昕，马慧明，戴海林，等. 火炬放空气回收技术的研究与应用[J]. 现代化工，2015，35(02)：133-135.

[30] 马慧明，刘丹，卫博，等. 放空火炬气回收方案对比分析[J]. 河南化工，2012，29(Z1)：25-28.

长庆油田油气与新能源融合技术

崔兆雪 林 罡 田 鹏 杜 鑫 张 平

（长庆工程设计有限公司）

摘 要 国家“双碳”战略背景下，综合能源利用是推动油田企业绿色低碳转型，实现可持续高质量发展的迫切需要。长庆油田结合区域风光热资源和油气生产现状，积极探索综合能源利用建设新路径，以“地面生产优化节能+新能源清洁替代”为原则，形成了“油井智能间开、低效站点优化简化、不加热集输、两段脱水、采出水余热利用”等低碳技术和“风、光、热”清洁替代的零碳技术相结合的综合能源利用技术路线，因地制宜开展多能互补综合利用，提高清洁替代比例，降低碳排放，加快从传统油气生产到绿色低碳生产模式转变，推动油气与新能源融合发展，全力打造综合能源利用示范基地。

关键词 长庆油田；优化节能；新能源；清洁替代

“双碳”战略背景下，油气田依托区域内及周边可再生资源，以油气产业为基础加强新能源开发利用，向新能源等战略性新兴产业转型发展，是推动油田企业绿色低碳转型，实现可持续高质量发展的迫切需要。面对新形势新要求，中石油制定了“清洁替代，战略接替，绿色转型”三步走总体部署。长庆油田以“两山论”为指引，大力推进安全生产和清洁发展，强化新能源综合开发利用，着力构建绿色产业结构和低碳能源供应体系。

1 长庆油田新能源项目建设现状

长庆油田位于鄂尔多斯盆地，横跨陕、甘、宁、蒙区域，自然资源较好，太阳能、风能资源均属于很丰富或丰富带，采出水余热及气田压缩机烟气余热资源丰富，回收潜力大，为油气与新能源融合发展奠定资源基础。

目前长庆油田用能以天然气和网电为主，2022 年油田能耗 151.9 万吨标煤，其中国家电网用电 54.68 亿千瓦时，占比 44.24%；天然气消耗 2.06 亿方，占比 18.05%。能源结构主要以化石能源为主、占比 98.08%，可再生能源占比仅为 1.92%。

截止 2022 年底，长庆油田已建设实施地热、光伏以及光热共 3 项新能源项目，清洁能源利用量合 3.4 万吨标煤。其中，地热利用项目 4 座，累计供热 1260GJ；分布式光伏投运 962 座，装机 15.0 万千瓦，累计发电 1.26 亿度；正在建光热项目 1 项，计划 2023 年投产。另有二氧化碳驱油（CCS/CCUS-EOR）1 项，建成黄 3 区 CO_2综合试验站，累计注入 CO_2 24 万吨，预计未来年 CO_2注入量将达到百万吨以上。

长庆油田具有较为全面的不同类型新能源项目建设和运行经验，业务基础全面，但其新能源建设起步较晚、规模较小，新能源利用特性与油气田生产用能存在不匹配等问题，整体与塔里木、华北、玉门等油田相比仍有差距。随着油田开发进程的推进，资源品位下降，综合含水上升，地面系统面临布站层级多、系统负荷低、运行成本高、碳排强度大等问题凸显，迫切需要进一步探索综合能源利用技术，加快推广应用，提高清洁能源替代比例，促进绿色低碳转型发展。按照长庆油田油气勘探开发与新能源融合发展规划，到 2025 年，长庆油田规划建设集中式光伏 35MW、风力发电 2 台 5MW，CCUS 形成年注入 CO_2 220 万吨规划，预计提高采收率 20%，逐步形成多能互补开发模式。

2 长庆油田综合能源利用技术探索

针对目前长庆油田对新能源业务的迫切需求及综合能源利用现状，油田积极探索综合能源利用建设新路径，提出“地面生产优化节能+新能源清洁替代”油田地面工艺新模式。

2.1 地面生产优化节能

深入挖掘集输、供注水、供配电等已建地面系统的优化节能潜力，开展工艺节能改造，积极推广应用“机采智能间开、不加热集输、两段脱水、采出水余热利用”等先进节能工艺，最大程度降低各环节能耗水平，实现地面系统“瘦身”。

2.1.1 低效井及井站

（1）低效井智能间开技术

目前油田机采系统的能耗主要为抽油机及附带电机作业用能，存在低产液量油井占比大，泵效、系统效率偏低的问题。以某作业区为例，平均地面效率 47.0%，平均井下效率 38.7%，平均系统效率 18.2%，平均功率因数只有 0.24，平均吨液耗电 64.58kW. h/t，低于长庆油田平均水平。若依托监控岗员工分析梳理低效井，选择合理方式对作业区 427 口低效油井进行远程人工启停，将大幅增加员工操作强度，亟需配套智能间开技术解决这一问题，如图 1 所示。

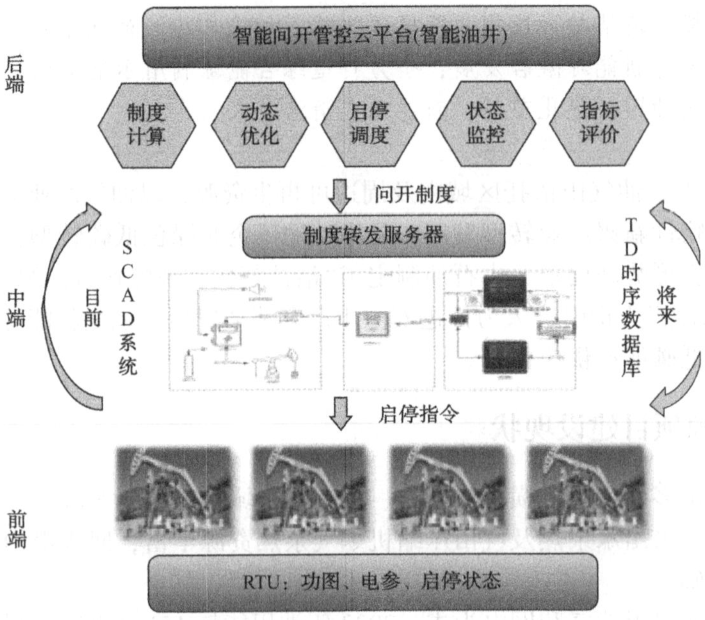

图 1　智能间开架构

油井智能间开技术是一种提高效率、实现机采系统优化节能经济高效的手段。随着长庆油田光伏发电的应用，采用光伏+智能间开技术，在保证油井产量的前提下，改变间开井启停调度方式，发电多开抽，发电少或不发电时停抽，实现光伏用电最大化，减少线路损耗，达到间开井低碳、零碳运行的目标。白天可判断光照强度、油井间开启动阈值，发电多，多开井，尽量就地消纳，充分利用光伏发电；夜间为确保当天产量，结合阶梯电价，满足当天开井时长，如图 2 所示。智能间开通过群控云计算模式将间开井纳入统一平台集中管理，减少单井投资成本，实现集群启停调度、间开制度制定、动态优化等功能，实现了间抽井的联动、闭环、自适应管控三个智能化核心目标。

相比常开，智能间开井平均泵效、系统效率和节电率大幅提高，检泵作业频次、日耗电等降低，如图 3 所示。自 2016 年规模应用智能间开技术，累计实施 11.4 万井次，节约电费 4.96 亿元，减少碳排放 60.2 万吨。该技术针对低渗透油田多井低产，生产管理难度大，成本高的痛点研发，利用智能化手段替代人工手动控制，具有明显的降本增效优势，是长庆油田机采提效最重要的主体技术和最主要的发展方向。下一步长庆油田将在具备智能间开条件的 1 万多口油井全面推广该技术。

（2）低效站点优化简化技术

低效站点优化简化技术通过井站归属调整、核算井场回压、小型橇装设备应用等手段关停增压站场，实现低产低效站自压关停、不加热油气混输、停炉生产，降低损耗。

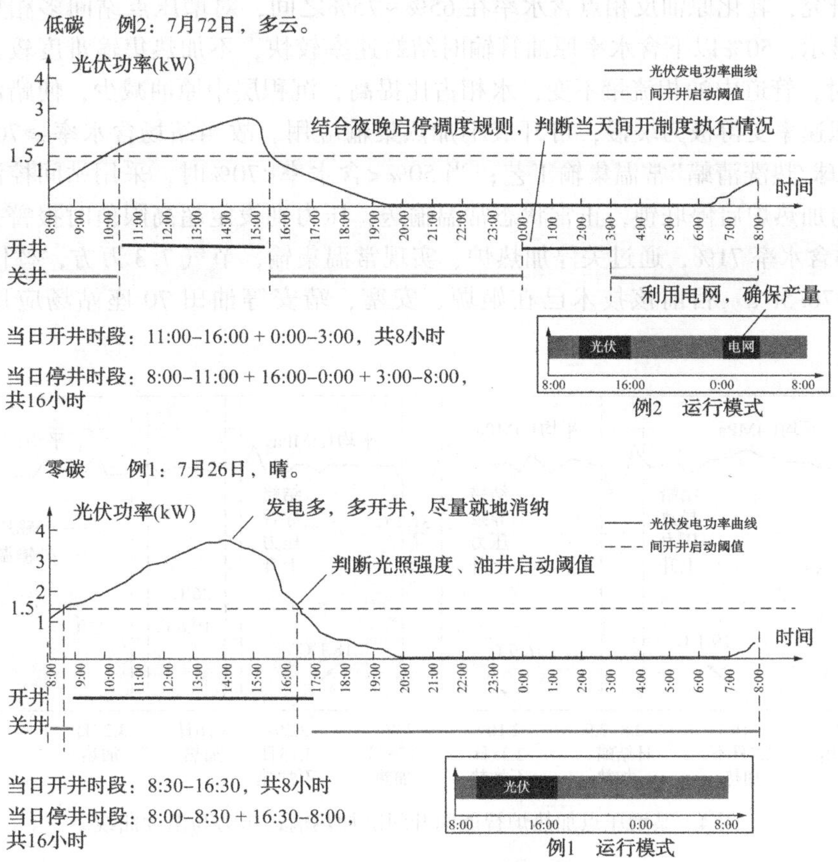

图 2　光伏+间开井场零碳低碳运行示例

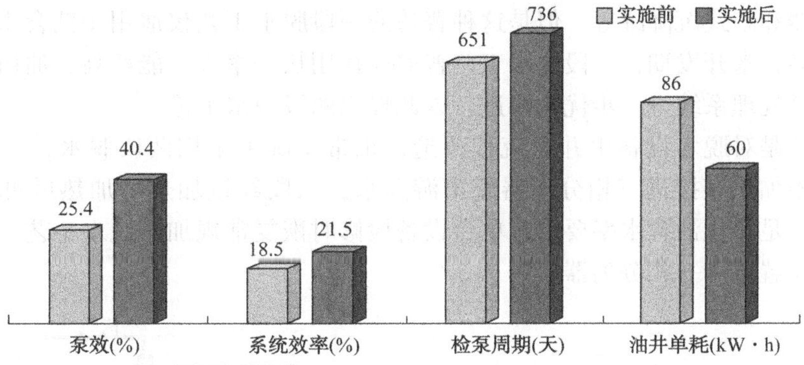

图 3　智能间抽应用前后指标对比

低效站关停并转措施针对的是低渗透油田滚动开发带来的前期多级布站、站场布局较密，后期产量减少带来的低效问题。通过梳理区域内井站液量、运行压力及负荷率等运行现状，筛选出负荷率较低、运行压力较低的站场，核算关站后上游井场直进下游站的回压，若回压满足规范要求的2.5MPa，则可对该站进行关停，站场转油功能并入下游站场，实现减员提效。某低负荷站点通过关停，改造为小型不加热油气混输装置，负荷率由17%提升到100%，实现年节电5.6万度，节气10.9万方，替代标煤161.9吨，减排二氧化碳272.7吨。

综合考虑输油泵效率曲线、变频装置运行限制、技术经济可行性等因素，本技术适用于负荷率低于30%的集输站场。近两年长庆油田通过实施站场关停、降级改造，将低效站负荷率从30%提升至80%以上，降低管输能耗，年节约标煤18342吨，解决了大马拉小车问题，。

2.1.2　输油系统

长庆油田站场一般采用加热集输，存在能耗高，油田生产成本高等问题。近几年，随着各站场含水率的增高，对高含水站场采用常温集输工艺。

根据试验研究，乳化原油反相点含水率在65%~75%之间，对增压点站间多相集输管路结蜡速率的预测分析显示，50%以下含水率原油管输时结蜡速率较快，不加热集输难度较大；在含水率达到70%及以上时，管道中油相流量不变，水相占比提高，沉积层中原油减少，使蜡沉积速率呈减小的趋势，蜡沉积速率变得极为缓慢，可开展不加热集输应用。故当站场含水率≥70%时，采用“油气混输+智能投球/热洗清蜡”常温集输工艺；当50%<含水率<70%时，采用站间控温输油技术，监测外输压力并与加热炉启停联锁，正常状态常温输送，压力到设定超高限值时报警并启炉清蜡，如图4所示。某站含水率71%，通过关停加热炉、实现常温集输，节气7.3万方，替代标煤108.6t/a，减排二氧化碳176.5t/a。目前该技术已在姬塬、安塞、靖安等油田70座站场应用，年节约标煤1.38万吨。

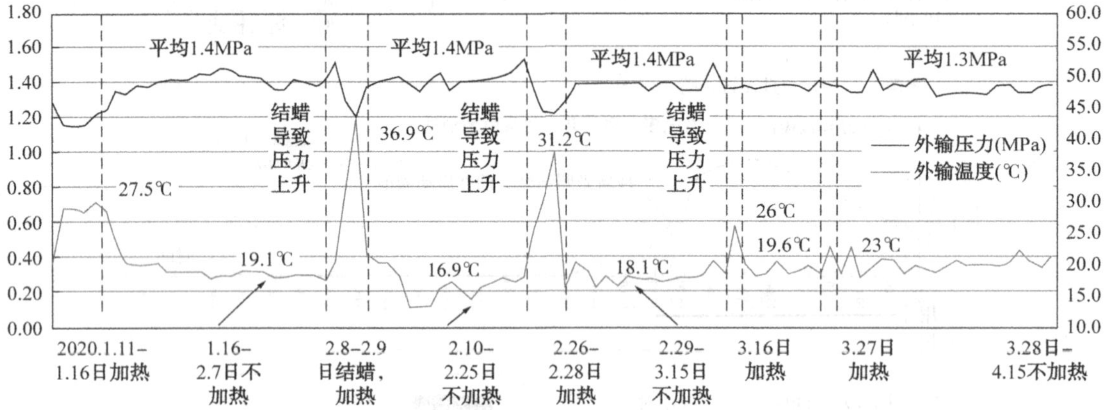

图4 某增压点加热炉智能间开间歇加热输送压力与温度曲线

2.1.3 原油处理系统

长庆大多数油田高含水区块和低含水区块脱水工艺主要采用一段脱水工艺，耐压沉降分离设备，如三相分离器和卧式沉降罐等。但是这种普通的一段脱水工艺仅适用于低含水油田。随着长庆油田开发进入中高含水开发期，一段脱水工艺普遍存在用热功率大、能耗高，油田生产成本增大等问题，需要对原油处理系统进一步优化改进，因此提出两段脱水工艺。

两段脱水工艺是对脱水设备串并联流程改造，正常工况下采用两段脱水，工艺流程如图5所示，可实现一段不加热直接进三相分离器脱出游离水，二段经过加热炉加热后再进三相分离器脱水，处理后原油满足净化油含水率要求；单台设备检修时恢复常规加热脱水工艺，可最大限度利用已建设备，不再设置备用三相分离器。

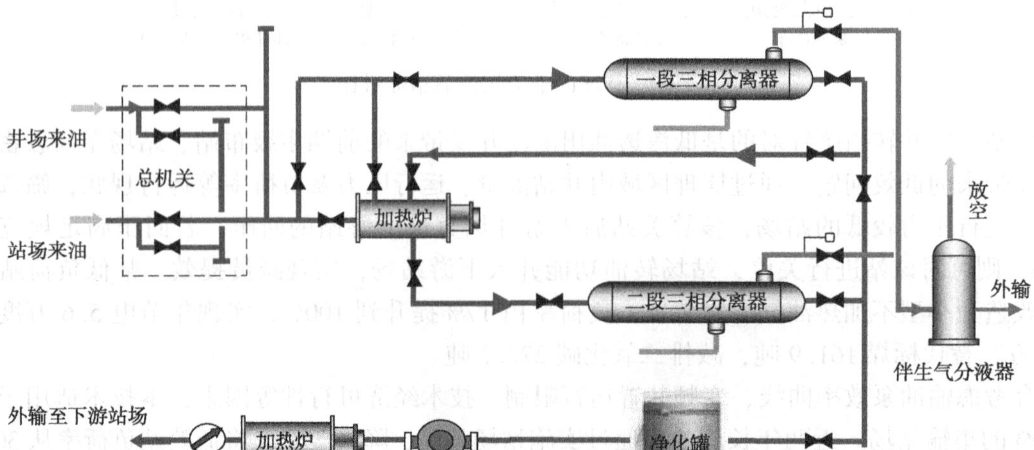

图5 两段脱水工艺流程示意图

该工艺适用边界条件为原油含水率40%以上的脱水站。长庆油田2023年在38座新建和改扩建脱水站场全面应用“一段不加热脱除游离水、二段加热破乳达标净化”两段脱水工艺，降低能耗40%

以上(图6)。未来将在长庆各脱水站持续推广，同时在国内类似高含水油田具有广阔的应用推广前景。

2.1.4　采出水余热利用

目前长庆油田共有采出水处理站200余座，日处理量10余万方。采出水处理工艺采用“沉降除油+气浮+过滤”工艺或“沉降除油+生化+过滤”工艺，沉降除油采用重力沉降。采出水首先进入沉降除油罐，水温在35~38℃，经水处理装置处理后进入净化水罐，水温30~35℃，采出水的余热没有得到有效利用。

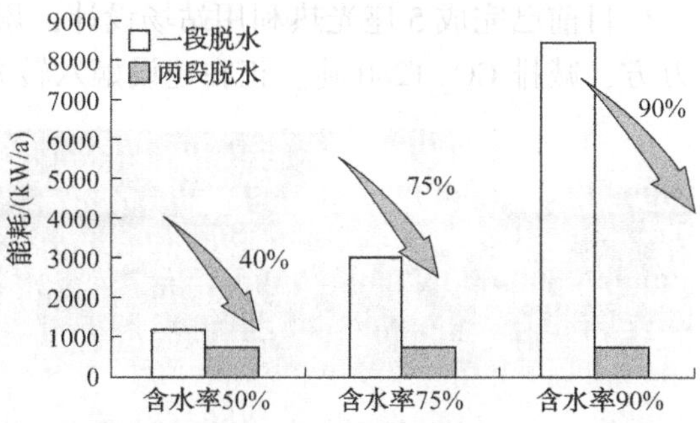

图6　脱水工艺能耗对比表

因此，按照“能耗最低、改造最小、投入最少”的原则，采用“除油罐盘管直接换热”技术，对采出水中的低温余热进行回收。工艺流程如图7所示，采用井组来油进入沉降除油罐直接换热，将换热盘管设置于除油罐对流层，利用采出液自然对流进行热量吸收，控制阀与温变连锁，全自动运行。换热效率达70~80%，可降低加热炉负荷，节省伴生气消耗。目前长庆油田已建成投运姬六转采出水余热利用先导示范站，完成20座采出水余热利用站设计，预计实施后年节约燃气271万方，减排$CO_2$7900吨。经估算长庆油田采出水余热规模约5150GJ/d，折合标煤64146t/a，余热资源潜力巨大。

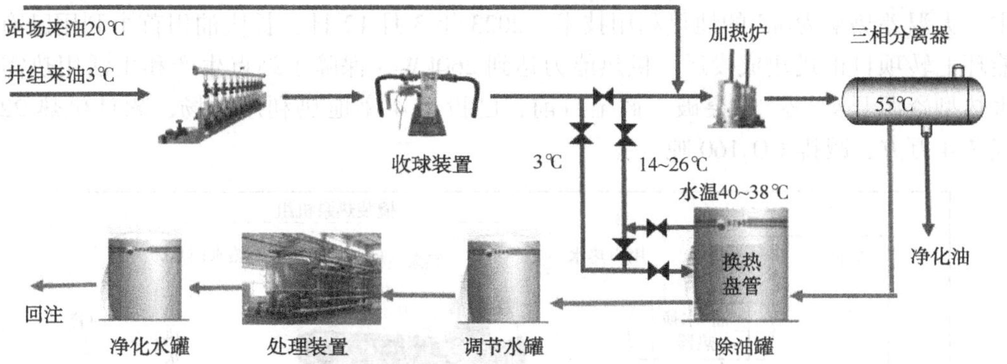

图7　采出水余热回收工艺流程示意图

2.2　清洁能源替代

深度应用“风、光、热”等清洁能源技术。在优化节能基础上，“风、光、热”等清洁能源利用技术，依据区块建设条件、资源禀赋和用能情况，因地制宜开展多能互补综合利用，提高清洁替代比例，降低工程项目碳排放，打造综合能源利用示范区。

2.2.1　光伏发电技术

油田充分利用油区丰富的可再生资源，按照“小型就地消纳、中型区域消纳、大型外供消纳”的原则，采用分散式、分布式和集中式光伏发电技术，构建多能互补格局，确保油田电力系统安全平稳运行。分布式光伏具有利旧场地、应布尽布、就地消纳、效益最大的特点，集中式光伏具有产业拉动、应布尽布、余电上网、效益达标的特点，分散式风电具有因地制宜、分散布置、区域消纳、效益稳定的特点。

目前，油田已完成分布式光伏设计187MW，集中式光伏设计100MW，年节约标煤约11.5万吨，减排CO_2 22.1万吨。并形成适用于延安、榆林、庆阳、吴忠、鄂尔多斯5地市，容量从10kW到1000kW的《长庆油田分布式光伏典型图集》，共44种电气配置、3类20种结构基础和4类12种平面布置，缩短设计周期50%，跑出新能源业务加速度。

2.2.2　光热利用技术

油田综合考虑各功能类型站场用热、太阳能资源及可用地情况，按照“技术适用、供需匹配、高效利用”的原则，形成了“东西轴线菲、南北轴槽式”的集热技术和“直接换热、串并结合”的用热技术。

目前已完成5座光热利用站场设计，累计供热18162GJ，清洁替代率24.8%，年节约燃气59.2万方，减排CO_2 1280吨。正在建设姬六转光热，规模为集热镜场2851.2m^2。

图8 线性菲涅尔集热技术

图9 槽式集热技术

2.2.3 地热利用技术

按照“先节能降耗，再梯级利用”的原则，形成了“同井换热、取水用热”的取热技术和“小温差换热为主、大温差热泵为辅”的地热利用技术。2023年3月12日，长庆油田首个利用已有水源井开发地热能环七转项目正式建成投运，供热能力达到260kW，保障了站点生产和生活用热需求，实现了油田水热型资源开发“零”的突破。截至目前，已投运4座地热利用站场，累计供热2289GJ，年节约燃气7.4万方，减排$CO_2$160吨。

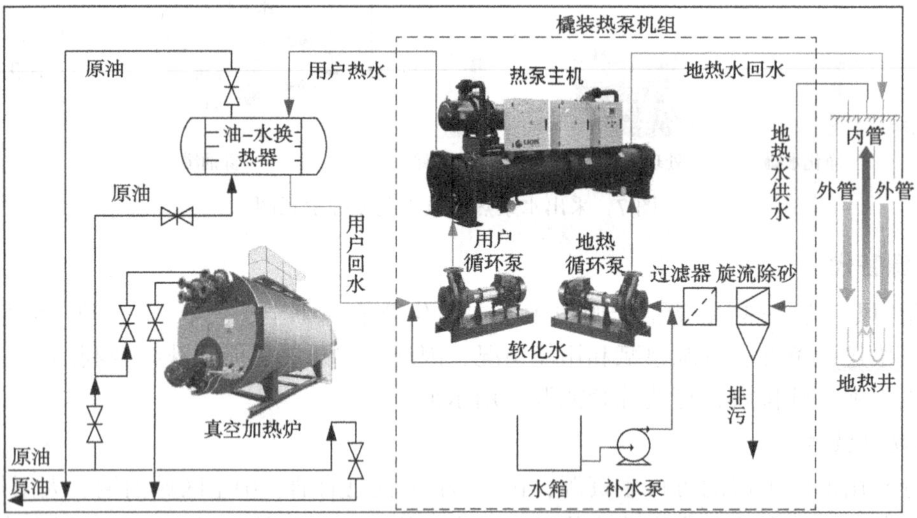

图10 油水井地热利用技术

2.2.4 电热利用技术

热力系统作为油田站场“动力核心”，是油田站场不可或缺的重要组成，承担着工艺加热，设备保温和建筑采暖等重任。长庆油田高温位供热设备以导热油炉为主，低温位供热设备以真空炉和水套炉为主。目前，长庆油田已实施光伏发电项目累计发电1.26亿度，绿电资源丰富。

按照“能源使用电力化，电力生产零碳化”的原则，结合站场类型及加热方式，提出加热炉外置电加热器、气电两用加热炉、橇装空气源热泵机组、光热+空气源热泵机组等加热炉电气化改造技术，利用绿电替代燃气，降低燃气损耗，提升绿电消纳能力。目前，超低温CO_2空气源热泵2020年全面推广应用，已在23座保障点投产，供热能力6.3MW；16座保障点完成电热利用设计，供热能力4.51MW。气电两用加热炉在胡十七转投运1台，供热能力0.4MW，加热形式为电阻式。规划建设电直热改造站场17座，供热能力6.26MW。

图 11　电热利用设备

3　总结与展望

面对新形势新要求，长庆油田聚焦“节能降耗、清洁替代、战略接替”，结合区域风光资源、油气生产现状，积极探索综合能源利用建设新路径，目前已经形成了“油井智能间开、低效站点优化简化、不加热集输、两段脱水、采出水余热利用”等低碳技术和“风、光、热”清洁替代的零碳技术相结合的综合能源利用技术路线，为打造姬塬、南梁、靖安、环江、吴起、桐川综合能源利用示范基地提供技术保障。

按照长庆油田新能源规划目标，将在已形成技术路线基础上，重点研究攻关电气化率提升、流程再造、变工况运行等技术，加快油田从传统生产到绿色低碳生产模式转变，推动油气与“风、光、热、储、氢”新能源融合发展，实现构建清洁低碳、安全高效、多能互补新格局，全力保障长庆新能源业务“追赶超越、走在前列”。

参　考　文　献

[1] [1] 吴红伟，张振华，杨志坚，等. 油田新能源应用发展探究[J]. 石油石化节能，2023，13(07)：99-102.
[2] 白小娟. 新能源背景下油田公司发展战略探析[J]. 中国石油和化工标准与质量，2023，43(09)：91-93.
[3] 李金永. 碳达峰碳中和目标下采油厂的绿色低碳发展[J]. 油气田地面工程，2023，42(05)：16-23.
[4] 戴厚良. 深入学习贯彻习近平生态文明思想为建设能源强国贡献力量[N]. 学习时报，2022-1-21(1).
[5] 邹才能，薛华庆，熊波，等. “碳中和”的内涵、创新与愿景[J]. 天然气工业，2021，41(8)：46-57.
[6] 周扬，吴文祥，胡莹，等. 西北地区太阳能资源空间分布特征及资源潜力评估[J]. 自然资源学报，2010，25(10)：1738-1747.
[7] 刘润川，任战利，叶汉青，等. 地热资源潜力评价：以鄂尔多斯盆地部分地级市和重点层位为例[J]. 地质通报，2021，40(4)：565-576.
[8] 范婧，徐文龙，何战友，等. 长庆油田 CCER 项目开发探索与思考[J]. 石油石化节能，2023，13(7)：72-76.
[9] 长庆油田：中国第一大油气田的绿色发展之路[J]. 中国环境监察，2022(11)：60-63.
[10] 焦青. “双碳”目标下长庆油田发展战略研究[D]. 西北大学，2023.
[11] 余杰，丁浩，梁馨娴，等. 油井智能间抽在油田生产中的应用与实践[J]. 石油化工应用，2021，40(04)：105-107.
[12] 姬蕊，冯宇，仝雷，等. 长庆油田高含水期原油脱水工艺探讨[J]. 石油和化工设备，2017，20(06)：113-116.
[13] 李华山，雷文贤，付浩，等. 长庆油田采出水余热利用技术研究[J]. 中国石油和化工标准与质量，2023，43(08)：36-37+40.
[14] 白广良. 光伏新能源开发在中油公司油田生产中的应用研究[J]. 现代商贸工业，2020，41(27)：158-160.

靖边气田采出水提锂吸附剂优选评价实验研究

姬　伟[1,2]　徐文龙[1,2]　何战友[1,2]　何党联[3]　范　婧[1,2]

（1. 长庆油田油气工艺研究院；2. 低渗透油气田勘探开发国家工程实验室；3. 长庆油田第一采气厂）

摘　要　气田采出水既属于难处理废水，也属于矿产资源，其化学组分复杂，近年来因其可开采锂资源而被广泛研究。本文对长庆靖边气田采出水水质进行调研分析，数据表明不同气田水水质差异较大，锂资源分布不均。本研究通过静、动态的吸、脱附试验，对比了锰系和铝系吸附剂对不同气田水中锂的吸附性能及对杂质离子的选择性。实验结果表明，不同气田采出水中锰系和铝系吸附剂的锂吸附容量波动较大，锰系吸附剂的锂吸附容量和对钙、镁、钡、锶的选择性总体上优于铝系吸附剂。锰系和铝系吸附剂固定床饱和吸附容量分别为4.26mg/g和1.37mg/g，锰系脱附液的锂离子富集量为铝系的5倍，分别为996.2mg/L和195.3mg/L。经过5次循环试验后，铝系吸附剂的吸附容量基本不变，锰系吸附剂的吸附容量下降约3.5%。锰系吸附剂对气田水的适用场景比铝系更广，综合考虑对于水质波动较大的气田水区块，锰系吸附剂更有优势。

关键词　气田采出水；吸附法提锂；锰系吸附剂；铝系吸附剂

我国是锂资源大国，锂主要存在于锂矿石和卤水中，工业上可开采的气田水提锂技术可以借鉴已有的卤水提锂技术经验，包括煅烧法、沉淀法、膜分离法、溶剂萃取法、吸附法等。其中，吸附法的选择性高、污染小、回收率高，其核心在于制备出高选择性、吸附容量大、循环稳定性好的锂吸附剂。吸附法提锂主要是利用吸附剂材料与Li^+形成化学键的化学亲和力，将Li^+从水溶液中吸附出来。吸附法提锂主要过程包括水质处理、Li^+吸附、Li^+脱附(吸附剂再生)等步骤。

目前用于卤水提锂的吸附剂主要有离子筛型氧化物和铝系吸附剂，其中离子筛型氧化物包括锰系离子筛、钛系离子筛和掺杂离子筛等，锰系吸附剂是锂离子筛型吸附剂的研究热点。铝系吸附剂的表达式为“$LiCl \cdot mAl(OH)_3 \cdot nH_2O$”(Li/Al-LDHs)，LiCl插入到无定形$Al(OH)_3$层间，$Li^+$进入到Al-O八面体空穴当中，脱嵌部分$Li^+$后，使铝系吸附剂具有空间位阻效应和记忆效应，从而选择性吸附Li^+[12]。锰系吸附剂为尖晶石型结构，主要有$LiMn_2O_4$、$Li_4Mn_5O_{12}$、$Li_{1.6}Mn_{1.6}O_4$等，锂锰氧化物经过酸浸，Li^+被H^+取代，从而得到具有记忆效应的锰系离子筛吸附剂。

本文首先对长庆靖边气田采出水进行了多批次取样水质分析，对比了锰系吸附剂和铝系吸附剂在不同气田水中的锂吸附性能及选择性，并以预处理后的气田水为对象，开展了锰系吸附剂和铝系吸附剂的固定床吸附性能及循环稳定性测评，为我国含锂气田采出水的提锂吸附剂选择提供参考。

1　试验部分

1.1　试验材料和仪器

(1) 材料：造粒锰系吸附剂和铝系吸附剂均为自制吸附剂，其外观如图1所示；氢氧化钠(质量分数≥99.5%)和盐酸(质量分数≥36%)均为分析纯，购买于上海国药集团化学试剂有限公司；水质指标分析试剂均采用国标规定试剂。

(2) 仪器：pH计(梅特勒S220型)、电导率仪(梅特勒S230型)、恒温培养振荡器(ZWY-2102C型)、电子天平(美孚-MTB-1000型)、电热鼓风干燥箱(上海精宏)、紫外可见光光度计(美谱达)、COD快速消解仪及测定装置(雷磁-COD-571型)、电感耦合等离子体发射光谱仪(ARCOS FHS12型)。

图 1　锰系吸附剂(左图)和铝系吸附剂(右图)的外观

1.2　分析水样来源

本文试验所用水样均来自长庆油田靖边气田区块的采出水，水样编号为 1、2、3、4、5。

1.3　试验方法

(1) 水质分析方法：氯离子的测定参考 GB 11896—89《水质氯化物的测定硝酸银滴定法》；总硬度的测定参考 GB 7477—1987《水质钙和镁总量的测定 EDTA 滴定法》；硫酸根的测定参考 GB/T 13025.8—2012《制盐工业通用试验方法　硫酸根的测定(EDTA 滴定法)》；碳酸根、碳酸氢根、氢氧根的测定参考 DZ/T 0064.49—93《地下水质检验方法　滴定法测定碳酸根、重碳酸根及氢氧根》；二氧化硅的测定参考硅钼黄光度法；化学需氧量(COD)的测定参考 HJ/T 399—2007《水质　化学需氧量的测定　快速消解分光光度法》。金属元素采用电感耦合等离子体发射光谱仪进行测定。

(2) 静态吸脱附试验方法：取 0.8g 活化后的锰系/铝系吸附剂颗粒，置于锥形瓶中，加入 150mL 滤膜过滤后的气田水水样，在摇床上振摇 12h 后取样测吸附前后 Li^+浓度。

(3) 固定床吸脱附试验方法：将活化后的锰系/铝系吸附剂装填至吸附柱内，将气田水采用 0.45μm 滤膜过滤，以滤膜过滤产水为处理对象，以 4bv/h 流速通入固定床，连续运行每隔 1h 收集样品测试 Li^+残留量。吸附完成，将纯水以 12bv/h 流速通入固定床进行性洗涤。水洗完成，将脱附原液以 2.0bv/h 流速通入固定床进行脱附，其中锰系吸附剂采用 0.2mol/L 盐酸作为脱附液，铝系吸附剂采用纯水作为脱附液，每隔一定时间测试脱附液中的 Li^+浓度。

(4) 循环试验：分别称取 0.8g 锰系和铝系吸附剂置于 150mL 滤膜过滤气田水中，在摇床上振摇 12h，测定锂离子浓度。分别用 40mL 盐酸溶液(0.2mol/L)和纯水对吸附后的锰系吸附剂与铝系吸附剂进行解吸，解吸后洗涤过滤，重复以上操作进行循环吸附试验。

1.4　分析计算方法

水质指标结果计算方法依据对应国标。

吸、脱附试验的结果以 Li^+的吸脱附容量为指标，具体计算方法如式(1)和(2)。

$$q_t=\frac{(C_0-C_t)\times V}{m} \tag{1}$$

式(1)中，q_t 为 t 时刻吸附容量，mg/g；C_0 和 C_t 分别为初始和 t 时刻的 Li^+浓度，mg/L；V 为卤水的体积，L；m 为吸附剂质量，g。

$$q=\frac{C\times V^*}{m} \tag{2}$$

式(2)中，q 为吸附剂的有效吸附容量，mg/g；C 为洗脱液中 Li^+的浓度，mg/L；V^* 为洗脱液的体积，L；m 为吸附剂的质量，g。

2　试验结果与讨论

2.1　水质特征分析

靖边气田采出水的水质全分析结果如表 1 所示(表 1 中“ND”表示未检出)。根据表 1 结果，可知：5个气田水样品均属于氯化钙型的气田采出水，总盐浓度波动范围较大。故以下着重分析氯离子、钙离子、COD、锂离子、总硬度及pH等指标，结果如图2所示。

表1 靖边气田不同气井采出水水质分析列表

项目	单位	1号水样	2号水样	3号水样	4号水样	5号水样
pH	—	5.55	5.84	5.46	5.31	5.55
电导率	mS/cm	310	111.7	126	685	280
氯离子	mg/L	75980.7	19712.0	103935.9	108953.4	41574.3
总硬	mg/L，以碳酸钙计	63554.8	18562.0	103402.7	97854.2	43378.7
硫酸根	mg/L	ND	ND	ND	ND	ND
碳酸氢根	mg/L	72.9	138.3	312.5	407.6	389.0
碳酸根	mg/L	ND	ND	ND	ND	ND
氢氧根	mg/L	ND	ND	ND	ND	ND
二氧化硅	mg/L	138	90	246	174	170
COD	mg/L	1660	1040	2350	1870	3250
Li	mg/L	41.8	5.2	77.5	48.4	19.4
Al	mg/L	ND	ND	ND	ND	ND
B	mg/L	16.78	8.1	44.33	45.13	19.28
Ba	mg/L	50.23	116.40	879.08	515.05	37.20
Cd	mg/L	ND	ND	ND	ND	ND
Cu	mg/L	ND	ND	ND	ND	ND
Cr	mg/L	ND	ND	ND	ND	ND
Fe	mg/L	106.6	191.50	50.60	124.15	203.78
Mg	mg/L	3138	643.83	3023.3	3468.03	1561.88
Sr	mg/L	748	487.60	896.10	895.33	879.88

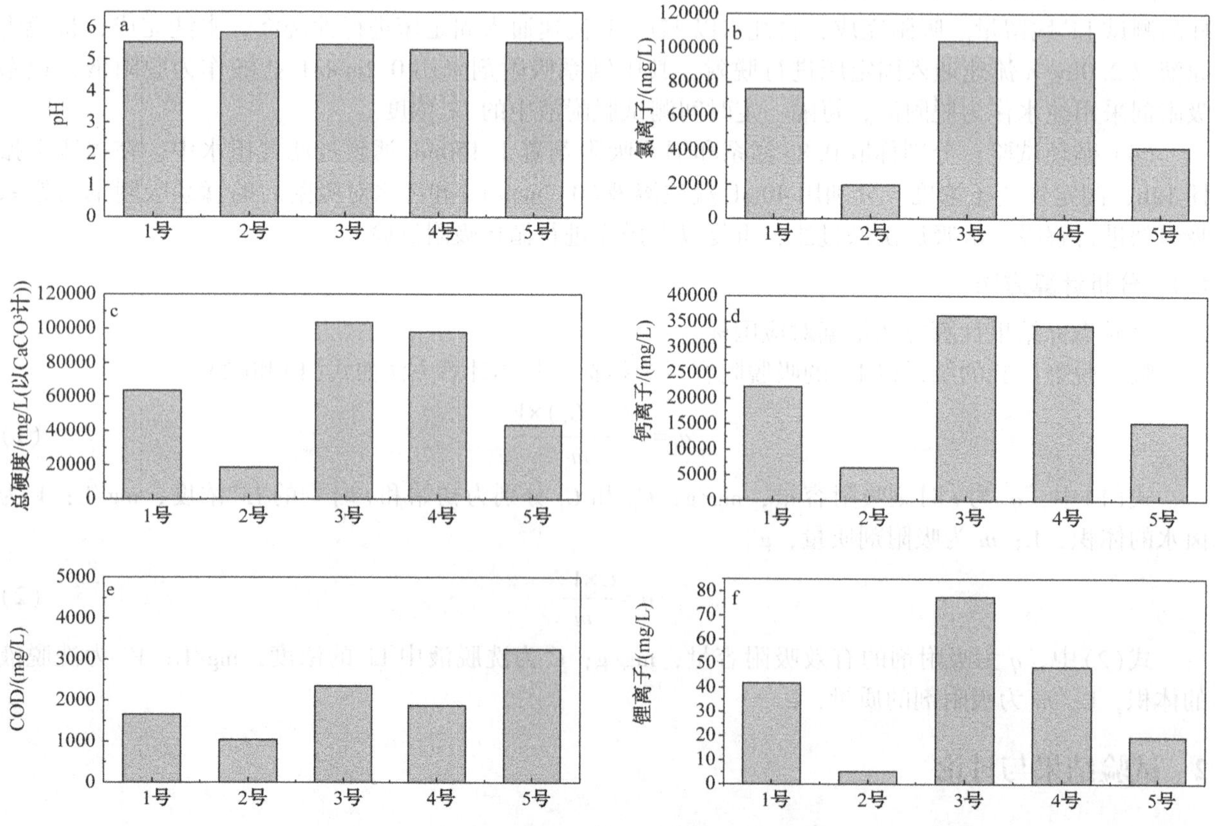

图2 不同区块部分水质指标柱状图

(a：pH，b：氯离子，c：总硬度，d：钙离子，e：COD，f：锂离子)

根据图 2 可知，5 个不同气田水样 pH 范围在 5.5～6 之间，氯离子含量范围在 19～110g/L，钙离子含量范围在 6～37g/L；5 个不同气田水样的有机物浓度波动较大，COD 浓度范围在 1000～3500mg/L 之间。5 个不同气田水样的 Li^+含量在 5～80mg/L 之间波动，根据《矿产地质勘查规范　盐类　第 4 部分：深藏卤水盐类》(DZ/T 0212.4—2020) 中提出锂矿中锂离子工业利用品位为 49.12mg/L，1、3、4 号气田水样品均接近或高于工业利用品位，具有锂开发价值。

2.2 静态吸附试验结果

2.2.1 锰系吸附剂静态吸附试验

由于不同气井采出水水质差异较大，污染物成分不同，初始 Li^+浓度不同，锰系吸附剂对不同区块采出水离子吸附容量存在差异。选取 5 个靖边气田采出水水样为处理对象，锰系吸附剂的静态饱和吸附容量在 0.98 至 4.57mg/g 的区间分布，如图 3 所示。由于气田水中含有钙镁钡锶等杂质离子，在锂吸附过程中存在杂质离子的同步吸附，因此本实验中考察了锰系吸附剂对二价离子的吸附选择性，根据图 4 可知，锰系吸附剂对镁的选择性比对钙、钡、锶的选择性高。

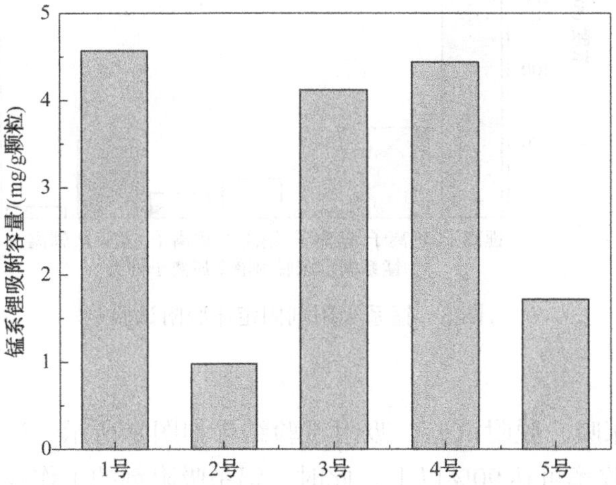

图 3　不同气井采出水的锰系吸附剂静态吸附容量对比

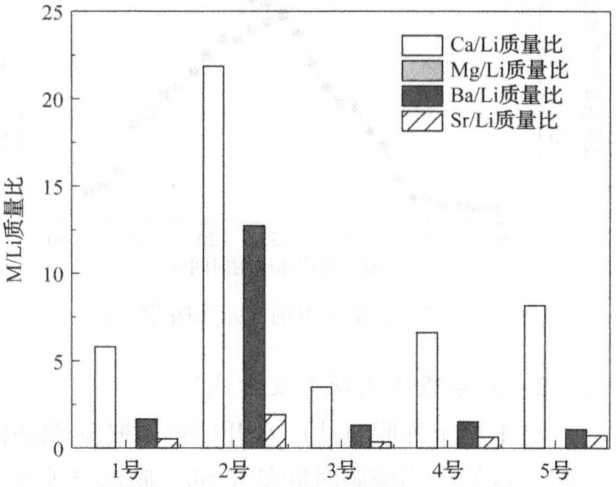

图 4　不同气井采出水的锰系吸附剂选择性对比

2.2.2 铝系吸附剂静态吸附试验

采用铝系吸附剂对不同气井采出水进行处理后所得到的吸附容量也有差异，铝系吸附剂静态饱和吸附容量在 0 至 1.09mg/g，如图 5 所示。其中，2 号水样的初始锂离子浓度太低，导致铝系吸附剂基本不发生吸附。本实验考察了铝系吸附剂对二价离子的吸附选择性，根据图 6 可知，铝系吸附剂对钡的选择性高于锰系，对钙、镁、锶的选择性均弱于锰系。

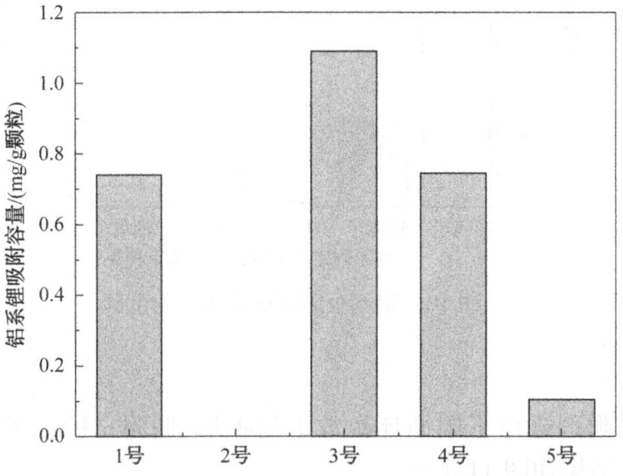

图 5　不同气田采出水的铝系吸附剂吸附容量对比

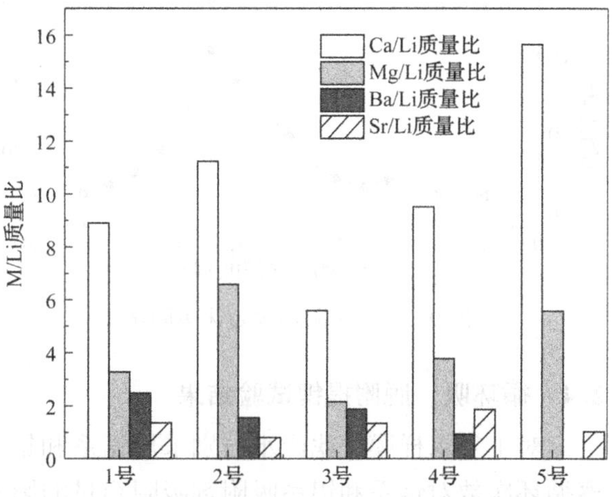

图 6　不同气田采出水的铝系吸附剂选择性对比

2.3 固定床动态吸附试验结果

2.3.1 锰系吸附剂动态吸附试验

由于1号水样锂离子含量相对较高且硬度较低，可在一定程度削弱对锂吸附性能的干扰。本实验以1号气田采出水膜过滤产水为处理对象，开展锰系吸附剂的固定床吸附试验，吸附试验结果如图7所示。试验结果可知，当吸附时间低于8h，瞬时产水的锂回收率可达90%以上，此时，锰系吸附剂的工作吸附容量为2.62mg/g成型吸附剂。随着动态吸附时间增加，产水锂回收率逐步下降，吸附过程逐渐趋于平衡，锰系吸附剂的饱和吸附容量可达4.26mg/g。如图8所示，锰系吸附剂脱附液中Li^+浓度可达996.2mg/L。

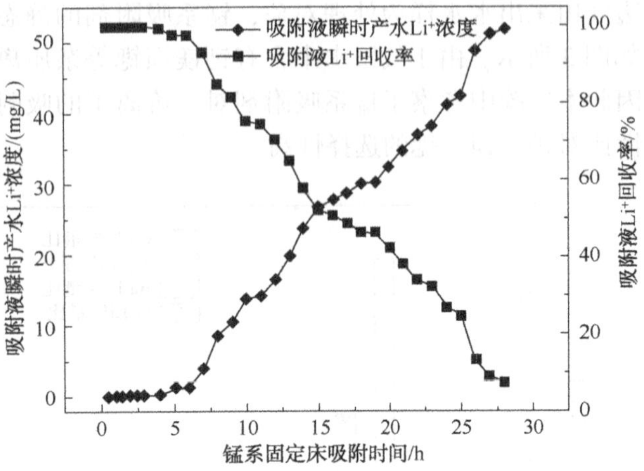

图7 锰系吸附剂固定床吸附试验

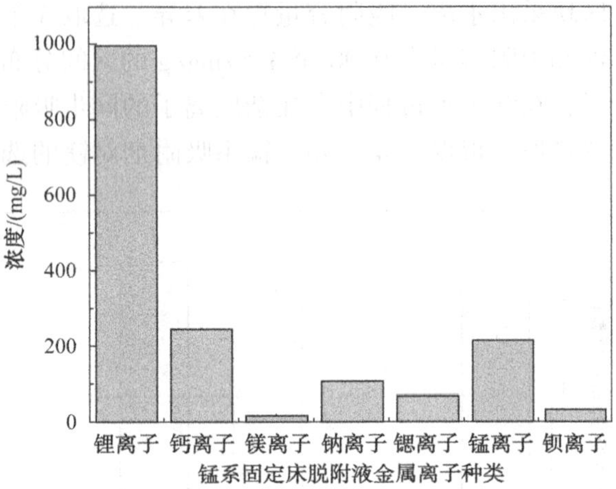

图8 锰系吸附剂固定床脱附试验

2.3.2 铝系吸附剂动态吸附试验

对1号水样膜过滤产水开展铝系吸附剂的固定床吸、脱附试验，吸附试验结果如图9所示。试验结果可知，当吸附时间低于6h，瞬时产水的锂回收率可达90%以上，此时，铝系吸附剂的工作吸附容量为0.65mg/g成型吸附剂。随着动态吸附时间增加，产水锂回收率逐步下降，吸附过程逐渐趋于平衡，铝系吸附剂的饱和吸附容量可达1.37mg/g。如图10所示，铝系吸附剂脱附液中Li^+浓度可达195.3mg/L。

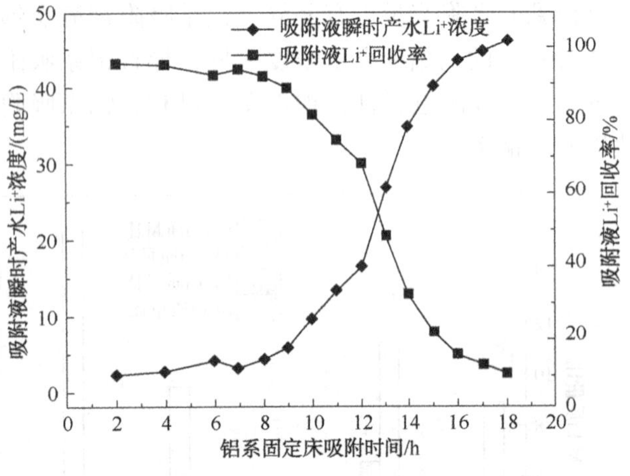

图9 铝系吸附剂固定床吸附试验

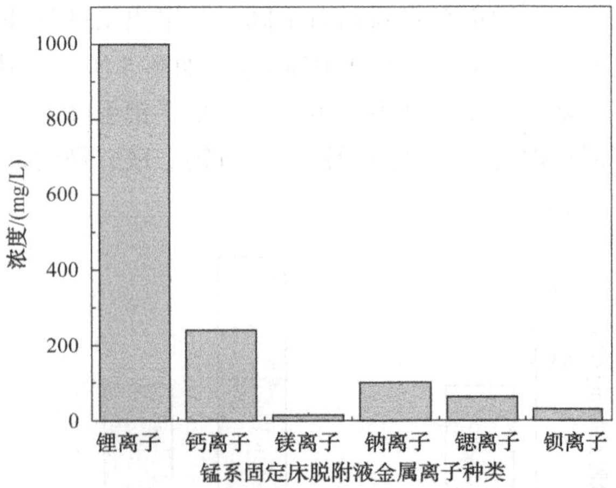

图10 铝系吸附剂固定床脱附试验

2.4 循环吸、脱附提锂试验结果

对1号水样膜过滤产水分别采用锰系和铝系吸附剂进行不同循环次数下的吸附-脱附试验，考察循环次数对锰系和铝系吸附剂吸附容量的影响，结果如图11所示。

从图11可以看出，锰系吸附剂的吸附容量随着循环次数的增加略有减少，5次循环后，吸附容量由4.60降至4.44mg/g，吸附性能下降约3.5%，这与锰系吸附剂在酸性条件下的锰溶损有关。铝系吸附剂的吸附容量在1.0mg/g左右波动，这是因为铝系吸附剂的结构在脱附过程中比较稳定。

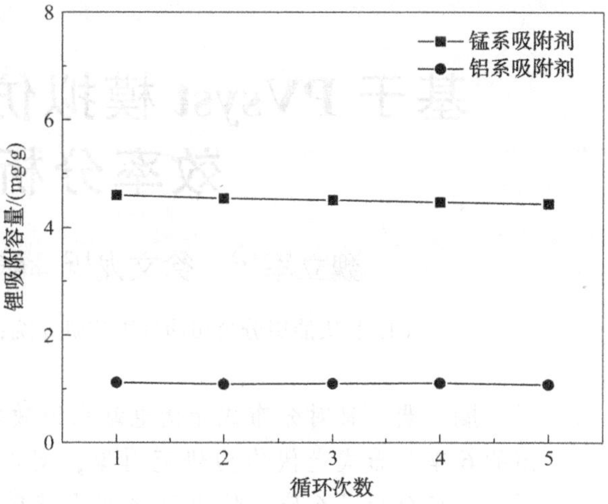

图11　吸附剂循环试验对比

3　结论

（1）锰系和铝系吸附剂的提锂性能随气田采出水水质波动存在差异。由静态吸附试验结果可知，锰系吸附剂的锂吸附容量在0.98至4.57mg/g颗粒的区间波动，铝系吸附剂的锂吸附容量在0至1.09mg/g颗粒的区间波动。锰系吸附剂对锂离子的选择性高于铝系吸附剂，表明锰系吸附剂对杂质离子的屏蔽性能更好，锰系吸附剂富锂液中杂质含量低、锂纯度更高。

（2）以气田采出水经膜过滤后的产水为处理对象，由动态吸附试验结果可知，在锰系吸附剂体系中，当吸附时间低于8h，瞬时产水的锂回收率为90%及以上，锰系吸附剂的工作吸附容量为2.62mg/g成型吸附剂；在铝系吸附剂体系中，当吸附时间低于6h，瞬时产水的锂回收率为90%及以上，铝系吸附剂的工作吸附容量为0.65mg/g成型吸附剂。

（3）采用循环吸脱附试验测评锰系和铝系吸附剂循环稳定性，锰系吸附剂的循环稳定性略差于铝系吸附剂，5次循环吸脱附测试锰系吸附容量为第一次的96.5%，吸附性能较稳定。

（4）不同吸附剂在气田水中的吸附容量、吸附选择性及循环稳定性各有优劣势，锰系吸附剂对气田水的适用场景比铝系更广，综合考虑对于水质波动较大的气田水区块，锰系吸附剂更有优势。本研究为气田水提锂工业化应用中吸附剂的选择提供指导。

参　考　文　献

[1] 吕帅轲，赵云良，陈立才，等. 锰系和铝系吸附剂对江汉盆地卤水中锂的吸附性能研究[J]. 金属矿山，2022，(08)：94-100.

[2] 陈立，杨立，刘韬，等. 西南油气田含锂气田水资源调查分析[J]. 石油与天然气化工，2023，52(02)：41-47.

[3] 叶燕，高立新. 对四川气田水处理的几点看法[J]. 石油与天然气化工，2001，30(5)：3.

[4] 高娟琴，王登红，王伟，等. 国内外主要油(气)田水中锂提取现状及展望[J]. 地质学报，2019，93(06)：1489-1500.

[5] 柯季. 气田水直接提锂研究成功[J]. 井矿盐技术，1982(06)：40.

[6] 钟辉. 偏钛酸型锂离子交换剂的交换性质及从气田卤水中提锂[J]. 应用化学，2000，17(3)：307-309.

[7] 潘磊，许飞龙，李建楠，等. 油田水制备电池级碳酸锂研究[J]. 无机盐工业，2019，51(6)：41-44.

[8] Chagnes A，Swiatowska J. Lithium Process Chemistry：Resources，Extraction，Batteries，and Recycling[M]. Amsterdam，The Netherlands，2015，233-267.

[9] Zhang J，Cheng Z，Qin X，et al. Recent Advances in Lithium Extraction from Salt Lake Brine Using Coupled and Tandem Technologies[J]. Desalination，2023，547.

[10] 陈欣怡，夏开胜，高强，等. 锂离子选择性吸附材料的制备与提取应用[J]. 化学进展，2023，35(10)：1519-1533.

[11] 郝勇，马瑞瑞，田元立，等. 锂离子筛在盐湖卤水提锂中的研究进展[J]. 应用化工，2024，53(02)：494-498.

[12] 李彦乐，刘宜林，霍俊杰，等. 层状结构铝系吸附剂在盐湖提锂领域的研究[J]. 化工学报，2023，74(12)：4777-4791.

[13] 黄敏，余亮良. 锰基锂离子筛研究进展[J]. 有色冶金设计与研究，2023，44(05)：14-17+22.

基于 PVsyst 模拟仿真的分布式光伏系统效率分析与优化研究

魏立军[1,2]　徐文龙[1,2]　张晓琢[1,2]　孟　磊[1,2]　曾　萍[1,2]

（1. 长庆油田分公司油气工艺研究院；2. 低渗透油气田勘探开发国家工程实验室）

摘　要　针对分布式光伏电站系统效率偏低，设计配置不科学的问题，本文以长庆油田的6座分布式光伏作为研究对象，对电站的系统效率进行了长期监控，并根据监控数据，重点分析了6座光伏电站之间系统效率的差异问题。基于 PVsyst 软件的模拟仿真结果，对影响光伏电站系统效率的主要因素进行了定量分析，实现了各环节损耗数据与电站实际能效的较好吻合，并根据实际测试和模拟仿真的结果，提出了提升分布式光伏电站系统效率的优化方案。

关键词　分布式光伏；系统效率；PVsyst；分析；优化

随着世界对能源需求的增加和化石能源的消耗，以及因碳排放引起的各种环境问题日益加剧，光伏、风电等清洁能源得到世界各国的普遍重视，近 20 年来发展迅速，装机量连年攀升。我国作为光伏的第一大生产国和应用国，每年新增的光伏电站装机量都十分可观，截至 2022 年低，我国光伏总装机容量为 392GW，是增速最快的电力能源。

长庆油田积极积极响应国家双碳目标，利用油气田井场空余面积大规模建设分布式光伏电站，截止 4 月底，利用 770 座场站建成分布式光伏 123. 4 兆瓦，日发电量达到 72. 4 万度/天，加速推动了油气与新能源融合发展。

系统效率，是衡量一个电站发电能力的主要指标。影响光伏电站系统效率的因素多种多样，尤其是对于分布式光伏发电系统，存在较多实际发电效率达不到设计要求的情况，需要对光伏系统进行系统的测试评估，并结合设计模拟软件寻求提升系统效率的方法。基于 PVsyst 模拟仿真和现场测试数据，对影响电站系统效率的因素进行分析，并对效率较低的系统提出相应的优化方案，为分布式光伏系统的设计、建设和提质增效提供有效的参考借鉴。

1　长庆分布式光伏系统的结构及特点

长庆油田分布式光伏系统组成包括光伏阵列、组串逆变器、并网柜等。系统工作原理为：光伏方阵在在阳光照射下产生直流电，经直流线缆传输至组串逆变器，经逆变器转换为 380V 交流电，经交流线缆传输至并网柜，直接并入电网。

利用油气田空余场站面积建设的分布式光伏电站，具有规模小，数量多，位置分散，周围环境复杂，设计难度大，施工及日常维护难度大等特点。

2　系统效率及主要影响因素

光伏电站的系统效率 PR 是指光伏电站在规定的装机功率和一定的太阳辐照强度下，并网输入功率与全部光伏组件输出功率的比值，它描述了光伏电站接收的辐射能到最终的输出电能过程中的内部和外部因素造成的能量损失。

系统效率 PR 的计算公式为：

$$PR=\left(\frac{E}{P_0}\right)/\left(\frac{H_i}{G}\right)\times 100\% \tag{1}$$

式中，E 为监控周期内光伏系统的总发电量，kWh；P_0为光伏系统额定装机功率，kW；H_i为监控周期内光伏方阵面总辐照量，kWh · m^{-2}；G 为标准测试条件辐照度，1000W · m^{-2}。

光伏电站的系统效率与多种因素有关，主要包括：环境温度、阴影遮挡、组件失配、交直流线损、逆变器效率等。想要对系统效率进行分析和优化，就必须对各种影响因素造成的损失进行评估。

3 分布式光伏电站系统效率测试

使用便携式设备和 PVsyst 软件对每个电站的组件功率衰减、积尘遮挡损失、阴影遮挡损失、交直流线损、逆变器效率等性能参数进行了测试模拟，评估了影响电站系统效率的不同因素。本次测试的 6 座分布式光伏电站的基本信息见表 1。

表 1 6 座分布式光伏电站的基本信息

序号	场站名称	装机容量	倾角	方位角	并网时间
1	A1 井组	45.78kW	36°	0°	2021 年
2	A2 井组	43.6kW	36°	0°	2021 年
3	A3 井组	110.09kW	36°	0°	2021 年
4	A4 井组	104.64kW	36°	0°	2021 年
5	A5 井组	139.52kW	36°	0°	2021 年
6	A6 井组	87.2kW	36°	0°	2021 年

经过对 6 座分布式光伏电站为期 75 天的系统能效 PR 的监控，结果见表 2，可见不同分布式电站的系统能效有着较大的差异，系统能效最高的 A3 井组光伏电站 PR 值为 86.41%，而系统能效最低的 A1 井组光伏电站 PR 值仅为 76.64%，与 A3 井组的差值为 9.77%。

表 2 6 座分布式光伏电站系统效率监控结果

场站名称	A1 井组	A2 井组	A3 井组	A4 井组	A5 井组	A6 井组
系统效率(%)	76.64	83.68	86.41	82.99	79.62	85.77

为了更好地分析导致 6 座光伏电站系统效率差异的原因，本项目对 6 座分布式光伏电站的组件功率衰减、积尘损失、交直流线损和串并联失配损失等影响系统效率的项目分别进行了抽样检测，结果见表 3。可以看到，6 座光伏电站的组件功率衰减、积尘损失、交直流线损和串并联失配损失结果差异不大，损失最大的 A1 井组和损失最小的 A3 井组，差值仅为 1.58%，远远达不到两光伏电站之间的系统效率差值。而且，造成 A1 井组和 A5 井组光伏电站系统效率偏低的主要因素也并不是这几个项目，具体原因有待进一步分析。

表 3 6 座分布式光伏电站测试结果

序号	场站名称	组件衰减	积尘损失	串联失配损失	并联失配损失	交直流线损	合计损失
1	A1 井组	2.23%	2.16%	1.36%	1.90%	0.85%	8.50%
2	A2 井组	2.54%	1.73%	1.17%	1.44%	0.67%	7.55%
3	A3 井组	2.08%	1.64%	0.94%	1.55%	0.71%	6.92%
4	A4 井组	2.72%	2.18%	0.62%	1.56%	0.76%	7.84%
5	A5 井组	2.22%	2.14%	0.58%	1.38%	0.75%	7.07%
6	A6 井组	3.00%	1.75%	0.88%	1.48%	0.73%	7.84%

4 PVsyst 模拟仿真

根据前文的测试结果和现场方阵分布测量数据，使用 PVsyst 光伏模拟软件对 6 座分布式光伏电站进行模拟仿真，更加全面地对影响光伏电站系统能效的因素进行分析。除了在模拟软件中还原 6 座光伏电站的系统配置、安装排布和测试数据外，还建立了 6 座电站的阴影遮挡三维模型，如图 1

所示。经模拟仿真计算得出，除前文测试的5个影响系统效率的因素外，阴影遮挡损失和逆变器输入超配导致的损失是导致系统效率偏低的主要因素，具体数据见表4。

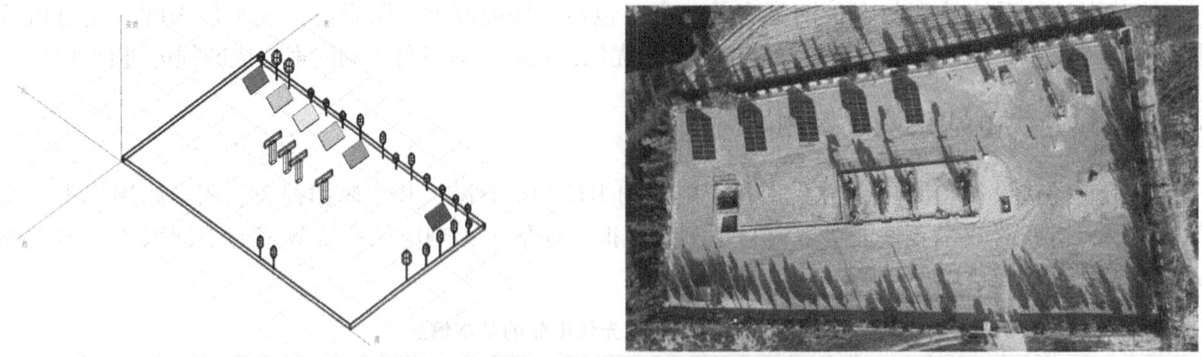

图1　A1井组光伏电站阴影遮挡三维模型图

表4　6座分布式光伏电站PVsyst模拟仿真结果

序号	场站名称	阴影遮挡损失	逆变器输入超配损失	温升损失
1	A1井组	10.6%	2.8%	1.1%
2	A2井组	6.4%	4.2%	1.1%
3	A3井组	3.6%	1.0%	4.2%
4	A4井组	3.6%	5.7%	1.1%
5	A5井组	8.5%	0%	1.1%
6	A6井组	3.7%	4.8%	1.1%

结合模拟仿真的数据和测试数据，系统能效损失和实际测试的系统效率值可以实现较好的吻合。导致A1井组和A5井组光伏电站系统效率明显低于另外4个场站的主要原因是阴影遮挡损失，A1井组光伏电站的阴影遮挡损失达到了10.6%，比A3井组光伏电站的阴影遮挡损失高了7%。这些阴影遮挡损失主要是由光伏方阵周边的树木遮挡造成的。除此之外，6个场站的逆变器配置方案差异也是导致系统效率差异的主要因素之一，逆变器容配比超过1.2的三个电站A2井组、A4井组和A6井组，逆变器输入超配损失都达到了4%以上，是影响系统效率的主要因素之一。

5　结论及建议

本文通过对同一地区的6个分布式光伏电站的系统效率监控，性能参数测试，并结合PVsyst的模拟仿真数据，对影响分布式光伏电站发电效率的主要因素进行了分析发现：

（1）通过测试发现，这6座光伏电站的组件功率衰减和积尘损失都处于正常水平，系统的交直流线损和串并联失配损失都比较一致，未表现出明显差异；

（2）通过PVsyst模拟仿真计算发现，研究的6座光伏电站效率损失差异主要是由于阴影遮挡损失，A1井组和A5井组光伏电站存在较为严重的树木遮挡问题，对系统效率产生了严重影响，需要对井场周边的树木进行修剪，消除阴影遮挡损失；

（3）在系统方案设计方面，电站所在的榆林市定边县属于国家的二类光资源区，建议的逆变器容配比在1.2以内，而A2井组、A4井组和A6井组这三座电站的容配比超过1.2的情况，这就导致这3座电站的逆变器输入超配导致的损失较大。

参　考　文　献

[1] 牛高远，王以笑，龚晓伟，等. 基于PVsyst的分布式并网光伏发电系统效率分析与优化研究[J]. 可再生能源，2016，34(2)，196-202.

[2] 任林涛，汪飞，杨柳柳，等. 分布式光伏电站系统效率模型分析与研究[J]. 太阳能学报，2019，6，1599-1606.

[3] CNCA/CTS 0016-2015. 并网光伏电站性能检测与质量评估技术规范[S].

延长油气田1吉瓦风光微能网的探索与实践

雷 霆 李 伟 郭莘桐 徐 进

[延长石油(集团)新兴产业有限公司]

摘 要 延长石油作为百年企业，既是能源生产大户，又是能源消耗大户，更是碳排放大户，客观上存在着“油气田配电网不完善、供电质量差、煤改电环保压力大、用能成本高“的问题。十年来，延长石油发挥自有土地、配电网、热电负荷、风光资源优势，克服油井用能“点多面广分散”的弊端，坚持“系统思维、整体设计、效益为先、分期实施”的原则，首先解决“保供电、降成本、增效益”燃眉之急，统筹规划的“延长石油1吉瓦风光气氢牧能源互联网项目”2017年获批国家首批55个能源互联网示范，目前已经完成油井风光互补、变电台区微能网、延长能源互联网平台等试点建设和预可行性研究，六座110千伏专用变电站已获批电网接入，项目进入规模化立项投资建设阶段。面对新能源间歇性带来的供电稳定性差、新能源渗透率低、投资成本高的“三角矛盾”，延长石油提出用分布式能源解决“低碳”问题，用微能网解决“保供”问题，用虚拟电厂解决“经济”问题的“延长方案”。通过产学研用合作，采用源网荷储一体化和“云边端数字化”等先进技术，部署了千万吨油田配套百万千瓦新能源规划，构建了以电为枢纽的“分布式能源、微能网、虚拟电厂”三层能源互联网架构，完成标准化设计、模块化制造、机械化施工、智能化运维、数字化运营的典型设计，申请授权8项专利，发布两项企业标准和三项团体标准，培养了一支“能源、信息、数字”复合型团队。目前已初步形成以“点、线、面”有序推进为特征的可复制、可推广经验和做法，为油气勘探开发与新能源融合发展探索和实践出一条“安全、绿色、经济”的“延长之路”。

关键词 延长油气田；分布式热电；风光微能网；虚拟电厂

习近平总书记指出，要适应能源转型需要，进一步建设好新能源基础设施网络，推进电网基础设施智能化改造和智能微电网建设，提高电网对清洁能源的接纳、配置和调控能力。国家能源局2023年3月部署《加快油气勘探开发与新能源融合发展行动方案(2023—2025年)》，要求大力推进油气保供、新能源替代和低碳负碳新产业发展，加快能源生产供应结构转型升级。延长石油实事求是，结合自身实际，构建以电为枢纽的“分布式、微能网、虚拟电厂”三层能源互联网架构，按照百万吨产能配套百兆瓦新能源规划，实施“点、线、面”三步走建设步骤，有序推进油气勘探开发与新能源融合发展，把资源优势转化为经济优势，把资产优势转化为资本优势，打造世界一流的绿色低碳综合能源服务商和高端石化产品供应商。

1 资源概况

延长油田采油区主要分布在陕西省延安和榆林两市，2023年生产原油1140.23万吨，用电负荷32万千瓦，冬夏季负荷相差35%。其中西部油田产量和用电量占油田总量的67%，该区域具有丰富的风光和土地资源。围绕延长油田西部油区开展风光微能网建设，对延长油田实现“提质增效、绿色发展”，打造可复制、可推广的零碳油田具有十分重要的现实意义和战略意义。

1.1 负荷资源

延长油田2023年用电量25.42亿千瓦时，电费支出15.39亿元，电价0.6元/千瓦时。百万吨原油生产用电量2亿千瓦时，电费支付1.2亿元。后期煤改电用电增量18%，电气化率将不断提升，如图1所示。

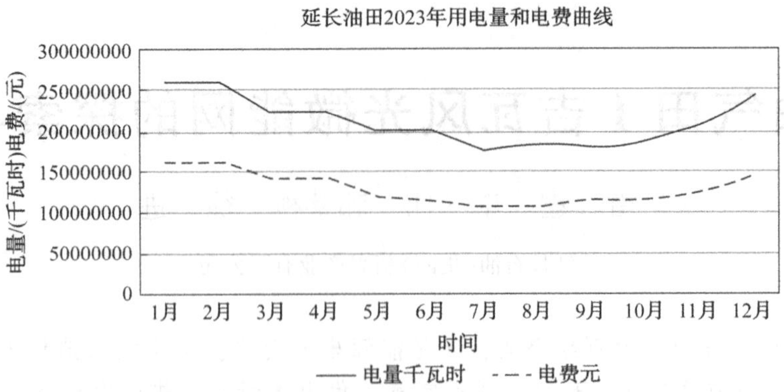

图1 延长油田用电量趋势图

1.2 风光资源

陕北太阳能属全国太阳能资源富集区之一，年可利用发电小时数达1300小时。该地区风能资源也富集，年可利用小时数超2200小时。

1.3 土地资源

延长油田现有井场5.1万个，用地30万亩，测算油田井场可建设自消纳分布式光伏和风电装机为110万千瓦。延长气田现有采气井场1000个，占地4.82万平方公里，可开发光伏10万千瓦。延长燃气现有LNG加工厂6个，可利用开发光伏面积10万平方米，可开发风光1万千瓦。

1.4 配网资源

延长油田现有靖边110千伏专用变电站1座，35千伏变电站30座，在建定边、吴起、志丹、南泥湾110千伏专用变6座，以及配套35千伏变电站22座，构成35千伏微能网25座，可接入消纳风光储新能源装机120万千瓦。

1.5 替代资源

国家能源局在《加快油气勘探开发与新能源融合发展行动计划(2023—2025)》明确要求加大新能源替代自用油气力度，增加油气商品供应量，延长石油目前具有自用3860万方天然气和28万吨汽柴油电气化替代潜力。

1.6 储备资源

延长石油正在开发的天然气田和煤矿，还蕴藏着丰富的风电、光伏、光热、地热、储能资源。利用天然气调峰站设施进行电力调峰，利用煤矿地下空间、地热、煤矸石、CCUS和地上风光资源，探索煤炭和新能源融合发展新路径，更具有广阔的发展空间。

2 确定目标

按照“双碳”目标和油气开发与新能源融合发展的要求，该项目确定8项主要经济技术指标：安全平稳供电率99.95%、电压合格率99.8%、新能源发电渗透率大于50%、用能成本相对降低20%、全投资内部收益率税后大于8.6%、设备国产化率100%、授权专利5项、团体标准3项。确保合规建设、安全无事故、重大风险不发生。

3 问题提出

延长油气田目前存在着配电网不完善、供电质量差、煤改电环保压力大、用能成本高的问题，给新能源融合发展带来三个问题：

问题1 原有井场存在常规风电、光伏和光热安装方式容量受限的问题；

问题2 风电光伏接入配网带来供电电压超标，造成影响供电质量和弃风弃光的问题；

问题3 为解决供电质量和弃风弃光所采取的储能设施，带来投资收益率下降的问题。

4　解决方案

4.1　坚持系统思维的理念，做好“源网荷储一体化”顶层设计

4.1.1　指导思想

贯彻落实习近平总书记关于能源转型重要讲话精神，按照国家能源局油气勘探开发与新能源融合发展要求，坚持系统思维、整体设计、效益为先、分期实施原则，有序推进延长油气田1吉瓦风光微能网项目建设。

4.1.2　坚持底线思维

以合规建设为基础，抓好油气生产与新能源建设统筹兼顾，防范化解重大安全风险和资金风险。

4.1.3　行动方案和建设目标

按照《延长石油加快油气田勘探开发与新能源融合发展行动方案》和《延长油气田1吉瓦风光微能网项目预可研报告》设计，在实施中落实好“分布式能源、微能网、虚拟电厂”三层规划布局，考虑区域资源禀赋和负荷需求，宜风则风、宜光则光、宜热则热、宜储则储、因地制宜、风光互补，按照分“点、线、面”三步走计划，力争五年建成以就地分布式风光为绿色基础、35千伏变电台区20兆瓦微能网为安全保障、110千伏区域百万千瓦虚拟电厂为经济支撑的延长油气田1吉瓦风光微能网集群，实现新能源发电渗透率50%，年产绿电15亿千瓦时，年降低油田用能成本1.6亿元，年减排二氧化碳120万吨，建成可复制、可推广的引领型国家示范，如图2所示。

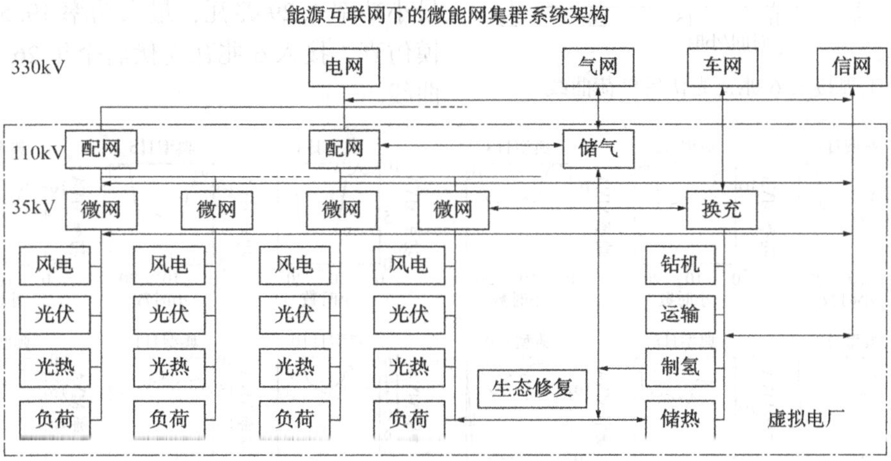

图2　延长能源互联网架构网

4.2　用分布式装机容量解决“低碳性”问题

4.2.1　装机容量规模方面

针对原有场新地安装风光带来的开发场地冲突问题，一是结构上采用可迁移式结构，选用条基和螺旋桩基础，单立柱和平单轴支架。二是优化光伏倾角和方位角设计。三是高效率高标准建设“精品工程”，编制发布实施《油田分布式光伏建设企业标准》，编制标准化设计、模块化制造、机械化施工、智能化运维、数字化运营的《延长油田分布式光伏典型设计》。

4.2.2　先进装备应用方面

该工程选用单晶双面大功率组件和组串逆变器，自主研发微能网智能终端，集成优化由光伏、光热、储热、热泵、智能控制组成的热电联供装置，提高综合能源转化效率，降低用能成本，缩小季节用能峰值差，提高配网系统供电设施利用率。

4.3　用微能网技术解决“保供”问题

该项目严格执行《微电网工程设计标准》GB/T 51341—2018等相关标准，结合实际需求编制企业标准《微能网智能终端制造标准》，根据油田“点多面广分散”特点，定制开发微能网能源源管理

系统，解决风电、光伏由于分散式和间歇性带来的“保供”问题。

4.3.1 确定6项微能网指标

按照“微能网”绿色和安全供电要求，确定供电可靠性、电压合格率、可再生能源利用率、运行成本、操作灵活性和调度能力等六项指标。

4.3.2 匹配源网荷储一体化资源

根据油田热电负荷需求、风光土地和配网结构资源，按照建模仿真计算结果，在满足电压、消纳等约束条件下合理匹配风光储容量。

4.3.3 开展10项内容方面的设计工作

组建产学研设计组，分工有序开展基准编制、元素建模、仿真计算、控制系统、信息和通信技术、组合功率和信息通信技术建模、基准系统和组件研究、各种运行场景和突发事件所需的系统样本，用于实时运行(电压和频率控制、保护、孤岛和重新连接)，以及微电网内的发电、存储和负载的能源管理，开展孤岛和并网模式测试和验证。

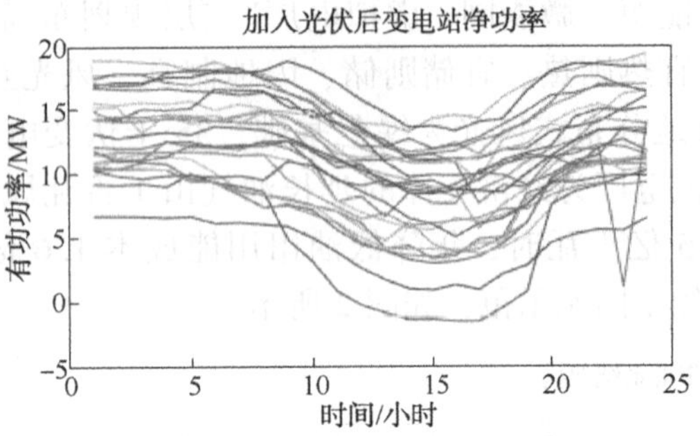

图3 王界接入6兆瓦光伏后负荷曲线

4.3.4 发挥建模仿真的指导作用，确保新能源接入后的安全稳定运行，如图3~图6所示

(1) 以王界35千伏专用变为例，主变装机容量11.3兆伏安，全年负荷较为平稳，且负荷较大，平均值超过1万千瓦，在冬季加入热负荷后，负荷有所上涨，春夏季负荷逐渐降低，典型日中最小功率1.29兆瓦，最大功率19.53兆瓦。经建模仿真，接入6兆瓦光伏后全年26个典型日功率曲线。

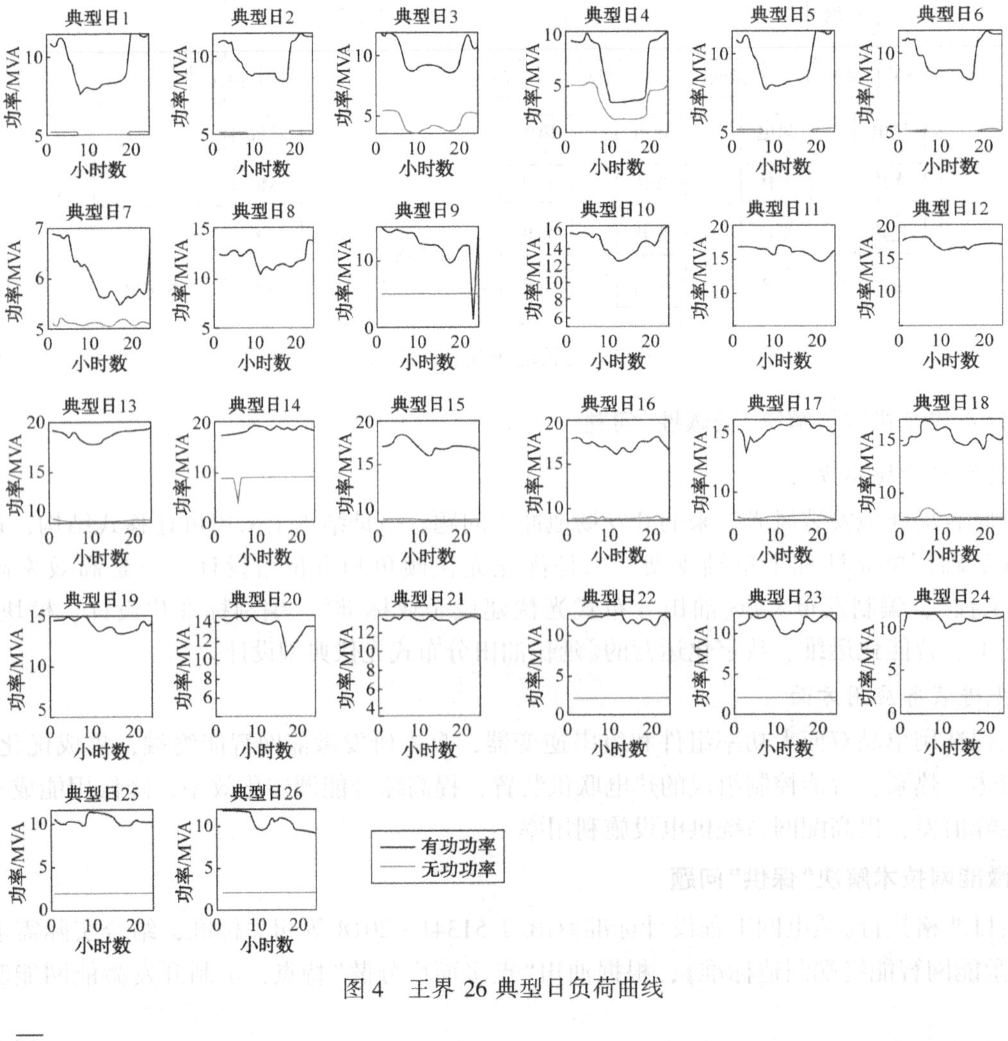

图4 王界26典型日负荷曲线

（2）以王界 35 千伏专用变 10 千伏王坪线为例仿真 2 兆瓦光伏加入前后电压对比

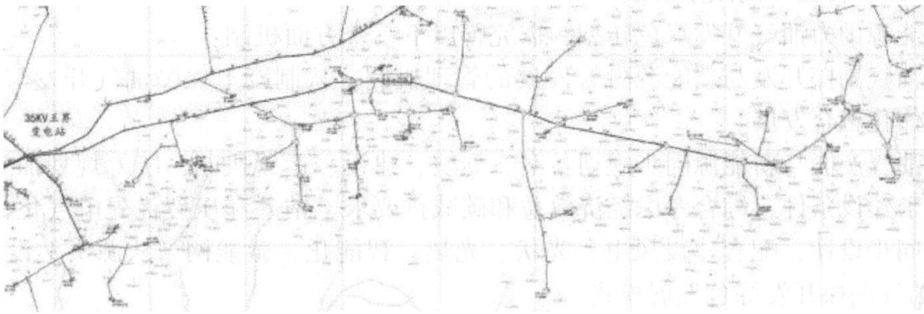

图 5　王界 35 变 10 千伏王坪线路图

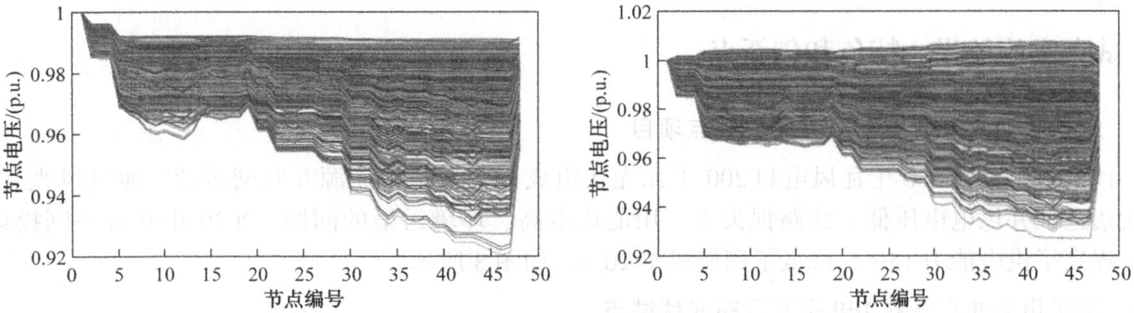

图 6　王界 35 变 10 千伏王坪线接入 2 兆瓦光伏前后电压对比图

由上图可以看到，王坪线在光伏加入前电压偏低，在 2 兆瓦光伏加入后电压整体得到改善提升，并且在电压偏差允许范围内。

4.3.5　*主要设备选型和研发*

该项目研究选择适合油井场地安装和道路运输的风电机组，选择适合 35 千伏微能网的构网型储能，自主研发微网智能终端和热电联供装备。

4.3.6　*定制开发微能网能源管理系统，规范现场智能终端、通信系统、网络安全*

该微网能源管理系统按照分两层设计原则，聚焦并网、离网、并离网切换三种状态下的电压和频率调节、故障自愈和保护配置问题。

4.4　用虚拟电厂运营解决“经济性”问题

2024 年 6 月 1 日起施行的《电力市场监管办法》，明确新增虚拟电厂作为电力交易主体，这将为延长油气田 1 吉瓦风光微能网提供进入市场的机会，一是根据聚合资源的实时供需情况，结合市场价格，优化资源配置，提高新能源消纳水平，降低整体用能成本；二是为电网提供调峰、调频等辅助服务，实现“削峰填谷”，提升电力系统的安全稳定水平。三是发挥微电网集群的灵活调节能力，增强抵御收益风险的能力，保障该项目经济效益的发挥，如图 7 所示。

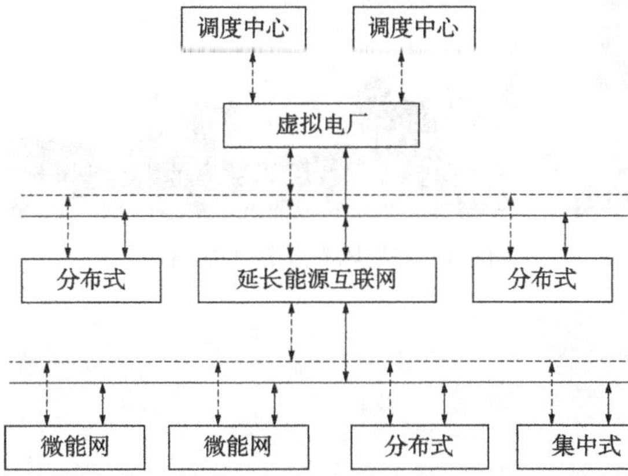

图 7　延长能源互联网虚拟电厂架构图

4.5　用产学研用合作，解决“关键技术”难题

在项目实施过程中，遇到多能互补集成优化建模算法、风光预测算法、削峰填谷负荷转移、数字化云边端平台架构设计、微能网系统并离网及切换过程电压频率稳定性控制策略等关键技术难题，先后得到华北电力大学、清华大学、江苏低碳院、华北电力设计院、天津大学、华为、中国电科院等产学研单位的合作支持，随着项目推进、风光接入比例增加，配网安全和经济问题逐步凸显，依靠产学研合作解决难题显得尤为重要。

4.6　构建油气田与新能源规划、建设、运营一体化融合发展管理机制，促进油气勘探开发实现提质增效，绿色转型和高质量发展

为促进新能源助力油气开发绿色转型，需完善以下三个方面机制：

一是建立油气勘探开发与新能源融合发展的管理机制，从制度上保障油气开发与新能源规划、建设、运营一体化融合发展。

二是建立油气产能与新能源同步规划备案、立项、建设、运营机制，统筹规划油气产能、风光资源、用能需求建设条件，综合考虑经济效益和碳减排要求。钻井和压裂优先电气化，地面产能建设因地制宜、同步设计、配套建设风电、光伏、光热、智能化、微能网。从源头上设计“安全、绿色、经济”的油气勘探开发绿色发展模式。

三是建立清洁能源利用率经济责任指标和考核机制，从机制上保障油气勘探开发与新能源友好互补、融合发展。

5　试点实施效果、特色和创新点

5.1　靖边采油厂 860 千瓦风光互补试点项目

该试点由 2 台 330 千瓦风电和 200 千瓦光伏组成，接入延长能源互联网运营。通过风光互补，解决边远油井供电电压低、线路损失大、用能成本高、环境污染的问题。2020 年 9 月并网投运以来，提高了供电能力 15%，降低了用能成本 20%，如图 8 所示。

5.2　杏子川采油厂王界 100 千瓦分布光伏试点

该试点由星 58 和星 102 井场光伏组成，组件选用 550 瓦单晶双面发电组件，逆变器选用组串逆变器，采用了自主研发的“微能网智能终端”，接入王界 35 千伏专变台区微能网运行，基础采用螺旋桩和条基，支架采用固定支架、单立柱和平单轴方式。经实际运行后评价，发电小时达到 1387 小时，比当地常规分布式光伏发电 1100 小时高出 26%，如图 9 所示。

图 8　井场风光互补实景图

图 9　井场单立柱光伏实景图

5.3　杏子川采油厂化 38 注气站 CCUS 微能网项目

化 38 注气站用电负荷 600 千瓦，主要负荷是二氧化碳注气压缩机，要求连续可靠平稳供电。该微电网设计配置了 2 台 750 千瓦风电、1250 千瓦光伏、1500 千瓦时构网型储能、10 千瓦燃料电池和微能网控制系统，可并离网运行，年发绿电 460 万千瓦时。实现化 38 注气站零碳用能、连续可靠供电，降低用能成本 20%，如图 10 所示。

图 10　CCUS 注气站风光微能网实景图

5.4　延长能源互联网能碳管理平台

随着油田配电网系统分布式风电光伏新能源

的大量接入，因其波动性、间歇性和随机性带来的电压超限问题，将造成负荷或风光脱网停用，保障供电受到影响，迫切需要采用能源数字化平台来监控、预测、调度来解决。

2020 年 10 月延长能源互联网运营平台上线运行。一是围绕油气田新能源安全、生产、经营等业务需求进行数智化运维、辅助决策管理、智能化调度，确保油气田内部电网安全、稳定、经济运行；二是围绕新能源消纳，内部做好“源网荷储一体化”调度，外部参与电网调节和电力服务市场，确保新能源全消纳；三是为电力交易和碳市场运作提供技术平台支撑，确保与上级电网的友好互动和经济效益的发挥，如图 11 所示。

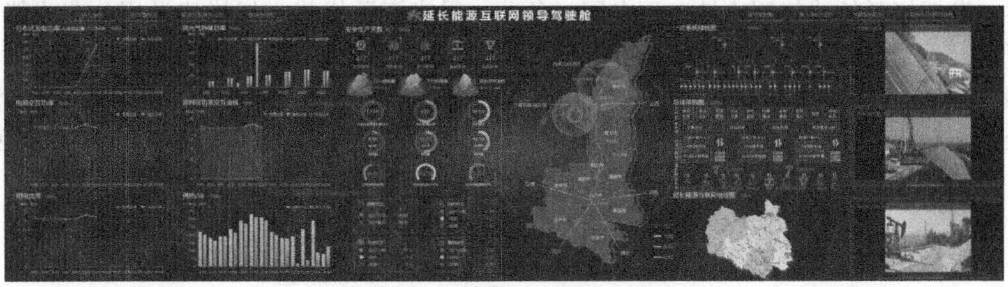

图 11　延长能源互联网运营平台

5.5　项目特色与创新点

该项目的特色是点多面广分散的分布式风光热电和采油可中断负荷就地匹配，通过精准预测分级控制，实现发电、供电、用电、储能、电价、电网友好互动。

创新点是构建了用能现场分布式风光、35 千伏微能网、110 千伏虚拟电厂三级架构微电网集群，分级解决能源转型中“绿色、保供、经济”三角矛盾。

5.6　试点验证效果

一是达到安全目标，建设过程统筹安全生产和检修可控，供电质量得到改善提高。

二是发电量达到和超过设计指标。

三是投资收益大于立项要求。

5.7　管理和标准化方面

随着国家新能源产业政策的支持力度加大和技术进步，滚动修改《延长油气田 1 吉瓦风光微能网》规划设计，为加快产业整合，有序推进项目建设和标准化，助力延长石油新能源业务发展起到了积极作用。

6　关键技术研发和先进装备应用

6.1　热电保供技术

该项目在电网支撑的基础上，积极采用分布式能源、热电联供装置、微能网能源管理等新技术和装备，通过“源、荷”实时预测和源网荷储一体化调控，达到新能源补充、油煤气改电热替代、系统供电稳定可靠的保供能力。

6.2　绿色低碳技术

光伏、光热、风电均属于绿色能源，但存在着能量密度低、间歇性强、预测性难的属性，通过微能网系统、构网型储能、储热、热泵先进技术装备，使其弊端得以消除。

6.3　投资经济技术

该项目通过与陕西综合能源集团的虚拟电厂运营模式合作，友好补充了油田区域电网调节和保障能力，确保投资效益的有效发挥。

7　需要解决的问题与建议

难题 1 微能网在不同场景高比例风光接入带来的电压和频率偏差，保护配置问题？

需要高等院校、科研院所和产业公司等共同参与、联合攻关。

难题 2 虚拟电厂运营平台在电力交易、辅助服务、碳交易市场的盈利模式问题?

虚拟电厂作为新型电力系统的组成部分，目前市场机制不完善，商业模式不明朗，用户和发电侧资源参与意愿不强，需要政府加强政策引导和机制驱动，创造盈利模式。

8 结束语

以习近平总书记关于能源转型的重要指示为指导，贯彻落实好油气勘探开发与新能源融合发展行动方案，发挥好延长油气田土地、配电网、负荷、风光资源优势，加快建设用分布式能源解决油气开发“低碳”问题，用微能网解决油气用能“保供”问题，用虚拟电厂解决新能源“经济”问题，早日发挥“延长油气田 1 吉瓦风光微能网”投资效益，形成以“点、线、面”有序推进为特征的可复制、可推广经验和做法，为油气勘探开发与新能源融合发展探索和实践出一条“安全、绿色、经济”的“延长之路”。

参 考 文 献

[1]《加快延长油气田勘探开发与新能源融合发展行动方案(2023—2027)》2023.

[2]《延长油气田 1 吉瓦风光微能网可行性研究报告》中能建陕西省电力设计院 2023.

[3]《杏子川采油厂王界 100 千瓦分布式光伏后评价报告》陕西省水利电力勘测设计研究院 2024.

[4]《杏子川采油厂 10kV 线路运行分析与 35kV 变电站储能接入评估》天津大学 2023.

[5]《油田分布式光伏建设规范》延安新电能源开发有限公司 2024.

智能监测技术在 SAGD 开发中的应用

靳月明　王　秀　王　磊　李舒曼　曾思瑶

（中国石油辽河油田公司）

摘　要　SAGD 动态监测系统的建立和完善是保证 SAGD 开发效果的基础，辽河油田曙一区杜 84 块从 2005 年开始进行中深层超稠油 SAGD 先导试验，目前已转驱 73 井组。随着转驱规模的不断扩大，生产过程中，蒸汽腔发育不均，泄油能力强弱不同，井口闪蒸等生产矛盾不断出现，导致稠油井的管理难度越来越大，因此综合应用智能监测资料，及时发现井底及地面等问题、依据动态监测提出合理调控方法。近几年辽河油田曙一区杜 84 块 SAGD 开发区域并步建立完善了监测系统，形成区块油藏立体智能综合监测技术，改变了过去监测手段单一、资料录取不系统、解释结果难以统一应用的局面，提供了准确、长期、系统、有效的立体监测资料，并综合应用监测资料指导现场生产实践，及时解决生产问题，取得较好的应用效果。

关键词　曙一区；SAGD；智能监测技术；监测资料；应用效果

SAGD 生产阶段需要大量的数据进行监测，指导先导试验动态调控，保障先导试验成功，为后期评价提供可靠资料。SAGD 开采过程中需要监测的主要参数是生产井井底的压力和温度沿水平段的分布，以及蒸汽腔内的压力和温度在平面及纵向上的分布。监测生产井井底温度和压力沿水平段的分布是为了了解蒸汽腔沿水平段的发育情况，从而判断水平生产段的有效利用程度。而监测蒸汽腔内的压力和温度在平面上及纵向上的分布是为了了解 SAGD 开发中蒸汽腔发育的均匀程度和油藏非均质性的影响，以及剩余油饱和度的分布。因此，监测系统所得的资料对分析油藏的生产动态和生产效果至关重要，是进行注采参数优化和调整的依据，完整的监测系统对提高 SAGD 开发效果十分重要。

1　SAGD 开发中智能监测系统设计

为了准确、长期、系统、有效的录取监测资料，合理利用监测资料分析解决问题，优化调整措施，改善开发效果，整合各项监测系统，建立了统一的区块油藏监测系统，区块监测系统包括：油藏监测系统、地面监测系统、网络信息化，其结构如图 1 所示。

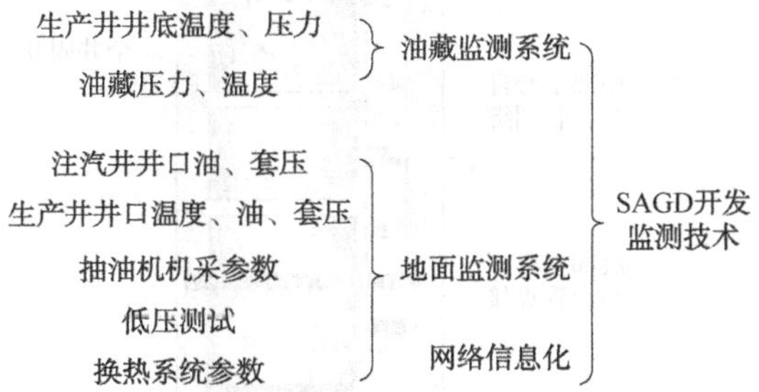

图 1　区块油藏监测系统结构图

（1）生产近井下监测

生产井监测系统的主要监测生产井井底温度、压力，其目的是判断是否实现阻汽控制及水平段动用状况。利用热电偶监测井底温度，毛细管测压监测井底压力。

在生产井井底温度监测共布置 6 个点，压力监测共布置 2 个点。实现了实时监测蒸汽腔扩展范围及 SAGD 水平井井下油藏状态，根据蒸汽腔发育情况实时动态调整注汽井及注汽量。在实施双水平 SAGD 井组十几次循环预热动态调控中，技术人员就是在电脑前通过井下温度、压力监测数据，判断油井生产状况，是抽喷还是闪蒸，还是正常生产，结合瞬时注汽量，井口温度，冲次，采出状况，不断调整动态参数，确保循环预热平稳进行，双水平井间尽快形成热连通。最终使该井成为国内第一口双水平 SAGD 百吨井，是辽河油田超稠油开发的品牌工程，是物联网技术与 SAGD 调控相结合取得成功案例的典范，如图 2 所示。

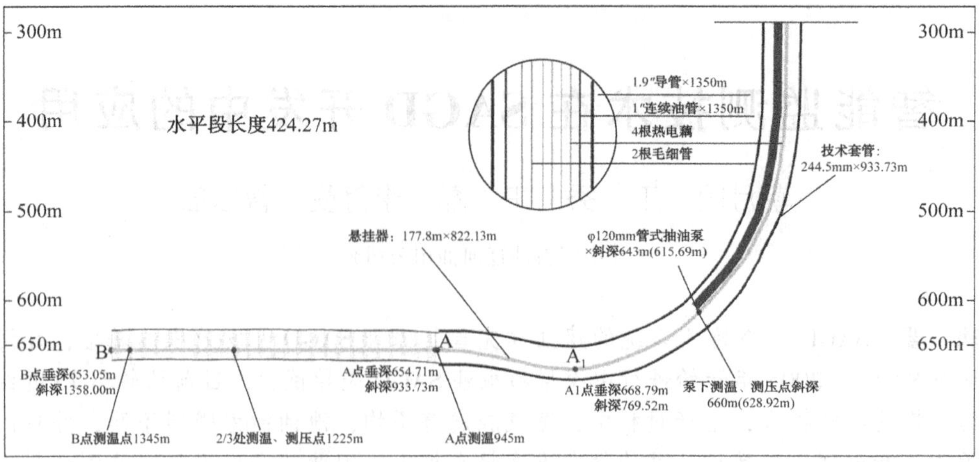

图 2　生产井井下温压监测系统示意图

（2）观察井温监测

观察井监测系统监测参数是油藏温度、压力及含油饱和度，其目的是判断蒸汽腔的温度、压力及在纵向和平面上的扩展速度与方向。根据观察井监测需要分布式测温及分层测压，所以温度测试采用光纤测温技术，压力监测采用毛细管分层测压。饱和度测试采用C/O比及观察井取芯。该技术的特点是温压同测，测温系统能够全井段、实时、准确的监测不同阶段蒸汽腔的发育程度和变化特点，测压系统能够耐高温、精度高，且长期稳定，实时监测蒸汽腔压力变化，为开发后期准确调整注采参数提高保障，如图3、4所示。

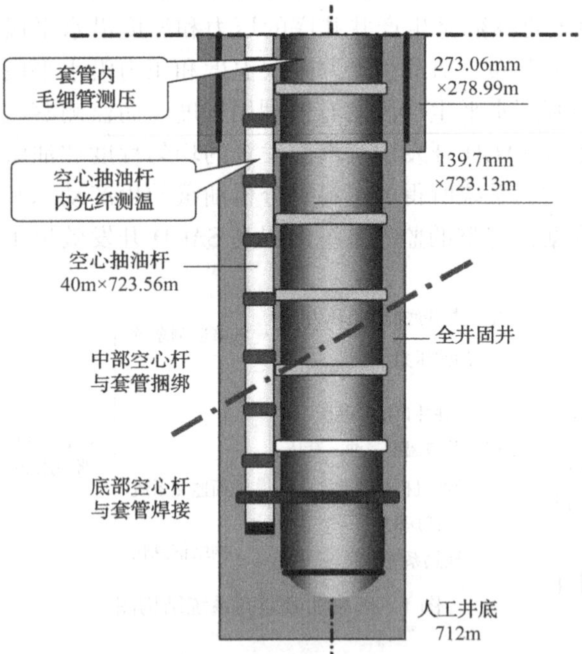

图 3　观察井完井设计

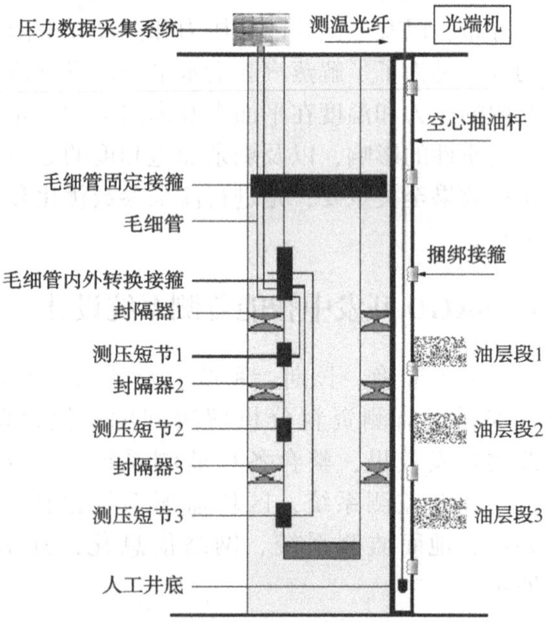

图 4　温度压力一体化监测示意图

2　地面监测系统

地面监测系统主要是监测注汽井、生产井各种参数，产出流体性质等，注汽井的实际注汽量用孔板流量计监测，汽水分离器前后干度采用钠度仪监测；采油系统监测油井机采参数，包括抽油机三相电压、电流、功率；井口油压、井口套压、温度；光杆载荷及示功图参数，该监测系统目前采用远程油井测控，能够实现实时在线监测。远程油井测控系统集计算机技术、通信技术、数据采集技术及传感技术于一体，通过数据采集器，获取安装在采油设备上的各种数据，并通过GPRS无线网络将其传输到中心服务器，再以WEB浏览的方式提供给油田的局域网和互连网上用户浏览查询，实现了客户端随时随地的查询数据。网络信息化将多种多样的监测资料统一管理，减少了数据查询的时间，能够及时了解SAGD的生产动态，提高工作效率，如图5所示。

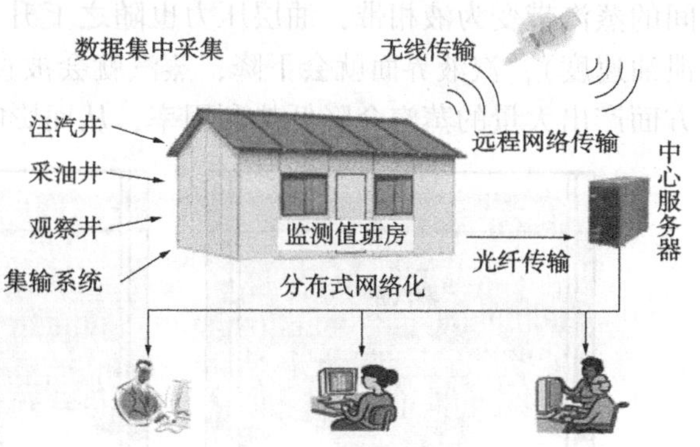

图5　网络信息化示意图

3　综合应用监测技术指导SAGD动态调控

SAGD阶段，通过油藏动态监测及生产动态分析，发现生产中存在的问题，提出针对性的调整措施，实现SAGD平稳操作，改善开发效果。从蒸汽腔发育状况上看，在驱替阶段，未形成蒸汽腔，测温曲线呈指形、钟形或漏斗形；在泄油阶段，已形成蒸汽腔，测温曲线呈箱形(图6)。

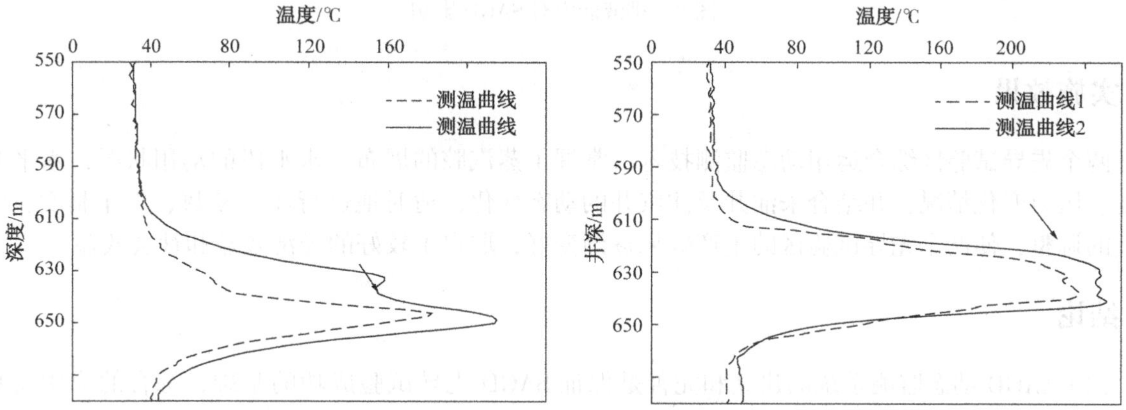

图6　杜84-馆观5测温曲线

从生产井测压状况上看，在驱替阶段，油藏压力较高，生产压差较小，油藏压力一般在4~5MPa之间，生产压差一般在0.1~0.2MPa之间；在泄油阶段，油藏压力降至3~4MPa之间，生产压差稳定在0.5~1MPa之间。例如，杜84-平45井分别于2006年12月、2008年5月做压力恢复测试，根据水平段压力变化，2006年12月该井处于蒸汽腔形成阶段(驱替阶段)，2008年5月该处于蒸汽腔扩展阶段(泄油阶段)，如图7所示。

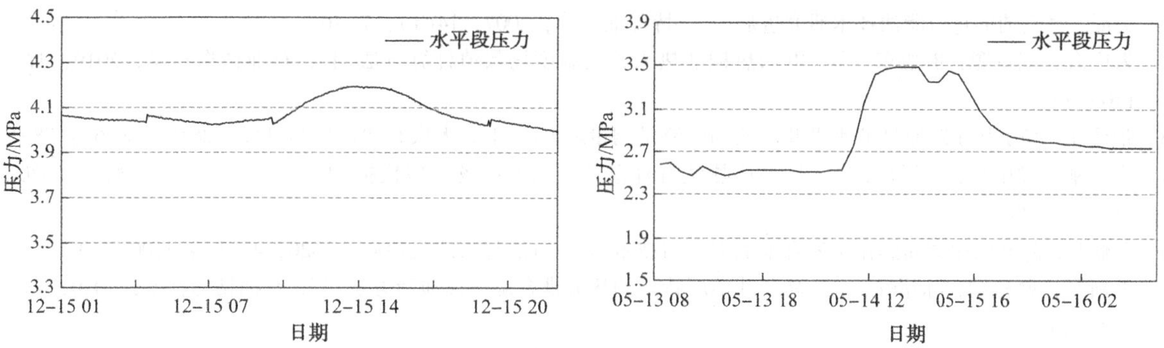

图7　杜84-平45井压力恢复曲线

在直井与水平井组合SAGD方式中，油井的产量是由蒸汽腔沿水平段扩展的程度所决定的，因此提高水平井产量，需多增加直井的泄油点和泄油面积。在现场操作中，通过水平井井底温度分析水平段动用程度，温度低的井段，动用程度低，温度高的井段，动用程度高。利用调整注汽井及注汽强度，提高动用程度。

生产井排液能力对SAGD影响很大，生产井必须具备足够的排液能力，才能实现真正的重力泄油生产。如果排液能力太低，就会导致冷凝液体在生产井上方聚集，汽液界面逐渐上升，使注采井间的蒸汽带变为液相带，油层压力也随之上升，影响蒸汽腔的发育；如果排液能力太大(大于重力泄油速度)，汽液界面就会下降，蒸汽就会被直接采出，一方面蒸汽进入抽油泵会降低泵效，另一方面产出大量的蒸汽会降低热利用率，从而影响了SAGD的生产效果(图8)。

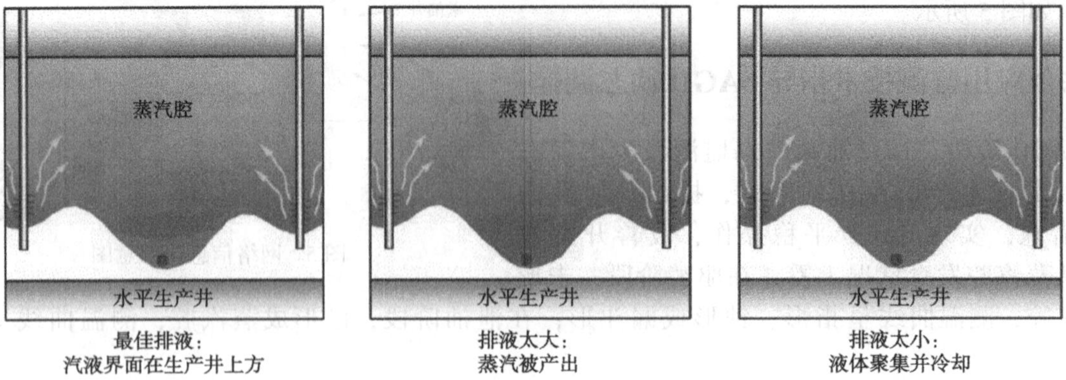

图8　排液能力对SAGD影响

4　实施效果

两个先导试验区综合运用动态监测技术，掌握了蒸汽腔的展布，水平段的动用状况，水平井的温度、压力变化情况，并结合采油井及注汽井的动态变化，适时地进行注采参数、工作制度、注汽井点的调整，使两个先导试验区的生产效果逐渐变好，取得了较好的经济效益和社会效益。

5　结论

(1) SAGD动态监测系统的建立和完善是保证SAGD先导试验成功的基础，综合的应用监测资料，及时发现问题、分析问题、提出解决方案，是保证SAGD先导试验顺利实施的关键。

(2) SAGD监测技术主要包括油藏监测系统、地面监测系统、网络信息化。配套应用这几种技术，能够较好的指导现场操作。

(3) 综合应用监测系统，既可以划分开发阶段，又可以指导调整水平井动用程度、优化注采参数、均衡发育蒸汽腔、生产井合理排液、控制油井抽喷等工作。

参　考　文　献

[1] 吴霞. 蒸汽辅助重力泄油技术研究进展[J]. 特种油气藏，2007，14(1)：7-10.
[2] 朱广海，刘章聪，熊旭东，等. 电加热稠油热采井筒温度场数值计算方法[J]. 石油钻探技术，2019，47(5)：110-115.
[3] 张诗洋. 基于热示踪原理的水平井产液剖面流量测量新方法[J]. 大庆石油地质与开发，2019，38(6)：78-82.
[4] 张立刚，谭甲兴，陶泽俊，等. 反循环热洗有杆泵井井筒温度场数值模拟[J]. 东北石油大学学报，2020，44(5)：82-88.
[5] 孙焕泉. 薄储层超稠油热化学复合采油方法与技术[J]. 石油与天然气地质，2020，41(5)：1100-1106.
[6] 毛新军，曹植纲，陈超峰，等. 高产井地层特征的热流耦合温度反演新方法[J]. 石油钻探技术，2020，48(4)：118-123.
[7] 王正旭，高德利. 高频电磁加热稠油储层温度分布及其影响因素分析[J]. 石油钻探技术，2020，48(1)：90-97.
[8] 杨立强，陈月明，王宏远，等. 超稠油直井-水平井组合蒸汽辅助重力泄油物理和数值模拟[J]. 中国石油大学学报(自然科学版). 2007(04)：64-69.
[9] 武毅，张丽萍，李晓漫，等. 超稠油SAGD开发蒸汽腔形成及扩展规律[J]. 特种油气藏，2007，14(6)：40-43.
[10] 张方礼，张丽萍，鲍君刚，等. 蒸汽辅助重力泄油技术在超稠油开发中的运用[J]. 特种油气藏，2007，
[11] 任芳祥，孙洪军，户昶昊，等. 辽河油田稠油开发技术与实践[J]. 特种油气藏. 2012，19(01)：1-8.
[12] 徐东等. 光纤测温、毛细钢管测压系统在现场中的应用[J]. 石油钻采工艺. 1999，21(5)104-106.

吉林油田热电废气处理与二氧化碳驱油融合技术分析与实践

唐晓鹏　李忠华　杨鑫磊

（中国石油吉林油田工程技术服务公司研究所）

摘　要　随着新能源行业不断渗透深入，创造能源与环境的和谐成为中国新能源发展方向，吉林油田作为中石油油气开采企业，近年来开展了一系列新能源领域科研创新工作，不断尝试油气开采和探索新能源融合发展道路，结合油田热电站废气采集技术与二氧化碳驱油技术，打造吉林油田油气开采绿色能源战略方向，实现油气开采在新能源领域可持续发展。

吉林油田拥有1座热电站，且二氧化碳驱油技术处于全国领先地位，热电站经过2年技术升级改造，针对性开展新能源未来发展的分析与实践，建成了1套结合热电站废气二氧化碳有机处理、存储装置，为吉林油田二氧化碳驱油提供工业原料同时，实现二氧化碳的有效运移，通过建造二氧化碳采集装置，铺设农田、林地地下废气排放管道和地表出风口的模式，实现废气在周边地表农作物和树林精准排放和高效吸收，解决电能生产过程的污染及排放问题，实现火力发电电能成为真正绿色、无污染的新型能源，为吉林油田油气可持续发展找到了绿色环保的解决方案。

社会层面，目前全世界范围内主要以火力发电为主，占比总发电量的70%~80%，居家取暖，更是高达90%以上为矿石类燃烧获得，虽然电车、采暖热能在使用场景当中绿色环保，但发电、发热过程产生大量二氧化碳，导致新能源车辆、居民供暖并没有实现本质绿色，电能来源的环保性普遍不被认可，而吉林油田热电站废气采集、吸收技术，通过近两年的实践应用，分离存储二氧化碳8700万方，为二氧化碳驱油提供有力材料保障，同时该项技术降低了90%以上的发电站的废气排放，降低70%从空气中提取二氧化碳成本，吉林油田累计二氧化碳驱油创效超4000万元，产生巨大的经济效益和社会效益，不断推动油气和新能源融合发展，为油田新能源发展指明了方向。进一步社会面推广，有可能解决几乎所有热电站废气排放污染问题，矿石燃烧类车辆，替换迭代为电能驱动车辆，而热电站电能生产过程产生的二氧化碳全部被该项技术净化处理，将彻底实现整个社会层面的绿色能源，同时产生万亿级别的市场。

关键词　二氧化碳驱油；二氧化碳运移；新型能源；精准吸收；绿色环保；绿色植被；提取成本

1　前言

国际新能源发展不断扩大范围，中石油作为国家重点企业一直紧随国家新能源战略步伐，吉林油田积极响应国家及总公司号召，不断推动油气生产和新能源融合发展，几年来吉林油田以热电站为改造对象，通过铺设地下管线，将热电站排放废气分离储存，用于二氧化碳驱油原料，其他低效分离后排放废气输送至周边农作物、茂密树林，有效利用绿色植物低空间精准吸收特性，治理热电站废气排放问题，改造后，评价分析二氧化碳等废气排放治理，推动油气生产绿色发展。

2　新能源发展趋势及热电站废气现状分析

2.1　新能源发展趋势

目前新能源主要以电能为主，通过电能的广泛应用，实现多个领域0排放0污染，但电能产生方式受到广泛质疑，整个世界电能产生的方式均以矿石类燃料(煤炭、石油、天然气以及秸秆等)燃烧为主，且占比为总发电量的70%左右，虽然电能使用过程可以实现0排放0污染，但电能产生过程却包含更多的废气排放，使得电能的绿色能源性质受到质疑。

2.2 热电站废气主要组成成分

热电站主要气体排放物来自烟囱，也就是燃煤、秸秆、天然气等燃烧后产物，除去水蒸气和烟尘之外，主要气体排放物有二氧化碳、二氧化硫、氮氧化物、不完全燃烧产生的一氧化碳、煤受热析出的烃类有机物以及其他的微量衍生物。

2.3 热电站废气排放方式

热电站废气排放均以简单处理后直接排放废气至大气中的方式处理，为了避免废气污染周边环境，热电站排放废气的烟囱通常设计较高(50~120米)，这就进一步导致了周边绿色农作物、树林以及植被无法发挥自身特性，无法有效吸收热电站排放废气。

3 将电能转化为真正清洁能源的可行性分析及评价

将电能转化为真正的绿色能源，需要做好发电过程中产生的二氧化碳以及其它废气的吸收处理，充分利用周边绿色植物本身特性，实现发电过程0排放0污染。

3.1 农作物及树林吸收废气能力分析

据松原市林业局测算，松原市森林密布，农作物广袤无垠，树林及农作物生态系统年可吸收二氧化碳6.28万吨，相当于12.31万辆燃油车一年的二氧化碳排放量，相当于10座100万千瓦时热电站1年的二氧化碳排放量。年吸收氟化物306.70吨，相当于减少21.33万吨燃煤释放的气态氟化物污染物。年吸收氮氧化物22.87万吨，相当于831.26万辆汽车一年的氮氧化物排放量。年吸收重金属210吨，可以降低大气PM10和PM2.5颗粒中的重金属组成浓度。

3.2 烟囱直排废气吸收比率统计分析

由于废气以二氧化碳以及其它氧化物为主(其中二氧化碳占比15~20%以上)，废气比重低于空气，从烟囱中排出以后(热电站烟囱平均设计高度50~120米)，直接飞向大气层，导致地表农作物和树林吸收废气效率极低，据林业局测算，地表植物吸收排放废气比率不足10%，远未达到吸收能力上限。

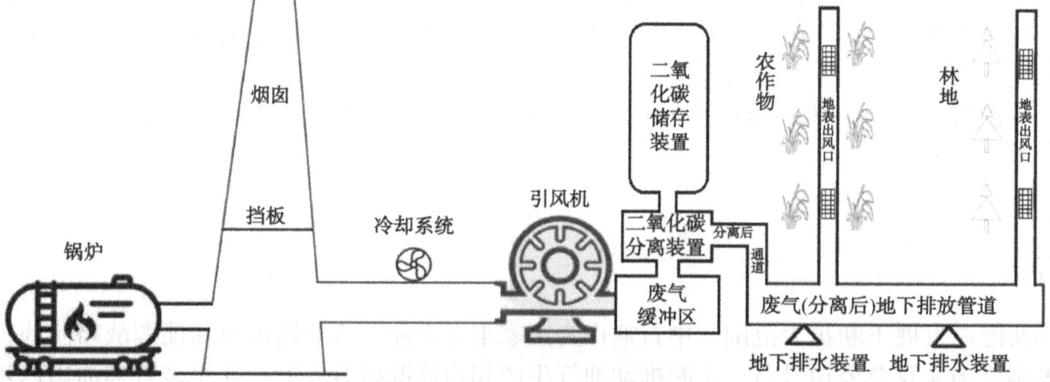

图1 热电站改造简图

4 热电站废气处理系统设计与改造

4.1 总体思路设定

技术前期充分论证了热电站废气污染环境的原因和控制方式，改造需要解决的是热电站废气如何处理才能降低对环境的污染。改变原有粗放式利用烟囱向大气直排，变成首先分离二氧化碳集中存储，然后在树林、农作物以及绿色植被安置地下管道、设置废气排放出口的精准排放、精准吸收的方式。

(1) 通过高效二氧化碳分离装置，对吉林油田火电厂废气进行分离存储，便于下部运输至二氧化碳驱作业井；对于分离不彻底的废气，重新通过分离通道再次返回到飞起地下排放管道。

(2) 充分利用农作物和树林等绿色植被对热电站废气进行吸收。

(3) 由烟囱直排，改成地下管线铺设、贴地表面设置废气出口排放的方式进行废气排放。

(4) 在周边绿色植被下方铺设地下管线，地表设置出风口，废气密度较轻，从地面向地上排放，废气途经所有绿色植被枝叶、茎秆，最大化吸收废气，有效减少对大气的污染。

4.2 冷却系统

由于传统直排方式只对废气排放做了简单的除尘，没有对废气进行降温，而该项技术需要将废气先进行分离，然后通过分离装置及地下管线传送至绿色植被地表，需要在进入通往分离装置及植被管线前进行冷却，防止对植物造成伤害。

(1) 该系统设计安装在热电站烟囱排出管道与引风系统中间，保证进入引风系统内的废气为常温废气。

(2) 冷却系统采用风冷和水冷相结合的方式，高效同时保证较低能耗。

4.3 引风系统

引风系统由两部分组成，一是烟囱内部可开关挡板，二是管线上安装引风机。

(1) 改变原有废气直排方式，在烟囱内部设置挡板，由于吉林油田地处东北松原市，春、夏、秋季节植物茂盛，但冬季均为落叶型植被，冬季用引风机系统作用就已经失去，冬季打开烟囱内部挡板，改成原有直排方式。

(2) 在烟囱侧方位开新的出口，出口连接管线，管线增加引风机，由于管线未来铺设在农作物和树林等植被地下，距离较远，管线内阻大，需要引风机推动锅炉燃烧后的废气排向二氧化碳分离装置及散布在绿色植被中的各个出风口。

4.4 废气排放系统分析与应用

废气排放系统，推动燃烧后传送至二氧化碳分离装置及废气植被地下，保证二氧化碳分离最大化，同时其余废气被精准排放，保证高效吸收。

(1) 合理安排排气口间距，充分发挥每一颗绿色植物吸收废气的效能。

(2) 合理设计出风口形状，保证废气从出风口喷出时，沿地面飘动，延长废气在低空滞留时间，确保绿色植被有更充足的时间吸收废气，提高吸收效率。

4.5 积水排放系统分析与应用

出气口广布与农作物和树林等植被中间，在雨季容易积水，导致废气管道输送效能下降，同时由于排放废气(多为酸性物质)易结合水，造成对管道的腐蚀，所以需要积水排放系统，提高管线使用寿命。

(1) 合理距离安排沉水井，保证管道内积水能及时流向沉水井。

(2) 合理设置沉水井深度，在整个管线的最低处，利用重力引导积水流入沉水井，避免了额外安装电动排水装置。

4.6 废气二氧化碳分离装置设计与应用

管道内运排热电站产生的二氧化碳同时，在管线上加装二氧化碳分离装置，进一步扩大净化控制的范围和能力，且为下一步捕捉二氧化碳用于二氧化碳驱油提供先决条件，两年来，收集二氧化碳 8700 万方，取得良好效果。

5 改变原有二氧化碳采集方式，通过分离装置分离废气中二氧化碳、储存二氧化碳，应用于二氧化碳驱油技术原材料供应

吉林油田二氧化碳驱油技术优势明显，应用范围不断扩大，需要大量的二氧化碳原料，本技术

应用前，二氧化碳一直从空气中采集储存，成本高，效率低。

（1）吉林油田二氧化碳开发公司全面推进 CCUS 技术创新与工业化应用，建成了 CCUS 国家级示范工程，具备“亿方级”二氧化碳埋存能力，成为亚洲最大的 CCUS 项目。2023 年 1 月 4 日，央视网报道吉林油田实现国内最大规模二氧化碳注入，年埋存 CO 81能3力6 4A亿方3。0注入量占中石油总量 40%。而该项技术的应用，体现着减碳、驱油双赢的生动实践。

（2）空气中二氧化碳含量为 0.03~0.04%，导致提取二氧化碳成本较高。

（3）热电站废气中二氧化碳含量为 15~20%之间。

（4）热电站废气中二氧化碳含量比空气中二氧化碳含量高 50 倍，在废气中提取二氧化碳成本仅为空气中提取二氧化碳的 30%，能够降低 70%的提取成本。

该套装置内废气管线安装 1 套二氧化碳分离装置及存储装置，有效支撑二氧化碳驱油，真正形成新能源和油气融合发展，通过近两年的实践应用，有效降低 70%二氧化碳提取成本，同时，分离存储二氧化碳 8700 万方，为二氧化碳驱油提供有力材料保障。

6　该项技术全社会推广应用后取缔核电站的可行性分析

（1）2022 年日本核废水排入大海引起世界各界强烈反响，以及多年前俄罗斯切尔诺贝利核电站和日本福岛核电站核泄漏问题影响广泛，近年来欧洲也在不断拆除核电站，2022 年核电站先驱的法国，拆除了最后一座核电站，以上多个实例足以说明核电站虽然发电效率高、成本低廉，但存在巨大安全和环保隐患。该项装置推广应用，将热电站的尾气排放问题解决，将有足够的环保能力促使全世界范围内核电站全部拆除的可行性。

（2）如果森林吸收二氧化碳效率提高，全世界森林的储藏量就足以吸收全世界排放的所有二氧化碳。

① 据联合国统计，目前全球森林覆盖率约为 40 亿公顷，占世界陆地面积的 30%左右，世界森林资源蓄积推算约为 4300 亿 m^3。联合国粮农组织全球森林资源评估主要结果显示，目前世界森林面积达 40 亿公顷，约占土地面积（不含内陆水域面积）的 31%，人均森林面积 0.6 公顷。全球人工林面积 2.64 亿公顷，约占世界森林面积的 7%。从森林功能来看，全球商品林面积接近 12 亿公顷，生物多样性保护林面积超过 4.6 亿公顷，防护林面积 3.3 亿公顷，分别占世界森林面积的 30%、12%和 8%。

② 根据国际能源署近期公布的数据，2022 年全球与能源有关的二氧化碳排放量为 350 亿吨左右。过去几十年，全球二氧化碳排放呈上升趋势，但最近三年基本维持在同一水平。

③ 根据森林吸收能力计算（这里不包含农作物以及其它类型植被），森林吸收率只要达到 30%~50%，就可以吸收地球生产生活产生的全部二氧化碳，所以只要找到二氧化碳合理的运移及森林的吸收方式，就完全可以做到二氧化碳 0 排放 0 污染。

7　结论与认识

该项技术，通过近两年的实践应用，有效降低 70%二氧化碳提取成本，同时，分离存储二氧化碳 8700 万方，为二氧化碳驱油提供有力材料保障。降低 90%发电站的废气排放，降低 70%从空气中提取二氧化碳成本，用于吉林油田二氧化碳驱油，累计创效超 4000 万元，产生巨大的经济效益和社会效益，不断推动油气和新能源融合发展，为油田新能源发展指明了方向。

7.1　实现油气田绿色发展技术突破，为二氧化碳驱油提供基础原料

该项技术的突破，是实现油田绿色发展、减缓全球变暖的重要途径，同时，把污染变成了“资源”。减少二氧化碳的排放，同时助力二氧化碳等温室气体减排，在热电站废气管道内收集二氧化碳的新技术能耗也大大降低，收集、存储二氧化碳所需的能源要比传统从空气中提取二氧化碳工艺节约成本 70%以上。这意味着我们可以更加高效地利用能源，有更多的二氧化碳用于石油开采，并为油气绿色环保可持续发展做出贡献。

7.2　能够实现火电转变成真正的绿色能源

广泛被质疑的电能，作为新能源，发电方式不用做出改变，仅需废气合理处理，就可以解决电

能产生过程的污染问题，将目前普遍存在的火电变成真正的绿色能源。

7.3 能够实现二氧化碳等废气的运移

通过发电站废气排放的新型处理方式，在城区、高速公路等尾气无法有效吸收的地区，广泛应用电车，电车应用的电能所产生的二氧化碳气体，由电站收集、存储、使用，等同于把二氧化碳转移到发电站去进行吸收处理，避免排放入大气。

7.4 实现热电站附近农作物、林地等植被高产

依据农科院数据统计，如果能够提供足够的二氧化碳，大豆的产量能够增加58%；甜菜的产量能够增加51%；高粱的产量能够增加49%；小麦的产量能够增加47%；水稻的产量能够增加65%。至于说蔬菜类植物，只要在它们生长的过程中给予足够的二氧化碳，依据蔬菜的品种不同，它们的产量能够分别增加40%~68%。

7.5 经济效益社会效益分析

在吉林油田两年来的应用，累计收集二氧化碳8700万方，创效超4000万元，该项技术如果能够全面应用推广，将取得可观经济效益和社会效益，能够有效减少热电站废气排放，为二氧化碳驱油提供必要的工业原料，同时还可以让火电电能变成真正的清洁能源。

7.5.1 减少排放

吉林油田热电站应用此项技术据估算可减少90%二氧化碳废气排放，同时为周边农作物、树林以及绿色植被提供充足的二氧化碳肥料。

7.5.2 提供二氧化碳原料

吉林油田二氧化碳驱油，一直处于国内乃至国际领先地位，对低渗透油田驱油意义重大，传统空气中提取二氧化碳成本较高，该项技术可以节约提取成本70%，仅仅吉林油田热电站产生的二氧化碳就足够整个吉林油田二氧化碳驱油的原材料供应，年可解约二氧化碳采集成本4000万元。如果在全世界范围内推广，经济效益估算在千亿美元以上规模。

7.5.3 吸收二氧化碳放出氧气，持续改善地球环境

通过上述统计分析，吉林油田热电站排放废气，不仅可以为二氧化碳驱油提供工业原料，同时为周边农作物、树林以及绿色植被提供足够的气体肥料，降低空气中二氧化碳含量，为改善大气做出巨大贡献。

参 考 文 献

[1] 李涛，傅强. 中国省际碳排放效率研究统计研究，统计研究，2011，(07)：63-70.

[2] 毕安平，朱鹤健. 基于PSR模型的水土流失区生态经济系统耦合研究——以朱溪河流域为例[J]. 中国生态农业学报. 2013(08).

[3] 彭靓宇，徐鹤. 基于PSR模型的区域环境绩效评估研究--以天津市为例[J]. 生态经济(学术版). 2013(01).

[4] 曾荣艳，刘新平. 基于PSR模型下的耕地可持续利用评价研究--以阿勒泰市为例[J]. 农村经济与科技 2013(03).

[5] 王群伟，周鹏，周德群. 我国二氧化碳排放绩效的动态变化、区域差异及影响因素中国工业经济，China Industrial Economics，2010，(01)：45-54.

[6] 罗良文，李珊珊. FDI、国际贸易的技术效应与我国省际碳排放绩效国际贸易问题，Journalof International Trade，2013，(08)：142-150.

[7] 谭峥嵘. 中国省级区域碳排放效率及影响因素研究--基于Malmquist指数2012-12-14，2013年03期.

[8] 吴贤荣，张俊飚，田云，等. 中国省域农业碳排放：测算、效率变动及影响因素研究——基于DEA-Malmquist指数分解方法与Tobit模型运用，资源科学，ResourcesScience，2014，vol36(01)：129-138.

[9] 谌伟，诸大建. 中国二氧化碳排放效率低—基于福利视角的国际比较经济与管理研究，Researchon EconomicsandManagement，2011，(01)：56-66.

[10] 李国志，王群伟. 中国出口贸易结构对二氧化碳排放的动态影响—基于变参数模型的实证分析. 国际贸易问题，JournalofInternationalTrade，2011，(01)：82-89.

基于剩余磁监测下的准噶尔盆地深层煤层气水平井分段压裂评价与认识

封　猛[1]　甘仁忠[2]　胡广文[1]　郑以华[2]　王　佳[3]　王　波[3]

（1. 中国石油集团西部钻探工程有限公司试油公司；2. 中国石油新疆油田分公司勘探事业部；
3. 中国石油新疆油田分公司工程技术研究院）

摘　要　煤层气开发有助于推动我国早日实现碳达峰碳中和目标。准噶尔盆地东部地区白家海凸起彩探 1H 井深层煤层气试获工业气流后，实现了盆地深层煤层气勘探新突破，2024 年部署了 C003H 和 C004H 深层煤层气水平井。由于深层煤岩埋藏深，在地应力、地球化学、岩石组成与结构、地质构造等方面与浅层煤、碎屑岩差异显著，岩石力学性质和裂缝扩展机理欠缺，使得分段多簇压裂工艺参数优化设计缺乏。本文利用储层剩余磁监测技术对 C003H 和 C004H 井压裂效果监测，通过测试资料解释分析得出：段内分 4 簇开启率高于段内分 3 簇，段内分 4 簇起裂的均匀程度更好，更节约压裂费用及压裂周期；簇间距 13m 较 20m 更容易压窜，簇间距不宜小于 13 米；距离上一级桥塞的簇，开启率较低，针对该簇应采取增加射孔孔眼数量，孔径等措施，提高该簇开启率。

关键词　深层煤层气；水平井；分段多簇压裂；储层剩余磁；簇开启率

煤层气开发具有“增加清洁能源保障、减少温室气体排放”的价值，因此，大力开发煤层气有助于推进我国实现碳达峰碳中和与高质量发展的目标。近年来，煤层气开发由浅层转向深层，如准噶尔盆地 2000m 以深煤岩气资源量 2680 亿方，加强深层煤层气资源勘探开发与评价，对促进准噶尔盆地乃至新疆油气资源类型多样化和可持续发展具有重要战略意义。2021 年通过对准噶尔盆地白家海凸起侏罗系深层煤层气井彩探 1H 水平井分段压裂，获日产气 5.7 万方，实现了盆地深层煤层气勘探新突破。

水平井大规模分段多簇压裂技术已成为页岩油气开发提产的关键技术，但由于深层煤岩具有独特的理化特性与岩石力学性质，深层煤层压裂改造技术体系仍处于起步阶段。

分段多簇压裂的核心是在储层中形成具有较大波及体积的复杂裂缝网络系统，充分改造储层，使地层中的油气能够流入井筒。但在实际压裂过程中，由于井筒摩阻、储层非均质等因素的影响，压裂段内的射孔簇选择性开启，地层被过度改造，而部分射孔簇未开启，储层未被改造，所以监测压裂簇的开启，进而分析影响簇开启的因素，提高簇开启率，对优化分段分簇方案及压裂设计，提高储层改造效果及产能具有重要的意义。

压裂簇开启监测技术可分为间接监测技术和直接监测技术，直接监测技术包括井下电视、多臂井径测井、电磁探伤等技术；间接监测技术包括微地震、净压力分析、停泵压降数据分析等技术，但这些监测方法在适用性、评价精度及监测成本存在一定的局限性，本文介绍采用监测储层剩余磁的方法对 C003H、C004H 井进行簇开启监测，为压裂效果评价及方案优化提供指导。

1　储层剩余磁监测工艺

储层岩石在形成过程中，会被地球磁场磁化，现今岩石中还保留有原生的天然剩余磁，而在储层被压裂过程中，压裂液对地层的冷却作用、新造出的压裂缝及缝中被充填人造支撑剂，均会改变岩石的剩余磁（如图 1 所示），通过压裂前后对比，若某簇位置对应的岩石剩余磁改变，即可判断该射孔簇开启。

仪器安装高灵敏磁探头，耐温 170℃，耐压 100MPa，外径 Φ38mm，内置耐高温电池，监测数据存储在仪器内存中。连续油管钻磨桥塞、冲洗井作业后，钻磨/冲砂的连续油管连接存储式高灵敏磁监测仪器，通过连续油管拖动仪器进行监测，监测时仪器无需居中。

为了验证监测储层剩余磁评价压裂簇开启的效果，选用目前公认的、监测精度高的井下电视监测技术，对 MHXX1 井进行监测，对比测试效果。

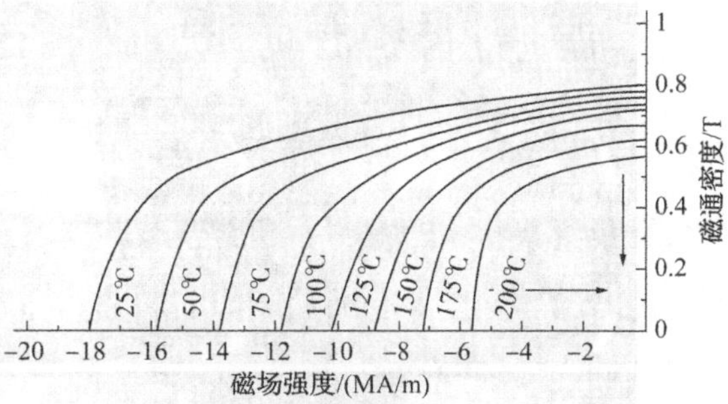

图 1　不同温度下磁场强度与磁通密度关系

MHXX1 井第 23 段第 3 簇井下电视评价饱压孔(簇开启)；储层剩余磁曲线负异常，评价结果为簇开启，两种方法评价结果一致(如图 2 所示)。

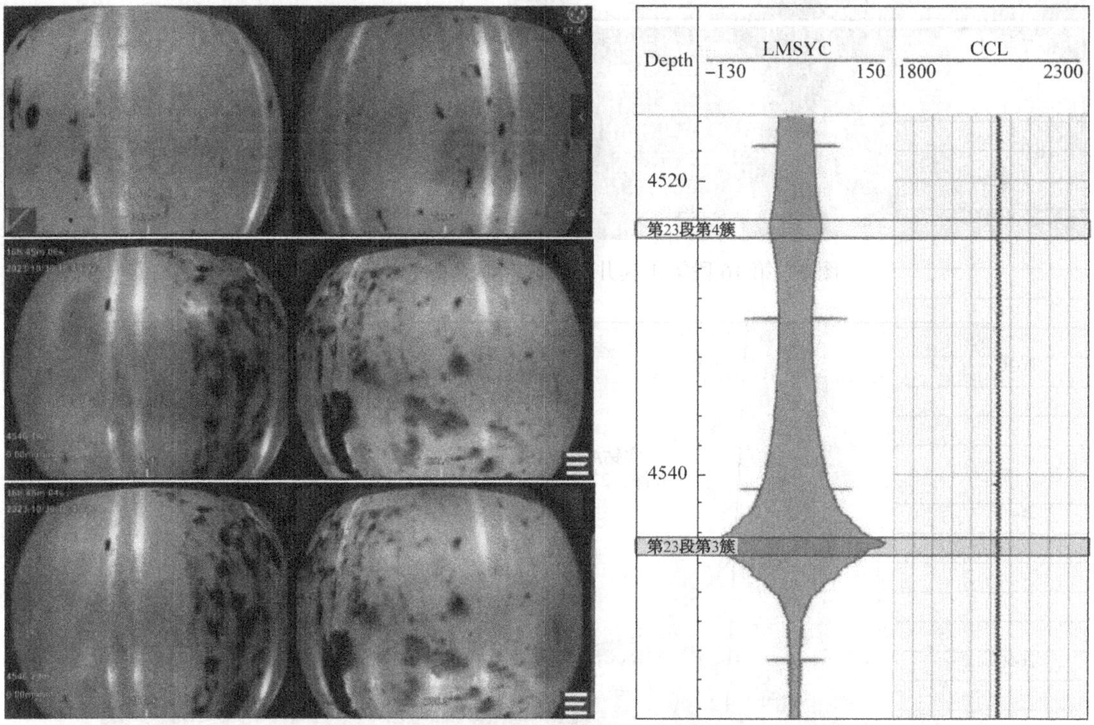

图 2　第 23 段第 3 簇井下电视与剩余磁监测结果对比图

MHXX1 井第 16 段第 1 簇井下电视评价为未改造孔(簇未开启)；储层剩余磁曲线未出现异常，评价结果为簇未开启，两种方法评价结果一致(如图 3 所示)。

针对 52 个射孔簇，两种方法的监测结果进行对比分析，整体符合率 86.7%，符合率较高。

2　C004H 井基本情况

本井位于准噶尔盆地中央坳陷白家海凸起，主要目的层为侏罗系西山窑组煤层(埋深 2400m 左右)，部署区西山窑组为三角洲平原泥炭沼泽，上下发育两套煤层，下部煤层 4~6m，上部煤层大于 4m，煤层气测总烃普遍大于 20%，具备良好的储盖组合条件。

C004H 井完钻 A 点位置斜深 2732.0m、垂深 2375.6m，B 点位置斜深 3786.0m、垂深 2395.7m，水平段长度 1054m(如图 4)。

彩探 1H、彩 61H 井均采用分段多簇压裂工艺，顺利完成压裂施工。彩探 1H 井共分 23 段 47 簇，主体单段 2 簇，平均段长 43m、平均簇间距 21m，压后获得较高的稳定日产气量，效果较好。彩 61H 井优化段簇组合，主体单段 3~4 簇，减少了压裂段数，平均段长提升至 54.6m、簇间距加密至 14.6m，进一步加强了储层的细分切割程度，节省了压裂车组、备压、射孔等作业费用。同时对标国内其它油田煤岩气井(如表 1 所示)，最终确定 C004H 井分 17 段，段内主体分 3 簇，射孔-桥

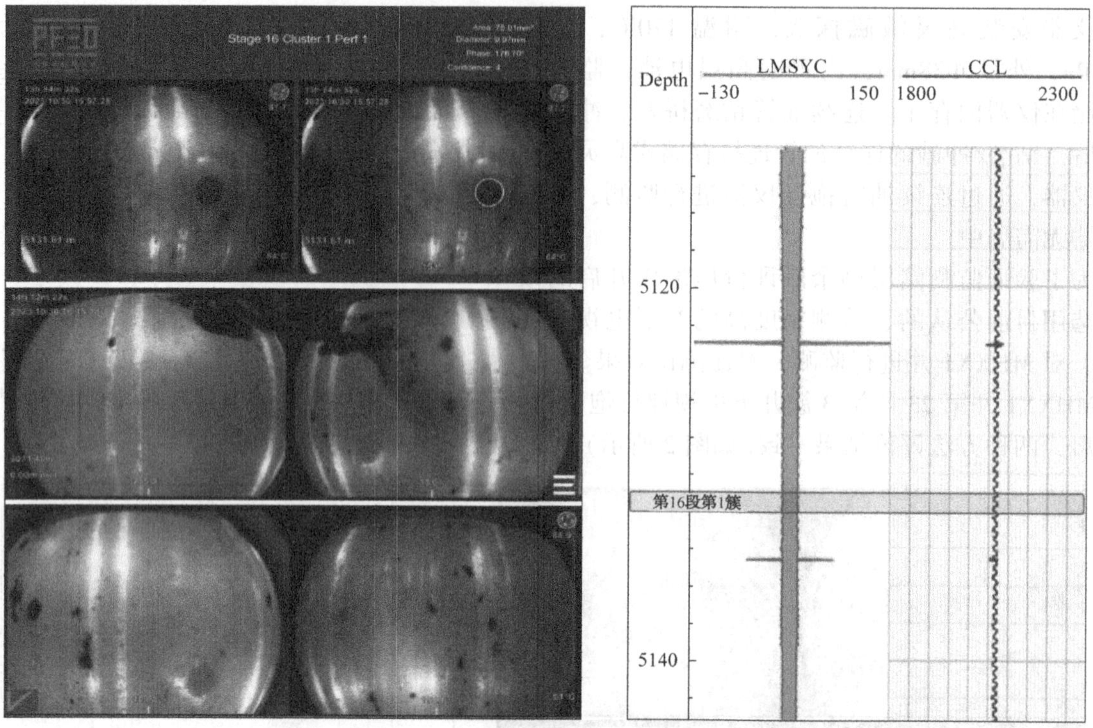

图 3　第 16 段第 1 簇井下电视与剩余磁监测结果对比图

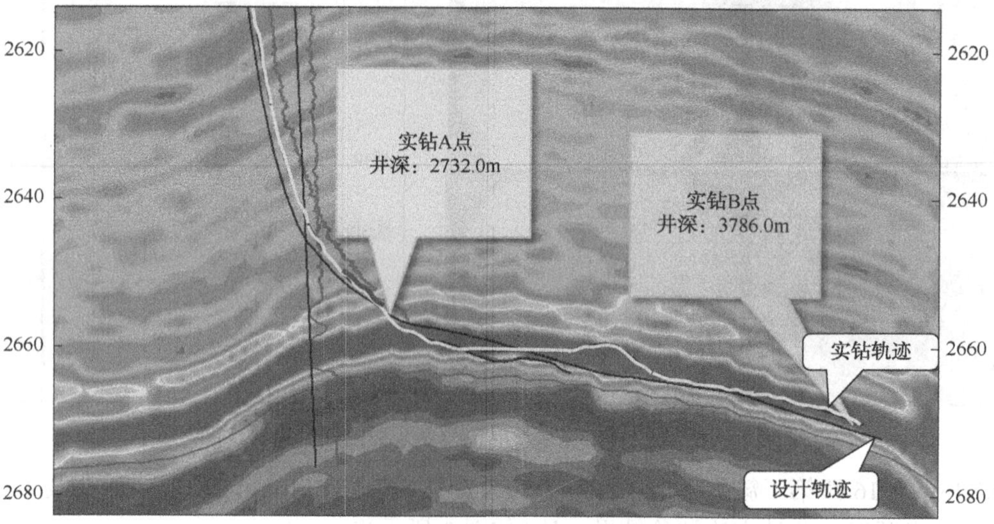

图 4　C004H 井实钻轨迹图

塞一体化压裂工艺，压裂时采取高排量施工，提高各簇均开启可能性，压裂后及时钻取桥塞，监测评价簇开启率。

表 1　深层煤岩气水平井压裂工艺及参数对比表

区块	新疆白家海		煤层气公司大宁-吉县	中海油临兴	冀东佳县	长庆纳林
勘探开发时间	2021	2023	2020 至今	2022	2022	2023
典型井	彩探 1H	彩 61H	吉深 6-7 平 01	LX-62-CH1	佳南 1H	米 172H
埋深(m)	2348	2266	2100	1995~2019	2262	2415
水平段长度(m)	1000	1118	652~1229	1000	1760	1314
分压工艺	速钻桥塞+射孔联作	可溶桥塞+射孔联作	可溶桥塞+射孔联作	可溶桥塞+射孔联作	可溶桥塞+射孔联作	可溶桥塞+射孔联作
压裂段长(m)	32~59	45~62	84~111	63~160	80~140	86

续表

区块	新疆白家海		煤层气公司大宁-吉县	中海油临兴	冀东佳县	长庆纳林
压裂段数	23	20	7~14	8	20	15
簇间距(m)	21	15	19~35	21~32	25~47	8~27
单段簇数	2~3	2~4	3~5	3~5	3~4	2~4
施工排量(m^3/min)	8.4~12.8	16~20	16~24	18	18.5~25.9	18~22

3 C004H 井监测过程与结果分析

3.1 C004H 井监测过程

2024 年 4 月 22 日-30 日，C004H 井分 17 段 53 簇压裂，其中第 1 段分 2 簇，2~14 段内分 3 簇，15~17 段内分 4 簇，等孔径射孔，单簇 8~10 孔，排量 56~60m^3/3min，总用压裂液 40224m^3。

压裂后采用连续油管钻磨桥塞，钻取最后一级桥塞后，连续油管通洗井干净。提出连续油管，连接存储式高灵敏磁监测仪器并下入，连续油管进入水平井 A 点后开始测试，下放测试时测速 6m/min，仪器下到 3740m 时连管遇阻，停止测试；上提连管，测速 8m/min，后提出井口，对数据回放正常，完成测试。

3.2 监测结果分析与认识

对测试资料精细解释，用时 2 天，取得以下认识：

(1) C004H 井 52 簇中，开启率 83%(如图 5、表 2、图 6)，其中 2~14 段(段内分 3 簇)，有 7 个压裂段的 3 簇全开，有 6 个压裂段的 3 簇中开了 2 簇，39 簇中，簇开启率 85%；15~17 段(段内分 4 簇)：各段开启率 75%。建议后续井继续开展段内 4~5 簇试验，若开启率达到需求，段内增加簇数可以实现减少压裂段数，节省压裂车组、备压、射孔等作业费用。

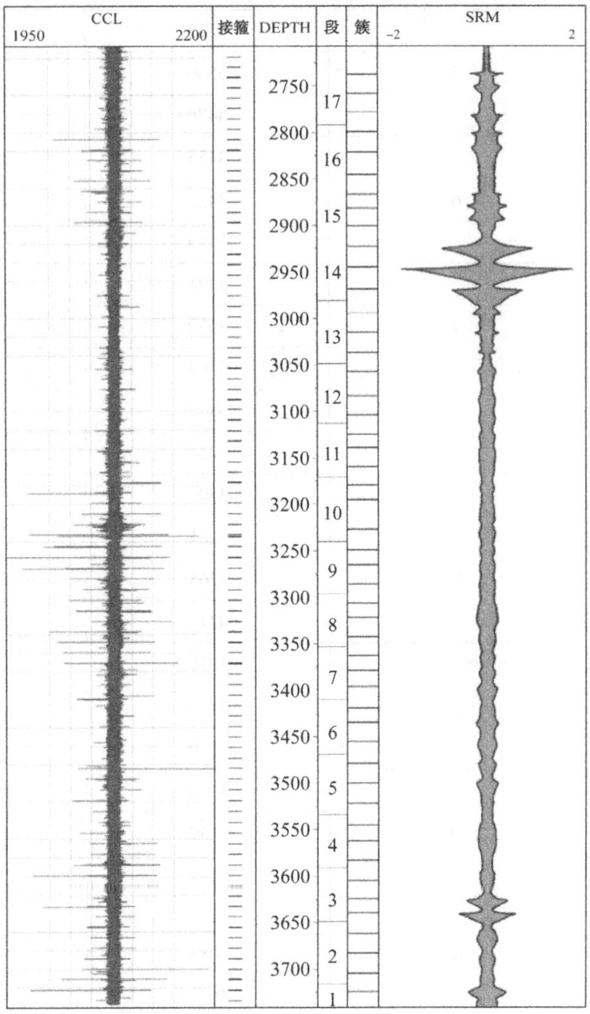

图 5 C004H 井监测成果图

(2) 各段内，离上一级桥塞越近的簇，开启率相对低(如图 7)，建议针对第 1，2 簇，采用超深穿透弹，增加射孔孔数等措施，提高第 1，2 簇开启率。

(3)第 4、8 段的第 1、2 簇反映压窜，第 11 段的第 2、3 簇反映压窜，其它簇未见压窜，反映簇间距设计合理。后期结合固井质量，射孔处的岩石力学进一步分析，探寻影响压窜的因素。

表 2 C004H 井各簇开启情况表

段数	射孔中心点(m)	簇间距(m)	开启情况	备注
1	3742	—		
	3724	18	开启	
2	3704	20	未开启	
	3683	21	开启	
	3662	21	开启	

续表

段数	射孔中心点(m)	簇间距(m)	开启情况	备注
3	3639	23	开启	
	3624	15	开启	
	3604	20	未开启	
4	3583	21	未开启	
	3562	21	开启	
	3545	17	开启	
5	3522	23	未开启	
	3500	22	开启	
	3479	21	开启	
6	3455	24	开启	
	3434	21	开启	
	3419	15	未开启	
7	3396	23	开启	
	3379	17	开启	
	3363	16	开启	
8	3342	21	开启	
	3321	21	开启	
	3306	15	开启	
9	3285	21	开启	
	3265	20	开启	
	3249	16	开启	
10	3227	22	开启	
	3195	32	未开启	
	3179	16	开启	
11	3159	20	开启	窜
	3139	20	开启	
	3124	15	开启	
12	3104	20	开启	
	3083	21	开启	
	3057	26	开启	
13	3037	20	开启	
	3015	22	开启	
	2994	21	开启	
14	2968	26	开启	
	2945	23	开启	
	2922	23	开启	
15	2904	18	未开启	
	2890	14	开启	
	2877	13	开启	
	2865	12	开启	
16	2847	18	开启	
	2832	15	未开启	
	2814	18	开启	
	2799	15	开启	

续表

段数	射孔中心点(m)	簇间距(m)	开启情况	备注
17	2780	19	开启	
	2765	15	未开启	
	2748	17	开启	
	2735	13	开启	

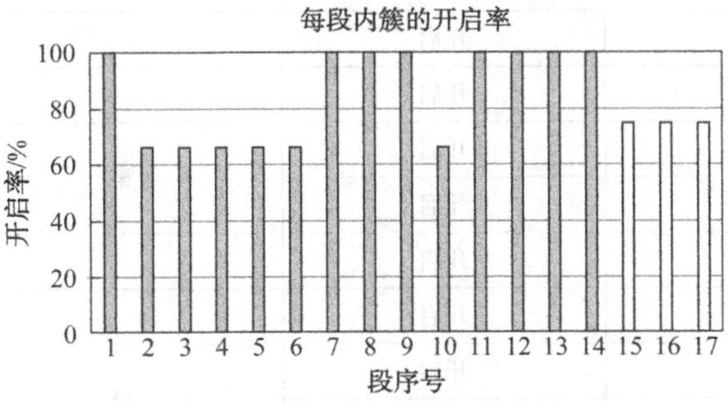

图 6　C004H 井各段内开启率对比图

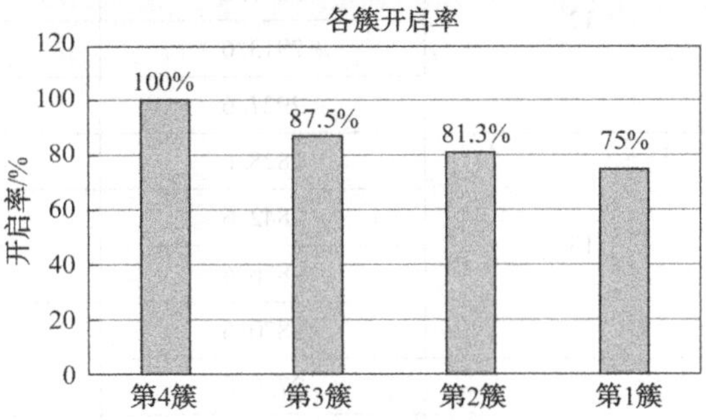

图 7　C004H 井各簇开启率对比图

4　C003H 井监测及压裂效果分析

4.1　C003H 井基本情况

C003H 井距离 C004H 井 1.2 公里，完钻层位西山窑组煤层，完钻 A 点位置斜深 2575.0m、垂深 2365.7m，B 点位置斜深 3706.0m、垂深 2397.9m，水平段长度 1131m。

根据 C004H 井簇开启认识，在压裂排量、射孔枪型不变的情况下，C003H 井采用段内分 4 簇压裂，簇间距较 C004H 缩小 7m，检验段内分 4 簇的开启率及簇间压窜情况。

4.2　C003H 井监测过程

2024 年 5 月 15 日，C003H 井完成分 17 段 66 簇压裂，其中第 1 段分 2 簇，2~17 段内分 4 簇，等孔径射孔，单簇 8~10 孔，排量 56~60m^3/3min，总用压裂液 46858m^3。

压裂后采用连续油管钻磨桥塞，提出连管后连接存储式高灵敏磁监测仪器并下入，连续油管进入水平井 A 点后开始测试，下放测试时测速 6m/min，仪器下到 2940m 时连管自锁遇阻，停止下放测试；上提连管，测速 8m/min，后提出井口，对数据回放正常，完成测试。

4.3　监测结果分析认识

（1）C003H 井 12~17 段(段内分 4 簇)：有 3 个压裂段的 4 簇全开，有 3 个压裂段的 4 簇中开了 3 簇，24 簇中，簇开启率 87.5%(如图 8、表 3)，较 C004H 井高，反映段内分 4 簇可以满足需求，建议后续井继续开展段内 5~6 簇试验，若开启率达到需求，可以实现减少压裂段数，节省压裂车组、备压、射孔等作业费用。

（2）各段内，离上一级桥塞越近的第 1 簇，开启率低(如表 3)，建议后期待压裂井，针对第 1 簇，采用超深穿透弹，增加射孔孔数等措施，提高第 1 簇开启率。

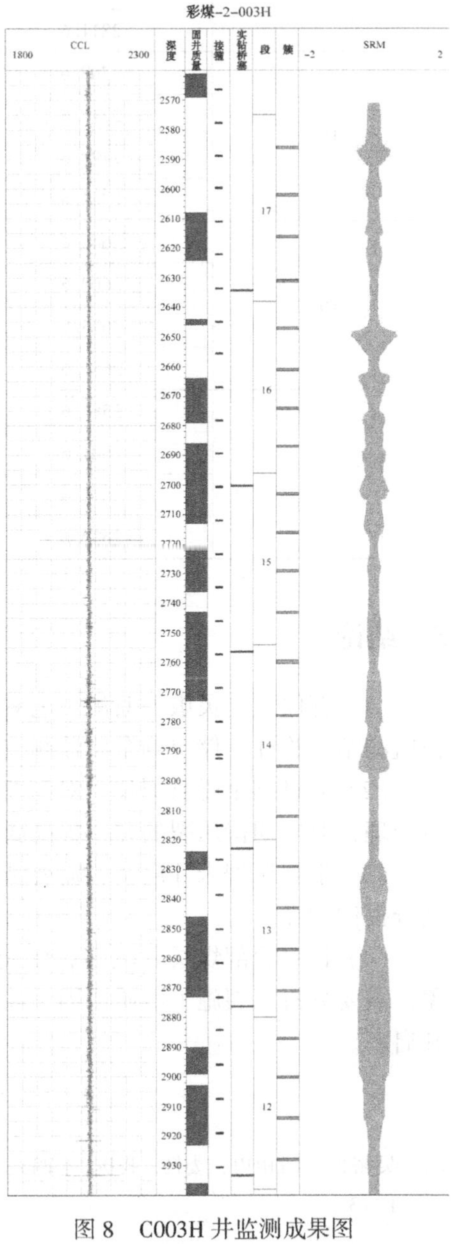

图 8　C003H 井监测成果图

（3）第 15~17 段，反映簇间未被压窜，第 12~14 段，反映簇间有压窜迹象，缩小簇间距后，较 C004H 井簇压窜的比例大。后期结合固井质量，射孔处的岩石力学进一步分析，探寻影响压窜的因素。

表 3　C003H 井各簇开启情况表

段序号	射孔井段(m)		开启情况	备注
12	2886.6	2887.4	开启	窜
	2899.6	2900.4	开启	
	2913.6	2914.4	开启	
	2927.6	2928.4	开启	
13	2828.6	2829.4	开启	窜
	2842.6	2843.4	开启	
	2856.6	2857.4	开启	
	2870.6	2871.4	开启	
14	2759.0	2760.4	开启	窜
	2777.6	2778.4	开启	
	2794.6	2795.4	开启	
	2811.6	2812.4	未开启	
15	2702.6	2703.4	开启	
	2715.6	2716.4	开启	
	2728.6	2729.4	开启	
	2742.6	2743.4	未开启	
16	2646.6	2647.4	开启	
	2660.6	2661.4	开启	
	2673.6	2674.4	开启	
	2686.6	2687.4	开启	
17	2585.6	2586.4	开启	
	2601.6	2602.4	开启	
	2615.6	2616.4	开启	
	2630.6	2631.4	未开启	

5　结论

（1）存储式高灵敏磁监测工艺对井筒条件要求低，作业及解释效率高，成本低，通过与井下电视监测结果验证，储层剩余磁监测技术可以满足对射孔簇是否被压开的判断。

（2）通过剩余磁监测技术对深部煤层水平井压裂效果评价获得重要认识，可以验证分段分簇是否合理，对后期待压裂的井，提高簇开启率、充分改造储层、降低压裂费用具有重要意义。

（3）根据压裂未开启簇，需要结合岩石力学、固井质量等因素进一步分析，为压裂工程甜点的划分提供指导。

（4）针对深部煤层分段多簇压裂水平井，表现出距离上一级桥塞越近的簇，开启率越低的现象，需要分析压裂施工本质原因，通过改变压裂施工参数、增加射孔数量等措施，提高第 1、2 簇开启率。

参 考 文 献

[1] 吴裕根，门相勇，娄钰. 我国“十四五”煤层气勘探开发新进展与前景展望[J]. 中国石油勘探，2024，29(1)：1-13.

[2] 余琪祥，罗宇，曹倩，等. 准噶尔盆地东北缘深层煤层气勘探前景[J]. 天然气地球科学，2023，34(5)：888-899.
[3] 胡青华，聂逢君，李满根，等. 古地磁学在地层划分中的应用[J]. 铀矿地质，2006，22(6)：368-374.
[4] 时建民，石绍山，吴新伟，等. 重、磁剩余异常组合的地质意义及其在野外路线地质调查中的应用[J]. 地质与资源，2020，29(1)：53-60.
[5] 胡青华，聂逢君，李满根，等. 古地磁学在地层划分中的应用[J]. 铀矿地质，2006，22(6)：368-374.
[6] 时建民，石绍山，吴新伟，等. 重、磁剩余异常组合的地质意义及其在野外路线地质调查中的应用[J]. 地质与资源，2020，29(1)：53-60.
[7] 臧传贞，姜汉桥，石善志，等. 基于射孔成像监测的多簇裂缝均匀起裂程度分析—以准噶尔盆地玛湖凹陷致密砾岩为例[J]. 石油勘探与开发，2022，49(2)：394-402.

锚定双碳目标，加快转型发展，全力推进吉林油田绿色低碳建设

李生阳

（中国石油吉林油田公司）

摘　要　立足我国新发展阶段，吉林油田公司积极贯彻新发展理念，以“保障国家能源安全、提质增效价值创造”为导向，把原油、天然气、新能源“三分天下”作为公司高质量发展和扭亏脱困的重要解决方案，在加大油气资源勘探开发和增储上产力度的同时，全面落实国家碳达峰碳中和战略部署，实施“清洁替代、战略接替、绿色转型”三步走总体部署，推进构建“三分天下”新格局，吉林油田锚定年度任务目标，着力油气与新能源融合规模发展，不断拓展外供绿能新业务，全力推进绿色低碳新型吉林油田建设，助推“双碳”目标的实现。

关键词　天然气；碳达峰；碳中和；绿色转型；油气与新能源融合；“双碳”目标；吉林油田

碳达峰、碳中和无疑是目前能源行业最热的词之一。目前我国已全面进入建设社会主义现代化国家新阶段，国家提出“双碳”目标，展现了我国积极实施应对气侯变化的战略决心。新目标下，油气行业更要与时俱进，拿出抓铁有痕的劲头，科学分析发展机遇，合理研判各种挑战，要系统考虑、整体谋划、综合施策。推动目标如期实现，是一场影响深远的社会经济全面改革。

中国石油天然气集团有限公司（简称中国石油）积极贯彻落实国家“双碳”战略，将“绿色低碳”纳入公司发展战略，把新能源纳入主营业务，组织制定新能源新业务发展专项规划，明确了“清洁替代、战略接替、绿色转型”三步走总体部署，2025 年新能源产能比重达到 7%，2035 年实现新能源新业务与油、气业务三分天下，2050 年地热、清洁电力、氢能占比 50% 左右，引领中国石油向“油气热电氢”综合性能源公司转型发展。

自“双碳”目标提出以来，吉林油田公司按照中国石油“清洁替代、战略接替、绿色转型”三步走战略部署，积极推进绿色转型。2021 年 3 月，中国石油董事长戴厚良到吉林地区石油石化企业调研时，为吉林油田谋划了原油、天然气、新能源“三分天下”新发展布局；同年 5 月，中国石油将“吉林绿色协同发展示范基地”列入新能源六大基地。吉林油田全面开启了新能源业务发展新征程。

1　吉林油田绿色低碳发展基础条件和优势

吉林油田生产出第一桶“零碳原油”，是集团公司深入贯彻习近平生态文明思想，充分利用吉林油田绿色低碳发展得天独厚的优势，在“减碳、用碳、替碳、埋碳”全面发力奔跑，坚决扛起绿色发展使命担当的又一生动实践。

1.1　油田资源和基础设施条件优越

在风能、光能、地热资源方面，吉林油田处于吉林省“陆上风光三峡”核心区。其矿权区内的风、光、地热等地面地下资源丰富。其中，风力发电年等效满负荷发电达 3000 小时以上，光伏年等效满负荷发电达 1500 小时以上。在 CCUS 方面，吉林油田具备混相驱条件的吉林大情字井油田上下叠置，发展 CCUS 项目实现二氧化碳驱油与埋存的地理优势和资源优势非常明显。吉林油田发展新能源业务有着“先跑一步”的经验优势和团队优势。吉林油田历经 30 年持续攻关，在国内率先打通了 CCUS 全流程，积累了具有国际领先水平的用碳和埋碳技术。早在 2018 年，吉林油田便建成了吉林省首家、中国石油首座分布式光伏电站——吉林油田红岗 15 兆瓦分布式光伏电站，积累了丰

富的光伏电站运维管理经验。近年来，吉林油田像抓油气产量一样，抢前抓早着力发展新能源业务，做强做优做大 CCUS 业务，建成了中国石油首个风电项目。

1.2　油田具有清洁电力消纳优势

2021 年落实 70 万千瓦指标，其中 15 万千瓦自消纳项目、55 万千瓦上网风电项目；2022 年落实 130 万千瓦指标，是吉化 120 万吨乙烯工程配套绿电项目。15 万千瓦项目已建成发电、55 万千瓦项目施工前准备、130 万千瓦正在开展前期论证，全部建成年发电能力 54 亿千瓦时(115 万吨标油)，如图 1 所示。

图 1　分光发电指标文件及现场指挥部

1.3　油田具有“风光气储氢”融合发展优势

随着碳中和及能源转型研究的深入，天然气的桥梁作用和替代能源的定位逐渐明朗，天然气与新能源融合发展优势明显。吉林油田具有地域及风光资源的优势，关键吉林地区是俄气进口的重要通道，在气田及输气管道周边发展气电调峰，通过燃气轮机灵活的调节能力和快速启停能力，可实现风光气储多能互补，保障外送电力的可靠性。目前长岭-双坨子 25 万千瓦“风光气储氢”一体化先导试验和松原 300 万+绿色氢氨醇一体化基地建设两个项目均已经完成可研编制报板块审查。

1.4　油田发展新能源具有地企合作优势

吉林具有良好的地企合作关系，建立了高层次、专业化的地企合作组织领导机制，全方位、常态化的沟通协调机制，项目化、菜单式的合作清单机制，主动出击，争取指标落地。在风光发电方面，相关主要领导多次带队与省能源局、松原市、白城市、吉林石化等政府和企业对接，达成共识，通过企地协作、上下游合作和产业延伸等办法，彻底解决消纳和上网难题。在地热供暖方面，积极做好外部供暖市场储备，与松原经济开发区、镇赉县签订地热供暖协议，现已超额、超前完成了 100 万平方米年度目标，为新能源发展营造了协同有力的合作环境。

1.5　油田发展新能源符合国家政策要求

国家发改委、国家能源局 2022 年印发《关于完善能源绿色低碳转型体制机制和政策措施的意见》，提出完善油气与地热能，以及风能、太阳能等能源资源协同开发机制，鼓励油气企业利用自有建设用地发展可再生能源和建设分布式能源设施，在油气田区域内建设多能融合的区域供能系统。《“十四五”可再生能源发展规划》提出，在油气矿区及周边地区，积极推进风电分散式开发，优先利用油气矿区建设光伏电站；在新能源资源富集地区合理布局一批天然气调峰电站，充分提升系统调节能力。

2　吉林油田绿色发展规划和路径

年初以来，吉林油田锚定“三分天下”战略布局，围绕本质扭亏中心目标，按照“三年一盘棋”总体部署，以油气与新能源融合发展为基础，积极推进对内清洁替代，不断拓展对外供能，加快构建“油气热电氢”绿色产业结构和低碳能源供应体系，争做吉林绿色协同发展的主导者、企业绿色低碳转型的引领者。形成“35513”新能源战略部署，明确了新能源业务发展方向和实施路径。

2.1 发展规划

吉林油田为进一步抢抓国家“双碳”机遇，深入贯彻落实国家能源局及集团公司要求部署，积极完成“十四五”规划中期评估及2024—2026年滚动计划编制工作。总结成绩认识，重新评估发展形势和技术可行性，不断调整完善规划，使其更具适应性、操作性及落地性。同时，因地制宜，结合各单位区域特点和主导技术攻关应用情况，为各油气生产单位量身打造低碳生产新模式，并同步试验，融合推进，尽快分批次实现化石燃料清零。

2.2 实施路径

完善顶层设计，绘就“35513”发展蓝图。“35513”：即通过建设千万千瓦级风光发电、五百万吨级CCUS碳埋存、百万吨标煤级清洁热利用“三大工程”，推进自消纳绿电比例、油气商品率、系统保障能力、创效能力和创新能力“五项提升”，打造绿色低碳开采、多能高效互补、能源清洁供应、二氧化碳埋存驱油和多元合作发展“五大示范”，建成吉林绿色协同发展示范基地，实现能源生产由单一油气向多元融合、能源消耗由高碳排放向低碳零碳、能源产品由低附加值向高附加值“三大转变”，努力成为吉林绿色协同发展的主导者，企业绿色低碳转型的引领者。

3 重点开展的工作及取得效果

按照加速绿色转型、实现新能源效益发展的工作要求，吉林油田成立以公司首席技术专家为组长的新能源融合发展专班，公司主要领导定期听取业务进展并进行工作部署，亲自带队与地方政府及相关主管部门进行沟通，全力推动清洁电力指标获取和项目建设，新能源业务实现高速发展。

3.1 落实绿电指标，实现绿电业务快速起步

指标获取方面：已累计获取风光发电指标200万千瓦，按照“十四五”600万千瓦规划部署，积极开展长岭25万千瓦“风光气储氢”一体化先导试验、松原绿色氢氨醇一体化基地等项目论证，争取后续项目落地。项目建设方面：15万千瓦自消纳风光发电项目投产并网，项目含光伏7.1万千瓦、风电7.8万千瓦，主要利用油田废弃井站场及井场周边空地建设，建设地点分散在8个油气单位，年可发电3.6亿度，所发绿电全部并入油田电网，年可节约成本1.4亿元；2022年12月26日，项目首台风机，也是中国石油首台风机—吉林油田北湖风电场C2风机正式并网发电；2023年3月，项目主体全部投产并网，截至7月底，日最高发电突破196万度，全年累计发电1.5亿度，节约用电成本约0.6亿元。55万千瓦昂格风电项目即将开工建设，项目规划容量55万千瓦，建设6.25MW风机88台，计划2024年6月全部并网，将建成中国石油首个大型集中式风电项目，预计年发电能力16.3亿度。130万千瓦风光发电项目，作为吉林石化转型工程配套绿电项目，按照与吉林石化项目同步建设、同步投产要求，正全面组织推进。

3.2 推进融合发展，开展化石燃料清零

对公司所有油气场站生产现状、用能现状和可利用清洁能源资源进行全面梳理，结合各区块资源条件，以前期工程实践、科研攻关、先导试验取得的认识为依托，采取余热、地热、光热、井筒热、风电直热等不同技术组合，因地制宜打造新能源融合发展新地面模式，全面推进化石燃料清零。今年，按照成熟技术快速推广、新型技术示范引领原则，余热利用全面推广，启动实施11座站场；地热利用有序推进，3项先导试验取得阶段成果，筛选出I类水热型可替代场站，明确了潜力资源区，同步开展厂区地热供暖试验，为后期拓展地热供暖外部市场积累技术和建设经验；综合能源利用技术路线初步形成，推进新立Ⅲ区块、新北区块2个示范区建设，其中新立Ⅲ区块位于查干湖旅游区内，采用光热+空气源+井筒取热+风光发电+CO2注入，今年8月已全面建成投产，初步实现区块内绿电全部中和和零碳生产，打造工业旅游景点。

3.3 吉林油田CCUS低碳产业链初现雏形。

吉林石化至吉林油田CO2超临界输送管道项目全面启动，将建成国内输量最大、距离最长的

CO2 输送管道，形成横贯吉林省东西的骨架管网，为推进吉林碳网建设，争当吉林碳链“链长”，实现用碳、收碳、售碳创效，打下坚实基础。

3.4　推进增值创效，碳资产开发取得突破

2022 年，15 万千瓦风光发电项目碳资产成功开发，正式进入履约期。该项目也是中国石油第一个新能源领域碳资产开发项目，全额交割预计可创效近亿元。8 个余热利用项目打包开发碳资产，已在德国环境署完成预注册，开发成德国 UER 项目。

3.5　科技引领创新驱动，培育转型发展新动能

坚持科技是第一生产力、创新是第一动力，加大投资力度，系统性推进“新能源融合发展科技工程”和“油气田站场清洁能源替代攻关与示范”两大项目 13 个课题 32 个专题研究，解决制约转型发展瓶颈、卡点和堵点问题，明确各年度重点攻关技术，完成项目中期检查，达到预期目标，如图 2 所示。

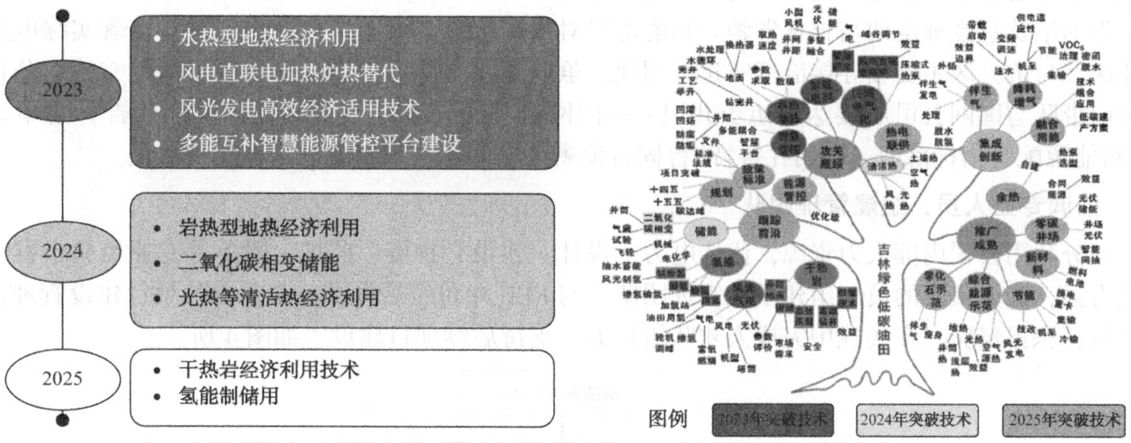

图 2　2023—2025 年实施突破技术应用

4　吉林油田绿色发展的经验分享

吉林油田打造独具特色的新能源业务管理体系，通过加强企地及相关领域的协同合作，加快重点项目建设，开展科研技术攻关，打造新能源发展生态圈，牢牢抓住新能源规模化发展的窗口期，持续优化产业布局，规划实施千万千瓦级风光发电、五百万吨级 CCUS 碳埋存、百万吨标煤级清洁热利用“三大工程”。一方面继续深挖内部自消纳、清洁替代、终端电气化潜力，另一方面谋划指标获取、绿电外送、气电调峰与储气库一体化建设，推动企地双方协同发展。同时，以大情字井“CCUS+”增效示范区为引领，实施绿电、地热、余热、光热高效互补利用，协同数字化转型、智能化发展，打造负碳油田绿色开发新模式。

4.1　打造新能源发展“吉林模式”

吉林油田通过持续优化新能源管理层级、建立技术产业支撑体系、创新发展管理模式，打造了独具特色的新能源业务管理体系，成立由公司领导任组长的工作专班，形成了新能源事业部统筹管理，各机关处室和专业部门分工负责，技术部门支持，实施主体负责建设的齐抓共管模式，对标对表，抓好落实，提高新能源项目运行效率和实施效益。通过实施“35513”新能源战略部署，为核心的新能源发展“吉林模式”，如图 3 所示。

4.2　多措并举提升技术保障能力

参与外部科研学——参与规划总院科研课题、提供实验场地，实现研究中学习、应用中提高；开展联合设计学——油田设计院与中油管道、中油工程签订框架协议，通过联合设计提升设计能力；邀请专家咨询学——邀请集团、总院、国网专家到油田现场对可研咨询把关，提高方案编制水平；外派院校脱产学——优选 30 名大学毕业生，到东北电力大学开展为期一年的脱产学习，储备了人才。

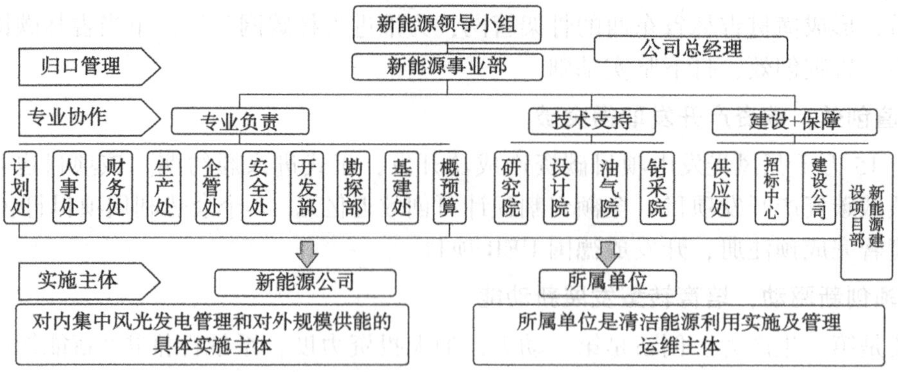

图3　吉林油田新能源管理组织架构

4.3　强化合作，为新能源发展增添新动力

加强企地合作，满足快速发展需求。定期与地方政府和国网沟通跟踪落实指标——吉林油田公司党委书记及总经理定期与吉林省领导和能源局对接推进落实绿电指标，与国网对接落实绿电上网和外送，与市县区主要领导接洽落实建设用地，争取地方支持等工作，确保项目落地实施；公司党委书记带队与国网公司对接达成初步共识——国网吉林公司承诺与吉林油田共同向吉林省申请燃机+新能源配套指标落地，利用扎鲁特-鲁固直流剩余空间，实现绿电外送，达到双赢。

4.4　抽调专业人员，组建管理团队

充分利用公司内部人力资源，优选电力、设计、建设、物资、监理、财务等专业经验丰富，工作能力强，认真负责的员工组建项目管理团队。与EPC单位合署办公，全程参与项目建设管理，磨练队伍，积累经验，在实践中完成人才队伍培养，支持后续项目建设，如图4所示。

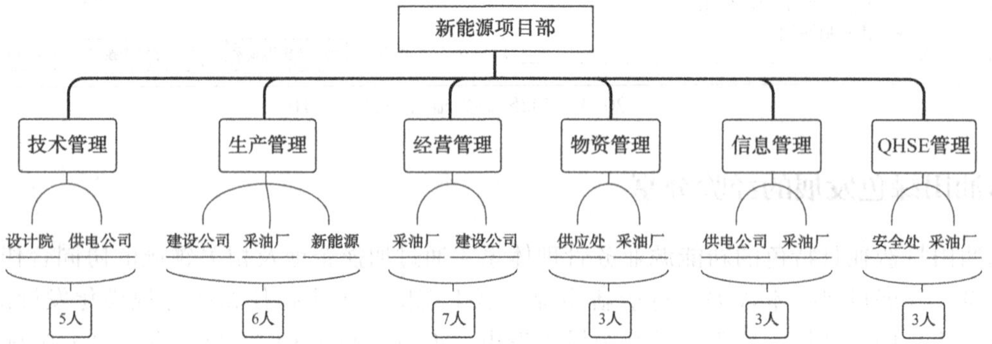

图4　新能源项目部组织机构

5　思考与建议

发展新能源既是新时代油气企业高质量发展的必然选择，也是加快建立安全低碳清洁能源体系的现实需要，更是减少碳排放、实现碳达峰碳中和的重要举措。

5.1　以制度理念创新强化业务管理

围绕新能源业务效益发展，对标国内先进，制定规章制度、规范业务流程，搭建管理、建设、运行三大架构，明确职责，以三大核心理念为指导，助力新能源业务发展行稳致远，如图5所示。

5.2　以考核激励制度推进指标落地

制定替代化石燃料和保障发电量考核奖励方案，发挥激励导向作用，充分调动生产单位和员工的积极性和创造性，加快推进化石能源消耗清零、提高自消纳项目发电量，如图6所示。

5.3　外拓市场，实现战略合作发展共赢

内外并举是绿色转型发展的必由之路。依托广西新能源联合工作专班，密切关注广西新能源产业规划政策动态，并与地方政府主管部门积极沟通，确保储备项目顺利落地。积极拓展开发渠道，继续扩大战略“朋友圈”，寻找一切与其他资源方的合作机会。进一步加强与中国华能集团有限公

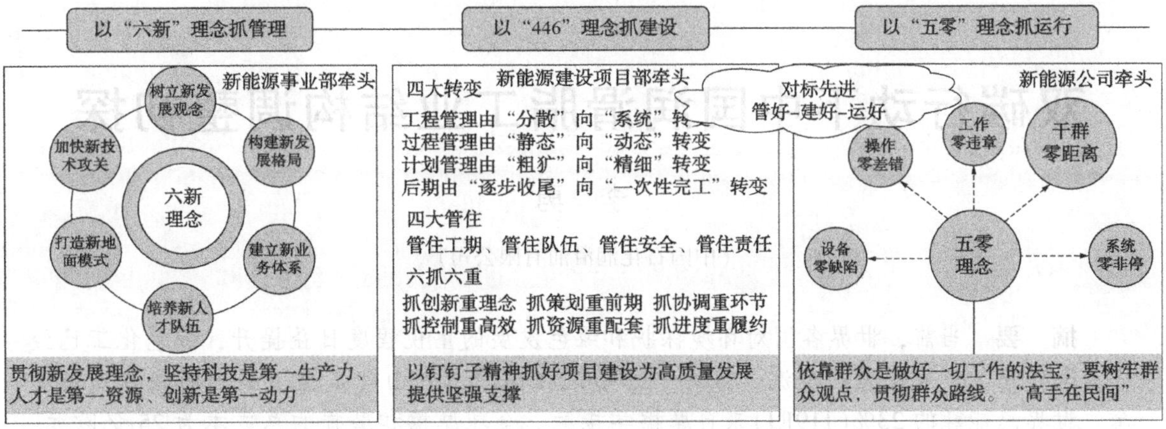

图5　强化业务管理

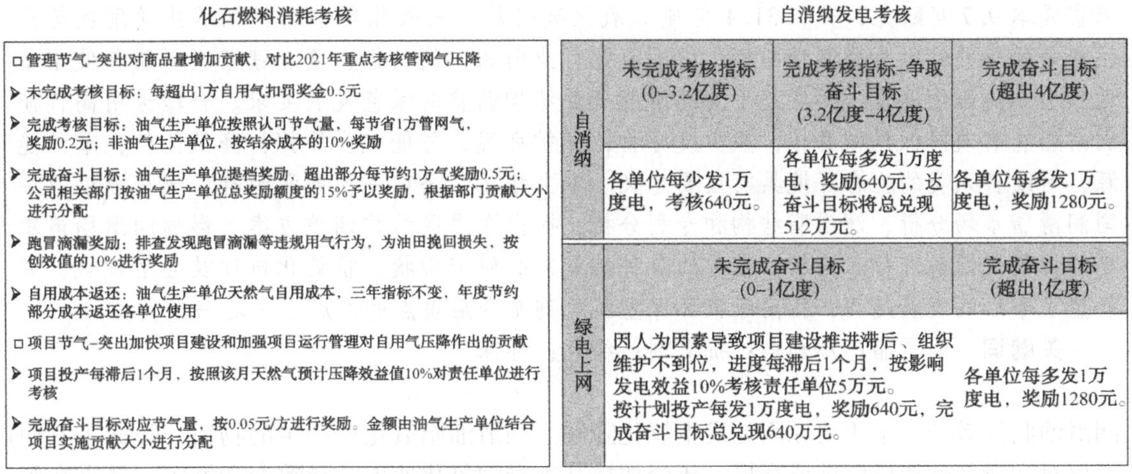

图6　激励考核措施

司、中国中车集团有限公司等驻桂能源强企的往来，深入交流探讨，开展务实合作。高水平组织吉林油田新能源项目建设工作，超前谋划项目核准，加快落实土地预审、安全环保评价、压覆矿产、鸟类调查等专题收资及招标委托工作，为项目顺利获批及开工建设打好基础。

5.4　固本强基，激发内生动力发展活力

体制机制是推动产业发展的重要保障。健全完善相关管理规定和实施细则，突出合规性、系统性、时效性、适用性，构建系统完备、科学规范、运行有效的新能源规章制度体系，为新能源发展提供制度支撑。持续打造人才梯队，通过搭建新能源核心人才库、精准开展业务培训等方式，优先培养核心人才，重点培养骨干人才，抓紧培养紧缺人才，超前培养后备人才。推行“双序列”管理模式，探索新能源业务人才发展和激励机制，为吸引人才、激发活力创造更优越的政策环境。抓好管理提升，组织油田各基层单位明确新能源机构，健全工作机制，优化管理流程，促进新能源全产业协同发展，切实提升核心竞争力。在已建15万千万的风光发电项目基础上，加强经验总结，探索形成具吉林油田特色的新能源管理模式。

参考文献

[1] 邹才能，熊波，薛华庆等. 新能源在碳中和中的地位与作用[J]. 石油勘探与开发，2021.
[2] 戴厚良，苏义脑，刘吉臻等. 碳中和目标下我国能源发展战略思考[J]. 石油科技论坛，2022.
[3] 潘家华. 碳中和：需要颠覆性技术创新和发展范式转型[J]. 三峡大学学报(人文社会科学版)，2022.
[4] 王利宁，苏义脑，陆亚晨等. 实现碳中和目标的路径与对策[J]. 石油科技论坛，2022.
[5] 匡立春，于建宁，张福东等. 加快科技创新　推进中国石油新能源业务高质量发展[J]. 石油科技论坛，2020.
[6] 吴谋远，康煜，范旭强等. “双碳”背景下我国油气企业绿色转型研究与实践[J]. 石油科技论坛，2022.
[7] 庞志庆，刘夕梦，汪艳勇等. “双碳”目标下大庆油田绿色低碳发展实践与思考[J]. 石油科技论坛，2023.

双碳行动下中国润滑脂工业结构调整初探

李 勇

（中国石化润滑油有限公司）

摘 要 当前，世界各国对环境保护和绿色发展的重视程度日益提升，绿色化工已经成为全球化工产业发展的潮流。习近平总书记指出绿水青山就是金山银山的绿色发展理念。世界总能耗的23%（119EJ）来自摩擦学接触。全球摩擦和磨损的总成本为25亿欧元。造成的二氧化碳总排放量为81.2亿吨，占全球总量20%左右。采用先进的摩擦学技术可节省成本9.7亿欧元，减少31.4亿吨二氧化碳排放。未来几年中国争取尽快通用锂等产品寿命延长并升级为强制性国标，中国石化行业引领，使其锂、复合锂基润滑脂年使用量近三十万吨压缩总量，落实二十大润滑脂产业结构调整的绿色发展要求。合理选用高性能润滑脂能有效降低机械磨损，减少废弃物，保护环境，并能减少摩擦，降低能耗，节约能源，对改善人类的生存环境具有重要意义。本文综述了全球一次能源消耗、碳排放以及中国润滑脂市场分析、润滑脂结构和专利分析，提出润滑脂结构调整方案。影响润滑脂最重要的抗氧化性能进行了分析，常见的各种抗氧剂的研究现状、抗氧化机理及应用领域，并展望了今后的发展趋势，指出绿色环保型抗氧剂是今后重点的发展方向之一。

关键词 润滑脂；添加剂；抗氧剂；绿色；环保

润滑油脂失效的一个主要原因是发生氧化降解。润滑油脂氧化后产生的物质，降低了其使用性能，不仅对润滑部件造成腐蚀或磨损，还会加快其本身的氧化速度，导致寿命缩短。暴露在氧气环境、受热或者载荷等条件下，润滑脂中的碳氢化合物将加速氧化过程，特别是在有锂、铁、铜、镍等金属存在的情况下，油品更易氧化。如工程机械、汽车轮毂轴承等部件在运转过程中产生的磨粒等，是突出的氧化催化剂。抗氧剂是保护润滑油脂免受氧化变质的关键添加剂，目前工业润滑油脂中至少添加一种抗氧剂来提高其氧化安定性或有增强其他性能的功效，来满足润滑油脂在汽车、精密轴承、工程机械等工业领域的苛刻要求。

近年来迫于环境和资源等问题，提倡绿色环保、低成本、高效率的新型抗氧剂一直都是抗氧剂发展的趋势，但真正实现工业应用的绿色抗氧剂鲜有报道。当前，世界各国对环境保护和绿色发展的重视程度日益提升，绿色化工已经成为全球化工产业发展的潮流。习主席二十大报告指出必须牢固树立和践行绿水青山就是金山银山的理念，站在人与自然和谐共生的高度谋划发展。要推进美丽中国建设，坚持山水林田湖草沙一体化保护和系统治理，统筹产业结构调整、污染治理、生态保护、应对气候变化，协同推进降碳、减污、扩绿、增长，推进生态优先、节约集约、绿色低碳发展。绿色化学之父 Paul T. Anastas 等人在学术期刊《科学》上提出了新版绿色化学十二原则，其中有一项是从高活性、难降解、剧毒的化学试剂和产品到环境友好型的化学试剂和产品。

本文综述了全球一次能源消耗、碳排放以及中国润滑脂市场分析、润滑脂结构和专利分析，提出润滑脂结构调整方案。影响润滑脂最重要的抗氧化性能进行了分析，常见的各种抗氧剂的研究现状、抗氧化机理及应用领域，并展望了今后的发展趋势，指出绿色环保型抗氧剂是今后重点的发展方向之一。

1 全球能源消耗和碳排放分析

1.1 全球一次性能源消耗分析

2021年，随着世界各地区的限制放松和经济活动的复苏，全球一次能源消费量大幅增长，一次能源消费量为595.15EJ，与上年(2020年，下同)564.01EJ相比增加了31.14EJ，年均消费量上涨5.8%，创造了史上最大增幅，2011—2021年间的年增长率仅为1.3%，这意味着新冠肺炎疫情防控常态化中一次能源消费量开始增加，其主要原因是由于新兴经济的推动和可再生能源的驱动。

从能源消费量种类看：2021年石油、天然气和煤炭能源消费量(489.66EJ)占总消费量的82.3%，与上年(463.68EJ)相比增加了25.98EJ。虽然化石能源的消费量增加了，但石化能源消费量在一次能源消费量中的比例下降了，其中石油消费量比上年增加了10.04EJ，达到了184.21EJ，年均消费量上升了3.41%，在一次能源消费量中占比超1/3，可见石油在一次能源消费量结构中仍占据最大份额；天然气消费量比上年增加了6.91EJ，达到了145.35EJ，在一次能源消费量中占比超1/5；煤炭为2021年第二大能源消费量的化石能源，消费量比上年增加了9.03EJ，达到了160.10EJ(占比为27%)，核能消费量比上年增加了0.87EJ，达到了25.31EJ(占比为4%)，水电消费量比上年减少了0.83EJ，达到40.26EJ(占比为7%)，是2021年所有燃料种类中唯一消费量出现负增长的燃料，可再生能源消费量为39.91EJ(占比为7%)，与水电消费量占比基本相同，见图1。

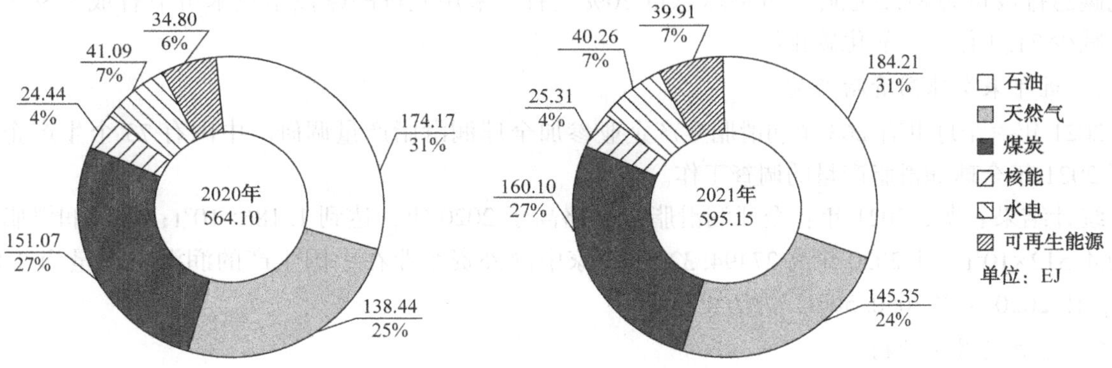

图1 2020年与2021年全球一次能源消费量占比图

随着世界经济的恢复，全球能源需求逐渐增加。全球一次能源消费年均增长率为5.8%；石油产量年均增长率为1.6%，天然气产量年均增长率为4.8%，煤炭产量年均增长率为5.9%；石油、天然气和煤炭消费量年均增长率都超5%；全球总发电量年均增长率为6.2%，碳排放量年均增长率为5.9%，可再生能源产量年均增长率为15%。可见，可再生能源变得越来越重要，全球在能源绿色发展中有所进步。

1.2 全球碳排放分析

2022年，能源燃烧和工业过程产生的CO_2排放量占能源相关温室气体排放量的89%。

如图2所示，能源燃烧、泄漏和排放产生的甲烷占10%，主要来自陆上油气作业以及动力煤生产。尽管天然气价格高企提高了甲烷减排技术的成本效益，但到2022年，甲烷排放量仍上升至近1.35亿吨CH_4或约4亿吨。

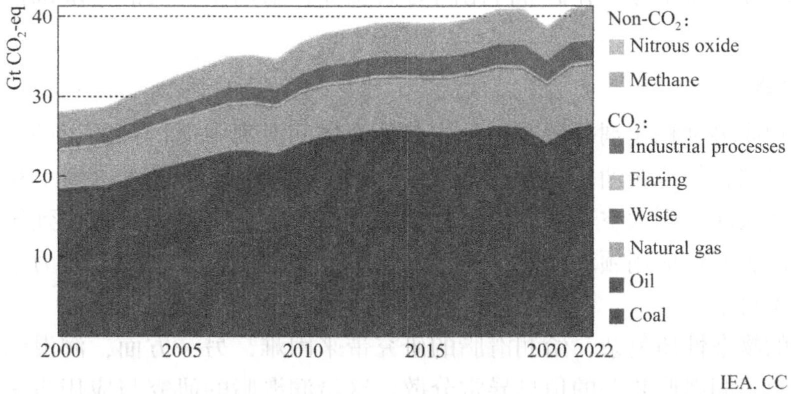

Source: Flaring emissions are from IEA analysis based on the World Bank Global Gas Flaring Reduction Programme.

图2 2000—2022年全球能源相关温室气体排放

1.3 润滑技术应对全球能源消耗和碳排放

世界总能耗的23%(119EJ)来自摩擦学接触。其中20%(103EJ)用于克服摩擦，3%(16EJ)用于由于磨损和磨损相关故障而导致的磨损部件和备用设备的再制造。

通过利用新的表面、材料和润滑技术来减少全球车辆、机械和其他设备的摩擦和磨损保护，由于摩擦和磨损造成的能量损失可能在长期(15年)内减少40%，在短期(8年)内减少18%。在全球范围内，这些节省将相当于每年GDP的1.4%和长期能源消耗总量的8.7%。

2 中国润滑脂结构调整分析

2.1 润滑脂市场分析

世界总能耗的23%(119EJ)来自摩擦学接触。全球摩擦和磨损的总成本为25亿欧元。造成的二氧化碳总排放量为81.2亿吨，占全球总量20%左右。采用先进的摩擦学技术可节省成本9.7亿欧元，减少31.4亿吨二氧化碳排放。

2.1.1 近年来全球润滑脂产量

2021年，全球共有263个润滑脂生产企业参加全球润滑脂产量调研。中国有73个生产企业参加了2021年全球润滑脂产量的调查工作。

统计结果表明，2021年：全球润滑脂产量略高于2020年，达到1.186×10^6t；中国润滑脂总产量为4.512×10^5t，比2020年高27494.322t；6家中国外资企业在中国生产的润滑脂产量为3.823×10^4t，比2020年多3050.506t，为历史新高。

2.1.2 全球润滑脂结构

按稠化剂结构，润滑脂可划分为铝基润滑脂、复合铝基润滑脂、水化钙基润滑脂、无水钙基润滑脂、磺酸盐复合钙基润滑脂、复合钙基润滑脂、锂基润滑脂、复合锂基润滑脂、钠基润滑脂、其他金属盐皂基润滑脂、聚脲基润滑脂、膨润土润滑脂和其他非皂基润滑脂。

全球锂基/复合锂基润滑脂所占比例约为70%，无水钙基润滑脂占比呈现上升趋势。全球润滑脂仍以矿物油为主，全球矿物油润滑脂所占比例为87%左右；生物质油润滑脂在全球所占比例低于1%。

2.1.3 中国润滑脂结构

2021年度中国润滑脂产量(不包括烃基润滑脂)为4.130×10^5t，比2020年增加24425.590t。中国锂基润滑脂的比例在逐年降低，复合皂基润滑脂占比呈逐年上升的趋势，锂基/复合锂基润滑脂受氢氧化锂涨价的影响，所占比例由2018年的72.64%下降为2021年的63.5%。

2021年以矿物油为基础油的润滑脂所占比为87.65%；以合成油为基础油的润滑脂所占比例为4.45%；以半合成油为基础油的润滑脂所占比例为7.60%；采用生物质油为基础油的润滑脂占比较小，为0.30%。

2.2 润滑脂专利分析

润滑脂是由一种或多种稠化剂分散在一种或多种液体润滑剂中而得到的半固体到固体，具有非牛顿流体特征的润滑剂，俗称黄油。尽管到2022年全球润滑脂总产量才达到119万吨，但是润滑脂的应用领域却遍及从深海到太空、从办公家电到冶金工业、从普通民用机械到军事装备等各种类型的机械设备。润滑脂不仅应用领域广泛，还涉及化学、物理、摩擦学、流体力学等等多种学科的知识，是典型的交叉科学。

一方面润滑脂的物态性质复杂，给润滑脂的研究带来困难，另一方面，润滑脂的广泛应用和复杂的知识体系，导致了润滑脂相关的信息异常分散，这给润滑脂的研究与应用带来很大困难。随着计算机和网络的发展，信息的质量和数量、以及获取信息的途径发生质的飞跃。这种变化，在润滑脂学科的发展过程中体现的非常明显，原本难以查询的资料多了起来，计算机和互联网的检索方式已经取代人工检索。现在通过网络，可以轻松地查阅到许多关于润滑脂的信息。

2.2.1　专利来源渠道

润滑脂国外专利主要检索有：欧洲专利数据库、美国专利商标局专利数据库。其中欧洲专利数据库不仅可以检索欧洲各国(主要由英国、德国、法国、意大利、西班牙等国)的专利，而且可以检索美国、日本、中国和韩国的专利，还可以检索国际专利信息 PCT。利用欧洲专利局提供的专利检索工具和资源，可以方便的检索到几乎世界各国的专利，对于润滑脂的相关专利来说，涵盖了世界上润滑脂主要的研发、生产地区的专利，而且欧洲专利局提供了同族专利列表，因此可以减少或重复检索的几率，提高工作效率。欧洲专利局提供的专利资源检索非常方便，例如，一些较新的美国专利，在欧洲和可以检索并下载的，近年来欧洲专利局也提供中国专利。

由于各国将美国视为重要的知识产权应用国，因此，很多其它国家都会在美国申请专利。有很多途径可以查询中国专利，但是又不尽相同，对比发现中国国家知识产权局是中国专利审批及授权单位，是中国专利的管理者和其它网站专利资源的源头，因此利用中国国家知识产权局提供的检索工具就可以方便的检索到中国的专利。比较起来，美国检索方式最为灵活、欧洲收录的专利数量最多、中国日益受到他国重视，他国在中国申请的专利递增迅速。表 1 为全球润滑脂专利情况。

表 1　全球润滑脂专利(截止日期：2024.1.6)

项目	检索词：Grease and lithium（欧洲专利局）	检索词：Grease and urea（欧洲专利局）	检索词：grease（欧洲专利局）
检索范围	全世界	全世界	全世界
润滑脂相关专利数量/个	3934	2143	26798
中国	387	193	1160
中石化润滑脂(sinopec)	144	133	407
Shell	164	121	291
Mobil	67	7	108
Exxon	109	7	179
KYODO YUSHI GREASE(日本协同)	221	229	294
klueber	22	23	40

2.2.2　全球知名润滑脂生产厂家专利分析

润滑是一项复杂的系统工程，涉及力学、化学、物理、仿真、材料、测试等众多高科技技术领域和产业链。随着科学技术的进步，润滑脂也在迅猛发展。从润滑脂产业发展的历史来看，润滑脂工业面对的是全球市场而非区域性的市场。在润滑脂发展迅速的环境下，润滑脂市场战暗流汹涌。市场战的背后是资源战，而资源战的强有力支撑则是专利，专利是知识产权成果的重要组成部分，更是在很大程度上反映了技术的发展方向及水平。近年来，专利内容分析已逐渐成为国内外的研究热点。通过对互联网产业、搜索引擎技术等各领域的专利研究，可以发现每项技术或产业的发展脉络、重点方向、企业战略，从而推动技术创新研究，有力地促进了各项技术的发展与进步。润滑脂是典型的知识密集、技术密集型产业，也是一个国家工业整体能力体现的重要标杆。专利反映了技术的发展和方向，但是由于润滑脂复杂性，目前，缺乏对于润滑脂产业专利技术的研究，尤其是缺乏高端润滑脂产业专利布局、风险管控等方面的研究和指导。因此，有必要探索竞争对手所拥有的专利，分析技术发展与专利布局，加强对润滑脂技术领域及方向等的把握，从而提升自身发展，把控前沿趋势，为中国润滑脂设计制造业及其知识产权发展战略提供指导。

2.2.2.1　研究方法

国家专利分类(IPC)将所有技术知识体系进行了不同层级的分割，除了将技术领域分为 8 个部分外，又分了多个大小类、大小组。润滑脂所涉及的技术广泛，本文基于不同层级的 IPC 分类号对专利进行分析，从而探索润滑脂领域中国石化、壳牌、埃克森美孚、日本协同和日本出光、德国克鲁勃、道康宁、雪佛龙的发展路线及重点方向。首先，在欧洲专利数据库中检索八家公司的专利申请情况，根据年度、数量等信息划分区间并提取不同区间大组层级 IPC 分类号，分析从建立之初到 2023 年的专利发展，探索润滑脂“先发者”和“后进者”的成长历程和经验。然后，提取小类层级的 IPC 分类号，综合八家公司的专利技术，分析八家公司共同关注的重点技术领域，同时，提取小组层级的 IPC 分类号，针对性深入挖掘分析八家公司的重点发展技术，发现其共性及异性。最后综合给出润滑脂产业发展过程中的知识产权建议。

C10M 分类号在国际专利分类(IPC)中具有较高的实用价值，可以帮助专利申请人、发明人和专利代理人在检索和分析相关专利文献时，更加精确地找到与自身发明相关的技术资料。此外，C10M 分类号还可以为专利审查员、研究人员和企业家提供有关润滑油和润滑剂领域的专利信息，以便了解行业动态、把握市场机会和进行技术研发。

需要注意的是，专利分类号并非绝对唯一，同一发明可能涉及多个分类号。在实际应用中，要结合具体发明内容和相关技术领域，选择合适的分类号进行专利检索和分析。

2.2.2.2 八家公司专利申请总体趋势研究

根据欧洲专利数据库检索结果，从 1931 年至 2024 年 1 月，中国石化在全球范围内申请专利 417 件；壳牌在全球范围内申请专利 291 件；埃克森美孚在全球范围内申请专利 311 件；日本协同在全球范围内申请专利 294 件；日本出光在全球范围内申请专利 91 件；德国克鲁勃在全球范围内申请专利 88 件；道康宁在全球范围内申请专利 41 件；雪佛龙在全球范围内申请专利 43 件。

五家公司专利申请趋势如图 3 所示。从图 3 中可以看出：二十世纪五十年代之前，壳牌公司在全球的润滑脂专利占比最高；二十世纪五十年代到九十年代，壳牌公司和美孚公司在全球的润滑脂专利旗鼓相当同时占比也最高；二十世纪九十年代到二十一世纪前十年日本协同公司异军突起在全球的润滑脂专利占比最高；2011 年至今十多年时间，中国石化公司异军突起在全球的润滑脂专利占比最高。

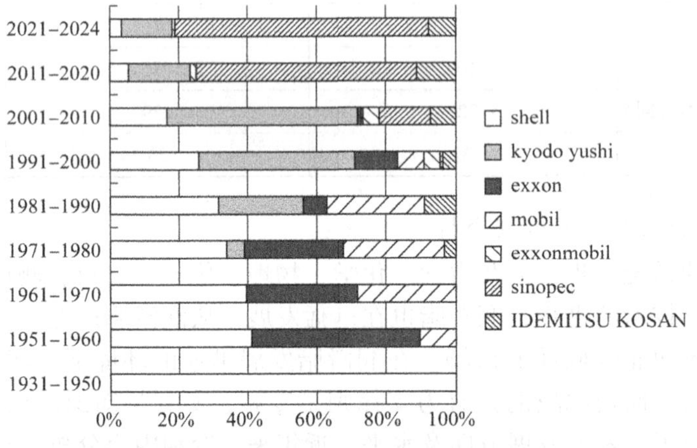

图 3 五家公司专利历年占比情况

根据《国际专利分类表》(IPC 分类)对专利方向进行划分，通过对专利数量及重点方向的分析，可以把握近年来润滑脂领域技术的发展方向。经过检索统计，润滑脂申请专利所属技术领域润滑性、抗磨性、耐极压性、耐温极限、氧化的抑制、耐腐蚀性和广泛应用于轴承等方面发展广泛且深入。从图 4 可以看出，日本协同、中国石化和德国克鲁勃在润滑脂极压抗磨性方面研究处于领先优势。从图 5 可以看出，日本协同、日本出光和德国克鲁勃在润滑脂耐温性方面研究处于领先优势。从图 6 可以看出，中国石化、日本出光和日本协同在润滑脂抗氧性方面研究处于领先优势。从图 7 可以看出，中国石化、日本协同和德国克鲁勃在润滑脂耐腐蚀性方面研究处于领先优势。从图 8 可以看出，日本出光、日本协同和德国克鲁勃在轴承行业研究处于领先优势。从图 9 可以看出，日本出光、日本协同和德国克鲁勃在齿轮等行业研究处于领先优势。

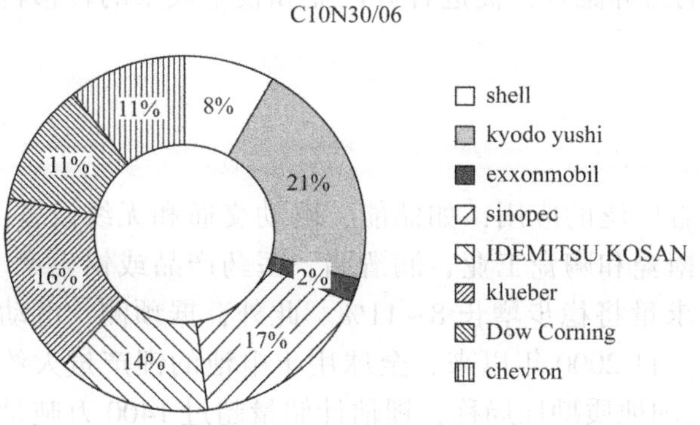

图 4　八家公司关于 IPC 分类 C10N30/06 · 润滑性；膜强度；抗磨性；耐极压性对比情况

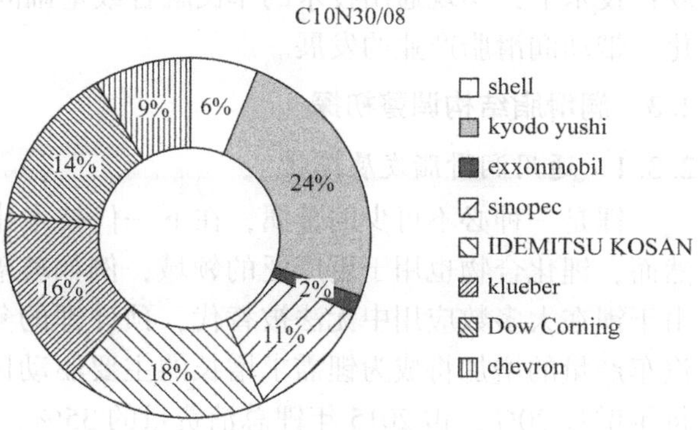

图 5　八家公司关于 IPC 分类 C10N30/08 · 耐温极限对比情况

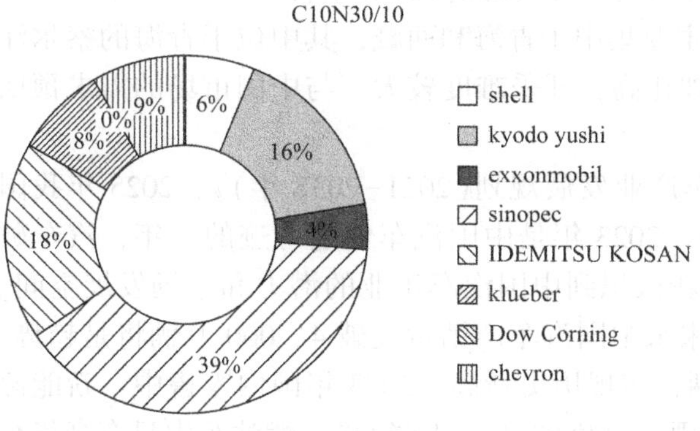

图 6　八家公司关于 IPC 分类 C10N30/10 · 氧化的抑制；如抗氧剂对比情况

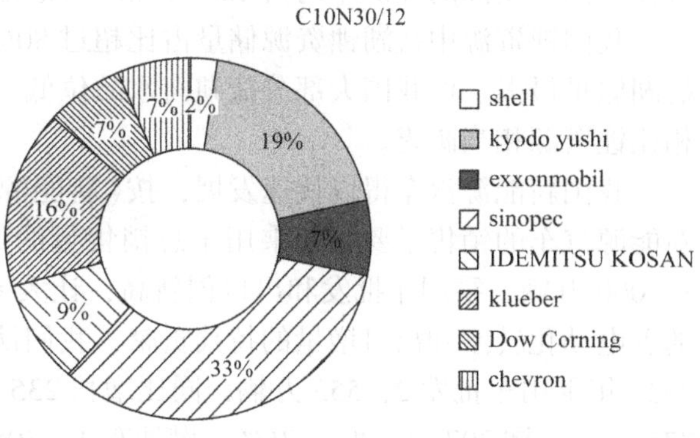

图 7　八家公司关于 IPC 分类 C10N30/12 · 耐腐蚀性，如防锈剂、防腐剂对比情况

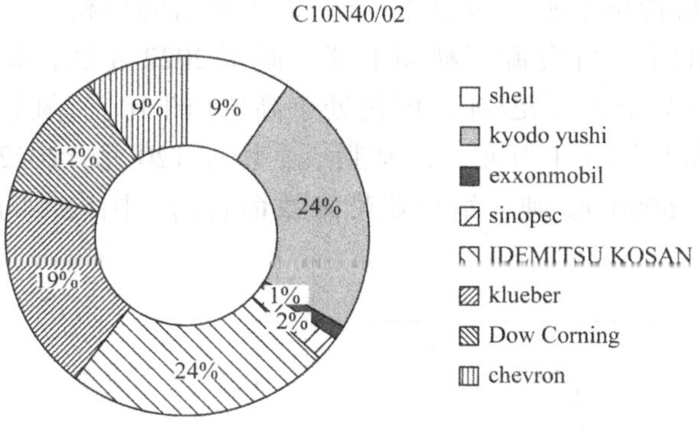

图 8　八家公司关于 IPC 分类 C10N40/02 · 轴承对比情况

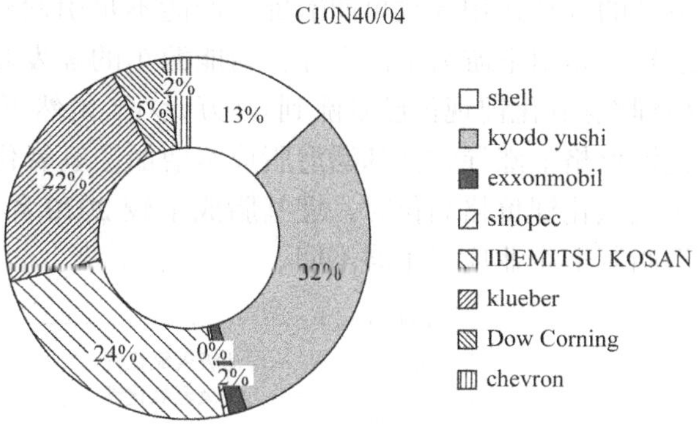

图 9　八家公司关于 IPC 分类 C10N40/04 · 油浴；齿轮箱；自动变速装置；牵引联动装置对比情况

针对上述专利技术发展与布局分析，为有效提升中国在润滑脂领域的竞争力，促进中国润滑脂专利技术水平的提升，总结如下对策建议为中国润滑脂设计制造业及其知识产权战略提供参考。

（1）加强专利技术规划布局。当前中国润滑脂处于快速成长的关键时期，应充分研究行业发展现状，以市场为导向，结合自身情况，以长寿命、高温、高压、高速、低温和超静音等基本方向为基础，针对新兴领域抓住机会弯道超车，争取占领专利制高点，同时启动相关标准的研发。

（2）催化高价值专利产生。在该过程中，一方面实现关键核心技术的自主可控，另一方面形成自己的高价值高水平专利，提升中国润滑脂的专利技术水平。

（3）推动科技成果转移转化。借鉴优秀的成长经验，推动合作发展。形式上，积极展开多方合作，凝聚现有力量和资源，充分发挥政府与企业、企业与高校、企业与企业的强强联合，协同发展；机制上，深化知识产权服务，优化专利价值评估，建立高价值专利保护、成果转化及激励制度；技术上，实现通用技术的军民融合或基础问题的跨界融合，促进各方产业和技术成果的转移转化，带动润滑脂产业的发展。

2.3 润滑脂结构调整初探

2.3.1 通用润滑脂发展探讨

锂是一种必不可少的金属，在下一代技术中有着广泛的应用，如储能、电动交通和无线设备。然而，锂化合物也用于更广泛的领域，例如玻璃、搪瓷和陶瓷工业、润滑脂、医药产品或铝生产。由于锂在大多数应用中无法被替代，预计锂的年需求量将稳步增长 8~11%。此外，据预测，电动汽车产量的增加将成为锂需求增长的主要驱动因素。自 2000 年以来，全球用于电池的锂产量大约每年增长 20%，占 2015 年锂总消费量的 35%。据美国地质勘探局称，锂估计储量超过 1400 万吨是可用的。资源要大得多，据报道总额约为 3400 万吨。全球锂资源的地理分布。近 60%分布在南美洲，尤其是智利、玻利维亚和阿根廷。约 440 万吨锂位于北美(美国，加拿大)和另外 540 万吨锂分布在中国。欧洲的锂矿床约为 120 万吨。其他地区锂仅占全球资源的 3.5%左右。

我国锂资源中盐湖锂资源储量占比超过 80%，主要集中于青海和西藏，其中位于青海的察尔汗盐湖储量最大。但我国大部分盐湖卤水品位低、镁锂比高，开采难度较大，与中国市场的需求预期相比锂资源相当匮乏。

我国新能源汽车得以快速发展，按《新能源汽车产业发展规划(2021-2035 年)》，2025 年我国新能源汽车的销售量要达到乘用车总销售量的 20%。2023 年是中国汽车创造奇迹的一年，汽车破 3，000 万辆，乘用车批发和出口创新高，让大家重新认识到中国汽车工业的潜力和市场发展空间。随着电动化转型和出口增量的持续贡献，我们认为未来中国汽车产销量突破 4，000 万辆将是趋势。2023 年乘用车批发 2，553 万辆，同比增长 235 万辆，实现历史新高。2023 年国内零售中：新能源 775 万，净增 207 万，增长 36%；燃油车 1，395 万辆，净减 92 万，下降 6%。燃油车中只有豪华车零售微增，自主品牌与合资全面下滑。新能源车中自主、主流合资与豪华车总体均全面增长。

在 2016 年~2018 年的涨价周期中，碳酸锂的价格中枢约为 14.5 万元/t，这轮涨价的逻辑是政策端的推动作用导致短期冶炼端产能不足引起的锂盐价格上涨，而 2020 年下半年开启的价格上涨逻辑则是由下游需求占主导，新能源车的爆发带来的上游锂资源短缺而上涨。截至 2022 年底，碳酸锂/氢氧化锂现价已暴涨到 60 万元/t。虽然近期回落至 8 万元/吨，但仍处于高价(图 10)。氢氧化锂价格上涨导致锂基润滑脂成本增加，氢氧化锂价格增长 1 万元，锂基脂成本增加 120 元，2022 年氢氧化锂价格高位时，锂基脂成本较 2020 年增加 6000 元/吨，给行业带来致命打击。国内外润滑脂制造企业应对策略不同。

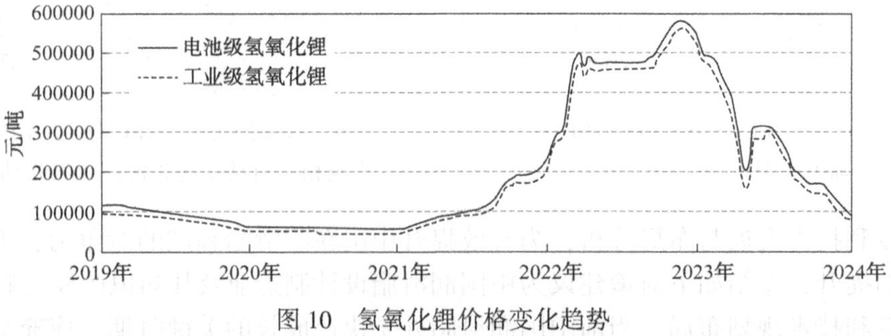

图 10 氢氧化锂价格变化趋势

2020 年全球锂基润滑脂所占比例为 50.99%，氢氧化锂价格约 5 万元/t，2022 年氢氧化锂价格涨至 48 万元/吨，造成锂皂润滑脂的成本大幅上涨，全球锂基润滑脂所占比例下降至 48.82%。未来锂系列润滑脂将成为当下以及未来几年的工作重点。

(1) 寻找替代锂系列润滑脂

首先，作为使用锂皂基增稠剂的润滑脂组合物，作为锂基润滑脂起始材料的锂，不限于它用于润滑脂并且广泛地用于其他领域，所以存在关于由于最近需求的增加导致将来资源枯竭或成本急剧上升的顾虑。另外，作为使用脲作为增稠剂的润滑脂组合物，因为用作起始材料的胺化合物例如苯胺是极度毒性的，当生产操作时应该采取特别的小心，因此有安全问题。利用钙皂作为增稠剂的润滑脂通常具有比锂润滑脂、锂复合润滑脂或脲润滑脂更差的滴点和耐热性，因此利用钙皂的润滑脂没有满足作为适合于当前工作条件的润滑脂的要求。国际上提出热稳定的润滑脂组合物，其包含耐热性等于或高于利用锂皂或脲作为增稠剂的润滑脂，并具有环境相容性、高滴点和优异的剪切稳定性，并表现出长轴承寿命。可通过利用锂皂和钙皂，其中添加特定高级脂肪酸而解决。

锂系列润滑脂去锂化途径为部分替代锂为钙、钡、钠等润滑脂，达到锂系列润滑脂目前国家标准和行业标准要求。如使用温度要求不高的工况可用无水钙基润滑脂替代通用型锂基润滑脂，中国石化润滑油有限公司润滑脂分公司目前CMA-K和CMA-I等能够满足此部分市场需求；研究用高性能复合三聚体铝、复合磺酸钙、复合钙基润滑脂部分替代耐高温的复合锂基润滑脂等。

（2）碳酸锂制备锂系列润滑脂

锂的应用范围很广。绝大多数每年提取的锂（35%）用于电池消耗，其次是玻璃和陶瓷应用（32%）。其他重要应用包括润滑脂，占9%的份额，连续铸造和空气处理各占5%，聚合物生产占4%，铝生产占1%。

密切关注锂资源在电池、玻璃、陶瓷、铸造、空气处理和聚合物生产等全球行业的发展动态，适当时候进行战略性储备氢氧化锂资源。另外，加大锂电池回收处理工艺研究，特别是回收的碳酸锂直接替代氢氧化锂进行锂系列润滑脂工艺研究。以避免润滑成本或产品成本大幅波动。

润滑脂广泛用于汽车、轴承、工程机械等工业设备中。据中国石化联合会润滑脂分会统计，中国润滑脂年用量约40万吨。润滑脂按稠化剂类型可以分为锂基脂、钙基脂、聚脲、磺酸钙等，其中锂基润滑脂占总量的70%，年用量达28万吨。锂基润滑脂由脂肪酸和氢氧化锂在基础油中反应制备，其中，氢氧化锂用量占1.2%，年用量达3300吨。

如何降低锂基脂成本，成为行业热点和难题。碳酸锂价格较氢氧化锂低，因此未来开展碳酸锂在锂基脂中的应用研究。

第一，采用碳酸锂直接和脂肪酸反应制备锂基脂，发现相同稠化剂含量下，润滑脂变稀。由于碳酸锂呈弱碱性，与脂肪酸反应慢，且反应不充分，导致制备的脂肪酸锂稠化能力低。因此，采用碳酸锂直接和脂肪酸反应制备锂基脂的方案需要深入研究。

第二，考虑将碳酸锂进行预处理，再和脂肪酸反应，制备锂基脂。初步采用氢氧化钙或氢氧化钡将碳酸锂转化为氢氧化锂，再和脂肪酸反应。制备的锂基脂性能达到甚至超过了普通的锂基脂。

（3）对锂系列润滑脂进行产业升级，加大高性能、长寿命、绿色锂系列润滑脂产品开发。

锂系列润滑脂在进行结构调整的同时，应该更关注产品质量，不能一味的追逐产品的成本。如图11所示，目前通用锂基润滑脂采用的是GB/T 7324—2010《通用锂基润滑脂》规范，该规范最初是GB 7324—1994，产品规范由国家强制标准修改为国家推荐标准，因此后续为了加强对产品质量的控制，建议对GB/T 7324—2010《通用锂基润滑脂》规范进行升级为国家强制标准。

如图10所示，未来几年中国争取尽快通用锂等产品寿命延长并升级为强制性国标，中国石化行业引领，使其锂、复合锂基润滑脂年使用量近三十万吨压缩总量，落实二十大润滑脂产业结构调整的绿色发展要求。

2.3.2 高性能润滑脂发展探讨

高性能润滑脂与现代化机械、高新技术装备的发展息息相关。科学技术的发展，使机械设备向大型、微型、高速、重载、真空、低温、超静音、超高精度（纳米级）、自动（数控）化、智能化和成套化等方向发展，人们对于机械零部件与系统使用的润滑脂提出了更高的要求。除此之外，能源和环境两大全球面临的共同问题对润滑剂的研究、生产和应用提出了新的要求，保护环境和节约能源是我们全人类共同的使命，我国经济正快速持续发展，但又面临有限的化石燃料资源和更高的环境保护要求的严峻挑战，合理选用高性能润滑脂能有效降低机械磨损，减少废弃物，保护环境，并能减少摩擦，降低能耗，节约能源，对改善人类的生存环境具有重要意义。因此，在石油产品中，润滑脂类产品产量虽然不大，仅占万分之几，却是国民经济各部门不可缺少，具有重大经济价值的一类产品。

规模比例

欧洲(70%)
锂/复合锂

15万吨
两倍

北美(62%)
锂/复合锂

10万吨
三倍

中国(65%)
锂/复合锂

30万吨

表3 2018—2021年欧洲润滑脂产量及其比例(按稠化剂、基础油类型统计)

项目	润滑酯产量/t				所占比例/%			
	2021年	2020年	2019年	2018年	2021年	2020年	2019年	2018年
锂基润滑脂(滴点<200℃)	113344.677	111593.699	117589.935	123701.84	52.08	52.39	53.12	52.69
复合锂基润滑脂(滴点<230℃)	37802.76	34570.711	35624.346	40388.705	17.37	16.23	16.09	17.20

表2 2018—2021年北美润滑脂产量及其比例(按稠化剂、基础油类型统计)

项目	润滑酯产量/t				所占比例/%			
	2021年	2020年	2019年	2018年	2021年	2020年	2019年	2018年
锂基润滑脂(滴点<200℃)	35345.233	33162.387	48739.506	45498.659	20.84	20.35	23.46	21.99
复合锂基润滑脂(滴点<230℃)	69799.199	70208.519	87345.762	86527.848	41.14	43.07	42.04	41.83

表9 2018—2021年中国润滑脂产量及其比例(按稠化剂、基础油类型统计)

项目	润滑酯产量/t				所占比例/%			
	2021年	2020年	2019年	2018年	2021年	2020年	2019年	2018年
锂基润滑脂(滴点<200℃)	210358.159	218719.61	214079.675	208174.092	46.62	51.62	49.48	54.41
复合锂基润滑脂(滴点<230℃)	84962.71	77598.708	76367.192	74259.845	18.83	18.31	17.65	19.41

图10 欧洲、北美和中国市场锂系列润滑脂规模对比

图11 通用锂基润滑脂国标信息

表2为全氟聚醚润滑脂和聚脲润滑脂应用于轴承等部位高温使用工况。表3为全氟聚醚润滑脂和锂基润滑脂应用于轴承等部位低温使用工况。表4为锂基润滑脂和聚脲润滑脂应用于轴承等部位超静音使用工况。表5为锂基润滑脂、复合钡基润滑脂和聚脲润滑脂应用于轴承等部位高速使用工况。表6为锂基润滑脂、复合锂基润滑脂和聚脲润滑脂应用于轴承等部位重载使用工况。表7为复合钙和复合钡基润滑脂应用于轴承等部位潮湿环境下重载使用工况。表8为复合铝润滑脂和全氟聚醚润滑脂应用于食品行业轴承等部位使用工况。

表2 高温润滑脂

名称	工作温度范围,℃	速度因子＊	基础油黏度＊＊	牌号	基础油/增稠剂	描述/应用
全氟聚醚润滑脂	−50~260	600000	195 34	2号	PFPE/PTFE	优秀的防腐蚀保护性能；在极端变化的工作温度下实现长效润滑。

续表

名称	工作温度范围,℃	速度因子*	基础油黏度**	牌号	基础油/增稠剂	描述/应用
全氟聚醚润滑脂	-40~260	300000	425 40	2号	PFPE/PTFE	应用于高温轴承的长寿命润滑脂；非常好的防腐蚀保护性能。
聚脲润滑脂	-40~200	500000	405 40	1T号	合成烃/聚脲	好的抗磨损、抗腐蚀保护性能；高载荷滚动、滑动轴承的最佳选择，如钢铁、水泥、造纸行业等。
聚脲润滑脂	-40~180	1000000	85 11	2T号	酯油/聚脲	极佳的防腐蚀保护性能；特殊的添加剂能够保护轴承避免因振动、高温和高速引起的过早疲劳损伤；应用于机动车辆部件，如皮带张紧轮、发电机、离合器轴承。

*：n·dm(min^{-1}·mm)；**：40/100℃(mm^2/s)

表3　低温润滑脂

	工作温度范围,℃	速度因子*	基础油黏度**	牌号	基础油/增稠剂	描述/应用
锂基润滑脂	-70~110	1000000	9.5 2.6	1T号	酯油/锂皂	低温工况下的重载润滑脂；应用于超低启动力矩要求的汽车、通讯、精密机械等行业的滚动、滑动轴承润滑。
全氟聚醚润滑脂	-94~220	300000	95 25	2号	PFPE/PTFE	在低温下的启动力矩小，高温下长效而且稳定；适用于汽车大灯转向调节系统、节气门轴承、废气再循环系统等。

*：n·dm(min^{-1}·mm)；**：40/100℃(mm^2/s)

表4　超静音润滑脂

	工作温度范围,℃	速度因子*	基础油黏度**	牌号	基础油/增稠剂	描述/应用
聚脲润滑脂	-40~160	2000000	65 9.5	3号	合成烃, 酯油/ 聚脲	适用于垂直轴装配的高速或者外圈转动轴承；应用于风扇、吸尘器电机等家用电器和办公设备、电子产品、电机及机床主轴等。
锂基润滑脂	-50~150	1000000	29 5	2T号	酯油/ 锂皂基	适用于低温和低摩擦力矩；适用于精密仪器中微型密封轴承的终身润滑。

*：n·dm(min^{-1}·mm)；**：40/100℃(mm^2/s)

表5　高速主轴润滑脂

	工作温度范围,℃	速度因子*	基础油黏度**	牌号	基础油/增稠剂	描述/应用
锂基润滑脂	0~120	2300000	35 6	2号	酯油/锂皂	适用于多类型的角接触轴承、滚柱轴承和陶瓷轴承；适用于水平、垂直和倾斜轴装配的轴承；适用于超高速轴承。
聚脲润滑脂	-50~120	2100000	27 5	3号	合成烃. 酯油/ 聚脲	适用于高速主轴；特别适用于垂直或倾斜轴装配的轴承，也适用于水平轴装配机床主轴。
复合钡基润滑脂	-40~130	1000000	26 4.5	2号	矿物油，酯油，合成烃/复合钡基	机床主轴润滑脂。

*：n·dm(min^{-1}·mm)；**：40/100℃(mm^2/s)

表6　重载润滑脂

	工作温度范围,℃	基础油黏度**	牌号	基础油/增稠剂	描述/应用
锂基润滑脂	-10~150	1505 60	1号	矿物油/ 锂皂基, 固体润滑剂	适用于重载、低速工况；应用于辊压机、球磨机和旋转式破碎机等。

续表

	工作温度范围,℃	基础油黏度＊＊	牌号	基础油/增稠剂	描述/应用
复合锂基润滑脂	-30~140	135 15	2号	合成烃,矿物油/复合锂皂;固体润滑剂	适用于重载或者振动工况下的滚动与滑动轴承；形成的保护层减少摩擦腐蚀；应用于铁路、汽车、航空、建筑机械、农业和林业机械。
聚脲润滑脂	-40~160	155 16	2号	矿物油,合成烃/聚脲	优异的抗腐蚀性能和磨损防护性能；应用于汽车部件轴承，如水泵轴承、轮毂轴承、离合器轴承、风扇轴承等；应用于电机、干燥设备、纺织机械、造纸机械等设备中的滚动轴承。

＊＊：40/100℃(mm^2/s)

表7　适用于潮湿工况下的润滑脂

	工作温度范围,℃	基础油黏度＊＊	牌号	基础油/增稠剂	描述/应用
复合钙基润滑脂	-40~160	405 40	1T号	合成烃/复合钙皂	适用于高载荷和更高温度要求工况；极好的抗磨损、抗腐蚀性能，好的抗水性能。
复合钡基润滑脂	-20~130	225 18	1T号	矿物油/复合钡皂	抗热水；滚动和滑动轴承长效润滑脂；良好的抗压性能；适用于具有滑动摩擦运动的滚动轴承，和在露天环境工况下运作的轴承。

＊＊：40/100℃(mm^2/s)

表8　食品行业专用润滑脂

	工作温度范围,℃	速度因子＊	基础油黏度＊＊	牌号	基础油/增稠剂	描述/应用
复合铝基润滑脂	-45~120	700000	35 6	1号	合成烃,酯油/复合铝皂	适用于滑动摩擦工况；特别适用于低温工况；良好的防水性能；良好的抗腐蚀性能；良好的泵送性能，可用于中央润滑系统。
复合铝基润滑脂	-45~120	500000	155 22	1号	合成烃/复合铝皂	优秀的低温性能；良好的抗磨损性能；由于良好的抗水性能，降低了出现腐蚀和早期轴承失效的可能性；适用于中等转速。
全氟聚醚润滑脂	-40~260	300000	42540	2号	PFPE/PTFE	适用于高温滚动轴承的长效润滑；优秀的防腐蚀保护性能。

＊：n·dm(min^{-1}·mm)；＊＊：40/100℃(mm^2/s)

2.4　抗氧剂的类型及作用机理

2.4.1　抗氧剂的类型及作用机理

润滑脂的氧化主要是其中的烃类物质发生氧化，是一个自氧化过程，是自由基的链式反应，包括链引发、链增长、链支化和链终止等四个阶段。润滑脂中含有锂、钙等金属元素，在使用过程中，部件的磨损会产生铁、铜等金属元素，这些金属元素对链引发阶段和链支化阶段氢过氧化物的分解具有催化作用。在高温、高载荷等工况条件下，会导致润滑脂的氧化加剧，低温氧化的最终结果是形成氧化物、醇类、醛类、酮类和水，在高温条件下(>120℃)，会产生羧酸和聚合物质，导致酸值增加，产生油泥，这些都会导致润滑脂的寿命降低。因此，可行的方法是捕获催化杂质和破坏自由基，可以通过使用金属减活剂和抗氧剂分别通过自由基清除和过氧化物分解来减缓油脂氧化。

2.4.2　胺类化合物

胺类化合物是一种自由基清除剂，能够提供与烷基自由基或烷基过氧自由基反应的氢原子，中断自氧化过程中自由基链式反应，在润滑脂中一般作为主抗氧剂使用。二苯胺具有良好的抗氧化性能，同时易于合成、成本较低，是一种常用的工业抗氧剂，在润滑脂中使用量较大。

2.4.3 受阻酚化合物

受阻酚化合物是一种自由基清除剂，主要作用机理与胺类化合物相同，在润滑脂中一般作为主抗氧剂使用。典型的受阻酚抗氧剂有3,5-二叔丁基-4-羟基甲苯(BHT)，BHT生成的苯氧基自由基是通过位阻和共振结构稳定的，在高温氧化条件下，随着新的自由基的产生会使BHT逐渐消耗。受阻酚在高温条件下结构不稳定，易分解，因此高温条件下的抗氧化性能不如胺类化合物。

2.4.4 含硫、磷、氮的有机化合物

硫化烯烃、硫化酯、芳香族硫化物等常被用作抑制氧化和腐蚀的添加剂，相对于烯烃、石蜡等碳氢化合物，具有更好的抗氧化性能，是一种早期的抗氧剂类型，但此类化合物具有更加突出的极压性能，在润滑脂中作为极压剂，与其他添加剂进行复配使用。

2.4.5 有机硼或有机铜类化合物

铜盐的进一步反应可生产更为复杂的化合物，在润滑油脂中作为副抗氧剂使用。醋酸盐、碳酸盐或氢氧化物等铜盐与含有至少一个游离羧酸基团的取代琥珀酸酐衍生物的反应产物，具有良好的抗高温氧化作用，同时具有良好的减摩作用，是有效的高温抗氧剂和摩擦改进剂。

硼环氧化物、受阻酚酯类硼酸盐等含硼化合物，能够有效的抑制氧化，可阻止在温度升高至163℃时油粘度上升及酸的形成，其作用机理是在摩擦表面形成了氮化硼膜。在润滑脂中，氮化硼通常作为极压抗磨剂使用，与氨酚类主抗氧剂复配使用。

2.4.6 未来趋势展望

未来润滑脂对抗氧剂的需求将会持续，同时对质量和数量的要求也会增加，因此要求抗氧剂具有高性能、高性价比、无灰、多功能以及环保属性。在考虑到新兴的基础油技术和性能规范的同时，其发展的最终驱动力是自然环境。

近年来，一种新型无机环保型化合物引起了部分学者的关注，层状双金属氢氧化物(layered double hydroxides，缩写为LDHs)，又称水滑石，是一类天然或人工合成的典型二维层状阴离子黏土材料，可用通式表示为：$[M^{2+}_{1-x}M^{3+}_{x}(OH)_2]^{x+}(A^{n-})_{x/n}$813 mH_2O，其中M^{2+}为二价金属离子；M^{3+}为三价金属离子；x为$M^{2+}/(M^{2+}+M^{3+})$的比值，A^{n-}为层间插入的阴离子；m为层间水分子的数量。LDHs是由带正电荷的类水镁石层板和层间阴离子及水分子堆叠而成，顶点被羟基占据的MO_6的八面体基元通过共用棱边形成二维单层，再通过相邻层间的氢键层层堆积得到类水镁石结构，其堆积形式有菱形堆积(3R)和六方堆积(2H)两种，M^{2+}被半径相似的M^{3+}部分同晶取代形成的主体层板，层间的可交换客体阴离子与层板正电荷之间达到平衡，使LDHs整体结构呈电中性。LDHs是一类典型的超分子插层结构材料，其结构模型如图12所示。

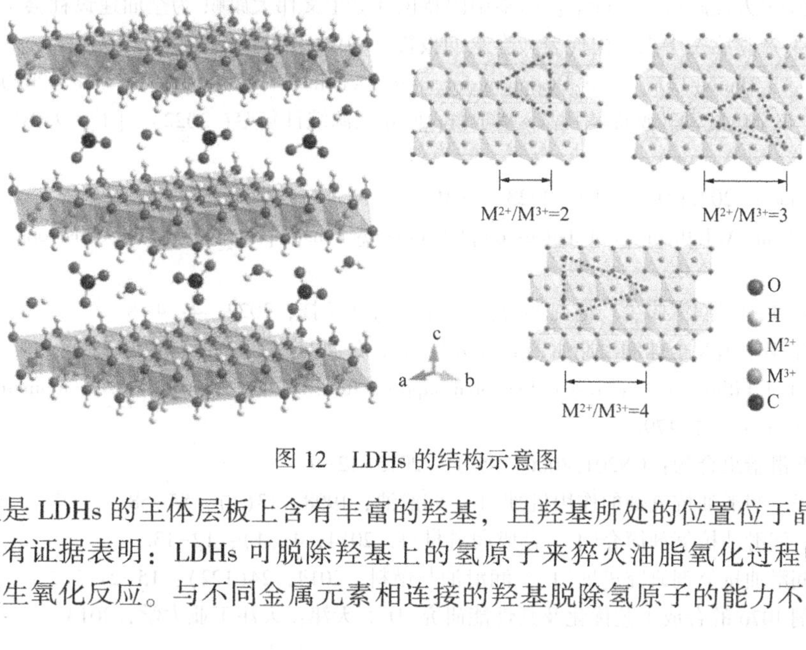

图12 LDHs的结构示意图

其作用机理是LDHs的主体层板上含有丰富的羟基，且羟基所处的位置位于晶体表面，可充分暴露在油脂中，有证据表明：LDHs可脱除羟基上的氢原子来猝灭油脂氧化过程中生成的自由基，从而抑制油脂发生氧化反应。与不同金属元素相连接的羟基脱除氢原子的能力不同，可利用LDHs

金属元素种类及组成比例可调的性质，精准调控LDHs脱除氢原子的能力。此外，LDHs主体层板的部分金属元素具有两性，可利用简单的碱刻蚀方法制造金属或氧空位缺陷，存在缺陷的LDHs可增强对自由基的捕获作用，抑制自由基参与链增长与链支化等反应，从而猝灭其反应活性，进一步提升LDHs的抗氧化性能。

LDHs材料的制备工艺简单、生产成本较低且绿色无毒，目前被作为环保型功能性填料，广泛应用于高分子聚合物中，表现出较好的抗氧化性、阻燃抑烟、PVC热稳定、选择性红外吸收、抗紫外老化、气体阻隔性能等。LDHs有望作为一种新型、高效、多功能和环保的抗氧剂引起更多的关注。

3 结论

(1) 世界总能耗的23%(119EJ)来自摩擦学接触。全球摩擦和磨损的总成本为25亿欧元。造成的二氧化碳总排放量为81.2亿吨，占全球总量20%左右。采用先进的摩擦学技术可节省成本9.7亿欧元，减少31.4亿吨二氧化碳排放。

(2) 未来几年中国争取尽快通用锂等产品寿命延长并升级为强制性国标，中国石化行业引领，使其锂、复合锂基润滑脂年使用量近三十万吨压缩总量，落实二十大润滑脂产业结构调整的绿色发展要求。

(3) 合理选用高性能润滑脂能有效降低机械磨损，减少废弃物，保护环境，并能减少摩擦，降低能耗，节约能源，对改善人类的生存环境具有重要意义。

(4) 未来润滑脂对抗氧剂的需求将会持续，同时对质量和数量的要求也会增加，因此要求抗氧剂具有高性能、高性价比、无灰、多功能以及环保属性。近年来迫于环境和资源等问题，提倡绿色环保、低成本、高效率的新型抗氧剂一直都是抗氧剂发展的趋势，但真正实现工业应用的绿色抗氧剂鲜有报道。LDHs有望作为一种新型、高效、多功能和环保的抗氧剂引起更多的关注。

参 考 文 献

[1] Leslie R. Rudnick. 润滑剂添加剂化学及应用[M]. 北京：中国石化出版社，2016.
[2] 朱廷彬. 润滑脂技术大全[M]. 北京：中国石化出版社，2004.
[3] 陆园，战力英，宫青海，等. 抗氧剂的分类、作用机理及研究进展[J]. 塑料助剂，2016，116：43-50.
[4] 欧阳平，邢晓晨，张贤明，等. 抗氧剂的研究现状及发展趋势[J]. 应用化工，2015，44(2)：344-348.
[5] 蔡宏国. 维生素E作为聚合物抗氧剂的研究与应用现状[J]. 中国塑料，2015，29(5)：14-18.
[6] 温永亮. 新型抗氧剂的开发与应用进展[J]. 山东化工，2017，46(24)：79-82.
[7] 中华人民共和国中央人民政府. 习近平：高举中国特色社会主义伟大旗帜 为全面建设社会主义现代化国家而团结奋斗—在中国共产党第二十次全国代表大会上的报告.(2022-10-16).
[8] Julie B Z，Paul T A，Hanno C E，et al. Designing for a green chemistry future [J]. Science，2020，367：397-400.
[9] 李洪言等，2021年全球能源转型面临挑战-基于《bp世界能源统计年鉴(2022)》[J]. 天然气与石油，2022，40(6)：129-138.
[10] IEA，CO_2 Emissionsin 2022[D]. 法国，2023，1-19.
[11] Holmberg K，Erdemir A. Influence of tribology on global energy consumption，costs and emissions [J]. Friction，2017，5：263-284.
[12] 姚立丹等，2021年中国润滑脂生产情况调查报告[J]. 石油商技，2022，4：4-8.
[13] 姚立丹等，2021年中国及全球润滑脂生产状况分析[J]. 石油商技，2022，5：4-22.
[14] Gunther Martin et al. Lithium market research-global supply，future demand and price Development[J]. Energy Storage Materials，2017，6：171-179.
[15] 渡边和也等. 润滑脂组合物：CN201380067255[P]. 2013-12-9.
[16] 王丽娟，刘维民. 润滑油抗氧剂的作用机理[J]. 润滑油，1998，13(1)：55-58.
[17] 曾金，姜旭峰. 润滑油抗氧剂简介[J]. 合成润滑材料，2014，41(1)：12-13.
[18] 薛卫国. 胺类润滑油抗氧剂研究进展[J]，润滑油与燃料，2014，24(122)：15-21.
[19] 王迪迪. 抗氧剂1076的合成工艺优化及其性能研究[D]. 天津：天津工业大学，2013.

[20] 岳珊珊，张浩，宋应金等，复合抗氧剂对润滑油氧化的影响[J]. 化学与黏合，2019：41(6)：447-456.
[21] 姚俊兵，GASTON AGUILAR，STEVEN G DONNELLY. 润滑油抗氧剂协同作用研究[J]. 润滑油，2009，24(4)：38-44.
[22] 李中映，于方波，刘明月．液体亚磷酸酯类抗氧剂研究进展[J]. 塑料助剂，2020，144：1-6.
[23] Kovanda F，Jindova E，Lang K，et al. Preparation of layered double hydroxides intercalated with organic anions and their application in LDH/poly（butyl methacrylate）nanocomposites[J]. Applied Clay Science，2010，48(1-2)：260-270.
[24] Cavani F，Trifiro F，Vaccari A. Hydrotalcite-type anionic clays：Preparation，properties and applications[J]. Catalysis Today，1991，11：173-301.
[25] Williams G R，Rees N H，Ohare D. Incorporation of phosphorus oxyacids into layered double hydroxides[J]. Solid State Sciences，2009，11(7)：1229-1238.
[26] Fan Guoli，Li Feng，David G. Evans，et al. Catalytic application of layered double hydroxides：recent advances and perspectives[J]. Chemical Society Reviews，2014，43：7040-706.

含分布式电源的配电网保护影响机理及保护整定优化

罗 辉 辜启刚 石华超

（中国石化西北油田分公司）

摘 要 针对分布式电源（distributed generation，DG）接入配电网使得传统的电流保护方法无法适用的问题，本文以双馈线配电网线路作为研究对象，首先分析了在线路不同位置发生三相短路故障时，DG分别接入馈线末端母线、非末端母线以及馈线首端母线时，对线路中流经各个保护的短路电流大小影响；提出基于距离保护的配电网整定方案，避免保护范围因新能源接入，发生大幅度变化，失去选择性，从而保证配电网安全可靠运行。

关键词 分布式电源；配电网；短路故障；电流保护；距离保护

随着全球化石能源逐渐减少，发展清洁能源技术对解决能源与环境问题具有重要意义。以光伏、风力发电为主的分布式电源（distributed generation，DG）接入传统配电网能有效缓解环境问题，并且提高系统运行的可靠性。然而DG并网会对配电网造成影响，其中对整个系统的继电保护影响最为明显，DG接入配电网使传统配电网的单一电源辐射网络转变为双端或多端供电网络。因此，针对含分布式电源的配电网继电保护研究尤为关键。关于分布式电源并网的相关研究对进行配电网故障定位与切除工作，保证系统安全运行尤为重要。文献[13]提出将距离保护作为过电流保护的替代方法来进行故障检测。其中将距离保护作为过电流保护的替代方法具有较强的可操作性，其缺点是变电站电压互感器容易失压，造成保护失去，针对上述不足，我们重点讨论。

1 DG对配电网电流保护的影响机理

如图1、图2所示，DG分别接入配电网馈线末端母线、非末端母线与首段母线，当线路不同区段发生故障时，对电流保护的影响。由于DG采用电流型PQ控制方式接入配电网，故在进行故障分析时可将DG简化为电压控制的电流源，下面分别进行分析。

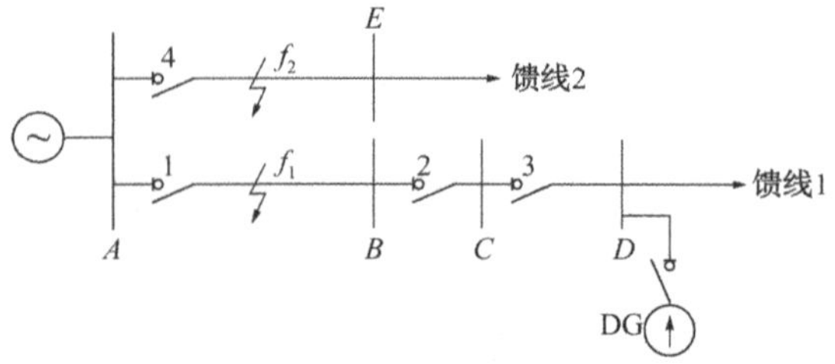

图1 DG接在馈线末端母线接线图

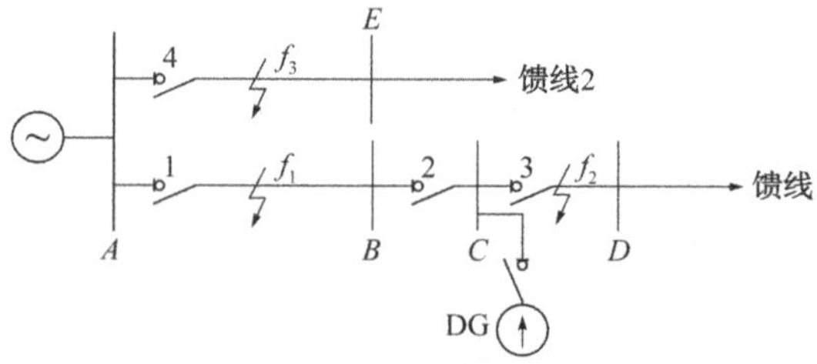

图2 DG接在馈线非末端母线接线图

1.1 DG接在馈线末端母线

（1）线路AB范围内某处发生故障

当线路AB范围内某处f_1处发生故障时，如果配电网没有DG接入，保护装置1正常启动，切除故障；DG接入配电网后，向故障点f_1提供电流，电流经过保护2和保护3，保护灵敏度度提高，将有可能导致保护误动作。

（2）线路AE范围内某处发生故障

当线路AE范围内某处f_2处发生故障时，由于DG位置与故障点f_2距离相差较远，对保护4的影响较小。

1.2 DG 接在馈线非末端母线

(1) 线路 AB 范围内某处发生故障

当 AB 范围内某处 f_1 处发生故障时，为了更直观地分析流经各个保护的电流大小，可将故障线路等效成如图 3 所示的电路图进行分析。

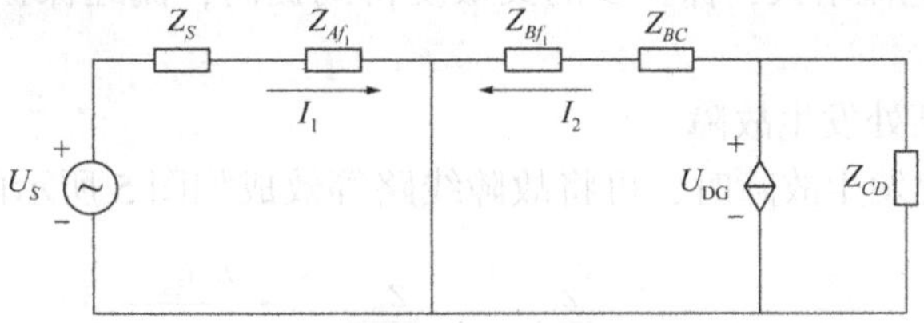

图 3　线路 AB 范围内某处发生故障等效电路图

其中，I_1为流经保护 1 的电流，I_2为 DG 向故障点 f_1输出的反向电流，U_s为系统基准电压，Z_s为系统电源阻抗，Z_{CD}为线路 CD 的阻抗，Z_{BC}为线路 BC 的阻抗，ZAf1 为从母线 A 到故障点 f_1之间距离的等效阻抗，ZBf1 为从母线 B 到故障点 f_1之间距离的等效阻抗，U_{DG}为 DG 的电压，P 为 DG 的功率，通过式(2)对 U_{DG}进行求解，计算结果如式(3)所示。

$$I_1=\frac{U_s}{Z_s+Z_{Af1}} \tag{1}$$

$$U_{DG}\left(\frac{1}{Z_{CD}}+\frac{1}{Z_{Bf1}+Z_{BC}}\right)=\frac{P}{U_{DG}}$$

$$U_{DG}=\sqrt{\frac{PZ_{CD}(Z_{Bf1}+Z_{BC})}{Z_{CD}+Z_{Bf1}+Z_{BC}}} \tag{3}$$

$$I_2=\frac{U_{DG}}{Z_{Bf1}+Z_{BC}}=\sqrt{\frac{PZ_{CD}}{(Z_{CD}+Z_{Bf1}+Z_{BC})(Z_{Bf1}+Z_{BC})}} \tag{4}$$

由式(1)-式(4)可知，当 AB 范围内某处 f_1处发生故障时，DG 向故障处提供故障电流，使得流过保护 2 的电流增大，这将导致保护 2 误动作，有可能导致线路断电范围延长，而保护 1 的电流不受 DG 接入的影响，仍然能够正常动作切除故障。

(2) 线路 CD 范围内某处发生故障

当线路 CD 范围内某处 f_2处发生故障时，可将线路等效为如图 4 所示的简化电路模型。

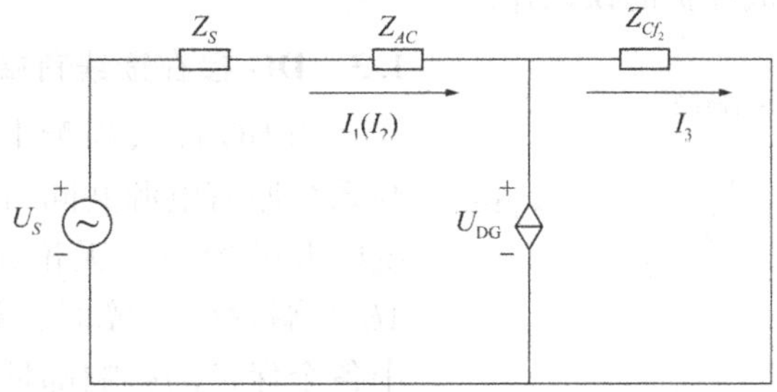

图 4　线路 CD 范围内某处发生故障等效电路图

根据简化电路模型图，可得到流经保护 1、保护 2 以及保护 3 的电流 I_1、I_2、I_3。

$$I_1=I_2=\frac{U_s-U_{DG}}{|Z_s+Z_{AC}|} \tag{5}$$

$$I_3=\frac{U_{DG}}{|Z_{Cf2}|} \tag{6}$$

其中，U_s为系统基准电压，Z_s为系统电源阻抗，Z_{AC}为线路 AC 的阻抗，ZCf2 为母线 A 到故障点 f_2之间距离的等效阻抗，U_{DG}为 DG 的电压，通过式(7)对 U_{DG}进行求解，计算结果如式(8)所示。

$$\left(\frac{1}{Z_{Cf2}}+\frac{1}{Z_s+Z_{AC}}\right)U_{DG}=\frac{P}{U_{DG}}+\frac{U_s}{Z_s+Z_{AC}} \tag{7}$$

$$U_{DG}=\frac{U_sZ_{Cf2}+\sqrt{U_s{}^2Z_{cf2}^2+4(Z_{Cf2}+Z_s+Z_{AC})PZ_{Cf2}(Z_s+Z_{AC})}}{2(Z_s+Z_{AC}+Z_{Cf2})} \tag{8}$$

所以，当 CD 范围内某处 f_2 处发生故障时，先由保护 3 动作，保护 2 延时动作，而 DG 接在母线 C 上，使得流经保护 3 的电流增大，保护 3 的灵敏度得到提高，流经保护 2 的电流减小，保护 2 的灵敏度降低。

（3）线路 AE 范围内某处发生故障

当 AE 范围内某处 f_3 处发生故障时，可将故障线路等效成如图 5 所示的电路图进行分析。

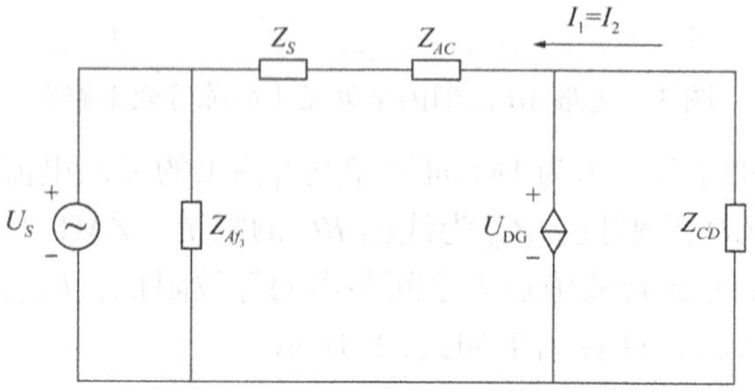

图 5　线路 AE 范围内某处发生故障等效电路图

$$\left(\frac{1}{Z_{CD}}+\frac{1}{Z_s+Z_{AC}}\right)U_{DG}=\frac{P}{U_{DG}}+\frac{U_s}{Z_s+Z_{AC}} \tag{9}$$

$$U_{DG}=\frac{U_sZ_{CD}+\sqrt{U_s{}^2Z_{CD}^2+4(Z_{CD}+Z_s+Z_{AC})PZ_{CD}(Z_s+Z_{AC})}}{2(Z_s+Z_{AC}+Z_{CD})} \tag{10}$$

$$I_1=I_2=\frac{U_s-U_{DG}}{Z_s+Z_{AC}}=\frac{2(Z_s+Z_{AC})U_s+U_sZ_{CD}-\sqrt{U_s^2Z_{CD}^2+4(Z_{CD}+Z_s+Z_{AC})PZ_{CD}(Z_s+Z_{AC})}}{2(Z_{CD}+Z_S+Z_{AC})(Z_S+S_{AC})} \tag{11}$$

其中，U_s 为系统基准电压，Z_s 为系统电源阻抗，Z_{AC} 为线路 AC 的阻抗，Z_{CD} 为线路 CD 的阻抗，ZAf3 为母线 A 到故障点 f_3 之间距离的等效阻抗，U_{DC} 为 DG 的电压，I_1 为 DG 输出流经保护 1 的反向电流，I_2 为 DG 输出流经保护 2 的反向电流。

当 AE 范围内某处 f_3 处发生故障时，在 DG 接入前，由保护 4 动作即可切除故障，当 DG 接入后，DG 向故障点输出反向故障电流，保护 1 和保护 2 都可能误动，但如果 DG 距离故障点足够远，提供的故障电流就不足以造成保护的误动作。

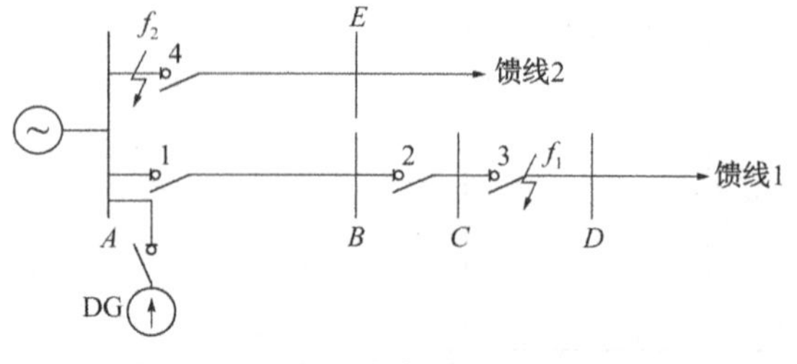

图 6　DG 接在馈线首端母线接线图

1.3　DG 接在馈线首端母线

当 DG 接入到配电网馈线首端母线上时，DG 与系统原有电源共同为线路供电，相当于增大了系统电源的容量，无论是当线路 CD 末端或者线路 AE 首端发生故障时，相较于 DG 接入前，对线路中各个保护的影响都是较小的，如图 6 所示。

2　DG 接入条件下配电网保护改进措施

在 DG 接入条件下配电网保护改进措施主要是采用距离保护，由于距离保护按照线路长度整定，有以下考虑：

（1）基本上可以认为线路长度对应的阻抗值是恒定的，采用距离保护一段作为有 DG 接入条件下系统主保护，采用电流保护作为剩余长度上故障的主保护及后备保护，这需要根据电网实际情况计算比较得出结论，看看哪种方案更具优势；

（2）考虑到 DG 接入条件下对故障点残压抬升作用，距离保护测量阻抗会发生变化，在整定时要做统一考虑。

(3) 配电网的故障率较高，电压互感器容易损坏或者发生保险熔断情况，要保证距离保护电压来源可靠。

针对上述问题，讨论如下：

2.1 距离保护与电流保护联合整定的整定原则

从上面的分析可知，虽然电流保护具有简单、可靠、经济的优点，但是存在选择性，灵敏性、快速性很难满足要求的缺点，尤其在 DG 接入情况下，保护的选择性、可靠性、灵敏性、快速性均会受到不同程度的影响。本文提出距离保护与电流保护联合整定，发挥各自优点，达到整定最优的效果。

相对于电流保护距离保护的性能比电流保护更加完善，它反映故障点到保护安装处的距离—距离保护，基本上不受系统的运行方式的影响，这就是为什么要把距离保护一段作为主保护的原因。基于此将距离保护整定原则分述如下：

一段动作值：

$$Z_{dz}=(0.8-0.85)Z \tag{12}$$

式中，Z_{dz}为被保护线路距离保护整定阻抗值；Z 为被保护线路全长对应的阻抗值。

一段动作时间：瞬时动作，无时限。

一段保护范围：在线路全长的 80%左右。

剩余的 20%线路上，发生故障，需要根据电网实际情况分别计算距离二段或者电流二段保护(一般情况下也落入电流保护二段范围内)比较得出结论，看看哪种方案更具优势，由于难度降低，本处不做讨论。

2.2 考虑短路比条件下距离保护一段整定

区别于传统电网，当大规模 DG 接入配电网运行，系统变为复杂的多电源网络，发生短路故障时 DG 对各段线路的电流保护造成了不同程度的影响，各个保护动作值整定工作也随之变得困难。同时新型电力系统要求在电力系统暂态期间，提供 3~5 倍短路电流支撑，确保新能源接入点短路比，参与电力系统电压动态调节，系统暂态期间提供短时无功功率支撑。考虑到 DG 接入配电网运行的影响因素较多，比如天气、接入容量变化、潮流变化等，需要将这些数据整合，为保护整定提供基础资料。目前 DG 接入厂站大部分都装设有可以采集测量点电流、电压等信息的智能电子设备 IED，各 IED 通过将信息上传到调度端，与电网原有数据形成新的保护整定决策方案，数据信息包括网络描述矩阵 D、故障信息矩阵 G、故障判断矩阵 P 等。本文讨论的是一段范围内的故障，如果基于信息上传，然后再下发切除故障指令，将失去继电保护的快速性，但是信息数据对修正距离一段整定值有重要意义，下面给出这些数据信息对整定的影响。

一段动作值修正整定为：

$$Z_{dz}=k(0.8-0.85)Z \tag{13}$$

式中，k 为整定修正系数。

取决于 DG 接入情况下，对故障点残压的抬升作用，由式(14)、(15)、(16)决定。

$$Z_{dz}=\frac{U_s-U'}{I_d}=\frac{U_s-0}{I_d}=\frac{U_s}{I_d} \tag{14}$$

式中，U_s 为保护安装处测量到的电压；U'为短路点处新能源提供的电流造成的残压，无新能源提供电流时 $U'=0$，有新能源提供电流时 $U'>0$；I_d 为保护安装处测量到的短路电流；

$$Z'_{dz}=\frac{U_s-U'}{I_d} \tag{15}$$

因为 $Z_{dz}>Z'_{dz}$，所以 k 由下式得出：

$$k=\frac{Z_{dz}}{Z'_{dz}}>1 \tag{16}$$

2.3 保证电压互感器可靠性的措施

为了保证距离保护电压可靠性，必须保证电压互感器可靠运行，造成电压互感器运行不可靠的主要因素是容易振荡，所以需要采取一系列抗振荡措施。主要有以下做法：

（1）在PT开口三角绕组接入消谐装置，即在电压互感器开口三角绕组接可控硅消谐装置。在电网出现雷电过电压或操作过电压时，该电路可控硅端电压和触发脉冲反相，可控硅不能导通。当发生单相接地故障时，可控硅虽有工频电压但无触发脉冲，仍不能导通。仅当电网中发生分频铁磁谐振时，可控硅才会导通，三角绕组被短接，铁磁谐振在强烈的阻尼作用下迅速消失，当谐振消失后，可控硅恢复到阻断状态。在消谐过程中，一次电流增加，容易造成一次侧保险熔断。

（2）在PT开口三角绕组接电阻。由于电阻接在开口三角绕组两端，必然会导致一次侧电流增大，也就是说PT的容量要相应增大。从抑制谐波方面考虑，R值越小，效果越显著，但PT的过载现象越严重，在谐振或单相接地时间过长时甚至会导致保险丝熔断或PT烧毁。

（3）在电压互感器中性点串单相电压互感器。此时电压互感器励磁阻抗X_m显著增大，比较易实现$X_{C0}/X_m \leq 0.01$这个条件，使系统扰动时不致于发生谐振。实际运行过程中，发生分频谐振时，此种方法效果不佳。

（4）在电压互感器中性点串非线性电阻。振荡时，中性点串非线性电阻显著增大，流过电压互感器绕组的电流变小，从而保证电压互感器不被烧毁。实际运行过程中，非线性电阻离散性导致抗谐振效果不佳。

本文提出的抗振荡措施如图7所示，现场运行图如图8所示：

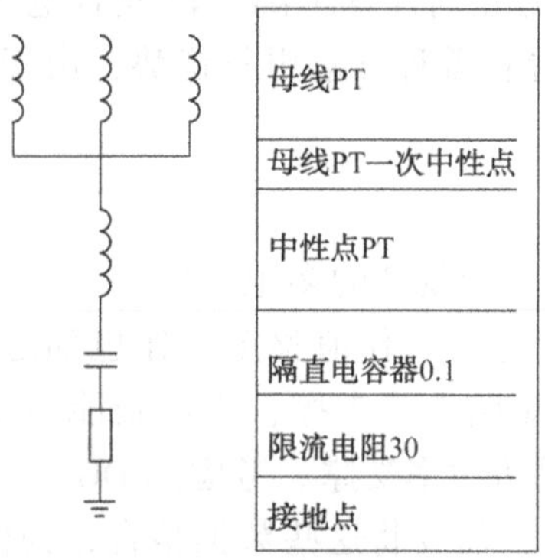

图7　改进的谐振抑制方案

图8　改进的谐振抑制现场运行接线图

当最严重的振荡发生时，此时每相PT的电流为70mA，原来系统振荡时，每相PT的电流可以达到安培级，而在这种情况下，每相PT的电流虽然也比较大，但在短时间内不容易烧毁PT，由此我们得到如下结论：

（1）铁磁谐振由PT电感的非线性特性决定，电压互感器在超出其额定运行范围则很快进入饱和区域，励磁阻抗急速下降，过电压是诱发铁磁谐振的要因。

（2）在改进的抗振荡接线中，由于电阻、电容、电感总的阻抗远远小于电压互感器的励磁阻抗，零序电压的整定问题能够满足系统灵敏度要求，同时保证基于线电压工作的计量不受影响。

（3）系统发生谐振时，要使PT不烧毁，必需控制流过PT的电流。分频谐振由电容产生高阻抗抵消振荡电流；高频振荡时，电感产生高阻抗抵消振荡电流；工频谐振由电阻限制振荡电流。

3 结论与展望

（1）本文分析了在线路不同位置发生三相短路故障时，分布式光伏电源接入不同位置，对线路中流经各个保护的短路电流大小影响。

（2）提出了距离保护优化整定方案；

（3）为了保证距离保护可靠运行，提出新的抗振荡方案，并投产运行。

通过上述措施保证了DG接入配电网情况下，确保了配电网的安全可靠运行，这些措施具有实际意义。

参 考 文 献

[1] 余鹏，王勇，王相，等. 配电网自动化 DTU 终端的 103 规约的安全性分析[J]. 计算机系统应用，2021，30(5)：262-268.

[2] 范心明，孙广慧，彭元泉，等. 智能配电柔性多状态开关在主动配电网中的应用[J]. 广东电力，2020，33(12)：40-48.

[3] 赵杨竹雨. 多类型分布式电源接入配电网优化及保护研究[D]. 天津：天津大学，2019.

[4] 汤拓. 计及分布式电源的交流配电网保护方案研究[D]. 南京：东南大学，2019.

[5] 杨志强. 分布式电源接入配电网的电流保护方案研究[D]. 长沙：湖南大学，2019.

[6] 段之英. 分布式电源接入配电网保护方案研究[D]. 西安：西安科技大学，2018.

[7] 郭清元，莫超，吴杰康，等. 分布式电源接入的配电系统多类型无功源出力优化方法[J]. 电力工程技术，2020，39(5)：211-219.

[8] 袁智勇，徐全，徐刚，等. 含大容量分布式电源接入的配电网电流保护优化方案[J]. 电网技术，2021，45(5)：1862-1868.

[9] 李晶，李鑫，马越，等. 分布式电源容量对配电网保护的影响分析[J]. 电力系统及其自动化学报，2016，28(2)：98-102.

[10] Cui SJ，Zeng P，Wang ZF，*et al*. Research on intelligent protection technology for distribution network with distributed generation[J]. 2021 IEEE 5th Advanced Information Technology，Electronic and Automation Control Conference（IAEAC）。Chongqing：IEEE，2021。1549-1554.

[11] 邓景松，王英民，孙迪飞，等. 基于配电网电流保护约束的分布式光伏电源容量分析[J]. 电工技术学报，2019，34(S2)：629-636.

[12] Farkhani JS，Zareein M，Soroushmehr H，*et al*。Coordination of directional overcurrent protection relay for distribution network with embedded DG[J]. 2019 5th Conference on Knowledge Based Engineering and Innovation（KBEI）. Tehran：IEEE，2019，281-286.

[13] Alalamat FM，Feilat EA，Haj-Ahmed M. Performance assessment of distance protection of PV-integrated microgrids[J]. 2021 6th International Conference on Renewable Energy：Generation and Applications（ICREGA）. Al Ain：IEEE，2021，173-177.

关于构建上游企业统一的新能源生产管控平台研究

李　峻　郭以东　刘博扬　祁　滢　曾丽花

（中国石油勘探开发研究院西北分院）

摘　要　面对习主席提出的“2030年前碳达峰，2060年前碳中和”目标，上游企业将新能源作为公司一大主营业务积极发展，针对上游企业在新能发展源过程中面临的上游企业新能源业务覆盖范围广，业务需求变化快、业务数据种类繁多，海量多源异构数据难以利用和地区公司积攒了大量数据，缺乏数据的智能化分析等问题，本文以构建上游企业统一的新能源生产管控平台为研究对象，提出了包含数据采集层、数据资源层、平台功能层和展示层4个层级的新能源生产管控平台业务架构，在此基础上，提出了管控平台的功能设计。希望通过此平台的建设提升上游企业新能源智能化水平，最终促进上游企业节能减排和绿色低碳发展。

关键词　新能源；上游企业；管控平台

1　引言

新能源发电产业作为新时代的高新技术产业，主要包括开发和利用风能、太阳能、核能、生物质能和海洋能等一系列新能源，并将新能源转化为可利用的电能、热能等。根据《2023年可再生能源装机容量统计》报告，到2022年底，全球可再生能源发电装机总容量达到3382GW，全球新增电力装机容量中，可再生能源占比83%。

近年来，中国立足于自身能源资源禀赋，非化石能源发展迅速，清洁能源占比进一步提升，能源结构持续优化，非化石能源发展迈上新台阶。据《中国能源大数据报告（2022）》统计分析，2021年，我国非化石能源发电装机历史性突破10亿千瓦，达到111720万千瓦，同比增长13.4%，占总发电装机容量比重约为47%，比上年提高2.3个百分点，历史上首次超过煤电装机比重。非化石能源发电量2.9万亿千瓦时，同比增长12%。风电、光伏发电、水电、生物质发电装机规模连续多年稳居世界第一。

中国石油天然气集团有限公司积极响应国家碳达峰碳中和战略目标，上游企业将新能源作为公司一大主营业务，主要涉及风电、光伏、储能、地热余热利用、CCUS、伴生矿、伴生资源和碳资产等管理。截止到2023年上旬，清洁电力总装机容量约2000兆瓦，累计发电量7亿度左右，累计减排量55万吨二氧化碳。按照“清洁替代、战略接替、绿色转型”三步走总体部署，坚定不移地向“油气热电氢”综合性能源公司转型。

虽然上游企业新能源业务起步晚、发展快，然而新能源业务发展离不开数字化和智能化创新驱动。目前上游企业新能源业务的数字化总体比较薄弱，亟需在上游企业信息化建设成果基础上，利用物联网、云计算、知识图谱、数字孪生、大数据、人工智能等技术建立统一的新能源生产管控平台。满足国家和集团公司对上游企业，地区公司对二级单位的新能源业务的全面管理，进一步提升上游企业能源管理水平，为上游企业节能降耗和双碳目标实现提供强有力的支撑。

2　上游企业新能源信息化面临的挑战

集团公司上游企业油气业务信息化历经30多年的探索发展，实践了从分散到集中、从集中到集成、从集成到共享的发展阶段，目前已经迈入共享智能新阶段，从作业区、采油气厂、油气田公司到股份公司，涵盖勘探开发全业务链的信息化支撑体系。但是新能源业务起步晚、发展快，各油气田企业新能源业务开展情况不尽相同。经调研和分析，上游企业的信息化发展主要面临着如下挑战：

2.1 上游企业新能源业务覆盖范围广，业务需求变化快

上游企业新能源业务包含清洁电能管理、清洁热能管理、清洁用能管理、碳资产开发管理和新产业，共计5个一级业务模块，因此上游企业新能源业务覆盖范围广，业务流程复杂。同时，随着电力技术和供热技术的快速发展，围绕云计算、大数据、人工智能等信息技术，在新能源领域不断涌现新的技术和解决方案，地区公司对新能源的要求也不断提高，简单的信息化管理系统已经无法满足用户需求。

2.2 业务数据种类繁多，海量多源异构数据难以利用

上游企业的新能源业务覆盖光伏、风电、地热、储能、制氢、伴生资源、CCUS等业务，各个业务系统之间油气田企业已建和在运新能源项目配套了厂家自带的生产管理系统，在项目实施单元可满足重要生产参数采集和管控需求，但是各个业务系统之间存在数据壁垒，影响数据的共享和高效使用，导致海量多源异构数据难以利用。

2.3 地区公司积攒了大量数据，缺乏数据的智能化分析

各个企业在开展新能源业务过程中，通过自动采集和人工填报的方式，积攒了大量的基础业务数据，巨大数据存量"宝藏"和智能化的数据分析需求相比，当前基于数据驱动的智能化应用场景仍然不足，应用潜力有待全面深度挖掘。

3 新能源生产管控平台设计

3.1 业务架构

上游企业新能源生产管控平台架构主要分为数据采集层、数据资源层、平台功能层和展示层4个层级。系统的业务架构如图1所示。

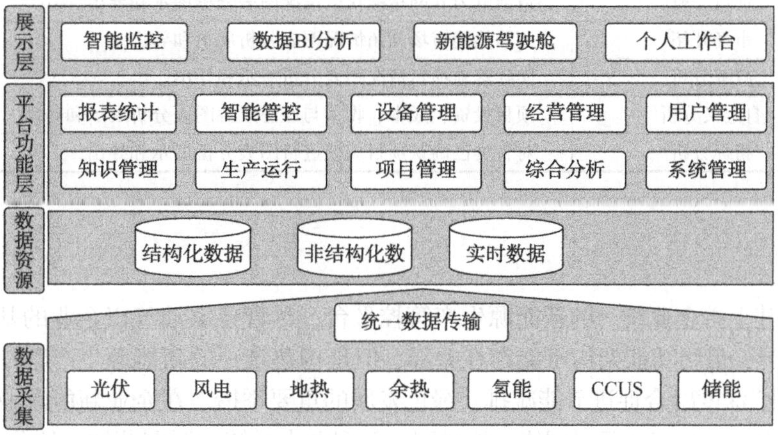

图1 平台的业务架构

其中数据采集层负责新能源业务数据的统一采集，主要包含光伏、风电、地热、余热、氢能、CCUS和储能的重点实时指标。数据资源层主要负责将新能源的业务数据分别按照结构化数据、非结构化数据和实时数据三个类型，进行统一管理，为整个平台提供数据的支撑。平台功能层主要包含10个功能，分别是：报表统计、智能管控、设备管理、经营管理、用户管理、知识管理、生产运行、项目管理、综合分析和系统管理。最后，展示层主要负责数据的统一展示，包含智能监控、数据分析、能源驾驶舱及个人工作台。

3.2 功能设计

平台的主要功能设计如表1所示：

表 1　平台的功能设计

一级功能	二级功能	功能介绍
智能监控	风力场站级监控平台	实现风力场站设备的实时监控和报警
	光电场站级监控平台	实现光伏场站设备的实时监控和报警
	地热场站级监控平台	实现地热场站设备的实时监控和报警
	制氢场站级监控平台	实现风氢场站设备的实时监控和报警
报表统计	报表查询	按照管理工作常用报表格式，对地区公司上报数据进行汇总查询和导出。
	报表审核	对地区公司上报报表数据进行审核，并发送消息进行提醒。
	自定义报表查询	按照动态数据需求进行指定条件和数据的灵活查询和导出。
	报表及时率统计	对各地区公司报表上报情况进行跟踪，包括上报完成率、上报及时率、数据准确率等。
	报表任务下达	对于紧迫临时数据需求进行报表格式在线制定并下发地区公司进行数据的快速获取。
	报表查询	按照管理工作常用报表格式，对地区公司上报数据进行汇总查询和导出。
智能管控	设备远程控制	实现设备的远程启停
	智能诊断	根据设备的实时运行情况，实现设备的智能诊断
	智能控制	根据设备的实时运行情况，实现设备的智能启停
知识管理	知识库	对新能源相关设备、专家、技术、供应商、引入价格等内容进行收集、分类形成专业数据目录。
	知识动态推送	根据业务场景进行相关知识内容的自动推送。
	知识搜索	根据搜索条件进行相关知识内容的查看。
项目管理	项目信息管理	掌握各单位前期、在建、在运项目基本信息、建设内容、时间进度等内容。
	项目全周期管理	掌握并审核项目全周期的相关文档内容、上报、审核时间节点等内容。
综合分析	指标分析	对各类已确认项目规模进行图表分析展示和导出。
	项目分析	清洁电力并网指标获取情况图表分析展示和导出。
	市场开拓	清洁热能市场开拓情况图表分析展示和导出。
	减碳分析	实际落地项目情况图表分析展示和导出。
	自定义分析	项目投资、成本、收入与经济效益图表分析展示和导出。
	指标分析	对各类已确认项目规模进行图表分析展示和导出。

4　结束语

本文提出了构建上游企业统一的新能源生产管控平台，尽管各家油气田企业的基础条件不同，生产与经营管理存在差异，最终功能架构可能存在差异，但是构建统一的新能源生产管控平台将会是企业通过“数字化”“智能化”深度融合促进节能减排、绿色发展的重要举措。在企业新能源业务发展过程中，除了通过信息系统助力，同时应该开展围绕智能微网、新型电力系统、源网荷储一体化、可再生能源制氢、电氢耦合、燃料电池等新型技术，建立专项基金，加大科技投入，开展技术攻关研究，鼓励各企事业单位因地制宜开展新能源业务核心技术研究。同时通过业务实践，迅速培养出一批熟悉油气生产工艺、精通新能源业务、掌握上游业务管理需求的复合型人才，为我国实现双碳目标贡献力量。

参 考 文 献

[1] IRENA 发布《2023 年可再生能源装机容量统计报告》.

[2] 魏晓健，陈长佼，彭慧 . 2023 全国两会部分代表、委员对新能源发展的建议如沐春风，引起业界广泛关注[J]. 企业家日报，2023-04-01(A02).

[3] 岳小文，孔令峰，刘秀如等 . 石油公司油气与新能源融合发展路径与实践探索[J]. 石油科技论坛，2023，42(2)：75-81.

东坪、尖北气田采出水提锂技术研究及探索应用

刘少杰　车海龙　贺　健　张学彬　张长路
（中国石油青海油田公司）

摘　要　随着我国不断深化对油气田资源的开采，油气田采出水量逐年增加。东坪、尖北气田分布在我国青海省盐湖片区，经分析得知，采出水中蕴含着大量锂、钠、钾等无机盐资源，具有较大的经济发展价值。现阶段，从采出水中提锂作为国内油气田新兴优势项目，符合国家产业及绿色低碳可持续化发展理念，为合理开发和有效保护卤水矿产资源，实现资源回收利用，本文结合东坪、尖北区块采出水水质特点，对采出水提锂技术进行研究，并提出探索应用。

关键词　采出水；绿色低碳；资源回收；提锂技术；探索应用

在现今由于低碳经济与绿色新能源产品的不断发展，市场中出现了越来越多的新型锂电动力汽车，这也就促使碳酸锂在市场中呈现出爆发式增长。锂资源的获取主要来自盐湖与盐矿，只有部分资源蕴藏在油气田采出水中。经过相关的勘察与化验分析，青海油田东坪、尖北区块采出水中有着较为丰富的锂资源，采取高价值伴生资源综合使用工艺技术开展研究，对于锂资源的获取有着较大的经济价值。本文针对于在提取过程中出现的水杂质种类及同存元素复杂、锂资源品位较低以及提取难度大等问题，将内部与外部优势资源整合，不断优化整体工作流程与路线，初步形成提取技术应用实验，逐步探索出适用于该区块采出水提锂的应用路线。

1　锂资源应用特点

在世界的发展历程中，锂，作为世界上最轻的金属之一，被社会公认为“推动世界进步的能源金属”，将其广泛应用在石油、军工、电器电子等多个行业，在国际市场中每年锂产品的实际需求量现出 7%～11%的增长速度，这进一步激发了各个国家对锂资源的研究与开发。在世界范围内锂的第一大资源就是锂矿石，在传统的一些锂矿行业中，选择使用的是强能与化学回收工艺提取锂产品，将其形成全新的碳酸锂。但是在该方法的实际应用中，需要的流程比较多，产生的能源消耗较大，且有着比较高的生产成本。

在现今 21 世纪随着可控核聚变技术的发展，锂作为一种能源金属在航天和新能源领域的地位越来越重要，增加了世界对于锂资源的需求量。在自然界中锂资源属于微量元素，在一些河流、淡水湖泊中锂元素的含量为 0.01mg/L；但是在地下水中，水岩会发生强度较高的反应，所以锂元素的含量会远超出地表水含量；在自然界中温泉与地下水中的锂含量可以达到 1mg/L 以上，而在盐湖的长期发展中，卤水受到地表强蒸发的作用，其中所含的锂元素不断升高，大多数会达到 10mg/L，最高的情况下可以达到 1000mg/L 以上。油气田在长时间的演变与形成中，与地层的物化反应导致其锂含量远高于自然界地表水，甚至超过盐湖卤水，在实际应用中有着较高的开采使用价值。

一直到上个世纪末期，我国在进行油气开采中，都没有注意到锂资源的开采，导致大量资源浪费。怎样实现对资源的高效分离提取，就成为开发工作的重点问题。经过专业化的评估发现，在工业开展中使用采出水进行提锂，可以有效借鉴卤水提锂的工作开展经验，通过提取工艺优化，可以在资源利用和绿色环保之间取得更好的平衡，实现高效的锂资源开发。

2 采出水提锂技术研究进展

2.1 国内油气田采出水提锂现状

早在1983年时，在自贡市的井盐设计研究所中，首次使用到MR-2新技术，完成了对四川地区的气田采出水锂提取操作，当时该技术的应用在行业中得到广泛的认可。另外，2019年潘磊等人对高钙油田卤水进行研究，采用冷冻结晶等工艺手段，有效提取其中的碳酸锂，最终制得的碳酸锂主要含量可达96.73%。

尽管我国在水提锂技术研究中积累了多项实验和研究成果，但实际应用于油气田采出水提锂的案例相对较少，尤其在开采阶段的应用尚不够广泛。然而，这一领域的持续研究和应用前景仍然非常具有潜力。

2.2 国外油气田采出水提锂现状

在国外的油气田伴生水提锂技术的开发中，主要是MGX Minerals公司的研究，该公司的总部分布在加拿大温哥华地区，主要包含的项目为盐湖卤水、地热水以及油气田伴生水等多种废水的提锂技术研究。就现今所开展的油气田伴生水提锂技术的研究中，主要是针对于美国犹他州油田水提锂等。该公司在长期的发展中，制定出了快速提取油气田伴生水中锂的全新工艺，与传统的太阳能蒸发浓缩方法不同，这一技术仅需数小时即可完成，并采用纳米过滤技术从复杂的盐水中提取锂。这种新技术避免了长时间提锂过程中的时间成本浪费。部分技术已经投入实际生产，并获得专利保护。尽管核心技术尚未公开，但在油气田水提锂领域具有重要意义。

3 采出水提锂技术的应用

3.1 结晶蒸发

这种方法依赖于蒸发结晶与多种工艺的组合，从卤水中提取出锂、钠、钾、硼等有效成分，最终从母液中提取锂。在该提取方法的使用中，最关键的就是将母液中的钙与镁去除，在传统的操作中选择烧碱除镁的方法，而后将稀释的溶液在氯化钾中使用烧碱与纯碱，不断增加整体的蒸发量，所以最终所形成的锂产品有着较高的生产成本。

3.2 沉淀法

在使用沉淀法的过程中，主要借助太阳能资源，可以将卤水中的一些自然杂质蒸发，经过脱硼、除钙、除镁等多种操作之后，在母液中适当的添加一些混合物沉淀剂或者是盐析剂，采取沉淀分离的方式提取。在实际应用时，根据实际情况的不同，将其划分为碳酸盐沉淀法、铝酸盐沉淀法等多种类型。沉淀法在我国有着较长的发展历史，工艺技术相对成熟，有着操作可靠性高等优势，但在一些高镁锂卤水的生产中，需要使用大量的碱性沉淀剂，增加了生产成本，因此不适用于大规模采出水提锂。

3.3 离子交换法

随着现今科学技术水平的不断发展，将离子交换法应用在采出水提锂技术中有着较大的进展。离子交换法的应用，同时具备着选择性高、环境友好等多种优势，通常应用在低浓度的油气田采出水中，但是在进行离子交换的过程中，吸附剂的制备工序比较复杂。一般情况下，会在交换溶液的使用中，配入80~95%的甲醇抑制其他阳离子的交换，由于操作中会使用大量甲醇，所以该技术无法应用在工业化发展中。

在美国所开展的一些研究中，选择使用复合锑酸去除卤水中的钠元素，先使用氢氧化锂调节溶液，将其pH保持在11~12区间之内，结合锑酸与多锑酸等方式组合成为复合酸，继而开展离子间的交换，使用该方法能够将卤水中所蕴含的99%以上的钠离子去除。

3.4 溶剂萃取法

萃取法是在上个世纪60年代时期开始形成的，也是现今提锂技术研究中的热门所在。碱金属离子作为硬酸的一种，与硬酸之间能够发生作用形成稳定的配合物，结合这一性质，选择使用萃取法就可以达到采出水提锂的工作开展目标。

在使用溶剂萃取法时，主要是因为溶质在水相与有机相中，所呈现出的溶解度与分配系数是不相同的，将溶质从水相中逐渐转移到对溶质有着比较大溶解度的有机相中，就能够顺利的完成对溶质转向分离的工作开展目标，现今在分离与提取金属离子的操作中，使用溶剂萃取法是非常有效的方法之一。该方法的成功关键在于合适的溶剂选择，目前中性含磷萃取剂和冠醚等新型萃取剂受到广泛关注。

3.5 吸附法

在提取锂元素时，采取吸附法的应用，主要是对锂离子进行有选择性的吸附剂，将其与锂原子能够结合在一起，从而完成吸附工作，借助洗脱剂等方法的使用，将吸附到的锂离子洗出来，与其他杂质离子进行有效的区分。使用该方法进行锂提取，重点在于对吸附剂的选择中，主要根据相关性质将其划分为有机离子交换吸附剂与无机离子交换吸附剂，会根据各自材料所具有的特性，实现对锂离子的选择性吸附，同时此类产品在实际应用的过程中，具备比较高的选择性与记忆效应，能够将锂与其他的杂质很好的分离开来。在现今的研究中，大多数都将目光聚焦在层状吸附剂、离子筛型吸附剂等新型吸附剂的研究中。

4 项目探索应用

4.1 项目目标

根据东坪、尖北气田采出水水质调查取样，水质分析材料显示，东坪3井区和尖北地层水矿化度普遍高于150000mg/L，为中~高矿化度地层水。水质显示，尖北地区水质较好，锂、钾、硼均达到工业品位；虽然东坪地区整体水质较差，单井仅锂达边界品位，但浓缩后硼、钾可达工业品位。即东坪、尖北气田采出水均可通过工艺措施提取达到工业品位的锂、硼、钾等化工材料，如表1所示。

表1 现场调研所取水样经分析化验，锂元素含量结果

名称	名称	采出水产生量/m^3/d	锂离子浓度/mg/L
东坪气田	东坪1	1000	42.92
	东坪3	300	315.00
尖北气田	尖北1	300(尖北1和2暴晒池卤水保有量约为60000m^3)	526.71
	尖北2		420.72

4.2 技术思路

针对东坪、尖北气田采出水水质特点，通过技术讨论和相关实验，最终确定了如下提锂技术思路(图1)：

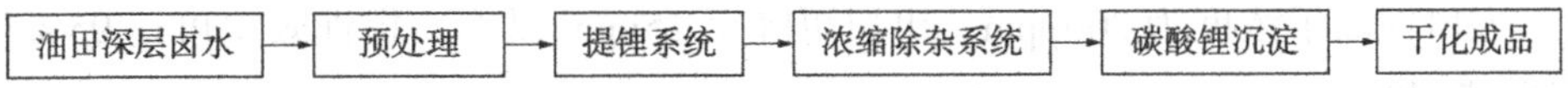

图1 东坪、尖北气田采出水提锂技术思路

各部分功能及技术措施：

(1) 预处理系统：主要用于去除采出水中悬浮物、油类及有机物，为后续工艺段提供良好的水质环境，提高后续单元提锂效率。技术措施：破胶反应器、气旋式固液分离装置及精密过滤系统。

(2) 提锂系统：主要用于锂元素的选择性吸附与浓缩。技术措施：高选择性锂吸附剂配套连续吸附再生装置。

(3) 浓缩除杂系统：一方面对解析液中锂元素进一步浓缩，另一方面进一步去除钙、镁等元素，提高碳酸锂纯度。技术措施：选择性过滤系统、反渗透系统、离子交换系统。

(4) 碳酸锂沉淀：通过投加沉淀剂实现的锂元素的回收。技术措施：碳酸锂沉淀系统。

（5）干化成品：通过对碳酸锂干化制成成品。技术措施：蒸发装置。

4.3 核心技术

4.3.1 破胶处理系统

通过等离子放电过程中产生的高能电子、正负离子、激发态的原子、分子以及具有强氧化性的自由基，实现油田采出水中胶类物质、颗粒物等快速脱稳、聚集，通过配套的组合工艺处理实现废水快速澄清，为后续工艺处理提供较好的进水环境，如表2所示。

表2 破胶技术特点

技术优势	描述
破胶脱稳能力强	显著高于传统氧化破胶能力，且无破胶药剂添加
反应时间短	脱稳破胶时间一般不高于15min，便于设备小型化设计
占地面积小、撬装化设计	占地面积为传统破胶工艺的1/2，可撬装化设计
自动化程度高	全流程自动化设计，操作简单，一键启停，具备自动报警功能

4.3.2 高通量精密过滤系统

（1）错流过滤技术：①增大过滤表面液体流速，减缓污染层形成；②过滤通量大，停留时间短；③清洗频次低，运行周期长。

（2）外置式安装：①便于拆卸及清洗维护；②占地面积小，操作简单。

（3）通过物理截留筛分实现不溶性颗粒物进一步分离，避免后续提锂吸附污染、堵塞，同时卤水的回收率可达90%以上，最大限度提高锂的回收利用率。

4.3.3 高选择性提锂吸附材料

利用对锂离子有较高选择性的材料来捕获锂离子，再使用一定溶剂将锂离子解吸下来，达到锂离子与其他杂质离子分离的目的。吸附法是从卤水中提取锂的有效方法之一，铝盐锂吸附剂是采用吸附法从卤水中提锂时唯一得到产业化应用的吸附剂。

图2 提锂吸附材料

铝盐锂吸附剂是LiCl插入$Al(OH)_3$中生成的插入化合物，这种化合物是缺欠型无序结构，X射线衍射呈无定型。从组分中洗掉部分Li^+以后，产生的空位具有对Li^+的吸附活性，可以用做从含锂离子卤水中吸附锂离子。因为较小的锂离子以特殊方式进入，占据$Al(OH)_3$层八面体空穴。这里的阴离子空穴起到离子筛效应，较大的碱金属及碱土金属离子因空间位阻效应不能进入，因此对锂离子有选择性的吸附，较好的解决了镁锂分离的难度，如图2所示。

采用的提锂吸附剂为有机-无机复合锂离子吸附剂，锂离子静态吸附容量可达2.2~2.5mg/g。连续吸附时，入口锂离子浓度为300ppm，出口可降至15ppm以下，提锂效率可达95%左右。

4.3.4 技术特点对比

本次实验所采用技术相比于传统卤水提锂技术具有如下技术特点，如表3所示。

表3 提锂技术对比

序号	技术内容	传统提锂工艺技术	实验提锂技术	备注
1	水质状况	1、传统提锂工艺一般为卤水提锂，卤水中锂元素含量较低，但一般情况下卤水水质较好，便于后续工艺开展。	1、采出水锂浓度约为100~500mg/L左右，但采出水中含有一定量有机物，且电导率在180ms/cm以上，与传统卤水由加大差异。	

续表

序号	技术内容	传统提锂工艺技术	实验提锂技术	备注
2	预处理工艺	1、一般采用传统过滤器筛分以后去除部分悬浮物即可	1、结合采出水特点，采用了破胶脱稳、选择性离子筛分系统，一方面去除水中有机物、颗粒物，另一方面可实现钙镁离子初步去除，为后续工艺处理提供保障。	
3	高选择性提锂系统	1、提锂吸附装置提锂回收率一般在90%以上，解析液中锂浓度在几百个ppm，且解析再生时产生酸碱废水，对环境产生二次污染。	1、高选择性吸附提锂装置提锂回收率在90~95%，解析液中锂浓度高达1.5g/L，且解析过程不产生酸碱废水。	
4	装置撬装化、模块化	1、一般根据处理要求，主要设置提锂系统及后续浓缩系统。	1、整个处理工序设置了预处理、提锂系统、浓缩干化除杂系统，可根据废水水质模块化组装。	

4.4 实验应用

4.4.1 预处理

(1) 破胶脱稳系统

由东坪、尖北采出水水质分析可知，采出水中含有一定量有机物，COD在500mg/L左右，并且废水中含有一定量悬浮物且处于分散稳定状态，该类物质应优先去除，以避免堵塞后续膜处理和提锂单元，如图3所示。

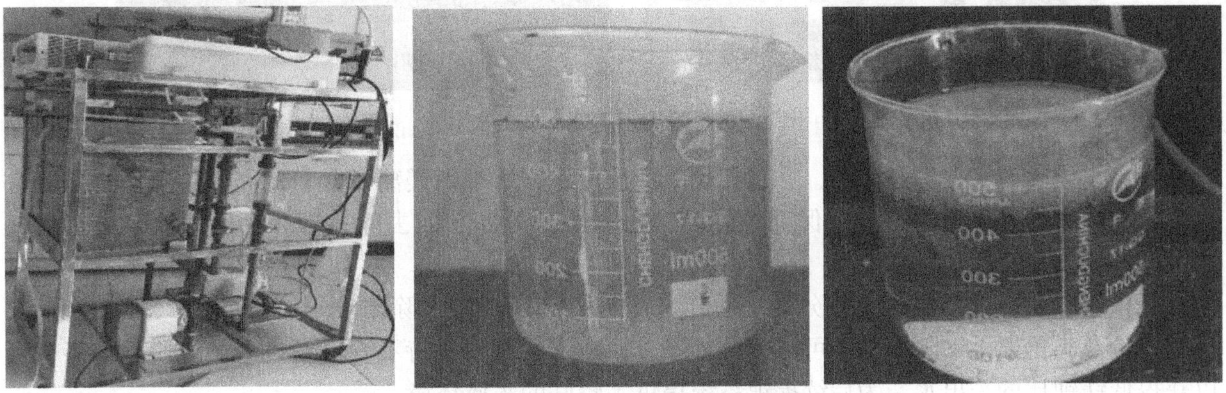

图3 破胶反应器及处理前后对比

采出水经破胶脱稳后，实现悬浮物的快速聚集、沉淀与上浮，具体出水水质如表4所示

表4 采出水经破胶处理后进出水状况

采出水来源		原水	预处理后	去除率/%
种类	检测项目	检测结果	检测结果	核算结果
阳离子	Ca^{2+}/mg/L	12550	10187	18.83
	Mg^{2+}/mg/L	1251.21	1071	14.40
	总铁/mg/L	18.90	3.26	82.75
	Ba^{2+}/mg/L	9.65	5.665	41.30
	Mn^{2+}/mg/L	10.80	1.355	87.45
	Li^{+}/mg/L	238.35	240.4	-0.86
	Rb^{4+}/mg/L	62.23	43.23	30.53
	Na^{+}/mg/L	66323.43	62512	5.75
	K^{+}/mg/L	8103.03	7923	2.22
	B/mg/L	861.18	843	2.11

续表

采出水来源		原水	预处理后	去除率/%
阴离子	Cl^-/mg/L	45832	44589	2.71
	SO_4^{2-}/mg/L	500	489	2.20
其它	COD/mg/L	535	89	83.36
	电导率/mS/cm	186	187	/

经破胶处理后，采出水中COD由535mg/L降至89mg/L，去除率为83.36%，此过程伴随着部分二价离子去除，而锂元素浓度基本保持不变。

（2）精密过滤—选择性离子筛分系统，如图4所示。

图4 选择性离子筛分及进出水水质

采出水中含有一定量悬浮物，并且相比于传统卤水，水中钙镁离子含量较高，一般需进行预处理后进入后续提锂单元，一方面保证较好的进水水质，另一方面去除一部分钙镁，减轻后续处理负荷。

经精密过滤—选择性离子筛分处理后，采出水中钙镁离子去除率分别达到60.21%、88.17%，其它二价及高价离子去除率基本可以完全去除，而锂浓度基本保持不变。经过本工艺段处理后，可以获得低镁锂比的采出水，为后续提锂系统提供了较好的水质环境。

4.4.2 提锂系统

经预处理工序后，采出水中锂浓度在230~240mg/L左右，为实现锂元素的提取，需采用专门选择性提锂材料对采出水中锂元素选择性吸附，而后通过解析实现锂元素提取，如图5、表5所示。

图5 提锂吸附装置

表 5 采出水经提锂系统后水质状况

采出水来源		处理前	处理后	浓缩倍率
种类	检测项目	检测结果	检测结果	
阳离子	Ca^{2+}/mg/L	4053	320.3	
	Mg^{2+}/mg/L	126.7	532.2	4.20
	总铁/mg/L	0	0	
	Ba^{2+}/mg/L	0	0	
	Mn^{2+}/mg/L	0	0	
	Li^{+}/mg/L	235.6	1405	5.96
	Rb^{4+}/mg/L	0	0	
	Na^{+}/mg/L	49515	1200	
	K^{+}/mg/L	5706	873	
	B/mg/L	544	231	
阴离子	Cl^{-}/mg/L	32676	3340	
	SO_4^{2-}/mg/L	0	0	
其它	COD/mg/L	0	0	
	电导率 mS/cm	165	13.5	

采出水经提锂系统后，解析液中锂浓度达到 1400mg/L 左右，锂浓缩倍率达到 6 倍左右，解析液中钙、镁离子浓度达到 320.3mg/L、532.2mg/L，镁锂比低于 0.37，该工序段锂元素提取效率可达 90%以上。

4.4.3 浓缩除杂系统

采出水经提锂装置后，解析液水中锂浓度得到了大幅提升，且其中含有一定量钙镁，经后续工艺段处理时，不仅影响碳酸锂回收率，而且影响碳酸锂纯度和品质。为此，需对解析液进一步浓缩与除杂。

解析液经进一步离子筛分和多级浓缩后，水中锂浓度达到 9423mg/L，浓缩倍率达到 6.7 倍，钙、镁离子浓度在 15mg/L 以下，电导率由 15.5ms/cm 提升至 72.34ms/cm 左右，为后续碳酸锂提取提供了保障，如图 6 所示。

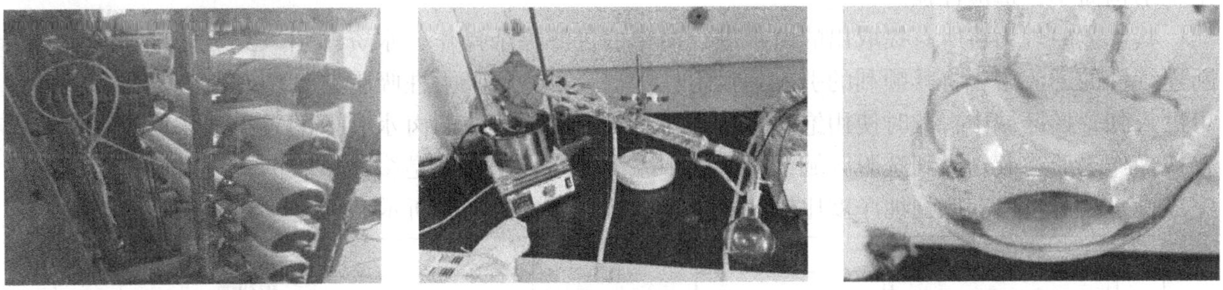

图 6 浓缩系统

4.4.4 碳酸锂沉淀及干化成品

采出水提锂后解析液经浓缩除杂后，得到富含锂元素的浓缩液，通过投加优级纯碳酸钠，使锂离子与碳酸根结合形成碳酸锂沉淀，经过抽滤过滤与洗涤，而后经过干化可制取碳酸锂，如图 7 所示。

实验通过投加碳酸钠形成碳酸锂沉淀后，通过真空抽滤装置实现固液分离，而后在烘箱中干化制成成品。通过对所制得碳酸锂成品分析化验得知，碳酸锂纯度达到 99.0%以上，若达到电池级别碳酸锂需进一步纯化处理，如图 8 所示。

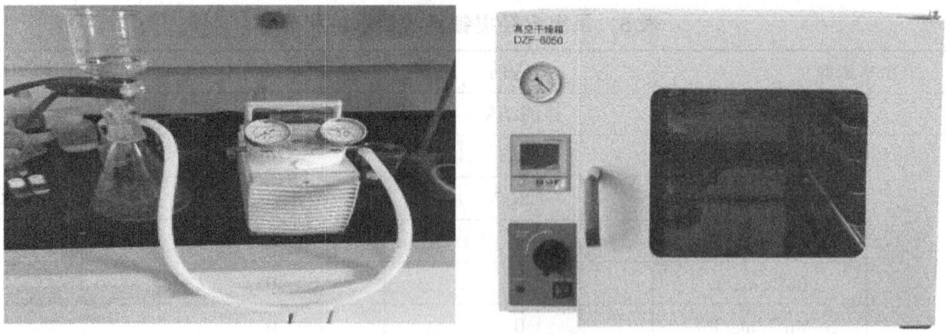

图 7　碳酸锂沉淀干燥

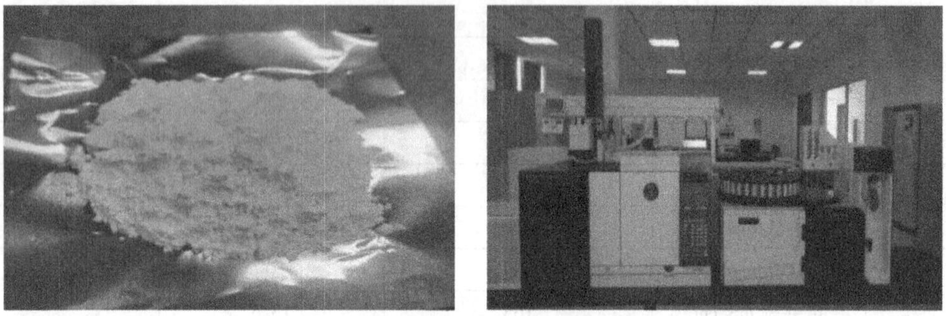

图 8　碳酸锂成品及分析检测设备

4.5　应用路线

在本次的研究中，主要是将东坪、尖北气田采出水采取预处理、吸附材料吸附、后处理组合工艺提取水中锂元素等操作，在整个流程中实现工业级碳酸锂的制作，保障最终的产品质量能够在市场中销售。

通过上述实验，确定了基本的提锂技术思路及可行性，本方案应用路线核心步骤为阀阵式连续吸附提锂工艺，采用大量阀门和吸附材料柱组合的模式，通过自动程序控制开启和关闭阀门，使工艺流体按照工艺要求切换，依次进入吸附材料柱，进而完成整个工艺流程。

连续高效吸附工艺具有以下特点：1、高效吸附柱有较大的利用率。2、可以持续获得高浓度的锂盐洗脱液。3、节省洗涤和洗脱水用量。4、提高吸附材料使用寿命。5、系统配置灵活多样。6、系统结构简单，适应性强。

其工艺原理为将所有提取出的卤水进行简单的过滤除杂操作，水资源引入到吸附区域中，在不断连续性的逆流中，将其顺利的引入到吸附柱中，当第一根吸附柱吸附达到饱和状态之后，需要即可进入到置换区域中，此时使用饱和食盐水将颗粒内部所存在的卤水有效的置换出来，完成所有的置换操作之后将其送入到洗脱区域，该区域中系统的运转采取的是多柱串联的一种洗脱方法，最终完成操作之后可以获取到纯净度比较高的浓度锂盐溶液，如图 9 所示。

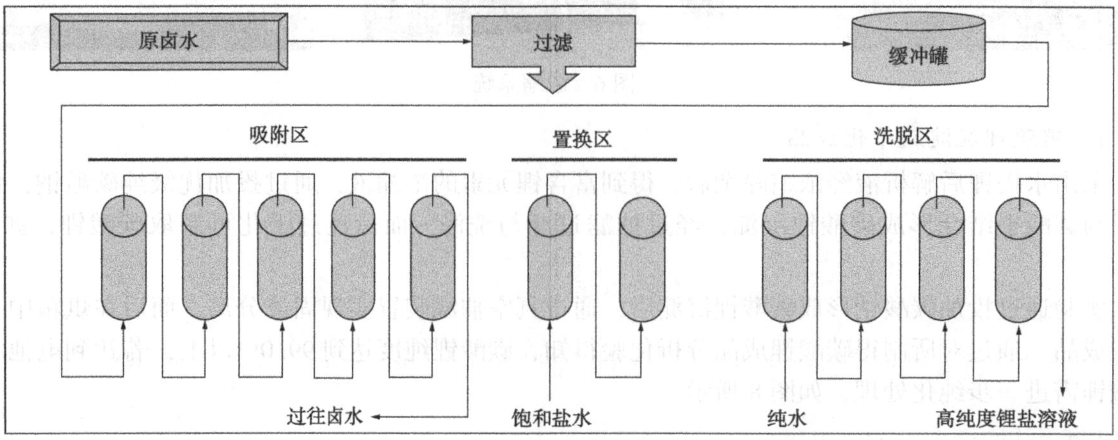

图 9　连续高效吸附工艺原理图

4.6 油气田采出水提锂产业的展望

在过往的几十年研究中，促使我国现今在提锂技术的应用中逐渐完善，同时也为锂资源产业的发展奠定坚实基础，为锂资源的开发以及综合性使用，带来了全新的发展机遇。在今后的采出水提锂技术不断发展中，还需要在以往的工作经验开展之上，针对于不同的提取对象，选择使用不同的提取方法，在尊重科学的背景下，注重对社会环境资源的保护，秉持绿色低碳可持续发展理念，按照现代化制度运作，规范经营，综合开发、合理开发、规范开发油气田采出水资源，促使我国锂资源产业可以实现健康发展。

5 结语

在进行东坪、尖北气田采出水提锂技术的分析与研究中，不断的攻克各种存在的技术性难题，经过反复论证、攻克得出最终结果，有效的解决了在实际工作开展中存在的吸附剂性能差、膜分离浓缩效果不佳、沉锂过程损失比较大等问题，设计出全新的水提锂技术工艺流程，实现了在室外环境下完成对油气田采出水复杂杂质、多元素共存体系下低浓度锂资源绿色分离等操作，经过反复的操作实践之后得出具有高纯度的碳酸锂资源，推动企业向着新能源特色技术与工艺发展。

参考文献

[1] 马珍．盐湖锂资源高效分离提取技术研究进展[J]．无机盐工业：1-17.
[2] 王晓丽，杨文胜．电化学提锂体系及其电极材料的研究进展[J]．化工学报，2021，72(06)：2957-2971.
[3] 张亮，杨卉芃，柳林等．全球提锂技术进展[J]．矿产保护与利用，2020，40(05)：24-31.
[4] 张秀峰，谭秀民，刘维燥等．矿石提锂技术现状与研究进展[J]．矿产保护与利用，2020，40(05)：17-23.
[5] 刘跃龙，王林林，刘够生．硫酸铵法中低品位锂瓷土矿提锂尾液铷铯提取技术[J]．无机盐工业，2020，52(11)：60-63.
[6] 王生彪，王世蛟．高镁锂比盐湖提锂工艺技术的研究[J]．化工管理，2020，(28)：139-140.
[7] 田键，李涛，王明焱等．典型锂矿石提锂技术研究进展[J]．湖北大学学报(自然科学版)，2020，42(01)：56-60.
[8] 曹兆江，高敏，宁占玉等．青海盐湖锂资源及提锂技术概述[J]．化工设计通讯，2019，45(06)：190-207.

微电网项目在英东油田的应用

惠锋利　唐　滩　蔡　炀　林钱龙

（中国石油青海油田分公司）

摘　要　随着中国石油集团公司“清洁替代、战略接替、绿色转型”三步走部署，清洁能源在油田的应用愈发受到关注，清洁能源在节能减排方面的先进性是有目共睹的，眼下正是各大油气田从使用传统能源到清洁能源转型的关键时期，抓住转型期间的机遇是至关重要的，清洁能源的应用是现今油田发展的必然趋势，清洁能源设备在油气田中的应用可以替代原本使用化石能源的设备，对企业节能减排、降本增效有着无可取代的作用。本文以微电网在青海油田采油五厂英东油田的应用为研究对象，研究者通过英东油田在清洁能源项目建设使用过程中总结的经验，在清洁能源在油气田中的应用，论述微电网在原油生产中的特点、技术经济及社会环境评价，吸取经验，以期为提高项目管理水平和投资决策服务作出贡献。

关键词　微电网；清洁能源；碳中和

新能源是世界未来能源供给的主要增长点，我国正在加快调整优化能源结构，大力开发利用清洁能源替代传统化石能源(煤炭、石油、天然气等)的消耗，其已成为油气生产企业可持续发展的必由之路。微电网绿色项目以可持续能源为核心，采用成熟的技术和装备，成本逐年下降，在油气田企业利用清洁能源替代油气生产中消耗的火电传统能源，清洁资源优势明显，既可减少企业的用电、用气能耗成本，也有助于企业的节能减排，具有较好的经济效益和良好的社会效益。对企业、社会与国家的发展均具有重要意义。

1　微电网技术概念及特点

1.1　微电网的概念

微电网是指在一个地理范围内，由分布式能源(如太阳能、风能、生物质能等)、储能装置、能量转换装置、相关负荷和监控、保护装置汇集而成的小型发配电系统，可以独立运行或与传统电网并网互动，它能为局部区域提供电能，并在供电中断时维持连续供电。微电网内部可以通过智能管控系统进行效能优化。与传统电网相比，微电网具有自主性、可持续性和高度可靠性的特点。

1.2　微电网的特点

（1）分散发电。微电网利用原油平台的空地，将多种小型发电和储能设备组成一个配电系统，将交流电经原抽油机至一体橇电缆输送到抽油机。

（2）能量存储。微电网通常配备电能存储功能，如蓄电池、超级电容器等，以便起到削峰填谷、能量调度、维护系统稳定、减少用户的电能波动等作用。

（3）数智石油。推进数字化井场建设，采用仪电信一体化设计，集成采集、安防、传输，配套边缘计算模块，实现间抽、柔抽、远程启停等自主管理功能。

（4）智能管理。直流交换能量，系统效率高；抽油机倒发电互馈，综合节能；设备并机运行，稳定可靠；集成本地 EMS，电能控制灵活配置。

（5）独立运行。在并网运行过程中，微电网可以为负载提供电能，也能够在主配电网当中吸取电能，若主配电网的电能质量不合格或者出现异常时，微电网系统能够实现自我独立运行，而且不会影响主配电网的运行。

2 微电网的安装及投运

根据英东油田年太阳总辐射量、生产现状、抽油机分布概况等数据，建设多元微电网项目。分布式光伏电站直流侧装机容量为176.58KWP，交流侧额定输出容量150KW，采用545WP单晶硅双面双玻组件+内置逆变器的多元微电网集成橇，每18块组件组成一个组串，接入多元微电网集成橇，通过多元微电网集成橇逆变单元接入采油平台已建一体化电控橇实现并网送电。光伏组件置于固定角度的优质金属钢件上，以保证斜面上平均月太阳辐射量最大，如图1所示。

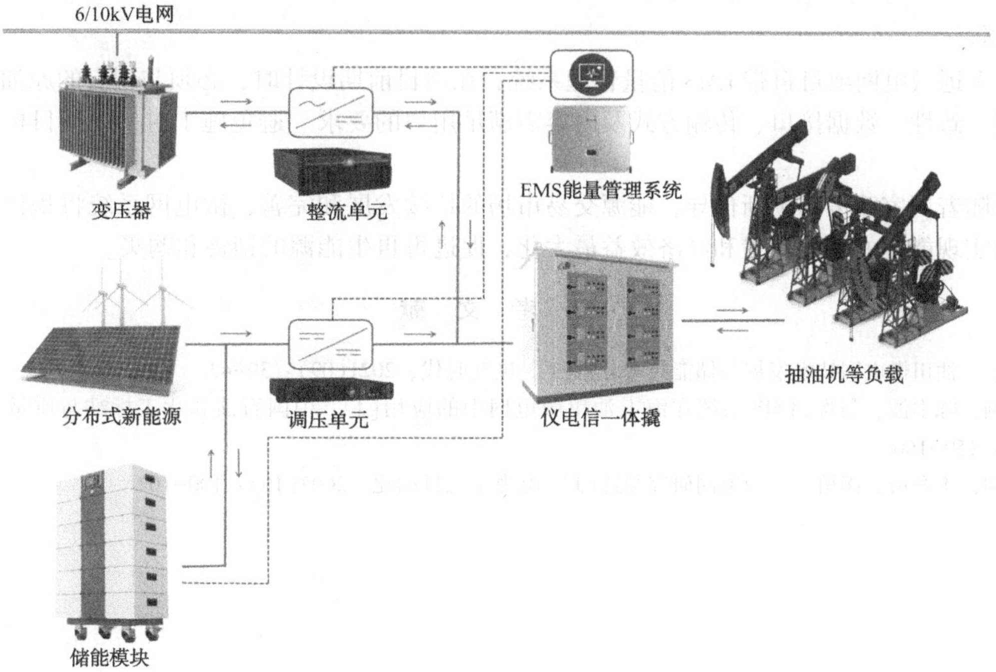

图1 多元微电网智能集控系统结构图

3 项目效益分析

3.1 技术分析

项目投用后，光伏组件发电良好，各项技术指标均达到要求，年总发电量及年直流侧发电时数满足原油生产的需求，系统综合效率85%。采用多元微网电网智能集控系统，实现了太阳能发电系统替代采油平台抽油机网电。

3.2 社会环境影响分析

本工程新建光伏系统及线路，周边均无居民区，工频电场强度，工频磁场强度不会对周边造成较大影响。

工程的建设改变了地面的粗糙度，减弱了土壤风蚀，土地整治使部分原来未利用和难利用的土地充分得到利用，使土地利用率有所提高，密目网苫盖，砾石压盖、洒水降尘等措施，水土流失的控制有效地遏止恶化趋势，将使当地生态环境得到一定的改善，对工程建设地区水土保持及生态环境建设具有很好的正面效应。

4 总结与建议

4.1 总结

微电网发展是能源领域的重要发展方向，通过利用太阳能发电，将能量存储技术和智能能源管理系统等关键技术结合，实现能源的可持续、低碳和环保供应。减少传统能源的消耗。

微电网的独立运行与智能管控能力，与分布式原油井场相契合。应用能量存储技术，实现能源的平衡和可持续性，提高供电可靠性；通过智能能源管理系统的监测、优化和调度，提高能源利用效率，降低能源消耗，实现能源的智能化管理；应用能效优化技术，如能源回收利用和节能设备的应用，减少碳排放；实施微网协调控制技术，实现微电网内部各能源组件的协同运行和互操作性，提高能源供应的稳定性和可靠性；推动能源互联网的发展，实现微电网与其他能源系统的互联互通，促进能源共享和优化配置。总之，微电网绿色低碳发展将继续推动能源领域的创新和变革。随着技术的不断进步和应用的推广，微电网在能源的可持续发展、碳排放减少和能源安全方面的作用将越来越重要。

4.2 建议

（1）多远微电网项目自带EMS能量管理系统，在项目前期设计时，必须与现有的原油生产辅助系统保持一致性。数据接口、传输方式及内容需满足用户的要求。避免施工时，工期目标不能如期实现。

（2）随着国家政策的不断倡导，能源交易市场的持续发展和完善，微电网系统将积极参与能源市场。以实现能源的最优配置和经济效益最大化，促进可再生能源的销售和购买。

参 考 文 献

[1] 王舒平．油田微电网技术发展与储能技术分析[J]．电气时代，2021(09)：39-43.

[2] 李万炯，陈丰波，刘欢．EMS系统在海上油田微电网中的应用[J]．中国石油和化工标准与质量，2020，40(17)：159-160.

[3] 鲁宗相，王彩霞，闵勇等．微电网研究综述[J]．电力系统自动化，2007(19)：100-107.

大庆石化催化裂化装置主风机组节电降耗思路

崔雪涵

（中石油天然气股份有限公司大庆石化分公司）

摘　要　为实现“碳达峰与碳中和”目标，石油化工行业面临着节能减排等重要课题。本文以大庆石化200万吨/年催化裂化装置主风机组为节电着眼点，提供了炼厂通过优化工艺操作以达到减排目的的示例。

关键词　碳达峰；节能减排；催化裂化；主风机组

1　引言

2020年9月，习近平总书记在联合国大会上宣布“二氧化碳排放力争在2030年前达峰，努力争取2060年实现碳中和”。这彰显了我国走绿色低碳发展道路的坚定决心，促使石油化工行业加速推进绿色化、低碳化、智能化、价值化工厂建设和高质量发展。为贯彻党中央和国务院的系列部署，中石油集团公司积极研究制定碳达峰、碳中和的行动方案，并于2021年3月29日新能源新材料事业发展领导小组第二次会议上明确提出，要力争2025年左右实现碳达峰，2050年左右实现近零排放目标。中石油大庆石化公司按照会议要求果断落实减排措施，将节能作为从源头控制碳排放、降低后续CO_2回收成本的首要举措，对各装置能耗进行排查分析，对高能耗装置提出能量系统优化、设备能效提升等分析建议。其中200万吨/年催化裂化装置通过不断优化操作，探索主风机-烟机机组节能增效的方法和途径，在保证装置安全运行的前提下，烟机能量回收效率显著提高，在装置处理量提高的前提下，机组电动机电流由原来日平均292A下降为199A，装置于2021年4月节电849411度。

2　技术思路和研究方法

2.1　200万吨/年催化裂化装置主风机组设备概况

大庆石化200万吨/年催化裂化装置主风机组由中石油华东设计院有限公司总体设计，主要由烟气轮机、轴流式主风机和电动机组成。烟气轮机为渤海装备兰州石油化工机械厂生产的YL-26000A，轴流式主风机为西安陕鼓动力股份有限公司生产的AV80-12，电动机为上海电气集团上海电机厂有限公司生产的YCH1120-4，机组基本参数见表1。

表1　催化主风机组基本参数

设备	参数	
烟气轮机	流量，Nm^3/min	5450
	入口压力，MPa	0.355
	入口温度，℃	665
	出口压力，MPa	0.108
	出口温度，℃	484
	轴功率，kW	25500
	操作转速，r/min	4180

续表

设备	参数	
轴流式主风机	流量，Nm^3/min	5500
	入口压力，MPa	0.098
	入口温度,℃	4.4
	出口压力，MPa	0.45
	出口温度,℃	180
	操作转速，r/min	4180
	级数	12
电动机	额定功率，kW	22000
	额定电压，V	10000
	额定电流，A	1423
	额定转速，r/min	1487

主风机组作为催化装置的核心大型转动设备，主要有两个作用：①通过主风机做功，提供烧焦所需的氧气，并保证催化剂在再生器和烧焦罐内处于流化状态。②通过烟机回收烟气中的热能和压力并将其转化为动能，再通过转轴直接将能量传递给风机做功。机组正常运行期间，电动机和烟机为机组提供动力，风机由烟机和电动机共同带动运行。如何提高烟机回收烟气中能量的效率，从而降低电机做功比例进而达到降低装置能耗的效果是一个重要问题。

2.2 机组节能调整思路

烟机能量回收能力高低主要取决于烟气入口流量、烟气入口温度、烟气入口压力、烟机热效率、烟气膨胀比等参数。当烟气入口流量、入口温度以及入口压力提高，会使得烟机功率增大，反之则会使烟机功率降低。装置的传统工艺操作控制思路为：通过烟气中的氧含量来判断机组的节能情况，烟气中氧含量越低则主风机的无用功越小，机组耗能减少。经查阅相关文献，发现这种想法并不全面。烟气中氧含量偏高代表再生器内主风过剩，主风机做了部分无用功，使得主风机的能耗上升，但这并不意味着电机需要输出更多的功来带动主风机运行。因为再生器内主风量偏高，将使得再生器输出的烟气量也随之上升，经三旋进入烟机的烟气量将会更多，促使烟机的输出功率得到提升，有效降低电机的负荷。

由此可见，烟气中氧含量的提高一方面会使主风机能耗增加，电机输出功率增加；另一方面再生器内将会有更多的烟气携带更多的能量进入烟机，提高烟机的输出功率，降低电机负荷。所以理论上必然存在一个能够使得主风机供风和能耗适宜、烟机输出功率最高且电机输出功率最小的主风机组最佳匹配点。因此，200 万吨/年催化装置以开大烟机入口蝶阀、降低电机电流值为控制目标，对主风流量进行调解，寻找主风机组运行的最佳匹配点，从而达到降低机组能耗的目标。

2.3 操作调整过程

图 1(a)(b)所示 200 万吨/年催化裂化装置 3 月日均处理量约为 5866.7t/d，4 月日均处理量约为 6107.7t/d，4 月日处理量有所上升。如操作不做调整，机组电机耗电量应相应上涨。

为寻找主风机组运行的最佳匹配点，实现机组节能目的，在保证工艺操作安全的前提下，对操作参数进行了部分调整。具体的操作方法为：将双动滑阀开度尽量维持在最小开度，使得烟气经过双动滑阀一路的跑损量尽可能小。缓慢提升主风量(图 2(a)(b))的同时，因再生压力在操作过程中通常设定为一恒定值，双动滑阀将逐渐开大以保证再生器压力稳定。然后缓慢开大烟机蝶阀(图 3(a)(b))，关小双动滑阀至最小开度。在调节的整个过程中，保证再生压力尽量平稳，无大幅波动。

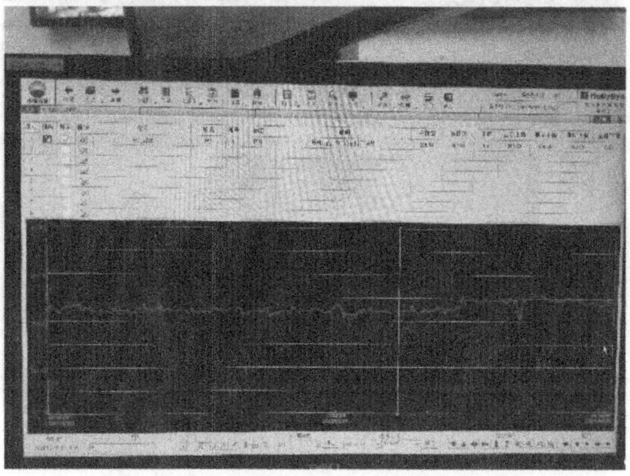

(a)2021年3月装置处理量

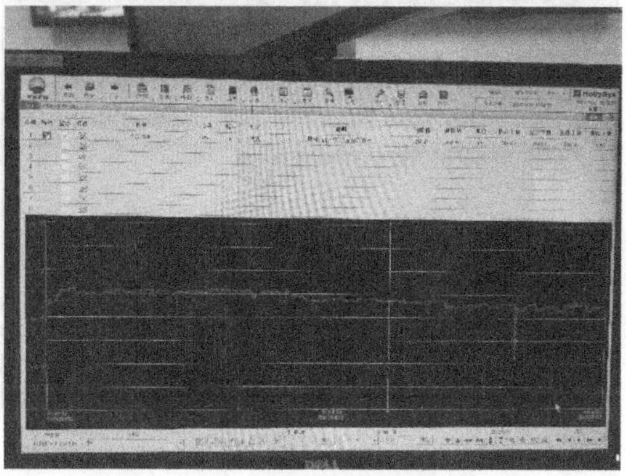

(b)2021年4月装置处理量

图 1　(a)2021 年 3 月装置处理量；(b)2021 年 4 月装置处理量

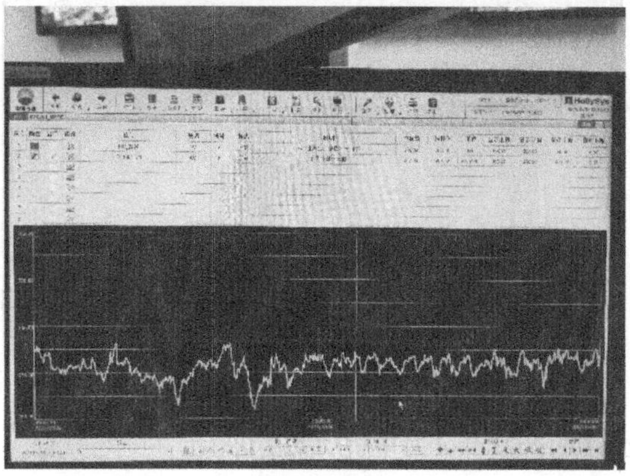

(a)2021年3月主风量

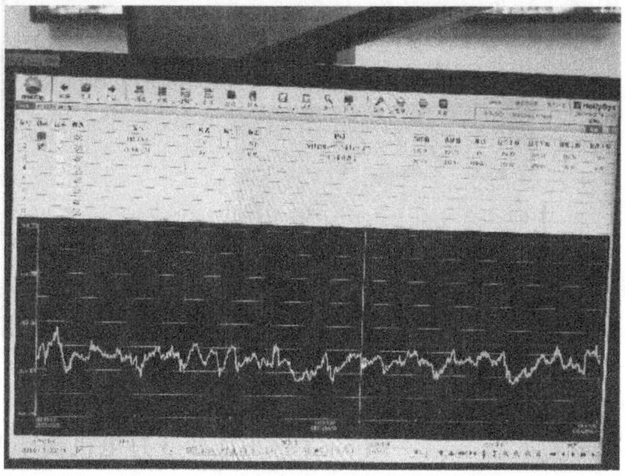

(b)2021年4月主风量

图 2　(a)2021 年 3 月主风量；(b)2021 年 4 月主风量

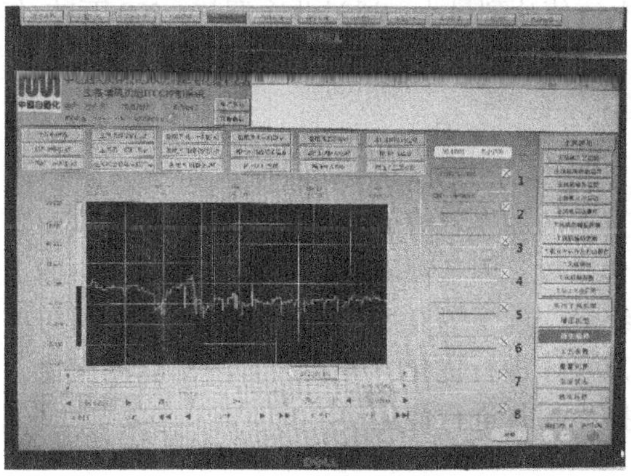

(a)2021年3月烟机入口蝶阀开度

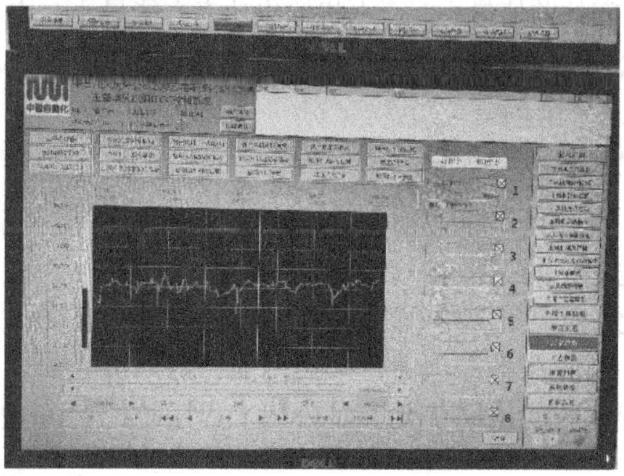

(b)2021年4月烟机入口蝶阀开度

图 3　(a)2021 年 3 月烟机入口蝶阀开度；(b)2021 年 4 月烟机入口蝶阀开度

3　结果和效果

由图 2 可以看出，主风量由 $281Km^3/h$(3 月)提升至 $287Km^3/h$(4 月)，烟机入口蝶阀开度由 26.2%(3 月)逐渐开至 31.2%(4 月)，经上述操作变化后，电机电流由 292A 逐渐下降至 199A(图 4(a)(b))，电机功率也由 4010kW 降至 1576kW(图 5(a)(b))。

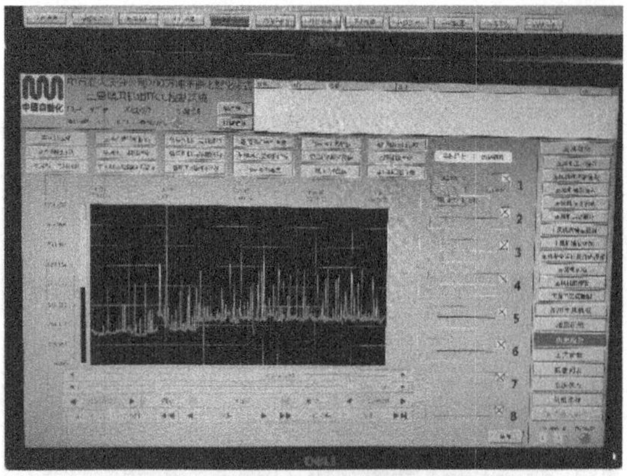

(a)2021年3月电机电流变化

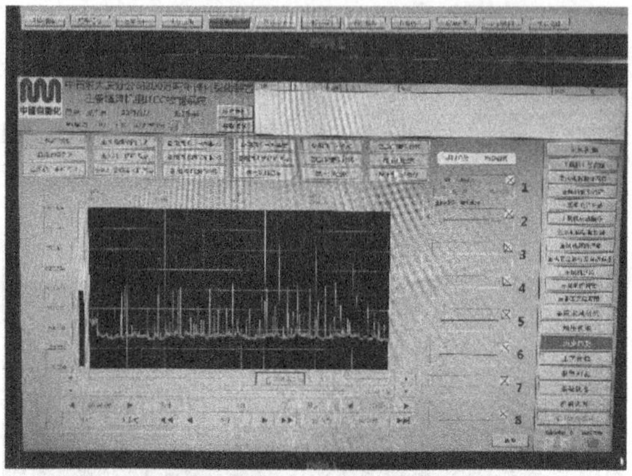

(b)2021年4月电机电流变化

图 4 (a)2021 年 3 月电机电流变化；(b)2021 年 4 月电机电流变化

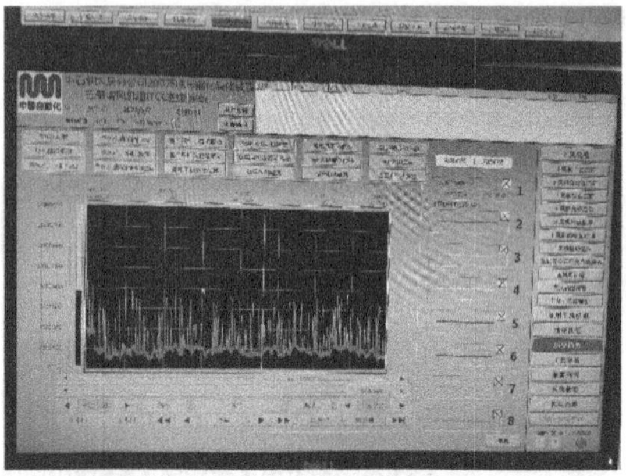

(a)2021年3月电机功率变化

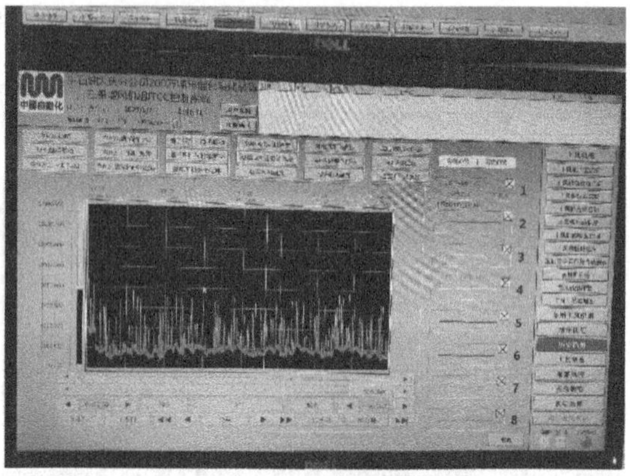

(b)2021年4月电机功率变化

图 5 (a)2021 年 3 月电机功率变化；(b)2021 年 4 月电机功率变化

保持再生器压力恒定，在缓慢提高风量的过程中，主风机消耗功率增大，但随着烟机入口蝶阀不断开大，烟机做功逐渐增加，烟机做功能力上升的速度超过主风机消耗功率上升速度，因此电机功率逐渐减小，电流下降。即电机功率=主风机消耗功率+其他损失-烟机功率，因此，只有主风机功耗与烟机功率之间的差值最小时，电机输出功率方能最小，电机电流值达到最小。通过此次调整，200 万吨/年催化裂化装置耗电量由 7.35kgEO/t(2021 年 3 月)降至 6.21kgEO/t(2021 年 4 月)，节电效果显著。

4 总结

石油化工企业温室气体的排放形式多样，既有直接的如燃料燃烧排放、火炬燃烧排放、工业生产过程中的逸散排放等，也有净购入电和热力的隐含排放。因各项减少碳排放应用如重油加工路线优化、回收乙烷乙烯、加热炉提效等项目需要前期统筹、施工等有序推进，需要大量时间与项目资金。因此在各专项项目未投用前，炼厂可先对工艺及操作进行优化，开展装置内部能耗优化，并可进行装置间协同优化，对公用工程系统配置方式和操作运行进行优化。

参 考 文 献

[1] 傅向升．石化“双碳”的解题思路[J]．中国石油石化，2021，6：30-31.
[2] 刘建新，路军平，萨丽塔娜特等．新的操作控制方法在催化装置烟机机组中的研究及应用[J]．新疆石油天然气，2007，3(4)：72-75.
[3] 刘建新，张华东，张玉勒等．新的操作控制方法在催化裂化装置烟气轮机中的应用[J]，炼油技术与工程，2008，38(5)：48-50.
[4] 王栋．碳达峰背景下我国石油化工企业参与碳排放权交易市场建设路径分析[J]．现代管理科学，2021，5：3-9.

油气钻井节能降碳技术效果评估方法探讨

周小靖　龙　啸　张　健　伍　鹏　冯晓辉　赵　猛

（中国石油集团川庆钻探工程有限公司安全环保质量监督检测研究院）

摘　要　油气钻井作为油气勘探开发中主要的工程作业，是油气田勘探开发行业实现近零排放的重要环节，本文介绍了目前油气钻井主要的节能降碳技术措施，给出了不同场景、不同类型技术措施节能率的计算方法，并以钻机“电代油”为例，分析了四川某区块“电代油”技术节能降碳效果，为“双碳”目标下节能降碳技术在油气勘探开发中的应用提供了参考和评估方法。

关键词　节能；降碳；油气钻井

随着国内外对于油气勘探开发的脱碳化技术愈发重视，在工程技术服务领域围绕钻井设备节能减碳技术和产品的研发工作得到了加强，如无功补偿及谐波抑制系统、钻机“电代油”、油料远程自动监控技术、高效传动系统、烟气余热回收利用技术、柴油机净化装置等得到了广泛的研发和试验，但在实际效果的监测和评价方面却存在不足，其使用实际节能减碳效果难以有效确认。本文旨在探讨石油钻井设备节能减碳技术措施节能减碳效果量化评估方法。

1　节能减碳技术措施分类

石油钻井作业过程中温室气体排放主要是燃料燃烧直接排放和净购入电力隐含的CO_2间接排放，钻井设备各类节能减碳技术主要目的是减少等效能源消耗。目前，节能减碳技术措施主要包括两类：一类是以降低同种能源消耗，提高运行效率为主要目的的能源节约类技术措施，另外一类是以清洁的电力以及太阳能、风能等新能源代替化石燃料使用的能源替代类技术措施。

1.1　能源节约类技术措施

石油钻井设备能源节约类技术措施主要包括以下几类：①提高设备效率类，该类技术措施是通过更新改造用能设备/系统，或使用添加剂、净化装置等来提高设备/系统能源利用效率，从而降低使用过程中能源消耗的技术措施。如，提高电动机、发动机、发电机/发电机组、泵/泵机组、压缩机、变压器等设备/系统效率。②减少损耗类，该类技术措施主要是通过某类技术手段减少能量损失，达到节能目的。如，安装谐波抑制和无功补偿装置，通过提高功率因素，降低线路损耗等。③间接辅助类，该类技术措施是指在使用过程中，技术措施自身不耗能源或少耗能源，但能减少或合理控制能源消耗，且关闭该技术措施对正常生产无影响的技术措施。如余热/余能回收装置、各类能源监测及优化控制装置或系统等。

1.2　能源替代类技术措施

目前石油钻井作业能源消耗大部分是柴油消耗，能源替代类技术措施主要指在达到相同目的的条件下，用新能源或清洁能源替代原本使用的化石能源，以实现降低等效能源消耗，减少温室气体排放的技术措施。如，太阳能、风能、氢能等新能源利用及钻机电代油、气代油等能源替代。

1.3　石油钻井设备节能减碳技术清单(表1)

目前石油钻井作业主要包含以下节能减碳技术。

表 1　石油钻井设备节能减碳技术清单

技术措施类型	技术措施名称	
能源节约类	提高设备效率类	电动机能效提升
		柴油(天然气)发动机能效提升
		发电机组能效提升
		泵/泵机组能效提升
		液力变矩器能效提升
		变压器能效提升
		空气压缩机组能效提升
		……
	减少损耗类	钻机专用谐波抑制和无功补偿装置
		……
	间接辅助类	柴油机烟气余热利用装置
		能源监测及优化控制装置/系统
		催化燃烧添加剂/装置
		……
能源替代类	钻机"电代油"	
	钻机"气代油"	
	……	

2　节能减碳效果计算方法

2.1　节能效果

节能率是衡量节能效果的重要标志，石油钻井设备技术措施节能率可采用以下基本公式进行计算。

以能耗表达的技术措施节能率按式(1)计算。

$$\varepsilon=\left(1-\frac{E_r}{E_a}\right)\times 100\% \tag{1}$$

式中，ε 为某项技术措施节能率，以百分数表示；E_r为节能技术措施实施后的能耗量，单位为吨标准煤(tce)；E_a为节能技术措施实施前的能耗量，该能耗量是根据节能技术措施实施前能源消耗状况及实施后的条件推算得到，技术措施项目边界内不采用该节能技术措施时的能源消耗量。

当能源消耗与产量(工作量)成正比例关系时，可按式(2)计算。

$$\varepsilon=\left(1-\frac{e_r}{e_a}\right)\times 100\% \tag{2}$$

式中，e_r为节能技术措施实施后的单位产量(工作量)能耗量；e_a为节能技术措施实施前的单位产量(工作量)能耗量。

通过测量损失能量计算节能率时，可按公式(3)计算。

$$\varepsilon=\left(\frac{S_a-S_r}{E_a}\right)\times 100\% \tag{3}$$

式中，S_r为节能技术措施实施后的损失能量，单位为吨标准煤(tce)；

S_a为节能技术措施实施前的损失能量，单位为吨标准煤(tce)。

以效率提高值表达的技术措施节能率按公式(4)计算。

$$\varepsilon=\left(\frac{\eta_r}{\eta_a}-1\right)\times 100\% \tag{4}$$

式中，η_r为节能技术措施实施后的效率，以百分数表示；η_a为节能技术措施实施前的效率，以百分数表示。

对于变负荷运行的设备/系统，宜利用加权平均综合效率计算节能率，加权平均综合效率按公式(5)计算。

$$\eta_c = \frac{\sum_{i=1}^{n} \eta_{ci} \times t_i}{\sum_{i=1}^{n} t_i} \tag{5}$$

式中，η_c为设备/系统加权平均效率，以百分数表示；η_{ci}为在负载i下的平均效率，以百分数表示；t_i为在负载i下的运行时间；n为负载的变化次数。

对于不同场景、不同类型的技术措施节能率计算可大体分为以下几种情况：①对于提高设备效率类节能技术措施，可利用基本公式(2)或基本公式(4)计算节能率。②对于减少损耗类节能技术措施，可利用基本公式(3)计算节能率。③对于间接辅助类节能技术措施，可直接在标准测试装置或钻井现场测试各典型工况下技术措施实施前后的能耗量，利用基本公式(1)计算节能率；若技术措施本身消耗能源，应加上该部分能耗。④对于在钻井现场测试，与钻井进尺直接相关的技术措施，可利用基本公式(1)计算节能率；通过建立对比井能耗与相关变量(钻井进尺、钻时、井眼尺寸等)相关关系的数学模型，利用试验井相关变量数据计算对比井节能技术措施实施前的能耗量。⑤对于能源替代类技术措施，优先考虑用试验井与对比井的实际统计数据确定两种能源之前的折算系数，再换算成标准煤量计算节能率；在难以找到合适对比井的情况下，可利用等效方法测试设备/系统效率进行能源折算系数的测试，从而计算节能率。

2.2 减碳效果

减碳量是减碳效果最直观的指标，实测法、物料平衡法、排放因子法是当前碳排放测算较为常用的方法，针对钻井作业作业流动性大的特点，排放因子法是其减碳量测算较为理想的方法。用技术措施实施前的碳排放量减去相同可比条件下技术措施实施后的碳排放量，采用基本公式(6)计算技术措施减碳量。在计算技术措施实施后的碳排放量时，若技术措施本身消耗能源，应加上该部分碳排放。

$$E_{\mathrm{d}} = E_{\mathrm{a}} - E_{\mathrm{r}} \tag{6}$$

式中，E_{d}为某项技术措施碳减排量；E_{a}为技术措施实施前的碳排放量；E_{r}为技术措施实施后的碳排放量。

3 钻机“电代油”节能减碳效果计算示例

3.1 钻机“电代油”节能效果计算

由于钻井作业最终得到的产品，即工作量是钻井进尺，因此改造前后相同的可比条件可设置为两者的钻进进尺相同，但相应的其他条件应相似或相同。通过同类型的的钻机的运行记录进行统计，计算出平均油耗，以此作为钻机的油耗基准，然后以同井队、同地理位置、相似地层序列及岩性以及同井段同时段作为条件进行对比，得到同条件的使用网电钻机的井的耗电量。两者进行比较，即可推算出“电代油”折算系数。该方法相对简单，但要人为筛选数据较困难，可借助信息化、数据化等手段进行系统自动分析。

某钻井队在四川某作业平台进行钻井作业，在同地理位置、相似地层序列及岩性以及同井段作业钻井进尺与综合能源消耗的关系图见图1，其使用柴油发电机组和网电作业的数据见表2。

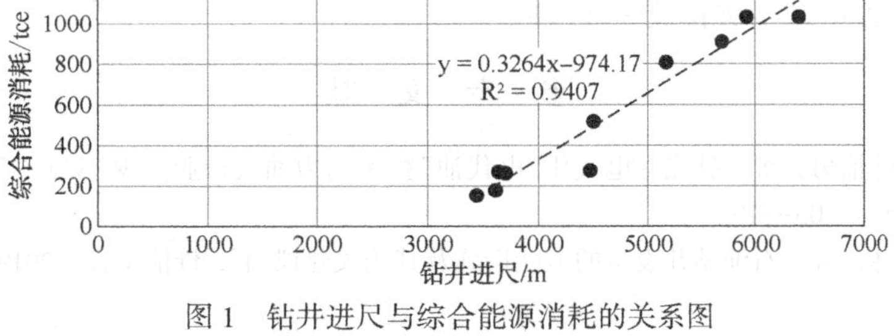

图1 钻井进尺与综合能源消耗的关系图

表 2　电代油折算系数分析表

柴油钻井			网电钻井			电代油折算系数（t/10^4kwh）
柴油用量（t）	钻井进尺（m）	柴油单耗（t/m）	用电量（10^4kwh）	钻井进尺（m）	用电单耗（10^4kwh/m）	
12114	87224	0.139	3446	67899	0.051	2.7

由图 1 可以看出该作业区块能源消耗与钻井进尺近似成正比例关系，可使用公式（2）计算节能率。由表 2 可知，该区块电代油折算系数为 2.7t/10^4kwh，将其换算成标准煤量计算节能率（取电力折标煤系数为 0.1229kgce/kW·h，柴油折标煤系数为 1.4571kgce/kg）为 68.7%。

3.2　钻机“电代油”减碳效果计算

评估钻机“电代油”技术措施碳减排量，需要计算电力间接排放量，电代油折算系数，等效柴油燃烧排放量，计算方法如下：

$$E_d = E_{oil} - E_{el} \tag{7}$$

式中，E_d为电代油技术措施碳减排量，正值表示减排，t；E_{oil}为项目实施前，燃烧柴油产生的碳排放量，t；

E_{el}为项目实施后，净购入的电力消费引起的碳排放，t。

$$E_{oil} = \alpha \times E_{el} \times NCV \times EF \times OF \times 44/12 \tag{8}$$

式中，α 为电代油折算系数；NCV 为柴油（天然气）的低位发热量，GJ/t；该值选取的优先顺序依次为①监测值；②可获得的最新当地或国家公布的数据；③缺省值：43.33GJ/t，本文取缺省值；EF 为柴油（天然气）的单位热值含碳量，吨碳/GJ；该值选取的优先顺序依次为①监测值；②可获得的最新当地或国家公布的数据；③缺省值：0.0202 吨碳/GJ，本文取缺省值；OF 为柴油（天然气）的碳氧化率，取值范围 0~1，缺省值：0.98，本文取缺省值。

净购入的电力消费引起的排放量按式（9）计算：

$$E_{el} = AD_{el} \times EF_{el} \tag{9}$$

式中，E_{el}为一定时期内，净购入的电力消费引起的排放量，以 tCO_2e 计；AD_{el}为同一时期内，净购入的电力消费，MWh；

EF_{el}为电力供应的 CO_2 排放因子，tCO_2/MWh；电力供应的 CO_2 排放因子等于企业生产场地所属区域电网的平均供电 CO_2 排放因子，应根据主管部门的最新发布数据进行取值，由于技术措施实施区域为四川，本文取 2012 年华中区域电网中国区域电网平均 CO_2 排放因子 0.5257kgCO_2/kwh。

由表 2 可知，该区块电代油折算系数为 2.7t/10^4kwh，计算该区域钻机“电代油”技术措施的碳减排量为 3.23 吨/万千瓦时，即使用 1 万度电减少碳排放 3.23 吨。

4　结论

（1）石油钻井设备节能减碳技术措施主要包括能源节约类及能源替代类，针对不同类型技术措施可采取相应的方法计算节能及减碳效果。

（2）利用排放因子法评估钻井“电代油”节能及减碳效果的关键是分析电代油折算系数，通过对试验井与对比井统计比较分析，得到四川某区域钻机“电代油”折算系数为 2.7t/10^4kwh。

（3）通过对四川某区域钻井作业相关数据分析，得到该区域钻机“电代油”节能率为 68.7%，碳减排效果为使用 1 万度电减少碳排放 3.23 吨。

参　考　文　献

[1] 张烈辉，张安安，陈怡男，等．钻完井电气化“电代油”技术助力油气行业实现“双碳”目标[J]．油气藏评价与开发，2022，12(05)：703-710.

[2] 闫园园，解庆，胡林，等．石油钻井设备的节能措施及其相关建议[J]．价值工程，2019，38(20)：200-202.

川庆新疆分公司轮南基地光伏发电技术研究

王　盼　张光耀　周远宏

（中国石油集团川庆钻探工程有限公司新疆分公司）

摘　要　大力倡导国家清洁能源政策，适应和引领能源发展新常态，积极响应国家碳中和战略部署。传统能源无论在世界还是在中国都是有限的。中国的一次能源储量远低于世界平均水平，约占世界总储量的10%。太阳能、风能是一种取之不尽、用之不竭的可再生能源，具有清洁充分、绝对安全、相对广泛性、使用寿命长、无需维护、资源丰富、经济潜力大等特点。它在长期能源战略中起着重要的作用。

关键词　清洁能源；碳中和；太阳能；能源战略

川庆钻探新疆分公司轮南基地处于轮南镇，隶属于新疆维吾尔自治区巴音郭楞蒙古自治州轮台县，地处轮台县南部，东与草湖乡相接，南与尉犁县隔河相望，西与库车县相邻，北与群巴克镇，哈尔巴克乡接壤，距离轮台县城70千米，区域总面积1640.23平方千米。轮南镇属暖温带大陆性气候，其特点是光热资源丰富，无霜期较长，降水稀少，蒸发量大，风沙浮尘天气较多，四季分明，冬季较冷，夏季较热，春季升温快而不稳，秋季降温快；多年平均气温10.2℃～10.6℃，1月平均气温-17℃，7月平均气温34℃；无霜期年平均188天，最长达194天，最短为179天；0℃以上持续期247天，年平均降水量52.2毫米。

新疆轮南附近观测站经纬度信息如图1所示：

图1　新疆轮南附近观测站经纬度信息

由Meteononm查得气象数据如图2所示：

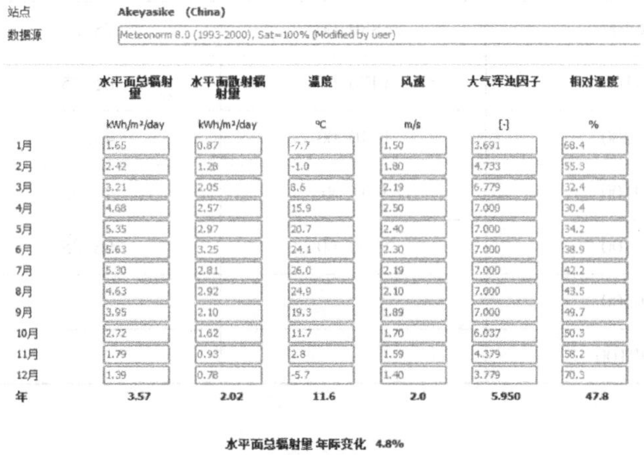
站点　Akeyasike　(China)

数据源　Meteonorm 8.0 (1993-2000), Sat=100% (Modified by user)

	水平面总辐射量	水平面散射辐射量	温度	风速	大气浑浊因子	相对湿度
	kWh/m²/day	kWh/m²/day	℃	m/s	[-]	%
1月	1.65	0.87	-7.7	1.50	3.691	68.4
2月	2.42	1.28	-1.0	1.80	4.733	55.3
3月	3.21	2.05	8.6	2.19	6.779	32.4
4月	4.68	2.57	15.9	2.50	7.000	30.4
5月	5.35	2.97	20.7	2.40	7.000	34.2
6月	5.63	3.25	24.1	2.30	7.000	38.9
7月	5.30	2.81	26.0	2.19	7.000	42.2
8月	4.63	2.92	24.9	2.10	7.000	43.5
9月	3.95	2.10	19.3	1.89	7.000	49.7
10月	2.72	1.62	11.7	1.70	6.037	50.3
11月	1.79	0.93	2.8	1.59	4.379	58.2
12月	1.39	0.78	-5.7	1.40	3.779	70.3
年	3.57	2.02	11.6	2.0	5.950	47.8

水平面总辐射量 年际变化　4.8%

图2　Meteononm查得气象数据

8 度角对应辐射量如图 3 所示：

图 3　8 度角对应辐射量

为充分发挥当地太阳能资源丰富的优势，因地制宜，用太阳能光伏能源系统作为通信、信号、行车和保障现场人员生存条件等一级负荷的备用电源，具有现实意义，既可以解决主电源备用要求，又不破坏当地的生态环境。无论从经济性和社会生态效益，都值得提倡和大力发展。

1　技术方案

1.1　轮南基地生活用电量(表 1、2)

表 1　老公寓配电室电量统计表

月份	新公寓每月用电量(kw·h)	每天用电量(kw·h)	每小时用电量(kw·h)	备注
一月	36000	1200.00	50.00	
二月	30300	1010.00	42.08	
三月	34800	1160.00	48.33	
四月	26700	980.00	37.08	
五月	27300	910.00	37.92	
六月	39000	1300.00	54.17	
七月	56400	1880.00	78.33	当月用电量最大
八月	44100	1470.00	61.25	
九月	31200	1040.00	43.33	
十月	29100	970.00	40.42	
十一月	47700	1590.00	66.25	
十二月	46500			
合计	449100			

表2 老公寓配电室电量统计表

月份	新公寓每月用电量(kw·h)	每天用电量(kw·h)	每小时用电量(kw·h)	备注
一月	4480	149.33	6.22	
二月	4400	146.67	6.11	
三月	6400	213.33	8.89	
四月	4640	154.67	6.44	
五月	6160	205.33	8.56	
六月	12080	402.67	16.78	
七月	13200	440.00	18.33	当月用电量最大
八月	10240	341.33	14.22	
九月	6800	226.67	9.44	
十月	8420	280.67	11.69	
十一月	6080	202.67	8.44	
十二月	6000	200.00		
合计	88900			

1.2 太阳能发电站方案设计原则

在太阳能发电站的设计过程中，总的设计原则是在满足一级负荷用电的前提下，切实保证系统的高可靠性、性能质量稳定、无人值守和可免维护性好等，实现光伏发电系统和其他设备的最佳经济组合，尽量减少投资费用，节约成本。

(1) 充分注意利用轮南镇的气象条件、地理环境及太阳能辐射资源，设计中扬长避短，为系统供电服务。太阳能光伏发电系统的设计，一般工作原理是一致的，系统设计的优劣主要体现在对气象地理等条件的综合运用上。

(2) 以川庆钻探新疆分公司轮南基地生活用电实际配置和综合参量确定系统容量，强调系统的最佳匹配状态，根据目前贵单位用电需求以及太阳能发电系统的特点，选择全年发电量和用电量抵消原理，以及分布式电站布置情况确立最佳装机容量。详见计算书。

(3) 根据分布式电站并网以及重点负荷在太阳能并网以及下网时的冲击考虑短时半小时的应急储能(蓄电池)方案。

(4) 电源控制系统最佳设计。太阳能发电站控制系统应起到控制、保护、远程在线监视等综合自动化要求，以满足完全无人值守。必须有过充、过放、过载、极性等保护功能，实现动态控制、跟踪、自动控制智能保护。

(5) 环境保护原则

光伏设计综合考虑利用轮南基地车间、公寓、办公楼等楼顶区域，避免浪费用地面积。

1.3 轮南基地生活用电供电电源系统

轮南基地生活用电电源设为两个配电间，主要为老公寓配电间及新公寓配电间提供用电。现规划的光伏发电方案为分别与两个配电间的400V配电系统母线并联运行。

对太阳能发电系统的运行设计说明如下：

针对轮南基地建筑布置以及最小用材的原则，暂规划车间屋顶、四合院楼顶、老公寓住宿房间楼顶光伏阵列接入老公寓楼配电室。新公寓楼和老公寓楼办公室屋顶区域的光伏阵列汇入新配，如图4所示。

光伏阵列经串联后接入MPPT并网逆变器，逆变器经高压电缆接入光伏控制柜，再经高压母线接入配电室，完成并网。

当光伏发电电量充足时，可在供给负载用电的同时向电网售电，当光伏发电量不足时(例如冬天、夜间)，可向电网购电满足负载要求，如图5所示。

控制柜原理如图6所示：

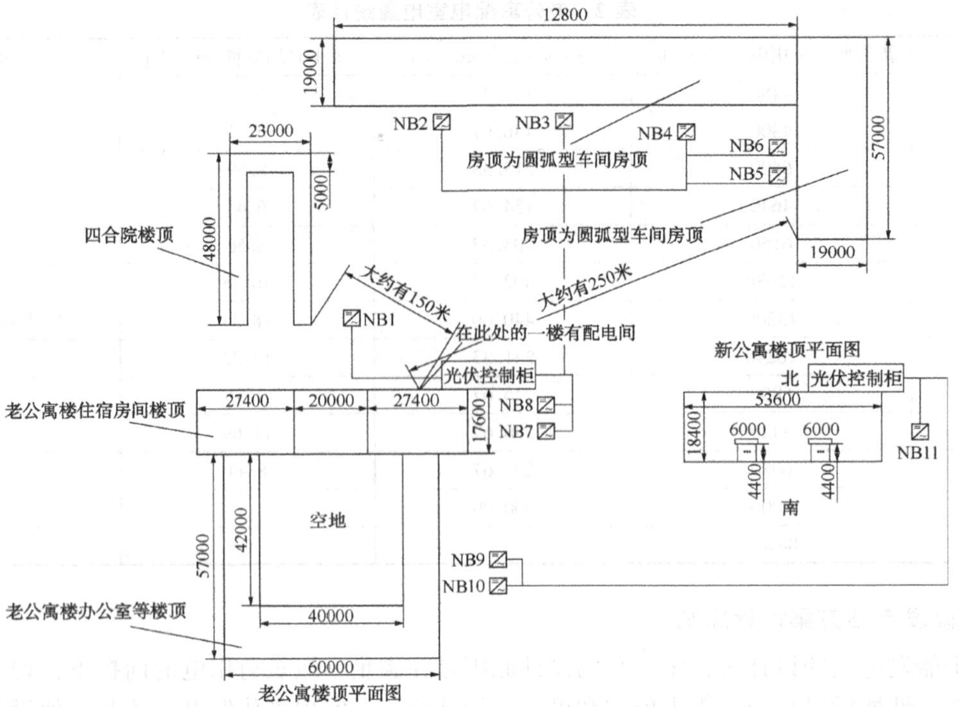

图4　老公寓楼顶光伏陈列

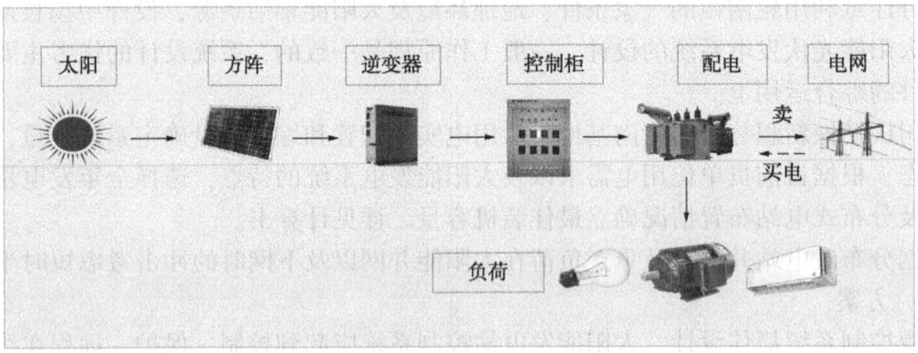

图5　光伏陈列串联向电网购电

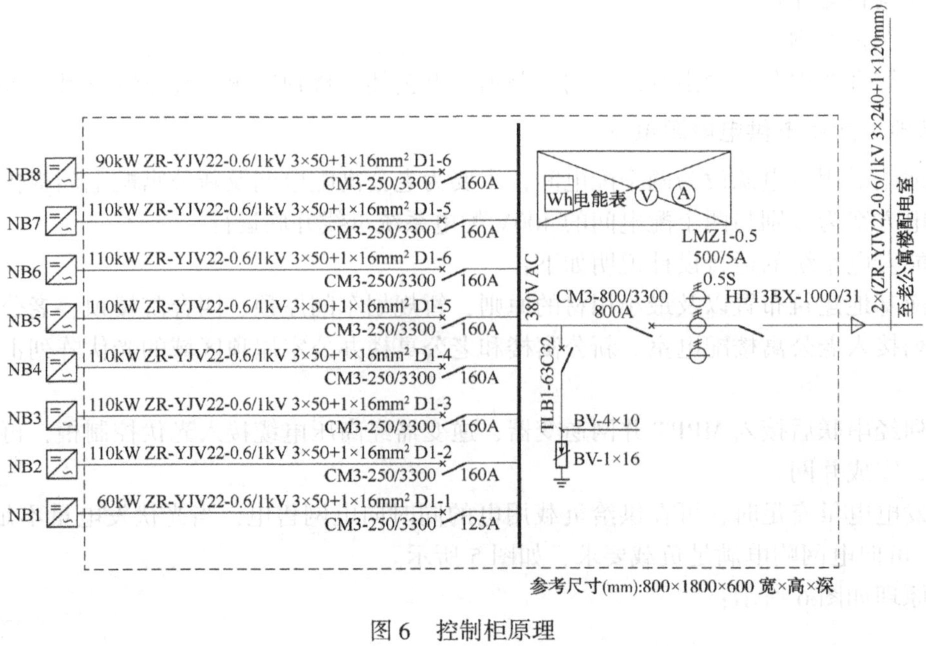

图6　控制柜原理

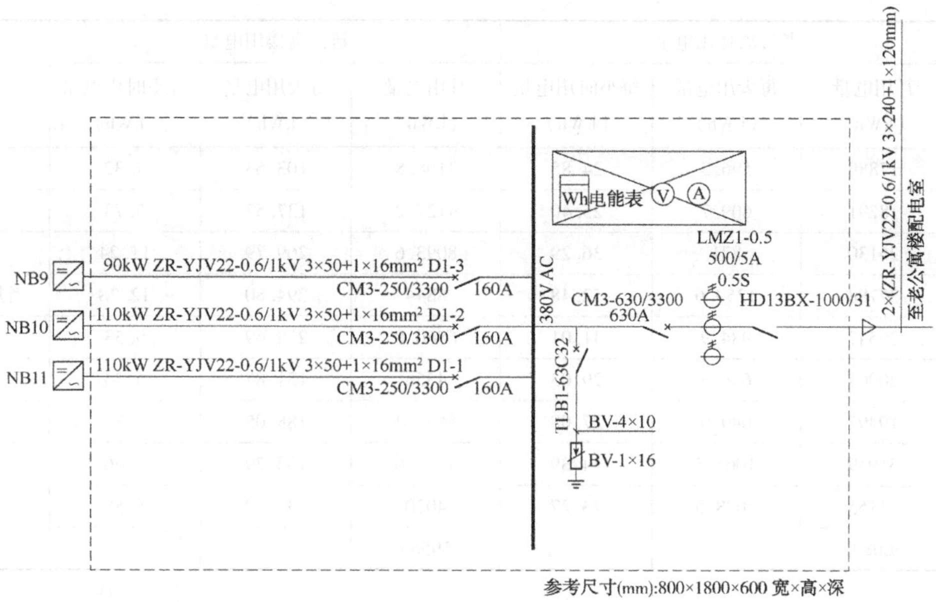

图 6　控制柜原理(续图)

1.4　发电量预算

根据电表统计得出全年(白天+晚上)用电量需求见表 3：

表 3　新、老公寓电表全年统计

月份	老公寓楼用电量			新公寓楼用电量			备注
	月用电量(kWh)	每天用电量(kWh)	每小时用电量(kWh)	月用电量(kWh)	每天用电量(kWh)	每小时用电量(kWh)	
一月	36000	1200.00	50	4480	149.33	6.22	
二月	30300	1010.00	42	4400	146.67	6.11	
三月	34800	1160.00	48	6400	213.33	8.89	
四月	26700	890.00	37	4640	154.67	6.44	
五月	27300	910.00	38	6160	205.33	8.56	
六月	39000	1300.00	54	12080	402.67	16.78	
七月	56400	1880.00	80	13200	440.00	18.33	当月用电量最大
八月	44100	1470.00	61	10240	341.33	14.22	
九月	31200	1040.00	43	6800	226.67	9.44	
十月	29100	970.00	40	8420	280.67	11.69	
十一月	47700	1590.00	66	6080	202.67	8.44	
十二月	46500	1550	65	6000	200.00	8.33	
年合计	449100			88900			

根据电表统计量×0.67 得出全年(白天)用电量需求见表 4：

表 4　新、老公寓全年电表统计量×0.67

月份	老公寓楼用电量			新公寓楼用电量			备注
	月用电量(kWh)	每天用电量(kWh)	每小时用电量(kWh)	月用电量(kWh)	每天用电量(kWh)	每小时用电量(kWh)	
一月	24120	804	33.50	3001.6	100.25	4.17	
二月	20301	676.7	28.20	2948	98.27	4.08	
三月	23316	777.2	32.38	4288	142.93	5.96	

续表

月份	老公寓楼用电量			新公寓楼用电量			备注
	月用电量（kWh）	每天用电量（kWh）	每小时用电量（kWh）	月用电量（kWh）	每天用电量（kWh）	每小时用电量（kWh）	
四月	17889	596.3	24.85	3108.8	103.63	4.32	
五月	18291	609.7	25.40	4127.2	137.57	5.73	
六月	26130	871	36.29	8093.6	269.79	11.24	
七月	37788	1259.6	52.48	8844	294.80	12.28	当月用电量最大
八月	29547	984.9	41.01	6860.8	228.69	9.53	
九月	20904	696.8	29.03	4556	151.87	6.33	
十月	19497	649.9	27.08	5641.4	188.05	7.84	
十一月	31959	1065.3	44.39	4073.6	135.79	5.66	
十二月	31155	1038.5	43.27	4020	134.00	5.58	
年合计	300897			59563			

由屋顶特殊结构制约，项目拟采用方阵密布，整体倾斜8°泄水，阵列间预留检修通道的布置方式，在阵列8°倾角条件下，阵列理论发电量应大于用电量，根据方阵布置图得出组件数量，根据下述公式校核发电及用电平衡见表5：

表5　公式校核发电及用电平衡

日发电量(kWh/天) = $U \times Pm \times P \times Hp \times Hi \times Hc / Po$		
U：日射量	见表	kWh/m² 天
Pm：组件最大功率	545	Wp
P：组件数量	根据实际	块
Hp：组件参数	0.9	
Hi：功率调节器效率	0.85	
Hc：线路损耗系数	0.95	
Po：标准日射强度	1000	W/m2

方案1：为保证全年(白天+晚上)采用光伏发电(带储能)

新公寓楼屋顶面积较小，方阵发电量难以满足负荷需求，故将办公楼屋顶光伏阵列和新公寓楼屋顶光伏阵列统一接入新公寓楼配电室。见表6为发电量及用电量计算数据：

计算可得，发电量充足，可向电网输送盈余电量。

表6　新公寓发电量及用量计算数据

新公寓楼	日射量	发电量				标准
月份	（kW·h/m²）	日发电量	天数	月发电量	月用电量	月发电量-月用电量
		kWh	（天/月）	kWh	kWh	kWh
1	2.71	761	31	23587	4480	19107
2	3.49	979	28	27425	4400	23025
3	4.15	1164	31	36094	6400	29694
4	5.41	1519	30	45576	4640	40936
5	5.85	1642	31	50892	6160	44732
6	6.47	1817	30	54497	12080	42417
7	6.40	1796	31	55673	13200	42473
8	5.84	1641	31	50856	10240	40616
9	4.79	1345	30	40362	6800	33562
10	4.02	1130	31	35031	8420	26611

续表

新公寓楼	日射量	发电量				标准
11	2.86	804	30	24112	6080	18032
12	2.12	597	31	18495	6000	12495
年间合计	4.51	1267	365	462599	88900	373699

老公寓楼配电室暂规划接入老公寓宿舍区屋顶、四合院屋顶、厂房顶三处光伏阵列，以最大可用面积为原则。见表7为发电量和用电量计算数据。

表7　老公寓发电量和用电量计算数据

新公寓楼	日射量	发电量				标准
月份	(kW·h/m²)	日发电量	天数	月发电量	月用电量	月发电量-月用电量
		kWh	(天/月)	kWh	kWh	kWh
1	2.71	1897	31	58817	36000	22817
2	3.49	2442	28	68389	30300	38089
3	4.15	2903	31	90005	34800	55205
4	5.41	3788	30	113650	26700	86950
5	5.85	4094	31	126907	27300	99607
6	6.47	4530	30	135898	39000	96898
7	6.40	4478	31	138829	56400	82429
8	5.84	4091	31	126818	44100	82718
9	4.79	3355	30	100648	31200	69448
10	4.02	2818	31	87356	29100	58256
11	2.86	2004	30	60126	47700	12426
12	2.12	1488	31	46121	46500	-379
年间合计	4.51	3160	365	1153563	449100	704463

12月份，系统发电量不足，需向电网购电以满足负荷需求，1~11月份系统发电量盈余，可向电网输送电量。

方案2：为保证全年白天采用光伏发电供电，晚上采用市电供电。(不带储能)

老公寓楼配电室暂规划接入老公寓宿舍区屋顶、四合院屋顶、厂房顶三处光伏阵列，以最大可用面积为原则。见8表为发电量和用电量计算数据。

表8　老公寓楼发电量和用量计算数据

新公寓楼	日射量	发电量				标准
月份	(kW·h/m²)	日发电量	天数	月发电量	月用电量	月发电量-月用电量
		kWh	(天/月)	kWh	kWh	kWh
1	2.71	751	31	15968	24120	-8152
2	3.49	967	28	18567	20301	-1734
3	4.15	1150	31	24436	23316	1120
4	5.41	1500	30	30855	17889	12966
5	5.85	1621	31	34454	18291	16163
6	6.47	1794	30	36895	26130	10765
7	6.40	1773	31	37691	37788	-97
8	5.84	1620	31	34430	29547	4883
9	4.79	1328	30	27325	20904	6421
10	4.02	1116	31	23717	19497	4220
11	2.86	794	30	16324	31959	-15635
12	2.12	589	31	12522	31155	-18633
年合计	4.51	1251	365	313184	300897	12287

新公寓楼屋顶面积较小，方阵发电量难以满足负荷需求，故将办公楼屋顶光伏阵列和新公寓楼屋顶光伏阵列统一接入新公寓楼配电室。见表9为发电量及用电量计算数据：

表9 新公寓楼发电量和用量计算数据

新公寓楼	日射量	发电量				标准
月份	(kW·h/m²)	日发电量 kWh	天数 (天/月)	月发电量 kWh	月用电量 kWh	月发电量-月用电量 kWh
1	2.71	150	31	2661	3001.6	-340.6
2	3.49	193	28	3095	2948	147
3	4.15	230	31	4073	4288	-215
4	5.41	300	30	5143	3108.8	2034.2
5	5.85	324	31	5742	4127.2	1614.8
6	6.47	359	30	6149	8093.6	-1944.6
7	6.40	355	31	6282	8844	-2562
8	5.84	324	31	5738	6860.8	-1122.8
9	4.79	266	30	4554	4556	-2
10	4.02	223	31	3953	5641.4	-1688.4
11	2.86	159	30	2721	4073.6	-1352.6
12	2.12	118	31	2087	4020	-1933
年合计	4.51	250	365	52197	59563	-7365

1.5 太阳能发电站基础建设

本项目光伏方阵均为屋顶布置，本方案拟采用屋顶埋置化学锚栓固定法兰立柱的形式架设光伏方阵。阵列件预留1.5米检修通道，方阵整体倾斜8度用以泄水及排污。其形式如图7所示。

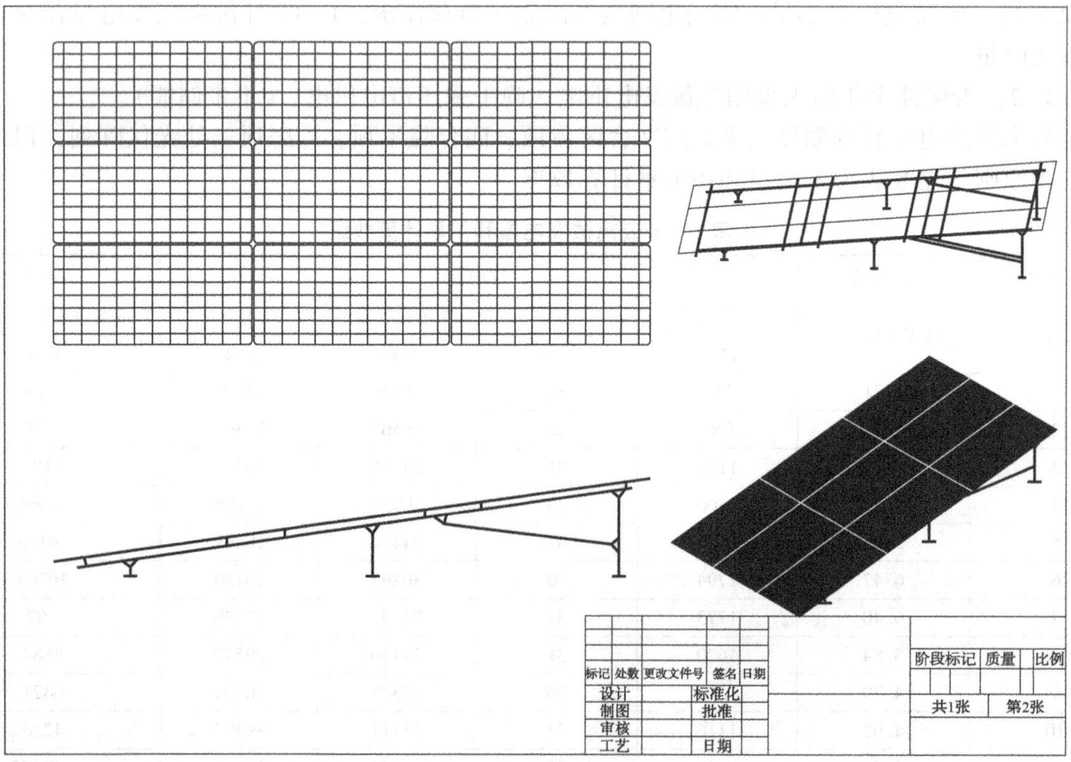

图7 光伏方阵层顶布置形式

1.6 主要部件

本系统中主要部件为光伏组件和并网逆变器，其性能直接影响系统效率，光伏组件拟采用峰值功率为545Wp的组件。选用的逆变器分60kW、90kW、110kW三种规格。

2 设备配置价格

方案1：为保证全年(白天+晚上)采用光伏发电(带储能)，老公寓楼设备价格约540万元，新公寓楼设备价格200万元。

方案2：为保证全年白天采用光伏发电供电，晚上采用市电供电(不带储能)，老公寓楼设备价格约146万元，新公寓楼设备价格36万元。

3 经济利益分析

方案1：为保证全年(白天+晚上)采用光伏发电(带储能)

根据用电量需求表1统计的电量，全年采用市电为449100kW·h+88900kW·h=538000kW·h，市电费用为0.72元/kW·h，每年电费为：538000×0.72元/kW·h=387360元，38.736万元。

根据以上设备配置清单及价格表两地光伏项目总投资730.5576万元，预估18.85年可实现盈亏平衡。

备注：以上不含剩余电量盈余上网。

方案2：为保证全年白天采用光伏发电供电，晚上采用市电供电。(不带储能)

根据用电量需求表2统计的电量，全年采用市电为300897kW·h+59563kW·h=360460kW·h，市电费用为0.72元/kW·h，每年电费为：360460×0.72元/kW·h=259531.2元，25.95万元。

根据以上设备配置清单及价格表两地光伏项目总投资181.0296万元。光伏总投资/每年市电电费=181.03/25.95=6.98，预估6.98年可实现盈亏平衡。

备注：以上不含剩余电量盈余上网。

光伏发电方案布置图8~图11所示：

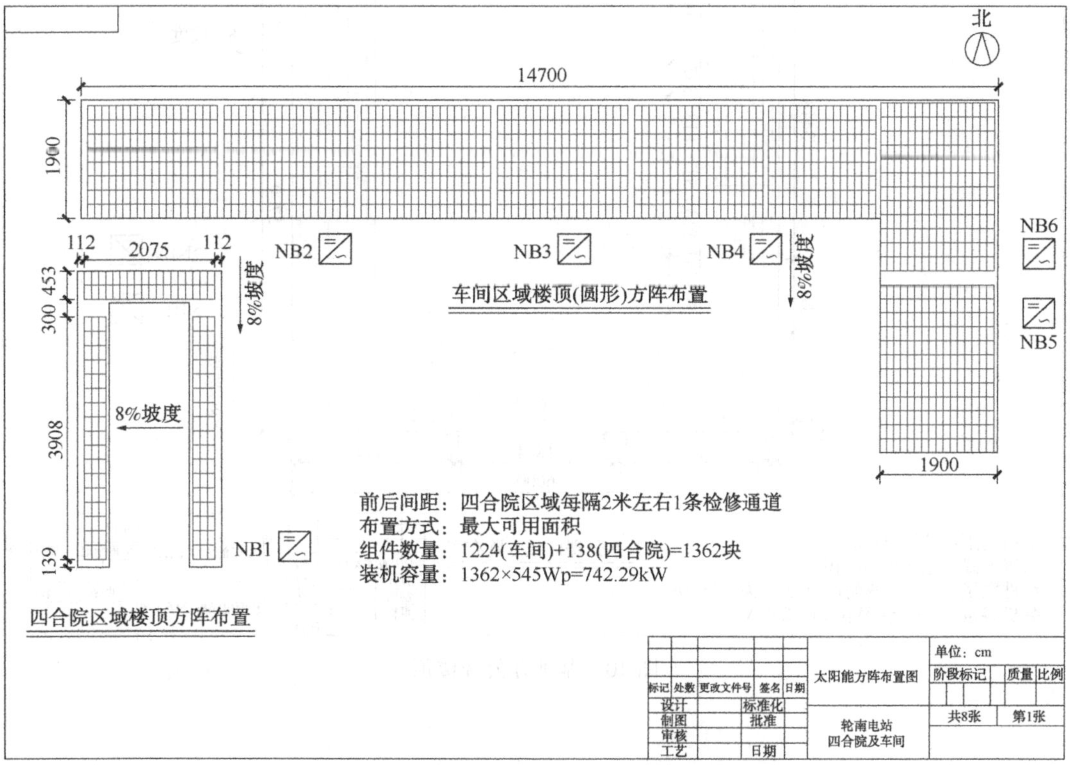

图8 物资库房楼顶、四合院楼顶

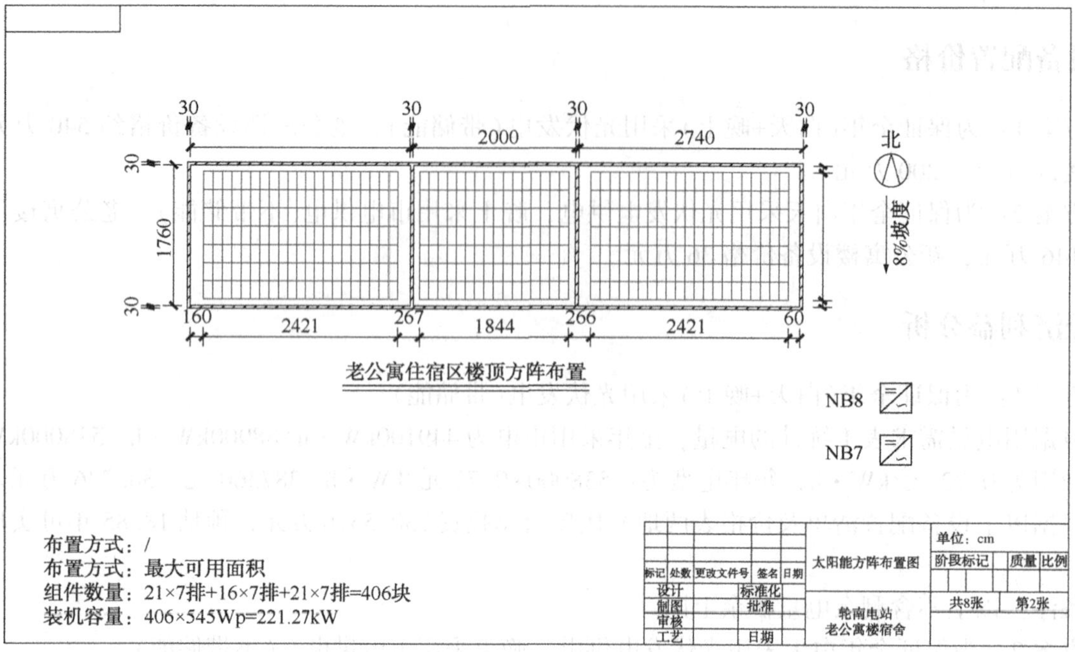

图 9　老公寓楼顶

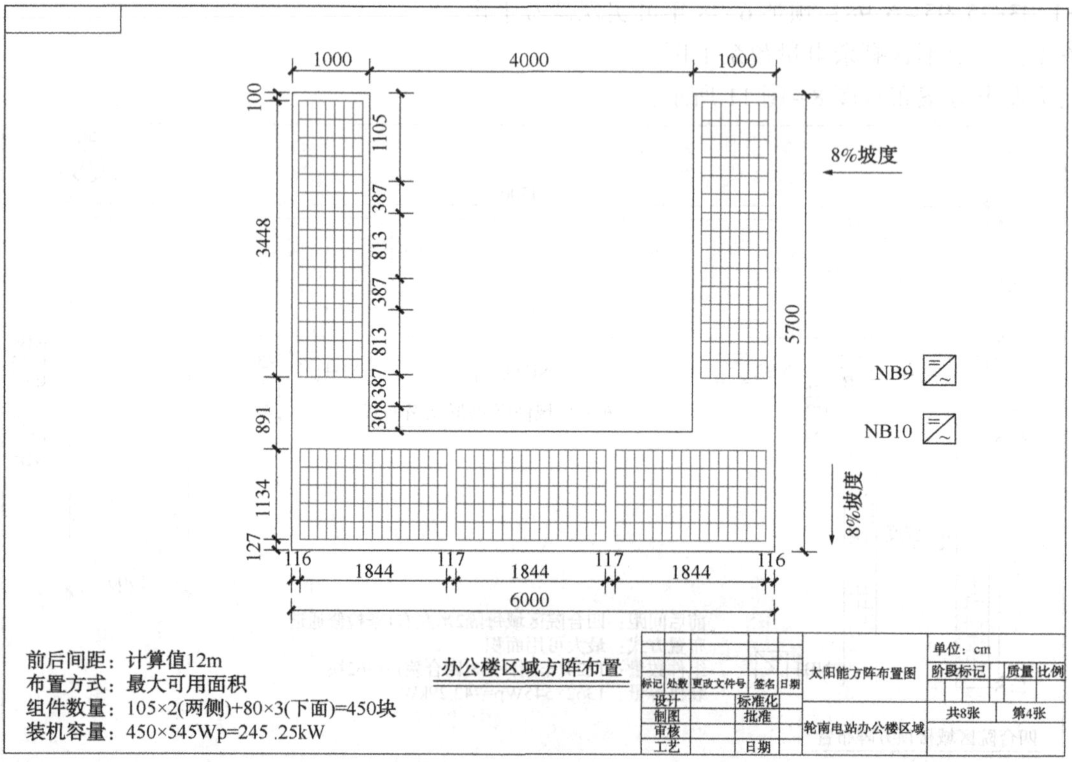

图 10　基地办公楼楼顶

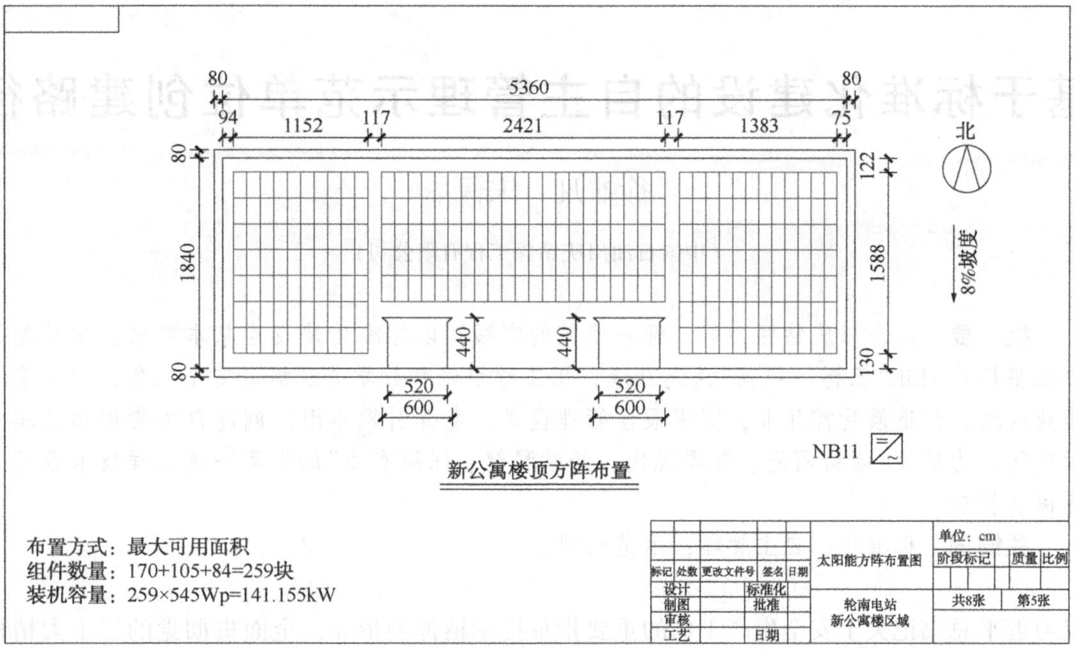

图 11　新公寓楼顶

4　结论

根据以上两种方案经济效益的分析，践行川庆公司大力推行理念，建议采用方案 2(不带储能)，为保证全年白天采用光伏发电供电，晚上采用市电供电，配置智能并网技术实现市电与光伏发电无缝衔接。当然，建议方案 2 也是相对于方案 1 来推荐的，毋庸置疑，如果有社会资源，针对整个川庆实施光伏发电，整个发电量能够达到投资回收率的效益点，且愿意投资轮南基地，只收取电费(电费低于现市电费即可)那是最完美的方案了，本文笔者只针对实施的可行性、技术方案等方面阐述，对于完美方案将不再详论。

参　考　文　献

[1] 独立光伏系统特征参数，IEC 61194，1992.
[2] 光伏系统性能监测、测量、数据交换以及分析导则，IEC61724，1998.
[3] 地面光伏系统标准，IEEE928，1986.
[4] 光电系统的铅酸蓄电池组的安装与维护的推荐实施规范，IEEE937，2000.
[5] 光伏系统铅酸蓄电池的设计，IEEE1013，2007.
[6] 地面光伏发电系统安全导则，IEEE1374，2000.
[7] 太阳光伏能源系统术语，GB/T2297，1989.
[8] 光伏发电系统过电压保护导则，SJ/T11127，2022.
[9] 光伏电站接入电力系统技术规定，GB\ \ Z19964，2005.
[10] 光伏(PV)系统电网接口特性，GB/T 20046，2006.

基于标准化建设的自主管理示范单位创建路径

徐非凡　宋保华

（中国石油川庆钻探工程有限公司）

摘　要　结合川庆钻探公司三标一规范的实践，以标准化建设为基本要求，推动基层单位基层队HSE“三标一规范”迭代升级，用工程思维和数学方法抓好安全工作，建设最美作业区域，打造最受控作业，实现最佳管理模式，发挥引领作用，创建自主管理示范单位示范队，为建设“创新领先、管理现代、经营稳健、保障有力”的世界一流工程技术服务企业保驾护航。

关键词　标准化；自主管理；示范创建

以习近平总书记关于安全生产工作的重要指示批示精神为指导，全面贯彻党的二十大精神，认真落实党中央、国务院决策部署，牢固树立红线意识和“绿水青山就是金山银山”的理念，健全安全环保责任制和QHSE体系，以深化双重预防机制建设为抓手，用工程思维和数学方法防范化解重大风险，持续提升以井控为核心的安全保障能力，进一步规范基层队站HSE标准化建设，提升基层队站HSE风险防控和自主管理能力，推动基层安全生产向自主管理转变。

1　创建原则

1.1　坚持党的领导

坚持人民至上、生命至上，把保护人民生命安全摆在首位，以人为本、安全第一、预防为主、综合治理、全员参与、持续改进，持续推进HSE三标一规范建设与基层党建有机融合，充分发挥基层党建的组织协调优势，定期(不少于1次/年)开展安全文化感知度调查，及时正确导向安全理念信念的思想认识。

1.2　坚持守正创新

继承融合、优化提升，不断巩固公司基层队站HSE“三标一规范”建设成果，组织帮促指导，开展观摩交流，改进完善，提档升级推进HSE“三标一规范”建设内容，深化QHSE管理体系建设，真正实现现场、操作、管理和风险管控的标准化。

1.3　坚持效果导向

突出重点、简便易行，坚持“过程很重要，结果论英雄”的效果导向，好的过程才能有好的结果，HSE“三标一规范”建设必须有载体、可操作、有成效，建设成效要从系统性、全方位的工程思维方式采取大数据、多维度进行精准弥补短板，助推高质量标准化建设。

1.4　坚持人人参与

严格落实“三管三必须”和全员安全生产责任制，各部门应当相互配合、齐抓共管、信息共享、资源共用，加强指导帮促，各岗位应该严格履行属地责任，做到岗位无违章、属地无隐患、设备无缺陷，积极参与HSE“三标一规范”建设，充分运用风险控制工具，掌握常规作业、非常规作业的风险管控，强化岗位应急处置日常演练。

2　创建目标

围绕建设世界一流工程技术服务企业，做好QHSE保障措施，基层队站安全生产从严格监督后期向自主管理迈进，呈现团队管理的态势。

第一阶段：以“作业许可”为核心的风险控制工具运用有形化、关键作业管控计划、最美作业区域评选得到全面推广落实，在集团公司、中油技服及地方政府获得荣誉具有良好基础的示范单位示范队率先作为培育对象，自主管理示范单位示范队分别达到10%、30%。

第二阶段：以最受控作业“七个条件”为标准，所有作业活动得到自觉满足、充分，自主管理示范单位示范队累计分别达到30%、50%。

第三阶段：基层单位完全具备自主管理“八个特征”，并向团队管理态势发展，自主管理示范单位示范队累计分别达到50%、80%。

3 资源保障

质量安全环保部门是自主管理示范单位示范队建设牵头部门，负责组织建设管理制度和相关标准的制修订，督促指导开展示范单位示范队建设、达标评审和示范站队培育，推广行业最佳实践和有效做法，牵头落实示范站队评审验收，集团公司级示范站队申报。

业务主管部门是自主管理示范单位示范队建设的直线管理部门，落实“三管三必须”，对基层站队落实情况进行检查督导，负责分管范围内岗位职责、操作规程、教育培训、应急处置、设备设施管理工作。

主体单位完善资源投入、培训指导、经验推广、激励考核等保障措施，积极应用数字化、智能化等先进技术手段，持续推进基层站队 HSE 标准化建设并保障建设质量，落实自主管理示范单位示范队建设要求，达标站队、企业级示范站队的申报。

各单位业务部门按照本单位业务，结合基层站队 HSE 标准化建设重点内容，依据有关法律法规、标准规范和规章制度，分领域、分类别、分队种建立完善基层站队 HSE 标准化建设标准。

基层站队应当从标准化管理、标准化操作、标准化现场和规范化风险控制等四个方面，对照建设标准，开展对标分析，针对差距和问题，落实改进计划，达到标准要求，提升 HSE 绩效水平，并提出达标评审申请。

4 创建内容

4.1 标准化管理

运行以“三三一册”为核心的标准化管理模式，大力推进基层“两个清单”，重点从责任落实、风险管控、岗位培训、检查考核四个主题开展标准化管理建设，完善基层队站全员 QHSE 积分制考核，做到管理依法合规、流程规范高效、文件资料简化，无明显管理缺陷，奋力实现最佳管理模式。

（1）责任落实：规范优化岗位安全生产责任清单，落实“一岗双责”，各岗位人员责任清晰、任务明确，照单履责、主动履责，努力推动“属地风险识别、问题隐患检查、违章行为制止”，从根本上解决问题、从系统上消除隐患、从本质上提升安全管理水平。

（2）风险管控：落实“四全”原则、“四查”要求，规范开展现场健康安全环境风险辨识评估和隐患排查治理，建立关键风险作业管控计划、岗位风险清单和隐患台帐，风险隐患识别全面，治理管控到位，岗位人员掌握，风险在控受控，推广“1+1+1+4”吊装作业监控、“11222233”拆搬安作业安全和“12345”检维修作业等管理模式。大力推进绿色低碳发展，加快形成资源节约、绿色可持续发展模式。

（3）岗位培训：规范开展员工上岗资格培训考核、岗位日常教育培训、外来人员教育培训，培训视频化，定期开展班组安全活动，各岗位人员持证上岗、能岗匹配、自主管理。

（4）检查考核：规范开展岗位巡检、交接班检查、日常检查、记分制考核，现场险情险兆和隐患问题发现及时、处置得当；严格落实班前识别风险，班中控制风险，交班提示风险，班后总结风险等四环节风险管控的 12 项具体工作；根据各岗位人员绩效情况，及时奖优罚劣，激励约束有效，严考核硬兑现。

4.2 标准化操作

深化以“两书一表”为核心的标准化操作模式，高标准引领，重点从基层常规作业、非常规作业、应急处置三个主题开展标准化操作建设，完善操作规程、作业方案、处置预案，做到关键操作程序、关键风险防控措施、关键应急处置措施卡片化、清单化、可视化，员工熟练掌握并严格执行规定动作，岗位无违章，基层队站杜绝一般C级事故，生产作业平稳受控，全力打造最受控作业。

（1）常规作业：建立完善常规作业操作规程及关键作业操作卡，形成作业程序3.0版本，工艺流程、操作步骤、操作参数准确可靠，风险提示明确，岗位规定动作执行到位，没有自选动作，生产作业运行记录规范、运行平稳可靠，废气、废水、废渣达标排放、合规处置。

（2）非常规作业：建立非常规作业和高风险作业清单，编制落实开停工、检维修、施工方案，严格作业许可，实施高风险作业预约、风险告知和区域挂牌，开展工作前安全分析，规范办理许可票证，落实能量隔离措施，严格现场监督监护，现场作业人员行为规范，完善吊装、高处、动火、试压等高危作业，拆搬安、压裂酸化、连油、钻机平移、大型检维修等联合作业风险管控措施，开展最受控作业劳动竞赛，作业风险受控，打造最受控作业示范队。

（3）应急处置：建立完善现场紧急突发情况应急处置预案和岗位应急处置卡，应急处置责任、程序、措施清晰完整，强化日常实战和模拟演练，紧急突发情况下，第一时间、第一现场处置迅速有效。

最受控作业的七个条件：无事故事件发生，违章隐患逐渐减少，设备操作规程和作业程序齐全可靠，员工培训有效，关键作业管控计划落实到位，风险控制工具自觉运用，作业方式科学改进。

4.3 标准化现场

完善以“一图一单”为核心的标准化现场，统一本质安全要求，重点从工作环境、设备设施、器具材料三个主题开展标准化现场建设，将最新成果应用，做到生产作业环境合规整洁、设备设施运行稳定可靠、工器具材料齐全完好，现场无明显隐患，尽力建设最美作业区域。

（1）工作环境：基层生产作业现场布局合理，安全间距符合要求，环境整洁卫生，病媒生物防治达标，控制传染病传播，标志标识规范齐全；安全文化宣传栏、文化角等规范设置，安全文化氛围浓厚。“发展决不能以牺牲人的生命为代价”“一切事故都是可以预防和避免的、防范胜于救灾”“杜绝生产安全亡人事故”和“班前识别风险、交班提示风险、班中防范风险、班后总结风险”四环节风险管控机制张贴上墙。

（2）设备设施：生产设备设施、职业病危害防护设施和健康设施、安全消防设施、环保设施配置齐全、性能完好、资料完善、运行维护保养到位，不带病运行；各种环境风险因素、职业健康危害因素达标管控、合规处置。

（3）器具材料：现场各种工器具检测合格、状态完好，定置定位摆放，各类物资材料分类分区规范摆放，标志标识齐全。

最美作业区域评选推广，“选马不如赛马”，项目部每周开展最美作业区域评选晾晒，二级单位每月进行最美作业区域评选奖励，公司每季度发布选票高、普遍认可的最美作业区域，并进行公司范围内示范推广。

4.4 规范化风险管控

在“二七”控制的基础上，重点推进清单管理，持续完善作业许可清单、上锁挂签清单，建立特殊作业清单和非常规作业清单，针对风险控制工具现场推进中存在的偏差，按照“简洁、实用、管用”的原则，结合本专业基层现场特点，推进以“作业许可”为核心的风险控制工具应用有形化。扎实推进关键作业安全管控计划，建立四色风险管控机制。基层队按队长（书记）、干部大班、班组长、岗位等分别管控四色风险，同时明确红色作业风险公司层面加强监管，红色橙色作业风险二级单位加强监管，红橙黄作业风险项目部（分公司）加强监管。

（1）风险控制工具运用有形化之作业许可。对作业许可清单进行张贴，定期更新，同时在值班房设置作业许可收集盒，对不同作业许可类型进行分类，保证收集盒内作业许可票据与作业许可清单相对应。

（2）风险控制工具运用有形化之工作安全分析。及时将工作安全分析内容录入手持终端，没有手持终端的，在值班房设置工作安全分析白板，用于手写工作风险及控制人员等关键内容或在公告栏公告工作安全分析表。

（3）风险控制工具运用有形化之安全观察与沟通。在值班房设置安全观察与沟通卡盒，便于员工取放、填写。

（4）风险控制工具运用有形化之上锁挂签。编制《上锁挂签图例》，明确作业内容、上锁点、上锁方式、上锁图示演示、责任人等内容，并将《上锁挂签图例》张贴在相关作业区域，制作安全锁具挂板，现场分类摆放锁具。例如：钻井现场应在司钻房、泵房、电控房和机房等位置进行张贴图示放置锁具。

（5）风险控制工具运用有形化之个人安全行动计划。队站主要领导个人安全行动计划应及时进行公示，在值班房张贴或者在门岗视频系统滚动播放。

（6）风险控制工具运用有形化之作业计划书。值班房摆放最新、优化的HSE作业计划书，各单位每月收集动态风险情况，并按模板要求汇总上报数据，公司将每月公示动态风险情况。

（7）风险控制工具运用有形化之四图评价。运行“四图评价分析”机制，定期采用“四图评价分析”法，分析画像本单位事故事件管理、违章隐患查纠、动态风险防范和短板要素改进情况。各单位每季度（月）开展一次分析、科级单位每月开展一次分析，分析结果要在及时通报，并纳入下步工作改进计划组织实施。

（8）风险控制工具运用有形化之四色图。同专业的作业现场风险提示图要融合四色风险分级管理要求、现场布置、逃生路线等内容，布置在入场醒目处。

5 结束语

高度重视自主管理示范单位示范队创建工作，充分认识提升HSE管理水平的重要性，主要领导负总责、分管领导牵头协调、其他班子成员分工负责的自主管理示范单位示范队创建工作组织领导体系，确定管理机构，明确专人负责，压实工作责任，形成一级抓一级、层层抓落实的工作合力。按照先试点、再推广的原则，周密部署推进计划，确立具有潜力并被普遍看好的建设队伍。要利用多种形式对自主管理示范单位示范队创建进行广泛宣传，确保员工全面理解建设意义，准确把握建设内容和工作要求，增强基层队站参与建设的自觉性、主动性和积极性。按照一定比例开展示范队站进行培育，总结推广示范站队HSE管理典型经验，发挥鼓励、激励的力量营造基层队站的“比学赶帮超”正向良好氛围。

相关术语与释义

（1）HSE“三标一规范”：标准化管理、标准化操作、标准化现场及规范化风险控制。

（2）工程思维：将安全工作贯彻于设计、管理、生产及经营等全部生产实践过程，科学并准确的评定生产安全风险特点及等级，就是工程思维。

（3）数学方法：根据风险评估判定的结果切实从组织机构、管理制度、工程技术、应急救援等多方面通过建立数据模型运用大数据分析提出改进方法有效管控各类风险，用的就是数学方法。

（4）三三一册：持续夯实制度、培训、绩效三个基础，严格实施“日、周、月”HSE管理三个流程，深入推进《安全管理手册》的运行。

（5）两个清单：岗位风险清单、责任清单。

（6）“1+1+1+4”吊装作业监控模式：1个吊车司机、1个吊装指挥、1个监控人员、4个司索人员。

（7）“11222233”拆搬安作业安全管理模式：一个办法是钻井队搬迁管理办法；一个流程是钻机拆卸安装流程图；两个作业计划书是钻井队搬迁作业计划书和运输承包商搬迁运输作业计划书；两

项整治是高处作业专项整治和吊装作业专项整治；两个视频监控是两点一线踏勘视频监控和吊车视频监控；两个考核是钻井队拆卸搬家安装考核评比办法和委托运输承包商管理及考核办法；三个责任是钻井队主体责任、项目部监管责任和委托运输承包商配合责任；三次例会是三个季度拆搬安例会。

（8）“12345”检维修作业管理模式：一个流程是检维修作业流程；两个清单是检维修分级管控清单和检维修上锁挂签清单；三个控制是检维修作业频次、检维修作业时段和检维修作业人员；四个关口是检维修作业许可、上锁挂签能量隔离、现场监管与旁站监督和启动前安全检查；五个叫停是人员状态不良、能力不足叫停，能量未隔离、未上锁叫停，工具不全、配件不到位叫停，偏离程序、为辨识风险叫停和自然、作业环节变化叫停。

（9）四环节风险管控：班前识别风险、班中防控风险、交班提示风险、班后总结风险。

（10）四环节风险管控的 12 项具体工作：班前识别风险主要是班前开展危害风险辨识、班前开展事故事件分享、班前开展对应规程培训，班中防控风险主要是班中落实制度规程和措施、班中实施巡回检查和监督、班中运用好风险控制工具，交班提示风险主要是提示作业中发生的异常情况、提示现场未整改的问题隐患、提示当班发生的险情与事件，班后总结风险主要是班后报告异常情况、班后分析问题隐患、班后总结经验教训。

（11）两书一表：整合岗位作业指导书、简化项目作业计划书、细化优化更新检查表。

（12）一图一单：融合四色管理、现场布置、逃生路线的布局提示图，以风险管控为核心的管理清单。

（13）二七：严格行为、物态隐患管理，推动以作业许可为核心的七+N 风险控制工具有形化。

（14）四图评价分析：指采用大数据多维度对比分析的方法，分析画像本单位事故事件、违章隐患、动态风险和短板要素，准确挖掘分析风险防控的不足，并采取针对性防范措施的一种管理工具。

① 事故事件分析应对事故事件发生的数量、时间、级别、类别、原因、工况等进行统计对比分析，找出事故事件发生根源，制定预防对策。数据信息来源：HSE 信息系统。

② 隐患违章分析应对违章隐患的查纠人、数量、分类、岗位、区域、时间等进行对比分析，理清违章隐患分布趋势，明确下一步治理方向。数据信息来源：公司 QHSE 一体化信息系统，目前来自生产安全预警系统。

③ 动态风险分析应对人员风险、设备风险、工艺风险、环境风险、管理风险等五类动态风险进行分析，找出阶段存在的高危风险，制定精准防控措施。数据信息来源：HSE 作业计划书。

④ 短板要素分析应对所有发现的问题按照 QHSE 管理体系标准指南的要素归类分析，找出体系运行的短板漏洞，深挖管理原因，落实整改责任，提出改进建议。数据信息来源：审核检查问题清单、分析报告。

（15）四色风险分级：安全风险等级是从高到低划分，分别为重大风险、较大风险、一般风险和低风险，分别用红、橙、黄、蓝四种颜色标示。

（16）三管三必须：管行业必须管安全、管业务必须管安全、管生产经营必须管安全。

（17）自主管理“八个特征”：基层单位在个人、组织和物态三个方面体现出八个典型特征，其核心则是以人为本。各级员工具有较高的安全意愿，拥有完整的知识与技能，养成了良好的行为习惯。组织把安全当作核心价值，并具有相应的机制倡导和鼓励各级员工在日常工作和决策中展示这种价值；组织模式充分体现出安全与工作的一致性，而不再将安全当作独立的一件事；组织持续地保持好的安全绩效，在日常工作实践中更加注重事前管理，主动寻找问题，并把问题当作改进和提高的机会。关键设备处于完好状态并能保持长周期运转，设备的综合利用率达到或超过设计的目标。工艺技术可靠性强，工艺、技术、风险控制标准持续提高。

火烧山油田低碳节能示范区建设探索与实践

易 敏　段晴枫　王昭华　房 文　杨富好　古丽曼·那扎尔别克　马文军

（中国石油新疆油田分公司）

摘　要　“双碳”背景下，新疆油田全力构建清洁高效的能源体系，坚持先“瘦身”再“健身”的理念，按照“以热替热、以电替电，能替则替、应替尽替”的原则，将火烧山油田打造成为节能低碳作业示范区。通过示范区建设积极探索新能源发展的新技术、新模式、新机制，建立节能绿色低碳发展的新标准、新机制，发挥示范引领作用，积累新能源建设及运行管理经验，为油田全面实现低碳转型奠定基础。火烧山油田结合特高含水开发及整装油田典型特点，依托资源优势，探索建设低碳节能示范区。以机采、集输、油气水处理、注水系统等全面能源调查为基础，明确将灰电与天然气作为替代目标，确定了“清洁替代、战略接替、绿色转型”三步走建设思路。结合油田用热特点，整体部署油田工艺优化改造、新能源技术现场试验，全面实施工艺流程再造、立体化节能、清洁热能替代。低碳示范区将节能和新能源技术与现有生产工艺深化融合，开展了先导性的光热在集输系统中试验应用研究。低碳示范区项目实施后，节约天然气 $1029.48\times10^4 Nm^3/a$，节约电 $452.3\times10^4 Nm^3$。折标煤 14247.96tce/a，2023 年碳排放强度由实施前的 $172kgCO_2$/吨降低至 $79kgCO_2$/吨，其中直接碳排放强度由 88 降低至 $18kgCO_2$/吨，降幅 79%，经济效益与社会效益凸显，为火烧山油田持续高效发展铺垫了很好的基础，将有力推动油田能源变革、绿色低碳转型。

关键词　低碳示范区；节能减排；清洁替代；多能互补；火烧山油田

为深入贯彻落实《中共中央、国务院关于完整准确全面贯彻新发展理念做好碳达峰碳中和工作的意见》和《2030 年前碳达峰行动方案》有关要求，中国石油天然气集团有限公司于 2021 年提出以“双碳”目标硬约束为导向的低碳转型发展路径，坚持“清洁替代、战略接替、绿色转型”三步走战略，力争 2050 年左右实现“近零排放”。中石油勘探与生产分公司 2022 年启动节能低碳示范区建设工作，保证示范区尽早实现能(源)达峰和碳达峰，促进企业“碳达峰、碳中和”和高质量发展。

新疆油田公司准东采油厂火烧山油田 2021 年耗电 2221.68 万千瓦时，消耗天然气 710.53 万方。火烧山油田属于太阳能资源很丰富区域，具有清洁替代条件，因此依托油区内太阳能资源丰富的有利条件，坚持先“瘦身”再“健身”的理念，按照“以热替热、以电替电，能替则替、应替尽替”的原则，将火烧山油田打造成为节能低碳作业示范区。通过示范区建设积极探索新能源发展的新技术、新模式、新机制，建立节能绿色低碳发展的新标准、新机制，发挥示范引领作用，积累新能源建设及运行管理经验，为油田全面实现低碳转型奠定基础。

1　火烧山油田基本状况与条件

火烧山油田位于新疆昌吉回族自治州吉木萨尔县境内，在国道 216 线 K443 处属卡拉麦里山自然保护区五彩湾景区，在乌鲁木齐市到阿勒泰市的 216 国道的路上。其面积有 10 平方千米，东面是五彩湾煤矿，西面是火烧山油田火烧山作业区。火烧山油田东南距吉庆油田约 170km，西北距彩南油田 52km，距克拉美丽气田约 90km，西南距北三台油田约 80km，西南距离乌鲁木齐市约 200km。

选取火烧山油田建设节能低碳示范区，主要原因有：(1)独立区块：火烧山油田区域位置相对独立，各项设备设施较为完善，油气集输主要采用“采油井口→计量站→集中处理站”的标准化密闭集输工艺流程，井场、计量站建有加热设施，用能集中，改造方便，具有较大的节能潜力；(2)清洁能源丰富：火烧山油田所在区域属太阳能资源丰富区域，开展光伏发电优势明显；同时为其他油田开展节能低碳示范区建设提供指导意义；(3)土地资源良好：火烧山油田所在区域地表主体为戈壁，植被较少，地势较平坦，周围无村庄、无建筑设施，附近交通条件较便利，且属于连片征地范围，无需新增征地费用。

2　各系统生产现状及存在问题

2.1　机采系统

火烧山油田现有抽油机井数 381 口，在生产 353 口井，采用 6~10 型游梁式抽油机，配 15~22kW 电机，吨液单耗 11.0kW·h/t，平均泵效为 41.5%，2021 年用电量 1280 万 kW·h。机采系统存在的主要问题是泵效低，主要原因是油田进入开发中后期，单井供液能力下降，现有举升参数过大。

2.2　集输系统

油气集输采用"井口→计量站→处理站"二级布站流程。井口及计量站加热均以天然气加热炉为主。单井出油管线为 D60×3.5 的 20#无缝钢管和 DN50 非金属管。井口天然气加热炉为 20kW 直燃式盘管炉，计量站加热炉为 150kW 水浴炉。火烧山油田目前产液量 3323t/d，原油含水率 83%，气油比 $74m^3/t$，进联合站温度 35℃左右。截止目前火烧山油田共有计量站 39 座，均采用水浴炉加热，采油井 381 口(加热油井数 253 口)。联合站原油处理规模 $35\times10^4t/a$，2021 年实际处理量 $16.95\times10^4t/a$，原油脱水采用"多功能处理+热化学沉降"工艺，净化油经管道输送至三台油库。

集输系统存在的主要问题是：(1)火烧山油田属开发中后期，含水由初期 30%上升至 83%。集输工况的变化导致部分井口加热炉、计量站加热炉无效加热，集输温度过高；(2)由于井口加热炉加热温度无法控制，产生加热过度现象，造成管线内结垢，部分单井产液量低(<5t/d)，集油管线长(>300m)，以及出油的不连续性，致使单井回压>1.5MPa，影响油井正常生产。

2.3　注水系统

火烧山油田联合站注水系统主要设施有注水泵房 2 座，$3000m^3$注水罐 2 座。现有离心泵 2 台，柱塞泵 6 台，目前注水流程：采出水系统或清水来水进注水罐后，注水罐出水通过已建供水管道进入注水泵中升压至 15MPa，通过已建分水器负责给油区注水井注水。目前火烧山油田配注量为 $4249m^3/d$，注水泵常规运转方式为 1 号离心泵和 5 号柱塞泵同时启用，注水量为 $4300m^3/d$，注水压力为 14~15MPa。新泵房 4 台柱塞泵单独为井口压力较低的 3 号线注水；老泵房 2 台柱塞泵和 2 台离心泵可为四条注水干线同时注水。目前负荷率 51.2%，系统效率 41.8%，注水用电标耗 $0.662kW\cdot h/(m^3\cdot MPa)$。

2.4　伴生气系统

火烧山油田联合站站内建有简易天然气除液装置 1 座，装置设计能力 $6\times10^4Nm^3/d$，采用注甲醇防冻、空冷、旋流分离工艺，处理后伴生气用于站内原油加热采暖及油区原油加热。集油区已建成完善配气管网，天然气由联合站返输至计量站及井口，用于原油加热。井区 2016-2020 年产气量较稳定，在 $3.92\sim4.58\times10^4m^3/d$ 之间。2021 年产气量 $4.2\times10^4Nm^3/d$，自用气量 $2.2\times10^4Nm^3/d$。

2.5　能耗及碳排放现状

火烧山油田主要包括机采系统、注水系统、集输系统。2021 年能耗为 1.2 万吨标煤，其中集输系统耗电 109.63 万 kW·h，消耗天然气 710.53 万方，占比 78.69%。2021 年火烧山油田生产总碳排放 3.01 万 t，其中直接碳排放量 1.48 万 t，碳排放强度 $168kgCO_2/t$，其中直接碳排放强度 86 千克 CO_2/t。根据火烧山产量预测，2026 年原油产量 31.79 万 t，生产总能耗 2.28 万 t 标煤，碳排放 5.66 万 t。

3 低碳示范区建设

按照先瘦身后健身的低碳建设思路，通过对油田机采、集输、注水系统各节点能耗及节能潜力分析，主要耗能单位为抽油机及集输加热系统。针对节能潜力点机采系统效率低、井口和计量站加热方式不合理的问题，开展抽油机提效及加热炉优化改造技术的研究。按照“效益优先”的原则进行多种技术及改造方案优选，完成方案总体设计、投资估算及经济效益评价，保证方案满足《石油企业节能技措项目经济效益评价方法》评价要求。再通过光伏发电等清洁能源替代化石能源消耗，进一步减少天然气消耗和二氧化碳排放，实现低碳排放。

3.1 机采系统提效改造

针对火烧山油田抽油机井泵效低于平均泵效 41.5%的 193 口井进行节能改造，预计可将火烧山油田抽油机井平均泵效提升到 50%以上，平均系统效率提高 5 个百分点，平均节电率 20%以上，预计年节电 256kW·h。

立足机采系统供排平衡关系，强化“产量不降，能耗最低”的设计理念，根据抽油井各项节能改造工艺的技术应用界限，结合当前抽油机机型以及机采系统抽汲参数，将不同产液量的油井进行分类治理，以达到不影响产量的条件下节能效果最大化。针对产液量低于 5t/d，抽油机冲次大于 5 次/min 的抽油机井，以及产液量介于 5~10t/d，抽油机冲次大于 5 次/min 且泵效小于等于 20%的抽油机井，使用机械调速节能拖动工艺，计划应用 10 口井。针对产液量低于 5t/d，抽油机冲次小于 4 次/min 的抽油机井，以及产液量介于 5-10t/d，抽油机冲次小于 5 次/min 的抽油机井，使用低成本智能间抽工艺，计划应用 57 口井。针对产液量低于 5t/d，抽油机冲次介于 4~5 次/min(包括 4 和 5)的抽油机井，以及产液量介于 5~10t/d，抽油机冲次大于等于 5 次/min 的抽油机井，使用慢速电机(双速)降速节能工艺，计划应用 119 口井。针对产液量高于 10t/d，泵效低于火烧山油田抽油机井平均泵效的油井，在检泵作业时，使用合理降低泵径的节能优化工艺技术，减小深井泵的理论排量，以达到提高泵效的目的。该工艺计划应用 7 口井。

3.2 集输系统优化改造

目前火烧山油田属于开发中后期，原油含水率较高(平均 85%)，根据集输工艺需求，可优化核减部分井口、计量站加热炉，节约天然气用量，达到节能降耗目的。

通过油田现场开展的常温集输试验、析蜡点分析及原油脱水等室内实验可以得出以下结论：(1)火烧山油田原油凝固点(12~26℃)高，析蜡点温度较高(26.2~32.4℃)，含蜡量较高(4.59~10.52%)，输送油温较低时就易造成管线结蜡，井口回压升高(>1.5MPa)，影响生产。(2)结合现场试验可知，当单井产液量<5t/d，管线长度>300m 时，会发生管线凝管现象。因此为保障正常生产，需开启部分远端井、计量站的加热设施。(3). 考虑到李晓华联合站后期将改造为密闭脱水流程，进站含水原油通过预脱水分离器后进入多功能处理器进行加热及脱除游离水，因此集油区原油进站温度只需满足高于临界粘壁温度 3~5℃即可。

火烧山油田现有油井 253 口加热，39 座计量站加热，利用 PIPEPHASE 软件建立模拟集输管网进行温度、压力计算。由管网模拟计算可知，需运行远端 83 井口加热炉及 12 座计量站加热炉，可满足联合站进站温度大于 23℃，远端井回压小于 1.5MPa 的要求。

对于集输工艺优化后仍需加热的单井，采用高效智能电加热装置替代老旧的燃气盘管炉，高效智能电加热装置采用了液体旋流原理，增加加热介质即在加热腔内流动的时间，以压力控制为主，温度控制为辅，提高了换热效率，达到降低电加热器用电量的目的。技术成熟可靠，已规模应用现场。具有以下特点：(1)装置采用螺旋盘管，不仅解决了折流板阻挡来液问题更有增压的效果；(2)装置分为上下两个腔体，来液与加热管不产生接触，通过超导液产生的蒸汽加热，更安全。由于设备为负压工作，加热系统温度不会超过 90℃，不会出现长时间干烧导致结焦结构的问题；(3)对于含气量较高的井口自旋流加热器加热效果更为明显，由于是螺旋盘管，不会产生天然气通过最短的距离迅速流出的情况，油气混合也不会导致原油长时间停留在加热腔内导致结焦结构，甚至管线冻堵。

4 新能源技术试验

从能源利用和现有技术的可行性来看，太阳能集热技术用于原油或储油预热，提高原油的管输能力以及在原油热采中利用大规模太阳能热系统对原油进行预热，是目前石油企业最现实可行的、利用太阳能实现节能的技术方案。但目前该技术在油田此方面的应用实例尚不算多。

国外研究方面，1984 年，澳大利亚太阳能公司成功完成了稠油管道试验。在太阳能充足的条件下原油温度可提高 40℃，夜间也可以提高 10℃；1998 年，约旦大学的 Badran 等对当地一家电厂进行调研，发现该电厂 5%的发电量用于加热燃料油以保持其流动性。为此他们设计了太阳能燃油预热装置用于燃料油加热，使得该装置能够将燃料油温度维持在 50℃以上；委内瑞拉一条长 32km 的稠油管道采用太阳能热二极管技术后输油温度从 28℃增加至 60℃，输送能力提高 17%；在科威特、印度尼西亚、马来西亚等国家和地区也建有太阳能加热示范管道。2011 年 2 月，贝瑞石油公司在美国加利福利亚建设了一个太阳能工厂用于提高原油采收率。国内研究方面，辽河油田兴隆台采油厂在国内率先应用原油集输太阳能加热节能系统，利用太阳能集热器，通过水/原油换热器实现高温水与低温原油之间的换热间接完成原油加热；淮建油田在 2009 年以“太阳能循环泵+电加热器加热”的模式在现场成功试验了太阳能加热集输工艺技术，并达到了一定的节能效果；江苏油田根据边远井站集油工艺特点，研究了原油集输太阳能加热系统对边缘井储油罐加热维温，尝试了“太阳能+辅助电加热系统”的供热模式，在多个集油站均取得成功，获得了良好的经济效益；长庆油田针对油田伴生气少、集油半径长、冬季回压高的井组，研制了撬装式太阳能井组加热装置，降低了传统加热能耗，保障了冬季正常生产。新疆油田目前暂无光热在集输方面应用的实例。

在“双碳”目标的引领下，光热技术得到了越来越多的关注和研究，尤其在储能和多能互补领域。合适的储能规模和多种能源综合利用可以一定程度解决单一光热不稳定、不连续的问题，使得光热技术适应性更强、适用面更广。随着科研力度的加大和行业竞争加剧，在市场的调节下，“光热”技术的成本将逐渐降低，同时随着天然气价格上升，油田用热清洁替代将具备经济可行性。

因此，我们开展了光热技术在油田集输工艺中的试验与研究，通过开展理论研究明确油田生产用热清洁替代工艺技术路线，研制光热+储热装置，通过本项目的实施，提高清洁能源在油田集输系统的利用率，减少化石能源利用，节能降耗，实现低碳环保目标，为新能源业务科学决策提供管理支持，助力油气田双碳目标顺利实现。

研究内容主要包括：(1)试验与研究光热技术的提温能力与效果；(2)试验与研究储热介质的储热量与油田生产需求的匹配性；(3)试验与研究光热技术在雨雪风沙天气的适应情况；(4)试验与研究光热技术的投入维护成本及收益情况；(5)试验与研究光热技术与现有工艺或电加热器多能互补的耦合性；(6)分析与研究光热技术在油田的推广应用前景。建设后力争实现计量站天然气用量降低至原来的 40%，清洁能源利用率达到 60%，年减少天然气使用 3.5 万方，节约费用 3 万元，减少 CO_2 排放 75t，为火烧山油田早日实现“双碳”目标奠定基础。

针对适应于油田场景的清洁替代工艺路线不明确及单一清洁热源难以满足供能需求等难点，通过开展光热技术优选、工艺路线定制设计、控制系统攻关等研究，形成了两项关键技术，在新疆油田率先完成了稀油站场光热利用示范工程建设。形成了低温光热耦合加热及混合热力控制等两项关键技术，其中低温光热耦合加热技术确定了“槽式光热”+“水箱储热”+“辅助电加热”的工艺，以集成数据监测、自动化控制的光热加热系统实现站场清洁加热，混合热力控制技术以混合热力控制系统通过储热水箱温度、回水温度等关键参数采集对加热过程进行控制切换，同时联锁控制水泵流量调节供热强度，运行过程中系统根据工况确定各加热装置的启停，满足系统变工况运行需求，并以“光-电-气”的优先级自动运行，实现能源优化利用。基于两个关键技术确定了稀油光热耦合加热利用的工艺路线，并研制完成一套适用于单井、站区及供暖等场所的“热-电-气”多能耦合加热系统。

2023 年在 37#计量站完成了先导试验。槽式集热器额定容量为 385KW，共 48 组，以 6 行×8 组放置，面积共约 1600m^2；配置 55t 储热水箱，并完成控制系统、机泵等的集成撬装，各系统可满足稀油集输需求，实现低碳运行。

运行6个月后，节约天然气2万方，消耗灰电量2.47万kW·h，站场清洁能源替代率达65.5%。该项目作为新疆油田公司首个稀油光热利用项目，探索了光热技术在油田平稳供应热力，多能互补耦合运行的利用模式，对油田实现清洁、高效、低碳生产有重大意义。项目论证了光热加热技术与电加热、气加热在集输工艺上的耦合性，积累了项目经验，为后期光热利用、清洁发展提供了技术储备。

该项目对于降低油气生产运行成本及生产过程碳排放，减少对传统能源的依赖及环境污染，促进油气生产提质增效绿色转型具有积极的促进作用。

5 节碳能效果测算

本工程项目节能量计算为机采系统提效改造、井口(计量站)加热方式优化及井口加热方式改造。机采系统提效改造方面，火烧山油田2021年抽油机用电量为1280×10^{4}kW·h，改造完成后节电率≥20%，年节约电量为256×10^{4}kW·h；井口(计量站)加热方式优化节能量测算，井区优化核减井170口，盘管炉平均耗气为1.6Nm^3/h，优化计量站27座，水浴炉平均耗气为7.1Nm^3/h，按照运行300天计，则单井、计量站节能量节约天然气量333.86×10^{4}Nm^3；井口加热方式改造节能量测算，83口井更换为20kW电加热器(平均每天运行12h)，按照运行300天计，年节约天然气量95.616×10^{4}Nm^3，年新增耗电量=7.2×83=597.6×10^{4}kW·h；放空气回收方面，李晓华联合站伴生气回收，年节约天然气量600×10^{4}Nm^3。

项目实施后，可节约天然气1029.48×10^{4}Nm^3/a，节约电452.3×10^{4}Nm^3。折标煤14247.96tce/a。项目实施后，火烧山油田2023年碳排放强度由172降低至79kgCO_2/t，其中直接碳排放强度由88降低至18kgCO_2/t，降幅79%。

6 财务分析与评价

本项目以更新设备、节能技术改造、提高管理、优化系统为手段，降低能耗、节能减排，提高能耗的利用率，增强企业的经济效益。本项目为改扩建项目，所以本项目财务分析按照“有无项目对比法”，在项目“增量”效益与“增量”费用估算的基础上，采用折现现金流量法进行评价，计算“增量”经济评价指标，判断项目的财务可接受能力。

成本测算方面，本项目实施后，年减少天然气消耗量-1029×10^{4}Nm^3，按天然气价0.715元/Nm^3(不含税)计算，本项目实施后每年节约天然气效益736万元。本项目实施后，年减少耗电量为452×10^{4}kw·h，按综合电价0.355元/kW·h(不含税)计算，本项目实施后每年节约电费效益161万元。维护费用方面，本项目年“增量”维护费用为74万元。折旧费方面，按直线折旧法计取，综合折旧年限为10年，残值率为0。经计算，本项目年均“增量”总成本费用为-527万元，年均“增量”经营成本费用为-823万元，即本项目实施后年均节能效益为823万元。

利润测算方面，本项目“增量”营业收入为0，根据西部大开发优惠政策，企业所得税税率2030年之前为15%，2031年及以后为25%。经计算，本项目年均“增量”利润总额为527万元，年均“增量”所得税为90万元，“增量”净利润为437万元。

综上所述，通过对现有基础数据的分析、计算，项目技措改造完成后年节能效益为823万元，“增量”项目投资财务内部收益率为18.41%，投资回收期为5.40年，项目实施技措后获得了较好的节能效益，经济效益与社会效益凸显，为火烧山油田持续高效发展铺垫了很好的基础。

7 结束语

火烧山油田作为注水开发示范性油田，目前已进入高含水开发阶段，注采规模大、能耗高，节能降耗工作效果显著，建设低碳示范区具有可复制、可推广的重要意义。低碳示范区坚持走“节能降碳、清洁替碳”之路。通过节能降碳，将新能源与传统能源融合发展，提高化石能源应用能效；

通过清洁替碳，探新能源应用场景，降低碳排放总量。打造新能源“试验基地、示范基地、实证基地”，探索与新能源相匹配、更先进的技术体系、更合理的管理模式，让发展、技术、管理“一体两翼”，为火烧山油田高质量发展注入新元素、新动能。准东采油厂以火烧山油田低碳示范区建设为契机，迈出了新能源建设重要的一步。通过不断探索与实践，加快推动能源变革、绿色低碳转型，早日实现净零排放。

参 考 文 献

[1] 王坤，李永新，刘伟．等，我国碳达峰碳中和图景与典型国家能源转型过程的对比分析与经验启示[J]．能源技术与管理，2023.

[2] 高菊桦．建立“立体节能”管理模式有效降低油田能源消耗[J]．数字石油和化工，2009.

[3] 薛道荣，岳建芝，韩成等．“光热+”清洁能源系统太阳能节能减排量计算方法分析[J]．中国建筑金属结构，2022.

[4] 蒋维东，油田能源管控建设实践[J]．石油石化节能，2023.

松南梨树断陷火山岩风化壳储层预测研究

于　雷　张　达　曹开芳　王　舒

（中国石化东北油气分公司）

摘　要　通过国内外多年的勘探成果表明，火山岩风化壳型油气藏是全球范围内一类重要的油气藏类型，风化壳对火山岩油气成藏具有重要意义，与岩相和岩性相比，风化壳更易形成有利储层且易高产稳产。与未风化的火山岩相比，经过风化改造的火山岩更易形成有利储集层和高产油气藏，因此火山岩风化壳的研究对指导火山岩油气勘探具有重要意义。本文通过野外剖面风化壳地质测量和数字化地质建模，建立了松辽盆地梨树断陷火石岭组火山岩风化壳典型识别标志、风化壳结构模式及地质-地球物理刻画方法，结合风化壳岩石物理研究成果，利用叠前反演方法预测了火山岩风化壳储层的分布。

关键词　火山岩风化壳；火石岭组；横波估算；叠前反演

梨树断陷是松辽盆地东南隆起区断陷期持续时间最长、地层发育最为齐全、沉积最厚、埋深最大、有机质演化程度最高的断陷盆地，营城组时期断陷面积1608km^2。盆地发育断陷层和坳陷层两套层系，断陷层厚0～8000m，埋深大、烃源岩演化程度高，坳陷层全区发育。本次研究区目的层为火石岭组火山岩，埋深2500～3500m，地层为多期火山喷发夹火山碎屑岩、碎屑岩交互叠置充填，火山岩岩性主要为安山岩。风化壳是研究区内的成储控制因素之一：一是喷溢相中基性熔岩，成因与其裂缝发育易接受风化淋滤有一定关系；二是接受风化淋滤时间，机构顶部及未被披覆并裸露地表区域风化程度高。从钻遇看，研究区内火山岩顶面均有10～100m的风化壳，钻井顶部表现为高AC、低DEN的38m风化壳特征。火山机构顶部局部与火石岭组顶面（T42面）重合，其上沙河子组有地层缺失，判断为沉积间断，因此该火山机构顶部存在风化剥蚀。根据已有井物性分析资料，风化壳储层孔隙度6.9%～17.8%，平均12.3%（26个样品）。

火山岩风化壳虽然可以作为一种优质储层，但如何通过地球物理方法对其进行表征和刻画是一项技术难题。主要存在问题有：①火山岩收到风化淋滤作用后，岩石骨架发生变化，常规地球物理参数无法与其建立明显关系；②火山岩风化壳厚度较薄，一般小于地震的调谐厚度，常规地震分辨率无法对其准确识别；③火山岩储层形成机理复杂、岩相和岩性变化快，有效储层预测多解性强。

针对以上难题，本文通过野外剖面风化壳地质测量和数字化地质建模，建立了松辽盆地梨树断陷火石岭组火山岩风化壳典型识别标志、风化壳结构模式及地质-地球物理刻画方法，结合风化壳岩石物理研究成果，利用叠前反演方法预测了火山岩风化壳储层的分布。

1　火山岩风化壳地质模型建立

本文对盆地边缘野外露头进行实地地质考察，总结火山岩风化壳的地质特征（图1），露头位于吉林省四平山门中生代火山地质公园。通过研究可以看出火山岩风化壳证实了火山喷发的长时间中断，火山岩遭受长期的风化和剥蚀作用，通常情况下，火山岩风化壳的顶界面是喷发间断的不整合界面。而由于火山受到雨水的渗透和冲刷的作用，会在火山岩风化壳内部形成一个与水平面近似平行的一个连续界面，该界面可以做为风化壳底界面的一个标志性界面。对野外露头考察资料进行数字化地质建模，可以更直观的了解火山岩风化壳的结构特征（图2）。

本文将四平山门的火山岩风化壳结构自上而下分为四层：粘土层、淋滤带、破碎带和母岩。粘土层风化淋滤蚀变作用强，成土状，以此生矿物为主，孔隙度几乎为0，属于非储集层。淋滤带风化淋滤蚀变作用强，岩石半破碎，溶蚀孔及裂缝发育，岩石结构完整性较差，孔隙度较高，能达到

20%左右，是主要油气储集层。破碎带风化淋滤蚀变作用较强，岩石半破碎，裂缝和孔隙较发育，岩石结构较完整，孔隙度较高，能达到12%左右，是次要油气储集层。母岩风化淋滤蚀变作用弱，几乎保持原始火山岩特征，以原生孔为主，是否为储层与自身岩性关系重大，通常情况下为非储集层。

图1 火山岩风化壳露头考察照片

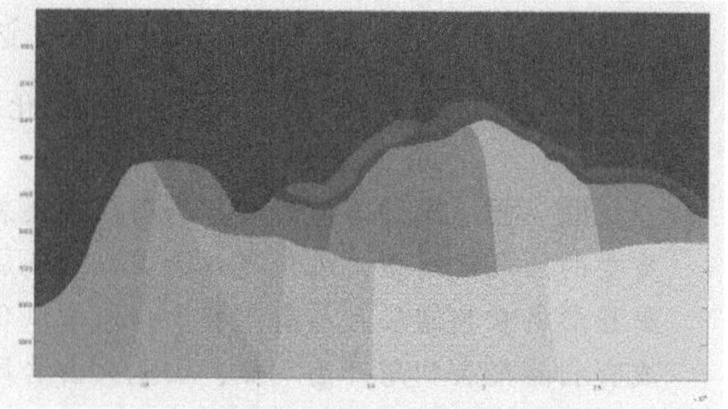

图2　火山岩风化壳露头地质模型剖面

2　火山岩风化壳岩石物理分析

2.1　原始曲线岩石物理效果分析

测井曲线是进行地震反演的基础资料，井-震标定、子波估算、低频补偿模型的建立与储层物性敏感参数优选等均以测井曲线为基础。高质量的测井曲线是建立合理的初始模型与正确的岩性剖面及获得准确的岩石物理分析结果的前提，研究区火成岩井段井眼较为规则，满足岩石物理效果分析和反演的需求。

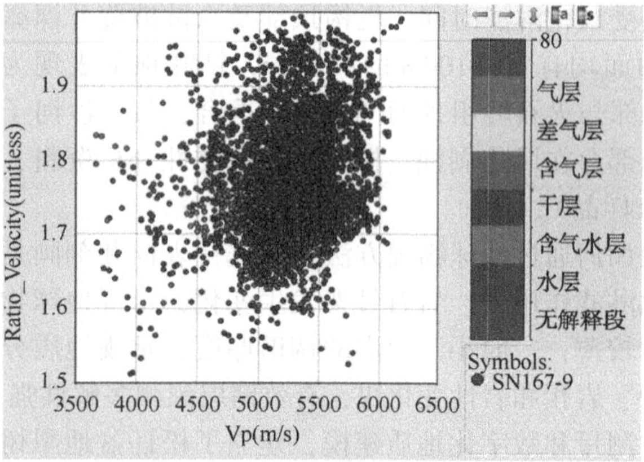

图3　纵波速度与原始纵横波速度比交会图

区域内有三口井进行了阵列声波测井，有原始横波测井曲线。但反演中常常用到的原始纵波、横波与纵横波速度比的使用效果却往往不理想，以最新的A井为例(图3)，气层的纵横波速度比与其它层混在一起。这是由于原始纵波与横波获取是一种过程导向的工作方式，结果的好坏必然受到每一个环节的影响，如测井质量受到井况、采集仪器的质量、标定和刻度以及采集人员水平等多方面影响，解释质量受到解释软件与解释人员处理解释经验的影响；此外火成岩构造较为复杂，是由多种不同矿物成分组成，加上火成岩大多属于低孔隙储层，孔隙在火成岩中占比权重较小，这就导致孔隙及孔隙中含气的异常反应对岩石整体的岩石物理参数影响较小，容易受到火成岩中矿物组分变化的影响。由于影响纵横波速度比的因素很多，岩性、孔隙度、含气饱和度、侵入深度、压实程度以及地层压力等等都会影响到纵横波速度比的变化，难以满足叠前反演含气性的要求，再加上工区内有横波测井的井也是少数，因此，绝大部分情况下叠前反演前都要进行横波估算工作。

2.2　区域内横波曲线估算

由于火山岩储层的非均质性，叠后波阻抗反演不能很好表征有效储层，因此一般采取叠前地震反演方法。叠前地震反演方法需要对纵横波速度和密度三个参数进行建模反演，这就需要单井上有偶极横波速度数据。而研究区内仅三口井进行了横波测井，但由于火成岩构造较为复杂，是由多种不同矿物成分组成，属于低孔隙储层，孔隙在火成岩中占比权重较小，这就导致孔隙及孔隙中含气的异常反应对岩石整体的岩石物理参数影响较小，容易受到火成岩中矿物组分变化的影响，导致原始横波及纵横波速度比对气层的分辨不敏感，因此，需要对岩石物理建模和横波预测后的估算曲线进行分析重点分析这口井的岩石物理特征，其余井基于这两井进行岩石物理建模和横波预测。

在做横波预测的时候需要选择合适的等效介质模型，由于常用的 Gassmann 方程和 Xu-White 模型仅适用于碎屑岩储层，因此我们采用针对多孔隙、多矿物模型，适用于火山岩储层的 Xu-Payne 模型进行横波估算。Xu-Payne 模型在碳酸盐岩中已经取得了较好的效果，而碳酸岩(carbonatite)主要是由碳酸盐矿物(体积分数>50%)组成的一种火山岩或侵入岩，在空间上和成因上与碱超基性杂岩体有关的、主要由碳酸盐矿物组成的火成岩。说明 Xu-Payne 模型应用在更广义的火成岩中同样适用。

Xu-Payne 模型是在 2009 年由 Xu 和 Payne 提出的。该模型以 Xu-White 模型为基础，首先进行基于加权平均法的密度重建，反演出矿物和流体的密度，构建出总孔隙度，再利用 K-T 理论和微分等效介质模型求取干岩石弹性模量；然后基于 Gassmann 方程计算饱和孔隙流体岩石的等效体积模量和剪切模量，并进一步计算纵波速度和横波速度。

该模型构建具体包括 4 个步骤：利用混合理论(例如 V-R-H 平均法)计算岩石多种基质矿物的等效模量；利用 Kuster-Toksoz 理论和微分等效介质模型(DEM)，将所有的孔隙加进系统以便计算干燥岩石骨架的体积模量和剪切模量；利用流体混合定律(例如 Wood 方程)计算孔隙流体的弹性模量；向孔隙系统中加入流体混合物(Patchy 饱和模型)，利用 Gasmann 方程计算饱含流体岩石的体积模量和剪切模量，并进一步计算纵横波速度和密度。

从交会图中可以看出经过 Xu-Payne 模型估算后的纵横波速度比对图中测井解释为气层的紫色区域与其它区域有了更好的分辨能力(图 4)。

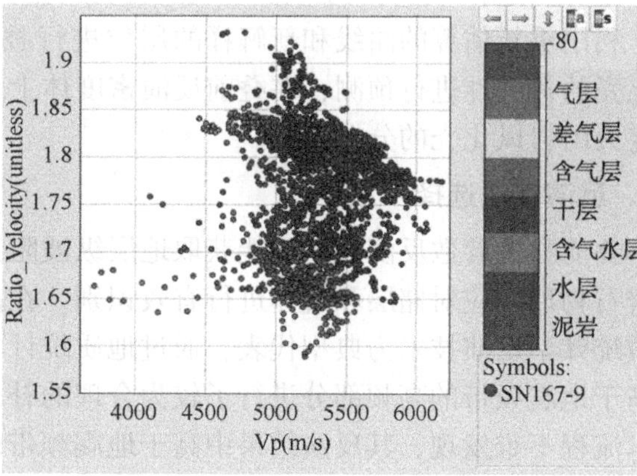

图 4 纵波速度与估算纵横波速度比交会图

3　地震属性特殊处理确定风化壳顶底骨架

火山岩风化壳虽然可以作为一种优质储层，但如何通过地球物理方法对其进行表征和刻画是一项技术难题。主要存在问题：①常规地震分辨率较低，无法准确判定火山岩风化壳顶底界面的分布位置；②火山岩风化壳的分布位置局限，横向变化较快，常规地震无法准确识别变化规律。

通过对野外火山岩风化壳地质露头进行实地考察，对露头进行地质模型的建立，通过分析火山岩风化壳顶面为一个不规则高低起伏界面。而由于火山受到雨水的渗透和冲刷的作用，会在火山岩风化壳内部形成一个与水平面近似平行的一个连续界面。在常规解释软件或反演软件(本次使用的 SMI 软件)中进行瞬时相位地震属性提取。调整瞬时相位属性的色标值域和显示方式，可以把地层的结构的骨架结构呈现出来。常规的地震瞬时相位属性剖面分辨率较低，剖面信息比较杂乱。通过对显示色标的调节，并与各井精确标定的结果相结合可以把火山岩风化壳的顶面和底面通过瞬时相位地层骨架线的显示方式展现出来(图 5)。把火山岩风化壳的骨架线位置调整与钻井火山岩风化壳位置一致，可以得到区域内火山岩风化壳顶面和平面的分布规律。把瞬时相位骨架线剖面上，找一个风化壳上部一个比较稳定的层位(本次选择的是一个泥岩的顶面)，对泥岩顶面进行层拉平处理，在层拉平剖面的火山岩风化壳内部找到与层拉平层位近似平行的骨架线范围，认为应该是火山岩风化壳底面的位置，与实钻井吻合情况较好(图 6)。利用地震瞬时相位属性地层骨架线显示技术，对火山岩风化壳顶面和底面进行解释和追踪，可以比较准确的确定火山岩风化壳顶底面的位置，为建立精确的反演格架模型打下基础。

通过上述技术方案，可以简单明了的分析得出火山岩风化壳的顶面、底面分布情况，准确的判定得出火山岩风化壳的顶面、底面的分布位置。只有确定了火山岩风化壳的顶面、底面的分布位置，才能确定储层纵向和横向的分布范围，对区域的气藏特征研究有着重大的地质意义。

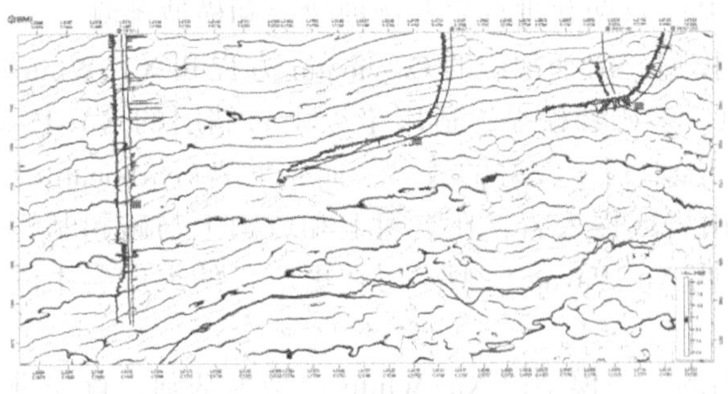

图 5 地震瞬时相位属性地层骨架线显示图

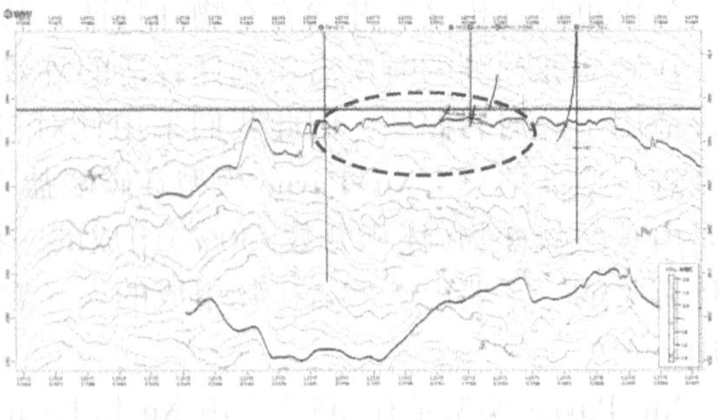

图 6 泥岩层拉平显示瞬时相位属性地层骨架线

4 火山岩风化壳叠前反演综合识别

利用重新估算的曲线和新解释的层位进行叠前波形指示反演。在叠前反演 VP/VS 体对火山岩风化壳的含气性进行预测，在叠前反演密度体上对孔隙度进行预测。利用两套结果互相验证，共同确定火山岩风化壳的分布范围。

4.1 反演算法选择

叠前弹性参数反演技术因能获取地层纵波阻抗、横波阻抗以及泊松比等多项弹性参数，进而依据岩石物理响应对储层和流体进行有效识别。在高分辨率叠前地震反演中，以近年发展起来的叠前地质统计学反演技术为典型代表，通过地质统计学理论与叠前同时反演理论的有机结合，反演结果对高于地震频带的高频部分进行了较为合理的补充。然而，仔细考察地质统计学反演的方法原理和技术流程不难发现，其反演结果中高于地震频带的高频成分主要来源于地质统计学模拟，高频成分的随机性受区域化变量的二阶平稳性、样本空间的数量和分布影响较大，实际应用中往往表现为无法拟合出吻合度较高的变差函数和先验概率密度函数。对于具有薄互层反射系数结构的地层而言，随机性较强的高频成分在反演的多个实现中容易出现差异较大的多种弹性参数结构组合，直接影响薄储层及其含油性预测的确定性和精度。

波形指示叠前地震反演方法解决了叠前随机反演高频成分随机性强的难题，利用叠前地震波形相似性代替传统变差函数优选随机模拟样本，由于样本共性结构的频带宽度高于地震频带，使随机模拟的中高频部分确定性大大增强，获得中低频可靠，高频逐步确定的叠前弹性参数反演结果。该技术在梨树 SN167 井区火山岩储层及含气性预测的应用中取得了良好的应用效果，提高了反演的分辨率，以便能够精细刻画火山岩风化壳储层的空间分布，为气藏精细描述和高效开发部署提供了更为可靠的依据。

根据本区岩石物理分析可知，含气性与纵横波速度比相关性较好，孔隙度与纵波相关性较好（图 7、图 8）。所以本区针对不同地质需求，分别采用不同反演参数表征储层的各种特征开展叠前弹性参数反演。

火山岩储层受风化改造作用的控制十分明显。孔隙发育程度与风化淋滤作用密切相关，淋滤作用不但可以使岩石破碎形成裂缝，也可以使岩石的化学成分发生显著变化，进而产生新的孔、缝、洞使储层物性变好。在火山岩内部，密度对孔隙度反映最敏感，根据电性特征识别中央构造带火石岭组火山岩有 4 口井发育风化壳，根据已知井岩心物性分析，风化壳孔隙度 6.9%～17.8%，平均 12.3%，测井曲线呈明显低密度的特征，储层物性越好，密度越低，密度越高，代表储层物性越差。所以本区采用叠前反演密度的方法，找到火山岩风化壳物性好的储层分布位置，有着可靠的理论基础。

地层中的气体使纵波速度降低，但由于横波不能在气体中传播，故对横波的影响很小。高孔隙度气饱和的储层具有异常低的纵、横波波速比，而且含气饱和度越高，纵横波速度比下降越明显，由此可以辅助常规解释判断气层。理论表明：纵波速度随含气饱和度增加而减小，横波速度随含气

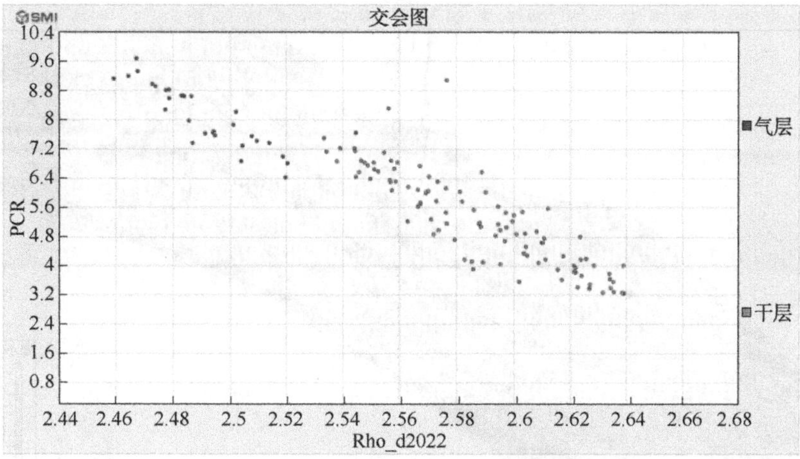

图 7　孔隙度与密度岩石物理交会图

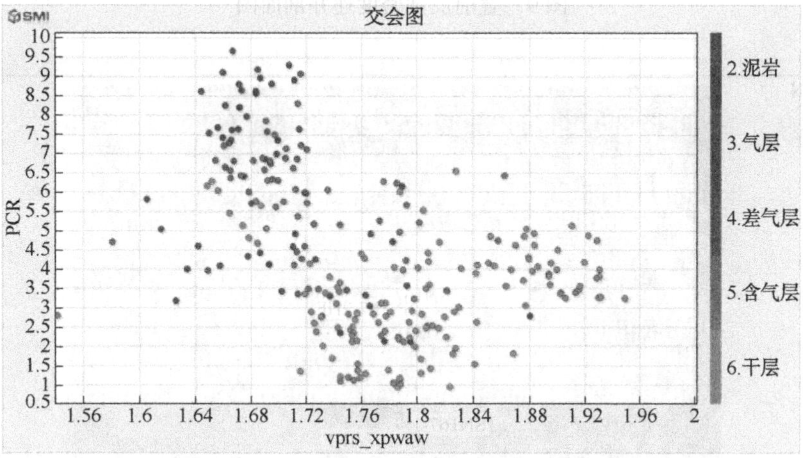

图 8　孔隙度与纵横波速度比交会图

饱和度增加而有增大的趋势，因此在含气地层中纵横波速度比要比饱和水地层小的多。由此可以利用 VP/VS 比来表征火山岩的含气性。由于该区火山岩储层充注程度低，常规火山岩储层偏致密，只有物性较好的火山岩风化壳储层含气性较好，所以可以利用该参数间接表征火山岩风化壳的分布范围，直接表征储层"甜点"位置。

4.2　叠前密度反演风化壳孔隙度预测

根据孔隙度与密度的岩石物理交会图(图 7)可以看出，二者存在明显的负线性相关关系。密度 2.53g/cm^3，孔隙度大于 6%为有效储层。所以本区采用叠前反演纵波速度反演对火山岩风化壳的物性进行预测，用来表征风化壳淋虑带高孔隙储层。

通过叠前密度反演的过井剖面可以看出(图 9)，预测结果与钻井吻合程度较好，密度的红色低值区与井上的红色孔隙度曲线对应较好，基本能反应本区火山岩风化壳储层的物性分布规律。有效储层位于火山岩中上部，层状分布，断层对储层不起分隔作用。利用叠前密度反演结果，计算井区密度最小值分布(图 10)，可以预测火山岩风化壳淋虑带高孔隙储层的平面分布范围。

4.3　叠前 VP/VS 反演风化壳含气性预测

岩石物理分析：气层纵横波速度比越低含气性越好，且与孔隙度呈负相关，差气层纵横波速度比一般小于 1.74(图 8)。所以本区利用叠前反演 VP/VS 结果对火山岩含气性进行预测。

通过叠前 VP/VS 反演的连井剖面可以看出(图 11)，预测结果与钻井吻合程度较好，反演红色区域为 VP/VS 低值响应特征，与井上的红色气测曲线对应关系较好。有效储层位于火山岩中上部，层状分布，断层对储层不起分隔作用。松南 167 区块火石岭组火山岩整体含气，中高部位含气层厚度较大(图 12)。

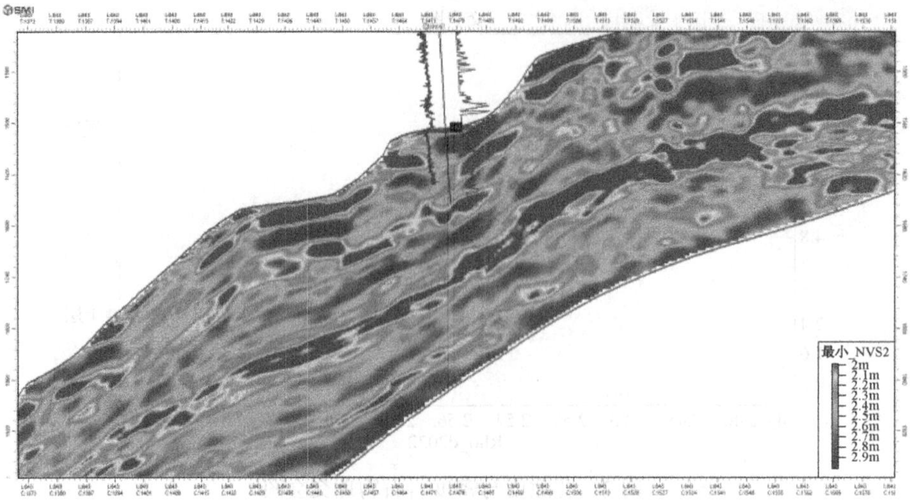

图 9　叠前反演密度连井剖面图

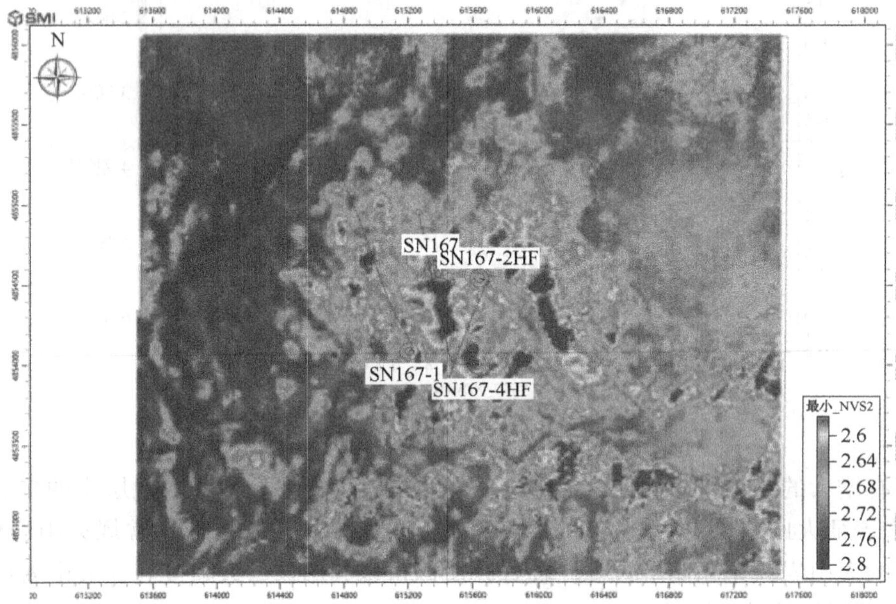

图 10　火山岩风化壳叠前反演密度最小值分布图

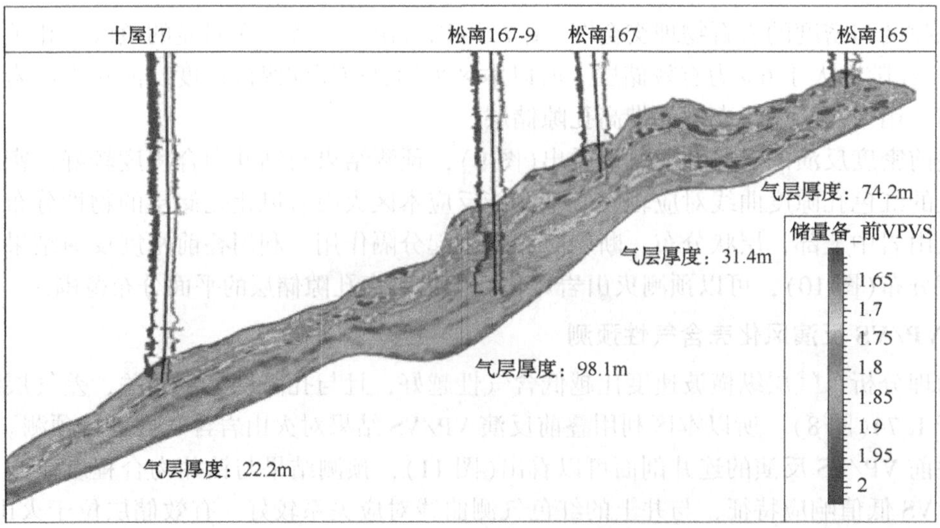

图 11　叠前 VP/VS 反演连井剖面图

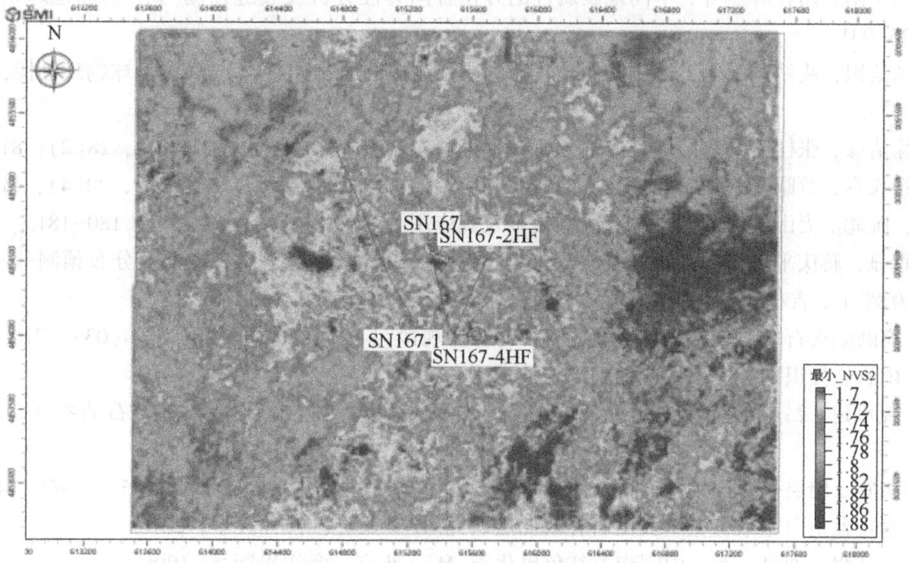

图 12　火山岩风化壳顶面叠前 VP/VS 最小值分布图

在叠前 VP/VS 反演体上提取火山岩层段间 VP/VS 门槛值小于 1.74 的地层厚度，实现了对松南 167 井区火山岩储层含气面积和含气厚度的定量刻画，预测吻合率达到 86.7%。利用叠前密度反演和叠前 VP/VS 反演两套结果互相验证，共同确定火山岩风化壳的分布范围。

5　结论及认识

基于上述研究，总结出了两点创新方法：

（1）形成了一种利用测井约束定量预测火山岩风化壳平面展布的方法，把测井曲线引入到改进后的火山岩风化壳骨架的计算公式对横波曲线进行重新估算得到新的 VP/VS、DEN 曲线，估算的纵横波速度比（Vp/Vs）可以将其中含气好的储层区分出来。再利用瞬时相位骨架线显示技术，解释出火山岩风化壳的顶面和底面的大致分布范围。最后利用重新估算后的曲线和新解释的层位进行叠前波形指示反演。在叠前反演 VP/VS 体和叠前反演 DEN 体上可以刻画出火山岩风化壳的分布范围。

（2）找出了一种利用地震属性特殊显示方法预测火山岩风化壳顶底面位置的方法可以把地层的结构的骨架结构呈现出来；最后把火山岩风化壳的骨架线位置调整与钻井火山岩风化壳位置一致，可以得到区域内火山岩风化壳顶面位置和平面的分布规律。对层位进行层拉平处理，找出与该层位近似平行同时也符合火山岩风化壳底面地质特征的火山岩风化壳骨架线，将其作为火山岩风化壳的底面，得到火山岩风化壳底面的分布情况。

本方法通过改进的火山岩风化壳骨架计算公式得到精确度更高的纵波曲线、横波曲线和密度曲线；并通过地震瞬时相位地层骨架线显示技术对火山岩风化壳的顶面和底面进行解释，得到更加清晰的火山岩风化壳的层位；最后再结合所述纵波曲线、所述横波曲线、所述密度曲线和所述火山岩风化壳的层位进行叠前波形指示反演，计算方法简单，能够精确预测出火山岩风化壳的储层展布，为后续石油勘探提供更加准确的指导，从而提高采油率，在火山岩风化壳类储层预测方面有比较广泛的应用前景。

参　考　文　献

[1] 侯连华，罗霞，王京红，等．火山岩风化壳及油气地质意义——以新疆北部石炭系火山岩风化壳为例[J]．石油勘探与开发，2013，40(3)：257-265.

[2] 徐淑娟，赵泽辉，姜晓华．等．松辽盆地中生代火山岩地球物理特征及分布预测[J]．非常规油气，2016，3(3)：28-37.

[3] 郭振华，王璞珺，印长海．等．松辽盆地北部火山岩岩相与测井相关系研究[J]．吉林大学学报(地球科学版)，2006，36(2)：207-214.

[4] 王洪求，杨午阳，谢春辉．等．不同地震属性的方位各向异性分析及裂缝预测[J]．石油地球物理勘探，2014，49(5)：925-931.
[5] 侯伯刚，杨池银，武站国．等．地震属性及其在储层预测中的影响因素[J]．石油地球物理勘探，2004，39(5)：553-338，574.
[6] 王开燕，徐清彦，张桂芳．等．地震属性分析技术综述[J]．地球物理学进展，2013，28(2)：815-823.
[7] 张延玲，杨长春，贾曙光．地震属性技术的研究和应用[J]．地球物理学进展，2005，20(4)：1129-1133.
[8] 斯琴高娃，阮聪．火山岩有效储层综合预测技术及其应用[J]．勘探开发，2017，1：180-181.
[9] 何辉，孔垂显，蒋庆平．等．准噶尔盆地西北缘二叠系火山岩储层裂缝发育特征及分布预测——以金龙 2 井区佳木河组为例[J]．吉林大学学报(地球科学版)，2015，45(05)：1278-1288.
[10] 宋鹏．王府断陷火石岭组火山岩储层裂缝特征与分布规律[J]．世界地质，2015，34(03)：716-725.
[11] 张莹．火山岩岩性识别和储层评价的理论与技术研究[D]．长春：吉林大学，2010.
[12] 贾跃玮，魏水建，吕林．应用地震纵波方位各向异性定量预测火山岩裂缝[J]．石油物探，2014，53(04)：77-483.
[13] 高霞，谢庆宾．储层裂缝识别与评价方法新进展[J]．地球物理学进展，2007，22(5)：1460-1465.
[14] 黄玉龙．松辽盆地白垩系营城组火山岩有效储层研究[D]．长春：吉林大学，2010.
[15] 黄镇国，张伟强，刘磊．等．中国南方红色风化壳[M]．北京：海洋出版社．1996.
[16] 迟唤昭．松辽盆地徐家围子断陷营城组火山岩风化壳及其储层预测[D]．吉林大学，2016.
[17] 印兴耀，曹丹平，王保丽．等．基于叠前地震反演的流体识别方法研究进展[J]．石油地球物理勘探，2014，49(1)：22-34.
[18] 段南．叠前地震波形指示反演在薄互层预测中的应用[J]．地球物理学进展，2019 ，34(2)：523-528.
[19] 管路平．地震叠前反演与直接烃类指示的探讨[J]．石油物探，2008，47(3)：228-234.
[20] 郭振华，王璞珺，印长海．等．松辽盆地北部火山岩岩相与测井相关系研究[J]．吉林大学学报(地球科学版)，2006，36(2)：207-214.

油气钻探企业与低碳新能源融合发展思考与启示

李 辉[1,2] 于佩航[1,2] 张 健[1,2] 张 兰[1,2]

(1. 中国石油集团川庆钻探工程有限公司安全环保质量监督检测研究院；2. 四川科特检测技术有限公司)

摘 要 随着全球气候变化和能源转型的紧迫性日益增强，石油公司和石油工程技术服务公司(油服公司)正面临重新定义其业务战略和发展方向的挑战。石油公司在低碳转型中采取了多元化策略，通过投资可再生能源、生物燃料、氢能等新能源领域，同时加大技术研发和低碳业务布局，以期在能源转型中保持其市场地位。相比之下，油服公司更倾向于利用其在石油和天然气领域的专业技术和经验，在低碳能源发展上专注于CCUS和地热能等与主营业务相关的新能源技术。其战略重点在于通过技术创新提高现有业务的效率，并减少环境影响，同时探索新的业务机会。针对油服行业中的钻探企业，本文建议加强与石油公司合作共同开发CCUS技术以减少碳排放。同时应积极探索地热资源开发利用，并为地热能开发提供技术支持。此外还应关注可燃冰等新兴能源的开发，这些具有巨大潜力但也面临着技术和环境挑战。因此，石油公司与油服公司在低碳新能源发展上的战略差异反映了各自在资源、技术和市场定位上的不同。通过深入分析这些差异，并结合实际情况为油服行业提供有益指导与建议，在低碳经济中进行转型与发展将变得更加顺利。

关键词 钻探企业；低碳；新能源；石油公司；发展分析

随着《巴黎协定》的签署，油气行业应对气候变化的步伐加快并承担了主要责任。近几年受新冠肺炎疫情、俄乌冲突、油价波动和能源转型影响，传统油气行业投资与利润持续缩减，低碳和新能源行业投资逆势增长。各大型石油公司与油服公司均制定了碳减排碳中和目标，并不断进行战略调整以争取更大生存空间。大型石油公司加大了低碳和新能源业务的投资力度，同时提高了对低碳技术的研发投资与商业化应用的重视程度，重点拓展氢能、可再生能源、CCUS及储能电池领域。油服公司则依赖传统技术优势，通过调整业务组合、变更组织架构、成立研发机构等方式积极拓展新领域。因此，各不同领域石油企业侧重点均不一样。

1 石油公司与油服公司低碳新能源发展区别

石油公司与石油工程技术服务公司由于其业务领域与发展模式等均不同，因此对于低碳和新能源存在不同的发展规划。在战略发展重点方面，油服公司更注重技术服务在传统油气领域的优势，以及如何将这些优势应用于新能源领域。而石油公司则更关注新能源领域的投资机会、市场规模及盈利前景；在发展路径方面，油服公司更倾向于通过研发新技术、提高效率来降低成本，以此提高自己在新能源市场的竞争力。而石油公司则更注重通过并购、合作等方式扩大自己的新能源业务，以及通过政府补贴和政策支持来降低风险；在资源分配方面，油服公司在新能源领域的资源分配上相对较少，主要依赖于自身在传统油气领域的积累。而石油公司在新能源领域的资源分配上则更为积极，不仅关注现有业务，还积极寻找并开发新的资源；在技术研发方面，油服公司在技术研发方面具有较高的优势，由于其专注于油田技术服务，对新技术的接受和应用更为迅速。然而，由于其业务范围的限制，油服公司对新能源技术的研发和应用往往局限于石油和天然气领域的替代能源。而石油公司在技术研发方面则更注重氢能、可再生能源等多元化发展，积极探索适合自身业务的新能源技术；在投资决策方面，石油公司在新能源项目的投资决策上更具优势，由于其拥有雄厚的资金实力和完善的投资决策体系，石油公司可以更加迅速地进入新能源市场并进行大规模投资。而油服公司在资金和投资决策方面的能力相对较弱，导致其在新能源市场的竞争中处于不利地位。

2 大型石油公司低碳新能源发展战略

目前大型国际石油公司如沙特阿美、bp、壳牌、道达尔、雪佛龙等均在碳中和浪潮之下作出节能减排承诺，同时不断实施新举措。虽然在节能减碳的道路上各家公司最终目标一致，采取的措施也相差无几，但侧重点有差异。沙特阿美作为全球最大的石油生产商和出口商同样积极寻求转型和发展。在氢能和CCUS方面，沙特阿美计划到2030年，每年生产1100万吨蓝氨。相比较于氢能，蓝氨由氮和蓝氢制成，更易于储存和运输。其中蓝氢从化石燃料中提取，同时配备CCUS技术，实现了低碳制氢。该公司计划到2035年，每年捕获、利用或储存1100万吨二氧化碳当量，如图1所示为沙特阿美公司CCUS提高采收率项目模拟场景。

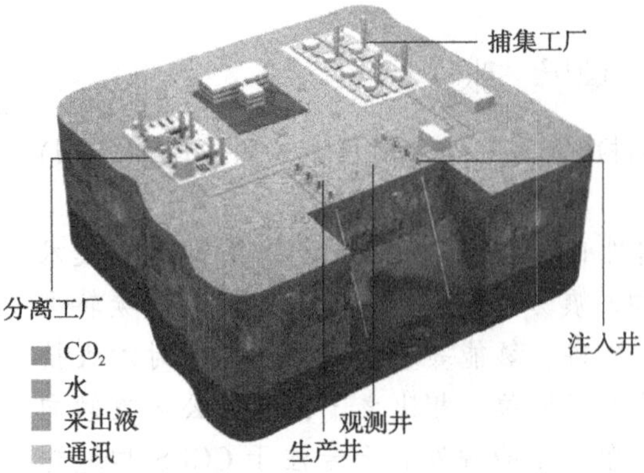

图1 沙特阿美公司CCUS提高采收率项目场景

而在CCUS上有较大投入的壳牌，其目标是到2035年每年增加2500万吨的碳捕获和储存能力。另一方面，海上风电也已成为壳牌关键的增长领域。依托深水开发方面的技术专长推进浮式风电项目的发展，壳牌在运及在建的海上风电装机容量已超过2.2吉瓦。同时通过捕获和分析有关浮式技术性能及特征方面的数据，为浮式风电项目商业化运作铺平道路。

道达尔公司积极推进可持续能源项目，如电力、生物燃气、氢能等，以此来满足市场对能源的需求。截至2023年，道达尔能源公司的可再生能源发电总装机容量为18GW。该公司计划到2025年，可再生能源和储能的总生产能力将达到35GW，到2030年将达到100GW，目标是跻身世界五大风能和太阳能发电商之列。相对而言，沙特阿美计划到2030年，投资产生12GW的太阳能和风能，其力度相对较小。

在2023年《bp世界能源展望》中，其将全球能源未来概括为四大趋势，分别是油气作用下降、可再生能源快速扩张、电气化程度提高以及低碳氢使用增多，如图2所示。到2050年，化石能源在一次能源中的占比在三种情景下都会下降，从2019年的80%左右下降为2050年的55%~20%。风能、太阳能、生物能源及地热能等可再生能源的迅速扩大将抵消化石能源作用的减弱，其在一次能源中的占比将从2019年的10%左右提升至2050年的35%~65%，如图3所示。终端能源消费约20%是电气化的，在三个展望情景中，2050年这一比例会上升到35%~55%。低碳氢也能在某些方面发挥作用，尤其是在那些难以电气化或电气化成本高昂并难以减排的工艺流程中。

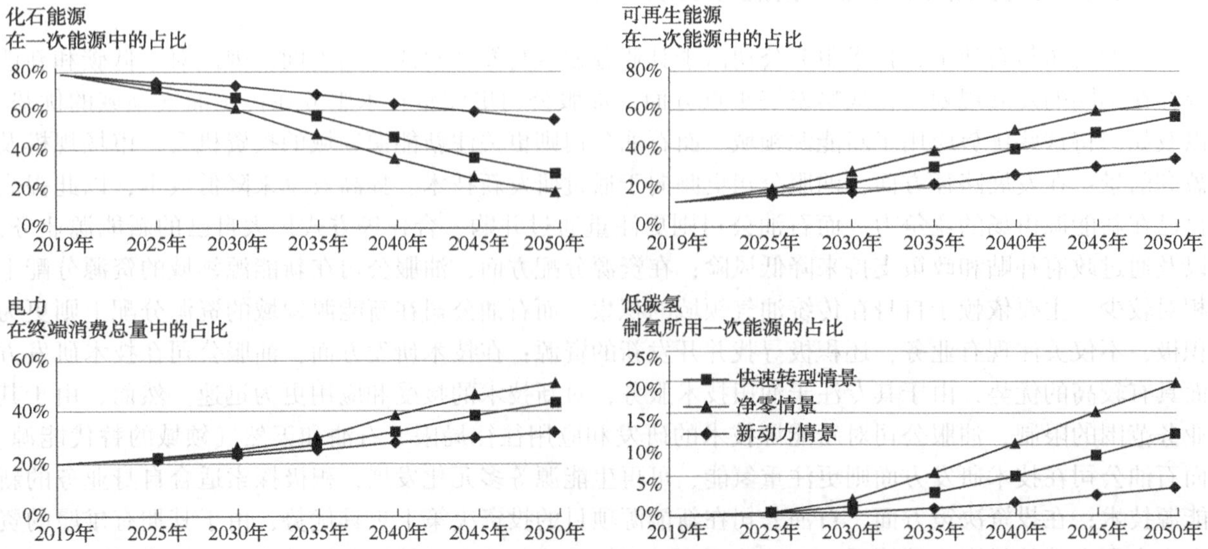

图2 全球能源未来四大趋势

资料来源：《bp世界能源展望(2023年版)》。

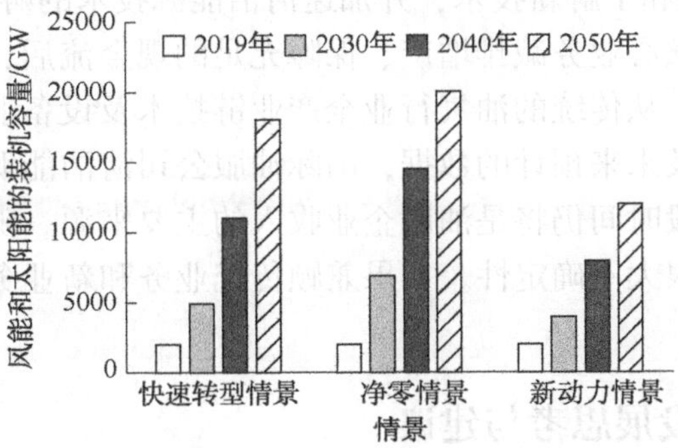

图 3　2019—2050 年风能和太阳能装机容量变化趋势图

但值得注意的是，bp 公司在 2023 年对未来油气产量计划和减排目标进行了部分回调，放慢了能源转型的节奏。而雪佛龙对股东大会提出的有关气候变化相关的多项提案和决议进行了否决，其拒绝了新增能源转型目标或措施。因此，各石油公司开始注重能源转型的有序性。

3　国际油服公司低碳新能源发展战略

斯伦贝谢、贝克休斯、哈里伯顿等三大国际油服公司同样在积极拓展应对行业转型趋势，在深化传统油服业务与技术的基础上，主动探索低碳新能源发展模式，并制定了碳减排目标，如表 1 所示。斯伦贝谢主要聚焦五大领域技术：碳解决方案、氢气、地热和地质能源、储能以及关键矿物。目前，斯伦贝谢所涉及 CCUS 技术相关项目数量已达到 30 个，联手雪佛龙、微软等企业联手开展“一项开拓性的生物能源与碳捕获和封存(BECCS)项目”。在氢能和电池领域，斯伦贝谢分别成立清洁氢气生产技术企业 Genvia 及通过其合资企业 NeoLith Energy 建立锂提取厂，主要专注颠覆性电解剂技术的开发以及电池材料领域。另外，其新能源公司与热能合作伙伴(TEP)成立地热项目开发公司 STEP Energy，该公司首个项目是 10 兆瓦尼维斯地热发电项目，可为尼维斯岛提供 100%的零排放可再生能源，如图 4 所示。

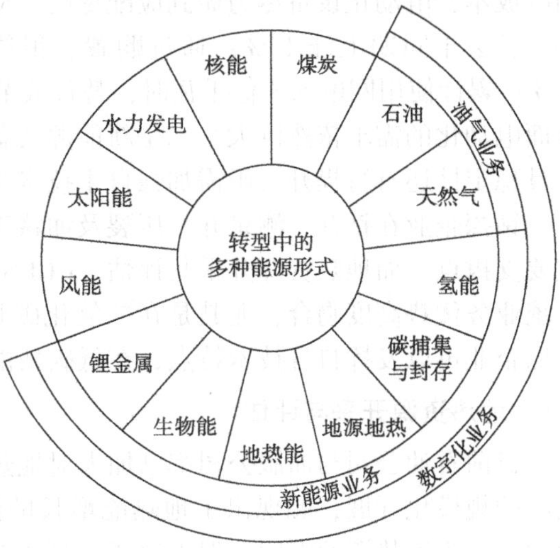

图 4　斯伦贝谢三大业务板块所涉及多种能源形势

表 1　三大国际油服公司碳减排目标

公司	减排目标
斯伦贝谢	2021 年 6 月承诺到 2050 年实现净零碳排放；以 2019 年为基准，到 2025 年将范围 1 和范围 2 的温室气体排放量减少 30%；到 2030 年将范围 1 和范围 2 的温室气体排放量减少 50%，范围 3 的温室气体排放量减少 30%。
贝克休斯	2019 年 1 月承诺到 2050 年实现净零排放；以 2012 年为基准，到 2030 年将范围 1 和范围 2 的二氧化碳当量排放量减少 50%。
哈里伯顿	以 2018 年为基准，到 2035 年将范围 1 和范围 2 的排放减少 40%，持续跟踪并减少范围 3 的温室气体排放。

资料来源：根据各公司公开资料整理。

注：范围 1 指企业生产运营中直接产生的排放；范围 2 指企业生产运营中间接产生的排放；范围 3 指企业产品销售过程中涉及的排放。

贝克休斯作为起步最早的三大国际油服公司，其重点关注优势领域 CCUS 以及氢能。贝克休斯先后与 Horisont Energy、三星工程公司合作开发 CCUS 项目，并投资生物甲烷化技术公司 Electrochaea，提高碳捕集与利用技术。而哈里伯顿长期以来看重北美钻井和完井业务，大力推进油气生产数字化转型，在低碳领域行动较少。2021 年 2 月，哈里伯顿将三家清洁能源初创公司纳入公司“清洁能源加速器"计划，为接触和了解新技术，并加速清洁能源技术的孵化。

因此，在稳步推动油气核心业务减排增产、保障充足的现金流后，国际油服公司正在积极投资布局低碳领域新技术新业务，从传统的油气行业全产业链技术及设备服务企业，向能源技术服务企业转型。但是，根据目前以及未来预计的数据，国际油服公司清洁能源业务收入对其来说仍占少部分。传统业务在未来很长一段时间仍将是油服企业收入的主要来源。随着全球各国可再生能源占比的提升，未来能源市场存在很大不确定性。如果兼顾传统业务和新业务，可以抵消能源市场波动时的风险。

4　钻探企业低碳新能源发展思考与建议

与国外油服公司相比，钻探企业作为油服领域的重要支柱，新能源业务尚处于起步阶段。工程技术服务在新能源业务虽具备一定基础，但当前地热、CCUS 等新能源服务市场均处于发展初期，工作量难以支撑专业化技术服务团队，关键核心技术还有待进一步提升。高温地热、干热岩井施工难度大，工具稳定性不足，CO2 干法压裂集输、注入、返排和回收再利用技术难题需持续攻关，一体化总包和合作研发尚需创新模式，低成本开发面临挑战。

另一方面，装备工具配套更新不足。一是推进生产用能清洁替代，提升电气化率需要进行大规模的装备电动化改造，通过积极探索现场发电、大功率储能等新模式，提升供电质量，更好地节约用电成本，电动化设备尽力做到应配尽配、应用尽用。截至 2024 年 4 月底，累计动用节能钻机 574 部，较去年同期上涨 15%；通过购置、租赁等形式，动用电驱压裂橇 252 部，较去年同期上涨 17%；累计使用网电 5.8 亿千瓦时，替代或节约柴油 15.6 万吨，减少碳排放 31 万吨，清洁用能和全面电动化的需求依然巨大。二是新能源装备适应性需要加强，高温地热、干热岩所需专业化高温工具稳定性还有待提升，亟需加强自主技术工具研发储备。

钻探企业在钻井、测录井、压裂及油藏工程等方面拥有深厚的专业技术，是低碳新能源转型的重要支撑点。而地热资源开采与评估、CCUS 技术与产业、可燃冰开发等领域所需技术与钻探企业传统业务优势高度吻合，尤其是在二氧化碳封存和开发地热资源等方面具有明显业务优势。因此，钻探企业可以发挥自身技术特点，在低碳新能源领域发掘新的经济增长潜能。

4.1　地热资源开采与评估

目前石油公司与油服公司都已加大对地热投入，尤其美国、印尼、土耳其、冰岛等国对地热能发电的规模化开展，展现出了地热能增长的潜力。截至 2022 年，全球地热发电装机量 16000MW，而中国作为地热资源大国，但占比还不到 1%，其中蕴藏巨大的发展潜力。结合钻探企业优势，一是对枯竭油田中的废停井进行评估，对于具有地热井开发条件的中深层井，可重新焕发其潜能，实现废物再次利用；二是利用超临界二氧化碳取代水作为换热介质，去提取地热能发电。在开发地热能的同时，还能实现二氧化碳的利用和地质封存，实现地热能和 CCUS 技术的协同发展；三是探索新型地热能开采与取热技术，开采方面针对干热岩、水热等不同类型地热资源探索对应先进钻探技术。在取热方面，深入挖掘先进技术如重力热管取热技术等，进而结合钻探企业自身技术优势，进一步开拓地热资源开采领域。

4.2　CCUS 技术与产业

CCUS 是碳中和绕不开的路径，钻探企业的 CCUS 储层改造技术可以对二氧化碳百分百地质封存，可实现 CCUS 工业化开发和碳驱油碳埋存。另外，在二氧化碳高效捕集纯化、全过程低成本防腐、油藏工程设计及调控技术、二氧化碳注入工艺及碳储存监测技术等方面均可寻求突破。

4.3　可燃冰开发

可燃冰作为燃烧值高、清洁无污染的新型能源，分布广泛而且储量巨大。我国从 1995 年开始对于海洋可燃冰的开展研究，并于 2007 年 5 月成功获取了可燃冰实物样品。"蓝鲸一号"海上钻井平台已具备可燃冰全流程试采核心技术，并取得突破。那么，钻探企业可发挥特长优势，在水合物区海底地质勘探及井位设计、泄漏检测技术、降压技术等方面加强突破力度，逐步解决可燃冰开采过程中由于分解从而导致甲烷泄漏等问题。

5 结论

石油公司和油服公司在融合低碳新能源方面各自具有优势和特点，石油公司更注重规模和资源的利用，而油服公司侧重技术研发和应用。但是，在能源转型进程中两者都应当注重技术研发和应用、资源与规模、合作与拓展等方面的发展，共同推动能源转型和实现可持续发展。

油气钻探企业除在能源替代方面大力发展电气化改造、电代油、气代油实现低碳排放外，未来应聚焦地热能开采、CCUS 等技术和产业布局，为油气行业绿色低碳发展提供高质量的技术服务保障。

参 考 文 献

[1] 赵喆，窦立荣，郜峰．等．国际石油公司应对“双碳”目标挑战的策略与启示[J]．国际石油经济，2022，30(06)：8-22.

[2] 卢奇秀．俄乌冲突对全球能源系统影响深远[N]．中国能源报，2023-02-06(003).

[3] 王曦，张兴阳，邓希．等．国际石油公司低碳和新能源业务布局与启示[J]．中国石油勘探，2022，27(06)：88-97.

[4] 吴雨佳，王曦，郜峰．等．七大国际石油公司 2022 年经营业绩与战略动向[J]．国际石油经济，2023，31(08)：66-75.

[5] 陈明卓，徐东，韩笑．等．国际石油公司业务组织架构变革分析及启示[J]．油气与新能源，2021，33(05)：8-13.

[6] 范旭强．新形势下，油服公司如何转型？[J]．国企管理，2022(10)：41-42.

[7] 范旭强，陈明卓，余岭．国际油服公司转型发展战略及思考[J]．国际石油经济，2021，29(09)：8-15.

[8] 杨雪琴．油田技术服务企业低碳转型分析及启示[J]．油气与新能源，2022，34(05)：34-39.

[9] 范旭强．扭亏为盈，油服布局新能源[J]．中国石油石化，2022(07)：52-53.

[10] 赵益康．能源转型背景下国际大石油公司新能源风险投资策略研究[J]．国际石油经济，2023，31(06)：40-46.

[11] 朱子涵，刘强，郭雪飞．等．国际石油公司可再生能源投资策略与行动研究[J]．国际石油经济，2020，28(04)：54-61.

[12] 闫青华，高博禹，何春百．等．壳牌能源转型战略的进程与启示[J]．中国石油和化工标准与质量，2022，42(04)：62-64.

[13] 李洪言，丁森，郑一鸣．等．基于情景的 2050 年世界能源供需展望分析 基于《bp 世界能源展望(2023 年版)》[J/OL]．天然气与石油：1-10.

[14] 余娜．《bp 世界能源展望》：未来 30 年仍需投资石油和天然气上游[N]．中国工业报，2023-06-13(007).

[15] 王高峰．世界需要更加智慧的能源转型-专访 bp 集团首席经济学家戴思攀[J]．能源，2023(6)：22-24.

[16] Schlumberger. 2020Sustainability Report[R]. 2021.

[17] Schlumberger. 2021Annual Report[R]. 2022.

[18] 曾涛，袁园．斯伦贝谢公司适应能源转型的措施与启示[J]．国际石油经济，2022，30(03)：36-43.

[19] 王晨．投资“双碳”新技术转向能源科技公司[N]．21 世纪经济报道，2021-07-15(006).

DOT-300 高效脱烯烃剂在二甲苯装置中的应用研究

张士元　丁小强　安晓杰

（中石油克拉玛依石化有限责任公司）

摘　要　针对新建混合二甲苯装置开工过程中产品质量中溴指数不合格的情况进行了原因分析，提出采用基于纳米层状分子的 DOT-300 脱烯烃催化剂，实际生产运行结果表明：在加工负荷 100%、白土罐入口溴指数 1000mgBr/100g，出口温度控制在 175-180℃ 的条件下，重量空速 2.2~2.5h^{-1}左右，产品质量中的溴指数稳定在 5mgBr/100g 以内，达到产品质量合格的要求，装置采用改性白土和催化剂串联运行方案，改性白土发挥对 DOT-300 的保护作用，DOT-300 的使用大幅降低脱烯烃成本和装卸剂劳动强度，有效解决了白土危废造成的环保难题，提升装置的安稳优运行水平。

关键词　混合二甲苯；溴指数；烯烃

某公司连续重整装置主要以焦化汽油加氢石脑油及加氢裂化重石脑油为原料，生产高辛烷值汽油组分等产品，同时还副产含氢气体、液化气、戊烷油及燃料气等。生产出来的高辛烷值汽油、苯、液化气、戊烷油等产品，2023 年公司新建一套混合二甲苯装置，并于 6 月开始投产，在装置生产过程中出现了产品质量不合格的情况，主要表现为溴指数不合格（烯烃含量高），本文重点对溴指数不合格的原因进行分析，并针对新型 DOT-300 脱烯烃剂在本装置中应用过程进行了分析研究，本文对其他存在同类似的问题的情况有一定的借鉴意义。

1　混合二甲苯生产工艺流程及质量指标

1.1　混合二甲苯产品生产工艺流程

上游连续重整装置产物分离罐的液相物料依次进入脱戊烷塔、脱 C6 塔、脱 C7 塔和二甲苯塔，脱 C7 塔底 C8+组分经换热后送至 C8+组分白土罐进行脱烯烃，白土罐脱除烯烃后的

的 C8+组分经换热后进入二甲苯塔，二甲苯塔顶回流罐内液体即混合二甲苯产品经换热后，一部分作为回流返回塔顶，另一部分经冷却后作为产品送出装置。

其脱烯烃工艺流程如图 1 所示。

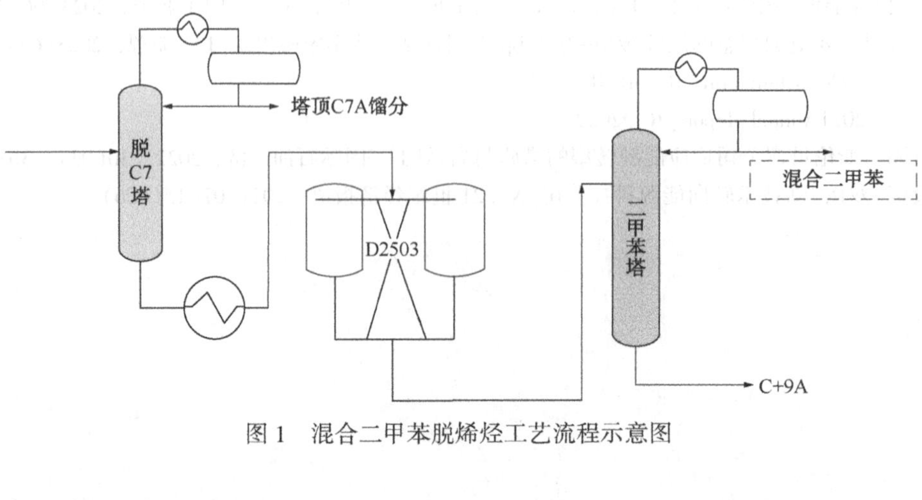

图 1　混合二甲苯脱烯烃工艺流程示意图

1.2　混合二甲苯产品的质量指标

溴指数、非芳含量、甲苯含量、C9+芳烃含量、馏程、酸洗比色、外观、中性实验等都是反映

混合二甲苯性能的主要指标，其中质量指标良好控制要求为：溴指数≤20mgBr/100g、非芳烃≤1%、乙苯含量<18%、产品无色透明等。

2　装置开工产品质量存在问题及分析

装置开工建设投产后，混合二甲苯产品在短暂合格后，迅速出现不合格情况，表现在溴指数不合格(烯烃含量高)。

2.1　烯烃的危害和脱除

芳烃是石油化工中重要的基本有机原料，芳烃主要来源于石脑油催化重整。重整油中会含有一定量的烯烃杂质这些烯烃性质活泼容易形成胶质；这些烯烃由于含不饱和双键，化学性质活泼，若带到精馏产品中，会使芳烃产物的酸洗比色、溴值等质量指标不合格，影响了芳烃产物的纯度和规格，而且还可能在换热器中发生结焦从而造成堵塞，严重影响换热器的换热效率，所以在芳烃联合装置中下游单元均设有脱烯烃工序，以使 C8 芳烃的溴指数(烯烃含量指征)降低到下游吸附分离装置允许的水平。

目前重整生成油脱烯烃的方案主要有两种：一是采用加氢精制的方法。该工艺需要在临氢条件下操作芳烃损失严重工艺路线复杂设备投资较大且一般采用贵金属催化剂，但是贵金属催化剂价格昂贵。另外一种是目前工业上广泛采用的白土精制工艺，该工艺存在白土失活快，且白土失活后不能再生，需要频繁更换的缺点。

本装置设计时为了脱除烯烃，在二甲苯塔进料前设置两台白土罐(可以串联使用)，利用白土在特定温度下的酸性作用和吸附功能，促进烯烃进行聚合反应和烷基化反应，进一步生成高沸点聚合物，聚合物吸附在白土颗粒表面从而达到去除烯烃，保证二甲苯质量合格的目的。

2.2　问题及分析

白土的吸附能力随着温度的增加而减弱，但白土的活性随温度的升高而增大。装置采用依据白土活性调整白土罐出口温度的方法来控制溴指数，初期投用改性白土时温度控制在 150~160℃，后期根据混合二甲苯溴指数逐渐提高进料温度，但是在实际运行过程中，白土罐失活的速度远高于预期，其使用的效果远远达不到设计的目标值。投用白土罐情况见表 1、投用后溴指数变化趋势图如图 2 所示。

表 1　白土罐投用过程情况

时间	投用情况	温度℃	溴指数 mgBr/100g
2023. 6. 9	投用 D2503A 罐	160	46. 43
2023. 6. 17	投用 D2503B，两罐串联	190	16. 27
2023. 7. 11	两罐串联	195	27. 52

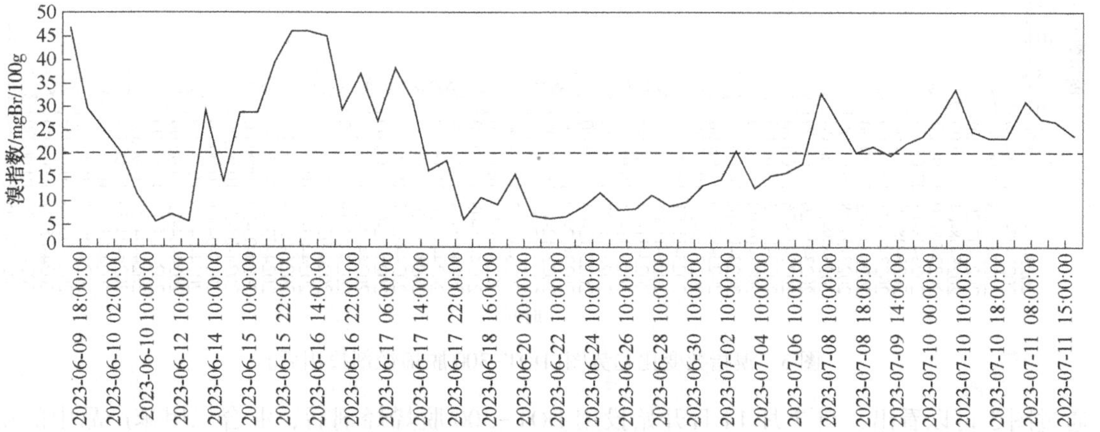

图 2　溴指数变化趋势图(白土罐投用时)

通过表1以及图2可以看出，自2023年6月9日白土罐D2503A罐投用以来，6月9日装置C2502及回流罐在置换阶段，溴指数逐渐下降，至6月10日溴指数下降至20mgBr/100g以下(合格)。6月13日溴指数逐步升高，至6月15日达到20mgBr/100g以上，和6月13日车间提高重整反应温度降低混合二甲苯中的非芳烃有一定的相关性，(重整提温后，会导致产品重汽油的烯烃含量升高，进而会增加白土的脱烯烃的难度，加剧产品溴指数的升高。)，6月15日白土罐开始提温于17日达到190℃，产品溴指数依旧不达标。

6月17日开始投用B罐(两罐串联，A罐在前)，B罐投用后，产品溴指数逐步开始下降。为了调和罐区内前期溴指数高的样品，两个白土罐均已投用，并且白土罐出口温度控制比较高，但是随着时间的延长，装置产品中的溴指数一直在增大，到7月6日到达20mgBr/100g以上，产品质量不合格，说明白土罐的白土已经失活。

通过查阅文献得知，在改性白土工况下，脱烯烃原料中的非芳烃含量对C8芳烃产品溴指数的影响很大，当非芳烃含量高于0.5%时(装置非芳烃含量在0.5%以上)，产品溴指数已超20mgBr/100g的允许上限。

改性白土对原料中非芳烯的转化能力差，也是其在苛刻工况下短时间内失活的重要原因。

3 DOT-300高效脱烯烃剂的应用

为了保证产品质量合格，结合装置实际情况决定采用高效脱烯烃剂来替换白土。

3.1 作用机理及特点

DOT-300高效脱烯烃剂属于分子筛型非加氢脱烯烃工艺，利用烯烃在催化剂酸中心上发生叠合或烷基化反应的原理，将烯烃转化为大分子产物，然后通过分馏过程除去，从而达到脱烯烃的目的。

该工艺无需对现有的装置进行改造，工艺流程及操作简单，运行成本低，能有效解决白土固废问题，已经成为国内芳烃行业白土精制工艺的主要替代方案。

3.2 采用形式

混合二甲苯装置中的脱烯烃单元(原白土罐)采用改性白土/DOT-300催化剂串联操作的模式，改性白土与催化剂的使用周期匹配，这样既可以有效减少白土的处理量同时也有效降低催化剂的使用量，节约装置运行成本。

3.3 溴指数变化情况

装置在7月12-14日对D2503B罐进行了白土更换(DOT-300)，7月15日DOT-300投用，投用后溴指数得到了有效改善，混合二甲苯产品溴指数比较稳定。溴指数变化情况如图3所示。

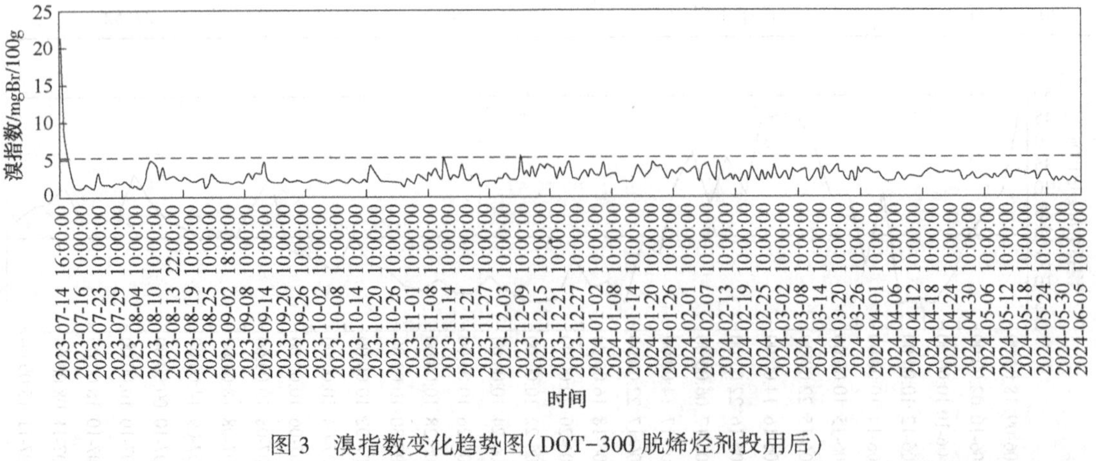

图3 溴指数变化趋势图(DOT-300脱烯烃剂投用后)

通过图3可以看出，自7月14日开始投用DOT-300脱烯烃剂后，混合二甲苯产品中的溴指数直接从27mgBr/100g降低至5mgBr/100g以内。从数据分析可以表征出DOT-300脱烯烃剂具有很强的烯烃脱除作用，达到了预期的效果。

从质量分析来看，催化剂初期运行效果非常稳定，控制出口温度稳定在 175-180℃，在近 12 月内稳定运行，其提温速度较为平稳，体现出较好的操作可预见性。

白土的更换周期为 15 天，其中溴指数合格率约为 40%。以此计算，DOT-300 催化剂的寿命约相当于普通白土的 20 倍以上，运行期间产品溴指数始终控制在 20mgBr/100g 以内，从而对白土吸附剂具有良好的保护效果，其产生的经济效益较大。

3.4 副反应情况

混合二甲苯产品中的质量指标在开工初期初馏点和干点都满足要求(初馏点≮137.5℃，干点≯141.5℃)，但是自 7 月份下旬出现总馏程超出 3℃ 的情况，通过排查及调整，原因分析发现和 DOT-300 脱烯烃有着密切的关系。

通过查找分析数据分析来看，如图 4 所示，自二甲苯 6 月份开工投产以来，在 7 月 13 日之前，二甲苯产品的馏程范围都比较窄，基本控制在 2-2.5℃之间，但是很明显自 7 月 16 日开始，二甲苯产品的初馏点从之前的 139℃ 直接降低至 137.5~138℃之间，下降比较明显。

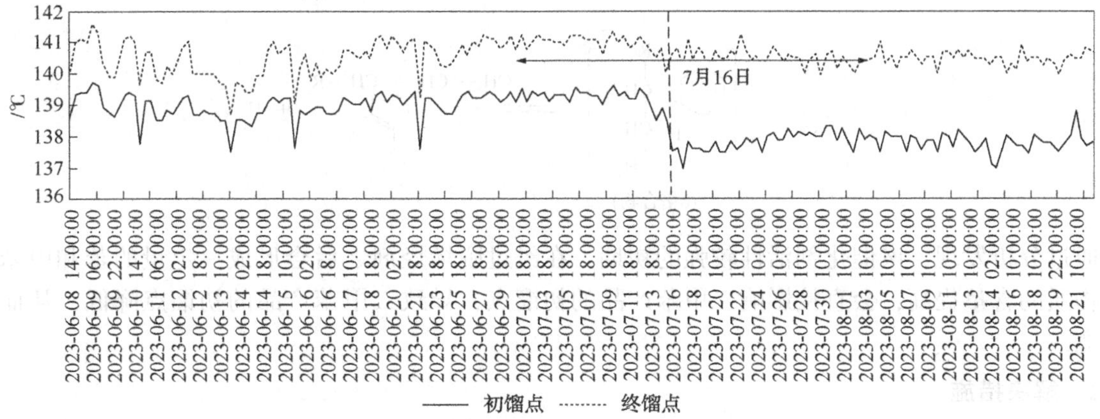

图 4 二甲苯产品初馏点、干点趋势图

如图 5 所示，同样是在 7 月 15 日，二甲苯产品中的苯、甲苯含量变化情况，苯含量上升至 0.4%，甲苯含量上升至 0.3%，上升趋势比较明显。

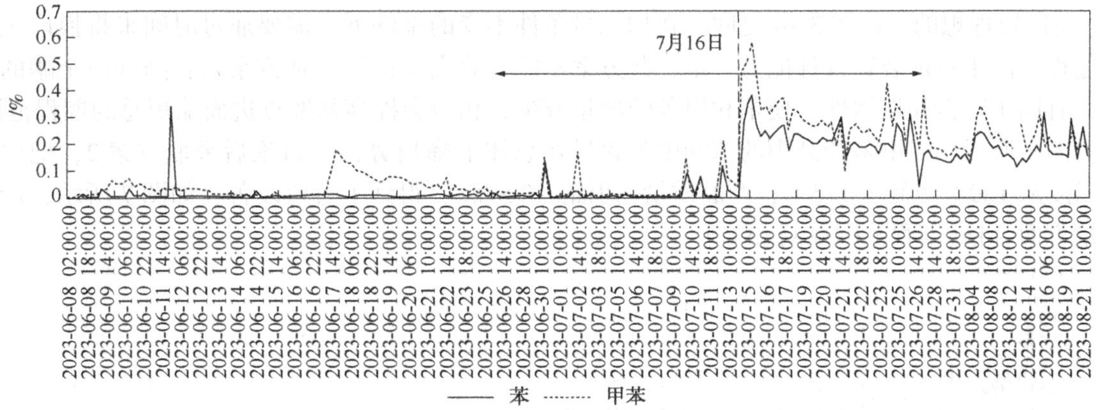

图 5 二甲苯产品苯/甲苯含量趋势图

3.4.1 原因分析

通过沟通交流、查找文献，DOT-300 重整油脱烯烃催化剂属于 MWW 结构的纳米层状 SRZ-21 分子筛，绝大多数分子筛是通过酸性作用起到催化作用的，借助酸性中心的作用，可以诱发烃类分子转化为碳正离子参加反应，以烯烃和芳烃的烷基化反应为例，烯烃可以被 L 酸中心脱除一个氢负离子而形成碳正离子，也可以与 B 酸中心作用产生碳正离子。

烯烃与B酸作用：

$$RCH - CH_2 + H^+ \longrightarrow R^+CHCH_3 \tag{1}$$

烯烃与L酸作用：

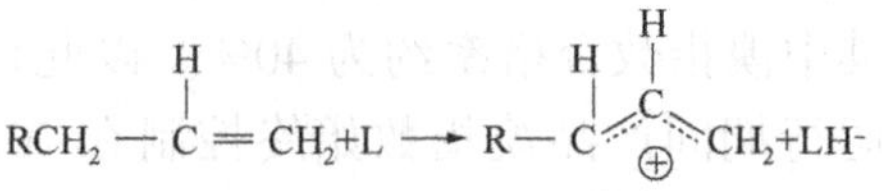

(2)

由于碳正离子的不稳定性，很容易接受电子趋向稳定，而芳烃的芳核是一个闭合的共轭体系，6个π电子平均分布在苯环上，π电子云容易极化而形成供电子中心，碳正离子与苯环共轭π电子相互作用，先形成π络合物，再通过σ键在一个碳原子上形成较稳定的σ络合物，最后放出质子形成烷基苯，形式如下：

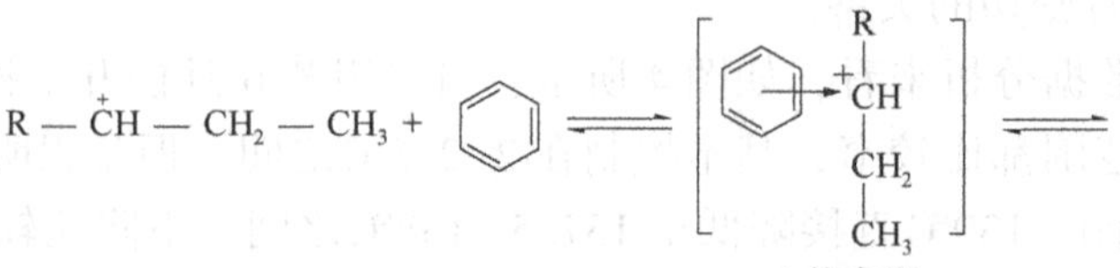

(π络合物)

(3)

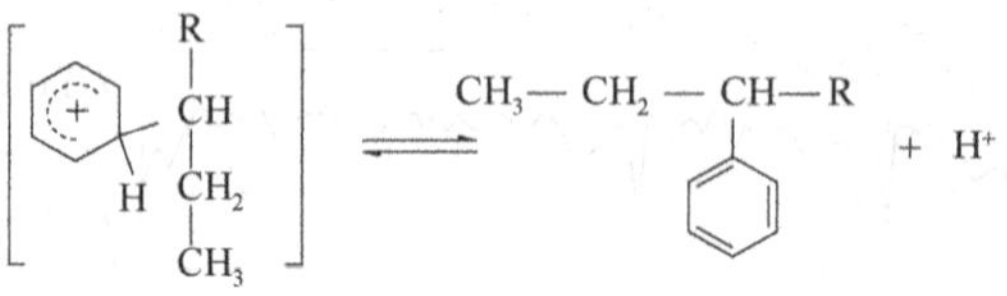

(σ络合物)

(4)

通过分析发现，该催化剂活性较强的初期，在经过脱烯烃剂之后会形成一定量的苯和甲苯，这两种物质的含量提高，会直接影响二甲苯产品的初馏点，导致二甲苯产品的初馏点降低，从而使馏程变宽。

3.4.2 解决措施

通过与催化剂厂家交流得知，产品中苯和二甲苯的含量是脱烯烃剂活性的一个表征，目前苯和甲苯的含量高，说明催化剂活性比较强，还没有进入到稳定期。催化剂初期需要一个时间段，若要在产品质量合格的前提下，解决方案有以下两种：

第一种方案是：对于装置装填的DOT-300催化剂装填量，目前加工量条件下，催化剂的空速在2，而比较理想的空速在3~4之间，在加工量条件不变的条件下，需要通过时间来将换取至稳定期的过程，由于目前装置设计能力一定，此方案不能有效实施；第二种方案是：降低白土罐的出口温度，有助于降低初期活性，使苯和甲苯的增量减少，相应会提高初馏点进而缩短总的馏程范围。

如图6所示，二甲苯产品中的苯和甲苯含量在总体下降趋势，经讨论后采取方案2，把白土罐出口温度从180℃降低至175℃，产品质量(初馏点/终馏点)得到了有效改善，如图7所示，产品馏程质量方面合格(馏程范围控制<3℃)

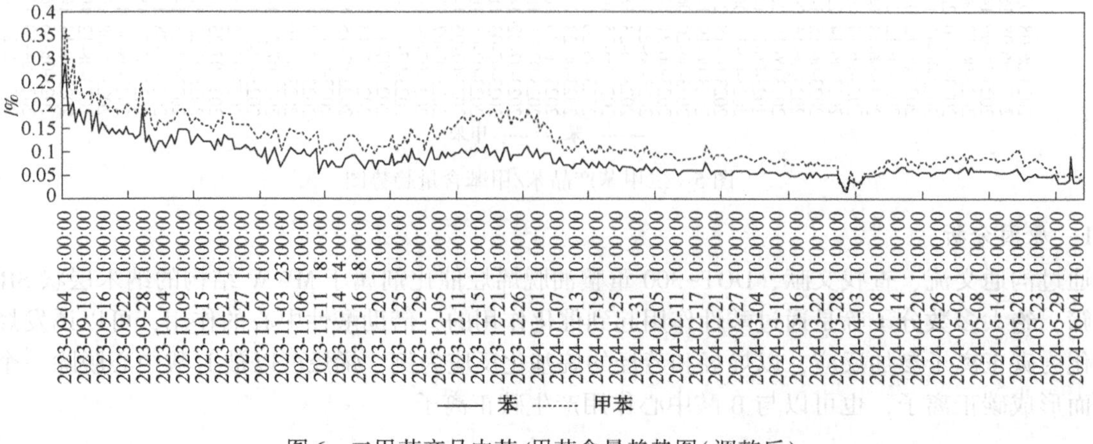

图6 二甲苯产品中苯/甲苯含量趋势图(调整后)

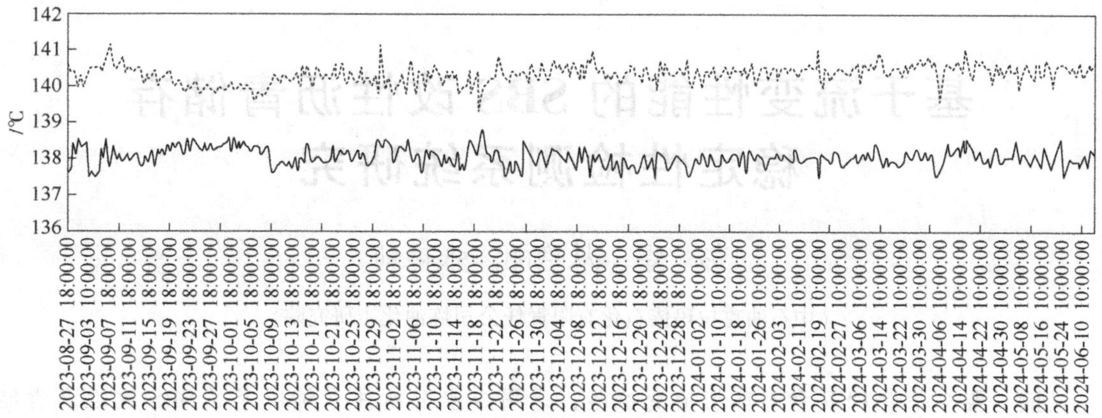

图 7　二甲苯产品中初馏点/终馏点含量趋势图(调整后)

4　结论

针对混合二甲苯装置开工过程中产品质量中溴指数不合格的情况进行了原因分析，对于白土失活快、需要频繁更换、危废物处理困难的情况，提出采用基于纳米层状分子的 DOT-300 脱烯烃催化剂，实际运行结果表明：在白土罐入口溴指数 1000mgBr/100g，出口温度控制在 175~180℃的条件下，能够保证产品质量中的溴指数稳定在 5mgBr/100g 以内，再结合采用改性白土和催化剂串联运行方案，改性白土在长周期运行里发挥对 DOT-300 的保护作用。

该催化剂的高效使用可大幅降低脱烯烃成本和装卸剂劳动强度，有效解决了白土危废造成的环保难题，提升装置的安稳优运行水平，优化二甲苯产品的溴指数指标，解决白土危废造成的环保难题，支撑我国芳烃产业的高质量发展，同时对其他同类装置具有一定的借鉴意义。

参　考　文　献

[1] 王爱平．苯和二甲苯酸洗比色/溴指数高的原因分析[J]．广州化工，2010，38(02)：177-182.

[2] 刘宏杰，竺家培，喻波．影响混合二甲苯质量的原因分析及优化措施[J]．炼油技术与工程，2019，49(06)：16-19.

[3] 张晓明，张艳梅．混合二甲苯质量波动原因分析及对策[J]．中国石油和化工标准与质量，2013，33(21)：30.

[4] 龙有，匡良斌，周亚新等．DOT 300 重整油脱烯烃催化剂工业试验[J]．化学反应工程与工艺，2022，38(03)：283-288.

[5] 张江洪，王雨勃，茹卫国等．DOT-200 重整油脱烯烃催化剂的研制与工业应用[J]．化学反应工程与工艺，2017，33(03)：269-278.

基于流变性能的SBS改性沥青储存稳定性检测系统研究

彭 煜 从艳丽 张艳莉

(中石油克拉玛依石化有限责任公司炼油化工研究院)

摘 要 基于DSR动态剪切流变试验，采用方差分析法系统研究了SBS改性沥青储存稳定性检测系统的重复性与再现性，评估了检测系统的检测能力、方差分量的贡献率和变异性所占百分比。结果表明：检测系统的变差主要来源于产品个体之间的差异，而仪器、检测人以及试样与检测人之间的交互作用对变差影响较小，表明该检测系统准确、可靠，适宜推广。

关键词 SBS；改性沥青；储存；稳定性；快速检测；稳定因子；重复性；再现性

现行标准采用聚合物改性沥青离析试验和聚合物改性沥青离析试验法评价SBS改性沥青的储存稳定性。其试验方法存在诸多不足，如热储存耗时长、离析试验的储存条件不能准确模拟工厂实际储罐的储存条件、检测前后的样品在性质上存在较大差异、重复性与再现性不高等问题，难以对产品质量进行有效管控。针对上述问题，彭煜等人基于DSR动态剪切流变试验开发出了一种SBS改性沥青储存稳定性快速检测方法。为系统、科学地评估该方法的准确性和可靠性，本文通过方差分析法研究了该检测系统的重复性和再现性，评估了检测系统的检测能力、各个方差分量的来源及所占百分比。

1 检测系统

1.1 检测系统的构成

检测系统包括被检测对象、检测方法、检测仪器、检测人员、检测环境和检测结果等。在检测过程中，检测值与被检测对象(产品)的真实值总会存在一定的误差，而误差大小则反映了检测系统的检测能力。检测系统的总误差包括被测对象误差和检测误差，而检测误差又包括检测仪器误差和检测人员误差。对检测系统的研究主要是考察检测系统中各个变差的来源以及评价检测系统的能力，而对检测系统的能力评估主要是基于对测量系统的重复性和再现性研究。其中，最常用的方法是方差分析法，即采用方差分析估计检测系统中各变差源的方差大小。通过两因子交互试验，把变差分解为检测人变差、样品变差、样品和检测人之间的交互作用变差以及由于检测仪器造成的重复性变差。

1.2 检测方法介绍

SBS改性沥青储存稳定性快速检测方法，是采用动态剪切流变仪，选用25mm平行金属板夹具，在应变为12%，角频率为10rad/s，试验温度为64℃~85℃(以3℃为间隔，共8个试验温度)的条件下，对SBS改性沥青进行动态剪切试验；通过黏弹性系数公式$V_c(\delta)=G*\frac{cos^{\frac{\delta}{3}}}{sin^4\delta}$，求取各试验温度下的黏弹性系数$V_c$；再通过线性回归，获得$lg(V_c)\sim T$曲线的斜率$K_{lg(Vc)}$；最后求出斜率$K_{lg(Vc)}$的倒数，并取其绝对值作为稳定因子$R_f$，根据稳定因子$R_f$大小评价待测试样的储存稳定性评价等级。

1.3 方差分析计算

(1) 重复性即设备本身的固有变差或能力，通常被称为设备系统变差(EV)，即检测系统的内部变差，采用下式(1)计算，其变异性所占百分比按下式(2)计算。

$$EV=\overline{\overline{R}}\times k_1 \tag{1}$$

$$\%EV=(EV/TV)\times 100 \tag{2}$$

其中，$\overline{\overline{R}}$为所有检测者所做的所有样品的极差平均值；k1为与检验次数有关的系数，TV表示变差的总和。

（2）再现性即不同检测人使用相同的检测仪器系统对同一产品的同一特性进行多次检测，检测所得的平均值的变差，称为检测人之间的变差(AV)，采用下式(3)计算，其变异性所占百分比按下式(4)计算。

$$AV=\sqrt{(X_{DIFF}\times k_2)2-(\frac{EV^2}{nr})} \tag{3}$$

$$\%EV=(AV/TV)\times 100 \tag{4}$$

其中：X_{DIFF}为各检测人员所做结果的平均值中最大值与最小值的差值；k_2为与检测人数有关的系数，n为样品数；r为检测次数。

（3）检测仪器的重复性和再现性(GRR)，采用下式(5)计算，其变异性所占百分比按下式(6)计算。

$$GRR=\sqrt{EV^2+AV^2} \tag{5}$$

$$\%GRR=(GRR/TV)\times 100 \tag{6}$$

（4）试样的变差(*PV*)采用下式(7)计算，其变异性所占百分比按下式(8)计算。

$$PV=PV=R_P\times k_3 \tag{7}$$

$$\%PV=(PV/TV)\times 100 \tag{8}$$

其中，k_3为与样品数量有关的计算系数；R_P为样品平均值的极差。

（5）总变差(TV)采用下式(9)计算，区别分类数(ndc)按下式(10)计算。

$$TV=\sqrt{GRR2+PV^2} \tag{9}$$

$$区别分类数(ndc)=1.41(PV/GRR) \tag{10}$$

1.4 判定标准

通常，采用检测系统的波动GRR与总波动之比来评价检测系统的检测能力。当GRR<10%时，认为该检测系统误差较小；当10%≤GRR≤30%时，认为该检测系统误差可接受；当GRR>30%时，认为该检测系统误差较大，需要对检测系统评估并改进。此外，还需要区别分类数(ndc)大于5，检测系统才能有效区分所做的工作，否则需要提高检测系统的分辨率。本文根据上述判定标准评估检测系统是否可以接受。

2 结果与讨论

2.1 SBS改性沥青稳定因子测定

从生产线和实验室所获得的*SBS*改性沥青样品中，随机挑选10个样品，选3家检测实验室，每个实验室按不同顺序分别检测每个样品的稳定因子，并对每个样品重复检测3次，最终每个实验室获得30个检测值，共计90个检测值，检测结果见表1。

表1 SBS改性沥青稳定因子测定结果

检测实验室	测定值									
	1#	2#	3#	4#	5#	6#	7#	8#	9#	10#
A	30.21	33.00	20.33	26.53	20.96	26.81	26.32	22.94	27.40	24.88
	30.21	33.33	19.92	26.95	20.37	26.95	26.67	22.99	27.40	25.51
	30.30	33.11	20.00	27.03	20.70	27.47	26.39	23.20	26.60	25.25

续表

检测实验室	测定值									
	1#	2#	3#	4#	5#	6#	7#	8#	9#	10#
平均值	30.24	33.15	20.08	26.84	20.68	27.08	26.46	23.04	27.13	25.21
极差	0.09	0.33	0.40	0.50	0.60	0.66	0.35	0.27	0.80	0.63
B	30.21	33.67	20.08	27.10	19.88	27.62	26.81	23.26	27.70	25.32
	30.03	33.33	19.84	27.17	20.79	27.32	26.60	23.87	26.95	24.88
	29.85	33.56	19.72	27.17	20.88	27.47	26.32	23.20	27.25	25.38
平均值	30.03	33.52	19.88	27.15	20.52	27.47	26.57	23.44	27.30	25.19
极差	0.36	0.34	0.36	0.07	1.00	0.30	0.49	0.66	0.75	0.51
C	31.06	32.26	20.08	27.03	20.33	27.70	25.45	22.08	27.40	25.19
	30.30	32.68	20.28	27.32	20.70	27.40	25.97	22.27	26.81	25.19
	30.30	32.89	20.08	26.53	20.00	28.25	25.71	22.68	27.76	25.51
平均值	30.55	32.61	20.15	26.96	20.34	27.78	25.71	22.34	27.32	25.30
极差	0.75	0.64	0.20	0.80	0.70	0.85	0.53	0.60	0.95	0.32

2.2 平均值与极差分析

根据表 1 的试验结果，绘制 Xbar-Rchart 控制图和 R 控制图，见图 1、图 2。

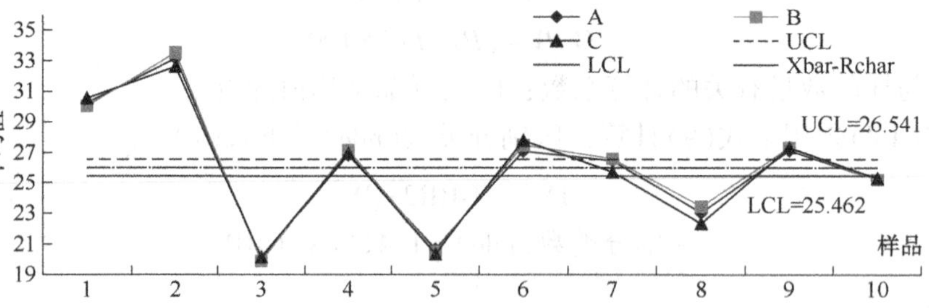

图 1　Xbar-Rchart 控制图

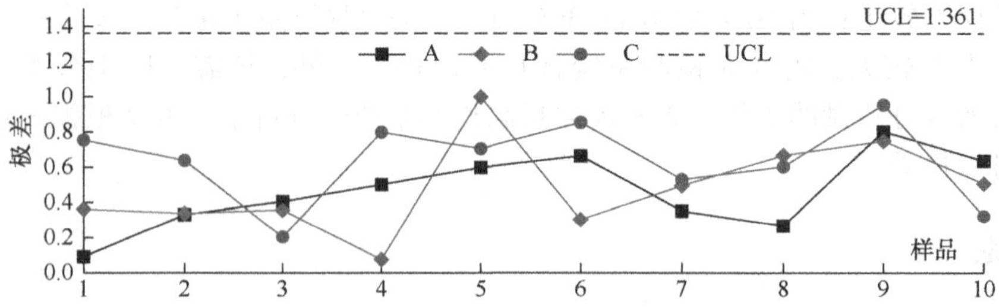

图 2　R 控制图

从 Xbar-Rchart 控制图可以看出，A、B、C 三家检测实验室对每个待测样品的多次检测结果基本相同，且各样品的平均值超过半数的点落在控制线以外，说明该检测系统能够有效区分各样品。从 R 控制图可以看出，A、B、C 三家检测实验室对每个样品的多次检测结果的极差都小于其上限（$UCL=1.361$），说明不同检测实验室的重复性变差不显著，监测精密度较高。

2.3 变差分析

根据表 1 的试验结果，通过方差分析法计算各种变差及各变差所占总变差的比例，进而判断各变差的影响程度。计算结果见表 2、表 3。

表 2　含交互作用的双因子方差分析

差异源	离差平方和	自由度	均方和	F-比率	P-value
实验室	0.613	2	0.307	3.308	0.043
样品	1339.973	9	148.886	1606.607	0.000
交互	5.505	18	0.306	3.300	0.000
仪器	5.560	60	0.093		
总计	1351.651	89			

从表 2 可知：不同实验室的检测员和样品间的交互作用 *P* 值为 0.000，小于 0.25，表明在试验过程中，不同实验室的检测员和样品间的不同组合会对实验结果产生一定的变异性，需要考虑其试验误差。

表 3　变差的方差分析

差异源	变差估计	5.15(σ)	总变差%	贡献度%
GRR	0.147	1.977	9.40	0.88
重复性	0.005	0.382	1.81	0.03
再现性	0.142	1.940	9.22	0.85
样品	16.527	20.937	99.56	99.12
总计	16.674	21.030	100	100
可区别分类数			14.93	

从表 3 可知：检测系统的合计仪器 *GRR* 变差为 9.40%，贡献率为 0.88%，检测系统变差小于 10%，可以接受。检测系统的再现性变差为 9.22%，贡献率为 0.85%，是合计仪器 *GRR* 的主要来源，说明不同实验室间的检测设备存在一定的差异。检测系统的重复性变差为 1.81%，贡献率只有 0.03%，表明各实验室同一检测员采用同一台设备对同一样品进行多次检测，其结果具有较好的一致性。而样品本身的变差为 99.56%，贡献率为 99.12%，变异显著，说明该检测系统能准确反映出各样品间的品质差异。同时，其区别分类数(*ndc*)为 15，大于 5。表明，该检测系统能够有效区分不同 *SBS* 改性沥青的储存稳定性。

4　结论

通过方差分析法，系统研究了 SBS 改性沥青储存稳定性检测系统。结果表明：该检测系统的变差主要来源于产品个体之间的差异，而仪器、检测人以及样品与检测人间的交互作用对变差影响较小，说明该检测系统准确、可靠，可以作为 SBS 改性沥青储存稳定性质量控制或产品验收的有效检测手段，适宜推广。

参　考　文　献

[1] JTG E20—2011，公路工程沥青及沥青混合料试验规程[S]. 北京：民交通出版社，2011，12：173-175.

[2] SHT 0740—2003，聚合物改性沥青离析试验法[S].

[3] 彭煜，从艳丽，张艳莉等 . SBS 改性沥青热储存稳定性快速检测方法研究[J]. 石油沥青，2022，34(3)：5.

[4] 孙淑珍，周波 . 基于数理统计的测量系统分析方法及其应用[J]. 北华大学学报(自然科学版)，2012，4(13).

[5] 席大勇，陈志华 . 测量系统分析(MSA)在化学分析管理中应用的探讨[J]. 冶金分析，2008，(28)7：79-82.

数字化转型、智能化发展助力构建智能管道建设新质生产力

张建伟　仲　谦

（国家石油天然气管网集团有限公司工程部）

摘　要　国家从“十二五”到“十四五”数字经济政策逐步深化，进行数字化转型和智能化发展是所有大型企业面临的一道必做题。2017 年中俄东线开启了智能管道建设的新篇章，2019 年国家管网成立，“全国一张网”建设进入新阶段。在新的发展形势下，数字化转型、智能化发展是实现油气行业提质增效的关键解决方案。本文从当前国家和行业层面分析当前智能管道、智慧管网发展面临的形势和背景，介绍了国家管网 PIM 系统如何聚焦油气行业工程建设领域需求和痛点问题，借助人工智能 AI 识别、物联网、数据治理、数据模型构建等技术手段，构建“数据自动感知、业务协同管理、现场可视可控、智能分析预警”的工程项目管理模式和智慧管网新质生产力，助力实现“打造智慧互联大管网，构建公平开放大平台，培育创新成长新生态”的战略目标。

关键词　数字化；智能化；新质生产力

1　前言

当前，世界经济正处于新一轮科技革命与产业变革期，经济增长前景面临较大不确定性，机遇与挑战并存。《“十四五”现代能源体系规划》指出目前全球能源体系正在发生深刻变革，呈现出能源结构低碳化转型加速推进、能源系统多元化迭代蓬勃演进、能源产业智能化升级进程加快的发展趋势。明确提出我国已步入构建现代能源体系的新阶段，正面临能源低碳转型进入重要窗口期、现代能源产业进入创新升级期的发展形势。

2　智能管道、智慧管网的发展现状

近年来，随着油气骨干管网建设步伐不断加快，信息技术的飞速发展，管道建设管理水平持续提升。2017 年以中俄东线为起点，开启智慧管道建设新篇章。2019 年国家管网挂牌成立，全面接管三大石油公司相关油气管网资产，全国主要油气管道实现并网运行，“全国一张网”建设进入新阶段。

当前国内外都处于智能管道建设的初级阶段，发展现状可总结为以下三方面特点。一是国内外均处于发展阶段，主要仍是以解决信息化、自动化及数字化问题为主，智能化技术主要集中于个别业务场景应用；二是构建智慧大平台是趋势，国内外均体现出对工业互联大平台的重视，但同时技术攻关难度也很大，针对整个复杂工业系统的数字孪生、知识库构建以及智能决策技术等在整个工业界都尚无成功应用案例；三是业务领域需求和智能技术供给的互动和融合还不充分，目前仅在少量业务场景下开展了智能化探索和工程试验，如无人机巡线、视频智能监控、站场巡检机器人等，可推广应用的技术尚不多，管网泛在感知能力还有很大提升空间。

3　国家管网在工程建设方面对新质生产力的探索研究

国家管网成立后提出了“两大一新”的战略目标，在工程建设业务领域实施了工程一体化管控平台 PIM 系统，系统定位于为“智慧互联大管网”的建设提供智能化服务，逐步实现智能管道建设，

推动实现“数据自动感知、业务协同管理、现场可视可控、智能分析预警”的工程项目管理模式。

3.1 依托边缘计算一体机，构筑工程现场局域物联网

工程现场具备流水线移动施工作业、边远地区公共网络不畅通等特征，借助智能工地边缘计算一体机在工程现场搭建局物联网。针对在野外无网地区场景下，一体机能够临时存储各终端采集数据，在到达有网地区后能够进行数据补传，打通项目部与现场“人、机、物”的数据通道，为工程现场智能化管控提供基础网络支撑，如图1所示。

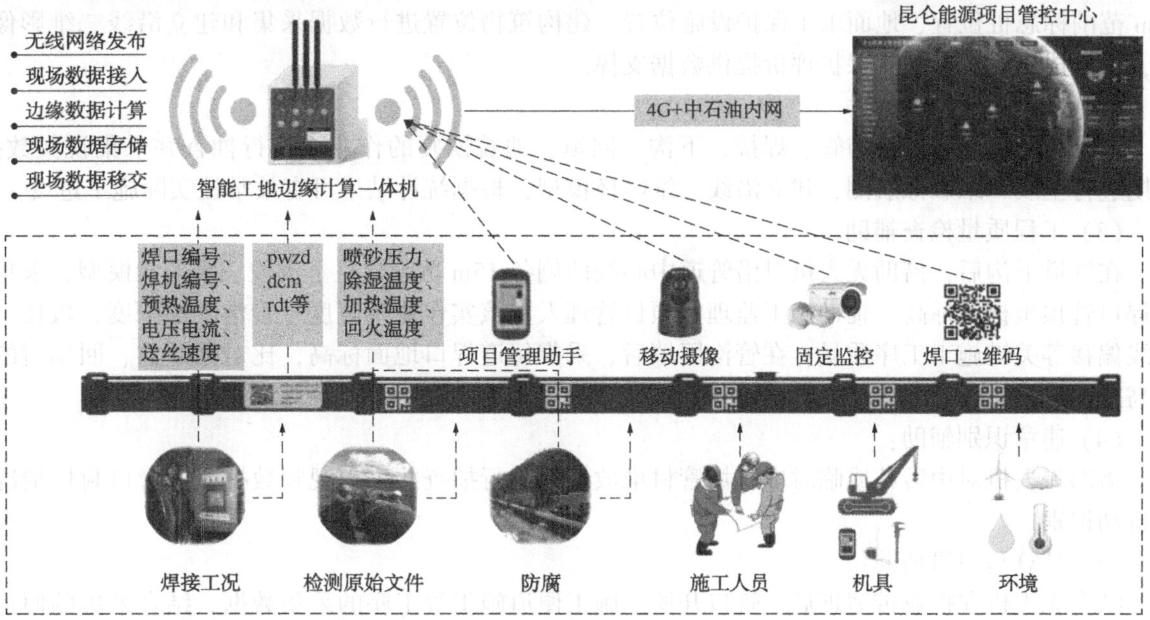

图1 搭建工程现场局域物联网

3.2 依托人工智能AI识别算法，为工程现场安全保驾护航

目前各工程项目已要求配置监控设备，实现对关键工序和现场施工作业的远程监控。随着监控设备的增多，监督人员无法完全对于全场景进行全时段有效监督，并且人工识别存在局限性，需要大量的人力资源且无法保障人员全时段饱和监督。

梳理“人的不安全行为”和“物的不安全状态”风险隐患清单，借助人工智能图像识别技术，研究和训练了针对钢管站人、铲斗载人、吊钩防脱挡板失效等场景的图像智能识别算法实现将人工智能图像识别技术与风险隐患管控业务深入融合。帮助管理人员主动识别和发现风险隐患，实现风险隐患从被动监督转变为自动识别工作模式的转变，促进了安全管控模式的变革，见表1。

表1 智能识别场景清单

序号	智能识别场景	序号	智能识别场景
1	使用挖掘机铲斗载人行为	6	吊钩防脱挡板失效
2	使用挖掘机斗齿进行起重吊装作业	7	施工人员未按照规范穿戴安全帽
3	使用挖掘机铲斗平端钢管	8	施工人员未按照规范穿戴工作服
4	使用挖掘机铲斗平端液化气罐	9	施工人员高空作业未佩戴安全绳
5	吊物静置悬空操作人员离开控制室		

3.3 依托无人机技术，强化工程现场监管力度

在传统工程建设中，主要依靠人工开展现场质量安全制度执行和实施情况的监管以及不符合项隐患辨识工作，由于管道施工作业面广、区域跨度大、地理环境复杂，质量安全监督工作战线长、效率低。同时，人工检查存在视程短、主观性强、工作不连续、反应慢、取证难的问题，特别对于一些安全隐患无法及时进行查处和现场取证，导致管道工程建设监管困难。运用无人机手段对管道施工进行监管，利用无人机空中俯视视角、大作业面快速航飞、可搭载倾斜摄影设备快速建模等特

点，帮助管理人员发现施工现场人的不安全行为、物的不安全状态和监管项目实际施工进度。

(1) 借助无人机加强对环境、征地、造价等方面的业务管控力度

在设计交桩后，对新建管线(包括站场、线路阀室、穿跨越工程)可进行全线二维影响航测，建立沿线二维影像模型，对沿管道中心线两侧安全影响半径范围内、作业带范围内、管道中心线范围内的原始地貌进行数据采集，为新建管道、站场、阀室的环境、征地、造价等方面的评价提供依据；在地貌恢复后对沿管道中心线两侧各50m范围地貌进行数据采集，与作业带清理前的二维影像模型进行比对，检查地貌恢复情况评价提供依据；在试运投产前，借助无人机对管道中心线两侧各50m范围标志桩位置、地面水工保护设施位置、建构筑物位置进行数据采集和建立沿线二维影像模型，为建成后的管道水工保护评价提供数据支撑。

(2) 工序进度辅助

借助无人机对扫线、布管、焊接、下沟、回填、地貌恢复的作业面进行抽查并采集视频数据，定期进行全线二维影像航测，建立沿线二维影像模型，根据统计结果可有效掌控实际施工进度。

(3) 工程质量检查辅助

在管道下沟后，借助无人机对沿管道中心线两侧各15m范围建立下沟段三维形状模型，采集每道焊口管顶坐标及标高，辅助施工监理和项目管理人员核实作业带宽度、管沟开挖深度、坡比、中心线偏移等关键施工工序质量；在管沟回填后，采集每道焊口地面标高，比对回填前、回填后的的标高差值，核实管道埋深是否符合设计要求。

(4) 违章识别辅助：

借助无人机对中转站或临时堆管场管材堆放情况进行抽查并采集视频数据，对管口封堵情况进行自动识别。

(5) 结算与纠纷辅助：

结合无人机在作业带清理后、管口开挖、施工便道施工等工序的采集数据，结合采集的便道施工长度和宽度、土石方开挖体积估算等数据为施工结算提供数据支撑。

3.4 关键工序数据智能化采集，助力焊接质量的提升

焊机工作时各项工况参数稳定情况一直是影响焊接质量高低的重要因素，传统采集方式是通过现场焊工手动记录，再通过移动终端进行填报，每道焊口只按焊层进行1-3条数据填报，数据的完整性、真实性都有待考证。

对全自动焊机进行改造，通过增加电流、电压等传感器，将全自动焊机工作过程中的各项关键参数进行采集，结合智能工地边缘计算一体机实现工况数据的是实时传输。结合工艺规程要求和焊接热输入原理构建了各类焊接质量预警模型，辅助管理人员尽早发现高危焊口。同时，焊接工况数据智能采集为后续焊接质量大数据分析预测模型的研究奠定了坚实的数据基础。

数据合规性报警是对电流超限、电压超限、人员未报验、设备未报验等不合规情况自动报警提醒，降低了不合规数据的筛选工作强度，提高了现场监理人员焊口质量管理效率。高危焊口智能报警，辅助施工人员在焊接焊接完成未进行无损检测前知道哪些焊口的是高风险焊口，辅助监理人员确定需重点关注的哪些高危焊口提供了数据支撑，避免埋管后重新开挖返工。360图形化分析统计展示项目上所有焊口的报警和缺陷主要集中在哪个区间，挖掘分析了工况报警数据与焊口缺陷之间的潜在关系，为焊工在焊接过程中重点注意哪些易出现报警区间提供参考价值，从而有效降低了返工损失，如图2~图4所示。

3.5 多技术融合，加强重点区域安全管理

隧道、地下空间属于工程建设中高危和重点管控区域，将人员车辆定位、气体监测、出入闸机、应急广播等技术手段融入到高危、重点区域现场安全管理中，实现对区域安全状态实时监控。

通过在重点区域内部署定位基站，进出人员、车辆佩戴定位重点实现对高危区域人员和车辆数量、位置等情况的实时监控。在重点区域进出口设置智能闸机，根据人员权限、当前人员数量自动限制人员进出和识别记录人员进出时间。通过部署有毒有害气体监测装置实时监测气体浓度，联动应急广播系统实现告警信息及时告知。

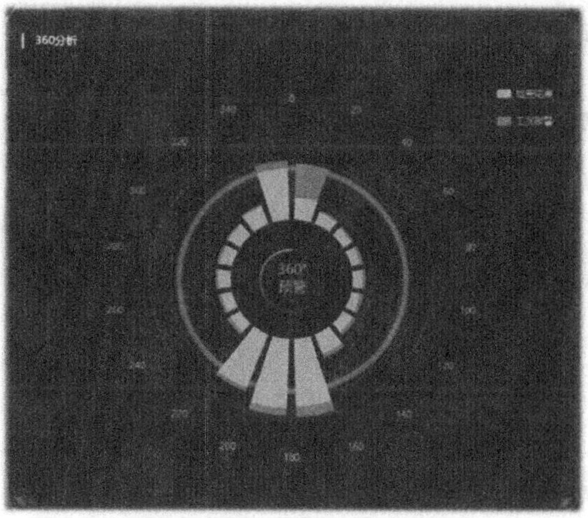

图 2　焊口 360 分析图

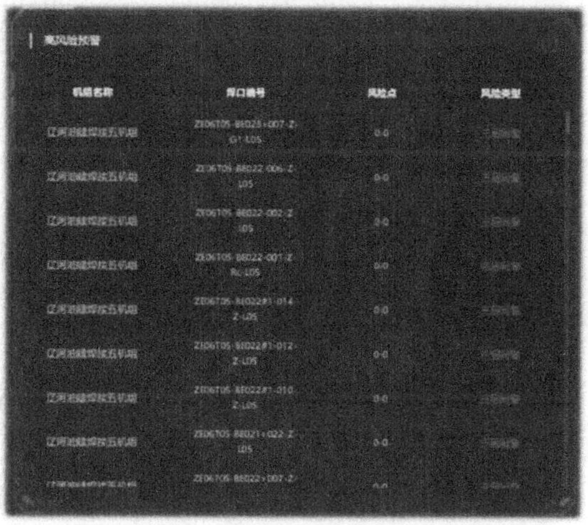

图 3　高危焊口预警

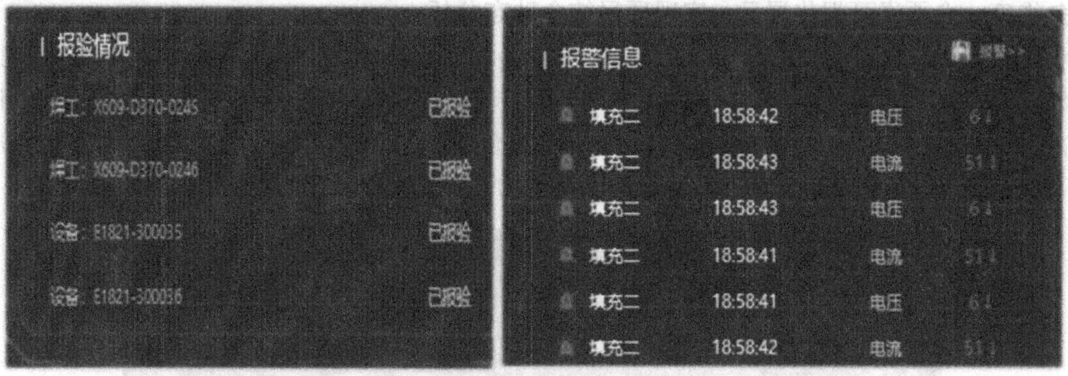

图 4　数据合规性报警

3.6　借助数据图谱技术，提升竣工资料归档效率

竣工资料电子化面临数据来源不确定、数据结构不统一、资料与工程同步生成及归档困难等难点。借助数据图谱建模技术，对多源异构数据进行业务逻辑分析及数据建模。通过数据抽取技术自动组装成电子版竣工资料，实现资料的源头统一、集中存储、多方复用，不再让竣工资料成为“重复工作量”，实现伴随工程建设同步构建数字化竣工档案的管理模式。

3.7　创新工程项目管理模式，加强项目过程管控

以计划任务为主线，联动进度、质量、安全、资源、资料等管理活动。围绕计划任务同步开展业务线和项目线管理，让管理和业务紧密融合，贯穿工程建设前期、设计、采办、外协、施工、验收等整个项目建设周期，随计划任务各节点的结束，同步完成完工部分的风险管理、进度管理、质量管理、HSE 管理、费用管理、资源管理和变更管理，既：与工程进度同步完成进度款的编制和报审，同步完成对应的变更程序，同步完成对应工程部分的质量、检验和问题整改程序，同步完成对应的竣工资料的审查程序，同步完成对应结算资料的编制和报审程序，同步完成结算评审程序，提交各业务成果材料及文件，如图 5 所示。

建立工程人、机具、材料的入库、报验、进场、离场和出库机制，实现对项目资源的动态管控，利用二维码和电子标签技术，辅以移动终端、闸机、定位、人脸识别摄像头等工具，准确识别现场资源关键信息和动态，强化入场合规性、配置合理性。

为项目建设单位和工程参建单位各方提供统一的沟通平台，并建立高效、快捷的沟通机制，实现多类型、全范围、可跟踪、高效快捷的沟通协作方式，确保项目沟通的及时性、完整性。通过电子签章解决异地办公无法及时处理协同工作的难题，突破时间、地点的限制，进一步提升项目沟通及办公协同的效率。

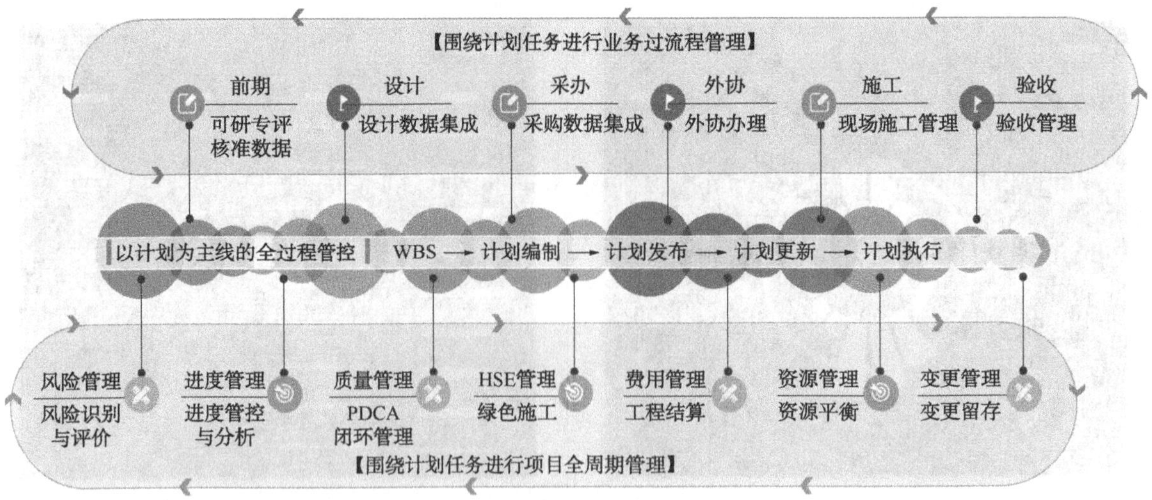

图5　计划任务为主线的工程项目管理

3.8　多维度、全要素可视化展示，实现项目综合动态分析

整合项目各类数据，形成统一标准和联通共享的数据机制，通过对各工程项目数据的抽取、汇总和融合，搭建管网一张图对工程项目进行综合展示和集中管控，展示全国在建和新建项目数量、位置分布情况、管道走向、管道里程和 LNG 和储库位置、储量、各项目概况、各项目综合进展信息等，实现对各项目工程进度、质量、安全等管控动态信息的全面掌握，如图 6 所示。

图6　工程项目全局总览

实时获取项目管理的各个环节信息，集成各类数据，重点进行进度、质量、安全、资源和外协的综合展示、动态跟踪和偏差预警，强化综合分析，实现项目从前期、设计、采办到施工、验收全过程的动态监管，如图 7 所示。

图7　工程各项目动态展示

4 总结

构建智慧管网建议遵循“由简到难、由点到面、由局部到整体”的原则，按照从个别、局部业务场景的智能化到辅助决策优化运行的智慧化，最后到数据孪生、模拟仿真、储运行业大模型以及向工业互联大平台的逐步递进，最终实现智慧管网大平台建设目标。

参 考 文 献

[1] 王振声，陈朋超，王巨洪，等．中俄东线天然气管道智能化关键技术创新与思考[J]．油气储运，2020，39(7)：730-739.
[2] 施宁，庚琳，马云宾，等．管道智慧工地模块化构建及评价方法[J]．油气储运，2022.
[3] 聂中文，黄晶，于永志，等．智慧管网建设进展及存在问题[J]．油气储运，2020，39(01)，16-24.
[4] 钱建华，牛彻，杜威，等．管道智能化管理的发展趋势及展望[J]．油气储运，2021，40(2)：121-129.

基于风电事故案例分析的安全环保管理启示

郝清源　张健威　耿　宝　梁　涛　何巧璇　高启晨　王金友　郭　璐　舒沛瑶

（中国石油集团安全环保技术研究院有限公司）

摘　要　双碳目标下，中国制定了开发以风电为代表的清洁能源的能源发展策略，随着风电发展规模的不断壮大，风电事故也成为不容忽视的问题逐渐浮现出来。论文中对全球范围内数千例风电事故展开了研究，根据事故分类情况，对各种类别的事故特征及其影响特点进行了分析；同时对我国近年来（2020 年–2024 年 5 月）的风电事故进行了收集，并对事故进行探讨与分析；与世界范围内的事故进行比对之后，对我国风电事故及事故管理方面的特点进行了总结与分析。我国风电事故发生原因以违规违章、安全风险意识不强、对风险缺乏认知等安全管理问题为主，人员伤亡事故占比较大；我国目前还未关注引发人身健康与环境破坏的风电事故，事故后果调查只局限于人员伤亡情况与直接经济损失两个层面，还未关注事故对环境的影响后果。基于我国风电事故后果较为严重，管理较为粗放等现状特点，本文提出了提升我国风电事故管理的建议，包括：开展风电事故研究、加强风电行业安全环保管理、开展风电行业风险管控研究、开展风机安全环保防控范围研究、开展风电企业经验交流活动等。以便掌握风电事故特征，及时发现不足，提升安全管理，减少事故的发生概率，降低事故影响后果，最终实现风电与社会与环境的和谐发展，使风电成为更加绿色环保的能源。

关键词　风电；事故；安全环保管理

截止 2020 年，我国风电和光伏发电装机达到了 5.3 亿千瓦。为了实现碳达峰碳中和的目标，最大程度减少二氧化碳排放，还将进一步提升可再生能源的开发与利用。预计到 2030 年，中国风电和太阳能发电总装机容量将达到 12 亿千瓦以上。中国可再生能源，尤其是风电的发展还处于上升期。

众所周知，风电属于清洁低碳的能源，同时，风电在运行过程中也存在不少因安全问题引发事故的情形，可能导致人员伤亡、财产损失以及环境破坏。随着风电的大规模发展，风电事故数量也必将随之增加，事故造成的影响不容忽视。有必要对风电事故开展调查、研究与分析，尽可能降低风电事故的发生率，使之成为安全的绿色能源，更好的服务于人类，为人类提供安全环保的电力。

1　风电事故统计分析

1.1　全球风电事故统计分析

凯思内斯风电场信息论坛（CAITHNESS WINDFARM INFORMATION FORUM）长期统计全球范围内经媒体报道和官方信息渠道确认的风电事故，并定期发布“风电事故数据摘要”，是全球范围内较为全面、权威的风电事故信息统计机构。2021 年该论坛停止了此项数据收集和报告工作。2021 年 6 月开始，“苏格兰反对风能”联盟（SCOTLAND AGAINST SPIN，以下缩写为 SAS）在凯思内斯风电场信息论坛风电事故事件长期工作的基础上，接替了此项工作，继续收集统计风电事故，定期发布“风电事故数据摘要”。

本次风电事故统计分析将以 SAS 收集统计的风电事故及其最新发布的“风电事故数据摘要”作为全球范围内风电事故数据来源。

1.1.1　全球风电事故基本情况

根据 SAS 发布的“风电事故数据摘要”，截止 2024 年 3 月 31 日，收录到全球风电事故共 3540 起（非完全统计）。历年事故数量统计具体见表 1，风电事故 5 年平均发生数量统计见图 1。

表 1　截止到 2016 年全世界风电事故不完全统计数量

年份(年)	2000 年以前	2000-2005	2006-2010	2011	2012	2013
事故数量(起)	109	316	602	174	175	182
年份	2014	2015	2016	2017	2018	2019
事故数量(起)	169	163	166	189	199	235
年份	2020	2021	2022	2023	2024	合计
事故数量(起)	318	181	180	135	47	3540

由图 1 可见，1999 年-2003 年，每年平均发生 44 起事故；2004 年-2008 年，每年平均发生 95 起事故；2009 年-2013 年，每年平均发生 158 起事故；2014 年-2018 年，每年平均发生 177 起事故；2019 年-2023 年，每年平均发生 210 起事故。风电事故数量随着风电装机量的增加而不断增加。

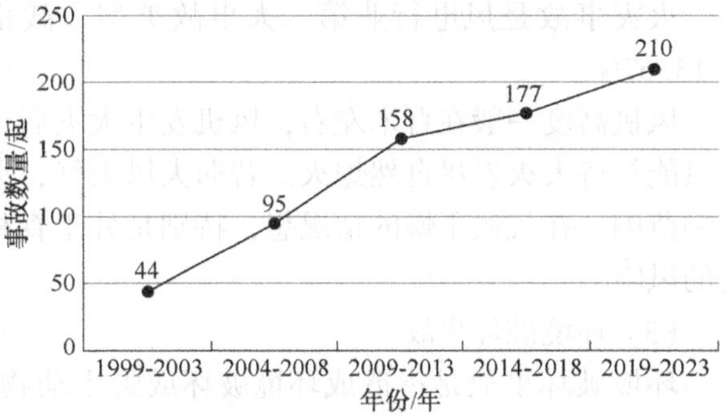

图 1　风电事故 5 年平均发生数量

值得注意的是，SAS 收集到的风电事故数量相对于实际发生的事故数量而言，依然属于冰山一角。

首先，1997 年之前的风电事故，基本只能收集到死亡事故的相关数据。

其次，目前统计到的事故大多是运营期发生的事故，而非施工期的事故。

再比如，每日电讯报(THE DAILY TELEGRAPH)2011 年 12 月 11 日报道，在过去 5 年里，经英国可再生能源公司(RENEWABLEUK)确认的风电事故就有 1500 起。2019 年 7 月，“能源之声”(ENERGYVOICE)和《新闻与期刊》(THE PRESS AND JOURNAL)报道称，自 2014 年以来，英国风电场共发生 81 起工人受伤事件，然而本事故统计系统中只统计了 15 起。2021 年 2 月，行业出版物《风电工程与发展》(WIND POWER ENGINEERING AND DEVELOPMENT)承认 2019 年发生了 865 起海上风电事故，但是 SAS 仅收集了 4 起。“能源之声”发布的一份报告包含了 2020 年英国 500 多起陆上风力涡轮机事故的细节，SAS 只收集到了其中的 5 起。

1.1.2　全球风电事故分类

SAS 风电事故信息库将事故分为叶片损坏事故、火灾事故、环境破坏事故、伤人事故、运输事故、结构损坏事、人身健康事故、死亡事故、抛冰事故以及其他事故。截止 2024 年 3 月，各类事故的发生数量以及占比情况见表 2。

表 2　SAS 风电事故信息库中各类风电事故数量及占比情况

序号	事故类型	事故数量(起)	占　比
1	叶片损坏事故(Blade failure)	535	15.11%
2	火灾事故(Fire)	484	13.67%
3	环境破坏事故(Environmental damage)	414	11.69%
4	伤人事故(Human injury)	355	10.03%
5	运输事故(Transport)	290	8.19%
6	结构损坏事故(Structural failure)	267	7.54%
7	人身健康事故(Human health)	223	6.30%
8	死亡事故(Fatal accidents)	169	4.77%
9	抛冰事故(Ice throw)	47	1.33%
10	其他事故(Other)	756	21.36%
合计		3540	100%

（1）叶片损坏事故

风电事故中，发生最多的是叶片损坏事故。截止 2024 年 3 月，统计到 535 起，占所有风电事故总量的 15.11%。风机运行过程中，很多因素及故障均可能导致风机叶片损坏，造成整个叶片或叶片碎片从涡轮机中飞出。

叶片损坏事故对周围环境的影响较大，德国有碎片穿透附近建筑物的屋顶和墙壁的案例；此类事故影响距离往往较远，目前有风机碎片被抛至约 1.6KM 处的案例；此类事故也因此成为风电行业须重点关注的事故类型。

（2）火灾事故

火灾事故是风电行业第二大事故类型。截止 2024 年 3 月，统计到 484 起，占发电事故总量的 13.67%。

风机高度一般在百米左右，风机发生火灾后，由于高度原因无法开展有效的消防扑救工作，往往只能等待大火燃尽自然熄灭。若遇大风天气，火灾燃烧碎片可能散落在更大的区域范围内，扩大影响范围。在气候干燥的情况想，特别是处于森林地区或靠近建筑物区域时，则存在引发大面积火灾的风险。

（3）环境破坏事故

环境破坏事故是指造成环境破坏或野生动物伤害或死亡的事故。SAS 收集了 414 起环境破坏事故，包括 133 起受保护鸟类死亡事故。实际上，世界各地鸟类因风电场而死亡的数量还要多得多。

20 年来，阿尔塔蒙特山口风电场就有 2400 只受保护的金雕以及约 10000 只受保护的猛禽死亡。在德国，还曾发现有 32 只受保护的白尾鹰死于风力涡轮机，2002-2019 年间还发现有 158 只海雕与风力涡轮机相撞而亡。在澳大利亚，仅乌尔诺斯风电场就有 22 只濒临灭绝塔斯马尼亚鹰死亡，麦克阿瑟风电场每年有约 1500 只鸟类被杀死，包括约 500 只猛禽。西班牙每年约有 200 万到 400 万只鸟类和蝙蝠死亡。加拿大与美国每年有多达 100 万只蝙蝠因风电涡轮机而亡。2022 年 12 月至 2023 年 6 月，纽约与新泽西海岸区域被报道了 36 起海上风电导致的鲸鱼死亡事件。

另外，风机叶片分解产生的微塑料对人类和食物链的影响也开始成为一个受关注的主题。

（4）伤人事故

SAS 收集到 355 起伤人事故。由于一起事故可能会对多人造成伤害，因此伤人事故中受伤的人数多于事故数量的起数。

据统计，有 388 名风电业务相关的施工/维修人员在伤人事故中受伤；另有 84 名非风电行业的公众（如消费人员、运输工人以及渔民等）在伤人事故中受伤。

（5）运输事故

SAS 收录了 290 起运输事故。

运输中涡轮机撞毁建筑物，运输车辆撞到其他私人及公共设施，运输中的涡轮机部件掉落导致交通堵塞、驳船拉运过程中涡轮机遗落入海中等事故，均属于运输事故。导致死亡和人身伤害的交通事故不计入运输事故中，分别算入死亡事故以及伤人事故中。交通运输也是造成公众伤亡的最主要的因素。

（6）结构损坏事故

SAS 统计到的结构损坏事故有 267 起，主要包括涡轮机破坏和倒塔等事故。施工质量问题、缺乏维护、部件故障以及自然风暴等原因，均可能造成风机结构损坏事故。

对于风电行业而言，此类事故比叶片损坏事故更具破坏性，造成的经济损失也更大，但是此类事故的影响范围一般局限于涡轮机附近，对人类健康的影响及其造成的其他风险相对较低。

（7）人身健康事故

人身健康事故主要包括风电涡轮机噪音、风机光影闪烁等对人身健康造成不利影响的事件。2012 年前，此类事件被归于“其他事故”中。2012 年以来，随着公众对风电不利影响的关注度的提高，事故统计时开始将此类事件单独列为一个类别。SAS 共统计到 223 起人身健康事故。

(8) 死亡事故

SAS 统计到 169 起风电致死事故，一共导致 233 人死亡。其中 139 人是风电业务相关的工作人员，包括施工人员、维修人员、工程师以及风电场运营管理人员。另外 94 人是非风电行业的公众，比如运输工人以及生态学家等。

(9) 抛冰事故

SAS 共收录 47 起抛冰事故，不包括抛冰导致"人身伤害"的事故。目前记录到的掷冰事故中，冰块最大抛掷距离为 140 米。

2003 年曾有报告显示，1990-2003 年，在德国就发生了 880 起结冰事件。还有相关报告中揭示了 94 起发生在 2005 年的抛冰事故，以及 27 起发生在 2006 年的抛冰事故。因此，SAS 收集的抛冰事故其实只占实际发生的此类事件的一小部分。

(10) 其他事故

其他事故涵盖了很多种类型的事故，设计缺陷、行贿受贿、违规操作以及其他不容易归为其他类别的事故都被归为其他事故。另外，没有导致结构破坏的组件或机械故障、缺乏维护、没有导致火灾或触电死亡的电气故障、建筑和建筑支护事故、没有造成叶片损坏或火灾的雷击等事故也被列为其他事故。

1.1.3 全球风电事故分析

依据 SAS 所收集的风电事故，对风电事故类型进行了统计(图 2)，分析结果如下。

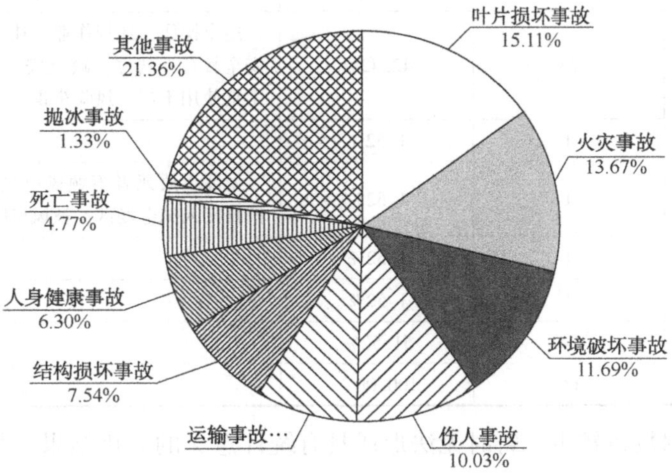

图 2 风电事故统计分析

(1) 世界范围内的风电事故以叶片损坏事故为主，占比 15.11%；其次为火灾事故，占比 13.67%；环境破坏事故占 11.69%，伤人事故占 10.03%，运输事故占 8.19%，结构损坏事故占 7.54%，人身健康事故占 6.30%，死亡事故占 4.77%，抛冰事故占 1.33%，其他事故占 21.36%。

(2) 风机运行过程中，造成叶片损坏的原因比较多。叶片损坏事故的危害较大，影响距离较远。叶片损坏事故也因此也成为风电行业须重点关注的事故类型。

火灾事故是风电行业第二大事故类型。由于风机高度在百米左右，发生火灾后往往无法开展有效的消防扑救工作，只能等待大火燃尽自然熄灭。大风天气，还会扩大火灾燃烧碎片影响范围。火灾发生于森林地区或靠近建筑物区域时，气候干燥时，存在引发大面积火灾的风险。

风电运行在全世界范围内引发环境破坏或野生动物伤害或死亡等环境破坏事故及其普遍。涡轮机运转对鸟类、蝙蝠会产生致命的伤害。风机叶片分解产生的微塑料对人类和食物链的影响也逐渐成为受关注的问题。

SAS 将导致人员伤亡的事故归于伤人事故或死亡事故。因此，导致人员伤亡的原因实际非常复杂，其中交通运输是导致人员伤亡的最主要因素。

风机结构损坏往往伴随着涡轮机破坏和倒塔等破坏性较大的事故，还会造成较大的经济损失，但是此类事故的影响范围一般局限于涡轮机附近，对人类健康的影响及其造成的其他风险相对较低。

风电涡轮机噪音、风机光影闪烁等对人身健康造成不利影响的事件虽然不是破坏性事故，但是可能引发社会关注，也不容忽视。

抛冰事故发生在温度较低的区域，比如加拿大、德国的低地和沿海地区都曾有抛冰事故记录。

1.2 我国近年风电事故分析

我国目前还没有风电事故收集与统计机构。风电事故多见于网络新闻简略报道。本文根据新闻报道以及官方发布的事故调查报告，收集到2020年-2024年5月间发生的事故66起风电事故，见表3、表4。

表3 我国近年(2020年-2024年5月)风电事故不完全统计

项目	事故类型											合计
	火灾	高处坠落	触电	交通运输	倒塔	叶片损毁	吊车倾覆	起重伤害	物体打击	结构损毁	其他	
事故数量(起)	11	8	7	7	7	6	4	3	2	2	9	66
伤亡事故数量(起)	0	6	7	3	1	0	—	2	2	0	6	27
伤亡人数(人)	0	9	7	3*	1	0	—	5	4	0	9	38

注：1. "*"表示存在多人伤亡的情况，但是具体伤亡数目未知。
2. "—"表示存在伤亡不明的案例。

表4 我国近年(2020年-2024年5月)风电事故原因分析

事故原因	事故数量(起)	百分比	备注
安全管理	28	42.42%	违章操作、违规作业、违反操作规程、安全管理问题、安全教育不到位、缺乏安全意识、安全隐患认识不足、工具使用不当、风险辨识不足以及隐患治理不到位
防雷系统故障	1	1.52%	
不顾安全警示擅自闯入	1	1.52%	抛冰事故死者不顾风电场安全设施、警示标志提示，擅自闯入风电场区，被风机坠冰击中头部死亡
设备质量问题	1	1.52%	
突发疾病	1	1.52%	
未说明原因	34	51.52%	
合计	66	100.00%	

由于收集到的案例数目较少，暂时无法形成具有统计意义的分析结果。从目前收集到的事故案例可知：

(1) 我国风电事故以火灾、高处坠落、触电、倒塔以及叶片损毁为主要的事故类型，吊车倾覆、起重伤害、物体打击、结构损毁等事故时有发生，还存在抛冰、高处受困、突发疾病、建筑事故等其他事故。

(2) 66起事故中，包含出现人员伤亡的事故27起。由于有的事故导致多人伤亡，但是具体情况未知，有的事故伤亡不明，因此27起伤亡事故致使发生超过38人的伤亡情况。

(3) 通过对上述事故的原因进行进一步分析，66起事故中，34起未说明事故原因。32起已知原因的事故中，有28起安全管理方面的问题导致的，比如：违章操作、违规作业、违反操作规程、安全教育不到位、安全意识缺乏、安全隐患认识不足、工具使用不当、风险辨识不足以及隐患治理不到位等。

2 我国风电事故及事故管理的特点

通过对我国风电事故与全球风电事故的研究发现，我国风电事故显示出非常具有特点的事故特征。

2.1 事故原因以安全管理问题为主

已收集的我国66起风电事故中，只有32起明确了事故原因，其中28起事故可归咎于安全管理。

可见，在风电运行管理过程当中，企业若对各级员工做到了充分的安全教育，使其在工作中能意识到按照规章制度操作与作业、按照规定使用安全防护设施的重要性，不存在侥幸心理，就会避免因违规规章或保护措施不到位引发的事故；员工若能掌握日常作业以及运行管理过程中的安全隐患，能正确的辨识企业存在的安全风险，则基本具备了较高的安全意识，在日常工作中会减少因缺乏常识性问题引发的事故；企业重视安全管理及时开展隐患治理，可减少企业本身存在的安全隐患，给员工提供更为安全的工作环境。

2.2 伤亡事故占比较高

SAS 收集的全球风电伤人事故与死亡事故数量合计 524 起，占比 14.8%。

本次收集的我国 66 起风电事故中，出现人员伤亡的事故 27 起，占比约 40.9%。由于还有数起事故未明确伤亡情况，因此实际的伤亡事故数量还要多于 27 起。可见，我国风电伤亡事故发生频率远远高于世界范围内的风电伤亡事故频率。

2.3 未关注环境破坏事故

全球范围内导致环境破坏的风电事故占比 13.67%，并且有诸多对鸟类、蝙蝠等动物的影响记录。而我国对于风电事故的关注度还未涉及到环境角度，至今未见风电开发对环境破坏的报道，也未见鸟类等因风电而亡的事故报道。

2.4 未关注人身健康事故

风机噪声、风机运转光影影响等对人身健康造成不利影响的事件，全球范围内已达到 6.30% 的占比。我国各类报道中还未见到此类事故事件的报道。

由于我国人口较为密集，若发生此类事件，影响人数及后果将会加大，极易成为群体的事件，造成较大的社会影响。

2.5 未全面关注事故的影响

我国事故调查报告发布部门发布的报告中，对于事故后果的分析，也仅限于人员伤亡情况与直接经济损失情况，还没有关注事故对环境的影响范围与影响程度。也未见为避免事故，减小事故影响而从管理角度所做出的相关的规定。

3 安全环保管理启示

基于我国风电事故及事故管理方面的特点，特提出以下思考与建议，希望将事故研究作为起点，减少事故发生概率，降低事故影响后果，最终实现风电与社会和环境的和谐发展，使风电成为更加绿色环保的能源。

3.1 开展风电事故研究

国内外都存在对所发生的事故进行“保密”的做法，实际上想要达到减少事故数量、减轻事故后果的目的，则应该尽早将事故及其调查报告进行公布，鼓励事故企业报道事故。以行业协会、研究机构或者风电企业为基点，逐步建立风电行业的事故报告制度，开展事故收集、统计、分类工作。从发生原因、发生地点、发生时间等诸多方面，开展分析研究，形成具有指导意义的数据分析结果，对风电企业起到风险提示的作用。

3.2 加强风电行业安全环保管理

（1）建立专业的 HSE 管理机构

设立专业的 HSE 管理机构，提高对风电建设运行安全环保管理能力。梳理完善企业不同层级单位的 HSE 管理机构的职责，厘清各单位管理界面。建立健全风险清单与责任清单，建立配套考核机制，推动 HSE 责任落地。进一步出台风电业务管理办法，划清管理流程，提升风电项目的 HSE 管理水平，保障风电项目稳步推进，安全运行。

（2）建立完善的 HSE 管理体系

形成完备的风电业务质量管控体系，便于从项目设计、施工、运行以及退役开展全生命周期的质量控制，减少不必要的 HSE 风险。

（3）制定风电相关的 HSE 标准规范

制定风电业务，尤其是 HSE 专业相关的标准、规范、指南等规范性与指导性文件，形成系统的、有针对性的、可执行的安全环保生产标准、规范、指南体系。

（4）加强日常管理

风电运行管理企业定期对员工开展风电业务安全环保培训，学习风电行业基础知识、法律法规、规章制度、安全防护实施使用方法、安全环保隐患辨识等，增强员工安全常识安全意识，开展安全环保知识竞答，鼓励员工积极主动掌握风电安全环保知识。

企业建立合理的风电运维管理制度，及时治理安全环保隐患。

企业制定风电事故应急演练计划。按计划开展事故应急演练，使员工切实见识到事故场景、事故救援过程，感受到事故的后果，对事故切实的感官感受，真正理解事故。

（5）强化风电行业人才储备

专业化队伍建设是风电业务专业化管理和运营的重要保障。建议企业结合业务需求和项目运作特点，以专业团队配备、专业人才梯级培养、激励约束为抓手，打造专业化的管理、专业、运维队伍。

培育专业化的审核员队伍，提升新能源业务的体系建设整体水平；

培育专业化的运维队伍，根据业务规模、风险针对性的开展关键岗位安全环保履职能力评估，组织实施有关 HSE 培训；

建立专业化的监测、检测与风险评估队伍，为新能源业务提升本质安全水平提供有力技术支撑。

3.3 开展风电行业风险管控研究

建议开展风电行业风险管控措施研究。比如，风电业务安全防护设施、个人防护装备的风险管控措施研究；风电与油气生产作业场耦合风险及其管控措施的研究；风电机组安全风险管控措施、检测与监测能力建设研究；开展消防、应急、安保等风险管控措施研究。

3.4 开展风机安全环保防控范围研究

目前，一部分国家已经认可了风电会对公众健康和安全构成重大风险的事实，并且规定了风机与居民点之间的最小距离。我国也应针对风电叶片损坏事故、火灾、噪声、光影闪烁、抛冰等风电事故影响范围，开展风机安全环保防控距离研究。尽量减小叶片损坏事故与火灾事故对居民及环境的影响，避免噪声及光影闪烁、抛冰等人身造成伤害。

3.5 开展风电企业经验交流活动

鼓励风电项目建设及管理单位暴露项目施工、运行以及管理当中存在的问题，并就存在的问题定期开展经验交流学习活动；我国风电项目开发运行积累经验，提升我国风电项目 HSE 管理水平。

参 考 文 献

[1] 中华人民共和国国家发展和改革委员会．“十四五”可再生能源发展规划[Z/OL]．(2022-06-01)[2024-05-08]．

[2] Caithness Windfarm Information Forum[Z/OL]．(2021-05-20)[2024-04-18]．

[3] Scotland Against Spin. Summary of Wind Turbine Accident Data to 31 March 2024.[R/OL]．(2024-05-01)[2024-05-23]．

[4] Power Technology. Golden Hour：The Paramedics Saving Lives on Offshore Windfarms.[Z/OL]．(2018-08-13)[2024-04-18]．

[5] Scotland Against Spin. Wind Turbine Accident And Incident Compilation.[EB/OL]．(2024-01-02)[2024-05-23]．

[6] 龙船风电网．江苏某风电场发生风机着火事故[Z/OL]．(2024-05-21)[2024-05-23]．

[7] 龙船风电网．突发！辽宁某风电场机组叶片断裂[Z/OL]．(2024-05-20)[2024-05-23]．

[8] 龙船风电网．广西发生一起风机吊装事故[Z/OL]．(2024-05-13)[2024-05-23]．

[9] 龙船风电网．广东汕头某实验项目风机叶片掉落[Z/OL]．(2024-04-25)[2024-05-10]．

[10] 龙船风电网．突发！广西某风电场发生叶轮脱落事故[Z/OL].(2024-04-25)[2024-05-10].
[11] 北极星风力发电网．内蒙古赤峰某风电场发生人身伤亡事故[Z/OL].(2024-04-23)[2024-05-10].
[12] 龙船风电网．突发！一起风电运输车侧翻事故[Z/OL].(2024-04-8)[2024-04-30]
[13] 龙船风电网．1人死亡！擅入风电场赏雪遇冰块坠落被砸身亡[Z/OL].(2024-03-26)[2024-04-30].
[14] 龙船风电网．吉林发生一起风电混塔倒塌事故[Z/OL].(2024-03-18)[2024-04-30].
[15] 龙船风电网．突发！风电叶片运输车侧翻[Z/OL].(2024-03-10)[2024-04-30].
[16] 龙船风电网．突发！青岛一台风机起火[Z/OL].(2024-02-23)[2024-03-01].
[17] 北极星风力发电网．突发！一起风电吊装事故[Z/OL].(2023-11-20)[2023-12-10].
[18] 定西市应急管理局．甘肃省通渭风电基地华家岭西风电场5万千瓦项目“1·18”触电事故调查报告[R/OL].(2022-05-10)[2023-07-10].
[19] 知乎．警醒！1人死亡！辽宁“5·20”风电触电事故调查报告[R/OL].(2022-06-14)[2023-07-10].
[20] 吴忠市红寺堡区人民政府．宁夏吴忠苏家梁、焦家畔风电110kV送出工程“6·29”事故调查报告[R/OL].(2020-11-30)[2023-07-10].
[21] 广西柳州市三江侗族自治县人民政府．三江县同乐苗族乡归东村光里屯风力发电事故调查报告[R/OL].(2022-11-04)[2023-06-18].
[22] 每日风电．丰都五洞岩三期风电项目“10·12”坍塌事故调查报告[R/OL].(2022-05-20)[2023-06-18].
[23] 莆田市秀屿区人民政府．盐城昊宇风电设备技术服务有限公司“10·1”事故调查报告[R/OL].(2022-12-05)[2023-06-18].
[24] 盐城市应急管理局．射阳县江苏长风海洋装备制造有限公司“4·28”较大高处坠落事故调查报告[R/OL].(2021-09-08)[2023-06-18].
[25] 国际风力发电网．辽宁某风电场机舱着火事故调查报告[R/OL].(2020-03-04)[2023-06-18].
[26] 子长市人民政府．华能陕西子长羊圈山49.8兆瓦分散式风电项目“2·16”履带起重机倾覆事故调查报告[R/OL].(2022-09-20)[2023-06-18].

钻井系统与新能源融合发展认识

牛棕涛　于成龙　王　力　马晓伟　白晓捷

（大庆油田有限责任公司）

摘　要　在全球能源需求持续增长与环境保护潜在压力的双重驱动下，钻井系统与新能源的融合发展成为当今石油天然气行业的一个重要研究方向。2023年是大庆油田“新能源加快建设年”。按照集团公司“清洁替代、战略接替、绿色转型”三步走总体部署，大庆油田统筹推进新能源管理体系建设、风光发电并网指标获取、示范工程落地实施、油气和新能源融合发展等重点工作，绿色低碳转型发展取得初步成效。

本论文探讨了钻井系统与新能源技术相结合的潜在路径，以期实现资源的高效利用和环境影响的最小化。首先，本文通过对钻井系统的现状分析，探讨了现有钻井技术的基本组成、发展历程及其面临的技术、环境和经济挑战，从而为研究钻井系统与新能源融合的发展奠定基础。其次，本文详细阐述了各种新能源技术，特别是太阳能和地热能在钻井中的具体应用实例，展示了新能源应用在石油开采和能源利用效率提升方面的重要作用。接着，本文分析了当前钻井系统与新能源技术融合发展的现状及前景，指出尽管面临诸如技术复杂性高、成本较高等挑战，但这种融合发展具有非常广泛的应用前景和战略意义。最后，论文提出了一系列技术和政策支持策略，以推进钻井系统与新能源技术的深度融合。这些策略包括推进技术创新等。通过本研究，旨在为业界相关部门提供理论支持和决策参考，最终推动钻井系统与新能源融合发展的进程。

关键词　钻井系统；新能源；太阳能；地热能；技术融合

1　引言

1.1　研究背景

随着全球能源需求的不断增长和传统化石能源资源的逐步枯竭，寻找和开发清洁、可再生的新能源已成为当今社会发展的重中之重。根据国际能源署（IEA）2019年《世界能源展望》报告的数据，全球能源需求预计在未来几十年将持续增长，到2040年预计将增加约30%。由于传统化石能源如石油和天然气的储量有限且开采过程对环境造成破坏，新能源的开发利用成为当今时代的迫切需求。钻井作为能源开采的重要手段，在传统和新能源领域都扮演了关键角色。然而，传统钻井系统主要依赖于化石能源，这不仅加剧了能源资源的枯竭，还产生了大量的二氧化碳和其他有害气体，严重影响了环境和气候变化。因此，如何实现钻井系统与新能源技术的有效融合，以促进能源的可持续发展，成为学术界和工业界共同关注的重要课题。

1.2　研究意义

钻井系统与新能源融合发展的研究具有重要的理论和现实意义。在全球能源转型的背景下，传统石油及天然气资源日渐枯竭，而钻井系统作为传统能源开发的重要手段，其自身革新与新能源的融合是大势所趋。通过钻井系统与新能源技术的有机结合，可以有效提高能源利用效率，延长油田的开发寿命，减少环境污染，实现经济与生态效益的双赢。钻井系统与新能源融合发展的研究不仅能够满足日益增长的能源需求，降低对传统化石燃料的依赖，还能够推动能源领域的可持续发展，促进全球能源供需结构的升级和优化。

从理论角度来看，钻井系统与新能源融合发展的研究有助于丰富和发展现有的能源开发理论。

新能源技术的不断发展推出了新的理论模型和技术方法，而这些理论和方法在钻井系统中的应用，不仅能够验证和完善新能源技术的发展理论，还能够促进钻井系统的技术革新。例如，地热能、太阳能等新能源技术在钻井中的应用，不仅可以提高钻井效率，减少能源消耗，还能为新能源理论研究提供新的实证依据。钻井系统与新能源技术的融合发展还能够推动相关学科的交叉融合，促进能源与矿产资源领域的研究互补，提高学科研究的深度和广度。

从实践层面来看，钻井系统与新能源融合发展的研究具有显著的经济效益和社会效益。据国际能源署(IEA)统计数据，到2040年，全球能源需求将增长约30%，其中可再生能源需求预计将增长50%以上。因此，钻井系统与新能源技术的融合将能够满足日益增长的能源需求，降低对传统化石燃料的依赖。通过应用先进的新能源技术，可以降低钻井成本，提高经济效益。例如，利用太阳能技术为钻探设备提供电力，减少了对柴油发动机的依赖，大幅降低了燃料成本和二氧化碳排放。根据某钻井公司报告，应用太阳能技术后，每年可节省燃料费用达30万美元，并减少二氧化碳排放约1000吨。钻井系统与新能源技术的融合发展还能够提升能源供应的可靠性和稳定性，减少能源价格的波动，促进能源市场的平衡和发展。

钻井系统与新能源技术的融合发展还能够对环境保护作出积极贡献。传统钻井活动往往面临严重的环境污染问题，如石油泄漏、油井污染等。通过引入新能源技术，可以减少碳排放和污染物排放，对环境保护至关重要。例如，地热能技术的应用不仅减少了对化石燃料的依赖，还能够实现零排放，保护生态环境。据世界地热能协会(IGA)报告，地热能的应用可以使每年减少约6万吨二氧化碳的排放量。通过新能源技术的应用，可以提高钻井过程的安全性和可控性，减少意外事故的发生，保护工作人员的生命财产安全。

在国家层面，钻井系统与新能源融合发展的研究能够提高国家能源安全和自主创新能力。能源是国家发展的命脉，自主开发和利用新能源是提高国家综合竞争力的重要途径。通过发展新能源与传统钻井技术的融合，可减少对进口石油的依赖，提升国家能源自主性和安全性。中国在《能源发展“十三五”规划》中明确提出，要促进油气与新能源的协调发展，提升能源自主创新能力。钻井系统与新能源融合发展的研究为提供国家能源安全和保障经济发展提供了重要支撑，同时也为国家能源战略和可持续发展目标的实现提供了新的途径和手段。

钻井系统与新能源融合发展的研究具有重要的理论和现实意义。它不仅能够推动能源领域的可持续发展，满足日益增长的能源需求，降低对传统化石燃料的依赖，还能够提高能源利用效率，减少环境污染，实现经济与生态效益的双赢。未来，随着技术的不断进步和政策的支持，钻井系统与新能源技术的融合发展必将成为能源领域的一个重要趋势和研究热点。

1.3 研究目的

本研究的主要目的是探讨钻井系统与新能源技术的深度融合，力求为推动能源产业的可持续发展提供理论依据和技术支持。通过量化分析与模型预测，本研究旨在系统评估新能源在钻井系统中的应用前景与效益。钻井系统对能源的消耗量巨大，引入新能源技术能够显著降低能源消耗，提高能源利用效率。例如，根据国际能源署(IEA)的数据，利用太阳能光伏技术可以减少钻井过程中约20%的电力消耗。通过深入分析不同类型的新能源技术在钻井系统中的适应性，研究将评估太阳能、风能、地热能和生物能等技术在不同地理环境和钻井工况下的应用效果。最后，本研究将分析现有的政策环境和市场机制，提出有利于钻井系统与新能源深度融合的政策建议和市场激励措施。

政策支持与市场机制的改善可以促进新能源技术的推广和应用。本研究的目的是为能源领域的新能源开发和应用提供新思路与方法，推动能源产业的绿色发展和可持续发展，为解决当前能源困局做出贡献。在全球能源转型的背景下，钻井系统与新能源技术的深度融合将成为未来能源发展的重要方向，不仅对能源产业的未来发展至关重要，也对全球经济和环境的可持续发展具有重要影响。

2 钻井系统现状分析

2.1 钻井系统概述

2.1.1 钻井系统基本组成

钻井系统是油气勘探与开发过程中至关重要的技术装备，由钻塔、钻机、钻井液循环系统、井控设备和地面辅助设备等基本组成部分构成。钻塔作为钻井平台的主体结构，通常具有40~60m的高度，用于挂装和操作钻具。它提供了稳定的工作环境和支持，以确保钻井作业的安全和高效进行。钻机作为钻井系统的核心，提供了驱动力，并负责将钻头推进到目标地层。目前常见的钻机类型包括机械驱动钻机、电动钻机和复合驱动钻机，它们根据不同的项目需求和地质条件，选择合适的驱动方式。钻井液循环系统通过钻井泵将钻井液送入井口，实现了冷却钻头、带走钻屑以及平衡地层压力的功能。这个系统是钻井作业中至关重要的一部分。钻井液循环系统中的关键设备包括钻井泵、泥浆罐、振动筛和离心机等。

例如，如图1所示的挪威Troll油田采用的钻井液循环系统可以有效处理1000立方米的泥浆，大大提高了钻井效率。井控设备主要用于防止井喷事故的发生，包括防喷器、井控管汇和压井装置等。其中，防喷器是最关键的设备，通常安装在套管头上。它能够在井口建立起一个可靠的防喷屏障，确保石油和天然气不会突然喷出。地面辅助设备包括起重设备、泥浆净化设备和固控设备等，它们在钻井过程中起到辅助作用，相互配合，保证钻井作业的顺利进行。总体而言，钻井系统的各个组成部分密切协作，形成了一个高效的作业系统，为油气资源的勘探与开发提供了坚实的技术保障。

2.1.2 钻井技术发展历程

钻井技术的发展历程可以追溯至数千年前，并经历了多次革新和突破。从古代的人工挖掘到现代的自动化钻井，钻井技术展现出其不断进步和演变的轨迹。

古代，最早的钻井技术如图2所示，可见于古代中国和古代罗马。公元前2000年左右，中国古代便已使用木桩和石器进行浅层挖井，用于获取饮用水。罗马人则在公元前1000年左右，采用简易的钻井技术进行矿产资源的开采。这段时期的钻井方式较为简陋，深度有限，主要局限于浅层地下水和矿产的开采。

图1 挪威Troll油田

图2 最早的钻井技术

进入中世纪，钻井技术逐步发展，欧洲各国逐渐掌握了更为有效的钻井方法。中世纪的矿工们通过不断改进工具和技术，能够挖掘更深的矿井。特别是在德国和波兰等国，木质钻井机的使用推进了深井开采的发展。这一时期的钻井深度逐渐增加，部分矿井深度达到几百米。然而，受限于当时的材料强度和技术水平，钻井效率和安全性仍然较低。

1800年以后，工业革命带来了一系列技术革新，推动了钻井技术的重大进步。蒸汽机的发明和应用，极大地改善了钻井效率。19世纪中期，美国人埃德温·德雷克(Edwin Drake)在宾夕法尼亚州成功钻成世界上第一口现代石油井如图3所示，标志着现代钻井技术的诞生。德雷克利用蒸汽机驱动钻井机，使用钢管护壁，极大地提升了钻井深度和安全性。此后，石油钻井技术迅速传播，成为全球能源开采的重要手段。

20世纪初，旋转钻井技术的出现进一步推动了钻井技术的发展。传统的冲击钻井方法逐渐被旋转钻井所取代。旋转钻井技术通过旋转钻头切削地层，能够快速、高效地进行深井钻探。同期，泥浆循环系统的引入有效解决了钻井过程中的地层压力控制和井壁稳定问题，使得钻井深度和速度大幅提升。这一时期，钻井深度不断刷新纪录，全球陆上油气钻井深度突破数千米。

图3　世界上第一口现代石油井

20世纪中后期，石油天然气勘探活动逐渐向海洋和深海区域拓展，推动了海洋钻井技术的发展。1965年美国“全球海洋钻探计划（IODP）”启动，采用浮式钻井平台在墨西哥湾进行深海钻探，打开了深海油气资源开发的新时代。半潜式平台（如图4所示）和自升式平台（如图5所示）的出现，极大地提升了海洋钻井的深度和作业能力。目前，全球最深的海洋钻探深度已超过10000米，大大拓展了地球物理和地质研究的空间。

图4　半潜式平台

图5　自升式平台

进入21世纪，钻井技术进一步朝着智能化和自动化方向发展。先进的数字技术、人工智能和大数据分析的应用，极大地优化了钻井过程的控制和管理。自动化钻井系统（ADS）的研发和应用，使得钻井过程更加高效、精准和安全。定向钻井和水平钻井技术的成熟，极大地提高了油气藏的开发效率。通过精确控制钻井轨迹，可以有效绕避障碍，精准抵达目标地层，显著提高了油气采收率。

根据2021年国际能源署（IEA）报告，全球深井钻探的新技术平均提高了钻探效率15%～20%，而智能化钻井系统的应用则减少了约30%的钻探成本。另据美国石油学会数据显示，2019年全球超深井（超过4500米）数量已超过500口，深井和超深井的钻探已成为常态。

总体而言，钻井技术的发展历程体现了人类在探索地下资源道路上的不断进取精神。从最初的人工挖掘到现代的智能化钻井，每一次技术的进步都带来了效率的提升和风险的降低，并为全球能源供应提供了坚实的保障。在未来，随着科技的不断进步，钻井技术将继续朝着更加高效、环保和智能的方向发展，为解决全球能源问题贡献更大力量。

2.2　钻井系统面临的挑战

2.2.1　技术挑战

钻井系统面临的技术挑战是钻井深度和温度的限制、设备可靠性和耐用性、新材料的研发与应用、自动化和智能化技术的应用以及应对复杂地层条件等方面。钻井深度和温度的限制是当前钻井技术面临的重大挑战之一。随着油气资源开发难度的增加，需要进行超深井的钻探。超深井的钻井深度通常超过5000米，有时甚至达到8000米以上。在这种高温高压环境下，钻井设备和钻井液的性能受到极限考验。

钻井设备的可靠性和耐用性是钻井技术发展的关键。钻井过程中的机械故障和设备损坏会导致非生产时间(NPT)的增加，进而显著提高钻井成本。全球深水钻井的非生产时间平均约为20%~30%。为了应对这一问题，需要不断改善钻井设备的设计和制造工艺，采用先进的材料和优化结构，提高设备的耐用性和故障容忍率。

钻井系统还需要面对新材料的研发与应用。传统的钻井材料如钢材在高温高压环境下可能会发生材料变形、断裂等问题。近年来，随着材料科学的不断进步，新材料如高强度合金、复合材料及纳米材料逐渐应用于钻井设备。例如，钛合金因其优异的耐腐蚀性和高强度被广泛应用于深海钻井平台和钻井管道中。

应对复杂地层条件也是钻井系统面临的挑战之一。随着钻井作业进军深海、高寒和复杂地层等特殊环境，地质条件的多样性和不确定性增加了钻井技术的难度。为了应对这一挑战，需要开发更加精准和高效的地层评价与预测技术，以及针对不同地质条件的专用钻井工具和工艺。

钻井系统面临多方面的技术挑战，包括钻井深度和温度限制、设备可靠性和耐用性、新材料的研发与应用、自动化和智能化技术的应用以及应对复杂地层条件等方面。解决这些挑战需要跨学科的研究和创新，在材料科学、机械工程、信息技术及地质学等领域持续推动钻井技术的发展和进步。

2.2.2 环境与经济挑战

随着全球能源需求的不断增长以及环境保护意识的提高，钻井行业正面临前所未有的环境和经济挑战。从环境角度而言，钻井活动对环境的影响日益凸显。据世界自然保护联盟的数据，钻井作业每年排放超过10亿吨二氧化碳，加剧了全球气候变暖的重要因素。钻井过程中使用的大量化学物质和钻井泥浆也可能对周围的水体和土壤造成污染，造成生态系统无法挽回的破坏。令人担忧的是，美国墨西哥湾沿岸的油气钻井作业已导致约8000平方公里的湿地严重退化，导致了区域生物多样性的丧失。

钻井活动还带来了噪声污染的问题，影响野生动物的正常生活和繁殖，尤其是在敏感的海洋生态系统中，这种影响尤为明显。钻井作业还引发了土地扰动问题，导致局部土地生态系统的破坏和资源浪费。

从经济角度来看，钻井成本的不断攀升成为钻井行业面临的严峻挑战。根据贝克休斯公司发布的数据，2010年到2020年间，单井钻井成本上涨了约25%，主要是由于原材料价格上涨和劳动成本增加。深海钻井和非常规油气资源开采等技术复杂性的提高进一步推高了综合成本。例如，深海钻井的单井成本已高达5000万至1亿美元，是陆地浅层钻井的数十倍。同时，钻井企业还面临着全球油价不稳定性和市场风险的挑战，低油价导致投资减少，全球约30%的海洋钻井平台遭到闲置，带来了极大的资源浪费和资产减值的问题。

钻井技术的升级和创新也需要巨大的资金投入。钻井行业每年在技术研发方面的投入已超过100亿美元，但这远远满足不了快速变化的市场需求。与此同时，政策和法规的不确定性也增加了钻井企业的经济压力。为了达到减排目标，许多国家出台了严格的环保法规和排放限制，这无疑增加了企业的合规成本。例如，欧盟的新《碳边界调节机制》预计到2026年将使钻井企业的成本增加15%至20%。美国环境保护署(EPA)对钻井废物处理及排放的监管加强，使得相关企业不得不增加环保设施和处理工艺的投入。

钻井系统正面临着环境和经济双重挑战。为了应对这些挑战，钻井企业需要优化传统钻探技术，提高资源利用效率，并积极探索新能源技术的融合应用，以实现环境和经济效益的最大化。解决这些问题需要企业自身努力的同时，也需要政府、科研机构和社会各界的共同支持和合作。只有通过合作共享资源和经验，推动技术创新和发展，钻井行业才能实现可持续发展，为未来能源供应和环境保护做出贡献。

3 新能源技术及其应用

3.1 新能源概述

3.1.1 主流新能源种类

新能源种类涵盖了多种不同的能源形式，是指那些在环境影响上相对较低、能够再生、并且在一定时期内不会枯竭的能源类型。主流新能源种类主要包括太阳能、风能、生物质能、地热能和水能。

太阳能是利用太阳辐射能量进行发电或供热的技术。太阳能的利用主要分为光伏发电和太阳能热利用两大类。光伏发电是利用光伏效应将太阳光直接转化为电能的技术，常见的材料是晶体硅、薄膜太阳能电池等。根据国际能源署(IEA)2019年的数据，全球太阳能光伏发电装机容量已超过580GW，占全球总发电量的2%左右。太阳能热利用则是通过集热器收集太阳能，对其进行热电转化。

风能是通过风力发电机将风的动能转化为电能的一种能源形式。风能的开发主要集中在风力资源丰富的陆地和海洋区域。2019年，全球风电装机容量达到651GW，比2018年增长了10%。中国、美国和德国是全球风电装机容量排名前三的国家。其中，中国的装机容量已超过210GW，占全球风电总量的32%以上。风能的主要优点是技术成熟、成本较低、二氧化碳排放为零；但缺点是存在间歇性和不稳定性的问题。

生物质能是利用有机物质通过燃烧、发酵等方式产生的能源。在生物质能的利用中，代表性技术包括生物质发电、生物质燃料(如乙醇和生物柴油)以及生物质热能等。全球生物质能利用规模逐年增加，预计到2025年，全球生物质能市场规模将达到约1420亿美元。生物质能源的核心优势是资源丰富，可以利用农业废弃物、植物残渣等。但其劣势是技术效率较低，存在环境污染风险。

地热能是通过开发利用地球内部岩浆、深层水资源所储存的热能进行发电和供热。地热能主要集中在地质活跃带，目前已开发利用的地热能资源多分布在冰岛、新西兰、美国、日本等国。2019年，全球地热发电装机容量约为13.3GW，较2018年增长了4%。地热能的特点是稳定性高、利用效率高，但地热能资源的分布不均匀，开发费用相对较高。

水能，即水力发电，是利用河流、水库等流动或势能水源的动能通过水轮机和发电机转换成电能。水力发电技术相对成熟，发电效率高，被广泛应用于世界各国。截至2019年，全球水力发电总装机容量约为1230GW，占全球可再生能源发电装机总量的50%左右。中国、巴西、美国和加拿大是世界主要的水力发电国家。水力发电的优势是资源丰富、发电成本低、运行稳定，但建设大型水库可能会带来生态环境影响。

各类主流新能源种类各具特点，其发展影响着全球能源结构的转型和可持续发展战略的实施。在应对全球气候变化和能源安全的背景下，新能源技术的推广和应用显得尤为重要。

3.1.2 新能源发展趋势

近年来，全球气候变化、环境污染和能源匮乏问题的推动，加速了新能源的发展。新能源技术在可再生性、环境友好性和高效性方面的优势，使其成为未来能源转换与供应的重要方向。根据国际能源署(IEA)发布的《全球能源展望》，预计到2040年，可再生能源将占全球总发电量的40%以上。

太阳能光伏技术是新能源领域发展最为迅猛的技术之一。根据国际可再生能源机构(IRENA)的数据，自2010年以来，太阳能光伏发电成本下降了超过80%，主要得益于技术进步和规模效应。到2019年底，全球太阳能光伏装机容量已超过580吉瓦(GW)，中国、美国和印度占据了主要市场份额。未来，随着先进材料与制造工艺的应用，光伏组件的转换效率有望进一步提高，从目前的22%左右提高到30%以上。

风能在新能源领域也占据重要地位。根据全球风能理事会(GWEC)的统计数据，2019年全球新增风电装机容量为60.4吉瓦，累计装机容量达到651吉瓦。中国、美国和德国等国家在风电领域的投入显著增加，海上风电的发展尤为引人注目。通过引入浮动风能平台和大容量风机，海上风电的技术经济性有望显著提升。

生物质能和地热能作为重要的可再生能源资源，也在全球各地广泛应用。根据国际能源署(IEA)的预测，到2030年，生物质能将提供全球总能源需求的10%左右。地热能凭借其稳定性和高效性，在环太平洋和东非裂谷等地热资源丰富的地区展现出巨大潜力。

电池储能技术在新能源系统互补与平衡中起着重要作用。据市场调研公司 Navigant Research 预计，到2025年，全球电池储能系统市场年复合增长率将达到22.9%，市场规模有望超过700亿美元。锂离子电池的能量密度和循环寿命显著提升，为大规模风能和太阳能接入电网提供了支持。

政策支持在新能源发展中发挥着关键作用。欧盟发布的《清洁能源一揽子计划》、中国出台的《可再生能源法》和美国的《太阳能投资税收抵免》等政策为新能源技术的研发和市场推广提供了制度保障和资金支持。这些政策的实施推动了各国在新能源技术研发和产业化方面的合作与进步。

从区域来看，亚太地区、欧洲和北美洲是全球新能源发展的主要市场。中国在光伏和风电领域的装机容量均居世界首位，美国在创新技术和商业模式方面表现抢眼，欧洲则致力于打造能源联盟，以实现2050年碳中和目标。根据 IRENA 预测，到2050年，全球可再生能源装机容量将达到30多太瓦(TW)，其中，亚太地区占比将超过40%。

未来，新能源的发展将继续受到技术进步、政策驱动和市场需求的引导。先进技术如人工智能、大数据和区块链在新能源领域的应用，将进一步提升能源系统的智能化和运行效率。跨国合作和国际标准的制定，将有助于促进新能源技术的全球推广和市场融合。

新能源发展趋势体现出多样化、智能化和国际化的特点。在应对环境挑战和实现可持续发展目标的过程中，新能源无疑将扮演重要角色。通过持续创新和政策支持，新能源将在未来能源结构中占据更为重要的地位，对全球经济和环境产生深远影响。

3.2 新能源在钻井系统中的应用

3.2.1 太阳能在钻井中的应用

太阳能作为一种可再生清洁能源，在降低碳排放和能源成本方面具有重要潜力。其在钻井系统中的应用逐渐受到关注，主要体现在为钻井设备提供能源、辅助加热及环境监测等领域。本章重点探讨了太阳能在钻井系统中的应用，分析了其在实际应用中的影响和价值。太阳能供电系统在钻井中的应用被广泛应用于为钻井平台上的各种电气设备提供能源支持。相比传统的柴油发电机组，太阳能供电系统具有免费且取之不尽的能源优势，同时维护简单，运行稳定。我们以中国的塔里木油田为例，该地区在钻井平台上采用太阳能供电系统后，成功节约了大量柴油消耗，并显著减少了二氧化碳排放。

太阳能辅助加热在钻井中的应用提供了一种绿色环保的解决方案。太阳能集热器将太阳能转化为热能，为钻井平台提供热水、暖气以及其他加热需求。在阿拉斯加等寒冷地区的钻井活动中，太阳能辅助加热系统的引入能够显著减少燃油消耗，同时保持平台内部温度的稳定。以一个大型钻井平台为例，引入太阳能辅助加热系统后，其燃油消耗量可以减少30%到40%，从而带来显著的经济效益。

中国石油报2023年11月24日消息，在中石油冀东油田高尚堡油区中石油最大的水面光伏发电项目冀东油田分布式自发自用光伏发电项目正在进行最后的调试阶段，如图6所示。

这是冀东油田利用三个闲置平台和五个生产平台建设的水面光伏项目，总占地面积1237.5亩，建设规模40.97MW，年均发电量5413.3万kW时。送出电线路并入陆上110千伏变电站，绿电能覆盖冀东油田陆上作业区高尚堡、柳赞、老爷庙多个区域。

该项目水上项目部分为高尚堡油区高77和高75平台闲置平台废弃水池，占地47.36万平方米，建设规模31.6MW，为中石油最大水面光伏发电项目。该项目计划12月15日并网发电，投运后，年可节约标煤1.66万吨，减排二氧化碳4.59万吨，为油区勘探开发生产建设提供充足的绿色能源。

目前国内外主要有4种利用光热的主流技术，分别为槽式、碟式、菲涅尔式和塔式。槽式和菲涅尔式都属于线性聚焦系统，结构相对简单，但占地及系统庞大，对于太阳能的跟踪一般采用单轴跟踪，跟踪装置较为简化；塔式和碟式为点式聚焦系统，聚光比相对线性高，多采用双轴跟踪的方式，控制系统较为复杂。槽式和菲涅尔式可用于各种品位热需求，规模越大，成本越被摊薄，占地面积大，技术不断被叠加，需根据需求具体论证；塔式适合大规模(100MW)、高温，初始投资大，蝶式通过不同数量设备的组合适合大中小等不同规模(单套发电功率70kW)、升温迅速，最高可达1200℃。

(1) 槽式光热系统

2023年7月9日，新疆油田公司首个稀油光热利用项目在准东采油厂火烧山油田37号站正式投产，如图7所示，配置1套385kW的槽式太阳能集热器，以导热油作为工质进行换热，配置地面55吨储热水箱。

图6　冀东油田高尚堡油区中石油最大的水面光伏发电项目

图7　新疆油田公司首个稀油光热利用项目

该光热技术应用槽式反光镜整齐排列，通过其聚光产生的热量，先后与导热油、软化水、原油等进行介质热交换，有效提升原油温度，聚光集热产生的“无碳"热水绿色清洁，不产生废渣、废气、废水，实现绿色能源高效应用。

槽式光热系统原理就是在集热场(镜场)设置风速和阳光辐射传感器，当有阳光辐射时，总控系统发送启动跟踪信号至集热器的本地控制器，启动跟踪模式，集热器开始跟踪太阳，同时启动循环泵，集热场中导热油持续升温，出口导热油达到设定温度时，直接送往热油罐，如图8所示。若达不到设定温度则送入集热器回路继续加热至设定温度。傍晚天黑无阳光或集热回路出口温度持续降低至另一设定温度以下时，总控系统发送信号至集热器的本地控制器，停运集热场循环泵。

在太阳资源较差、连续阴雨天或夜间时，且热油罐中无足量足温的导热油时，生产工艺用热仅由导热油炉提供，太阳能集热系统关闭。当风速大于一定值时，总控系统发送回归信号至集热器的本地控制器，驱动系统驱动集热器在保护位置，防止大风损坏集热器部件。

(2) 碟式太阳能集热系统

2023年11月26日，中原油田首套碟式太阳能集热系统在文卫采油厂卫40号计量站投入试运行，图9所示。

集热装置将太阳辐射能转化为热能，替代传统井口天然气加热炉或电加热设备。该系统集热装置采用双轴技术，能对太阳进行自动跟踪。可以提高太阳能聚光倍率和集热效率，让光热资源得到最大化利用。蓄热装置对太阳能聚焦集热后，采用水罐储能，方便“日储夜用”；而阴雨天气则采用谷电加热配合系统使用。

碟式太阳能集热系统原理就是在阳光充足条件下，光热系统通过太阳能加热导热油，对原油加热炉进行热源补充。

光热系统与站场衔接流程：

进站来液在进入三相分离器进行一段脱水后先与光热系统对接，再与原进加热炉的管道对接。

集热镜场中每个复合碟并联连接，当太阳光达到一定强度、碟内管道的导热油温度达到设定温度时，下部电磁阀自动打开，导热油进入主管路开始循环加热，至导热油罐内，通过油油换热器和油水换热器为站内含水油和保障点生活用水提供热能，如图 10 所示。

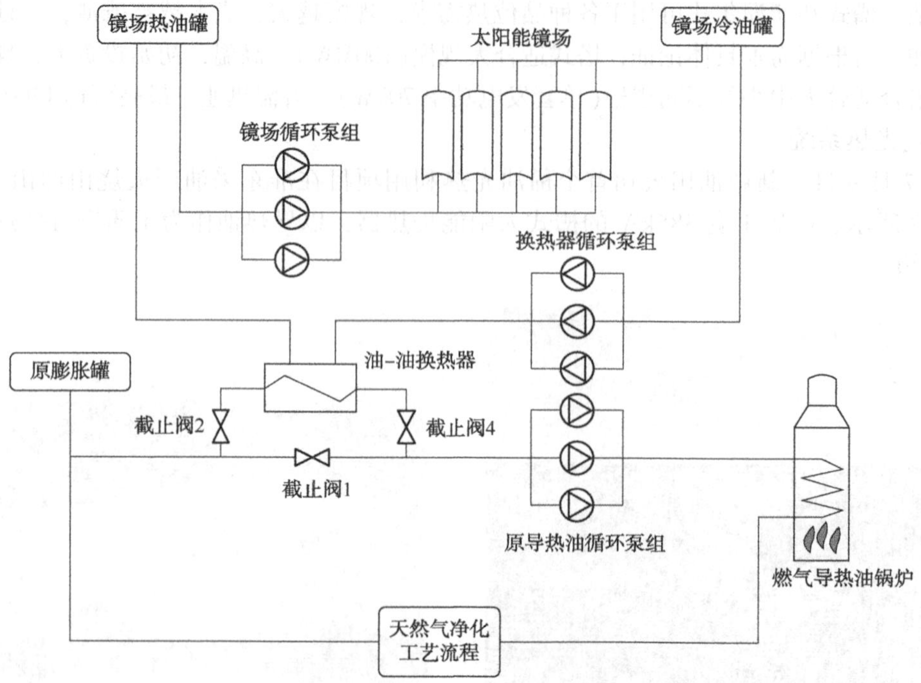

图 8　槽式光热系统原理

图 9　碟式太阳能集热系统

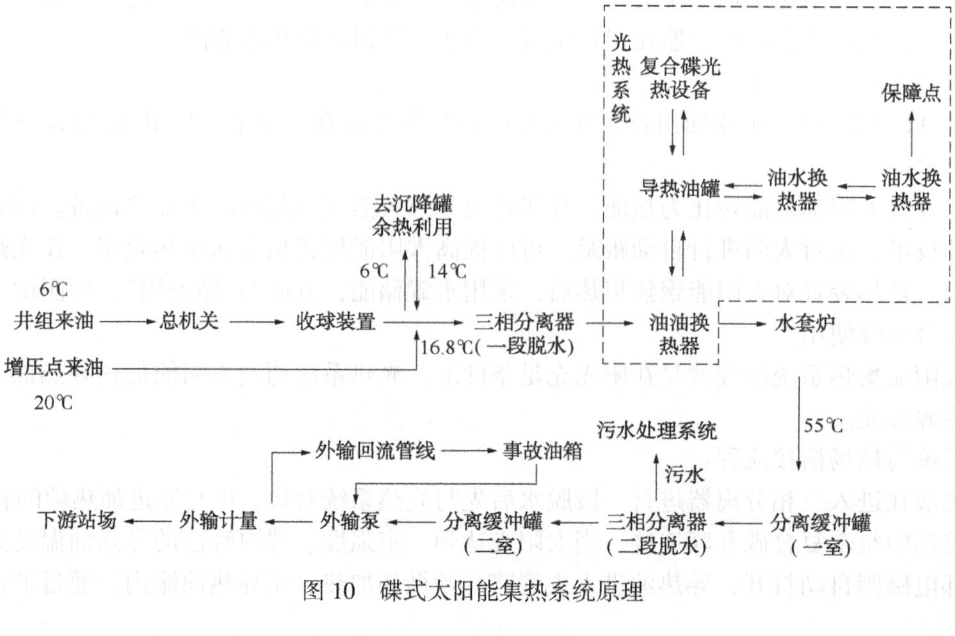

图 10　碟式太阳能集热系统原理

（3）线性菲涅尔式太阳能热发电

1962 年意大利学者 Giovanni Francia 最早提出了线性菲涅尔聚光器的设计并进行实验。国内的线性菲涅尔式光热电站起步和研究相对较晚，2021 年 12 月，敦煌的光电产业园区内坐落世界上第一座商用线性菲涅尔光热电站，其技术是完全国产化的，如图 11 所示。

图 11　线性菲涅尔式太阳能热发电

线性菲涅尔式太阳能热发电原理就是线性菲涅尔反射式太阳能系统主要由反射镜场、接收器组成。为了获得更高的系统效率和聚光比，一般采用单根真空集热管（吸热管+玻璃管组成）外加二次反射镜的结构，太阳辐射打到一次反射镜上进行反射，一部分直接反射到吸热管上，则其余光线由二次反射镜反射后，反射光汇聚到吸热管上传热介质，从而加热传热介质，传热介质通过换热系统产生高温高压蒸汽，推动汽轮机工作，从而完成发电过程，如图 12 所示。

（4）塔式光热电站

目前，全球已建成数十个塔式光热电站。如西班牙 PS10、西班牙 PS20、德国 Jülich、土耳 Greenway CSP Mersin、西班牙 Gemasolar、美国 Crescent Dunes、智利 Atacama1、摩洛哥努奥三期、以色列 Ashalim1、南非 Khi Solar One、美国 Ivanpah 三座塔式光热电站等国外 13 个塔式光热电站。

利用奥维互动地图软件对以上电站的总平面布置进行研究，研究表明，这些布置主要可以归纳为四类，吸热塔位于镜场南侧布置、圆形镜场与圆形发电区布置、不规则镜场与圆形发电区布置、不规则形镜场与不规则发电区布置，如图 13 所示。

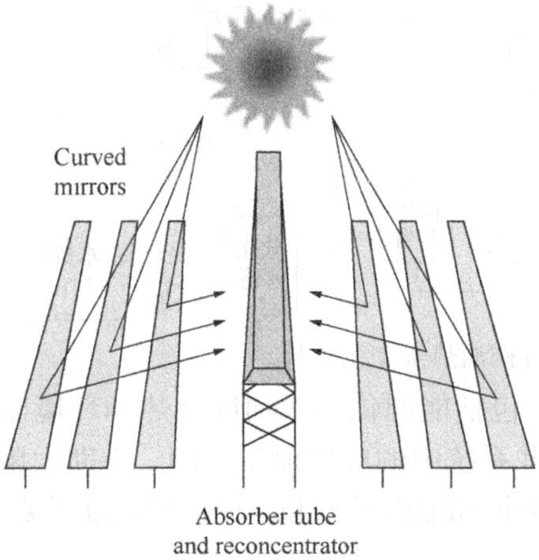

图 12　线性菲涅尔式太阳能热发电原理

图 13　塔式光热电站

塔式光热电站原理就是塔式结构主要由场镜系统、集热系统所构成，利用定日镜来跟踪太阳的运行轨迹，来达到太阳能收集集热效果的最大化。

该图为塔式结构太阳能光热发电站原理，将之转化可以将阳光汇聚到集热器中直接产生高温水蒸气，也可间接利用传热介质交换热量来产生高温水蒸气。20 世纪 80 年代，俄罗斯、美国等国家已经开始塔式结构太阳能光热商业化的进行，如图 14 所示。

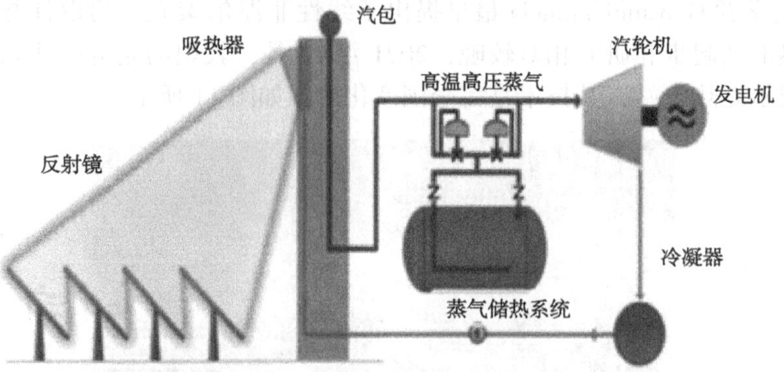

图 14　塔式光热电站原理

因为稠油黏度高，密度大和流动性差等特点，所以与常规原油采集不同，稠油通常采用热采工艺，利用高温蒸汽来进行辅助。

原理为利用注入的高温的水或蒸汽来调节原油性质。这种方法可以使原来粘稠的原油的黏度降低，并在一定程度上调节其流动性。

在过去产生高温水蒸气的手段主要来自于化石燃料的燃烧，能量损失及能源消耗及其巨大。根据当前数据显示，在目前的稠油热采集输过程中，生产成本中有 45%～60% 被蒸汽成本所占据，但产生高温水或水蒸气的这一步骤，我们完全可以运用太阳能光热技

术收集的热能来替代化石能源，如图 15 所示。

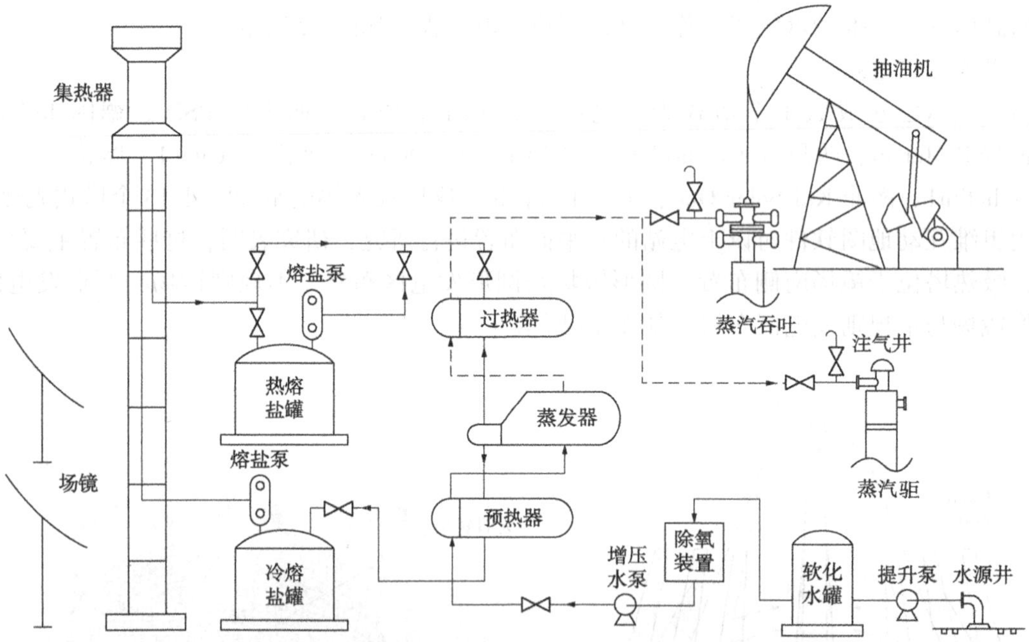

图 15　塔式结构太阳能光热技术进行稠油热采工艺流程

太阳能在钻井系统中的应用为行业带来了多重益处，包括能源供给、辅助加热和环境监测等方面。随着太阳能技术不断进步和成本的持续下降，其在钻井系统中的应用前景广阔。借助太阳能技术的引入，将能够实现绿色钻井和可持续能源发展的目标，为推动能源转型和环境保护贡献重要力量。

3.2.2　地热能在钻井中的应用

地热能作为一种清洁可再生能源，具有可持续性强、环境影响小的优势，正逐渐受到全球能源行业的重视。在钻井系统中应用地热能，为降低碳排放、提高能源效率、实现可持续发展提供了有效途径。

地热能是源自地下热量的能量形式，其产生主要来源于地壳内部的放射性同位素衰变及地球内部的热传导过程。根据美国地质调查局(USGS)的数据，地球内部释放的热能约为 44 太瓦(TW)，

其中20%的热能位于地壳浅层，可以通过适当的技术手段开采利用。这一巨大的潜在能量为钻井系统的应用提供了理论基础。

目前，地热能在钻井系统中的应用主要集中在两方面：一是利用地热能为钻井设备提供动力；二是通过地热能供热提高钻井作业环境的温度，从而提高作业效率。

地热能作为动力源在钻井系统中的应用具有明显优势。例如，美国加利福尼亚州的 Geysers 地热田是世界上最大的地热发电场，装机容量超过 1.5 吉瓦(GW)，为数百万家庭和工业用户提供电力。在钻井作业中，通过地热发电站提供的电力，可以有效替代传统的化石燃料发电，显著降低碳排放。根据国际能源署(IEA)的数据，利用地热能每年可减少约 1 亿吨二氧化碳排放，相当于约 2500 万辆汽车的年排放量。

地热能供热在钻井作业环境中的应用也值得关注。钻井作业通常是在极端气候条件下进行的，如北极圈内的油气田开发。在这些地区，寒冷的环境会极大影响设备的正常运行和人员的作业效率。利用地热能供热，可以有效提高工作区的温度，改善作业环境，提高工作效率。例如，冰岛的地热井在北极圈附近的钻井作业中发挥了重要作用，使得钻井过程中的设备维护和人员操作更加顺畅。

然而，地热能在钻井系统的应用也面临一系列技术挑战。首先是地热资源的勘探与开发。地热资源分布不均，且受地域限制明显，通常分布在地震带和火山活动区。如何准确勘探和评估地热资源，以及在地质条件复杂的地区进行钻井，是地热能开发的主要技术难题。钻井过程中的技术问题也亟需解决。高温高压环境下，钻井设备的耐高温性能、钻井液的稳定性等都对技术要求极高。据统计，地下温度每增加 10 度，常规钻井设备的寿命会降低约 20%。

为克服这些技术挑战，近年来，国内外科研机构和企业在地热能钻井技术方面进行了大量研究。例如，中国石油大学的研究团队开发了一种新型高温耐磨钻头，能够在高温地层中连续工作超过 100 小时，大大提高了钻井效率。也有研究人员提出通过应用新型纳米材料改进钻井液配方，使其在高温高压环境下仍保持良好的稳定性。

未来，地热能在钻井系统中的应用前景广阔。随着技术的不断进步和成本的逐渐降低，地热能将成为钻井系统的重要动力来源之一，助力实现绿色钻井和可持续发展。未来的发展方向主要集中在以下几个方面：一是继续加强地热资源勘探技术的研发，提升资源利用率；二是改进钻井设备和材料，提高其在高温高压环境下的耐受性能；三是完善地热能与其他新能源的协同利用，实现多元化能源供应。

地热能在钻井系统中的应用具有广阔的前景和巨大的潜力。通过不断的技术创新和应用实践，地热能将为钻井作业提供更加绿色、可持续、高效的能源解决方案，为全球能源转型和低碳发展作出积极贡献。

4　钻井系统与新能源融合发展

4.1　融合发展现状及前景

4.1.1　融合发展的现状

随着全球对可再生能源需求的不断增加，钻井技术与新能源技术的融合发展正成为石油和天然气产业的重要趋势。数据显示，到 2025 年，全球太阳能光伏装机容量预计将达到 1.2TW。太阳能光伏发电技术逐渐被应用在油气田的电力供应中，如中东和北非的油田已经部分采用了太阳能发电技术用于钻井作业。

地热能也取得了显著进展，美国的地热资源潜力约为 30，000MW，已有的地热发电装机容量约为 3000MW。冰岛地热能成功应用成为了全球典范，通过钻井系统开发地热资源，提供稳定的电力供应和区域供暖。

钻井技术的进步为新能源的高效开发和利用提供了技术支持。定向钻井技术能够精准定位并进入高温高压地热储层，提高地热能开发效率约 30%。

然而，钻井系统与新能源融合发展也面临一些挑战。技术层面的难题包括如何在钻井环境中维护太阳能光伏系统的稳定性，以及应对地热能开发过程中高温高压环境的设备耐久性问题。经济成本和政策支持也影响着融合发展的速度和规模。

总体来看，钻井系统与新能源融合发展的现状表明，这一趋势正在加速推进，并在全球范围内逐步得到应用。未来的发展将依赖于技术创新、政策支持以及国际合作，旨在实现能源生产的低碳、绿色和高效。随着越来越多的成功案例和技术突破的出现，钻井系统与新能源融合发展前景广阔，预计将在能源转型过程中发挥关键作用。

4.1.2 融合发展前景

随着全球能源需求的不断增长和环境保护意识的增强，钻井系统与新能源融合发展具备广阔的前景。根据国际能源署(IEA)的数据，全球太阳能光伏发电成本已下降至每千瓦时0.04~0.06美元，预计在未来十年内仍将保持约5%的年均下降率。这意味着新能源在钻井系统中的应用将变得更加经济可行。同时，随着技术的进步和规模化应用，新能源在钻井系统中的成本将进一步降低，进一步提升了融合发展的前景。

新能源技术与钻井技术的融合将极大地推动钻井系统的效率和可持续发展。地热能作为一种高效稳定的清洁能源，其在钻井系统中的应用潜力巨大。根据美国地质调查局(USGS)的研究，全球已探明的地热能资源量约为11000GW，这在未来几个世纪内足以满足全球对能源的需求。地热能不仅可以提供稳定的能源供应，还能减少碳排放和环境污染，同时提高钻探效率和设备寿命，降低故障率。

在环境保护方面，新能源与钻井系统的融合将减少温室气体的排放和对自然资源的依赖。通过采用可再生能源替代传统的化石燃料，钻井系统可以显著减少碳足迹，并降低对水和土地资源的需求。根据美国石油学会(API)的研究，采用风能和太阳能等新能源替代传统动力源，可使钻井平台的二氧化碳排放减少50%以上，氮氧化物排放减少40%以上。这将有助于改善环境质量和生态平衡，促进可持续发展。

政策支持和市场需求也将推动钻井系统与新能源的融合发展。各国政府和国际组织正在出台一系列激励政策和优惠措施，鼓励新能源技术在钻井系统中的应用和推广。例如，欧盟发布了《欧洲绿色协议》，旨在到2050年实现碳中和，并积极推动新能源技术的研发和市场化。美国则提出了“能源独立计划”，强调通过可再生能源技术的应用实现能源供应的多样化和独立性。市场对新能源与钻井系统融合发展的需求不断增长，企业纷纷加大对新能源技术的投资与研发力度。这将为新能源在钻井系统中的应用提供良好的市场机会和发展前景。

钻井系统与新能源融合发展具有广阔的前景。随着新能源成本的降低、技术的进步、政策的支持以及社会的认可，新能源在钻井系统中的应用将更加普及和可行。这将带来经济效益、技术创新、环境保护和可持续发展等多重正面影响，推动钻井系统的转型与升级。未来，我们有理由相信，钻井系统与新能源融合发展将为能源行业带来新的发展机遇和可持续发展的未来。

4.2 融合发展策略

技术融合策略在钻井系统与新能源的融合发展中起到至关重要的作用。为了确保这一融合取得成功，需要从多方面入手。开发和优化混合动力钻机是提高效率的关键措施之一。混合动力钻机采用传统的柴油发动机与新能源电机共同工作，形成综合能源利用机制。研究显示，混合动力钻机相比传统钻机可降低燃料消耗约30%，并减少二氧化碳排放量40%以上(Smithetal，2021)。为进一步提高能源转换效率，智能控制系统需要被优化，以确保能源的最大化利用。

应用高效的新能源存储系统是技术融合的关键步骤之一。在钻井作业的特殊场景中，合理配置电池和储能系统是确保持续供电的核心。近年来，随着锂电池技术的突破和能源密度的提升，电池储能在钻井作业中的应用已成为可能。研究指出，应用高效储能系统的混合动力钻机在实际运营中，能源效率可提升25%，同时可确保长时间、高强度作业的稳定性(Jonesetal，2020)。

除此之外，可再生能源如太阳能和地热能在钻井系统中具有巨大的应用潜力。太阳能通过光伏发电系统转化为电能，支持钻井设备的运行。地热能则利用地球内部热量，提供持续稳定的能量来源。相关实验数据表明，利用太阳能和地热能的混合供能系统，可使钻井系统的运营成本降低15%~20%(Liu&Wang，2019)。通过优化能源收集、转换和利用技术，能够有效提高新能源在钻井系统中的渗透率。

最后，智能化技术的应用也是技术融合的关键。物联网(IoT)技术可以应用于设备和能源管理，多传感器融合技术可进行高效监测和控制，大数据分析也能提升预测和调度能力，从而大幅提高系统的综合性能。研究表明，应用物联网进行实时数据监测和智能控制，可提高钻井设备工作效率10%~15%，并显著降低能源消耗(Petersonetal，2018)。

可见，钻井系统与新能源的技术融合需要综合运用技术融合策略。通过开发和优化混合动力钻机、应用高效的新能源存储系统、充分利用可再生能源以及应用智能化技术，可以实现能源的高效利用和可持续发展。同时，制定和推广标准化技术规范，促进钻井系统与新能源技术的深度融合，并协同合作，实现技术互补和资源共享，以提升整体产业的技术水平(IEA，2020)。这些策略的综合应用将带来更绿色、可持续的能源领域未来。

参 考 文 献

[1] 刘天志．中国油气工业碳排放影响因素及低碳发展路径研究[D]．东北石油大学，2023.

[2] 杨哲琦．中国石油资源生产侧锁定碳排放与解锁策略研究[D]．中国石油大学(北京)，2023.

[3] 周敬．以化学史为真实情境的化学教学设计及实践研究[D]．内蒙古师范大学，2023.

[4] 魏博雅．YCYS油田服务科技公司服务营销策略研究[D]．宁夏大学，2023.

[5] 徐明波．地方本科院校转型中的组织变革研究[D]．华东师范大学，2022.

[6] 张金磊．中海油天津分公司生产数字化转型策略研究[D]．兰州交通大学，2022.

[7] 陈赛．进口短缺情景下我国石油能源系统韧性研究[D]．中国矿业大学，2022.

[8] 陈子祥．后疫情时代HY公司经营战略研究[D]．天津科技大学，2022.

[9] 孙昊达．晋城ZH-L11煤层气井定向钻进技术研究[D]．西安科技大学，2022.

[10] 刘婕妤．D油田勘探成本控制研究[D]．西北大学，2022.

[11] 闫娜．枯竭油气藏与新能源融合发展技术进展与发展建议[J/OL]．石油钻探技术，1-11[2024-05-28].

[12] 杨丽丽．新质生产力理念下中国油气高质量发展战略思考[J/OL]．中国矿业，1-8.

[13] 光新军，闫娜．能源转型背景下油气工程技术发展新方向[J/OL]．石油钻探技术，1-10.

[14] 张斌，曹晓宇，周天明，等．深井超深井钻井装备技术现状与发展趋势探讨[J]．钻采工艺，2024，47(02)：141-151.

[15] 陆晓如．着力点在哪里？[J]．中国石油石化，2024，(06)：23-29.

[16] 秦建强，付德亮，潘彤，等．深层卤水高效开采面临的关键问题与对策[J/OL]．中国地质，1-23.

[17] 南小东，秦大鹏，冯松林，等．绿色智能效益油田建设实践[J]．创新世界周刊，2024，(02)：98-104.

[18] 邹才能，林敏捷，马锋，等．碳中和目标下中国天然气工业进展、挑战及对策[J]．石油勘探与开发，2024，51(02)：418-435.

[19] 葛世荣，樊静丽，刘淑琴，等．低碳化现代煤基能源技术体系及开发战略[J]．煤炭学报，2024，49(01)：203-223.

[20] 东振，陈艳鹏，孔令峰，等．煤炭地下气化试验综述与产业化发展建议[J]．煤田地质与勘探，2024，52(02)：180-196.

[21] 徐红军，李潮流，袁超，等．地层评价与测井技术新进展：第64届SPWLA年会综述[J]．测井技术，2023，47(05).

[22] 宋曙光，张翀焱．油田新能源与节能减排技术研究[J]．石油石化节能与计量，2023，13(09)：83-88.

[23] 贾承造，王祖纲，姜林，等．中国油气勘探开发成就与未来潜力：深层、深水与非常规油气——专访中国科学院院士、石油地质与构造地质学家贾承造[J]．世界石油工业，2023，30(03)：1-8.

[24] 邹才能，杨智，张国生，等．非常规油气地质学理论技术及实践[J]．地球科学，2023，48(06)：2376-2397.

[25] 庞志庆，刘夕梦，汪艳勇，等．"双碳"目标下大庆油田绿色低碳发展实践与思考[J]．石油科技论坛，2023，42(02)：30-39.

[26] 王敏生，闫娜，光新军．石油工程跨界融合技术创新态势研究与建议[J]．石油钻探技术，2023，51(04)：95-103.

[27] 孙明华，王继勇，等．"双碳"大考[J]．国企管理，2021，(06)：28-56.

[28] 贾承造．中国石油工业上游发展面临的挑战与未来科技攻关方向[J]．石油学报，2020，41(12)：1445-1464.

[29] 龙驭球，崔京浩，袁驷，等．力学筑梦中国[J]．工程力学，2018，35(01)：1-54.

[30] 王灵碧，葛云华．国际石油工程技术发展态势及应对策略[J]．石油科技论坛，2015，34(04)：11-19.

强化信息化智能化管控，促进测井行业民爆物品、放射源库安全绿色健康发展

王海东　陈茂柯　赵志恒　伍玉平　徐培刚

（中国石油集团测井有限公司）

摘　要　石油测井（含射孔）工作中会使用放射性源、射孔弹药等危险物品，中国石油测井公司历来都以放射源，射孔民爆物品为安全管控的重中之重。近年来，该公司结合放射源、民爆物品管理与运行现状，提出基于信息化建设民爆物品信息管理系统，智能化仓储放射源库系统的改造思路和建设方向。本文重点介绍了中国石油测井公司关于射孔民爆物品信息化管理，放射源库智能仓储系统及自动化改造的相关成果，对加强射孔民爆物品和放射源管控及健康环保工作也有着重要的意义，同时为行业内射孔民爆物品、放射源库房在新形势下的安全管理提供了重要的借鉴和思路。

关键词　测井；射孔；放射源；民爆物品；绿色健康

在油气勘探开发中，测井射孔是不可或缺的重要工艺技术，在测井射孔作业中会使用两类危险物品，一是油气井射孔作业使用的射孔弹、电雷管和导爆索等民爆物品，二是放射性测井使用的放射源。石油射孔属于特种爆破作业，根据相关部门统计梳理的近十年来20起涉及民爆物品的重特大事故中，发现均是因为违反相关安全生产规定和操作规范而造成的，带来了数百人伤亡和数十亿元的经济损失。测井放射源的危害重点在于核辐射，即放射性物质以波或者微粒形式发射出能量，对人体神经系统、心血管系统、生殖系统等造成极大的伤害，同时如果发生放射源失控事故，就会造成对大气、土壤和地下水的污染，因此放射源辐射具有无色无味，看不见摸不着的隐形特点。

无论是射孔民爆物品还是测井放射源，都是属于非常重要的管控对象，在安全上务必做到万无一失。基于上述放射源和民爆物品的危险性、重要性和实际特点，中国石油测井公司以民爆物品全生命周期有效管控为目标，开发了国内首套射孔民爆物品信息化管理系统，并首次以标准形式确定了射孔器材数字化系统管理的安全技术标准。同时，为了在放射源库房大大减少人员接触放射源的时间，提高领取、退换放射源的时效，建成了国内首套智能化放射源库仓储系统。

1　射孔民爆物品信息系统与应用

1.1　射孔民爆物品管理难点

中国石油集团测井有限公司具备油气井射孔资质队伍427支，作业区域覆盖国内全部油气田以及伊拉克、阿尔及利亚、阿塞拜疆等10余个国际油气服务市场，年均开展野外爆破施工作业近2万井次，使用油气射孔弹350余万发、电雷管10万余枚及其他民爆品，民爆器材安全管理管理环节多（图1），面临“点多、面广、环节多、战线长”的局面。

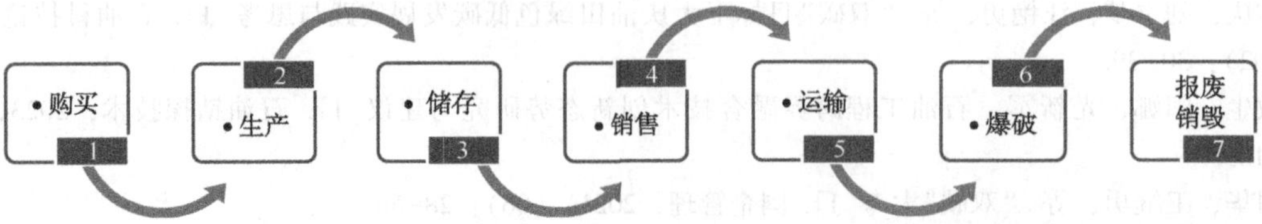

图1　射孔民爆器材流转环节

在实际射孔作业过程中，专用的民爆器材具有流转环节冗长、使用品种繁多、工作环境恶劣、

起爆条件复杂等特点，具体管理难点为三个方面。一是现场监管难度较大；现场安全监管主要依靠检查和视频监控等方式，无法及时发现和制止不安全行为。二是信息管理方式落后；填报纸质台账，工作量大且存在数据真实性偏差的可能，如漏填、错填和改数据等，另外数据信息传递较为滞后，需要手动填报，填写完成后再检查才能得到数据。三是信息壁垒情况突出；多个单位间信息传递主要是电话、传真等传统方式，存在信息来源可能出现偏差、信息容量小、信息反馈慢等问题。缺乏统一的信息共享平台，各单位间无法及时获取和分享生产安全动态，导致管理决策缺乏统一协调，无法形成管理合力。

为此，中油测井公司积极借助信息化手段推动民爆品管理数字转型，基于射孔器材类型特点和施工工艺的实际情况，开发了民爆器材信息化管理系统并率先在川渝地区投入现场应用，实现了民爆器材全流程管理数据实时上报、动态实时监控，异常实时预警等功能，显著提升了射孔民爆器材本质安全管理的水平。

1.2 射孔民爆信息系统及运行

民爆信息系统基于B/S架构的数据交互方式，利用信息化网络、智能化设备和工作流引擎技术，确保满足民爆品流转数据采集和交互的安全性需求，同时对设备以及安全装置等进行信息化管理，整合形成全方位信息化安全管理方案。同时，以油气井爆破作业生产流程为主线，以民爆物品流向监管为核心，全面覆盖民爆品生产、存储、运输和使用等环节，将国家、行业以及企业的安全管理要求注入程序，通过固化流程和合规校验的方式确保油气井爆破作业全程均满足安全生产需要。

1.2.1 建立射孔器材生产信息标准数据

建立了射孔弹二维码贴标生产线，将公安丹灵系统条形码转换为二维码，通过APP软件扫描，实0现了单发射孔弹精准识别、录入和整箱射孔弹的快速读码，为每发射孔弹建立独立的数字身份，实现每发射孔弹全生命周期追溯管理，如图2所示。

图2 贴有数字二维码的射孔弹

将参与射孔施工的所有涉爆人员信息、民爆运输车辆和民爆物品存储库房等关键要素，全部集成在射孔生产流程各环节中并编译录入信息系统，建立完备的基础数据库，如图3所示。目前已在西南分公司400名爆破作业人员信息，42台专用民爆物品运输车辆信息，19个民爆品库房信息以及管理范围内全部近50万条民爆品基础信息，全部实现数字化。

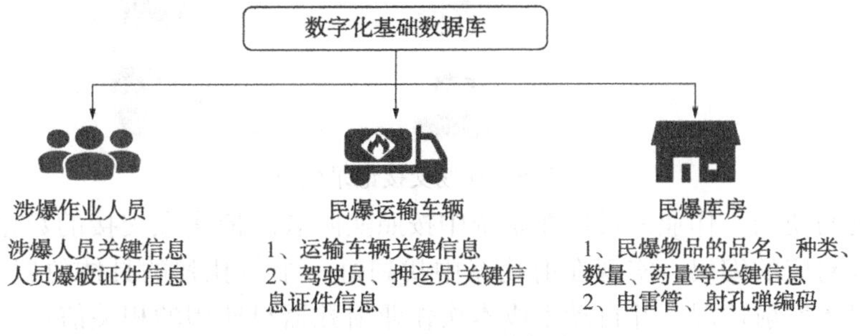

图3 涉爆信息基础数据库

1.2.2 实际作业运行流程及功能介绍

信息系统通过集成APP在信息终端(如Ipad防爆终端)上进行操作，操作前自动引导现场人员提前断开网络，否则无法进行下步工作。待完成数据录入与采集后，选择非涉爆区域打开网络自动上传数据。射孔作业全过程的基本流程如下：

(1) 接受射孔任务并申请。根据施工设计输入射孔数据，系统自动排列并选择在数据库中的射孔器材型号和数量，提交领取、使用和运输申请。待上级部门逐级检查后，在系统完成审批并签字确认，同时自动将申请流转至施工所在区域的库房，提升了审批效率。

（2）民爆器材库房领取与发放。作业人员和车辆前往民爆库房，库房保管人员根据系统中申请单基本信息进行核对后陆续发放，完成后交接人员进行人脸扫码识别并在系统中完成确认，并自动形成后台交接记录数据。民爆器材的流转与信息唯一授权，可有效预防篡改。

（3）民爆器材运输监管。信息系统整合了运输车辆定位监控功能，在系统后台中通过数字地图能够实时监控运输的基本信息，包括运输的人员信息，运输的数量、类型及对应的编码，目前的运输位置和行驶速度等，实现民爆器材全时全域动态监控，如图4所示。

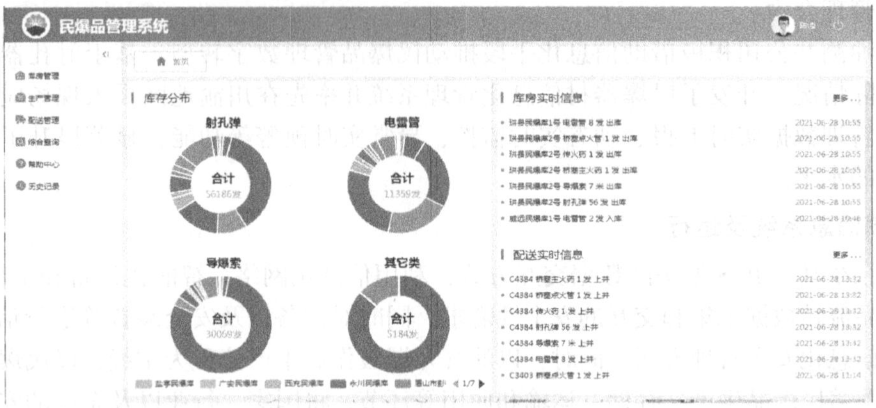

图4　库房与配送监控信息

（4）现场交接与确认。运输车辆行驶至作业现场后进行交接，交接时仍采用系统中录入的人脸扫码进行识别，可有效杜绝违规交接，对现场人员任何偏离标准的行为立即予以识别、纠正、拒绝并记录，有效预防了人员违章和误操作行为的发生。现场交接后自动生成的数字化信息，如图5所示。

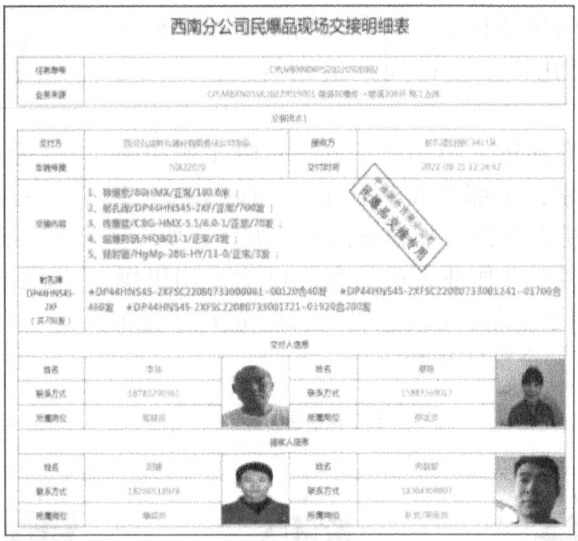

图5　现场交接记录信息

（5）现场装配与使用。作业人员按在系统中按照实际装配依次在交接的数据编码中选取实际装配的型号、数量及对应的编码，实现在射孔器中找到每一个射孔弹的具体位置。射孔作业完成后，检查并在系统中录入发射情况，并自动生成本次作业射孔器材使用的相关信息。

1.3　射孔民爆信息系统应用

2022全年，民爆信息系统已经上线并与EISC融合，实现了民爆物品库房、射孔作业现场民爆物品交接的无纸化。中油测井西南分公司目前在川渝地区27支射孔作业队，20个民爆物品库房，累计监控射孔作业施工近2000井次，发起民爆器材领用申请720次，退库申请160次，流转射孔弹35万余发，电雷管4.5万发。该信息化管理系统为作射孔业队伍提供民爆物品配送与运输万余次，有效地监管了射孔民爆物品从生产、领取、运输、发放、使用和退还等全流程的监控和追溯，提高了安全监管的效能。

2 放射源库房智能仓储管理系统与应用

2.1 传统放射源库的特点

传统的放射源库房(以测井公司西南分公司为例)，在库房放射源流转、借还源流程、人员接触与工作时间和信息化管控等方面都存在弊端和难点，主要表现为以下几个方面。一是借还源操作流程复杂；使用行吊结合长柄工具进行放射源的人工存取，人工劳动强度大，作业人员在操作中存在受伤的风险。二是作业人员工作时间长；操作人员在放射源库内长时间近距离接触放射源，存在辐照水平超标的安全风险。三是放射源库信息化管理系统缺失；仍利用规章制度、纸质流转单及台账、人员监督管理的方式，放射源身份识别、出入库剂量检测全部依赖作业人员手动操作记录，信息传递滞后，数据容易出现偏差，数据统计分析难度大，不满足放射源精细化管理的要求。

如何利用互联网+模式，采用先进自动化设备，整合放射源存储和交接环节的各类管理信息，实现自动化操作、信息化管理、实时监控和预警功能的放射源智能管理系统尤为重要。

2.2 智能化放射源库建设及成果

测井公司基于互联网环境下的放射源智能仓储管理系统，以放射源流转监管为核心，以生产自动化运行为主线，利用信息网络和自动化设备，结合自主开发的智能化仓储管理软件，实现放射源出入库自动化、身份识别及剂量检测标准化、数据记录传递信息化及安全管理制度流程化，并与EISC系统融合，数据实现传递、共享、互通、预警等功能。放射源库整体建设情况如图6所示，仓储管理系统包括四个子系统，具体如下。

图6 智能化放射源库

(1) 自动识别及检测系统。该系统实现对每枚放射源精准化的电子身份识别；同时结合放射源流转单，自动匹配识别出需要出入库的放射源信息；依托在线式辐射检测实时检测出入库放射源的辐射剂量信息等。

(2) 放射源存储系统。建设智能化放射源坑用于放置测井源，严格按照放射源存储管理要求设计智能刻度源存储柜，如图7所示。

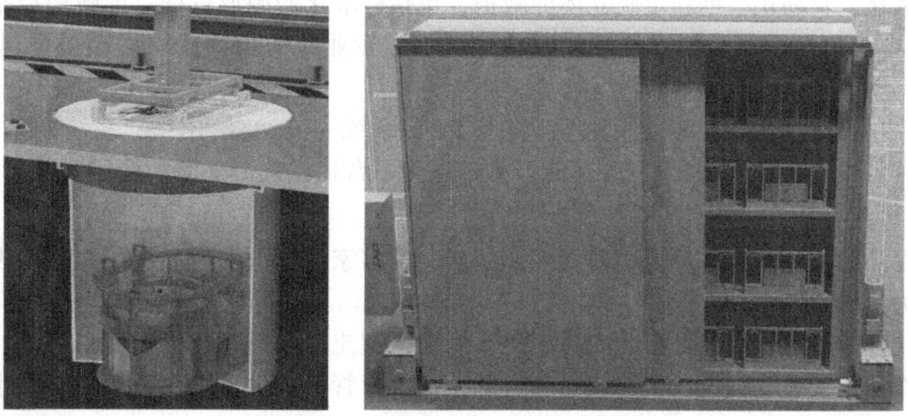

图7 放射源坑与立体屏蔽仓

(3) 放射源载运系统。实现放射源的出入库自动化抓取、运输。使用自动化机器人、高强度地轨、精密转运平台等措施，结合放射源存储系统对每枚源的精准定位，实现无需人工进库操作即可对出入库放射源的精准抓取及搬运(图 8)。

图 8　放射源罐抓取与运载

(4) 智能控制系统。包含所有设备的电气控制集成及系统操作控制，确保系统每个单一设备之间的精准配合，完善操控系统实现与生产流转信息等的对接，库房管理人员可在值班室人机界面上简单操作，即可实现所需放射源的出入库(图 9)。

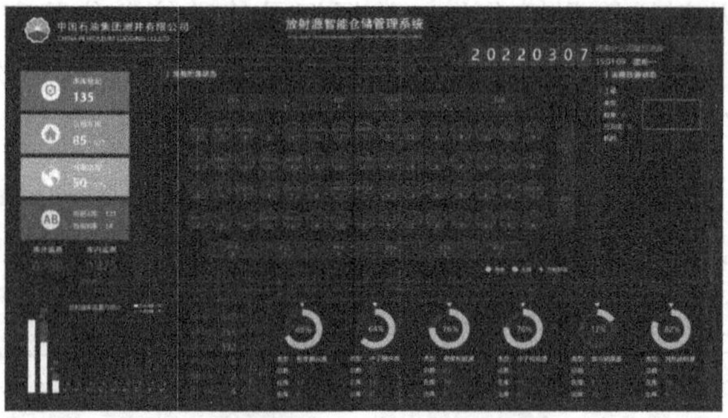

图 9　放射源仓储管理系统

2.3　智能化放射源库特点及效益

2.3.1　智能化放射源库特点

(1) 无人化，智能化。采用工业机器人、RFID 射频识别、工业相机智能检测等先进技术，融合放射源出入库管理、身份识别及剂量监测、机器人智能控制等模块，实现放射源出入库标准化、无人化、智能化。

(2) 程序化、安全化。将安全管理流程、操作规程嵌入设备控制程序，包含系统制单、双人操控、人脸验证、实时监控、安全连锁等功能，避免了操作过程中因人为原因导致的安全生产事故事件发生。

(3) 屏蔽化，自动化。创新定制立体屏蔽柜，包括标准化弱源放置框、屏蔽柜控制系统，具备自动开启/闭合、柜内放射源放置位置实时检测功能，专业化的设计确保屏蔽效果满足国家标准要求。

(4) 监控化，信息化。智能仓储管理系统与 EISC 系统完美融合，实现“系统制单、自动流转、许可管理、监督检查、数据共享”五大功能，为信息化平台提供数据支撑和管控手段。

2.3.2　智能化放射源库效益

(1) 树立品牌效益。生态环境辐射管理部门行业内多家单位数次前来放射源库参观、调研和指导，现已成为川渝地区“核与辐射一体化管理”示范企业。

(2) 强化健康效益：放射源出入库自动化、安全管理流程标准化、数据记录信息化等功能，极大地降低了作业人员劳动强度及接触放射源时间，每年库管员减少接触放射源 760 余小时，职工健康效益显著提升。

（3）实现安全效益：智能源库可大大降低人工劳动强度，减少人员处于辐射环境中时间等安全风险，目前已形成标准化智能源库建设规范，可在测井行业内所有涉及放射源使用的单位内进行推广。截止目前，西南分公司智能源库已稳定运行380余天，收发放射源2425枚，提还源效率较以往提高了5倍，生产效率大幅提升。

3 结论

石油测井射孔作业中，民爆物品，放射源是安全管控的重点，基于当前信息化，数字化和智能化的技术和发展要求，中油测井公司开发了民爆器材信息化管理系统和放射源库房智能仓储管理系统。通过民爆器材信息管理系统应用，不断提高了生产现场民爆器材管理标准化、规范化、合规化，实现了民爆物品全流程管理数据实时上报、动态实时监控，异常实时预警，率先在国内油气井爆破行业，实现同步、动态、精准管控民爆器材流向信息，显著提升了民爆器材安全管理本质水平。同时智能化放射源仓储系统，采用先进自动化设备，整合放射源存储和交接环节的各类管理信息，实现自动化操作、信息化管理、实时监控和预警功能，对测井行业绿色、安全、健康发展等方面具有重要的推广应用价值和借鉴意义。

参 考 文 献

[1] GB 6722—2014，爆破安全规程[S]，北京：中国标准出版社，2014.

[2] 尚振华．射孔作业存在的安全风险及预防措施．中国石油和化工标准与质量[J]，2016(036)024：73-75.

[3] 宋义涵，宋延拓．风险管理在高温高压油气井射孔作业中的应用．中国安全生产科学技术[J]．2014(Z2)042：180-184.

基于气田双碳节能减排的智能化微电网建设

孙　瑨　李东刚　李云海　陈　鑫　杜泉锋　范　博

(大庆油田有限责任公司)

摘　要　本文基于双碳节能减排，围绕气田智能化微电网建设项目，阐述了气田智能化微电网建设的重要意义与发展目标。气田具有对常规能源的依赖消耗低、对电能质量波动敏感性低的优势。结合气田智能化微电网建设项目，开展方案规划，并对区块微电网进行未来负荷与耗电量预测与项目实施效果预测；阐明了基于双碳节能减排的气田智能化微电网建设运营价值、商业价值、推广价值，并对气田智能微电网建设趋势定向展望。

关键词　气田；智能化微电网；源网荷储一体化

1　基于双碳节能减排的气田智能化微电网建设“双低”优势与发展方向

随着世界工业发展，全球气候变化对人类和自然生态产生了广泛而严重的影响。为贯彻落实国家碳达峰、碳中和战略的重大举措，中国石油集团公司制定了清洁替代、战略接替、绿色转型“三步走”总体部署。各油气田由油气供应企业转型为综合性能源供应企业。气田在新能源发展中通过搭建智能化微电网，利用新能源风光热氢技术实现气田电能自给自足、余电上网的目标，具有双碳节能减排的气田智能化微电网建设的重要意义。气田智能化微电网建设，既是响应国家双碳节能减排号召的体现，又是气田高质量发展的必然选择。

1.1　气田智能化微电网建设“双低”优势

气田智能化微电网建设，无论是从气田能源消耗的转型需求，还是从地理位置与环境的选定，都具有“双低”优势与持续良性发展方向。

1.2　能降低气田对常规能源的依赖和消耗

我国油气田大多地处沙漠、高原或平原，而大庆油田所处的松辽盆地具有丰富的太阳能、风能、地热能等资源，对其进行合理开发利用，将优化用能结构、节约资源，可有效降低气田对常规能源(电、煤、原油、天然气等)的依赖和消耗，满足气田能源消耗转型需要。

1.3　气田系统对电能质量波动敏感性较低

气田所处位置多为草原、耕田等开阔地带地势平坦，适合建设微光伏与风电场；在气田生产运行中，主要能耗为站内与井口电伴热、各类生产小型机泵与生产辅助用电，动设备较少，没有大型高压机组，所以对电能质量波动敏感性较低，并且能耗需求低于采油厂；气田位置分散，有一部分零散气井、零散废弃站场可作为分布式新能源建设用地，环境适合智能化微电网建设。

1.4　气田智能化微电网覆盖性的建设方向

气田以“源、网、荷、储”为核心，零散气井燃气发电为支撑电能，风光发电为绿色电能，余热回收为辅助能源，按照“试验、扩大、推广”三步走的建设思路，打造可离网独立运行也具有并网功能的气田专用微电网。未来将微电网逐步覆盖周边气田，最后通过联络线联通，形成气田专用大型电网，实现气田电能自给自足、余电上网的最终目标，既是油气田智能化微电网覆盖性的建设靶向定位，更是气田区块双碳节能减排的良性发展方向。

2　气田智能化微电网建设“五项”运作与运行管理

智能微电网将可再生能源发电技术(风力发电、光伏发电、生物质能、潮汐能等)、能源管理系统(EMS)和输配电基础设施高度集成的新型电网，它具有提高能源效率、提高供电的安全性和可靠性、减少电网的电能损耗、减少对环境的影响的优点。

2.1 气田智能化微电网建设的六项功能

无论是电源接纳与整合、节能与降耗，还是无电地区供电与个性化需求、电网供需平衡与优化运行，都可通过气田智能化微电网建设“六优”功能得以实现。

(1) 电源优化接纳：可最大程度接纳分布式电源，具有智能化微电网建设的分布式电源电源多点位对接功能。

(2) 电源优化整合：智能微电网将原来分散的分布式电源进行整合，集中接入同一个物理网络，并利用储能装置和控制保护装置实时调节以平滑系统的波动，维持网络内部的发电和负荷的平衡。

(3) 能源利用优化：节能降耗，提高能效。智能微电网同时满足供电、储电、配电等多种需求，提高了能源的利用效率。此外，储能单元的参与有利于对系统内部的能量进行调节，高效、合理地利用能量。

(4) 分布电源优化：解决无电地区供电。在气田偏远气井可搭建不同规模的智能微电网，根据实际情况采用合适的分布式电源。

(5) 设备供电优化：满足气田对供电可靠性的个性化需求。智能微电网具备实时在线监控的预警能力，提高内部负荷供电的可靠性，提高电网整体抗扰能力和故障应急供电能力。

(6) 供需运行优化：智能微电网实现供需平衡和优化运行，可根据用户的信息进行动态调整。能满足未来用户需求的电能质量，允许接入多种发电和储能单元。

2.2 气田智能化微电网的构建

智能化微电网架构思路为“源、网、荷、储”(图1)，通过微电网调控中心协调平衡气田负荷、供电、储能的供需关系，在风光、燃气发电量充足情况下离网运行，不足时由上游变电站供电。其优先级为光伏发电/风力发电>燃气发电>储能装置>上游供电。

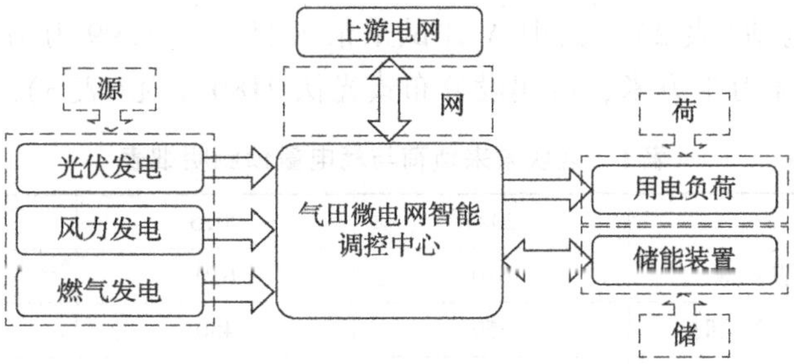

图1 气田智能化微电网架构思路构成图

2.3 气田智能化微电网运行模式

气田智能微电网的电压等级一般为380V、6kV、10kV，在电网结构中最接近于用户。既可以与大电网并网运行，也可在电网故障或需要时与主网断开独立运行，因此它具有双重角色。对于公用电力企业，智能微电网可视为电力系统可控的“细胞”，成为被控制的一个简单可调度负荷。可以在数秒内做出响应以满足电网系统的需要；对于用户，智能微电网可以作为一个可定制的电源，以满足用户多样化的需求。智能微电网两种运行模式(图2)，可以增强局部供电可靠性，降低馈电损耗，支持当地电压，提高一次能源利用率，提供电压下陷的校正，或作为不间断电源。

2.4 气田智能化微电网运营管理模式

智能微电网建设管理模式可以通过组建微电网建设联盟，具有多个投资主体、多种投资形式、多方优势互补、共同建设、利益共享的“网建”模式；智能微电网运营管理形式是在智能微电网建成后，智能微电网调控中心作为与上游电网的唯一接口，可以以建设方为主导通过协商确定收益分配规则，经过多个周期的修正，形成可行的商业模式，是智能微电网运营收益分配方式。

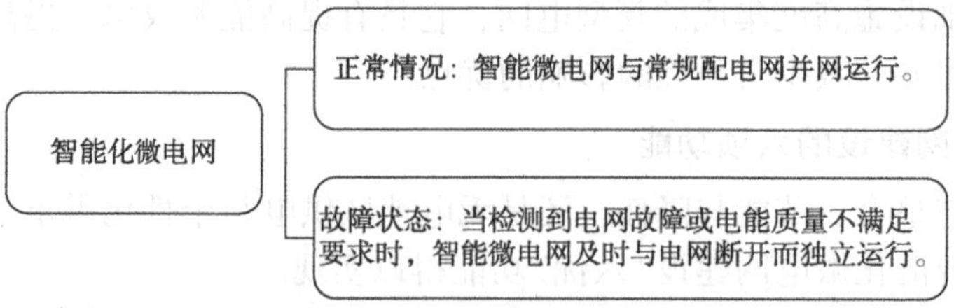

图2　气田智能化微电网“两种”运行模式构成图

3　基于双碳节能减排的气田智能化微电网建设的方案

以某气田某区块低碳示范区建设工程为例，区块依托不可回收的零散气井与土地资源建设燃气发电站与风光发电场，并搭建区域具有并网功能的离网型微电网。

3.1　气田能耗现状

根据数据统计，该区块2023年区块总耗电量409.8万千瓦时。区块电源引自上游变电所某线路，线路还为乡政府、采油某厂作业区供电，年平均电负荷1.1MW，最大月负荷1.9MW，最小月负荷446kW，2023年线路总耗电量980万千瓦时。根据区块耗电量需求，制定专用微电网方案，结合区块微电网建设规模，进行对比分析。

3.2　气田未来能耗预测

气田智能化微电网建设的可行性取决于工程未来负荷与耗电量预测和项目实施效果预测。气田区块未来耗电增长主要为区块产能建设项目和区块增压机项目的新增负荷，需对气田智能化微电网建设的“双项”预测，将气田智能化微电网建设的量化分析评价预知到位。

3.2.1　区块微电网未来负荷与耗电量预测

产能项目负荷接入80001环线，环线预计增加负荷1.3兆瓦，年耗电量增加900万千瓦时。根据区块产能项目需求，对区块未来负荷与耗电量进行预测(表1)，区块无法投产回收的零散气井2口，可就地建设燃气发电站(表2)；其中A井试采最大日产气1.99万方/天，稳定日产气0.7万方/天；区域可利用土地4万平方米，可建设分布式光伏2180千瓦(表3)。

表1　区块未来负荷与耗电量预测明细表

年　份		2024	2025	2026	2027
区块产能项目	用电负荷/kW	610	610	1000	1316
	耗电量/万千瓦时	450	450	750	900
区块增压项目	用电负荷/kW	0	800	1900	2740
	耗电量/万千瓦时	0	600	1400	2000
合计耗电量/万千瓦时		450	1050	2150	2900

表2　可利用零散气井明细表

井号	试气压力/MPa	试气产量/(万方/天)	产水量/(方/天)	气体组分		
				CH_4%	C_2H_6%	CO_2%
A井	2.52	1.9947	110.4	88.321	6.898	0.083
B井	2.11	1.77	—	93.062	3.183	0.94

表3　可利用土地与建设光伏规模明细表

土地利用类型	井　站	可利用土地面积/万平方米	建设光伏规模/kW
废弃站场	区块7站	0.3	120
废弃站场	区块8站	0.1	40
草原	区块9、10站	2	1120

续表

土地利用类型	井　站	可利用土地面积/万平方米	建设光伏规模/kW
产能项目征地	产能项目新建井 18 口	1.6	900
合计	—	4	2180

3.2.2　区块微电网工程项目实施效果预测

项目建设完成后，燃气电站发电与光伏发电覆盖气田耗电，自产电覆盖率达 100%；到 2028 年燃气电站年发电量将上升至 980 万千瓦时，日耗气 0.7 万方，年耗气量 245 万方，光伏年发电量 369 万千瓦时，绿电覆盖率达 27%（表 4）；预计 2028 年效益约 660 万元，其中收益 778 万元，运营维护成本 118 万元。项目总投资 2270 万元，内部收益率约 17%，成本回收期约 5.5 年（表 5）；预计 2028 年，项目实施后较实施前可节约年用电成本约 1640 万元（表 6）。

表 4　区块微电网效果预测明细表

年份	耗电量	燃气电站发电部分			光伏发电部分		气田自产电合计（万千瓦时）	气田下载电量（万千瓦时）	气田绿电率
	气田耗电量（万千瓦时）	燃气发电量（万千瓦时）	燃气消耗（万方）	日消耗气量（万方）	光伏装机量（千瓦）	光伏发电量（万千瓦时）			
2024	450	0	0	0	1580	267.3	267.3	182.7	59.41%
2025	900	632.5	158.1	0.5	1580	267.5	900	0	29.72%
2026	900	581.9	145.5	0.4	1880	318.1	900	0	35.34%
2027	1200	831.1	207.8	0.6	2180	368.9	1200	0	30.74%
2028	1350	981.1	245.3	0.7	2180	368.9	1350	0	27.32%

表 5　区块微电网效益预测明细表

年份	收益			运营成本				项目效益（万元）
	燃气电上网（万元）	光伏上网（万元）	合计（万元）	光伏管理（万元）	燃气发电管理（万元）	采出气脱水（万元）	合计（万元）	
2024	0	48.1	48.1	26.7	0	0	26.7	21.4
2025	459.2	48.2	507.3	26.8	17.4	34.8	78.9	428.4
2026	422.5	57.3	479.7	31.8	16.0	32.0	79.8	399.9
2027	603.4	66.4	669.8	36.9	22.9	45.7	105.5	564.3
2028	712.3	66.4	778.7	36.9	27.0	54.0	117.8	660.8

表 6　区块微电网实施前后用电成本对比明细表

年份	项目实施前	项目实施后		节约用电成本（万元）
	支出电费（万元）	项目效益（万元）	支出电费（万元）	
2024	326.8	21.4	132.6	215.6
2025	653.5	428.4	0	1081.9
2026	653.5	399.9	0	1053.4
2027	871.3	564.3	0	1435.6
2028	980.2	660.8	0	1641

4　气田智能化微电网建设意义与发展趋势

4.1　气田智能微电网建设的运营价值

一是可以作为周边需求侧绿电能源解决提供方，提供多能源综合利用服务；二是可以对其他参与用户进行规划评估、入网建设、定制供能、能源优化利用、服务维修维护等。气田作为智能微电网运营主体，运用智能微电网运营功能，能够起到绿电能源、综合服务等能源优化利用、资源共享。因此，气田智能微电网建设具有运营价值。

4.2 气田智能微电网建设的商业价值

气田作为微电网主体，可以利用绿色清洁能源如光伏、风电等的碳中和指标实现可再生能源充分利用，在碳交易市场中参与碳交易；而气田作为地区独立市场主体，可以与地方进行电量交易；为上游电网提供调峰等多种辅助服务，将智能微电网接入主动配电网，实现能量双向流动、信息广泛互联、用户充分互动、多方合作共赢。所以，综合评价气田智能微电网建设，具有长远的商业利用价值。

4.3 气田智能微电网建设的推广价值

气田智能化微电网建设是中国石油双碳节能减排方略的积极布局清洁生产与绿色低碳措施的具体落实，更是“低碳能源生态圈”建设目标追求的转型路径探索与数字化转型发展实践，具有绿色生态建设的智能化特色。如今气田智能化微电网建设成为油田新能源项目之一，是油气田双碳节能减排策略的落地实施，对于大庆绿色低碳可持续发展示范基地统筹建设具有一定促进作用。因此，气田智能微电网建设，在油田各企业都有推广价值。

4.4 气田智能化微电网建设“双向”趋势

经过基于双碳节能减排的气田智能化微电网建设多项管理观点的探讨，不仅得出了“三值”结论，还明确了智能化微电网建设“双向”趋势。

4.4.1 气田智能微电网建设的近期趋势

在双碳背景下，气田智能化微电网具有建设难度小、投资少、经济性强等特点。适用于油气田地理特征，随着油气田开发的逐步展开，会遇到很多性的开发的问题，开发成本也将会大幅上升。所以新随着能源技术与微电网技术的不断进步，在近期必将成为气田节能减排项目增加、措施推广、成本降低、效益提升的新举措、新模式、新方向。

4.4.2 气田智能微电网建设的未来趋势

随着可再生能源在传统能源构成中比例的不断增长，智能化微电网在油田中的可利用程度呈飞速发展势头。与气田自身生产条件、供需关系、地理位置和未来发展方向相契合。未来，气田可以搭建多个智能化电网，通过联络线实现区块连接形成微电网群落，大大的提高了在离网状态下供电的可靠性与经济型。所以，随着新能源技术与微电网技术的不断进步，区域智能微电网必将成为国家双碳节能减排的新方向、中国石油双碳节能减排的新领域、油气田双碳节能减排的新目标、气田多区块双碳节能减排的新支撑。

构建油田新型电力系统，推动油气和新能源融合发展

马　钢　杨晓冬　姜文哲

（中国石油集团电能有限公司）

摘　要　新型电力系统建设作为未来电网发展的必然趋势，对油田推动油气与新能源融合发展具有重要意义。本文通过研究适合油田发展的新型电力系统，实现分布式新能源的高比例接入和高水平消纳。针对分布式新能源接入油田电网后发现的问题，从“源网荷储”四方面入手，研究相应的解决思路和办法，推动油田电力系统向源网荷储互动融合的智能化方向转型升级。通过构建坚强、智能、柔性的电网枢纽平台，进行电网智能化、通信自动化、智能微电网、新能源协同控制、储能、终端再电气化等技术集成和应用，在保证油田电力系统安全稳定运行的基础上，最大程度接入和消纳分布式新能源。

关键词　新型电力系统；智能微电网；智能化变电站

1　引言

2021年3月15日，习近平总书记在中央财经委员会第九次会议上提出构建新型电力系统，为新时代能源电力发展指明了科学方向，也为全球电力可持续发展提供了中国方案。2024年2月29日，习近平总书记在中央政治局第十二次集体学习会议时再次强调：“要适应能源转型需要，进一步建设好新能源基础设施网络，推进电网基础设施智能化改造和分布式智能电网建设，提高电网对清洁能源的接纳、配置和调控能力”。

2023年6月2日，国家能源局印发《新型电力系统发展蓝皮书》，明确提出新型电力系统的内涵和特征。新型电力系统是以确保能源电力安全为基本前提，以满足经济社会高质量发展的电力需求为首要目标，以高比例新能源供给消纳体系建设为主线任务，以源网荷储多向协同、灵活互动为坚强支撑，以坚强、智能、柔性电网为枢纽平台，以技术创新和体制机制创新为基础保障的新时代电力系统，是新型能源体系的重要组成和实现“双碳”目标的关键载体。

大庆油田以新型电力系统的特征和内涵为基础，结合油田电网实际，在确保电网安全运行的前提下，通过有效的技术措施和电网适应性改造，确保油田电网分布式新能源高比例接入、高水平消纳目标的实现。

2　油田电网现状及存在问题

2.1　油田电网现状

大庆油田电网自1960年开始建设，随油田产能的不断增加，电网规模不断扩大，目前形成了由国家电网公司220千伏变电所和油田自备电厂为主要电源的全国最大企业自备电网。

大庆油田现有火力发电厂3座，总装机容量1197兆瓦，主要承担大庆油田主力采油厂、大庆炼化公司电力保障和大庆市城区居民、化工企业供热任务。管理110千伏变电所、35千伏变电所约300座，主要为油田产能供电，变电所按产能位置形成若干供电区域，各区域内以110千伏变电所为中心，连接区域内35千伏变电所，呈辐射状分布。供电区域南北160千米、东西60千米，辐射面积9600平方千米。油田负荷受油田生产特性及季节性影响，呈现出按照年度周期性变化的特点，冬季月均负荷高，夏季月均负荷低，月度负荷平稳。油田生产注水系统及机采系统是主要的用电负

荷，两者占总耗电的68%，注水与机采系统均为刚性生产负荷，目前可调节能力较弱。油田电网实行两级调度管理，由油田网调和供电区调度组成，电网管理规模大、供电负荷重、形成时间长、可靠性要求高，围绕油气产业形成了具有典型油田特色的地区性辐射状配电网。

2.2 新能源接入后油田电网面临的主要问题

2.2.1 电网承载能力、调峰能力不足

油田电网是根据生产负荷建设的标准配电网，抗扰性弱、过载能力低、不具备调频调压能力。分布式新能源高比例接入后，受其随机性、波动性等特性影响，会出现过电压、振荡等现象，影响电网安全稳定运行。目前油田电网缺少对上述问题的解决办法，需要探索适合油田电网平稳运行的调峰技术，增强自我调节能力，同时加强电网智能化、柔性化改造，研究源网荷储协同技术等手段，提升电网承载能力。

2.2.2 电网现有光通信专用网络无法满足新能源信息传输需求

受电力通信专网传输能力影响，部分在运分布式新能源场站相关运行参数、调控数据无法及时准确传输到集控中心和电网调度。主要原因是电网南部光通信专用网络覆盖不全，现有传输通道带宽不足，无法满足新能源接入后大量数据的传输，影响新能源智能调度和实时监控。

2.2.3 电网调控功能无法满足新能源智能调控需求

分布式新能源项目均配备了风光功率预测、自动发电控制(AGC)、自动电压控制(AVC)等智能调度装置，而油田电网的调度系统目前无法实现智能调控功能，需要通过智能化改造，尽快完善数据采集分析和智能调控功能，强化主动运维能力和系统运行方式调节能力，将电网从以调压为目标的传统负荷型电网向源网荷储多元智能互动型电网转变。

2.2.4 局部网架结构无法满足新能源消纳需求

油田电网中心区域各110千伏变电所已实现互联互通，能够进行负荷调整，但是外围采油厂局部地区存在供电线路长、网架结构薄弱的问题，区域内变电所负荷分配不均，需要进行网架结构改造实现互联互通，并通过调整负荷，提高新能源利用率。

2.2.5 源荷互动技术路线需要探索

智能微电网是源荷互动技术的有效手段，可以有效实现分布式新能源的高比例接入和高水平消纳，是油田提升用能清洁替代的有力措施。如何建设适应油田发展的智能微电网尚无成功案例，需要通过先导试验验证，掌握核心技术，梳理管理层级，为后续推广做好储备。

3 油田新型电力系统发展定位与技术路线

3.1 发展定位

构建新能源高比例接入、高水平消纳的安全高效、绿色低碳、智能柔性、灵活互动的油田新型电力系统。

3.2 技术路线

围绕分布式新能源高比例接入和高水平消纳两个方面确定技术路线，“源”侧提升新能源支撑调节能力，“网”侧提高新能源智能调控能力，“荷”侧优化油田产能负荷柔性可调能力，“储”侧增强新能源利用能力。通过纵向源网荷储，横向多能互补，实现由源随荷动，向源荷互动转变，推进油田分布式新能源高质量发展。

3.2.1 新能源高比例接入技术路线

(1) 分布式新能源安全稳定技术

依据国家和行业技术规范和标准，修订完善油田分布式新能源接入系统设计标准，完善已投产项目的标准化接入，重点完善系统隔离开关、安全保护系统、AGC\AVC\SVG涉网装置。

(2) 电力通信技术

对电力通信专网实施升级和改造，形成宽带单设备单环自愈电力通信四环网+无线通信，构建

油田智能化电网“高速公路”。

（3）电力调度技术

对电网调度系统实施升级和改造，实现全网实时数据采集和分析、负荷预测、自动发电控制及自动电压控制、调度辅助决策等功能，构建多层级智能调控策略体系。

（4）柔性负荷技术

开展油气生产工艺优化调整研究，增加油田产能间抽井、注水电机、加热设备等可调负荷跟随新能源发电曲线优先使用绿电，提升柔性负荷占比。

（5）储能技术

开展油田电网储能规模化应用研究，在源侧、网侧、负荷侧优化布局，提升系统调节能力，实现调峰调频、削峰填谷，有效平抑新能源的波动性，实现源网荷储多向协同，提升新能源接入能力，支撑电力系统实现动态平衡。

3.2.2 新能源高水平消纳技术路线

（1）电网网架结构优化技术

开展区域电网互通互联研究，优化、调整区域电网网架结构，实现区域电网间负荷灵活调整，提升分布式新能源接入和消纳能力。

（2）电网智能化技术

依托油田通信骨干网，对110千伏变电所进行微机化、无人化、智能化及可视化升级改造，实现变电所智能管控和新能源发电统筹管理，推进油田智能电网建设。

（3）智能微电网技术

开展微电网构网技术研究，以智能调度为核心，以能量平衡为目标，源、网、荷、储进行全要素控制，分别开展并网型和离网型两种模式的容量匹配和仿真运行，通过智能管控提高清洁电力利用率、提高供电可靠性。

（4）终端电气化技术

研究油田产能天然气加热炉的电气化替代技术方案，优化油气生产单位用能结构，在提高天然气商品率的同时，提高终端用能再电气化率。

（5）需求侧响应技术

利用油田增量负荷、发展绿电制氢、新增电锅炉等可调可中断负荷建立可调柔性负荷，制定完善需求侧用电管理方案、“绿电+分时”电价激励政策，逐步形成需求侧响应机制，推进油田柔性电网建设，如图1所示。

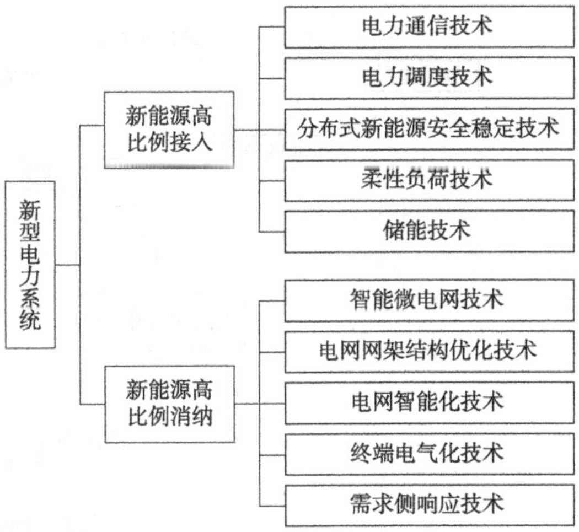

图1 新型电力系统规划技术路线

4 油田新型电力系统规划方案

构建油田新型电力系统，首先要实施源、网改造。通过源网改造，解决油田电网不适应分布式新能源高比例接入的问题，保障油田电网安全可靠；同步开展试验工程，积累高水平消纳关键技术。之后进行源、荷改造。针对弃电率较高区域，加快推进传统电力系统向新型智能柔性电网转型升级，探索”源荷互动“，提高分布式新能源消纳能力，提升用能再电气化率和清洁能源利用率。通过持续进行电网智能化、通信自动化、智能微电网等技术应用，建成具有“低碳、坚强、智能、柔性”特征的油田特色新型电力系统。

4.1 常规电源改造规划方案

结合国家相关政策要求，兼顾供热、节能和深度调峰幅度要求，借鉴国内成熟应用示范，对现有煤电机组实施节能、供热、灵活性“三改联动”，实现“清洁、高效、灵活”转型。

4.1.1　锅炉改造

根据各机组实际运行情况，按需采取低负荷助燃稳燃、宽负荷脱硝、水动力安全性、制粉系统干燥出力、水平烟道积灰、高温受热面材质升级及其他适应性改造，降低锅炉最低稳燃负荷。

4.1.2　汽轮机改造

结合周边工业蒸汽需求，开展抽汽改造，减少汽轮机进汽量，进而降低机组发电负荷；为避免采暖期因机组负荷下降导致供热能力无法满足居民供热需求，开展机组低压缸零出力改造，使公司全部煤电机组在供热期具备背压机组供热能力强、运行经济性高的特点，同时可进一步降低机组发电负荷。

4.1.3　改造目标

通过开展油田煤电机组深度调峰改造，可以为地区电网提供700兆瓦调峰空间，有效提高分布式新能源消纳能力，见表1。

表1　煤电机组深度调峰改造后调峰能力　　单位：兆瓦

单位名称	机组最高负荷	机组最低负荷	最大调峰能力
油田一电厂	900	300	600
油田二电厂	200	100	100
合计	1100	400	700

4.2　电力通信骨干网完善规划方案

依据最新标准的通信规约，升级改造油田电网双环电力光通信专用网络，提高光纤骨干网覆盖面和带宽，满足分布式新能源接入电网后海量数据的传输需求。一是规划建设油田电网中区10G通信环网；二是规划建设油田电网南区10G及南北2.5G通信环网，如图2所示。

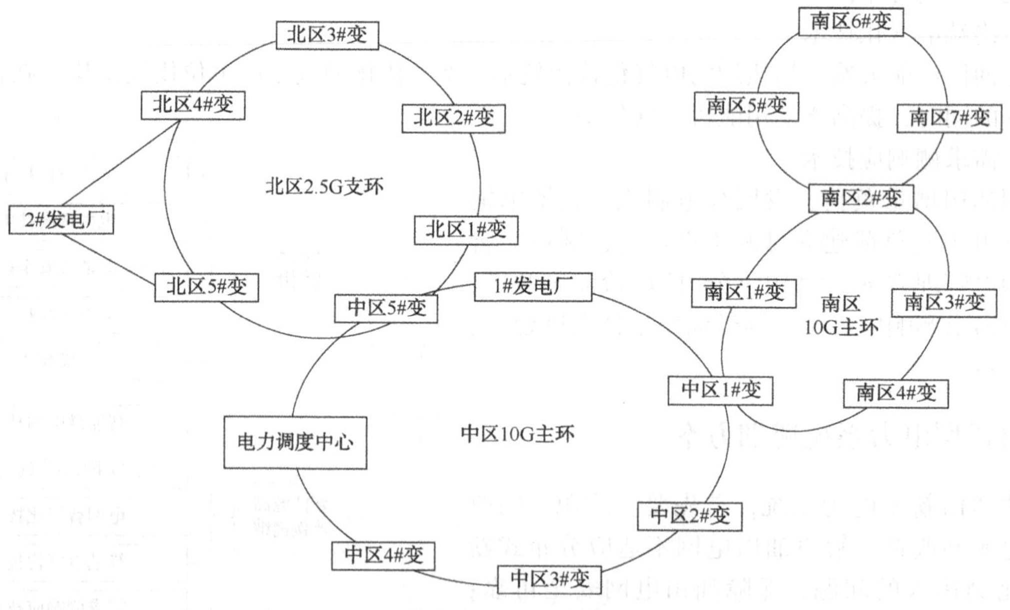

图2　通信骨干网规划示意图

实施油田通信系统升级改造，消除大规模分布式新能源接入后，油田电力调度中心和新能源监控中心无法实时监测、不能精准调控新能源场站的安全隐患，实现电力通信骨干网100%全覆盖，油田电网变电所、新能源场站数据100%接入，语音、数据、图像业务100%按需传输目标。

4.3　变电站智能化升级改造规划方案

对现有110千伏变电站断路器、隔离开关等一次设备进行升级，对保护装置、五防及管控系统等二次设备进行改造，实现变电所"遥测、遥信、遥控、遥调、遥视"，提高电网智能化水平，为构建新型电力系统奠定基础。改造后，实现变电站智能巡检、智能监测、智能分析、智能管控，构建以110千伏变电所为核心的智能电网，预计改造后变电所接带新能源利用率将达到94%。

4.4 电网网架结构调整规划方案

通过实施外围采油厂供电区域网架结构调整，将110千伏1号变电所接带负荷接入110千伏2号变电所，新建线路、光缆与保护装置等，实现区域内2座110千伏变电所互联互通，区域弃电率由37%降至10%以内。

4.5 "源网荷储"智能微电网规划方案

1号联合站区域电源总装机14兆瓦，年最大负荷15兆瓦，平均负荷约10兆瓦，装机情况见表2，系统接线如图3所示。

表2 联合站区域电源装机情况　　单位：兆瓦

序　号	发电形式	装机容量	序　号	发电形式	装机容量
1	风电	10	3	气电	2.1
2	光伏	1.9		合计	14

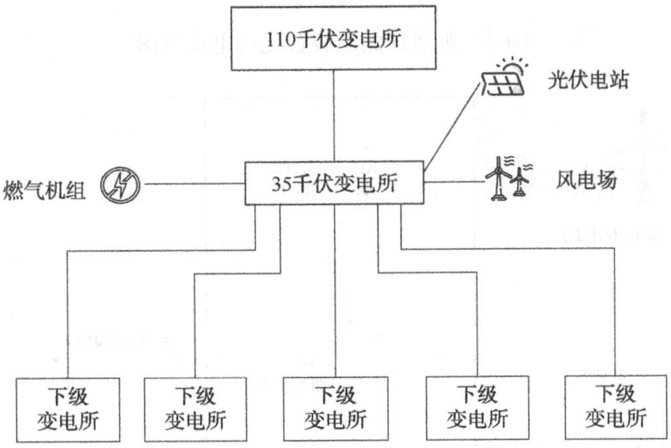

图3　区域电网架构

根据实际运行监测，由于区域风光气电源装机规模大于平均负荷，新能源高发时存在弃风弃光现象，可以通过调整气电机组运行模式，规划新建储能装置，建设综合能源管控平台，构建多能互补智能微电网，提高区域新能源消纳能力。

根据变电所实际负荷曲线和新能源发电曲线，结合电网峰谷分时电价，确定合理储能建设规模。按照10兆瓦、20兆瓦时配置储能装置，投资最少，收益率最高，能有效降低新能源弃电率，如图4所示。

以联合站为中心，构建源网荷储多能互补智能微电网，通过综合能源平台智能管控，优化天然气发电运行方式，将气电机组转化为应急备用机组，既能有效解决区域新能源发电受限问题，实现新能源发电全消纳，又可以利用储能装置，实现峰谷套利，降低用能成本，促进碳减排，提高新能源替代率和天然气商品率，为油田分布式新能源发展及绿色低碳转型做出示范。

4.6 终端再电气化规划方案

油田生产和采暖供热主要采用天然气加热炉供热，已建成各种加热炉3000多台，年用热量约4300万吉焦，折标煤147.8万吨。按照风光气的自然属性，采用风光发电和天然气互补供热的技术路线可以实现油田用热方式的转变。离网式新能源直拖电加热的技术路线理论上具备可行性，按照电加热炉的转换效率95%、燃气加热炉的转换效率85%，进行电能和天然气单位发热量折算，可得出1标方天然气需要8.3千瓦时新能源电量替换。采用绿电加热替代油田生产天然气加热，既可减少碳排放量和碳排放强度，又能增加天然气商品率和风光发电装机规模，有利于进一步拓展新能源消纳空间，如图5所示。

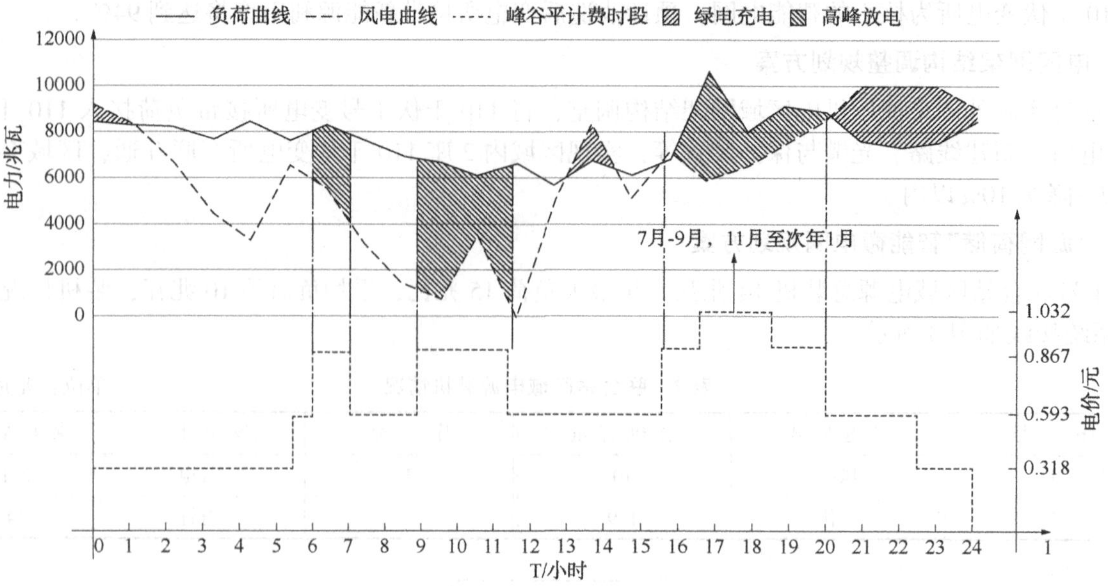

图4　典型日储能装置充放电示意图

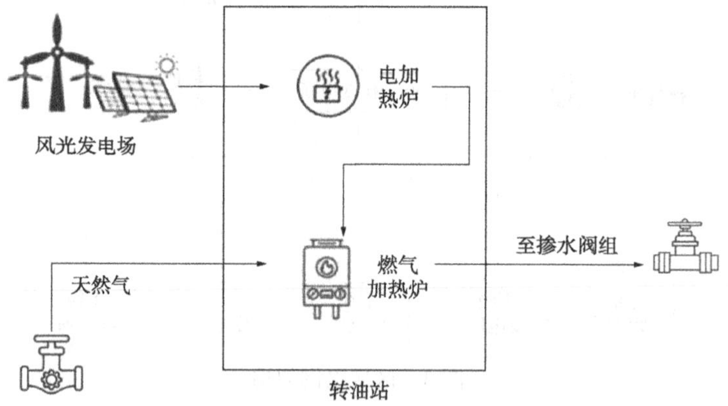

图5　电代气互补供热示意图

5　结语

加强油田电网和通信骨干网建设，加快油区配电网改造升级，推动智能配电网、智能微电网发展，提高配电网接纳新能源和多元化负荷的承载力和灵活性，是构建油田新型电力系统的重要方向。

通过通信骨干网完善、调度系统智能化升级，有效推进油田分布式新能源发电的智能管控，使骨干网覆盖率达到100%，实现油田电网场站100%接入，满足油田电网的生产、调控、运维、管理等各方面对语音、数据、图像传输业务需求，可以极大提升分布式新能源大规模接入后的电网安全管控能力，确保分布式新能源应接近接。

试点示范“风光气储”微电网、终端电气化率提升先导性试验项目，因地制宜的建设多元储能装置，努力实现“源”的清洁化，“网”的柔性化，“荷”的弹性化，“储”的多元化，是构建油田新型电力系统的重要思路。

目前新型电力系统还没有完善的技术标准体系，大庆油田具备“发输变配用”一体化全产业链的系统优势，通过横向多能互补、纵向源网荷储协同布局，建设适应油田的新型电力系统，助力油气与新能源深度融合，形成新质生产力，可以更好推动油田高质量发展。

参 考 文 献

[1] 辛保安．新型电力系统与新型能源体系．中国电力出版社，2023.09.

[2] 刘娇，刘斯佳，王刚．智能变电站建设方案的研究[J]．华东电力，2010.07.

河南油田分布式光伏发电项目建设模式的创新与实践

张孝友　杨宇辉　李　岩　吴玉树

（河南油田新能源办公室）

摘　要　河南油田在积极响应国家清洁能源政策、推进绿色能源转型的大背景下，克服可用场地分散、建设规模小等不足，充分利用较丰富的太阳能资源和油田内闲置场地，通过建设模式创新、项目管理创新、技术创新，积极探索新模式、新思路，实现了分布式光伏发电项目的快速建设和高效运行。在项目建设方式上，河南油田在夯实工作基础上，探索出了一套独特的自建管理模式，该模式实现了项目从勘察、设计到施工的全流程自主掌控，有效提升了项目建设的效率和质量。同时，还通过合作开发、资源整合、技术合作等方式，实现了与行业内外优秀企业的优势互补，共同推动分布式光伏发电项目的快速发展。目前已建成及规划建设光伏项目30多个，规模达到50MW，后期评价效益较好，为老油田绿色低碳转型树立了示范。

关键词　河南油田；光伏发电；建设模式；绿色低碳

光伏发电作为一种清洁、可再生的能源技术，在解决能源与环境问题上发挥着重要作用，成为推动可持续发展的重要途径之一。在“十四五”期间，各级政府积极出台了一系列相关政策，旨在扶持和鼓励分布式光伏发电产业的健康发展。其中《分布式光伏发电管理办法》与《分布式光伏发电示范项目管理暂行办法》等文件的制定与实施，为项目提供了坚实的政策保障。分布式光伏发电利用自然光能源进行发电，能够实现对太阳能资源的充分利用，不会产生二氧化碳和其他大气污染物，有效减少生产过程中对化石能源的依赖，进而优化能源结构，促进能源行业的转型升级。河南油田贯彻落实中央政策要求，按照中国石化集团公司部署，在分布式光伏发电项目建设过程中开展了一系列积极探索，积累了一定工作经验，取得较好成效，值得学习借鉴。

1　全力盘活培育资源优势

党的二十大提出“要深入推进能源革命，加快规划建设新型能源体系”，明确了能源在中国式现代化建设宏伟蓝图中的坐标和定位。2021年来，国家相继出台《关于完整准确全面贯彻新发展理念做好碳达峰碳中和工作的意见》、《“十四五”可再生能源发展规划》、《关于完善能源绿色低碳转型体制机制和政策措施的意见》、《“十四五”现代能源体系规划》等政策办法，从宏观方面引导新能源产业发展。河南油田是我国重要的能源企业之一。截至2023年底，累计生产原油9200多万吨，实现工业总产值2400多亿元，上缴税费近500亿元，为维护国家能源安全和支持国民经济发展做出了重要贡献。但是油田老区经过50多年的勘探开发，已经进入中后期，面临着优质资源不足，原油开采成本高，能耗高、碳排放强度大等困难挑战。近年来，河南油田深

入学习领会习近平总书记“四个革命、一个合作”能源安全新战略，贯彻落实中央、集团公司整体部署，抢抓政策机遇，发挥资源优势，积极探索推进新能源开发利用，特别是结合企业实际特点，加快分布式光伏发电项目建设，绿色低碳转型发展取得初步成效。

1.1　资源基础

河南油田矿区内拥有较为丰富的太阳能、风能等清洁能源资源，同时拥有自备电网和用能需求等消纳优势，这为加快分布式光伏发电项目建设提供了良好基础和便利条件。

太阳能资源丰富。河南油田东部油区属较丰富区域，年峰值日照小时数约1367小时，平均年总太阳辐射量为4572MJ/m^2，属于三类地区；油田西部属很丰富区域，宝浪、春光年峰值日照小时数分别为1873小时、1712小时。光伏发电、光热利用都具有较大空间。油田分布式光伏无需参与并网指标竞配，可利用井场自有土地和电网就地消纳，有助于加快构建多能互补、综合能源协调发展体系。

土地资源丰富。河南油田可利用土地资源充足。按照土地性质，油田可用于开展新能源的非农用地进行了初步摸排统计，共有空置场地约14.5万m^2、农场约53.6万m^2、屋顶约4.9万m^2、废弃井场约27.2万m^2。这是实施新能源工程建设的有利自然条件，而且不新增用地成本。

消纳能力较强。河南油田拥有5个独立自有电网，总消纳能力约71.6MW。近年东部年用电量约在5亿度以上。油气生产(特别是稠油)用热消耗天然气、煤炭、灰电量大，清洁能源替代潜力大。油田附近的化工园区规划用电10亿度以上，具有良好的市场发展前景。同时，油田拥有电力销售资质，可以利用油田电网实现就近销售；电动化替代可进一步提升新能源消纳能力。

具备一定的技术基础。河南油田勘探开发建设50多年，在长期的油田开发中锻炼积累了转供电、余热利用、甲醇制氢、地热应用等方面的人才队伍和强大的技术储备。数十年勘探开发过程中，油田在地质评价、钻井、测录井和油藏工程等方面积累了大量专业技术，也是地热资源开发的关键核心技术。

1.2 机制保障

强化统筹协调。油田成立以主要领导任组长的新能源业务领导小组，加大对新能源业务发展推进力度；设立新能源办公室，对接上级要求，加大油田层面统筹推进力度；制定《关于加快推进新能源业务发展的指导意见》《新能源业务“十四五”发展规划》，为系统谋划新能源发展提供制度保障。

系统研究产业状况。成立由投资发展部(新能源办公室)、生产运行部、水电厂、工程院等组成的新能源专项研究工作小组，系统研究分析新能源产业发展状况、相关政策和规划性指导意见、兄弟油田新能源开发利用情况等内容，为制定油田新能源开发利用规划方案奠定理论基础。

开展专题研究。据《河南油田新能源发展报告》和“十四五”发展规划目标，组织编制了《河南油田光伏发电总体方案》等专业报告，理清发展重点方向。光伏总体方案提出系统分析油田资源状况，掌握现有电网、场地、市场等条件，初步筛选拟实施分布式光伏项目。

编制发展规划。河南油田在系统研究产业发展和配套政策基础上，详细分析油田发展新能源的自然、设施、人力等资源条件，论证比选可行性经济性，编制《河南油田新能源发展报告》，明确发展重点方向和“十四五”目标。规划至”十四五”末，风光电装机规模达到61.3MW，实现年发绿电1.08亿度、绿电使用率超过20%，构建适合油田发展、经济效益良好、多种能源协同互补发展的新能源开发利用模式，助力油田转型发展、绿色发展和可持续发展。其中光伏发电：装机规模30.5MW。随着油田探索实践的推进，油田新能源发展规划不断完善，规划装机规模达到50MW以上，指导引领光伏建设实践。

制定相关配套办法。体制机制是推动产业发展的重要保障。建立以投资发展部(新能源办公室)总体统筹、机关部门协调服务、直属单位通力合作的运行管理模式。统筹项目安排，指导项目规范组织，有序推进新能源发展。制定《河南油田光伏发电开发利用管理规定》。明确项目实施程序、单位(部门)职责和具体“效益分成”，共享发电成果，调动各方积极性。

强化风险防控。开展新能源开发法律政策专项研究，制定新能源开发合规管理指引；规范操作流程，编制《河南油田光伏电站操作规程》《河南油田光伏发电运行维护规程》《光伏发电对外合作标准合同文本》，使运行管理规范化、标准化，提升运行管理水平，确保依法合规，管控各类安全风险，确保产业安全稳定和谐发展。

2 积极推进建设模式创新

2.1 自筹自建方式

为加快推进分布式光伏发电项目的建设进程，河南油田组建了以水电厂为核心的光伏技术攻关团队，致力于深入研究并攻克关键性的技术难题，持续提高新能源开发利用的技术层次与水平。为减少新能源项目的建设及投资成本，水电厂全体干部员工秉持着团结协作、奋发有为的精神，在技术条件成熟的基础上，主动承担起光伏发电项目的自筹自建工作。团队秉承“自力更生、减少外部劳务支出”的原则，积极开展光伏发电项目的自建工作，并根据项目实际完成的工作量对参与部门给予相应的奖励，此举有效激发了全厂职工积极参与光伏发电项目建设的热情与动力。这一举措不仅提升了员工的技能水平和工作能力，还有效降低了建设成本，更有助于推动绿色低碳发展理念的实现，实现了经济效益、社会效益和环境效益的共赢。

截至目前，水电厂已充分利用其现有的电力施工资质，成功自筹自建了 13 个光伏项目，总装机容量达到约 14MW，预计年发电量将达到约 1800 万度。这些项目的成功实施，不仅大幅节约了购电成本，同时也有效减少了碳排放量，为油田的可持续高质量发展和绿色转型作出了积极贡献。

自项目开工建设以来，项目建设团队始终秉持“质量第一”的原则，严格执行工艺标准，加强质量监管和验收工作，以确保发电站的建设质量达到最优。为加快工程进度和提高施工效率，河南油田水电厂施工团队还采取了分单位、分区域开展“劳动竞赛”的方式，有效推动了建设进度。同时，通过科学统筹土建施工和光伏板安装进度，实现了各环节之间的无缝衔接，最大限度地减少了无效工作时间，使得该光伏发电项目得以提前两周投入运营。

对于自筹自建项目，油田投资项目采用公开招标、邀请招标、EPC 总承包、自己的活自己干等施工方式，进一步压减工程造价，提升整体效益。

2.2 合作开发方式

除自筹自建的方式以外，另一种建设方式更加新颖，河南油田通过与中石化新星公司、国家电投北京公司等行业内外的优秀企业签订战略合作框架协议，双方配合通过深入调研、实地踏勘，结合油田废弃井场站的资源现状，开展了一系列的合作建设项目。河南油田方面负责提供用于建设光伏发电项目的场地，如原采油一厂江河液化气销售站、江河矿区和魏岗万方罐区等，合理利用生产现场附近的部分废弃闲置井场站，合作方单位负责投资建设分布式光伏发电项目，河南油田享受该项目的优惠电价及绿电指标，这种创新的合作建设方式，使得河南油田能够充分利用外部资金和技术优势，减少了自身投资压力，加快新能源项目的建设速度。截至目前，河南油田与新星公司利用闲置场地合作了共三期光伏发电项目已成功并网，装机规模约 9000kW，年可发绿电 1000 万度。南阳科研基地屋顶、下二门矿院和新疆春光联合站等项目目前也正在施工准备阶段。与国家电投北京公司合作的原采油一厂液化气销售站项目目前正在紧锣密鼓的进行施工，该项目建成后预计装机规模达 2800kW，年发绿电约 300 万度。

3 加强项目建设全过程管控

3.1 项目规划与前期准备

在对分布式光伏发电项目进行前期规划时，首先要明确该项目的发电容量、电网接入规模、建设周期和收益预期等。研究当下国家及河南省关于分布式光伏发电的相关政策法规，确保该项目符合政策导向。同时要对分布式光伏发电的市场、发展趋势和潜在风险进行调研，结合河南油田各区域的电网承载能力、用电负荷以及资源分布情况，选择合适的项目位置，在协调土地部门进行筛查，确定土地的使用性质、产权情况、地形地貌等，并于当地政府和百姓进行沟通。前期工作做足后，开始制定光伏发电项目的技术方案，其中包括光伏组件的选型，支架结构设计，电网接入方案等。要充分考虑项目的扩展性和可持续性，以利于项目的后续运营和维护。

3.2 项目建设过程管理

分布式光伏发电项目的建设，是一个从工序质量到分项工程质量的系统控制过程。这意味着每个施工环节都需要进行严格的质量控制，以确保整体工程的质量，质量控制的原则是以人为核心，通过调动人的积极性，以人的工作质量保证工序质量和工程质量。这要求对施工人员要进行多次的施工质量培训，提高他们的技能水平和质量意识。

分布式光伏发电系统虽然由各个部件组成，但各部件合格并不意味着系统集成就合格。因此，需要对系统的整体设计、配置、安全和运行性能等进行检测和验证，确保系统的整体质量。在质量控制上，严格筛选和采购高质量的光伏组件、逆变器、支架等设备，确保设备的质量和可靠性，在施工过程中，加强质量监督和检测，对每一道工序进行严格把关，确保施工质量符合标准要求。

分布式光伏发电系统中，光伏电池也是必不可少的组成部分。为了保障电池的安全，应选择品牌知名度高、安全性能好的电池产品，同时加强电池的监控和检测，安装温度传感器、电流传感器等设备，对电池的温度和电流进行实时监测，及时发现电池异常情况。

施工进度控制应以施工合同约定的投产日期为最终目标，编制施工准备计划、保证工期的措施、主要设备供应计划等，以里程碑进度为节点，确保土建、安装、调试等作业的安排均符合进度要求，确保主要设备、施工图纸和资料的及时交付，避免因供货或设计文件供应不及时影响施工进度。根据施工综合进度要求，合理安排施工物资(包括设备、材料等)的需求计划，基础混凝土浇筑应兼顾接地、电缆及各种埋件安装等工序，确保各工序之间的协调进行，考虑电池组件、逆变器等主要设备调试的时间，力争少占用工程直线工期。

在项目备案之前进行细致的前期踏勘，了解屋面产权、合作模式、接入条件等，避免后期变更导致的成本增加，通过设计方案的比选和优化，在满足使用功能和规范要求的前提下，综合考虑施工便捷性和经济成本，确定最优方案。根据屋面和场地的承载能力选择合适的组件排布方式，如双排布置或横排方案，以减少支架用量，降低成本。在施工过程中，通过精细化管理，减少材料浪费、提高施工效率，降低施工成本，选择性价比高的光伏组件、逆变器等设备，确保设备质量的同时控制成本。

3.3 项目验收与并网运行

分布式光伏发电项目验收时，确保光伏设备及相关组件齐全，符合规定的质量标准，对光伏系统中的各种材料进行检验，包括太阳能电池板的外观检查、逆变器的电性能测试等，确保其符合相关标准和规定。对光伏系统的安装过程进行验收，包括支架的安装、电缆的接线等，检查是否存在安装不规范、部件材料出现损坏等问题。进行一系列的性能测试，以评估光伏发电系统的实际发电能力，检查逆变器和电池组的温度是否正常，避免过热引发火灾等事故，验收人员应根据实际情况撰写一份详细的验收报告，报告中应包括光伏发电系统的验收结果、性能测试数据、安全检查结果以及文件审核情况等。完成设备的安装和验收后，需要进行并网验收。同时，需提供相关的安全文件，如光伏发电系统设计文件、设备说明书等。

3.4 深化后期运维管理

河南油田分布式光伏发电项目主要为自筹自建及合作建设两种形式，对于项目的运维模式，河南油田水电厂拥有较好的电力运维资质队伍，对于自筹自建项目，通常由水电厂电力检修人员自主运维，不仅降低了成本，还增加了绿电收益。合作建设的光伏发电项目，部分也有建设单位委托水电厂进行运维，建设单位支付一定的运维费用，也为水电厂创收了一定的效益。

在分布式光伏发电项目的运维管理过程中，我们积累了丰富的实践经验。首先，安全管理是运维工作的重中之重。建立了严格的安全管理制度，确保所有运维人员都严格遵守操作规程，定期进行安全培训和演练。设备管理是确保项目高效运行的关键，我们定期对光伏组件进行清洁和维护，确保其表面清洁无遮挡，从而提高发电效率。同时，我们密切关注光伏组件的运行状态，一旦发现异常情况，立即进行处理，防止故障扩大。此外，我们还对逆变器、电缆等关键设备进行定期检查和维护，确保其正常运行。数据管理方面，我们建立了完善的数据采集和分析系统。通过实时监测电站的发电数据，我们能够及时了解电站的运行状态，并对潜在问题进行预警。

4 强化科技支撑保障

科技创新是实现新能源产业高效发展的重要支撑。按照“引进吸收+自主研发”的思路，立项开展《光伏发电技术应用研究》《光伏发电对油田电网稳定运行影响因素研究》；与中国电力科学研究院合作，建立油田新型电力系统仿真模型，优化系统并网方案，确定新能源最大接入容量，确保电网可靠稳定运行。开展新型电力系统可靠稳定运行科技攻关和储能技术研究，打造“源网荷储热”协同综合管控平台，实现柔性生产、智慧用能、低碳生产。开展《油田电网新能源消纳能力分析》《光伏及风电发电功率互补性研究》，提升新能源装机容量，增加绿电占比。论证认为在一定程度弃风弃光的情况下，可进一步提高装机容量，实现发电总量提升、经济效益最大化。光伏和风电功率具有一定的互补性，需要结合负荷消纳能力，确定光伏和风电最大装机容量。通过科技攻关，提升了油田新能源消纳能力，盘活了闲置资源资产，确保了产业安全发展。河南油田也正在积极申报源网荷储一体化示范项目。通过项目带动光伏项目建设，提升消纳能力。

5 成效及建议

5.1 初步工作成效

根据规划部署，按照“摸排一批、储备一批、论证一批、实施一批”思路，先易后难，稳步实施，全力推进分布式光伏项目建设。已经规划建设项目 30 多个，规模达到 50MW。同时，及时组织对已投产的自建项目进行跟踪分析和评价。经分析评价，自建项目总体运行良好，主要指标均达到或超过方案设计。其中：以光伏自建项目为例，实际指标与方案设计相比，发电量平均增加 19%、单瓦造价平均降低 8%、度电成本平均降低 12%。

5.2 初步工作成效

河南油田新能源产业虽如火如荼地开展，但仍处在探索发展阶段，在整体规划、项目建设、技术应用、管理创新、人才储备等诸多方面存在不足，产业多元化、规模化、效益化发展面临瓶颈，与油气融合发展急需加快和深入。储能和智能微电网建设滞后，影响了建设规模和消纳能力提升。特别是近期河南实施分时电价、严格控制光伏项目报备等，光伏项目效益大幅度降低，影响了光伏项目实施。同时，储能建设的滞后，影响了建设规模。需要政策的加持。但是近期河南省实施的源网荷储一体化示范项目为光伏项目建设带来了新契机。

5.3 初步工作成效

河南油田充分利用矿业权范围资源条件、电网配套设施和消纳空间优势，分布式光伏发电项目建设取得了较好的效益。未来，随着技术的不断进步和政策的持续支持，分布式光伏发电项目将在能源领域发挥更加重要的作用。特别是通过分布式光伏与油气田开发工艺、提高采收率技术及生产运行制度相融合，推进源网荷储一体化项目建设，能够进一步丰富光伏发电应用场景，提升绿电消纳能力，同时降低油气生产过程碳排放量。河南油田需要积极研究政策，争取地方政府支持，坚持源网荷储一体化，在规模发展上下功夫、在关键技术上求突破、在运营模式上抓创新，通过分布式光伏项目的规模化、效益化开发，加快发展新质生产力，积极探索新模式、新业态，努力把资源优势政策优势转化为企业发展优势，把能源的饭碗牢牢端在自己手里，切实担当好国有企业助力实现“双碳”目标、保障国家能源安全的“双重责任”。

参 考 文 献

[1] 苏春梅，朱景义，马建国，等．油气与新能源融合发展路径思考与建议[J]．石油科技论坛，2024，43(1)：18-24.

[2] 杨学峰，梁磊，周星泽，等．长庆油田分布式光伏项目创新与实践[J]．石油科技论坛，2024，43(1)：122-126.

[3] 范旭强，陈建荣，吴谋远，等．油气田企业新能源产业发展现状及合作融资模式探析[J]．国际石油经济，2021，29(10)：7-18.

[4] 岳小文，孔令峰，等．石油公司油气与新能源融合发展路径与实践探索[J]．石油科技论坛，2023，2：75-181.

压差发电技术在天然气站场中的应用

赵东辉　孟　红　窦维敏　张　欢　王旭锋

（中国石油工程建设有限公司华北分公司）

摘　要　本文阐述了天然气输送管网及储气库注、采气期天然气能量利用情况，论述了天然气压差发电的工艺原理，对比分析了常用膨胀发电机的性能，以典型集气站的运行参数为例，提出了集气站压差发电工艺方案，估算了项目的经济效益。研究认为：①在集气站实施压差发电后，每年净收益增加5万余元，同时，年节约标准煤231.6吨，减少CO_2排放量620.5吨。压差发电是天然气行业实现节能降耗、提质增效、绿色发展的重要技术手段。②储气库注、采气期存在压力能浪费，未来可在储气库开展压差发电方面的研究及工程实践。

关键词　天然气；压力能；压差发电；膨胀机

天然气压差发电技术充分利用天然气的压力能进行发电，该技术可有效解决天然气调压过程中产生的管道振动、噪音和急速降温产生冰堵等问题，充分利用天然气内能且不产生污染，满足零排放标准。

国内外关于天然气管网压力能利用技术的理论研究较多，主要包括将电能及冷能用于发电、调峰、制冷和天然气管网调压等。天然气开采和输送过程中大多采用高压管输方式，从气藏→井口→集气站→天然气处理（净化）厂→调压站→用户诸多环节都需要采用调压阀进行降压处理，且管内温度降低可能会发生冰堵等事故，造成压力能和冷能损失。近些年，我国天然气消费量快速增长，天然气消费的季节性、区域性差异显著，采用地下储气库进行应急调峰和战略储备。储气库注气期管网来气压力高于压缩机入口压力时，通常采用调压阀降压以满足压缩机进气压力；采气期井口压力高，需要节流降压。储气库注采气期均存在压力能浪费，若回收这部分能量，将会提高能量利用率和管网运行的经济性，符合国家节能减排的基本政策，具有良好的经济效益和社会效益。

目前天然气压力能回收后能量利用的方式主要有冷量利用和机械能利用。其中冷量利用主要包括制冷和储气调峰两种方式；机械能利用主要是通过膨胀机发电机组进行压差发电。

1　天然气压差发电技术

1.1　压差发电工艺原理

压差发电的基本原理就是利用高压天然气降压时体积膨胀产生的机械能来驱动发电机发电。高压天然气经过膨胀机膨胀，膨胀机通过转轴输出机械能，拖动发电机进行发电，将天然气压力能转换为电能。膨胀做功后的天然气温度降低，需采用前加热、后复热或两级膨胀中间加热的工艺使天然气温度满足管输要求。

1.2　膨胀机性能对比

膨胀机和发电机组是天然气压差发电的关键设备。膨胀机将天然气的内能转化为机械能，其性能直接影响发电效率。膨胀机分为容积式和透平式两大类，透平式膨胀机适用于流量大、负荷稳定的场合，容积式膨胀机适用于小流量、负荷波动大场合。常用膨胀机的性能对比分析如表1所示，需按照膨胀机进出口压力等级、流量和气质组成进行设备选型。

表1 膨胀机性能对比

序号	对比项目	螺杆膨胀机	双转子膨胀机	透平膨胀机
1	实物图			
2	结构形式及原理	主要部件是阴阳螺杆转子，转子为非接触式的容积式动力机，气体在槽道内边膨胀边做功	主要部件是一对双转子，通过转子上的凹凸齿槽啮合形成密封腔的容积式动力机，气体在槽道内边膨胀边做功	主要部件是叶轮及轴承，结构和汽轮机类似，蒸汽在喷嘴内膨胀产生超音速的气流推动叶轮高速旋转的速度型的动力机
3	对做功介质的污染	机内无需喷油，排气无需油气分离装置，不会污染做功介质	机内需要喷油润滑，排气需要加装油气分离装置，长时间运行会存在分离效果下降，污染做功介质的可能性	机内无需喷油，排气无需油气分离装置，不会污染做功介质
4	设备转速	转速为1500~3000rpm，转速较低，没有飞车风险	转速为1500~3000rpm，转速较低，没有飞车风险	透平转子的转速为15000~30000rpm/min，转速超高，飞车风险很大
5	机内流速	35~60m/s，机内流速低	机内流速较低	400~600m/s，机内流超过音速340m/s，如气体中带有水珠，将直接将叶片击穿
6	技术成熟度稳定性	自主研发，至今已20多年，国内外300多台套成功运行案例，技术成熟性高，安全稳定	2018年开发出的样机，案例较少，应用于压差发电领域技术成熟度、稳定性及耐久性尚待考察	最早为国外产品技术，国内近几年才开始发展，案例较少，应用于压差发电领域技术成熟度、稳定性及耐久性尚待考察
7	机组效率	根据不同压力等级，等熵效率65~82%(容积式)	等熵效率65~82%(容积式)	等熵效率65~86%(速度式)
8	机组功率	最大可至1MW左右，一般在300kW~500kW	最大可到MW级别；最小可至10kW以下	应用时至少为500kW，最高可达几十MW；500kW以下成本高，经济性较差
9	适用范围	对气源品质没有要求，适用各种流态均可使用，包含：气、液、气液两相混合物，最高可成承受4MPa，400℃流体直接进入	适用于气、液、气液两相混合物进入做功	对气源品质有严格要求，过热蒸汽，干饱和蒸汽，严禁带水运行，且做功末级排气湿度不能超过7%
10	除垢自洁	适用于低品质不清洁的热源作为做功介质，具有除垢自洁的能力	不能适用低品质，不清洁的热源作为做功介质，没有除垢自洁的能力，怕结垢	不能适用低清洁的热源作为做功介质，没有除垢自洁的能力，怕结垢
11	维护	操作简单，维护方便	操作简单，维护方便	转速超高，设备维护精度高，高级钳工才可胜任

2 集气站压差发电方案

以某集气站为例，分析压差发电技术在天然气站场中的应用情况。

2.1 已建系统工艺流程

目前集气站内设置有1台$25\times10^4Sm^3/d$和1台$15\times10^4Sm^3/d$膨胀-增压一体机组，膨胀机流量随着下游天然气销售量而变化，当年11月份至次年4月份天然气流量$11900Nm^3/h$、当年5~6月天然气流量$9200Nm^3/h$、7~10月天然气流量$5100Nm^3/h$。接收的天然气经分子筛脱水处理后，经冷箱降温至约-30℃，后通过膨胀机，天然气从1.6MPag膨胀至0.4MPag，温度从-30℃降至约-70℃，进入低温分离单元，分离出轻烃后的贫天然气经复热后进入增压端，出口压力从0.4MPag增压0.6MPag外输，轻烃产量约为0.612t/10^4Nm^3天然气，已建系统工艺流程见图1。增压端天然气增压消耗的能量远小于膨胀端天然气膨胀产生的能量，膨胀过程中有大量的压力能浪费，考虑对这部分压力能进行回收和利用。

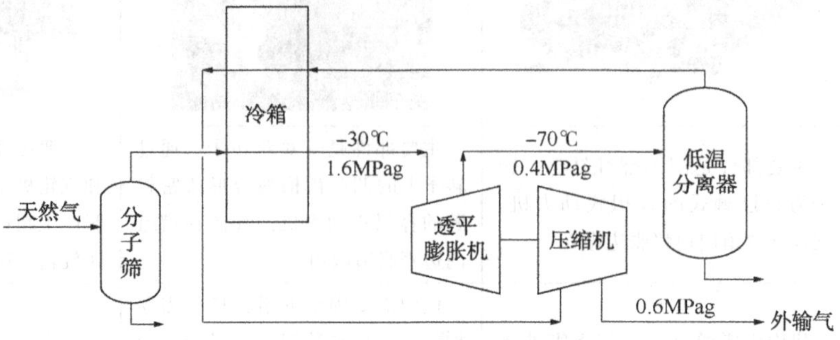

图1 集气站已建系统流程框图

2.2 压差发电工艺流程

在现有膨胀机入出口管路上增设取气点和回气点，新建膨胀发电机组和入出口管路系统及旁路调节系统。

在现有膨胀机入口总管上开口取气，在新建膨胀发电机入口管路上设置气动切断阀、过滤器、流量计、气动调节阀和温压变送器，气体经入口管路进入膨胀发电机回收压力能后，出口天然气经出口管路回气点汇入已建膨胀机出口汇管，压差发电流程见图2。

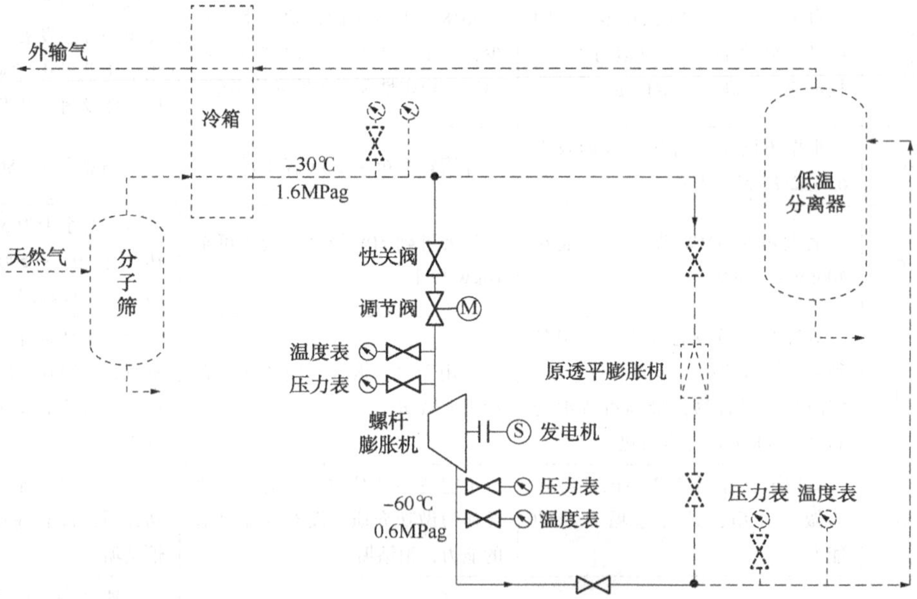

图2 集气站压差发电工艺流程

新建膨胀发电机组的天然气设计处理能力为9200Nm^3/h，处理范围为5100~11900Nm^3/h，接收的天然气经分子筛脱水处理后，经冷箱降温至约-30℃，后通过膨胀发电机，天然气从1.6MPag膨胀至0.6MPag，温度从-30℃降至约-60℃，进入低温分离单元，分离出轻烃后的贫天然气经复热后进入下游管网，轻烃产量为0.539t/10^4Nm^3天然气。

正常情况下，天然气通过膨胀发电机组回收能量，当膨胀发电机组异常或需要检修时，天然气通过旁路调节阀或已建膨胀机组输送至下游。

2.3 膨胀机设备选型

透平膨胀机适用于大流量及大功率场所，对气源品质有严格要求，严禁带水运行。双转子膨胀机是近年来新研制的机型，工程应用案例较少，技术成熟度、稳定性及耐久性尚待考察。螺杆膨胀机对压力、流量波动的适应性更好，在处理带液工况时具有明显优势，除垢自洁能力强，而且产品的制造成本和运维成本较低，技术成熟度高，稳定性好，具备在天然气压力能回收领域推广的价值。螺杆膨胀机已经在多个天然气调压站进行了示范运行，实现了调压站发电自用，余电上网，能够保证安全稳定连续发电运行。本工程选用螺杆膨胀机组 1 台，安装 150kW 发电机组 1 台。

2.4 压差发电经济效益

通过新增膨胀发电机组后，本项目将压力能转化为电能。膨胀机流量随着下游天然气销售量而变化，膨胀机的发电功率为 30~120kW，按年运行时间 8500h 计，年发电量 71.56×10^4 度电，但由于膨胀机出口温度较原方案高 10℃，回收的轻烃产量有所降低，产量降低量为 $0.073t/10^4Nm^3$ 天然气。对新增膨胀发电机前后对比分析如表 2 所示。

表 2　新建本项目前后收益-成本费用分析

序号	名　称	新建本项目前	新建本项目后
1	建设内容	—	压差发电机组及管路系统
2	投入成本，万元	—	360
3	年产出	天然气 $7576.78\times10^4Nm^3$， 轻烃 4748.92t	发电 71.56×10^4 度， 天然气 $7650.93\times10^4Nm^3$， 轻烃 4182.47t
4	年净收益，万元	4627.53	4632.54
5	20 年费用现值	30861.7	30573.6

注：电费 0.65 元/度，天然气净收益 0.522 元/Nm^3，轻烃净收益 1416 元/吨。

通过对比可以看出，本项目实施后，每年净收益增加 5 万余元，换算成标煤，年节约标准煤 231.6 吨，减少 CO_2 排放量 620.5 吨，具有较好的社会效益。

3 储气库压差发电展望

以某盐穴储气库为例，分析储气库注采气期可利用压差发电的工艺环节，储气库注采工艺流程见图 3。

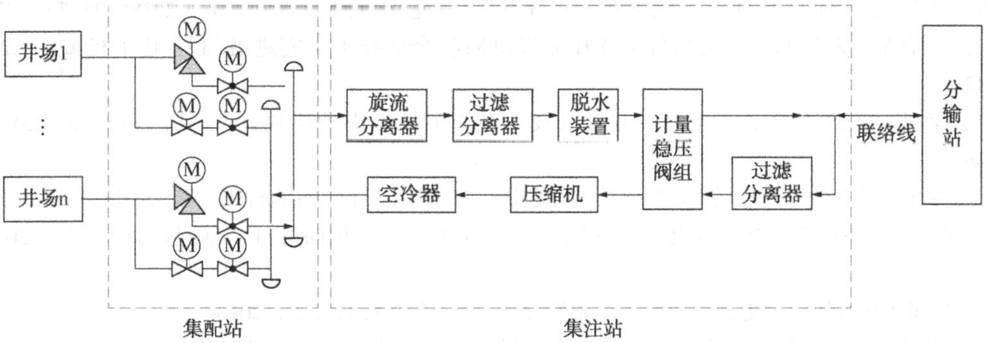

图 3　某储气库注采工艺流程框图

采气期工艺流程：各井场来气在集配站内汇集节流后输送至集注站，经站内旋流分离器、过滤分离器除去原料气中夹带的机械杂质及游离水后，再进入脱水装置，水露点满足外输要求后，经计量稳压后通过联络线输送至分输站。井口具有充足的压力能，可采用的脱水工艺有：J-T 阀+乙二醇防冻的脱水工艺、三甘醇装置脱水。

当采用 J-T 阀+乙二醇防冻的脱水工艺时，集配站节流阀和 J-T 阀处存在压力能可利用，当采用三甘醇装置脱水时，脱水后天然气的压力若高于分输站节点压力，也存在利用压差发电的可能性。某盐穴储气库拟采用三甘醇装置脱水，脱水后利用压差发电，储气库压差发电情况如表 3 所示：

表3　某盐穴储气库采气期压力能利用情况

月份	运行天数/天	入口压力/MPa	气量/(10^4Nm^3/d)	出口压力/MPa	发电功率/kW
11月	30	11.34	387.1	7.9	1135
12月	31	11.17	1133	8.08	3000
1月	31	10.6	918.4	8.02	1485
2月	28	9.37	473.3	7.91	375

注气期工艺流程：天然气从分输站经联络线输送到集注站，经过滤分离器除去粉尘和杂质，然后经流量计计量，稳压阀稳压后进入压缩机组。天然气增压后经过压缩机空冷器将天然气冷却至50℃以下，通过注气管道分别输送至各集配站，计量后通过单井管道注入井口。

针对已建储气库，联络线来气压力可能高于压缩机入口运行压力，需要在稳压阀进行降压，此时可考虑压差发电。注气期集注站有压缩机余热可利用，通过前加热或后复热方式优化工艺流程，能使膨胀机发电量最大化。

综上所述，与常规天然气管网调压相比，储气库具有注采气量大、压差大的优点，且注采运行周期存在压力能浪费，未来可在储气库领域开展压差发电方面的研究和工程实践。

4　结论

(1) 集气站压差发电项目具有投资少、经济效益较好的特点，是天然气行业实现节能降耗、绿色发展、提质增效的重要技术手段，该项目具有较好的示范效应和较好的推广价值。

(2) 针对已建储气库注气期压缩机入口调节阀处存在压力能浪费，可进行压差发电。采气期压力能回收范围较大，但采气期储气库自身用电量少，需解决储气库发电富余电力的销售问题。

(3) 储气库注采气期存在压力能浪费，如果能将这部分能量回收，将极大地提高天然气能量利用率和天然气管网运行的安全性，未来可开展储气库压差发电方面的研究和工程实践。

参　考　文　献

[1] 李京文，杨镜非．燃机电厂天然气差压余能利用项目[J]．科技展望，2017，27(18)：106.
[2] 梁东，徐天宇，张荣伟等．天然气压差发电技术应用[J]．广东化工，2017，44(7)：97-98.
[3] 高顺利，颜丹平，张海梁等．天然气管网压力能回收利用技术研究进展[J]．煤气与热力，2014，34(10)：43-47.
[4] 俞光灿，李琦芬，宋丽斐等．LNG冷能利用方式分类及其工艺流程[J]．油气储运，2019，38(7)：728-737.
[5] 魏江东，李治东，朱英如等．天然气膨胀压差发电回收余能技术研究进展[J]．化工机械，2021，48(5)：644-647.
[6] 朱力洋，熊波，王志军等．天然气压差发电技术在地下储气库的应用[J]．天然气工业，2021，41(3)：142-146.
[7] 王尧，杨海红，何力等．天然气压差发电技术在调压门站的应用[J]．石油石化节能，2018，8(5)：9-11.
[8] 荣少杰，陈浦，王怀波等．压差发电技术在天然气浅冷处理中的应用探讨[J]．新疆石油天然气，2023，19(2)：88-94.
[9] 王金燕．气田天然气压差发电技术研究及适用性分析[D]．东北石油大学，2018.
[10] 刘泽坤，焦文玲．多级膨胀天然气压差发电模拟及发电能力分析[J]．煤气与热力，2022，42(7)：37-42.

储能技术在油田电网的应用研究

刘南杰　杨宇辉　李　岩　张孝友　王勇焕　贺　璞

（中国石化集团河南石油勘探局有限公司）

摘　要　储能技术可以改变电能生产、输送和使用必须同步完成的模式，提高电网运行的安全性、经济性和灵活性，逐渐成为支撑可再生能源发展的关键技术之一，而且储能也是构建新型电力系统的重要技术和基础装备，为实现碳达峰碳中和目标提供重要支撑。近年来国内外的储能相关技术都处于高速发展阶段，其中以电化学为代表的新型储能具有调节速度快、布置灵活、建设周期短等特点发展迅速。随着电网储能技术不断发展，相关市场商业模式基本成熟，以及电价机制的有利引导，需要我们积极探讨当前油田储能产业应用发展的可行性和必要性。本文调研了储能技术在电力系统中的应用，通过对储能技术研究的背景及意义、电化学储能技术发展现状调研、结合现行有关储能电站并网和运行控制等规范要求，对电站综合转换效率、储能电站持续充放电时间、储能电站并网控制要求等关键技术指标进行探讨分析。根据目前普遍适用于电网侧电池储能电站运行控制策略，结合油田电网负荷曲线、新能源电站出力情况、分时电价政策以及储能电站循环寿命等关键因素，考虑储能电站的运行安全性和可靠性，结合场地排查、新能源发展情况等提出油田电网储能示范点建设的初步规划，根据不同控制策略分析效益情况，为寻找适合油田电力系统的储能技术应用路线提供了初步参考和依据。

关键词　储能技术；电化学储能；并网控制

1　引言

从广义上讲，储能即能量存储，是指通过一种介质或者设备，把一种能量形式用同一种或者转换成另一种能量形式存储起来，基于未来应用需要以特定能量形式释放出来的循环过程。从狭义上讲，储能特指针对电能的存储，即利用化学或者物理的方法将产生的能量存储起来并在需要时释放的一系列技术和措施。具有削峰填谷、调频调压、提高电网稳定性等功能。国家能源局等有关部门先后发布了《"十四五"新型储能发展实施方案》和《"十四五"能源领域科技创新规划》，为新型储能创新方向和规模化发展提供了指导意见。油田 2023 年重点工作安排也要求加速新能源发展建设，深化储能应用研究。随着油田电网对调节能力需求提升、新能源开发消纳规模不断加大，尤其是大型风电光伏项目建设的背景下，加快推进先进储能技术在油田电网应用势在必行。

2　储能技术研究背景及意义

2.1　背景

在国家《"十四五"现代能源体系规划》中指出大力推进电源侧储能发展，合理配置储能规模，改善新能源场站出力特性，支持分布式新能源合理配置储能系统。国家能源局在 2023 年 3 月份也颁布了《加快油气勘探开发与新能源融合发展行动方案(2023-2025 年)》，提出加快提升油气上游新能源存储消纳能力，推动新型储能在油气上游规模化应用，发挥储能调峰调频、应急备用、容量支撑等多元功能，促进储能在电源侧、油气勘探开发用户侧多场景应用，有序推动储能与新能源协同发展。河南省也在《河南省碳达峰实施方案》强调加快新型储能规模化应用，推动新能源场站合理配置新型储能，优化电网侧储能布局，鼓励大用户、工业园区布局新型储能。在

《中国石化国内上游新能源“十四五”发展规划实施方案》中提出储气库储气、储电和储热耦合技术研究。油田前期利用闲置场地、废弃井场及屋顶等开展了光伏或风力发电电站的建设，“十四五”期间规划建设光伏及风电 61.3MW，年发绿电约 1.1 亿度。但由于受到光照及风速等自然条件的影响，光伏及风力发电均为间断性不稳定电源，且年发电小时数较低(其中，光伏约为 1100h、风电约为 2480h)，其发电功率受消纳能力的制约，光伏及风电建设规模受限，电网利用绿电的比例较低。再者河南发改委也下发豫发改价管〔2022〕867 号文件，要求自 2022 年 12 月 1 日起，执行新的分时电价机制。新电价机制增加了尖段电价，且提高了峰段电价、降低了谷段电价，尖段电价为谷段的 3.91 倍、度电相差 0.9415 元。据测算新电价实施后，油田度电均价上涨约 0.0096 元，年增加购电成本约 500 万元。

所以，随着电网储能技术不断发展，相关市场商业模式基本成熟，以及电价机制的有利引导，需要我们积极探讨当前油田储能产业应用发展的可行性和必要性。

2.2 意义

(1) 提高油田电网新能源发电消纳能力及绿电用电比例。新能源发电功率受消纳能力的制约，光伏及风电建设规模受限。通过配置储能可以提高新能源电站自发自用水平，降低用电成本。

(2) 削峰填谷。储能系统可作为电源输出功率或作为负荷吸收功率，实现用电负荷的削峰填谷，低电价时给储能系统充电，高电价时储能系统放电的方式，将高峰时间的用电量平移至低谷时段，减少尖峰时段用电量与购电成本支出，通过“能量搬移”手段起到削峰填谷的作用，“低储高放”既改善能源消耗电费支出，又可以利用峰谷价差合理创效。

(3) 容量费用管理。利用储能系统在用电低谷时储能，在用电高峰时放电，降低用户的最大需量，使油田电网的实际用电功率曲线更加平滑，起到降低容量电价的作用。

(4) 提高电网稳定性。储能技术通过能量转换使大规模风电及太阳能发电方便可靠地并入常规电网，平滑风电和光伏出力的波动性，实现可调节、可调度的输出，使风电、光伏等可再生能源对电网更加友好。如负荷端的储能能够在短期故障的情况下，保持电能质量，减少电压波动、频率波动等因素对电能质量的影响，增强电网稳定性。

(5) 推动构建新型电力系统。统筹新能源发展和电力安全稳定运行，积极推动源网荷储一体化发展，创新电网结构形态和运行模式，组建新能源电站发电、油田电网输电、用户侧用电、储能电站储电的源网荷储一体化新型电力系统。

3 储能技术发展现状概述

3.1 原理及分类

储能即能量的存储，指通过特定的装置或物理介质将能量存储起来，在需要时利用。

根据应用场景如下分类如表 1 所示：

表 1 储能根据功能使用和应用场景分类

分类依据	储能类别	定义
应用场景	发电侧储能	在电厂旁边建个大型充电站用来存储电力
	电网侧储能	储能系统从电网充电，在电负荷较高的“峰段”，储能系统向电网放电，以此来平滑电力需求分布
	用户侧储能	在用户端安装存储电力的设施，起到降低用电成本，充当备用电源的角色

根据能量存储方式储能可以分为机械储能、电气储能、电化学储能、热储能等储能方式。

3.2 储能方式对比

几种储能方式技术路线对比如表 2 所示。

表 2 储能方式技术路线对比

储能类型		额定功率	优点	缺点	综合效率	使用场景
机械储能	抽水储能	100~5000MW	技术成熟，功率大	地理条件要求比较高，投资周期长	60%~70%	负荷调节，频率控制和系统备用
	压缩空气储能	100~300MW	功率大	场地要求特殊	70%~80%	调峰发电系统备用电源
	飞轮储能	250KW 以下	寿命长，负荷跟踪能力强	自损耗较大	70%~85%	电能质量，UPS
电磁储能	超导储能	100KW~10MW	响应迅速、转换效率高、控制方便、体积小及重量轻	处在理论研究阶段	80%~90%	改善供电质量、提高电力系统传输容量和稳定性、平衡电荷
	超级电容储能	10KW~1MW	寿命长、充放电速度快	能量密度低，费用高	80%~90%	短时间、高峰值输出功率场合
电化学储能		200MW 以下	技术成熟，高功率和使用寿命长	存在一定安全风险	80%~95%	各种场合

由上表 2 可以看出，电化学储能技术在能量密度、循环寿命、效率等方面优点明显。

4 电化学储能技术研究

4.1 电化学储能原理

电化学储能即通过电化学反应完成电能和化学能之间的相互转换，从而实现电能的存储和释放。储能电池（锂离子电池）应用电化学原理，进行充放电操作，化学能直接转变为电能是靠电池内部自发进行氧化、还原等化学反应的结果，主要由正极（如锂化合物），负极（如碳素材料），电解液，隔膜四个部分组成，如图 1 所示。

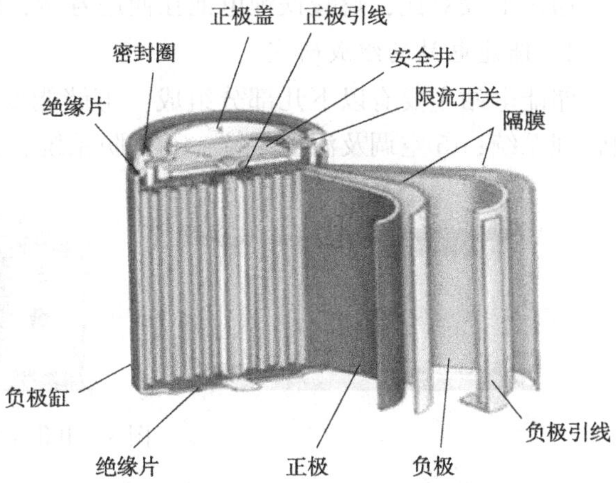

图 1 电化学电池结构图

4.2 电化学储能系统

4.2.1 电池储能系统的组成

电化学储能系统主要由电池系统、储能变流系统、能量管理系统和监控系统四大部分组成，如图 2 所示。

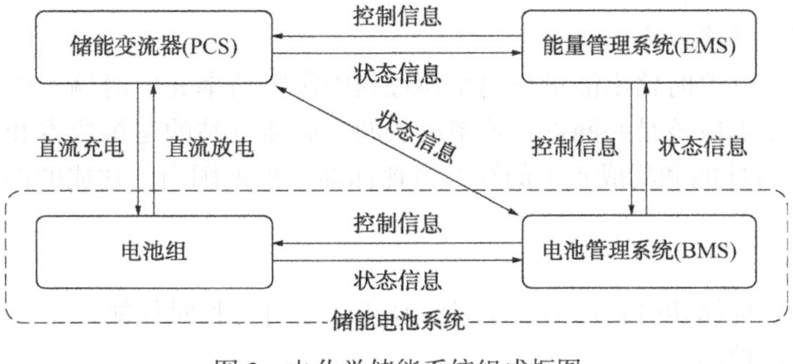

图 2 电化学储能系统组成框图

如表 3 所示为几种电池对比：

表 3 几种电池技术路线对比

电池类型	铅酸电池	锂离子电池		钠离子电池	液流电池	
		磷酸铁锂	三元锂		全钒液流	锌溴液流
功率上限	十兆瓦级	兆瓦级	兆瓦级	兆瓦级	百兆瓦级	百兆瓦级
能量密度(Wh/Kg)	30~60	130~200	180~250	100~180	15~50	75~85
循环寿命(次)	500~300	2500~5000	1500~3500	2000~3500	>16000	2500~5000
充放电效率/%	80~90	90~95	90~95	90~95	65~80	65~80
储能系统效率	75~85	85~92	85~90	85~90	60~70	60~70
系统成本(元/KWh)	1200~1800	1500~2500	1500~2500	—	4500~6000	2000~3500
度电成本(元/KWh)	0.45~0.7	0.5~0.9	0.6~1.0	—	0.7~1.0	0.8~1.2
优势	技术成熟 结构简单 价格低廉 维护方便	寿命长 能量密度高 效率高 响应速度块	能量密度高 效率高 响应速度块	低成本环境友好	原材料丰富，适用于大型电站	原材料丰富，适用于大型电站
挑战	能量密度低，寿命短	价格高，存在一定安全风险	价格高，价格高，存在一定安全风险	能量密度低，技术不成熟	价格高，效率低	价格高，效率低

数据来源：绿色和平和中华环保联合会电化学储能技术创新趋势报告。

通过上表对比，磷酸铁锂电池在使用寿命，转换效率等方面有着较大的优势。

4.2.2 储能电站的组成研究

储能电站主要有以下几部分组成：①储能变流器；②能量管理系统；③配电柜；④电池簇+电池管理系统；⑤空调及温控系统；⑥消防系统，如图 3 所示。

图 3 电化学储能电站结构图

4.2.3 电池储能系统应用关键技术研究

根据现行有关储能电站并网和运行控制等规范要求，有以下关键技术指标需要探讨分析：

(1) 电池容量

电池的容量是指电池在在室温条件下，使电池在充电截止电压与放电截止电压之间充分放电，测量释放出的电能即为电池容量。

(2) 额定功率能量转换效率

储能系统额定功率放电时输出能量与同循环过程中额定功率充电时输入能量的比值，用百分数表示。综合效率的测量点应该是并网点，效率反映的是储能电站的运维成本和经济性指标，是对储能电站(系统)所有设备性能和集成水平的综合考评标准。根据国内已建成的储能电站看，综合效率在 65~95%之间。

(3) 持续时间

国内的储能电站常规储能时长约为 2 小时，高于 4 小时为长时储能。

(4) 储能电站并网控制

储能电站四种状态：充电状态，待机状态(热备用状态)，放电状态，停机状态。

根据 DL/T2246《电化学储能电站并网运行与控制技术规范》第 2 部分并网运行有功功率控制规定，电化学储能系统有功功率控制的充电/放电调节时间不应大于 1.5s，电化学储能系统有功功率控制的充电/放电响应时间不应大于 1s，电化学储能系统有功功率控制的充电到放电转换时间/放电到充电转换时间不大于1s。

5 储能电站运行控制策略

根据目前普遍适用于电网侧电池储能电站运行控制策略，结合油田电网负荷曲线、新能源电站出力情况、分时电价政策以及储能电站循环寿命等关键因素，考虑储能电站的运行安全性和可靠性，总结站内储能电站并网控制的优化策略，以期为油田以后储能电站的建设与发展提供借鉴参考。

5.1 充放电控制策略研究

（1）控制策略一：常规模式

根据峰谷电价时间特征，设置储能固定时段充放计划曲线，默认计划曲线每日凌晨自动下发；也可定制当日曲线，手动下发生效后至第二日凌晨将被默认曲线覆盖。根据尖峰平谷时间段进行在谷段充电，在尖峰段放电，通过控制系统来控制充放电时间。

① 常规模式1：额定功率充放电，采取谷充尖/峰放定时控制策略，在谷段充电2小时，在尖峰段放电2小时，如图4所示。

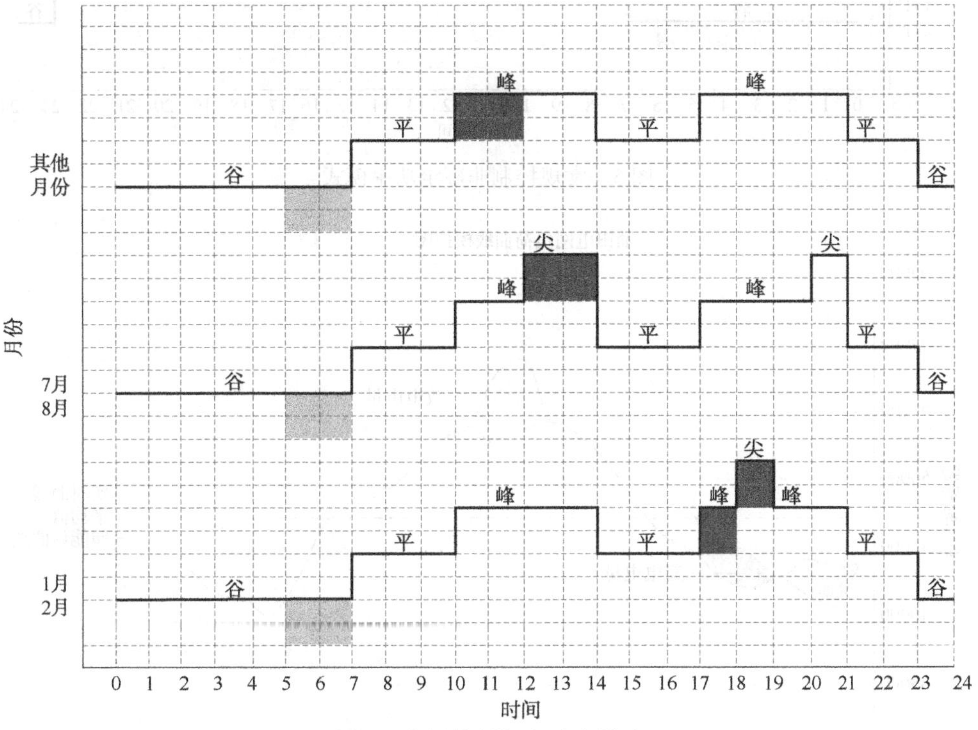

图4 常规控制额定功率模式

② 常规模式2：非额定功率充放电，采取谷充尖/峰放定时控制策略，在谷段充电4小时，在尖峰段放电2小时，以此降低谷段和尖/峰段最大需量，如图5所示。

（2）控制策略二：最大需量管理模式

根据油田电网负荷曲线，检测并网点总负荷功率，将高峰时间的用电量平移至低谷时段，减少尖峰时段用电量与购电成本支出，通过“能量搬移”手段起到削峰填谷的作用，动态调节充放电曲线，从而降低需量费用，如图6所示。

（3）控制策略三：稳定新能源波动模式

能源管理系统可以综合监控新能源电站发电情况，通过控制储能系统充放电来稳定新能源的出力，平滑风电和光伏出力曲线，实现可调节、可调度的输出，减少电压波动、频率波动等因素对电能质量的影响，使风电、光伏等可再生能源对电网更加友好，增强电网稳定性，如图7所示。

目前储能系统的控制方式由以上三种，但投资公司采用一般为：控制策略一即设置充放电曲线计划的模式，该模式根据峰谷电价时间特征，设置储能固定时段充放计划曲线，在谷段充电、尖峰段放电。

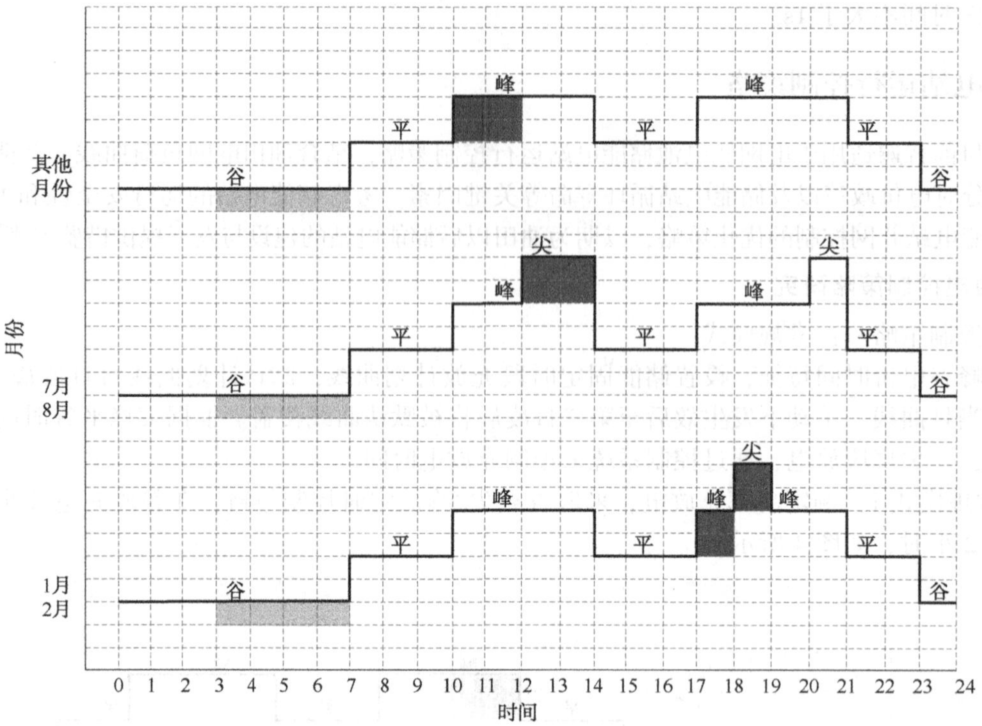

图 5　常规控制非额定功率模式

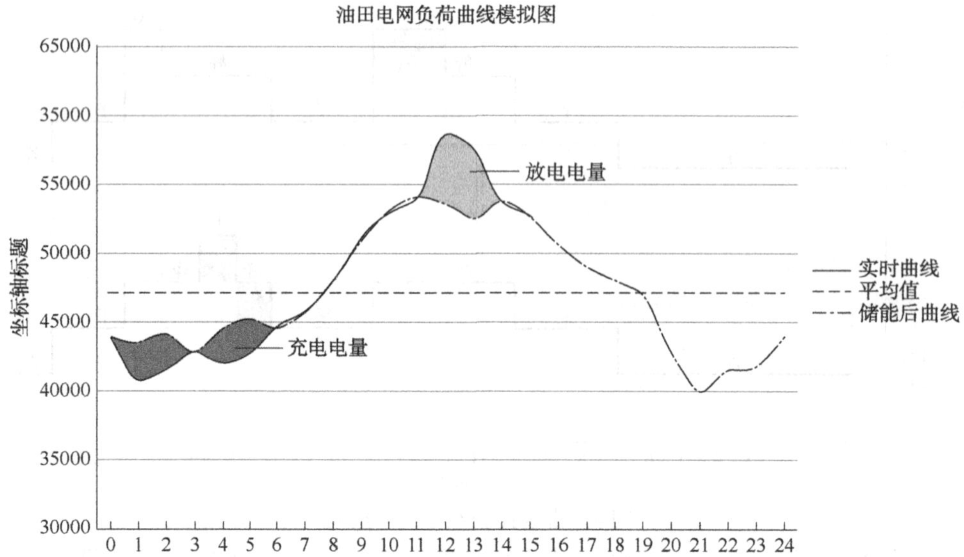

图 6　最大需量管理模式

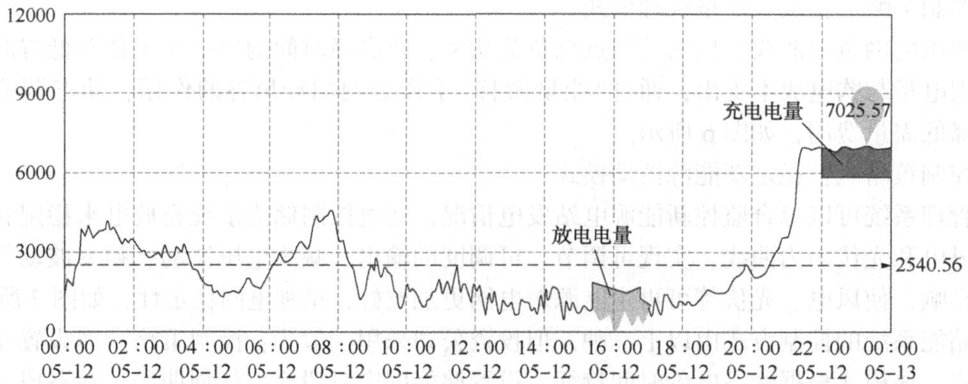

图 7　稳定新能源波动模式

5.2 油田电网控制策略

通过经济效益和控制复杂程度两个维度对比，在前期试点阶段优先采用策略一，中期摸索阶段不断分析运行情况，总结经验，进而调整控制策略，在后期成熟阶段，综合考虑关键影响因素和实际运行情况，制定符合油田储能后期发展的储能电站并网控制策略，如图8所示。

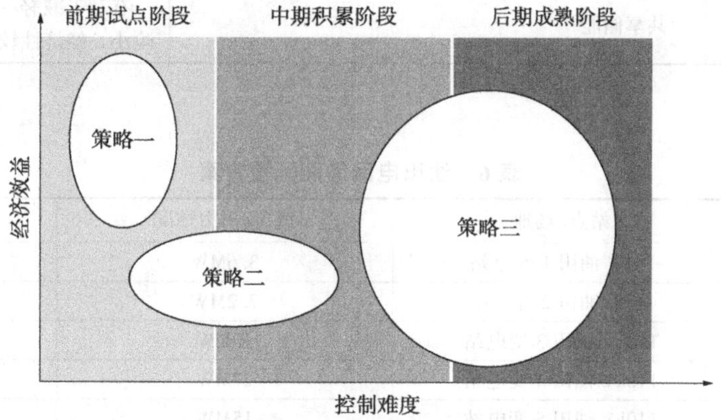

图8 油田电网储能电站控制策略路线图

6 储能电站投资及运营模式

新型储能向全面市场化发展。多项政策相继出台，持续完善储能市场化机制。目前储能有以下两种模式，如表4所示：

表4 储能电站投资及运营模式对比

模式	路 线	优 点	缺 点	应用场景
独立储能	全资购置和建设储能设施，储能设备可自行运营维护，或由运营服务商提供售后运维服务	自主性强，拥有储能系统完全产权	投入大，有较大投资风险	实力雄厚，对节能减排有硬性要求，或自身具备一定储能相关技术能力的大中型企业以及部分储能投资高收益率场景
共享储能	共享储能是由第三方负责投资、运维，并作为出租方将储能系统的功率和容量以商品形式租赁给目标用户的一种商业运营模式，秉承“谁受益、谁付费”的原则向承租方收取租金	辅助电力服务提高服务效率，扩展服务对象	需多方协调，建设方投资大	储能商业公司联合企业电网

共享储能的本质是引入第三方投资商，具备一定经济性。在共享储能模式下，业主无需承担建设储能电站成本，只需每年支付租赁费，有利于减轻一次性投入的资本开支，缓解资金压力，经济性较好，所以共享储能比较适合油田当前发展需求。

7 油田电网储能应用建议

7.1 配置建议

根据前期对储能技术，政策标准，模式等研究，并结合国内储能电池参数情况，从经济性、安全性出发，结合油田现在有以下配置原则，如表5所示：

表5 油田电网储能配置建议

类 别		配置原则	依 据
电池选择		磷酸铁锂	磷酸铁锂电池在使用寿命，转换效率等方面有着较大的优势
配储场景选择	发电侧	光伏、风电等新能源电站旁建设配储储能电站	减少弃电，平滑输出
	电网侧	在油田电网负荷较大变电站建设集中式储能电站	削峰填谷，减少购电成本，容量费管理
	用户侧	采油厂等生产单位按照光伏+储能配置	削峰填谷，减少购电成本，备用电源

续表

类　别	配置原则	依　据
配储比例	10%+2h	《关于加快推动河南省储能设施建设的指导意见》储能配置比例不低于10%，连续储能时长2小时以上
建设模式	共享储能	有利于减轻一次性投入的资本开支，风险小，经济性较好

7.2　配置方案(表6)

表6　油田电网储能配置方案

类别	形式	站点/场地	负荷/出力情况	10%+2h配储
发电侧	新能源配储	35kV油田1变电站	3.6MW	360kW/720kWh
		35kV油田2开关站	7.2MW	720kW/1440kWh
电网侧	集中式电站	110kV油田3变电站	10MW	1000kW/2000kWh
		110kV油田4变电站	27MW	2700kW/5400kWh
		110kV油田5变电站	15MW	1500kW/3000kWh
		35kV油田6变电站	6.8MW	680kW/1360kWh
用户侧	光伏+储能	采油厂井场	视情况配置	视情况配置

8　储能电站效益测算

电力市场化后输配电价执行标准

(1)电力市场化后，用户可通过电力市场化交易直接与发电企业协商电度电价。2021年10月，国家发展和改革委员会下发了《国家发展改革委关于进一步深化燃煤发电上网电价市场化改革的通知》发改价格{2021}1439号文件，河南省发展和改革委员会于2021年10月18日下发了《河南省发展和改革委员会关于转发《国家发展改革委关于进一步深化燃煤发电上网电价市场化改革的通知》的通知》豫发改价管〔2021〕873号文件。自2021年10月15日起，全面取消工商业目录销售电价，仅保留居民、农业生产目录销售电价。

执行两部制电价的工商业用户、基本电价仍按国家现行有关规定执行。(工商业用户全部进入电力市场，按照市场价格购电，取消工商业目录销售电价。)自2021年10月15日起，工商业用户原则上全部进入电力市场；暂无法直接向发电企业或售电公司购电的工商业用户，可由电网企业(含国网河南省电力公司以及各增量配电网企业，下同)代理购电。根据国家发展改革委办公厅关于组织开展电网企业代理购电工作有关事项的通知发改办价格〔2021〕809号："电网企业为保障居民、农业用电价格稳定产生的新增损益(含偏差电费)，按月由全体工商业用户分摊或分享。

(2)2023年5月15日，国家发改委下发了《国家发展改革委关于第三监管周期省级电网输配电价及有关事项的通知》发改价格(2023)526号文件："四、工商业用户用电价格由上网电价、上网环节线损费用、输配电价、系统运行费用、政府性基金及附加组成。系统运行费用包括辅助服务费用、抽水蓄能容量电费等。上网环节线损费用按实际购电上网电价和综合线损率计算。电力市场暂不支持用户直接采购线损电量的地方，继续由电网企业代理采购线损电量，代理采购损益按月向全体工商业用户分摊或分享。"

(3)2023年11月8日，国家发改委下发了《国家发展改革委国家能源局关于建立煤电容量电价机制的通知》发改价格〔2023〕1501号文件："各地煤电容量电费纳入系统运行费用，每月由工商业用户按当月用电量比例分摊，由电网企业按月发布、滚动清算。"

电力市场化改革后，河南油田总购电电费由电度电费、基本电费、上网环节线损费、系统运行费(损益分摊电费、煤电容量电费、辅助服务费、抽水蓄能容量电费)等部分构成。

总购电费用=电度电费+基本电费+上网环节线损费+系统运行费

电度电费=抄表电量×(交易上网电价+输配电价+政府附加)

基本电费=主变容量×相应电压等级的容量电价

上网环节线损费+系统运行费=抄表电量×国网公司每月公布电价

市场交易电度电价：

尖、峰、平、谷各自产生市场交易上网电价，按以下公式形成市场交易价格：

峰段市场交易电度价格=市场交易上网价格+相应电压等级输配电价×1.57+政府附加

平段市场交易电度价格=市场交易上网价格+相应电压等级输配电价+政府附加

谷段市场交易电度价格=市场交易上网价格+相应电压等级输配电价×0.5+政府附加

根据上述研究初步确定储能装置按1kW配置，电价按110kV电度电价和基本电价计算，并网方式按照策略一常规模式进行控制，如表7~表11所示。

表7　策略1-1效益测算表

策略1-1：额定功率模式、一充一放，充电功率1kW(2h)、放电功率0.85kW(2h)

月份	充电时间(h)	放电时间(h)		电价差(元)	基本电费(元)	效益(元)	投资(元/年)
	谷段	尖段	峰段				
1、12月	2	1	1	69.855183	67.4	2.455183	90
7、8月	2	2	0	77.164146	67.4	9.764146	
其他月份	2	0	2	243.303237	269.6	-26.296763	
小计				390.322566	404.4	-14.077434	

表8　策略1-2效益测算表

策略1-2：非额定功率模式、一充一放，充电功率0.5kW(4h)、放电功率0.85kW(2h)

月份	充电时间(h)	放电时间(h)		电价差(元)	基本电费(元)	效益(元)	投资(元/年)	收益(元/年)
	谷段	尖段	峰段					
1、12月	4	1	1	69.855183	33.7	36.155183	90	98.122566
7、8月	4	2	0	77.164146	33.7	43.464146		
其他月份	4	0	2	243.303237	134.8	108.503237		
小计				390.322566	202.2	188.122566		

表9　策略1-3效益测算表

策略1-3：非额定功率模式、一充一放，充电功率0.25kW(8h)、放电功率0.85kW(2h)

月份	充电时间(h)	放电时间(h)		电价差(元)	基本电费(元)	效益(元)	投资(元/年)	收益(元/年)
	谷段	尖段	峰段					
1、12月	8	1	1	69.855183	16.85	53.005183	90	199.222566
7、8月	8	2	0	77.164146	16.85	60.314146		
其他月份	8	0	2	243.303237	67.4	175.903237		
小计				390.322566	101.1	289.222566		

表10　策略1-4效益测算表

策略1-4：非额定功率模式、两充两放，充电功率0.5kW(7h)、放电功率0.85kW(3.5h)

月份	充放电过程一			充放电过程二			电价差(元)	基本电费(元)	效益(元)	投资(元/年)	收益(元/年)
	充电时间(h)	放电时间(h)		充电时间(h)	放电时间(h)						
	谷段	尖段	峰段	平段	尖段	峰段					
1、12月	4		2	3	1	0.5	91.2984	33.7	57.5984	120	190.3958
7、8月	4	2		3	1	0.5	105.9069	33.7	72.2069		
其他月份	4		2	3		1.5	315.3905	134.8	180.5905		
小计							512.5958	202.2	310.3958		

表 11　策略 1-5 效益测算表

策略 1-5：非额定功率模式、两充两放，充电功率 0.25kW(11h)、放电功率 0.85kW(2.75h)											
月份	充放电过程一			充放电过程二			电价差（元）	基本电费（元）	效益（元）	投资（元/年）	收益（元/年）
	充电时间（h）	放电时间（h）		充电时间（h）	放电时间（h）						
	谷段	尖段	峰段	平段	尖段	峰段					
1、12 月	8		2	3	0.75		78.7531	16.85	61.9031	120	230.3247
7、8 月	8	2		3	0.75		93.3616	16.85	76.5116		
其他月份	8		2	3		0.75	279.3100	67.4	211.9100		
小计							451.4247	101.1	350.3247		

9　结语

本论文结合油田电网现状、分析储能技术在不同的技术路线的特点，模式对比了解油田电网的应用场景和特点，并根据油田电网负荷曲线、新能源电站出力情况、分时电价政策以及储能电站循环寿命等关键因素，考虑储能电站的运行安全性和可靠性，总结站内储能电站并网控制的优化策略，对油田储能发展提供参考性意见，以期为油田以后储能电站的建设与发展提供借鉴参考。同时，从电力系统本质出发，识别未来储能发展趋势，还需考虑储能电站接入后的安全高效运维、储能电站对电网的影响、新型电网的发展、废旧电池回收等关键问题。

参　考　文　献

[1] 陈永翀，冯彩梅，刘勇．双碳背景下中国储新比的发展趋势．能源(08)，41-45.

[2] 陈海生，俞振华，刘为．储能产业研究白皮书 2022. 北京：中国能源研究会储能专委会．

[3] 汤匀，岳芳，郭楷模．下一代电化学储能技术国际发展态势分析．储能科学与技术(01)，89-97.

[4] 陈海生，李泓，马文涛，等．2021 年中国储能技术研究进展．储能科学与技术(03)，1052-1076.

[5] 方彤，王乾坤，周原冰．(2011)．电池储能技术在电力系统中的应用评价及发展建议．能源技术经济(11)，32-36.

[6] 孟祥飞，庞秀岚，崇锋，，等．(2019)．电化学储能在电网中的应用分析及展望．储能科学与技术(S1)，38-42.

[7] 袁家海，王婧，熊敏鹏．(2021)．用户侧多主体共享储能商业模式价值研究．华北电力大学学报(社会科学版).

分布式光伏在含硫天然气井场的应用

贾　威

（中石化华北油气分公司）

摘　要　大多数天然气井场地处偏僻，井场使用市电受山地、森林、沙漠等特殊地理环境的限制，考虑架设电缆和光缆价格昂贵。目前，大牛地气田含硫井场分布分散均为无人值守，且大部分井场无电网覆盖，井场配套设备的供电成为一大难题。大牛地气田地处毛乌素沙漠南源，地势以沙丘为主，通过统计当地气象条件，查阅相关资料气田平均日照时数3105.2h，平均气温为9.7℃。受地域位置影响，年最冷月平均温度-14.7℃，最热月平均温度26.7℃，极端最高温度38.1℃，极端最低温度-32.3℃。一般，年平均日照大于1800h的地区可采用太阳能供电，提出井口利用光伏发电的构想。但由于极端温度差距大，需对太阳能板、蓄电池等设备进行合理选型，减少为蓄电池充电次数，以保证井场设备正常运行，实现天然气井场生产数据实时传输、可燃有毒气体报警、远程视听等功能，降低人员巡检工作强度。在满足设备长期正常运行的前提下，计算太阳能电池板、蓄电池所需功率及容量，通过计算得出二井式井场需配备540W单晶硅太阳能电池板3块、容量730Ah的蓄电池可满足井口设备供电，同时太阳能控制器拥有最大功率跟踪功能提升转换效率，蓄电池组预留发电机充电接口用于快速补电。利用计算结果开展现场应用，期间因极寒天气向蓄电池补电一次，目前已稳定运行760余天，根据现场应用经验，标准化设计出二井式、四井式、六井式太阳能供电设计图纸，并开展33口含硫气井现场应用，截至目前节省用电量约72.3万度，含硫井场供电不足的问题彻底解决，为油气田井场设计提供了实践参考。

关键词　光伏；太阳能电池；蓄电池；天然气井场

大牛地气田含硫井场地处偏远，无人值守，为强化现场安全生产管理，提升气田整体安全管理水平，计划对井口加装一体化设备，包括温压一体变送器、流量计、可燃有害气体检测报警仪、高清摄像头、防水音响、RTU、交换机等设备。但由于井场分散，架设电网成本高、周期长，急需设计出一种可靠的供电方案，解决现场安全生产难题。

1　系统能耗的确定

大牛地气田含硫井场地处偏远，无法实现全部含硫井场有人值守，存在极大的安全隐患。为降低井场发生安全事故风险，提升安全预警、气井生产监控能力，需对含硫井场进行标准化设计。计划加装气田井口一体化采集控制系统，主要由太阳能光伏板、胶体铅酸蓄电池、数据采集控制箱、一体化安装支架、辅助外设(摄像机可以进行拍照、视频采集，警示灯可以进行闯入报警，音柱和拾音器可以进行远程喊话和对讲)及其他必要的组件组成，使用太阳能进行自发电，用于井口的数据采集、视频采集、过程控制和无线传输。根据气田实际情况，制定出二井组用电设备功耗见表1。

表1　井口设备能耗表

设备名称	RTU	采集模块	流量计	压力变送器	可燃气体探测器	有毒气体探测器	摄像机	防水音响	交换机	光纤收发器	合计
电气负荷(W)	16	20	10	1.92	2	2	60	30	40	20	201.9

根据表1数据表明：在现有二井组供电模式下，井口设备整体耗电量约为0.2019kW×24h=

4.8456kW·h。

2 太阳能供电系统原理

太阳能电池板产生的电能通过供电系统控制器给井场设备供电，同时多余的电能给蓄电池充电储能。在夜晚或者弱光照天气，太阳能电池板无法正常工作或产生电能无法满足设备正常用电时，蓄电池为设备提供电能。太阳能控制器具备最大功率跟踪功能，通过控制光伏电池的输出端口电压来实现最大功率的输出，提升转换效率。太阳能供电控制器采用模块化设计，配备统一的监控模块管理，可利用太阳能对负载供电，实现对蓄电池充电的切换和控制，同时具有故障报警、低电量报警等功能。可与市电、移动电源等形成互补供电使用，便于蓄电池处于低电量时对其补能，如图1所示。

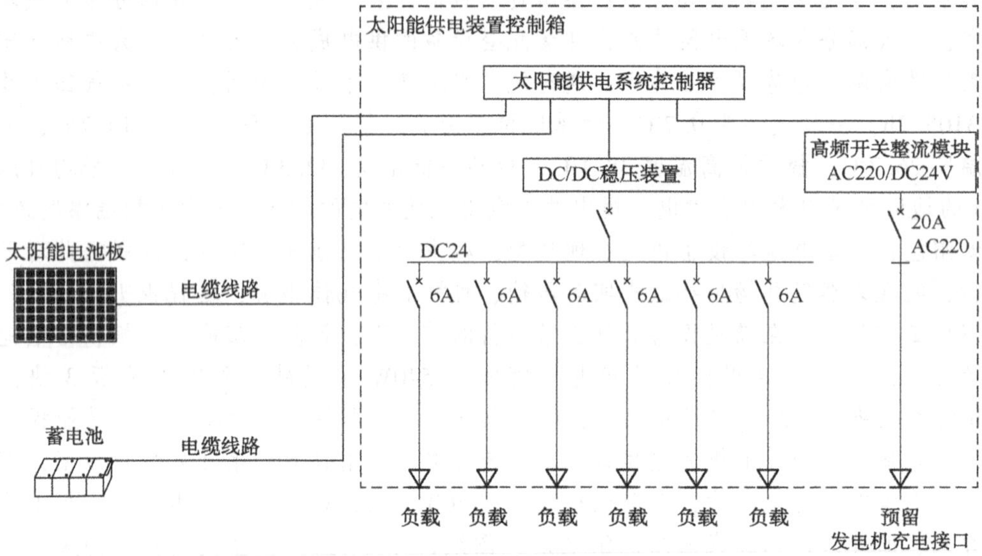

图1 太阳能供电原理图

3 太阳能供电设备选型

3.1 太阳能电池

硅太阳能电池，是目前使用最广泛的太阳能电池，按硅材料的晶体结构区分，有单晶硅、多晶硅和非晶硅太阳能电池三种。

（1）单晶硅太阳能电池是采用单晶硅片制造的太阳能电池，其技术最为成熟，供电稳定。规模化生产的商品电池转换效率为17%~22%，但成本较为昂贵。

（2）多晶硅太阳能电池的制作工艺与单晶硅太阳能电池相似，但多晶硅太阳能电池的光电转换效率要低，多晶硅商业化电池组件光电转换效率为16%~19%，在其使用期内转换效率有一定衰减，但相对生产成本较低。

（3）非晶硅太阳能电池与单晶硅和多晶硅人陌电池的制作方法完全不同，工艺过程大大简化，硅材料消耗很少，电耗更低，但是电池转换效率偏低，主要用于弱光性质发电。

为满足极端情况下井场供电需求，选择技术成熟、转换效率高的单晶硅太阳能电池板。

对太阳能方阵容量进行计算，

$$P=N_s\times N_p\times W_p \tag{1}$$

$$N_s=U/U_{PV} \tag{2}$$

$$N_P=\frac{\dfrac{P_{wh}}{U\times T_d\times\eta}+\dfrac{C_{wh}}{U\times T_d\times\eta\times D}}{I_0} \tag{3}$$

式中，P为太阳能方阵总容量，W；N_s为太阳能电池极板的串联块数，块；N_p为太阳能电池极板的并联块数，块；W_p 为单块太阳能电池极板的峰值功率，W，取 540w；U 为系统额定电压，V，取 24V；U_{pv} 为太阳能控制器的最大允许输入电压，V，取 45V；I_0 为单块太阳能电池板的峰值电流，A，取 10A；P_{wh} 为负载日耗电量(Wh)，取 4845. 6Wh；C_{wh} 为在连续阴雨天期间，蓄电池放电的总容量(Wh)，规定可满足 3 天设备需求，取 4845. 6Wh×3＝14536. 8Wh；T_d 为日照最差季节每天的等效日照时间(h)，取 1 月份平均日照 4. 38h；η 为太阳能电池极板发电量的修正系数，考虑功率输出降效、线损、温度、衰减、污垢遮挡损失、极板转换等对极板发电量的影响(%)，取 0. 9；D 为蓄电池深放电恢复周期(天)，以一个月为周期，取 30。

将数据代入公式，$P=0.53\times5.63\times540=1611.30$W

根据计算结果，选取 3 块峰值功率为 540W 的单晶硅太阳能电池组件，即可满足供电需求。

3.2 蓄电池的选取

系统使用 24V 胶体蓄电池组，根据行业通用计算太阳能蓄电池容量的公式，得：

$$B=A\times N\times Q/C\times D \tag{4}$$

式中，A 为安全系数，考虑安全余量，取 1. 2；

N 为最长连续阴雨天数，取 3 天；

Q 为日平均负载，本系统中 $Q=(201.9/24\text{V})\times24\text{h}=201.9\text{Ah}$；

C 为蓄电池允许最大放电深度，取 70%；

D 为温度修正系数，考虑所处位置的冬季最低温度，如果最低达到零下 25℃，则选取温度修正系数为 0. 7，在本次计算中，选取 $D=0.7$。

将数据代入公式，$B=1.2\times3\times201.9/0.7\times0.7=726.8$Ah

根据以上计算，考虑到使用太阳能的特点及井场系统工作的重要，选取型号为 800AH/24V 的蓄电池组。

4 现场应用效果

该太阳能供电设备于 2022 年 4 月 29 日在大牛地气田 DK13-FP20 井组开展试验。使用初期，利用太阳能电池和蓄电池电能互补，实现了井场远程视频监控、单井流量实时计量、气井生产数据实时传输、周界报警、远程喊话等功能；在 2022 年冬季，受极寒天气影响，于 2023 年 1 月 5 日收到蓄电池低电量报警信号，剩余电量 25%，相关维保人员利用移动电源对其充电，耗时 8. 5 小时充电至 80%，寒潮退去后正常运行，至今未再次充电。按照中石化“五化”工作要求，大牛地气田形成二井式、四井式、六井式井场太阳能供电设备标准化设计，应用含硫井 33 口，共节省用电约 72. 3 万度，含硫井场供电不足的问题彻底解决，现场应用效果良好。

5 结束语

分布式光伏在大牛地气田含硫天然气井场实践获得成功，其占地面积小、性能可靠、适应性强、偏远地区投资较传统电网低，不受电网波动影响，非常适合偏远地区的含硫天然气井场，能极大地提升油气田含硫井场安全预警能力，加强含硫气井生产动态监测，克服偏远井场无法供电的难题，强化气田整体安全生产管理能力，具有较好的节能减排效果，为油气田建设针对此类的井场情况提供了实践参考。

参 考 文 献

[1] 李淼．太阳能光伏发电系统在轨道交通中的应用研究[J]．智能城市，2020，6(11)：142-143.

[2] 贾明兴．太阳能发电的研究和应用[D]．华南理工大学，2012.

[3] 胡天明，贾彦琨，李小龙．西气东输二线江西段监视阀室太阳能供电系统升级改造[J]．中国设备工程，2020(10 上)：208-209.

[4] 曾彦，黄萍．太阳能电源的应用．科技创新导报[J]，2008(29)：95.

[5] 周朝霞．基于 GPRS 的油田注水井远程监控系统[D]．燕山大学，2010.

电网风光发电功率互补性分析

王勇焕　刘彦生　李　岩　杨宇辉　肖　彬　贺　璞

（中国石化集团河南石油勘探局有限公司）

摘　要　依据河南油田所处区域代表年风功率密度及水平面太阳总辐射量情况，分析了风电及光伏的功率特性。根据河南油田已建光伏及风能电站发电功率情况，选择一年内风电及光伏月平均功率和发电量均较大的春季和秋季四个代表日，分析了光伏及风能发电功率的互补性。光伏及风电两者同时使用可使其发电功率相对稳定、波动性减小，降低新能源发电对电网造成的冲击；光伏及风电两种新能源的发电功率有一定的互补性，在电网消纳能力一定的情况下，可提高系统新能源装机容量。春季和秋季风速和风功率密度相对较高，且太阳能总辐射量较大，风电及光伏发电功率均较大，秋季和春节风光功率互补性的规律一致，所占比例接近，其中风光春季最大功率均大于秋季；由于受风电场湍流、控制和偏航、场平等因素的影响，同一区域不同安装位置的风电机组其风速和发电功率也不尽相同，差异性较大，即在实际运行中多台机组的风速和发电功率不会同时达到最大值；再者，考虑到风机配置20%容量储能的因素，为提高新能源装机容量，可采用秋季的比值作为风光功率互补性参考值，选取风电80%、光伏50%的比例确定新能源的装机容量，可为下步电网光伏及风电装机容量的规划提供参考。在某区域电网应用，提高了新能源装机容量及发电量，增加了绿电的利用比例。

关键词　风电；光伏；有功功率；互补性

风能、太阳能作为技术相对成熟、资源分布广泛的清洁能源，目前是我国应用最广、商业化程度最好的新能源利用形式，长期需求空间较大。为了适应当前我国发展低碳经济的发展模式，符合“十四五”碳达峰、碳中和的远景目标，电力系统将构建以新能源为主体的新型电力系统，煤电规模逐步减小，风能、太阳能可再生能源发电规模比例逐步提高。

1　风电及光伏功率特性

风能、太阳能均属于低密度、随机性强、稳定性差的能源，其发电的输出功率具有较强间断性、波动性和随机性的特点，由于受到光照及风速等自然条件的影响，光伏及风力发电均为间断性不稳定电源，且年发电小时数较低，光伏及风电所发电量很难满足用户的需求，致使绿电的利用比例较低。

对于风力发电来说，风的能量与风速的立方成正比，风力发电机的输出功率与风速的大小有关，由于而自然界的风速是极不稳定的，导致风力发电机的输出功率变化很大。对于光伏发电来说，光伏方阵的输出功率与光照的强度有关，因此受天气和气温的影响，输出功率极易出现波动。

以河南省南阳市某代表年风资源数据和太阳能资源数据为例说明，某测风塔风功率密度月变化见表1、风速日变化见表2，通过 Meteonorm 分析，各月水平面太阳总辐射量见表3。

表1　风功率密度月变化统计表

风功率密度/（W/m^2）	155m	140m	120m	100m	85m	50m	30m	10m
	推导	推导	实测	实测	实测	实测	实测	实测
一月	216	197	170	148	127	91	69	48
二月	209	190	164	141	116	69	46	29

续表

风功率密度/（W/m²）	155m	140m	120m	100m	85m	50m	30m	10m
	推导	推导	实测	实测	实测	实测	实测	实测
三月	277	252	218	185	165	109	86	55
四月	234	213	184	156	137	92	71	42
五月	151	137	119	98	83	47	30	17
六月	139	126	109	91	79	48	34	21
七月	115	104	90	75	64	37	24	13
八月	178	161	140	117	100	58	38	16
九月	145	132	114	96	80	45	30	15
十月	130	118	102	85	71	39	23	13
十一月	205	187	161	135	114	70	49	31
十二月	161	147	127	109	95	62	47	29
全年	179	162	140	119	102	63	45	27

表 2　风速日变化统计表

风速/（m/s）	155m	140m	120m	100m	85m	50m	30m	10m
	推导	推导	实测	实测	实测	实测	实测	实测
0：00	5.98	5.79	5.52	5.16	4.8	3.66	2.78	1.78
1：00	5.78	5.6	5.33	4.96	4.6	3.48	2.63	1.71
2：00	5.61	5.43	5.17	4.81	4.45	3.42	2.6	1.7
3：00	5.6	5.42	5.17	4.83	4.52	3.43	2.62	1.71
4：00	5.53	5.36	5.1	4.77	4.45	3.4	2.6	1.69
5：00	5.5	5.33	5.08	4.7	4.36	3.34	2.57	1.68
6：00	5.56	5.39	5.13	4.7	4.31	3.25	2.53	1.68
7：00	5.35	5.18	4.94	4.5	4.14	3.15	2.53	1.84
8：00	4.96	4.8	4.57	4.22	3.95	3.23	2.81	2.32
9：00	4.68	4.54	4.32	4.08	3.9	3.45	3.23	2.84
10：00	4.66	4.51	4.3	4.13	4.02	3.73	3.57	3.2
11：00	4.77	4.62	4.4	4.26	4.16	4.01	3.73	3.36
12：00	4.99	4.83	4.6	4.47	4.37	4.12	3.95	3.53
13：00	4.89	4.74	4.51	4.38	4.28	4.03	3.85	3.45
14：00	4.96	4.8	4.58	4.45	4.34	4.07	3.88	3.46
15：00	4.87	4.72	4.49	4.36	4.24	3.93	3.72	3.28
16：00	4.91	4.75	4.52	4.37	4.23	3.85	3.59	3.09
17：00	5.07	4.91	4.68	4.49	4.31	3.79	3.39	2.75
18：00	5.44	5.27	5.02	4.77	4.54	3.81	3.23	2.34
19：00	5.9	5.71	5.44	5.15	4.87	3.96	3.17	2.09
20：00	6.17	5.98	5.69	5.38	5.08	4.08	3.19	2.07
21：00	6.38	6.18	5.89	5.53	5.18	4.03	3.08	1.99
22：00	6.26	6.06	5.77	5.42	5.06	3.9	2.98	1.92
23：00	6.17	5.98	5.69	5.33	4.97	3.81	2.91	1.87
全天	5.42	5.25	5	4.72	4.46	3.7	3.13	2.39

表 3 代表年各月水平面太阳总辐射量表

月份	1月	2月	3月	4月	5月	6月
水平面标准月辐射量($kW\cdot h/m^2$)	59	74	95	129	141	142
月份	7月	8月	9月	10月	11月	12月
水平面标准月辐射量($kW\cdot h/m^2$)	154	142	116	93	67	59

由上表 1、表 3 可知：一年之中，春季和冬季风速和风功率密度相对较高，其中 3 月、4 月及 11 月值最高，夏季和秋季风速和风功率密度相对较差，7 月及 9 月最低，；而夏季和秋季为太阳能总辐射量较大季节，5、6、7、8 四个月太阳总辐射量基本持平，是一年中太阳总辐射量较多的月份，占全年太阳总辐射量的 45.6%，其中 7 月太阳辐射量为最高；春季及冬季太阳能总辐射量较差，1 月、11 月及 12 月太阳辐射量较低。

由上表 2 可知：一天之中，白天风速相对较低，且 8：00—16：00 的风速最差，而太阳能总辐射量较高，且 11：00—14：00 最高；夜间的风速相对较高，且 20：00—24：00 的风速最高，而此时段太阳能总辐射量为零。

可见，光伏及风电两种新能源的资源有一定的互补性，一同输出可以在一定程度上减少对电网的冲击。

2 风电及光伏功率互补性分析

2.1 计算条件

为研究风电、光伏同时并网发电的功率互补性，以已建的风电(2 台机组，装机容量 2×3600kW)和光伏(装机容量 7200kW)电站为例，选取 2023 年河南油田某区域风电及光伏月平均功率和发电量均较大的 3 月、8 月作为代表月份，风电、光伏发电量合计值较大的 3 月 11 日、15 日及 8 月 13 日、22 日作为代表日，计算了 4 个典型日内所选风电及光伏电站的有功功率曲线。

2.2 风电及光伏电站的有功功率曲线

(1) 2023 年 3 月 11 日风光有功功率曲线，见图 1、表 4

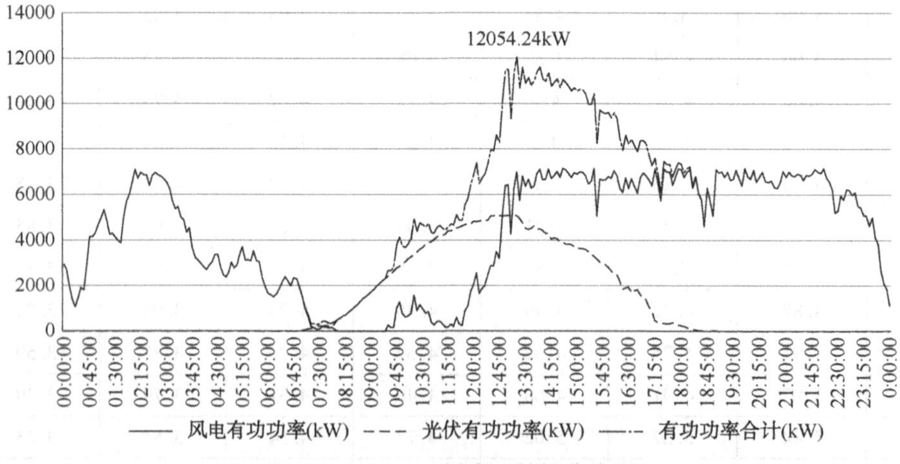

图 1 2023.3.11 风光互补性曲线图

表 4 风电光伏功率较大时段数据表

时间	风电有功功率/kW	光伏有功功率/kW	有功功率合计/kW
12：50：00	5103	5056.43	10159.43
12：55：00	6391.35	5079.90	11471.25
13：00：00	6432.3	5080.56	11512.86
13：05：00	4273.5	5085.15	9358.65

续表

时间	风电有功功率/kW	光伏有功功率/kW	有功功率合计/kW
13：10：00	6303.15	5099.85	11403.00
13：15：00	6980.4	5073.84	12054.24
13：20：00	5737.2	4957.34	10694.54
13：25：00	6815.55	4786.49	11602.04
13：30：00	6370.35	4532.70	10903.05
13：35：00	6676.95	4479.34	11156.29
13：40：00	6300	4525.93	10825.93
13：45：00	6385.05	4633.26	11018.31
13：50：00	6924.75	4483.80	11408.55
13：55：00	7116.9	4499.24	11616.14
14：00：00	6655.95	4435.13	11091.08
14：05：00	6671.7	4313.64	10985.34
14：10：00	7110.6	4285.04	11395.64
14：15：00	6713.7	4064.33	10778.03
14：20：00	6835.5	4106.89	10942.39
14：25：00	7020.3	4075.92	11096.22
14：30：00	6760.95	3954.42	10715.37
14：35：00	7152.6	3916.30	11068.90
14：40：00	7090.65	3834.35	10925.00
14：45：00	6938.4	3835.89	10774.29
14：50：00	6747.3	3811.86	10559.16
14：55：00	6960.45	3744.82	10705.27
15：00：00	6905.85	3666.36	10572.21
15：05：00	6995.1	3642.03	10637.13
15：10：00	6985.65	3626.92	10612.57
15：15：00	6817.65	3601.27	10418.92
15：20：00	6478.5	3509.35	9987.85
15：25：00	6597.15	3389.18	9986.33
15：30：00	7153.65	3298.35	10452.00
合计(kW)	218402.10	140485.8809	358887.9809
平均值(kW)	6825.07	4390.18	11215.25
占比	95%	61%	78%

小结：

① 功率最大值 12054.24kW，出现在 13：15，风电 6980.4kW、光伏 5073.84kW，分别占装机容量的 97%、70%。

② 对 12：50—15：30 间，功率较大的 32 组数据进行计算，功率平均值为 11215.25kW，风电 6825.07kW、光伏 4390.18kW，分别占装机容量的 95%、61%。

（2）2023 年 3 月 15 日风光有功功率曲线，见图 2、表 5。

表 5　2023.3.15 风电光伏功率较大时段数据表

序号	时间	风电有功功率/kW	光伏有功功率/kW	有功功率合计/kW
1	11：05：00	6802	4142	10944
2	11：10：00	7096	3860	10955

续表

序号	时间	风电有功功率/kW	光伏有功功率/kW	有功功率合计/kW
3	11：45：00	7097	3807	10904
4	12：15：00	6489	4428	10917
5	12：20：00	7050	4438	11487
6	12：25：00	6191	4616	10807
7	12：35：00	6744	4289	11033
8	12：50：00	7142	4467	11609
9	12：55：00	6929	4939	11868
10	13：00：00	6272	5122	11393
11	13：05：00	6734	4169	10903
12	13：10：00	6484	4839	11323
13	13：15：00	6822	4634	11455
14	13：30：00	6826	4945	11771
15	13：35：00	6619	4920	11539
16	13：40：00	6658	4436	11094
17	13：45：00	7000	4174	11174
18	13：50：00	6855	4178	11033
19	13：55：00	7130	4379	11508
20	14：00：00	6518	4704	11222
21	14：05：00	6650	4837	11487
22	14：10：00	6148	4772	10919
23	14：15：00	6592	4701	11293
24	14：20：00	7094	4437	11531
25	14：30：00	6773	4467	11239
26	14：35：00	6972	4273	11245
27	14：40：00	6517	4407	10925
28	14：50：00	6873	4228	11101
29	14：55：00	7032	4009	11041
合计		196107	129615	325723
平均值		6762	4469	11232
占比		94%	62%	

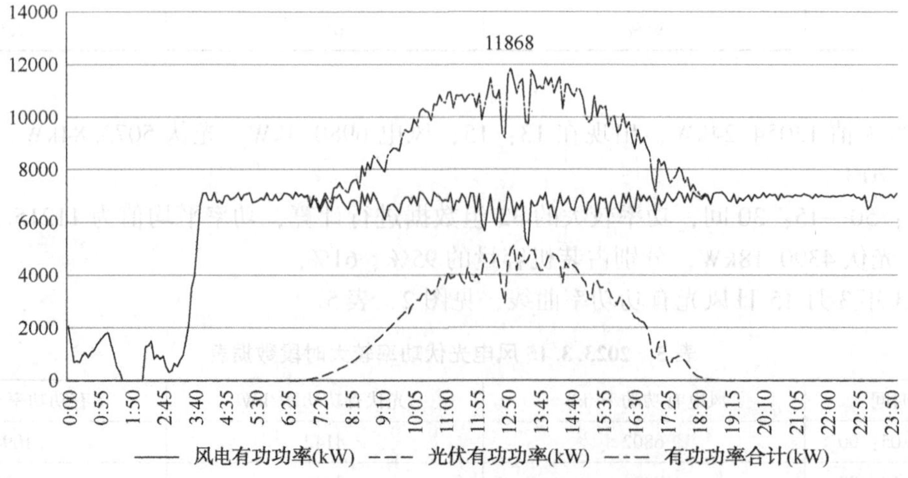

图2　2023. 3. 15 风光互补性曲线图

小结：

① 功率最大值 11868kW，出现在 12：35，风电 6929kW、光伏 4939kW，分别占装机容量的 96%、68%。

② 对 11：05—14：55 间，功率较大的 29 组数据进行计算，功率平均值为 11232kW，风电 6762kW、光伏 4469kW，分别占装机容量的 94%、62%。

（3）2023 年 8 月 13 日风光有功功率曲线，见图 3、表 6。

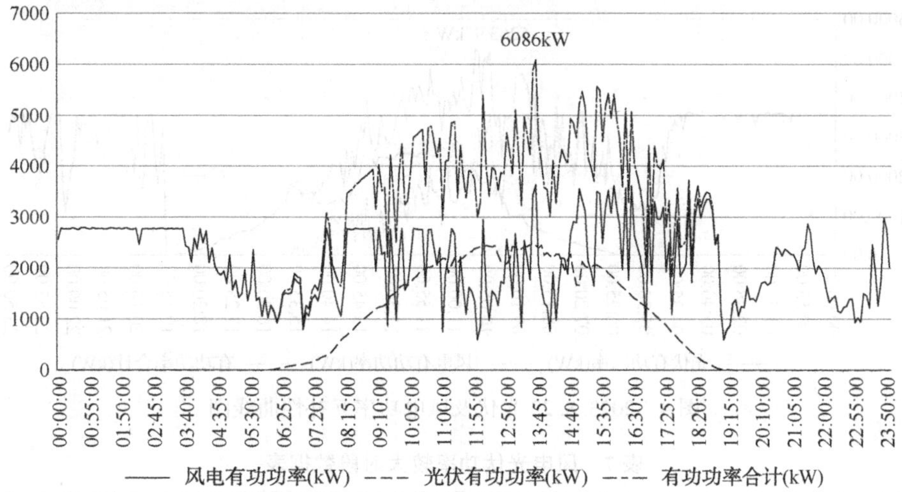

图 3　2023. 8. 13 光伏及风电功率互补性曲线图

表 6　风电光伏功率较大时段数据表

序号	时间	风电有功功率/kW	光伏有功功率/kW	有功功率合计/kW
1	12：10：00	2957	2437	5394
2	13：05：00	2680	2428	5107
3	13：20：00	2545	2426	4971
4	13：25：00	2198	2431	4629
5	13：35：00	3439	2444	5883
6	13：40：00	3636	2450	6086
7	14：40：00	2658	2282	4940
8	14：45：00	2921	1927	4848
9	14：55：00	3555	1664	5219
10	15：00：00	3334	2134	5468
11	15：05：00	3123	2045	5168
12	15：25：00	3506	2064	5570
13	15：30：00	3464	2036	5500
14	15：40：00	3190	1969	5159
15	15：45：00	3523	1906	5429
16	15：50：00	3088	1854	4942
17	15：55：00	3620	1800	5420
18	16：00：00	3179	1740	4920
19	16：15：00	3572	1574	5146
20	16：25：00	3614	1460	5074
合计		63801	41073	104874
平均值		3190	2054	5244
占比		89%	57%	

小结：

① 功率最大值 6086kW，出现在 10：34，风电 3636kW、光伏 2450kW，分别占装机容量的101%、68%；

② 对 12：10—15：25 间，功率较大的 20 组数据进行计算，功率平均值为 5244kW，风电3190kW、光伏 2054kW，分别占装机容量的 89%、57%。

（4）2023 年 8 月 22 日风光有功功率曲线，见图 4、表 7。

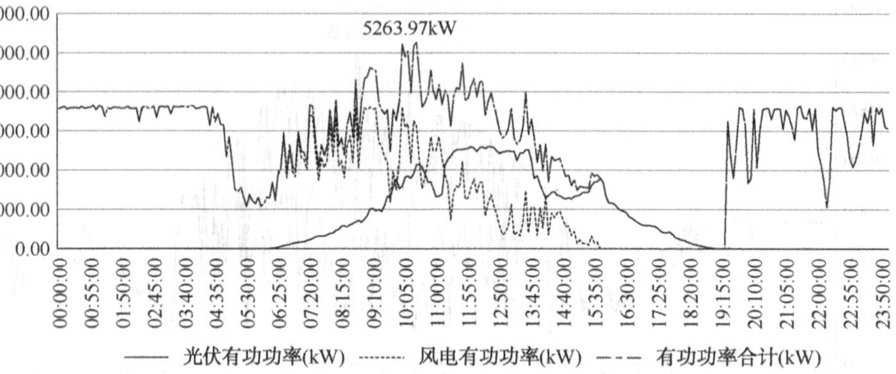

图 4　2023. 8. 22 光伏及风电功率互补性曲线图

表 7　风电光伏功率较大时段数据表

时间	风电有功功率/kW	光伏有功功率/kW	有功功率合计/kW
10：00：00	3628. 8	1588. 96	5217. 76
10：05：00	3091. 2	1808. 21	4899. 41
10：10：00	3195. 15	1849. 91	5045. 06
10：20：00	3265. 5	1910. 63	5176. 13
10：25：00	3129	2134. 97	5263. 97
10：30：00	2279. 55	2138. 29	4417. 84
10：50：00	2860. 2	1707. 39	4567. 59
合计	21449. 40	13138. 37	34587. 77
平均值	3064. 20	1876. 91	4941. 11
占比	85%	52%	68. 63%

小结：

（1）功率最大值 5263. 97kW，出现在 10：25，风电 3129kW、光伏 2134. 97kW，分别占装机容量的 86. 9%、59. 3%；

（2）对 10：00—10：50 间，功率较大的 7 组数据进行计算，功率平均值为 4941. 11kW，风电3064. 20kW、光伏 1876. 91kW，分别占装机容量的 85%、52%。

上述 4 个代表日风电光伏有功功率互补性对比情况见表 8：

表 8　风光有功功率互补性对比表

时间	风电		光伏	
	有功功率/kW	占比/%	有功功率/kW	占比/%
2023/3. 11	6825	95	4390	61
2023/3. 15	6762	94	4469	62
2023/8. 13	3090	89	2054	57
2023/8. 22	3064	85	1877	52

由上表可以看出，秋季和春节风光功率互补性的规律一致，所占比例接近，其中风光春季最大

功率均大于秋季。

3 结论

（1）夏季风速和风功率密度相对较差，风电发电功率较小，而太阳能总辐射量较多，光伏发电功率较大；冬季风速和风功率密度相对较高，风电发电功率较大，而太阳能总辐射量较差，光伏发电功率较小；春季和秋季风速和风功率密度相对较高，且太阳能总辐射量较大，风电及光伏发电功率均较大。

（2）光伏及风电两者同时使用可使其发电功率相对稳定、波动性减小、发电量增加，一方面可以减少新能源发电对电网造成的冲击，另一方面可使用户增加绿电的利用比例。

（3）光伏及风电两种新能源的发电功率有一定的互补性，在电网消纳能力一定的情况下，可提高系统新能源装机容量。由于受风电场湍流、控制和偏航、场平等因素的影响，同一区域不同安装位置的风电机组其风速和发电功率也不尽相同，差异性较大，即在实际运行中多台机组的风速和发电功率不会同时达到最大值；再者，考虑到风机配置20%容量储能的因素，为提高新能源装机容量，可采用秋季的比值作为风光功率互补性参考值，选取风电80%、光伏50%的比例确定新能源的装机容量，可为下步电网光伏及风电装机容量的规划提供参考。

以河南油田某区域电网为例，最高负荷28751. 9kW、平均负荷23000kW，未考虑风光互补性因素时，按照负荷消纳能力，新能源装机容量规划为23000kW；考虑到风光功率互补性后，新能源装机容量可规划为36000kW，其中风电18000kW、光伏18000kW，装机容量增加了56. 5%，提高了新能源装机容量及发电量，增加了绿电的利用比例。

参 考 文 献

［1］风光互补项目的应用性研究. 北极星风力发电网，2014-08-01.

［2］新能源发电并网对电网电能影响及应对措施. 光伏领跑者创新论坛，2019-07-12.

河南油田油气“光热+”多能互补伴热开发实践与探索

李　岩[1]　张孝友[1]　杨宇辉[1]　沈和平[2]　黄帅博[3]　吴玉树[1]

（1. 河南油田新能源办公室；2. 河南油田采油二厂；3. 河南油田勘探开发研究院）

摘　要　油气田企业是产能大户，也是耗能大户。在绿色发展的背景下，推进新能源替代传统能源成为石油公司节能减排、降本增效的重要战略选择，是高成本油气效益开发的重要措施。光热技术利用太阳能清洁、可再生的特点，是油田清洁热力替代的主要方向。河南油田东部生产区域位于南襄盆地，光热、风能等资源比较丰富，原油含蜡量高，为保证正常生产，需要对原油进行加热，降低油井结蜡。传统加热方式电耗大、安全平稳运行存在风险，为实现生产过程绿色低碳和成本节约，增加油井及地面设备安全能力，该油田基于油井用热需求，结合油井分布、井场布局及维护作业空间、可利用资源状况，建立以太阳能光热为主导、空气能或燃气能补充、谷段电能为辅助的“光热+”热管理系统，通过自动化、信息化技术完成多能耦合与互补，替代现有电加热装置，实现降本降费、节能减排效果，推动了能源结构优化、技术创新和产业升级，对于促进油田绿色、低碳、高质量发展具有重要意义。

关键词　新能源；光热+；多能互补；实践探索

能源是国民经济的命脉。党的十八大以来，习近平总书记提出“四个革命、一个合作”能源安全新战略，强调“能源的饭碗必须端在自己手里”，党的二十大报告又再次强调“加大油气资源勘探开发和增储上产力度”、“加快建设新型能源体系”、“推动能源清洁低碳高效利用”，为保障能源安全、推动油气高质量发展、加快绿色低碳转型提供根本遵循和前进方向。推进油气与新能源融合发展，既是油气企业实现高质量发展的必然选择，更是减少碳排放、实现碳达峰碳中和的重要举措。2023 年，国家能源局印发《加快油气勘探开发与新能源融合发展行动方案（2023-2025 年）》，提出了在油气和太阳能资源丰富的地区，建设油气与太阳能同步开发综合利用示范工程，充分利用太阳能聚光集热及储热技术，实现油气生产过程的清洁化供热，助力低碳油气开发。同时要加大油气勘探开发与新能源融合发展技术创新攻关力度，重点推进油气产能建设项目配套的低成本太阳能光热利用、油气田储能技术。油田企业既是产能大户，也是耗能大户。曾以“小而肥”著称的河南油田，累计生产油气（当量）近亿吨，为维护国家能源安全和支持国民经济发展做出了重要贡献。但经过 50 多年的勘探开发，面临着原油开采成本高，能耗高、碳排放强度大等困难挑战，急需加快培育发展新能源等新型转型替代产业。近年来，河南油田深入学习领会习近平总书记能源安全新战略，积极践行低碳发展理念，探索推进新能源开发利用，加大油气生产与新能源融合力度，油气与新能源发展取得初步成效。特别是结合原油含蜡量高的实际，利用区域丰富的太阳能光热资源等优势，探索形成了“光热+伴生燃气能+谷电+储热”多能互补加热技术，实现高含蜡油井加热电耗与成本的双下降，在提升油气能源供给能力的同时，推进了油田的绿色转型和可持续发展。

1　概况

河南油田一直以来高度重视新能源产业发展，2006 年开始，结合油气生产，先后开展了稠油集输污水余热伴热利用、地热开发利用等探索实践。2013 年启动实施中国石化首个污水余热利用项目。近年来，聚焦规模效益和企业可持续发展，加强政策研究，抓好顶层设计，完善发展规划，积极探索实施路径，有序推进以风光电、余热、地热等新能源开发利用，推进多能互补利用，绿色低碳转型发展步伐不断加快。

1.1 采油厂能源消耗情况

某采油厂主要负责某油田东部稠油和高凝油开发生产，是油田的耗能大户，2023 年能耗占油田总能耗 56%。按生产系统分类，能源消耗主要分布在机采系统、集输及处理系统、注水系统，注汽系统。其中机采系统用电 5437 万千瓦时，近年来用电总量呈持续增加趋势，2021 年-2023 年用电量环比增幅 24%和 22.8%。对机采系统用能进一步细分，能源消耗主要集中在抽油机电耗、边缘井加热、降回压泵电耗等三类设备，2023 年耗电分别占机采系统电耗的 74.9%、21.1%和 4%。边缘井电加热耗电量大、能耗高，年耗电达 1147.4 万千瓦时，亟需加大清洁能源开发利用和生产用能替代。

1.2 高含蜡油井生产工艺现状

油田东部油区部分开发单元原油含蜡量高达 20%~35%，凝固点在 35℃~45℃之间，属于高凝油特征。受高凝固点的影响，原油在举升过程中极易发生蜡卡、蜡堵等现象，易引发抽油机负荷超载甚至设备侧翻的安全事故。经过多年技术探索和生产实践，某油田已形成双空心杆热水循环井筒保温工艺，有效解决高凝油井筒举升的安全问题。生产工艺流程见图 1。

储液箱里的载热体经地面泵增压、电加热器升温后，送入特种同轴式双空心杆，热流体自中心管注入，从中心管与外管环形空间返回至地面储液箱，完成一个载热体在双空心杆内的流动循环；同时，杆内热流体与油管内的采出液进行热交换，实现采出液在举升过程中的加热与维温。双空心抽油杆的内外管采用双向密封结构设计，保证内外两个通道相互密封和独立，内管外表面进行了隔热处理，避免热流体在杆内循环时的热短路现象。

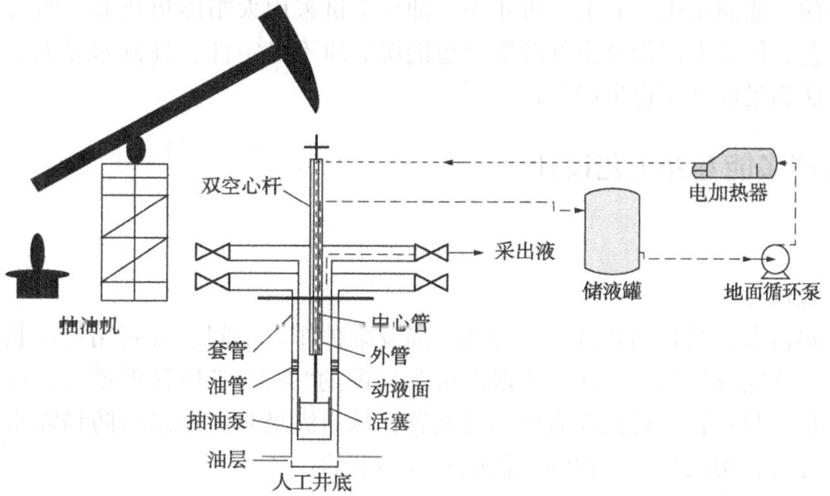

图 1　油井双空心杆热水循环加热工艺流程示意

1.3 存在的主要问题

油管内空心杆热水循环加热工艺有效解决高凝油举升中的维温问题，地面配套设备及工艺也比较简洁，但加热能耗大、运行成本高的问题表现较为突出。

一是机采过程电加热电耗占比大。据统计，截止 2022 年底，该油田某采油厂有 87 口油井采用双空杆热水循环加热防凝工艺，占全厂开井数的 6.8%，年耗电量约 975 万千瓦时，占机采系统总用电量的 19.5%。

二是缺乏不同时段不同季节加热参数优化控制的技术手段，没有挖掘尖峰平谷分时电价差异化结算的降本潜力。以用电高峰季节 8 月份为例，不同时段电度电价差异较大，其中尖段、峰段和平段电度电价分别是谷段的 4.56 倍、3.9 倍和 2.3 倍，如果采用以谷电为主的电加热工艺，可发挥较大的节约电费潜力(表 1)。

表 1　油田工业用电峰谷分时电度电价表

峰谷分时	执行月份	时　　段	电度电价
尖峰	1 月、12 月	18：00-19：00	1.01719
	7 月、8 月	12：00-14：00	
		20：-21：00	
高峰	1 月、12 月	10：00-14：00	0.86946
		17：00-18：00	
		19：00-21：00	
	7 月、8 月	10：00-12：00	
		17：00-19：00	
	2 月-6 月、9 月-11 月	10：00-14：00	0.83077
		17：00-21：00	
平段	1-12 月	7：00-10：00	0.51374
		14：00-17：00	
		21：00-23：00	
低谷	1 月、7 月、8 月、12 月	23：00-7：00	0.22308
	2 月-6 月、9 月-11 月		0.18991

三是部分油井低压伴生天然气资源没有合理利用，由于量少、压力低，这些套管气不能直接进生产系统回收，如果采用放空生产又不符合环保排放标准。根据《中国石化采油井场碳中和实施指南(试行)》的通知：采油井场应采取合适的温室气体减排措施，并确保实现计划中确定的减排目标。

四是单一能源不能满足生产需求。近年来，油田尝试采用太阳能集热器、空气源热泵等节能技术替代电加热工艺，但受太阳能及空气源等绿色能源品质不稳定性、昼夜差异大、寒冬季节设备故障多等影响，无法满足油井安稳生产需求。

2　油井“光热+”多能互补工艺设计

2.1　设计思路

（1）整体工艺设计

基于油井用热需求，结合油井分布、井场布局及维护作业空间、可利用资源状况，建立以太阳能光热为主导、空气能或燃气能补充、谷段电能为辅助的“光热+”热管理系统，通过自动化、信息化技术完成多能耦合与互补，替代现有电加热装置，从而满足井筒维温与防蜡需求，增加油井及地面设备本质安全能力，实现生产过程绿色低碳和成本节约。

（2）各部分设计思路

储能体设计要满足极端天气“谷电储备保障”能力，尽可能小型化。储能介质选择要有利于热能耦合、提高换热效率，性价比好。太阳能集热器要具有适度的采光面积、光热转换效率、运行可靠性、性价比。套管气燃烧器要具有安全性、环保性、可靠性。电加热器要满足功率、可维修性与性价比要求。基本流程要有利于井场布局、能力耦合、源荷储管理。自动化控制要实现无人值守和故障自诊断、自修复。信息化管理要实现 PCS 远程采集、诊断与持续优化。

2.2　蓄热储热体及工艺流程确定

基于井筒双空心杆循环载热体为软化水的特点，确定以软化水为太阳能集热、燃气能蓄热及电加热补热的共用介质。不同的集热过程共用一种载热介质，可简化储热换热环节，有利于综合热利用率的提高。

（1）蓄热储热体容量及结构。经测试 E 古＊井日均耗电 463.5kW・h，考虑在极端天气及燃气能不足情况下，全部依靠谷电辅助补能，且储热介质温度变化幅度控制在 10℃以内，计算选用

40m³ 卧式圆体罐作为蓄热储热体。在罐体底部设计 φ273×6mm 的 U 形水平烟道；U 形烟道既是套管伴生气燃烧的炉体，也是燃气能热交换的传热体，其一端引出罐体外，以安装燃气燃烧器，另一端引出并连接烟囱。电加热补能装置水平布置在 U 形烟道引出两端的中间。

（2）工艺流程设计。主要包括太阳能集热循环流程、套管气采集流程和双空心杆循环流程等，见图 2。为节约设备投资，按照一套装置带动 3 口油井设计，井距控制在 400 米范围以内。

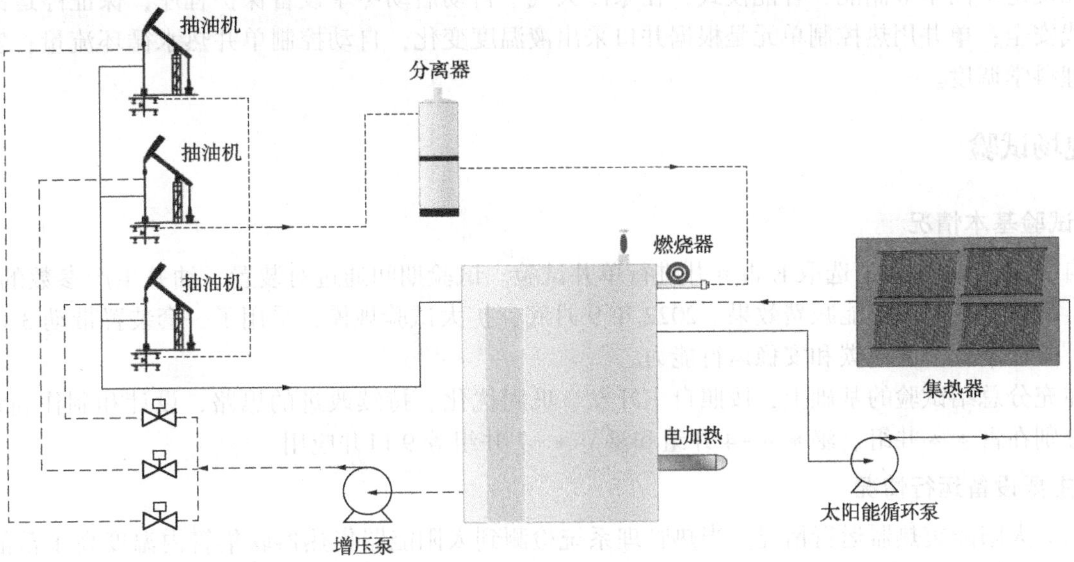

图 2　油井多能互补热水循环工艺流程示意

2.3　配套设备选型

多能互补装置配套设备主要包括太阳能集热器、燃烧器、电加热器及地面泵等。

（1）太阳能集热器。空心杆循环热水温度要求、循环水质特点、集热效率、耐压特性、夏季防空晒和冬季防冻特性、单管失效对系统的影响等多个方面对比，选用金属超导真空热管型太阳能集热器。根据井场布局及预留油井维护性作业空间需求，对 14 块集热器采用上下两层布置，提高井场空间利用率，有效采光面积 45m²。

（2）燃烧器选型。依据油田套管伴生气低硫组分、测试压力低于 0.1MPa 的特点，选用 50kW 切割式预混低氮燃烧器，可实现 2～6kPa 天然气的安全燃烧控制，且满足氮氧化物排放浓度在 30mg/m³ 的环保要求。油田伴生天然气主要组分分析如表 2 所示。

（3）电加热器。按照极端天气下利用谷电加热就能满足至少 24 小时用热量的情形，选配电加热器容量为 60kW，考虑装置长时间运行的安全性，配设电加热过热自动保护装置。

表 2　古城油田伴生天然气主要组分分析

序号	项　目	分子式	单位	数据来源	数值
1	甲烷体积分数	CH_4	%	化验	83.7788
2	乙烷体积分数	C_2H_6	%	化验	0.998
3	丙烷体积分数	C_3H_8	%	化验	0.8192
4	丁烷体积分数	C_4H_{10}	%	化验	1.2751
5	氮气体积分数	N_2	%	化验	6.6888
6	二氧化碳体积分数	CO_2	%	化验	1.5457
7	硫化氢体积分数	H_2S	%	化验	0
8	天然气低位热值 Q_r		kJ/m³	化验	35991.52

2.4　热管理系统程序设计

以“蓄热+用能”管理为核心，建立产、储、用一体化热管理控制系统，自动感知、识别、控制、预警和信息化通讯，建立“HMI+PLC”为基本构架的控制单元，实现单井管控无人值守。建立“HMI+PLC”人机界面架构，便于装置调试、参数监控、状态诊断、目标参数修改等；嵌入油田现有 PCS 系统，可远程采集、分析、诊断和控制，提升科学化管理水平。设计“油井多能互补”信息化管理模块，嵌入油田现有 PCS 系统，可远程采集、分析、诊断和控制，提升科学化管理水平。具体就是通过对太阳能集热器温度、燃气压力的测量和判别，确定集热设备的自动启停；通过季节感知单元确定不同季节储能、补能模式，在寒冷天气下自动启动冬季设备保护程序，保证停运的设备及管线安全；单井用热控制单元是根据井口采出液温度变化，自动控制单井热水循环流量，实现用热管理科学调度。

3 现场试验

3.1 试验基本情况

自 2022 年 4 月底，选取 E 古＊井进行单井试验。试验期间通过对装置、油井生产参数的跟踪、调整，取得了良好的节能减费效果。2022 年 9 月底，扩大试验规模，采用了一套装置带动 3 口试验模式，验证装置节能减碳和安稳运行能力。

在充分总结试验的基础上，按照自主开发、巩固优化、持续改进的思路，设计和制作新设备 3 套，分别在古＊＊井组、泌＊＊-4 井组和泌＊＊-7 井组等 9 口井应用。

3.2 主要设备运行情况

（1）太阳能集热器运行情况。当热管理系统检测到太阳能器集热器联集管内温度高于蓄能器温度 5℃时，启动太阳能集热器循环泵，直至两者温度相等时，停止循环泵。见图 3 为 2022 年初夏季节太阳能集热器运行参数截图，在晴好天气下，集热器可连续温度采集光热时长达 11h，试验验证集热器的高效性。

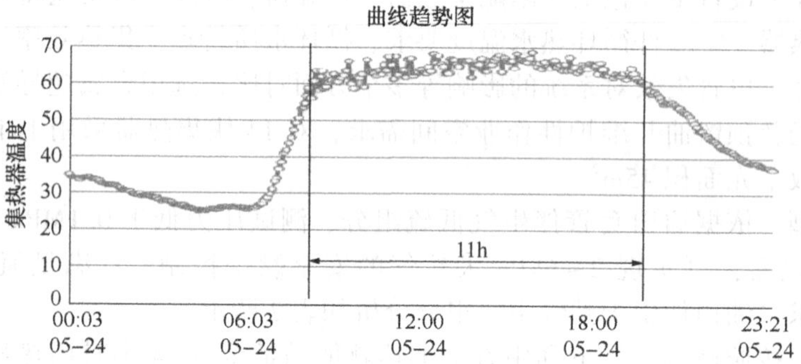

图 3　晴好天气太阳能集热器运行曲线

（2）燃烧器运行情况。试验中摸索 E 古＊井套管气压力恢复规律，将燃烧器自动启动压力由 0.04MPa 下调至 0.02MPa，燃烧器日累计运行时间由 2.5h 延长至 4.5～5h，充分挖掘燃气补能能力。

（3）电加热运行情况。改造前双空心杆加热系统日均耗电 463.5kW·h，改造后日均耗电 165.7kW·h，日节电率 74.7%，节费率 78.3%；夏季效果明显，基本实现电加热电耗为零。

（4）油井及装置。稳定的热循环伴热系统才能保证高凝原油举升和油井的安全生产。原地面循环泵入口缓冲水罐容积仅为 30L，改造后储能蓄热罐容积为 $40m^3$，极大增加了地面循环系统的缓冲能力，提升了严冬时期地面循环系统的本质安全性，通过试验也验证地面循环系统的安全性与可靠性。

4 试验效果及试验结论

4.1 应用效果

工艺技术改造后，分别开展一套装置带动一口油井的单井试验和带动三口井甚至四口井的多井组试验，取得较好效果。统计372天试验耗电情况，累计节电24.38万千瓦时，减碳142吨。其中：试验前单井加热全部依靠电加热，按照全年用电量统计分析，地面加热循环系统日均耗电463.5kW·h（循环泵用电量占18.4%，电加热用电量占81.6%），改造后日均耗电76.4kW·h（循环泵用电量占63%，电加热用电量占37%），装置节电率83.5%，节电效果明显。由于地面循环泵需要全天候运行，改造后装置耗电以循环泵为主，电加热补能以谷段运行为主，统计单井试验期节费率85.3%。多井组试验节电率56%，节费率64%。由于多井组试验中没有增加太阳能集热器，节电效果略低于单井试验效果。

4.2 试验结论

通过单井及多井“光热+”多能互补试验，取得较好节能减费效果，并得出以下结论：

（1）建立了油气与新能源融合发展的“光热+”多能互补模式。试验利用了井场闲置空间，采用太阳能、低品位燃气能、谷电补能和储能等多种能源，探索建立了“光热+伴生燃气能+谷电+储热”多能互补加热技术，有效降低高凝油开采电耗和用电成本，提升了油气采收率和储量动用率。

（2）打造了自动化、信息化、橇装化“光热+”新质生产力。按照“五化”要求，简化了地面工艺，自动化运行和信息化诊断，建立了太阳能、燃气能的优先利用，并根据油井用热需求自动采取谷电补能控制策略，实现了油井生产绿色用能、低成本用能、高效用能、低碳用能，打造了自动化、信息化、橇装化“光热+”新质生产力。

（3）形成了经济安全低碳、可规模推广的绿色产业形式。“光热+”多能互补丰富了基于单井/井组光热、套管气利用最大化的控制经验，形成了单井用热管控的控制方法，制定了装置制作规范，实践了多种能源互补的应用模式，实现了产、储、用一体化产业形式，为在油田规模复制推广奠定了基础。

4.3 推广应用前景

“光热+套管天然气+谷电+蓄热”多能互补，可以为油气开发保证连续平稳供热，有效降低油气开发成本，实现节能降碳，具有较好的经济效益和社会效益。河南油田正在完善技术工艺，规划在高凝油井上全面推广多能互补加热技术，在距中心井500米范围内油井实施“一拖二”、“一拖三”等多井“光热+”多能互补加热技术试验，丰富单井、单站、多井、多站绿色能源替代技术系列，多措并举，示范引路，优化地面设备数量和投资成本，着力打造高含蜡油井开发伴热“光热+”多能互补示范区，实现油气与新能源的融合发展，为老油田焕发青春提供绿色动能。

追风逐日向未来，绿色低碳谋发展。河南油田正深入学习贯彻习近平总书记能源安全新战略和视察胜利油田、九江石化时的重要指示精神，牢固树立“老油田有新作为”的理念，聚焦价值创造，狠抓统筹协调，创新机制，深化合作，加快建设安全高效、清洁低碳、多能互补、智慧融合的新能源开发利用体系，不断提升节能减碳、增产创效能力，走出老油田绿色低碳转型发展特色之路，奋力在书写好“端牢能源饭碗”新答卷的征程中再立新功、再创佳绩！

数据采集管理在油田新能源领域应用思考

姚卜文　师　涛　王　飞　薛　峰

（中国石油长庆油田公司）

摘　要　石油开采行业的能源消耗量占比巨大，传统的生产方式亟需适应新的发展需求，在新能源大力发展的时代下，与新能源融合发展促使传统石油开采行业结合智能化技术转型成了必然之路。目前，油田智能化发展还处在技术与产品提升发展阶段，实现了原油生产关键数据的监测和远程控制，而能源消耗的数据监管功能还待数字化完善。因此，本文通过分析油田企业能耗监测管理的现状问题，思考其在数字化、智能化领域应用的方式。

关键词　新能源；数据采集；系统平台

1　油田生产过程能耗管理问题现状

目前，长庆油田实施生产关键数据监测依托前端多种传感仪器进行数据采集，实时生产状态集成SCADA系统平台，可实现全区生产流程的数据远程监控、生产运行调度、安全风险管控等主要功能。但"双碳"目标的提出，使新能源与传统能源融合发展产生了新的业务需求，光伏、风电、光热的新产业建设，原有生产系统优化、抽油机智能间开、伴生气的回收利用、节能电气的使用都促使油田向新能源发展加快转型。清洁电力的生产和节能降碳减排的技术需求都需对油田企业的用能、耗能情况有清晰的掌握，而现有SCADA系统仅对原油生产流程关键数据进行监测，对整体生产系统的能耗排放还属于粗放管理，包括对前端各种设备的耗电量、燃气量、排放量等未配套完善的数据采集装置，在中端未进行有效的平台监管、在后端未搭建系统进行数据整合、统计分类及能耗计算分析。这都造成了企业对新能源发展需掌握真实情况从而如何制定降碳减排政策的困难。

能耗数据可能来自多个不同的系统和设备，涉及多个生产环节和多种能源形式，如电力、燃气、煤炭、汽油等，需配套完善前端采集设备的工作量较大，无法一时完成。还有可能存在数据接口不统一，采集记录方式不一致等问题。对数据获取的时效性要求较高，对实时监测能耗数据对于及时发现问题和采取治理措施至关重要。同时，面对大量的能耗数据，如何进行有效的分析和可视化是一个挑战。需要选择合适的数据分析方法和工具，建立数据模型，生成直观的图表和报告，以便于决策者理解和采取相应的治理措施。

2　油田高耗能生产环节

2.1　井筒作业

油田井筒作业中耗能最大且广泛的是钻井作业，目前我国钻井使用的设备相对国外先进技术水平来说老化成度高，在钻井过程中效率低能耗高。在以安全为准绳的管理模式下，只要不影响作业人员的生命安全，为了节约成本就不会对钻机设备的技术提升和节能降耗方面进行改进，相应的数据传感与监测技术也无法得到有效提升。一台钻机的最大用电1800kW到2000kW，平均用电负荷在1000kW左右，由于现场用电一部分钻机使用柴油发电，一部分钻机会接入现有油田电网，钻机的电机在启动时用电量较大，会给电网同支线电路造成电网电压波动，给电网支线的其他设备造成损害。没有对钻井过程的用能情况进行电量数据监测，无法有效提升改造钻机的技术水平和降耗水平。

2.2 井场抽油机

国内各大油田的抽油机大部分使用的是游梁式抽油机，基本单井电机功率在 11kW 左右，平均有效负荷在 6~8kW 左右，而长庆油田拥有 3.5 万口油井每天 24 小时不间断作业，每天耗电在 500 万至 670 万度电左右。由于机械机构特点，抽油机电机功率波动大、功耗大、工频情况下馈能无法二次利用，变频井馈能通过制动电阻消耗，致使大量的电能浪费。而目前井场抽油机的电量监测仅安装一块具有 DLT/645 通讯协议传输功能的电表。无法有效监测到抽油机载荷动态变化过程中的电流变化，对电机使用的负荷情况，空载情况无法进行数据采集，对评估抽油机电机的使用效能和寿命进行评价，从而无法科学制定改造方案。

2.3 集输系统

油田集输系统涉及环节较多，从井场管线输油至增压站点加温，再到脱水环节进行三相分离，再到净化油外输，需要输油泵提升加压、燃气加热等用能方式。输油管道系统总体能耗巨大，对场站内运行设备供电可靠性、稳定性维持管道正常输送至关重要。压缩、泵送功耗大，占比 60%以上，对不同管道口径大小及长度所输送的原油介质所耗费的电能、功耗未有效监测，所配备的电机设备的最佳负荷效率缺乏准确判定。伴生气的消耗占比同样较大，尤其是冬季管道输油，一个大型生产作业区基本每天保持在 8~10 个小时 600kW 至 4000kW 功率加热炉用气量消耗 800 方至 2000 方左右。前端加热炉的自动化控制系统未配套完整的用气量检测设备，虽然油田数字化配套建设已趋于完善，对伴生气的燃烧用量还无法精确监控及有效分析，对原油介质不同温度所需的加热用气量没有自动判别的智能化手段，还处于低温划线的自动报警启动装置。

2.4 注水系统

注水量的调配基本依赖于上游注水站的加压配送系统。为了降耗，油田注水系统的不间断变频注水已完好的解决了此问题。不断调节注水频率而增大或减小注水量，整条管线的能耗随着变频而变化，由于生产需求，低频状态下的注水随节约了电量，但对于注水整条系统来说负荷交低，效益较差。在注水管网上仅对管线压力及注水流量进行监测，未对注水泵、喂水泵及末端出水流量进行联动监测，变频器对注水泵电机的控制与注水管网、管线的能耗情况如何匹配还需精确的数据采集监控，总结变化规律，从而更好的节能降耗。

3 油田新能源数据应用需求

目前，油田生产与新能源融合发展，资源禀赋，利用自身有利优势，充分结合新能源成熟技术，在闲置井场及场站布置分布式光伏、分散式风电、光热，用以热交换及发电作用，为原油生产提供清洁能源。清洁电力的生产数据采集及如何电力调配使用有着非常重要的意义，而太阳光热的加热效率对管道及储油罐的送热效率有着密切的关联，温度的数据监测和热量需求的调配起着重要作用。目前长庆油田的主要清洁能源来自于分布式光伏，建设规模已达到 500 多兆瓦，按照年 1400 小时发电时效计算，年发电量可达 7×10^{8}kW · h。庞大的数量产生量和使用量，给于新能源数据采集的采集、存储、调取及使用赋予新的使命。如何用好这些数据，通过智能化手段为油区绿电替代，降低市电用量，从而降低企业成本，降低碳排放，急需搭建一个能耗数据集中监测和清洁电力、热力智能调配的系统平台。

数据平台的搭建需要具备管理功能和调控功能，首先依托前端采集，实现对光伏电站的设备状态信息实施采集，结合长庆油田“大监控”运行模式，完成一对多的“无人值守”式的远程数据监控功能。还需具备设备管理、物资管理、检修管理功能，通过系统故障自检，发现问题，自动报警发送派遣维护信息，实现“检、维、修”一体化专业管理。通过从前端至中端、后端的一系列数据应用，最终实现数据采集、统计查询、分析计算、报表管理，还能给出针对性的解决方案，自动给出停送电计划，实现智能调配功能。帮助提升电站使用效率和寿命，实现稳定发电，保障发电时效，有效提高企业经济效益。

4 油田新能源数据监控平台搭建

油田企业的能源管理是一个庞大的、复杂的数据处理、计算分析系统。依托目前长

庆油田生产网络，实现生产资料的万物互联，把生产环节的前端能耗采集和清洁电力贡献数据相结合，可能就需要多种系统紧密结合，协调完成各项数据。

4.1 平台设计思路

新能源数据具有标准化、时效强的特点，采集难度高，要求实时精确度高，所以需要

国际先进、成熟实用的数据采集技术。具有多级集中统一管理能力，同时系统还需要具备协议开放行、可扩展性、兼容性和灵活性、安全性。旨在处理新能源大数据共享与传输中存在的安全、信任以及标准等问题，可以完成多主体在线供需对接以及多对多的数据安全共享。系统平台需向生产决策者提供全面、实时的数据支持，通过分析发现潜在问题，及时得到解决。平台还需要具备提升新能源运营效益辅助功能，通过实时监测和预警，及时发现和解决运营过程中的问题；通过智能化分析和预测，优化运营策略，提高运营效率。最后系统可以无限拓展功能，模块嵌入式不断完善和提升系统。

4.2 系统平台关键组成

4.2.1 数据采集系统

数据是新能源大数据平台的核心要素，数据标准制定对于确保数据质量、一致性和可比较性至关重要。它主要为企业能源管理提供能源数据的实时采集、上传功能，需要可靠的终端数据采集系统完成，前端搭建需要通讯协议统一的不同介质计量仪表，通过中心转发服务器统一汇聚，并采用嵌入式操作系统，内置信息自动采集组件，根据信息变化主动向后端上报信息，取代传统数据库轮循，保障数据实时传输，降低网络通讯量和中心服务器负担，保证系统运行的平稳可靠性。

4.2.2 数据浏览录入系统

由于长庆油田“四网隔离”的网络安全要求下，在办公网端发布 web 实时能源数据，并生成各种报表、曲线、图表等，给生产决策者提供科学依据。在生产网端，开辟系统数据录入功能，除了自动采集录入的智能传感设备，还需为一些未设置自动化采集的监控点，提供手动数据录入功能，较多能源数据的生产和消耗暂无法监控，比如煤油、汽油的消耗，但这些无法利用数字化监控的能源数据采集还需要相应制度完善，通过管理精细化要求。

4.2.3 能源数据管理系统

针对油田能源管理系统，不仅仅是对生产原油产量的计量为目的的系统。而是对油田全

周期、全业态的能源管理。它包括传统化石能源的消耗管理，也包括新能源清洁电力的发电管理。需要对能源需求进行预测，对企业本年度的生产能源消耗情况有个详细的计划制定，对生产原油的任务量多需消耗的电量、伴生气、煤油、汽油的传统能源有个准确的计算预测，同时针对消耗能源，要制定本年度新能源的清洁电力贡献量，对清洁电力发电预测。利用实时数据和历史数据，进行人工智能算法，排列生产计划，优化电力生产调度计划和运营管理。此外，基于大数据管理，对油田区域能耗情况进行网格化管理，分区域分析预测，为分布式光伏、分散式风电、储能等提供未来合理能源布局规划，提高能源利用率，满足油田自产自用的基本需求。

4.2.4 能源数据告警系统

在上述能源管理系统中，应单独分离数据故障的告警报警功能。这主要是针对新能源电量发电运行监测，设备运行监测、电量智能调度运行监测几个方面。平台数据的告警功能可开发为 PC 端和移动端两种，一种符合“大监控”运行模式下的实时性，一种符合安全管理者决策的机动性。系统平台可对每座光伏电站的发电量计划情况和实际发电情况进行对比分析，结合日天气状况自动给出合理发电量区间，精确到光伏组件发电功率的电流值、电压值是否运行正常；同时可集中展示运行设备的运行信息，对逆变器 MPPT、DC/AC 等关键模块进行状态运行监测，对并网柜内元器件的运行状态，数据采集上线状态、关键开关的自动机构状态均进行状态监测，发生故障第一时间告警推

送；对于电量智能调度，可自动分析判别用电负荷情况，实时变化的用电情况，系统自动进行电量调配，对于异常用电负荷的具体设备还是整条电路情况，可根据预设阈值触发报警。显示内容可显示告警的日统计、周统计等不同时段需求的数据，生变成曲线、图表更直观的界面。

4.2.5　能效管理系统

系统还可以根据政策情况、指标情况，针对油区内的新能源利用效率进行运营考核，监测碳排放及能耗评估、碳审计、碳交易等功能模块。

5　结论

随着“双碳”目标的持续推进，新能源数据的应用对于油田企业向智能化绿色采油厂转型至关重要，而大数据平台的搭建及应用对于能源结构转型起到关键作用。依托数字技术、智能化平台进一步完善优化运行管理机制、提升能源安全管控、降低企业运维成本为企业管理者提供了决策辅助手段。目前，长庆油田清洁电力系统搭建已初步成效，但前端复杂、多样的能源产生数据，还需要制定统一的计量标准和计量手段。如何将传统能源与新能源数据结合，采集应用到统一系统平台，还需要管理者们持续深度研究分析。

参考文献

[1] 宋曙光．油田新能源与节能减排技术研究[J]．石油石化节能与计量，2023，13(9)：83-88.
[2] 杨学峰．长庆油田分布式光伏项目创新与实践[C]石油科技论坛，2024，43(1)：122-123.
[3] 许青．基于大数据平台的新能源智能化运营监管技术研究[C]中阿科技论坛，2024，(2).
[4] 李洋．大数据技术在新能源产业中的应用探索[J]．储能科学与技术，2022，11(10)：3411-3412.

导管架式风机基础疲劳分析

李冬梅　罗晓健

（中国石油集团海洋工程有限公司工程设计院）

摘　要　随着海上风机向着大型化和深水化快速发展，导管架基础因其整体刚度大，适应范围广等优势已经成为越来越多海上风电场的首选基础形式。目前对于导管架基础的研究多关注于承载力、结构强度和变形等特性，对于其疲劳特性的研究较少。在复杂环境荷载作用下，疲劳破坏是海洋结构失效的主要形式之一，特别是管节点、过渡段等薄弱部位易产生疲劳破坏。海洋结构在随机环境荷载作用下所产生的疲劳损伤一直是结构设计及安全性评估无法回避的问题。为提高海上导管架式风机基础疲劳损伤计算的准确性，评价不同计算方法的适用性，本文以46m水深导管架式风机基础为例，采用谱分析疲劳和确定性疲劳两种方法对风浪联合作用下的结构疲劳损伤进行了研究，形成了疲劳计算分析方法，可为海上风电场开发建设提供指导。

关键词　导管架；风机基础；谱分析；确定性疲劳

1　引言

风能作为一种清洁、廉价的可再生能源，一直受到世界各国的重视。和陆上风电相比，海上风电不受空间限制，发展潜力巨大，逐渐成为风力发电的开发重点。2023年我国（不含港澳台）海上风电新增装机容量6.33GW，总容量达37.78GW，我国海上风电装机总容量及增速均位于世界第一。海上风电是推动能源转型和保障能源供应安全的重要战略选择，已成为能源企业重点开发领域。中国石油集团积极谋划海上风电产业布局，下属相关企业已参与地方海上风电竞配；并针对海上风电场开发热点问题，开展了一系列的研究。不同于传统的海洋结构物，海上风机基础除了受到波浪载荷作用外，还受到风机叶轮传来的风机循环载荷的作用。设计寿命期内，风机支撑结构在风机载荷和波浪载荷的共同作用下，极易产生疲劳破坏。疲劳破坏是影响结构安全性的重要因素之一，对风机基础进行疲劳分析具有十分重要的实际工程意义。采用谱分析方法考虑波浪荷载对钢结构的疲劳影响是非常成熟的技术方法，而全面考虑波浪荷载和风荷载对风机基础的联合疲劳影响的相关研究较少。本文采用谱分析疲劳和确定性疲劳两种不同的方法研究了波浪和风荷载联合作用下风机基础疲劳计算方法，相关成果可为海上风电开发建设提供指导。

2　疲劳的基本理论

海上风机基础结构在风浪等动力载荷不断作用下，反复振动，结构会产生疲劳损伤，当损伤积累到一定程度时，将产生疲劳破坏而造成工程事故，危及风场安全。按照疲劳荷载作用下循环应力的大小，疲劳可分为应力疲劳（高周疲劳）和应变疲劳（低周疲劳）。若最大循环应力 S_{max} 小于屈服应力 S_y，则称为应力疲劳，因其循环应力水平较低，寿命循环次数较高（疲劳寿命 N_f 一般大于 10^4 次），故也称为高周疲劳；反之称为低周疲劳。风机基础在风机荷载和波浪荷载作用共同作用下，荷载应力水平较低，循环次数高达 10^8 次，循环作用时间长，属于典型的高周疲劳破坏，因此本文主要针对高周疲劳进行分析研究。

2.1　疲劳分析的动力学理论基础-模态分析

通过模态分析计算得到结构的固有频率和振型。工程中结构的各阶固有频率应避开工作频率—

定的范围，以避免发生共振。风机基础结构阻尼大多小于5%，对自振频率影响很小，结构的模态分析时可以不予考虑，结构的无阻尼自由振动方程如下：

$$[M]\{u''\}+[k]\{u\}=\{0\} \tag{1}$$

式中，$[M]$为质量矩阵；$[K]$为刚度矩阵；$\{u''\}$为加速度向量；$\{u\}$为位移向量。

令位移向量为：

$$\{u\}=\{\varphi\}\sin(\omega t+\varphi) \tag{2}$$

则得：

$$\{u''\}=-\omega^2\{\varphi\}\sin(\omega t+\varphi) \tag{3}$$

回代入动力方程得：

$$([k]-\omega^2[M])\{\varphi\}=\{0\} \tag{4}$$

假设结构振动特征方程有非零解，则系数行列式为0，即：

$$|([K]-\omega^2[M])|=0 \tag{5}$$

它的特征值为$\{\omega\}=[\omega_1\omega_2\omega_3\cdots\omega_n]^T$，也是结构的固有频率。相对应的特征向量为$\{\varphi\}=[\varphi_1\varphi_2\varphi_3\cdots\varphi_n]$，也是结构的振动模态。

2.2 频域疲劳理论

谱分析方法又称频域疲劳方法。海上风机导管架基础是经典的线性动力系统，进行疲劳分析时，将结构所受的波浪荷载视为交变荷载。其理论基础是随机过程原理中的线性系统转换，即作用在结构上的波浪过程是系统的输入$\eta(t)$，结构内由于波浪作用引起的交变应力则是系统的输出$X(t)$，如图1所示。

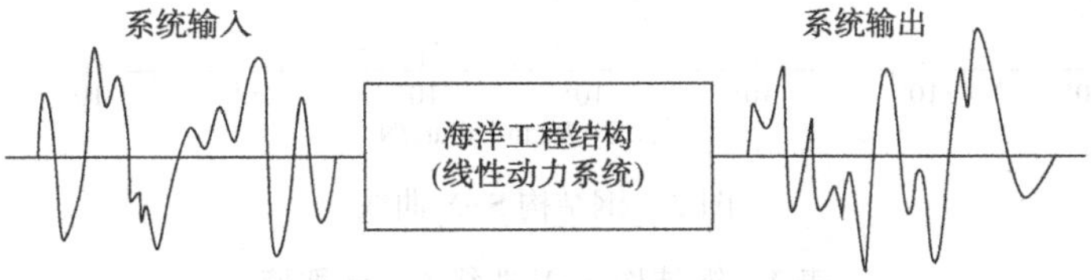

图1 系统输入与系统输出关系

在一般情况下，系统的输出过程与输入过程之间的关系可写成：

$$X(t)=L[\eta(t)] \tag{6}$$

式中，L为把$\eta(t)$变换成$X(t)$的算子。

当L为一线性算了的时候，系统就称为是线性的。本次风机基础结构疲劳分析所应用的波浪荷载计算和结构分析都是基于线性理论。波浪是一个平稳的随机过程，经变换得到的交变应力也是一个平稳的随机过程。

由于波浪的随机过程可由多个谐波叠加而成，如下式：

$$\eta(t)=\sum_{n=1}a_n\cos(\omega_n+\varepsilon_n) \tag{7}$$

式中，a_n为各规则波振幅；ω_n为各规则波频率角速度；ε_n为各规则波相位值。

在线性系统中，系统的响应亦可由多个规则响应叠加而成，如下式：

$$X(t)=\sum_{n=1}^{\infty}x\cos(\omega t+\varepsilon'_n) \tag{8}$$

式中，x_n为各规则响应振幅；ω_n为各规则响应频率角速度；ε_n'为各规则响应相位值。

根据系统输入和输出关系可以确定应力传递，传力函数$T(\omega)$是循环应力与波高的比值得到波浪频率的函数，是在短期海况由各个频率的波高的应力幅构成的。结合应力传递函数$T(\omega)$，根据波浪谱$S(\omega)$即可求得每个海况下的应力响应谱$\sigma(\omega)$，其表达式为式(9)所示。

$$\sigma(\omega)\ |\ T(\omega)\ |^2S(\omega) \tag{9}$$

2.3 S-N 曲线

疲劳失效以前所经历的应力或应变循环数称为疲劳寿命，一般用N表示。结构件的疲劳寿命取决于材料的力学性能和施加的应力水平。材料的强度极限愈高，外加的应力水平愈低，结构件的疲劳寿命就愈长，反之疲劳寿命就愈短。外加应力水平和结构件疲劳寿命之间的关系的曲线称为材料 $S-N$ 曲线，简称 $S-N$ 曲线。为了便于分析和使用，通常把 $S-N$ 曲线的表达式写成：

$$S^m N = C \tag{10}$$

式中，N 为材料疲劳循环次数；S 为与 N 对应的材料疲劳应力幅值；m、C 为是与材料、应力比、加载方式有关的参数。

对式(10)两边取对数，有：

$$\lg N = \lg C - m\lg S \tag{11}$$

材料的 $S-N$ 曲线是经过大量试验研究得到的，不同材料 $S-N$ 曲线的形状，公式(11)中的系数有所不同，对于导管架结构，API 经过大量试验研究得到如图 2 所示的 $S-N$ 曲，系数取值见表 1 所示。

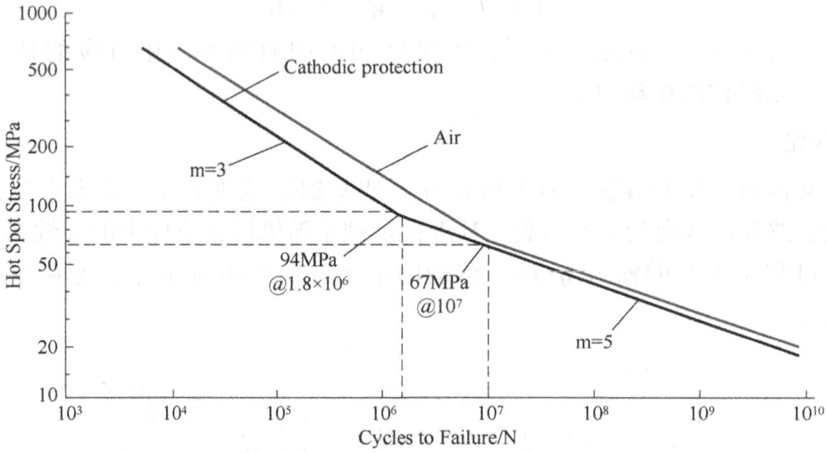

图 2　钢结构 S-N 曲线

表 1　钢结构 $S-N$ 曲线 C、m 取值

节点类型		C	m
焊接节点	S<94MPa	12.48	3
	S>94MPa	16.13	5
铸造节点	S<67MPa	15.17	4
	S>67MPa	17.21	5

对于不同管壁厚度的构件，API 亦给出了厚度修正公式

$$S = S_0\left(\frac{t_{\text{ref}}}{t}\right)^a \tag{12}$$

式中，S 为容许应力幅值；S_0 为标准 S-N 曲线下与 N 对应的材料疲劳应力幅；t_{ref} 为参考厚度，对应焊接节点取 $t_{\text{ref}}=16\text{mm}$，铸造节点取 $t_{\text{ref}}=38\text{mm}$；$t$ 为计算疲劳寿命的构件厚度；α 为修正指数，焊机节点 $\alpha=0.15\sim0.25$，铸造节点 $\alpha=0.15$。

除 $S-N$ 曲线外，材料的疲劳特性曲线也可以用应变—寿命曲线来表示，即 $e-N$ 曲线。类似 $S-N$ 曲线，其由总应变范围 Δe 为纵标，相应的疲劳寿命 N_f 为横标，绘制得到在高应力低循环次数的低周疲劳情况下，应用 $e-N$ 曲线计算评估材料的疲劳寿命比 $S-N$ 曲线更准确。

2.4　Miner 线性疲劳累计损伤理论

疲劳累计损伤准则是进行疲劳寿命计算的关键，主要用来评估结构在不同交变荷载情况下的疲劳寿命。S-N 曲线仅能估算在等幅荷载下结构的疲劳寿命，而结构所受荷载多为变幅荷载，就需要疲劳累积损伤准则把不同荷载对结构疲劳损伤综合起来。损伤准则可分为线性累积损伤准则、双线性累积损伤准则、非线性累积损伤准则、基于热力势累积损伤准则等。根据风机基础的受力特点，其疲劳可用线性疲劳累积损伤准则解决，该准则于 1924 由 Palmgren 首先提出，1945 年 Miner 又一次提出，因此这一准则称为 P-M 准则或 Miner 准则。Miner 准则有以下假定：

① 每一组荷载均为对称荷载；

② 任一荷载产生的应力造成疲劳损伤与其他荷载无关；

③ 加载顺序对疲劳寿命的计算无影响，低于疲劳极限荷载对结构疲劳损伤无贡献。

由 S-N 曲线得到不同应力幅等级所对应的循环次数后，可以应用 Miner 线性疲劳计算方法进行总的破坏程度的计算，见式(13)：

$$D=\sum\frac{ni}{Ni}=1 \tag{13}$$

式中，ni 为第 i 级应力幅对应的循环次数；Ni 为第 i 级应力幅对应的可循环次数，根据 S-N 曲线计算。

这也叫做线性疲劳累积损伤计算方法的基本方程，疲劳损伤 D 一旦累积 1，结构就发生破坏。

2.5 疲劳安全系数 SF

导管架结构构件在复杂环境荷载条件下，疲劳累积损伤率的计算和疲劳剩余寿命预测可根据公式 9 进行计算，即计算每一种荷载作用下结构的疲劳损伤率，分别乘以各自的疲劳安全系数，组合得到结构总的疲劳累积损伤率，通过这种方法可以计算得到一段时间内的结构疲劳累积损伤率，进而即可预测出结构的剩余疲劳寿命。

$$\sum_i SF_i D_i < 1.0 \tag{14}$$

式中，D_i 为第 i 种荷载的累积损伤率；SF_i 为第 i 种荷载对应的安全系数。

风机基础导管架根据 DNV 规范，疲劳寿命安全系数 SF 取值如表 2 所示，当计算的总损伤满足 $D<\eta=1/SF$ 时，结构设计满足疲劳要求。

表 2　安全系数 SF 值选取

腐蚀环境	初始疲劳涂层损伤	S-N 曲线	疲劳安全系数
大气区	是	大气中，有涂层的结构表面自由腐蚀，受腐蚀裕量保护的结构表面	1.0
浪溅区	是	大气中及自由腐蚀的联合 S-N 曲线	2.0
	否		3.0
全浸区	是	海水中，有阴极防护 自由腐蚀，受腐蚀裕量保护的结构表面	2.0
	否		3.0
冲刷区	否		3.0
冲刷区以下	否	海水中	3.0

2.6 应力集中系数 SCF

热点应力是估算风机基础结构管节点疲劳寿命的一个重要系数。为在实际应用中求得热点应力，定义应力集中系数为热点应力与名义应力的比值如下：

$$SCF=\frac{\sigma_{\mathrm{HSS}}}{\sigma_{\mathrm{nominal}}} \tag{15}$$

式中，σ_{HSS}为热点应力，是沿着焊缝的垂直于焊接路径的应力的最大值；$\sigma_{\mathrm{nominal}}$为节点处名义应力。

照 DNV 规范，在风浪作用下，容易产生疲劳的热点部位一般为管节点弦管与撑管焊接的交贯处，如图 3 所示，在相贯线处，每隔 45°一个热点，分别为 T、TR、R、BR、B、BL、L、TL、T，弦杆和撑管各 8 个部位，T 代表 top，B 代表 bottom，L 代表 left，R 代表 right。

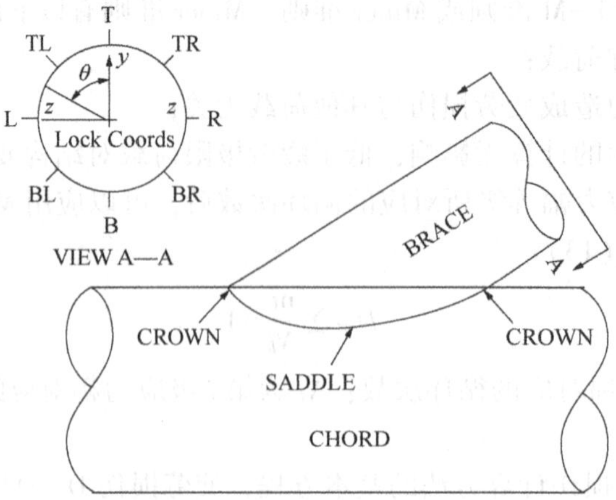

图 3　产生疲劳的热点部位

3　工程案例

3.1　风机基础结构方案

谱分析疲劳和确定性疲劳两种方法以某中石油某拟建海上风电工程为案例，分别采用谱分析疲劳和确定性疲劳两种方法进行风机基础结构疲劳分析研究。该风机基础为四桩腿导管架结构，如图 4 所示。导管架顶部间距 15m×15m，导管架腿柱底部间距 30m×30m，水深 46m，桩径 2. 8m，桩长约 64m，入泥 55m。导管架与桩基础通过灌浆连接固定。设计寿命 25 年，考虑 2 年运输疲劳，疲劳寿命为 27 年，安全系数按照全浸区 3. 0 取值。

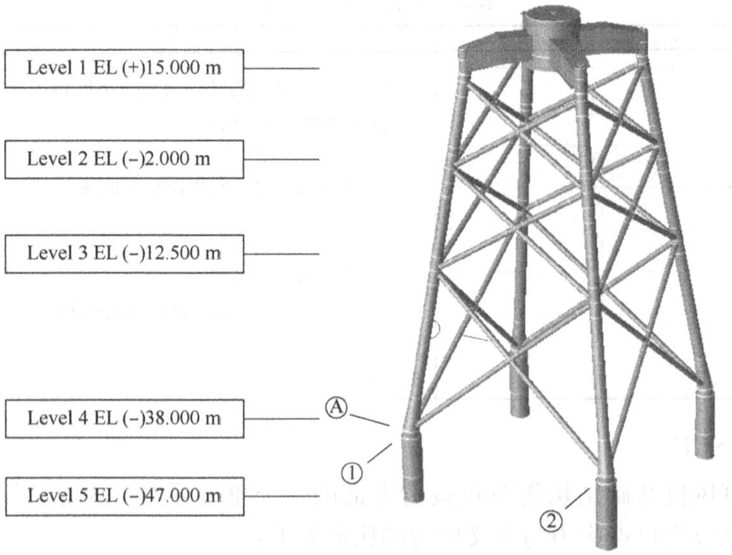

图 4　风机导管架计算模型

3.2　导管架结构谱疲劳分析方法

(1) 谱分析疲劳计算流程

风机导管架谱疲劳计算流程如图 5 所示。

(2) 波浪疲劳分析

选择合适的波浪数据求出土壤的弹簧刚度矩阵之后，对风机导管进行模态分析。选择包含导管架结构前三阶周期及系列波峰波谷点，根据式(6)变换关系求出对应此风机结构的传力函数。采用东、南、西、北、东北、东南、西北、西南 8 个方向的波浪概率数据，如表 3 所示，计算出导管架的波浪疲劳损伤。风机基础在波浪载荷作用下，疲劳损伤结果见表 5。

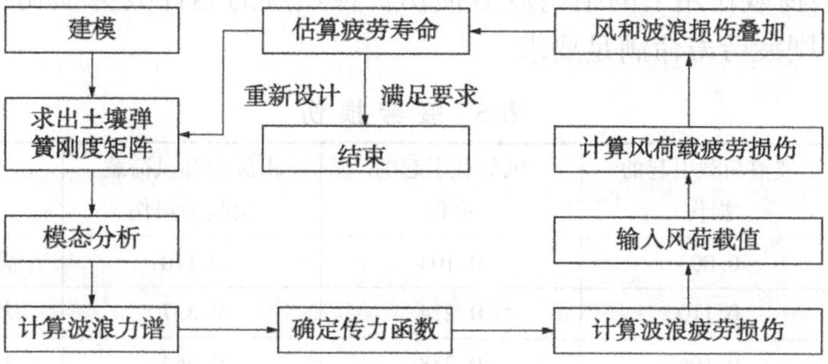

图 5　谱疲劳计算流程

表 3　全方向波浪概率

Hs/m	Tp/s										Total/%
	0~2	2~3	3~4	4~5	5~6	6~7	7~8	8~9	9~10	>10	
0.0~0.25		23.04	11.73	0.07							34.84
0.25~0.5		4.4	31.73	8.16	0.23						44.52
0.5~0.75			3.26	10.15	1.24	0.01					14.66
0.75~1.0				2.87	1.25	0.04					4.16
1.0~1.25				0.19	0.79	0.06					1.04
1.25~1.5				0.01	0.33	0.11					0.45
1.5~1.75					0.09	0.09					0.17
1.75~2.0					0.01	0.08					0.09
2.0~2.25						0.04					0.04
2.25~2.5						0.01					0.01
2.5~2.75						0.01					0.01
2.75~3.0											
3.0~2.75											
2.75~3.0											
Total/%	0	27.45	46.72	21.44	3.94	0.44	0.02	0	0	0	100

(3) 风荷载疲劳分析

风荷载引起的疲劳载荷是按照等效疲劳载荷的形式给出的。载荷为塔筒与基础交界面处的载荷如表 4 所示。海上风机在 25 年的使用寿命内的等效循环次数为 1E7，考虑施工期对结构疲劳的影响，疲劳寿命按 27 年考虑，其中 m 为 S-N 曲线的斜率，应取 $m=5$ 对应的荷载进行风机基础风荷载疲劳分析。

表 4　塔底等效疲劳载荷

1.0E+07 循环次数	水平力 Q	倾覆力矩 M	扭矩 T
	kN	kNm	kNm
$m=3$	782	69173	15805
$m=4$	679	64816	14742
$m=5$	665	67800	14737

对海上风电导管架基础结构进行风机疲劳分析，将等效疲劳荷载施加至导管架基础结构，通过有限元分析计算疲劳损伤度，风机基础在上部风载荷作用下，疲劳损伤结果见表 5。

(4) 风-浪联合疲劳损伤

对于海上风机结构而言，在服役期内受到风、波浪等环境荷载的循环交互作用是导致结构失效的主要因素。海上风电基础结构与海洋平台不同，风机荷载是基础结构疲劳的主要控制因素，因此针对海上风电基础结构，需分析风机荷载和波浪荷载共同作用下结构的疲劳损伤，可采用损伤叠加法计算风机荷载和波浪荷载作用下的结构疲劳损伤，各热点的累计疲劳损伤见表5，若累积疲劳损伤小于 $1/SF=0.333$，则疲劳寿命满足要求。

表5 疲劳损伤

节点名称	杆件类型	波浪荷载引起的损伤	风荷载引起的损伤	由波浪和风荷载引起的损伤	备注
401L	BRC	0.003	0.104	0.170	满足要求
	CHD	0.110	0.224	0.337	大于0.333，需要打磨
402L	BRC	0.106	0.258	0.364	大于0.333，需要打磨
	CHD	0.117	0.613	0.730	大于0.333，需要打磨
403L	BRC	0.106	0.214	0.320	满足要求
	CHD	0.121	0.563	0.684	大于0.333，需要打磨
404L	BRC	0.101	0.181	0.282	满足要求
	CHD	0.110	0.220	0.330	满足要求
201L	BRC	0.106	0.154	0.260	满足要求
	CHD	0.110	0.224	0.334	满足要求

3.3 风机导管架确定性疲劳分析方法

风机导管架确定性疲劳分析方法中，Miner线性疲劳累计损伤理论、S-N曲线、疲劳安全系数SF、应力集中系数SCF的理论基础及取值原则均与风机导管架谱疲劳分析方法一致。在计算波浪荷载疲劳时不再对结构进行模态分析，输入合适的波浪谱，根据式(6)变换关系，求出对应此风机结构的传力函数，进而求解导管架的波浪损伤。利用式(16)求解出各波浪荷载的发生次数，在导管架结构中加载各个不同的波浪荷载及其相对应的发生次数，进而求得波浪疲劳损伤。与风荷载疲劳损伤叠加，从而可得出导管架基础的疲劳寿命。

波浪荷载转化为确定性荷载方法如下：

$$N_i=P_i\times\text{一年的时间(以秒为单位)}/Tp_i=Pi\times365\times24\times3600/Tp_i \quad (16)$$

式中，N_i 为波浪发生的次数；P_i 为波浪发生的概率；Tp_i 为波浪周期。

导管架结构在波浪荷载和风荷载联合作用下，疲劳分析计算结果如表6所示。规范规定疲劳寿命安全系数取3，经计算三个节点疲劳寿命小于81年，节点打磨后满足可要求，与谱疲劳计算方法结论相同。

表6 疲劳寿命

节点	杆件类型	疲劳寿命	说明
401L	BRC	55.40	打磨后满足要求
	CHD	26.79	
402L	BRC	25.87	打磨后满足要求
	CHD	12.38	
403L	BRC	28.35	打磨后满足要求
	CHD	13.54	
404L	BRC	97.34	满足要求
	CHD	85.10	满足要求
201L	BRC	104.1	满足要求
	CHD	85.20	满足要求

4 结论

本文详细分析和研究了风机基础导管架的疲劳计算方法。通过SACS软件采用谱分析疲劳和确定性疲劳两种方法，对于在波浪和风联合作用下的导管架风机基础疲劳强度进行了评估分析。谱分析疲劳和确定性疲劳计算结果基本一致，谱分析疲劳结果稍偏保守，文中所提的两种方法都是正确有效的，均可为实际工程应用提供指导。在风荷载作用下，导管架顶部管节点损伤最大。风机荷载对导管架基础损伤的贡献大于波浪荷载。

参 考 文 献

[1] 康海贵，田茂金，龙丽吉等，基于谱分析方法的海上风机支撑结构疲劳寿命分析[J]. 可再生资源，2013，31(7)：41-44，50.

[2] Kang Haigui, Tian Maojin, Long Liji, et al. Spectral-based fatigue analysis of a support structure for offshore wind turbines[J]. Renewable Energy Resources, 2013, 31(7): 41-44, 50.

[3] Recommended Practice for Planning, Designing and Constructing Fixed Offshore Platforms-Working Stress Design, 21st, 2007(R-2010).

[4] SY-T 10049—2004，海上钢结构疲劳强度分析推荐作法，2004.

[5] DNV-RP-C203. Recommended Practice-Fatigue Design of Offshore Steel Structures. 2012.

[6] DNV-OS-J101. Design of Offshore Wind Turbine Structures. 2013.

[7] 朱志松，朱龙彪，季采云 . 风波联合荷载下海上风力机塔筒的疲劳寿命预测[J]. 机械科学与技术，2013，32(6)：714-717.

井口点火放空装置在天然气井处理中的绿色环保作用评价

贾连超　文开丰　强小龙　张俊旭　王婷娟　叶葱林　徐　东

（中国石油长庆油田分公司）

摘　要　天然气是清洁能源，燃烧时所产生的二氧化碳，少于其他化石燃料。因此天然气的开发利用有助于减少酸雨形成，减缓地球温室效应，从根本上改善环境质量。在天然气日常开发管理过程中，尤其在冬季生产过程中，有时需要井口放空处理，例如气井生产管线冻堵时，若只在站内进行放空注醇处理，则很难将管线疏通，再例如当气井井筒严重积液时，日常的泡排作业难以将积液带出，此时井口放空处理效果非常好；如果直接将天然气排入大气中，则会造成环境污染，也是环境保护法所不允许的；如果不进行放空，则不利于气井的正常处理，产生了环境污染与气井管理的矛盾。针对这个问题，引入了井口点火放空橇，该橇包含气液分离器、储液罐、点火装置三个部分，通过管线与气井井口采气树相连接，利用车载小型气液分离器将天然气进行气液分离，液体排入储液灌，天然气则在井口直接点火燃烧，有效避免了环境问题，又解决了气井的处理需求，以绿色环保的方式在井口进行特殊气井处理。放空橇集“气液分离、自动排气、人工排液、储存废液、安全放空、液位压力显示、进出装置手动截断”等功能于一体，所有环节都能做到零污染排放和全面回收。在安全保障上，利用气液分离器的进口针阀控制工作压力，在气井与管线连接处利用钢丝绳进行上锁固定，管线上每隔 6m 设置固定地锚 1 处，火炬安放在下风侧距离井口 30m 以上，固定火炬用直径 16mm 以上的钢丝绳对角三根绷紧、固定等措施。在施工效率上，由于井口点火放空橇体积小，以车载方式稳动，施工时安装连接方便，两个小时内可完成安装和检查，施工灵活，作业效率非常高，投入产出比 1：4. 34，推广应用前景广阔。

关键词　清洁能源；井口点火放空装置；绿色环保；管线冻堵；严重积液

天然气是清洁能源，它燃烧时所产生的二氧化碳，少于其他化石燃料。因此天然气的开发利用有助于减少酸雨形成，减缓地球温室效应，从根本上改善环境质量。天然气作为清洁能源，在生活生产中的应用越来越广泛。

在天然气生产过程中，有时需要进行井口处置放掉井筒及管线中的天然气，若直接排向空气中，则容易产生环境污染问题，若不进行井口处置，则不能有效解决气井的生产问题，如何既能有效处置气井问题，又不产生环境污染事件，不折不扣地遵守新环境保护法，是亟需解决的重点问题。

1　气井冬季生产主要问题

在日常生产管理过程中，尤其是冬季生产过程中，容易出现气井严重积液和地面生产管线冻堵两个方面的问题。

在冬季生产过程中，当采取泡排作业或站上放空作业时，会将井筒中的积液带至地面管线，由于管线到集气站距离不等，管线随着地面地形起伏较大，容易造成管线冻堵，因此冬季泡排作业会适当减少，则易造成气井井筒的严重积液。冬季温度低，尤其在鄂尔多斯东北部地区，冬季极度严寒，易造成采气管线冻堵，此时若只在集气站进行放空及注醇作业，很难将气井管线疏通，需要在井口和站内轮换放空和注醇，才能提高解堵成功率和速率。

2 井口点火放空装置工作原理

2.1 装置组成

天然气井口点火放空回收一体化集成装置主要由气液分离器、储液罐、放空点火装置三部分组成，辅以配套阀门仪表。

2.2 装置工作原理

井口点火放空装置工作原理是，装置通过管线与采气树连接，天然气携带液体由采气树进入气液两相分离器，容积增大后，流体缓冲后流速下降，压力降低，气体随压力的降低自然逸出上浮，在进液舱气、液因存在比重差进行分离。分离后的液从底部通道进入沉降室，分离器液位计在接近上限时，打开分离器底部排液阀，将液体排到储液罐内，当液位接近下限时，关闭排液阀，作业过程中需观察储液罐液位计，储液罐内液位达到上限需停止放空排液作业。分离出来的天然气通过分离器上部出口排出，到达点火装置进行燃烧，从而使排放的气体达到环保标准。

2.3 装置特点

本装置集"气液分离、自动排气、人工排液、储存废液、安全放空、液位压力显示、进出装置手动截断"等功能于一体，所有环节都能做到零污染排放和全面回收，在安全环保的前提下实现管线井口天然气点火放空及采出液回收。

（1）功能高度集成，满足放空工艺流程要求，操作也简单，适用性强；

（2）采用橇装结构，便于运输和标准化施工，连接便捷、工作量少、安全性高，可有效缩短施工时间，提高施工效率；

（3）集成装置自带储液罐，回收的液体可拉运至处理站厂进行处理；设备自身运行及放空过程可以达到零污染；

（4）通过推广应用新技术新产品，采用气液分离气体燃烧液体回收，实现绿色环保井口放空作业。

2.4 施工过程

到达井场后，根据井场位置、大小及风向，安装风向标，将车辆停放在上风口，火炬设置于下风口位置，距离井口 30m 以上。

做好上述准备后，首先是连接放空回收一体化集成装置与气井采气树，需确保各连接部位牢固、无渗漏，每隔 6m 和软管连接处，设置固定地锚 1 处，管线不能悬空。

接着是连接分离器出口至火炬流程，且与车辆停放点保持 30m 以上距离，各连接部位牢固、验漏无渗漏，每隔 6m 设置固定地锚 1 处。

然后是做好与生产调度中心的沟通对接，开井前停注醇泵、关闭地面注醇流程控制阀门，缓慢打开采气树、放空回收一体化集成装置阀门，在火炬处先点火后开气，作业过程中密切关注压力变化，缓慢平稳操作，控制放空压力≤0. 5MPa，确保分液效果；一人在井口进行操作控制；另一人密切关注分离器压力、液位；严禁超压、超液位运行。

作业结束后，与生产调度中心的沟通对接，恢复气井正常生产。

3 现场应用效果

3.1 选井条件

井口点火需要采气树具备工艺条件，对于气井生产过程中出现积液或管线冻堵问题时可以开展施工，具体条件如下：

（1）井口工艺上来看，采气树七号阀上部空置，未连接其他装置，如柱塞装置，自动泡排装置等；

（2）采气树未安装九号阀，而是采取封堵头进行封堵；

（3）在井口符合的情况下，气井采气管线冻堵需要疏通；

（4）在井口符合的情况下，气井严重积液，套压在 5MPa 以上，套压越高，效果越好，速度越快。

3.2 典型井应用效果

某 AB-C 井为井筒严重积液处理井。该井位于鄂尔多斯盆地东部，投产时间短，开发上古多套储层。投产初期下入井下节流器，生产过程中油套压差大，后期打捞井下节流器，压差依然很大。采取了泡沫排水措施，油管与套管均进行了加注，效果均不明显。2023 年 12 月采取井口点火放空处置点火排液措施，施工时间 1.5h，措施过程中套压下降明显，产液量较多，措施后产气量上升明显，持续时间达到 5 天，后产量开始下降。单井作业费用为 0.8 万元，投入产出比达到 1∶6.8。作业过程中燃烧气量约 0.2 万方。

某 AB-D 井为地面管线冻堵井。该井位于鄂尔多斯盆地东部，投产时间较长，开发上古储层。在生产过程中，油套压迅速上升，集气站气量减少，进站温度由 4℃降至-11℃，判断气井地面管线冻堵，在集气站内进行放空处理，井口油套压没有变化；站内放空后进行注醇并用天然气充压，反复两天未能疏通。从解堵过程分析，堵点距离井口较近，站内较远，若能在井口进行放空、注醇和充压，效果更佳。采取井口点火放空处置点火放空措施，放空后进行注醇及充压，等待甲醇融化冻堵点若干小时后再放空及注醇充压，如此操作两个回合，地面管线顺利疏通，气井正常生产。

3.3 使用效果

共开展井口点火放空作业 18 井次，其中排出井筒积液 17 井次，解堵 1 井次，成功 16 井次，成功率 88.9%，排出液量 20 余方，作业后套压平均下降 4MPa，日增产气量 14 万方，投入产出比 1∶4.34。

井口放空工艺之所以效果如此显著，分析原因主要是天然气生产工艺流程得到了优化。在正常生产流程中，气流流动动力为套压减掉管网压力，气流流动受到阻力较大，携液能力不足，常规的泡排作业则是将井筒液柱转变为泡沫，降低了流动阻力，但流动动力未发生变化。而在井口点火放空工艺模式下，天然气由管网生产转变为直接排入空气中，所有套压的压力均变为了动力，因此携液能得到了增强，气井井筒积液迅速得以排出。

在作业过程中，有两口井未实施成功，如某 AB-E 井，放空点火约 5 分钟后，火焰熄灭，等待三个小时，没有任何反应，作业终止。分析原因有两个方面，一是套压较低，气流的流动动力小；二是积液严重，液柱较重，套压动力不足以带出井筒积液。因此在选井时要对气井压力和液柱高度进行综合分析，提高作业成功率。

作业过程安全绿色环保，释放的天然气进行了全部点火放空，分离出的液体进行了全部回收，现场没有污染问题产生。井口点火放空装置工艺简单，施工便捷，作业效率高效果显著，产出投入比高，且绿色环保，符合当今环境保护开发管理要求，推广应用前景广阔。

4 认识与建议

（1）井口点火放空装置在施工过程中，可以实现天然气气液分离，对天然气进行点火燃烧，对液体进行储存，实现绿色环保作业；

（2）井口点火放空装置的利用，可以有效解决气井的严重积液及地面管线的解堵作业，实用性强；

（3）井口点火放空装置工艺简单，施工便捷迅速，作业效率高效果显著，产出投入比高达 1∶4.34，推广应用前景广阔；

（4）天然气井口点火放空实施效果显著，作业过程绿色环保，但天然气直接在井口燃烧，造成资源的浪费，建议进一步向天然气的回收利用进行攻关，实现井口作业全方位的绿色环保节能。

参 考 文 献

[1] 薛涛等，别了，火焰——长庆油田试气天然气回收促进气田提质增效侧记[J]. 国企管理. 2020(20).

[2] 雷甜等，榆林南区气井产水变化特征研究[J]. 第十四届宁夏青年科学家论坛石化专题论坛论文集《石油化工应用》杂志社. 2018. 7.

[3] 张鹏等，低渗气藏气井堵塞停产分析及解堵技术应用——以鄂尔多斯盆地长庆气区为例[J]. 天然气与石油. 2023，41(06).

[4] 杨顺智等，苏里格气田低产气井进攻性措施增产技术研究及应用[J]. 内蒙古石油化工. 2018，44(12).